現代英文法講義

Lectures on Modern English Grammar

現代英文法講義

安藤貞雄【著】

Lectures
on
Modern English Grammar

開拓社

Lectures on Modern English Grammar
2005

#　は　し　が　き

　本書は，半世紀余にわたる著者の英文法研究を集大成し，長い年月をかけ，渾身の力をふりしぼって書きあげたライフワークである．本書は，豊富な用例を著者の文法観に基づいて体系化した学術書であると同時に，常に座右に置いて，英文法上の疑問が浮かぶごとに参照できる文法書 (reference grammar) であることを目指している．その際，英語の文法現象の「いかに」(how) を記述するにとどまらず，常に「なぜに」(why) という疑問に答えようとした．ひと口に言えば，「説明文法」――これが本書の最大の特徴であろうか．

　かくて，本書の予想する読者は，英文法を掘り下げて考えようとする高校生・大学生をはじめとして，中学・高校・大学の英語教師，英語にかかわり，または関心のある一般社会人，および研究者である．

　執筆にあたって留意した諸点は，次のとおりである．

1) 相互参照を詳しく，特に索引を詳細で使いやすいものにして，英文法に関する，読者のあらゆる疑問に答えられることを目指した．
2) 重要な項目，例えば，法助動詞，補部構造などには，80ページに近いスペースを割いて，徹底的に掘り下げて記述した．
3) 〈米〉，〈英〉，〈北英〉などの地域差，〈古風〉，〈格式体〉，〈略式体〉，〈雅語〉，反語，戯言的などの英語スタイルの違い，法律，商業などの使用域 (register) を明らかにするように努めた．言語研究者にとって，スタイルの感覚はきわめて重要と考えるからである．
4) 随所に NB を設けて，やや特殊な，または高級な事項に言及するとともに，生成文法や認知言語学で掘り起こされた知見を，一般読者にもわかりやすい形で，大幅に採り入れた．
5) 用例は，なるべく文学作品から採り，その数も多めにした．文学の言語にこそ，言語の最も創造的な使用が見られるからであり，また，ある意味では，用例の質が文法書の生命であると信じるからである．
6) 随所に日本語やドイツ語・フランス語などの他国語の類似表現との比較を行っているが，これはペダントリーのためではなく，人間言語の普遍性ということに思いを致すべきだと考えるからである．
7) 必要に応じて，歴史的な説明も行った．英語に長い歴史があり．現代英語の中に古い語法が残存している以上，歴史的な視点からでなければ説明できないような言語現象が決して少なくないからである．例えば，man→men, goose→geese のような変母音複数を記述するにとどまらず，"説明"しようとするならば，ゲルマン祖語の複数語尾 *-iz に言及しなければなら

ないし，I demand that he *go* there. のような叙想法現在や，〈米〉の as young as I am（= though I am young）のような譲歩節を説明するためには，少なくともエリザベス朝の英語にまでさかのぼらなければならないからである．

8) Freiden (1992) は，次のような構文は容認可能ではあるが，生成文法では説明できないとしている．

That's the only thing they do **is** fight. (p. 28)
The problem **is is** that I can never get that screw in right. (p. 771)

しかし，このような破格構文 (anacoluthon) といえども，それが英語の事実であるならば，記述・説明されなければならない，というのが著者の立場である．

ところで，本書の拠って立つ言語理論は，どういうものだろうか．GB 理論やミニマリスト・プログラムの視点からだけでは，英文法の全体像は，到底，描けそうにない．かといって，折衷主義文法 (eclectic grammar) というのも節操がない感じがある．本書の性格は，Sweet, Jespersen, Poutsma, Kruisinga, 細江, Quirk et al., Huddleston & Pullum などの路線に沿って，言語事実から帰納的に原理原則を導き出すという手順によって，いわば，伝統文法を"科学的に"見直したもの，というのが最も適切であるように思われる．その際，どの記述にも著者自身の文法観の筋が一本貫いていることを願っている．

スペースの制約から，原稿全体に大鉈を振るわざるをえなかった．用意していた，無生物主語構文，ダイクシス，名詞句の構造，over の意味分析は，割愛するほかなかった．にもかかわらず，このように大部になってしまった著作の出版が可能になったのは，ひとえに開拓社の深いご理解とご厚意によるものである．特に，出版部長の山本安彦氏に深甚なる感謝をささげたい．

再校の段階で，同学の友人・多田保行，永田龍男，中川憲，高口圭轉の諸氏は，それぞれ全ページに目を通して，貴重なコメントを加えられ，かつ，数々の誤りを指摘してくださった．諸兄の変わらぬ友情に対して，厚くお礼を申しあげる次第である．

編集課の川田賢氏は，本書の原稿の段階から出版に至る全過程を，いつものように，細心の注意と周到な心配りをもって手がけてくださった．ここに記して，心からお礼を申しあげたい．

2005 年 2 月
　窓外のふくらみそめた紅梅を愛でながら

安藤　貞雄

凡　例

①　欽定英訳聖書 (AV)，Shakespeare, Marlowe からの引用は，綴り字・句読点などについてオリジナル・スペリング版に拠った．正書法が確立していなかったエリザベス朝の英語の綴りに接することは，ひとつの知的な驚きであろうと考えるからである．なお，英米作家，特に詩作品からの引用は，原文の句読点を尊重した．

②　文構造を樹形図で表す場合は，原則として，誰にでも直観的にわかる (1) の S′, S 分析を用い，例外的に，wh 移動や話題化を示すときには (2) の CP, IP 分析を用いた．

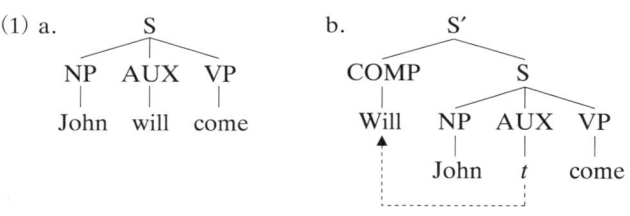

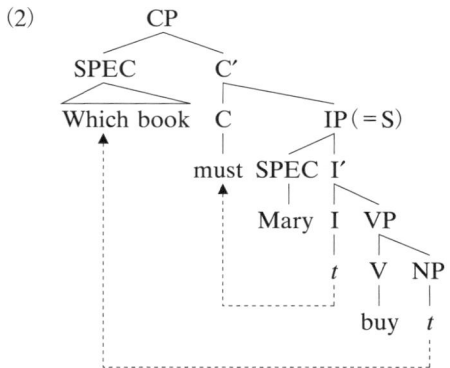

③　特殊な文法用語は，例えば，pied-piping（随伴）(Ross 1967 の用語) のように，提唱者を明らかにするようにした．また，諸学者の学説・意見については，Chomsky (1981: 325) のように，著書・論文の出版年とページを明示した．ただし，Jespersen の *Modern English Grammar* 7 vols. は，出版年代だけでは，どの巻を指すのかわかりにくいので，*MEG* V: 253 のように，巻名とページを表記してある．

④　略　語
　　〈英〉= British English　　　　〈北英〉= Northern English

⟨米⟩ = American English ⟨格式体/的⟩ = formal
⟨略式体⟩ = informal ⟨普通体⟩ = general
⟨雅語⟩ = literary ⟨古語⟩ = archaic
⟨古風⟩ = old-fashioned ⟨廃語⟩ = obsolete

S = subject (主語) V = verb (動詞)
O = object (目的語) C = complement (補語)
A = (obligatory) adverbial ((義務的)副詞語句) M = modifier (修飾語句)

NP = noun phrase (名詞句) AP = adjective phrase (形容詞句)
VP = verb phrase (動詞句) PP = prepositional phrase (前置詞句)
AdvP = adverb phrase (副詞句)

S′ = S-bar (「補文標識+文」の形式) AGR = agreement (一致要素)
AUX = auxiliary verb (助動詞) CP = complementizer phrase (補文標識句)
SPEC = specifier (指定部)
I = inflection (屈折要素) IP = inflection phrase (屈折要素句) (= S)
Tns = tense (時制)

Gk. = Greek L. = Latin
Goth. = Gothic OF = Old French
OS = Old Saxon

Du. = Dutch F. = French
G. = German It. = Italian
Pg. = Portuguese Sp. = Spanish

OE = Old English ME = Middle English
EModE = Early Modern English LME = Late Middle English
ModE = Modern English PE = Present-Day English

AV = Authorized Version of the Bible (1611)
NEB = The New English Bible (1961, 1970)
NRSV = The New Revised Standard Version Bible (1989)

n = note (*eg* 395*n* (395 ページ note))
* 非文法的な (例)
? 文法的に疑わしい (例)
ø 語彙項目がないことを表す

目　次

はしがき　v　　　　　　　　　凡　例　vii

第1章　序　論 ………………… 1
　1.1.　文とその要素 …………… 1
　1.2.　語・句・節 ……………… 4
　1.3.　文の種類 ………………… 12

第2章　文　型 ………………… 15
　2.1.　文型とは何か …………… 15
　2.2.　基本文型 ………………… 16
　2.3.　派生文型 ………………… 26

第3章　文の要素 ……………… 30
　3.1.　主　語 …………………… 30
　3.2.　目的語 …………………… 34
　3.3.　補　語 …………………… 43
　3.4.　準補語 …………………… 58
　3.5.　義務的な副詞語句 ……… 60
　3.6.　文の要素 ………………… 61
　3.7.　文の主要素の意味役割 … 63

第4章　時制と相 ……………… 68
　4.0.　概　説 …………………… 68
　4.1.　三つの時点 ……………… 69
　4.2.　時制とアスペクト/相 … 70
　4.3.　語彙動詞のアスペクト特徴 … 71

第5章　現在時制 ……………… 76
　5.0.　概　説 …………………… 76
　5.1.　現在時を指す場合 ……… 76
　5.2.　過去時を指す場合 ……… 82
　5.3.　未来時を指す場合 ……… 84
　5.4.　完了的現在時制 ………… 88
　5.5.　超時的現在 ……………… 90
　5.6.　現在時制の本質的意味 … 91

第6章　過去時制 ……………… 92
　6.0.　概　説 …………………… 92
　6.1.　過去時を指す場合 ……… 93
　6.2.　過去時制の特殊用法 …… 95
　6.3.　過去時制の本質的意味 … 99

第7章　未来時を表す表現形式 … 100
　7.0.　概　説 …………………… 100
　7.1.　未来時を表す表現形式 … 100
　7.2.　その他の表現形式 ……… 109
　7.3.　各形式の比較 …………… 110

第8章　進行形 ………………… 112
　8.0.　概　説 …………………… 112
　8.1.　進行形の特質 …………… 113
　8.2.　進行形の用法 …………… 116
　8.3.　進行形の特殊用法 ……… 121

第9章　完了形 ………………… 130
　9.0.　概　説 …………………… 130
　9.1.　現在完了形 ……………… 132
　9.2.　過去完了形 ……………… 146
　9.3.　"未来"完了形 …………… 152

第10章　完了進行形 …………… 155
　10.0.　概　説 ………………… 155
　10.1.　現在完了進行形 ……… 155
　10.2.　過去完了進行形 ……… 158
　10.3.　"未来"完了進行形 …… 159

第11章　Be, Have, Do ……… 161
　11.0.　概　説 ………………… 161
　11.1.　Be, Have, Do の用法 … 164

第12章	疑問詞	169
12.0.	概説	169
12.1.	疑問代名詞	169
12.2.	疑問副詞	172
12.3.	間接疑問文	174

第13章	関係詞	181
13.0.	概説	181
13.1.	関係代名詞	181
13.2.	自由関係詞	194
13.3.	as, than, but	198
13.4.	関係副詞	199

第14章	不定詞	203
14.0.	概説	203
14.1.	to 不定詞の名詞的用法	204
14.2.	to 不定詞の形容詞的用法	208
14.3.	to 不定詞の副詞的用法	210
14.4.	to 不定詞の動詞用法	215
14.5.	裸不定詞の用法	217
14.6.	不定詞の主語	221
14.7.	不定詞のその他の用法	224

第15章	分詞	231
15.0.	概説	231
15.1.	名詞修飾語として	232
15.2.	主語補語として	235
15.3.	準主語補語として	236
15.4.	補文の述語として	238
15.5.	分詞節	241

第16章	動名詞	250
16.0.	概説	250
16.1.	動名詞の用法	250
16.2.	3種類の動名詞	253
16.3.	動名詞の主語	255
16.4.	動名詞の表す時	258
16.5.	動名詞の態	260
16.6.	動名詞と不定詞	260
16.7.	動名詞を含む慣用表現	266

第17章	法助動詞	269
17.0.	概説	269
17.1.	現在時制形式の意味・用法	274
17.2.	「法助動詞＋完了不定詞」	309
17.3.	過去時制形式の意味・用法	313
17.4.	まとめ	330
17.5.	「過去形法助動詞＋完了不定詞」	331
17.6	根源的用法と認識的用法	335

第18章	態	343
18.1.	受動態の特徴	343
18.2.	受動態の制約	348
18.3.	get 受動態	351
18.4.	種々の構文の受動態	353

第19章	叙想法	363
19.0.	概説	363
19.1.	叙想法現在	365
19.2.	叙想法過去	370
19.3.	叙想法過去完了	376
19.4.	if 節に相当する語句	377
19.5.	条件節と帰結節の省略	380

第20章	名詞	382
20.0.	概説	382
20.1.	名詞句の用法	382
20.2.	名詞の種類	384
20.3.	名詞の性	392
20.4.	名詞の数	396
20.5.	英語の格	406

第21章	代名詞	425
21.0.	概説	425
21.1.	人称代名詞	426
21.2.	人称代名詞の特殊用法	429
21.3.	人称代名詞 it の用法	432
21.4.	順行照応と逆行照応	439
21.5.	再帰代名詞	440
21.6.	指示代名詞	445

第22章 冠　詞 ･････････ 452	26.4. 比較構文の諸相 ･････････ 567

- 第22章　冠　詞 ･･････････････ 452
  - 22.0.　概　説 ･･････････････ 452
  - 22.1.　定冠詞 ･･････････････ 452
  - 22.2.　不定冠詞 ････････････ 461
  - 22.3.　冠詞の語順 ･･････････ 466
  - 22.4.　冠詞の省略と反復 ････ 468

- 第23章　形容詞 ･･････････････ 473
  - 23.0.　概　説 ･･････････････ 473
  - 23.1.　形容詞の特徴 ････････ 473
  - 23.2.　形容詞の用法 ････････ 475
  - 23.3.　形容詞の配列順序 ････ 480
  - 23.4.　形容詞の意味論的な下位分類
    ････････････････････････ 482

- 第24章　数量詞 ･･････････････ 486
  - 24.0.　概　説 ･･････････････ 486
  - 24.1.　数量詞の特徴 ････････ 486
  - 24.2.　不定数量詞 ･･････････ 488
  - 24.3.　数　詞 ･･････････････ 510
  - 24.4.　数の読み方 ･･････････ 511

- 第25章　副　詞 ･･････････････ 521
  - 25.0.　概　説 ･･････････････ 521
  - 25.1.　副詞の分類 ･･････････ 523
  - 25.2.　VP副詞 ･････････････ 524
  - 25.3.　文副詞 ･･････････････ 531
  - 25.4.　副詞の階層性と配置 ･･ 536
  - 25.5.　副詞の話題化 ････････ 538
  - 25.6.　注意するべき副詞 ････ 539
  - 25.7.　意味・用法の紛らわしい副詞
    ････････････････････････ 542
  - 25.8.　副詞節の階層 ････････ 551
  - 25.9.　接続副詞 ････････････ 555

- 第26章　比較構文 ････････････ 558
  - 26.0.　概　説 ･･････････････ 558
  - 26.1.　比較変化 ････････････ 558
  - 26.2.　比較成立の条件 ･･････ 562
  - 26.3.　比較構文の構造 ･･････ 565
  - 26.4.　比較構文の諸相 ･･････ 567
  - 26.5.　擬似比較 ････････････ 573
  - 26.6.　注意するべき比較表現 ･･ 575
  - 26.7.　比較級・最上級を強める語句
    ････････････････････････ 580
  - 26.8.　比較を含む慣用表現 ･･ 580

- 第27章　接続詞 ･･････････････ 586
  - 27.1.　等位と従位 ･･････････ 586
  - 27.2.　接続詞 ･･････････････ 591
  - 27.3.　相関接続詞 ･･････････ 596
  - 27.4.　名詞節を導く従位接続詞 ･･ 597
  - 27.5.　副詞節を導く従位接続詞 ･･ 602

- 第28章　前置詞 ･･････････････ 621
  - 28.1.　前置詞の種類 ････････ 621
  - 28.2.　前置詞句の構造と機能 ･･ 623
  - 28.3.　前置詞の後置 ････････ 627
  - 28.4.　前置詞の省略 ････････ 629
  - 28.5.　場所の前置詞 ････････ 632
  - 28.6.　時間の前置詞 ････････ 639
  - 28.7.　その他の前置詞 ･･････ 645

- 第29章　否　定 ･･････････････ 655
  - 29.0.　概　説 ･･････････････ 655
  - 29.1.　文否定 ･･････････････ 656
  - 29.2.　構成素否定 ･･････････ 658
  - 29.3.　数量詞と否定 ････････ 660
  - 29.4.　否定のその他の問題 ･･ 662

- 第30章　条件文 ･･････････････ 668
  - 30.0.　概　説 ･･････････････ 668
  - 30.1.　条件文の諸相 ････････ 669
  - 30.2.　その他の条件文 ･･････ 673
  - 30.3.　前提節の構造 ････････ 675

- 第31章　一　致 ･･････････････ 678
  - 31.0.　概　説 ･･････････････ 678
  - 31.1.　主語と述語動詞 ･･････ 678
  - 31.2.　限定詞と名詞 ････････ 687

xii

- 31.3. その他の数の一致 689
- 31.4. 格の一致 691
- 31.5. 性の一致 693
- 31.6. アスペクトの一致 693

第32章 時制の照応 694
- 32.1. 時制の照応 694
- 32.2. 時制の照応・非照応の原則 ... 696
- 32.3. A動詞とB動詞 697
- 32.4. 時制の照応をうけない場合 ... 705

第33章 直接話法と間接話法 707
- 33.0. 概説 707
- 33.1. 直接話法 707
- 33.2. 間接話法 710
- 33.3. 混合話法 715
- 33.4. 重文・複文などの間接話法 .. 717
- 33.5. 自由話法 719

第34章 代用形と省略 721
- 34.0. 概説 721
- 34.1. 代用形 721
- 34.2. 省略 733

第35章 句動詞 737
- 35.0. 概説 737
- 35.1. タイプ1:「自動詞+副詞」 ... 737
- 35.2. タイプ2:「自動詞+前置詞」 . 738
- 35.3. タイプ3:「自動詞+副詞+前置詞」 741
- 35.4. タイプ4:「他動詞+副詞」 ... 741
- 35.5. タイプ4とタイプ2の統語的な区別 743
- 35.6. タイプ5:「他動詞+目的語+副詞」 744
- 35.7. タイプ6:「他動詞+名詞句+前置詞」 744
- 35.8. タイプ7:「自動詞+前置詞句+前置詞句」 746
- 35.9. タイプ8:「他動詞+名詞句+副詞+前置詞」 746
- 35.10. その他のタイプ 747

第36章 情報構造 749
- 36.1. 文の情報構造 749
- 36.2. 無標の話題 752
- 36.3. 有標の話題 756
- 36.4. 提示文 760
- 36.5. 転移 766
- 36.6. 強調 768

第37章 補部構造 778
- 37.0. 概説 778
- 37.1. 補部と付加部 778
- 37.2. 名詞の補部構造 779
- 37.3. 形容詞の補部構造 784
- 37.4. 動詞の補部構造 797
- 37.5. 副詞・前置詞の補部構造 841

第38章 要素の移動 843
- 38.0. 概説 843
- 38.1. 主要部移動 843
- 38.2. NP移動 854
- 38.3. wh移動 856
- 38.4. 右方移動 862

第39章 文の機能 867
- 39.1. 平叙文 867
- 39.2. yes/no疑問文 868
- 39.3. wh疑問文 870
- 39.4. その他の疑問文 872
- 39.5. 命令文 876
- 39.6. 感嘆文 884
- 39.7. 小文 886

引用文献 889
索引 901

現代英文法講義

Lectures
on
Modern English Grammar

第1章

序　　論

1.1.　文とその要素

1.1.1.　文と節

　人が言葉を話すために口を開いて閉じるまでの発話を**談話** (discourse)（書き言葉では，**テクスト** (text)）と言う．Chaucer の *Canterbury Tales* も一つのテクストなら，「こんにちは！」や「静けさや岩にしみ入る蟬の声」も一つのテクストであって，長さはテクストのステータスに関係しない．ただし，「談話」や「テクスト」は，それぞれ，「**談話文法**」(discourse grammar)，または「**テクスト文法**」(text grammar) の単位であって，文法の単位ではない．文法では，接続詞や文副詞などとの関連で文と文の関係を論じることがあるにしても，テクスト全体を論じることはない．文法上の最大の単位は，**文** (sentence) である．

　さて，Bloomfield (1933: 170) に従って，文 (sentence) とは，「独立した言語形式で，他の，より大きな言語形式に含まれることのないもの」であるとするならば，次の英語の例は，すべて文である．

　　① 語
　(1)　Hello!（やあ！）／Yes.（はい）／Fire!（火事だ！）／John!（ジョン！）／Nonsense!（ばかな！）／Okay.（いいよ）／Stop!（やめろ！）

　　② 句
　(2)　Poor John!（かわいそうなジョン！）／No problem.（お安いご用です）／Down with the tyrant!（暴君を倒せ）／In the kitchen.（台所だ）

　　③ 節
　(3)　Poor John ran away.　（かわいそうに，ジョンは走って逃げた）
　(4)　Mother's in the kitchen.　（お母さんは台所だ）
　(5)　Who took the money?　（誰がその金を取ったのか）

　上の定義に従うなら，Poor John! は一つの文であるが，Poor John ran away. の Poor John は，文の中に「含まれていて，独立していない」から，文ではない．

　同様に，次の言語形式は，それぞれ「独立していて，より大きな言語形式に含まれていない」ので，二つの文である，と言わなければならない．

　(6)　It's ten o'clock.　I have to go home.　　　　　　　　　　(Bloomfield 1933)

(10 時だ．帰らなくちゃ)

これに対して，次の例は，**等位構造** (parataxis, coordination) によって，一つの文——重文 (compound sentence)——にまとめられている．

(7) It's ten o'clock, I have to go home.　　　　　　(Bloomfield 1933)
(10 時だから，帰らなくちゃ)

これが一つの文であることは，話し言葉では，o'clock を（下降ピッチではなく）平坦ピッチで発音することでシグナルされ，書き言葉では，（終止符ではなく）コンマを付けることでシグナルされる．つまり，(7) の前文の文末が"言い切りの音調" (final pitch) になっていないのである．

要するに，**文**とは機能的 (functional) な概念であって，文になりうるものは，①のように語 (word)，②のように句 (phrase)，③のように節 (clause) のいずれであってもよい．

これに対して，**節** (clause) の概念は，構造的 (structural) なものであって，節は，(3)–(5) のように，必ず「主語＋述語」の形式を備えていなくてはならない．普通，文と言えば，この形式のものを指す．

> **NB 1**　話し言葉では，一つの文の終わりは下降調（↘），上昇調（↗）などの"言い切りの音調"（これで発話が終わったという気持ちを表す音調）で示される．一方，書き言葉では，文頭の文字は大文字で書かれ，話し言葉の音調を反映するものとして，文末に終止符（．），疑問符（？），感嘆符（！）などを付ける．
>
> **NB 2**　1 人称単数を表す I は，文中でも大文字で書く．これは，英米人の尊大さを表すものではなく，OE の ic や ME の ich の語末の子音が発音されなくなったとき，小文字の i だけでは小さくて目立たないので，印刷術の導入とともに I と書くことが習慣化したものにすぎない（OED の I の初例は，1382 年の Wyclif 聖書に現れる）．それ以前は，i（または j, y）と小文字で書かれていた．

1.1.2.　主部と述部

前節で見たように，文は，1 語からなるものもあるが，通例は，「ある事柄について，何かを述べる」という形式をもっている．伝統的に，「ある事柄」の部分は**主部** (subject)，「何かを述べる」部分は**述部** (predicate) と呼ばれている．

以下の例で，太字体の箇所が主部，斜字体の箇所が述部である．

(1)　**Birds** *sing*.　（鳥は歌う）
(2)　**The pupils** *went (on a picnic)*.　（生徒たちはピクニックに行った）
(3)　**The doors of the bus** *open (automatically)*.　（このバスのドアは自動的に開く）

さて，「主部＋述部」が，それぞれ，いくつかの語からなる場合は，それぞれの中心となる語に，特別な名称を与えるほうが便利である．その場合，主部の中心となる語を**主語** (subject word) と言い，述部の中心となる語を**述語** (predicate word)，または**述語動詞** (predicate verb) と言う．[1] 実際には，主部全体を指して主語と言うこ

---

1. subject word, predicate word は，Sweet (1891: 17)，Sapir (1921: 37) の用語．

とも多いし，述語動詞を単に述語または動詞と言うことも多い．上例では，太字体の pupils, doors がそれぞれ主語であり，斜字体の went, open がそれぞれ述語動詞である．

なお，(2), (3) の括弧でくくられた部分は，文の主要素ではなく，主語および動詞の意味を補足しているにすぎないので，**修飾語** (modifier) と呼ばれる．

NB 1 got up (起きた), came out (咲いた), might have been watching (見ていたのかもしれない) は，文型論では，ひとまとまりで述語 (V) と見る．

NB 2 (1) のように，主部も述部も 1 語からなる場合は，Birds は主部であると同時に主語であり，sing は述部であると同時に述語動詞である，ということになる．

1.1.3. 目的語

動詞の中には，Fire *burns*. (火は燃える)，Birds *sing*. (鳥は歌う) のように，それだけで完結した意味を表すものがあるが，一方，see (…を見る)，strike (…をたたく) のように，動作の及ぶ対象を必要とするものがある．このような語を，動詞の**目的語** (object, O) と言う．

次の各文において，太字体の語が目的語である．

(1) I saw **a big lion** at the zoo. (私は動物園で大きなライオンを見た)
(2) John can speak **French** fluently. (ジョンは流 暢にフランス語を話せる)

1.1.4. 補 語

動詞の中には，I am △. (私は，△である) とか，They made Bill △. (彼らは，ビルを△にした) のように，主語または目的語と結びついただけでは完全な意味を表すことができないものがある．伝統文法では，I am △. のような文に現れる be 動詞を "不完全自動詞" (incomplete intransitive verb) と呼び，They made Bill △. に現れる made のような動詞を "不完全他動詞" (incomplete transitive verb) と呼んでいる．

さて，これらの文は，△の位置に，それぞれ，happy とか their leader とかを補ってはじめて，文意が完全になる．

(1) a. I am **happy**. (私は幸せだ) [I = happy]
b. John became **a doctor**. (ジョンは医者になった) [John = a doctor]
(2) a. The boys made Bill **their leader**.
 (少年たちはビルを彼らのリーダーにした) [Bill = their leader]
b. I found the boy **clever**.
 (私はその少年が賢いのに気がついた) [the boy = clever]

このように，主語または目的語について，それが「何であるか」，あるいは「どんな状態にあるか」を述べて叙述を完全にする語句を**補語** (complement, C) と言う．「不完全」とは，「補語がないと文意が完結しない」という意味である．

補語には 2 種類あって，(1a, b) のように主語について叙述するものを**主語補語** (subject complement) と言い，(2a, b) のように目的語について叙述するものを**目的語補語** (object complement) と言う．前者では，主語と補語との間に主述関係が

成り立ち，後者では，目的語と補語との間に主述関係が成り立っている．

 NB　補語と目的語の見分け方：補語は，主語または目的語について叙述するものであるから，それぞれ，「主語＝主語補語」，「目的語＝目的語補語」という等式関係が成立している．
  (i) a. John is a student.　（ジョンは学生だ）［John＝a student］
    b. I left the door open.
     （私はドアをあけたままにしておいた）［the door＝open］
一方，目的語は主語とは別なものであるから，主語と目的語とを等号で結びつけることはできない．
  (ii) John has a Japanese dog.
    （ジョンは日本犬を飼っている）［John≠a Japanese dog］

1.2.　語・句・節

1.2.1.　語

意味をもつ最小の言語形式を**形態素**（morpheme）と言う．形態素には，次の2種類がある．
(1) a. **自由形態素**（free morpheme）：単独で使用できるもの：cat, book, desk
  b. **拘束形態素**（bound morpheme）：単独で使用できないもの：un-, dis-; -ness, -ly

自由形態素，つまり，語（word）には次の3種があり，いずれも1語と数えられる．
(2) a. **単一語**（simple word）：単独で使用できるもの：boy, book, play
  b. **合成語**（complex word）：一つ以上の拘束形態素を含むもの：bo**yish**, book**let**, play**ed**
  c. **複合語**（compound word）：二つ以上の単一語からなるもの：boy-friend, bookmark（しおり），playmate（遊び友達）

単一語，すなわち，単語は，Bloomfield (1933: 178) に従って，「最小の自由形態素」(a minimum free morpheme) と定義することができる．普通，特に断らないかぎり，語と言えば，単一語を指す．

NB 1　matricide（母親殺し）を複合語，receive（受け取る）を合成語と見る立場と，両語とも英語ではこれ以上分析不可能な単一語と見る立場がある．前者は，matri-cide は patri-cide（父親殺し），insecti-cide（殺虫（剤）），sui-cide（自殺）などと同様に，二つの連結形 (matri＝mother, -cide＝killing)（古典語ではそれぞれ単一語）からなると考え，後者は，re-ceive の re-（＝again）は，con-ceive の con-（＝together），per-ceive の per-（＝through）などと同様に接辞で，-ceive のほうは，ラテン語においては 'take' という意味をもつ連結形（＝古典語では単一語）であると考えるのである．

NB 2　例えば，辞書に載せられた DO という語は，*do, does, did, doing, done* という変化形をもっている．両者を区別するために，前者を小型大文字で表記して**語彙素**（lexeme）または**語彙項目**（lexical item）と呼び，後者を斜字体で表記して**文法的語**（grammatical word）(Matthews 1974, Quirk et al. 1985) と呼ぶことがある．一般に，語と言う場合は，

辞書の見出し語と同形の「語彙素」のことを言うのであって，"文法的語" のことは，語彙素の変化形または活用形と言えば十分であろう．

1.2.2. 品　詞
英語には，50万を超える語があるが，それらは，形式と文中の働き（機能）によって，伝統的に，次の八つの品詞 (parts of speech)[2] にまとめられる．

① **名詞** (noun)：　人や事物の名を表すもの．
(1)　dog, desk, water, happiness, London
② **代名詞** (pronoun)：　名詞の代わりに用いられる語．
(2)　I, you, he, she, it; this, that; which, what
③ **形容詞** (adjective)：　名詞を直接または間接に修飾する語．
(3)　a **red** rose　（赤いバラ）［名詞を直接に修飾］
(4)　This rose is **red**.　（このバラは赤い）［名詞を間接に修飾］

NB **冠詞** (article) a, an, the は，名詞を限定する語ではあるが，*a* red rose のように，形容詞よりも前の位置に生じるので，形容詞の仲間ではなく，this, that, some, any などとともに**限定詞** (determiner) という，より大きな範疇(はんちゅう)に属する．

④ **動詞** (verb)：　動作・状態を叙述する語．
(5)　The wind **blew** all day.　（風が一日中吹いた）〈動作〉
(6)　The town **lies** across the river.　（その町は川の向こう側にある）〈状態〉

NB do, will, shall, can, may のような助動詞 (auxiliary verb) や，不定詞・分詞・動名詞のような非定形動詞 (nonfinite verb) も，動詞の下位区分と考えてよい．

⑤ **副詞** (adverb)：　動詞・形容詞・副詞または文全体を修飾する．
(7)　John *ran* **quickly**.　（ジョンは速く走った）［動詞を修飾］
(8)　This is **much** *better*.　（このほうがずっといい）［形容詞を修飾］
(9)　Mary sings **very** *beautifully*.
　　（メアリーはとても歌がうまい）［他の副詞 beautifully を修飾］
(10)　**Certainly** *he will come*.　（きっと彼は来る）［文全体を修飾］

⑥ **前置詞** (preposition)：　名詞・代名詞の前に置いて，形容詞句・副詞句を作る．
(11)　The book [**on** the desk] is John's.
　　（机の上の本はジョンのだ）［on the desk は book を修飾する形容詞句］
(12)　I went [**with** them].
　　（私は彼らといっしょに行った）［with them は went を修飾する副詞句］

NB 前置詞のあとに置かれる名詞・代名詞を前置詞の**目的語** (object) と言う．したがって，代名詞の場合は，(12) の them のように，目的格にしなければならない（*with they は誤り）．

2.　生成文法では，普通，**語彙範疇** (lexical category) という用語が使用される．

⑦ **接続詞** (conjunction)： 文中の語と語，句と句，節と節とを結びつける．
- (13) [Jack] **and** [Jill] went up the hill. （ジャックとジルが丘を登った）[語と語]
- (14) Will you go [by bus] **or** [by tram]?
  （バスで行きますか，それとも電車で行きますか）[句と句]
- (15) [Summer is hot] **but** [winter is cold]. （夏は暑いが，冬は寒い）[節と節]

⑧ **間投詞** (interjection)： さまざまな感情を表す語：(18)，(19)のような場合を除き，文中の他の部分との統語的関係は非常に弱い．
- (16) **Oh**, how glad I am! （ああ，なんというううれしさだろう）
- (17) **Thank God**, the examination is over. （ありがたい，試験が終わった）
- (18) **O for** a draught of vintage! (Keats, *Ode to a Nightingale*)
  （ああ，ワインを一杯飲みたい！）[＝I wish to have]
- (19) **O, that** he had never come! (Dickens, *Great Expectations*)
  （ああ，あの男が来なければよかったのに！）[＝I wish]

NB a *stone* building（石造りの建物），*yesterday* morning（きのうの朝）などの stone や yesterday を名詞と見るか，形容詞と見るかは，古くからしばしば問題になってきた．これらは，名詞の前に置かれた名詞が，あとの名詞を修飾するという点では，上に示した，形容詞の統語的基準を満たしているが，形式的基準を満たしていない．これらは，**限定名詞** (attributive noun)，つまり，名詞の形容詞的用法と見るほうが妥当である．もちろん，a *more everyday* tone (Austen)（もっと日常的な口調）のように，比較変化をするに至った場合は，完全に形容詞化していると考えてよい．

1.2.3. 品詞の転用

英語のすべての語は，以上の"8品詞"のどれかに属しているわけだが，一つの語が一つの品詞にだけ属しているとは限らない．同一の語が，二つ以上の品詞にまたがって用いられるのが，むしろ，普通である．したがって，品詞の決定は，語が文中で果たしている機能(＝役目)によって行わなければならない．

- (1) a. I **work** in a factory. （私は工場で働いている）[動詞]
  b. I did a lot of **work** today. （きょうは，たくさん仕事をした）[名詞]
- (2) a. I have never seen him **before**. （彼には以前会ったことがない）[副詞]
  b. A bright future lies **before** us.
    （われわれには輝かしい未来がある）[前置詞]
  c. I must do this **before** I go to bed.
    （寝る前に，これをしなければならない）[接続詞]

さて，ある語に別の要素を添加したり，語形を変えたりすることなく，もとの形式のままで，その語の機能を変えることを，品詞の**転換** (conversion) と言う．転換は，英語の顕著な特徴であって，英語の活力と生産性に大きく寄与していると思われる．

- (3) Mary was **sandwiched** between two young men.
  （メアリーは二人の若者にはさまれていた）[名詞 → 動詞]
- (4) She **weekended** with them. （彼女は彼らと週末旅行をした）[名詞 → 動詞]

(5)　The ship **neared** the land.　(船は陸地に近づいた)［形容詞 → 動詞］
(6)　I'm dying for a **smoke**.　(一服やりたくてたまらない)［動詞 → 名詞］
(7)　He is my **elder** by three years.　(彼は私よりも三つ年上だ)［形容詞 → 名詞］
(8)　He knows all the **ins** and **outs** of the plot.
　　　(彼はその陰謀の表裏に通じている)［副詞 → 名詞］
(9)　Unemployment is **commonplace** in my trade.
　　　(失業は私の商売ではありふれている)［名詞 → 形容詞］
(10)　I cannot work **like** you do.　〈略式体〉
　　　(私は君のようには働けない)［前置詞 → 接続詞］

(11)のような，名詞の動詞化，(12)のような接続詞の動詞・名詞化は，**臨時用法** (nonce use) である。

(11)　"My *dear Percy* ..." began Mr. Cole. Don't '*dear Percy*' me, came from the other end of the table.　　　(Walpole, *Jeremy and Hamlet*)
　　　(「あのねえ，パーシー...」とコール氏が切り出した。「あのねえ，パーシーなんて呼ばないでください」という返事が，テーブルの反対の端から聞こえた)
(12)　"*But*—" "**But** me no **buts**, ..."　　　(Twain, *A Connecticut Yankee*)
　　　(「しかし――」「しかし，しかしは，ご免だね」)

1.2.4.　句

二つ以上の語が集まって一つの品詞の働きをし，「主部＋述部」の形式を備えていないものを**句** (phrase) と言う。句には，二つの見方がある。

［**A**］**機能的に見た句**：　次の3種がある。
　① **名詞句** (noun phrase)：　一つの名詞の働きをする。「...すること」と訳すことができる。
　(1)　**To err** is human, **to forgive**, divine.　(Pope, *Essay in Criticism* 1.525)
　　　(過(あやま)つは人の常，赦(ゆる)すは神の業(わざ))
　(2)　The question is **how to do it**.　(問題は，どうやってそれをするかだ)
　(3)　I like **getting up early**.　(私は早起きが好きだ)［＜早く起きること］
　② **形容詞句** (adjective phrase)：　一つの形容詞の働きをする。
　(4)　He is a man **of ability**.　(彼は才能のある男だ)［＝able］
　(5)　There was nothing **to eat**.　(食べ物は何もなかった)［＝edible］
　(6)　He is **in good health**.　(彼は健康だ)［＝healthy］
　(7)　A friend **in need** is a friend indeed.　〈諺〉(困ったときの友こそ真の友)
　③ **副詞句** (adverb phrase)：　一つの副詞の働きをする。
　(8)　He can lift a hundred pounds **with ease**.　［＝easily］
　　　(彼は100ポンドを楽々と持ち上げられる)［動詞句を修飾］
　(9)　German is difficult **to learn**.
　　　(ドイツ語は学びにくい)［形容詞を修飾：＜学ぶのにむずかしい］

(10) He is old enough **to go to school**.
　　　（彼は学校へ上がっていい年ごろだ）［他の副詞を修飾：＜行くのに十分に＞］
(11) **No doubt** he will succeed.　（もちろん，彼は成功するだろう）［文全体を修飾］

　NB　形容詞句と副詞句との見分け方：　次の二つの文を比較せよ．
　　(i)　The bird **in the cage** is a canary.　（かごの中の鳥は，カナリアです）
　　(ii)　There is a canary **in the cage**.　（かごの中にカナリアがいる）
同じ in the cage という句でも，(i) では the bird を修飾しているから形容詞句であり，(ii) では is を修飾しているから副詞句である．このように，句の種類は，文中での働きによって決定される．

[B]　**構造的に見た句**：　[A] で見た句は，語群の機能 (function) によって認められたものであるが，句はまた，構造的に見ることもできる．その場合，句はほとんどすべての品詞にわたって認められる．生成文法で「句」と言うのは，この意味である．

① **名詞句**
(12) Bill is **an honest man**.　（ビルは正直者だ）
(13) He is **a student of linguistics with long hair**.　（彼は髪の長い言語学徒です）

② **形容詞句**
(14) It's an **extremely important** meeting.　（それは，きわめて重要な集会です）
(15) I am **very fond** of dogs.　（私は犬が大好きです）

③ **動詞句**
(16) John **got a new car**.　（ジョンは新車を買った）
(17) Chris will **meet his employer at the castle**.
　　　（クリスはお城で雇い主と会うだろう）
(18) Mary **wrote a letter in the garden yesterday**.
　　　（メアリーはきのう庭で手紙を書いた）

　NB　動詞句のうち，get up（起きる），arrive at（…に到着する），take care of（…の世話をする）のように，一つの動詞のように働くものは，一般に**句動詞** (phrasal verb) と呼ばれている（第35章を参照）．

④ **副詞句**
(19) John speaks three languages **very fluently**.
　　　（ジョンは，とても流暢に3か国語を話す）
(20) He discovered it **quite independently of me**.
　　　（彼は，私とは全く無関係にそれを発見した）

⑤ **前置詞句**
(21) This is a present **for John**.　（これは，ジョンにあげるプレゼントです）
(22) The bookstore is **just around the corner**.
　　　（本屋さんは，ちょうど角を曲がった所にあります）

　NB　次のような，二つ以上の一定の語が集まって，一つの品詞の役目をするものは複合語

であって，二つ以上の語の自由な結合である「句」と区別するほうがよい．これらは，1語として固定してしまって，他の語の介在を許さないので，複合語に含めるのが妥当である．例えば，with ease（楽に）という副詞句は，with *great* ease（いとも楽々と）のように，他の語の介在を許すが，これに対して，例えば as soon as という複合接続詞は，as-soon-as と表記してもよいくらい他の語の介在を許さない．

① **複合名詞** (compound noun)
 (i) rainbow（虹）／newspaper（新聞）／jack-in-the-box（びっくり箱）
② **複合代名詞** (compound pronoun)
 (ii) each other（お互い）／one another（同）［この二つのみ］
③ **複合形容詞** (compound adjective)
 (iii) breathtaking（かたずをのむような）／well-bred（育ちのよい）／Japan-made（日本製の）／all-American（最もアメリカ的な）／world-wide（世界的な）
④ **複合動詞** (compound verb)
 (iv) overtake（追いつく）／double-park（並べて駐車する）／whitewash（しっくいを塗る）／dry-clean（ドライクリーニングする）
⑤ **複合副詞** (compound adverb)
 (v) sometimes（ときどき）／nowadays（今日では）／however（けれども）
⑥ **複合接続詞** (compound conjunction)
 (vi) as soon as（…するやいなや）／for fear（that）（…しないように）／in order that（…するために）／in case（…するといけないから）／as if（まるで…のように）
 (vii) Take your coat **in case** it rains.
  （雨が降るといけないから，コートを持って行きなさい）
 (viii) He behaves **as though**／**as if** he were rich.
  （彼はまるで金持ちみたいなふるまいをする）
⑦ **複合前置詞** (compound preposition)
 (ix) for the sake of（…のために）／by means of（…を用いて）／in spite of（…にもかかわらず）
 (x) I stopped smoking **for the sake of** my health. （私は健康のために禁煙した）
 (xi) We express our thoughts **by means of** words.
  （私たちは言葉を用いて思想を表現する）
⑧ **複合間投詞** (compound interjection)
 (xii) **For goodness' sake**, stop making such a noise!
  （後生だから，そんなに騒ぐのはやめてくれ）
 (xiii) **Good grief!** That's the most extraordinary thing I've ever seen!
  （いやはや，あんな奇妙なものは見たことがないよ）

1.2.5. 節

「主部＋述部」の関係を備えている語群を**節** (clause) と言う．節も，機能と構造の二つの観点から見ることができる．

［A］ **機能的に見た節**
句と同様に，次の3種が認められる．
① **名詞節** (noun clause)： 一つの名詞に相当する働きをする．
 (1) **Whether** *he wrote it or not* is still unclear.

(彼がそれを書いたかどうかは，まだ不明だ)〔主語〕
- (2) She believes **that** *his brother is innocent*.
(彼女は兄は無実だと信じている)〔目的語〕
- (3) The problem is **which** *way is the shortest*.
(問題はどの道が一番近いかだ)〔主語補語〕
- (4) The news **that** *he died* was a great shock to us.
(彼が死んだという知らせは，私たちには大変なショックだった)〔news と同格〕
- (5) I walked over to **where** *he sat*.
(私は彼が腰掛けている所まで歩いて行った)〔前置詞の目的語〕

名詞節を導くのは，通例，that, whether, if のような接続詞，および，who, which, what などの疑問詞である．

② **形容詞節** (adjective clause)： 一つの形容詞に相当する働きをする．ただし，形容詞と違って，常に名詞のあとに置かれて，それを修飾する．

- (6) I know the man **who** *wrote this book*.
(私はこの本を書いた人を知っています)
- (7) It was a crisis **for which** *she was totally unprepared*. (OALD[6])
(それは彼女が全く予期していない危機だった)
- (8) This is the house **that** *Jack built*. (*Mother Goose*)
(これはジャックが建てた家です)
- (9) This is the room **where** *I work*. (ここは私が仕事をする部屋です)
- (10) That is the reason **why** *he failed*. (それが彼が失敗した理由だ)
- (11) The day **when** *we met* was rainy. (私たちが会った日は雨だった)

形容詞節を導くのは，普通，who, which, that のような関係代名詞か，where, why, when のような関係副詞である．

NB 接続詞が形容詞節を導くこともある．
- (i) The day **after** *you left* was stormy. (君が発った翌日は嵐だった)
- (ii) English **as** *We Speak It in Ireland* (P. W. Joyce の著書名 (1910))
(アイルランドで話している英語)
- (iii) Mt. Fuji, **as** (*it is*) *seen from Tagonoura* is superb.
(田子の浦から見た富士山は絶景だ)

(ii), (iii) の as は，先行詞の特殊な様相 (aspect) を示す．

③ **副詞節** (adverb clause)： 一つの副詞の働きをし，動詞・形容詞・他の副詞，または文全体を修飾する．

- (12) He came **after** *I left*. (彼は私が去ったあとやって来た)〔動詞を修飾〕
- (13) John is stronger **than** *he was before*.
(ジョンは以前よりも丈夫になった)〔形容詞を修飾〕
- (14) He studies harder **than** *I ever did*.

(彼はかつての私よりもよく勉強する)［他の副詞を修飾］
(15)　**When** *he comes*, we will go.
　　　(彼が来たら出かけましょう)［文全体を修飾］
上で見るように，副詞節を導くのは，通例，接続詞である．
[**B**]　**構造から見た節**：節は，構造の視点から見た場合，次の4種類が認められる．
①　**独立節** (independent clause)：「主語＋述語」の関係が文字どおり独立して存在するもの．
(16)　The sun rose.　(太陽が昇った)
(17)　Water boils at 100°C.　(水は摂氏100度で沸騰する)
②　**等位節** (coordinate clause)：「主語＋述語」の形式が等位接続 (conjoin) されているもの．
(18)　[I missed supper] **and** [I'm starving]!　　　　　　　　　　　(LDCE³⁾)
　　　(夕食を食べそこなったので，腹がぺこぺこだ)
(19)　[He left] **but** [I stayed].　(彼は立ち去ったが，私はあとに残った)
(20)　[Bill is tall]**;** [Dick is short].　(ビルは背が高いが，ディックは背が低い)
最後の例では，セミコロン（;）が等位接続詞の機能を果たしている．
③　**従属節** (subordinate clause)：独立節が格下げ (downgrade) されて，他の節の構成素になっているもの．
(21)　I know **that** *John is a bright boy.*
　　　(ジョンが頭のよい少年なのは承知している)［know の目的節］
(22)　This is the house **that** *Jack lives in.*
　　　(これはジャックが住んでいる家です)［the house を修飾する形容詞節］
(23)　He came **while** *I was out.*
　　　(彼は私の留守中にやって来た)［came を修飾する副詞節］
④　**小節** (small clause)：主語・述語関係はあるが，動詞をもたない節．
(*a*)　他動詞の目的語
(24) a.　I consider [*John intelligent*].　(ジョンは聡明だと思う)
　　 b.　I believe [*Mary sincere*].　(メアリーは誠実だと信じている)
(25) a.　They want [*Bill out of the team*].
　　　　(みんなはビルをチームからはずしたいと思っている)
　　 b.　I like [*my coffee strong*].　(コーヒーは濃いのが好きだ)
(26)　I found [*him gone*].　(彼がいないのに気がついた)
(27)　They named [*the child Richard*].　(彼らは子供をリチャードと名づけた)
(*b*)　with の目的語：with 句は理由・付帯状況を表す．
(28)　I feel lonely **with** [*my wife away*].　(妻が留守なので寂しい)
(29)　I sat **with** [*the door open*].　(ドアを開けたまますわっていた)
(30)　The winter was very severe, **with** [*deep snow on the ground*].　(KCED)

(その冬は雪が深く積もって，とても厳しかった)
(31) He was born **with** [*a silver spoon in his mouth*].
(彼は銀のさじをくわえて(=富貴な家に)生まれた)
(32) He passed the examination **with** [*colors flying*].
(彼は堂々と試験に合格した)[<「軍旗を翻して」が原義]
(33) He stood **with** [*his pipe in his mouth*]/**with** [*pipe in mouth*].
(彼はパイプをくわえて立っていた)
(*c*) 付帯状況を表す： with を省略した形式．
(34) a. Rodney came out of the house, *his pipe in his mouth*. (Macaulay, *Dangerous Ages*) (ロドニーはパイプをくわえて，家から出てきた)
　　b. Olsen, *pipe in mouth*, is leaning against the railing. (Rice, *Street Scene*) (オルセンはパイプをくわえて，手すりにもたれている)
(35) Jeremy stood, *his legs apart*, looking down upon his dog. (Walpole, *Jeremy and Hamlet*) (ジェレミーは股を開いて，自分の犬を見下ろしていた)

(34b)で冠詞も代名詞も省略されているのは，語と語の関係だけを問題にしているからである．

1.3. 文の種類

句と同様に，文 (sentence) も，機能と構造の二つの観点から分類することができる．

1.3.1. 機能から見た分類

次の4種類を認めることができる．機能とともに形式も考慮されている点に注意．
[**A**] 平叙文 (declarative sentence)： ある情報を伝える．
(1) The sun rises in the east. (太陽は東から昇る)
(2) Mary can read French. (メアリーはフランス語が読める)
[**B**] 疑問文 (interrogative sentence)： 2種類がある．
① yes/no 疑問文： 命題の真偽を尋ねる．
(3) Is John a doctor? (ジョンは医者ですか)
(4) Does he love his wife? (彼は妻を愛していますか)
② wh 疑問文： 文中の不明の部分 (wh 句の部分) について尋ねる．
(5) **Who** opened my letter? (誰が私の手紙を開封したのか)
(6) **When** will he come back? (彼はいつ帰ってくるのか)
(7) **Which way** is the wind blowing? (OALD[6])
(風はどっちの方向へ吹いているのですか)[比喩的には，「形勢はどうか」]
[**C**] 命令文 (imperative sentence)： 聞き手に命令・依頼をする文．
(8) Come in! (お入り!)

(9) Shut the door, please. （ドアを閉めてください）

聞き手に対する命令・依頼なので，普通，主語の you は省略される．

[D] **感嘆文** (exclamatory sentence)： 感嘆の気持ちを表す文．

(10) **What nonsense** you are talking! （なんたるたわごとをほざいているのか）
(11) a. **How tall** John is! （ジョンはなんてのっぽなんだろう）
　　b. Cf. How tall *is John*? （ジョンは身長どれくらい？）［疑問文］
(12) **How** I hate war! （戦争って，なんていやなんだろう）

典型的な感嘆文は，上で見たように，what, how で始まる（§§ 38.3.4, 39.6）．

1.3.2. 構造から見た分類

語と並行的に，構造から見た節にも，次の3種類がある．

[A] **単文** (simple sentence)： 'S + V' の関係が一つしか含まれないもの．

(1) **Fire** *burns*. （火は燃える）
(2) **The children** *approached* with flowers in their hands.
　　（子供らは，手に花をもって近づいてきた）

[B] **複文** (complex sentence)： 文中に節を含む文．

(3) I know **that** *John is honest*. （ジョンが正直なことは知っている）［名詞節］
(4) I met a man **who** *ate glass*. （ガラスを食べる人に会った）［形容詞節］
(5) John arrived **before** *the party started*.
　　（ジョンは，パーティーが始まる前に到着した）［副詞節］

[C] **重文** (compound sentence)： 二つ（以上）の 'S + V' が等位接続詞 (and, but, or, for) で結ばれている文．

(6) The sun rose **and** the fog disappeared. （太陽が昇り，霧が消えた）
(7) He is old, **but** he has a strong will. （彼は老人だが，強い意志をもっている）
(8) We must watch out, **or** we shall miss the turning.
　　（用心していないと，曲がり角を見落とすだろう）

NB 1 "**混文**"について： 重文を構成する等位節の中に，さらに一つ（以上）の従属節が埋め込まれた文を"混文"(mixed sentence) と言うことがあるが，"混文"は重文の下位区分と分析するべきであろう．例えば，(i) を直接構成素 (immediate constituent) 分析すると，次のようになる．

(i) [S_1 The novel is pleasant enough], **but** [S_2 the man [S_3 **who** wrote it] is a blackguard]. （この小説はなかなか楽しいが，それを書いた男はごろつきだ）

すなわち，(i) は，S_1 と S_2 の二つの等位節が but によって連結された重文である．S_3 は S_2 の内部に，その一つの構成素（＝形容詞節）として埋め込まれているのにすぎないからである．つまり，S_3 は S_2 をさらに分析してはじめて得られる構成素で，それは，ちょうど，

(ii) I know [that the earth is round]. （地球が丸いことは知っている）

という文を SVO と分析するのと同じである．O である that 節の中身が SVC になっていることは，また別の話である．

NB 2 "**主節**"という概念について： 伝統文法の用語で，主節 (principal/main/head

clause) は，文から従属節を除いたものを言う．
 (i) **I know nothing** except that he was found dead.
  （彼が死体で見つかったということ以外には何も知らない）
 (ii) **I was so tired** that I went to bed at once. （ひどく疲れていたので，すぐ寝た）

上例の太字体の部分が主節で，残りが従属節である．この考え方は，この 2 例のように，従属節が副詞節の場合はうまくいく．しかし，従属節を除いた残りが主節だとすると，次のような，文の主要素（主語・目的語・補語）の中に従属節が埋め込まれている場合，うまく説明できなくなる．

 (iii) What he said **is true**. （彼が言ったことは本当だ）
 (iv) **He said** that he would come today. （彼はきょう来ると言った）
 (v) What's more surprising **is** that he didn't inform his parents. (Quirk et al. 1985)（さらに驚くべきことは，彼が両親に知らせなかったことだ）

上の三つの例文のうち，太字体の箇所が主節だとすれば，(iii) では主語が，(iv) では目的語が欠けている．さらに (v) では，is が主節である，などと無意味なことを言わなければならなくなる．そこで，Jespersen (1924: 105-6) や MEU[1] (1926: 79) などは，主節という用語を特別に認める必要はないとし，節をもっぱら従属節の意味で使用している．

しかし，このようなジレンマに陥らずに主節を定義づける方法は，二とおりある．その一つは，(iii), (v) を次のように分析することである．

 (vi) [S_1 [S_2 What he said] is true]
 (vii) [S_1 [S_2 What's more surprising] is [S_3 that he didn't inform his parents]]

この場合，Quirk et al. (1985: 988) は，S_1，すなわち，文全体を主節 (main clause)，S_2, S_3 を従属節 (subordinate clause) と呼んでいる．

もう一つの，もっと簡潔な考え方は，上の三つの例文のように，主語，補語，目的語などの文の主要素の中に埋め込まれた文は，S, C, O のように文の要素とするものである．この考え方では，例えば (iv) は SVO, (iii), (v) はともに SVC と分析されるので，どちらも疑問の余地なく，単文と認定される．

第 2 章

文　　型

2.1.　文型とは何か

2.1.1.　文型と動詞型

一般に，「**文型**」(sentence type) と言うとき，二つの種類がある．文の要素の機能 (function) を考えれば，Onions (1929) で示されたような「5 文型」が得られるし，要素の構造 (structure) を考えれば，Hornby (1975) に見えるような動詞型 (verb pattern) が得られる．

(1) の五つの文は，5 文型では，いずれも SVO であるが，動詞型では，(2) のように，目的語の構造ごとに異なる型を設定しなければならない．

(1) a.　We all had a good time.　（私たちはみんな楽しいひと時を過ごした）
　　b.　I couldn't help laughing.　（私は笑わずにはいられなかった）
　　c.　Do you know how to do it?　（その仕方を知っていますか）
　　d.　Do you think it'll rain?　（雨が降ると思いますか）
　　e.　I don't know who she is.　（彼女が誰だか知らない）
(2) a.　noun/pronoun　（名詞/代名詞）
　　b.　gerund (phrase)　（動名詞(句)）
　　c.　interrogative adverb + *to*-infinitive (phrase)　（疑問副詞 + to 不定詞(句)）
　　d.　*that*-clause　（that 節）
　　e.　dependent clause/question　（従属節/従属疑問文）

こうして，Hornby (1975) では，25 の動詞型が認められ，さらに下位区分が加わって計 53 種になっている．

機能型の文型と構造型の動詞型のどちらがすぐれているかは，目的によって異なる．機能型の文型は，英語に生起する無限の文を五つの型に還元している点で，中学・高校の生徒に基本文型の概念をたたき込むのに適している．一方，構造型の文型は，大学生などが英文を書く場合に高い実用性を発揮する．

以下の記述では，従来の 5 文型を再検討し，**義務的な副詞語句** (obligatory adverbial, A) を考慮した 8 文型を提案するつもりである．

NB 1　平叙文，疑問文，命令文，感嘆文，さらに肯定文，否定文，能動文，受動文などの区別も，文型の区別とは見ない．例えば，

(i) John loves Mary.　（ジョンはメアリーを愛している）
(ii) Does John love Mary?　（ジョンはメアリーを愛しているか）
(iii) John doesn't love Mary.　（ジョンはメアリーを愛していない）
(iv) Mary is loved by John.　（メアリーはジョンに愛されている）

などは，文型としてはすべてSVOに属する．

NB 2　5文型の最大の欠点は，動詞にとって義務的な副詞語句（A）を随意的なものと見て，文の主要素と考えなかったことである．例えば，
(i) John lives in London.　（ジョンはロンドンに住んでいる）

という文は，5文型ではSVとなるが，in Londonを省略した
(ii) *John lives.

は非文である．したがって，この文の文型はSVAということになる．同様に，
(iii) He put the car in the garage.　（彼は車をガレージに入れた）

という文は，5文型ではSVOとなるが，in the garageを削除した
(iv) *He put the car.

は非文である．そこで，この文の文型はSVOAであり，Aがこの文の成立にとって不可欠の要素であることがわかる．

2.1.2. 基本文型と派生文型

英語では，主語（S），述語動詞（V），目的語（O），補語（C），義務的な副詞語句（A）という，五つの文の要素の結合の仕方によって，次の八つの基本文型（basic sentence types）が生じる．文型を決定するのは，動詞の**項構造**（argument structure）である．つまり，ある動詞がいくつの項（＝動詞が表す動作・状態に参与する名詞句）を必要とするか，ということよって文型が決まってくる．

① SV型：　　　The sun **rose**.　（太陽が昇った）
② SVC型：　　John **is** a teacher.　（ジョンは先生だ）
③ SVO型：　　I **like** apples.　（私はリンゴが好きだ）
④ SVOO型：　Bill **gave** Sally a book.　（ビルはサリーに本を与えた）
⑤ SVOC型：　They **named** the baby Kate.　（彼らは赤ちゃんをケートと名づけた）

ここまでが，従来の5文型である．このほかに，Aを必要とする，次の三つの文型を加えなければならない．以下の例で，斜字体の部分がAである（日本語でも，Aに対応する語句が通例，不可欠である点に注意せよ）．

⑥ SVA型：　　Mary **is** *here*.　（メアリーはここにいる）［*Mary is./*メアリーはいる］
⑦ SVCA型：　John **is** very fond *of cats*.　（ジョンはネコが大好きだ）
　　　　　　　［*John is very fond./*ジョンは大好きだ］
⑧ SVOA型：　He **put** the key *in his pocket*.　（彼はポケットに鍵を入れた）
　　　　　　　［*He put the key./*彼は鍵を入れた］

2.2.　基本文型

2.2.1.　SV型

SV型は，**自動詞**（intransitive verb）のとる文型で，SとVから成り立っている．

第2章 文　型

自動詞は，主語項が一つで文が成立するので，「**1項動詞**」(one-place verb) とも呼ばれる．このことを項構造では，v(x) と表記し，「**x は v する**」と読む．これが，SV型の構造的意味 (structural meaning) である．

(1) *Birds* **fly**. (鳥は飛ぶ)
(2) Such *people* (still) **exist**. (そういう人々はいまでもいる)
(3) *Mary* **went away** (yesterday). (メアリーはきのう立ち去った)
(4) (The) *girls* **are sitting** (in the garden). (少女たちは庭に腰かけている)
(5) (An awful) *thing* **has happened**. (恐ろしいことが起こった)

上の文で，斜字体の語が S, 太字体の部分が V である．( ) 内の部分は形容詞的修飾語または副詞的修飾語 (modifier, M) であって，文型に関与しない．

NB went away, are sitting, has happened などは，文型論ではひとまとまりで V とみなす．went away は，一つの句動詞 (phrasal verb) である．are sitting は sit の進行形，has happened は happen の完了形である．いわば，sit および happen の"活用形"である．are sitting を He was asleep. (彼は眠っていた) などと同列に，SVC と分析するのは妥当ではない．

2.2.2. SVA 型

この文型は，S のほかに義務的な副詞語句 (A) を要求する動詞 (= 2 項動詞) がとるものである．A には，まず，場所を規定する副詞や前置詞句がある．

(1) a. Mary **is** *here*/*there*. (メアリーはここに/あそこにいる) [*Mary is.]
　　b. Our car **isn't** *in the garage*. (うちの車はガレージに入れてない)
　　c. His house **is** *near the station*. (彼の家は駅の近くにある)

場所規定の A をとる代表的な動詞は，存在の be である．上の各文は，Where is X? (X はどこにいる/あるのか) に答えるものであり，S は**旧情報** (old information) を，A が**新情報** (new information) を伝えている．A を削除することができないのは，このためである．

場所規定の A をとる動詞は，ほかに dwell, live, lie, stand, stay のような静止動詞 (verbs of rest) がある．

(2) a. John **lives** *in London*. (ジョンはロンドンに住んでいる) [*John lives.]
　　b. The town **lies** *on the coast*. (その町は海岸に面している)
　　c. The table **stood** *in the corner*. (テーブルは部屋の隅にあった)
　　d. He **is staying** *at a nearby hotel*. (彼は近くのホテルに滞在している)

義務的な A には，その他の空間関係を表すものがある．

(3) a. He **stole** *into the room*. (彼はその部屋へ忍びこんだ) [方向]
　　b. All roads **lead** *to Rome*. 〈諺〉(すべての道はローマに通じる) [着点]
　　c. The hills **extend** *from here into the next county*.
　　　 (この山は，ここから隣の州まで広がっている) [範囲]

次のような例では，場所・方向が比喩的に拡張されて，関係概念を表す A になっ

ていると考えられる．動詞も，関係動詞（relation verb）が使用されている．

(4) a. The road **goes** *through the forest*. （道は森を抜けている）
    b. The book **belongs** *to me*. （その本は私のものだ）
    c. Whether we go or not **depends** *on the weather*.
      （私たちが行くか行かないかは，天気次第だ）
    d. We **got** *into a heated argument*. （われわれは激論を始めた）

A には，さらに，時間を規定するものもある．

(5) a. Troy **is** *no more*. （トロイはもはやない）
    b. Chaucer **lived** *in the fourteenth century*.
      （チョーサーは14世紀に生きていた）

be 動詞が 'take place' という意味を表す場合は，主語は，「出来事名詞」（eventive noun）でなければならない．

(6) a. The match **is** *tomorrow*. （試合はあすある）
    b. The wedding **was** *on Sunday*. （結婚式は日曜日だった）

日本語においても，同様な事実が観察される．次の二つの文の文法性の違いは，「運動会」は「出来事名詞」であるが，「書棚」はそうではない点に原因がある．

(7) a. アスハ，運動会ガアル．
    b. *アスハ，書棚ガアル．

NB 1 A として二つの前置詞句（prepositional phrase, PP）をとる動詞もある．
    (i) He argued **with** John **about** politics. （彼はジョンと政治について議論した）
    (ii) He talked **to** me **about** himself. （彼は自分のことを私に話した）

したがって，厳密に言えば，これらは SVAA 型であるが，He argued (with John) about politics. のように，最初の A が削除されることもあれば，He argued with John (about politics). のように，他方の A が削除されることもあるので，SVA 型の変種と見ておく．

NB 2 次の文の太字体の部分も，それぞれ A である．
    (i) He weighs **heavily** / **160 pounds**.
      （彼は体重が重い／160 ポンドある）[*He weighs.]

NB 3 A と M との区別について： 次の二つの文は，それぞれ，A と M を含んでいる．
    (i) John ran **after Mary**. （ジョンはメアリーを追いかけた）[A]
    (ii) John ran **after dinner**. （ジョンは夕食後走った）[M]

つまり，（生成文法の用語で言えば）A は，V の補部（complement）として V を下位範疇化（subcategorize）（＝補部をとる動詞）しているのに対して，after dinner は文副詞として S に直接に支配されていて，V との関係は前者よりも薄い．その証拠に，M の場合は，

    (iii) **After dinner** John ran. （夕食後，ジョンは走った）

のように，文頭へ回すことが可能であるのに対して，動詞の補部である A は，文頭へ回すことは不可能である．もしも，(iv) のように，文頭に回すならば，

    (iv) **After Mary** John ran.

という文は，「メアリーのあとからジョンが走った」という意味になって，「メアリーを追いかけた」という意味にはならない．つまり，文頭に回された前置詞句は，もはや A ではなく，M になっているのである．

2.2.3. SVC 型

この文型は，be およびその類語からなる**連結動詞** (linking verb) がとるもので，主語の性質・状態を表す**主語補語** (subject complement, SC) を必要とする．

このことを項構造で表せば，be C(x) となり，その構造的意味は，「**x は C である/になる**」である．

連結動詞には，次のようなものがある．

- (1) a. be 型： be, feel, look, smell, sound, taste, remain, keep, stay, etc.
  - b. become 型： become, get, go, grow, etc.
- (2) a. Frank **is** *an architect*. （フランクは建築家です）[Frank = architect]
  - b. This **is** *my computer*. （これは私のコンピューターです）[This = computer]
- (3) a. Mary **became** *a nurse*. （メアリーは看護婦になった）[Mary = nurse]
  - b. The weather **got** *warmer*. （天気は暖かくなった）[The weather = warmer]

主語と主語補語との間には，前述したように，「S＝C」の等式関係が成立している．そこで，この文型を「**等式文**」(equational sentence) と言うこともある．

> **NB** 連結動詞が何項動詞かと言えば，[be an architect], [become a nurse], [seem interesting] が，それぞれ一つの述語なので，やはり，1項動詞ということになる．Frank = an architect という等式でわかるように，「フランクは建築家に分類される」という意味であって，二人の人がいる(＝二つの項がある)のでは，決してない．

2.2.4. SVCA 型

この文型は，SVC の C の機能を果たす形容詞が，義務的に前置詞句 (A) を伴うものである．これらの形容詞は，He is *dead*. （彼は死んだ）／John is *tall*. （ジョンは背が高い）のような，項を一つしか必要としない形容詞とは異なり，もう一つ，対象を表す項を必要とする形容詞である．前者の類は，**1項形容詞** (one-place adjective)，または**自動詞的形容詞**，後者の類は，**2項形容詞** (two-place adjective)，または**他動詞的形容詞**と呼ばれる．

5文型の SVC のほかに，SVCA を認めるのは，例えば，I am fond of cats. から A である of cats を削除すると，*I am fond. という非文が得られるからである．[1] この2項形容詞の表す関係は，be fond of (x, y)「x が y を好んでいる」のように，表記することができる．

- (1) a. I **am** fond *of cats*. （私は猫が好きだ）[*I am fond.]
  - b. John **was** angry *about trifles*. （ジョンはつまらないことで怒っていた）
  - c. Mary **is** good *at mathematics*. （メアリーは数学が得意だ）
  - d. He **is** free *from worldly cares*. （彼には世俗的な心配がない）
  - e. Joe **is** interested *in languages*. （ジョーは語学に興味をもっている）

---

1. *I am fond. は常に非文であるが，He was angry. などは A が落ちていることもある．しかし，後者の形容詞の場合も，基底には with her/about trifles のような A が存在すると考えるべきであろう．

  f. I **am** very glad *of that*.   (Christie, *Nemesis*)
    (私はそのことをとても喜んでいます)
  g. Bill **was** insistent *on his rights*. (ビルは自分の権利を強く主張した)
  h. Politicians **are** subject *to criticism*. (政治家は非難されやすい)
  i. I **am** not concerned here *with the question*.
    (ここではその問題に関心はない)

A の位置に文が埋め込まれると，that 節として実現する．

(2) a. Mary **was** aware [*of* John's having left].
  b. Mary **was** aware [*that*/*of that John had left].
    (メアリーは，ジョンが去ったことを知っていた)
(3) a. I **was** aghast [*at* John's hitting Mary].
  b. I **was** aghast [*that* John hit Mary].
    (ジョンがメアリーをなぐったのには仰天した)

that 節の前では，義務的に前置詞が落ちるが，基底に前置詞が存在することは，次のような，**擬似分裂文** (pseudo-cleft sentence) に書き替えたとき，前置詞が復活することから，明らかである．

(4) a. What Mary was *aware of* is that John had left.
    (メアリーが知っていたのは，ジョンが立ち去ったということだ)
  b. What I was *aghast at* is that John hit Mary.
    (私が仰天したのは，ジョンがメアリーをなぐったことだ)

2.2.5. SVO 型

  この文型をとるのは，目的語 (O) を一つとる**他動詞** (transitive verb) である．他動詞は，その表す動作に主語と目的語の二つが参与するので，**2 項動詞** (two-place verb) とも呼ばれる．この関係は，v(x, y) と表記することができ，概略，「**x は y を v する**」という構造的意味を表す．y の位置を占めるのが O である．

(1) a. John **cut** *his finger*. (ジョンは指を切った)
  b. Mary **enjoys** *classical music*.
    (メアリーはクラシック音楽を好んで聴く)
  c. The little boy **caught** *the ball* quickly.
    (その坊やは素早くボールをとらえた)

SVO 型は，英語の愛用文型 (favorite sentence type) であり，多くの例をあげる必要はないであろう．

(2) a. John **hit** *the ball*. (ジョンはボールをたたいた)
  b. Ann **fears** *snakes*. (アンはヘビを怖がる)
  c. Jim **has** *a good car*. (ジムはいい車をもっている)
  d. We **reached** *York* at midnight. (私たちは真夜中にヨークに着いた)
  e. I **heard** *an owl* last night. (ゆうべフクロウの声が聞こえた)

  f. Tom **lacks** *courage*.　(トムは勇気がない)
  g. Patty **married** *a doctor*.　(パティーは医者と結婚した)

　英語の目的語は，普通，日本語の対格(=直接目的語)をマークする格助詞「ヲ」で表現できるが，上で見るように，**他動性** (transitivity) が低い動詞では，「ニ，ガ，ト」などと対応することもある．

　SとOとが**同一指示的** (coreferential) である(=同じものを指す)場合は，Oには義務的に再帰代名詞が用いられる．そこで，次の二つの文は対立する．

 (3) a. John **hurt** *himself*.　(ジョンはけがをした)[John = himself]
   b. John **hurt** *him*.　(ジョンはその男にけがをさせた)[John ≠ him]

　最後に，Oの位置に文が埋め込まれている例をあげておく．文形式の目的語は，「**文目的語**」(sentential object) と呼ばれる．(≡は「同値」を表す.)

 (4) a. Magellan **proved** [*that the earth is round*].
    (マジェランは地球が円いことを証明した)
   b. ≡ *That the earth is round* was proved by Magellan.
 (5) a. Everyone would **prefer** [*for you to come early*].
    (誰もがあなたが早く来るほうがいいと思うでしょう)
   b. ≡ [*For you to come early*] would be preferred by everyone.

2.2.6.　SVOA型

　動詞の中にはS, Oのほかに，Aを義務的に要求するものがある．すなわち，**3項動詞** (three-place verb) であり，AはVPの中にあってVを下位範疇化する前置詞句である(言い替えれば，義務的にO+PPをとる動詞ということである)．例えば，

 (1) John **put** the car *in the garage*.　(ジョンは車をガレージに入れた)
    [cf. *John put the car. / *He put in the garage.]

という文のVPの構造は，次のようなものである．

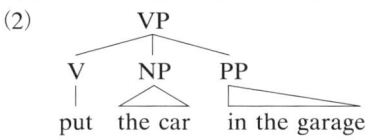

 (2)
```
           VP
        /  |  \
       V   NP   PP
       |   |    |
      put the car in the garage
```

つまり，putという動詞は，put (x, y, z)「xがyをzに置く」という構造的意味を表す3項動詞である(「置ク」はすべての言語においても，そうである)．

　この文型をとる動詞は開いた集合で，多種多様であるから，ここでは，主要なものを示すにとどめる．

 (3) a. John **put** the key *in the lock*.　(ジョンは錠に鍵を差し込んだ)
   b. Meg **hung** a picture *on the wall*.　(メグは壁に絵を掛けた)
   c. Father **took** me *to the zoo*.　(父が私を動物園に連れて行ってくれた)
   d. Nobody **paid** any attention *to him*.　(誰も彼に注意を払わなかった)
   e. **Convey** my regards *to your mother*.　(お母さんによろしく)

f. I **put** the question *to him.* （彼にその質問をした）

(4) では，A に that 節が埋め込まれている．
   (4) a. I have been reliably **informed** *that the couple will marry next year.*
      (OALD[6]) （両人が来年結婚するということを，信頼できる人から聞いている）
   b. I **satisfied** myself *that it was a cab and not a private carriage.*　(Doyle, *A Study in Scarlet*)　（私はそれが辻馬車で，自家用の馬車でないことを納得した）

2.2.7. SVOO 型

SVOO 型をとる動詞は，give (x, y, z)「x が y に z を与える」とか，buy (x, y, z)「x が y に z を買ってあげる」というように，主語のほかに二つの目的語をとる**3項動詞** (three-place verb) である．すなわち，この種の動詞の表す動作が成立するためには，x, y, z という三つの項 (= 名詞句) を必要とする．このとき，「y に」を**間接目的語** (indirect object, IO)，「z を」を**直接目的語** (direct object, DO) と呼ぶ．IO は通例「人」を表し，DO は通例「物」を表す．

SVOO 型をとる動詞は，大きく，give 型と buy 型に分かれる．

[A]　**give 型**: give, hand, lend, offer, pay, send, show, write, tell, etc.
   (1) a. John **gave** the girl *a book.* （ジョンはその少女に本をあげた）
   b. My uncle has **sent** me *this watch.* （おじさんが私にこの時計を送ってくれた）
   c. He **told** everybody he saw *the news.*　　　　　　　　(OALD[6])
      （彼は会う人ごとにその話をした）
   d. I think you **owe** us *an explanation.*　　　　　　　　　(Ibid.)
      （君は私たちに説明する義務があると思うよ）

これらの例は，**二重目的語構文** (double object construction) と呼ばれる．これらの動詞に伴う IO は，〈受領者〉(recipient) を表すので，(2) のように，to 句で書き替えることができる（その場合，文型が変わって，SVOA 型となる）．

   (2) a. John **gave** a book *to the girl.*
   b. My uncle has **sent** this watch *to me.*
   c. He **told** the news *to everybody he saw.*
   d. I **owe** a debt of gratitude *to all my family.*　　　　(OALD[6])
      （私は家族全員に感謝しなければならない）
   e. Who **gave** it *to you*? (Maugham, *Bitter Sweet*) （誰がそれをくれたの）

(2) の例は，(1) と区別して，**与格構文** (dative construction) と呼ばれる．

[B]　**buy 型**: build, buy, find, get, keep, make, read, save, etc.
   (3) a. My father **bought** me *a tape recorder.*
      （父は私にテープレコーダーを買ってくれた/*買った）
   b. Mother will **make** me *a new dress.*
      （母さんは新しいドレスを作ってくれるでしょう）
   c. I'll **make** you *a fine wife.*　　　　(Hemingway, *A Farewell to Arms*)

(あたし，素敵な妻になってあげるわ)
    d. **Save** me *some coffee*.（コーヒーを取っておいてくれ）
    e. "I'll **get** us *some coffee*," she said.（Archer, *Shall We Tell the President?*）
       （「コーヒーを持ってきましょう」と彼女は言った）

buy 型動詞に伴う IO は，〈**受益者**〉(benefactive) を表すので，(4) のように，for 句で書き替えることができる（この場合も，文型が変わって，SVOA 型となる）．

(4) a. My father **bought** a tape recorder *for me*.
    b. Mother will **make** a new dress *for me*.
    c. Mary will **make** a good wife *for John*.
    d. **Save** some coffee *for me*.

ただし，SVOO 型を SVOA 型に書き替えると，もはや，同一の場面で交換可能ではなくなってしまう．文型も異なるし，新情報の**焦点** (focus) に関しても相違が生じるからである．例えば，上の (1a) は，(5a) に答える文であるが，一方，(2a) は，(5b) に答える文である．

(5) a. *What* did John **give** the girl?（ジョンはその少女に何を与えたのか）
    b. *Who* did John **give** a book *to*?（ジョンは本を誰に与えたのか）

同様なことは，buy 型 (3a), (4a) についても言える．

(3) a. My father **bought** me *a tape recorder*.
(4) a. My father **bought** a tape recorder *for me*.

(3a) では，a tape recorder が新情報の焦点であり，(4a) では for me が新情報の焦点になっている．

    NB grudge「与えるのを惜しむ」は，二重目的語構文のみで，与格構文をもっていない．
      (i) I don't **grudge** him *his success*.（LDCE[4]）（私は彼の成功をねたまない）

2.2.8. SVOC 型

この文型は，目的語 O のほかに目的語補語 OC を必要とする．この文型が学習者にとって最もむずかしいのは，文の内部にもう一つ別の文が埋め込まれていることが大きな原因となっている．

学校文法でこの文型をとるとされている動詞は，次のようなものである．

(1) a. want 型： desire, prefer, like, hate, love, wish, etc.
    b. believe 型： believe, consider, find, guess, know, think, understand, etc.
    c. make 型： make, have, let, get, cause, elect, name, christen [krísn], appoint, etc.
    d. see 型： see, hear, feel, look at, watch, notice, etc.
    e. force 型： challenge, compel, dare, force, oblige, urge, allow, permit, etc.
    f. promise 型： advise, promise, teach, tell, warn, etc.

しかし，厳密な意味で SVOC 型と言えるのは，(1e) の force 型のみであり，(1a-d) は SVO 型，(1f) は SVOO 型である．以下に，その統語的根拠について考察する．
[A] まず，(1a-d) から始めよう．これらの動詞は，一見 SVOC 型をとるように見えるけれども，次の分析が示すように，実は SVO 型である．

(2) a.　I **found** [my purse *gone*].　（財布がなくなっているのを発見した）
　　b.　I **believe** [John (*to be*) *a liar*].　（私はジョンが嘘つきだと信じている）
　　c.　I **like** [boys *to be quiet*].　（私は男の子が静かにしているのが好きだ）

① 意味論的に言えば，(2a) で私が見つけたのは，「財布」ではなく，「財布がなくなっていること」である．(2b) で私が信じているのは，「ジョン」ではなく，「ジョンが嘘つきだということ」である（つまり，私はジョンを信じていないのである）．(2c) では，私が好きなのは，「男の子」ではなく，「男の子が静かにしている」ことである（話し手は，むしろ，男の子嫌いと考えられる）．

② 統語論的には，(2) の補文は，it で代用することができる．それは，補文が個体ではなく，命題を表していることを物語っている．

(2′) a.　I **found** [my purse gone]. → I found it / *my purse.
　　 b.　I **believe** [John (to be) a liar]. → I believe it / *John.
　　 c.　I **like** [boys to be quiet]. → I like it / *them.

③ 補文の主語に it や there のような**虚辞**（expletive）が生じる．現実世界に指示物（referent）をもたない虚辞は，目的語ではありえない．

(3) a.　**Let** [*there* be light].　　（AV, *Genesis* 1: 3）（光あれ＜光をしてあらしめよ）
　　b.　**Look at** [*it* snow now].　　　　　　　　　（Hemingway, *A Farewell to Arms*）
　　　　（ちょいと雪が降るのをごらんよ）
　　c.　'I don't see how God could **let** [*it* rain today],' she whispered rebelliously.　　　　　　　　　　　　　　　　　　　　　　（Montgomery, *Anne of Ingleside*）
　　　　（「どうして神さまは，きょう雨なんかお降らせになったのか，わからないわ」と彼女は反抗的な口調で小声で言った）

④ 補文を受動形にしても，能動文と知的意味は変わらない．

(4) a.　I want [you to clear the room].
　　b.　= I want [the room to be cleared by you].
　　　　（君に部屋を片づけてもらいたい）

⑤ 知的意味を変えないで，believe 型は that 節に，want 型は for 節に書き替えることができる．that と for は，ともに**補文標識**（complementizer）であるから，that 節，for 節が O という一つの項をなしていることは，疑う余地がない（対応する日本語でも，(2) で見るように，補文標識「の」，「と」が現れている）．

(5) a.　I **believe** [*that* John is a liar].　（ジョンは嘘つきだと信じている）
　　b.　I'd **prefer** [*for* him not to go].　〈米〉
　　　　[=〈英〉I'd prefer him not to go.]

(彼に行ってほしくないのですが)

[B] 次に, (1e) の force 型を考察していく. 上で force 型のみが SVOC 型であると述べた. (6) は, 次に示すような基底構造をもっている.

(7) The police **forced** John$_i$ [PRO$_i$ to talk].
　　　　S　　　　　　V　　O　　　　C

見られるように, この型では, 目的語は補文の外にあり, 他動詞の影響をもろにうけるので, 対格をとる (日本語では, 「ヲ格」が対応する). 警察は, ジョンに直接にプレッシャーをかけ, その結果, ジョンが話すのである. PRO は, 非定形動詞の**意味上の主語** (sense subject) を表す, 抽象的な代名詞である. ここで, PRO の先行詞は, 目的語の John であり, 下付の i は両者が**同一指示的** (coreferential)（＝同じものを指す）であることを示す. このような, 目的語が PRO をコントロールしている（＝PRO の先行詞である）ような動詞を, **目的語コントロール動詞** (object control verb) と言う.

[C] 最後に, (1f) の promise 型を考察する. この文型でも, 目的語は, やはり, 補文の外にあるが, これは直接目的語 (DO) ではなく, 間接目的語 (IO) である（日本語で「ニ格」が対応することは, そのことの傍証となる）. 次の例で, 斜字体が間接目的語で, [　]内が直接目的語である. いずれも「**x に y をするように告げる**」というような構造的意味を共有していて, 文型は SVOO 型と見ることができる (cf. Jespersen *MEG* V: 285, Quirk et al. 1985: 1218).

このタイプは, (b) 文のように, DO の部分を that 節に書き替えることができる. そのとき, to 不定詞の意味上の主語 PRO は, 顕在的な主語 (*ie* she, he) として現れる.

(7) a. I **advised** *Mary*$_i$ [PRO$_i$ to wait].
　　b. I **advised** *Mary* [that she (should) wait].
　　　（私は, メアリーに待つように忠告した）
(8) a. I **told** *John*$_i$ [PRO$_i$ to see a doctor].
　　b. I **told** *John* [that he (should) see a doctor].
　　　（私はジョンに医者に診てもらえと言った）
(9) a. We **recommended** *John*$_i$ [PRO$_i$ to see a lawyer]. 〈英〉
　　b. ＝ We **recommended** *to John* [that he (should) see a lawyer].
　　　（私たちは, ジョンに弁護士に相談するように勧めた）

(7)-(9) の PRO の先行詞は, 主文の目的語であるが, 次の promise の場合, 約束をした人が約束を履行しなければならないのは当然のことなので, PRO の先行詞は, 主文の目的語ではなく, 主語である. すなわち, promise は, **主語コントロール動詞** (subject control verb) である.

(10) a. He$_i$ **promised** me [PRO$_i$ never to show up late again].
　　 b. He **promised** (*me*) [that he would never show up late again].
　　　（彼はもう二度と遅刻はしません, と（私に）約束した）　　　　　（以上 BBI^2）

この promise 型構文を SVOO 型と見ることについて, Quirk et al. (1972: 838, 1985: 1218) は, 次のような統語的な証拠をあげている.

① to 不定詞を NP で置き替えても, その NP はやはり DO である.

(11) a. We **asked** the students *something/a question*.
   (学生たちにあること/一つの質問をした)
   b. *What* did you **advise** him? (彼に何を助言したのか)
   c. He **promised** his grandchildren *the money*.　　　　(OALD⁶)
   (彼は孫たちにお金を(あげることを)約束した)
   d. I **taught** my son *English*. (息子に英語を教えた)

② to 不定詞は, NP が DO (*ie* What) として働いているような, wh 疑問文の答えに使用される.

(12) "*What* did you **ask** the students?" "We **asked** them *to attend a lecture*."
   (「学生たちに何を求めたのか」「ある講義に出席することを求めたのだ」)

③ to 不定詞を擬似分裂文の焦点の位置（= be のあと）に置いても, あまり文法性は低下しない. これは, to 不定詞が NP である証拠である.

(13) a. ?What they asked the students was *to attend a lecture*.
   (学生たちに求めたのは, ある講義に出席することだった)
   b. Cf. *What we like the parents is *to visit the school*.

(13b) は, (13a) よりも明らかに非文法的である.

④ SVOO 型と同様に, IO を受動文の主語にすることができる.

(14) *The students* were asked to attend a lecture.
   (学生たちは, ある講義に出ることを求められた)

2.3. 派生文型

さて, 英語には, 上記の八つの基本文型の網の目を漏れるような文が, まだ若干存在している. しかし, その種の文は, おおむね, 基本文型に変形操作を加えて派生されたと説明できるように思われる. 以下, そういった「派生文型」(derived sentence type) の生成について簡単に触れておきたい.

2.3.1. 繰り上げ構文その他

繰り上げ構文 (§38.2.2), tough 構文 (§37.3.5 [D]), there 構文 (§36.4.2) は, それぞれの節で扱ってある. これらの構文は, いずれも非常に重要な派生文型である.

2.3.2. 混交による派生文型

最後に, 歴史言語学の知見を生かして, 二つの文の**混交** (contamination, blending) によって生じたと説明するのが最も妥当であるような例をとりあげる. 歴史言語学の用語では, 「**共有構文**」(apo koinou construction) と呼ばれるものである.

[**A**] **This is Harry speaking**: Declerck (1981: 137, 152) は, (1a) のような文を,

This is Harry (who is) speaking. から派生しているが，この派生には欠陥がある．なぜなら，固有名詞に限定節が付くことは，原則的に許されないし，また，(1a) の意味は，「こちらは，ハリーが話しています」であって，「こちらは，話しているハリーです」ではないからである．これは，(1b) のような二つの文の混交，あるいは共有構文と見るべきである．

(1) a. This is Harry speaking. （こちら，ハリーです）
　　b. This is Harry × Harry is speaking.

類例をあげるならば，

(2) a. "What's that smell?" "It's **porridge** *burning*."
　　　（「あのにおいは何だ」「ポリッジが焦げているんです」）
　　b. 'It's **a friend** *calling* me,' I explained, and went out.　　(Hemingway, *Fiesta*)（「友達が呼んでるんだよ」とぼくは説明して，出ていった）
　　c. It's **Bartell D'Arcy** *singing*.　　(Joyce, *Dubliners*)
　　　（あれは，バーテル・ダーシーが歌ってるのよ）
　　d. It's **Pearl Grayston** *speaking*.　　(Maugham, *Our Betters*)
　　　（こちら，パール・グレーストンです）［電話口で］

この場合も，例えば (2a) は，「焦げているポリッジ」という意味ではない．

[B] **It was I did it!**: 次のような例は，主格の関係代名詞が省略されていると説明することも可能であるが，(3b) などを見ると，It's you × you're the fool. という共有構文と分析するほうが，文の勢いをうまく説明できるように思われる．

(3) a. **It was I** *did* it!　　(Meredith, *The Ordeal of Richard Feverel*)
　　　（私なんだよ，それをしたのは）
　　b. **It's you**'re the fool.　　(Maugham, *The Circle*)（おまえさんがばかなんだよ）
　　c. **It was me** *notified* the sheriff.　　(Faulkner, *Sanctuary*)
　　　（おれがシェリフに知らせたんだよ）
　　d. Poor Ruth, **it was those damned rubies** *did* for her.　　(Christie, *Blue Train*)（かわいそうなルース，あれは，あんなくそルビーのせいで死んじまったんだ）

[C] **John sat there smoking a pipe**.

(4) a. John sat there smoking a pipe.
　　　（ジョンはパイプをふかしながら，そこに腰かけていた）
　　b. John sat there × He was smoking a pipe.

[D] **John left the room angry**: (5) と (6) の文を比較せよ．

(5) a. John left the room **angry**. （ジョンはぷりぷりして部屋から出ていった）
　　b. I face mine enemies **naked**.　　(Sheldon, *If Tomorrow Comes*)
　　　（私は裸で敵に立ち向かうのだ）
(6) a. I drink coffee **black**. （私はコーヒーをブラックで飲む）
　　b. Mary ate the meat **raw**. （メアリーは肉を生で食べた）

(5a, b) の angry, naked は「主語指向の描写語」(subject-oriented depictive), (6a, b) の black, raw は「目的語指向の描写語」(object-oriented depictive) と呼ばれる。これら太字体の形容詞は，省略可能であり，文の必須の要素ではないので，文型には関与しない。

これらの文の構造は，どのようなものだろうか。Chomsky (1981: 111) は，(5a) を次のように分析している。これは，一種の「共有構文」としての分析である。

(7) John$_i$ left the room [PRO$_i$ angry]

[E] **That's the only thing they do is fight**: Freidin (1992: 20) は，次の例を容認可能ではあるが，生成文法に取り込もうとすると深刻な問題を引き起こすものとしてあげている。

(8) That's the only thing they do **is** fight.

これは，Freidin も認めているとおり，次の二つの文法的な文の混交 (blend) である。

(9) a. That's the only thing they do. （彼らがやっているのは，ただそれだけさ）
   b. The only thing they do is fight. （彼らがしているのは，けんかばかりさ）

That's all you have to do is の例は，特に多い（Google で 180 例以上）。

(10) That's all you have to do **is** believe in yourself.
     （あなたがしなければならないのは，ただひとつ，自分を信じることです）

[F] **I'm tired is all**: 次のような，補文標識 that のない文を is all の主語とする文は，話し言葉によく見られる。これは，

(11) I'm tired × that's all.

の混交と見ることもできるし，is all の主語は，**引用実詞** (quotation substantive) で，目に見えない引用符でくくられている，と分析することもできる。

(12) a. This whole show makes me sick **is all**. (Hemingway, *Fiesta*)
        （この事柄全体がむかつくだけのことさ）
    b. My hands are sore **is all**. (Id., *A Farewell to Arms*)
        （手が痛いだけだ）
    c. Just give me two bucks, **is all**. (Salinger, *The Catcher in the Rye*)
        （2 ドルくれ，って言ってるだけさ）
    d. Just don't do it too good, **is all**. (Ibid.)
        （ただ，あんまり上手に書いちゃだめってことさ）

Follett (1998: 21) は，上のような is all を使った文は，口語体に限って使用するべきであるとして，次の用例をあげている。

(13) a. He has his facts wrong **is all**. （彼は事実をまちがえているだけさ）
    b. I forgot to wind my watch **is all**. （時計のねじを巻くのを忘れただけさ）

主節の動詞は，常に 3 人称単数現在の is であるが，Follett の希望とは裏腹に，主語補語は all に限られているわけではない。

(14) but it doesn't last too long, **is what I mean**. (Salinger, *The Catcher in the*

Rye)（でも，あんまり長続きしない，と言ってんだよ）

(15) He's damn tired at the moment **is my impression**. (Murdoch, *A Fairly Honourable Defect*)（彼は目下やけに疲れている，というのがぼくの印象だ）

(16) He must have been out of his mind **is what I think of it**. (Amis, *The Anti-Death League*)（彼は気が狂っていたにちがいない，とぼくは思っているんだ）

(12c, d), (14)のように，is の前にコンマが置かれると，主語が引用実詞であることが，いっそう強く感じられる(話し言葉では，コンマの有無にかかわらず，is の前にポーズが置かれるはずである)．

第 3 章

文の要素

　第 2 章で見たように，文の主要素は，主語 (S)・述語動詞 (V)・補語 (C)・目的語 (O)，義務的な副詞語句 (A) である．この章では，特に，主語・目的語・補語の内部構造を詳細に調べることにする．

3.1. 主　語

3.1.1. 主語になれる要素
　文の主語になれる要素には，次のようなものがある．
[A]　名詞
　　(1)　The **sun** is rising.　（太陽が昇っている）
　　(2)　**Words** failed him.　（彼は言葉が出てこなかった）
[B]　代名詞
　　(3)　**It** is a beautiful morning.　（美しい朝だ）
　　(4)　What are **these**?　（これらは何か）
[C]　形容詞
　主語が形容詞の場合は，通例「the＋形容詞」の形式をとる．そのとき，(5) のように複数普通名詞，または (6) のように抽象名詞に相当する意味を表す（[H] も参照）．
　　(5)　**The old** forget what love means.
　　　　　（年寄りは恋愛の何たるかを忘れている）［複数普通名詞］
　　(6)　**The beautiful** in nature is the result of God's creative will.
　　　　　（自然界の美は神の創造的な意志の結実である）［抽象名詞］
　形容詞的分詞も (5) の用法をもつ．
　　(7)　**The dying** and (**the**) **wounded** were cared for.
　　　　　（死にかけている人々やけが人は，手当てを受けた）
[D]　to 不定詞
　　(8)　**To finish it today** is important.　（それをきょう済ますことが重要だ）
　　(9)　**To be laughed at** makes him angry.　（人に笑われると，彼は怒る）
　これよりも，to 不定詞を文末に後置し，空いた主語の位置に形式主語の it を主語に据えた構文のほうが普通である（文末重心の原則 (end-weight principle)）．

(10)　**It** is important *to finish it today.*　（= (8)）
(11)　**It** makes him angry *to be laughed at.*　（= (9)）

[E]　**動名詞**

(12)　**Making new friends** is difficult.　（新しい友達を作るのはむずかしい）
(13)　**Collecting stamps** is a hobby of hers.　（切手収集は彼女の趣味だ）

動名詞主語を後置して、形式主語の it を主語に据えるのには厳しい制限があり、easy, difficult, no use, pointless, no good, crazy, a nuisance のような難易・無意味を表す形容詞・名詞に限られる（§21.3.2 [B] (d) も参照）．

(14)　**It** is difficult *making new friends.*
(15)　**It** was so easy *being with him.*　　　　　　　　(Steel, *Granny Dan*)
　　　（彼といっしょにいるのは、とても気楽だった）
(16)　**It** had been wonderful *seeing Susan again.*　　(Sheldon, *The Doomsday Conspiracy*)（またスーザンに会えるのは素晴らしかった）
(17)　**It** is a hobby of hers *to collect/*collecting stamps.*

ただし、次のような、it が小節の主語（あるいは、いわゆる SVOC 型の O）になっている場合は、むしろ、動名詞は後置されるほうが自然である．

(18)　I thought [**it** pointless] *starting before eight o'clock.*　　(Swan 1995)
　　　（8時前に発っても意味がない、と思った）

[F]　**副詞**

(19)　**Now** is the big season.　(Hemingway, *Fiesta*)（いまこそビッグシーズンだ）
(20)　**Here at Locarno** is a very nice place.　　　(Id., *A Farewell to Arms*)
　　　（ここロカルノは、とてもいいところだ）
(21)　**A few minutes later** saw us all in a taxi.　　(Christie, *The Big Four*)
　　　（数分後、私たちは全員、タクシーに乗り込んでいた）
(22)　The **ups and downs** of life must be taken as they come.　(Curme 1931)
　　　（人生の浮き沈みは、そのまま受け入れなければならない）［これは完全に名詞化されている］

次のような副詞は、「ことを成就する仕方」を表す．

(23) a.　**Slowly** does it now.　　　　　　(Galsworthy, *Maid in Waiting*)
　　　　（まあ、落ち着きが肝心だ）
　　b.　Now's your time; **easy** does it.　　　　　　(Conrad, *Lord Jim*)
　　　　（今度は君の番だ．ゆっくりやれ）
　　c.　**Slow and steady** wins the race.　〈諺〉
　　　　（ゆっくりと着実なのがレースに勝つ、'急がば回れ'）[1]

---

1. Curme (1931: 537) は、この slow and steady を、young and old（老いも若きも）などと同列に、slow and steady people の意味に解しているが、それは誤りであろう．それでは、wins という単数述語と矛盾するからである．

［G］　前置詞句
　　(24)　**Over the fence** is out.　((ボールが)フェンスを越えるとアウトです)
　　(25)　**Through the wood** is the nearest way.　(森を抜けるのが一番の近道だ)
　　(26)　**Around eight o'clock** suits you?　　　　(Archer, *Kane and Abel*)
　　　　(8時ごろで都合はいいかい)
　　(27)　Would **after four** be a good time to meet?　(Haegeman & Guéron 1999)
　　　　(4時過ぎが会うのに好都合ですか)
　　(28)　**From Tamworth hither** is but one day's march.[2]
　　　　(タムワースからここまでは、1日の行程です)

Haegeman & Guéron (1999: 119) によれば，(24)-(28) の例のように，たいていの話し手にとって，前置詞句 (PP) を主語にとる動詞は，be と suit のみである．

　　(29)　a.　*Under the chair *pleases* the cat.
　　　　　b.　*Under the table *surprised* the cat.

［H］　引用された語句・文
　　(30)　'**Was**' is not '**is**'.　(「あった」は「ある」ではない)
　　(31)　**Warm** is not the word for it.　(これって，暖かいなんてもんじゃないよ)
　　(32)　**Sleepy** is all.　(Hemingway, *Green Hills of Africa*)　(ただ眠いだけさ)
　　(33)　"It has been **touch and go** with him," said I, "but he'll live now."
　　　　　　　　　　　　　　　　　　　　　　　(Doyle, *Memoirs of Sherlock Holmes*)
　　　　(「彼はとても危険な状態だったんだ」と私が言った．「でも，もう助かるだろう」)
　　(34)　'**I hope not**' was all he said.
　　　　(「そうならなければいいが」彼はそう言っただけだった)
　　(35)　"Well, **don't illusion them** would be my advice," said Tom.　　(Archer, *Sons of Fortune*)（「そうだね，みんなを幻滅させるな，ってのがぼくのアドバイスだろうね」とトムが言った）

引用された語句・文は "**引用実詞**" (quotation substantive: Jespersen *MEG* II: 213 の用語) と呼ばれ，おしなべて名詞扱いになる．その際，上例でわかるように，引用符の使用は義務的ではない．

［I］　節：that, whether/if, for などの補文標識に導かれた節 (S')．
　　(36)　**That** we haven't any money is a pity.　　　　(Eastwood 1999)
　　　　(金がないなんて残念なことだ)
　　(37)　**Which** route would be best isn't obvious.　　　　　　(Ibid.)
　　　　(どのルートが一番いいかは，明らかではない)

　2.　(28) は，Onions (1929: 11) から．Onions は，これらの例で前置詞句が主語のように見えるが，実は It is but one day's march from Tamworth hither. のように，倒置が生じているのだ，と説明している．しかし，原文にない It is を補わなければならない点から見ても，この分析はおかしい．前置詞句は，このまま主語になっているのである．

(38)　**For** *you to ask Joe* would be a big mistake.　　　　(Swan 1995)
　　　（君がジョーに頼むのは，大まちがいだろうよ）

この場合も，「文末心の原則」により，it を主語に据えた構文のほうが一般的である．

(36′)　**It**'s a pity *that we haven't any money.*
(37′)　**It** isn't obvious *which route would be best.*
(38′)　**It** would be a big mistake *for you to ask Joe.*

　　NB　以下に，参考までに，S′ と S の区別を樹形図で示す．

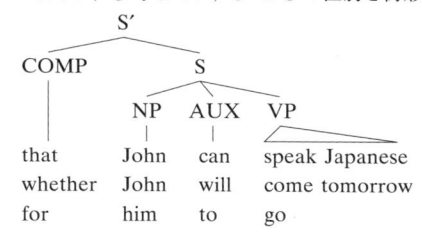

```
           S′
          /  \
       COMP   S
        |   / | \
            NP AUX VP
            |   |   \
    that   John can  speak Japanese
    whether John will come tomorrow
    for    him  to   go
```

3.1.2.　主語の識別法

主語を識別する方法には，次のようなものが考えられる．

[A]　**語の形態によって**：　ドイツ語やラテン語などでは，主語は主格で現れる．しかし，英語では，この基準は人称代名詞の場合にしか利用できない．

(1) a.　**I** love Mary.　（私はメアリーを愛している）［主語］
　　b.　Mary loves **me**.　（メアリーは私を愛している）［目的語］
(2) a.　**He** gave **me** a book.　（彼は私に本をくれた）［主語と間接目的語］
　　b.　**I** gave **him** a book.　（私は彼に本をやった）［同上］

[B]　**語順によって**：　格語尾を消失した英語では，語順は最も有力な基準の一つではあるが，次のような文もあるので，絶対的基準にはならない．

(3)　A:　What is the capital of France?　（フランスの首都はどこですか）
　　B:　i.　It's Paris.　　　　ii.　Paris is.

普通は，the capital of France を主語と考えて，(Bi) のように答えるが，What を主語ととった話し手は，(Bii) のように答える．

[C]　「**Who/What+述語**」**で尋ねる方法**　(Jespersen 1933: 98)

(4)　**Tom** beats John.　（Who beats? → Tom.）
(5)　**John** is beaten by Tom.　（Who is beaten? → John.）
(6)　**Fire** destroyed the building.　（What destroyed? → Fire.）
(7)　**The building** was destroyed by fire.
　　（What was destroyed? → The building.）

このテストは，次のような倒置文にも有効である．

(8)　Here comes **our bus**!　（What comes? → Our bus.）

(9) Gone are **the days** when my heart was young and gay.
(What are gone? → The days.)

[**D**]　論理的な考え方によって：　主語よりも補語のほうが広い外延 (extension) を有するという事実によって，次に示すような，[B] でうまく解決できなかった A is B という等式文の主語を決定することができる (cf. Gardiner 1951: 284, Jespersen 1924: 150)．（この論理は，日本語にもあてはまる．）

(10)　John is a philosopher.　（ジョンは哲学者だ）
(11)　Cf. *A philosopher is John.　（*哲学者はジョンだ）
(12)　An inhabitant of the jungle is the tiger.　（トラはジャングルに住む動物だ）
(13)　A mighty fine banker is Harold.　（ハロルドはすごく優秀な銀行家だ）

(11) が非文法的なのは，John よりも外延の広い philosopher が主語になっているためである（ジョンは世界に一人しかいないが，哲学者はごまんといる）．(12), (13) では，An inhabitant of the jungle, A mighty fine banker のほうが，それぞれ，tiger, Harold よりも外延が広いので，CVS という倒置が生じていることがわかる．

上で見た What is the capital of France? のような疑問文の場合，It's Paris./Paris is. の二つの答えが可能なのは，the capital of France と Paris の外延が同一であるからである (cf. 大塚(編) 1970: 1002)．

結局，われわれが主語を認識するときは，上の基準の一つ，または二つ以上を適用しているのだと思われる．

3.2.　目的語

3.2.1.　他動詞の目的語

他動詞の目的語になれる要素は，次のような名詞相当語句である．

① **名詞句** (noun phrase)
(1)　He bought **a new car**.　（彼は新車を買った）

② **代名詞** (pronoun)
(2)　I like **him**.　（私は彼が好きだ）

③ ［the に伴って］**形容詞・分詞**
(3)　The best way to serve **the dead** is to live for **the living**.
（死者に仕える最上の道は，生者のために生きることだ）
(4)　How, then, may you accomplish **the impossible**?　　　　(Burroughs, *The Warlord of Mars*)　（では，どうやって不可能事を成し遂げることができるのかね）

④ **to 不定詞** (*to*-infinitive)
(5)　He doesn't need **to work**.　（彼は働かなくてもよい）
(6)　I don't know **what to do**.　（どうしてよいかわからない）

⑤ **動名詞** (gerund)
(7)　I don't mind **waiting**.　（待つのはかまわない）

(8) He has stopped **smoking**. (彼はたばこをやめた)
(9) I like **playing tennis**. (私はテニスをするのが好きだ)

⑥ **名詞節** (noun clause)
(10) She said (**that**) **the story was true**.　　　　　　(OALD[6])
　　　(その話は本当だ，と彼女は言った)
(11) I know **what happened**. (何が起こったか知っている)
(12) I want very much **for you to be happy**.
　　　(あなたが幸福になることを私は切望している)
(13) Tell me **how goes the war**.　　　(Hemingway, *A Farewell to Arms*)
　　　(戦況はどうなっているか教えてくれ)

⑦ **副詞** (adverb)
(14) Have you **nowhere** to go? (君は行くところがないのか)
(15) We had not very **long** to wait.　　　　　(Doyle, *His Last Bow*)
　　　(われわれはあまり待つことはなかった)

⑧ **前置詞句** (prepositional phrase)
(16) You have **till ten to-night**.　　　　(Stevenson, *Treasure Island*)
　　　(今夜10時まで待ってやる)

⑨ **引用語句**
(17) Don't say '**if**'. (「もしも」なんて言わないでくれ)
(18) But me no **buts**. (「しかし」の連発はごめんだ)
(19) Come and say **how do you do**, Gary.　　(Christie, *Dead Man's Folly*)
　　　(こちらへ来て，こんにちはをおっしゃい，ゲアリー)

　NB 1　目的語としての that 節は，理論的に無限の埋め込みが可能である．次の文では，五つの目的節が埋め込まれている．
　　(i) Alice Palmer says Willy Drew told her Bob Russell told him Fred Elliot said he knew where your pig was.　　(Montgomery, *Anne of Ingleside*)
　　　(フレッド・エリオットがおまえのブタ型貯金箱がどこにあるか知ってるって，ボブ・ラッセルが言ったって，ウィリー・ドルーが教えてくれたって，アリス・パーマーが言ってるよ)〔小学生の言葉〕
　NB 2　次の語順は，現在では，古風である．
　　(i) **Him** he told what he had seen.　(Stevenson, *Island's Entertainments*)
　　　(その男に，彼は自分が見たことを話した)〔To him ... なら問題がない〕

3.2.2. 前置詞の目的語

　前置詞は，名詞（相当語句）をあとに従えて，構造的には前置詞句（PP）を，機能的には形容詞句または副詞句を作る．そのとき，前置詞のあとに置かれる名詞（相当語句）を**前置詞の目的語**と言う．その証拠に，代名詞の場合は，目的格でなくてはならない．

① **名詞**

(1) Have you made a cup of tea *for* **Mary**?
   (メアリーにお茶を淹れてくれましたか)

② **代名詞**
(2) The drinks are *on* **me**. （飲み代は私のおごりだ）

③ **形容詞**（前置詞はおもに for）
(3) He was given up *for* **dead**. （彼は死んだものとあきらめられた）
(4) I got this book *for* **free**. （この本をただで手に入れた）
(5) We take freedom of speech *for* **granted**.
   （私たちは言論の自由を当然のことだと考えている）
(6) This is a book *for* **young and old**. （これは若い人にも年寄りにも向いた本だ）

NB フランス語の pour, ドイツ語の für にも対応する用法がある.
   (i) F. Je le tiens **pour** avare. （彼はけちだと思う）
   (ii) G. Ich halte ihn **für** einen Dummkopf. （彼はばかだと思っている）

④ **副詞**
(7) The train is due to arrive an hour *from* **now**.
   （電車は今から 1 時間後に到着予定です）
(8) *Until* **recently** they were living in London.
   （最近まで彼らはロンドンに住んでいた）

⑤ **動名詞**（前置詞のあとでは，すべての動詞は動名詞になる）
(9) She could not keep *from* **talking**. （彼女はしゃべらずにはいられなかった）
(10) This knife is *for* **cutting bread**. （このナイフはパンを切るためのものです）

⑥ **前置詞句**
(11) The cat came out *from* **behind the screen**. （ネコは衝立の後ろから出てきた）
(12) He took a box *from* **under the counter**.
   （彼はカウンターの下から箱を取り出した）
(13) The children played *until* **after dark**.
   （子供らは暗くなってしまうまで遊んでいた）

⑦ **wh 節**
(14) I am curious *as to* **what he will say**. （彼が何と言うか興味がある）
(15) He walked over *to* **where she sat**.
   （彼は彼女が腰かけているところへ歩いていった）

NB wh 節の前の前置詞の出没の条件については，§28.2.3 [H] を参照.

3.2.3. 形容詞の目的語

若干の形容詞（worth, like, unlike, near）は，名詞句または動名詞句を目的語としてとる.
(1) This book is *worth* **reading**. （この本は読む価値がある）

(2)　I felt *like* **laughing**. （笑いたい気持ちだった）
　　(3)　This picture is quite *unlike* **him**. （この写真はてんで彼に似ていない）
　　(4)　We came *near* **being killed**. （OALD⁶）（危うく命を落とすところだった）
　上のどの形容詞も，現在では通例，前置詞と解されているが，次のような比較級になる例を見てもわかるように，厳密に言えば，形容詞である（§23.1.3）．
　　(5)　John is **nearest** me in age. （OALD⁵）（ジョンが私に一番年が近い）
　　(6)　"Then how about tea?"　"That's **more like it**."
　　　　（「じゃあ紅茶はどう？」「そのほうがいいね」）

3.2.4.　種々の目的語
　この節では，いろいろな目的語を調べてみよう．

3.2.4.1.　道具目的語
　例えば，nod one's head（うなずく）という表現では，head を「道具」としてとらえている．このような head の用法を**道具目的語**（instrumental object）と言う．Jespersen (1924: 159) は，多くの言語では head が(道)具格（instrumental case）をとることを指摘している（OE では与格か対格をとった）．
　　(1)　Mary nodded **her head**. （メアリーは首をたてに振った）
　　(2)　She shrugged **her shoulders**. （彼女は肩をぴくりとすくめた）
　　(3)　He pointed **his forefinger** at Bill.
　　　　（彼は人差し指をビルに突きつけた）［非難のしぐさ］
　　(4)　John struck **his hand** upon his knee (＝struck his knee with his hand).
　　　　（ジョンは手でひざをたたいた）

3.2.4.2.　結果目的語
　例えば，He painted the door.（ドアにペンキを塗った）と，He painted a flower.（花を描いた）とを比較すると，前者では，ドアはペンキを塗る以前から存在しているが，後者では，描いた結果花が生じたことがわかる（その証拠に，前者では，What did he do to the door? と問うことができるが，一方，後者では，What did he do to a flower? と聞くことはできない）．このように，動詞の表す動作の結果生じる製作物を示す目的語を**結果目的語**（object of result，または effective object）と言う．結果目的語は，
　　(1)　The architect built **a house**. （建築家は家を建てた）
　　(2)　John wrote **a poem**. （ジョンは詩を書いた）
　　(3)　Mary made **the dress**. （メアリーはそのドレスを作った）
のように，make, produce, create, construct, paint, write などの製作動詞に伴うのは当然であるが，それ以外の動詞も用いられる．次の (4) では，左欄が普通の他動詞の目的語，右欄が結果目的語である．
　　(4) a.　I dig **the ground**. （地面を掘る）　　I dig **a grave**. （墓を掘る）

b.　She lights **the lamp**.　　　　She lights **a fire**.
　　　　　（ランプに火をつける）　　　　（火を燃やす）
　　　c.　He eats **an apple**.　　　　　Moths eat **holes** in curtains.
　　　　　（リンゴを食べる）　　　　　　（蛾(が)がカーテンをむしばんで穴をあける）

　日本語でも，「家を建てる」，「絵を描く」，「湯を沸かす」，「穴を掘る」など，結果目的語は少なくない．修辞学で言えば，メトニミー（metonymy）である．

3.2.4.3.　その他の結果目的語
　Jespersen (*MEG* III: 233) は，次の [A]，[B]，[C] のような構文も「結果目的語」に含めている．

[A]　**way 構文**（＜make one's way が原型で，高度に生産的）（詳細は §37.4.2 [E] を参照）
　　(1)　He *elbowed* **his way** through the crowd.　[＝made his way by elbowing]
　　　　（彼は群衆の中を押し分けて進んでいった）
　　(2)　We *groped* **our way** through the dark lane.　[＝made our way by groping]
　　　　（私たちは暗い小道を手探りで進んでいった）
　　(3)　He *threaded* **his way** through the crowd.
　　　　（彼は人混みの中を縫うように進んでいった）

[B]　'express by -ing' のタイプ
　　(4)　She laughed **her thanks**.　（彼女は笑って謝意を表した）
　　(5)　The doctor gravely *nodded* **approval**.　　　　　　　　　(Brown)
　　　　（医師は重々しくうなずいて賛意を示した）
　　(6)　Michael could only *stare* **his astonishment**.
　　　　（マイケルは，目を大きく見開いて，驚きを表すことしかできなかった）
　　(7)　Holmes *snorted* **his contempt**.　　　　　　　(Doyle, *His Last Bow*)
　　　　（ホームズは，鼻を鳴らして軽蔑(けいべつ)を表した）
　　(8)　The desk clerk *smiled* **a respectful greeting**.　　(Christie, *Blue Train*)
　　　　（フロント係は，にっこりして丁重なあいさつをした）

[C]　**同族目的語**（cognate object）：動詞と同根の（あるいは，類似した意味の）目的語を**同族目的語**と言う．同族目的語には，(9)–(11) のように，様態の副詞の機能を果たすものと，(12) のように，目的語の機能を果たすものとがある．

　　(9) a.　John *lived* **a happy life**.　（ジョンは幸福な生涯を送った）
　　　 b.　She *dreamed* **a strange dream**.　（彼女は奇妙な夢を見た）
　　　 c.　John *slept* **a sound sleep**.　（ジョンはぐっすり眠った）
　　　 d.　He *died* **a heroic death**.　（彼は英雄らしく死んだ）
　　　 e.　Troy began to *laugh* **a mechanical laugh**.　　(Hardy, *Far from the Madding Crowd*)（トロイは無表情に笑いだした）
　　　 f.　I was walking along *thinking* **my own thoughts**.　　(McBain, *Ten Plus*

第 3 章 文の要素

One）（私は自分の考えに耽りながら歩いていた）
- g. Kim *grinned* **a victorious grin**. (Steel, *Summer's End*)
(キムは勝ち誇ったように，にたりと笑った)

日本語にも，「歌を歌う，舞いを舞う」など以外に，次のような有標の例がある．

(10) a. 寅治郎は穏やかな<u>笑い</u>を<u>笑った</u>． (夏野澤夫『カルロス・モンソン』)
  b. 学生の頃は，校庭の樹蔭で，書物で顔を覆って，爽やかな青春の<u>眠り</u>を<u>眠った</u>． (井上靖「青葉」)

以下の文で生起するのは，語源的な同族目的語ではなく，意味的な同族目的語が拡大用法として用いられている．

(11) a. both *slept* **the same deep and dreamless slumber**. (Doyle, *A Study in Scarlet*)（両人とも，同じように深い，夢を見ない眠りをむさぼった）
  b. it *rained* **a November drizzle**. (Ch. Brontë, *Villette*)（11月のこぬか雨が降った）[It rained *cats* and *dogs*. 雨がどしゃぶりに降った) も類例]
  c. Van Aldin *laughed* **a quiet little cackle of amusement**. (Christie, *Blue Train*)（ヴァン・オールディンは，おもしろがって静かに小声でクツクツ笑った）
(12) a. Mary *sang* **a beautiful song**. (メアリーは美しい歌を歌った)
  b. I may be killed or *live* **a life of adventure**.
     （私は殺されるか，冒険の生涯を送ることになるかもしれない）
  c. I assure you that I can *fight* **my own battles**. (Doyle, *The Lost World*)
     （だいじょうぶ，私は自分で戦えます）

目的語の働きをする同族目的語は，通例，次のように，受動文の主語になることができる．

(13) a. **His last fight** *was fought* in that home. (Lawrence, *Sons and Lovers*)
     （彼の最後の戦いは，その家で行われた）
  b. Why, 'twas as black as my hat before **the last race** *was run*.
     (Hardy, *Far from the Madding Crowd*)
     （だって，最後のレースが行われる前に真っ暗だったんだ）
  c. **The blow** *was struck* from immediately behind. (Doyle, *Adventures of Sherlock Holmes*)（その打撃は，すぐ後ろから加えられた）

話し言葉では，通例，(9) のタイプは，lived happily, laughed mechanically のように様態の副詞語句で言い替えられ，SV 型の文になる．しかし，(12) のタイプは，通例，様態の副詞語句で書き替えられない．

(14) a. He sang a beautiful song. [美しいのは歌]
  b. ≠He sang beautifully. （彼は美しく歌った）[美しいのは歌い方]

同族目的語の名詞が落ちて，最上級の形容詞のみが残っている例もある．

(15) a. He *breathed* **his last** (**breath**). （彼は最後の息を引き取った）
  b. The gale *blew* **its hardest**. （疾風はこの上もなく強く吹いた）

c. And now, my dear, mind you *look* **your best** on Friday.

(Trollope, *Can You Forgive Her?*)

(それから，ねえおまえ，金曜日には一番いいところを見せるように気をおつけ)

3.2.4.4. 場所の目的語

場所を表す名詞句が，walk, swim, pass, jump, turn, leave, reach, cross, climb などの動詞の直接目的語になることがある．このような目的語は，**場所の目的語** (locative object) と呼ばれる．

(1) a. We walked **the streets**. [cf. We walked *through* the streets.]
(私たちは通りを歩きまわった)
b. She swam **the river**. [cf. She swam *across* the river.]
(彼女は川を泳ぎ渡った)
c. He passed **a cyclist**. [cf. He passed *by* a cyclist.]
(彼は自転車に乗った人のそばを通り過ぎた)
d. The horse jumped **the fence**. [cf. The horse jumped *over* the fence.]
(馬はフェンスを飛び越えた)　　　　　　　　　　　(以上 Quirk et al. 1985)

Quirk et al. (1985: 749) は，大半のものは (2) のように受動文になるので，動詞の右側の名詞句が目的語であることは明らかである，と述べている．

(2) The fence **was jumped** by the horse. (フェンスは馬に飛び越えられた)

(1) のような例は，角括弧内の文の前置詞を削除することで派生したと説明してよいと思われるが，多くの場合，前置詞のある形式と，ない形式とでは，意味の違いがある．前者は，過程に注目し，後者は目的の達成を表す (Quirk et al. 1985: 685, Dixon 1991: 281)．

(3) a. Let's **swim across** the river. (この川を泳いで渡ろうよ)
b. She was the first woman to **swim** the Channel.
(彼女は最初にイギリス海峡を泳ぎ渡った女性だった)
(4) a. He **climbed up** the mountain.
(彼は山を登っていった)［過程；登頂したかどうか不明］
b. Edmand Hillary **climbed** Mt Everest.
(エドマンド・ヒラリーはエベレスト山に登頂した)
(5) a. She **jumped over** the snail / ***jumped** the snail.
(彼女はカタツムリを跳び越えた)
b. I can **jump** puddles. (ぼくは水たまりを跳び越えられる) ((5): Dixon 1991)

Dixon は，前置詞が落とせるのは，(3b), (4b) のような偉業を達成した場合であって，(5a) のような，つまらない行為の場合は落とせないとしている．(5b) は，ポリオのために身体不自由になったオーストラリアの男性の自伝であり，ここで over が落ちているのは，彼にとって水たまりを跳び越えることは大変な力業だったからである，と Dixon は言う．

3.2.4.5. 事象目的語

事象目的語 (eventive object) というのは，Quirk et al. (1985: 750) の用語で，do, give, have, make, take のような一般的な意味をもった基本動詞が，a bath/a smoke/a swim のような事象 (event) を表す，主として動詞出身の名詞句を目的語としてとる場合を言う．事象目的語をとる動詞は，日本語の「スル」のように，動作一般しか表さないので，意味の重心は，動詞の拡張とも言うべき事象目的語に置かれている．以下に，よく使われる事象目的語の例をあげておく．

(1) a. **do** a dance/a dive/a report/a translation/a sketch/a somersault (とんぼ返り)/some work/some cleaning/some knitting/some painting/some thinking/some writing
　b. **get** a glance (at)/a look (at)/a shot (at)/a view (of)
　c. **give** an answer/a cheer/a cough/a cry/a kick/a kiss/a laugh/a nod/a push/a reply/a sigh/a smile/a wash
　d. **have** an argument/a chat/a dream/a drink/an effect/a fight/a holiday〈英〉/a meeting/a quarrel/a talk/a taste
　e. **make** an attack (on)/a call (on)/a choice/a decision/a promise (that)/a reference (to)/a request/a start/a suggestion
　f. **pay** attention (to)/a call (on)/a visit (to)
　g. **put** an end (to)/a question (to)/a stop (to)
　h. **take** a breath/care (of)/a dive/a dislike (to)/a glance (at)/a vacation〈米〉/(a) note (of)/notice (of)/offence (at)/a photograph (of)/pity (on)/a risk
　i. **take/have** a bath/a look (at)/offence (at)/a nap/a rest/a seat/a shave/a shower/a sleep/a smoke/a swim/a walk/a wash

do, make, pay, put は，常に〈行為者〉(agent) 主語をとるが，have, take のように，主語として〈経験者〉(experiencer) をとるものもあれば，(3) のように，〈対象〉(theme) をとるものもある．（名詞句の意味役割については，§3.7.1 を参照．）

(2) a. I *had* **a strange dream**.（私は不思議な夢を見た）
　b. She *took* **an instant dislike** to John.（彼女はジョンがすぐ嫌いになった）
　c. *Take* **pity** *on* me!（私をあわれんでください）

(3) a. Mary *took* **a fall**.（メアリーは転んだ）
　b. The team *took* **a beating** on Saturday.（チームは土曜日に大敗を喫した）

(1i) の take/have のどちらもとる事象名詞の場合は，take は典型的に〈米〉であり，have は典型的に〈英〉である (Quirk et al. 1985: 752)．

> **NB** take よりも have のほうが〈対象〉主語をとりやすい．次の例では，〈英・米〉ともに，have が使用される (Quirk et al. 1985: 752)．
> 　(i) The baby's **having**/*****taking** a bath.（赤ん坊は湯浴みさせてもらっている）
> 　　　[take なら赤ん坊が自力で入浴している感じになる]

3.2.4.6. 積み重ね目的語

まず目的語を表現し，さらに，その目的語の内容を節形式で詳しく敷衍する構文がある．この種の目的語を**積み重ね目的語** (stacked object) と呼ぶことにしよう．おもに話し言葉に観察される．

(1) "I remember **his nose**, *how it was*," said Danny. (Steinbeck, *Tortilla Flat*)
（「あいつの鼻は覚えているよ，どんなだったか」とダニーが言った）

このやや奇妙な言い方は，次の二つの文の混交 (blending) (§2.3) によって生じた構文と解される．

(2) I remember his nose. × (I remember) how it was.

すなわち，まず，I remember his nose と言い，さらに，how it was を積み重ねて，目的語の内容を敷衍している．それが afterthought として，あとから追加されたものであることは，通例，二つの目的語がコンマで隔てられていることから明白である．Poutsma (1928: 180) は，この構文を**共有** (apo koinou) 構文の一種と見ている．細江 (1942: 248) は，この構造を**層畳目的** (double-barrelled object) と呼んでいる．この構文は，元来，see, hear, know などの知覚・認識動詞のあとに許された構文で，欽定英訳聖書や Shakespeare の英語では常用されたものであった．

(3) And God saw **the light**, *that it was good*. (AV, *Genesis* 1: 4)
（そして神は光を見て，良しとされた）

(4) I know **you** *what you are*, (Shakespeare, *King Lear* 1.1.272)
（あなたのことは存じあげています，どのようなお方か）

Poutsma は，「現代英語にはこの構文は存在しないように思われる」と言っているが，この言葉はあたっていない．この構文は，その口語的発想法のゆえに，現代英語でもさほど珍しいものではないからである．手元の用例をあげておこう．

(5) I remembered **the look of that apartment**, *how it was arranged*.
(Hemingway, *Green Hills of Africa*)
（あのアパートの様子，思い出したよ，どんなに家具が配置されていたか）

(6) She remembers **everything**, *how I used to brush her hair for her* when she was a tiny tot. (Maugham, *Cakes and Ale*)
（あのひと何もかも覚えているんでございます，ちっちゃい子供のころ，私がお髪にブラシをかけてさしあげていたことなども）

(7) Did you mean **it** *what you said*? (Salinger, *The Catcher in the Rye*)
（それって，ほんとなの，兄ちゃんの言ったこと）

(8) Did you hear **MacAlister** *what he said*? (Joyce, *A Portrait of the Artist as a Young Man*)（聞いたかい，マッカリスターが言ったこと）

(9) Remember **last time**, *how long it took*. (Steel, *The Ghost*)
（前回を思い出してごらん，（出産が）どんなに長くかかったか）

3.2.4.7. 受動者間接目的語

間接目的語は，普通，〈受領者〉(recipient) という意味役割をもっているが，事象

目的語をとる動詞のうちの少数は，〈受動者〉(patient) の間接目的語をとることがある．そのうちで最も普通の動詞は，give である．この構文に現れる目的語を Quirk et al. (1985: 753) は，**受動者間接目的語** (affected indirect object) と称している．
  (1) He gave **me** a push. [＝He pushed me.] (彼は私を押した)
  (2) We gave **the baby** a bath. [＝We bathed the baby.]
       (私たちは赤ん坊を湯浴みさせた)
  (3) Alice gave **the door** a kick. [＝Alice kicked the door.]
       (アリスはドアをけった)
  (4) Mary gave **John** a kiss. [＝Mary kissed John.]
       (メアリーはジョンにキスした)
  (5) I gave **John** a call. [＝I called John.] (私はジョンに電話した)
  (6) Mary gave **John** a piece of her mind. [＝Mary scolded John.]
       (メアリーはジョンをしかりつけた)
つまり，give a push は，他動詞 push と等価の複合動詞として働いており，me は間接目的語ではなく，直接目的語になっている．したがって，二重目的語の場合のように，動詞の直後にある名詞句を to 句に書き替えることはできない．
  (7) a. I gave **Mary** a nudge. (メアリーをひじで軽くつついた)
      b. → *I gave a nudge **to Mary**.

  NB Quirk et al. (1985: 753) は，次の (ia) のような pay もこの構文に属するものとしているが，(ib) のように，to 句による書き替えが可能なので，これは普通の二重目的語構文と見るほうが妥当と思われる．
   (i) a. Judith paid **me** a visit. (ジュディスは私を訪ねてきた)
        b. ＝Judith paid a visit **to me**.

3.3. 補　語

3.3.1. 2 種類の補語

§1.1.4 で触れたように，補語には 2 種類がある．主語について叙述する**主語補語** (subject complement) と，目的語について叙述する**目的語補語** (object complement) である．
  ① **主語補語**
  (1) I am **happy**. (私は幸福です)
  (2) John became **a doctor**. (ジョンは医者になった)
  ② **目的語補語**
  (3) They made John **their leader**. (彼らはジョンをリーダーにした)
  (4) We call him **Dick**. (私たちは彼をディックと呼んでいる)

  NB 1 主語補語，目的語補語という用語は，Quirk et al. (1985) の subject complement, object complement に対応するものである．従来，subjective complement (主格補語), objective complement (目的(格)補語) という用語も行われているが，これらの用語は言語

事実に合致しないので適切ではない．なぜなら，英語においても，主語補語が人称代名詞の場合は，(i)のように目的格をとることが普通であるし，(ii)のロシア語のように，現在時制では主格をとり，過去および未来時制では通例，具格 (instrumental case) をとり，ときに主格をとる言語もあるからである．

(i) It's **me**/**him**/**her**/**them**. (それは私/彼/彼女/彼らです)
(ii) a. Brat — **student**. '(The) brother (is) (a) student.' [現在: 主格]
    b. Brat budet **studentom**. [未来: 具格] '(The) brother will be (a) student.'
    c. On byl **pisatelem**. [過去: 具格] 'He was (a) writer (temporarily).'
    d. On byl **pisatel'**. [過去: 主格] 'He was (a) writer (by profession).'

3.3.2. 主語補語

典型的な連結詞 be の場合，主語 (S) と主語補語 (C) との意味的関係には，次の 4 種が認められる．

① 特徴づけ (characterization)
② 分類 (classification)，または類成員 (class membership)
③ 同定 (identification)
④ 指定 (specification)

このことは，よく言われているように be が多義的 (polysemic) であることを意味しない．これらの意味は，主語 (S) と補語 (C) との論理的関係，および S, C それぞれの意味的特徴から読みとられる意味であって，be 自体に 4 種の意味が内在しているわけではない．

[A] **特徴づけ**: 主語の恒常的な性質または一時的な状態の特徴づけをする．
  主語補語は，名詞句 (NP)，形容詞句 (AP)，またはその相当語句である．

(1) a. Mary is **wise**. (メアリーは賢い)
    b. That sounds **interesting**. (それって，おもしろそうだね)
    c. Mice are **timid creatures**. (ハツカネズミは 臆病 な動物だ)

[B] **分類**: 主語は，C という類 (class) の成員であることを表す (この意味で，「類成員」という名称を使用してもよい)．C は，当然，NP に限られ，しかも通例，不定 (indefinite) である (例えば，不定冠詞を伴う)．

(2) a. I am **a Catholic**. (私はカトリック教徒だ)
    b. John is **a philosopher**. (ジョンは哲学者だ)
    c. *A philosopher is **John**. (*哲学者はジョンだ) [§3.1.2 [D]]

[C] **同定**: C は，主語との同一性 (identity) を表す (ie S = C)．したがって，C は NP に限られ，しかも通例，定名詞句 (definite NP) である (つまり，定冠詞を伴う名詞か，定代名詞である)．しばしば，身元確認をする疑問文の答えに用いられる．目安としては，Who/What is X? の答えになるような文と考えてよい．

(3) a. "What is John?" "John is **Mary's husband**."
      (「ジョンは何者ですか」「メアリーの夫だよ」)
    b. Is this **your hat**? (これ，あなたの帽子ですか)

第 3 章　文の要素　　　　　　　　　　　　　　　45

　　　c.　"Who are you?"　"We are **his friends**."
　　　　　(「あなた方はどういう人ですか」「私たちは彼の友人です」)
　　　d.　"Who is it?"　"It's **me**."　(「どなたですか」「私です」)

この用法は〈同定〉を表すので，通例，X is Y を Y is X と倒置しても知的意味は変わらない．

　(4)　"Who is the leader?"　"The leader is **JOHN**/**JOHN** is the leader."
　　　　(「リーダーは誰ですか」「リーダーはジョンです/ジョンがリーダーです」)

(大文字の John は，新情報を担う要素として文強勢を付与されていることを示す．)
(4) の John は，補語としても，主語としても生じる．前者の構文が無標 (unmarked) であり，後者の構文が有標 (marked) である．

　NB　The evening star is the morning star. (宵の明星は明けの明星だ) のような文を同一性文 (identity sentence) として別扱いする向きもあるが，これはむしろ，典型的な同定文と考えることができる．

[D]　**指定**：X is Y という等式文で，X が意味上欠けている部分を含み，Y がそれを補完し，指定する解釈をもつ文を**指定文** (specificational sentence) と言う．

　(5)　The plan is **for the United States to rule the world**.　　　　　(Google)
　　　　(計画というのは，アメリカが世界を支配するというものだ)
　(6)　His excuse was **that the bus was late that morning**.
　　　　(彼の口実は，その日の朝はバスが遅れたというものだった)

(5), (6) の文では，plan, excuse の内容が不明であるが，補語節がその欠落を補い，指定している．
次のような擬似分裂文は，通例，指定文である．

　(7)　What Mary brought was **a box of candies**.
　　　　(メアリーが持ってきたのは，1箱のキャンディーだった)

　NB　Halliday (1994: 120) では，次の文は二つとも「属性的」(attributive) としている．
　　　(i)　a.　Paula is a poet.　(ポーラは詩人だ)
　　　　　b.　Sarah is wise.　(セアラは賢い)
本書では，しかし，(ia) は「ポーラは詩人という類に属する」という意味で〈分類〉であり，(ib) は「賢いという属性をもつ」という意味で〈特徴づけ〉であるとして区別する．話し手が This is a marmot. (これは(ネズミではなく)マーモットだ) と言うような場合，マーモットの〈属性〉よりも〈分類〉をより強く意識していると考えられるからである．

3.3.3.　主語補語をとる連結動詞

連結動詞は，大きく次の2種類に分類することができる (cf. Quirk et al. 1985: 1172)．

　①　**現状の連結動詞** (current copula)：本動詞の表す時と同じ時を表す．
　　　a.　be 型：be (AP/NP); continue (AP), keep (AP), remain (AP/NP), stay (AP/NP)

b.　外見動詞：　appear (AP/†NP), look (AP/†NP), seem (AP/NP)
　　　c.　五感動詞：　feel (AP/NP), smell (AP), sound (AP/NP), taste (AP)
　② **結果の連結動詞** (resulting copula)：　結果の状態を表す．
　　become (AP/NP), come (AP), end up (AP/NP), fall (AP/NP), get (AP/†NP), go (AP), grow (AP), prove (AP/NP), turn (AP/NP), turn out (AP/NP), wind up (AP/NP)〈略式体〉

上のリストで†の付いたNPは，次の(1a)のようなパタンではあまり用いられず，〈英・米〉ともに(1b)のようにto beを前置した構文が好まれること，また，特に〈米・略式体〉では，(1c)のようにlikeを前置した構文が好まれることを示す．

　(1) a.　He appears *a fool*.　〈英・まれ〉（彼はばかのようだ）
　　　b.　He appears **to be** *a fool*.　〈英・米〉（同上）
　　　c.　He appears **like** *a fool*.　〈米・略式体〉（同上）

以上の連結動詞のうち，be, become, remainは〈指定〉と〈同定〉に用いられ，beを含む残りの連結動詞は，〈特徴づけ〉と〈分類〉に用いられる．
　以下，おもな連結動詞の用法のやや詳しい記述を試みる．

3.3.4.　現状の連結動詞：　be 型
◇**Be**「Cである」：　Cの構造は，(1)のようなAP，(2)のようなPP，(3)のような不変化詞（particle），または(4)のような「（不定冠詞＋）記述形容詞＋名詞」である．以下の例は，すべて〈特徴づけ〉である．

　(1) a.　That's **fine**.　（それは素晴らしい）
　　　b.　This book *is* very **interesting**.　（この本はとてもおもしろい）
　　　c.　He *was* (as) **happy** as a lark.　（彼は非常に幸福だった）
　(2) a.　Meg *is* **in good health**.　（メグは健康だ）
　　　b.　They *were* **out of breath**.　（彼らは息切れがしていた）
　　　c.　That *is* **of no importance**.　（それは重要ではない）
　(3) a.　Time *is* **up**!　（時間切れだ）
　　　b.　The moon *is* **down**.　（月が沈んだ）
　　　c.　He *is* **behind** in his rent.　（彼は家賃が滞っている）
　(4) a.　My mother *was* essentially **a happy woman**.
　　　　　（母は本来，幸せな女性だった）
　　　b.　That's **a mistaken idea**.　（それは誤った考えだ）
　　　c.　It *is* **terrible news**.　（ひどい知らせだ）

(4a)のような文で，もしも(5)のように記述形容詞を省略した場合は，〈特徴づけ〉ではなくて，③の〈分類〉に属することになる．

　(5)　I *am* **a woman**.　（私は(男性ではなく)女性だ）

　NB　(2)のPPを場所規定のAとする考え方もあるが，意味論と統語論の両面からその考え方は採らない．まず，意味論的には，*in good health* = healthy; *out of breath* = breathless; *of no importance* = unimportant のように形容詞で置き替えられることから見てもわかるように，これらの PP は形容詞的機能を果たしている．統語論的には，三つの証拠をあげることができる．第一に，補語として使用されている形容詞と等位接続 (conjoin) できる．

(i) a. Meg is **young** and **in good health**. （メグは若くて健康だ）
　 b. They were **out of breath** and **extremely tired**. 　　(Quirk et al. 1985)
　　 （彼らは息切れがしてひどく疲れていた）

第二に，形容詞のテストとして seem (appear, feel) のあとに生じるか否かがあるが，問題の PP はこれらの連結動詞のあとに生じることができる．

(ii) a. Meg seems **in good health**. （メグは健康らしい）
　 b. They appear **out of breath**. （彼らは息切れがしているようだ）

第三に，(iiia) のような "場所" 規定の PP を含む文は，(iiib) のように where で始まる擬似分裂文に書き替え可能であるのに対して，問題の PP は "状態" を示すものなので，(iiic) に示すように，それができない．

(iii) a. John is **in the garden**. （ジョンは庭にいる）
　　 b. Where John is is **in the garden**. （ジョンがどこにいるかと言えば，庭にいる）
　　 c. *Where Meg is is **in good health**.

◇**Continue**「引き続き/相変わらず C である」： C は AP, PP.

(6) a. The man *continued* **silent**. （男は黙り続けた）[remained silent のほうが普通]
　 b. John *continued* **in weak health**.
　　 （ジョンは相変わらず健康がすぐれなかった）

C として「as + 職名名詞」をとることもある．

(7) I want you to *continue* **as project manager**. 　　(OALD[6])
　　 （君に続いて企画主任をやっていただきたい）

◇**Keep**「ずっと C である」： C は AP, 現在分詞.

(8) a. He *kept* **silent**. （彼はいつまでも黙っていた）
　 b. *Keep* **smiling** whatever happens. 　　(Swan 1995)
　　 （何事が起こっても，にこにこしていなさい）

◇**Remain**「C のままである」： keep よりも〈格式体〉．C は AP, NP, 現在分詞.

(9) a. He *remained* sullenly **silent**. （彼はむっつり顔で黙り続けていた）
　 b. She *remained* **a widow** for the rest of her life. 　　(BBI[2])
　　 （彼女はその後はずっとやもめで通した）
　 c. He *remained* **standing** by the window.
　　 （彼はいつまでも窓際にたたずんでいた）

◇**Stay**「C のままでいる」： C は AP, NP, 分詞.

(10) a. The weather *stayed* **cold**. （天気は相変わらず寒かった）
　　 b. He *stayed* **a student** all his life. （彼は一生涯，研究者で通した）
　　 c. He *stayed* **in good health**. （彼はずっと健康だった）
　　 d. Please *stay* **seated**. （どうぞ腰かけたままでいてください）

e.　She *stayed* **sitting** on the bench.　(彼女はいつまでもベンチに腰かけていた)

3.3.5.　現状の連結動詞：　外見動詞
　「外見がCに見える」の意味を表すもので，いずれもSとCとの間の「主語・述語」関係を明確にするため，Cの前に連結動詞の to be を挿入することができる．CはAP（相当語句），NP，および疑問副詞の how である．
◇**Appear** (**to be**)「〈外観が〉C（であるよう）に見える」：　おもに客観的な事実を語るときに用い，主観的な印象を語るときには用いない (cf. Swan 1995: 52)．seem よりも〈格式体〉．
　　(1) a.　The baby *appears* (*to be*) **hungry**.
　　　　　　(赤ん坊は，おなかをすかせているように見える)
　　　　b.　*It *appears* **a pity** to waste this food.
　　　　　　(この食べ物をむだにするのは，もったいない気がする)［主観的］
　　(2)　**How** does he *appear*?　(彼はどんなふうに見えますか)
◇**Look** (**to be**)「顔つきがC（であるよう）に見える」
　　(3) a.　Mary *looked* (*to be*) **tired**.　(メアリーは疲れたような顔をしていた)
　　　　b.　He *looks* (*to be*) **a perfect fool**.　(彼は大ばか（であるよう）に見える)
　　(4)　He *looked* **a successful man**.　　　　(Sheldon, *If Tomorrow Comes*)
　　　　(彼は成功した人間に見えた)
◇**Seem** (**to be**)「C（である）と思われる」：　seem C の形式は，客観的な事実にも主観的な印象にも使われるが，seem to be C の形式は客観的な事実を語るときに好まれる (Swan 1995: 513)．
　　(5) a.　She *seems*/*appears **a nice girl**.　(彼女はいい娘のようだ)［主観的］
　　　　b.　He *seems* **older** than he is.　(彼は実際よりも老けて見える)［客観的］
　　(6) a.　He *seems to be*/*seems **a sailor**.　(彼は船乗りであるようだ)［客観的］
　　　　b.　The murderer *seems to be*/*seems **Jack Jones**.
　　　　　　(人殺しはジャック・ジョーンズであるようだ)［客観的］
　なお，it seems は文末に回せるが，it appears は回せない．
　　(7)　He is sick, it *seems*/*it *appears*.　(彼は病気らしい)

NB 1　appear, seem は，表層的には補語をとる連結動詞にように見えるが，厳密には**繰り上げ動詞** (raising verb) である．連結動詞は，丸括弧でくくられた (to be) である (§38.2.2)．
　　(i) a.　[*e*] seems/appears [John (to be) sick]　[[*e*] = empty]
　　　　b.　John seems/appears (to be) sick.　(ジョンは病気(である)らしい)
NB 2　Hornby (1975: 35) は，外見動詞ではCが asleep, awake, afraid のように叙述的に (predicatively) しか用いられない形容詞の場合，普通，次例のように to be を省略しないとしているが，
　　(i)　He **seems to be** asleep/afraid/awake.
Quirk et al. (1972: 235) には，次の例が見える．にもかかわらず，to be を付けておくほ

うが無難であろう．
(ii) The patient **seemed** (to be) asleep.

3.3.6. 現状の連結動詞： 五感動詞

五感を表す動詞も，現状の連結動詞である．

◇**Feel**「〈人が〉Cと感じる；〈物・ことが〉Cの感じがする」： Cは通例，AP（相当語句）であるが，ときにNP，副詞の場合もある．

(1) a. I *feel* **bad**. （気分が悪い）
   ［〈米・略式体〉では，I feel badly. とも言う（CAU, Bryant）］
   b. You'll *feel* **better** after a night's sleep.
   （ひと晩眠れば気分がよくなりますよ）
   c. I *felt* more **at home** on the ground than in the water.
   （水の中よりも地面の上のほうが気楽だった）
   d. He *felt* **cheated**. （彼はだまされたと感じた）
(2) a. I *feel* such **a fool**. （BBI[2]）（われながらばかだなあと思うよ）
   b. I've never *felt* such **a bitch**. (Hemingway, *Fiesta*)
   （自分がそんなにいやなやつだと感じたことはない）
(3) My wife's been *feeling* **poorly**. 〈英・略式体〉
   （妻はこのところ体調がすぐれない）

次は，物主語の例である．

(4) a. The water *feels* **warm**. （この水は温かい）
   b. Your hands *feel* **cold**. （手が冷たいですね）
   c. It *feels* **good** to be on vacation. （休暇をとっていると気が休まる）

◇**Feel like** ① 「〈天候が〉どうやら…らしい」
(5) It *feels* **like rain** (= It seems likely to rain). （OALD[6]）（ひと雨来そうだ）
② 「…のような感触がする」
(6) This wallet *feels* **like leather**. (Ibid)（この財布は革みたいな手触りだ）
③ ［NP/doing を伴って］「…したい，（飲み物・金など）がほしい」
(7) a. All at once he *felt* **like telling** her the truth.   (Taylor, *A View of the Harbour*)（たちまち彼は，女に真相を語りたくなった）
   b. I *feel* **like a drink**. （一杯やりたいな）

◇**Feel as if/as though**［節を伴って］「…のような気がする」
(8) a. Her head *felt* **as if** it would burst.   (OALD[6])
   （彼女は頭が割れるような気がした）
   b. It *felt* **as though** they had already won the Quidditch Cup.
   (Rowling, *Harry Potter and the Prisoner of Azkaban*)
   （彼らは，もうクウィディッチ杯を勝ち取ったみたいだった）

この意味で feel like を使うのは，特に〈米・略式体〉である（OALD[6]）．

(9) It *felt* **like** an elephant had hit me in the guts. (BNC)
(まるで腹をゾウになぐられたみたいだった)

◇**Smell**「Cのにおいがする」：Cは形容詞．
(10) a. The coffee was poured. It *smelled* **wonderful**. (Sheldon, *The Doomsday Conspiracy*)（コーヒーが淹れられた．素晴らしい香りだった）
  b. Doesn't the fish *smell* **bad**? （この魚，腐ったにおいがしませんか）

◇**Sound**「Cの音がする，Cに聞こえる；(響きから)Cに思われる」：CはAP（相当語句）．NPをとるのは〈英〉．
(11) a. The music *sounded* **sweet**. （音楽は美しい音色だった）
  b. Your plan *sounds* **interesting**. （君の計画，おもしろそうだね）
  c. That *sounds* **a great idea**. 〈英〉（そいつは素晴らしい考えみたいだね）

sound は，しばしば like/as if を伴う（ただし，その場合，文型は SVC ではなく，SVA になる）．

(12) That *sounds* **like** a great idea. （=(11c)）
(13) It *sounds* **as if** the government is going to fall. （政府が倒れそうだ）

普通，進行形はとらないが，推移 (transition) の観念があるときには，進行形が許される．

(14) The car *sounds*/*is sounding* a bit **rough** these days. (Swan 1995)
（この車は近ごろ少々ひどい音がしている）

◇**Taste**「Cの味がする」：CはAP．
(15) a. The coffee *tasted* **great**. (Sheldon, *The Doomsday Conspiracy*)
（コーヒーの味は素晴らしかった）
  b. Does it *taste* **sour**? （それ，酸っぱいかい）

NB 1 五感動詞は，Cとして疑問副詞の how をとることができる．
 (i) **How** are you *feeling* today? (OALD⁵)（きょうは気分はどうですか）
 (ii) **How** does the idea *sound* to you? （その考え，どう思うかね）

NB 2 'unwell' の意味の poorly は，OED² も副詞から look poorly のような表現を経て形容詞になったとしている（初例1573）が，feel badly の badly は，OED² は副詞が発達して擬似形容詞 (quasi-adjective) となったとしている（初例は1783）．

NB 3 sound の「Cのように思われる」は，あくまでも「Cの音がする」という意味の比喩的拡張であるから，His explanation *sounds* reasonable.（彼の（言葉による）説明は筋が通っているようだ）はよいが，*Her eyes *sounds* charming. は（目は音声を出さないので）おかしい．同様に，She *sounds* sad.（（声音が）悲しそうだ）はよいが，*She *sounds* pale. は（顔色は音を出さないので）おかしい．

NB 4 次のような形式は，SVC というよりも，SVA と見るべきであろう．
 (i) The soup *smells* **of garlic**. （スープはガーリックのにおいがする）
 (ii) It *tastes* strongly **of mint**. （それはミントの味が強い）
 (iii) Your cough *sounds* **as though** it's getting worse. (OALD⁵)
（君の咳を聞いてると，だんだん悪くなっているようだね）

ただし，SVC と見ようが，SVA と見ようが，理論的な意義はあまりない．構造的には，ともに生成文法で言う補部であることに変わりはないからである．

3.3.7. 結果の連結動詞： become 型

結果の状態を表す連結動詞は，次のようなものがある．

◇**Become**「C になる」： C は AP（相当語句）または NP である．

(1) a. The weather *became* **colder**.　（天候は寒くなった）
　　b. She *became* **a teacher**.　（彼女は教師になった）
　　c. In 1990 he *became* **Ambassador to Japan**.
　　　（1990 年に，彼は駐日大使になった）

become は，意図的な行動には普通使えない (Swan 1995: 111)．

(2) Please *get*/*become **ready** now.　（さあ，用意をしてください）

◇**Get**「C になる」： C は AP．会話では become よりもよく使われる．

(3) a. It's *getting* **dark**.　（暗くなってきた）
　　b. The weather *got* **warmer**.　（天候は暖かくなった）
　　c. Don't *get* **excited**.　（興奮しなさんな）

C が NP の場合は，C の前に to be を挿入する．

(4) They were *getting to be* **quite good friends** now.　　　　　(BNC)
　　（彼らはいまや大の仲良しになりかけていた）

◇**Come**「〈物・こと〉が C になる」： C は AP（相当語句）（↔ go）．「談話の当事者（＝話し手と聞き手）の縄張りに入ってくる」いう移動動詞としての原義から，「（よかれあしかれ）当事者に物理的・心理的影響を与えるようになる」という含意が生じる．

(5) a. Her dream *came* **true**.　（彼女の夢が実現した）
　　b. Everything will *come* **right** in the end.　（結局は万事うまく収まりますよ）
　　c. The motor *came* **alive** again.　（モーターがまた動き出した）

以上は「よい状態への変化」だが，次は「悪い状態への変化」を表している（通例，un- 形容詞とともに）．

(6) a. Some of the posters *came* **unstuck**.　（何枚かのポスターがはがれた）
　　b. The door *came* **unhinged**.　（ドアの蝶つがいがはずれた）

そこで，come は「よい/悪い」の対立については中立的であることがわかる．

◇**Go**「C になる」： C は AP（相当語句），または NP（↔ come）．「話し手の縄張りから出て行く」という原義から，通例，「手の施しようのない，悪い状態になる」という含意が生じる．

(7) a. He *went* **mad**.　（彼は気が狂った）
　　b. The meat *went* **bad**.　（肉が腐った）
　　c. He has *gone* **Socialist**.　（彼は（変節して）社会主義者になった）

最後の例は，明らかに，保守主義者の視点からコメントされている（「もはや，わが党の士にあらず」という気持ち）．

NB 〈特に英〉では，色彩の変化に，(get ではなく) go を用いる (=〈米〉turn) (Swan 1995: 112). ただし，〈英〉でも turn も用いる．
 (i) Leaves *go* **brown** in autumn. (秋になると木の葉が茶色になる)
   [=〈米〉turn brown]
 (ii) She *went* **white** with anger. (彼女は怒りのために顔面蒼白になった)
   [=turned white]

◇**Fall**「C の（しばしば悪い）状態になる」： C は AP，または NP．
 (8) a. He *fell* **asleep**. (彼は(つい)寝入ってしまった)
   b. Everyone *fell* **silent**. (みんな黙った)
   c. He *fell* **out of favor** with his boss. (彼は社長に嫌われてしまった)
   d. We *fell* **victim** to their sales talk.
    (彼らの売込み口上にまんまとだまされてしまった)

◇**Grow**「ゆっくりと徐々に C になる」： やや〈古風〉．C は AP．
 (9) a. He *grew* **old**. (彼は年をとってきた)
   b. His hair is *growing* **thin**. (彼は髪の毛が薄くなってきている)
   c. The days are *growing* **longer**/**shorter**.
    (日がだんだん長く/短くなっている)

◇**Prove** (**to be**)「C（である）と判明する」： C は AP または NP．
 (10) a. The wound *proved* (*to be*) **fatal**. (傷は致命的だとわかった)
   b. He *proved* (*to be*) **a true friend**.
    (彼は真の友人(である)とわかった) [to be なしに名詞をとるのは〈英〉]

◇**Turn**「（急激に）C となる」： C は AP または NP．特に，色が変わることによく使われる．go ほど〈略式体〉ではない (Swan 1995: 113, COBUILD Usage: 92).
 (11) a. She *turned* [got/became] **pale**. (彼女はさっと青ざめた)
   b. His hair has *turned* **grey**. (頭髪が白髪まじりになった)

NP を伴うときは職業・忠誠の変更を表す．この場合，もっぱら性質を考えているので NP には冠詞も形容詞も付けないし，複数にもしない．
 (12) a. He's a politician *turned* **poet**. [=who is turned] (OALD³)
    (彼は詩人になった政治家だ)
   b. They *turned* **traitor**/*****traitors**. (彼らは反逆者になった)

turn は，職業・忠誠の変更を考えているので，次のような文脈では不適切になる．
 (13) When I grow up I intend to *become*/**turn* a doctor.
    (大きくなったら医者になりたいと思っている)

◇**Turn out** ① 「結局...になる」： C は AP または Adv．
 (14) a. Everything *turned out* **well**. (何もかもうまくいった)

　　　　　　　　　　　　第3章　文の要素

　　b.　You never know **how** your children will *turn out*!　　　(OALD⁶)
　　　　（子供がどうなるかわかりっこありませんよ）
② ［(to be) を伴って］「結局 ... とわかる」：　C は AP または NP．
(15) a.　The day *turned out* (*to be*) **wet**．（当日は結局雨だった）
　　b.　The begger *turned out* (*to be*) **a thief**．（乞食は泥棒だとわかった）

　　NB　prove は，次例のように，oneself を挿入できるので，厳密には連結動詞ではないか
　もしれない．
　　　　(i)　He *proved* (**himself**) *to be* a coward.　　　　　　　　(OALD³)
　　　　　　（彼は臆病者であることがわかった）
　　He proved *himself* to be innocent. は，「自分で無罪を証明した」という意味で，He
　proved to be innocent. とは意味が異なるとする Jespersen (*MEG* V: 283) の意見はよく
　知られているが，この説には疑問が残る．なぜなら，上の OALD³ の例を「自分で（わざわ
　ざ）臆病者であることを証明してみせた」と解釈するのは，かなり不自然だからである．

3.3.8.　補語になれる要素

　主語補語・目的語補語になれる要素は，上で見たとおり，主として形容詞句と名詞
句であるが，そのほかにも補語として機能する語句はある．
［A］　形容詞句（AP）
(1) a.　The carpet feels **soft**．（このカーペットは柔らかそうだ）
　　b.　Keep **quiet**．（静かにしていなさい）
　　c.　It was already **dusk**．　　　　　　(Doyle, *Adventures of Sherlock Holmes*)
　　　　（すでに，たそがれ時だった）［dusk = 〈雅語〉dusky］
(2) a.　Nothing makes a Stoic **angry**．
　　　　（克己主義者はどんなことがあっても怒らない）
　　b.　I consider Jim **stupid**．（ぼくはジムはばかだと思っている）
［B］　名詞句（NP）
(3) a.　We have been **good friends**．（私たちはずっと仲良しだった）
　　b.　The capital of Japan is **Tokyo**．（日本の首都は東京だ）
　　c.　That will indeed be **a weight off my mind**．
　　　　　　　　　　　　　　　　　　　　(Doyle, *The Return of Sherlock Holmes*)
　　　　（そうすれば，本当に肩の荷が下ります）［太字体はネクサス名詞（§37.4.5）］

be one's own master のたぐいが，形容詞的に働くことは，(4a) のように，程度
語 quite によって修飾されていることから明白である．
(4) a.　but I am not *quite* **my own master**, you know.　　(Doyle, *Adventures of*
　　　　Sherlock Holmes) (でも，ご承知のとおり，ぼくはあんまり主体性がないんだよ)
　　b.　but in another minute she was **mistress of herself** once more.
　　　　(Christie, *Blue Train*) (しかし，たちまち，彼女は再び冷静になった)
固有名詞も，程度副詞に修飾されて，形容詞的に性質を表すことがある．

(5) a. That was so like her, **so Susan**. (Sheldon, *The Doomsday Conspiracy*)
（それはいかにも彼女らしかった，いかにもスーザンらしかった）
　　b. Signora Bertolini is **so English**. (Forster, *A Room with a View*)
（ベルトリーニ嬢はとてもイギリス人らしい）

次例は，目的語補語の例である．
(6) a. And people call me **the Pied Piper**.
（そこで人々は私のことを「まだら服の笛吹」と呼びます）
　　b. Do I make / Have I made myself **clear**?
（はっきりとわかったかね）［怒りをこめて］

抽象名詞が補語になるためには，普通，それに itself を付けるか，または主語か補語に all が付いていなければならない．
(7) a. "It is **simplicity itself**," said he. (Doyle, *Adventures of Sherlock Holmes*)
（「そんなこと，いとも簡単ですよ」と彼は言った）
　　b. You, Madame, were **kindness itself**. (Christie, *Third Girl*)
（マダム，あなたは親切そのものでした）
　　c. for a moment she was **all softness** and **elegant beauty**. (Steel, *The Promise*) （一瞬，彼女は，この上もなく優しく，上品で，美しかった）
　　d. We waited, **all curiosity**. (Doyle, *Adventures of Sherlock Holmes*)
（私たちは好奇心を募らせて，待ちうけていた）
　　e. I am **all impatience** to be gone. (Ibid.)
（ぼくは帰りたくてじりじりしてるんです）
　　f. She was **all warmth** and **simple eagerness**. (Christie, *The Hollow*)
（彼女は，とても温かく，ただもう熱意にあふれていた）
　　g. but now **all** is **darkness** once more. (Christie, *The Big Four*)
（が，いま再び真っ暗だ）[3]
　　h. **All** was dead **silence**. (Lawrence, *Sons and Lovers*)
（あたりは，しいんと静まりかえっていた）

しかし，perfection はそのままで補語になれる．
(8) As far as he was concerned, the life they'd built together was **perfection**. (Steel, *The Ghost*) （彼に関する限り，二人で築いた生活は完全無欠だった）

次の例では，抽象名詞が副詞に修飾されていることから，この抽象名詞の形容詞性が高くなっているのがわかる．
(9) **All** was *absolutely* **silence** behind us. (Doyle, *The Return of Sherlock Holmes*) （われわれの背後は，どこもかも完全にしいんとしていた）

---

3. Cf. all was **dark** in the direction. (Doyle, *Adventures of Sherlock Holmes*) （そっちの方角は暗かった）

次のように程度副詞に修飾され，無冠詞の名詞についても，同様な説明が可能である．[4]

(10) a. He was **fool** *enough* to marry her. (Curme 1931)
(彼は愚かにも彼女と結婚してしまった)
b. Mary is *more* **child** than **woman**.
(メアリーは(一人前の)女性というよりも子供だ)

いわゆる "**記述の対格**"(accusative of description)も，補語として機能する(詳細は§20.5.3 [B])．

(11) a. The plank is not **the right width**. (この板は幅が違っている)
b. The door was **a dark brown**. (ドアは濃褐色だった)
c. **What part of speech** is this word？ (この単語は何品詞ですか)
d. The office is **ten minutes' walk** from here. (OALD[6])
(その事務所はここから歩いて10分です)

距離・時間を表す NP も，主語補語になる．

(12) a. It is **a good seven miles** from Eyford Station. (Doyle, *Adventures of Sherlock Holmes*)(そこはエイフォード駅からたっぷり7マイルある)
b. it is **some distance** from the road to the window. (Id., *The Return of Sherlock Holmes*)(道路から窓までは若干離れている)
c. it was **a two mile drive** before we came to the Vicarage. (Id., *The Case Book of Sherlock Holmes*)(牧師館に着くまでに馬車で2マイル走った)
d. You'll be **a month** learning them. [= take a month] (Hughes, *Tom Brown's School Days*)(それを学ぶのにひと月かかるでしょう)

[C] **副詞** (adverb)

(13) a. Her secret was **out**. (彼女の秘密は，ばれてしまった)
b. The sun was already **down**. (陽はすでに沈んでいた)
c. What's **up**？ (何が起こったのか)
d. School is **over** at three. (学校は，3時に終わる)
e. The kids were quite badly **off** for school clothes. (MED)
(その子供らは，通学服にひどく困っている)

[D] **代名詞** (pronoun)

(14) a. What I want is **this**. (私がほしいのはこれです)[主語補語]

---

4. ただし，enough があれば，必ず無冠詞になるわけではない．
(i) It's time for you to be **a man** *enough* to take a drink. (Caldwell, *This Very Earth*)
(もうおまえも一杯やれるくらい大人になってもいいころだ)
また，次のような量表現にも冠詞が残る．
(ii) He is *something of* **a poet**. (彼はちょっとした詩人だ)
(iii) I am *enough of* **a man** to toss off this.
(ぼくは，こいつをぐいと飲み干せるほど大人なんだ)

  b. "It's a mongoose." "Well, some call them **that**."
    (「マングースだ」「ええ，そう言う人もいますね」) [目的語補語]

人称代名詞の場合は，主語補語には〈格式体〉では主格，〈普通体〉では目的格を用い，目的語補語には目的格を用いる（§ 21.2.1 を参照）．

 (15) "Who is it?" "It is **I / me**." (「誰ですか」「私です」) [主語補語]
 (16) We thought it **him**. (それは彼だと思った) [目的語補語]

[E] 数詞 (numeral)
 (17) Jane is **twenty** but looks **seventeen**.
    (ジェーンは20歳だが，17歳に見える) [主語補語]
 (18) I presumed her about **twenty**.
    (彼女は20歳ぐらいだと思いこんでいた) [目的語補語]

[F] 不変化詞 (particle)
 (19) a. School is **over**. (授業は終わった) [主語補語]
   b. The moon is **down**. (月は沈んだ) [同上]
 (20) a. Please put your cigarettes **out**.
     (たばこの火を消してください) [目的語補語]
   b. He imagined his task **over**.
     (彼はわが任務は完了したと思った) [同上]

[G] 前置詞句 (prepositional phrase)
 (21) a. This old typewriter is **of no use** to me.
     (この古いタイプライターは，私には全然役に立たない) [主語補語]
   b. The machine is **out of order**. (この機械は故障している) [同上]
   c. It was **from M. Caux**, the Commissary of Police. (Christie, *Blue Train*) (手紙は，警務部長のコー氏からのものだった) [同上]
   d. M. Papolous was **at breakfast**. (Ibid.) (パポルス氏は朝食中だった) [同上]
 (22) a. Please make yourself **at home**. (どうぞおくつろぎください) [目的語補語]
   b. I regard him **as my friend**. (私は彼を友人だと思っている) [同上]
   c. I took it **for granted** that he would come.
     (彼はむろん来てくれるものと思っていた) [同上]

前置詞句は，形容詞的なものばかりではなく，副詞的な機能をもつ場合もある．

 (23) a. A sure method to come off victorious is **by running away**.
     (勝利を得るには逃げるにしかずだ)
   b. It was **at the club** that John met Mary.
     (ジョンがメアリーと会ったのは，そのクラブでだった)
   c. the only way to write novels was **like Henry James** (Maugham, *Cakes and Ale*) (小説を書く唯一の方法は，ヘンリー・ジェームズのように書くことだった)

[H] 不定詞 (infinitive)

第 3 章　文の要素

① 主語補語として
(24) a.　My ambition is **to go** *to America*.　（私の野心は，アメリカへ行くことだ）
　　 b.　The important thing is **not to panic**.
　　　　（重要なことは，あわてふためかないことだ）

主語節に do があれば，普通，裸不定詞が用いられる．
(25) a.　All you need *do* is **pull** *on this*.　　　　　　　(Greene, *Brighton Rock*)
　　　　（こいつを引っ張りさえすりゃいいんだよ）
　　 b.　We don't need proof.　All we have to *do* is **look** *for proof*.　(Spillane,
　　　　My Gun Is Quick)（証拠なんて必要じゃない．証拠を捜しさえすりゃいいんだ）

　　NB　準助動詞の be to と区別すること．
　　　(i)　The Prime Minister **is to visit** Jakarta.　（首相はジャカルタ訪問の予定である）

② 目的語補語として（より厳密な分析は，§37.4.5.2.3 を参照）
(26) a.　I saw him **come**.　（彼が来るのを見た）
　　 b.　I heard her **laugh**.　（彼が笑うのが聞こえた）
　　 c.　I felt the earth **shake**.　（地面が揺れるのを感じた）
(27) a.　He will not let me **go**.　（彼は私を行かせてくれない）
　　 b.　Don't make me **laugh**.　（笑わせるんじゃないよ）
(28) a.　She tried to get him **to talk**.　（彼女は男に口をきかせようとした）
　　 b.　What caused the bridge **to collapse**?　（どうして橋は崩壊したのか）

[I] 分詞 (participle)：(29b) のように，very による修飾を許す分詞は，完全に形容詞化している．(29) は主語補語，(30) は目的語補語の例．
(29) a.　That sounds **promising**.　（それは有望なようだ）
　　 b.　I'm *very* **tired** after a long walk.　（長いこと歩いたのでとても疲れた）
(30) a.　He could feel his heart **beating**.　（彼は胸がどきどきしているのを感じた）
　　 b.　He watched his team **beaten**.　（彼は自分のチームが負けるのを見ていた）

[J] 動名詞
(31) a.　My hobby is **playing** the piano.
　　　　（私の趣味はピアノを弾くことです）［主語補語］
　　 b.　Seeing is **believing**.　〈諺〉（百聞は一見にしかず）［同上］
　　 c.　It's probably **splitting** *hairs*.
　　　　（そいつは，たぶん，重箱の隅をほじくるようなものだ）［同上］
(32)　　 We call this **robbing** Peter to pay Paul.
　　　　（こんなのを甲から奪って乙に返すと言うのだ）［目的語補語］

[K] 節：(33) のように名詞節，または (34) のように副詞節に限られる．
(33)　　 My belief is **that** *he is right*.　（私の信じるところでは，彼は正しい）
(34) a.　It looks **as if/though** *it's going to rain*.　（いまにもひと雨きそうな空模様だ）
　　 b.　"It is **as** *you said*," he muttered.　　　　　　(Christie, *Blue Train*)

（「あなたのおっしゃったとおりです」と彼はつぶやくように言った）
   c. Well, it is just **as** *I have been telling you*, Mr. Sherlock Holmes,
      (Doyle, *Adventures of Sherlock Holmes*) （とにかく，ことはさっきからお話ししているとおりです，シャーロック・ホームズさん）
   d. His method is **as** *follows*.　　　(Id., *The Return of Sherlock Holmes*)
      （彼の方法は次のとおりだ）

(The) Fact is/The truth is のあとでは，しばしば補文標識 that が省略される．これらの表現が，Actually/In truth などの文副詞のように機能していると感じられるためであろう．

(35) a. The fact is, *she's feeling rather seedy*, poor child.　(Cather, *Alexander's Bridge*)（実は，あの子はだいぶ気分がすぐれないのです，かわいそうに）
   b. The (plain) truth is, *I forgot about it*.　　　　　　　(OALD⁵)
      （はっきり言って，そのことは忘れてしまった）

The reason (why) ... is に続く補語節では，that を使うのが正式であるが，話し言葉では because も普通に使われる（その場合は副詞節が補語）．

(36) a. The reason why I'm late is **that**/**because** *I missed the bus*.　(OALD⁵)
      （遅刻した理由は，バスに乗り遅れたということ/からです）
   b. The reason is **because** *they have agreed to be bound by it*.　(BNC)
      （その理由は，彼らがそれに束縛されることに同意したからです）

because が用いられるのは，(36a) のように，the reason に限定節が付いている場合が普通で，付いていない場合は that が好まれる（その反例が，(36b)）．

(37) My only reason is **that** *I have to work tonight*.
    （私の理由はただ一つ，今晩仕事があるということです）

NP is when ... は，〈略式体〉で定義するときによく使用される．次例は，検事の質問に対する精神科医の答えに使用されているものである．

(38) 'Dr Raleigh, what does iatrogenicity mean?' 'That's **when** *there's an existing illness, and medical treatment of psychotherapy aggravates it*.'
    (Sheldon, *Tell Me Your Dreams*)（「ローリー博士，医原性とはどういう意味ですか」「それは，疾患があるのに，精神療法を行って，それをいっそう悪化させることです」）

   NB　まれに引用された文が主語補語になっている例がある．
   (i) It's **heads I win, tails you lose**.　　　　　(Doyle, *A Study in Scarlet*)
      （表ならぼくの勝ち，裏なら君の負けってやつだよ）

3.4.　準補語

補語というのは，上で見たように，不完全動詞の意味を補う義務的な要素であるから，例えば，He is *a doctor*. から補語を省略すると非文法的な文になってしまう．これに対して，例えば，John left the room *angry*. のような完全動詞の場合は，

angry を省略しても He left the room. は完全に文法的である．このように，叙述が一応完結したあとで，そのときの主語や目的語の状態を追加叙述する語句を**準補語** (quasi-complement) と呼ぶことにしよう．主語について追加叙述する語句は準主語補語であり，目的語について追加叙述する語句は準目的語補語である．

最近では，準補語のことを **2 次述語** (secondary predicate) と呼ぶことが多い．例えば，He died *young*. という文は，He died while he was young. とパラフレーズできることからもわかるように，「彼は死んだ」という叙述のあとから，「そのとき彼は若かった」という叙述が 2 次的に追加されている．同様に，John ate the meat *raw*. (ジョンは肉を生で食べた) という文では，「ジョンはその肉を食べた」という叙述のあとに，「その肉は生だった」という叙述が 2 次的に追加されている．

3.4.1. 準主語補語

以下の文で，太字体の部分が準主語補語である．

(1) a. John left the room **angry**. （ジョンはぷりぷりして部屋を出ていった）
  b. Let's part **good friends**, Minnie. (Maugham, *Our Betters*)
    （仲良しとして別れようよ，ミニー）
  c. we returned to Norfolk **a wedded couple**. (Doyle, *The Return of Sherlock Holmes*) （私たちは，新婚夫婦になってノーフォークへ帰っていった）
  d. As you no doubt realize, he died **a very rich man**. (Christie, *Nemesis*)
    （あなたもむろんおわかりのとおり，彼は大金持ちとして亡くなりました）
  e. He'll come home **a different child**. (Montgomery, *Anne of Ingleside*)
    （彼は違った子供になって家に帰ってくるでしょうよ）
  f. The wind blew **cold**. （風が冷たく吹いた）
(2) a. Melina stood there **watching him**, **furious**.
    （メリーナは怒り狂って，そこに立って彼を見守っていた）
  b. The stranger sat there, **rigid**. (Sheldon, *Memories of Midnight*)
    （見知らぬ男は身じろぎひとつせずに，そこにすわっていた）
  c. Then she walked back into the house, **the happiest girl in all Utah**.
    (Doyle, *A Study in Scarlet*)
    （それから，彼女はユタ州で一番幸福な娘となって，家の中へ歩いて帰った）

次例では，準主語補語が三つ併置されている．

(3) Pier stood there **naked**, **unembarrassed**, **watching him**. (Sheldon, *The Doomsday Conspiracy*) （ピアは裸で，平然としてそこに立って，彼を見守っていた）

準主語補語が文頭に置かれると，副詞的に「理由」が含意される．これらは，自由付加詞の例と見ることができる (§ 3.6.2 [D])．

(4) a. **Annoyed**, Mann opened the front door. (Sheldon, *The Doomsday Conspiracy*) （当惑して，マンは玄関のドアを開けた）
  b. **Relieved**, Olga responded. (Ibid.) （ほっとして，オルガは答えた）

3.4.2. 準目的語補語

(1) a. Mary ate [the meat **raw**]. （メアリーは肉を生で食べた）
　　b. I drink [coffee **black**]. ［＝I drink coffee when it is black.］
　　　（私はコーヒーはブラックで飲む）
(2) We can buy [vegetables **fresh**] at Wilson Farm.
　　（ウィルソン農場では、野菜を新鮮な状態で買える）
(3) First they weighed [the truck **empty**].
　　（彼らはまず、トラックを空の状態で量った）

[ ]内は動詞は含まないが、主述関係が認められる節なので、生成文法では通例、「小節」(small clause) と呼ばれている．

> **NB** 最近は、準主語補語のことを**主語指向の描写語** (subject-oriented depictive)、準目的語補語のことを**目的語指向の描写語** (object-oriented depictive) と呼ぶことが多い．
> 　次の (i) の描写語が主語と同格であり、(ii) の描写語が目的語と同格であることにかんがみて、前者は S に付加され、後者は VP に付加されるとするのが妥当であろう．
> 　　(i) 　John left the room angry. ［主語指向の描写語］
> 　　(ii) 　Mary ate the meat raw. ［目的語指向の描写語］
>
> (i)
> ```
>           S
>          / \
>         S   AP
>        / \   |
>      NP   VP angry
>      |   / \
>    John V   NP
>         |   /\
>       left the room
> ```
>
> (ii)
> ```
>              S
>             / \
>           NP   VP
>           |   / \
>         Mary VP  AP
>             / \   |
>            V   NP raw
>            |   /\
>          ate the meat
> ```

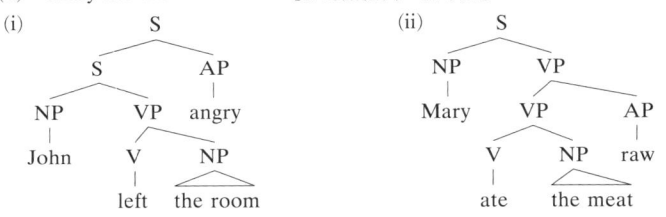

3.5. 義務的な副詞語句

第2章で見たように、動詞の中には、主語 (S)・述語動詞 (V)・補語 (C)・目的語 (O) のほかに、義務的な副詞語句 (obligatory adverbial, A) を要求するものがある．まず、自動詞で A を必要とするものがある．

(1) a. John is **here**. （ジョンはここにいる）［cf. *John is.］
　　b. The manager is **in his office**.
　　　（マネジャーは執務室にいる）［cf. *The manager is.］
　　c. I live **in London**. （私はロンドンに住んでいる）［cf. *I live.］

次に、形容詞で A を必要とするものがある．

(2) a. I am afraid **of snakes**. （私はヘビがこわい）［cf.*I am afraid.］
　　b. Mary is fond **of sweets**. （メアリーは甘党だ）［cf.*Mary is fond.］

さらに、他動詞で A をとるものがある．

(3) a. Did you put sugar **in my coffee**? （コーヒーに砂糖を入れてくれましたか）

b. This song reminds me **of France**.
   (この歌を聴くとフランスのことを思い出す)

上の例で，主語は通例，旧情報を表し，A は新情報を表している．A が義務的に必要であり，削除することができないのは，このためである．

3.6. 文の要素

以上見てきた主語，述語動詞，目的語，補語，義務的な副詞語句の五つは，英文構成上欠くことのできない要素であるから，これらは文の**主要素**と呼ばれる．主要素以外の部分は，従要素と遊離要素とに分かれる．

3.6.1. 従要素
主要素を修飾する語であり，**修飾語句** (modifier) とも呼ばれる．
[A] 形容詞的修飾語
 (1) a. **The biggest** problem is the accent.
      (最大の問題はアクセントだった)［主語の修飾語］
    b. He bought **a beautiful gold** watch.
      (彼は美しい金時計を買った)［目的語の修飾語］
    c. The Times is **a daily** newspaper.
      (『タイムズ』は日刊新聞だ)［補語の修飾語］
    d. Put it **right** on the top shelf.
      (ちょうど一番上の棚に置きなさい)［義務的副詞語句の修飾語］
[B] 副詞的修飾語
 (2) a. He can speak French **fluently**.
      (彼はフランス語を 流 暢 に話せる)［動詞の修飾語］
      　　　　　　　　　　りゅうちょう
    b. I'm **awfully** sorry. (大変申し訳ない)［補語の修飾語］
    c. Boris is a **very** nice person. (ボリスはとてもいい人だ)［修飾語の修飾語］
[C] 文修飾語
 (3) a. You're **probably** right. (たぶん君の言うとおりだろう)
    b. **Surely** there's a woman behind this. (きっとこの件の陰には女がいる)
    c. **As a matter of fact** I had never mentioned it at all.
      (実を言うと，そのことは全然話に出していなかった)

3.6.2. 遊離要素
文の他の部分と緊密な関係のない要素を**遊離要素** (absolute element) と言う．次の4種類が認められる．
[A] 間投詞
 (1) a. **Well**, here we are at last! (やれやれ，やっと着いたぞ！)
    b. **Oh dear**! You poor thing! (おやまあ！ かわいそうに！)

[B] 呼びかけ語 (vocative)
  (2) a. Sorry, **mom** [mɑːm]. (ごめんよ，ママ)
      b. Shut your big mouth, **you stupid idiot**. (黙れ，このばかもの)

[C] 挿入語句 (parentheses)
  (3) a. Our plan was, **after all**, a failure. (われわれの計画は，結局，失敗だった)
      b. I shall finish it, **I hope**, by the end of this week.
         (願わくは，今週末にはそれを終えたいものだ)
      c. he felt the picture was a good investment and, **more important**, he liked it. (Archer, *Not a Penny More*) (この絵はいい投資になる，と彼は感じた．もっと重要なことは，それが気に入ったことだった)
      d. and, **what is more important**, I have seen the fellow.
                                        (Doyle, *The Return of Sherlock Holmes*)
         (そしてもっと重要なことに，ぼくはその男を見たのです)
      e. **More importantly**, text studies are a relatively recent development in linguistics. (BNC) (さらに重要なことだが，テクスト研究は，言語学において比較的最近に開発されたものである)

[D] 自由付加詞 (free adjunct)： 主文との論理的関係に基づき，理由・原因などを表す．
  (4) a. **A careful host**, he went into the dining-room to see that the table was properly laid. (Maugham, *Casuarina Tree*) (念入りな主人役だったので，彼はきちんと食卓の用意ができているか見届けるために，食堂へ入っていった)
      b. **A girl of fourteen**, Patience Moran ... was in one of the moods picking flowers. (Doyle, *Adventures of Sherlock Holmes*) (14歳の女の子のペイセンス・モランは，例によって不機嫌な気持ちで，花を摘んでいた)
      c. A moment or two later, Derek Kettering, **debonair as ever**, entered the room. (Christie, *Blue Train*) (しばらくすると，デレック・ケタリングは，いつものように颯爽として，部屋に入ってきた)
      d. There was a tape player inside, with a tape in it. **Curious**, he pressed a button and the tape began to play. (Sheldon, *Memories of Midnight*) (中にテープを入れたままのテーププレーヤーがあった．彼が好奇心にかられてボタンを押すと，テープが回り始めた)
      e. **Rather nervous**, the man opened the letter.
         ＝The man, **rather nervous**, opened the letter.
         (とても心配そうに，男は手紙を開けた)
      f. **Anxious for a quick decision**, the chair called for a vote.
         (速やかな決定を切望して，議長は投票を求めた)
      g. **Uncertain**, the woman hesitated and looked round. (Eastwood 1994)
         (半信半疑で，女はためらい，あたりを見回した)

3.7. 文の主要素の意味役割

3.7.1. 項と意味役割

文の主要素，言い替えれば項（argument）は，ただ一つの意味役割（semantic role）（θ役割（θ-role）とも言う）をもつとされている．（ただし，補語は項ではなく，述語の一部であるから，意味役割はもっていない．）

項がもっている意味役割には，一般に，次のようなものが認められている．

① 行為者/動作主（Actor/Agent）： 意志をもって，ある行動をする人
  (1) **John** hit the ball. （ジョンはボールをたたいた）
② 動因（Cause）： 結果を引き起こす自然力や無生物
  (2) **The wind** opened the door. （風でドアが開いた）
③ 受動者/被動者（Patient）： ある動作をうける事物
  (3) John killed **Harry**. （ジョンはハリーを殺した）
  (4) Mary cleaned **her room**. （メアリーは自分の部屋を掃除した）
④ 対象（Theme）： 述語の表す動作・状態によって影響される事物[5]
  (5) **The rock** moved. （岩が動いた）
  (6) **Max** is in Africa. （マックスはアフリカにいる）
⑤ 経験者（Experiencer）： ある心理状態を経験する人
  (7) **Mary** was happy/sad. （メアリーは幸せだった/悲しかった）
  (8) **I** am afraid of snakes. （私はヘビがこわい）
⑥ 受益者（Benefactive）： ある動作から利益を得る人
  (9) John bought a hat **for Mary**. （ジョンはメアリーに帽子を買ってあげた）
  (10) John bought **Mary** a hat. （同上）
⑦ 着点（Goal）： ある物が移動していく場所
  (11) I sent a parcel **to London**. （ロンドンに小包を送った）
⑧ 受領者（Recipient）： ある物を受け取る人
  (12) I sent **Mary** a package. （メアリーに小包を送った）
  (13) I sent a package **to Mary**. （同上）
⑨ 起点（Source）： ある事物が元あった場所
  (14) Bill came **from York**. （ビルはヨークからやってきた）
⑩ 場所（Location）： ある物が存在または生起する場所
  (15) He put the car **in the garage**. （彼は車をガレージに入れた）
  (16) He hid the letter **under the bed**. （彼はその手紙をベッドの下に隠した）

---

5. 意味役割を表す Theme は「主題」とも訳されるが，「主題」は普通，話題（topic）の意味でも使用されるので，本書では〈対象〉という訳語を用いることにする．

⑪　道具 (Instrument)：　ある行為をするときに用いる道具
(17)　Ann cut the cake **with a knife**.　(アンはケーキをナイフで切った)
⑫　命題 (Proposition)：　項としての節
(18)　The doctor advised Jim [**PRO to stop smoking**].
　　　(医師はジムに禁煙するように勧めた)［PRO は不定詞の意味上の主語］
(19)　I think [**that you're being unfair**].　　　　　　　　　　(LDCE[4])
　　　(君は公平にふるまっていないと思う)
(20)　I want [**John to come**]. (ジョンに来てほしい)
　研究者によっては，〈受動者〉を〈対象〉の中に含める人もいる．例えば，
(21)　John took **the canary** from the cage.　(ジョンはかごからカナリアを出した)
という文の場合，the canary は，取り出す行為をうけるので〈受動者〉とも言えるが，取り出す動作の影響をうけて移動するものととらえれば〈対象〉とも言えるからである．〈受動者〉(Patient) を〈対象〉(Theme) の中に含めるならば，それだけ意味役割の数を減らすことに寄与する．以下の記述では，〈受動者〉を含めた意味で〈対象〉を使用することにする．

3.7.2. 実例の検討

　一つの項は，ただ一つの意味役割をもっているとする仮定が重要なのであって，それがどんな意味役割であるかをいちいち詮索することは，理論上意味のあることでも，望ましいことでもない．とはいえ，文を意味解釈するにあたっては，項のもつ意味を考えることは，決して無意味ではない．ここでは，具体的な例文にあたって，ある項がどのような意味役割を担っているかを考察してみたい．
　まず，〈行為者〉は，意志をもつ有生 (animate) の名詞句である．したがって，deliberately という副詞と共起可能か否かが，〈行為者〉を特定する一つのテストになる．
　(1) a.　John **deliberately** rolled the ball down the hill.
　　　　　(ジョンは，故意に山からボールを転がした)
　　　b.　The ball (***deliberately**) rolled down the hill.
　　　　　(ボールは，(*故意に)山からころがり落ちた)
上の二つの文の場合，ジョンは意志をもってボールをころがした主体だから〈行為者〉であるが，ボールは自らの意志をもたないので，〈行為者〉ではない．したがって，(1b) では deliberately を付けると非適格になり，付けなければ適格になる．
　〈行為者〉は，受動文の by 句，不定詞の意味上の主語 PRO で示されていることもある．
　(2) a.　This sonnet was written **by Keats**.
　　　　　(このソネットはキーツが書いたものだ)
　　　b.　John wanted [**PRO** to go to America].
　　　　　(ジョンはアメリカへ行きたいと思った)

第3章　文の要素

NB　Swan (1995: 410) は，結果を引き起こす無生物をも〈行為者〉に含めている．
　(i)　I was shocked **by your attitude**.
　　　（君の態度にはショックをうけた）
　(ii)　Your life will be changed **by this book**.
　　　（あなたの人生は，本書で変えられるでしょう）
しかし，これらの名詞句は，〈行為者〉のテストである deliberately 挿入に合格しないので，本書の立場では〈動因〉である．
　では，次のような自然力を表すものの意味役割は何だろうか．
　(iii)　The door was opened **by the wind**.　（ドアは風で開けられた）
Fillmore (1971: 44) などは，このような〈力〉(Force) は〈道具〉に含めるとしている．(iii) を「風」のような自然力を〈道具〉と見るためには，風を〈道具〉として操る風神のような〈行為者〉を想定しなくてはならないが，このような考えは文学的かもしれないが，科学的ではない．
　本書の立場では，以上のような名詞句は，無生物として意志をもたず，したがって，deliberately という副詞をとらない点にかんがみて，〈動因〉(Cause) ということになる．すなわち，「態度」も，「この本」も，「風」と同様に，人にショックを与えたり，人生を変えたりする〈動因〉としてとらえられている，と説明される．

　〈対象〉の守備範囲は，最も広い．まず，動作を直接うけるものを表す．
(3) a.　St George killed **the dragon**.　（聖ゲオルギオスは竜を退治した）
　　b.　**John** broke his leg.　（ジョンは足を折った）［ジョンは，骨折という事件に巻き込まれたのである；もしも故意に折ったとすれば，〈行為者〉である］
次に，〈対象〉は，場所の移動や状態の変化をうけるものを表す．
(4) a.　**The rock** moved.　（石が動いた）
　　b.　John moved **the rock**. = John caused **the rock** to move.
　　　　（ジョンは石を動かした）
　　c.　**The coach** turned into a pumpkin.
　　　　（馬車はカボチャに変わった）
さらに，存在・属性・帰属に関する叙述をうけるものも〈対象〉とされる．
(5) a.　**Mary** is in London.　（メアリーはロンドンにいる）
　　b.　**Ann** is a nurse.　（アンは看護婦だ）
　　c.　**Jim** belongs to the sports club.
　　　　（ジムはそのスポーツクラブに所属している）
〈経験者〉は，次のような，心理状態を経験する人を表す（目的語の apples, her father, the moon は，それぞれ〈対象〉）．
(6) a.　**I** like apples.　（私はリンゴが好きだ）
　　b.　**Jo** hates her father.　（ジョーは父親を憎んでいる）
　　c.　**I** can see the moon.　（月が見える）
〈経験者〉は，目的語の位置に生じる場合がある．
(7)　The play pleased **me**.　（その芝居は気に入った）［The play は〈対象〉］

ほぼ同義の *I liked the play.* では，I が〈経験者〉で，the play は〈対象〉である。[6]

〈受益者〉は，典型的に，ある行為から利益をうける人である．

(8) a. He found **me** a good seat. （彼はよい席を見つけてくれた）
    b. He found a good seat **for me**. （同上）

次の for 句は，付加部（adjunct）であり，項ではないので，意味役割をもたない．

(9) a. Say hello to him **for me**. （彼によろしく言ってください）
    b. I'll box your ears **for you**! （おまえの横っ面を張ってやるぞ）

〈着点〉は，典型的に to 句で表現される．

(10) The water came **to my neck**. （水は首のところまできた）

次の二つの文を比較せよ．

(11) a. *He sent **London** a book. （cf. He sent a book **to London**.）〈着点〉
     b. He sent **me** a book. （cf. He sent a book **to me**.）〈受領者〉

これらの例は，場所を表す London は間接目的語になれないが，人を表す me はなれることを示している．言い替えれば，場所名詞は〈着点〉を表し，二重目的語構文に生じる人間名詞は，〈受領者〉を表すということである．〈着点〉と〈受領者〉とは，このように統語法が異なる以上，区別されなければならない．

〈起点〉は，典型的に from で表現される．

(12) a. She went **from Rome** to London. （彼女はローマからロンドンへ行った）
     b. She came to London **from Rome**. （彼女はローマからロンドンへ来た）

上の二つの文で，Rome は〈起点〉，London は〈着点〉を表している．from Rome の位置が二つの文で異なるのは，go は〈起点〉から出る行為であるから，〈着点〉よりも〈起点〉により密接な関係があり，一方，come は〈着点〉に入ってくる行為を表すので，〈起点〉よりも〈着点〉により密接な関係があるためである．

〈場所〉は，〈対象〉が位置する空間的場所を表す．

(13) She stood **at the door**. （彼女はドアのところに立っていた）

〈場所〉は，主語によって表される場合もある．Jackendoff (1972: 30) は，その類を「所有の場所」(possessional location) と呼んでいる．

(14) a. **Max** owns this house. （マックスがこの家の所有者だ）［所有の場所］
     b. **Max** knows the answer. （マックスはその答えを知っている）
     c. **The circle** contains the dot.
        （その円は点を含んでいる）(cf. The dot is contained **in the circle**.)

〈道具〉は，典型的に with 句で表されるが，主語で表されることもある．

---

6. Baker (1988: 46) の「θ役割付与均一性仮説」(Uniformity of theta assignment hypothesis, UTAH) は，同じ意味役割をもつ項は，D構造において同じ位置に生じる，というものであるが，please と like では，その仮説の違反が見られる．なぜなら，同じ〈対象〉が，please では主語の位置に，like では目的語の位置に生じるからである．

(15) a.　John opened the door **with the key**.　（ジョンはドアをその鍵で開けた）
　　 b.　**The key** opened the door.　（その鍵でドアが開いた）［〈行為者〉は表現されていない；日本語では，「*その鍵がドアを開けた」とは言えない］

次の二つの文を比較せよ．

(16) a.　**The vase** shattered the glass.　（花瓶でガラスが粉々に割れた）
　　 b.　**The vase** shattered.　（花瓶は粉々に割れた）

「花瓶」は (a) ではガラスを割った〈道具〉であり，(b) では粉々に割れるという出来事に巻きこまれた〈対象〉である．

第 4 章

時制と相

4.0 概　説

　まず，時（time）と時制（tense）の区別を明確にしておかなければならない．「時」は，「過去・現在・未来」などの，言語外の普遍的な概念であるのに対して，「時制」は，ある動作・状態が発話時よりも前か後か，それとも同時かという時間関係を，動詞の形式によって表す文法範疇(はんちゅう)（grammatical category）である．したがって，テンスの体系は言語ごとに異なることもあるし，テンスをもたない言語さえある（例えば，古代アラビア語，ヘブライ語，中国語，そして，（筆者の研究では）日本語にも，テンスは存在しない．これらの言語は，時間関係をアスペクト（aspect）によって表すのである．)

　英語には，時制は 2 種類しかない．すなわち，現在時制（present tense）と過去時制（past tense）——より厳密には，非過去（non-past）と過去（past）——の二つである．

(1)　Tense → $\begin{cases} \text{Present} \\ \text{Past} \end{cases}$

現在時制は，無標（unmarked）の時制であるが，過去時制は有標（marked）の時制で，通例，過去時を明示する接辞 -ed という標識（marker）が付いている．例えば，

(2) a.　I work.　（私は働く）
　　b.　I work**ed**.　（私は働い<u>た</u>）[1]

において，work/worked の対立（contrast）は，現在時制：過去時制の対立である．

　なお，「will/shall＋裸不定詞」の形式は，二つの理由で「未来時制」（future tense）とは見ない．第一に，will/shall は時制的には現在時制であり，指示する時も発話時にほかならないからである．例えば，

(3)　It **will** be good weather tomorrow.　（あすはいい天気でしょう）

という文は，あすが上天気であることを<u>発話時において</u>保証しているのである．

　第二に，will/shall は，時制の形式素（formative）とするにはあまりにも辞書的意味が豊かすぎるからである．例えば，次の各文の will は，いずれも法的（modal）な

---

1. 日本語の動詞語尾「ウ」と「タ」の対立は，〈現在：過去〉というテンスの対立ではなく，〈非完了〉：〈完了〉というアスペクトの対立であると考えられる（安藤 1986 を参照）．

— 68 —

意味をもっている.

(4) a. Accidents **will** happen. 〈諺〉（事故は起こるもの）〈習性〉
    b. I **won't** stand any nonsense. （ばかげたまねは許さんぞ）〈拒絶〉
    c. You **will** leave immediately. （すぐ立ち去ってもらいたい）〈命令〉
    d. That **will** be the doctor now. （あれは，きっとお医者さんだよ）〈推量〉
    e. **We'll** start early, John. （早めに発とうぜ，ジョン）〈勧誘〉
    f. **Will** you pass the salt, please?
       （すみません，塩を取っていただけませんか）〈依頼〉

will/shall が未来を指示するということなら，他の法助動詞についても同じことが言えるのである．例えば，他のすべての法助動詞も tomorrow と共起することができる．

(5)　He **can**/**may**/**must**/**should**/**might** come *tomorrow*.
    （彼はあす来ることができる/来るかもしれない/来なければならない/来るべきだ/ひょっとしたら来るかもしれない）

したがって，will/shall は，(5) の助動詞とともに，法助動詞（modals）の体系を形成すると考えるべきであって，その体系の中から will/shall のみを取り出して，それだけが第一義的に未来時を指す文法形式素である，と言うことはできない．

NB　Bradley (1970: 59) は，ドイツ語の werden は，英語の will/shall よりも「無色で，あいまいでない」(colourless and unequivocal) であるとしているが，これは程度の差にすぎない．例えば，Das *werde* ich auf keinenn Fall tun!（そんなことは絶対にするもんか）では〈意志〉を，Er *wird* krank sein.（彼は病気なのだろう）では〈推量〉を，Du *wirst* hier bleiben!（君はここにいたまえ）では〈命令〉を表す点，英語と平行している．

4.1.　三つの時点

時制とアスペクト/相のからみ合いの諸相を十全に記述するためには，発話時 (point of speech, S)，出来事時 (point of the event, E)，基準時 (point of reference, R) という三つの時点を峻別（しゅんべつ）する必要がある (cf. Reichenbach 1947)．そうすると，時制は，〈基準時〉が〈発話時〉よりも前（過去）か後（未来）か，それとも同時（現在）か，という関係を示すものであると言える．この枠組みに従って，過去・現在・未来の3時制を一般言語学的に図示するならば，次のようになる (cf. Johnson 1981: 151)．

(1)　a.　過去時制：　$R < S$
　　 b.　現在時制：　$R = S$
　　 c.　未来時制：　$S < R$

このことを具体例で説明してみよう．

(2)　Mary **had** already **left** when I **phoned**.
    （私が電話したときには，もうメアリーは去っていた）

という文において，話し手である私が (2) を発話している時点が〈発話時〉，私が電話した時点が〈基準時〉，メアリーが去った時点が〈出来事時〉である．この関係を図示すれば，(3) のようになる．

(3) ── | ─── | ─── | ──→
    E R S

ここで，R は S よりも前なので，過去時制であり，E は R よりも前なので過去完了形であることが明示されている．

4.2.　時制とアスペクト/相

4.2.1.　アスペクト

英語のアスペクト/相 (aspect) は，動詞の表す動作・状態が〈基準時〉に完了しているかいないか〈完了：非完了〉，あるいは，継続しているかいないか〈継続：非継続〉(または〈進行：非進行〉) といった，動作の様態を示す文法範疇である．英語には，次のように，完了相・進行相の二つのアスペクトが認められる．

(1)　アスペクト → { 完了相： have + en
　　　　　　　　　 進行相： be + ing

ここで注意するべきことは，アスペクトと時制とは，それぞれ異なる文法範疇に属する，ということである．例えば，

(2) a.　He **has read**.　(彼は読んだ)
 b.　He **is reading**.　(彼は読んでいる)

の二つの文は，アスペクトの点では (2a) は完了相，(2b) は進行相であるが，時制の点では，両文とも現在時制以外の何ものでもない．同様に，

(3) a.　He **had read**.　(彼は(そのときには)読んでしまっていた)
 b.　He **was reading**.　(彼は読書中だった)

という二つの文は，アスペクトの点では前者は完了相，後者は進行相であるが，時制の点では，両文とも過去時制以外の何ものでもない．また，

(4) a.　He **works**.　(彼は働く)
 b.　He **is working**.　(彼は働いている)

という二つの文では，〈非進行：進行〉において対立しているが，時制の点ではともに現在である．

> **NB**　学校文法では，ときに"現在完了時制"とか，"過去進行時制"とかいう名称が使用されているが，それぞれ，「現在完了形」，「過去進行形」と呼称するほうがより適切である．なぜなら，例えば has worked という形式は，一義的にアスペクトまたは時制を表すものではなくて，時制とアスペクトとがからみ合っている形式だからである．

4.2.2.　パラダイム

本節では，時制とアスペクトとのからみ合いを考察する．例えば，walk のパラダ

イム (paradigm) は，主語が 3 人称単数の場合，次のように示すことができる．

(1) a. walks　　　　　　　　　　　（現在時制）
　　b. walked　　　　　　　　　　　（過去時制）
　　c. has　　walked　　　　　　　（現在完了形）
　　d. had　　walked　　　　　　　（過去完了形）
　　e. is　　　　　　walking　　　（現在進行形）
　　f. was　　　　　　walking　　　（過去進行形）
　　g. has　　been　　walking　　　（現在完了進行形）
　　h. had　　been　　walking　　　（過去完了進行形）

最初の欄の動詞が**定形動詞** (finite verb) であり，人称・数・時制のカテゴリーは，この部分に示されている．例えば，(1a) の walks という形式を見れば，それが 3 人称・単数・現在時制 (3・単・現) であることがわかる．そして，第二欄には過去分詞が，第三欄には現在分詞が生じる．なお，walk, walks, walking, walked などの形式は，語彙動詞 (lexical verb) と呼ぶことにしよう．

次に注意するべきは，語彙動詞の諸形式には，その語彙的意味の上に，時制やアスペクト（さらに，のちに扱う態 (voice)・叙法 (mood)）などの文法的意味が重なっている場合がある，ということである．例えば，(1a) の walks には「歩ク」という語彙的意味の上に，Present という文法的意味が加わっており，(1f) の was walking には，walk の語彙的意味の上に，Past と Progressive という二つの文法的意味が加わっている．

現在完了形について言えば，has walked には，walk の語彙的意味の上に，Present と Perfect という二つの文法的意味が重なっており，過去完了進行形の had been walking の場合は walk の語彙的意味の上に，Past と Perfect と Progressive の三つの文法的意味が重なっていることになる．

(1g) を**樹形図** (tree diagram) で示すならば，(2) のようになる．

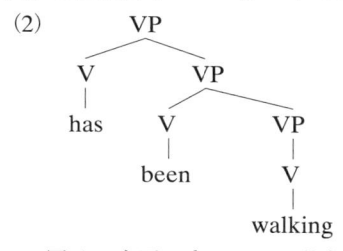

(2)
```
         VP
        /  \
       V    VP
       |   /  \
      has  V   VP
           |   / \
         been  V
               |
             walking
```

この図は，完了の have は，過去分詞を補部 (complement) として選択し，進行の be は，現在分詞を補部として選択する，という事実を明確に表している．

4.3. 語彙動詞のアスペクト特徴

語彙動詞の時制とアスペクトのからみ合いを過不足なく記述するためには，まず，語彙動詞自体のもつアスペクト特徴を考察しておくことが必要である．動詞をアスペ

クト特徴に従って分類する方法は，従来も多くの研究者によって試みられているが，完全なものはない．本書では，次のような分類が有意義であると考える．[2]

(1) 動詞
- 状態的： believe, know, hate, love, belong, have, resemble, etc.
- 非状態的
  - 完結的
    - 瞬時的： sneeze, cough, blink, explode, hit, jump, nod, notice, press, recognize, start, tap, wake up, wink, etc.
    - 非瞬時的： close, die, drown, fall, forget, go, land, lose, paint, stop, write, etc.
  - 非完結的： build, eat, keep, make, read, sing, write, stay, teach, travel, walk, etc.

上のアスペクトによる動詞の分類表について，簡単に解説しておこう．まず，英語の動詞は，状態的動詞 (stative verb) と非状態的動詞 (non-stative verb) の二つに大別されるが，それは進行相をとるか，とらないかによってテストできる．

(2) a. *I **am having** two sisters.　［状態的］
　　b. I **am reading** Shakespeare.　（いまシェイクスピアを読んでいる）［非状態的］

次に，非状態的動詞は，完結的動詞 (telic/perfective verb) と非完結的動詞 (atelic [eitélik]/non-perfective verb) に分かれる．両者を区別する一つのテストは，完結的動詞は，in two hours のような副詞語句と共起できるのに対して，非完結的動詞は，for two hours のような副詞語句と共起できる，というものである．

(3) a. I wrote a letter **in**/***for** two hours.　（私は2時間で手紙を書いた）［完結的］
　　b. I was writing letters **for**/***in** two hours.
　　　　（私は2時間手紙を書いていた）［非完結的］

次に，完結的動詞は，瞬時的 [+momentary] と非瞬時的 [−momentary] に下位区分されるが，両者の差は，例えば進行形において明示的になる．すなわち，瞬時的完結動詞の進行形は，〈反復〉を表すのに対して，非瞬時的完結動詞は，「…しかけている」という〈完結への接近〉を表す．

(4) a. He **was jumping** for joy.　（彼は喜んで（何度も）はね回っていた）［瞬時的］
　　b. The bus **is stopping**.　（バスは止まりかけている）［非瞬時的］

(4b) でわかるように，非瞬時的動詞は進行形になったとき，「推移的」(transitional) な意味を獲得する．

以下の各節では，状態的動詞，瞬時的動詞，非瞬時的動詞，非完結的動詞が，それぞれのアスペクト特徴の違いによって，どのような統語的ふるまいを示すかを概観してみよう．

---

2. この分類は，Vendler (1967) の述語分類とほぼ対応している．状態＝state，瞬時的＝achievement (到達)，非瞬時的＝accomplishment (達成)，非完結＝activity (行為) という対応関係である．Vendler に拠らないのは，accomplishment, achievement という用語がまぎらわしいこと，および，用語がアスペクト特徴を明瞭に表していないからである．

第 4 章　時制と相

NB　動詞の語義によって，上記の分類が異なることがある．例えば，remember（覚えている）は状態的動詞であるが，remember（思い出す）は非状態的動詞である．
  (i) a. I don't **remember** his name.　（彼の名を覚えていない）
      b. *Suddenly* I **remembered** his name.　（突然，彼の名を思い出した）
また，動詞の補部の影響によって分類が異なることもある．
  (ii) a. We drove **to the city**.　（その町に車を乗りつけた）［完結的］
      b. We drove **toward the city**.　（その町に向かって車を走らせた）［非完結的］
さらに，(3) で見るように，同じ write という動詞でも，過去時制では［完結的］，進行形では［非完結的］の読みが与えられる．

4.3.1.　状態的動詞

状態的［+stative］動詞は，次のような統語的特徴をもっている．
① 期間の副詞語句と共起できるが，時点の副詞語句とは共起できない．
 (1) a. *For a while*, I **loved** John.　（しばらくの間，私はジョンを愛していた）
    b. *I **loved** Mary *at ten o'clock*.
② do so で置き替えることができない．
 (2) *Max **knew** the answer and Bill *did so* too.
③ still は状態的動詞と共起し，非状態的動詞とは共起しない．
 (3) a. Mary *still* **looks** young.　（メアリーはまだ若く見える）
    b. *John *still* **looked** into the room.　（?ジョンはまだその部屋をのぞいた）
なお，still は，習慣および進行相と共起できる．ともに発話時まで持続するからである．
 (4) a. John *still* **writes** with his left hand.　（ジョンはまだ左手で文字を書く）
    b. Ann **is** *still* dancing.　（アンはまだダンスしている）
④ 状態的動詞の完了形は，「継続」の意味を表し，「完了」の意味を表さない．
 (5) a. I've **known** him for years.　（何年も前から彼を知っている）
    b. *I've just **hated** my neighbor.
⑤ 状態的動詞は進行形，および真の命令文で用いることができない．
 (6) a. *John **is hearing** the music.
    b. ***Hear** the music.
同様に，persuade の補文中にも生じない．
 (7) *I persuaded John to **hear** the music.
しかし，脈絡によって「推移的」という特徴が加わった場合は，進行形をとることができる．
 (8) a. I'm **regretting** it *already*.　（もうそのことを後悔しかけている）
    b. He **is resembling** his father *more and more* as the years go by.
       (Leech 1987)（年月がたつにつれて，彼はますます父親に似てくる）

c.　How **are** you **liking** your new job?　　　　　　(Hornby 1975)
　　　　（新しい仕事はいかがですか）〔好きか嫌いかが決まる過程にある〕

　また，状態的述語でも，「**自制可能**」な (self-controllable)（＝自分の意志でコントロールできる）という特徴をもつ場合は，命令文で使用することができる．

　(9)　a.　***Be** tall!
　　　b.　Just **be** patient.　（まあ辛抱しなさい）
　(10) a.　***Know** the answer!
　　　b.　**Know** thyself.　（汝自身を知れ）

(10a) の場合，「答えを知る」ことは自制可能ではないが，「自分自身を知る」ことは内観 (introspection) によって可能である．次の日本語についても，同様なことが言える．

　(11) a.　*答えを知れ．
　　　b.　恥を知れ．

4.3.2.　瞬時的動詞

　瞬時的 [+momentary] 動詞は，次のような統語特徴をもっている．
　①　時点の副詞語句と共起することはできるが，期間の副詞語句と共起することはできない．
　(1) a.　"*At what time* did you **reach** the top?"　"*At noon sharp*."
　　　　　（「何時に頂上に着いたのですか」「かっきり正午です」）
　　　b.　**For a while*, I **reached** the top.　(*しばらくの間，私は頂上に着いた)

　②　瞬時的動詞は，finish の補文をとることはできない．何かを finish するためには，多少の時間的な幅が必要であるのに，瞬時的動詞は一瞬で終わるため，finish の意味と矛盾するからである．
　(2)　*I've just **finished** losing my wallet.　(*ちょうど財布をなくし終えた)

　③　瞬時的動詞のうち，sneeze, cough, blink, hit, jump, nod, tap, wink などの身体動詞 (corporeal verb) の進行形・完了形は，期間の副詞語句を伴うことができるが，その場合は，動作の〈継続〉ではなく，〈反復〉を表す．
　(3) a.　I **was kicking** the ball *for an hour*.　（私は1時間ボールをけり続けた）
　　　b.　He **has sneezed** *for an hour*.　（彼は1時間前からくしゃみをし続けている）

4.3.3.　非瞬時的動詞

　非瞬時的 [−momentary] 動詞は，次のような統語特徴をもっている．
　①　期間の副詞語句と共起することはできるが，時点の副詞語句とは共起できない．
　(1) a.　*For how long* did he **push** the cart?
　　　　　（どれくらいの間，彼は手押し車を押したのか）
　　　b.　**At what time* did you **push** the cart?　(*何時に手押し車を押したのか)

　②　「非瞬時的」とは，言葉を変えれば「推移的・過程的」ということであるから，

前述したように，その進行形は「…しかけている」という〈完結への接近〉を表す．
- (2) a. The old man **was dying**. （老人は死にかけていた）
       [Cf. The man **died** at ten. (10時に死んだ) では，瞬時相の動詞]
   b. The helicopter **is landing**. （ヘリコプターは着陸しかけている）
   c. 'There's a cab!' exclaimed Janet. 'It's **stopping** before the door. It is papa!' (Burnett, *A Little Princess*)（「あ，辻馬車だ！」とジャネットが叫んだ．「家の前で止まりかけているわ．パパだわ！」）

4.3.4. 非完結的動詞

非完結的 (atelic) 動詞は，次のような統語特徴をもっている．
① 進行形・完了形は，〈継続〉の意味を表す．
- (1) The baby **is sleeping** now. （赤ちゃんはいま眠っている）
- (2) I **have taught** English for twenty years. （私は20年前から英語を教えてきた）

② 期間の副詞語句と共起することはできるが，時点の副詞語句と共起することはできない．
- (3) I **walked** eastward *for two hours*. （私は2時間，東に向かって歩いた）
- (4) a. *At sunrise, I **walked** eastward.
   b. *Right now, I **write** my paper.

(4) の文は，進行形にすれば容認可能になる．
- (5) a. *At sunrise*, I **was walking** eastward.
      （日の出時に，私は東に向かって歩いていた）
   b. *Right now*, I **am writing** my paper. （私は目下，論文を書いている）

次の二つの文を比較せよ．
- (6) a. John was pushing a cart. （ジョンは手押し車を押していた）
      → John pushed a cart.
   b. John was building a house. （ジョンは家を建てていた）
      → ×John built a house.

(6a) の push a cart は非完結的動詞だから，途中でやめても単純形の文は成立するけれども，(6b) は build a house は完結的動詞なので，途中でやめると単純形の文は成立しない．もちろん，途中でやめずに，家が建ち上がった場合は，John built a house. と言える．

第5章

現在時制

5.0. 概　説

　現在時制 (present tense) は，現在・過去の二つの時制のうち無標 (unmarked) のメンバーであるから，現在時のみならず，過去時，未来時をも指示することができる．日本語では，通例，「ル形」が対応する．
　現在時制では，出来事時 (E) と基準時 (R) が，発話時 (S) と重なっているので，(1) のように図示することができる．
　(1)　───────┼──────▶
　　　　　　　　 S, R, E
　以下，現在時制が現在時，過去時，未来時を指示する用法を記述していく．

5.1.　現在時を指す場合

5.1.1.　現在の状態
　状態的動詞と共起したときに，この意味を表す．these days, no longer, at present, still などの現在時を示す副詞語句を伴うことができる．
　(1) a.　Bill **knows** five languages.　（ビルは5か国語を知っている）
　　　b.　She *still* **looks** young.　（彼女はまだ若く見える）
　　　c.　*At present* we **live** in London.　（現在私たちはロンドンに住んでいます）
　　　d.　Crime **is** the best policy *these days*.　　　　　　　　（Leech 1987）
　　　　　（当節は犯罪が最良の策だ）
　　　e.　We **understand** your difficulty.　（あなたの窮境はよくわかります）
　　　f.　Some people **hate** cats.　（ネコが嫌いな人もいる）
　　　g.　I **doubt** his honesty.　（彼が正直かどうか疑わしい）
　　　h.　The castle **stands** on a hill.　（その城は丘の上にある）
　　　i.　Some things **matter** more than others.　　　　　　　　　(OALD[5])
　　　　　（ある事柄は他の事柄よりも重要だ）[＝are important]

　状態的動詞は，〈持続〉(duration) を前提とするので，進行相を用いて〈持続〉を示す必要はない．すなわち，[＋stative] は，[＋progressive] を含意するのである．
　(2) a.　*We **are understanding** your difficulty.

b. *I **am doubting** his honesty.

NB 状態的動詞の中には,「一時的状態」を示すために進行形をとるものがある.
 (i) *Now* I **am living** alone. (Google)（いまは独りぐらしです）
 (ii) I **am feeling** better *today*.（きょうは気分がよくなった）
 (iii) You're not **looking** yourself *today*. (OALD⁵)
  （きょうはいつもの君らしくないね）[疲れている, 元気がない, など]
 (iv) The boy **was standing** in the corner of the room.
  （男の子は部屋の隅に立っていた）
なお,状態的動詞の進行相一般については,§8.3.2 を参照.

状態的動詞には,さらに,話し手が自分にしか知覚できない心理状態や感覚を表す**私的動詞** (private verb) と, 二つのものの関係を示す**関係動詞** (relation verb) が含まれる.

5.1.2.　私的動詞

私的動詞 (private verb) には,精神的活動 (mental activity) を表すものと, 感覚 (sensation) を表すものとがある.

[A]　**精神的活動を表す例**
 (1) a. I **believe** (that) he is mistaken.（彼はまちがっていると思う）
  b. I **think** that's John's.（それはジョンのだと思う）
  c. I **imagine** (that) he will come.（彼は来るだろうと思う）
  d. I **forget** what he said.（彼がなんと言ったか忘れてしまった）
  e. I can't / don't **remember** his name.（彼の名前が思い出せない）

[B]　**感覚を表す動詞の例**:　can と共起することが多い.
 (2) a. I (*can*) **see** Mary over there.（向こうにメアリーが見える）
  b. I (*can*) **smell** something burning.（何かこげているにおいがする）
  c. Be quiet ― I *can't* **hear** myself think! (OALD⁵)
   （静かにしてくれ――考えがまとまらないんだよ）
  d. I (*can*) **taste** garlic in this steak.（このステーキ, ガーリックの味がする）
  e. I (*can*) **feel** a stone in my shoe.（靴の中に石ころが入っているみたいだ）

NB 1　私的動詞は,話し手にしか観察できない心理状態や感覚を表すものであるから, 上例で見るように,主語は普通 I であるが,ある条件のもとで, 2, 3 人称主語とともに用いることができる (cf. Palmer 1988: 74).
 (i) Do you **imagine** he'll be there?（彼がそこへ来ると思うのかい）
 (ii) He **thinks** he is clever.（彼は自分は頭が切れると思っている）
 (iii) My wife **feels** sick.（妻は気分が悪いのです）
(i) のような疑問文では, 主語の心理内容を尋ねることが可能である. (ii), (iii) のような文が成立するためには, 告白などによって主語の心理をすでに承知しているか, または推測しているか, でなければならない.

NB 2　感覚動詞でも, ache, itch, suffer など痛み・かゆみを表す動詞は, 話し手と聞き手の双方に観察される場合が非常に多いので, 進行形をとることができる. その場合, 当然の

ことながら，単純時制を用いた例とは意味の違いが生じる．
- (i) a. I'm **aching** all over. (OALD⁵) (体じゅうがずきずきする)
  - b. My arm **aches**. (片腕が痛い)
- (ii) a. My nose is **itching**. (鼻がむずむずする)
  - b. These mosquito bites **itch** terribly. (この蚊にかまれた跡はすごくかゆい)

それぞれのペアにおいて，(a) 文は「現在体内で起こっている感覚」を述べ，(b) 文は一般論として述べている（現在，痛くなくても，また，かゆくなくてもよい）．

suffer は，状態動詞ではないので，「現在の状態」を述べるためには，(iiia)のように進行形にしなければならない．単純時制は，(iiib)のように「現在の習慣」を表す (Palmer 1987: 74)．

- (iii) a. I'm **suffering** from a headache. ((いま)頭痛がする)
  - b. She **suffers** from headaches. (彼女は頭痛持ちだ) [='often has']

5.1.3. 関係動詞

関係動詞 (relation verb) は，Joos (1968) の用語で，二つのものの間の種々の関係を表すのみで，動作の進行を含意しないので，進行形に用いない．このクラスの動詞には，次のようなものがある．

(1) adjoin, border, become (…に似合う), belong, complete, comprise, contain, consist, depend, deserve, differ, entail, exceed, exclude, extend, fill, fit, have, include, intersect, need, owe, possess, preclude (妨げる), prefer, require, suit, etc.

- (2) a. Beer **contains** alcohol. (ビールにはアルコールが含まれている)
  - b. This car **belongs** to my father. (この車は父のものです)
  - c. It **depends** upon circumstances. (それは事情によりけりだ)
  - d. The plants **need** rain. (この植物は雨を必要としている)
  - e. I **own** my own house. (私は自分の家をもっている)
  - f. Mary **prefers** winter to summer. (メアリーは夏よりも冬のほうが好きだ)

resemble, cost, hold, weigh などの「**中間動詞**」(middle verb) も，このクラスに属する．

- (3) a. John **resembles** his mother in character. (ジョンは性格が母親似だ)
  - b. The bottle **holds** honey. (そのびんには蜂蜜が入っている)
  - c. The book **costs** five dollars. (その本の価格は5ドルです)

NB depend は，上で見たように「…次第である」という意味では関係動詞であるが，その他の意味では関係動詞ではないので，進行形も可能．
- (i) I **depend/am depending** upon you. (Hornby 1975)
  (君を頼りにしている) [='rely']

5.1.4. 現在の習慣的行為

非状態的動詞(＝動作動詞)とともに用いられる．「習慣・反復」の読みは，この種の動詞に内在するアスペクト特徴，および，しばしば共起する always, usually, often, every day, sometimes, never のような頻度の副詞語句によって与えられる．

(1) I *always* **buy** my shirts at Harrods. （私はいつもハロッズでワイシャツを買う）
(2) He *usually* **walks** to work. （彼は通例歩いて会社に行く）
(3) John *often* **arrives** at school late. （ジョンはよく学校に遅れる）
(4) The child **cries** *whenever* she goes to the dentist.
（その子は歯医者へ行くといつもおんおん泣く）

さらに，「習慣・反復」の意味は，(5) のように動詞自体によって，(6)，(7a) のように副詞語句や目的語の複数形によって表されている場合もある．

(5) He **frequents**/**haunts** the nightclub. （彼はそのナイトクラブの常連だ）
(6) a. The milkman **calls** on *Fridays*. （牛乳配達人は金曜日にやって来る）
    b. I **go** to church on *Sundays*. （日曜日には教会へ行く）
(7) a. Duffy **scores** *goals* in a game. （ダッフィーはひと試合で何点もあげる）
    b. Cf. Duffy **scores** *a goal*! （ダッフィー，1点をあげました！）
　　　　　　　　　　　　　　　　［眼前の事実 (cf. §5.1.6.2)］

5.1.5. 主語の習性・属性

(1) Beavers **build** dams. （ビーバーはダムを造る）
(2) Cats **catch** mice. （ネコはネズミを捕る）
(3) Dogs **bark** at strangers. （犬は見知らぬ人にほえる）
(4) This drug **works** like magic. （この薬は魔法のように効く）

(1)-(3) は，ある種についての属性を表す**総称文** (generic sentence) である．これは，他の種と比べて際立った特徴を述べているのであって，例えば，見知らぬ人にほえない犬が何匹かいても，(3) の総称文は成立する（「土佐のいごっそう」，「肥後もっこす」なども同様）．

  NB 次の三つの文の対立に注意 (Palmer 1974: 64)．
    (i) The bucket **leaks**. （そのバケツは水漏れする）［*ie* It has a hole.］〈属性〉
    (ii) The bucket **is leaking**. （そのバケツ，(現に)水が漏れてるぞ）〈進行〉
    (iii) The bucket **is** always **leaking**. （そのバケツときたら，いつも水漏ればかりしている）〈持続を伴った習慣的動作〉

5.1.6. 現在の動作

非状態的動詞とともに，特定の脈絡で用いられる．次の三つの用法がある．
  ① 解説の現在
  ② 眼前の事実を感嘆的に指摘する
  ③ 宣言の現在

5.1.6.1. 解説の現在

この用法は，典型的には奇術師・料理研究家・化学の教師などが実演 (demonstration) によって，自分のする動作の過程を順次解説していく場合に見られる．こ

こで進行形を使用しないのは，話し手は発話時と同時に行う動作の過程を順次解説しているだけで，〈持続〉を問題にしていないからである．

(1) ［奇術師］I **place** the rabbit in the box and **close** the lid.　　　(Palmer 1988)
　　（ウサギをこれなる箱に入れます．次にふたを閉じます）
(2) ［料理の実演］I **take** three eggs and **beat** them in this basin.　　(Ibid.)
　　（卵を3個取りまして，このボウルでかき混ぜます）
(3) I **enclose** (herewith) a form of application.　　　(Quirk et al. 1985)
　　((ここに)申込書を同封します)

「解説の現在」は，過程を順を追って解説するものであるから，戯曲のト書き，小説・映画・オペラなどのプロット，旅行日程表 (itinerary)，薬品などの使用説明書にも利用される．

(4) The door slowly **opens** and the Inspector **appears**.　　(Priestley, *An Inspector Calls*)（ドアがゆっくりと開いて，警部が現れる）［ト書き］
(5) Robinson Crusoe **runs** away to sea, **is** wrecked, and **leads** a solitary existence on an uninhabited island near the Orinoco river for 24 years.
　　　　　　　　　　　　　　　　　　　　(Benét, *The Reader's Encyclopedia*)
　　（ロビンソン・クルーソーは，家出をして船乗りになるが，難破して，24年間オリノコ川の近くの無人島で孤独の生活を送る）［小説のプロット］
(6) Look! Our itinerary says that we **fly** to London tomorrow, and then **go** to Paris by train on Saturday.　　(Woisetschlaeger 1976)
　　（ほら，この旅行日程表によれば，あすは飛行機でロンドンへ行き，それから土曜日に列車でパリへ行くことになっている）［旅行日程表］

この点で，次の例の単純現在と進行形現在の対立は興味深い．

(7) a. In Bill's latest movie Mary **milks**/***is milking** a goat.
　　　　（ビルの最近の映画の中で，メアリーは山羊の乳をしぼるんだ）
　　b. In Bill's snapshot Mary **is riding**/***rides** a horse.
　　　　（ビルのスナップの中で，メアリーは馬に乗っている）（以上 Woisetschlaeger 1976)

映画の場合，現在時制が用いられ，スナップ写真の場合，進行形現在が用いられている．その理由は，前者にはプロットがあるのに対して，後者にはプロットがない，ということである (cf. Woisetschlaeger 1976)．

5.1.6.2. 眼前の事実を感嘆的に指摘する

これは，眼前に不意に生じた出来事に対して，反射的に感嘆の声を発する用法である．用いられる動詞は，移動の動詞 (verb of motion) である．ここでも進行形にしないのは，話し手の関心が眼前の〈事実〉を感嘆的に指摘することにあり，動作の〈継続〉には関心がないからである．日本語では，動作が〈完了〉したという認定があれば，(1)のようにタ形が対応し，〈非完了〉と認識した場合は，(3b, c)のようにル形が対応する．(2)ではタ形とル形の両形が対応している．

(1) ［スポーツの実況放送］Napier **passes** the ball to Attwater, who **heads**

straight into the goal! (Leech 1987)
(ネイピア, アットウォーターにボールをパスしました. アットウォーター, ボールをまっすぐにヘディングしてゴールに入れました!)[1]

(2) "Who is down?" cried Ivanhoe; "for our dear Lady's sake, tell me which has fallen?" "The Black Knight," answered Rebecca, faintly; then instantly again shouted with joyful eagerness — "But no — but no! — the name of Lord of Hosts be blessed! — he **is** on foot again, and **fights** as if there were twenty men's strength in his single arm — His sword **is** broken — he **snatches** an axe from a yeoman — he **presses** Font-de-Boef with blow on blow — The giant **stoops** and **totters** like an oak under the steel of the woodman — he **falls** — he **falls**!"
(Scott, *Ivanhoe*)

(「誰が倒れたのだ」とアイバンホーは叫んだ.「後生だから, どちらが倒れたのか言ってくれ」「黒衣の騎士ですわ」とレベッカは, 消え入るような声で答えた. しかし, すぐさま, うれしそうな, 熱心な口調でまた叫んだ.「違います――違います!――万軍の主の名に栄えあれ!――また立ち上がり, まるで片腕が20人力ででもあるかのように戦っています――剣が折れました――一人の従者から斧を奪い取りました――フォンドブーフに何度も何度も打撃を加えています――大男が, 樵の斧をうけたオークの木のようにかがみこみ, よろめいています――倒れます――倒れます!」)［黒衣の騎士とフォンドブーフの戦いの模様を Rebecca が Ivanhoe に報告しているくだり］

(3) a. Here **comes** the bus! (さあ, バスが来たぞ!) [cf. Here it **comes**!]
   b. There **goes** the bell! (あ, 鐘が鳴る!)
   c. The placard **falls**! (あ, 看板が落ちる!)
   d. The spectre **vanishes**! (Leech 1987) (幽霊, 消える!)

日本語の次の用法も, 同じ発想に基づくものである.

(4) a. ヤア, オ嫁サンガ行ク!
   b. ランナー, 3塁ヲ踏ム! ［野球の実況放送］

Leech (1987: 7) は, (3a, b, c) のような文は, かなり「芝居がかった」文であり, 話し言葉では大げさなジェスチャーを伴うとし, 書き言葉では感嘆符がなければ不完全な文に見えるだろう, と述べている.

NB (3a, b, c) のような文が感嘆的でないときには, 進行形が用いられる (Hornby 1975: 83).
   (i) The bus **is coming**. (バスが来ている)
   (ii) The bell **is ringing**. (鐘が鳴っている)
   (iii) The placard **is falling**. (看板が落ちている)
進行形が「感嘆的」でないとすれば, それは反射的な感嘆の叫びではなく, 認識に基づく判断表現 (=叙述文) であるためと考えられる.

---

1. ボートレースのような, 動きのゆっくりした, 時間の経過の感じられるスポーツの実況放送では,
   (i) Oxford **are rowing** well. (オックスフォード, 力漕しています)
のように, 当然, 進行形が用いられる. 日本語でも〈継続相〉の「テイル」が対応する.

5.1.6.3. 宣言の現在

この用法は，次のような，発言することが，すなわち行為となるような「遂行動詞」(performative verb)[2] に見られる．

(1) admit, accept, appoint, beg, bequeath, declare, name, order, promise, request, sentence, thank, etc.

遂行動詞は，常に1人称主語とともに，現在時制で用いられる（過去時制では，遂行動詞ではなくなる）．(2a) のように，hereby「ここに」と共起するのが典型的な用法である．(2) の諸例に付した訳文からも察せられるように，日本語にも対応する用法がある．

(2) a. I *hereby* **declare** the meeting closed. （ここに閉会を宣言します）
  b. I **declare** the Warsaw Baron open. （Archer, *The Prodigal Daughter*）
    （ワルシャワ・バロンホテルがオープンしたと宣言します）
  c. I **name** this ship the "Queen Elizabeth."
    （この船を「クイーン・エリザベス号」と命名します）［進水式］
  d. The minister was saying, "I now **pronounce** you man and wife. You may kiss the bride." （Sheldon, *Master of the Game*）（牧師が言っていた．「今あなたがたを夫婦と宣言します．花嫁にキスしてよろしい」）
  e. I **bequeath** my house to Mr. Clive Smith.
    （私は，クライブ・スミス氏に私の家を遺贈します）
  f. I **accept** your offer. （お申し出をおうけします）
  g. We **thank** you for your recent inquiry.
    （最近のお問い合わせ，ありがとうございます）
  h. I **apologize**. （お詫びします）
  i. I **pass**. （パス（します））［トランプ］

この用法は，(2a-e) のように儀式的場面で使用されるが，(2f-i) のように日常的脈絡にも見いだされる．

5.2. 過去時を指す場合

現在時制が過去時を指す場合は，次の二つである．
① 歴史的現在
② 年代記の現在

5.2.1. 歴史的現在

「歴史的現在」(historical present) の一般的な説明は，おもに小説において過去の一連の出来事を，あたかも読者の眼前で起こっているかのように，生き生きと描写する目的で用いられる，というものである．Jespersen (*MEG* IV: 19) は，その意味

---

2. Ross (1970) の用語．Austin (1975: 4) の "performative sentence or utterance" に基づく．

第5章　現在時制

で**劇的現在** (dramatic present) と呼んでいる．古くから多くの言語に見られ，日本語の小説でもごく普通に用いられている．通例，まず過去時制の文脈で過去の場面が設定され，そのあと，この現在時制が用いられるのが特徴である．日本語ではタ形がル形に先行する．

(1) Anyhow just when I **was** twenty-one, back **comes** Bertha, with airs and graces.　(Lawrence, *Lady Chatterley's Lover*)（ともかく，私がちょうど21歳になっ<u>た</u>とき，バーサがひどくお上品ぶって帰ってく<u>る</u>）

(2) 森の中を三十分ほど歩いたところで，安藤は立ち停まって，あたりをきょろきょろし<u>た</u>．手に手帳を広げてい<u>る</u>．女子大生に聞いた場所を略図にとっておいたらしい．
　　　　　　　　　　　　　　　　　　　　　　（森村誠一『星のふる里』）

この用法は，次のように説明することができる．作家が感情移入 (empathy) によって，語りの時を離れて，出来事が展開されている過去の場面に入っていくため，語りの時と基準時が一つに重なり合ってしまう．そして，作中人物の視点（あるいはカメラアイ）に映ずるままに一連の出来事を，いわばズームアップして見せてくれる用法である．時代劇をテレビで見るときにも，これと同様なことが起こっている．ここでは，出来事時と基準時が，発話時と重なり合っているので，当然，現在時制が用いられる，と言うことができる．

「歴史的現在」は，文学作品だけではなく，話し手が興奮して身振り手振りを交えて語りをするときなどには，話し言葉でも用いられる．[3]

(3) 'Look,' he **said**, 'here's a fellow **digs** at me all afternoon and I **take** it — bad jokes included. Then I **make** one joke about him and he **goes** off in a huff.　(Hilton, *Time and Time Again*)（「いいかい」と彼は言った．「ある男が午後からずっとぼくのことを当てこすってるん<u>だ</u>．ぼくはそれを我慢する——まずい冗談も含めてね．それから，ぼくがその男のことで冗談をひとつ言うと，やっこさん，ぷーっとふくれちゃうんだぜ」）[話し手は Cambridge 大学の学生]

(4) **Saw** in yesterday's paper, I did, some woman **left** her baby outside a supermarket and then someone else **comes** along and **wheels** it away.
　　　　　　　　　　　　　　　　　　　　　　(Christie, *Nemesis*)
（きのうの新聞で見まし<u>た</u>，ある女が赤ちゃんをスーパーの外に置いてい<u>た</u>のよね，すると，誰か別な人がやって来<u>る</u>．そして，乳母車を押して立ち去るわけ）

NB　"You're right, Mrs. Twelve," I **says**.　(Rice, *The Adding Machine*)（「そのとおりですよ，奥さん」と私が言う）のような，said I/said he の代わりに says I/says he を用いる用法も文献では歴史的現在とされているが，今日では非標準的 (substandard) である．

5.2.2. 「年代記の現在」

「歴史的現在」に類似した用法に，「年代記の現在」(annalistic present) (Curme 1931: 355 の用語) がある．これは，歴史的事件を「現在も妥当な事実」として記録

---

3. Leech (1987: 11) は，このような誇張された発話は，高級なホテルのラウンジよりも村のパブで聞かれそうであると述べている．

(1) It is not till the close of the OE period that Scandinavian words **appear**. Even Late Northumbrian (of about 970) **is** entirely free from Scandinavian influence. With the accession of Edward the Confessor in 1042 Norman influence **begins**; (Sweet 1891)
(OE 期の終わりごろになってはじめて、スカンジナヴィア語の単語が現れる。後期ノーサンブリア方言（約970年ごろの）でさえ、スカンジナヴィア語の影響は全くうけていない。1042年のエドワード篤信王の即位とともにノルマン語の影響が始まる）

「年代記の現在」は、歴史年表、新聞の見出し(headline)やキャプションにも用いられる。この場合は、現在時制がほぼ義務的に用いられるが、それは、こうした記録において関与的なのは、事件の過去性ではなく、現在における妥当性または事実性であるためであると考えられる。

(2) a. 1867 — Brahms **finishes** his first symphony.
  （1867年——ブラームス、最初の交響曲を完成）［歴史年表］
  b. 1907 — New Zealand **becomes** a dominion.
  （1907年——ニュージーランド、自治領となる）［同上］
(3) ITALIAN REDS **FAIL** TO WIN TOP POSITION.
  （イタリア共産党、第一党成らず）［新聞の見出し］
(4) The President Reagan **leaves** the hospital.
  （レーガン大統領退院）［新聞写真のキャプション］

5.3. 未来時を指す用法

現在時制が未来時を指す用法には、次の三つの場合がある。
① 独立文中で
② 時・条件の副詞節中で
③ 拘束関係詞節中で

5.3.1. 独立文中で

カレンダー・時間表などであらかじめ決定されているとか、変更不可能な計画の一部となっているとかで、実現が客観的に確実であるような事柄についても、現在時制が用いられる。予定表は、その予定が発話時において事実であるとして述べているのであって、決して、will/shall の代用形ではない。例えば、(1a) は、It's a fact that tomorrow is Sunday. とパラフレーズできる。

この用法は、OE 時代にさかのぼるもので、その当時と同様、未来時を示す語句を伴って、未来指示性を明示している。

(1) a. Tomorrow **is** Sunday. （あすは日曜日です）
  b. Cf. If today is Monday, tomorrow **will be** Tuesday. (OALD[3])
  （きょうが月曜日なら、あすは火曜日ということになる）〈推量〉

(2) a. Exams **begin** on Thursday. （試験は木曜日から始まる）
　　b. The next train **leaves** in ten minutes. （電車は10分後に出ます）
　　c. He **dines** with us tomorrow.
　　　（彼はあす私たちといっしょに食事するんですよ）
　　d. John **graduates** from the university this coming June.
　　　（ジョンは来たる6月に大学を卒業します）
　　e. The board meeting **is** tomorrow. (Steel, *Bittersweet*)（役員会はあすです）

　(1)はカレンダーの例であり，(2)の諸例は「確定している予定」を表す例である．
一方，次の(3)のような文は，客観的な実現可能性がないので，予言者の言葉としてでもないかぎり，容認不可能である．

(3) a. *It **rains** tomorrow afternoon. [It will rain ... なら文法的]
　　b. *The Giants **beat** the Tigers tomorrow.

　未来指示の現在時制は，また，相手の指示を仰ぐ疑問文にも用いられる．主語は，IかweにRされる (cf. Visser 1972: 684)．相手に今後の「段取り」を聞き ((4a) の "procedure" という語に注意)，「...せよ」という指示を求めているので，現在時制が適切である．

(4) a. Then what's *the procedure*? **Do** I run up to London and see Jimmy? (Wodehouse, *Quick Service*) [Visser]（で，段取りはどうなってるんです？　私がロンドンへ急行してジミーに会うんですか？）
　　b. First, thank you, Tony, and second, what **do** I do *now*?
　　　　　　　　　　　　　　　　　　　　　　　(Archer, *Kane and Abel*)
　　　（第一に，ありがとう，トニー，そして第二に，これからぼくはどうするんです？）
　　c. The point is, what **do** I do *next*?　　(Christie, *Murder Is Easy*)
　　　（要は，次にどうすればいいんだい）

　現在時制の含意する「実現の確実性」は，次のような脅迫にも利用される．

(5) Speak one word, and you **are** a dead man. (OED²)（ひと言でもしゃべってみろ，命はないぞ）[you *will be* ... には，このような緊迫感がない]

NB 1 この用法では，フランス語やドイツ語などでも未来時の副詞語句を伴って現在時制が用いられ，また，訳文から明らかであるように，日本語でもル形が用いられる．
　(i) F. La ceremonie **commence** demain à deux heures.
　　　（式はあす2時に始まります）
　(ii) G. "Wann kommt er?"　"*Morgen* **kommt** er."
　　　（「いつ彼は来ますか」「あす来ますよ」）

NB 2 次の文の現在時制とwillとの対立に注意．前者は確定している行動を，後者は未来の未確定の事態を表している．
　(i) To-morrow morning I **leave** England.　You **will** never see me again.
　　　　　　　　　　　　　　　　　　　　　　(Wilde, *Lady Windermere's Fan*)
　　　（明朝，私はイングランドを去ります．二度とお目にかかることはありますまい）

5.3.2. 時・条件の副詞節中で

時や条件を表す副詞節中では，ほぼ義務的に現在時制が用いられる．主節の動詞は，通例，未来時を指示している．

[A]　時の副詞節

(1)　Phone me *as soon as* he **arrives**. （彼が来たらすぐ，お電話ください）

(2)　Let's wait *till* the rain **stops**. （雨がやむまで待っていよう）

(3)　Let me know *directly* she **comes**. （彼女が来次第，お知らせください）

(4)　I will return it *when* I **have finished**. （済んだらお返しします）

[B]　条件の副詞節

(5)　*If* it **rains** tomorrow, I'll stay home. （あす雨が降れば，家にいます）

(6)　*Supposing* it **rains**, what shall we do? （もしも雨なら，どうしよう）

(7)　*Unless* he **is** mad, he will confess.
　　（気が狂ってでもいないかぎり，白状するだろう）

それにしても，時・条件を表す副詞節中では，なぜ，未来を指示する will が使用されないのだろうか．それについては，いくつかの説がある．

まず，(i) Jespersen (*MEG* IV: 24) は，このような節で現在時制が規則的に用いられるのは，未来性 (futurity) が主文の動詞によって十分に示されているからである，と説明している．

しかし，(ii) R. L. Allen (1966: 168) は，Jespersen のこの考えに反対して，このような，文中に含まれている節中の現在時制は，主節の will の表す時と同じ時を合図しているので，論理規則の違反にならない，と主張する（ただし，(1)-(3) のように，主節に will の現れないこともある！）．

(iii) 荒木ほか (1977: 53) は，主節や will が生起できる「自由節」(free clause) は，話し手の断定を含むけれども，時・条件の副詞節のような「拘束節」(bound clause) は話し手の断定を含まないので，その断定を緩和する法助動詞 will が生じえない，と説明している．

(iv) 筆者の考えは，このような「拘束節」は，時間の区別が関与しない，単なる命題を表しているので，その目的に最もよく適したものとして，時間に関して中立的な現在時制が選ばれているのだ，というものである．そのような考えを支持するのは，元来は，時・条件の副詞節では (8) のように「想念」を表す叙想法現在が用いられ，のちに人称のいかんにかかわらず，(9) のように叙想法代用形として shall が用いられるようになり，さらにその後，(10) のように，今日の用法である叙実法現在が用いられるに至った，という歴史的事実である．エリザベス朝の詩人・劇作家 Marlowe には，この三つの形式がすべて見いだされる．

(8)　Ile liue in speculation of this Art, / *Til* Mephastophilis **returne** againe.
　　　　　　　　　　　　　　　　　　　　　(Marlowe, *Doctor Faustus* 350)
　　（メフィストフィリスが戻ってくるまで，この術を研究して暮らすことにしよう）

ここで，叙想法現在が用いられるのは，未来界は未知の領域だからである．

(9) Haue speciall care that no man sally forth *Till* you **shall** heare a Culuerin discharg'd.　　(Id., *The Jew of Malta* 2273)（カルバリン砲の砲声が聞こえるまでは，なんぴとも突撃せぬように特に気をつけてくれ）[4]

(10) But keepe thy heart *till* Don Mathias **comes**.　　(Ibid. 1072)
（しかし，おまえの心はドン・マサイアスが来るまで取っておくんだ）

NB 1　自由節 (free clause)，拘束節 (bound clause) は，R. L. Allen (1966: 176-9) の用語．後者は主節の中に含まれて，主節に「拘束」されている節，前者は主節の一部をなさず，「自由」である節と定義されている．両者を統語的に区別するのは，拘束節の中では will が生じないが，自由節では will が生じる，という事実である．例えば，

　　(i) Mr. Dex will go home at five-thirty *because* he **will** have finished his work by then.　　(R. L. Allen 1966)（デックスさんは，5 時半までには仕事を終えているだろうから，その時には帰宅するだろう）

　　(ii) Mr. Dex will go home at five-thirty *if* he **has** finished his work by then. (Ibid.)（デックスさんは，5 時半までに仕事を終えられれば，その時には帰宅するだろう）

(i) の because 節は自由節であるから未来を指示する will が現れるが，(ii) は拘束節なので will は現れない．

NB 2　before 節の場合，「やがて生じるだろう」とか，「決して生じないだろう」とかといった予想が話し手にある場合は，〈予言・予測〉の will が生起することがある．次の例を見られたい．

　　(i) Pigs fly *before* he**'ll** become a mathematician.　　(Quirk et al. 1985)
　　　（彼が数学者になる前にブタが空を飛ぶだろうよ）

ここで will が用いられたのは，'He*'ll* never become a mathematician.' という〈予測〉が背後にあるためと考えられる．

　次の例は，この will が過去に転移 (shift) した場合と説明できる．

　　(ii) it was necessary to jump on the ice-coated mounds of brush several times *before* they (=quails) **would** flash.　　(Hemingway, *A Day's Wait*)
　　　（ウズラがぱっと飛び立つまでには，何度も氷で被われた芝の山の上に跳び上がらなくてはならなかった）

　　(iii) Pauline said she would quit *before* she **would** degrade herself to Vickie's level.　　(Caldwell, *This Very Earth*)
　　　（ポーリーンは，ヴィッキーのレベルまで堕落する前に辞めます，と言った）

　　(iv) it would be a long time *before* I **would** even think of leaving France again.
　　　　　　　　　　　　　　　　　　　　　　　　(Miller, *Via Dieppe-Newhaven*)
　　　（もう一度フランスを去る決心をするのは，まだまだ先のことだろう）

5.3.3.　拘束関係詞節中で

　関係詞節は，通例 "拘束節"（§ 5.3.2）として，主節の時制に支配される．したがって，主節に未来指示が含意されている場合は，拘束関係詞節では――拘束条件節の場

4.　次例は，時間節に現れる叙想法代用の shall の過去形の例である．
　　(i) He waited outside the drawing-room door *until* the waltz **should** finish.　　(Joyce, *Dubliners*)（彼はワルツが終わるまで応接室の外で待っていた）

合と同様に——OE 以来 (will を使用しない) 現在時制が普通に用いられてきた (cf. Visser 1972: 702). 一方, "自由" 関係詞節では, そういう場合 will が用いられる. 次の二つの文を比較せよ.

(1) Please give this letter to the first teacher *whom* you **see** at school tomorrow. (R. L. Allen 1966)
(あす学校で最初に会う先生にこの手紙を渡してください)

(2) Please give this letter to Mr. Porter, *whom* you **will see** at school tomorrow. (Ibid.)
(この手紙をポーター先生に渡してください. あす学校でお会いでしょうから)

拘束節, 自由節の区別による will の出没の説明は R. L. Allen (1966) のものであるが, Huddleston (1969) は, このことを別な角度から説明している. すなわち, (1) のような関係詞節の時制は, 主節によって確立された未来時を基準時 (彼の用語では, 軸 (axis)) とした "非直示時制" (non-deictic tense) であるが, これに対して, (2) のような関係詞節の will see の指示する未来時は, 発話時を軸 (=基準時) とする "直示時制" (deictic tense) であり, したがって, will の使用を阻むものはない, と説明している.

(1) の拘束関係詞節が, if 節に類似していることは, whom you see を if you see him と書き替えても, 知的意味の差が生じないという事実からも明らかであろう.

NB hope, bet などに続く that 節でも「will + 不定詞」よりも, 単純現在のほうが普通に用いられる. このことは, この that 節も主節の未来 (指示) 表現に依存する拘束節的性格が強いことを示している.

(i) *I hope* he **succeeds / will succeed** /〈格式体〉**may succeed**. (Hornby 1975)
(彼が成功すればいいなと思っている)

(ii) *I bet* (*you*) the Conservatives **lose / will lose**. (Swan 1995)
(きっと保守党が負けるよ)

(iii) Cf. Tell Luis *I hope* he**'ll** be better soon. (Sheldon, *Bloodline*)(すぐよくなるよう祈ってるって, ルーイスに伝えてくれたまえ) [he *is* better よりも丁寧]

なお, take care, see (to it) のあとの that 節では, will, may などの法助動詞を用いない. そういう「事実」を生じさせよ, という意味を表しているからであろう.

(iv) *Take care* (*that*) he **does** not see you. (Harrap)
(彼に見られないようにしなさい)

(v) *See* (*to it*) *that* everything **is** in order. (Ibid.)(万事きちんとしておくように)

(vi) *See that* she **gets** the money, George. (Archer, *Kane and Abel*)
(娘がその金をもらえるように計ってやってくれ, ジョージ)

5.4. 完了的現在時制

現在時制が現在完了形とほぼ同義的に用いられることがある. この用法は, おもに伝達動詞 (communication verb) の場合に見られるが, 結果が現在に残るような動作を表す動詞の場合にも認められる.

5.4.1. 伝達動詞の場合

まず,伝達動詞を次の2種類に下位区分する.
① 発信動詞: ask, say, tell, write
② 受信動詞: hear, learn, find, read, see, be told, be informed

両者間には,若干の統語的ふるまいの相違がある.分析しやすい後者から考察していく.

「**受信動詞**」は,通例,会話や手紙文で用いられ (Strang 1968: 146),受信者は常に1人称である.例えば,3人称のJohnが情報を受信したときも,言語的にはI hearとしか言えないのであって,*John hearsと言うことはできない.その意味で,受信動詞は私的動詞 (private verb) の一種であると見てよい ('I am the recipient of the news,' 'I know now').[5]

(1) **I hear** you've bought a house. (家を買われたそうですね)
(2) **I am told** he is an expert at skiing. (彼はスキーの名手だと聞いている)
(3) **I see** in the papers that the Prime Minister is ill.
　　(新聞によれば,首相は病気とのことです)

一方,tell, say, write のような「**発信動詞**」の場合は,(4)-(5)のように,1人称の受信者は〈着点〉を示す目的語として文脈に顕現するか,(6)のように隠在している.

(4) John **tells me** I'm wrong.　[='has just told me']　　(Crystal 1966)
　　(ジョンに言わせると,ぼくがまちがってるんだって)
(5) She **writes me** that she is much better.
　　(彼女の便りでは,病状はずっとよくなったとのことです)
(6) The ten o'clock news **says** that it's going to be cold.　[*ie* 'to us'] (Leech 1987) (10時のニュースによれば,寒くなるとのことだ)

Leech (1987: 11) は,tell, write, say のような動詞 (=本書の発信動詞) は過去におけるメッセージの発信を述べるものであるから,Joan *has told* me .../The ten o'clock news *said* ... のように,当然,現在完了形または過去時制が期待される.しかし,動詞の意味は発信側 (initiating end) ではなく,受信側 (receiving end) に移行しているように思われる.つまり,受け手にとって伝達はまだ有効であり,それゆえ現在時制が用いられるのだ,と説明している.

また,故人となった思想家や作家が著作の中で述べていることも,現在時制で用いられる.その著作は現在も残っていて,読み手の現在時に情報を伝えるからである.

(7) Contentment is natural wealth, **says** Socrates.
　　(満足は生まれつきの財産だ,とソクラテスは言っている)
(8) It **says** in the Bible how David slew Goliath.
　　(ダビデがゴリアテを倒したという話が聖書にある)

---

5. 日本語でも事情は同じで,「...と聞いている/だそうです/との由」の場合,主語は1人称に限るようである.

(9)　[学童]　Please, sir, it **says** so in the book.　　　　　　　(OED²)
　　　(あのう先生，本にそう書いてあります)

5.4.2.　その他の動詞の場合
　come, bring は，「現在の状態」に関心があるときは現在時制を，「動作の完了」に関心があるときには現在完了形を用いる．後者のほうが普通．
(1)　I **come**/**have come** here to forget it.　(それを忘れるためにここに来た)
(2)　What **brings**/**has brought** you here?　(何用でここへ来たのか)
　もちろん，過去の〈出来事時〉を指示するときには，過去時制が用いられる．
(3)　I **came** here to trade.　(私は交易するためにここへ来ました)
(4)　I **brought** my son with me.　(息子を連れてきました)
　forget, remember については，Hatcher (1951: 266) に次のようなパラフレーズがある．
(5)　I **forget**. = 'I have forgotten.'　(忘れました)
(6)　Oh, now I **remember**. = 'I have just remembered.'　(そうだ，いま思い出した)
　しかし，母語話者にあたってみても，(5), (6) のそれぞれ二つの文は完全に同義ではないようである．現在時制形は〈状態〉に，完了形は〈動作〉に表現意図が置かれている，と考えるべきであろう．

　　NB　I see, I understand は，日本語では「わかりました」のようにタ形が対応するけれども，英語では現在完了形にしない．このことは，この意味の see, understand は，know と同義の「状態動詞」であることを物語っている．
　　　(i)　I **see**. (なるほど)／Yes, I **understand**. (はい，わかりました)

5.5.　超時的現在
　文の中には過去・現在・未来にわたって真であると考えられる命題を表すものがある．これらの，いわば超時的な事柄を述べる文では，無標の時制である現在時制（より厳密には，非過去）が用いられる．超時的現在時制においては，英語では now，日本語では「いま」などの副詞語句を付けることはできない．
(1)　The whale **is** a mammal (*now).　(クジラは，(*いま)哺乳(ほにゅう)動物である)
　しかし，こういう「超時的現在時制」においては，時間の意識がないというよりも，むしろ，発話時を含んで前後に広がる時間領域において命題が真であるという前提が話し手側にあるということである．Jespersen (MEG IV: 18) は，この用法を**総称的現在** (generic present) と呼んでいる．次のような場合がある．

5.5.1.　普遍的な真理
　「すべての時について妥当な」科学，数学，その他の陳述に用いられる．
(1)　Oil **floats** on water.　(油は水に浮く)
(2)　Two and two **makes** four.　(2足す2は4になる)

(3) Water **boils** at 100°C.　（水は摂氏100度で沸騰する）
(4) Birds **lay** eggs.　（鳥は卵を生む）

この用法は，格言やことわざにも見いだされる．

(5) a. Necessity **is** the mother of invention.　（必要は発明の母）
　　b. A rolling stone **gathers** no moss.　（転石苔むさず）

地誌的な記述も，実際上，時間的制限がない（Leech 1987: 6）．

(6) a. The Severn **flows** into the Atlantic.　（セバーン川は大西洋に注ぐ）
　　b. Rome **stands** on the River Tiber.　（ローマはテベレ川に臨んでいる）

5.5.2. 一定の条件があれば起こる

これは，Aが真ならばBも真であるという論理的な「含意」(implication) を表す用法である（条件文の詳細は，第30章を参照）．

(1) If you're happy, you **make** others happy.　　　　　　(Leech 1987)
　　（自分が幸福なら，他人も幸福にできる）
(2) If he acts like that, he**'s** a fool.　　　　　　　　　　(Palmer 1974)
　　（そんなふるまいをするなら，彼はばかだ）
(3) If he's Marconi, I**'m** Einstein.
　　（やっこさんがマルコーニなら，こっちは，さしずめ，アインシュタインだ）［戯言的］

5.6. 現在時制の本質的意味

これまで，やや詳細に見てきたように，現在時制の時間指示は，一見，現在，過去，未来の3領域にわたっているように見えるが，どの用法においても，発話時が基準時となり，かつ，その基準時は事件時と重なっている事実に注意しなければならない．

この関係をもう一度図示するならば，(1)のようになる．

(1) 　━━━━━━━━━▶
　　　　　S, R, E

三つの時点が一つに重なっていることが，現在時制使用の条件である．そこで，現在時制の本質的意味は，次のように特徴づけることができる．

(2) 現在時制の本質的意味
　　　＜ある事柄が発話時において事実 (fact) であるという話し手の判断を表す＞

ここで「事実」としているのは，現在時制は「動作」(action) を表さない，ということを含意している．例えば，(3)の例は，「動作」を表すとされるのが普通であるが，われわれの立場では，「動作」を表すのは進行形であって，これらの文は，ただ，「事実」を指摘しているのだ，と説明される．

(3) a. John **goes** to work by bus.　（ジョンはバスで会社に行く）
　　b. You **bore** me.　(Hatcher 1951)　（君の話は退屈だ）
　　c. My new shoes **hurt** me.　　　　　　　　　　　　　　(Ibid.)
　　　　（今度の靴は履くと痛い）［現在，履いていなくてもよい］

第 6 章

過去時制

6.0. 概　説

　過去時制は，二つの時制のうちの有標（marked）の時制として，現在時（＝発話時）から「切り離された」（severed）過去の事実を表す．例えば，

(1) 　I **lived** in London in those days.

では，当時ロンドンに住んでいたという事実を述べているのであって，話し手が現在ロンドンに住んでいないことは明白である．したがって，過去時制は，次のように図示することができる．

(2) 　　　――――|――――|――――▶
　　　　　　R, E　　　　S

「ロンドンに住んでいた」という過去の事実が出来事時（E）で表され，「当時」が基準時（R）で表されている．言うまでもなく，出来事時（E）は発話時（S）とは切り離されたものとして認識されている．話し手は，過去時制を使うときには過去の特定時（＝基準時）を心に描いている．それは通例，(1)，(3)，(4)のように過去時を示す副詞語句として文脈に顕現するけれども，文脈または場面からそれとわかる場合は，(5)のように表現されない．

(3) 　Shakespeare **was born** *in 1564*.　（シェイクスピアは，1564 年に生まれた）
(4) 　I **was** not **born** *yesterday*.
　　　（おれはぼっちゃんじゃないぞ）［世故にたけている］
(5) 　**Did** you **sleep** well?
　　　（(ゆうべ)よく眠れましたか）［'last night' が場面から推測される］

したがって，過去時制は，現在の状態と対照する場合に効果的に用いられる．

(6) a.　England *is* not what it **was**.
　　　　（今日のイングランドは，昔のイングランドではない）
　　b.　This *is* Mrs. Harrison, Miss Brown that **was**.
　　　　（こちらはハリソン夫人，旧姓ブラウン嬢です）［*who was* Miss Brown の意味；
　　　　cf. Miss Brown, Mrs. Harrison *that is to be*（ブラウン嬢，未来のハリソン夫人）］

　以下，過去時制の意味用法を記述していく．有標の時制として，現在時制よりも用法が限られていることが予測される．

第6章 過去時制

6.1. 過去時を指す場合

6.1.1. 過去の状態
状態的動詞は，通例，過去時制においても〈持続的〉(durative) という特徴を失わない．

(1) I always **loved** that man. （私はいつもあの人を愛していた）[心理動詞]
(2) There **were** six people there. （そこには6人の人がいた）[存在動詞]
(3) She **resembled** Atalanta. （彼女はアタランタに似ていた）[関係動詞]
(4) Mary **looked** happy. （メアリーはうれしそうな顔をしていた）[状態的動詞]
(5) The dodo **was** a bird. （ドードーは鳥だった）[が，今は絶滅している]

NB see, hear, feel などの感覚動詞は，could を付ければ状態 (state) を表すが，付けなければ出来事 (event) を表す (Leech 1987: 25)．
   (i) I **could hear** the door slamming.
       （ドアがバタンバタンいっている音が聞こえていた）[状態]
   (ii) I **heard** the door slam. （ドアがバタンという音がした）[1回の出来事]
次の例では，瞬時相を表す suddenly という副詞を伴っているので，予測されるとおり，could は使用されていない．
   (iii) And *suddenly* he **saw** her at her window, looking out. (Galsworthy, *The Apple-Tree*) （と，突然，彼女が窓辺で外をのぞいている姿が目にとまった）

6.1.2. 過去の動作
過去時制は，動作動詞とともに用いられて，過去の動作を一つの出来事 (event) または完結した事実 (completed fact) として表す．したがって，進行相をとらない．(1), (2) のように，しばしば過去時を示す副詞語句を伴う．

(1) John **came** to see me *yesterday*. （ジョンはきのう私に会いに来た）
(2) I **stopped** smoking *last year*. （私は去年禁煙した）

today, tonight は，その期間が終わったという認定があれば，過去時制と共起することができる．例えば，次の文はともに，夜8時ごろの話題としてなら成立する．

(3) I **saw** Mary at church *today*. （きょう教会でメアリーと会ったよ）
(4) *Tonight* I **saw** the sun set. （今夜，陽が沈むのを見た）

また，ある期間持続した行為でも1回の出来事として扱うので，(5) のように期間の副詞語句と共起することができる．

(5) a. I **walked** *for three hours*. （私は3時間歩いた）
    b. He **read** *all morning*. （彼は午前中ずっと読書した）

過去時制は，過去の連続した出来事を述べる場合にも用いられる．この用法は，物語や歴史書によく見られるので，「**説話過去**」(narrative preterite) または「**歴史的過去**」(historical preterite) と呼ばれる（ともに Poutsma 1926: 258 の用語）．

(6) He **got** up and **stretched** his cramped limbs, and then **walked** homeward. (Garnett, *Lady into Fox*)

(彼は立ち上がって，こわばった手足を伸ばした．それから家路をたどった)

6.1.3. 過去の習慣的動作

過去時制は，動作動詞とともに用いられて，過去の習慣的・反復的な動作を表す．反復の観念を表す要因は，次のようにさまざまである．

① 文脈的要因
  (1) I **got** up at six *in those days*. (そのころは6時に起きていた)［期間の副詞語句］
  (2) During the summer I **went** swimming *every day*.
      (その夏の間，毎日のように泳ぎに行った)［頻度の副詞語句］

② 語彙的要因
  (3) He **frequented**/**haunted** bars when young.
      (彼は若いころはよくバーへ通った)［動詞自体に反復的 (iterative) 特徴が内在］

③ 文法的要因
  (4) Scottish *kings* **were crowned** at Scone.　　　　　(Onions 1929)
      (スコットランドの王は，代々スコーンで即位した)［複数形の主語］
  (5) John **scored** *goals*. (ジョンは何度かゴールを決めた)［複数形の目的語］

④ 場面的要因
  (6) What time **did** you **have** breakfast?
      (朝食は何時に食べたの)［夏休みのキャンプ生活を話題にしている場合］

上記の例において，動詞自体が習慣・反復の読みを強いるものは②のみであって，動詞自体は習慣・反復について中立的である点に注意．例えば，(1) の in those days の代わりに this morning を使用するならば，過去の1回限りの出来事を述べたことになる．

6.1.4. "虚偽時制"

次の (1) のような was を，R. Lakoff (1970: 839) は「虚偽時制」(false tense) と言い，Gallagher (1970: 222) は「無時制」(tenseless) と言っている．

(1) a. The man who just left **was** my brother. (さっき去ったのは，私の弟だ(った))
    b. The animal you saw **was** a chipmunk. 　　　(R. Lakoff 1970)
       (あなたが見た動物は，シマリスでしたよ)

しかし，この was は直示時制の過去と見るべきものである．なぜなら，

(2) a. Who **was** that?　　　　　　　　　　　　　　　(Gallagher 1970)
       (今の誰だった？)［すれ違った人を話題にして］
    b. G. Wer **war** das? (同上)
    c. キツネが正解でした．［クイズの答え］

などと同様に，談話の場面に登場し，そして今や「立ち去った」事物を話題にしているからである．話し手の側に「過ぎ去り」の認定があるなら，(2) で見るように，英語やドイツ語では過去時制が，日本語ではタ形が適切になると考えられる．

6.2. 過去時制の特殊用法

6.2.1. 現在完了形に相当する用法

言語外の事実としては明らかに現在時に結果を残しているはずの行為が，言語的には，過去時制で表現される場合がある．

(1)　I **came** back to ask you something.　　(Galsworthy, *Caravan*) [Jespersen]
　　（少しお尋ねしたいことがあって帰ってきました）

この場合，話し手は，発話時に聞き手と同じ場所にいることは明白である．にもかかわらず，話し手が現在完了形を選ばなかったのは，現在の結果ではなく，過去の特定時（＝自分が帰ってきた時）を念頭においているためである．つまり，基準時を過去に据えているのであり，(1) は，(2) のようにパラフレーズできるような意味を表していると考えられる．

(2)　When I came back, it was to ask you something.

次の二つの文の場合にも，基準時の据え方の違いが見られる．

(3) a.　I **brought** the children myself.
　　　　（自分で子供たちを連れてきました）［子供はこの場にいる］
　　b.　**I've brought** a lamb for Miss Everdene.　　(Hardy, *Far from the Madding Crowd*)（エバディーンお嬢さんに子羊を１匹持ってきたんです）

基準時を過去に置けば (3a) になり，発話時に置けば (3b) になる．すなわち，時制の差は，現実世界の事情というよりも，むしろ，話し手の基準時の据え方によるのである．

次のような過去時制の用法も，同様に説明されるべきものである．

(4)　"I'm sorry Mr. Smith is not in."　"Oh, I only **called** to see how he was."
　　（「あいにく，スミスさんはいらっしゃいません」「いや，お元気かどうかお伺いに来ただけですから」）

(5)　"I have been very ill."　"I **thought** you looked pale."
　　（「大病をしていたんですよ」「道理で顔色が悪いと思いました」）

どちらの文でも，話し手は過去の出来事時（*ie* 訪ねてきた時，そう思った時）を基準時としている．

ところで，〈米〉では話し言葉において，〈英〉なら現在完了形が用いられるような場合に過去時制が用いられることがある，とされる (Vanneck 1958, Palmer 1965, Visser 1972: 754)．

(6) a.　Damn it!　I **did** it again!（ちきしょう！ またやっちゃった！）
　　b.　You missed him.　He just **went out**.
　　　　（会い損ねましたね．いま出かけたところですよ）
　　c.　**Did** you **lunch** yet?（もう昼めし済んだ？）
　　d.　That show's still on.　I **saw** it twice.
　　　　（あのショーはまだかかっている．ぼくは２度見たよ）　　(以上 Vanneck 1958)

しかし，(6) の諸例のような場合，〈米〉の過去時制は，〈英〉の現在完了形と等価であると考えてよいだろうか．むしろ，〈米〉の話し手と〈英〉の話し手とでは，視点の置き方，つまり，基準時の据え方が異なるのだと考えるべきだと思われる．(6d) で言えば，話し手はショーを2度見たことを過去の出来事と考えているのである．

6.2.2. 過去完了形に相当する用法

after, as soon as, when で始まる時の副詞節の中では，ほぼ同じくらいの頻度で過去完了形の代わりに過去時制が用いられる (Visser 1972: 759).

(1) *After* he **finished**/**had finished** the book, he returned it.　　(Curme 1931)
（彼はその本を読み終えたあとで，返した）

(2) *When* morning **came**, the fog cleared away.　　(Onions 1929)
（朝になると，霧が晴れた）［= had come］

(3) *As soon as* he **heard**/***had heard** that, he turned pale.　　(Curme 1931)
（それを聞いたとたん，彼は真っ青になった）

この環境での両形の使い分けについては，いくつかの意見がある．Curme (1931: 361) は，話し言葉においては，過去完了形の代わりに過去時制がよく用いられるが，この現象は，通例は (1) のように，動作の始点，または終点という一点のみに注意を向ける点動作動詞 (point-action verb)[1] である場合である，としている．一方，(3) の場合は，二つの動作が継起的に生じているので，heard を had heard で置き替えることはできない，と述べている．

Visser (1972: 759) は，Curme の言う「話し言葉で」好まれるという証拠はないとし，両者の使い分けは，たいていの場合，リズムによって決定されるように思われる，としている．

Jespersen (*MEG* IV: 74, 75) は，after 節中では過去完了形の代わりに，しばしば過去時制が用いられ，as soon as, before, until のあとでも，ときに過去時制が用いられるが，過去完了形のほうが正常 (normal) な時制と考えなければならない，としている．

筆者は，Visser のリズム説には賛成できないし，Jespersen の説にも全面的に賛成することはできない（頻度は，問題にならない）．それぞれの文脈において，過去か，過去完了のどちらかが，いっそう適切な文脈があると考えられるからである．次の例を比較してみよう．

(4) a. *When* he **got** the letter, he burned it without looking at it.
（その手紙を受け取ると，彼は見もせずに燃やしてしまった）

b. *When* he **had read** the letter, he burned it.
（彼はその手紙を読み終えたあと，燃やした）

---

1. Curme によれば，点動作動詞には I am *getting* tired. （(だんだん)疲れてきた）のように，始点に注意を向ける始動動詞 (ingressive verb) と，I am *getting* deaf. （(長年の間に)耳が遠くなってきた）のように，終点に注意を向ける結果動詞 (effective verb) の2種類がある．

Jespersen (Ibid.: 83) は，(4a) の got は過去完了形と同義であるが，(4b) では過去完了形が必要とされるとする．しかし，その理由は述べていない．(4a, b) の対立は，got は瞬時相の動詞だから，「受け取って，焼いた」という一連の継起的な行為として解釈されるのに対して，read は非完結動詞で，その行為の実現により長い時間を要するため，過去完了形を使用しなければならない，と説明することができる．
　次の例でも，saw, opened が瞬時相の動詞で，二つの事象は立て続けに生じている．

(5) a.　*When* she **saw** / ***had seen** the mouse she **screamed**.　　　(Swan 1980)
　　　　（ネズミを見るや，彼女はきゃーっと悲鳴をあげた）
　　b.　I **got** the real shock *when* I **opened** the box.
　　　　（箱を開けたとき，私は本当にショックをうけた）

Curme (1931: 361) は，また，正確な時間関係よりも，何か他の観念のほうが重要な場合には，書き言葉においても，過去完了形の代わりに過去時制が用いられるとして，次の例をあげている．

(6)　John was punished because he **broke** a window.
　　　（ジョンは窓ガラスを割ったので，罰をうけた）

Curme は，「もちろん，ジョンは罰をうける前に窓ガラスを割ったのだが，ここでは，正確な時間関係よりも，窓ガラスを割ったこと自体が意識の最先端にあるのだ」と説明している．言い替えれば，ここでは二つの行為はともに過去時に属するものとして把握され，「窓ガラスを割ったので罰せられた」という因果関係のみが問題になっている，と説明することができる．
　結局，この節でとりあげたすべての例について，次のような一般化ができるように思われる．

(7)　過去の多少とも異なる時点に生じた二つの事象を主節と従節に振り分けて述べるとき，その二つの事象が継起的な場合は，ともに過去時制が用いられ，時間関係のずれを強調したい場合は，以前 (anterior) の事象を過去完了形にする．

NB　Jespersen (*MEG* IV: 83) は，次の二つの文はどちらも可能であるとしている．
　(i)　As soon as he **discovered** them, he ran away.
　(ii)　As soon as he **had discovered** them, he ran away.
時間の微差を無視して，「見つけて，逃げた」という二つの出来事が連続して起こったことに力点を置けば (i) が選ばれ，「見つけた」動作の〈完了〉に力点を置くならば (ii) が選ばれる，と言ってよい．

6.2.3.　未来から見た過去

特に SF などで，未来に起こると想定される出来事を過去形で表現する習わしが生じている．これは，未来に起こった出来事を，より先の未来の時点から回顧する手法である (Leech 1987: 14)．「過去から見た未来」(future in the past) と平行して，これを「未来から見た過去」(past in the future) と呼ぶことにしよう．

(1)　In the year A.D. 2201, the interplanetary transit vehicle Zeno VII **made**

a routine journey to the moon with thirty people on board. (Leech 1987)
(西暦2201年, 惑星間輸送船ジーノ7号は, 乗客30人を乗せて月への定期飛行を行った)

NB 次の例は, 過去時制の正当な用法である.
(i) The critics will write that you **were** lousy tonight. (Braroe 1974)
(批評家たちは, 今夜の君の出来はひどいものだったと書くだろう)

6.2.4. 儀礼的過去

日常言語における依頼行為のコンテクストで, 依頼を間接的に, したがって儀礼的にするために過去時制を用いることがある (Palmer 1965: 71, Leech 1987: 15, Quirk et al. 1985: 1881). 日本語では, タ形に対応する用法がある.

(1) I **wonder**/**wondered** if you could help me. (Quirk et al. 1972)
(手伝っていただけるかなと思ったのですが)

(2) "**Did** you want me?" "Yes, I **hoped** you would give me a hand with the painting." (Leech 1987)
(「ご用でしたか」「ええ, ペンキ塗りを手伝っていただければと思ったのです」)

(1)のI wondered, (2)のI hopedの効果を言えば, 依頼の気持ちを過去のものにすることによって, 「別に固執していないのでお断りくださってもいっこうに構いません」という含みをもたせている. Leechは, この場合, I was wondering... と過去進行形にすればいっそう控えめになる, と言っている.

(2)のDid you want me?の場合も, Do you want me? (何かご用ですか) とすれば, 質問が切り口上になって相手が萎縮してしまうので, 過去時制を用いて質問を間接的にし, 相手に依頼しやすくしている (遠景化 (distancing) の効果である). このことについてLeechは, Do you want me? と言えば, 高飛車な感じで, 「おや君かい. 君はいつも頼みごとがあるんだね」(Oh, it's you, is it? You always want something.) と言っているように聞こえる, と述べている.

NB "儀礼的過去" は, 〈米〉よりも〈英〉でのほうが発達しているかもしれない, とLeech (1987: 16) は言っている.

6.2.5. 格言的過去

格言的な文において, 現在・過去・未来を通じて真理であると認められる事柄を表すために過去時制が用いられることがある. この用法は, 「**格言的過去**」(gnomic preterit) と呼ばれ, Jespersen (*MEG* IV: 74) は, 「総称的過去」(generic preterit) と称している. この用法は生産力がなく, おもに格言的な文に限って, 総称時を示すever (='at all times'), never (='at no time') を伴って用いられる.

(1) a. Men **were** deceiuers *euer*, (Shakespeare, *Much Ado about Nothing* 2.3.65)
(男はいつもくわせ者)
   b. Cf. All men **are** liars. (*Prayer Book* 10) (すべての人間は嘘つきである)

(2) Who *euer* **lov'd**, that **lov'd** not at first sight? (Marlowe, *Hero and Leander* 1.176) (およそ恋をした者で, 一目で恋しなかった者がいただろうか)

(3) Faint heart *never* **won** fair lady. 〈諺〉(気弱な男が美女を得たためしはない)

　この用法の説明としては，Jespersen (1924: 259) の「これは一種のスタイル上の技巧で，これまで真であった事柄は，現在でも，また未来でも真であろうという結論を，聞き手自身に引き出させようとするものである」とするのが最もすぐれていると思われる．

　NB　次例も，格言的過去の口語的変種と考えられる．あるいは，過去の事実を発話時に改めて確認する用法と解釈することもできよう (cf.「あなたは，田中さんでし<u>た</u>ね」).
　　(i)　Timothy **was** always a man of peace.　　　　　　　　　(Leech 1987)
　　　　(ティモシーはいつも穏やかな人だった)
　　(ii)　Tot **was** mother's darling.　　　　　　　　　　　　　　(細江 1932)
　　　　(ぼうやは，母さんのかわいっ子ちゃんだったわね)
　次例は，ネコが気取った格好をするのはがまんならぬ，というStellaの言葉に反抗して，Anneが自分が育てているネコに向かって，幼児言葉 (baby talk) で語りかけているくだりである．Leech (私信) は，この用法は知らなかったと言っている．
　　(iii)　'Him **was** a nice old pussens, him **was**' vowed Anne, cuddling her cat defiantly.　　　　　　　　　　　　　　(Montgomery, *Anne of the Island*)
　　　　(「ぼくちゃんって，かわいいおにゃん子ちゃんだったわね，ぼくちゃんって」とアンは，挑むように自分のネコを抱きしめながら，言い放った)

6.3. 過去時制の本質的意味

　以上，過去時制の種々の「用法」を見てきたが，それらは，「儀礼的過去」と「格言的過去」を除いて，すべて次の本質的意味にまとめうるものである．

(1) 過去時制の本質的意味
　　＜ある事柄が過去の基準時において事実であった，という話し手の発話時における判断を表す＞

第 7 章

未来時を表す表現形式

7.0. 概　説

　上述したように（§4.1），英語では未来時制という文法範疇(はんちゅう)は認められないけれども，意味論的に未来時を示す表現形式ならいくつかある．そのうち重要なものは，次の六つの形式である．（未来時を表す副詞語句との共起の可能性に注意．）

① 「will/shall＋不定詞」： He **will** leave *tomorrow*.
② 「be going to＋不定詞」： He **is going to** leave *tomorrow*.
③ 現在進行形： He **is leaving** *tomorrow*.
④ 「will/shall＋進行相不定詞」： He **will be leaving** *tomorrow*.
⑤ 「be to＋不定詞」： He **is to** leave *tomorrow*.
⑥ 現在時制： He **leaves** *tomorrow*.

　これらの表現形式について注意するべきことは，第一に，これらは意味論的には未来時を指示するけれども，文法的には現在時制にほかならないこと，第二に，それぞれ固有の語彙的(ごい)意味をもっているので，一つの形式を他の形式で置き替えても，完全に等価な言語表現にはならない，ということである．

7.1. 未来時を表す表現形式

7.1.1. 「will/shall＋不定詞」

　will/shall（もっとも，〈米〉では shall は法律関係の文書以外では，ほとんど用いられない）は，よく単純未来（pure future）を表すとか，無色（colorless）の未来を指すと言われるが，それらが未来時を指すときには，必ず法的（modal）な意味で色づけされている点に注意しなければならない．例えば，

「1人称＋will」は，通例，主語の〈意志〉の意味が加わる．

(1) a.　I'**ll** see you *next week*.　（来週お目にかかりましょう）
　　 a.　I really **will** stop smoking.　（Swan 1995）（ほんとに禁煙しよう）

「2人称＋will」は，軍隊式の〈命令〉を表す．

(2)　You **will** leave immediately.　（すぐ立ち去ってもらいたい）

will you? という形式は，〈指図・命令〉を表す．

(3) a. Come this way, **will you**? （こちらへ来てくれませんか）
    b. **Will you** be quiet! （静かにしてくれないか）

「3人称＋will」は，通例，話し手の予測（prediction），または保証（assurance）を表す．

(4) a. It **will** rain *tomorrow*. （あすは雨でしょう）
    b. He **will** be here soon. （彼はじきに来ますよ）

will/shall の用法の詳細については，第17章を参照．

7.1.2. 「be going to＋不定詞」

be going to は，典型的に〈略式体〉の会話で用いられ，三つの意味を表す．

[A] **現在の行動**： Where are you going? と聞かれた人は，be going to を用いて答えることができる．ただし，これは進行形現在の典型的な用法であって，未来時を示す用法ではない．

Vines and Sansom (1928: 106) は，(1a) は通例，近接未来を示すので，実際に駅に行っているときに，Where are you going? と聞かれた人は，(1a) ではなく，(1b) のように答えるだろうと述べている．

(1) a. I**'m going to** the station.
    b. Oh, I**'m** just **on my way** to the station.

しかし，実際の言語生活においては，具体的な場面があるので，このような誤解の恐れは，大幅に減少するのではないだろうか．次の二つの例では，実際にある場所に向かっているときに，Where are you going? と聞かれた人が，いずれも be going to を用いて答えているのである．

(2) "How do you get food? *Where are you going?*" he asked. I answered boldly, "Food! I am nearly starving! **I am going to** the village …" (Hudson, *Green Mansions*)（「どうやって食べ物を手に入れてるのかね．どこへ行ってるんだい」と彼が尋ねた．私は大胆に答えた．「食べ物だって！ ぼくはおなかがぺこぺこなんだ．村へ出かけて行ってるところだよ」）

(3) "What's the matter? *Where are you going?*" The man spoke. "We **are going to** San Francisco, Miss Morgan." (Steinbeck, *The Red Pony*)（「どうしたの．どこへ行ってらっしゃるの」 男が言った．「サンフランシスコへ行ってるところですよ，モーガン先生」）

しかし，現代英語では，be going to は「近接未来」を表すほうが普通になっていることは認めなければならない．次のような to のあとに，場所名詞がこない場合に be going to を用いるならば，普通，近接未来と解されるだろう．

(4) i [sic] hate being single — i**'m** never **going to** meet anyone. (Google)
    （私は一人でいるのはいやだ──（でも）決して誰とも出会わないだろう）

[B] 人称主語とともに用いられ，〈決定済みの意図〉を表す．まず，**1人称主語**の例から見ていこう．

(5) **I'm going to** play tennis *this afternoon*.
　　（きょうは午後からテニスをするつもりだ）
(6) **I'm going to** give a party *next week*. （来週パーティーを開くつもりだ）
この意味の be going to は，しばしば「強い決意」を表すときにも利用される．
(7) **I'm going to** get to the top *if it kills me*. 　　　　　　(Swan 1980)
　　（たとえ死んだって，頂上を極めてやるぞ）
2人称主語の場合は，疑問文に用いて，相手の〈意図・計画〉を尋ねる．
(8) What **are** you **going to** be? （将来何になるつもりですか）
(9) "What **are** you **going to** do *this evening*?" "I'm washing my hair."
　　（「今晩何をするつもりですか」「髪を洗うんです」）［答えの文は，未来を表す現在進行形（§7.1.3）］
(10) **Are** you **going to** Italy? 　　　　　　　　　　(James, *Daisy Miller*)
　　（イタリアへおいでになるのですか，あなたがた）［相手はまだスイスにいる］
次の二つの文を比較せよ．
(11) a. **Will** you give me a hand? （手伝ってくれますか）［そう意志決定せよ］
　　 b. **Are** you **going to** give me a hand?
　　　　（手伝ってくれるんですか）［意志決定済みなんだね］
3人称主語と用いるためには，話し手は，あらかじめ本人の〈意志・計画〉を承知していなければならない．
(12) My son **is going to** be a doctor when he grows up.
　　（息子は，大きくなったら医者になるつもりだ）
(13) 'Go home at once,' she commanded indignantly. 'You shall be severely punished.　Go home at once.'
　　　The Indian gentleman drew Sara to his side and patted her hand.
　　'She **is not going**.' 　　　　　　　　　　(Burnett, *A Little Princess*)
　　（「直ちに家にお帰りなさい」と彼女は憤然として命令した．「おまえを厳しく罰します．直ちに家にお帰りなさい」インド帰りの紳士は，セアラを脇に引き寄せて，その手をパタパタたたいた．「彼女は，帰りません」）
話し手が自分の〈意図・計画〉を一方的に2, 3人称に押しつける場合は，〈命令・おどし〉といった語用論的（pragmatic）な力が生じる．
(14) **You're going to** do as I tell you.
　　（おまえは私の言うとおりにするのだ）〈命令〉
(15) No, indeed!　You **are going to** stay and have tea with us.
　　　　　　　　　　　　　　　(Montgomery, *Anne's House of Dreams*)
　　（あら，とんでもない！　あなたは帰らずに，私たちとお茶するんですよ）
(16) **He's going to** suffer for this.
　　（あいつめ，このお返しに懲らしめてやるぞ）〈おどし〉
was going to は，通例，〈計画〉が果たされなかったことを表す．(17), (18) の

第 7 章　未来時を表す表現形式

but に注意.
- (17) **I was going to** come, *but* I couldn't.　　　　(Rice, *The Subway*)
  (来るつもりだったが，来られなかった)
- (18) "Open that door; he's in there." **I was going to** obey, *but* he suddenly arrested me,　(E. Brontë, *Wuthering Heights*)(「そのドアを開けなさい．やつは中にいる」私がそうしようと思っていると，突然，彼はそれをとめた)

  NB 次のような文では，will の代わりに be going to を使うことはまず不可能である (Wekker 1976: 127).
  - (i) "I can't open this box." "**I'll**/*****I'm going to** do it for you."
    (「この箱が開けられない」「ぼくが開けてあげるよ」)

  それは，will は〈現在の意志決定〉を表すのに対して，be going to は〈決定済みの意図〉を表すからである．この例では，話し手は相手の訴えを聞いてはじめて「意志を決定」しているのであって，前もって決心しているわけではない．

[C] 　物・人間主語とともに用いて，特に，現在の外的な徴候に基づいて「ある事象が起こりそうだ」という意味を表す．〈意図〉を含まないので，動詞は当然，自制不可能 [−self-controllable] という特徴をもっている．
- (19) **It's going to** be marvelous.　　　　(Coward, *The Vortex*)
  (素敵なものになりそうだわ)[その徴候が現にある]
- (20) **I'm going to** die without leaving any grandchildren.　(Sheldon, *Bloodline*)
  (私は孫も残さずに死ぬんだ)[死の予感がある]
- (21) Oh, damn! now she **is going to** cry.　　　　(Maugham, *The Circle*)
  (ああ，ちくしょう！　いまに泣きだすぞ)[そういう顔つきをしている]
- (22) You **going to** be busy tonight?　　　　(Rice, *The Subway*)
  (今晩，忙しくなりそう？) [*ie* Are you going to be …?]
- (23) **I'm going to** miss you when you're away.　　　　(Steel, *The Ghost*)
  (あなたがよそへ行くと，寂しくなるでしょう)

次の文では，「外的な徴候」が文脈に顕現している．
- (24) *I feel dizzy.*　I think **I'm going to** faint.
  (めまいがする．いまに失神するんじゃないか)
- (25) *Look at those black clouds.*　There**'s going to** be a storm.
  (あの黒い雲をごらんよ．きっと嵐が来るんだ)
- (26) *There now,* you **are going to** cry!　(そらそら，泣きそうになったぞ)

be going to が「何歳になる」という意味を表すときは，おおむね近い未来について述べている．
- (27) **I'm going to** be forty *in a few years.*　(Sheldon, *Master of the Game*)
  (あと 2, 3 年で 40 歳になる)[a few の中に「短い」という気持ちがこもる]
- (28) **I'm going to** be sixteen *shortly.*　　　　(Selinko, *Désirée*)
  (私はまもなく 16 歳になる)

(29) **I'm going to** be twenty-four *next month*. (Sheldon, *A Stranger in the Mirror*)（おれ，来月24歳になるんだ）

来年なら，will be のほうがふさわしい．

(30) Cf. **I'll be** seventeen *next March*. (Montgomery, *Anne of Avonlea*)
（あたしは来年の3月に17歳になるわ）

[D] be going to は，未来指向の条件文中では通例使用できない．

(31) a. If you accept this job, you**'ll** never regret it.
b. *If you accept this job, you**'re** never **going to** regret it.
（この仕事を承諾しても，決して後悔しないでしょう） (以上 Leech 1987)

(31b) がよくないのは，前提節の条件がまだ整っていないからである．しかし，もし整っているならば，be going to の使用が可能になる．

(32) We**'re going to** find ourselves in difficulty *if we go on like this*. (Leech 1987)（こんなことを続けていたら，おれたち今に困ったことになるぞ）

(33) If you ever *touch me like that again*, **I'm going to** kill you. (Sheldon, *Master of the Game*)（もう一度あんなふうにあたしにさわろうものなら，あたし，あんたを殺すつもりだから）[again に注意]

(32), (33) では，斜字体部でわかるように，条件節の内容はすでに現実化しているのである．

NB 1 次のような条件文の帰結節では，will の代わりに be going to を用いることはできない．

(i) The ice **will** / ***is going to** melt *if the sun comes out*.
（太陽が出れば，氷が解けるだろう）

条件文では，氷が解けそうな「外的な兆し」はまだ存在しないからである．反対に，(ii) のような文では，彼女はすでに妊娠していて，出産予定日も決まっているので，予言者ででもないかぎり，be going to の代わりに will を使うことはできない．

(ii) She**'s going to** / *****will** have a baby in July. （彼女は7月に子供が産まれる）

NB 2 テレビの気象情報では，最初に be going to を使い，あとは〈予測〉の will を繰り返す方式が普通のようである．Wekker (1976: 125) は，録音したいくつかのテレビの気象情報を調査した結果，これは be going to と will の自由な交代ではなくて，それぞれの内在的意味に基づいて使い分けられているのだ，と主張する．すなわち，気象予報士は，現実の気象状況に基づいて be going to を使い，あとは〈予測〉の will に切り替えるのだ，と言うのである．

(i) Tomorrow **is going to** be another hot day. Temperatures **will** be around 30 degrees by mid-morning and there **will** be very little wind. (Close 1975)
（あすもまた暑い日になりそうです．気温は，午前の中ごろには30度くらいになりましょう．風はほとんどないでしょう）

NB 3 〈略式体〉の英語では，be going to は come/go を伴うことができる．つまり，be going to が**文法化** (grammaticalization) によって「行く」という意味を失って，機能語になっている証拠である．この場合も，be going to come/go は，上述の [B], [C] の意味を表す．

第7章　未来時を表す表現形式　　　　　　　　　　　105

(i) a.　Where **are** we **going to go**?　　　　　(Hemingway, *A Farewell to Arms*)
　　　　（おれたち，どこへ行こうと言うんだい）〈意図〉
　　b.　**Is** that man never **goin' to come**?　(Doyle, *Memoirs of Sherlock Holmes*)
　　　　（あの男，絶対来ないつもりだろうか）〈同上〉
(ii) a.　He **was going to go** first.　　　　　　　(Spillane, *My Gun Is Quick*)
　　　　（やっこさんのほうが，先に参ってしまうのだ）〈徴候〉
　　b.　She thought he **was going to come**.　　(Caldwell, *This Very Earth*)
　　　　（彼，やがて来るわ，と彼女は思った）〈同上〉

7.1.3.　現在進行形

現在の計画・取り決めによって予期される未来の出来事を表す（詳細は，§8.2.6を参照）．

(1) The Smiths **are coming** *this evening*.
　　（今晩，スミス夫妻が来ることになっている）［招待し，相手も承諾している］
(2) **I'm playing** tennis *this afternoon*.
　　（きょうの午後，テニスをすることにしている）［すでに準備は整っている］
(3) **She's having** a baby in June.　（彼女は6月に子供が産まれる）
　　［出産予定日が決まっている］［= She's going to have a baby in June.］

未来の副詞語句を伴わない場合は，be going to と同様に，しばしば「近い未来」を暗示する．

(4) Hurry up.　The train**'s starting**.　　　　　　　　　　　　(Close 1975)
　　（早く，早く．電車が出るよ）［「電車が動き始めた」という意味にも用いられる］

7.1.4.　「will/shall＋進行相不定詞」

この形式は，学校文法では"未来進行形"と呼ばれ，次の三つの用法がある．

[A] 未来の基準時における動作の進行を表す．これを図示すれば，(1)のようになる．

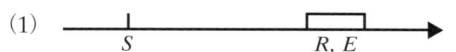

(1) ──────┬────┰──┰─────▶
　　　　　　S　　　　R, E

(2) *When I get home*, my wife **will** probably **be watching** TV.
　　（帰宅すると，妻はたぶんテレビを見ているところだろう）
(3) We **shall be travelling** *all night*.
　　（われわれは夜どおし旅行をしていることになろう）　　　(以上 Hornby 1975)
(4) *This time tomorrow* **I'll be lying** on the beach.　　　　(Swan 1995)
　　（あすの今ごろは，浜辺に横たわっていることだろう）
(5) **Shall I be disturbing** you *if I do the windows here*?
　　（この部屋の窓ふきをしたら，お邪魔になるでしょうか）
(6) Come in, Sam, or papa **will be making** long speeches *again*.
　　　　　　　　　　　　　　　　　　　　　　　　　　　(Rice, *Street Scene*)
　　（入っておいでよ，サム，さもないと，パパがまたぞろ長い演説を始めるわよ）

(7) *If you ever try to harm him* in any way, you **will be harming** me.
(Archer, *Kane and Abel*)（どんな形であれ，彼に危害を加えるようなことがあれば，お父さんはあたしに危害を加えることになるのよ）

[B] この形式はまた，個人の意志とは無関係に，自然の成り行きで (as a matter of course) 出来事が起こるという意味を表す．この場合は，進行相の含意はない (Leech 1987: 67, Swan 1995: 218). ひと口で言えば，〈予定〉を表すとしてもよい．

(8) We **will be stopping** at Okayama and Shin-Kobe stations before reaching Shin-Osaka terminal. （終点・新大阪に到着する前に岡山駅と新神戸駅に停まります）［新幹線のアナウンスメント］

この用法では，出来事のあとの何らかの可能性（[ ]で示す）が暗示されることがある (Hornby 1975: 207).

(9) **I'll be seeing** Bob *this evening*.
（今晩ボブと会うことになっている）［何かことづけがありますか］
(10) We**'ll be having** supper *in about twenty minutes*.
（あと20分もしたら，夕食ですからね）［だから，外出しないように］
(11) He**'ll be coming** to see us *again*. （彼はまた来ることになっている）［だから，彼が置き忘れた本をわざわざ送り返さなくてもいい］ （以上 Hornby 1975）

次のような例では，「他の可能性」は前文に表現されている．

(12) *Can I give you a lift*? **I'll be driving** to London *next week*.
（車にお乗せしましょうか．来週は車でロンドンに行くことにしているので）

every day のような頻度の副詞語句を伴えば，「反復」の意味が加わる．

(13) We **shall be meeting** *every day soon*.
（まもなく毎日お目にかかることになりましょう）［いくらでも討論できる］

Will you ...? は，通例，相手の意志を尋ねることによって，語用論的に〈依頼〉を行うことになるので，相手の「計画・予定」を尋ねる場合は，Will you be -ing? のほうが，そつのない，丁寧な表現になる (Leech 1987: 68, Swan 1995: 218).

次の二つの文を比較せよ．

(14) a. When **will** you visit us again? （今度はいつお訪ねくださいますか）〈意志〉
b. When **will** you **be visiting** us again?
（今度はいつお訪ねくださるんでしょうね）〈予定〉

[C] 「いま...しているところだろう」という〈発話時〉における予測・推量を表す．

(15) Don't phone now—they**'ll be having** lunch. (Swan 1995)
（いま電話しないほうがいい——昼食中だろうから）

NB 1 Leech (1987: 69) は，次の二つの文にはほとんど意味の差が認められない，としている．
(i) The sun **will set** *in a minute*. （じきに（きっと）陽が沈むよ）
(ii) The sun **will be setting** *in a minute*. （じきに陽が沈むでしょうよ）

第7章　未来時を表す表現形式

しかし，(i) は話し手の〈予測〉，〈保証〉という法的な意味を表しているのに対して，(ii) は「自然の成り行きで」という，もっと突き放した (detached) 気持ちを表していると見ることができる．

NB 2　「自然の成り行きで」という含みが話し言葉に利用されて，発話に冗談めかした感じを与えることがある (Leech 1987: 69). next (および，その類義語) と共起するのが特徴．

- (i) You**'ll be losing** your head *one of these days*.
  （そのうちに首をなくしてしまうよ）［ひどい健忘症の人に向かって］
- (ii) Whatever **will** he **be doing** *next*?　（今度はあいつ，何をやらかすやら）
  ［いつも奇行ばかりしているんだから］　　　　　　　　　　（以上 Leech 1987）
- (iii) I**'ll be forgetting** my own name.
  （今度は自分の名前も忘れちゃうんじゃないかな）［自分の物忘れを自嘲して］
- (iv) You're getting positively middle-aged.　I **shall be looking** for gray hairs.
  　　　　　　　　　　　　　　　　　　　　　　　　　　(Archer, *Kane and Abel*)
  （君は断然中年になってるよ．そのうちに（君の）白髪を探すことになるだろうよ）
- (v) You Americans are all the same.　*Next* you**'ll be saying** you designed the Pope's vestments.　　　　　　　　　　　(Archer, *The Prodigal Daughter*)
  （あんた方アメリカ人はみんな同じだ．次には，教皇の祭服をデザインしたなんて言い出すんでしょうな）

7.1.5.　「be to＋不定詞」

この形式の be to は，法的な意味をもつ準法助動詞 (semi-modal) として機能する．

[A] 取り決め：　基本的な意味は〈取り決め・手筈〉(arrangement) である（「…することになっている」）．

- (1) We**'re to** be married *in June*.　（私たち，6月に結婚することになりました）
- (2) We **were to** meet at three *on Wednesday*.
  （われわれは水曜日の3時に会うことにしていた）

そこで，新聞・テレビ・ラジオなどで，公式の行事予定についてよく用いられる．

- (3) The Prime Minister **is to** visit Japan next month.
  （首相は来月日本を訪問する予定である）

(3) は，新聞の見出しでは be が省略されて，次のようになる．

- (4) PRIME MINISTER *TO VISIT* JAPAN NEXT MONTH.

次例のように，yet/still を伴うと，〈取り決め〉がまだ実現していないこと（「まだ…していない」）を表す．

- (5) The worst **was yet to** come.　　　　　(Sheldon, *Windmills of the Gods*)
  （最悪の事態はまだ来ていなかった）
- (6) Their influence **is yet to** be fully evaluated.　　　　　　　　(BNC)
  （その影響はまだ完全に評価されていない）

「was to＋完了不定詞」は，〈実現されなかった予定〉を表す．

- (7) I **was to have started** work last week, *but* I changed my mind.　(Swan

1995)（先週仕事を始める予定だったが，気が変わった）

[B] **一方的な取り決め**： 取り決めが一方的になされる場合は，語用論的に〈命令〉の力が生じる．(8)，(9) のように，親はしばしばこの形式を用いて，子供に命令する (Swan 1995: 87)．

(8) You **are to** do your homework before you watch TV.
 （テレビを見る前に宿題をするんですよ）
(9) She can go to the party, but she**'s not to** be back late.
 （あの子はパーティーへ行ってもいいが，帰宅が遅れてはだめだ）

間接話法では，通例，〈命令〉の意味になる (Leech 1987: 103)．

(10) They told me I **was to** report back the next day.
 （あす復命せよ，と彼らは私に言った）

掲示・使用説明書などでは，行為者が不定なため表現されないで，普通，受動不定詞が用いられる．

(11) This gate **is not to be opened** today. （この門は，きょうは開けぬこと）
(12) These tablets **are to be kept** out of touch of children.
 （この錠剤は，子供の手の届かぬところへ置くこと）

この用法では，「主語＋be」が省略される場合がある．

(13) a. **To be taken** three times a day before meals.
 （1日3回食前に服用すること）
 b. **To be left** till called for. （留め置き）［郵便物の上書き］

[C] **運命**：〈取り決め〉は，次のように運命的 (providential) な場合がある．いわば，神意による〈一方的な取り決め〉である．

(14) He **was never to** see his wife again. （彼は二度と妻と会えない運命であった）
(15) Little did young Lincoln know that he **was to** become President of the United States.
 （リンカン青年は，自分が合衆国大統領になる運命だなんて夢にも思わなかった）

[D] **不可能**： be to は，また，通例，否定の受動不定詞の形式で用いられて，「…する手筈になっていない」→「…することができない」というように，「不可能」を含意することがある．

(16) That **is not to be denied**. （それは否定できない）
(17) The man **was nowhere to be seen**. （その男はどこにも見つからなかった）
(18) The poor old lady **was not to be comforted**.
 （かわいそうに，その老婦人は慰めようもなかった）

[E] **必要条件**： be to が if 節に用いられた場合は，「…するためには」(in order to)，「…したいのであれば」(if one intends to) というように，「必要条件」(necessary condition) を表す (Jespersen 1933: 337)．帰結節に通例 must が現れる．

(19) But **if** I **am to** go, I *must* pack at once, for I have only half an hour.

(Doyle, *Adventures of Sherlock Holmes*)（でも，私が行くとすれば，早速荷造りをしなくちゃいけない．あと30分しかないんだから）

(20)　**If** we **are to** be friends you *must* call me Leslie.

(Montgomery, *Anne's House of Dreams*)
（私たちがお友達でいたいのであれば，レズリーって呼んでくれなくちゃいけないわ）

NB 1　If ... was/were to という純粋な仮定を表す用法は，§19.2.2 で扱う．
NB 2　be to は，現在時制と過去時制にしか用いられない．すなわち，非定形動詞と共起しない点で助動詞に似ている．
　(i)　*He **has been to/will be to** go to Paris.
　(ii)　*He **is being to** go to Paris.

7.1.6.　現在時制

カレンダー・時間表などであらかじめ決定されているような事柄についても，現在時制が用いられる（詳しくは，§5.3.1 を参照）．この用法は，未来時の代用ではなく，予定が発話時において〈事実〉であるとして述べるもので，ゆえに，〈事実〉として述べる現在時制が最も適切な時制なのである．「夫はあす出張から帰り<u>ます</u>」という日本語も同じ発想．

未来指示性は，通例，未来時を示す語句によって明示されている．

(1)　*Tomorrow* **is** Sunday.　（あすは日曜日です）
(2)　Exams **begin** *on Thursday*.　（試験は木曜日から始まる）
(3)　His train **arrives** *at 11.46*.　（彼の電車は11時46分に到着します）
(4)　The board meeting **is** *tomorrow*.　(Steel, *Bittersweet*)（役員会はあすです）

(1)はカレンダーの例であり，(2)-(4)は「確定している予定」を表す例である．

7.2.　その他の表現形式

未来時を示す表現形式には，ほかに，次のようなものがある．

7.2.1.　be about to

「これから…しようとしている」という意味を表す．近接未来を強調するので，通例，未来時を示す副詞語句を付けない．

(1)　Sit down everyone.　The film **is about to** start.　(LDCE[3])
　　（皆さん，ご着席ください．これから映画が始まります）
(2)　I feel something terrible **is about to** happen.
　　（何か恐ろしいことが起ころうとしている感じだ）
(3)　You **are about to** see the most beautiful castle in the world.

(Archer, *Kane and Abel*)
　　（おまえはこれから，世界中で一番美しい城を見ようとしているんだよ）
(4)　We **were about to** start, when it rained.　(LDCE[2])
　　（出かけようとしていると，雨が降ってきた）

be not about to は，〈略式体〉で「...するつもりは毛頭ない」という意味で用いられる．

(5) I've never smoked in my life and **I'm not about to** start now. (LDCE[4])
(これまでたばこを吸ったことはないし，これから始めるつもりもさらさらないね)

NB この about の品詞については，ときに I am about *starting*. (私は出かけようとしているところだ) のように動名詞を伴うこともあるので，OED[2] は 'on the point of' という意味の前置詞と解している．一方，OALD[5,6] や LDCE[3,4] は形容詞としている．しかし，こういう品詞の詮索(せんさく)はあまり生産的ではなく，いまは文法化が生じて，be about to で近接未来時を指示する機能語になっている，と考えるのが至当であろう．

7.2.2. be on the point of -ing

「ちょうど...しようとしているところだ」も，近い未来を強調する．通例，人主語とともに用いられる．

(1) I can't see you now. I'm just **on the point of leaving**.
(いまお会いすることはできない．ちょうど出かけようとしているところなんでね)

(2) Benjamin **was on the point of leaving** when the Queen stepped forward.
(Clynes, *The White Rose Murder*)
(ベンジャミンが立ち去ろうとしていると，女王がつかつかと歩み出た)

7.3. 各形式の比較

以上見てきたように，未来時を表す表現は数々あって，中には知的意味の差なしに交換可能なものもあるが，厳密には，それぞれがかけがえのないニュアンスをもっていると考えるべきであろう．

7.3.1. 進行形と be going to

(1) a. **I'm seeing** John tomorrow. (あすジョンと会うことにしている)
　　b. **I'm going to** see John tomorrow. (あすジョンと会うつもりだ)

(1a) は，ジョンと会う〈約束〉をしていることを表すが，これに対して，(1b) は，主語の〈意志〉を表すのみで，〈約束〉の含意はない．したがって，(1b) では，まだジョンと会うのを取りやめる余地が残っている．

7.3.2. 現在時制・「will+不定詞」・進行形・「will/shall+進行相不定詞」

次の諸例では，「来月アメリカに向けて発つ」という客観的事実はすべて同じである．しかし，表現態度はそれぞれ異なる．

(1) a. **I leave** for America next month.
　　b. **I will leave** for America next month.
　　c. **I'm leaving** for America next month.
　　d. **I'll be leaving** for America next month.

(1a) では，アメリカに向けて発つことを〈確定した事実〉として述べている．(1b) は，

話し手の〈意志〉を述べている．(1c)では，計画に基づいて，目下荷造りをしたり，航空券の手配をしたりして旅立ちの支度中であることを述べている．(1d)では，まだ支度は始めていないが，そういう〈予定〉になっていることを表している．

7.3.3. 命　令
　一方的に〈予測〉や〈予定〉や〈取り決め〉を相手に押しつければ，当然，語用論的に〈命令〉(command)の効力が加わる．(1b-d)は，特に子供に向かって使用される．

(1) a.　**You will start** work at eight o'clock sharp.　[＜予測]
　　　　（8時かっきりに仕事を始めたまえ）
    b.　"Can I come too?"　"No, **you're not coming**."　[＜予定]
　　　　（「ぼくも行っていい？」「いいえ，あなたは来ないの」）
    c.　**You're going** to bed now — immediately.　[＜予定]
　　　　（あなたはもう寝るんですよ——いますぐに）
    d.　**You're not to** say such things.　[＜取り決め]
　　　　（そんなことを言うものではありません）

第8章

進 行 形

8.0. 概　説

　進行形 (progressive form) は，'be + -ing' という迂言形式によって表され，例えば，take: is taking; took: was taking の対立に見られるように，概略，〈非進行：進行〉というアスペクトの対立を示す文法範疇である．

　'progressive form' という用語は，Kruisinga, Curme が使用しているものである．このほかに，progressive aspect（進行相）[Chomsky, Leech, Quirk et al.], expanded form（拡充形）[Poutsma, Jespersen], continuous tense（継続時制）[Onions], definite tense（定時制）[Sweet] などの名称もあるが，§4.2 で述べたように，この形式は時制の対立を示すものではないから，最後の二つの名称は適切ではない．また，「拡充形」という用語にも問題がある．is writing が write の「拡充形」と言うのであれば，more common も common の「拡充形」と言わなければならないからである．

NB 'be + -ing' の形式でも，進行形でないものもある．一般に，次のような統語特徴をもつ ing 形は，現在分詞ではなく，形容詞である．
 (i) Tennis **is** *very / extremely* **interesting**.
    （テニスはとてもおもしろい）[程度の副詞に修飾される]
 (ii) This book **is interesting** *to* me.
    （この本は私にはおもしろい）[前置詞句を伴う]
 (iii) This **is** *more / most* **amusing**.
    （これがもっと／一番おもしろい）[比較変化をする]
 (iv) His speech **was interesting** and **instructive**.
    （彼のスピーチはおもしろくて有益だった）[他の形容詞との等位接続]
次の ing 形は，動名詞である．
 (v) This **is going** too far.　（これは行き過ぎだ）
 (vi) That **is saying** a great deal.　（それは大したことだ）
さらに，(vii) は be と -ing の間に他の語が介在しているので，また，(viii) は be が用いられていないので，進行形の定義を満たさない．
 (vii) There was a high wind **blowing**.　（激しい風が吹いていた）
 (viii) He **sat / stood smoking** a pipe.
    （彼はパイプを吹かしながらすわって／立っていた）

第8章 進行形

8.1. 進行形の特質

8.1.1. 進行形の本質的意味
進行形の本質的意味は，次のようなものであると仮定する．
 (1) ＜現在・過去・未来の基準時における(主語の)活動 (activity) を表す＞
これを図示すれば，(2) のようになる．

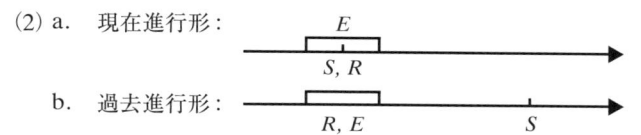

 (2) a. 現在進行形：
```
                     E
        ─────────┬──────┬────────────────→
                  S, R
```
   b. 過去進行形：
```
                     ┌──┐
        ─────────────┤  ├─────────┬──────→
                     R, E          S
```

「動作」とせずに〈活動〉としたのは，(3) のような「物主語」の例では，「動作」という用語は不適当だからである．
 (3) The milk **is turning** sour. （牛乳が酸敗しかけている）
また，「(主語の)活動」と表記したのは，(4) のような天候動詞の場合，気象活動とは言えるが，主語の it の活動とは言えないからである．
 (4) It **is raining** hard. （大雨が降っている）
Leech (1987: 19) は，進行形に「継続」，「限られた継続」，「未完了」の三つの意味を認めているが，これらの意味はすべて〈活動〉から派生すると見ることができる．また，進行形が担っているとされる「反復」，「生き生きとした叙述」，「感情的な色彩」，「強調」等の意味も，進行相の文法的意味，動詞のアスペクト特徴，共起する副詞語句などの影響によって，これまた副次的に生じる倍音 (overtone)，または修辞的効果と言うべきもので，進行形の本質的意味とは考えない．

8.1.2. 進行形成立の制約
[A] 進行形が〈活動〉を表す文法形式である以上，用いられる動詞は非状態的 [−stative] という特徴をもっていなければならない．
 (1) John **is singing** a song. （ジョンは歌を歌っている）
 (2) *John **is knowing** the answer. （ジョンは答えを知っている）
 (3) *This house **is belonging** to Martin. （この家はマーティンのものだ）
 (4) *I **am owning** a car. （私は車をもっている）
(2)–(4) が非文法的なのは，know, belong, own が状態的動詞であり，状態は〈活動〉を表しえないからである．
[B] 進行形は，ある基準時における〈活動〉を表すものであるから，通例，特定の脈絡でしか使用することができない．次の三つの文を比較せよ．
 (5) a. I **enjoy** music. （私は音楽を楽しんで聴く）
   b. I'm **enjoying** the/this music.
       （その/この音楽を楽しんで聴いているところだ）
   c. *I'm **enjoying** music.

(5a) は，総称名詞の music を含んでいるが，主語の特徴を述べる現在時制なので適格である．しかし，(5c) は進行形であるのに目的語が定性 [+definite] の限定詞を伴っていないので非文法的である．

[C] 瞬時的動詞の進行形は，反復を表す (§4.3.2)．

(6) John **was tapping** the window. （ジョンは窓をこつこつたたいていた）

(7) Mary **was jumping** for joy. （メアリーは喜んで小躍りしていた）

ただし，explode などは，主語または目的語が複数形でなければ反復を表すことはできない．

(8) a. *A bomb **is exploding**.
　　b. Bombs **are exploding**. （爆弾があちこちで爆発している）

[D] 進行形と副詞語句との共起制限

① 現在・過去・未来の基準時と同時性 (simultaneity) を表す時の副詞語句は，進行形と共起できる．

(9) He **is taking** a nap *at the moment*. （彼はいま昼寝をしている）

(10) He **was swimming** *yesterday*. （彼はきのう泳いでいた）

(11) He **was thinking** *a long time*. （彼は長いこと考え込んでいた）

(12) His plane **will be arriving** *at six*.
　　（彼の乗った飛行機は6時に到着するでしょう）

② 頻度の副詞語句のうち，always およびその類義語である (a) 類は進行形と共起できるが，sometimes およびその類義語である (b) 類は進行形と共起できない．

(13) a 類： always, constantly, regularly, every day, generally, usually, often, frequently, etc.
　　 b 類： sometimes, occasionally, at times, now and then, rarely, seldom, hardly, never, ever, etc.

(14) a. *Mary **is** *sometimes* **watching** TV.
　　 b. *Mary **is** *rarely* **watching** TV.

(b) 類が進行形と共起できないのは，(a) 類が [+continuous] という意味特徴をもっているのに対して，(b) 類は，いわば [−continuous] という意味特徴をもっているので，その特徴が，進行形が典型的にもっている [+continuous] という意味特徴と衝突するからである，と考えられる．

しかし，(b) 類のうちの「ときどき」の意味をもつ副詞語句は，(15) のように基準時を表す副詞語句 (eg when I return) が進行形を修飾している例では，進行形と共起できる．この場合は，それらの類は進行形を修飾するのではなく，文全体を修飾する文副詞として機能しているからである．つまり，「ときどきテレビを見ている」のではなく，「帰宅するとテレビを見ている」という事態が「ときどきある」と言っているのである．

(15) *Sometimes/At times/Now and then* Mary **is watching** TV WHEN I RETURN. （私が帰ってくるとメアリーがテレビを見ていることが，ときどきある）

③ 進行形は，twice, three times のような特定の回数を示す副詞語句とも共起しない．この場合は，動詞が完結的の読みを与えられて，進行形の [+continuous] と衝突するからである．

(16) *John **is visiting** us *twice/three times*.
(17) John **is visiting** us *every day*. （ジョンは毎日のように訪ねてくる）

8.1.3. 単一時制との比較

前述したように，単一時制は現在または過去の基準時における〈事実〉(fact) を表すが，これに対して，進行形は現在・過去・未来の基準時における（主語の）〈活動〉を表す．

(1) a. Sam **drives** a truck for the ABC Company.
   （サムは ABC 社のトラック運転手だ）
   b. Sam **is driving** a truck for the ABC Company.
   （サムは（目下）ABC 社のトラックを運転している）

Woisetschlaeger (1976) によれば，(1a) のほうが，(1b) よりも多くの情報を伝えている．(1a) は，サムの社会的身分を述べている．つまり，彼はトラック運転手であり，したがって，彼の学歴，給料，休暇の過ごし方，行きつけのレストランなども推定できる．一方，(1b) は，例えば，会計士になるために夜学に通っているが，生計を立てるために当面トラックを運転している人の記述としても適切である．(1a) は，主語についての恒常的な〈事実〉（＝トラック運転手が定職）を述べ，(1b) は，一時的な〈活動〉（＝トラック運転手は定職ではない）を述べている．同様なことは，次の二つの文についても言える．

(2) a. John **lives** in London. （ジョンはロンドンに住んでいる）
   b. John **is living** in London. （ジョンは（現在）ロンドンに住んでいる）

(2a) は，ロンドンがジョンの定住地であることを，(2b) は，一時的な居住地であることを表している．次の例はどうだろうか．

(3) a. The engine **doesn't smoke** any more. （エンジンはもはや煙を出さない）
   b. The engine **isn't smoking** any more. （エンジンはもはや煙を出していない）

(3a) は，エンジンの現在時における〈事実〉を述べている．言い替えれば，〈特徴づけ〉を行っているのであって，現在，動いている必要はない．一方，(3b) は，エンジンの現在時における〈活動〉を表している．（この場合のように，文の主語が無生物の場合は，進行形は「現象 (phenomenon) を表す」という Woisetschlaeger (1976) の説明も適切である．）

こうした〈事実：活動〉の対立は，過去進行形の場合にも，同様に認められる．

(4) a. I **wrote** a letter this morning. （けさ手紙を書いた）
   b. I **was writing** a letter this morning. （けさ手紙を書いていた）

(4a, b) の文の背後にある現実世界の事情は，おそらく，同一ではない．(4a) では手紙を書くことが完結したことを，(4b) では手紙を書くことが何らかの事情で中断さ

れたことを含意している．

8.2. 進行形の用法

この節では進行形の用法を記述する．現在進行形と過去進行形の用法は，基準時を異にするほかは平行しているので，まとめて記述する．いわゆる"未来進行形"(shall/will be -ing) の用法は，§7.1.4 に記述してある．

8.2.1. 活動の持続

進行形は，〈基準時における(主語の)活動〉を表すものであるから，非状態的，非完結的な動詞の場合は，当然，基準時における活動の持続 (duration) が含意される．基準時は，現在進行形の場合は，(right) now, at present, at the moment などの副詞語句によって，過去進行形の場合は，then, at that time, when I entered などの副詞語句によって反映されることがある．

(1) a. She's **baking** a cake *now*. （彼女はいまケーキを焼いている）
　　b. John **is taking** a nap *at this moment*.
　　　（ジョンはただいま仮眠をとっている）
(2) a. He **was reading** *then/when I entered*.
　　　（彼は，そのとき/私が入ったとき，本を読んでいた）
　　b. I **was having** a dream in English.　　(Hemingway, *A Farewell to Arms*)
　　　（ぼくは英語で夢を見ていた）
　　c. I **was** just **walking** along *when he bumped into me*. (McBain, *Ten Plus One*) （通りを歩いていると，彼にばったり出くわしたんです）[when = , and then]
　　d. I **was living** abroad *in 1995*. （1995 年には外国で暮らしていた）

Now you're talking. は，「なかなかいいことを言う，まったくだ」という意味で，話し言葉で用いられる．

(3) **Now you're talking**.　That's right.　　　(Queen, *The Dutch Shoe Mystery*)
　　（いいこと言うね．そのとおりだよ）

I'm telling you. も話し言葉で用いられて，通例，話し手のいらだちを表す．

(4) "You never told me."　Neville said *irritably*: "**I'm telling you** now ...."
　　(Christie, *Towards Zero*)（「あなたはひと言も言わなかったわ」ネビルは，いらいらした口調で言った．「（だから）いま言ってるじゃないか．…」）

次のような例では，本を執筆中という事実と，ただいまゴルフをしているという事実との間に矛盾はない．たとえゴルフをしていても，本を執筆中という〈活動〉は依然として中断されていないからである．

(5) Mr. Green **is writing** another book, but at the moment he is out playing golf.　　　　　　　　　　　　　　　　　　　　　(Charleston 1955)
　　（グリーン氏はまた別の本を書いているが，ただいまは外でゴルフをしている）

8.2.2. 限られた期間持続する活動

非状態的・非完結的な動詞が，now, at present, this week, lately, in those days のような副詞語句とともに進行形で用いられた場合は，限られた時間帯に（反復しながら）持続する〈活動〉を表す．

(1) a. **I'm going** to work by bus *now*. (Palmer 1974)
   （いまはバスで会社へ通勤している）［一時的反復：車が故障したので］
   b. **I go** to work by bus. (Ibid.)（会社へはバスで行く）［習慣的事実］
(2) a. **We're eating** a lot of meat *these days*. （私たちは近ごろは肉をたくさん食べている）［一時的反復：魚が高いので；普通，*in these days としない］
   b. **We eat** a lot of meat. （私たちはたくさん肉を食べる）［習慣的事実］

過去進行形にも，同じ用法が見られる．

(3) a. **I was going** to work by bus *in those days*. (Palmer 1974)
   （当時は，バスで会社へ行っていた）［一時的反復：いまは車をもっている］
   b. **I went** to work by bus. (Ibid.)（バスで会社へ行っていた）［習慣的事実］

NB Potter (1975: 119) によれば，最近の〈英〉では，例えば，
   (i) Mary **goes** to school.
   (ii) Mary **is going** to school now.
の場合，(ii) のほうがよく用いられるようになっていると言う．しかし，両文の表す意味は，決して同じではあるまい．(i) は，Mary is a schoolgirl. という〈事実〉を述べるものだが，一方，(ii) は，now という副詞語句を見ても明らかなように，〈一時的な行為〉であることを表している．Potter は，(i) と (ii) が同義であることを前提としているようだが，ありようは，最近の〈英〉ではこのような可変的な事柄は〈事実〉としてではなく，〈一時的な行為〉として表現する人が多くなったということを示している，と見るべきであろう．

8.2.3. 動作の絶え間ない継続

進行形は，always, および，continually, constantly, perpetually, for ever のような類義語とともに用いられて，動作が絶えず継続していることを表す．

(1) He's *always* **asking** silly questions.
   （彼はいつもくだらない質問ばかりしている）
(2) You're *continually* **making** poor excuses.
   （君って，始終まずい言い訳ばかりしてるんだね）
(3) The child **is** *for ever* **eating**. （その子は，のべつ何か食べている）

過去進行形にも対応する用法がある．

(4) They **were** *for ever* **leaving** the door open.
   （彼らは年がら年中ドアを開けっ放しにしていた）

これらは，いずれも誇張表現（hyperbole）であって，例えば，(3) の例で言えば，主語があたかも「のべつ幕なしにものを食べている」かのように表現しているのである．夜，眠っているときにはものを食べているはずはないのだから，これらは〈継続〉ではなくて，〈反復〉を表すのではないかと言うのは，「言葉のあや」というものを解

さない意見であろう．
　ところで，この用法は通例，話し手の「不快・いらだち」などの感情的色彩 (emotional coloring) を伴うとされている．(1)-(4) の諸例にもそういう感情的色彩は感じられる．特に，行為が話し手にとって好ましくないものである場合は，そういう行為を「のべつ行っている」と言えば，そこに含意として非難の気持ちがこもるのは当然だからである．Leech (1987: 34) は，

(5) He **is** *always* **giving** people lifts.（彼はいつも人を車に乗せてばかりいる）

のような，一般に親切ととられるような行為でさえも，この用法では，当人に対する非難的な態度を反映しがちである，としている．しかし，この用法には常に非難の気持ちがこもるわけではない．次例を見られたい．

(6) A child **is** *always* **learning**.（子供はいつも学んでいる）
(7) I **am** *always* **thinking** of you.（私はいつもあなたのことを考えています）
(8) He's *always* **doing** a good turn for someone.
　　（彼はいつも誰かに親切にしてあげている）

もちろん，これらの例には，多少とも話し手の「賞賛」の気持ちがこめられていると言うのであれば，「感情的色彩」はここでも認められることになる（もっとも，(8) も，音調その他によって，(5) のように非難・冷笑の気持ちをこめることは可能である）．

8.2.4. 同時性

　進行形は，通例〈継続〉を含意するので，その〈継続〉の含意を利用して，二つ（以上）の事柄が同時に進行していることを示すことができる．その場合，進行形が主節と従属節，または等位節で用いられる．従属節を導く接続詞は，〈継続〉の意味と矛盾しない while, as, when などである．

(1) *When* children **are doing** nothing, they **are doing** mischief.
　　（子供が何もしていないときは，いたずらをしているのだ）

この用法は，むしろ，過去進行形の場合に多く見られる．

(2) *While* I **was sowing** the seeds, Harry **was digging** up potatoes and George **was picking** plums. (Hornby 1975)（私が種をまいている間，ハリーはじゃがいもを掘り起こしており，ジョージはスモモをもいでいた）

　次例は，進行形が等位節に生じている例である．

(3) Lucy **was practising** the piano *and* Carol **was baking** a chocolate cake. (Hornby 1975)（ルーシーはピアノの練習をしており，キャロルはチョコレート・ケーキを焼いていた）

　次の例は，どう説明するべきだろうか．

(4) *As* I *write* this I **am writing** at the table. (Keene, *Problems in English*)
　　（本書を書くとき，私はテーブルに向かって書いているのである）

この例は，二つの動作の同時性を表すものではない．従属節は本の執筆という〈事

実〉を表し,主節は「(執筆に際しては)テーブルに向かって書いている」という〈活動〉を表していると考えられる.では,次の例は,どうだろうか.

(5) a.　*Whenever* I see him, he **runs** away.
　　b.　*Whenever* I see him, he**'s running** away.　　　　　(Palmer 1974)

(5a) は,私が彼の姿を見ると,彼はいつも逃げて行く(=継起的)のであり,(5b) は,私が彼の姿を見るときには,いつも彼は逃げて行っているところ(=同時的)なのである.どちらの例でも,see は「見かける」という瞬時的な意味なので,進行形になるいわれがない.

8.2.5. 二つの行為の同一性

「A することが,即 B することになる」という意味を表す.この用法は,前節の「同時性」を表す用法の一種で,A するときに B も同時に行われているということは,結局,A = B という二つの行為の同一性 (identity of the two acts)[1] を表すことになる.

(1)　In *so doing* he **is defending** his own position.　　　(Jespersen *MEG* IV)
　　(そうすることで,彼は自分の立場を弁護していることになる)
(2)　A rich man, who *spends* his money thoughtfully, **is serving** his country as nobly as anybody.　　　(Milne, *Mr Pym Passes By*) [Jespersen]
　　(お金を慎重に使う人は,誰にも劣らずりっぱに祖国に尽くしていることになる)

この用法の B 文は,「法助動詞+進行形」の形式をとることが多い.

(3)　If you *tell* her that you **will be spoiling** all her hopes.
　　(そんなことを言ったら,彼女の希望をことごとく打ち砕くことになりましょう)
(4)　So long as we *cling* to mere tradition, we **shall be fighting** a losing battle.　　　(Russell, *On Education*)
　　(単なる伝統にしがみついているかぎり,負け戦さをすることになるだろう)

この用法は,過去進行形にも見いだされる.

(5)　When Elizabeth *put* Ballard and Babington to death, she **was not persecuting**.　　　(Bodelsen 1936)
　　(エリザベスがバラードとバビントンを処刑したとき,迫害していたわけではない)
(6)　If I *said* that, I **shouldn't be telling** the truth.
　　(そんなことを言ったら,うそを言うことになる)

8.2.6. 近接未来を示す

[A] 進行形は,現在の計画・取り決めによって予期される未来の出来事を表す (cf. Leech 1987: 62).この用法は,元来は,(1)-(4) のように,往来の動詞に多く見られた.(なお,近接未来を示す「be going to+不定詞」の構文については,§7.1.2 を

---

1. Jespersen (*MEG* IV: 187) の用語.毛利 (1980: 115-31) は,この用法は語用論的には進行形による〈行為解説〉であるとしている.

参照.)
　(1) "John! Where are you?" "**Coming!**" [ie 'I'm coming.']
　　　(「ジョン! どこにいるの?」「いま行くよ」)
　(2) **I'm sailing** for America *next Saturday*!　　　(Maugham, *Our Betters*)
　　　(あたし, 今度の土曜日にアメリカへ向けて船で旅立つのよ)
　(3) Yes, **I'm going** to Paris *tomorrow*.　　　(Steel, *Summer's End*)
　　　(ええ, ぼくはあすパリへ行きます)
　(4) Tom **is fetching** me *at half-past seven*.　　　(Coward, *The Vortex*)
　　　(トムが7時半に連れに来てくれるんだ)

(2) の例で言えば, もろもろの準備も整い, すでに出発の準備が始まっているものとして表現されている. この用法は, 現在では, 往来の動詞にかぎらず, bring, do, dine, lunch, play, publish, stay, resign などのような, およそ前もって計画できるような行為を表す, すべての動詞に波及しつつある.

　(5) **I'm lunching** at Sacher's.　　　(Coward, *Bitter Sweet*)
　　　(私, サッカーでランチにするんです)
　(6) **I'm singing** *to-night* for Laura Tennant.　　　(Id., *The Vortex*)
　　　(今夜, ローラ・テナントのために歌うことにしています)
　(7) No. **I'm eating** with him.　　　(Hemingway, *Fiesta*)
　　　(いや. 彼とめしを食うことにしているんだ)
　(8) The Browns **are dining** with us *this evening*.
　　　(ブラウン夫妻は, 今晩私たちと夕食を共にします)
　(9) He **is bringing** his wife with him.　(彼は奥さんを同伴してくる)
　(10) John **is resigning** from the post.　(ジョンはその職を辞することになっている)
　(11) **We're having** a baby *in about six months*.
　　　(私たち, 約半年後に赤ちゃんが産まれます)

以上の例でわかるように, この用法では, 未来時を示す副詞語句が顕在することが多いけれども, それは義務的ではない. その場合は, 未来指示は, 文脈・場面から推測される.

上述したように, 未来指示の進行形は, 計画可能な行動についてしか使用できないので, 次のような文は, 容認不可能である.

　(12) a. *Tomorrow it **is snowing**.
　　　b. *She **is falling** ill next week.

また, この用法は, 現在, 取り決め・約束ができていることを表すもの である以上, 次のような, 不確定を表す語句と共起することはできない.

　(13) a. **Perhaps* I **am meeting** him on Friday.
　　　b. **I expect* I **am seeing** her tomorrow.

[B] **語用論的な力**:　この用法は, 現在の〈計画・取り決め〉を表すところから, 種々の場面で使用されて, 語用論的な力を発揮する. まず, **1人称主語**とともに用いられ

た場合は，〈強い決意〉を表すことができる．
- (14) 'I'm staying here,' she answered *defiantly*.　(Lessing, *The Other Woman*)
 （「私はここにいるわ」と彼女は反抗的な口調で言った）

同様に，否定構文の場合，話し手の〈拒絶〉を表すことがある．
- (15) I'm not staying here.　（こんなところにはいないぞ）
- (16) Nothing's getting me out.　Not all the king's horses.　(Lessing, *The Other Woman*)（私，絶対に出ていかないわ．王様の馬が全部で引っ張ったってよ）

2 人称主語の場合は，〈禁止〉の力をもつことがある．
- (17) "Can I come too?"　"No, you're not coming."
 （「ぼくも行っていい？」「いいえ，あなたは来ないの」）
- (18) "Well, you're not sleeping in my carriage, Muscovite," said the voice. "Sorry," said Wladek, "I didn't know."　(Archer, *Kane and Abel*)
 （「とにかく，おれさまの車両で眠ってんじゃねえぞ，モスクワっ子」とその声が言った．「ごめんよ，知らなかったんだ」とウラデックは言った）

2，3 人称の場合は，相手に対する〈指示〉，〈命令〉などの力をもつことができる．
- (19) The refrigerator is going over there for now.
 （冷蔵庫は，とりあえず，あそこへ置いておこう）［運搬人に対する指示］
- (20) You're going to bed — *immediately*.
 （あなたはもう寝るのです――いますぐに）［子供に対する命令］
- (21) "You're staying in bed *tomorrow*."　"Don't be silly. I'll be fine after a night's sleep."　(Steel, *Remembrance*)
 （「あすはじっと寝てるんだよ」「ばかおっしゃい．ひと晩寝れば元気になります」）

  NB　この用法の進行形は，近接未来を表すことが多いが，be going to と同様に，あらかじめ決めた事柄であれば，かなり遠い将来を指して用いることができる (Leech 1987: 63)．
  - (i) When I grow up, I'm joining the police force.
 （ぼく，大きくなったら，おまわりさんになるんだ）

8.3. 進行形の特殊用法

本節では，進行形の特殊用法（時制の違いによる用法，状態的動詞の進行形，進行形の命令文，進行相不定詞など）をとりあげる．

8.3.1. 過去進行形の特殊用法

ここでは，過去時制にのみ見られる進行形の特殊用法を考察する．
[A] 近接未来を表す進行形は，まず，(1) のように小説の地の文，または (2) のように後転移した現在 (back-shifted present) に見いだされる（いわゆる「過去から見た未来」）．
- (1) Scaife was leaving at the end of the summer! Desmond was staying on for the winter term.　(Vachell, *The Hill*)（スケイフは，夏の終わりには帰るこ

とにしていた．デズモンドは，冬学期に備えてとどまる予定だった）
- (2) John *told* me he **was going** to York.
 （ぼくはヨークに行くんだ，とジョンが私に言った）

次に，近接未来を示す過去進行形を使用すれば，「計画を中止した」という意味を表す．
- (3) **I was coming** to see you to-morrow; but now to-morrow you will come to see me. (Ch. Brontë, *Villette*)（あすは，あなたに会いに行くことにしていたのよ．でもあすは，あなたのほうが会いに来てくださいな）

[B] 過去進行形は，soon, (the) next moment, an hour later などの時の副詞語句のあとに用いられて，その前の瞬間との対比を表し，「次の瞬間には，もう…していた」というふうに，'already' の気持ちを強調する (Jespersen *MEG* IV: 183)．本質的には，進行形の〈同時性〉を表す機能 (§8.2.4) を利用したものと考えられる．
- (4) a. *In a moment* she **was greeting** him.
  （たちまち，彼女は彼にあいさつしていた）
 b. *Next minute* they **were having** their first quarrel.
  （次の瞬間，もう二人は初めての口論をしていた）
 c. and *a moment later*, India **was watching** them heading out toward the ocean. (Steel, *Bittersweet*)
  （一瞬のちに，インディアは，彼らが海の方へ進んでいくのを見守っていた）

Hatcher (1951: 261) は，in a moment, the next moment のような時の副詞語句を「スプリングボード句」(springboard phrase) と呼び，話し手が，心理的あるいは劇的な理由から，われわれを動作のまっただ中に飛び込ませたいと考えているのだ，としている．

  NB フランス語でも似たような環境で，英語の過去進行形に対応する半過去 (imparfait) が用いられる (cf. Jespersen *MEG* IV: 183)．
  (i) *Deux ans après* il **mourait** dans son château.
   （2年後，彼は自分の館で死に瀕していた）［単純過去 mourut を使わない］
  なお，次の日本語の例も，同じ発想に基づくものとして興味深い．
  (ii) それから三十分後には，典子は，白井と竜夫と三人で，三階のがらんとした部屋で話していた． (松本清張『蒼い描点』)

[C] 進行相に含意される〈未完了〉の意味は，過去進行形においてはいっそう明示的になる．これに対して，単一過去時制は，普通，動作の〈完了〉を含意する．次の二つの文を比較せよ．
- (5) a. **I was painting** the table this morning.
   （けさ，テーブルにペンキを塗っていた）
 b. **I painted** the table this morning. （けさ，テーブルにペンキを塗った）

(5a) は，ペンキ塗りが〈未完了〉であることを明確に表しているが，一方，(5b) は，普通，〈完了〉を暗示する．

(6), (7) のペアをなす文についても，同様なことが言える．
- (6) a. The man **was drowning**. （男はおぼれかけていた）
  - b. The man **drowned**. （男はおぼれ死んだ）
- (7) a. I **was reading** a detective story last night.
    （ゆうべ推理小説を読んでいた）［読みさした］
  - b. I **read** a detective story last night. （ゆうべ推理小説を読んだ）［読み終えた］

よく使用される as I was saying（さっきも言っていたように）も，話が中断されたことを含意する定形表現（formula）である．次例の 'before I was rudely interrupted' という部分に注目せよ．

- (8) **As I was saying** before I was so rudely interrupted, you're intelligent as well as beautiful. （BNC）（さっき無礼にも話の腰を折られる前に言っていたように，君は美人だし，また聡明でもある）

自分がすでに承知していることを相手が話しているときには，(9a) のように答えるほうが丁寧な言い方になる．

- (9) a. John **was telling** me about it. （そのことはジョンも話していましたね）
  - b. John **told** me about it. （そのことはジョンが話してくれました）

(9b) は，その話は先刻承知しているので，聞く必要がないといった含みがあるが，(9a) は，まだ一部始終を聞いているわけではないという〈未完了〉の含みがあるので，相手の話の腰を折ることがないのである．

8.3.2. 状態的動詞の進行形

前述したように（§5.1.1），状態的動詞は〈持続〉という意味特徴を内在的にもっているので，普通，進行形をとらない．進行形をとっている場合は，(i) 別義の非状態的動詞として使われているか，(ii) 推移的という統語特徴が加わっているか，それとも，(iii) 主語の〈一時的な心理現象〉を報告しているか，のいずれかである．

8.3.2.1. 状態的動詞 → 非状態的動詞

次の諸例の (b) 文では，状態的動詞が別義の非状態的動詞として使用されている．

- (1) a. I **see** a ship in the distance. （遠くに船が見える）
  - b. John **is seeing** a lot of Mary these days.
    （ジョンは近ごろメアリーとたびたび会っている）［see = 'meet'］
- (2) a. I can **hear** someone knocking. （誰かノックしている音が聞こえる）
  - b. Which judge **is hearing** the case?
    （どの判事がその事件を審理しているのですか）［hear = 'try'］
- (3) a. I **think** it's going to rain. （まもなく雨が降ると思う）
  - b. I'm **thinking** of going to America this summer.
    （この夏，アメリカへ行こうかと思っている）［think of = 'consider the idea of'］

同様に，「be being＋形容詞/名詞」の形式の進行形に用いられる be は，'behave,

'say' など動的な意味をもった非状態的動詞になっていると考えられる.

(4) a. She **is** kind. （彼女は親切だ）［恒常的］
    b. She **is being** kind. （彼女は親切にふるまっている）［一時的］
(5) a. He **is** a fool. （彼はばかだ）
    b. He **is being** a fool. （彼はばかなふるまいをしている）
(6) You**'re being** crazy. （君は無分別なことを言ってるんだ）
(7) Frances! You**'re being** absurdly dramatic.   (Christie, *Third Girl*)
    （フランス！ あなたって，すっごく大げさなこと言ってるわ）
(8) I suppose you **are being** sarcastic.   (Taylor, *A View of the Harbour*)
    （たぶん，皮肉をおっしゃっているのね）

「be being＋形容詞」の形式は，「言われるまでもなく自分は現に特定の行為をしている」と反論する場合にも便利な形式である．

(9) 'Emil, *don't discuss this with anyone*,' Elizabeth warned. Emil Joeppli nodded. 'I won't, Miss Roffe. I'm working alone. **I'm being** very **careful**.' (Sheldon, *Bloodline*) （「エミール，このことは誰とも話し合ってはだめよ」とエリザベスが警告した．エミール・ジョプリはうなずいた．「しませんよ，ミス・ロフ．私は，ひとりで働いてるんです．現にすごく注意深くしてますよ」）

「be being＋名詞」の例は，形容詞の例よりもはるかに少ない．

(10) Sorry, **am I being** a bore? （ごめん，退屈なことを言ってるかい）
(11) Darling—you**'re being** an angel.   (Coward, *The Vortex*)
    （あなた——親切なことおっしゃるのね）
(12) It's harder still when you**'re being** rather **an owl**. (Maugham, *The Circle*)
    （あなたがまじめくさっているから，いっそうむずかしいのよ）
(13) 'I'm not frightened,' she said aloud valiantly. 'It's only my stomach feels a little queer. **I'm being a heroine**.' (Montgomery, *Anne of Ingleside*) （「あたし，こわくなんかないわ」と彼女は雄々しく言った．「ちょっぴりお腹が変な感じがするだけなんだわ．あたしは，いまヒロインしてるのよ」［夜道をこわごわ歩いている少女］）
(14) You**'re being a spoiled brat**.   (Steel, *Bittersweet*)
    （君は甘やかされたガキみたいなふるまいをしている）

以上すべての例では，非進行形は主語の「恒常的な性質」を表すのに対して，進行形は「一時的なふるまい」という含みがある．

次の (b) 文が容認可能なのは，擬人化によるものである (Dowty 1975)．

(15) a. *The machine **is being** noisy.
    b. This typewriter **is being** stubborn again.
      （このタイプライター，またぞろ言うことをきかない）

なお，この構文に用いられる形容詞・名詞は，

(16) absurd, considerate, generous, difficult, good, kind, useful, helpful; a

fool, a nuisance, an angel, a bore, an owl, etc.

のように，[−stative, +self-controllable] という特徴をもっていなければならない．tall, green; a desk, a chair のような，[+stative, −self-controllable] な特徴をもつ形容詞・名詞は，進行相をとることはできない．

(17) a. *He **is being** tall.
　　 b. *The tree **is being** green.
　　 c. *It **is being** a desk.

　　NB　非状態的動詞としての have は，当然，進行相をとることができる．
　　　(i)　I **am having** a wonderful time.
　　　　　（とても楽しく過ごしています）[=experience]
　　　(ii)　I **am having** my Browning rebound.
　　　　　（ブラウニング詩集を製本し直してもらっています）[=get done]

8.3.2.2.　推移的特徴

次の諸例では，推移的 [+transitional] という特徴が加わったために進行形が可能になっている．「推移」の意味は，共起する副詞語句に顕現していることが多い (Hatcher 1951, Leech 1987)．

(1) a.　I **forget** her name. （彼女の名前は忘れた）
　　 b.　I'm *already* **forgetting** my French. （もうフランス語を忘れかけている）
(2) a.　I **hear** it. （聞こえるよ）
　　 b.　I'm **hearing** it *better now*. （いまはさっきよりもよく聞こえているよ）
(3) a.　Do you **like** fish? （魚，好きですか）
　　 b.　How **are** you **liking** your *new* job? （今度のお仕事，いかがですか）[相手は好きか，嫌いかの状態にまだ達していない]
(4)　I've settled in now and **am liking** it very much.　　(Christie, *Cat Among Pigeons*)　（私は引っ越して落ち着きました．そして，こことても好きになっています）
(5)　Good food **is costing** *more* since devaluation.　　(Leech 1987)
　　（平価切り下げ以来，よい食品は次第に高くつくようになってきた）

8.3.2.3.　心理現象の説明

次の諸例の (b) 文は，他人の目には見えない〈心理現象〉が，現在話し手の心の中で起こっていることを聞き手に伝えるものである (Hatcher 1951)．したがって，主語は1人称に限られる．

(1) a.　Yes, I **see** the picture. (Hatcher 1951) （ええ，絵が見えますよ）
　　 b.　Imagine: at last **I'm seeing** the Mona Lisa!　　　　　　(Ibid.)
　　　　（考えてもみてください．ついに私はモナ・リザを見てるんですよ！）
(2) a.　I **hope** he'll come. (Hatcher 1951) （彼が来ればいいな）
　　 b.　"I'm disappointed," she said ruefully.　"I **was hoping** that you had more ambition than that."　　　　(Sheldon, *The Other Side of Midnight*)

(「がっかりしちゃった」と彼女は残念そうに言った.「あなたにもっと野心があればいいなあ, と思ってたのよ」)
- (3) a. My arm **aches**. (腕が痛いんです)[不調の報告：いま痛くなくてもいい]
    b. My arm **is aching**. (いま腕がずきずきしてるんです)

次の (4), (5) の love, hate の進行形も, 他人には観察されない, 発話時における主語の「心理現象」を伝えている例である.
- (4) I know you didn't want to come back and open the house. You did it for me, and **I'm loving** it *every minute*.　　　(Steel, *Thurston House*)
  (あなたが帰ってきて, この家を開けるなんてしたくなかったのは知っています. 私のために開けてくださったのね, 私, 四六時中, この家を愛していますわ)
- (5) **I'm hating** this house party.　　　(Coward, *The Vortex*)
  (こんなハウスパーティーは嫌いなんだ)[発話時に嫌悪感をおぼえている]

主語が **1 人称以外の場合**は, 外部から観察できる主語の状態を聞き手に伝えていると説明される.
- (6) a. You **look** well.
    b. You**'re looking** well.
- (7) And you *are* [sic] **hating** being here, Gerda! You know you are.
  (Christie, *The Hollow*)(そして, 君は現にここにいることを嫌っているんだよ, ガーダ. それは, 君自身が知ってるはずだ)

(6) は, ともに「元気そうに見えますよ」と訳せるが, (a) 文はそれを〈事実〉として報告しているのに対して, (b) は〈一時的な現象〉として報告している, という違いがある.

(8)-(9) のペアをなす文に (心理現象ではないが) ついても, 同様なことが言える.
- (8) a. The town **lies** on a river. (その町は川に臨んでいる)[事実の記述]
    b. The socks **are lying** under the sofa.　　　(Dowty 1975)
     (ソックスはソファーの下に散らかしてある)[一時的な現象]
- (9) a. Nelson's statue **stands** in Trafalgar Square.
     (ネルソンの彫像は, トラファルガー広場にある)[事実の記述]
    b. The statue **is** *still* **standing** there.
     (その彫像はまだそこにある)[一時的な現象：still が一時性を含意する]

NB Swan (1995：200) によれば, 次の二つの文の間には, ほとんど意味の差はない.
  (i) "How **do** you **feel**?" "I **feel** fine." (「気分はどうですか」「元気ですよ」)
  (ii) "How **are** you **feeling**?" "**I'm feeling** fine." (同上)

しかし, 筆者の観察では, (i) は相手の気分の良し悪しが不明のときに用い, (ii) は相手の気分がすぐれないという前提があって, 心配しながら尋ねるときに用いられる傾向がある.
  (iii) a. She cringed from his touch. "**How do you feel**, darling?" Eve tried to get up, but the pain was too great.　　　(Sheldon, *Master of the Game*)
    (彼女は彼に触れられて身をすくめた.「やあ, 気分はどうかね」イーヴは起きあがろうとしたが, 痛みがひどすぎた)

b. "Eh, dear, **how are you feeling**?" she cried *in concern*. (Lawrence, *Sons and Lovers*)(「えっ，おまえ，気分はどうなの」と彼女は心配して叫んだ)

(iiia)は，妻をなくって失神させたあとの夫の質問で，皮肉は感じられても，気遣いは感じられない．これに対して，(iiib)は，文脈でわかるように，相手が病気であることを知っていて，心配しているのである．

さらに，*How do you feel* about it? (そのことをどう思いますか) という表現では，How are you feeling? で置き替えることはできない．

8.3.3. 進行相不定詞

[**A**] 進行相不定詞 (to be -ing) は，定形動詞の時制の表す時と同じ時 (cotemporality) を指示する．

(1) a. He *seems* **to be sleeping**. (彼は眠っているようだ)
　　　　[＝It seems that he is sleeping.]
　　b. He *seemed* **to be sleeping**. (彼は眠っているようだった)
　　　　[＝It seemed that he was sleeping.]

これに対して，完了進行相の不定詞 (to have been -ing) は，定形動詞の表す時よりも前 (anterior) の時を指す．

(2) a. I *seem* **to have been reading** all my life. (私は一生涯読書していたような気がする) [＝It seems that I have been reading all my life.]
　　b. I *seemed* **to have been reading** all my life. (私は一生涯読書していたような気がした) [＝It seemed that I had been reading all my life.]

[**B**] 「may, must, can, ought to, had better, etc. ＋進行相不定詞」の形式は，「助動詞＋不定詞」のように未来時を指示するのではなく，「現在…している」という意味を表す．

(3) a. He ought to **sit** by her bedside. (彼は彼女の枕元にすわるべきだ)
　　b. He ought to **be sitting** by her bedside.
　　　　(彼は(いま)彼女の枕元にすわっているべきだ)

(3a)では，いつでもいい，未来時にすわればよいわけだが，(3b)では，「現在すわっているべきだ」と言うのである．次のペアも同様に解釈される．

(4) a. We had better **dress** for dinner. (夕食のため正装したほうがいい)
　　b. We had better **be dressing** for dinner.
　　　　(夕食のため正装しはじめたほうがいい)

　　NB 進行相不定詞と法助動詞との共起関係については，§17.6.5 で詳論する．

8.3.4. 進行形の命令文

Jespersen (*MEG* IV: 204), Poutsma (1926: 329), Trnka (1930: 39) などは，進行形の命令文は今日では使用されないとしているが，これは強すぎる主張であって，進行形の命令文は，現在でも適切な文脈では使用されている．ただし，「適切な文脈では」と言わなければならない点で，有標の構文であることはまちがいない．

(1) I hope you're thinking about me.　Please, **be thinking** about me.
　　　　　　　　　　　　　　　　　　　　　　(Webster, *Daddy-Long-Legs*)
　　(私のことを考えていてくださればと思います．どうか考えていてくださいな)

　Phillips (1972: 189) は，(2)，(3) のような表現はよく聞かれると言い，Palmer (1974: 33) は，(4)-(5) の諸例をあげている．

(2) **Be getting** on your work.　(仕事を続けていなさい)
(3) Don't **be crying**!　(泣くんじゃない！)
(4) **Be reading** when I come in!　(私が入ってくるときには読書していなさい)
(5) Don't **be reading** when I come in!
　　(私が入ってくるときには，読書していてはいけない)

　Klima (1964) には，次の例が見える．

(6) Do not **be sitting** there then.　(そのとき，そこにすわってちゃだめだよ)

　進行形の命令文は，特に (3)，(6) のように，否定文の場合，および，(4)，(5)，(6) のように，when 節，then のような時間的な条件が加わったときに，その使用が容易になるように思われる．

　NB　Curme (1931: 380) によれば，アイルランド英語ではよく進行形命令文が使用される．
　(i)　**Be taking** your rest!　　　　　　　　(Synge, *In the Shadow of the Glen*)
　　　(まあ休んでいなさい)

8.3.5.　The house is building のタイプ

(1) The house **is building**.　(その家は建築中だ)

のようなタイプの進行形に起こる ing 形は，通例，受動的な意味で使用されていると説明される．本来ならば，

(2) They **are building** the house.

のように，他動詞の目的語であるべき the house という〈受動者〉(patient) が主題化されて表層主語になっている以上，意味解釈によって受動の読みを付与されるのは当然である．² ただ，このタイプは，現代英語ではほとんど生産力を失って，次のような表現に限られていることに注意しなければならない．

(3) The book **is reprinting**.　(その本は増刷中だ)
(4) Where's the new film **showing**?
　　(その新しい映画はどこで上映されているのですか)
(5) Two very old American pictures **were playing**.　(Sheldon, *The Other Side of Midnight*)　(ひどく古いアメリカ映画が 2 本上映されていた)
(6) What's **doing**?　(どうしたのか)　=〈略式体〉What's **cooking**?
(7) The picture **is printing** in black and white.　(その絵は白黒で印刷中だ)

---
　2. *The book* sells well. (この本はよく売れる) のような中間態動詞の場合にも，同じ現象が生じている．

NB 1 歴史的に言えば，進行形は次の二つの構文の融合によって生じたというのが定説である．
 (i) A. 「be + 現在分詞」: OE: He **is huntende**. > ME: He **is hunting(e)**. > ModE: He **is hunting**.
   B. 「be on + 動名詞」: OE: He **is on huntinge**. > ME: He **is on/a hunting**. > ModE: He **is hunting**.

B 構文は，OE の前置詞 on が ME 期に a に弱まり，ModE の標準語ではついに消失したため，A 構文と融合したものである．この節で扱ったタイプは，B 構文の直系の発達と見てさしつかえないのではないか．なぜなら，〈受動者〉を主語にした構文は，A 構文では生じえないと考えられるからである．したがって，このタイプの ing 形は，
 (ii) The house is **under construction**. （家は建築中だ）
の construction と同様，態に関しては中立的（neutral）であると見るべきであろう．

 なお，OE の前置詞 on が a- に弱まった形式は，今日でも〈英・米〉の方言には残っている．
 (iii) He **was a going**. (Wentworth 1944)（彼は出かけていた）
 (iv) This is the first child she's **a-bearing**.   (Ibid.)
   （これは彼女が初めてみごもっている子供だ）

NB 2 次の (i) は，本節で問題にしているタイプと表層構造は似ているが，ソースが異なる．これは，(ii) のようないわゆる中間態動詞（middle verb）の進行形である．
 (i) His new novel **is selling** well. （彼の今度の小説はよく売れている）
 (ii) His new novel **sells** well. （彼の今度の小説はよく売れる）
 問題のタイプは，(ii) のような単一時制形をもたないのである．
 (iii) *The house **builds**.

第 9 章

完 了 形

9.0. 概　説

9.0.1. 形式・歴史
(1) のような現在完了形は，OE では (2) のような語順であった．
(1) 　I **have caught** the fish.　（私は魚を捕らえた）
(2) 　I **have** the fish **caught**.

すなわち，have は 'possess' という意味を表し，過去分詞は形容詞として，目的語と性・数・格において一致していた．[1] しかし，OE でもすでに屈折しない過去分詞のほうが多かったし，have が所有の意味を表す例も，少数になっていた．例えば，(3) には，所有の意味はない (Denison 1993: 349)．

(3) 　hīe **hæfdon** hiera cyning **āworþenne**.
　　 'they had their king deposed.'

さて，「魚を捕らえた状態でもっている」ということは，それ以前に捕らえたという行為が完了したことを含意するので，have … caught が徐々に動詞的意味を獲得するとともに，過去分詞を have の直後に置く語順が 14 世紀に一般化し，その結果，'have + -en' が完了相を表す文法形式となった．

ただし，(2) の語順と統語的意味は，今日でも普通に見いだされることに注意しなければならない．

(4) 　I **have** the revolver **loaded**.　（ピストルには弾が込めてある）
(5) 　I **have** no money **saved**.　（お金は少しも貯めてない）
(6) 　They **had** their plans **made**.　（彼らはもう計画を立てていた）
(7) 　I **had** my diary **written** up.　（私は日記を最近までつけておいた）
(8) 　We **have** a little money **saved** anyhow.　　　(Coward, *Bitter Sweet*)

1.　例えば，ic habbe þone fisc gefangenne (= I have the fish caught) において，-ne は男性・単数・対格を示す屈折語尾である．ドイツ語では，今日でもこの語順である．
　(i)　Ich **habe** einen Brief **geschrieben**.　(= 'I have a letter written.')
フランス語では，J'*ai écrit* une lettre (= I have written a letter) のように，英語と同じ構造になるが，目的語が過去分詞よりも前にあるときは，la lettre que j'*ai écrite* (= the letter which I have written) のように，過去分詞は目的語と性・数において一致する．

（私たちはとにかく，多少貯金をしている）

　Kirchner (1952) は，(4)-(8) のような構文を「完結完了形」(conclusive perfect) と呼んでいるけれども，have と -en とが隣接していないし，過去分詞は形容詞であるから，完了の状態を示すという意味の面からはともかく，統語的には完了形とは言えない．

　NB　Chomsky (1965: 22) は，I **had** a book **stolen**. という英文は少なくとも三とおりの意味解釈を許すと述べている．
　　(i)　「本を盗まれた」[受け身]
　　(ii)　「本を盗ませた」[使役]
　　(iii)　「もうちょっとで，本を盗みおおせるところだった」[ie 'I had almost succeeded in stealing a book.']
　　Quirk et al. (1972: 843) は，John had a book stolen from the library. を示して，上の (i), (ii) の解釈のほかに，(iv) の読みが成り立つことを指摘している．
　　(iv)　「図書館から盗まれた本をもっていた」[所有: 'a book that was stolen']
　　さらに，本節で問題にした「完了の状態」という解釈も成立するはずである．
　　(v)　「図書館から本を盗みおおせた」[完了の状態]
　　Chomsky の指摘する (iii) の意味は，彼がしているように，I *almost* had a book stolen. と almost を補うのであれば，(v) に手を加えたものとして容認可能となるけれども，almost なしでは，その読みは成立しないであろう（現に，Quirk et al. 1985 は (iii) の読みを認めていない）．

9.0.2.　完了の助動詞：have と be

　前節で見たように，元来，完了の have は，他動詞の過去分詞とともに用いられ，be は自動詞と結合して完了形を作っていた．自動詞のうち，場所・状態の変化を示す**変移動詞** (mutative verb) (come, go, arrive, fall, depart; die, blacken, freeze, wither, melt, etc.) は，初期近代英語（また，ドイツ語・ロマンス語など）においても be と結合するのが普通であった（詳しくは，Fridén 1948 などを参照）．例えば，

　(1)　I **am come** too late.　(Marlowe, *Edward II* 1787)　(私は来るのが遅すぎた)
　(2)　But thou **art gone** and leau't me here alone,　(Id., *Dido* 247)
　　　（だが，おまえは去って，私をここにひとり残しておくのか）

しかし，現代英語では，*be*-perfect (be 完了形) は古語用法になっている．[2] 現在，次のような表現が見いだされるにしても，これらの過去分詞は完全に形容詞化していて，「状態」を表していると見るべきであろう．

　(3) a.　Winter **is gone**.　(冬は去った)
　　　b.　Everything **is changed**.　(何もかも変わった)
　　　c.　My shirt **is shrunk**.　(シャツが縮んだ)

2.　Webster[3], CAU は，*be*-perfect を「古語」(archaic) とし，RHD[2] は「古語的または雅語的構文」(archaic or literary constructions) としている．一方，Quirk et al. (1985), Biber et al. (1999), Leech (1987), Swan (1995) などは，have のみを完了の助動詞とし，be は認めていない．

d. My work **is finished**. （私の仕事は済んだ）

その証拠として，be gone (= off) は，一つには，(4) のように have been gone という have による完了形を作ることができる．

(4) a. How long **has** he **been gone**?
（彼が立ち去ってからどれくらいになりますか）
b. There was a wet spot — she couldn't **have been gone** long. (Brown)
（濡れた箇所があった――そんなに前に立ち去ったはずがなかった）

また，一つには，(5) のように他の形容詞との等位接続が可能である．

(5) a. Those days **are** *past* **and gone**. （そういう時代は終わってしまった）
b. I'll be glad when this job **is** *over* **and done with**. (OALD⁶)
（この仕事がすっかりけりがついたら，うれしいな）

9.1. 現在完了形

9.1.1. 形式と意味

現在完了形は，「have + 過去分詞」という迂言形式で表現される．§4.2.2 で指摘したように，動詞自体の意義素の上に「現在時制」と「完了相」という二つの文法的な意味が重なっている．現在完了形は，(1) のように図示できる．

(1) ────┼────────┼────▶
　　　　 E　　　　　S, R

このことを (2) の例に則して言うなら，

(2) *At present* I**'ve read** only two of the books. (Huddleston 1969)
（今のところ，その本のうち 2 冊しか読んでいない）

'read' という過去分詞が過去の出来事 (E) を表し，'have' という定形動詞（と 'at present' という副詞語句と）が基準時 (R) である発話時 (S) を示していることになる．この関係を He has bought a new car. という文の樹形図で表せば，次のようになる．すなわち，has は VP で表された事象を補部（= 目的語）としてとっている．つまり，彼は新車を買ったという事実をもっている（= 経験した）のである．

(3)　　　　　　S
　　　┌───────┼───────┐
　　 NP　　　AUX　　　VP
　　　│　　　│　　┌───┴───┐
　　 He　　 has　 V　　　　NP
　　　　　　　　　│　　　╱──╲
　　　　　　　　bought　a new car

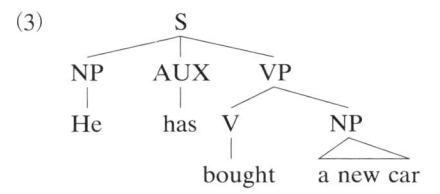

現在完了形は，このように，「過去の出来事」を「現在の視座」からながめるものだから，その中核的意味は，次のごときものと仮定してさしつかえない．

(4) 現在完了形の中核的意味
＜現在完了形は，過去の不定時に生じた出来事が，発話時とかかわりがあ

るという話し手の認識を示す＞³

これをひと口で言えば，「現在との関連」(current relevance)，あるいは「拡大された今」(extended now) と特徴づけてもよい．

9.1.2. 種々の意味

さて，前節 (4) の中核的意味は，動詞に内在するアスペクト特徴 (§4.3) や共起する副詞語句の影響によって，次のような読み (reading) が与えられる．

9.1.2.1. 完了

〈完了〉(perfective)「…し (てしまっ) た」：動詞が完結的な特徴をもつ場合は，過去に生じた出来事が，[ ] 内に示したように，発話時と何らかのかかわりを残していることを表す．

(1) I**'ve bought** a new car. （新車を買った）[eg I am driving it now.]
(2) Who **has let** the cat in? （誰がネコを入れたのか）[eg The cat is in.]
(3) I**'ve swept** the floor. （床をきれいに掃いた）[eg It's clean now.]
(4) I**'ve finished** my homework. （宿題を済ませた）[eg I can now watch TV.]
(5) He **has received** a good education.
    （彼はよい教育をうけた）[eg He is a well-educated man.]
(6) **Has** the postman **called** yet?
    （郵便配達人はやって来ましたか）[eg Are there any letters for me?]

「瞬時的」な特徴をもつ動詞の場合，「発話時における完了」の概念が強調され，just と共起するときはその意味がいっそう明示的になる．

(7) I **have pressed** the button. （ボタンは押した）
(8) a. John **has** *just* **sneezed**. （ジョンは今くしゃみをした）
    b. It **has** *just* **struck** twelve. （ちょうど12時を打ったところだ）

一方，for two days のような期間を示す副詞語句を伴った場合は，「瞬時的」動詞は，出来事の〈反復〉の読みを，「非瞬時的」動詞は，〈継続〉の読みを与えられる．

(9) I **have pressed** the button *for ten minutes*.
    （もう10分間もボタンを押し続けている）〈反復〉
(10) The lake **has frozen** *for two weeks*. （湖は2週間凍結したままである）〈継続〉

NB Conan Doyle の *A Study in Scarlet* に次のくだりがある．
(i) "No good can ever come of falsehood, mother," she said. "Let us be frank with this gentleman. We *did* [sic] see Mr. Drebber again."
"God forgive you!" cried Madame Charpentier, throwing up her hands and sinking back in her chair. "You **have murdered** your brother."
（「お母さん，うそを言ったっていい結果にはならないわ」と彼女は言った．「この方 [刑事] に率直にお話ししましょうよ．確かに，もう一度ドレバーさんを見まし

---

3. したがって，過去の特定時とともに現在完了形を使用することはできない．
 (i) I **saw** Lucy *yesterday*. (not: ~~I have seen Lucy yesterday.~~)

たわ」「神さまがおまえをお許しくださいますように！」とマダム・シャルパンティエは，ぱっと両手をあげ，くずれるように椅子にすわりながら叫んだ．「おまえは，兄さんを殺したんだよ」）

妹が兄を殺したわけではないのに，母親は兄を殺したんだと言っている．これをどう説明すればよいのか．母親は，息子がドレバーを殺しているのではないかと思いこんでいるので，ドレバーとのかかわりを隠そうとしている．ところが，娘がドレバーが来たことを暴露してしまったので，これで息子が殺人者として逮捕されてしまうと考える．妹の告白で兄が逮捕されることになるということを，「おまえが（間接的に）兄を殺したことになる」と言っているのである．いささか論理の飛躍がある．このような用法を「完了の先取り用法」と称することにしよう．日本語の「サア，買ッタ，買ッタ！」などにも類似用法が見られる．

次例も同様に説明できる（女性の姿をとったオシドリの言葉）．

 (ii) Me too you **have killed**, — for I will not live without my husband! (Hearn, 'Oshidori')（わたしもまた，あなたは殺してしまったのです——わたしは夫なしでは生きていけませんから）

9.1.2.2.　継　続

〈継続〉(continuative)「…してきた」：動詞が「状態的」，もしくは「非完結的」な特徴をもつ場合は，発話時までの状態・出来事の〈継続〉の読みが与えられ，for a week, since 1990 のような「期間」の副詞語句と共起することができる．

(1)　「状態的」動詞の例
 a. I **have been** here *for some time*.　（私はしばらく前から，ここに来ている）
 b. How *long* **have** you **known** John?
  （ジョンと知り合ってから，どれくらいになりますか）
 c. We've **lived** in London *since 1970*.
  （私たちは，1970年以来，ロンドンに住んでいる）

(2)　「非完結的」動詞の例
 a. I've **taught** in this school *for ten years*.
  （10年前からこの学校で教えてきた）
 b. I've *always* **walked** to work.　（私はいつも歩いて会社に通ってきた）
 c. He **has sung** in this choir *for twenty years*.
  （彼は20年前からこの聖歌隊で歌ってきた）

「期間」の副詞語句を伴わない場合は，通例，次節で扱う〈存在〉の意味になる (Leech 1987: 36)．

(3)　We've **lived** in London.　（私たちはロンドンに住んだことがある）

NB　paint, catch, write のような「完結的」動詞の場合は，〈継続〉の意味を表すためには完了進行形にしなければならない．I have painted a picture. なら，〈完了〉の意味になり，〈継続〉の意味を表せないからである．

 (i) I **have been painting** a picture *all day*.　（私は1日中絵を描いている）
 (ii) He **has been writing** a novel *since last year*.
  （彼は昨年以来小説を書き続けている）

ただし，動詞が否定されていれば，完了進行形にしなくても〈継続〉の意味を表すことがで

きる.「床を離れない」という状態は, 継続することができるからである.
 (iii) She **hasn't left** her bed *for a week*.　（彼女は1週間も床離れしていない）

9.1.2.3.　存　在
　〈存在〉(existential)「…したことがある」:「非状態的」動詞の場合, 過去から発話時に至る不定時に, 出来事があったという意味を表す. ever, never, once, before, often, sometimes, rarely, three times のような出来事の有無, 回数を示す副詞語句を伴うことが多いが,（3）,（4）で見るように, それは義務的ではない.
 (1) **I've read** this book *several times*.　（この本は数回読んだことがある）
 (2) **Have** you *ever* **been**[4] to Iceland?　（アイスランドに行ったことがありますか）
 (3) Many people **have died** in auto accidents.　　　　　(Macaulay 1971)
  　（自動車事故で多くの人が死んでいる）

(1),（2）で見るように, 日本語では「読む」「行く」のような反復可能な行為には「…したことがある」を用い,（3）の「死ぬ」のような反復不可能な行為には「…している」を用いることがわかる. 頻度の副詞語句と共起しないのも, そのためだと考えられる.

 (4) All my family **have had** measles.　　　　　　　　　　(Leech 1987)
  　（うちの家族はみんなハシカにかかっている/? かかったことがある）

一方, 反復可能な動詞が頻度の副詞語句を伴わない場合は, have に強勢を置き, 文末を上昇調にすることで, 一種の保留が含意される傾向がある (Leech 1987: 37).

 (5) a. I **HAVE eaten** lobster.　　　　　　　　　　　　　　(Leech 1987)
  　（(確かに)ロブスターは食べたことはあるよ）[でも, おいしかったとは言えない]
  b. I **HAVE played** tennis.　　　　　　　　　　　　　　　　(Ibid.)
  　（(確かに)テニスをしたことはあるよ）[でも, たびたびじゃない]

本節で扱う意味は, 従来しばしば〈経験〉を表すとされてきたが, 最近のほとんどの研究者は〈存在〉と呼んでいるようである. というのは,〈経験〉は,〈存在〉の完了形のうち, 主語が人間の場合に限って用いられるのであって, 次のような物主語を排除してしまう点で一般性がないからである.

 (6) This watch **has been repaired** *several times*.
  　（この時計は数回修理されたことがある）

なお,「…したことがある」というのは, 日本語でも, まさに〈存在〉を表す表現になっていることに注意されたい.
　次のような文は, 期間を表す句を伴っている点で, 普通,〈継続〉を表すとされるが,〈存在〉を表す場合もあるので, 十分な脈絡がなければ二とおりにあいまいである.

 (7) Harry **has been** in Bali *for two days*.

4.　been は gone の意味の「非状態的」動詞 (cf. Pg. *fué* 'I was', in sense of 'I went' (OED² s.v. *Be* 6.)).

a.　継続：「ハリーは，2日前からバリ島にいる」
　　　b.　存在：「ハリーは，2日間バリ島にいたことがある」

(7)の文のあいまい性は，for two days という期間の副詞語句が，(8)の樹形図で示すように，(8a)では文副詞であり，(8b)ではVP副詞である，という違いからきている．

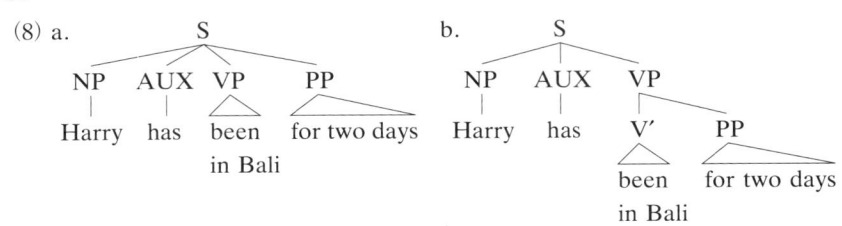

(8) a.
```
            S
    ┌───┬───┬────┬──────┐
    NP  AUX  VP      PP
    │    │   │        │
  Harry has been  for two days
           in Bali
```

b.
```
            S
    ┌───┬───┬──────┐
    NP  AUX    VP
    │    │   ┌──┴──┐
  Harry has  V'    PP
             │      │
           been  for two days
           in Bali
```

すなわち，(8a)は「バリ島にいるという事態が2日間続いた」という意味を表すのに対して，(8b)は「バリ島に2日間いるという事態を経験したことがある」という意味を表している．文副詞の for two days は文頭に回すことができるが（しかし，VP副詞の for two days は不可能），その場合は，〈継続〉の読みしか成立しない．

(9)　*For two days* Harry **has been** in Bali.（2日前からハリーはバリ島にいる）

NB 1　日本語で，「この人は10年前に死んでいる」と言えば，「10年前に死んだという事実が現在まで持続している」という意味で，〈状態の持続〉を表している．同様に，(3)も「多くの人が自動車事故で死んだという事実が現在まで持続している」という意味を表している，と解釈される．
　これに対して，(i), (ii)の英文は，日本語のように状態の〈持続〉を表しているのではなく，出来事の〈存在〉を表していることは，for 句ではなく，in 句と共起することでテストできる．
　(i)　Many people **have died** in auto accidents *in*/*for the last ten years.
　(ii)　All my family **have had** measles *in*/*for the last ten years.

NB 2　Leech (1987: 37) は，英語の母語話者は，次のような過去時を明示する副詞語句と共起する現在完了形をときどき使用するけれども，多くの人は誤りとするだろう，と言っている．
　(i)　"Have you ever been to Austria?"　"Yes, **I've been** to Vienna *in 1980*."
　　　（「オーストリアに行ったことがありますか」「ええ，1980年にウィーンに行ったことがあります」）

しかし，答えの文は「[1980年にウィーンに行った]ことがある」という意味で，in 1980 は have を修飾するのではなく，been を修飾する VP 副詞だから，(i) は誤りとは言えないのではないか．次の日本語の例も，「昨年」と「…したことがある」との間には，少しも意味的な矛盾はない．
　(ii)　[昨年，湘南海岸で泳いだ]ことがある．
　さらに，次の例文を見られたい．
　(iii)　Indeed I **have seen** Blanche, *six or seven years ago*, when she was a girl of eighteen.（Ch. Brontë, *Jane Eyre*）（事実，私はブランシュに会ったことがある．6, 7年前のことで，彼女は18歳の娘になっていた）

(iv) I **have gone** back to visit *two months ago*, *last weekend*, and just *yesterday* (so far).　(McCoard 1978)（私は，(これまでに) 2 か月前，先週末，それから，つい昨日も訪問に帰っている）

　　(iii) では，Jane Eyre は，まず過去から発話時に至る期間中に生じた出来事の〈存在〉を述べ，ついで，追加観念 (afterthought) として事件時を明確にしている．こういう場合は，現在完了形→過去時制の順に表現されるのは，むしろ自然である．
　　(iv) の例は，"so far" でわかるように，話し手は発話時に至るまでの経験を語ろうとしているのである．過去時を示す三つの時点は，出来事時を明確にしたに過ぎない．(i), (iii), (iv) の例に通底している特徴は，過去の特定時はあとから付け足されたものだということである．

NB 3　Jespersen (*MEG* IV: 70) は，「完了形はしばしば反復を含意するように思われる」として，
　　(i) When I **have been** in London, I have seen him pretty often.
　　　（ロンドンにいたときには，よく彼に会ったものだ）
　　(ii) When I **was** in London, I saw him pretty often.
　　　（ロンドンにいた当時は，よく彼に会った）
という二つの文を示して，(i) はロンドンに何度も滞在したことを含意するが，一方，(ii) はロンドンに 1 回滞在したことを含意すると述べ，この用法は when 節に多く見られることを指摘している．Calver (1946) は，この意見に反対して，「反復」の意味は完了形に内在するのではなく，(i) の when が whenever を意味し，(ii) の when が on the occasion that を意味する点に求めるべきであるとする．しかし，次のような例を見ると，このどちらの説にも欠点があるように思われる．
　　(iii) When the Baron **has been** your host, you'll never want to stay anywhere else.　(Archer, *Kane and Abel*)（バロン・ホテルにお泊まりになったならば，もうほかのどこにもお泊まりになりたいとは思わないでしょう）
「一度でもお泊まりになったならば」と，このホテルの宣伝文は言っているのである．「何回も泊まったならば」という意味はない．

9.1.2.4.　任意の基準時における完了
〈任意の基準時における完了〉「…したことになる」：　すべての「完結的」動詞の場合に観察される．文中で示されている任意の基準時に出来事が完了したことを表す（この用法は〈完了〉の意味しか表さないように思われる）．この用法は，発話時を基準時としていないので，now と共起することができない．

　(1)　You**'ve defined** it *when* you've found the necessary criteria.　　(Ota 1963)
　　　（必要な基準を見つけたとき，それを定義したことになる）
　(2)　You**'ve never seen** a mis (=mist) *until* you've been in one in the Namib.　　　　　　　　　　　　　　　(Sheldon, *Master of the Game*)
　　　（ナミブ海岸で霧に立ちこめられるまでは，霧を見たことにはならない）
　(3)　My theory is that *if* you've seen one church, you**'ve seen** them all.
　　　　　　　　　　　　　　　　　　　　　　　　(Sheldon, *Rage of Angel*)
　　　（私の持論は，教会を一つ見たなら全部見たことになる，というものです）
　(4)　*If* we lose this game we**'ve lost** the Quidditch Cup!

(Rowling, *Harry Potter and the Prisoner of Azkaban*)
（このゲームを落としたら、クイディッチ杯は失ったことになるんだ！）
- (5) This pleasure, *as soon as* it **has arisen**, develops very rapidly. (Russell, *On Education*)（この喜びは、生じるやいなや、急速に大きくなっていく）

基準時は、(1) では基準が見つかったとき、(2) ではナミブ海岸の霧を見たとき、(3) では教会を一つ見たときであって、話し手の現在（＝発話時）とは関係がない。したがって、現在完了形は発話時が基準時であるとする Reichenbach の説も、"current relevance" 説も、こういう例を説明する場合にはともに不十分である。

9.1.2.5. 未来の基準時における完了

時や条件の副詞節で "未来" の代わりに現在時制を使うのと平行して（§5.3.2）、"未来" 完了形の代わりに現在完了形が用いられる。

- (1) a. Wait *till* I **have finished** my letter. （手紙を書き終えるまで待ってください）
  b. We shall start at five *if* it **has stopped** raining by that time.
  （5時までに雨がやんでいれば、そのとき出かけよう）

NB この環境では、古くは (i) のように叙想法の現在完了形が用いられていたが、やがて、(ii) のように、叙想法代用形として、人称の区別なく「shall＋完了不定詞」が用いられるようになり、その後、今日のような叙実法現在完了形が台頭してきたのである。
  - (i) He shall not faile nor be discouraged, *till* he **haue set** iudgement in the earth: (AV, *Isaiah* 42: 4)（彼は衰えず、落胆せず、ついに裁きを地に確立する）
  - (ii) I hope to see Lausanne again, *when* my labours **shall have terminated**.
    (Dickens, *Letters*) [Visser]
    （私は仕事が終わったあかつきには、再びローザンヌを訪れたいと思っています）

9.1.3. have been to/in/at/on の比較 （had been の例も含む）

[A] **have been to**: この形式には、三つの意味がある。
① 「…へ行ったことがある」〈存在〉
- (1) I **have** *once* **been** there. （一度そこへ行ったことがある）
- (2) I **haven't** *ever* **been to** London. (Taylor, *A View of Harbour*)
  （私、ロンドンへ行ったことはありません）
- (3) You **have been to** the Riviera *before*, Georges? (Christie, *Blue Train*)
  （これまでリビエラに行ったことはあるだろうね、ジョルジュ）
- (4) She **had** *never* **been to** London *in her life*. (Maugham, *Cakes and Ale*)
  （彼女は、それまでロンドンへ行ったことがなかった）

以上のように、この意味では、通例、once, ever, never, before, in one's life などの体験の有無または回数を表す副詞語句を伴って、その意味を明確にしている。

NB have gone to は、〈英〉では「…へ行ってしまった（今いない）」という〈完了〉の意味にしか使用しない。
  - (i) Tory **has gone to** London. (Taylor, *A View of the Harbour*)
    （トリーはロンドンへ行ってしまった）

第9章 完了形

しかし，〈米〉では have been to と同様，「行ったことがある」という〈存在〉の意味に用いることがある．

(ii) a. I **have** *never* **gone** as far as Chicago.　　　　　　(Curme 1931)
（シカゴまで行ったことはない）
　　b. She **had gone** there on her honeymoon.　　(McBain, *He Who Hesitates*)
（彼女はハネムーンでそこへ行ったことがあった）

なお，石橋（編）(1966: 615) は，have gone to = have been to の例として，次のような例を示しているが，これらは go swimming/go to church などの完了形として，go が使われるべくして使われたもので，have been to で置き替えることはできない．

(iii) a. **Have** you *ever* **gone** swimming at Coney Island?　　(Fries, *American English Series*)（コーニーアイランドに泳ぎに行ったことがありますか）
　　b. **Haven't** you *ever* **gone to** church?　　(Queen, *Double, Double*)
（これまでに教会へ行ったことがないのかい）

② 「…へ行ってきた（ところだ）」〈完了〉

(5) I **have been to** Mrs. Bracy's.　　(Taylor, *A View of the Harbour*)
（ブレイシーさんとこへ行ってきたところです）

(6) Arnold and I **have** *just* **been** down **to** my cottage.　(Maugham, *The Circle*)
（アーノルドと私は，ちょうど私の田舎家へ行ってきたところなの）［〈完了〉の意味は，just によって明確にされている］

③ 「…へやって来た（もう帰った）」〈完了〉

(7) He **has been** here.　(H. E. Palmer 1938)（彼はここへ来ていましたよ）
(8) **Has** the postman **been** yet?　　　　　　　　　　　　　　　(POD[5])
（郵便屋さんはもう来ましたか）［= colloq., called here］

have been to do は，「…しに行ってきた／しに来た」の意味を表す．

(9) a. Why **haven't** you **been to see** me all this time?　(Wilde, *Lord Arthur Savile's Crime*)（どうしてこれまでずっと会いに来てくださいませんでしたの）
　　b. You **have been to see** your husband.　(Taylor, *A View of the Harbour*)
（君は，だんなに会いに行ってきたんだね）

[B] **have been in**: この形式には，二つの意味がある．

① 「…にいたことがある」〈存在〉

(10) "You **have been in** New Zealand?" "Right again."　(Doyle, *Memoirs of Sherlock Holmes*)（「ニュージーランドにいたことがありますね」「また図星ですよ」）

(11) On arriving at Liverpool I made the acquaintance of a man who **had been in** America some years previously.　(Davies, *The Autobiography of a Super-Tramp*)（リバプールに着くと，私は数年前にアメリカにいたことがある男と知り合いになった）

(12) 'I **been** there,' he said.　'I **been in** Chicago, St. Louis, Kansas City …'
(Hemingway, *The Sun Also Rises*)（「そこにいたことがありまさ」と彼が言った．「シカゴにも，セントルイスにも，カンザス・シティにもいたことがありまさ」）

② 「今まで … にいた」〈継続〉
(13) "Where **have** you **been** all this time?" "I've **been in** London."
(Maugham, *Of Human Bondage*)
(「これまでどこにいらっしゃったの」「ロンドンにいたんですよ」)
(14) Good afternoon, Lady Chiltern! **Have** you **been in** the Park?"
(Wilde, *An Ideal Husband*)
(「こんにちは，レイディー・チルタン！（ハイド）パークに行ってたんですか」)

上例でわかるとおり，〈継続〉とは言っても，ちょうどそこから帰ってきたところなら，使用可能な点に注意。

[C] **have been at**: 井上 (1960: 498) によれば，Martyr 教授(英国人)は，英国人は I have been *at* Nikko. のようには「決して言わない」と言い，Williamson 教授(米国人)も，そういう言い方は「アメリカでは聞いたことがない」と言っているし，Sargeant 氏 (英国人) も，*The Asahi Evening News* (Mar. 17, '59) の Question Box において，have been *at* Kyoto とは言わない，と断じている。確かに，次に示す用例は，一見，「have been at＋場所名詞」の例のように見えるけれども，その名詞は，それぞれ，学校，パーティー，教会，葬式のたぐいである。つまり，at は「場所」というよりも，「従事」を表す意味で用いられている。

(15) a. Prior to coming here he **had been at** Stanford. (Perrin 1972)
(ここに来る前に，彼はスタンフォードにいた)
b. All his family **have been at** Eton and Oxford for a couple of hundred years. (Maugham, *Of Human Bondage*)（彼の家族のものは，200 年この方，イートン，オックスフォードへ行ってるんですからな）
c. Tom Riddle **had been at** Hogwarts fifty years ago.
(Rowling, *Harry Potter and the Chamber of Secrets*)
(トム・リドルは50年前ホグオーツで学んでいた)
(16) a. They **had been at** church. (CAU)（彼らは教会へ行っていた）
b. They **had been at** the party. (Christie, *Hallow'en Party*)
(彼らはそのパーティーに出席していた)
c. Yesterday, you know, Mr. Earnshaw should **have been at** the funeral. (E. Brontë, *Wuthering Heights*)
(きのうはね，アーンショーさんは，お葬式に行くべきだったのですよ)

しかし，現代英語でも，次のように，at の目的語が場所の例が皆無なわけではない。[5]

(17) It was true that he had been away from Cambridge for long periods; true, probably, that during those absences he **had been at** Rheims.

---

5. 1544 年出版の Heywood の *The Four PP* (＝P's) という喜劇には，次の用例が見える。
(i) Yet **have** I **been at** Rome also, (でも，私はローマにも行ったことがあります)

(Gill, *The Plays of Christopher Marlowe* 1971)
(確かに，彼は長期にわたってケンブリッジから離れていた．おそらく，確かに，こうした不在の間ランスにいたのだろう)

[D] **have been on**「(船など)に乗ったことがある」〈存在〉
(18) "I've never **been on** a boat before," he admitted to Tommy.
(Archer, *As the Crow Flies*)
(「おれ一度も船に乗ったことがないんだ」と彼はトミーに白状した)

9.1.4. "結果"の完了形について

内外の多くの研究者は，完了形の意味として「結果」(resultative) の意味を認めているが，「結果」は上述のどの意味においても認められるので，完了形の含意 (implication) と考えるべきものであろう．

(1) **I've finished** my homework. (宿題を済ませた)
[完了：もう遊びに行ってもいい；テレビが見られる，etc.]
(2) He **has sung** in this choir for fifty years. (彼は50年もこの聖歌隊で歌ってきた)
[継続：歌がうまい；聖歌隊の歴史に詳しい，etc.]
(3) I **have read** this book several times. (この本は数回読んだことがある)
[存在：内容を熟知している；もうあきあきした，etc.]
(4) You**'ve defined** it when you've found the necessary criteria.
(前出 (p. 137))[任意の基準時の完了：もう何もすることがない，etc.]

9.1.5. 過去時制との比較

現在完了形と過去時制との違いは，現実世界の出来事時の違いではなく(それは，ともに過去である)，話し手が基準時をどこに据えるかの違いである．

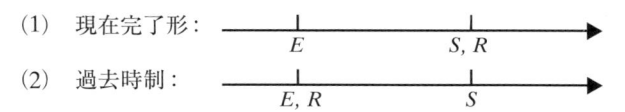

(1) 現在完了形：───┼──────┼──────▶
　　　　　　　　　　E　　　　 S, R

(2) 過去時制：　───┼──────┼──────▶
　　　　　　　　　 E, R　　　　 S

すなわち，現在完了形は発話時を基準時とし，過去時制は過去の出来事時を基準時としている．これを普通の言葉で言えば，現在完了形は過去の出来事を発話時の視点からながめるときに用いられ，一方，過去時制は，過去の出来事が発話時から明白に切り離されていると感じられるときに用いられる，ということになる．

まず，副詞語句との共起を検討する．

① yesterday, two days ago, last year のような，過去の特定時を明示する副詞語句が現在完了形と共起することができないのは，これらが，話し手の心理において発話時とのつながりを絶つと感じられるためである．

(3) I **saw**/*have seen** John *yesterday*/*two days ago*/*last year*.
(私はきのう/2日前/去年ジョンと会った)

一方，before, long ago, in the past, in times past, formerly, in former times な

どの副詞語句は，現在完了形と共起できる．これらは，「発話時まで広がる期間」を指示することができるからである．

(4) I **have seen** him *before*. （私は以前彼と会ったことがある）
(5) Television sets **have been** costly *in the past*.
(テレビは以前は高価だったことがある)
(6) And yet this is the lad who **has met** his death *this morning* in the Professor's study ...　　　　　　　　　　(Doyle, *The Return of Sherlock Holmes*)
(でも，これが，けさ教授の書斎で殺された若者です)

② always, ever, never は，現在完了形，過去時制のどちらとも共起する．次の二つの文を比較せよ．

(7) a. **Have** you *ever* **met** John? （(これまでに)ジョンと会ったことがありますか）
　　b. **Did** you *ever* **meet** John? （(それまでに)ジョンと会ったことがありますか）

このような場合，Jespersen (*MEG* IV: 64) は「過去時制のほうがより慣用的」であるとし，Poutsma (1926: 262) は過去を使用する「はっきりした傾向」があるが，その理由はわからないとしている．

しかし，Bryan (1936), Smith (quoted in *MEG* IV: 64) も言うように，(7a, b) の差異は，頻度の差ではなく，話し手の基準時の置き方の違いである．つまり，話し手が発話時を基準時にして，それまでに広がる時間帯に生じた出来事を回顧しているならば (7a) が選ばれ，過去の特定時を念頭に置いているならば (7b) が選ばれる，と説明される．次の文を見られたい．

(8) Pity he *never* **had** any children.　　　　　(Hilton, *Goodbye, Mr. Chips*)
(子供がなかったとは気の毒だね)［*ie* It's a pity that ...］

これは，死の床に横たわっているチップス先生について，ブルックフィールド校の校長が漏らした感想である．ここでは，子供がいないという事実がすでに「過去」に属することとして語られている．

なお，H. E. Palmer (1939: 53) は，ever が過去時制とともに用いられるのは，

(9) Did you **ever** meet him *while you were in London*?
(ロンドン滞在中彼と会いましたか)

のように，過去時を示す副詞語句がある場合に限るとしている（このことは，われわれの論点を支持するものである）が，過去時は必ずしも言語的に表現されるには及ばないのであり，文脈または場面からそれと判断できる場合でもさしつかえない．

(10) "**Were** you *ever* there?" "No." "**Has** anybody ever **been** there?"
　　　　　　　　　　　　　　　　　　(Steinbeck, *The Red Pony*)
（「あそこへ行ったことがあるの」「いいや」「誰かあそこへ行った人があるの」）

ここは，Jody 少年が，わが家のはるかかなたに見える大山脈について父親と対話しているくだりであるが，最初，過去時制で質問したのは，あらゆる経験を積んでいる（と Jody が信じている）父親が，「過去」に行ったことがあるはずだと考えていたか

らであり，次に，現在完了形で聞き直したのは，それでは「これまでに」と関心を現在までに広げてきたためである，と説明できる．

同様な説明は，次の類例にもあてはまる．

(11) **Did** he **make** a pass at you? (Spillane, *I, the Jury*)
(あいつ，君に言い寄ったことがあるかい)［ある男の「過去」を調べているところ］

(12) "Erica," she asked suddenly, "**did** you **read** Plutarch's *Lives*?" (Iams, *The Countess to Boot*)(「エリカ」と彼女は不意に聞いた．「あなた，プルタークの『英雄伝』読んだことあって？」)［「大学生時代に」の意味］

次の例では，過去時が問題になっていることは，文脈から明白である．

(13) Matthew, **did** you *ever* study geometry *when you went to school*?
(Montgomery, *Anne of Green Gables*)
(マシュー，学校へ行ってるころ幾何学を習ったことがあって？)

NB Did you ever …? という言い方は，see, hear, know のような"見聞動詞"と共起した場合，強意的な修辞疑問として使用されることが多い．

(i) **Did** you *ever* **hear** of a dog running up a curtain?
(Doyle, *The Memoirs of Sherlock Holmes*)
(犬がカーテンを駆け上がったという話を聞いたことがあるかい)［ないはずだ］

(ii) **Did** you *ever* **see** anything so imbecile as her mother? (James, *Daisy Miller*)
(あの娘の母親くらい愚かな女を見たことがありますか)［ないでしょう］

(iii) **Did** any one *ever* **hear** such drivel? Lord Almighty!
(Joyce, *The Portrait of the Artist as a Young Man*)
(こんなたわごとを聞いたものがいるだろうか．いやはや！)

この表現を圧縮すると，*Did* you *ever*! (これは驚いた) (ie *Did* you *ever* see/hear the like?) という慣用表現が得られる．

9.1.6. 注意するべき現在完了形

本節では，注意するべき現在完了形をいくつかとりあげて考察する．

9.1.6.1. 不定時と定名詞句

現在完了形は，通例，発話時まで広がる「不定時」について用いられる．したがって，談話を始めるときは，まず現在完了形を用い，次いで，過去時制に切り替えるのが普通である．例えば，

(1) A: "**I've been** to Carnegie Hall only once." B: "**Did** you **hear** the New York Philharmonic?" (R. L. Allen 1966)(「一度だけカーネギー・ホールへ行ったことがあります」「(そのとき)ニューヨーク・フィルをお聴きになりましたか」)

において，A が現在完了形を用いたのは現在までの不定時に生じた出来事に言及しているからであり，一方，B が過去時制に切り替えたのは，「そのとき」というように過去の基準時が決まったからである．

しかし，(2), (3) に示すように，現在完了形は，時の指示が特定的な場合にも用いられることがある．

(2) I **have waited** *since ten o'clock*. （10時からずっと待っている）
(3) "Have you gone skating yet this winter?" "I **have gone** skating *on Christmas Day*." (McCoard 1978)
（「今年の冬はもうスケートに行きましたか」「クリスマスにスケートに行きました」）

Diver (1963: 158) は，不定時の概念を拡大して，現在完了形は定冠詞とも両立しないとし，(4) の例を示している．

(4) I **have received** *a/*the* new pen as a gift.
（新しいペンをプレゼントにもらったんだ）

Michaelis (1994) も，現在完了形は，不定名詞句とは共起するが，定名詞句 (definite NP) とは共起しないと主張して，次の例をあげている．

(5) a. Look! Myron**'s painted** *a* little picture.
（ごらん！　マイロンがかわいい絵を描いたよ）
b. *Look! Myron**'s painted** *the* little picture/*it*.

しかし，二人の主張は言語事実を反映していない．(6)-(9) のような，現在完了形が定名詞句と共起する例が見いだされるからである．

(6) I**'ve bought** *the new pen* as a gift. (McCoard 1978)
（この新しいペン，プレゼント用に買ったんだ）
(7) Look! I**'ve received** *this new pen* as a gift. (Ibid.)
（ほら，この新しいペン，プレゼントにもらったんだ）
(8) I**'ve broken/lost** *the new pen*. (Ibid.)
（例の新しいペン，こわしちゃった/なくしちゃった）
(9) Someone **has broken** *her doll*. (Leech 1971)（誰かが彼女の人形をこわした）

では，なぜ，これらの例では，定名詞句が現在完了形と共起できるのだろうか．この問いに答える前に，まず，次の二つの文を比較されたい．

(10) a. ?Who **has done** *your hair*?　（あなたの髪，誰が整えたの）
b. Who **has done** *this terrible mess*?
（こんなにひどく取り散らかしたのは，誰だ）

(10a) が容認可能性が低いのは，your hair が定名詞句であるためではなく，過去に生じた調髪の出来事について尋ねているにもかかわらず，つまり，基準時が過去に据えられているにもかかわらず，現在完了形を使用しているためである．一方，this terrible mess という定名詞句を含む (10b) が文法的なのは，まだ話題にのぼっていない，現在の取り散らかした状態（基準時＝発話時）について尋ねている (this は逆行照応的 (anaphoric) ではなく，目前の取り散らかした状態を直示的 (deictic) に指示している）ためである．

(6)-(9) の定名詞句についても，同様な説明が可能である．すなわち，定の限定詞は，いずれも逆行照応的ではなく，直示的なのである．例えば，(7) で言えば，「この新しいペンは，どうしたのか」という質問に答えるものではなく（その場合は，

I *received* this new pen as a gift. と過去時制となる），「この新しいペンね」と相手にペンを示し（＝直示し）ながら，「プレゼント用に買ったんだよ」と解説しているのである．

9.1.6.2. 表層主語の存在

[A]　Chomsky (1972: 111) は，次の (1a) が (1b) に比べておかしいのは，現在完了形の表層主語は現存していなければならない，という制約に違反するからである，としている．

(1) a.　?Einstein **has visited** Princeton.
　　b.　Princeton **has been visited** by Einstein.
　　　　（プリンストンは，アインシュタインが訪れたことがある）

しかし，McCawley (1971: 104) の言うように，主語に文強勢を置いたり，Palmer (1988: 50) の言うように，even を付けると，現存しない主語の例でも容認可能になるのは，なぜだろうか．

(2)　EINSTEIN **has visited** Princeton.
　　　（アインシュタインも，プリンストンを訪れたことがある）
(3)　*Even* Queen Victoria **has visited** Brighton.
　　　（ヴィクトリア女王でさえ，ブライトンを訪れている）

この疑問には，次のように答えることができる．文強勢が置かれたり，even のような焦点化副詞 (focusing adverb) の次に置かれた項目は，新情報の焦点になった要素であり，Gardiner (1951) 流に言うなら，論理的述語 (logical predicate) である．ゆえに，(2) の Einstein，(3) の Queen Victoria は，話題 (topic) ではなく，有名人の Princeton 大学訪問，ブライトン訪問が話題であるということになる．
　Gardiner (1951: 272) は，

(4) a.　JOHN is my friend. （ジョンが私の友人だ）
　　b.　HENRY has arrived. （ヘンリーがやって来たのだ）

のような文において，John, Henry がそれぞれ，論理的述語であるとし，次のように，パラフレーズしている．

(5) a.　The one who is my friend is John. （私の友人なのは，ジョンだ）
　　b.　The one who has arrived is Henry. （やって来たのは，ヘンリーだ）

同様に，例えば (2) は，新情報の焦点の述語性を反映しているという意味で，(1b) と同義であることがわかる．

[B]　ところで，Newton は死んでいるのに，つまり，現在完了形の表層主語は現存していないのに，なぜ，次のような例は文法的であるのか．

(6)　Newton **has explained** the movements of the moon.
　　　（ニュートンは月の運行を説明している）

それは，彼の著書が現存しており，かつ，その説明が現在も妥当であるという前提が話し手の側にあるからである．これに対して，歴史的な事実を述べるためには，当然，

過去時制が用いられる.
- (7) Newton **believed** in an omnipotent God.
    (ニュートンは万能の神の存在を信じていた)

9.1.6.3. when と現在完了形
学校文法では, よく when で始まる疑問文では現在完了形は用いられない[6] とされているが, この説明法は誤解を招きやすい. なぜなら, 発話時までの期間を念頭に置いているときには, 当然, (1) のように現在完了形も用いられるからである.
- (1) **When has** Chris ever **been** in New York?　　　　(Klein 1992)
    (クリスがニューヨークにいたことが, いつありますか)

Klein (1992) は, (1) は He has never been in New York. のように修辞疑問 (rhetorical question) を表す場合に限って容認可能であるとする. 確かに, 手元の用例も修辞疑問の場合が多いけれども, (6) のように, そうでない読みも可能な場合もあるので, より正確には, 〈完了〉の読みでは駄目だが, 〈存在〉の読みでは現在完了形と when との共起は可能である, と言うべきであろう.

- (2) **When haue** I **iniur'd** thee, **when done** thee wrong,
    [ie when have I done ...]　　　　(Shakespeare, *Richard III* 1.3.56-7)
    (いつ私が君を傷つけたことがありますか. いつ不当な扱いをしたことがありますか)
    [手元にある最古の用例]
- (3) **When have** I **been** harsh, tell me?　　　　(E. Brontë, *Wuthering Heights*)
    (いつ私が無情なまねをしたことがありますか, ええ?)
- (4) **When have** I ever **had** a secret from you?　　　(Doyle, *The Memoirs of Sherlock Holmes*)　(いつ, 私が君に隠し立てをしたことがあるかね)
- (5) **When have** you ever **encouraged** a living artist?　　　(Woolf, *The Voyage Out*)
    (現存の芸術家を後援したことが, いつありますか)
- (6) **When have** you **had** occasion to do that?　　　　(H. E. Palmer 1939)
    (そんなことをする機会が (これまでに) いつあったのか) [原文は音声記号]

ありようは, when で始まる疑問文には機械的に過去時制が用いられるというのではなく, 出来事が過去に起こったという前提が話し手にある場合にはじめて, 過去時制が適切に用いられる, と言うべきであろう. 例えば, 次の文を発話するとき, 話し手には相手が過去のいつか John に会ったという前提がある.

- (7) **When did** you **see** John last?　(ジョンと最後に会ったのはいつでしたか)

9.2. 過去完了形

9.2.1. 形式と意味
[A] 形式: 過去完了形は,「had + 過去分詞」という迂言形式で表現される. その

---
6. when 制約 (*when* constraint) として知られている.

機能は，過去のある基準時（R）よりも以前（anterior）に起こった出来事（E）を表現するものである．(1a) は，(1b) のように図示することができる．

(1) a. *When* I arrived at the party, John **had** already **gone** home.
   （私がパーティーに着いたときには，ジョンはもう帰宅していた）
   b. ───┼───┼───┼──────▶
           E   R   S

この場合，私がパーティーに着いた時が過去の基準時（R），ジョンが帰宅した時が出来事時（E），この文を発話した時が発話時（S）である．

ところで，過去完了形は，単に現在完了形が過去に転移したものではないことに注意しなければならない．例えば，(2a, b) の定形動詞の形式は，間接話法その他で後転移（backshift）した場合は，それぞれの対立が中和（neutralize）されて，いずれも (2c) のように，一つの形式になってしまうのである．

(2) a. His wife **left** him. ［過去時制］
   b. His wife **has left** him. ［現在完了形］
   c. He said that his wife **had left** him. ［過去完了形］

[B] **意味**：大きく，二つの意味がある．まず，「過去から見た過去」（"大過去"）は，過去の基準時よりも以前に出来事が生じたことを表す．

次に，現在完了形が後転移した場合は，現在完了形と同様に，動詞のアスペクト特徴や共起する副詞語句の影響などの要因で，〈完了〉，〈継続〉，〈存在〉の意味を表す．

9.2.2. 用　法

[A] 小説などでは，普通，基準時は過去に据えられており，過去完了形はそれより以前の（anterior）の出来事時を示す．

次の諸例では，過去の特定時を指示する副詞語句を伴っている．現在完了形が後転移したのであれば，その種の副詞語句は付かないはずである．

(1) *In 1913* Chips **had had** bronchitis.　　　　(Hilton, *Goodbye, Mr. Chips*)
   （1913年に，チップスは気管支炎にかかっていた）

(2) They **had died** on the same day, the mother and the child just born; *on April 1st, 1898.*　(Ibid.)（二人――母親と生まれたばかりの赤ん坊――は，同じ日に死んでいた．1898年4月1日のことである）

(3) He **had lived** in Paris for five years *when they met.*　　(Steel, *Vanished*)
   （二人が出会ったとき，彼のほうは，もう5年も前からパリに住んでいたのだった）

過去に起こった出来事を時間的順序に並べる場合は，共に過去時制が用いられる．

(4) The bear **disappeared**.　I **gave** a sigh of relief.
   （クマは姿を消した．私はほっと吐息をついた）

しかし，先行した出来事をあとに回す場合は，時間のずれを明示するために過去完了形を用いるのが原則である．

(5) I **gave** a sigh of relief.　The bear **had disappeared**.

(私はほっと吐息をついた．クマが姿を消していたのだ)

次例も，同様に説明できる．

(6) He *was* younger than Elizabeth **had expected**. (Sheldon, *Bloodline*)
(彼はエリザベスが予想していたよりも若かった)

[B] 次の諸例では，脈絡に照らして，現在完了形が後転移したものと判断される．この場合は，現在完了形と同様に，〈完了〉，〈継続〉，〈存在〉の意味が認められる．

(7) He **had** *just* **been appointed** house-master.
(彼は舎監に任命されたばかりだった)〈完了〉

(8) He **had been** there more *than a decade*.
(彼は10年以上もそこにいた)〈継続〉

(9) He **had** *never* **travelled** by air. (以上 Hilton, *Goodbye, Mr. Chips*)
(彼は飛行機で旅行したことは一度もなかった)〈存在〉

次の例では，間接話法において現在完了形が後転移している．

(10) And then he mentioned that he **had been** at Brookfield *for forty-two years*. (Hilton, *Goodbye, Mr. Chips*)
(それから彼は，自分はブルックフィールド校で42年間教えてきたと言った)〈継続〉

しかし，十分な脈絡がない場合は，あいまい性が生じる．例えば，(11)の had met は，(12a, b)のどちらが後転移したものか不明である．

(11) I was glad I **had met** John.（ジョンに会えてうれしかった）

(12) a. I am glad I **met** John.
　　 b. I am glad I **have met** John.

けれども，過去完了形の決定的に重要な機能は，「うれしく思う」よりも，「ジョンに会う」という行為が先行していることを明示する点にあり，(11)が(12a, b)のどちらから後転移したものであるかを問うのは，あまり有意義ではない．

9.2.3. 過去時制との交代

[A] 「私が彼を先に見，次に彼が私を見た」という現実世界の事情は，言語的には，次のように表現することができる (Jespersen *MEG* IV: 82)．

まず，どちらの出来事も過去時制を用いて，(1)のように表現することもできる．

(1) a. I **saw** him (first) and then he **saw** me.
　　 b. I **saw** him before he **saw** me.

また，(2)のように，どちらか一方の出来事を過去完了形を用いて表現することもできる．

(2) a. I **had seen** him before he **saw** me.
　　 b. I **saw** him before he **had seen** me.
　　 c. He **saw** me after I **had seen** him.
　　 d. He didn't **see** me till I **had seen** him.

(1), (2) の諸例において，高校生などが疑問をいだくのは，(1b) と (2b) である．(1b) の場合は，「私が先に彼を見た」という先行する出来事が，なぜ，I had seen him と過去完了形で表現されていないのか．(2b) では，先行した出来事が過去時制で，後続した出来事が過去完了形になっているのは文法に違反しているのではないか，という疑問である．

まず，(1b) については，I had seen him と過去完了形にしなかったのは，before の意味が時間のずれを論理的に明確にしているので，話し手は，そのずれをさらに言語的に補強する必要を認めなかったからだ，と答えることができる．(2b) についての疑問に答える前に，Swan (1995: 91) の意見を聞いておくことにしよう．彼は

(3) He *went out* before I **had finished** my sentence.
　　（彼は私が言い終わらないうちに出ていった）

という例をあげて，この過去完了形は「完了の観念を強調する」と説明し，このように，過去完了形が主文の動詞が表す行為よりものちの時を指示する用法は「異常」(unusual) であると述べている．筆者は，この文が「完了の観念を強調する」とするのは賛成だが，「異常」な文とは考えない．(2b) の「私を見てしまわないうちに」とか，(3) の「私が言い終わらないうちに」のように，「動作の完了」に力点を置きたければ，完了形が最も適切な形式だからである．次例も同様に説明できる．

(4) She ... *returned* to Number 97 even **before** the kettle **had boiled**.
　　　　　　　　　　　　　　　　　　　　　(Archer, *As the Crow Flies*)
　　（彼女は，薬缶が沸騰しさえしないうちに97番地に戻った）

(5) The thing, in fact, *burst* upon us **before** we **had** quite **finished** our breakfast on that mid-June morning.　(Van Dine, *Benson Murder Case*)
　　（あの6月半ばの朝，私たちが朝食を済まさないうちに，事実，そいつは，急に私たちを襲ったのだった）

結局，過去完了形には，次の二つの用法があることになる．

(6) a.　過去時制に先行する動作を表す場合 (Tense)
　　b.　二つの動作のうち一方の完了の観念を強調する場合 (Aspect)

Swan が前に生じた出来事が過去形で，あとに生じた出来事が過去完了形になっているのは「異常」としたのは，過去完了形の (6b) の用法を十分に認識していないためと考えられる．

次の例を検討してみよう．

(7) But Monica **had gone** *long ago*.　　　　　　　(Joyce, *Dubliners*)
　　（しかし，モニカはとっくに立ち去っていた）

(8) However, he **had** *long ago* **stopped** believing such stories. (Archer, *As the Crow Flies*) （けれども，彼はそういう話を信じるのは，とっくの昔にやめていた）

過去完了形は，過去の出来事時を基準にし，一方，long ago は発話時/執筆時を基準にした直示時制が用いられている．このように，long ago が過去完了形と共起する例は，特に文学作品に多い．

[B] Declerck (1979) は，(9b) のような before 節における過去完了形を非実現を表す仮定法 (＝本書の叙想法) であると主張する．果たしてそうだろうか．

(9) a. I saw him **before** he **saw** me.
   b. I saw him **before** he **had seen** me.

まず，次の諸例を考察してみよう (Hornstein 1990: 71 から)．

(10) a. John escaped **before** he **served** his term.
     (ジョンは刑期を終えないうちに脱獄した) [temporal & counterfactual]
   b. John will escape **before** he **serves** his term.
     (ジョンは刑期を終えないうちに脱獄するだろう) [temporal & counterfactual]
   c. John escaped **before** he **had served** his term.
     (ジョンは刑期を終えないうちに脱獄した) [counterfactual]
   d. John will escape **before** he **has served** his term.
     (ジョンは刑期を終えてしまわないうちに脱獄するだろう) [counterfactual]

第一に，気づくことは，(10a, b) のように，過去時制や現在時制でも時間的 (temporal) と反事実的 (counterfactual) の二とおりにあいまいであること，そして，(10d) のような例では，現在時制でも反事実性 (counterfactuality)——非事実性 (nonfactive) のほうがより適切か——しか表さない，ということである．つまり，非事実性は，過去完了形のみならず，叙実法でも表しうる，ということである．なぜなら，非事実の意味は，第一義的には，before が担うものであるからだ．

エリザベス朝の劇作家 Marlowe の英語でも，before 節には叙想法と叙実法の両方が用いられているが，どちらの場合も，非事実性を表している点に変わりはない．

(11) Nay quickly then, **before** his roome **be** hot.　　　　(*1 Tamburlaine* 794)
    (いや，すぐに攻撃をしかけよう，彼の席が温まる前に)

(12) but he may/See him **before** he **dies**.　　　　(*Edward II* 1205)
    (彼が死ぬ前にひと目だけ会いたい)

こういうわけで Declerck のあげる (9a, b) は，すべて叙実法として解釈するべきものであり，(9a, b) の違いは，完了のアスペクトの有無によるものである．(9b) は，Declerck のように叙想法的に解釈するべきではなくて，「私が彼を見たとき」(＝過去) には，彼が私を見るという出来事は「まだ完了していなかった」(＝過去完了形) と説明するべきものである．

この関係は，次のようにパラフレーズされるもので，過去完了形が使われるべくして使われている，と言えるだろう．

(13) When I saw him, he **had not seen** me.

[C] Jespersen (*MEG* IV: 83) は，過去時を示す過去完了形の用法として，

(14) I **had** *soon* **told** my story.　　　　(Stevenson, *Treasure Island*)
    (私はじきに話を終えてしまった)

という例を引き，これは「私は話をしたが，それには時間はかからなかった」の意味

で,「話し手はいま話している事件がすでに完了している時を見越しているのである」と説明している.この過去完了形は,明らかに,上述の(6b)の用法に属するもので,これを使う心理は, Have done!(やめちゃえ!), Be gone!(行っちまえ!), あるいは日本語の「ドイタ,ドイタ!」などの場合と同様と思われる.この用法の特徴は,過去時から見ての未来の基準時を示す soon, in a moment, in a trice などの時の副詞語句を伴う点である.

(15) 'No! no! John,' said the Doctor, 'I hope not,' and *in a minute* we **had left** John far behind.　　　　　　　　　　(Sewell, *Black Beauty*)
(「そうだとも,ジョン」と医師が言った.「そうならないように願いたいね」そして,あっと言うまに,われわれはジョンを遠く引き離してしまっていた)

(16) *in a trice* he **had shut** the case.　　　(Stevenson, *The Rajah's Diamond*)
(あっと言うまに,彼はケースを閉じてしまっていた)

類似の用法は,ドイツ語の過去完了形,フランス語の前過去にも見いだされる.

(17) G.　Er sann auf einen anderen Plan, und **hatte** ihn auch *bald* **gefunden**.
(彼はほかの計画を思案していたが,事実まもなく,それを見つけてしまっていた)

(18) F.　*En une heure*, il **eut terminé** une chronique.
(1時間で,彼は記事を書きあげてしまっていた)

[D]　**hardly ... when のタイプ**：主節に否定語,または no sooner, scarcely, hardly のような準否定語が含まれている場合は,主節の動詞には通例,完了相が用いられる(過去完了形とは限らない).これらの否定語に修飾された動詞は,通例,完結した動作を表すので,完了形が用いられるのは,むしろ,当然とも言える.

「過去完了形+過去時制」の例(典型的なタイプ):

(19) *No sooner* **had** one problem **been solved** and a course of action **decided** on, *than* a new idea **presented** itself.　(Garnett, *The Grasshoppers Come*)
(一つの問題が解決し,ある行動方針が決定したかと思うと,たちまち,新しい案が浮かんできた)

(20) I **had** *hardly/scarcely* **closed** my eyes *when* the phone **rang**.　(Swan 1995)(目を閉じたか閉じないうちに,電話が鳴った)

〈格式体〉では,次のように,倒置が起こる.

(20') *Hardly/Scarcely* **had** I **closed** my eyes *when* the phone **rang**.

「現在完了形+現在時制」の例:

(21) *No sooner* **has** any important character **wandered** on to an airfield *than* a suitable aircraft **comes** roaring up.　(Priestley, *Delight*)
(誰か重要人物が飛行場にぶらぶら出てくるとすぐ,あつらえ向きの飛行機が爆音を立てて近寄ってくる)

しかし,主節の動詞が see, come, sit down のような「瞬時的」動詞の場合は,単一時制を用いる傾向がある.

「過去時制+過去時制」の例:

(22) Between were wooded valleys which French *no sooner* **saw** *than* he **longed** to explore. (Crofts, *Sir John Magill's Last Journey*)
(その間に木の茂った谷間があり，フレンチはそれを見るやいなや，ああ探査してみたいな，と思った)

「現在時制＋現在時制」の例(まれ)：

(23) You *no sooner* **come**, Mr. Weller, *than* you **go** again.
(Dickens, *The Pickwick Papers*)
(ウェラーさん，あなたって，来たと思うと，すぐまたお帰りになるんですね)

また，主節の動詞が「be＋補語」の形式で，それ自体，「動作の結果」を表す(*eg* was over＝had been finished)場合も，単一時制が用いられる．

「過去時制＋過去時制」の例：

(24) The meal **was** *scarcely* **over** *before* a chaise and pair **came** to the door.
(Lytton, *My Novel*) [Poutsma]
(食事が済むか済まないうちに，2頭立ての馬車が玄関口へやった来た)

「現在時制＋現在時制」の例(まれ)：

(25) For the Sunne **is** *no sooner* **risen** with a burning heate, *but* it **withereth** the grasse. (AV, *James* 1: 11)
(なぜなら，太陽が昇って熱風を送ると，草を枯らす) [no sooner ... but は〈古風〉]

以上のように，この構文では，「過去完了形＋過去」が最も普通な組み合わせであるが，それ以外にも種々の組み合わせが用いられていることがわかる．しかし，それぞれの組み合わせを決定づけているのは，頻度数ではなく，それぞれの脈絡において何が最も適切なものであるかという作者/話し手の判断である．

[E] Sweet (1898: 105) は，次の文では had been の代わりに were を使用してもよいが，過去完了形のほうが過去時制よりも「知らぬまに来てしまっていた」という驚きを強調し，いっそう生き生きとした描写になっている，と説明している．

(26) I did not think we **had been** so near Scotland.
(こんなにスコットランドの近くに来ているとは思わなかった)

そういう文体論的な効果もさることながら，「気づいたとき(過去)にはすでに来てしまっていた(過去完了形)」という時間関係を述べるものとして，これは過去完了形の正当 (legitimate) な用法と考えることも可能である．

9.3. "未来"完了形

9.3.1. 形 式

§4.0で述べたように，"未来"時制を認めることができないように，「will/shall＋完了不定詞」という形式を"未来"完了形という文法範疇として認めることはできない．学校文法で言う"未来"完了形は，「will/shall/must/may/should/ought to＋完了不定詞」という形式の一つにすぎず，will/shall にはそれぞれの法的意味が残っ

ている.

9.3.2. 用　法
　一般に"未来"完了形と呼ばれているものは,「will/shall＋完了不定詞」の形式のうち,

(1) ──────┼─────┼┼──────▶
　　　　　　S　　　　E R

と図示できるような, 未来の基準時までに出来事が完了していることを示す用法である.

　基準時が未来に据えられている点を除けば, "未来"完了形は, ほぼ現在完了形のそれと平行した意味をもっている. 1人称には「will/shall＋完了不定詞」を, 他の人称には「will＋完了不定詞」を用いる.

[A]　完了:「完結的」動詞は, 未来の基準時までに出来事が完了していることを表す. 以下, 斜字体部は未来の基準時を示す.

 (2) I **shall have finished** this book *by lunch-time*.
   (昼食時までにこの本を読み終えているだろう)
 (3) I **will have retired** *by the year 2020*.   (Alexander 1988)
   (私は2020年までに退職しているだろう)

"未来"完了形は, believe, expect, hope, suppose の補文によく現れる.

 (4) I expect/hope he **will have got** well *by Christmas*.
   (彼はクリスマスまでにはよくなっている, と思う)

[B]　継続:「状態的」動詞, または「非完結的」動詞は, 未来の基準時まで状態が継続していることを表す.

 (5) John **will have been** here a year *on the 15th of May*.　[「状態的」動詞]
   (ジョンは, 5月15日で, ここに1年いたことになる)
 (6) We **will have been married** a year *on June 25th*.　[同上]
   (6月25日で結婚して1年になる)
 (7) *By the end of March* he **will have taught** this school for ten years.
   (3月末で彼はこの学校で10年教えたことになる)[「非完結的」動詞]

[C]　存在: ほとんどすべての動詞は, 頻度の副詞語句を伴う場合は,〈存在〉の読みが与えられる.

 (8) I **shall have read** seven of Shakespeare's plays *by the end of the year*.
   (年末まででシェイクスピアの戯曲を7編読んだことになる)
 (9) How many times **will** you **have visited** Sidney *if you go there again*?
   (もう一度行けば, シドニーを何度訪ねたことになりますか)

"未来"完了形が時制の照応によって過去に転移した場合は, will/shall は当然 would/should となる.

 (10) I said I **should have reached** home *before Easter*. (Curme 1931)

(復活祭前に家に着いているはずだ，と私は言った)
(11) I wondered *by what hour* you **would have returned**.
(何時ごろまでに君が帰っているだろうか，と思っていた)

[D] **発話時における確信**：2人称・3人称主語の場合，発話時までに出来事が完了しているだろうという主語の〈確信〉を表すことがある．この用法では，未来指示性すらないので，"未来"完了形という用語は全く不適切である．

(12) It's no use phoning — he'**ll have left** by now.　　　　　　(Swan 1995)
(電話したってむだだよ——彼はもう帰っているよ) [= I'm sure he has left by now.]

(13) I wonder why we haven't heard from him — do you think he **won't have got** our letter yet? (Ibid.)(なぜ彼から返事が来ないのだろう——まだ私たちの手紙を受け取っていないと思いますか)

(14) You **will have heard** that I am going to America.　　　(Zandvoort 1972)
(私がアメリカへ行くつもりだということは，(すでに)聞いたでしょう)

NB 1　"未来"完了形は，Curme (1931: 372) によれば，正確な書きことばでは使用されるけれども，話し言葉ではあまりにも格式張った形式として避けられる．例えば，話し言葉では，(ia) は (ib, c) のように言い替えられる．

　(i) a.　I **shall have finished** the work before you return.
　　　　　(お帰りになる前に仕事を済ませておきます)
　　　b.　I **shall be through** with the work before you return.
　　　c.　I **shall**/〈米〉**will have** the work **finished** before you return.

NB 2　時や条件の副詞節では，通例，"未来"完了形の代わりに現在完了形を用いることについては，§9.1.2.5 を参照．

第10章

完了進行形

10.0. 概　説

完了進行形には，次の形式がある．
① 現在完了進行形： have been raining
② 過去完了進行形： had been raining
③ "未来"完了進行形： will/shall have been raining

§4.2.2で触れたように，例えば①の have been raining という形式には，Present と Perfect と Progressive という三つの文法的意味が重なっている．これら3種類の完了進行形は，いずれも基準時までの〈継続〉を表す．進行形による〈継続〉のアスペクトを含む以上，この形式で用いられる動詞は，普通，動作動詞でなければならない．他方，§9.1.2.2で見たように，「状態的」動詞の完了形は進行形にしなくても，基準時までの〈継続〉を表すことができる．

10.1. 現在完了進行形

10.1.1. 基本用法

現在完了進行形 (present perfect progressive form) は，過去の不定時に始まった動作が基準時である発話時まで〈継続〉していることを表す．さらに，将来も継続するだろうという含意がある．この関係は，次のように図示することができる．

(1) 　　　　　$\overset{E}{\overline{\qquad\boxed{}\qquad}}$→
　　　　　　　　　S, R

〈継続〉を表す以上，共起する副詞語句は，for two hours, all day, since morning のように，[+durative] というアスペクト特徴をもっていなければならない．

(2) 　It **has been snowing** *since morning*. 　（朝方から雪が降っている）

「完結的」動詞は，非進行相で用いられた場合は，(3), (4)の(a)文に見られるように，動作の完結 (completion) を表すので，〈継続〉の意味を表すためには，(b)文のように，現在完了進行形にしなければならない．

(3) a. 　I **have written** some letters this afternoon.
　　　　（きょうの午後は，何通か手紙を書いた）［書き終わった］

b. **I have been writing** letters *all afternoon*.
　　　　（午後からずっと手紙を書いている）［まだ書き終わっていない］
　(4) a. **I have read** "Hamlet" *this week*.
　　　　（今週「ハムレット」を読んだ）［読み終わった］
　　　b. **I have been reading** "Hamlet" *this week*.
　　　　（今週は「ハムレット」を読んでいる）［まだ読み終わっていない］
「瞬時的」動詞の場合は，発話時に至るまでの動作の〈反復的な継続〉を表す．
　(5) a. Where **have** you **been meeting** them?
　　　　（彼らとどこで会っていたのか）［反復］
　　　b. Where **did** you **meet** them? （彼らとどこで会ったのか）［1回］
一方，see, hear, feel, know, believe, think, mean, love, know のような「状態的」動詞や，expect, learn, lie, live, sit, snow などの「非完結的・非瞬時的」動詞は，進行相にしなくても動作の〈継続〉を表すことができる．
　(6) 「状態的」動詞
　　　a. **I have loved** Mary *for ten years*. （10年前からメアリーを愛してきた）
　　　b. **I've** only **known** him *for a few weeks*.
　　　　（彼を知ってから2, 3週間しかたっていない）
　(7) 「非完結的・非瞬時的」動詞
　　　a. **I have taught** here *for six years*. （6年前からここで教えてきた）
　　　b. This problem **has** *always* **puzzled** me.
　　　　（この問題には，いつも悩まされてきた）

(7) に見るように，「非完結的・非瞬時的」動詞の完了形は，進行形であってもなくても〈継続〉を表す．しかし，その場合，意味の差異が生じるのが普通である．すなわち，完了進行形の場合は，以下の (a) 文で見るように，特に「一時的」な状況に用いられ，「恒常的」な状況を述べる場合は，非進行の完了形が好まれる (Leech 1987: 49, Close 1975: 250, Swan 1995: 426)．

　(8) a. **I haven't been working** very well *recently*.
　　　　（最近は仕事があまりうまくいっていない）
　　　b. He **hasn't worked** *for years*. （彼は何年も働いていない）
　(9) a. **I've been living** in Sue's flat *for the last month*.
　　　　（この1か月，スーのアパートに住んでいる）
　　　b. My parents **have lived** in Bristol *all their lives*.
　　　　（両親はこれまでずっとブリストルで暮らしてきた）
　(10) a. That man **has been standing** on the corner *all day*.
　　　　（あの男は1日中街角に立っている）
　　　b. *For 900 years* the castle **has stood** on the hill above the village.
　　　　（その城は900年前から村の北の山の上に立っている）　　　（以上 Swan 1995）
この場合，共起する時の副詞語句も「短期：長期」の対立がある点に注意．

NB 1 「一時的：恒常的」の対立は，現在進行形と単一現在時制の場合にも見いだされる．
  (i) a.　I **am living** in York.　((今は)ヨークに住んでいる)［一時的な住所］
     b.　I **live** in York.　(ヨークに住んでいる)［定住地］
NB 2　wait, sit, rest, sleep, lie (down) も「非完結的・非瞬時的」動詞として〈継続〉を表すが，Hornby (1975: 90) は，このような受動的状態を示す動詞の場合は，現在完了形よりも現在完了進行形のほうがはるかに普通である，と述べている．なお，上述の (8), (9) の例もこのことと関係がある．
  (i) I've **waited** / **'ve been waiting** here *for an hour*.
     (1時間前からここで待っている)
  (ii) These books **have lain** / **have been lying** on the floor of your study *all week*.
     (この本は，今週ずっと君の書斎の床に置かれていたよ)

10.1.2.　"最近の過去"

現在完了進行形は，動作が発話時より少し前に終わっていても，結果が現在に残っていると感じられる場合には使用することができる．この用法は，「最近の過去」(recent past) を表すと説明されることもあるが，話し手の意識としては，発話時まで動作が継続していたかのように感じられているのだ，と考えられる．現在の結果は，通例，現在完了進行形を含む文の前に現れ (以下の例文では，斜字体で示してある)，(2), (3) のように，しばしば言い訳として利用される (cf. Hornby 1975: 90).

(1) *Be careful!*　John **has been painting** the door.
   (気を付けなさい．ジョンが(さっきまで)ドアにペンキを塗っていたんだから)［John *has painted* the door. なら，ペンキは乾いていてもよい］
(2) *Please excuse my dirty clothes.*　I've **been cleaning** out the garden shed.
   (服が汚れていてごめんなさい．庭の物置をすっかり掃除していたものですから)
(3) *I don't feel like going out this evening.*　I've **been working** in the garden all day.　(今夜は外出したくない．一日中，庭仕事をしていたんでね)
(以上 Hornby 1975)
(4) *She is very tired.*　She's **been typing** letters all day.　(Alexander 1988)
   (彼女はひどく疲れている．一日中手紙をタイプしていたのだ)［脈絡次第では，まだタイプしている場合もある (=§10.1.1)］

NB 1　この用法の現在完了進行形においても，現在進行形などと同様に (cf. §8.2.3)，驚き・不快・いらだちなどの感情的色彩を帯びることがある (cf. Onions 1929: 113, Jespersen *MEG* IV: 195).
  (i) Someone **has been tampering** with this lock.
     (誰かこの錠前をいじくっていたんだな)
  (ii) What **have** you **been doing** to that picture?
     (あの絵をどうしていたんだね)　　　　　　　　　(以上 Onions 1929)
NB 2　come, go の場合，現在完了進行形は，「過去から見た未来」の読みが生じる (cf. Palmer 1988: 65).
  (i) I've **been coming** to see you for ages.
     (ずいぶん長いことお目にかかりたいと思っていました)

(ii) He**'s been going** abroad for years. （彼は長年外国へ行こうとしてきた）

10.2. 過去完了進行形

10.2.1. 基本用法

過去完了進行形 (past perfect progressive form) は，過去のある基準時まで出来事が〈継続〉したことを表す．

(1) a.
```
         ┌──E──┐
         R     S
```
   b. **I'd been reading** for an hour *when he came*.
      （彼が来たとき，私はそれまで1時間ほど読書していたところだった）

(1) では，「彼が来たとき」が過去の基準時，「読書していた」が過去の基準時まで〈継続〉していた出来事である．

(2) He was tired because he **had been working** *since dawn*.
   （彼は，夜明け以来ずっと仕事をしていたので，疲れていた）

(3) I knew that John **had been having** trouble with his car.
   （ジョンが車の故障で手を焼いていることを，私は知っていた）

次の例は，現在完了進行形が後転移したものである．

(4) He told me (that) he**'d been repairing** the engine.
   （彼はエンジンを修理していたんだと言った）［<I *have been repairing* the engine.］

ここでも，「瞬時的」動詞は，基準時まで出来事が〈反復〉されたことを表す．

(5) He **had been trying** to get her on the phone. (Thomson & Martinet 1986)
   （彼は彼女を電話口に出そうと試みていた）

10.2.2. "最近の過去"

次の諸例では，過去の基準時の直前に出来事は終わっているのだが，その結果が残っているので，あたかも〈継続〉しているかのように表現されている．この用法は，"最近の過去"を表す現在完了進行形 (§10.1.2) の用法と平行するものである．以下の例では，斜字体の部分が基準時とかかわる事態を表現している．

(1) *Banford's eyes were red*, she **had** evidently **been crying**.
   (Lawrence, *The Lady Bird*)
   （バンフォードの目は赤くなっていた．いままで泣いていたのは明らかだった）

(2) *It was plain* from her face that she **had been drinking**.
   （彼女が酒を飲んでいたのは，顔を見れば明白だった）［赤い顔をしている，など］

(3) *She was very tired*. She**'d been typing** letters all day. (Alexander 1988)
   （彼女はひどく疲れていた．一日中手紙をタイプしていたのだった）［脈絡次第では，まだタイプしている場合もある（=§10.2.1)］

NB come, go の場合，過去完了進行形は〈計画〉が実現しなかったことを表す (cf. Pal-

mer 1974: 65).
  (i) **I'd been coming** to see him the next day.
     （私は，その翌日，彼に会いに来る予定だった）[が，彼は死んでしまった]
  (ii) We**'d been going** to Paris for years.
     （私たちは長年パリへ行こうとしていた）[が，ついに行かなかった]

10.3. "未来"完了進行形

　"未来"完了進行形（"future" perfect progressive form）は，1人称の場合 'will/shall have been -ing' の形式で，その他の人称では 'will have been -ing' の形式で表現され，未来の基準時まで出来事が〈継続〉していることを表す．未来の基準時は，by 句で示されることが多いが，それ以外の表現も使用されている．また，通例 for two years のような「期間」の副詞語句を伴う．(1a)は，(1b)のように図示することができる．

  (1) a. **I shall have been waiting** *an hour* WHEN THE CLOCK STRIKES SIX.
     （時計が6時を打つと，1時間待ったことになる）
     b.
```
         E
    ─────┼───┼─────▶
    S    R
```

この場合，未来の基準時は，when 節が表している．次の諸例では，スモールキャピタルの箇所が基準時を表している．

  (2) BY CHRISTMAS **I shall have been working** in this office *for ten years*.
     (Allen 1974)（このクリスマスで，この会社に10年間勤めたことになる）
  (3) WHEN GEORGE GETS HIS DEGREE, he **will have been studying** *for four years*.（ジョージが学位を取得すると，4年間勉強したことになる）
  (4) BY THE END OF THIS MONTH, we **shall have been learning** this language *for ten years*. (Close 1975)
     （今月末で，この言語を10年間学んでいることになる）
  (5) Our neighbours are moving SOON. They**'ll have** only **been living** here *a year*. (Eastwood 1994)
     （隣の一家はまもなく転居する．彼らはここに1年だけ住んだことになる）

「瞬時的」動詞の場合，未来の基準時まで出来事が反復的に〈継続〉していることを表す．

  (6) BY THE END OF THE MONTH he **will have been climbing** mountains *for twenty years*. (Thomson & Martinet 1986)
     （今月の末で，彼は20年間山登りをしていることになる）

次例は，過去に転移した"未来"完了進行形の例である．

  (7) I told him last year that AT THE FOLLOWING CHRISTMAS, **I should have been living** here *for ten years*. (H. E. Palmer 1939)
     （来年のクリスマスで，私はここに10年住んでいることになる，と去年彼は言った）

NB　by 句は，〈完了〉を表すので，"未来"完了進行形とは両立しないという意見があるが，by 句は"未来"完了進行形を修飾するのではなく，期間を示す副詞語句を修飾し，その終点 (end-point) を明確にするものであるから，進行相と矛盾しない．上記の (2), (4), (6) の例を参照せよ．

　もちろん，時の副詞語句が by 句以外で示されることもある（上例 (3), (5), (7) および次例を参照）．

　　(i)　**I'll have been teaching** *for twenty years* THIS SUMMER.　　　　　　(Swan 1995)

　　　　（今年の夏で，20年間 教 鞭 を執ったことになる）

第 11 章

Be, Have, Do

11.0. 概　説

本章では，重要な動詞 be, have, do の用法を記述する．3語とも本動詞の用法と助動詞の用法をもっている．以下の記述では，まず助動詞の用法を考察し，次に，本動詞の用法を考察する．

11.0.1. 2種類の助動詞

英語の助動詞は，Twadell (1960) に従い，次の2種類に分けることができる．

(1) a.　一次助動詞：　be, have, do
　　b.　二次助動詞：　can/could, may/might, must, will/would, shall/should, ought, need, dare, used

「一次助動詞」(primary auxiliaries) のうち，be は進行形・受動態に用いられ，have は完了形に，do は疑問文・否定文・強調などに用いられる．いずれも語彙的な意味をもたない文法形式素 (formative) である．

「二次助動詞」(secondary auxiliaries) は，一般に「法助動詞」(modal auxiliaries, modals) と呼ばれ，文の表す出来事または命題に対する〈可能・必要・意志・推量〉など話し手の心的態度を表すものとして，明確な語彙的な意味をもっている．

11.0.2. 助動詞の統語的特徴

助動詞は，次の四つの統語的特徴をもっている点で，本動詞と区別される．これらの特徴は，つとに H. E. Palmer (1939) で変則動詞 (anomalous verb) の特徴として指摘され，その後，Twadell (1960), F. R. Palmer (1965), Huddleston (1976) などによって踏襲されている．

① **否定** (negation)：　助動詞は，その直後に否定辞 n't を接辞して否定形式を作ることができる（一般動詞は，それができない）．

(1) a.　He **isn't** coming.　（彼は来ない）
　　b.　He **hasn't** finished it.　（彼はそれを終えていない）
　　c.　I **don't** like it.　（それは嫌いだ）
　　d.　You **can't** smoke here.　（ここでは禁煙です）
　　e.　Cf. *I **speakn't** English.　[→ I don't speak English.]

— 161 —

② **倒置** (inversion): 第一に，疑問文において主語・助動詞倒置 (subject-auxiliary inversion, SAI) が生じる．

(2) a. **Is** he coming? (彼は来ますか)
  b. **Have** you seen him at the party? (パーティーで彼に会いましたか)
  c. **Do** you speak English? (英語を話しますか)
  d. **Will** they come? (彼らは来るだろうか)
  e. Cf. ***Speak** you English? [→ Do you speak English?]

(2c) のように助動詞を含まない文では，**do** による支え (*do*-support) を利用する (その派生については，§38.1.2 [C] を参照)．

第二に，否定の副詞語句前置や，叙想法の条件節でも SAI が生じる．

(3) a. *Never* **have** I seen such an awful sight. (こんな恐ろしい光景は見たことがない) [**Never* I *have* seen such an awful sight.]
  b. **Had** I known it, I should have told you.
    (そのことを知っていたら，お話ししたことでしょう) [= If I had known it, ...]

NB くだけたスタイルでは，助動詞の関与しないSAIが生じることがある．それは，次例のように，本動詞が運動の動詞で方向の不変化詞を伴って，感嘆文的な効果を上げる場合である．
  (i) Off **went** John! (Hornby 1975) (とっととジョンは立ち去った)
  (ii) Away **flew** my hat! (Ibid.) (ぼくの帽子，ぽーんと飛んでった)

③ **代用** (substitution): 助動詞は，動詞句を代用することができる．

(4) a. John **is coming** and so **is** Mary. (ジョンが来る．メアリーもだ)
  b. I **like John** and so **do** they. (私はジョンが好きだ．彼らもそうだ)
  c. "**Has** he **come**?" "Yes, he **has**." (「彼は来ましたか」「ええ，来ました」)
  d. I **will come** and so **will** John. (私は来る，ジョンもだ)
  e. Cf. I **saw Mary** and so **did**/***saw** John.
     (私はメアリーを見た．ジョンもそうだ)

④ **強調** (emphasis): 助動詞に強勢を置いて，命題が真であることを強調することができる (大文字はそこに強勢が置かれていることを示す)．

(5) a. He IS coming. (彼はきっと来る)
  b. He HAS finished it. (彼は確かにそれを終えた)
  c. "Don't you like it?" "Yes, I DO like it."
    (「それ嫌いですか」「いいえ，好きですよ」)
  d. You MUST see the doctor. (ぜひ医者に診てもらいなさいよ)

本動詞も強勢をうけることができるが，その場合は命題が真であることを強調しているのではなく，何か他の動作と対比 (contrast) されているのである．いわゆる対比強勢 (contrastive stress) の例である．

(6) a. I SAW it, not HEARD it. (それを見たんだ，聞いたんじゃない)
  b. You must SEE him in person, not just CALL him.

(ただ電話するのじゃなく、じかに会わなくちゃだめだ)

NB Huddleston (1976: 333) は，③の特徴を Firth (1968: 104) に従って 'code' (暗号) という用語で表し，上記四つの特徴の頭文字をとって助動詞の "NICE 特徴" (NICE properties) と呼んだ．この用語は，Palmer (1988) でも使用されている．この用語自体にあまり学問的意義はないが，記憶を助けるよすが (mnemonic) にはなるかもしれない．

11.0.3. 助動詞のパラダイム

「助動詞＋本動詞」のパラダイム (paradigm) は，次のように示すことができる．

(1) 「助動詞＋本動詞」のパラダイム

	法助動詞	have (完了形)	be (進行形)	be (受動態)	本動詞
1					takes
2				is	taken
3			is		taking
4			is	being	taken
5		has			taken
6		has		been	taken
7		has	been		taking
8		has	been	being	taken
9	will				take
10	will			be	taken
11	will		be		taking
12	will		be	being	taken (?)
13	will	have			taken
14	will	have		been	taken
15	will	have	been		taking
16	will	have	been	being	taken (?)

上の「助動詞＋本動詞」のパラダイムにおいて，一番右側にくるのが本動詞，その左側にくるのはすべて助動詞である．助動詞が最大限に並んだときに一番左側にくるのが，法助動詞である．大事な点は，助動詞類はこの順序に並ぶ，ということである．Huddleston & Pullum (2002: 106) は，進行の be と受動の be とが共起する，(?) を付した構造は，話し手の中には避ける向きもあるが，実際にはときどき見いだされるとして，(2) の例を示している．

(2) a. They **may be being overlooked**.
    (それらは見落とされ続けているかもしれない)
   b. They **may have been being overlooked**.
    (それらは見落とされ続けてきたのかもしれない)

NB 操作詞と変則定形動詞： 動詞句の最初の助動詞を**操作詞** (operator) と言い，否定文，

疑問文，倒置などの派生に決定的に重要な働きをする．操作詞には，1次助動詞と2次助動詞とを併せた，次の12個の動詞が含まれる．
  (i) be, have, do, shall, will, can, may, must, ought, need, dare, used
この12個の助動詞の変化形は，次に示すように，全部で24個ある．これが操作詞のすべてである．
  (ii) am, is, are, was, were, have, has, had, do, does, did, shall, should, will, would, can, could, may, might, must, ought, need, dare, used
H. E. Palmer (1939: 122) は，操作詞の (ii) の形式を変則定形動詞 (anomalous finite) と呼んだ．

11.1.　Be, Have, Do の用法

11.1.1.　Be の用法
[A]　**助動詞として：**　進行形と受動態で用いられる．
① **進行形** (be + -ing)（詳細は第8章を参照）
 (1) a. **I'm writing** a letter.（いま手紙を書いているところです）
   b. Where **are** you **going**?（どこへ行くところですか）
② **受動態** (be + -en)（詳細は第18章を参照）
 (2) a. A child **was run** over by a car.（子供が車に轢かれた）
   b. The professor **is respected** by all the students.
    （その教授は学生すべてに尊敬されている）

[B]　**本動詞として**
① 「**be＋補語**」
 (3) a. Today **is** Sunday.（きょうは日曜日です）
   b. **Am** I glad!（うれしいのなんのって！）
   c. Don't **be** afraid!（怖がるんじゃない！）[Be not afraid. は〈古風〉]
② 「**ある，いる，なる**」(exist, take place, become)
 (4) a. I think, therefore I **am**.〈格式体〉
    （われ思う，ゆえにわれ在り）[デカルトの言葉：cogito, ergo **sum**.]
   b. There **are** two girls in the room.（その部屋には少女が二人いる）
   c. Your book **is** on the table.（君の本はテーブルの上にある）
   d. **Was** the athletic meeting last week?（運動会は先週ありましたか）
   e. What are you going to **be** when you grow up?
    （大人になったら何になるつもりですか）
   f. the powers that **be**   (AV, *Rom*. 13: 1)
    （現存する権威，当局）[NRSV: those authorities that *exist*]
   g. for the time **being**（当分）[＝existing]
   h. I had hoped to go to Paris, but it was not to **be**.
    （パリへ行きたいと思っていたが，そうはならなかった）[＝happen]

11.1.2. Have の用法
[A] 助動詞として：完了形 (have + -en) に用いられる（詳細は第 9 章を参照）．
- (1) a. **Have** you **heard** the news? （そのニュース，聞いたかい）［現在完了形］
  - b. It **has been raining** since morning.
    （朝から雨が降り続けている）［現在完了進行形］
  - c. I wondered who **had left** the door open.
    （誰がドアを開けたままにしたのかと思った）［過去完了形］
  - d. We**'ll have been living** here for five years next Monday.
    （次の月曜日でここに 5 年間住んだことになる）［"未来"完了進行形］
  - e. It's nice **to have finished** work.
    （仕事を済ませたことは素敵だ）［完了不定詞］

[B] 本動詞として
① 「所有」
- (2) a. I **have got** a key. （私は鍵をもっている）
  - b. ＝I **have** a key. ［(2a) のほうが自然］
- (3) a. I **don't have** a key. （私は鍵をもっていない）
  - b. ＝I **haven't got** a key.
  - c. ＝I **haven't** a key. ［(3a, b) のほうが自然］
- (4) a. **Do** you **have** a car? （車をもっていますか）
  - b. ＝**Have** you **got** a car?
  - c. ＝**Have** you a car? ［(4a, b) のほうが自然］
  - d. Cf. **Have** you any money? (Hemingway, *A Farewell to Arms*)
    （金はあるかね）
- (5) a. Birmingham **has not** the charm of York or Edinburgh. 〈英・格式体〉
  - b. Birmingham **does not have** the charm of York or Edinburgh.
    （バーミンガムにはヨークやエディンバラのような魅力がない）〈英・米〉

(以上 Swan 1995)

伝統的に，〈英〉では習慣や反復を尋ねる場合は do you have を用い，そうでない場合は have you got を使用していた．
- (6) a. **Do** you *often* **have** meetings? （よく会合があるのですか）
  - b. **Have** you **got** a meeting *today*? （きょうは会合がありますか）

これに対して，〈米〉および今日の〈英〉は，習慣・非習慣の区別をしないで，常に do you have（または have you got）の形式を用いる．
- (7) a. **Do you have** an appointment? （予約がしてありますか）
  - b. ＝**Have you got** an appointment? 〈米・英〉

NB 1　have got (＝have) は，完了形から発達したもの．〈米・略式体〉では，have が落ちて got になることもある．
  - (i) You oughta (＝ought to) be glad you **got** a good wife to look after you.

(Rice, *The Adding Machine*)
(あんたは，世話をしてくれるいい奥さんがいることをありがたく思うべきよ)

NB 2 have got の got は，短い答えや付加疑問では落ちる．
  (i) "**Have** you got a ruler?" "No, I **haven't**/***haven't got**."
    (「定規をもっていますか」「いいえ，もってません」)
  (ii) John **has got** a bike, **hasn't** he? (ジョンはバイクをもってるんだろう)
以上のような場合，〈米〉では do を使用することもある．
  (i′) "**Have** you got a ruler?" "Yes, I **do**."
    (「定規をもっていますか」「ええ，もってます」)
  (ii′) John **hasn't got** a bike, **does** he? (ジョンはバイクをもってないんだろう)

NB 3 過去形の had got は，あまり使用されない (Swan 1995: 230)．
  (i) I **had**/?**had got** a bad cold last week. (先週ひどい風邪をひいていた)
  (ii) "**Did** you **have**/?**Had** you got a party on Saturday?" "Yes, I **did**."
    (「土曜日にパーティーをしましたか」「ええ，しました」)
have got は，to 不定詞や ing 形にも普通使用しない (Swan 1995: 230)．
  (iii) ?to have got a girlfriend／?having got flu

② **一般動詞として**：〈英・米〉ともに疑問文・否定文に do を用い，have got は使用しない．
  (8) **Do** you **have** coffee with your breakfast?
    (朝食時にコーヒーを飲みますか) [=drink] [*Have you coffee ...?]
  (9) I **didn't have** any difficulty getting here.
    (ここへ来るのに骨は折れなかった) [=experience] [*hadn't]
  (10) Can I **have** the bill, please? (OALD⁶) (勘定をお願いします) [=receive]
一般動詞だから，進行形も可能であるが，縮約形は許されない．
  (11) Dad can't answer the phone. He**'s having** a bath.
    (パパは電話に出られません．入浴中ですから)
  (12) I **have** lunch at 12.30 most days.　　　　　　　　　(Swan 1995)
    (たいてい12時半に昼食をとります) [*I've ...]

NB 1 Swan (1995: 229) は，
  (i) **Did** you **have** a good holiday? (いい休暇を過ごしましたか)
    [NOT Had you a good holiday?]
のように，疑問文での had の使用を認めていないが，実例は皆無ではない．
  (ii) Or **had** you other matters on your mind?　　　　　　(BNC)
    (それとも別なことを考えていたのか)
  (iii) What **had** you in mind, Nell? (Ibid.) (何を考えていたんだね，ネル)
また，過去完了形の疑問文は，had 以外には考えられない．
  (iv) **Had** you **thought** of that? (BNC) (そのことを考えてみましたか)
  (v) Oh, **had** you **noticed**? (Ibid.) (おや，気がついていたのかい)

NB 2 「必要」を表す have (got) to については，§17.1.4 を，使役動詞としての have については §18.4.2 を参照．

11.1.3. Do の用法
[A] 助動詞として： 次の場合に用いられる．
① 否定文（一般動詞の場合，not を伴って）
  (1) a. I **don't** like baseball. （私は野球は嫌いだ）
      b. **Don't** go. （行くな）
② 疑問文（一般動詞の場合）
  (2) a. **Do** you like baseball? （野球は好きですか）
      b. What **do** you do in the evenings? （晩には何をするんですか）
③ 文意の強調 (emphasis)： do に強勢を置く．
  (3) a. Go. Yes, **DO** go. （行けよ．そう，絶対行くんだ）
      b. "Why didn't you see her?" "I **DID** see her."
         （「なぜ彼女に会わなかったのか」「どっこい，会ったさ」）
④ 倒置： 一般動詞の場合，文頭に否定語があるときは義務的に 'do + S' の語順になる．この場合は，do に強勢を置かない．
  (4) a. *At no time* **did** he lose his self-control. (Swan 1995)
         （いかなる時も彼は自制を失うことがなかった）
      b. *Little* **did** I realize how important the meeting was.
         （その会議がどれほど重要だか，私はまるでわかっていなかった）

この構文で be, have, 法助動詞がある場合は，'be / have / modal + S' の形式で主語・助動詞倒置を行う．助動詞があるので，"do による支え" (*do*-support) が必要ないからである．

  (5) a. *Only* after her death **was** I able to appreciate her. (Swan 1995)
         （彼女が死んではじめて，彼女の真価がわかった）［only は準否定語］
      b. *Never* **have** I felt better. （こんなにいい気分だったことはこれまで一度もない）
      c. *Under no circumstances* **must** a soldier leave his post.
         （兵士はどんなことがあっても持ち場を離れてはならない）
⑤ 動詞句の代用
  (6) a. "Who saw her?" "John **did** (= saw her)."
         （「誰が彼女を見たのか」「ジョンが見た」）
      b. He makes furniture, **doesn't** he (= doesn't he make furniture)?
         （彼は家具を作るのでしょう）
      c. "John likes cats." "So **do** I." （「ジョンはネコが好きだ」「私もだ」）

[B] 本動詞として
① 「… する」（この意味が最も一般的）
  (7) a. What are you **doing**? （何をしているのか）
      b. I am **doing** the talking. （おれがいましゃべっているんだ）
      c. I **did** some swimming yesterday. （きのう少し泳いだ）

d. He did not **do** it.　(彼はそんなことはしなかった)〔前の did は助動詞〕

② 「**do**＋目的語」：　目的語の意味に応じてさまざまな意味を表す．
(8) a. **do** the room / dishes / flowers　(部屋を掃除する/皿を洗う/花を活ける)
b. **do** one's teeth / homework / hair　(歯を磨く/宿題をする/髪を整える)
c. **do** Shakespeare into Japanese　(シェイクスピアを日本語に翻訳する)
d. My son is **doing** engineering at university.
(息子は大学で工学を勉強している)

③ **動詞句の代用**：　本動詞 do による動詞句の代用は，上述の助動詞の do による動詞句の代用とは厳密に区別しなければならない．例えば，

(a)　助動詞の do は，他の法助動詞で置き換えることができる．
(9) a. I drive a car, and my wife **does**, too.　(私は車を運転する．妻もする)
b. I can drive a car, and my wife **can**, too.
(私は車の運転ができる．妻もできる)

(b)　本動詞の do は，助動詞の do とは異なり，助動詞のあとに生じることができる．
(10)　John will buy the book, and Paul **will do** so as well.
(ジョンはその本を買うだろう，ポールもそうするだろう)

次例のように，助動詞のあとで，随意的に本動詞の do を動詞代用語として使用するのは，〈英〉である．
(11) a. He smokes more than he used to (**do**).
(彼は以前よりもよくたばこを吸う)
b. "Will you be attending the meeting this evening?"　"I MAY (**do**)."
(「今晩の会合に出ますか」「かもね」)

(c)　本動詞の do は，助動詞の do とは異なり，目的語をとることができる．
(12) a. Jane loves Tom much more than she **does** (＝loves) Jim.
(ジェーンはジムよりもずっとトムのほうを愛している)
b. I chose my wife as she **did** (＝chose) her gown.　　　　　(COD[5])
(私は，妻がガウンを選んだように，妻を選んだ)

NB　do so / it / that の用法と区別については，§34.1.2.5 を参照．

第 12 章

疑 問 詞

12.0. 概　説

　文の一部に不明の要素がある場合，その要素を疑問詞にして尋ねる．疑問詞には2種類がある．不明な名詞句について尋ねる**疑問代名詞**と，不明な副詞語句について尋ねる**疑問副詞**である．疑問副詞の how を除き，すべて wh- で始まるので, wh 語 (*wh-word*) とも呼ばれる．日本語では，ドレ・ドコなどの「ド形」が対応する．

12.1. 疑問代名詞

12.1.1. 形　式

　疑問代名詞 (interrogative pronoun) には，who, what, which の3語があり，三つの格をもつ．限定詞 (determiner) としても用いられる．

主格	所有格	目的格
who（誰）	whose（誰の）	whom（誰を/に）
what（何）	──	what（何を/に）
which（どれ）	──	which（どれを/に）

　who は「人」について，what は「不特定の人・物」について，which は「特定の人・物」ついて用いる．

12.1.2.　who, whose, whom
[**A**]　**who**「**誰**」(**主格**)：　人やグループの名前・アイデンティティを尋ねるのに用いる．普通，単数扱い．
　(1)　"**Who** are you?" "(I'm) Anne Shirley."
　　　（「どなたですか」「アン・シャーリーです」）
　(2) a.　"**Who** is it?" "It's me."　（「誰ですか」「私です」）
　　 b.　"**Who** is he?" "He's Mary's husband."
　　　　（「彼は誰ですか」「メアリーの夫です」）
　(3)　"**Who** won, Bill or John?" "John did."　（「誰が勝ったのですか，ビルですか，ジョンですか」「ジョンです」）[Bill or John は who と同格]
　(4)　**Who** does he think he is?　　　　　　　　(Steel, *Thurston House*)

(あの男って，自分を何様だと思ってるんでしょう)

次例では，委員会のメンバーを考えている，つまり，複数の前提があるので，複数でうけている．

(5) **Who** *were* appointed to serve on the committee?　　　　　(Web[3])
(誰が選ばれて委員を務めることになったのか)

次の文には，wh 語が二つ生起している（SVOO の語順が守られている点に注意）．

(6) **Who** is telling *whom* the story, Wladek?　　(Archer, *Kane and Abel*)
(誰が誰にその話をしているのかな，ウラデック)

[B] whose「誰の(もの)」(所有格)： 限定詞としても用いられる．

(7) **Whose** is that car?　(あの車は誰のですか)［代名詞］
(8) a. **Whose** car is that?　(あれは誰の車ですか)［限定詞］
　　b. **Whose** umbrella did you borrow?　(誰の傘を借りたのですか)［同上］

[C] whom「誰を/に」(目的格)： 〈格式体〉または書き言葉で用いられ，前置詞の直後に置かれる場合を除いて，〈普通体〉では，who を用いる．

(9) **Whom/Who** did you invite?　(Eastwood 1994)（誰を招いたのか）
(10) a. **To whom** should I address the letter?　〈格式体〉[~~To who~~]
　　 b. **Who** should I address the letter **to**?　〈普通体〉
　　　（この手紙の宛名は，誰にすればいいんですか）
(11) **Who** were you **with**?　(Joyce, *Dubliners*)（誰といっしょだったの？）

(10a) では，wh 語が to とともに節頭に移動している．これを「**前置詞随伴**」(pied piping) と言う．[1] これに対して，(10b)，(11) では，wh 語のみが節頭に移動し，前置詞がもとの位置に残っている．これを「**前置詞残留**」(preposition stranding) と言う．ドイツ語やフランス語では，「前置詞随伴」しか用いられない．

前置詞の目的語の wh 語が，前置詞の前に移動したときには，上の (10b)，(11) や次の (12) のように，主格が使用される．

(12) a. "I promised to go out." "**Who with**?"　　(Coward, *The Vortex*)
　　　（「出かけると約束したんだ」「誰と？」）
　　 b. And why ... and **who to**?　　(Francis, *The Edge*)
　　　（そしてなぜ... また誰に？）

12.1.3. what

「不特定の」人や物について，代名詞または限定詞として用いられる．普通，単数扱い．

---

1. pied piping は，Ross (1967) の用語 (R. Lakoff の示唆による)．Robert Browning が子供のために書いた詩 *The Pied Piper of Hamelin* に基づく．ドイツの Hamelin (原語名 Hameln) 市がネズミの害に苦しんだとき，まだら服の笛吹きが笛を吹いてネズミを誘い出して Weser 川に溺死させたが，市当局が約束の金を惜しんだため，怒った笛吹きは，再び笛を吹いて，市の子供全員を誘い出して Koppenberg 山に隠してしまった．

第 12 章　疑 問 詞

[A]　人について用いる場合「何者」：　職業を尋ねる．
(1)　"**What** are you?" "I'm a student." (「あなたは何者ですか」「学生です」)
(2)　"**What's** John?" "He's a teacher."
　　(「ジョンは何をしているのですか」「先生です」)
(3)　Just who and **what** was [sic] Amy Gibbs?　　　　(Christie, *Murder Is Easy*)
　　(いったい，エイミー・ギブズって，何者で，何をやってたのかね)

[B]　物について用いる場合「どんなもの」：「不特定の」物について用いる．
(4)　"**What's** your favorite sport?" "Baseball."
　　(「好きなスポーツは何ですか」「野球です」)
(5)　**What** do you think of him?
　　(彼のことをどう思いますか) [~~How do you think …?~~]
(6)　**What** did you do that **for**?　　　　(Thomson & Martinet 1986)
　　(なぜ，あんなことをしたのか) [what … for = why：しばしば非難を含む]
(7)　**What** time is it?　(何時ですか) [限定詞]
(8)　"**What** is her nationality? = **What** nationality is she?" "(She's) American." (「彼女は何国人ですか」「アメリカ人です」) [American (アメリカ国籍の)]

NB　**What's S doing here?**：　LDCE[4] は，この構文は，話し言葉で，「誰か/何かが，なぜ特定の場所にいるのか/あるのか」，または，「なぜ特定の事柄をしているのか」と，特に驚いたり，不快に思ったりしているときに用いられる，と説明している．
　(i)　"Friar Perez — **what are you doing here?**" dell'Aqua *burst out*.　　(Clavell, *Shogun*) (「ペレス修道士——どうしてこんなところにいるのかね」とデラクワが<u>不意にどなった</u>)
　(ii)　Ferrierra was *staring at* the galley.　"**What's our longboat doing here?**" (Ibid.) (フェリエラは，ガレー船を<u>じろじろ見ていた</u>．「なんだって，われわれの大型ボートがこんなところにあるのかね」)
(ii) のように，物主語が doing をとる構文は，(i) のような，人主語構文の拡大使用であることは，明白である．

12.1.4.　which
二つ(以上)の「特定の」人や物について用いられる．限定詞的にも用いられる．
(1)　"**Which** do you prefer, coffee or tea?" "I prefer coffee."
　　(「コーヒーと紅茶のどちらがお好きですか」「コーヒーのほうが好きです」) [代名詞]
(2)　**Which** girl do you mean?　(どの女の子のことを言ってるのですか) [限定詞]
(3)　**Which one/Who** do you like better, your mother or your father?
　　(お父さんとお母さんのどちらが好きですか) [限定詞/代名詞]

which of という言い方は，人にも物にも用いられる．
(4)　**Which of** you won the prize?　(君たちのどちらが賞を獲得したのか)
(5)　**Which of** these umbrellas is yours?　(これらの傘のうち，どれが君のですか)
疑問代名詞を単独に，人について用いるときには，普通，which ではなく，who

が使われる (Swan 1995: 621).[2]
- (6) **Who** won — Smith or Fitzgibbon?
(誰が勝ったのか，スミスですか，フィッツギボンですか) [~~Which won ...?~~]

NB 次の二つの文を比較せよ.
- (i) **What** writer do you like? (どんな作家が好きですか)
- (ii) **Which** writer do you like? (どの作家が好きですか)

(i) は「不特定」の作家，つまり作家一般についての質問であるが，一方，(ii) は先に名をあげた「特定」の作家についての質問である.

12.2. 疑問副詞

疑問副詞 (interrogative adverb) は，不明の副詞語句について尋ねる. when, where, why, how の4語がある.

12.2.1. when
不明の「時」を尋ねるのに用いられる.
- (1) "**When** did he come?" "(He came) Last night."
(「彼はいつ来たのですか」「ゆうべ(来たの)です」)
- (2) **When** will you come? (いつ来るのですか)

次の例では，前置詞の目的語として，疑問代名詞的に使用されている.
- (3) **Since when** have you had these headaches?
(いつからその頭痛がしているのですか)
- (4) **Till when** does the play continue? (いつまでその芝居は続くのですか)

12.2.2. where
不明の「場所」について尋ねるのに用いられる.
- (1) "**Where** does he live?" "(He lives) In Tokyo."
(「彼はどこに住んでいるのですか」「東京に住んでいます」)
- (2) **Where** did you get that idea? (KCED) (どこでそんな考えを仕入れたのか)

from, to の目的語として，疑問代名詞的にも用いられる.
- (3) "**Where** does he come **from**? = **Where** is he **from**?" "He comes/is from Hong Kong." (「彼はどこの出身ですか」「ホンコン出身です」)
- (4) a. **Where** are you going **to**? (どこへ行くところですか)
  b. "**Where to**, Guv'nor?" "Tower of London." (Archer, *A Matter of Honour*) (「どちらへ，大将」「ロンドン塔だ」)

---

2. ただし，which を単独で，人に使用した例がないわけではない.
   (i) I don't know **which** thought of it, John, Evelyn, or Sally. (CAU)
   (そのことを思いついたのは，ジョンとイーブリンとサリーの誰なのか，私は知らない)

第12章 疑問詞

12.2.3. why
不明の「理由」を尋ねるのに用いられる．because で答えるのが原則．
 (1) "**Why** do you watch TV?" "**Because** it's good for my English."
  （「なぜテレビを見るのですか」「英語の勉強に役立つからですよ」）

次の文では，why が分裂文 (cleft sentence：§36.6.2) の焦点になっている．
 (2) **Why** is it you can do nothing? （何もすることができないのは，なぜか）

 NB why は，話し言葉において，次のような慣用表現としてよく用いられる．
  ① Why do?「なぜ…するのか」「無駄ではないか」という含意がある．
   Why argue with him? He'll never change his mind. (Swan 1995)
   （なぜ彼と議論するのか．絶対に決心を変えないよ）
  ② Why not?「(質問に答えて)もちろん；どうぞ，どうぞ」
   "May I go now?" "**Why not?**" （「もう帰ってもいいですか」「どうぞ，どうぞ」）
  ③ Why not do? = Why don't you do?「…してはどうか」〈提案〉
   "**Why not** come / **Why don't you** come with us?" "Thanks, I will."
   （「一緒にいらしたらどうです」「ありがとう，そうしましょう」）

12.2.4. how
[A] 単独に用いて：「どんなふうに」(方法・状態・様態を尋ねる)
 (1) "**How** did you get here?" "**By car.**" [方法：by で答える]
  （「どうやってここへ来ましたか」「車(で)です」）
 (2) "**How** are you?" "I'm very well, thank you." [状態]
  （「いかがですか」「ありがとう，元気です」）
 (3) "**How** was she dressed?" "Very simply." [様態]
  （「どんな服装でしたか」「とても簡素でした」）

[B] 「how＋形容詞/副詞」の形式で：「どれくらい」(程度を尋ねる)
 (4) **How** *many* people came? (何人来ましたか)[数]
 (5) **How** *much* sugar do you want? (砂糖はどれほどご入用ですか)[量]
 (6) **How** *old* are you? (何歳ですか)[年齢]
 (7) "**How** *far* is it to Kyoto?" "A long way." [距離]
  （「京都までの距離はどれくらいですか」「遠いですよ」）
 (8) "**How** *long* have you been here?" "About two weeks."
  （「ここへ来てどれくらいになりますか」「約2週間です」）[期間]
 (9) "**How** *often* do you wash your hair?" "About once a week."
  （「髪を何回洗いますか」「週1回くらいです」）[回数]

 NB [B]の諸例は，どれも「多い」とか，「年をとっている」とか，「期間が長い」とかの前提のない，無標 (unmarked) の疑問文である．ただし，HOW old is he? と how に強勢を置く場合は，「どれくらい年をとっているの」というように，He is old. という前提がある．同様に，How near には「近い」という前提が，How young には「若い」という前提がある．
  (i) "**How** *old* would you say they were?" "Young." "**How** *young*? Twenty

or thirty?" (McBain, *Hail, Hail*)(「彼らは何歳ぐらいだったと思いますか」「若かったです」「若いって，どれくらい？ 20歳ですか，30歳ですか」)

12.3. 間接疑問文

次の二つの文を比較してみよう．
  (1) a.　When will he come?　(いつ彼は来るのだろう)
     b.　I wonder **when** *he will come*.　(彼はいつ来るのかしら)

(1a)のような直接疑問文(direct question)に対して，(1b)のように疑問文が文の目的語の位置に埋め込まれて，名詞節として働いている場合を**間接疑問文**(indirect question)と言う．名詞節として文の一部になった以上，語順は when will he come → when he will come のように，⟨S+V⟩となる．間接疑問文の派生については，§38.3.2を参照．

以下の記述では，疑問代名詞と疑問副詞の双方を扱う．

12.3.1. 間接疑問文の用法

間接疑問文は，名詞節として主語・補語・目的語の働きをする．
  (1) **Where** *he went* is unknown.
     (彼がどこへ行ったかは不明だ)(cf. Where did he go?) [主語]
  (2) The question is **how** *we can do it*.
     (問題はどうすればそれができるかだ)(cf. How can we do it?) [主格補語]
  (3) Tell me **what** *he said*.
     (彼が何と言ったか，教えてくれ)(cf. What did he say?) [他動詞の目的語]
  (4) They were debating about **which** *was the better plan*.
     (彼らはどちらが優れた計画かということで議論していた) [前置詞の目的語]

NB What is the matter? では，今日ではほとんど常に what が主語，the matter (= wrong) が補語と考えられている(Jespersen *MEG* III: 393)．したがって，間接疑問文でも(i)のような語順が普通であるが，まれに(ii)のように the matter を主語とした例も見られる(BNC には前者が15例，後者が8例検索される)．
  (i) He didn't know **what** *was the matter* with him.　　　　　　　(BNC)
     (彼がどうしたのか知らなかった)
  (ii) The girl asked **what** *the matter was*.　　　　　　　　　　(Ibid.)
     (どうしたんですか，と娘が聞いた)
なお，Jespersen は，したがって，(iiia)のように言って，(iiib)のようには言わない，とする．
  (iii) a.　What can be the matter?
     b.　*What can the matter be?
しかし，(ii)の語順を使用する話し手がいる以上，Jespersen の不可とする(iiib)のような例の生起も当然予測されるはずである(BNC には(iv)を含む2例がある)．
  (iv) Oh dear, **what** *can the matter be*?　(おやまあ，いったい，どうしたんだろう)

12.3.2. Who do you think …? と Do you know who …?

次の wh 補文を含む二つの文を比較せよ．
 (1) a. **Who** do you think I am?（私を誰だと思っていますか）
   b. Do you know **who** I am?（私が誰だか知っていますか）

(1a) は「私は誰か」を尋ねている wh 疑問文であるが，(1b) は「知っているかどうか」を尋ねる yes/no 疑問文である．(1) の各文の基底にあるのは，概略，次のような構造である．

 (2) a. Who do you think [$_{S'}$ t (that) I am t]
   b. Do you know [$_{S'}$ who I am t]

これらの疑問文の違いは，(2a) の who は補文の中から引き出されて，まず補文の文頭へ移動し，続いて主文の文頭へ移動しているのに対して，(2b) の who は，補文の文頭へ移動したにとどまっている点である．

(1a) のタイプの間接疑問文を作る動詞は think 型であり，(1b) のタイプの間接疑問文を作る動詞は know 型である．（以下の例で，t は移動した wh 語の残した痕跡^{こんせき}．）

 ① think 型： think, believe, hope, suppose, guess, feel, etc.
 (3) When do you *suppose* he will come t?（彼はいつ来ると思いますか）

Jespersen (*MEG* III: 40) は，このタイプの疑問詞節を**連鎖疑問詞節** (concatenated interrogative clause) と呼んでいる．

 ② know 型
  a. ask, wonder, investigate, inquire, etc.
  b. know, decide, discover, forget, guess, remember, learn, teach, see, hear, tell, etc.

think 型動詞は，[−wh] という特徴をもっているので，(4) で見るように，[+wh] 補文を選択することができない（つまり，統語特徴が**一致** (agree) しないのである）．

 (4) *I believe **who** John saw.
    [−WH] [+WH]

これに対して，know 型のうち，(a) 類は [+wh] という特徴をもっていて，(5) のように常に [+wh] 補文をとるのに対して，(b) 類は [±wh] という特徴をもっていて，疑問文・否定文に用いられて [+wh] のときには (6a) のように [+wh] 補文をとり，[−wh] のときには (6b) のように [−wh] 補文，つまり that 節をとる (cf. Lasnik & Saito 1994: 3)．

 (5) a. I wonder **who** John saw.（ジョンは誰を見たのだろうか）
     [+WH] [+WH]
   b. *I wonder **that** John saw Mary.
     [+WH] [−WH]
 (6) a. I know **who** John saw.（ジョンが誰を見たのか知っている）
    [+WH] [+WH]

b. I know **that** John saw Mary. （ジョンがメアリーを見たのは知っている）
　　[−WH] [−WH]

以上述べたことから，以下の事実が明らかになる．

(7) 主節の動詞と補文標識の間には，統語特徴の一致（agreement）がなければならない．

すなわち，know 型の動詞が [+wh] 特徴をもっている場合は，[+wh] 補文を選択するので，wh 句は wh 補文のトップに移動できるが，think 型動詞は [+wh] 補文を選択することができないので，wh 句は補文のトップの位置にとどまることができない．その結果，(2) で示したように，[+wh] 特徴をもった主節のトップ（=CP の Spec）まで義務的に移動していくのである．

NB 1 say, report のような伝達動詞は，think 型にも know 型にも使用される．
　(i) **Who** did John *say* loved Mary?
　　　（誰がメアリーを愛している，とジョンは言ったのか）
　(ii) Did John *say* **who** loved Mary?
　　　（メアリーを愛しているのは誰だか，ジョンは言ったのか）
(i) は think 型の疑問文で，「誰」が疑問の焦点になっている．一方，(ii) は know 型の疑問文で，「言ったか否か」が疑問の焦点になっている．

NB 2 次の二つの文では，that の有無が文法性を決定する．
　(i) Who$_i$ do you think t_i (that) John saw t_i? （ジョンは誰を見たと思いますか）
　(ii) Who$_i$ do you think t_i (*that) t_i saw Mary?
　　　（誰がメアリーを見たと思いますか）
すなわち，(i) のように wh 語が目的語の場合は that の存在は随意的であるが，(ii) のように wh 語が文の主語の場合は，that を付けると非文法的になる．なぜなら，(i) の痕跡は，saw という語彙範疇によって適正に統率されているが，(ii) の痕跡は，これを適正に統率する要素がないのである．これは **that 痕跡効果**（*that*-trace effect）と呼ばれている．

もっと簡潔には，拡大投射原理（extended projection principle, EPP）によって，英語には主語のない文は許されないが，(ii) には saw の主語がないので非文法的になる，と説明することができる．that がなければ，who が主語と解されることは，次のような書き替えによって明らかである．
　(iii) **Who** saw Mary, do you think?

12.3.3. I don't know where のタイプ

このタイプは，「どこか知らない」という疑問文から，「どこか知らないところに」という従属節に転用される．(1) のように副詞節，(2) のように形容詞節，または，(3) のように名詞節として使用される．

(1) I heard you had gone away, *nobody knew* **where**. (Hardy, *Tess*)
　　（あなたは，誰も知らないところへ立ち去ったと聞きました）
(2) There were *I don't know* **how** *many* quarterings. (Maugham, *Cakes and Ale*)（いくらあるかわからないほどの分宿があった）
(3) a. After tossing about recklessly for *God knows* **how** *long*, he fell asleep. (Maugham, *Casuarina Tree*)

（ずいぶん長い間やたら輾転としたあげく，彼はやっと眠りに落ちた）
　b. **I'll follow you to** *I don't know* **where**.　　　　　(Google)
　　（どこか知らないところでも，あなたに従いて行きます）

12.3.4. 〈疑問詞＋to 不定詞〉

この構造は，wh 節の should, must と対応して，「…するべきか」という法的 (modal) な意味を表す．

[A] 独立文として
　(1) a. **What** *to do*?　（何をしたらいいのか）[F. Que faire?]
　　 b. **Where** *to go*?　（どこへ行けばいいのか）[F. Où aller?]
　　 c. **When** *to start*?　（いつ出発すればいいのか）[F. Quand partir?]
　　 d. **How** *to be* Happy Though Married?　［書名］　　(Jespersen *MEG* V)
　　　　（結婚していながらも，いかにすれば幸福になれるか）
　　 e. **How** *to begin* is more difficult than **where** *to stop*.　[＝How one/we should begin …?]（いかに始めるかのほうが，どこでやめるかよりもむずかしい）

why のあとでは，普通，to なし不定詞が用いられる．

　(2) a. **Why** *talk* so much about it?　（なぜ，そのことをそんなにくどくど話すのか）
　　　　［＝Why should you talk so much about it?］
　　 b. You're looking tired.　**Why not** *take* a holiday?
　　　　（疲れているようだよ．休暇をとったらどう？）

(2a) では，語用論的に「やめたらどうか」，(2b) では「…したらどうか」という〈提案〉の力をもつ．

what, when, how などでは to が現れ，why の場合，なぜ to が現れないのか．この事実は，(3) で見るように，この構文が省略文であることを示唆している (Jespersen *MEG* V: 325)．

　(3) a. **What** (am I/is one) *to do*?　（何をしたらいいのか）
　　 b. **Why** (should you/do we) **not** *do* it at once?
　　　　（なぜすぐしないのか）［したらいいではないか］〈提案〉

NB 1 What to do? は文法的なのに，*Who to go? はなぜ非文法的なのか．それぞれは，(i), (ii) のような構造をしている．

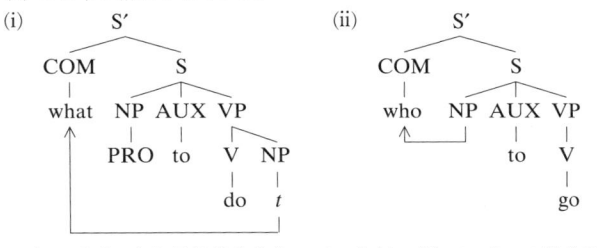

```
    (i)         S'                    (ii)        S'
              /    \                            /    \
           COM     S                         COM     S
            |    / | \                        |    / | \
          what  NP AUX VP                    who  NP AUX VP
                 |  |  / \                         |   |  |
                PRO to V  NP                       to  V
                       |  |                            |
                       do t                            go
```

(i) の what は do から目的格をもらっているが，(ii) の who の場合は，助動詞 (＝屈折要素) の to が格を付与する能力がないため，容認されないのである．対応するフランス語の

Que faire? (= What to do?) と *Qui aller? (= Who to go?) の対立についても，同様な説明が可能である．

NB 2 疑問詞のうち，why がなぜ to 不定詞をとらないかについては，統語論と意味論の立場からの三つの意見がある．まず，この構文が省略文であることを示唆している，とする Jespersen (*MEG* V: 325) の説は，上に示したとおりである．

次に，when, how などと違って，why は to 不定詞（あるいは動詞）を修飾するのではなくて，文全体を修飾する機能をもっているので，不定詞と結びつきにくいのである，という石橋(編)(1966) のすぐれた意見がある．

第三に，Dixon (1991: 235) は，意味論的な理由をあげている．彼は
  (i) *I don't know **why** *to go*.
が非文法的なのは，why はある行動を起こす理由を問いただすのに対して，法的な意味 (*ie ... するべき*) をもつ to 不定詞はその行動に意図的に参与することを表すので，両者は意味的に両立しないのである，と説明している．

けれども，why to do という有標の形式が絶対に生じないわけではない．以下に，BNC で検索した例をあげてみよう．
  (ii) It means deciding **where**, **when and why** *to say* Yes.
        （それは，どこで，いつ，なぜ，「イエス」と言うべきかを決めることを意味する）
  (iii) The child needs to learn **how and why** *to use* a potty.
        （子供は，おまるの使い方と理由を学ぶ必要がある）
  (iv) a. But I can tell you **why** *to love*.
          （なぜ人を愛さなければならないか，お教えできます）
       b. **Why** *to bother* so much about the details, you may ask.
          （なぜ細部にこだわるのか，とあなたは聞くかもしれない）

特に，(ii)，(iii) のように，他の，to 不定詞をとる wh 語と並列的に使用される場合は，かなり自然であり，むしろ，必然であるとしてよい．(iva) にしても，to を落として why love としたならば，「なぜ愛するのか，その必要はないではないか」というように，異なる意味に解されるおそれがある．(ivb) は直接疑問文だから，to を付けないほうが普通だろう．

[B] 間接疑問文：次の (4)，(5) の (a) 文と (b) 文とを比較せよ．（PRO は，不定詞の意味上の主語を目に見えるようにしたもの．意味的な要素なので，発音されない．）なお，(4b) のように，主文の主語が PRO をコントロールしている（= PRO の先行詞である）場合，「主語コントロール」(subject control)，(5b) のように，主文の目的語が PRO をコントロールしている場合を「目的語コントロール」(object control) と言う．

(4) a. I_i don't know **which** I_i *should take*.
    b. I_i don't know **which** PRO_i *to take*.
        （どちらを取るべきか，わからない）
    c. Cf. F. Je ne sais pas **que faire**. （何をしたらいいのか，わからない）
(5) a. I told him_i **where** he_i *should go*.
    b. I told him_i **where** PRO_i *to go*.
        （どこへ行くべきか，彼に教えた）
(6) Will hardly knew **whether** *to laugh or cry*.   (Stevenson, *The Merry Men*)
     （ウィルは，笑うべきか泣くべきか，よくわからなかった）

第12章 疑問詞

[= whether he should laugh or cry]

(4a) では，主文の主語 (= I) と wh 補文の主語 (= I) とは，下付の i で示されているように，同一指示的 (coreferential) (= 同じ指示物を指している) である．一方，(5a) では，主文の目的語 (= him) と wh 補文の主語 (= he) とが同一指示的である．このように，英語では，wh 補文の主語が主文の主語または目的語と同一指示的である場合は，(4b)，(5b) のように，補文を「wh + to 不定詞」の構文に縮約することができる．「wh + to 不定詞」は，wh 節の should と対応して，「…するべき」という法的 (modal) な意味をもっている．類例をあげてみよう．

まず，補文の主語が主文の主語と同一指示的である場合から見ていく．

(7) a. I wondered **how** *I should get* there.
　　b. I$_i$ wondered **how** *PRO$_i$ to get* there.
　　（どうやってそこへ行こうかと思った）

(8) a. I had no idea **who** *I should talk to*.
　　b. I$_i$ had no idea **who** *PRO$_i$ to talk to*.
　　（誰に話しかけたらいいのか，わからなかった）

(9) a. Have you decided **who**(m) *you should choose*?
　　b. Have you$_i$ decided **who**(m) *PRO$_i$ to choose*?
　　（誰を選んだらいいか，決めましたか）

この構造は，前置詞の目的語になる場合がある．

(10) a. I am still puzzling ***about* which** dictionary *I should buy*.
　　 b. I$_i$ am still puzzling ***about* which** dictionary *PRO$_i$ to buy*.
　　 （どの辞書を買うべきか，まだ迷っている）

(11) a. They discussed the problem ***of* how** *they should increase foreign aid*.
　　 b. They$_i$ discussed the problem ***of* how** *PRO$_i$ to increase foreign aid*.
　　 （彼らは，対外援助をどうやって増やすかという問題を論じた）

次は，補文の主語が主文の目的語と同一指示的である場合である．

(12) a. He told me **which** book *I should read*.
　　 b. He told me$_i$ **which** book *PRO$_i$ to read*.
　　 （彼はどの本を読むべきか，私に教えてくれた）

(13) a. I advised John **what** *he should do*.
　　 b. I advised John$_i$ **what** *PRO$_i$ to do*.
　　 （ジョンにどうするべきか，助言した）

主節の動詞が ask の場合は，指示性が異なる．

(14) a. I asked John **what** *I should do*.
　　 b. I$_i$ asked John **what** *PRO$_i$ to do*.
　　 （どうしたらいいか，ジョンに聞いた）
　　 c. *I asked John what he should do.

ask の場合，私が「wh 補文の内容の尋ね手」であるから，(14b) は (14a) と同義

であって，(14c) と同義ではない．

「wh + to 不定詞」の構文をとる動詞には，次のようなものがある．いずれも，「次のことは不明である」(it is unclear) という前提のある環境で用いられる．

(15) a. 主文の主語と wh 補文の主語が同一指示的な構文をとる動詞（＝主語コントロール動詞）
ask, debate, decide, discover, forget, guess, find out, know, learn, observe, perceive, remember, see, think, understand, wonder, be at a loss, etc.

b. 主文の目的語と wh 補文の主語が同一指示的である構文をとる動詞（＝目的語コントロール動詞）
advise, explain, inquire, show, teach, tell, etc.

第 13 章

関 係 詞

13.0. 概 説

関係詞は，二つの節を結びつけると同時に，先行の節中の名詞または副詞の代わりをする語である．名詞の代わりをするものを**関係代名詞**，副詞の代わりをするものを**関係副詞**と言う．

関係詞には，次のような種類がある．

(1) a. 関係代名詞： who, which, what, that, whoever, whichever, whatever
 b. 関係副詞： when, where, why
 c. 擬似関係代名詞： as, than, but

13.1. 関係代名詞

13.1.1. はじめに

[A] **働き**： 関係代名詞 (relative pronoun) は，接続詞と代名詞の働きをする語である．例えば，

(1) a. That's the boy. *He* broke the window.
 （あれがその少年だ．彼が窓を割った）
 b. That's the boy **who** broke the window. （あれが窓を割った少年だ）

において，(1b) の who は，(1a) の He の代わりに broke の主語の働きをすると同時に，(1a) の二つの文を結びつける働きをしている．このとき，(1b) の the boy のことを関係代名詞の**先行詞** (antecedent) と言う．

[B] **種類**： 関係代名詞には，次のような種類と形式がある．

(2)

先行詞	主格	所有格	目的格
人	who that	whose —	who(m) that
物	that which	— of which	that which

関係代名詞のうち語形変化するのは，who のみである．

[C]　構造：　関係詞節は，付加部（＝形容詞的修飾語）であるから，次に図示するような構造をもつ．

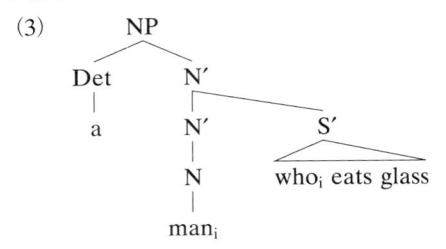

(3)
```
            NP
           /  \
         Det   N'
          |   / \
          a  N'  S'
             |   |
             N   who_i eats glass
             |
             man_i
```

関係詞と先行詞は，下付のiで示されているように，同一指示的でなければならない．そうでない場合は，関係詞節の生成はブロックされる．

13.1.2.　関係詞節の形成

現在では，関係詞は名詞句から変形されるのではなく，基底においてそのままの形で生成されると考えられている．ここでは，<u>学校文法の立場を考慮して</u>，名詞句が関係詞に変形されるとする考え方をとる．

13.1.2.1.　主語 NP の関係詞化

この派生が最も簡単だから，中学生などには，これから教えるべきである．

[A]　先行詞が「人」の場合：　who/that の可能性があるが，who のほうが普通で，that は〈略式体〉で使用される．

(1)　I know *a girl_i*.　*The girl_i/She_i* speaks Basque.　→
　　　（私はある少女を知っている．その少女/彼女はバスク語を話す）
　　a.　[埋め込み]：　関係詞節となるべき文を主文の先行詞の直後に埋め込む．
　　　　I know a girl_i [*the girl_i/she_i* speaks Basque]
　　b.　[関係詞化（以下 wh 化と呼ぶ）]：　the girl/she は文の主語だから，主格の who に変える．
　　　　I know a girl [**who** speaks Basque].
　　　　（私はバスク語を話す少女を知っている）

(a) の段階で，両方の節に同一指示的な名詞句が存在する必要がある（ie a girl_i = The girl_i/She_i）．同一指示的でさえあれば，名詞・代名詞のどちらでもいいが，以下，記述を簡潔にするために，第二の節では代名詞のみを利用する．

(2)　The man_i is my cousin.　*He_i* eats glass.　→
　　a.　The man_i [*he_i* eats glass] is my cousin　[埋め込み]
　　b.　The man **who** eats glass is my cousin.　[wh 化]
　　　　（ガラスを食べるその男は，私のいとこです）

[B]　先行詞が「物」の場合：　which/that の可能性があるが，which は〈格式体〉で，that のほうが普通である．

(3)　This is the car_i.　*It_i* won the race.　→

a. This is the car$_i$ [it$_i$ won the race]　[埋め込み]
b. This is the car **which** won the race.　[wh 化]
　（これが，そのレースで優勝した車です）

NB　that は，OED^2, Quirk et al. (1985), Huddleston & Pullum (2002) などでは関係詞として，生成文法では補文標識 (complementizer) として，扱われるのが普通である．that は関係詞か補文標識かという問題については，筆者は，次のように考えている．
　まず，Chaucer のころまでは，英語でも，次のような，「wh 句 + that」が共起することが許されていた（つまり，that は補文標識と意識されていた）．
　　(i)　a doghter **which that** called was Sophie　(Chaucer, *The Tale of Melibee* 968)
　　　　（ソフィーと呼ばれる娘）
しかし，初期近代英語 (EModE) の Shakespeare の英語では，この結びつきは許されなくなった（おそらく，このころから，wh 句も that もどちらも関係代名詞と感じられるようになり，両者を併用する理由が見つからなくなったためと思われる）．
　こうして，wh 語と共起しない that は，関係詞として機能しはじめる．例えば，
　　(ii)　the man **that** saw Bill　（ビルを見た人）
という文において，that が補文標識 (complementizer) だとすれば，この補文には主語がないことになり，事実に反して，非文法的になる．「文は主語をもつ」と規定する**拡大投射原理** (extended projection principle, EPP) に違反するからである．
　wh 関係詞が節頭に移動し，関係詞 that が移動しない理由は，歴史的には前者が疑問詞，後者が補文標識であったという，出自の違いによるものである．Huddleston & Pullum なども，関係詞 that は移動しないので，The car *that* I took ＿＿ was Ed's.（私が乗った車は，エドのものだった）のように，目的語の位置は空所 (gap) になっていると考えている．
　一方，that はあくまでも補文標識だとする立場では，目に見えない wh 句（これを空演算子 (empty operator, O) と呼ぶ）が，補文の主語の位置から，(iii) のように，that の前の位置へ移動し，その特徴を that に転送すると仮定している (Chomsky 1986)．
　　(iii)　the man [O$_i$ that [t$_i$ saw Bill]]
言い替えれば，目に見えない wh 語である O の特徴を that が受け継ぐ，というわけだが，これは EModE 期に that が機能変化 (functional shift) を起こして関係詞になったとする，われわれの主張と全く同じことを言っていることになる．
　以下の派生の説明では，移動の実態を示す必要上，wh 句のみをとりあげる．

13.1.2.2.　目的語 NP の関係詞化

　ここで最も重要な点は，「wh 関係詞は義務的に節頭に移動する」ということである．目的格の関係代名詞は，〈略式体〉では省略できる．
[**A**]　先行詞が「人」の場合：who(m) / that / ø（ゼロ関係詞）の可能性があるが，whom は〈格式体〉であり，who と that では，that のほうがより普通である．（以下，t は移動した関係詞が残した痕跡 (trace) を示すものとする．）
　(1)　I know the man$_i$.　You mentioned *him*$_i$.　→
　　a.　I know the man [you mentioned *him*]　[埋め込み]
　　b.　I know the man [you mentioned **whom**]　[wh 化]
　　c.　I know the man [**who**(**m**) you mentioned *t*].　[wh 移動]（義務的）
　　d.　I know the man ø you mentioned *t*.　[wh 削除]（随意的）

（君が言っていた人を私は知っている）

[B] 先行詞が「物」の場合: which/that の可能性があるが, that のほうが使用頻度が高い.
   (2) Where is the pen$_i$? I bought *it*$_i$ yesterday. →
      a. Where is the pen [I bought *it* yesterday]　［埋め込み］
      b. Where is the pen [I bought **which** yesterday]　［wh 化］
      c. Where is the pen [**which** I bought *t* yesterday]?　［wh 移動］
      d. Where is the pen ø I bought *t* yesterday?　［wh 削除］（随意的）
      （私がきのう買ったペンは，どこにありますか）

13.1.2.3. 属格の関係詞化
[A] 先行詞が「人」の場合: 属格形の whose を用いる.
   (1) The girl$_i$ is not here. You saw *her*$_i$ photograph. →
      a. The girl [you saw *her* photograph] is not here　［埋め込み］
      b. The girl [you saw **whose** photograph] is not here　［wh 化］
      c. The girl [**whose** photograph you saw *t*] is not here.　［wh 移動］
      （あなたが写真を見た女の子は，ここにはいない）
   (2) The girl$_i$ is my cousin. You admire *her*$_i$ eyes. →
      a. The girl [you admire *her* eyes] is my cousin　［埋め込み］
      b. The girl [you admire **whose** eyes] is my cousin　［wh 化］
      c. The girl [**whose** eyes you admire *t*] is my cousin.　［wh 移動］
      （君が目がきれいだと言っている女の子は，ぼくのいとこだ）

[B] 先行詞が「物」の場合: whose/of which の可能性があるが, of which よりも, 普通 whose が用いられる.
   (3) He mentioned a book$_i$. I can't remember *its*$_i$ title now. →
      a. He mentioned a book [I can't remember *its* title now]　［埋め込み］
      b. He mentioned a book [I can't remember **whose** title now]　［wh 化］
      c. He mentioned a book [**whose** title I can't remember *t* now].
      　　　　　　　　　　　　　　　　　　　　　　　　　　　　　　［wh 移動］
      （彼は，ある本のことを話題にしたが，いま私はその書名を思い出せない）

こんどは, (3) を of which で書き替えてみよう. これは, 元来は属格ではなく, (4) のように, of NP という前置詞句が用いられていたと考えなければならない.
   (4) He mentioned a book$_i$. I can't remember the title *of it*$_i$ now.
      a. He mentioned a book [I can't remember the title *of it* now]
      　　　　　　　　　　　　　　　　　　　　　　　　　　　　　　　［埋め込み］
      b. He mentioned a book [I can't remember the title **of which** now]
      　　　　　　　　　　　　　　　　　　　　　　　　　　　　　　　［wh 化］
      c. He mentioned a book [(**which**) I can't remember the title *of t*

第 13 章 関 係 詞　　　　　　　　　　　　185

      now].　　　　　　　　　　　　　　　　　　　　　　　　　　[wh 移動]
  d.　He mentioned a book [**of which** I can't remember the title *t* now].
　　　　　　　　　　　　　　　[随伴: wh が of を伴って移動している]
  e.　He mentioned a book [*the title* **of which** I can't remember *t* now].
　　　　[the title を含む名詞句全体が随伴している]〈格式体〉

次例は，wh 句が主語の例である (Close 1975: 53)．
(5)　He mentioned a book.　The title *of it* has slipped my memory.　→
  a.　He mentioned a book [the title *of it* has slipped my memory].
　　　　　　　　　　　　　　　　　　　　　　　　　　　　[埋め込み]
  b.　He mentioned a book [the title **of which** has slipped my memory].
　　　　　　　　　　　　　　　　　　　　　　　　　　　　[wh 化]
  c.　He mentioned a book **of which** the title has slipped my memory.
　　　（彼は，ある本のことを口にしたが，その書名を忘れてしまった）[随伴]〈格式体〉

of which を使用するスタイルは，〈格式体〉なので，次のように言って，避けることができる (Close 1975: 53)．
(6)　He mentioned a book ― I can't remember *the title of it* now.

13.1.2.4.　斜格目的語の関係詞化

前置詞の目的語を斜格 (oblique case) と言う．日本人にとっては，この場合の関係詞化が最もむずかしい．

[A]　**先行詞が「人」の場合**: wh 移動するとき，〈格式体〉では，(1d) の「前置詞+whom」のように，前置詞を "随伴" する（この用法は，日常語ではまれである (Alexander 1988: 20)）．〈略式体〉では，(1c) の「whom/who/that ... 前置詞」，または (1e) の「ø ... 前置詞」のように，"前置詞が残留" する．

(1)　He is respected by *the people*ᵢ.　He works with *them*ᵢ.　→
  a.　He is respected by the people [he works with *them*]　[埋め込み]
  b.　He is respected by the people [he works with **whom**]　[wh 化]
  c.　He is respected by the people [**who**(**m**) he works **with** *t*].　[wh 移動]
  d.　He is respected by the people [**with whom** he works *t*].　[随伴]
  e.　He is respected by the people ø he works **with** *t*.　[関係詞削除]
　　　（彼は，いっしょに働いている人々から尊敬されている）

[B]　**先行詞が「物」の場合**:「前置詞 + which」は〈格式体〉で，〈略式体〉では「which/that ... 前置詞」，または「ø + 前置詞」の語順（前置詞残留）が好まれる．

(2)　That is *the house*ᵢ.　He was born in *it*ᵢ.　→
  a.　That is the house [he was born in *it*]　[埋め込み]
  b.　That is the house [he was born in **which**]　[wh 化]
  c.　That is the house **which** he was born **in** *t*.　[wh 移動, 前置詞残留]
  d.　That is the house **in which** he was born *t*.　[随伴]

    e. That is the house ø he was born **in** *t*.　［関係詞削除］
　　　　（あれは，彼が生まれた家です）

前置詞残留の実例を追加する．

(3) Lottie could always believe in the things Sara *made pictures* **of**.
　　(Burnett, *A Little Princess*)（ロッティーは，セアラが描いてみせる事柄をいつも信じた）［= things *which* Sara made pictures of *t*］

次の例では，削除された which が 2 回にわたって移動されている．

(4) he began to find an actual pleasure in the possession of the wealth he had imagined that he loathed *the burden* **of**.　(Ibid.)（彼は富の重荷をいとわしいと思っていたが，その富を所有していることに実際に喜びを感じはじめた）［= the wealth *which* he had imagined *t* that he loathed the burden of *t*］

NB 1　スタイルについて：「前置詞＋関係代名詞」の構文は，上で見たように，四とおりの言い方ができる．
    1) the man **about whom** you were talking
    2) the man **who**(**m**) you were talking **about**
    3) the man **that** you were talking **about**
    4) the man ø you were talking **about**
1) は最も〈格式的〉で，〈くだけた〉スタイルでは避けられる．〈くだけた〉スタイルでは，*2*)–*4*) のように前置詞を残留するのが普通である．*2*) と *3*) では，that を使った *3*) のほうが普通であり，それよりも，*4*) のように，関係代名詞を省略するほうがさらに普通である．

NB 2　run after, put up with, make use of のような句動詞の場合は，一つの成句としてのまとまりが強く感じられるので，前置詞を関係詞の前に回す（＝随伴）ことはできない．
    (i) a. *That's the girl **after whom** he is running.
        b. That's the girl he is running **after**.
　　　　（あれが彼がしりを追いかけている娘です）

一方，「前置詞＋関係詞」の語順を守らなければならない場合が若干ある．

① 「the＋抽象名詞＋with which」や 'the way in which' のように，関係詞の先行詞が基底において「前置詞＋名詞」の形式で様態の副詞句を形成している場合．(iia) の例で言うなら，with courage は 'courageously' という意味のイディオムを形成しているため，分離を阻むのだと考えられる．一方，(iib) の前置詞句（PP）はイディオムではない．
    (ii) a. The courage **with which** he faced his enemies was truly inspiring.
　　　　（彼が敵に立ち向かった際の勇気は，実に勇ましいものだった）
        b. The pen I wrote the letter **with** has a steel nib.
　　　　（私が書いたペンには鋼鉄のペン先が付いている）　　　　（以上 W. S. Allen 1974）

② 前置詞が beyond, (a)round, opposite, beside, during, between などの場合．
    (iii) a. The man **opposite whom** I am sitting has a new book.
　　　　（私が向き合ってすわっている男は，新刊書をもっている）
        b. This is the point **beyond which** I've never been.
　　　　（私はこの地点より向こうへ行ったことがない）　　　　（以上 W. S. Allen 1974）

もっとも，W. S. Allen (1974: 228) は，これらの前置詞でさえ文末に残留させる傾向が強くなっていると述べている．

(iv) a. The man I am sitting **opposite** ...
   b. The fountain they are standing **around** was built by the Romans.
   (彼らがまわりに立っている泉は，ローマ人が作ったものだ)
 ③ 「数量詞+of+関係詞」の場合： (v) を例にとれば，*five of which* are very good と *of which five* are very good の語順が許される．前者では five of which が are の主語であるが，後者は〈格式体〉で，of which のみが CP の指定部へ wh 移動を起こしている．
 (v) I can lend you several books, **five of which/of which five** are very good.
   (君に数冊本を貸してあげられるけど，そのうち5冊はとてもおもしろいよ)
 (vi) I met several hikers, **two of whom/of whom two** were university students.
   (数人のハイカーに会ったが，そのうちの二人は大学生だった)

13.1.2.5. that が好まれる場合
次のような，先行詞を強く限定する関係詞節の場合，that が好まれる．ただし，ここでも，関係詞が目的語の場合は省略されるほうが普通であり，先行詞が「人」の場合は，むしろ，who のほうが普通であることに注意しなければならない．
[**A**] 先行詞が最上級の形容詞や，the first, the last, the only, the very のような最上級の類義語に修飾されている場合．
 (1) He is *the greatest* man **who/that** has ever lived. (彼は 不世出 の偉人だ)
 (2) This is *the best* hotel (**that**) I know.
   (これは，私が知っている一番いいホテルです)
 (3) Bill was *the first/the last* boy **who/that** arrived.
   (ビルが最初に/最後に到着した少年だった)
 (4) This is *the very* thing (**that**) I want.
   (これこそ，まさに私の求めているものです)
 (5) He was *the only* one **who/that** noticed it. (それに気づいたのは，彼だけだった)
 (6) But he is *the only* person in this world **who** can tell us exactly what happened in that room. (Doyle, *Memoirs of Sherlock Holmes*) (しかし，あの部屋でまさに何が起こったかを語ることができるのは，世界中で彼だけだ)
[**B**] 先行詞に all, every(thing), any(thing), some(thing), no(thing), none, little, few, much などの数量詞が付いている場合．
 (7) Is this *all* **that**'s left? (これが残り全部ですか)[1]
 (8) Is there *anything* (**that**) I can do for you?
   (何かしてあげることがありますか)
 (9) He will give *everything* (**that**) you want.
   (彼は，君がほしいものはすべてくれるでしょう)
 (10) There was *little* **that** interested me at the show.
   (そのショーには，私の興味を引くものはほとんどなかった)

---
 1. ただし，all が「人」を指す場合は，who のほうが好まれる (〈格式体〉)．
  (i) I will welcome *all* **who** wish to come. (来たい人はすべて歓迎する)

[C]　疑問代名詞のあとにくる場合： これは好音調 (euphony) およびスタイル上，wh 語の反復を避けるためである．
- (11) *Who* **that** knows him doesn't love him?
  （彼を知っている人で彼を愛さないものがいるだろうか）
- (12) *Which* is the car **that** hit you?　（君にぶつかった車はどれですか）

[D]　先行詞が「人＋物」からなる場合： この用法は〈まれ〉．
- (13) The *cabmen and cabs* (**that**) I saw in London were very amusing.
  （私がロンドンで見たタクシーの運転手とタクシーは，とてもおもしろかった）

[E]　関係代名詞が be 動詞の補語になっている場合（ただし，関係代名詞は削除されるほうが，さらに普通）．
- (14) He's not the man (**that**) he used to be.　［主語補語］
  （彼は昔のような人間ではない）
- (15) I'm not the fool (**that**) you thought me.　［目的語補語］
  （私は，君が思っていたようなばかじゃない）

この構文が，次のように挿入的感嘆文として用いられたときには，that は省略されない．
- (16) Miserable creature **that** I am, who is there to rescue me out of this body doomed to death?　(NEB, *Roms.* 7: 24)（私はなんというみじめな人間なのだろう．誰が，この死の体から私を救ってくれるだろうか）
- (17) What a mine of useless information **that** I am!　(Radford 1988)
  （なんという無用な知識のかたまりなんだ，おれってやつは）

13.1.2.6.　関係代名詞の省略

関係代名詞は，次のような場合に省略することができる．

[A]　他動詞や残留した前置詞の目的語になっている場合：〈略式体〉では，省略するほうが普通である．
- (1) The tie ø John *wears t* is awful.
  （ジョンがしているネクタイは，ひどいものだ）
- (2) The man ø I gave the money *to t* has died.
  （私が金をあげた人は，死んでしまった）

[B]　節中の補語になっている場合 (cf. 前節 [E])
- (3) He is not the man ø he once was *t*.　（彼は昔のような男ではない）
- (4) You were never the girl ø I thought you *t*.
  （君は，私が考えていたような娘ではなかった）

[C]　主語となる場合： 主として〈略式体〉で，次の環境で生じる．
① It/That is のあと
- (5) *It was* Mary ø told me.　（教えてくれたのはメアリーだ）
- (6) *That was* John ø just went out.　（いま出て行ったのはジョンだ）

② there/here is のあと
- (7) *There's* no one ø works harder than you. （君のような勉強家はいない）
- (8) *Here is* a little book ø will tell you how to raise roses.
  （ここに，バラの育て方を教えてくれる小冊子があります）

③ there is で始まる節の頭で
- (9) It's the only one ø *there is* in the shop. （この店にあるのはそれだけです）

上例中，(5)-(8) の構文は，**共有構文** (apo koinou) の原理で説明できる．例えば，(5) の例で言えば，Mary は was の補語であるが，同時に，話し手の心理では told me の主語として意識されている，と説明される．

> **NB** 英国の童謡 (Opie 1963) では，there is のあとの関係詞は省略されていることが多い．
> (i) 関係詞があるもの（4例）
>   *There was* an old woman **who** lived in a shoe.
>   （靴の中に住んでいるおばあさんがいた）
> (ii) 関係詞が省略されるもの（9例）
>   *There were* two crows ø sat on a stone.
>   （2羽のカラスが石の上にとまっていた）
>   *There was* an owl ø lived in an oak.
>   （フクロウがオークの木の中に住んでいた）
>   *There was* a king ø met a king. （ある王様がある王様と会いました）
> (iii) 関係詞の位置に，コンマのあるもの（1例）
>   *There was* a jolly miller once, ø Lived by the river Dee;
>   （むかし陽気な粉屋が，ディー川のほとりに住んでいた）

13.1.3. 制限用法と非制限用法

[A] 関係詞節には，二つの用法がある．
- (1) a. He has two sons **who** became teachers.
       （彼には教師になった息子が二人いる）
    b. He has two sons, **who** became teachers.
       （彼には息子が二人いるが，二人とも教師になった）

(1a) は教師になった二人のほかにも，息子がいるという含みがある．一方，(1b) は，「息子が二人いて，その二人が教師になった」という意味だから，息子は二人しかいないことがわかる．

(1a) のように，先行詞の意味を限定する関係詞の用法を**制限用法** (restrictive use) と言い，(1b) のように，先行詞について追加的な説明をする用法を**非制限用法** (non-restrictive use) と言う．[2]

制限用法の場合は，先行詞と関係詞との間に休止 (pause) がないが，非制限用法

---
2. （非）限定的関係詞節 ((non-) defining relative clause)，（非）同定的関係詞節 ((non-) identifying relative clause) と呼ばれることもある．

の場合は，先行詞のあとに休止が置かれる（書き言葉では，コンマが付けられる）．
[B] 内在的に「定」(+def) である固有名詞や人称代名詞を制限用法の先行詞にすることはできない．

(2) a. *John*, **whom** you saw in town, is a good friend of mine.
(街でジョンと会ったそうだが，彼はぼくの旧友なんだ)
   b. **John **that** you saw in town is a good friend of mine.

(以上 Radford 1988)

(3) a. *Paris*, **which** I love, is a beautiful city.
(パリは，私は大好きですが，美しい都市ですよ)
   b. **Paris **which** I love is a beautiful city.

しかし，固有名詞に the と限定節が付いた場合は，文法的になる．

(4) *The Paris* **which** I love is a beautiful city.
(私が大好きなパリは，美しい都市です)

(4)が文法的なのは，パリという都市の一局面 (aspect) を示すものとして普通名詞的に用いられているからである．

who, whose, whom, which には非制限用法があるが，that は先行詞の意味を限定する力が強いので，普通，非制限用法をもたない．[3]

非制限用法は〈文章体〉であり，話し言葉では普通使用されない．その代わりに，(　)内の「接続詞＋代名詞」の形式で表現される．

(5) I met John, **who** (=and he) invited me to the party. ［主語］
(ジョンと会ったら，そのパーティーに招待してくれた)

(6) Mary wanted to marry John, **whom** (=because ... him) she loved.
(メアリーはジョンと結婚したかった，彼を愛していたからだ)　　［目的語］

(7) He is a famous novelist, **about whom** (= and ... about him) many books have been written.　［前置詞の目的語］
(彼は有名な小説家で，彼について多くの本が書かれている)

(8) He was a writer, **whose** name (= but ... his name) few people can remember.　(彼は作家だったが，その名前を覚えている人はほとんどいない)

(9) This book, { **whose** author / the author **of which** / **of which** the author } is a woman of eighty, is very amusing.　(Close 1975)
(この本は，著者は80歳の女性だが，とてもおもしろい)
[= This book is very interesting. Its author is a woman of eighty.]

---

3. しかし，18世紀以前までは that は非制限的に用いられていたし，現代でも作家の中には非制限用法の that を用いる人もいる（例えば，D. H. Lawrence）．
   (i) Annie played under the tall old hedge, picking up alder cones, **that** she called currants. (Lawrence, *Sons and Lovers*)（アニーは高くて古い生垣の下で，ハンノキの実――それを彼女はスグリの実と呼んでいたが――を拾って遊んでいた）

13.1.4. 非制限用法の which

which にはさらに，先行する語・句・節の内容を先行詞とする用法がある．（以下，先行詞は斜字体で示す．）

(1) He is *a gentleman*, **which** his brother is not.
（彼は紳士だが，弟はそうではない）
(2) She was *modest*, **which** he liked young women to be.
（彼女は慎み深かった，若い女性はそうであるのが彼は好きだった）
(3) The king told her *to approach*, **which** she did.
（王は彼女に近う寄れと言った，そこで彼女はそうした）
(4) *John failed his exams*, **which** made his father very angry.
（ジョンは試験に落ちた，ために父親はひどく怒った）

which が別な文の文頭に生じ，先行文の内容を指示することがある．

(5) Drink enough wine, and you'll forget all about it.　**Which** reminds me, I'm having lunch with Dan again on Tuesday.　　　(Steel, *Bittersweet*)
（たっぷりワインを飲みなさい．そしたら，そのことをすっかり忘れられるでしょう．それで思い出したんだが，火曜日にまたダンと昼めしを食べることになっている）

この用法の先行詞は，語・句・節の「内容」であることに注意．(1) の a gentleman にしても，「人」を指しているのではなく，その「性質・状態」を指している．そこで，which でうけるのである．(5) では，which は別な文の文頭に現れて，逆行照応的に 'and that' という意味で使用されている．

なお，この用法の which には，〈格式体〉において限定詞的に「そしてその…」という意味で用いられることがある．

(6) He was told to apply to the police station, **which** advice he followed.
（彼は警察署に申し出るように言われたので，その助言に従った）

13.1.5. 二重限定

一つの先行詞が接続詞を用いずに，二つの関係詞節によって修飾されている構文を**二重限定** (double restriction) と呼ぶ．[4]

(1) Is there anything *you want* that *you haven't got*?
（君がほしくて，もっていないものが何かありますか）
(2) I repeatedly told her that there was nothing **which** *you could do* **which** *I had not already done*.　　　(Doyle, *Adventures of Sherlock Holmes*)
（君にできて，ぼくがすでにやっていないようなことは何ひとつない，と彼女に何度も言ったんだ）

---

4. Jespersen (*MEG* III: 87) の用語．二重限定は，次のような，and によって二つの関係詞節が等位接続されている例とは厳密に区別しなければならない．この場合は，同じ先行詞が二つの関係詞節に修飾されているにすぎない．

(i) The paper *I read everyday* and **which** *I find so enjoyable* is 'The Herald.'
（私が毎日読んで，とても楽しんでいる新聞は「ヘラルド」です）

二重限定では，(1) の例で言えば，第一の関係節の先行詞は，anything であるが，第二の関係詞節の先行詞は，第一の関係詞節に限定された anything you want 全体である．この関係は，(3) の枝分かれ図で示すことができる（なお，二重限定は，(1) のように，第一の節は，関係詞を欠く**接触節**（contact clause）であることが多い）．

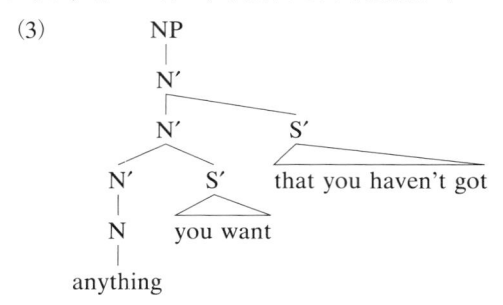

(3)
```
              NP
              │
              N'
         ┌────┴─────┐
         N'         S'
       ┌─┴──┐    ╱─────╲
       N'   S'  that you haven't got
       │   ╱─╲
       N  you want
       │
     anything
```

13.1.6. "連鎖関係詞節"

"**連鎖関係詞節**"（concatenated relative clause）は，Jespersen（*MEG* III: 196）の用語で，関係詞節が他の節の中に埋め込まれている場合を言う．この構文は，特に〈略式体〉において，say, know, fear, feel, hear, suppose, think, wish などの動詞の目的節になっている場合が多い（Swan 1995: 496 に多くの例が示されている）．

(1) It's a house (**which**/**that**) *we feel* (*that*) we might want to buy.
　　（それは，私たちが買いたいと思うような家だ）

(2) That's the man (**who**/**that**) *I wish* (*that*) I'd married.
　　（あれは，私が結婚したかったなと思う男性です）　　　　　　（以上 Swan 1995）

(1) は，概略，次のような構造をしている．

(3) It's a house which we feel *t* that we might want to buy *t*

この構文では，補文標識 that は通例省略される点に注意．関係詞が主語の場合は，義務的に省略される．省略しないと，that 痕跡効果（§12.3.2 NB 2）が生じて非文になる（次の (4) も同じ）．ø は省略された that の位置を示す．

(4) But I have some sherry **that** *they tell me* ø isn't bad.　(Maugham, *Creatures of Circumstance*)（でも，まずくないと言われるシェリー酒がありますよ）

次の例のように，関係詞が主語なのに，think の目的語だと誤解されて，ときに目的格の whom が使われることがある（関係詞**牽引**（relative attraction）と呼ばれる現象）が，Swan (1995: 496) は，一般に正用とは認められていないとする．

(5) We feed children **who**(**m**) *we think* are hungry.　　　(Jespersen *MEG* III)
　　（私たちは，腹を空かせていると思われる子供らに食事を与える）

次のように，関係詞節が if 節や間接疑問文の中に埋め込まれている場合もある．

(6) a. I am enclosing an application form, **which** *I should be grateful if* you

would sign and return.　　　　　　　　　　　　　　(Swan 1995)
（申請書を同封します．ご署名してご返送いただければ幸甚に存じます）
b.　I've just been to see an old friend **that** *I'm not sure when* I'm going to see again.　　　　　　　　　　　　　　　　　　　　(Ibid.)
（こんどいつ会えるかわからない古い友人に会いに行っていたところだ）

NB 1 〈略式体〉では，しばしば，疑問詞節が上掲の動詞の目的節になっている場合が見られる．Jespersen (*MEG* III: 40) のいわゆる"連鎖疑問詞節"である (cf. §12.3.2).
 (i)　**When** *do you think* he will come?　（彼はいつ来ると思いますか）
 (ii)　**What** *do you suppose* happened next?　（次に何が起こったと思いますか）
 (iii)　**How old** *did you say* he was?　（彼は何歳だと言いましたかね）
以上のような連鎖疑問詞節と (iv) のタイプとは厳密に区別しなければならない．後者は，二つの疑問文が併置されているにすぎない．
 (iv)　**When** will he come, *do you think*?

NB 2 〈英〉の〈略式体〉では，ときどき，主語として働く関係詞があるのに，さらに，代名詞を加える構文が使用されている (Swan 1995: 496). **再叙的代名詞** (resumptive pronoun) と呼ばれる．
 (i)　I was driving a car **that** I didn't know how fast *it* could go.
　　　（私は，どれほど速度が出るか不明な車を運転していた）
that は，関係詞ではなく，補文標識であると言えば，(i) は完全に文法的ということになる．しかし，英語の話し手の大多数は，この that を関係詞と感じて (i) を容認しない点に補文標識説の大きな問題がある．

NB 3 関係詞が二つの動詞の目的語になっている場合がある．この構文は，特に関係詞節が before/after/without -ing に続く場合に見られる．
まず，次の例から考察しよう．
 (i)　Which article did you file *t* without reading *e*?
　　　（どの論文を読まずにファイルしたのか）
上の文において，*t* は，which article が wh 移動したあとの痕跡，*e* は**寄生的空所** (parasitic gap) で，*t* が存在することによってはじめて存在が許されるとされる (Chomsky 1986: 54-68)．しかし，別の，もっと自然な説明も可能であると思われる．次例を見られたい．
 (ii)　We have water **that** it's best not to drink *before boiling/boiling it*.　(Swan 1995)（水はあるが，沸かす前には飲まないほうがいいやつだ）
 (iii)　I'm sending you a letter **that** I want you to destroy *after reading/reading it*.　(Ibid.)（手紙を出しますが，読んだあとは破いてください）
以上の例で目的語の it が現れていることは，この位置は寄生的空所 *e* でないことを示している．Linguist List で英米の言語学者の意見をただしたところ，(i) の *e* の位置に it を置くことに賛成する意見は決して少数ではなかった．では，この it/*e* の対立を，どう説明したらよいのか．ここでは，(iv) のような仮説を立ててみよう．
 (iv)　*e* は，実は，顕在的な代名詞と随意的に交代する *pro* である．
この *pro* は，次のような文にも生じる．
 (v)　I helped (*him*/*pro*) (to) find his clothes.　（彼の服を捜すのを手伝った）

13.1.7.　先行詞と限定詞の関係
次の三つの文を比較してみよう．

(1) a. He greeted me with (*a/*the) warmth. （彼は私に温かくあいさつした）
   b. He greeted me with *a* warmth **that** was surprising.
      （彼は予期しなかった温かさで私にあいさつした）
   c. He greeted me with *the* warmth **that** I was accustomed to.
      （彼はいつもの温かさで私にあいさつした）

warmth は，(1a) のように，抽象名詞としては冠詞を要求しないが，(1b, c) のように，関係詞節に修飾されると，冠詞が必要になってくる．(1b) で不定冠詞が使われているのは，「びっくりするような温かさ」が話し手にとって未知のものとして——つまり，新情報として——受け取られているためであり，(1c) で定冠詞が使われているのは，その「温かさ」が話し手にとってすでに馴染みのものとして——つまり，旧情報として——受け取られているからである．

さて，(1a) で不要であった冠詞が，(1b, c) のように関係詞節を伴うと必要になるということは，冠詞は [a warmth] [that was surprising] のように a warmth という NP のみに付いているのではなくて，a [warmth that was surprising] というふうに関係詞に限定された N′ 全体に付いていると考えなければならない．

この分析によると，(1b, c) の構造は次のようになる．

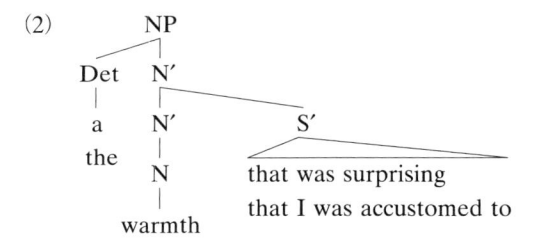

(2)
```
        NP
       /  \
     Det   N′
      |   / \
      a  N′  S′
    the  |   |
         N   that was surprising
         |   that I was accustomed to
       warmth
```

13.2. 自由関係詞

先行詞をそれ自身の中に含んでいる関係詞を**複合関係詞** (compound relative) と言う．Huddleston & Pullum (2003) は，その意味で融合関係詞 (fused relative) と呼んでいる．生成文法では，先行詞がなくても存在できるという意味で，**自由関係詞** (free relative) と呼ばれることが多い．ここでは，この最後の用語を使うことにしよう．

(1) は自由関係代名詞の例であり，(2) は自由関係副詞の例である．

(1) **What** you say is right. （君の言うことは正しい）
(2) London is **where** I was born. （ロンドンは私の生誕地です）

13.2.1. 自由関係代名詞

自由関係代名詞には，what，および，whoever, whichever, whatever がある．

13.2.1.1. what

what は，次のような意味で用いられる．

第13章 関係詞

[**A**]　= that which, those which
(1)　That's **what** made me **what** I am today.　　　(Christie, *Murder Is Easy*)
　　（そのことが，私を今日の私にしてくれたのです）
(2)　Show me **what** (＝the things that) you bought.
　　（買ったものを見せてください）
(3)　John is not **what** he was ten years ago.
　　（ジョンは10年前の彼ではない）
(4) a.　A complete fool is **what** he is.　（全くの馬鹿が，彼の正体だ）
　　b.　**What** he is is a complete fool.　（彼が何者かと言えば，全くの馬鹿さ）

[**B**]　= anything that, as much as
(5)　I will do **what** (＝anything that) I can.　（私にできることは何でもします）
(6)　Give me **what** (＝as much as) there is.　（あるだけのものを全部ください）
この意味では，限定詞的にも用いられる．
(7)　Show me **what** books (＝all the books that) you have.
　　（君がもっているどんな本でも見せてくれ）
little, few と共起すると，「少ないながらも全部」という意味になる．
(8)　I gave him **what** *little* money I had.
　　（わずかだがもっている金はそっくり彼に与えた）
(9)　**What** *few* friends he had helped him.
　　（少数ながら彼の友達は，みんな彼を援助した）

NB 1　**what** は関係詞か疑問詞か：　(i) の文は，関係詞と疑問詞の二とおりの解釈を許す．
　　(i)　John discovered **what** Mary has brought home.
関係詞なら「メアリーが持ち帰ったもの」を見つけたことになり，疑問詞なら「メアリーが何を持ち帰ったのか」を知ったという意味になる．両構文の違いのテストとして，以下の基準が一応の目安となる（Jespersen *MEG* III: 72-77 にもこの問題の詳論がある）．
　①　「疑問・不確かさ・好奇心」を表す述語のあとでは，what は疑問詞である．
　　(ii)　*Ask* him **what** he had done.　（何をしたのか，彼に聞いてみなさい）
　　(iii)　I'm *not sure* **what** he is up to.　（彼が何をたくらんでいるのか，よくわからない）
　②　疑問詞には強勢があるが，関係詞にはない．
　　(iv) a.　I don't know **whát** she said.　（彼女が何と言ったか知らない）
　　　 b.　I believe **what** she said.　（彼女が言ったことを信じている）
　③　疑問詞には else を付けることができるが，関係詞の場合はできない．
　　(v) a.　Ask him **what** *else* I can do.　（ほかに何ができるか，彼に聞いてみなさい）
　　　 b.　I will do **what** (*else) I can do.　（私は自分でできることをするつもりです）
NB 2　次の二つの文を比較せよ．
　　(i)　Do **what** you think *t* (to be) right.　（正しいと思うことをしなさい）
　　(ii)　Do **what** you think *t* is right.　（同上）
(i) の *t* は，非定形節の主語，(ii) の *t* は定形節の主語である．
NB 3　自由関係詞の that は，Shakespeare では使用されていたが，いまは廃用である．
　　(i)　I earne **that** I eate: get **that** I weare;　　（Shakespeare, *As You Like It* 3.2.73）

（私は食べるものを稼ぎ，着るものを手に入れます）
ただ，話し言葉で成句的に使用される not that I know of（私の知るかぎりそうではない）（＝not what I know of/as far as I know [OED²]）という表現の that は，自由関係詞と見ないかぎり，うまく説明ができない．not は，補文を代用する not である．

- (ii) "Something happened today?" "*Not that I know of ...*" (Steel, *Remembrance*)（「きょう何かあったのかい」「ぼくの知っているかぎり，ないよ」）
- (iii) "And the murdered girl? There have been no developments there?" "*Not that I know of.*" (Christie, *Dead Man's Folly*)（「それから，殺された娘は？その件では，何も展開はなかったのですか」「私の知るかぎりでは，ありません」）

13.2.1.2. what を含む慣用表現

◇**what you/we/they call = what is called**「いわゆる…」
- (1) He is **what you call** a walking dictionary.
    （彼はいわゆる生き字引だ）［＜…と呼ぶところのもの］

◇**A is to B what C is to D**「A の B に対する関係は，C の D に対する関係に等しい」[A is [what C is to D] to B が元の形で，what 節は is の補語]
- (2) Exercise **is to** the body **what** thinking **is to** the brain.
    （運動の身体に対する関係は，思考の脳に対する関係に等しい）

◇**what is+比較級**「〈略式体〉さらに…なことには」
- (3) She is pretty, and **what is better** still, very kind.
    （彼女は美人だし，さらによいことには，とても親切だ）
- (4) He said it, and, **what is more surprising**, he did it.
    （彼はそう言ったし，その上驚いたことに，それを実行した）

◇**what with A and (what with) B**「〈略式体〉A やら B やらで」[what は歴史的には 'partly' の意味の副詞]
- (5) **What with** teaching **and** (**what with**) writing, my time is wholly taken up. （授業やら著述やらで，私には全く暇がない）

◇**and what have you** [リストのあとで]「〈略式体〉その他そういったもの」
- (6) The shelves were crammed with books, documents, **and what have you**.
    (LDCE⁴)（棚は，本だの，書類だの，その他そういうもので詰まっていた）

13.2.2. whoever, whichever, whatever

標題の自由関係詞は，who, which, what に -ever を付けて強調したもので，伝統的に複合関係代名詞と呼ばれている．いずれも名詞句，または譲歩の副詞節を導く．

[**A**] 名詞句を導く場合
① whoever = anybody that
- (1) **Whoever** (= Anybody that) finds it may keep it.
    （それを見つけた人は，もっていてよろしい）
- (2) Choose **who(m)ever** (= anybody who(m)) you like.

(誰でも好きな人を選びなさい)
(3) I will welcome **whoever** (= anybody who) comes.
(来る人は誰でも歓迎します)

(2) の who(m)ever は like の目的語 (主節の choose の目的語ではない！), (3) の whoever は comes の主語である. このように, 関係代名詞の格 (case) は, 従属節中の機能によって決定される.

② whichever = any(one) that: which と同様に「特定」のものについて用いる. (6) のように, 限定詞としても用いられる.

(4) **Whichever** of you (= Anyone of you that) comes in first wins.
(君らのうち最初に到着した人が優勝だ)
(5) Choose **whichever** (= any that) you want.
(どれでもほしいほうを選びなさい)
(6) Take **whichever** *seat* you like. (どの席でも好きなのにすわりなさい) [限定詞]

③ whatever = any (one) that: what と同様, 二つ以上の「不特定」のものについて用いる. (8) のように, 限定詞としても用いる.

(7) I'll do **whatever** (= anything that) you want. (Steel, *Bittersweet*)
(君がしてほしいことは, 何でもするよ)
(8) They ate **whatever** *food* (= any food that) they could find.
(彼らは, 見つかる食べ物は何でも食べた)

[B] 〈譲歩〉の副詞節を導く場合: 〈格式体〉では, しばしば叙想法代用形の may が用いられるが,[5] 普通は may のない叙実法が用いられる. この構文でも, whichever, whatever には限定詞的用法がある.

① whoever = no matter who
(9) **Whoever** (= No matter who) it is, I don't want to see them/him.
(誰であろうと, 会いたくない) [them は〈略式体〉]
(10) **Whoever** did it, it was done badly. (誰がしたにせよ, まずい出来だ)

② whichever = no matter which
(11) Take the one you like best, **whichever** it is.
(どれでもいい, 一番好きなのを取りなさい)
(12) **Whichever** one you (*may*) choose, make sure that it is a good one.
(どれを選ぶにせよ, よいものであることを確かめなさい) [限定詞]

---

5. 「譲歩」が現実的なものでないときには, 古くは一般に叙想法が用いられた. may は, のちにその代用として用いられたものである.
   (i) If thou do pardon, **whosoeuer** pray,/More sinnes for this forgiuenes prosper may. (Shakespeare, *Richard II* 5.3.83) (誰が命乞いをするにせよ, もしもお許しになると, この寛大さのためにより多くの罪が犯されるやもしれません)
   (ii) **Whatever** be our fate, let us not add guilt to our misfortune. (Goldsmith, *The Good-Natured Man*) (われわれの運命がどうであれ, 不幸の上に罪まで重ねることはよそう)

③ whatever = no matter what
- (13) **Whatever** you (*may*) do, do it well. （何をするにせよ，立派にやりなさい）
- (14) **Whatever** *weather* it is, we will start tomorrow.
  （どんな天気でも，あす出発する）［限定詞］

13.3.　as, than, but

　as, than, but は，本来は接続詞であるが，以下のような構文では擬似関係詞的に用いられる．しかし，Chomsky (1977) のように，この用法の as, than のあとには（方言に見られるように[6]）what が省略されていると考えるならば，as, than は依然として接続詞である，ということになる．

13.3.1.　as
[A]　**制限用法**：same, such, as/so などと相関的に用いられる．
- (1) I have *the same* difficulty **as** you (have).
  （私も，君と同じような困難をかかえている）
- (2) *Such* girls **as** he knew were teachers. ［= Those girls who(m) he knew ...］
  （彼が知っているような女の子は，先生だった）
- (3) There is *as* much money **as** is needed. （必要なだけの金はある）
- (4) he had married *as* kind a little soul **as** ever breathed. (George Eliot, *The Mill on the Floss*) （彼は，この上もなく親切でかわいい娘と結婚していた）
- (5) We are given just *so* much food **as** will keep the breath in our bodies.
  （われわれは，やっと命がつなげるほどの食べ物をもらっている）

[B]　**非制限用法**：以下の例文で，斜字体の部分が先行詞である．
- (6) *He was absent*, **as** (=which) is often the case.
  （よくあることだが，彼は欠席していた）
- (7) **As** was expected, *he did not turn up*. （予想どおり，彼は姿を見せなかった）
- (8) Mary, **as** so often occurred, *lost her patience*. (Walpole, *Jeremy*)
  （メアリーは，よくあることだったが，我慢しきれなくなった）
- (9) **As** is usual with hybrids, *the plants were sterile*. (*New Scientist* 1991)
  （混種の場合よくあることだが，その植物も実がならなかった）

(7) のような例で，As it was expected と言うこともできるが (cf. Quirk et al. 1985: 1116)，その場合の as は接続詞ということになる．

13.3.2.　than
比較級を含む先行詞をうける．

---
6. LDCE[3] は，than what を「英・非標準」(BrE nonstandard) としている．
  (i) I speak *better* English **than what** those foreigners do.
  （私は，そういう外国人よりもいい英語を話す）

(1) You spent *more money* **than** was intended to be spent.　　　(Quirk et al. 1985)（君は使う予定以上の金を使ってしまった）
(2) There were *more applicants* **than** was expected.
（志願者は予想以上に多かった）
(3) There is *more* in this **than** meets the eye.　　(Doyle, *The Return of Sherlock Holmes*)（これには見かけ以上のものがある）

13.3.3. but

but は，否定の意味をもった先行詞をうけて，that/who ... not「...しないところの」という意味の関係詞として用いられる．KCED は，〈古語〉(*arch.*) とする．

(1) There are *few of us* **but** (= who do not) admire his courage.
（私たちの中で彼の勇気をほめたたえない者は，まずいない）
(2) There is *no man* **but** (= who does not) knows that.　　　　(KCED)
（そのことを知らない人はいない）

13.4. 関係副詞

関係副詞 (relative adverb) は，接続詞と副詞の働きをする語である．例えば，

(1) This is *the office*$_i$. John works *there*$_i$. →
（これがその会社です．ジョンはそこで働いている）
　a. ［埋め込み］：関係詞節となるべき文を主節の先行詞の直後に埋め込む．
　　This is the office [John works there]
　b. ［wh 化］：there を where に変える．
　　This is the office [John works **where**]
　c. ［wh 移動］：wh 語を節頭に回す．
　　This is the office [**where** John works *t*].
　　（これがジョンの働いている会社です）

(1c) の where は，(1) の there という副詞の働きをしていると同時に，(1) の二つの文を一つに結びつける接続詞の働きをしている．

また，(1c) でわかるように，関係副詞も wh 語として wh 移動を起こす．

13.4.1. 関係副詞の用法

関係副詞には，when, where, why の 3 語がある．
[A]「時」を表す語が先行詞の場合は，when でうける．

(1) I'll never forget *the day* **when** (= on which) I first met Ann.
（初めてアンと会った日のことを決して忘れない）
(2) *The day t* will come **when** you'll regret it.
（君がそれを後悔する日が来るだろう）

(2) のような文の場合，主語が top-heavy にならないように（あるいは，「文末重心

の原則」を守るために)，関係詞節を**外置** (extrapose) する (= 文末に移動する) のが普通である (§38.4.3).

[B] 「**場所**」を表す語が先行詞の場合は，where でうける.

(3) Jim knows *the place* **where** (= at which) we are meeting.
（ジムはわれわれが会う場所を知っている）

次の 'case' という語も，抽象的な「場所」という意味特徴をもっているので，where でうける.

(4) There are *cases* **where** (= in which) this rule does not hold.
（この規則があてはまらない場合がある）

[C] 先行詞が 'reason' の場合は，why が用いられる（ただし，why を付けないほうが普通）.

(5) Do you know *the reason* **why** (= for which) she doesn't like me?
(Swan 1995)（彼女がぼくを好かない理由を知っていますか）

NB 関係副詞の代わりに，「前置詞+which」を使うのは，一般に〈格式体〉であり，〈略式体〉では「that/ø ... +前置詞」を使う (cf. Quirk et al. 1985: 1225).

① 先行詞が「時間」名詞の場合： この場合，〈略式体〉の (ib) 文では前置詞は通例省略される.

(i) a. That was *the day* **on which** he left. （それは彼が去った日だった）［随伴］
b. =That was *the day* (**that**) he left (on). ［前置詞残留］

次のように，先行詞自体が「時」の副詞語句の主要語になっている場合は，前置詞は義務的に省略される (Quirk et al. 1985: 866).

(ii) He questioned her *the moment* (**that**) (= as soon as) he arrived.
（彼は到着するとすぐ彼女に質問した）

② 先行詞が「場所」名詞の場合： 前置詞は，通例省略されない.

(iii) a. That is *the office* **at which** he works. （あれは彼が働いている会社です）
b. That is *the office* (**that**) he works **at**. （同上）

ただし，先行詞が一般的な意味をもつ place のような名詞の場合は，前置詞を省略する場合がある.

(iv) a. That's *the place* she works (at). （あれは彼女が働いている場所です）
［at を付けるほうが問題がない (Quirk et al. 1985: 1225)］
b. You remember *the place* we had lunch? (Swan 1995)
（私たちが食事をした場所，覚えている？）

しかし，特定的な意味をもつ語の場合，前置詞を省略できない.

(v) a. We need a house we can stay *at*/*stay for a few days. (Swan 1995)
（2, 3 日泊まれる家が必要だ）
b. That is the university (**that**) he works *at*. (Quirk et al. 1972)
（あれは，彼が勤務している大学だ）

③ 先行詞が 'reason' の場合： (a) 文は不自然と感じられ，一方，(b) 文の構文では前置詞が付かない.

(vi) a. That is *the reason* **for which** I came. （それが私が来た理由です）
b. That is *the reason* (**that**) I came. （同上）

以上の例文に現れた that は，関係副詞的に使われたと言える．

13.4.2. 制限用法と非制限用法
関係副詞のうち，when と where には非制限用法がある．
(1) I was about to go out, **when** (＝and then) it began to rain.
（外出しようとしていると，雨が降り出した）
(2) We went on to Paris, **where** (＝and there) we stopped for a week.
（さらにパリに行き，そこで1週間滞在した）
(3) Rome, **where** I live, is a beautiful city.
（私はローマに住んでいますが，美しい都市です）

(2),(3)でわかるように，固有名詞は制限用法の関係副詞の先行詞になれない．

13.4.3. 自由関係副詞
[A] **when, where, why, how**：〈略式体〉では，関係副詞の先行詞を省略することが普通である．このようにして派生された自由関係副詞節は，名詞節としての機能をもち，特に be 動詞の補語節，前置詞の目的語節として用いられることが多い．
① 主語節
(1) **Where** (＝The place where) he is weakest is in his facts.　　　(COD[5])
（彼が一番弱いのは事実に暗い点だ）
(2) **When** (＝The time at which) the cherry blossoms come out is a lovely time of year.　(KCED)（桜の花が咲くころは，美しい季節です）
② 補語節
(3) This is **where** (＝the place where) I live.　　　(Rice, *The Subway*)
（ここが私の住んでいる所です）
(4) Sunday is **when** (＝the time when) I am free.　（日曜日が私の暇なときです）
(5) That's **why** (＝the reason why) I came.　（それが私が来た理由です）
先行詞のない用法では，「方法」を表す how も用いられる．
(6) That's **how** he did it.　（そんなふうに彼はそれをしたのです）
この how の代わりに，the way in which〈格式体〉，the way that も使われるが，the way が最も普通である（the way how は，OED[2] によれば〈廃語〉）．
(7) That is **the way** he did it.　(＝(6))
③ 前置詞の目的語節
(8) He's changed a great deal *from* **when** (＝the time when) I used to know him.　　　(Galsworthy, *Silver Spoon*)［大塚(編) 1972］
（彼は，昔とはすっかり変わってしまった）
④ 副詞節を導く場合
(9) I'll take you **where** (＝to the place where) we shall get a better view.
(OED[2])（もっと見晴らしのいいところへ連れてってあげよう）

(10) Do it **how** (= in whatever way) you can. （いかようにもやってみなさい）

[**B**]　**whenever, wherever, however**：　これらは，伝統文法で複合関係副詞と呼ばれているもので，二つの用法がある．

① **時・場所・様態の副詞節を導く**

(11) **Whenever** (= At any time when) I come here, it rains!
（私がここへ来るときには，いつも雨が降る）

(12) Sleep **wherever** (= at any place where) you like.
（どこでも好きなところでお休みください）

(13) Do it **however** (= in whatever way that) you like.　　　　　　(KCED)
（好きなようにそれをやりなさい）

② **譲歩節を導く**：「no matter + 疑問詞」に書き替えられる（叙想法代用形の may を使うのは，きわめて〈格式的〉である）．

(14) **Whenever** (= No matter when) I (*may*) call on him, he is absent.
（いつ訪ねても彼は留守だ）

(15) **Wherever** (= No matter where) you go, you'll find Coca-Cola.
（どこへ行っても，コーラがある）

(16) **However** (= No matter how) much he gives her, she wants more.
（どんなにたっぷり与えても，彼女はもっとほしがる）

NB　Curme (1931: 185, 245) は，次の例の wh 語を複合関係詞と解しているが，少なくとも疑問詞と見るのが優先される解釈ではないか．(i) では主節に「疑問」表現があり，(ii)，(iii) では相手が「知らない」から教えたのである．
　　(i)　I do not know **where** he lives.　（彼がどこに住んでいるか知らない）
　　(ii)　I told him **when** I was going.　（いつ出かけるか彼に言った）
　　(iii)　I told him **why** I did it.　（私がなぜそうしたか，彼に話した）
Quirk et al. (1985: 1061) は，(iv) をあげて，関係詞と疑問詞の二とおりにあいまいであるとしている．主節に疑問表現 (*ie* asked) があるので，(iva) の読みが優先されるはずである (cf. §13.2.1.1 NB 1)．
　　(iv)　They asked me **what** I knew.
　　　　a.　何を知っているのか，と私に尋ねた．［疑問詞］
　　　　b.　私が知っていることを尋ねた．［関係詞］

第 14 章

不 定 詞

14.0. 概　説

14.0.1. 非定形動詞

不定詞・分詞・動名詞の三つは，**非定形動詞** (non-finite verb) と総称される．**定形動詞** (finite verb) は，I *sing*/He *sings*/You *sang* のように，動詞の主語の人称・数，および時制・叙法によって形式が変化するのに対して，非定形動詞は I/You/He can *sing* のように，主語の人称・数などによって形式が変化することがない点に，両者の決定的な違いが見られる．

(1) He wants **to buy** a car. （彼は車を買いたがっている）

において，定形動詞の wants は，3人称・単数・現在・叙実法というように限定されているが，非定形動詞の buy のほうは，そういう限定をいっさいうけていない．

次に重要な点は，非定形動詞は動詞である以上，常に顕在的または潜在的な主語をもっている，という認識である．生成文法では，非定形動詞の潜在的な主語は，PRO で表される．(2) は顕在的主語の例，(3) は潜在的主語 (＝意味上の主語 (sense subject)) の例である．

(2) a. I believe [*him* **to be** dead]. （彼は確か死んでいるはずだ）
　　b. I'm waiting [for *the rain* **to stop**]. （雨がやむのを待っているのです）
(3) a. My idea was [*PRO* **to learn** Russian].
　　　（私の考えは，ロシア語を勉強しようというものだった）[*I* will learn Russian]
　　b. I don't know [where *PRO* **to put** the car].
　　　（どこに車を置いたらいいかわからない）[＝where *I* should put the car]

この章では，非定形動詞のうち，まず不定詞をとりあげて考察する．

14.0.2. 不定詞の種類

不定詞には，to take のような「to 不定詞」(*to*-infinitive) と，take のような「to なし不定詞」(infinitive without *to*)，または裸不定詞 (bare infinitive) の2種類があり，それぞれが進行形・完了形・受動形をもち，さらに，完了進行形・完了受動形をもっている．

(1) 単純不定詞
　　a. to take　　(to 不定詞)

— 203 —

b. take　（裸不定詞）
(2) 複合不定詞
   c. (to) be taking　（進行不定詞）
   d. (to) have taken　（完了不定詞）
   e. (to) be taken　（受動不定詞）
   f. (to) have been taking　（完了進行不定詞）
   g. (to) have been taken　（完了受動不定詞）
   h. (to) be being taken　（進行受動不定詞）［まれ］
   i. (to) have been being taken　（完了受動進行不定詞）［普通使用しない］

to 不定詞も裸不定詞も，動詞の一種であるから，文中で動詞としての働きをするのはもちろんである．to 不定詞は，機能的には，さらに名詞・形容詞・副詞の働きもする．

14.1.　to 不定詞の名詞的用法

名詞的用法の to 不定詞は，主語・補語・目的語として使用される．「…すること」と訳せる．

14.1.1.　主語として

おもに be 動詞の主語として用いられる．

(1) PRO **To finish** today is important.　（きょう済ますことが重要だ）
(2) PRO **To see** her was a great pleasure.
　　（彼女に会ったことは，大変な喜びだった）
(3) PRO **To solve** the problem was impossible.
　　（その問題を解くのは不可能だった）
(4) PRO **To watch** him eating really gets on my nerves.　(Swan 1995)
　　（彼が食べるのを見ていると，全くいらいらする）［PRO が私を指すことは，my nerves によって明白である］

この構文は〈格式体〉で，一般に it を形式主語に立て，to 不定詞を**外置**する (extrapose)（＝文末に回す）構文が好まれる（文末重心の原理）．

(1′) *It* is important **to finish** today.
(2′) *It* was a great pleasure **to see** her.
(3′) *It* was impossible **to solve** the problem.
(5) *It*'s nice **to be sitting** here with you.　(Swan 1995)
　　（ここであなたと同席しているのは素敵です）
(6) *It*'s nice **to have finished** work.　(Ibid.)（仕事を済ますと愉快だ）
(7) *It*'s nice **to have met** you.　（お目にかかれて素敵でした）
(8) *it* is my business **to know** things.　(Doyle, *Adventures of Sherlock Holmes*)
　　（いろんなことを知っておくのが私の仕事です）

次例は，to 不定詞をうける it が右側に生じている点で注目に値する．**左方転移** (left dislocation)（§ 36.5.1）の一種である．

(9) **To hear** his quick step moving here and moving there from early morning to late at night, and **never to catch** so much as a glimpse of him—*it*'s more than I can stand. (Doyle, *His Last Bow*)
(彼が朝早くから夜遅くまで，せかせかとあちらこちらと動き回っているのに，ちらっとも姿が見えないなんて——そりゃもう，とても我慢できませんわ)

次例では，for は前置詞であって，補文標識ではない（休止は，したがって us, me のあとにある）．

(10) a. *It* is for us | **to find** the connection. (Doyle, *The Return of Sherlock Holmes*)（その関連を見つけるのはわれわれの務めだ）
b. Well, *it* is not for me | **to judge** you. (Id., *Adventures of Sherlock Holmes*)（ともかく，君を裁くのは，ぼくの役目じゃない）

14.1.2. 補語として

おもに be 動詞の主語補語として用いられる．この構文の主語名詞句は，未来指向の to 不定詞と呼応して，aim, idea, intention, job, purpose, proposal, plan; ambition, desire, hope, wish など目的・希望を表すものが多い．

(1) My only aim is PRO **to win** the race.
（私の唯一の目的は，このレースに勝つことだ）
(2) The idea is **to go** down to this place and **look** into the case. (Christie, *Murder Is Easy*)（趣向というのは，その場所へ行って事件を調査することだよ）
(3) My intention is PRO **to travel** next summer.
（私の意図は，来年の夏旅行をすることだ）
(4) The best way is PRO **to do** one thing at a time.
（最もよい方法は，一度に一つのことをすることだ）
(5) Her job is PRO **to repair** the church organ. (BNC)
（彼女の仕事は，教会のオルガンを修理することだ）

この場合も，it を形式主語にした構文が可能である．

(1′) *It* is my only aim **to win** the race.
(3′) *It* is my intention **to travel** next summer.
(4′) *It* is the best way PRO **to do** one thing at a time.
(5′) *It* is her job **to repair** the church organ.

次のように主節に do を含む構文では，〈英・米〉ともに to を落とすほうが普通である．

(6) a. All a poet can *do* today is **warn**. (Owen, *The Poems*, 'Preface')
（今日詩人にできることは，警告することのみだ）[Blunden の刊本では，[to] warn となっているのが興味深い]

b. We don't need proof.　All we have to *do* is **look** for proof.
(Spillane, *My Gun Is Quick*)
(証拠なんか要るものか．証拠を捜しさえすりゃいいんだよ)

c. All you *do* is **sneer** at me.　　(Iams, *The Countess to Boot*)
(あなたときたら，私のことをせせら笑うだけだ)

d. All I want to *do* is **get** to town, to Jefferson.　(Faulkner, *Sanctuary*)
(おれがしたいのは，町へ行くこと，ジェファーソンへ行くことだけさ)

to 不定詞を使用するのは，少し前の作家である．

(7) a. The best thing I can *do* is **to go** to bed.　(Wilde, *Model Millionaire*)
(私にできる一番いいことは，床につくことだね)

b. All we wish you to *do* is **to examine** the machine.　(Doyle, *Adventures of Sherlock Holmes*)
(あなたにしてほしいことは，その機械を調べることだけです)

to 不定詞を主語と補語にとる例もある．このような例では，二つの行為の完全な同一性 (identity) を表すのでない．なぜなら，二つの行為を逆にすることはできないからである．ここで述べていることは，「A すれば，ただちに B することになる」という意味である (cf. Jespersen 1933: 331)．

(8) a. With Faith, **to decide** was **to act**.　(Montgomery, *Rainbow Valley*)
(フェースの場合，決心することは，即行動することだった)

b. **To see** her is **to love** her,　(Burns, *Bonnie Lesley*)
(彼女を見れば，愛するようになる)

NB (8a) のような例では，to を省略することが絶対にないのは，例えば，「〈決心すること〉は即〈行動すること〉である」という気持ち，すなわち，「名詞句＝名詞句」(ie to decide = to act) という等式が成立しているためと解されるのに対して，(6c) のような場合は，「〈する〉のは〈せせら笑う〉ことだ」という気持ち，すなわち，「動詞＝動詞」(ie do = sneer) の等式が成立していて，いわば，一般的・抽象的な do が，端的に，特殊的・具体的な sneer に置き替えられた形式となっている．こうした，do＝V の気持ちは，次のような構文においては，いっそう顕著に感じとることができる．

(i) What do you have to **do**, **hook** her up the back?　(Iams, *The Countess to Boot*)
(君はどうしなければならないんだ，背中のホックを留めてやるのかい)

(ii) What are you trying to **do** to me — **pull** some sort of trick on me!
(Caldwell, *This Very Earth*)
(おまえは，おれにどうしようてんだ——何かペテンにかけようってのかい)

(iii) What shall we **do** after supper?　**Go** to a theatre?　(Wilde, *The Importance of Being Earnest*)(夕飯が済んだら何をしようか．芝居へでも行こうか)

Visser (1978: 1490) は，以上のような do を「先行の do」(anticipative *do*) と呼び，裸不定詞をその目的語とする，としている．

14.1.3.　目的語として

[**A**]　to 不定詞だけを目的語 (補部) としてとる動詞には，次のようなものがある．いずれも "未来指向的" な意味をもっている点に注目せよ．to 不定詞の to の原義は，

'in the direction of'「…の方向に」であるから，未来指向的な動詞のあとに生じるのは，きわめて自然である．

(1) agree, aim, choose, decide, expect, hope, like, long (切望する), mean, plan, offer, prefer, promise, refuse, try, want, wish, etc.

(2) a. I *expect* **to be** back on Sunday. （私は日曜日に帰るつもりだ）
  b. He *wants* **to be** a lawyer. （彼は弁護士になりたいと思っている）
  c. I *decided* **to study** law. （私は法律を勉強することに決めた）
  d. I don't *like* **to ask** questions. (Hemingway, *Green Hills of Africa*)
  （おれ，質問するの嫌いなんだ）

(3) a. Do *try* **to bring** him down, and as soon as possible. (Doyle, *Memoirs of Sherlock Holmes*)（ぜひ彼をお連れください，なるべく早くね）
  b. Cf. Do *try and bring* him. (Ibid.)（ぜひ彼をお連れください）

"未来指向的"ということを，例に即して確認してみよう．(2a)では，主語の「つもり」は発話時であるが，「帰ってくる」のはそれよりもあとの日曜日である．(2c)で言えば，「決定した」ときには，まだ「法律の勉強」は始まっていない．つまり，"未来志向的"なのである．

to 不定詞が，いわゆる SVOC 型の文型の目的語になっている場合は，to 不定詞を目的語の位置に置くことはできないので，その位置に形式目的語の it を置かなければならない．

(4) a. I think *it* better **not to try**.
  （やってみないほうがいいと思う）［*I think not to try better.］
  b. He found *it* easy **to learn** Japanese.
  （彼は日本語を学ぶのはやさしいのを知った）
  c. I feel *it* my duty **to help** him. （彼を助けるのは私の義務だと思う）

NB 1 to 不定詞が他動詞の目的語だと言っても，*To go* was decided by him. のような受動文を作ることはできない．動詞の中には，中間動詞のように目的語を受動文の主語にすることができないものもある．にもかかわらず，to 不定詞を動詞の目的語とする根拠としては，第一に，prefer it/want it のように，to 不定詞を代名詞化できること，第二に，to 不定詞が動詞の補部（＝目的語）の位置を占めることである．

NB 2 次のような please が to 不定詞を従える構文がある．
  (i) Please **to return** it soon. (COD[5])
    （それを早くお返しください）［＝Please return it soon.］
  (ii) Please **not to forget** the key. (Ibid.)
    （鍵を忘れないでください）［＝Please don't forget the key.］

OED[2] は，please が to 不定詞を伴った場合は，'be pleased' の意味になるとする．この構文は，現在，古語または方言であって，［　］内の言い方が普通に用いられる．この please は，元来は May it please you の意味の叙想法（代用形）で，現在は文副詞として用いられている (Curme 1931: 132)．

NB 3 動詞の目的語としての to 不定詞と動名詞との比較については，§16.6 を参照．
NB 4 動詞の目的語になる「疑問詞＋to 不定詞」の構造については，§12.3.4 を参照．

[B] **I advised Mary to wait.** のタイプ： このタイプの to 不定詞は，SVOO 型の文型の直接目的語の機能を果たす．その統語的な証拠についての議論は，§§ 2.2.8 [C], 37.4.3.2 を参照．
  (1) I advised Mary **to wait**. （私はメアリーに待つように助言した）
  (2) I told John **to see a doctor**. （私はジョンに医者に診てもらえと言った）
  (3) He promised me **never to show up late again**. (BBI²)
     （彼は二度と遅れませんと私に約束した）
  (4) My father taught me (**how**) **to swim**. （父は私に泳ぎ方を教えてくれた）

14.2. to 不定詞の形容詞的用法

  to 不定詞は，名詞句のあとに置かれて，その名詞句を修飾する．生成文法では，**不定詞関係詞節** (infinitival relative clause) と呼ばれる．
  次の五つのタイプが認められる．

14.2.1. 先行詞が to 不定詞の主語の場合
  (1) The man **to help** you (＝who can help you) is John.
     （あなたを助けてくれる人は，ジョンです）
  (2) There's a lot of work **to be done** (＝which should be done).
     （するべき仕事はたくさんある）
  (3) That's something **to be avoided** (＝which must be avoided) at all costs.
     （それは，どうあっても避けなければならないことだ）

  名詞句は，しばしば最上級，および，その類語 first, last, next に修飾されている．
  (4) She's the *youngest* person ever **to swim** (＝who has ever swum) the Channel. (Swan 1995)（彼女は，イギリス海峡を泳ぎわたった一番若い人だ）
  (5) Tory was the *first* **to recover** (＝who recovered). (Taylor, *A View of the Harbour*)（トリーが最初に回復した）
  (6) The *next* **to speak** was Mr. Green. （次の話し手はグリーン氏だった）
類例： the life (that is) *to come* (来世)／my wife (that is) *to be* (未来の妻)．

14.2.2. 先行詞が to 不定詞の目的語の場合
  遡及的不定詞 (retroactive infinitive) と呼ばれる用法で，常に「…するべき」という法的 (modal) な意味を表す．
  (1) There are many difficulties **to overcome** (＝which we must overcome).
     （乗り越えなければならない障害がたくさんある）
  (2) I have some letters **to write** (＝which I must write).
     （手紙を何通か書かなくてはならない）
  (3) Would you like something **to drink** (＝which you can drink)？
     （何か飲み物をさしあげましょうか）

(4) The man **to meet**/**to be meeting**/**to have met** is Wilson. (Quirk et al. 1985)（会うべき/会うことになっている/会った人は，ウィルソンです）
(5) There's never very much **to do** of a morning. (Doyle, *Adventures of Sherlock Holmes*)（午前中は，いつも仕事はあまりない）

次例では，遡及的不定詞節が補語として機能している．
(6) That is *for the Court* **to decide**. (Doyle, *Adventures of Sherlock Holmes*)（それは，法廷が決定することだ）[That が to decide の意味上の目的語]

14.2.3. 名詞句が to 不定詞に含まれる前置詞の目的語である場合

(1) Mary needs a friend **to play** *with*/*with whom* **to play**.
（メアリーには遊び友達が必要だ）
(2) but strange men were dangerous things **to remain** *near*. (Burnett, *A Little Princess*)（でも，見知らぬ人間は，そばにいるのは危険な存在だった）[=near which to remain]
(3) It's a good place **to pretend** *in*. (Ibid.)
（そこって，ふりをするのに都合のいいところなの）

(1) や以下の例のように，to 不定詞中に関係代名詞を含むものは〈格式体〉である．
(4) There's no one **to give** the present *to*/*to whom* **to give** the present.
（このプレゼントをあげる人が誰もいない）
(5) She is not a person **to rely** *on*/*on whom* **to rely**.
（彼女は信頼できる人ではない）[=on whom one can rely]

NB to 不定詞に付く前置詞句が付加部をなしている場合，「手段」の with，「場所」の in/on は，普通，省略される．
  (i) a. He had no money **to buy** the ticket (*with*).
      （彼はその切符を買う金がなかった）
     b. I need some scissors **to cut** the paper (*with*).
      （この紙を切るはさみがほしい）
  (ii) a. There was even a stereo **to play** Mike's favorite music (*on*).
      （マイクのお気に入りの音楽をかけるステレオさえあった）
     b. The thief had no car **to escape** (*in*). （泥棒は逃亡する車がなかった）

14.2.4. to 不定詞が関係副詞節の働きをしている場合

(1) The time **to go**/*at which* **to go** (=when/at which you should go) is 9:30.（出発時刻は9時半だ）
(2) The way **to do** it/*in which* **to do** it (=in which you should do it) is this.
（そのやり方はこうです）
(3) The place **to stay**/*at which* **to stay** (=where/at which you should stay) is the Ritz. （お泊まりの場所はリッツ（ホテル）です）
(4) he was grateful to have a place **to stay**. (Steel, *The Ghost*)

(彼は泊まるところがあって，ありがたかった)

14.2.5. to 不定詞が先行詞と同格的に働く場合
(1) I have *orders* **to go** (= that I should go).
    (私は，行けという命令をうけている)
(2) She had the *misfortune* **to lose** her only son.
    (彼女は，一人息子を失うという不幸に見舞われた)
(3) I had no *occasion* **to speak** French.　(私はフランス語を話す機会がなかった)
(4) He has a *right* **to decide**.　(彼には決定する権利がある)

このタイプには，先行詞が動詞または形容詞から派生した語である場合が含まれる．

(5) I have no *wish* **to quarrel** with you.　[< I don't wish to ...]
    (君と口論するつもりはない)
(6) He forgot his *promise* **to come**.　[= He promised to ...]
    (彼は来るという約束を忘れてしまった)
(7) He showed a *willingness* **to go**.　[= He was willing to ...]
    (彼は快く行こうとする気持ちを示した)

(5)-(7) の to 不定詞は，それぞれ，[　]内の動詞または形容詞が名詞化されたとき，それに伴っていた to 不定詞がそのまま持ち越されたと考えればよい．

14.3. to 不定詞の副詞的用法

to 不定詞は，副詞的に用いられて，動詞・形容詞・副詞または文全体を修飾する．

14.3.1. 〈方向〉「...する方向へ」
これが to 不定詞の原義で，おもに移動や方向性を表す自動詞・形容詞と結びつく．この用法には方向の不定詞 (infinitive of direction) の原義が色濃く残っている．

(1) In time I *came* **to love** her.　(私はやがて彼女を愛するようになった)
(2) I'm *going* **to give** a party next week.　(私は来週パーティーを開くつもりだ)
(3) The man *struggled* **to get** free.　(その男は自由になろうともがいた)
(4) Here I *proceeded* **to examine** its contents.
    (ここで私は，その中身を調べにかかった)
(5) He *tends* **to be** careless.　(彼はとかく不注意になりがちだ)
(6) She *consented* **to marry** him.　(彼女は彼と結婚することに同意した)
(7) I'm *longing* **to hear** from you.　(おたよりを待ちわびています)
(8) A single example will *serve* **to illustrate** the point.
    (一例をあげれば，この点を例証するのに役立つだろう)
(9) I *hastened* **to apologize**.　(私は急いでわびた)
(10) How did you *get* **to know** him?
    (どんないきさつで，彼を知るようになったのか)

(11) He *strives* **to be** impartial. （彼は公平であろうと努めている）

次例は，未来志向の形容詞の例である．

(12) She's *anxious* **to go** home. （彼女はしきりに家に帰りたがっている）
(13) The boy was *afraid* **to go** out alone at night.
     （その子は，怖くて夜一人で外出することができない）

以下は，未来志向の他動詞的表現の例である．

(14) He *made up his mind* **to go** at once. （彼はすぐ行こうと決心した）
(15) I couldn't *bring myself* **to accept** his offer.
     （彼の申し出をうける気になれなかった）
(16) He *set himself* **to study** it. （彼はその研究にとりかかった）

14.3.2. 〈目的〉「…するために」

(1) I came here **to speak** to you. （あなたと話すためにここに来ました）
(2) He's working hard **to pass** his exams.
    （彼は試験にパスするために猛勉強している）
(3) I'm going to America **to learn** English.
    （英語を勉強するためにアメリカへ行くつもりだ）

〈目的〉の意味を明確にするために in order to〈格式体〉や so as to を使用することができる（前者のほうが目的意識が強い）．

(4) Mary worked hard **in order to win** the prize.
    （メアリーはその賞を獲得するために猛勉強した）
(5) We started early **so as to** [sóuztə] **get** there in time.
    （そこに間に合って着けるように早めに出発した）

in order to / so as to は，be, know, have のような「状態動詞」の前で使用するのが規範である (Swan 1995: 267)．しかし，用例からわかるように，動作動詞の例も決して少なくない．

(6) I watched him **in order to know** more about him.
    （彼のことをもっとよく知るために彼を観察した）

in order to / so as to は，否定の to 不定詞の前でも規範的に使用される．

(7) William feigned illness **in order not to attend** the wedding.　　　(Archer, *Kane and Abel*)（ウィリアムは，結婚式に出ないために仮病を使った）
(8) "Possibly she ran away **so as not to meet** him," suggested the inspector.
    (Christie, *Dead Man's Folly*)（「ことによると，男に会うのを避けるために逃げ去ったのかもしれませんな」と警部が示唆した）[not to meet よりも自然]

to 不定詞の主語が主文の主語と異なる場合は，〈for+NP〉の形式で表現される．

(9) Gabriel held up his hand *for them* **to be** silent.　　　(Joyce, *Dubliners*)
    （ガブリエルは，彼らを黙らせるために片手を上げた）

不定詞の意味上の主語は，主文の目的語である場合がある（目的語コントロール）．
- (10) He sent Tom_i to the shop [PRO_i **to buy** bread].
  （彼は，トムを店にやってパンを買わせた）[Tom was to buy bread]

NB to 不定詞は特定の目的に用い，一般的な目的には「for + 動名詞」を用いる (Thomson & Martinet 1986: 295)．
- (i) I want a case **to keep** my records in.
  （私のレコードを入れるためのケースがほしい）
- (ii) This is a case **for keeping** records in.
  （これは，レコードを入れるためのケースです）

14.3.3. 〈結果〉「…となる」

〈目的〉とは異なり，無意志述語が用いられる．
- (1) He will live **to be** ninety. （彼は90歳まで生きるだろう）
- (2) In 1980 he left Japan **never to return**.
  （彼は1980年に日本を去り，ついに戻ってこなかった）
- (3) I woke that night **to find** my house in flames. (Christie, *The Big Four*)
  （その晩，目をさますと，わが家が炎に包まれていた）
- (4) She opened her eyes **to see** a tall, dark-haired man standing beside her.
  (Steel, *Summer's End*)
  （目をあけると，背の高い，黒い髪をした男がそばに立っていた）

only を付けると，結果が失望させるものであることを表す．
- (5) I ran all the way to the station, **only to find** that the train had left.
  (KCED)（駅までずっと走ったのに，結局，列車は出てしまっていた）
- (6) Woe be to us, that we should have fought and belabored ourselves **only to serve** the turn of a Fox. (Aesop's *Fables*)（災いなるかな，われわれは戦いもし，頑張りもしたのに，キツネの役に立つのが落ちだったなんて）

14.3.4. 〈原因〉「…して」

感情を表す形容詞のあとで用いられ，その感情の生じた原因を述べる．to 不定詞は，未来指向的ではなく，「過去の事件」を指している点に注意．
- (1) I am glad/happy **to see** you here. （ここでお目にかかれてうれしいです）
- (2) He was shocked **to hear** the news. （彼はその知らせを聞いてぎょっとした）
- (3) I was very much interested **to know** the fact.
  （その事実を知って大いに興味がわいた）

次は，完了不定詞の例である．
- (4) I am sorry **to have missed** him. （彼に会えなくて残念だ）
  [= I am sorry I (have) missed him.]
- (5) It was nice **to have met** you, Daniel. (Archer, *As the Crow Flies*)
  （お目にかかれて楽しかったわ，ダニエル）

NB 次のような文の to 不定詞は，未来時を指すもので §14.3.1 に属する．
  (i) I'*ll be glad* **to come**. （喜んで参ります）
  (ii) I *will be interested* **to meet** him. （彼に会いたいと思っている）［＝want to］

14.3.5. 〈判断の根拠〉「… するなんて」
主文で下されている判断の根拠を示す．
  (1) She must be mad **to dye** her hair green.
      （髪の毛を緑に染めるなんて，あの女，気が狂っているにちがいない）
  (2) What a lucky fellow I am **to have** such a wife!
      （こんな妻をもつなんて，ぼくはなんて幸せ者だろう）
  (3) What have I done **to be looked at**, like that?
      （そんなにじろじろ見られるなんて，私が何をしたって言うんです）

14.3.6. 〈範囲指定〉「… する点で」
形容詞のあとに置かれて，その適用範囲を限定する．Jespersen (*MEG* V: 262) が「範囲指定の不定詞」(infinitive of specification) と呼ぶ用法である．
  (1) Is it *nice* **to eat**? （それ，（食べて）おいしいですか）
  (2) This theory is *difficult* **to understand**.
      （この理論は理解しにくい）［理解する点でむずかしい］
  (3) Baseball is *thrilling* **to watch**. （野球は見てスリルがある）
  (4) This child is *quick*/*slow* **to learn**. （この子はもの覚えが早い/遅い）
  (5) He is *apt* **to forget**. （彼はもの忘れしやすい）［忘れる点で］
  (6) 類例： able to speak French（フランス語が話せる）/competent to teach Spanish（スペイン語が教えられる）/free to go（自由に行ける）/welcome to use my telephone（電話を自由に使っていい）/not fit to be seen（このままでは人前に出られない）/hellish to see（見て恐ろしい）/beautiful to look at（見た目に美しい）/easy to talk to（話しかけやすい），etc.

14.3.7. 文副詞として
to 不定詞が文全体を修飾する用法は，ほぼすべてイディオムで，おもに発話の様式 (§25.3.6) を示す．文頭・中位・文末に生じ，通例，軽い休止音調——書き言葉ではコンマ——によって区切られる．伝統文法では，"**独立不定詞**" (absolute infinitive) と呼ばれている．
  (1) to tell (you) the truth（実を言えば）/to be honest（正直に言えば）/to be frank/to speak frankly（率直に言えば）/so to speak（いわば）/to say nothing of（…は言うまでもなく）/to begin with（まず第一に）/to be just（公平に言えば）/to be brief（手短に言えば）/strange to relate/say（語るも不思議なことながら）/to be sure（確かに）/to judge from（…から判断するならば）/lucky to say（幸いにも）/to make matters/things worse（さらに悪いことに）/to put it in a nutshell（かいつまんで言えば）/sad to relate（語るも悲し

以下，(2) は文頭の例，(3) は中位の例，(4) は文末の例である．

(2) a. **To look at**, he might have been a clerk.　　　(Woolf, *Mrs. Dalloway*)
  (外見を見ると，彼は事務員と言ってもいいくらいだった)
 b. **To make matters worse**, her husband became ill.
  (さらに悪いことに，彼女の夫が病気になった)
 c. But **to return** where we were.　　　(Christie, *Blue Train*)
  (しかし，話を元に戻そう)
(3) a. He is, **so to speak**, a grown-up baby.　(彼はいわば，大きくなった子供だ)
 b. She is not pretty, **to be sure**, but she is wise.
  (彼女は確かに美人じゃないが，でも賢い)
(4) a. This really upsets me, **to be honest**.
  (正直言って，これはほんとうに心配です)
 b. Marley was dead, **to begin with**.　　　(Dickens, *A Christmas Carol*)
  (まず初めに，マーレーは死んでいた)

14.3.8. 歴史的不定詞

歴史的不定詞 (historical infinitive) は，物語的不定詞 (narrative infinitive) とも言う．独立不定詞の一種で，叙実法過去に対応する意味を表す．物語に用いられ，継起的動作を躍動的に表す．本来ラテン語やフランス語の文法で用いられる用語で，英語ではきわめてまれである．

(1) With another gay laugh the girls separated, **Diana to return** to Orchard Slope, **Anne to walk** to the post-office.　(Montgomery, *Anne of the Island*)
  (もう一度陽気に笑って，少女らは別れた．ダイアナはオーチャードスロープへ帰り，アンは郵便局へ歩いていった)

NB フランス語では，17 世紀に多く用いられたが，今では〈雅語〉になっている (田辺 1955: 305)．
 (i) Ainsi dit le renard et **flatteurs d'applaudir**.
  (このようにキツネが申しますと，おべっか使いどもが，やんやと喝采しました)

14.3.9. 副詞的用法の慣用表現

◇〈**too ～ to ...**〉「...するにはあまりにも～で」「あまり～なので...できない」
 (1) I'm **too** excited **to** *sleep*.　(興奮しすぎて眠れない)
  [= I am *so* excited *that* I *can't* sleep.]
 (2) Allan was laughing **too** hard **to** *stop*.　(アランはひどく笑っていたので，笑いが止まらなかった)　[= Allan was laughing *so* hard *that* he *couldn't* stop.]

◇〈**～ enough to ...**〉「...するほど～で」「～なので...する」(程度・結果)
 (3) The basket is big **enough to** *take* all the eggs.　(このかごは，卵が全部入るほど大きい)　[= The basket is *so* big *that* it *can* take all the eggs.]

主動詞が過去の場合は,〈結果〉を含意する.
(4) Dick ran fast **enough** to *catch* the bus. (ディックは速く走ったので,バスに間に合った) [= Dick ran *so* fast *that* he *was able to* catch the bus.]

◇〈so ~ as to ...〉「...ほど~で」「~なので...する」(程度・結果)
(5) Would you be **so** kind/good **as to** *help* me?
(すみませんが,手伝っていただけませんか)

(4)と同様に,主動詞が過去時制のときは,〈結果〉を含意する.
(6) I was **so** fortunate **as to** *win* the prize. (幸運にも賞を獲得した)

14.4.　to 不定詞の動詞用法

to 不定詞は,元来動詞であるから,当然,動詞としても使用される.以下の to 不定詞は,補文の述語として機能しているので,to 不定詞の「動詞用法」と呼ぶことにしよう.
(1) I want [John **to win**]. (ジョンに勝ってほしい)
(2) I believe [John **to be innocent**]. (ジョンは無実だと信じている)
(3) I rely upon [you **to come**]. (君が来るのをあてにしている)
(4) The police forced Bill [PRO **to confess**].
(警察はむりやりにビルに口を割らせた)

14.4.1.　want 型
love, like, hate などの「好き・嫌い」,want, desire, prefer, wish などの「希望」を表す動詞である.この型の詳細は,§37.4.5.2.1を参照.
(1) I want [him **to come** early]. (彼に早めに来てほしい)
= 〈米〉 I want [*for* him **to come** early].[1]

〈英〉でも,want と to の間に very much などが挿入されると,for が挿入される (want と him が隣接しないため,want から対格をもらえないので,for を挿入し,そこから対格をもらうのである).

(2) I want very much *for* him **to go**. (とても彼に行ってほしい)
(3) a.　I like [boys **to be** quiet]. (私は男の子がおとなしくしているのが好きだ)
　　b.　= 〈米〉 I like [*for* boys **to be** quiet].[1]
(4) I hate [girls **to smoke**]. (女の子がたばこを吸うのは嫌いだ)

NB hope をこの型で用いることはできない.
(i) *I hope you **to come**. [誤り] → I hope *that* you will come. (あなたが来てくださればと願っています) [正]

---

[1]　C.-Murcia & L.-Freeman (1999) は,〈米〉の文法書であるが,'like/want (for) NP to do' のように,for の出没は随意的としている.

14.4.2. believe 型

believe, suppose, consider, find, guess, think, know などの「思考動詞」が使用され，命題が真であると考えていることを表す．この場合，主動詞の表す時と to 不定詞の表す時は同時的（cotemporal）でなければならない．未来指向の動詞をとる want と異なり，believe のとる動詞が，to be/love のような状態的動詞に限られるのは，このためである．この型は〈格式体〉で，〈普通体〉では that 節が用いられる．believe 型の詳細については，§37.4.5.2.2 を参照．

(1) I thought [Bill (**to be**) a genius]. （私はビルは天才だと思った）
　　[＝I thought *that* Bill was a genius.]
(2) I know [this **to be** a fact]. （これが事実だということを私は知っている）
　　[＝I know *that* this is a fact.]
(3) I found [the plan **to be** all wrong]. （そのプランは，てんでまちがっているのがわかった）[＝I found *that* the plan was all wrong.]

14.4.3. rely upon 型（前置詞付き動詞）

「NP＋to 不定詞」の形式のネクサス目的語が前置詞付き動詞の目的語になる場合がある (cf. Jespersen 1933: 341)．

(1) Can I *count on* [you **to help** me]?
　　（君が助けてくれるのをあてにしていいかい）
(2) I could hardly *prevail upon* [him **to eat**]. 〈格式体〉
　　（彼を説きつけて食べさせるなんて，私にはとうていおぼつかなかった）
(3) I *rely upon* [you **to come**]. （君が来るとあてにしている）
(4) I'm not *ashamed of* [myself **to talk** so]. 　　(Jespersen 1933)
　　（私は自分がおしゃべりなのを恥ずかしいとは思っていない）
(5) The manager *signed to* [the porter **to carry** my bag].
　　（支配人は，私のかばんを運ぶようにポーターに合図した）
(6) He *motioned for* [us **to follow** him]. 　　(OALD[6])
　　（彼は私たちについて来るように合図した）
(7) He turned and *gestured for* [Mary **to enter**]. 　　(Sheldon, *Windmills of the Gods*) （彼は振り向いて，メアリーに入るように身振りで表した）
(8) I *longed for* [Mary **to phone**].
　　（私はメアリーが電話してくれるのを待ちあぐんでいた）
(9) We *waited for* [the bus **to come**]. （私たちはバスが来るのを待った）
(10) I've *fixed up for* [us **to go** to the theatre next week].
　　（私は来週私たちが劇場へ行くように手配した）
(11) I will *arrange for* [a car **to be** there]. 　　(KCED)
　　（車がそこに行くように手配しましょう）
(12) He *hoped for* [Mary **to come**]. （彼はメアリーが来ればいいと思った）

14.4.4. force 型

force, compel, challenge, oblige, permit, urge などの動詞は,「人に働きかけて…させる」という強制の意味特徴をもっている. to 不定詞の主語は, 音形をもたない PRO である.

(1) John forced Mary [PRO **to come**]. （ジョンはむりやりにメアリーを来させた）
(2) Oppression provoked the people [PRO **to rebel**].
（圧政に怒って民衆は反乱を起こした）
(3) She urged John [PRO **to accept** the offer].
（彼女はジョンにその申し出をうけるように強く迫った）

このタイプの詳細については, §37.4.3.5 を参照.

14.5. 裸不定詞の用法

裸不定詞 (bare infinitive) は, to なしに常に動詞そのものとして用いられ, to 不定詞とは異なり, 名詞・形容詞・副詞の用法をもたない.

14.5.1. 助動詞とともに

to 不定詞を伴う ought, used, 過去分詞を伴う完了の have と受動の be, 現在分詞を伴う進行の be を除いて, ほかの助動詞はすべて裸不定詞を伴う.

(1) You *ought to* **apologize**. （君は詫びるべきだよ）
(2) *Has* anyone **phoned**? （誰か電話してきましたか）
(3) The window *was* **broken**. （窓が割られた）
(4) I *am* **studying** Italian. （私はイタリア語を勉強している）

次は, 裸不定詞をとる助動詞の例である.

(5) I *can* **swim**. （私は泳げる）
(6) *Will* you **be** coming back early this evening? （今晩は早く帰りますか）
(7) *Do* you ever **go** fishing? （魚釣りに行くことがありますか）
(8) She *must* **be** asleep. （彼女は眠っているのにちがいない）
(9) You *shouldn't* **drink** and **drive**. （OALD[6]）（酒を飲んで運転してはいけません）

14.5.2. 裸不定詞節の命題用法

裸不定詞節が, 時制・断定・疑問・命令など, 話し手の判断を示す部分（モダリティー）を取り去った**命題** (proposition) を表していると考えられる用法がある.

(1) **Get** up in the morning, **work** all day, **eat** three meals and **go** to bed. What a life! (Montgomery, *Anne of Ingleside*) （朝起きて, 一日中働き, 三度三度のめしを食べ, 床につく. なんという（つまらない）人生なんだ！）
(2) Rugby League is a game of survival. It's *dog* **eat** *dog*. （クラウン熟語）
（ラグビー・リーグは, サバイバル・ゲームだ. 食うか食われるかの戦いだ）
(3) You should have heard them disputing; it was *diamond* **cut** *diamond*.

(同上)(彼らが論争するのを聞かせたかったよ．まさに火花を散らす知恵比べだった)

14.5.3. 知覚動詞とともに

see, hear, feel, notice, listen to, look at, watch などの知覚動詞は，S＋V＋O［名詞句＋裸不定詞］の文型をとる（O はネクサス目的語）．日本語では，「名詞句（NP）が…する<u>の</u>を見る/聞く」（補文標識「の」に注意）などと訳せる．

(1) The coachman *saw* [him **cross** the hall, and **enter** it]. (Doyle, *The Memoirs of Sherlock Holmes*)（御者は，彼がホールを横切って，そこへ入る<u>の</u>を見た）
(2) We *heard* a man **shout**. （男が叫ぶ<u>の</u>が聞こえた）
(3) I *felt* something **touch** my foot. （何かが足に触れる<u>の</u>を感じた）
(4) I didn't *notice* you **raise** your hand. （君が手をあげた<u>の</u>に気づかなかった）
(5) *Look at* him **eat**!〈米〉＝ *Look at* him **eating**!〈英〉　　　(Swan 1995)
　　（彼が食べる様子をごらんよ！）
(6) They *watched* John **kick** Mary. (Dixon 1991)
　　（彼らはジョンがメアリーをける<u>の</u>をじっと見ていた）
(7) I *listened to* him **sing**. (Ibid.)（彼の歌に耳を傾けた）

知覚動詞が受動態になると，to 不定詞が現れる．それはなぜかと言えば，受動態は状態の記述に近づくので，能動態の直接知覚の意味が弱まって，間接的な to が使用されると考えられる (cf. Dixon 1991: 231).

(8) The cat *was seen* **to enter** the kitchen. （ネコが台所へ入るのが見られた）
(9) He *was* never *heard* **to say** 'thank you' in his life. (Swan 1995)
　　（彼は，「ありがとう」と言うのを生涯人に聞かれたことがなかった）

NB 1 watch, listen の受動態は，to 不定詞ではなく，現在分詞を伴う (cf. Dixon 1991: 231)．これらの動詞は，ある期間にわたる知覚を表しているので，単純不定詞よりも現在分詞とのほうが相性がいいのである．
　　(i) John *was watched* **kicking**/*(**to**) **kick** Mary.
　　　　（ジョンは，メアリーをけっているところを見られた）
listen to の受動態も不定詞をとることはない (Dixon 1991: 231).
　　(ii) *John *was listened* **sing**/**to sing**.

NB 2 look at NP -ing は〈英〉，look at NP V は〈米〉というのが通説であるが，〈英〉でも後者の構文を使う場合がある．
　　(i) I'm going to *look at* them **dance**. (Maugham, *Creatures of Circumstances*)
　　　　（彼らがダンスをするのを見るつもりです）

14.5.4. 使役動詞とともに

S＋V＋O［＝名詞句＋裸不定詞］の文型で，「NP に…するように仕向ける」という意味を表す（O はネクサス目的語）．NP が裸不定詞の主語として働いている．この種の動詞は，make, let, have である．

[A] **make**「(強制的に)…させる」，**let**「(勝手に)…させておく」

(1) a. Father *made* [me **go** to the meeting].

第14章 不定詞

(父は，私を(むりやり)その集会に行かせた)
  b. Mother *let* [me **go** to the dance].
    (母は，私をダンスパーティーに行かせてくれた)
(1a) の make は〈強制〉，(1b) の let は〈許容〉を表す．

 NB 使役動詞の get/cause は，challenge 型動詞なので〈方向〉の to 不定詞を伴う．
  (i) I can't *get* her **to talk** at all. (彼女に口をきかせることは全くできない)
  (ii) A loud noise *caused* me **to jump**.   (KCED)
    (大きな物音がしたので私はどきっとした)
 get はしばしば「困難」を含意し，cause は〈格式体〉で「原因」を含意する．

[B] have：四つの意味用法がある．
 ① 「〈人〉に…させる」〈使役〉： have に強勢を置く．
 (2) What would you *háve* me **do**? (私に何をしてもらいたいのか)
 (3) I *hád* John **find** me a house. (ジョンに家を見つけてもらった)
 ② [通例否定文で]「…させておく」〈許容〉： have に強勢を置く．
 (4) I won't *háve* you **criticize** my wife. (君に妻のことをとやかく言わせないぞ)
 (5) I won't *háve* you **tell** me what to do.
   (どうするべきかを君に指図されてたまるか)
 ③ 「経験する」〈受け身〉： 裸不定詞に強勢を置く．
 (6) I have *had* many scholars **vísit** me from time to time. (Curme 1931)
   (ときどき多くの学者が訪ねてきた)
 (7) John *had* a man **stéal** his wallet from him.
   (ジョンは，一人の男に財布を盗まれた)
 ④ 「…の状態にしておく」〈保持〉： 裸不定詞に強勢を置く．
 (8) I am glad to *have* my place **lóok** its best.
   (私の家がせいぜい立派に見えてうれしい)
 (9) I like *having* you **trúst** me. (私を信頼してくださるのはありがたい)

 NB 次の二つの文を比較せよ．
  (i) She **let go** my hand. (Spillane, *My Gun Is Quick*)（彼女は私の手を放した）
  (ii) The man … **let go of** Suzanne's arm.   (Selinko, *Désirée*)
    (その男はスザンヌの腕を放した)
(i) は，let my hand go と分析できるので，my hand は let の直接目的語と見ることができるが，(ii) の let go of は，「奇妙な表現」(Jespersen) で，「文法的に分析することは不可能 (CAU)」である．これは，
  (iii) but you never really mean to **let go your hold of** them. (Shaw, *Man and Superman*)（でも，あなたは，その人たちを手放すつもりは毛頭ないんだわ）
に見られる，let go one's hold of の one's hold が省略されたとも，get/take hold of などの類推によるものとも解される．let go of と同義で，leave go of という表現もある．
  (iv) **Leave go of** me! (Doyle, *The Memoirs of Sherlock Holmes*)（おれを放せ！）

14.5.5. 裸不定詞の慣用表現

◇**had better ...**「...するのがいい，するべきだ」： 命令口調．目上の人には使えない．It would be good to ... の意味で，比較の意味はない (Swan 1995: 225)．詳しくは，§19.2.1 [C] を参照．

(1) You**'d better** *go* now. (もう行ったほうがいいよ)
(2) You**'d better not** *say* that. (それは言わないほうがいいよ)
 [hadn't better は誤り]
(3) "**Hadn't** we **better** *go*?" "Yes, we **had better**/we**'d better**."
 (「行くほうがいいんじゃないの」「うん，そうだね」)
(4) "I'll give you back the money tomorrow." "You**'d better**!" (OALD[6])
 (「例の金，あす返すよ」「そのほうがいいぞ」)〈おどし〉

次の二つの否定における意味の違いに注意せよ((5a) は文否定，(5b) は語否定)．

(5) a. [**Hadn't** we **better** *go*?] (Quirk et al. 1985)
  (行くほうがいいんじゃないか？)
 b. **Had** we **better** [**not** *go*]? (Ibid.) (行かないほうがいいんじゃないか？)

had better の had は，〈略式体〉ではよく落ちる．

(6) "I reckon I **better** *stay*," she said. (Faulkner, *Sanctuary*)
 (「ここにいるほうがいいと思うわ」と彼女が言った)

◇**had best**「〈口語・まれ〉...するべきだ」(= ought to)

(7) You**'d best** *stay* at home till you get over that cold. (LDCE[3])
 (その風邪が治るまでは家にいるべきだよ)

◇**would rather/sooner ...**「むしろ...したい」

(8) "How about a drink?" "I**'d rather/sooner** *have* a cup of tea."
 (「一杯どうかね」「むしろ紅茶が1杯ほしいね」)
(9) **Would** you **rather** *eat* in a hotel? (Quirk et al. 1985)
 (むしろホテルで食べたいかね)
(10) "**Wouldn't** you **rather** *live* in the country?" "No, I would not. I**'d rather** *live* here." (Ibid.)(「むしろ田舎に住みたくないかね」「いや，住みたくないね．むしろ，ここに住んでいたい」)

◇**would (just) as soon ... (as 〜)**「(〜よりも)むしろ...したい」

(11) I **would as soon** *die* (**as** surrender).
 ((降参するくらいなら)死んだほうがましだ)

◇**may/might (just) as well 〜 (as not)**「(〜しないよりは)...したほうがよい」
might は叙想法代用形だから，may よりも控えめな表現になる．

(12) We **may as well** *go* home. There's nothing more to do. (MED)
 (帰宅したほうがいい．もうすることがないのだから)
(13) Since nobody else wants the job, we **might as well** *let* him have it.

(ほかにその仕事をやりたい者がいないのだから，彼にやらせたほうがいい)

◇**do nothing but ...**「...ばかりする」
  (14) The child **did nothing but** *cry* all morning.
    (その子は，午前中泣いてばかりいた)

◇**cannot (help) but ...**「...せざるをえない」
  (15) I **couldn't (help) but** *laugh* at the idea.　(その考えを笑わずにはいられなかった)〔＝I couldn't help laughing ... のほうが普通〕

◇**go** *do* 〈米・略式体〉「...しに行く」
  (16) Let's **go** *look* at the first one.　　　(Hemingway, *Green Hills of Africa*)
    (最初のやつを見に行こう)
  (17) Well, I'll **go** *see* him.　　　(Gardner, *The Case of the Vagabond Virgin*)
    (とにかく，彼に会いに行ってくる)

◇**go and** *do*　① 「...しに行く」
  (18) I'll **go and** *get* the phone.　(ぼくが行って電話に出るよ)
  ②「愚かにも...する」
  (19) Don't **go and** *make* a fool of yourself.　(ばかなまねはよせ)
  (20) **Go and** *be* miserable!　(勝手に不幸になるがいい！)
  (21) I've **gone and** *cut* the piece too short.　　　(Walpole, *Jeremy and Hamlet*)
    (へまをやって布を短く切りすぎてしまった)

14.6.　不定詞の主語

不定詞は，動詞の仲間である以上，必ず主語をもっている．それは，文中に明示されていることもあれば，明示されていないこともある．

14.6.1.　主語が表現されていない場合
次の場合，不定詞の主語は省略される．以下，PRO は表現されていない不定詞の主語（＝伝統文法の意味上の主語 (sense subject)）を示す．
〔A〕「一般の人々」の場合（＝恣意的指示の PRO*arb* (*itrary*)）
  (1) It's easy PRO **to make** mistakes.　(誤りをするのは易しい)
  (2) It's dangerous PRO **to swim** in this river.　(この川で泳ぐのは危険だ)
〔B〕 場面・文脈から主語が明白な場合
  (3) It was too cold PRO **to go** out.　(寒くて外へ出られなかった)〔*ie for me*〕
  (4) This tea is too hot PRO **to drink**.　(この紅茶は，熱すぎて飲めない)〔同上〕
〔C〕 文の主語と同一指示的な場合（義務的に表現されない）
  (5) I_i want [PRO$_i$ **to go**].　(私は行きたい)〔I_i ＝ PRO$_i$〕
  (6) I_i have some letters [PRO$_i$ **to write**].　(書くべき手紙が何通かある)

[＝some letters I must write]

promise の場合，約束する人が行為するのだから，主文の主語と補文の主語は，常に同一指示的である（PRO の先行詞が主文の主語の場合，主語コントロール動詞 (subject control verb) と呼ばれる）．BBI² は，(7) のように，promise は「しばしば否定構文で」とし，Dixon (1991: 257) は，(8) の構文は「方言」で，普通は that 節を用いるとする．

(7) He_i promised me never [PRO_i **to show up** late again]. (BBI²)
(彼は，二度と遅刻しませんと約束した) [He_i＝PRO_i]

(8) I_i promised John [PRO_i **to clean** the house]. （家を掃除するとジョンに約束した）[＝I promised John *that* I would clean the house.]

[**D**] '**It is good of you to come**' の構文： 英語母語話者は，この構文における to 不定詞の意味上の主語は you である，と解しているようである．しかし，より厳密には，(9) の基底構造で示したように，you と同一指示的な PRO が主語である．休止を置くとすれば，to 不定詞の前であることも，you が to 不定詞の統語的な主語でないことを示している (§37.3.5 [A] を参照)．

(9) It's good of you PRO **to come**. （よくおいでくださいました）
[基底構造： It's good of you_i [PRO_i to come]]

(10) It was foolish of John PRO **to go**. （ジョンが行ったのは愚かだった）

類例をあげるならば，

(11) It was naughty/cruel of Jane **to pull** the kitten's tail.
（子猫のしっぽを引っ張るなんて，ジェーンは意地悪だ/残酷だ）

(12) It was wrong/impudent/saucy of you **to say** that to your mother.
（あんなことをお母さんに言うなんて，あんたまちがっている/厚かましい/生意気だ）

14.6.2. 主語が表現される場合

不定詞の主語が文の主語と異なる場合は，必ず表現されなければならない．

[**A**] 不定詞の主語が補文の主語である場合（want 型動詞，believe 型動詞の場合）

(1) a. I believe [*the story* **to be** true]. （私はその話は本当だと信じている）
[＝I believe that the story is true.]
b. I expect [*Chris* **to succeed**]. （私はクリスが成功するものと考えている）
[＝I expect that Chris will succeed.]

(2) a. I want [*John* **to go**]. （私は，ジョンに行ってもらいたい）
b. Rubio ── I'd like [*us* **to go** into town]. (Sheldon, *The Sands of Time*)
（ルビオ──私たち，町へ入って行きたいんです）[I≠us]

[**B**] 不定詞の主語が他動詞の目的語の場合（"目的語コントロール動詞" の場合）：厳密には，補文の PRO が to 不定詞の主語である．

(3) John forced *Bill* **to swim**. （ジョンは，ビルをむりやり泳がせた）
[基底構造： John forced Bill_j [PRO_j to swim]]

(4) I advised John_j [PRO_j **to do** nothing rash]. （ジョンに軽はずみなことをするなと忠告した）［＝I advised John that he (should) do nothing rash.］

14.6.3. 「for＋目的語＋to do」の構造

　この構造では，for の目的語が不定詞の主語として働いている．重要な構造で，種々の用法をもつ．for は，前置詞ではなく，補文標識（complementizer）である．

[A]　**文の主語**：（1a）よりも，（1b）のように主語の位置に形式主語の it を置き，不定詞節を外置する構文のほうが普通である（Swan 1995: 266）（文末重心の原則（§38.4））．

(1) a.　*For you* **to ask** John would be the best thing.
　　　　（あなたがジョンに頼むのが一番いいでしょう）
　　b.　It would be the best thing *for you* **to ask** John. （同上）
(2) 　It was a big mistake *for them* **not to keep** John as manager. 　　(Swan 1995)
　　　（ジョンを支配人にとどめておかなかったのは，大まちがいだった）

次のような，可能性・必要性・緊急性・価値判断を表す形容詞は，通例，形式主語の it をとる．

(3)　impossible, easy, important, essential, vital, common, normal, unusual, fair, false, right, wrong, strange, good, etc.
(4)　It's important *for the meeting* **to start** at eight.
　　（会議が8時に始まることが重要だ）
(5)　It's unusual *for her door* **to be** open.
　　（彼女の家のドアが開いているのは異常だ）
(6)　It is easy *for you* **to say** so.　（君がそう言うのは簡単だよ）

不定詞の主語は，形式名詞（＝虚字）の there であってもよい．

(7)　It's unusual *for there* **to be** so many people there.
　　（そこにそんなに大勢の人がいるのは珍しい）［文末の there は直示副詞］

[B]　**主語補語**

(8)　His idea is *for us* **to travel** together.
　　（彼の案は，二人いっしょに旅をしようというものだ）
(9)　Our aim is *for students* **to master** English.
　　（私たちの目標は，学生に英語をマスターさせることです）

[C]　**他動詞の目的語**：〈米・略式体〉では like, hate, intend, mean, prefer, wish などの他動詞でもこの構造をとる．〈英〉では for を付けない．

(10)　I hate *for people* **to feel** sad.　（人が悲しんでいるのはいやです）
(11)　I prefer *for you* **to set** the table.　（テーブルの用意をしてもらいたい）
(12)　I intended *for him* **to do** that.　（彼にそれをさせるつもりだった）
(13)　She has long wished *for me* **to become** a man.
　　（ぼくが一人前の男になることを，彼女は長らく望んできた）

次例のように，目的語補語をとる構文では，形式目的語 it を用い，for 構造は義務的に外置 (extrapose) される．

(14) We consider it wrong *for students* **to cheat** in examinations.
　　（われわれは，学生が不正行為をするのはよくないと考えている）
(15) I thought it strange *for her* **to be** out so late.　　　　　　(Swan 1995)
　　（彼女がこんなに遅くまで外出しているのは妙だと思った）
(16) He made it very difficult *for us* **to refuse**.　　　　　　　　(Ibid.)
　　（彼は私たちが断りにくくした）

[D]　名詞のあと（形容詞的用法）
(17) There's a good film *for us* **to see**.　（私たちが見るべきいい映画がある）
(18) It's time *for the children* **to go** to bed.　（もう子供たちが寝るべき時刻です）
(19) There's a plan *for Jack* **to spend** a year in Japan.　　(Swan 1995)
　　（ジャックが1年間日本で過ごすという計画がある）

something, nothing, anywhere などの不定代名詞を修飾することも，よくある．
(20) There's nothing *for us* **to eat**.　（私たちが食べるものが何もない）
(21) Have you got something *for me* **to do**?　（何か私のすることがありますか）
(22) Do you know anywhere *for me* **to practice** the piano?
　　（どこか私がピアノの練習ができる場所の心当たりがありますか）

[E]　**形容詞のあと**（副詞的用法）：anxious/eager/impatient（切望して），delighted（大喜びして），willing（望んで），reluctant（いやがって）など．
(23) I am anxious *for John* **to meet** Mary.
　　（ジョンがメアリーに会うことを私は切望している）
(24) I'd be delighted *for Jim* **to come**.　（ジムが来てくれればとてもうれしい）
(25) I am eager *for the two of you* **to meet**.　(KCED)（君たち二人が会うことを私は望んでいる）［=... eager that the two of you (should) meet］

[F]　**too/enough** のあと（〈目的〉を表す副詞的用法）
(26) This book is easy enough *for you* **to understand**.
　　（この本は，君にもわかるほどやさしい）
(27) This box is too heavy *for you* **to lift**.
　　（この箱は重すぎて君には持ち上げられないよ）

上例において，to understand と to lift はそれぞれ文の主語を論理的な目的語としている．**遡及的不定詞**（retroactive infinitive）の例である．

14.7.　不定詞のその他の用法

14.7.1.　進行不定詞

(to) be going のような進行不定詞は，述語動詞の表す時と同じ時に動作が進行していることを表す．

(1) He may **be watching** TV. (彼は(今)テレビを見ているかもしれない)
　　[= It *may be* that he *is* watching TV.]
(2) She seemed **to be waiting** for someone. (彼女は(その時)誰かを待っていたらしかった) [= It *seemed* that she *was* waiting for someone.]
(3) He is believed **to be living** in Kyoto. (彼は(現在)京都に住んでいると信じられている) [= It *is* believed that he *is* living in Kyoto.]
(4) Yes, I suppose we ought **to be going**.　　(Forster, *A Room with a View*)
　　(ええ,どうやらおいとましなければなりません)

14.7.2. 完了不定詞

[**A**]　(to) have gone のような完了不定詞は,述語動詞の表す時よりも「以前」(anterior) の時を表す.

(1) John seems **to have seen** Mary yesterday. (ジョンはきのうメアリーに会ったらしい) [= It *seems* that John *saw* Mary yesterday.]
(2) Mary was sorry **to have missed** John. (メアリーはジョンに会えなくて残念だった) [= Mary *was* sorry that she *had missed* John.]

[**B**]　expect, mean, intend, be to, hope, suppose, think, want のような「希望・意図」を表す動詞の過去形に続く場合,完了不定詞は通例,非実現 (nonfulfillment) を表す (but による取り消し文に注意).

(3) She *intended/meant* **to have called**, but was prevented by a headache.
　　(Zandvoort 1972) (彼女は電話するつもりだったが,頭痛でそれができなかった)
(4) The girl that I spoke of *was* **to have married** me twenty years ago.
　　　　　　　　　　　　　　　　　　　　　　(Doyle, *A Study in Scarlet*)
　　(私が話した娘は,20年前に私と結婚するはずだったのです)

同様に,would like のあとの完了不定詞も非実現を表す.

(5) I *would like* **to have seen** her once more.
　　(もう一度彼女に会いたいところだった(が,会えなかった))

けれども,実現しなかった意図・希望を表す場合は,次例のように,主動詞を過去完了形にするほうが普通である.

(6) I *had hoped* **to catch** the 8.30, but found it was gone.　(Zandvoort 1972)
　　(8時半のに乗ろうと思っていたのだが,出てしまっていた)
(7) She *had meant/wanted* **to call**, but was prevented by a headache. (Ibid.)
　　(彼女は電話するつもりだったが,頭痛でそれができなかった)
(8) I *had intended* **to go** to Abruzzi.　　(Hemingaway, *A Farewell to Arms*)
　　(私はアブルーチーへ行くつもりだった)

ところが,さらに,次例のように,不定詞まで完了形にすることがある.

(9) a.　He *had intended* **to have written**.
　　　　(手紙を書くつもりだった(が,書かなかった))

b.　I *would have liked* **to have had** a son.　　　　　(Steel, *Summer's End*)
　　　　（息子がいたらよかっただろうと思います）

Onions (1929: 130) は，(9) のように完了形を二つ重ねる表現を「誤用」(erroneous) とし，(6)，(7) のように言わなければならない，とするが，Swan (1995: 263) は〈略式体〉として認め，Jespersen (*MEG* IV: 145) は，この表現は「非現実性」を強調するためであるとしている．完了形を重ねる話し手の心理は，まさにそのとおりと思われる．

　　NB　完了不定詞がこれらの動詞の現在形に続く場合は，未来完了的な意味を表す．
　　　(i)　We hope **to have finished** the job by next Saturday.　　　(Swan 1995)
　　　　　（次の土曜日までにこの仕事を終えたいと思っている）

[C]　**法助動詞のあとで**：could, might, ought to, should, would, needn't のあとでは，完了不定詞はしばしば「実現しなかった事態」を表す．
　(10)　He *should* **have helped** her.　（彼は彼女を手伝うべきだった）[but he didn't.]
　(11)　I *oughtn't* **to have lied** to him.
　　　　（彼にうそを吐くべきではなかった）[but I did.]
　(12)　I *could* **have made** a lot of money.
　　　　（大金をもうけることだってできたのだ）[but I didn't.]
　(13)　He *might/could* **have told** me!
　　　　（私に言ってくれたってよかったのに）[I am annoyed that he didn't tell me.]
　(14)　She *needn't* **have sent** me flowers.　　　　　　　　　(Swan 1995)
　　　　（花を贈ってくれなくてよかったのに）[She did send flowers.]

　　NB　以上の法助動詞でも，認識的意味で使用されている場合は，完了不定詞は「非実現」ではなく，「ある事態がすでに起こっているはずだ」という意味を表す (cf. Swan 1995: 263)．
　　　(i)　She *could/should/ought to* **have reached** London by now.
　　　　　（彼女はもうロンドンに到着しているかもしれない／到着しているはずだ）

14.7.3.　受動不定詞

受動不定詞は，「(to) be + 過去分詞」の形式で表される．
　(1)　I didn't expect **to be invited**.　（私は招かれることを期待していなかった）
　(2)　This house is **to be let**.　（この家，貸します）[cf. To let. (貸家)]
　(3)　The garden needs **to be weeded**.　（庭は草を取る必要がある）
　(4)　It is **to be hoped** that Heaven forgive him that lie.　(Walpole, *Jeremy and Hamlet*)　（願わくは，お天道さまが彼のあのうそを赦されんことを）

次の二つの文を比較せよ．
　(5) a.　I have letters **to write**/*****to be written**.　（書くべき手紙がある）
　　　b.　There are letters **to write/to be written**.　（同上）

上例からわかるとおり，人主語のときは，それが意味上の主語として意識されるとこ

ろから能動不定詞だけが文法的であるが，物主語のときは，意味上の主語 (ie for me) が脳裏にあれば能動不定詞が，なければ受動不定詞が用いられる．(5a), (5b) は，それぞれ，次のように書き替えられる．

(5a′)　I have letters [for me **to write**/***to be written**].
(5b′)　There are letters [for me **to write**/*which are* **to be written**].

14.7.4. to だけの不定詞

ある動詞が二度目に to 不定詞の形式で現れる場合，同じ動詞の反復を避けるために to だけを残すことがある．「**代不定詞**」(pro-infinitive), 「**逆行照応の to**」(anaphoric *to*) などと呼ばれる．話し言葉に多い用法である．

(1)　Dance if you want **to** (**dance**).　(ダンスしたければしなさい)
(2)　She opened the box, though I told her not **to** (**open** the box).
　　(箱を開けるなと言ったのに，彼女は開けてしまった)
(3)　I'd like to come, but I haven't time **to** (**come**).
　　(行きたいけれど，その暇がない)
(4)　"Will you join us?"　"I shall be glad **to** (**join** you)."
　　(「仲間に入るかい」「喜んで(入るよ)」)

ただし，to 不定詞をとらない構文では，代不定詞の to は当然生じない．

(5)　"Can you swim?"　"Yes, I *can*."　(「君，泳げる」「うん，泳げる」)

NB　please, like, choose, wish などの希望・願望の動詞が，時や条件の副詞節にあるときは，代不定詞は使用されない (Swan 1995: 180).
　(i)　Come if you *like*/*wish*.　(来たければ来なさい)
　(ii)　Do as you *please*.　(好きなようにしなさい)
　(iii)　Employees can retire at 60 if they *choose*.
　　　(従業員は，もし望むなら，60歳で退職できる)

14.7.5. 感嘆を表す不定詞

[**A**] **非難の不定詞** (infinitive of deprecation)：主語と不定詞を並べ，両者の結合が不可能であるとして，あるいは，そういう命題は成立しないとして退ける用法である．Jespersen (*MEG* V: 328) の用語．

通例，相手の発話に対する問い返し疑問 (echo-question) の形式をとる．

(1)　What?　*I* **seek** a wife!
　　(何だって？ ぼくが妻を捜してるって！) [とんでもない]
(2)　"Did you dance with her?"　"*Me* **dance**!"
　　(「彼女とダンスしたのかね」「ぼくがダンスするって！」)
(3)　*A* Feverel **beg** his pardon!　　　(Meredith, *The Ordeal of Richard Feverel*)
　　(フェヴェレル家の者が，あいつの許しを請うだって！)

この用法は，初期近代英語 (EModE) にも見いだされる．

(4)　What, *Abigall* **become** a Nunne againe?　(Marlowe, *The Jew of Malta* 1303)

（何だと，アビゲールがまた尼僧になるんだと？）

主語が場面や文脈から補える場合は，省略されて不定詞のみが残ることがある．

(5) "... and I'le **search** you." "**Search** me? I (= Aye), and spare not ..." [*ie* You search me?] (Marlowe, *2 Faustus* 972)（「だから，所持品検査するぞ」「所持品検査するって？　よし，やってもらおうじゃないか」）

(6) "**Strike** off his head; he shall haue martiall lawe." "**Strike** of my head? base traitor I defie thee." [*ie* You strike off my head?]　　　(Id., *Edward II* 2422)（「この者の首を刎ねよ．軍法に従わせてくれる」「わしの首を刎ねるだと？　下劣な裏切り者め，やれるものならやってみろ」）

(7) "How you must have **hated** it!" "**Hate** it? I've never been so happy in my life. (Maugham, *Plays*) [Jespersen]（「さぞかしいやだったでしょうね」「いやですって？　あんなにうれしかったことはありませんよ」）

不定詞が be 動詞のときは，次のように，必ず省略される．

(8) She ø *a beauty*! （彼女が美人だって！）

(9) He ø *a gentleman*! Why, his father was a tradesman! （彼が紳士だって！　だって，彼のおやじは商売人だったんだぜ！）

NB Jespersen (*MEG* V: 329) は，次のような用例も非難の不定詞に属するとしている．
   (i) O treacherous Warwicke thus **to wrong** thy friend!　　(Marlowe, *Edward II* 1287)（ああ裏切り者のウォリックめ，こうまでおのれの友にひどい仕打ちをするとは！）
   (ii) Oh, you coward, **to lay** your hand upon your wife.　(Thackeray, *Pendennis*)（ああ，この腰抜けめ，自分の妻に暴力を振るうなんて）
しかし，これらの to 不定詞は，それぞれ，treacheorus, coward と判断する根拠（§ 14.3.5）を示す副詞用法と考えるべきであろう（Visser 1972: 1005 も同意見）．例えば，(i) は it is treacherous of Warwick thus to ..., (ii) は You are a coward to ... とパラフレーズできる．

[B] **To think** (*that*) **...!**　「... と思うと，... とは」：I am very surprised, etc. to think (that) ... の意味で，驚き・憤慨・遺憾などの感情を表す．

(10) **To think** *that* we lived next door to him and never realised what he was up to!　　　　　　　　　　　　　　　　　　　　　　　　(LDCE³)
（彼の隣に住んでいながら，彼が何をもくろんでいるか全く知らなかったとは！）

(11) **To think** it should come to that! Oh, God!
（こんなことになるなんて！　やれやれ！）

(12) "And **to think**," he went on indignantly, "*that* the world's full of these creatures! ..." (Huxley, *Point Counter Point*)（「しかも，世間にはそういう手合いがいっぱいいるんだと思うと ...！」と彼は憤慨して言葉を継いだ）

[C] 「願望」を表す場合： to 不定詞が O, Oh などのあとに用いられて「願望」を表すことがある．

(13) Oh, **to be** in England/Now that April's there,
(Browning, *Home Thoughts from Abroad*)
(ああ，イングランドにいられたらなあ，いまやあそこは春なのだ)

(14) And *O!* **to see** this sunlight once before he died!　(Stevenson, *The Merry Men*)［Jespersen］(それから，ああ，死ぬ前に一度この陽光を見たいもの！)

NB Jespersen (*MEG* V: 330) は，例えば (13) は To be in England would be delightful のような文の後部省略 (aposiopesis) として説明しているが，Browning は「イングランドにいれば楽しいだろうなあ」と言っているのではなく，「ああ，イングランドにいたいものだなあ」という切々たる「望郷」の念を表出しているのである．Jespersen の誤読の原因は，行頭の Oh の寄与する意味を無視したことにあると思われる．すなわち，Oh, to be in England は，'I wish to be in England' という意味を表している．言い替えれば，この Oh は，文の他の部分から遊離した単なる間投詞ではなく，統語的に「願望表現」の一部に組み込まれているのである．
　こうした「願望」を表す Oh/O は，次のような構文でも使用されている．
　(i)　*Oh that* I had never seen it!　　　　　　　　(Onions 1929)
　　　(ああ，あんなものを見なければよかった！)
　(ii)　*O for* a draught of vintage!　　　(Keats, *Ode to a Nightingale*)
　　　(ああ，1杯の美酒が飲みたい！)
ここで，Oh that は 'I wish' の意味であり，O for は 'I wish to have' の意味である．

14.7.6.　分離不定詞

to 不定詞の to と不定詞の間に副詞が挿入されている場合，この to 不定詞を**分離不定詞** (split infinitive) と言う．特に学校文法では非難される構文であるが，最近では学術書においてさえ，ごく普通に用いられるようになった．しかし，分離不定詞は，それを用いないと意味のあいまいさをきたすか，ぎこちない文になるような場合に限って用いるべきであろう (MEU[1]: 560).

例えば，(1a) では分離不定詞を用いずに，(1b, c) の言い方にするほうがよい (Quirk et al. 1972: 725).

(1) a.　He was wrong **to** *suddenly* **leave** the country.
　　b.　He was wrong *suddenly* **to leave** the country.
　　c.　He was wrong **to leave** the country *suddenly*.
　　　(彼が突然国を出たのは，まちがいだった)

しかし，次の (2a, b) の場合，entirely が failed を修飾するのか，understand を修飾するのかあいまいである．そのあいまいさを避けようとするならば，どうしても (2c) の分離不定詞を用いなければならない．

(2) a.　He failed *entirely* **to undestand** it.
　　b.　He failed **to undestand** it *entirely*.
　　c.　He failed **to** *entirely* **understand** it.
　　　(彼は，それを完全に理解することはできなかった)

以下に，分離不定詞の実例をあげておく．

(3) She urged Raphaella **to** *simply* **accept** it, (Steele, *A Perfect Stranger*)
（彼女は，ラファエラにそれをあっさり受け入れるように促した）
(4) She ought **to** *seriously* **consider** her position. (Quirk et al. 1985)
（彼女は自分の立場を真剣に考えるべきだ）
(5) For me **to** *suddenly* **resign** my job is unthinkable. (Ibid.)
（私がいきなり辞職するなんて考えられないことです）

14.7.7. 不定詞の否定形

不定詞の否定形は，不定詞の前に not を付けることで形成される．
(1) I'd rather [*not* **go**]. （どうも行きたくない）
(2) a. He tried [*not* **to think** about it]. （そのことは考えないようにした）
    b. He did *not* [**try to think** about it]. （そのことを考えようとしなかった）
(3) You were silly [*not* **to have locked** your car]. (Swan 1995)
（車に施錠しなかったなんて，ばかだよ）

[　] は否定の作用域（＝否定の及んでいる部分）を示す．したがって，(1), (2a), (3) は肯定文で，(2b) のみが否定文であることに注意．

第 15 章

分　　詞

15.0. 概　説

15.0.1. 分詞の形式
分詞は，非定形動詞の一つで，現在分詞と過去分詞の二つがある．
(1) a. 現在分詞: taking
    b. 過去分詞: taken
両者は組み合わされて，次のような形式を作る．
(2) a. 進行分詞: being taking
    b. 完了分詞: having taken
    c. 受動分詞: being taken
    d. 完了進行分詞: having been taking
    e. 完了受動分詞: having been taken
    f. 完了進行受動分詞: having been being taken ［普通使用されない］

NB　現在分詞と過去分詞は，一般に用いられている名称ではあるが，両者は時に関係なく用いられるので，適切な名称とは言えない．また，現在分詞を first participle，過去分詞を second participle と呼ぶのは恣意的であり，前者を active participle，後者を passive participle と呼ぶのも適切ではない．fallen leaves（落葉）のような自動詞の過去分詞には受動性がないからである．最も適切な名称は，形式に基づく ing 分詞, en 分詞であろう．

15.0.2. 分詞の性質
分詞は動詞的性質と形容詞的性質を併せもっている．
(1) 動詞的性質
    a. 進行形: John **is working** now.（ジョンはいま働いている）
    b. 完了形: John **has come**.（ジョンがやって来た）
    c. 受動態: John **is loved** by Mary.（ジョンはメアリーに愛されている）
(2) 形容詞的性質
   (i) 限定的用法
        a. The **following** day was rainy.（翌日は雨だった）
        b. He has a **grown-up** son.（彼には大人になった息子がいる）
   (ii) 叙述的用法

a. Our math teacher is so **boring**.　　　　　　　　　　　(MED)
   (私たちの数学の先生は，とても退屈だ)［主語補語］
b. I'm so very **bored** with myself.
   (つくづく自分がいやになっちゃった)［主語補語］
c. I found the book very **interesting**.
   (この本はとてもおもしろかった)［目的語補語］

15.1.　名詞修飾語として

15.1.1.　前位修飾

　前位修飾 (premodification)：　名詞の「恒常的・分類的特徴」を表す分詞は，修飾する名詞の前に置かれる．

[A]　現在分詞の例

(1) A **barking** dog seldom bites. 〈諺〉(ほえる犬はめったに咬まない)
(2) Have you ever seen a **flying** saucer? (空飛ぶ円盤を見たことがありますか)
(3) Mr Brown is proud of being a **working** man.
    (ブラウンさんは，勤労者であることを誇りにしている)

　前位修飾の現在分詞は，同用法の形容詞と同様，名詞の「**恒常的・分類的特徴**」を表す．例えば，a barking dog は，「よくほえる犬」という意味であって，「今ほえている犬」という意味ではない．したがって，現在ほえている犬を指して，(4a)のように言うことはできない．その意味では，(4b)のように現在分詞を名詞のあとに置かなければならない．

(4) a. *That **barking** dog is Jim's.
　　b. That dog **barking** furiously is Jim's.
       (激しくほえているあの犬はジムのだ)

　同様に，a flying saucer がいま地上に着陸していても，a working man がいまゴルフをしていても，前者の「空飛ぶ円盤」，後者の「勤労者」という「恒常的特徴」はいささかも変わらない．また，the *Laughing* Philosopher「笑う哲人」は，Democritus または G. B. Shaw のあだ名であり，the *Weeping* Philosopher「泣く哲人」は Heraclitus のあだ名であるが，前者はいま笑っているわけではないし，後者もいま泣いているわけではない．現在泣いていても，笑っていても，両者の「笑う哲人」，「泣く哲人」という恒常的特徴は変わらないのである．

　さらに，次の例の文法性の違いを考察せよ．

(5) a. a **wandering** minstrel　(さすらいの吟遊詩人)
　　b. *Who is the **wandering** man?
　　c. Who is the man **wandering** down the street?　　(Quirk et al. 1985)
       (あの通りをぶらぶら歩いていく男は誰ですか)

(5a)が文法的なのは，「吟遊詩人」の恒常的特徴を述べているからである．一方，(5b)

が容認されないのは,「ぶらぶら歩いている男」という恒常的特徴は考えられないからである.「現在ぶらぶら歩いている」のであれば,(5c)のように,後位修飾にしなければならないのである.

　-ing 形の目的語を第一要素として複合形容詞を作る(この場合も恒常的性質を表す).

(6) a.　a **fox-hunting** man　(キツネ狩りの男)
　　b.　**oil-producing** countries　(産油国)
　　c.　the **English-speaking** race　(英語を話す民族)

　　NB　次の (i) では,-ing 形は後位修飾しか許されないが,二度目に生じたときには,前位修飾が可能になるのは,なぜだろうか.
　　(i)　a proposal **offending** many members　(多くの会員を不快にする提案)
　　(ii)　the **offending** proposal　(その,人を不快にする提案)

Quirk et al. (1985: 1326, 1331) は,(i) のあとで (ii) が可能になるのは,両者の関係が完全に明確になったからである,としている.これを筆者の言葉で言い替えれば,(iii) のように,ひとたび,観光客が「近づいてくること」が,先行文脈から明らかになったならば,'the -ing NP' の形式が使用可能になると思われる.

　　(iii)　A group of Japanese tourists *fluttered into the salon*, chattering like a flock of exotic birds. ... She moved out of the path of **the approaching Japanese tour group**.　(Sheldon, *If Tomorrow Comes*)(日本人の観光客の一団が,異国の鳥の群れのようにぺちゃくちゃしゃべりながら展覧会場にばたばたと入ってきた.…彼女は,その近づいてくる日本人の観光グループの進路からわきへどいた)

　次の例では,看護婦が先行文で「あくびをした」ことが明示され,そのあとで 'the -ing NP' の形式が適切に使用されている.

　　(iv)　She was a healthy young woman who resented being robbed of her sleep, and *she yawned* quite openly as she looked at Mary, ... 'I will put him to sleep,' Mary said to **the yawning nurse**, 'you can go to sleep if you like.' (Burnett, *A Secret Garden*)(彼女は健康な若い女性で,眠りを奪われたことに腹を立てていたので,メアリーの顔を見ながらおおっぴらにあくびをした.…「あたしが彼を寝かせるわ」とメアリーは,あくびをしている看護婦に言った.「あなたは,よかったら寝てもいいわ」)

[B]　**過去分詞の例**:　自動詞の過去分詞は,場所・状態の変化を表す**変移動詞** (mutative verb) で,その数は多くない.「…した」という能動的・完了的な意味を表す.

(7) a.　an **escaped** prisoner　(脱獄した受刑者)
　　b.　a **faded** flower　(しぼんだ花)
　　c.　a **fallen** angel　(堕天使)
　　d.　a **frozen** lake　(凍った湖)
　　e.　a **retired** general　(退役した将軍)

他動詞の過去分詞には,次の二つの場合がある.
(a)　動作動詞の場合は,「…された」という受動的・結果的な意味を表す.

(8) a. **stolen** money （盗まれた金）
　　b. a **defeated** army （負かされた軍隊，敗軍）
　　c. a **closed** shop （閉められた店）
　　d. **lost** property （失われた財産）
(b)　状態動詞の場合は，「…されている」という受動的・状態的な意味を表す．
(9) a. an **honored** guest （尊敬されている客，賓客）
　　b. a **despised** scoundrel （軽蔑されている悪党）
　　c. a **well-known** writer （著名な作家）
前位修飾の過去分詞は，しばしば程度副詞に修飾される．
(10) a. a **well-built** house （よい造りの家）
　　b. a **half-finished** job （半ば完成した仕事）
　　c. **home-made** cake （ホームメイドのケーキ）

NB 「名詞＋ed」は「…をもった」という意味の形容詞を作る．-ed は過去分詞ではない．
　(i)　a **bearded** man （あごひげを生やした男）
　(ii)　a **blue-eyed** girl （青い目をした少女）
　(iii) a. *a **legged** man
　　　 b. a **one-legged** man （片足の男）
　(iiia) がだめなのは，人間に足があるのは当然で，このままでは情報不足であるためである．

15.1.2. 後位修飾

後位修飾 (postmodification)：　名詞の「一時的な状態」を表す分詞は，修飾する名詞のあとに置かれる（ただし，進行分詞は誤り，完了（進行）分詞は周辺的）．

[A]　現在分詞の例
(1) The people **singing**/***being singing** were students.
　　((そのとき)歌っていた連中は学生だった)　[＝who were singing]
(2) I watched the match because I knew some of the people **playing**/*the **playing** people.　(Swan 1995)
　　(競技している人を何人か知っていたので，その試合を見守った)

[B]　過去分詞の例
(3) The classification **adopted** (＝which has been adopted) has lots of advantages.　[The adopted classification]
　　(採られた分類法にはたくさんの利点がある)
(4) The people **questioned** (＝who were questioned) gave very different opinions.　[The questioned people]　(Swan 1995)
　　(質問された人々は，ひどく異なる意見を述べた)

「those＋過去分詞」は，「…の人々」の意味を表す．
(5) *Those* **selected** will begin training on Monday.　(Swan 1995)
　　(選ばれた人々は，月曜日から訓練を始める)

第 15 章 分　　詞

分詞が副詞語句や目的語を伴う場合は，義務的に修飾する名詞のあとに置かれる．この場合，分詞は[　]内の関係詞節による書き替えで明らかなように述語的に用いられて，名詞の「一時的な状態」を表す．

[A′]　現在分詞の例

(6)　The man **working** *behind the desk* is John.　[＝who is working]
(デスクの向こうで仕事をしている人は，ジョンです)[ドイツ語や日本語のように，the *behind the desk working* man とは言えない]

(7) a. *?The man **having won** *the race* is John.
　 b. 　The man **who has won** *the race* is John. (レースで勝ったのはジョンです)

(8)　Judy had a small box **containing** *jewels*.　[＝which contained]
(ジュディーは宝石の入っている小さな箱をもっていた)

後位修飾の現在分詞句は，(1), (6)のように，通例，進行形を含む関係詞節で書き替えることができるが，(8)のような状態動詞の場合は進行形で書き替えることはできないことに注意せよ．

[B′]　過去分詞の例

(9)　Cars **parked**/*?**having been parked** *illegally* will be removed.
(不法に駐車した車は移動させます)[＝which have been parked]

(10)　Bread **baked** (＝which is baked) *at home* is usually delicious.
(家庭で焼いたパンは，通例とてもおいしい)

15.2.　主語補語として

連結動詞の補語になる分詞は，通例，形容詞化している．そこで，be -ing, be -en は，それぞれ，進行形，受動態ではないことに注意．

[A]　現在分詞の例

(1)　This book is *very* **interesting**.　(この本はとてもおもしろい)
(2)　This story is *more* **amusing** than that.　(この物語はそれよりもおもしろい)
(3)　His latest novel is *dull* and **uninteresting**.
(彼の最近の小説は，退屈でおもしろくない)
(4)　The girl *seemed* **charming** to me.　(その娘は私には魅力的に思えた)

[B]　過去分詞の例

(5)　I am *very* **tired**.　(とても疲れた)
(6)　I felt *thoroughly* **disappointed**.　(全く失望した)
(7)　John remained **unmarried**.　(ジョンは独身を通した)
(8)　He looked *terribly* **sad** and **tired**.
(彼はすごく悲しそうで，疲れているように見えた)
(9)　The village *seemed quite* **deserted**.　(村はすっかりさびれて見えた)

現在分詞や過去分詞が，(1), (2), (5), (6), (8), (9)のように程度副詞に修飾され

ていたり，(3), (7) のように接頭辞 un- を添加されていたり，(3), (8) のように他の形容詞と等位接続されていたり，(4), (9) のように seem の補語になっていたりする場合は，形容詞化している証拠である．

seem のあとに形容詞化していない分詞を置く場合は，(10), (11) のように to be を挿入しなければならない．

(10) It *seems to be* **raining** outside. （外は雨が降っているようだ）
(11) The teacher *seemed to be* **respected** by the boys.
（先生は，男子生徒に尊敬されているようだった）

NB 次の -en 形は，過去分詞ではなく，形容詞になりきっていると考えられる．
  (i) I'll be **finished** in a few minutes. （すぐ終わるよ）
  (ii) He has been **gone** for hours. （彼が出ていってから数時間になる）[= off]

15.3. 準主語補語として

現在分詞も過去分詞も，準主語補語として使用される．準主語補語と主語補語との違いは，前者は後者と異なり，削除しても文が成立する点である．

[**A**] 現在分詞の例

① 'came running' のタイプ： stand, lie, sit, come, run, walk などの自動詞のあとに生じる現在分詞は，省略しても文意は成立する．Jespersen が**擬似述詞** (quasi-predicative) と呼ぶものである．

(1) He *stood* there **smoking** a pipe. [cf. He stood there.]
  （彼はそこに立ってパイプをふかしていた）
(2) Lucy *came* **running** to meet me. [cf. Lucy came.]
  （ルーシーは，走って私を迎えにやって来た）
(3) She *ran* **screaming** out of the room. (Swan 1995)
  （彼女は，きゃっと叫びながら部屋から走り出た）
(4) She *walked out* **smiling**. (Ibid.) （彼女はにこにこしながら歩いて出ていった）
(5) Karen *sat* at the table **reading** a newspaper. (Eastwood 1994)
  （カレンはテーブルに向かってすわって，新聞を読んでいた）

② 'go -ing'「…しに行く」： このタイプは，go boating / dancing / fishing / hunting / sailing / skiing / boxing / swimming / walking / shopping / teaching / studying / fruit-picking など，種々の動詞とともに，しばしば，場所表現を伴って反復した行為に用いられる．

(6) I *go* **boxing** in the gym twice in a week. （週 2 回ジムにボクシングに行く）
(7) He *went* **swimming** in / *to the river. （彼は川に泳ぎに行った）[川で泳ぐ]
(8) Saturday afternoons I used to *go* **studying** in the library.
  （土曜日の午後は図書館に勉強しに行ったものだ）

このパタンで，come -ing とも表現できる．

(9) *Come* **cycling** with us.　(Eastwood 1994)（いっしょにサイクリングに来なさい）

③ **'get -ing'**「…し始める」: -ing 形は going, doing, moving, working, cracking などに限られる．
(10) Let's *get* **going**.　（さあ，ひとつやろうじゃないか）
(11) We'd better *get* **moving** — it's late.　(Swan 1995)
（出発したほうがいい—もう遅い）
(12) It's time you *got* **cracking** on that assignment.　(MED)
（例の仕事にとりかかってもいいころだよ）

④ **'be busy -ing'**「忙しく…している」
(13) Father *is busy* **writing** letters.　（お父さんは忙しく手紙を書いている）
(14) Rachel*'s busy* **studying** for her exams.　(LDCE[4])
（レイチェルはせっせと試験勉強をしている）
(15) But he *is busy* **cleaning** his pen.　(Rice, *The Adding Machine*)
（でも，彼はペンをきれいにするのに忙しい）

⑤ **'be late -ing'**「…するのが遅い」
(16) I *was* a little *late* **finding** the place.
（その場所を見つけるのに多少手間取りました）

⑥ **'spend time -ing'**「…に時を費やす」
(17) He *spends* his spare *time* **gardening**.　（彼は暇なときは庭いじりをして過ごす）
(18) I've *spent years* **trying** to learn Japanese.　(OALD[6])
（私は何年もかけて日本語を学ぼうとしてきた）

NB 1　〈略式体〉では，go -ing は「〈望ましくないこと〉をしでかす」の意味でも用いられる．
　　(i) Don't *go* **telling** me lies!　（おれにうそなんかつくんじゃない！）
go flying は，「(つまずいて) ころぶ」の意味の〈英・略式体〉のイディオムである．
　　(ii) Someone's going to *go* **flying** if you don't pick up these toys.　(OALD[6])
（このおもちゃを拾い上げておかないと，誰かがころぶよ）

NB 2　COBUILD[3], OALD[6], LDCE[4], MED などは，④，⑤，⑥のタイプで in -ing という動名詞構文を認めていない．この -ing 形は，発生的には動名詞であろうが，今日の英語では，現在分詞と感じられているということだろう．次に，in のある例，すなわち，動名詞の例をあげておく．
　　(i) Mrs Joe was prodigiously *busy* **in getting** the house ready for the festivities of the day.　(Dickens, *Great Expectations*)
（ジョーの細君は，その日のお祝い事に備えて，すごくせわしなく家を整えていた）
　　(ii) I cannot understand why the Spring is so *late* **in coming**.　(Wilde, 'The Selfish Giant')（なぜ春が来るのがこう遅いのか，わしにはわからん）
　　(iii) I have *spent* my life **in finding** that out.　(Galsworthy, *Caravan*)
（私はそれを見つけるのに生涯を費やしてきた）

[B] 過去分詞の例
(19) He awoke **refreshed**.　（彼はさわやかな気持ちで目をさました）

(20)　I stood there **entranced** with the music.
　　　（私はその音楽にうっとりして，そこに立ちつくした）

15.4.　補文の述語として

　分詞は補文（＝埋め込み文）の述語として用いられる．学校文法や，Quirk et al. (1985) が目的語補語（object complement）と呼ぶ用法である．
　知覚動詞の場合，対応する日本語で，補文標識「の」が生じるのが，補文全体が動詞の目的語（＝ネクサス目的語）であることを示唆している．以下の例文で，[　]内が補文である．

15.4.1.　知覚動詞の場合
[A]　現在分詞の例（*eg* see NP -ing)
　(1)　I *saw* [three people **climbing** the hill]．（三人の人が山を登っている<u>の</u>を見た）
　(2)　We *heard* [a man **shouting**]．（男が叫んでいる<u>の</u>が聞こえた）
　(3)　I *felt* [myself **falling** in love]．（自分が恋しかけている<u>の</u>を感じた）
　(4)　I *found* [her **drinking** my whisky]．　　　　　　　　　(Swan 1995)
　　　（彼女が私のウィスキーを飲んでいる<u>の</u>を見つけた）
　(5)　I didn't *notice* [you **coming** in]．　　　　　　　　　　　(KCED)
　　　（君が入ってくる<u>の</u>に気づかなかった）
　(6)　He *looked at* [a dog **running**]．（彼は犬が走っている<u>の</u>を見ていた）
　(7)　She *watched* [the children **playing** soccer]．
　　　（彼女は子供たちがサッカーをしている<u>の</u>を見守っていた）
　次例では，受動分詞が用いられている．
　(8)　We *saw* [the snow **being cleared** away]．　　　　　　(Eastwood 1994)
　　　（雪かきが行われる<u>の</u>を見ていた）
　catch（現場を見つける）（＝find someone not prepared [MED]）もこの意味では知覚動詞の仲間である．
　(9)　I *caught* [the children **stealing** my apples]．
　　　（子供たちが私のリンゴを盗んでいる<u>の</u>を見つけた）［つかまえたかどうかは不明］
　　NB　(2) の受動態は次のようになる．
　　　(i)　A man was heard **shouting**．（男が叫んでいる<u>の</u>が聞かれた）

[B]　過去分詞の例（*eg* see NP -en)
　(10)　He *saw* [his team **beaten**]．（彼は自分のチームが負ける<u>の</u>を見た）
　(11)　She *heard* [her name **called**]．（彼女は自分の名前が呼ばれる<u>の</u>を聞いた）
　(12)　I *found* [the house **deserted**]．（その家には誰も住んでいない<u>の</u>がわかった）
　(13)　He *felt* [himself **lifted up**]．（彼は自分の体が持ち上げられる<u>の</u>を感じた）

15.4.2. have 動詞の場合

[A] 現在分詞の例 (have NP -ing)：三つの意味がある．

① 「NP が … するのを経験する」

(1) Soon we had [the mist **cóming** down on us]. （やがて霧が立ちこめてきた）
(2) I looked up and found we had [water **drípping** through the ceiling].
（上を見ると，天井から雫がぽたぽた落ちていた）
(3) It's lovely to have [children **pláying** in the garden again].
（また子供らが庭で遊んでいるのは，楽しい）　　　　　((2), (3)：Swan 1995)

② 「NP に … するようにさせる」（使役）

(4) He hád [us all **laughing**]. （彼は私たちみんなを笑わせた）
(5) I'll háve [you **speaking** English in three months].
（3か月で英語を話せるようにしてあげます）

③ [can't, won't に伴って]「NP に … させておく」（容認）

(6) We can't háve [them **forcing** their views on everyone else].
（彼らが自分の考えを他のすべての人に押しつけるのを放っておくことはできない）
(7) I won't háve [you **saying** such things about my mother].
（母について君にそんなことを言わせておくわけにいかない）
(8) I won't háve [you **flying** away from me into the hearts of storms].
(Montgomery, *Anne's House of Dreams*)
（あたふたと私のそばを離れて，あらしの真ん中に飛び込ませたりさせないわ）

[B] 過去分詞の例 (have NP -en)：三つの意味がある．

① 「NP を … させる」（使役）

(9) I hád [the letters **translated**] and they were all love letters from Nikolai Obrajensky to my grandmother. (Steel, *Granny Dan*)
（その手紙を(英語に)翻訳してもらったところ，それはすべてニコライ・オブラエンスキーから祖母へのラブレターだった）
(10) I could call my servants and háve [you **arrested**]. (Doyle, *The Return of Sherlock Holmes*)（召使いを呼んで，お前を逮捕させることだってできるんだよ）
(11) I won't háve [my house **turned** into a hotel]. (Swan 1995)
（私の家をホテルになんか変えさせはしないぞ）

② 「NP を … される」（「被害の」受け身）

(12) John had [his watch **stólen**]. （ジョンは時計を盗まれた）
(13) He had [his leg **bróken**] in the accident. （彼は事故で足を折った）
(14) My sister has had [some money **stólen**]. (Eastwood 1994)
（妹はお金を盗まれたことがある）
(15) I refuse to have [my home **bróken** up] by a twopenny-halfpenny adventurer. (Maugham, *The Circle*)
（私の家庭をつまらない山師のために壊されるのはごめんだ）

(16) I've *had* [this **gíven** me].　(Coward, *Bitter Sweet*)（これ，もらっちゃった）

③ 「**NP を … してしまっている**」（結果）

(17) I *had* [two sketches **fínished**].　（スケッチを 2 枚仕上げていた）
(18) He *had* [his plan **máde**].　（彼は計画を立ててしまっていた）

15.4.3.　その他の使役動詞

◇**get NP -ing**「人・物に … し始めさせる」

(1) Hurry up and *get* [those people **moving**].　（急いであの連中を立ち退かせてくれ）
(2) Can you really *get* [that old car **going**] again?　　　　　　(OALD⁶)
　　（ほんとにあのおんぼろ車がまた動くようにできるのかい）

NB 1　keep/leave（… しておく），set（… し始めさせる）も使役動詞の仲間である．
　(i)　The full moon *kept* my dog **barking**.　（満月を見て，うちの犬がほえ続けた）
　(ii)　I *left* the engine **running** when I went into the shop.
　　　（私は店に入ったとき，エンジンをかけたままにしておいた）
　(iii)　His joke *set* everyone **laughing**.　（彼のジョークでみんなが笑いだした）
NB 2　使役の have 動詞は，他動性が低いので受動化できない．
　(i)　*We *were* all *had* laughing.

◇**get NP -en**：三つの意味がある（have よりも口語的）．

(3) Johnny, *get* your hair **cut**.　（ジョニー，散髪してもらえよ）［映画の題名］（使役）
(4) He *got* his finger **caught** in the door.　　　　　　　　　　(OALD⁶)
　　（彼は指をドアに挟まれた）（受け身）
(5) I *got* all this work **finished** in a day.
　　（この仕事を 1 日で全部済ませてしまった）（結果）

◇**make NP -en**「NP を … させる」（使役）［-ing 形は伴わない］

(6) Can you *make* yourself **understood** in English?
　　（あなたは英語で用が足せますか）

◇**want/like NP -ing**「… していてほしい」（希望・注文を表す）

(7) I don't *want* you **sitting** here all day.　　　　　　　　　(Close 1975)
　　（おまえさんに，ここに一日中すわっていてもらいたくない）
(8) I don't *like* John **coming**.　（ジョンが来るのは好まない）

◇**want/like/order NP -en**

(9) I *want* it **done** at once.（それをすぐやってもらいたい）
(10) I don't *like* such subjects **discussed**.　　　　　　　　　　(COD⁶)
　　（そういう問題は議論してほしくない）
(11) He *ordered* the parcel **sent**.
　　（彼はその小包を送れと命じた）［おもに〈米〉で，〈英〉では to be sent とする］

(9)-(11) は，いずれも to be を落としたため，高飛車な命令口調になっている．

15.5. 分詞節

分詞節 (participle clause) は，縮約関係節，等位節，副詞節の働きをする．

15.5.1. 縮約関係節に相当する場合
「関係詞＋動詞」の省略された節の働きをする．
[A]　現在分詞の例
  (1)　Who's the girl **dancing** *with your brother*?　[＝who is dancing]
　　　(君の弟とダンスしている女の子は誰ですか)
  (2)　Anyone **wanting** *a ticket* can apply to me.
　　　[＝who wants; ~~who is wanting~~]（切符のほしい人は，私に問い合わせてください）
[B]　過去分詞の例
  (3)　The book **borrowed** *from the library* was dull.
　　　[＝which had been borrowed]（図書館から借り出した本は退屈だった）
  (4)　This is a poem **written** *by John Keats*.　[＝which was written]
　　　(これはジョン・キーツが書いた詩です)

15.5.2. 等位節に相当する場合
and を使って書き替えられる．
[A]　現在分詞の例
　①　「A して B する」
  (1)　**Seating** *myself* I began to read.　[＝I sat down *and* began to read.]
　　　(私は腰掛けて本を読みはじめた)
  (2)　I telegraphed to Liverpool **giving** *a description of the man*.　[＝*and* gave]
　　　(Doyle, *A Study in Scarlet*)（リバプールに電報を打ち，その男の人相を知らせた）
　②　「A した結果 B する」：「結果」を示す B の動作を分詞節にし，A 文のあとに置く．
  (3)　It rained heavily, completely **ruining** *our holiday*.　[..., *and* completely ruined our holiday]（大雨が降って，私たちの休日は完全に台なしになった）
[B]　過去分詞の例：「A されて B する」
  (4)　**Aroused** *by the noise*, he leapt to his feet.　[＝He was aroused by the noise, *and* leapt to his feet.]（彼はその物音で目をさまし，がばと立ち上がった）

15.5.3. 副詞節に相当する場合
現在分詞節が時・条件・理由・付帯状況などを表す副詞節の働きをする場合は，非常に多い．〈文章体〉なので，話し言葉では，普通，従属節が使われる．[1]

---

1. 日本では，分詞節の副詞的用法を，特に「分詞構文」(participial construction) と呼ぶのが一般的であるが，英国やオランダなどの文法家は「分詞節」と呼ぶのが通例である．

[A] 〈時〉： while, when などで書き替えられる．
① 現在分詞の例
(1) **Seeing** (= When he saw) *the policeman*, he ran away.
（警官を見ると，彼は逃げ去った）
(2) **Walking** (= While I was walking) *down the street*, I ran across an old friend. （通りを歩いていると，旧友に出くわした）

A と B が同時に起こっている別々の動作を表している場合は，どちらを分詞節にしてもよい（ただし，分詞節が背景となる）．

(3) a. **Strolling** (= While I was strolling) *about the park*, I thought of Mary.
（公園をぶらつきながら，メアリーのことを考えた）
　　b. **Thinking** (= While I was thinking) *of Mary*, I strolled about the park. （メアリーのことを考えながら，公園をぶらついた）

② 過去分詞の例
(4) **Left** (= When she was left) *to herself*, she began to weep.
（一人ぼっちにされると，彼女はしくしく泣きはじめた）

[B] 〈原因・理由〉： because, as, since などで書き替えられる．
① 現在分詞の例
(5) **Being** (= As she was) *ill*, she stayed in bed.
（病気だったので，彼女はベッドで寝ていた）
(6) **Living** (= As we are living) *in the country*, we have few amusements.
（田舎に住んでいるので，私たちは娯楽がほとんどない）
(7) **Not knowing** (= Because I did not know) *what to say*, I kept silent. （どう言っていいかわからないので，黙っていた）［分詞の否定は，その前に not を付ける］
(8) **Living** *among grand friends as you are doing now*, I don't suppose you will care to hear any of our news. (Christie, *Blue Train*)
（なにしろお歴々のお友達に取り巻かれてお暮らしなので，こちらのニュースなど聞きたくないのではないでしょうか）

NB 分詞節を副詞節に書き替える場合，walking = was walking のように進行形になる場合と，seeing = saw のように単純形になる場合とがある．そのどちらになるかのテストとして，次のような，分詞節の意味を強める as 節を付加する方法がある．
(i) **Sitting** at the back *as I am*, I can't hear a word.
（こんなに後ろの方にすわっているので，ひと言も聞こえない）
(ii) **Wanting** a ticket *as I do*, I will apply for one.
（なにしろ切符がほしいので，1枚申し込んでおこう）

すなわち，as 節に be が現れれば As I am sitting のように進行形出身，do が現れれば As I want のように，単純形出身ということが明らかになる．

② 過去分詞の例
(9) **Written** (= Because it has been written) *in haste*, the book has many

faults. （急いで書かれたので，この本には多くの欠点がある）
(10) He died at thirty, **struck** *down by a rare disease*.　　　(Eastwood 1994)
（彼は珍しい病気に冒されて，30歳で死んだ）

[C] 〈譲歩〉： though で書き替えられる．
① 現在分詞の例
(11) **Sitting** (= Though I am sitting) *in the sun*, I still feel cold.
（日だまりにすわっているのに，まだ寒い）
(12) **Admitting** (= Though I admit) *what you say*, I still think that you are in the wrong. 　（君の言い分は認めるけれども，やはり君はまちがっていると思うね）
② 過去分詞の例
(13) **Wounded** (= Though he was wounded) *in the leg*, the brave soldier continued to fight. 　（足を負傷していたが，勇敢な兵士は戦い続けた）
(14) **Testified** (= Whether it is testified) *or not*, it is a fact.
（立証されようとされまいと，それは事実だ）

[D] 〈条件〉： if で書き替えられる．
① 現在分詞の例
(15) The same thing, **happening** (= if it should happen) *in wartime*, would amount to a disaster.
（同じことが万一戦時中に起こったならば，惨事になるだろう）
(16) **Turning** (= If you turn) *to the left*, you will find the post office on your right hand. 　（左に曲がれば，右手に郵便局が見えるでしょう）
② 過去分詞の例
(17) **Used** (= If it is used) *economically*, one box will last for two weeks.
（節約して使えば，一箱が2週間はもつだろう）
(18) **Taken** (= If they are taken) *daily*, vitamin pills can improve your health. 　(Eastwood 1994)（毎日服用すれば，ビタミン剤は健康を増進してくれる）

[E] 〈手段・方法〉：「by + 動名詞」で書き替えられる．
① 現在分詞の例
(19) She had come to learn something from them, **watching** (= by watching) *them*. 　（彼女は，二人を観察することで，何かを学び取るようになっていた）
(20) **Using** (= By using) *a sharp ax*, he broke down the door.
（鋭い斧を使って，彼はドアを壊した）
② 過去分詞の例： ちょっと見つからない．

[F] 〈付帯状況〉(attendant circumstances)「**A しながら B する**」： A と B の動作が同時に起こっていて，A が B よりも長い背景的動作である場合，A を分詞節にする．認知言語学的に言えば，分詞節は「地」(ground) で，主節が「図」(figure) である．

① 現在分詞の例

(21) a. **Chewing** *her gum quickly*, she spoke loudly.
(ガムをくちゃくちゃ噛みながら，彼女は大声で言った)
b. = She spoke loudly *as* she chewed her gum quickly.
(22) **Walking** *on tiptoe*, I approached the window.
(つま先で歩きながら，私は窓に近づいていった)
(23) Kate fell asleep **watching** *television* last night.　　　　(Eastwood 1994)
(ケートは，ゆうべテレビを見ながら寝入った)

このタイプは as 節で書き換えることができるが，(21b)で見るように，その場合も A の動作が as 節に生じる．

② 過去分詞の例

(24) Ann entered, **accompanied** *by her mother*.
(アンは，母親に付き添われて入ってきた)

NB 1 分詞節の位置は (1)-(9) などのように文頭，(15) のように文中，(10)，(23)，(24) のように文末のいずれであってもよい．このうち文頭の位置は，Eastwood (1994: 171) によれば，「かなり文語的」(rather literary) である．最も普通なのは，文末にあって付帯状況を表すものである．

NB 2 分詞節の主語は，主文の主語と同一指示的である．生成文法では，分詞節の意味上の主語を PRO で表す．(5) は次のように表せる（下付の i は，PRO と she とが同一指示的であることを表す指標（index）である）．分詞節の主語と主節の主語が異なる場合については，§15.5.7 を参照．

(i) PRO$_i$ being ill, she$_i$ stayed in bed.

NB 3 以上のような種々の意味は，分詞自体にあるのではなく，A 文と B 文の関係から論理的に推論されるものであることに注意．例えば，(11) の場合，「日だまりにすわっている＋まだ寒い」という二つの文の間には「矛盾」がある．そこで，「日だまりにすわっているのに，まだ寒い」と解釈するのである．また，ときには，次節の (1) のように，「時」と「理由」の二とおりにあいまいな場合も生じる．むしろ，あいまい性が分詞節の特徴であると言ってもよい．

15.5.4. 完了形の分詞節

完了形の分詞節は，主文の示す時よりも「以前の時」を明示するために用いられる．完了分詞節の表す意味は，おもに「時」または「理由」である．

(1) **Having finished** (= After/As I had finished) *my work*, I went out for a walk. (仕事を済ませてから／済ませたので，散歩に出かけた)〈時／理由〉
(2) **Having failed** (= As I have failed) *twice*, I don't want to try again.
(二度失敗したので，もう一度やってみたいとは思わない)〈理由〉

次は，完了受動分詞の例である．

(3) **Having been asked** (= As he had been asked) *to lecture in Leeds*, Mr. Green was unable to come.

(リーズで講演を依頼されていたので,グリーン氏は来られなかった)
(4) **Not having been informed**, we were completely in the dark.
(何も知らされていなかったので,私たちはさっぱりわからなかった)

15.5.5. while reading のタイプ

分詞節の意味は,接続詞を用いず,ただ論理的推論にのみ頼って意味解釈しなければならない以上,ときにあいまいである.そこで,意味が不明確になりすぎる場合は,分詞の前に when, while, though, once などの接続詞を付けて文意を明確にすることがある.

[A] 現在分詞の例
(1) **While** (=While I was) **reading**, I fell asleep.
(読書しているうちに寝入ってしまった)
(2) **Once having** (=Once you have) **left** *the premises*, you must buy another ticket to re-enter. (一度構内を出てしまえば,再び入るためにはもう一枚切符を買わなければなりません)
(3) **Though** (=Though I am) **living** *next door*, I seldom see Susan.
(隣に住んでいるのに,めったにスーザンに会わない)
(4) **When writing** (=When I write/*When I am writing) *English*, I often consult the dictionary. (私は英語を書くとき,よく辞書を引く)

[B] 過去分詞の例
(5) **When** (=When he was) **questioned**, he denied knowing anything about it. (質問されると,彼はそのことは何も知らないと言った)
(6) **Once** (=Once it is) **deprived** *of oxygen*, the brain dies.
(いったん酸素を奪われると,脳は死ぬ)
(7) I won't come **until** (=until I am) **invited** *properly*.
(私は正式に招待されるまでは行きません)
(8) **Though** (=Though they were) **wounded**, they continued to fight.
(負傷していたが,彼らは戦いつづけた)

NB Swan (1995: 407) は,次のような, after, before, since, on, without, as のような語彙項目のあとに生じる -ing 形は,分詞か動名詞か区別が明確でないとして, when などと同様に,このタイプに含めている.
　(i) **After talking** *to you*, I always feel better.
　　　(君と話をしたあとでは,いつも気分が楽になる)
　(ii) **On being introduced**, British people often shake hands.
　　　(紹介されると,英国人は握手をすることが多い)
　(iii) They left **without saying** *goodbye*. (彼らはさよならも言わずに立ち去った)
結論から言えば,これらは前置詞なので -ing 形は動名詞と考えなければならない. on が接続詞でないのは明らかであり, without の接続詞用法は非標準である. after, before, since には確かに接続詞用法もあるが, when や while のように,1) *after looked at とか, *after young とかの構文をもたない.2) when/while のように,「文意を明確にするために分

詞の前に添加された」のであれば，after/before を除いても文意は成立するはずだが，(i) の after や (iii) の without を削除すると文意が変わってしまう．
　Jespersen (*MEG* V: 407) も，「while/when + -ing 形」の構文と「before, after, in, on + -ing 形」の構文は厳密に区別しなければならない．これらのあとの -ing 形は「動名詞でなければならない」(necessarily a gerund) からである，と述べている．

15.5.6.　懸垂分詞

[A]　問題のある場合：　これまで見てきたように，分詞節の主語は主節の主語と同一指示的な場合に限って省略できる．ところが，実際の英文の中には，(1) のように，分詞節が主節の主語とは異なっているにもかかわらず省略されているものがある．このような分詞節を，Curme (1931: 159) は「**懸垂/ぶら下がり分詞**」(dangling participle) と呼んでいる．

① 現在分詞の例

(1) ?**Turning** *the corner*, a beautiful house struck my eye.
　　（角を曲がると，美しい家が目にとまった）

(2) ?**Walking** *down the boardwalk*, a tall building came into view.　(Quirk et al. 1985)（遊歩道を歩いていると，高いビルが見えてきた）

(3) **looking** *up*, there were three boys standing there.　(Walpole, *Jeremy and Hamlet*)（見上げると，そこに三人の少年が立っていた）

(1) は，角を曲がったのが「家」であるかのような非論理的な言い方になり，(2) は歩いているのがビルであるかのような言い方になっているので，それぞれ，次のように，分詞節の意味上の主語と主節の主語とが同一指示的になるように書き替えるほうがよい．

(1′)　Turning the corner, *I saw* a beautiful house.
　　（角を曲がると，美しい家が見えた）

(2′)　Walking down the boardwalk, *I saw* a tall building.
　　（遊歩道を歩いていると，高いビルが見えた）

懸垂分詞を含む文は，少なくとも不用意な，あるいはスタイル上好ましくない用法とされる．ただ，りっぱな作家の文章に見いだされるものは，主文のどこかに分詞の主語と同一指示的な語を含んでいる場合が多い．例えば，

(4) ?**Driving** *to Chicago last night*, a sudden thought struck *me*.　(Quirk et al. 1985)（ゆうべシカゴへ車を走らせているとき，ふとある考えが浮かんだ）［分詞の主語が主文の目的語に含意されている］

むろん，(4′) のほうが完全に文法的である．

(4′)　Driving to Chicago last night, *I was struck* by a sudden thought.

(5) a.　But, **lying** *in my bed*, everything seemed so difficult.　(Galsworthy, *On Forsyte 'Change*) [Jespersen]（しかし，ベッドに横たわっていると，何もかもが困難に思われた）［分詞の主語が所有格の代名詞に含意されている］

b.　**Being** *not yet fully grown*, *his* trousers were too long.　(Curme 1931)

(まだ大人になりきっていないので，彼のズボンは長すぎた）[同上]
- (6) Then got *we* to our ships, and **being** *abourd* (= when we are aboard), Polixena cryed out, Aeneas stay, (Marlowe, *Dido, Queen of Carthage* 575)
(それから，われわれは船のところへ到着しました．そして，乗船すると，ポリックシーナが「アネニアス，とどまって」と叫んだのでした）[分詞の主語が先行文に現れている]

② **過去分詞の例**

- (7) ?**Advised** *to study anthropology*, *his* choice was psychology instead.
(Quirk et al. 1985)（人類学を研究するように勧められたが，彼の選択は，そうではなくて心理学だった）[所有格の his の存在が文法性を高めている]

[B] **確立した懸垂分詞**: しかし，(8) のように，分詞の意味上の主語が「一般の人々」の場合は，懸垂分詞も確立した用法として認められている．

- (8) strictly speaking（厳密に言えば）／generally speaking（一般的に言えば）／taking all things into consideration（万事を考慮して）／judging from（…から判断して）／speaking of（…と言えば）／broadly speaking（大まかに言って）／frankly speaking（率直に言って），etc.
- (9) **Generally speaking**, boys are a nuisance.
(概して言えば，男の子はやっかいだ)
- (10) **Judging from** *his expression*, he's in a bad mood. (Swan 1995)
(顔つきから判断すれば，彼は機嫌が悪い)
- (11) **Speaking of** *money*, have we paid our credit card bills yet? (MED)
(お金と言えば，もうクレジットカードの請求書は支払ったかね)〈話し言葉〉

NB supposing (that) (= if), providing/provided (that) (= if), granting that (= although), seeing as/that (= as) などは，機能変化／文法化を起こして完全な接続詞になっていると考えられる．
- (i) **Granting that** you are innocent, can you prove it?
(君が無実だとしても，それを証明できますか)
- (ii) I won't stay long, **seeing as/that** you're busy.
(忙しそうだから，長居はしないよ)

一方，barring (= except for), concerning (= about), considering (…のわりには), following (= after) などは，完全に前置詞に変わっている．
- (iii) **Barring** *accidents*, we should arrive on time. (OALD[6])
(事故がなければ，定刻に着けるはずだ)
- (iv) He asked me **concerning** my health. (Zandvoort 1972)
(彼はお元気ですかと尋ねた)
- (v) She looks young **considering** her age. (彼女は年のわりに若く見える)
- (vi) **Following** the lecture, we were able to ask questions. (Eastwood 1994)
(講義のあとで，私たちは質問することができた)

15.5.7. 独立分詞節

これまで見てきた分詞節の意味上の主語は，主文の主語と同一指示的なので表現されていない．しかし，分詞節の主語が主文の主語と異なる場合は，当然，分詞の主語を明示しなければならない．こうして，分詞節がそれ自身の主語をもった構文を，**独立分詞節** (absolute participle clause) と言う．独立分詞節はきわめて格式的なので，話しことばでは（ ）内に示したように，接続詞を用いた構文が好まれる．

独立分詞節の主語を**独立主格** (nominative absolute) と言う．

① **現在分詞の例**

(1) **The day being** (= As the day was) *fine*, we decided to go swimming.
（天気がよかったので，泳ぎに行くことに決めた）〈理由〉

(2) **Other things being** (= If other things are) *equal*, the simplest explanation is the best. （他の条件が同じであれば，最も簡潔な説明が一番よい）〈条件〉

(3) **Dinner being** (= When/As dinner was) *over*, they began to chat over wine.
（ディナーが終わったので，彼らはワインを飲みながら談笑しはじめた）〈時/理由〉

(4) **The sun having set** (= As/When the sun had set), they went home.
（陽が沈んだので，彼らは家へ帰った）〈時/理由〉

(5) He joined the group, **his face beaming** *with interest*. (Buck, 'His Own Country') （彼はおもしろそうに顔を輝かせながら，その仲間に加わった）〈付帯状況〉

it や there も，独立分詞節の形式主語になれる．

(6) **It being** (= As it was) *very cold*, we made a fire.
（ひどく寒かったので，私たちはたき火をした）〈理由〉

(7) **There being** (= As there was) *nothing else to do*, we went home.
（ほかにすることがなかったので，私たちは家に帰った）〈理由〉

次の独立分詞節は，等位節に相当する．

(8) We started for London, **John remaining** behind. （私たちはロンドンに向けて発ち，ジョンはあとに残った）[= ... *and* John remained behind]

② **過去分詞の例**： being または having been を補うと，現在分詞の分詞節と同じ構造になる．

(9) **All things considered** (= If we consider all things), he is not a bad 'un.
（あらゆることを考慮すれば，彼は悪人ではない）〈条件〉

(10) **My work finished** (= My work having been finished), I went to bed.
（仕事が終わったので，私は床についた）〈理由〉

(11) **That done**, we gradually began to settle down. (Doyle, *A Study in Scarlet*)
（それを済ますと，私たちは次第に落ち着きはじめた）〈時〉

NB 1 独立分詞節の主語が人称代名詞の場合は，〈格式体〉では主格，〈略式体〉では目的格をとる (Huddleston & Pullum 2002: 1220)．

(i) We appointed Max, **he/him being** much the best qualified of the candidates.
　　　　（われわれはマックスを指名した．彼が候補者の中で断然適任だったからだ）
NB 2　この構文では，古くはラテン語の奪格 (ablative case) をまねて与格が用いられていた．
　　　(i) OE: **ēow slǣpendum** forstǣlone þone lichaman.　　　　(Onions 1929)
　　　　　　'while you slept, they stole away the body.'
　　　(ii) ME: **Hym spekynge** this thingis manye bileveden into him.　(Wyclif, *John* 8: 30)（彼がこれらのことを語られたとき，多くの人々は彼を信じた）［ラテン語訳聖書 Vulgate の haec illō［奪格］loquente の直訳］

15.5.8.　「with＋独立分詞節」

独立分詞節の前に with を付けて，付帯状況，または理由を表す場合がある．

[**A**]　現在分詞の例

　(1)　The car was upside down, **with its wheels still turning**.
　　　（車はひっくり返り，車輪はまだ回っていた）〈付帯状況〉
　(2)　I daren't dance, **with you all watching**.
　　　（君たちみんなが見てるので，とてもダンスなんかできない）〈理由〉

[**B**]　過去分詞の例

　(3)　He died **with that word unsaid**.
　　　（その言葉を言わないまま，彼は死んだ）〈付帯状況〉
　(4)　We feel lonely **with Billy gone**.
　　　（ビリーがいなくなって，私たちは寂しい）〈理由〉

これは，独立分詞節が with の目的語になっているもので，(2), (4) は次のように図示することができる．この構造の独立分詞節は，視点を変えれば，with のネクサス目的語であることがわかる．

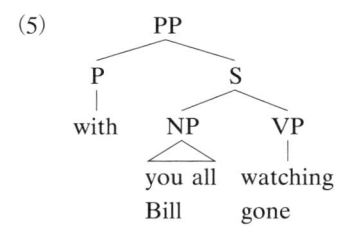

(5)
```
              PP
           ／    ＼
          P       S
          |      ／＼
        with    NP  VP
                △   |
             you all watching
              Bill   gone
```

第 16 章

動 名 詞

16.0. 概　説

動名詞 (gerund) は，非定形動詞の一つで，-ing の語尾をもち，名詞的に用いられる．「…すること」と訳せる．take を例にとれば，次のような形式がある．

(1) a.　taking　（単純動名詞）
　　b.　having taken　（完了動名詞）
　　c.　being taken　（受動動名詞）
　　d.　having been taken　（完了受動動名詞）

動名詞には，次の 3 種類がある．

(2) a.　名詞的動名詞：　John's reckless **driving** of the car
　　b.　動詞的動名詞：　John's **driving** the car recklessly
　　c.　混合動名詞：　John's **driving** of the car recklessly

16.1.　動名詞の用法

動名詞は，名詞と同様に，文中で次のような働きをする．

16.1.1.　主　語

(1)　**Telling** lies is wrong.　（うそを言うのはよくない）
(2)　**Speaking** English well requires a lot of practice.
　　（英語を上手に話すには，たくさんの練習が必要だ）
(3)　But to-day **being** Saturday rather complicates matters.
　　　　　　　　　　　　　　　　　　(Doyle, *Adventures of Sherlock Holmes*)
　　（しかし，きょうが土曜日だということで，だいぶ事態が紛糾してくる）

次の例では，it を形式主語に立て，動名詞が真主語になっている（§ 21.3.2 [B]）．

(4)　'It was a pleasure **meeting** you,' he said.　(McBain, *He Who Hesitates*)
　　（「お会いできて楽しかったです」と彼は言った）
(5)　It's no good **wasting** time.　(Maugham, *The Circle*)
　　（時間をむだにしてもしようがない）
(6)　Is it any use **expecting** them to be on time?

(彼らが定刻にくるのを期待したってむだじゃないか)
(7) It's interesting your **saying** that.　　　　　(Christie, *Towards Zero*)
　　　(あなたがそんなことを言うのはおもしろいね)

16.1.2. 補　語
[A]　主語補語の例
(1)　My hobby is **collecting** old stamps.　(私の趣味は，古い切手を集めることです)
(2)　The problem is **convincing** her.　　　　　(Steel, *Granny Dan*)
　　　(問題は，彼女を説得することです)
(3)　That's **asking** a little too much.　　　　　(Archer, *Kane and Abel*)
　　　(それは少々欲張りすぎた願いだね)
(4)　But surely that is **tempting** Providence, Gladys.
　　　　　　　　　　　　　　(Wilde, *Lord Arthur Saville's Crime*)
　　　(でも，それって，確かに神の怒りにふれることだわ，グラディス)

[B]　目的語補語の例
(5) a.　We call that **asking** for trouble.　(それは自業自得というものだ)
　　b.　I don't call that **looking** after me.　(Walpole, *Jeremy and Hamlet*)
　　　　(そんなの，ぼくの面倒を見てるなんて言えないよ)

16.1.3. 他動詞の目的語
(1)　Boys like **playing** baseball.　(男の子は野球をするのが好きだ)
(2)　Molly hates **sitting** still and **doing** nothing.　　　　　(MED)
　　　(モリーはじっとすわって，何もしないでいるのが嫌いだ)
(3)　I don't like **being lied to** — and that, I think, is what you are trying to do.　(Christie, *The Hollow*)(私は嘘をつかれるのは嫌いだ――そして，思うに，君はまさに嘘をつこうとしてるんだよ)

次の例では，形式目的語の it をうける真の目的語になっている．

(4)　I thought it pointless **starting** before eight o'clock.　(Swan 1995)
　　　(8時前に出かけたって意味がないと私は思った)

NB　do (the) -ing の構造：　この構造は，〈英・米〉ともに，現代英語で生産的に用いられている．do は，最も一般的な「する」という意味を表し，何をするかは，後続する -ing 形で明らかにされている．
　　(i)　Shut up! I'm **doing the talking** now!　(Caldwell, *This Very Earth*)
　　　　(やかましい！ いまはおれが話してるんだよ！)
　　(ii)　Not a word, Mike. Let me **do the liking**.　(Spillane, *My Gun Is Quick*)
　　　　(何も言わないで，マイク．愛するのは，あたしにさせてちょうだい)
　　(iii)　Let me **do** all **the worrying** that needs to be done.　(Caldwell, *Gretta*)
　　　　(しなくちゃいけない心配は，全部私にさせてください)
　　(iv)　it wasn't he who'd **done the killing**.　(Greene, *Brighton Rock*)
　　　　(殺しをやったのは，あいつじゃない)

この the は，Please *shut* the door. の場合に見られるような，特定の場面 (situation) によって限定されたもので，一般的な場合は，当然 the が落ちる．
  (v) a. do writing/lecturing ((職業的に)執筆する/講演する)
    b. Have you **done nursing** long?   (Hemingway, *A Farewell to Arms*)
     (君は長いこと看護婦をしてきたの？)
the の代わりに，所有代名詞が使用された例では，「場面」の意味がいっそう明示的になる．
  (vi) a. She went down and **did his bidding**.   (Christie, *The Big Four*)
     (彼女は降りていって，彼の言うとおりにした)
    b. I'm not **doing your thinking** for you.   (Caldwell, *This Very Earth*)
     (おれは，おまえの代わりに考えてやってるんじゃないぞ)
次例のように，the の代わりに some/any/a great deal of が使用される場合もある．
  (vii) a. She **did some shopping/some mending/a great deal of telephoning**.
     (彼女は少し買い物をした/少し修繕をした/じゃんじゃん電話をした)
    b. Did you **do any writing**?   (Taylor, *A View of the Harbour*)
     (少しは書き物をしたかい)
さらに，*do* a smoke (一服する)/*do* repairs (修理をする) などに現れる do も，同じ用法に属する．

16.1.4.　前置詞の目的語
すべての動詞は，前置詞のあとでは名詞化されて動名詞になる．
 (1) Mary is fond *of* **going** to concerts. (メアリーはコンサートへ行くのが好きだ)
 (2) He is interested *in* **learning** English. (彼は英語の勉強に興味をもっている)
 (3) He had no intention *of* **breaking** the law. (McBain, *Ten Plus One*)
   (彼は法を破る意図は，さらさらなかった)
 (4) *On* **arriving** home I discovered they had gone.   (OALD[6])
   (帰宅するとすぐ，彼らがもう帰ったのを知った)

NB -ing 形と同義の名詞がある場合は，普通，名詞が優先的に使用される (Swan 1995: 279)．名詞があるのに，わざわざ動詞を名詞化する必要はないからである．
  (i) We're all excited about his *arrival*/*arriving.   (Swan 1995)
    (彼がやって来たことで，みんな興奮している)
  (ii) We are hoping for the news of his *success*/*succeeding.
    (彼が成功したという知らせを期待している)

16.1.5.　その他の用法
[A]　複合名詞を作る
 (1) a. a **smóking** room (喫煙室) [= a room for smoking]
   b. Cf.　a *smoking* hórse (汗をかいている馬)
 (2) a. **drínking** water (飲料水) [= water for drinking]
   b. Cf.　a *drinking* mán ((習慣的な)飲み助)

NB　「動名詞＋名詞」と「現在分詞＋名詞」には，二つの違いがある．
  (i) a **sléeping** car (寝台車)[動名詞]

(ii) a **sleeping** cát （眠りネコ）［現在分詞］
① 動名詞は「用途・目的」を，現在分詞は「分類的特徴」を表す．
② (i) では動名詞に第一強勢があり，(ii) では名詞に第一強勢がある．

[**B**]　**job** の同格語となる（which is を補うことができる）．

(3) I got a *job* **driving** a truck and the money was good.　　(Sheldon, *Rage of Angels*)（ぼくはトラックを運転する仕事にありついた．給料はよかった）

(4) We can offer you a *job* **cleaning** cars.　　(Swan 1995)
（洗車の仕事ならありますよ）

(5) There is a good *job* **teaching** music theory ... lined up for him.
(*Reader's Digest* 1945/6)
（音楽理論を教えるという，いい仕事が彼のために準備されている）

16.2.　3種類の動名詞

16.2.1.　名詞的動名詞

名詞的動名詞（nominal gerund）は，行為名詞化形（action nominal）とも呼ばれ，次のような，名詞句（NP）と同じ内部構造をもっている．

① **限定詞をとる．**

(1) I have *a* **liking** for music.　（私は音楽が好きだ）
(2) Sally did *the* **shopping**.　（サリーは買い物をした）
(3) I hate all *this* useless **arguing**.　　(Swan 1995)
（私はこういう無用な議論は，すべて嫌いだ）

② **副詞に由来する形容詞をとる．**

(4) His *careless* **driving** irritates me.　（彼の乱暴な運転にはいらいらさせられる）
[cf. He drives a car *carelessly*.]

③ **直接に目的語をとることができず，of の介在を必要とする．**

(5) I don't approve of his **driving** *of* the car.
（彼がその車を運転するのは不賛成だ）[cf. He *drives* the car.]
(6) The mere **knowing** *of* his name is a small thing.　(Doyle, *A Study in Scarlet*)（彼の名前を知っているだけでは，たいしたことじゃない）

④ **複数形を作る．**

(7) **Sightings** of UFO's make Mary nervous.
（UFO を何度も見たので，メアリーは不安になっている）

⑤ **完了相と共起しない．**

(8) *His **having driven** of the car is shocking.

⑥ **名詞的動名詞には動作動詞しかなれない**（一方，あらゆる動詞が動詞的動名詞になれる）．

(9) a. His **writing** of a novel surprised us. （彼が小説を書いたのには驚いた）
　　b. Cf. *His **having** of a novel surprised us. ［状態動詞］
⑦　属格主語をとる．
(10) 　I don't approve of *John's* careless **driving**.
　　　（ジョンの乱暴な運転には賛成しない）
(11) a. *His* careless **driving** irritates me. （= (4)）
　　b. *His* **writing** of a novel surprised us. （= (9a)）

16.2.2.　動詞的動名詞

　動詞的動名詞 (verbal gerund) は，次のような，文としての内部構造をもっている（これが，伝統文法で言う真の「動名詞」である）．内部構造が文であることは，次のような統語的特徴によって明白である．
①　完了形・受動形がある．
　(1)　He denied **having seen** it.
　　　（彼はそれは見たことがないと言った）［＜見たことを否定した］［完了動名詞］
　(2)　I don't like **being asked** to make a speech.
　　　（スピーチを頼まれるのは嫌いだ）［受動動名詞］
　(3)　I doubt of their ever **having been married**.
　　　（彼らがそもそも結婚していたということは疑わしい）［完了受動動名詞］
②　**of** を介在させずに目的語をとる．
　(4)　John likes **driving** *a car*.　（ジョンは車の運転が好きだ）
③　**-ly** 副詞に修飾される．
　(5)　John's **drawing** the picture *rapidly* surprised us.
　　　（ジョンが素早く絵を描いたので，私たちはびっくりした）
④　限定詞をとらない．
　(6)　*His*/*The **swimming** in the pond was a mistake.
　　　（彼が池で泳いだのはまちがいだった）
　(7)　**Swimming** in the pond was a mistake.　（池で泳いだのはまちがいだった）
(6)の The は，限定詞なので非適格だが，His は，動名詞の主語なので適格である．
⑤　複数形をもたない．
　(8)　*his three **provings** the theorem
⑥　動作動詞だけでなく，状態動詞も動詞的動名詞になれる．
　(9)　Bill eavesdrops by **seeming** to be asleep.
　　　（ビルは眠ったふりをして盗み聞きする）
⑦　〈略式体〉で対格主語をとる．
(10)　She was angry at *Lina's*/*Lina* **trying** to lie to her.　　　(Swan 1995)
　　　（彼女はリーナが嘘をつこうとしたので怒った）［属格のほうが〈格式体〉］

第16章　動名詞

NB　動名詞の意味上の主語が先行文に存在している場合は，動名詞の主語は表現されない (Swan 1995: 279)．一方，そうでない場合は，(iib)のように，必ず表現しなければならない．
  (i)　He left without **saying**/*****his saying** goodbye.
    （彼はさよならも言わずに立ち去った）
Chomsky (1981: 65) は，このことを「代名詞回避の原理」(avoid pronoun principle) と呼んでいる．
  (ii) a.　John_i would much prefer [PRO_i going to the movie]. （ジョンは映画へ行くほうをずっと好むだろう）［John と PRO は同一指示 (coreference)］
    b.　Cf. John_i would much prefer [her_j going to the movie].
      （ジョンは彼女が映画へ行くほうをずっと好むだろう）［John と her は別指示 (disjoint reference)］

16.2.3.　混合動名詞
混合動名詞 (mixed gerund) は，名詞的動名詞と動詞的動名詞の両方の性質を併せもつものである．
① 限定詞と -ly 副詞を同時にとる．
  (1)　This **finishing** of the work so *promptly* pleased us very much.　(Curme 1931)（こんなにてきぱきと仕事を済ませたので，私たちは大いに喜んだ）
② 限定詞と直接目的語を同時にとる．
  (2)　This **having** *to defend himself* seems to be bugging Melvin.
    （こんなふうに自己弁護しなければならないことが，メルビンを悩ませているようだ）
    ［this は，[having to defend himself] という動名詞句全体を修飾する］
  (3)　There is *no* **satisfying** *spoilt children*.
    （甘やかされた子供を満足させるなんてできっこない）
③ 限定詞と前置詞句を同時にとる．
  (4)　her analysing was *a* real **tearing** *to pieces*.　　(Lawrence, *Women in Love*)
    （彼女の分析は，まさに対象をずたずたにする底のものだった）
  (5)　the **raising** *of* five boys *into being good God-fearing men*
    （5人の男の子を，善良な，神を恐れるおとなに育てたこと）
④ 限定詞と主語補語を同時にとる．
  (6)　A great joke, *this* **growing** *old* — but a sad joke, too, in a way.　(Hilton, *Goodbye to Mr Chips*)（すばらしいジョークだ，この，年をとるというやつは——でも，ある意味では，悲しいジョークでもある）

16.3.　動名詞の主語

16.3.1.　主語が表現されない場合
［**A**］ **主文の主語と一致している場合**:　動名詞の意味上の主語 PRO がある（主語コントロール）．
  (1) a.　He_i insisted on [PRO_i **going**]. （彼は行くと言い張った）

[= *He*ᵢ insisted that *he*ᵢ would go.]

  b. Cf. He insisted on *her* **going**. (彼は彼女が行くことを主張した)
    [= *He* insisted that *she* (should) go.]

[B] 目的語と一致している場合（目的語コントロール）

 (2) Illness prevented meⱼ from [PROⱼ **going** out].
   (私は病気のため外出できなかった)［＜私が外出する］
 (3) Mary persuaded Johnⱼ into [RROⱼ **going** with her].
   (メアリーは，ジョンを説得して自分に同行させた)［＜ジョンが行く］
 (4) Thank youⱼ for [PROⱼ **waiting**].
   (待っていただいてありがとう)［＜あなたが待つ］

[C]「一般の人々」の場合

 (5) PRO **Seeing** is PRO **believing**.　〈諺〉(百聞は一見にしかず)
 (6) PRO **Shooting** song-birds is forbidden.　(鳴き鳥を撃つのは禁じられている)

上例の PRO は先行詞をもたず，「一般の人々」のように不特定の人を指すので，「恣(しい)意的な PRO」(arbitrary PRO) と呼ばれ，PRO_{arb} と表記されることがある．

16.3.2.　主語が表現される場合

主節の主語と動名詞の主語とが異なる場合は，動名詞の主語を必ず表現しなければならない．動名詞の主語は，〈格式体〉では名詞・代名詞の属格を用い，〈略式体〉では，名詞は 's の付かない "通格" (eg John)，代名詞は目的格 (eg him) が好まれる (cf. Swan 1995: 279).

 (1) a. Do your parents mind *your*/*you* **leaving** home? (OALD⁶)
    (ご両親はあなたが家を出るのを気にしておられますか)
  b. Do you mind *my*/*me* **closing** the window? (OALD⁵)
    (窓を閉めてもよろしいでしょうか)
  c. Would you ever have imagined *his*/*him* **becoming** a politician?
    (Ibid.) (彼が政治家になるなんて想像したことがありますか)
  d. It's no use *his*/*him* **apologising** — I shall never forgive him. (Swan 1995) (彼が詫(わ)びたってだめだ——絶対許さないんだから)
 (2) I am sure she would not appreciate *anyone's* **spying** on her.
            (Sheldon, *The Other Side of Midnight*)
   (きっと彼女は，誰かにスパイされるのをありがたくは思わないだろうよ)

次に，代名詞と名詞の対格主語の例をあげる．

 (3) a. You hate *him* **coming** here to see Norma. (Christie, *Third Girl*)
    (あなたは，彼がノーマに会いにここへくるのがいやなんだわ)
  b. You couldn't imagine *me* **being** a poor man's wife, could you?
            (Montgomery, *Anne of the Island*)
    (あたしが貧乏な男の妻になるなんて考えられないでしょう)

c. I don't know if Roy was afraid of *me* **changing** my mind.
　　　　　　　　　　　　　　　　　　　　　　(Maugham, *Cakes and Ale*)
　　　(私が心変わりするのじゃないか，とロイが心配しているかどうか知らない)
　　d. I didn't want *him* **coming** back here.　　　(Rice, *Street Scenes*)
　　　(彼にここに戻ってきてもらいたくなかった)
(4) a. You can't stop/prevent *people* **saying** what they think. 〈英〉
　　　＝You can't stop/prevent *people*ⱼ from PROⱼ **saying** what they think.
　　　(人々が自分の考えを述べるのを止めることはできない)
　　b. I can still remember *my grandfather* **teaching** me to play cards.
　　　(私は祖父がトランプの仕方を教えてくれたのをまだ覚えている)
　　c. I happened to say something about *such things* **not happening** in real life.　(Christie, *Blue Train*)　(そんなことは実生活では起こらないってことを，たまたま，ちょっと言ったのよ)
　　d. there was not the feeling of *a storm* **coming**.　(Hemingway, *A Farewell to Arms*)　(あらしがくる気配はなかった)
　　e. He visualized *Tracy* **being** grabbed and manhandled by the police.
　　　　　　　　　　　　　　　　　　　　　　(Sheldon, *If Tomorrow Comes*)
　　　(彼はトレーシーが警察にひっとらえられて，手荒く扱われている姿を心に描いた)

名詞が属格の例は，まれである．

(5) O, I don't question the *pope's* **being** right.　　　(Joyce, *Dubliners*)
　　(いや，法王の言うとおりだということは疑わないよ)

次の二つの文を比較せよ．

(6) a. "Would youᵢ mind PROᵢ **opening** the window?" "No, not at all./ Certainly not."
　　　(「窓を開けてくださいませんか」「いいですとも」)［開け手はyou］
　　b. "Would youᵢ mind *my/me*ⱼ **opening** the window?" "No, not at all./ Certainly not."
　　　(「窓を開けてもいいですか」「いいですとも」)［開け手はI］

NB 1　生成文法では，his coming の形式を POSS-ing, him coming の形式を ACC-ing と言うことが多い．一般に，両者の違いはスタイル上の違いとされている (例えば，Swan 1995, Thomson & Martinet 1986: 232 などは POSS-ing を formal, ACC-ing を informal とし，OALD[6] は POSS-ing のみを formal とする (ACC-ing は〈普通体〉ということだろう))が，Emonds (1970) や Horn (1975) などは，次のような事実に基づいて，POSS-ing は名詞句であるが，ACC-ing は文であると主張している．
　第一に，POSS-ing は「助動詞＋主語」の主語位置に生起できるが，ACC-ing は that 節や不定詞節と同様に，その位置に生起できない．
　　(i) a. Did [*John's* **beating** his wife] surprise you?
　　　 b. *Did [*John* **beating** his wife] surprise you?
　　　　　(ジョンが妻をなぐったことに驚きましたか)

第二に，POSS-ing は分裂文の焦点の位置に生じるが，ACC-ing は生じない．
- (ii) a. It was [*John's* **beating** his wife] that surprised you.
  - b. *It was [*John* **beating** his wife] that surprised you.

第三に，POSS-ing が and により等位接続されると複数動詞をとるが，ACC-ing は that 節や不定詞節と同様に，単数動詞をとる．
- (iii) a. [*John's* **beating** his wife] and [*Bill's* **kissing** a gorilla] were/*was terrifying.
  - （ジョンが妻をなぐったことと，ビルがゴリラにキスしたことは，恐ろしいことだった）[二つの行為]
  - b. [*John* **beating** his wife] and [*Bill* **kissing** a gorilla] was/*were terrifying.
  - （ジョンが妻をなぐり，ビルがゴリラにキスしたのは，恐ろしいことだった）[一連の行為]

第四に，POSS-ing と異なり，ACC-ing は節内の要素の wh 移動を許す．
- (iv) a. *Who$_i$ did you imagine [*John's* **kissing** t_i]?
  - b. Who$_i$ did you imagine [*John* **kissing** t_i]?
  - （ジョンは誰にキスしたと思いますか）

第五に，POSS-ing は話題化できるが，ACC-ing は話題化できない．
- (v) a. [*Bill's* **kissing** a gorilla] I can't imagine.
  - （ビルがゴリラにキスしたなんて，想像できない）
  - b. *[*Bill* **kissing** a gorilla] I can't imagine.

第六に，POSS-ing には there 挿入ができないが，ACC-ing にはできる．
- (vi) a. *I imagined [*there's* **being** five men in the room].
  - b. I imagined [*there* **being** five men in the room].
  - （その部屋には男が5人いると思った）

第七に，admire, defend などの目的語に NP しかとらない動詞は，POSS-ing と共起するが，ACC-ing とは共起しない．
- (vii) a. We admired [*John's* **saving** the boy from drowning].
  - （男の子がおぼれるのをジョンが救ったのに感心した）
  - b. *We admired [*John* **saving** the boy from drowning].

以上の事実は，POSS-ing は NP であるが，ACC-ing は文であることを示唆している．

NB 2　文頭の位置では POSS-ing しか使用しない．この位置で ACC-ing を使用するのは非標準 (substandard) である (Close 1975: 80)．Leech (1987: 114) は (i) について，どちらも「かなりまれで，ぎこちない」(unusual and awkward) としている．
- (i) *His/Him* **recognising** his faults is a good thing.　　　　(Leech 1987)
  - （彼が自分の欠点を認めるのはいいことだ）
- (ii) *Me* **wanting** that picture didn't make sense.　　　(Christie, *Endless Night*)
  - （私があの絵をほしがるなんて，変だった）

16.4. 動名詞の表す時

16.4.1. 単純動名詞の場合

単純動名詞 (*eg* taking) は，述語動詞の表す時と「同じ時」，または「それ以後の（未来）時」を表す．

(1)　I *am* proud of my son **being** a teacher.　（私は息子が教師であることを誇りに

思っている)〔= I *am* proud that my son *is* a teacher.〕
  (2) He *admitted* **taking** the money.
    (彼はその金を取ったことを認めた)〔= He *admitted* that he *took* the money.〕
  (3) I *am* sure of John **winning** the race. (私は，ジョンがレースで優勝することを確信している)〔= I *am* sure that John *will* win the race.〕

16.4.2. 完了動名詞の場合

[A] 完了動名詞 (*eg* having taken) は，述語動詞の表す時よりも「以前の時」を表す．
  (1) He *repents* of **having been** idle in his school days. (彼は学生時代に怠けたことを後悔している)〔= He *repents* that he *was* idle in his school days.〕
  (2) I don't *remember* **having seen** him blush before. (彼が赤面するのを見た覚えがない)〔= I don't *remember* that I *have seen* him blush before.〕
  (3) He *boasted* to us of **having won** the race. (彼はそのレースで優勝したことを私たちに自慢した)〔= He *boasted* to us that he *had won* the race.〕

[B] remember, forget, regret は，過去の事件を指すことが意味上明らかなので，完了動名詞の代わりに単純動名詞を用いるほうが多い．

単純動名詞を伴う例:
  (4) I *remember* **seeing** him somewhere before.
    (彼とは以前どこかで会った記憶がある)
  (5) I'll never *forget* **meeting** her on that day.
    (あの日彼女に会ったことを決して忘れないだろう)
  (6) I *regret* **telling** you all this. (こんなことをすべて君に話したことを後悔している)

過去を暗示する動詞も，完了動名詞の代わりに単純動名詞をとることができる(非状態動詞の場合)．
  (7) a. I *admit* **having seen** it. (それを見たことは認める)
    b. = I *admit* **seeing** it. (同上)

しかし，動名詞が状態動詞の場合は，両形は同義ではなくなる (cf. Quirk et al. 1985: 1191)．
  (8) a. I *admit* **knowing** him. (確かに，彼のことは知っているよ)〔= I know him.〕
    b. ≠ I *admit* **having known** him.
      (確かに，彼のことはかねてから知っているよ)〔= I have known him.〕

完了動名詞を伴う例:
  (9) Why, I never *remember* **having done** such a thing in my life before.
    (Doyle, *The Memoirs of Sherlock Holmes*)
    (だって，これまでそんなことをした覚えは全くない)
  (10) I do not *regret* **having written** it.　　　(Conrad, *The Secret Agent*)
    (それを書いたことを後悔はしない)

16.5. 動名詞の態

16.5.1. 動名詞が「受動」を表す場合
受動動名詞「being + 過去分詞」を用いる．
(1) I dislike **being talked back to**. （私は口答えされるのは嫌いだ）
(2) The bed showed no sign of **having been slept in**.
    （ベッドには人が寝た形跡はなかった）

16.5.2. deserve, need, require, want などの場合
これらの「必要」の意味を表す動詞のあとでは，動名詞は能動形でありながら受動的な意味を表す．〈受動者〉の意味をもつ目的語が話題化されているので，自然にその解釈が生まれるのである．
(1) I don't think this article *deserves* **reading/to be read**.　　(Swan 1995)
    （この論文は読むに値しないと思う）
(2) Your hair *needs* **cutting/to be cut**. （君の髪は刈ってもらう必要がある）
(3) The plants *want* **watering/to be watered** daily.　　(OALD[6])
    （この植物は毎日水をやらないといけない）〈英・略式体〉
(4) My dress *requires* **pressing**. （私のドレスはプレスする必要がある）

次の bear -ing についても同様なことが言える．
(5) His language doesn't *bear* **repeating/to be repeated**.
    （彼の言葉は(実に下品で)繰り返すに耐えない）

NB 以上の動名詞は，「受動的な意味を表す」とされるのが普通であるが，動名詞の前に [PRO cutting] のように，意味上の主語 PRO があると考えれば，能動の意味のまま解することができるし，そのほうが自然な解釈だと思われる．その場合，(4) の例で言えば，「プレスされる必要がある」と解するのではなく，「(話し手を含めて)誰かがプレスする必要がある」と解することになる．日本語の「舌切り/*切られスズメ」や「詠み人知らず/*知られず」なども同類．

16.6. 動名詞と不定詞

16.6.1. 動名詞のみをとる動詞
次の動詞は，動名詞のみを従える．
(1) admit（認める），appreciate（感謝する），avoid（避ける），consider（考える），contemplate（意図する），delay（遅らせる），deny（否定する），detest（ひどく嫌う），dislike（嫌う），endure（我慢する），enjoy（楽しむ），escape（免れる），excuse（言い訳をする），face（直視する），fancy（想像する），feel like（…したいと思う），finish（終える），forgive（許す），give up（あきらめる），can't help（…せずにはいられない），imagine（想像する），leave off（やめる），mention（述べる），mind（気にする），miss（…しそこなう），postpone（延期する），prac-

tice（練習する），put off（延ばす），recommend（薦める），resent（憤慨する），resist（抵抗する），risk（思い切ってする），can't stand（我慢できない），suggest（提案する）

この種の動詞のあとにくる動名詞は，通例，「**事実指向的**」という特徴を共有している．言い替えれば，「動名詞節の内容が真である」ことを話し手が前提としている，ということである．例えば，(2a)は，(2b)を含意している．

(2) a. I **enjoy** *working* for this company. （この会社に勤めるのは楽しい）
  b. I *work* for this company. （私はこの会社に勤めている）

いくつかの例を追加しておこう．

(3) We **missed** *watching* her ride her horse. （彼女が馬に乗るのを見そこねた）
(4) Bob **gave up** *smoking*. （ボブはたばこをやめた）
(5) Have you **finished** *reading* the book? （例の本，読み終わりましたか）
(6) He **recommended** *reading* the book before seeing the movie. （OALD[6]）
  （彼は映画を見る前にその本を読むことを薦めた）
(7) Olga **considered** *doing* it. （Sheldon, *The Doomsday Conspiracy*）
  （オルガは，それをすることを考えてみた）
(8) We **postponed** *going* for a picnic till the first fine day.
  （私たちは，次の晴れの日までピクニックへ行くのを延ばした）

16.6.2. 不定詞のみをとる動詞

[A] 次の動詞は，to 不定詞のみを目的語にとる．この種の to 不定詞は，通例，その表す動作が「**未来指向的**」という特徴を共有している．

(1) afford（…する余裕がある），agree（同意する），ask/beg（頼む），choose/decide（決める），consent（同意する），expect（…するつもりである），go on（続けて…する），help（役立つ），hesitate（ためらう），hope（希望する），mean（…するつもりである），offer（申し出る），prefer（むしろ…したい），promise（約束する），propose（提案する），refuse（…することを断る），swear（誓う），trouble（骨を折る），want/wish（…したいと思う）
(2) He **decided** *to go* to America. （彼はアメリカへ行こうと決心した）
(3) I **hope** *to see* him soon. （じきに彼に会いたいと思っている）
(4) We're **planning** *to visit* Australia this summer.
  （私たちはこの夏，オーストラリアを訪ねる予定です）
(5) Jim **refused** *to play* with me. （ジムは私と遊ぶのはいやだと言った）
(6) I don't **care** *to see* the film. （その映画は見たくない）
(7) He **agreed** *not to tell* it to anyone.
  （彼はそのことを誰にも言わないことに同意した）
(8) I can/can't **afford** *to keep* a car. （私は車をもつ余裕がある/ない）

think は，おもに否定文・疑問文に用いられて，次の意味を表す．

① 「…しようと思う」(expect, plan: OALD⁶ によれば，〈格式体〉)
  (9) I don't know. I never **thought** *to ask*.   (Faulkner, *Sanctuary*)
      (わからない．頼もうなんて考えたこと一度もないよ)

この意味で肯定文で使用するのは，LDCE² によれば，〈古語〉である．
 (10) He **thinks** *to deceive* us. (COD⁸)（彼は私たちをだまそうと思っている）

② 「覚えている，忘れずに…する」(remember)〈略式体〉
 (11) Did you **think** *to post* that letter that I gave you?
      (君に渡した手紙を忘れずに投函してくれたかい)

③ 「思いつく」(bring to mind)
 (12) I didn't **think** *to note* down the number of the house.
      (その家の番地を書き留めておくことを思いつかなかった)

[B] **含意動詞** (implicative verb)： 次の動詞は，過去時制において補文（= to 不定詞節）の内容が真であることを含意する含意動詞である (cf. Karttunen 1971)．したがって，含意動詞は，「未来指向的」というよりも，「事実指向的」である．

 (13) bother（わざわざ…する），condescend（へりくだって…する），happen（たまたま…する），get/learn（…するようになる），manage（なんとかやり遂げる），neglect（怠る），pretend（ふりをする），remember（忘れずに…する），dare（あえて…する），see fit（…することに決める），have the misfortune（不幸にも…する），have the kindness（〈格式体〉親切にも…する），venture（思い切って…する），forget（忘れる），decline（断る），fail（…しない），cease/stop（やめる）

 (14) a. Bill **happened** *to break* the window. （ビルはたまたま窓を割った）
     b. He **failed** *to pass* the test. （彼は試験にうからなかった）
     c. I **forgot** *to call* John. （ジョンに電話するのを忘れた）
     d. Number One has **had the misfortune** *to tread* in the creosote.
                                                      (Doyle, *The Sign of Four*)
        （第1号が不運にもクレオソートに足を踏み入れてしまった）

16.6.3. 動名詞と to 不定詞の両方をとる動詞

述語（= 動詞・形容詞）によっては，動名詞と to 不定詞の両方をとるものがある．しかし，通例，二つの構文の間には意味の違いが認められる．

[A] **remember, forget, stop, go on, try, regret, mean; afraid, certain/sure**： これらの述語では，to 不定詞をとるか，動名詞をとるかで意味が異なる．すなわち，動名詞では〈事実指向的〉，to 不定詞では〈未来指向的〉という対立が認められる．

◇**remember** do**ing**　「…したことを覚えている」
　remember to do　「忘れずに…する」
  (1) a. I don't even **remember** *telling* you that.   (Christie, *Third Girl*)
         （あなたにそのことを話したことを覚えてさえいない）
     b. Please **remember** (= don't forget) *to post* this letter.

(忘れずにこの手紙を投函してください)

◇**forget** doing ［否定文で］「…したことを忘れない」
　forget to do 「…するのを忘れる」
　　(2) a.　I shall never **forget** *seeing* the Queen.
　　　　　　(女王に会ったことを決して忘れない)
　　　　b.　Don't **forget** *to write* to Aunt Martha.
　　　　　　(忘れずにマーサおばさんに手紙を書くのですよ)

◇**stop** doing 「…するのをやめる」
　stop to do 「…するために立ち止まる」
　　(3) a.　I have **stopped** *smoking*.　(私はたばこはやめました)
　　　　b.　I **stopped** *to smoke* (＝in order to smoke).
　　　　　　(私は一服するために仕事をやめた)

◇**go on** doing 「…し続ける」
　go on to do 「続けて…する」
　　(4) a.　He **went on** *reading* for hours.　(彼は何時間も読書を続けた)
　　　　b.　He stopped speaking and **went on** *to read* the letter.
　　　　　　(彼は話をやめ，今度はその手紙を読みにかかった)

◇**try** doing 「…やってみる」
　try to do 「…しようとする(が，できない)」
　　(5) a.　I **tried** *skating*, and found it rather hard.
　　　　　　(スケートしてみたが，かなりむずかしかった)
　　　　b.　I **tried** *to skate*, but fell over at once.
　　　　　　(スケートしようとしたが，すぐ転んでしまった)

◇**regret** doing 「…したことを後悔している」
　regret to do 「残念ながら…する」
　　(6) a.　She deeply **regrets** *losing* her temper.　　　　　　　　　　　(LDCE[3])
　　　　　　(彼女はかんしゃくを起こしたことを深く後悔している)
　　　　b.　I **regret** *to inform* you that my father has died.
　　　　　　(遺憾ながら，父が永眠したことをお知らせします)

◇**mean** doing 「(結果として)…することになる」
　mean to do 「…するつもりである」
　　(7) a.　This new order will **mean** *working* overtime.　　　　　　　　(OALD[6])
　　　　　　(この新しい命令では，超過勤務することになる)［＝entail］
　　　　b.　I **meant** *to call* on you, but I couldn't.
　　　　　　(お訪ねするつもりでしたが，できませんでした)［＝intend］

◇**afraid of** doing には二つの意味がある．
　① 「…するのではないかと心配する／恐れる」

(8) a. She was **afraid of** *upsetting* her parents. (OALD[6])
　　　　(彼女は親の心を乱しはしないかと心配していた)
　　b. I was **afraid of** *losing* my way. (MED)
　　　　(私は道に迷うのではないかと心配だった)

② 「怖くて…できない，あえて…する勇気がない」： この意味では to 不定詞も可能．
(9) I am **afraid of** *going* out / *to go* out alone at night.
　　(怖くて夜一人で外へ出ることができない)

◇ **afraid to** do は，afraid of do*ing* の②と同じ意味を表す．
(10) a. I'm still **afraid** *to sleep* in my own bedroom. (COBUILD[3])
　　　　(まだ怖くて，自分の寝室で眠れない)
　　b. Don't be **afraid** *to ask* for help. (LDCE[4])
　　　　(勇気を出して助けを求めなさい)

◇ **sure/certain of** doing 「[主語が]…することを確信している」
　 sure/certain to do 「[話し手が]必ず…すると信じている」
(11) a. John is **sure/certain of** *winning* the prize. (ジョンはその賞を獲得することを確信している) [= John is sure/certain that he will win the prize.]
　　b. John is **sure/certain** *to win* the prize. (ジョンはきっとその賞を獲得する)
　　　　[= I am sure that John will win the prize.]

[**B**] love, like, prefer, hate, loathe： これらの「好悪動詞」についても，動名詞の〈事実指向的〉，to 不定詞の〈未来指向的〉という対立は有効であるように思われる．第一に，
(12) a. I **like**/**hate** *dancing*. (私はダンスが好きだ/嫌いだ)
　　b. I **like**/**hate** *apples*. (私はリンゴが好きだ/嫌いだ)
において，(12a) は (12b) と同様に，現在の事実を指している．その証拠に，両文とも未来時を指す副詞語句と共起することができない．
(13) a. *I'll **like**/**hate** *dancing* this evening.
　　b. *I'll **like**/**hate** *apples* this evening.
しかし，未来指向的な to 不定詞は，それが可能である．
(14) I'd **like** *to dance* this evening. (今晩ダンスがしたい)
第二に，「好悪動詞」が would に伴う場合は，「…したい」という未来指向的な意味になるので，to 不定詞しか使えない．
(15) a. I'd **like** *to tell* you something. (ちょっと話があるんだけど)
　　b. *I'd **like** *telling* you something. ((15a, b): Swan 1995)
第三に，否定に関して両構文の示す統語的ふるまいに違いが見られる．
(16) a. *I like dancing, but I do*n't* **like** *dancing* now.
　　b. I like dancing, but I do*n't* **like** *to dance* now.

（ダンスは好きだけど，今はダンスしたくない）

(16a) の場合，後文を否定すると矛盾を含む言明になるが，(16b) はそうではない．
　第四に，動名詞の場合は now/at present と共起できないが，to 不定詞はそれが可能である．

(17) a. *I don't **like** *swimming now*.
　　 b. I don't **like** *to swim now*.　（いま泳ぎたくない）

第五に，次の二つの文を比較せよ．

(18) a. Mary **loves** *being* a woman.　（メアリーは，女であることが気に入っている）
　　 b. *Mary **loves** *to be* a woman.

(18a) がよいのは，〈事実指向的〉な動名詞は「メアリーが女性である」という事実と整合するのに対して，(18b) がまずいのは，〈未来指向的〉な to 不定詞が「メアリーが現に女性である」という事実と矛盾するからである．
　第六に，未来の行動方針を尋ねる場合も，〈未来指向的〉な to 不定詞が好まれることが予測される．

(19) a. What activities do you **like** *to do*?　（どんな活動をしたいのですか）
　　 b. And how do you **prefer** *to learn*?
　　　　（で，どんな学び方のほうが好きなの）
　　 c. Do you **prefer** *to handle* things differently?
　　　　（違ったやり方をしたいのかね）

[C]　**attempt, intend, propose** (もくろむ)：動名詞と to 不定詞のどちらもとるが，未来指向的な意味をもつため to 不定詞のほうが普通である．OALD[6] は，(20b) の動名詞構文を〈英〉(*BrE*) とする．

(20) a. The prisoners **attempted** *to escape*, but failed.　　　　　　(OALD[4])
　　　　（囚人たちは脱獄しようとしたが，失敗した）
　　 b. He'd been warned not to **attempt** *escaping*.　　　　　　　(Google)
　　　　（彼は逃亡を企てないように警告されていた）[1]

(21) a. She **intended** *to succeed*.　　　　　(Sheldon, *Windmills of the Gods*)
　　　　（彼女は成功してみせるつもりだった）
　　 b. I don't **intend** *staying* long.　（長居をするつもりはない）

[D]　**begin, start**：(22) のように，しばしばほぼ同義に使用されるが，(23a, b) のように，「可能性」と「実行」の対立が明瞭な場合もある．

(22)　Lucy **started** *to write/writing* while in hospital.　　(Quirk et al. 1985)
　　　　（ルーシーは入院中にものを書きはじめた）

---

1. Swan (1995: 285), Quirk et al. (1985: 1187) は attemp を両構文をとる動詞に分類しているが，COBUILD[3], OALD[6], LDCE[3], Thomson & Martinet (1986) などは，attempt to do しか認めていない．

(23) a. He **started** *to speak*, but stopped because she objected.
    （彼は口を切ろうとしたが，彼女が反対したのでやめた）
   b. He **started** *speaking*, and kept on for more than an hour.
    （彼は話しはじめて，1 時間以上もしゃべり続けた）　　（以上 Quirk et al. 1985）

また，複数の行為について述べるときには，行為の継続があるので動名詞のほうが適切になる（Quirk et al. 1985: 1192）.

(24) He **began** *opening* all the cupboards. （彼はすべての戸棚を開けはじめた）

> NB　begin, start が進行形の場合は，to 不定詞が好まれる．生成文法では，「二重 -ing フィルター」として知られている．
> (i)　**I'm beginning** *to learn* / *learning karate.　　　　　　(Swan 1995)
>   （私は空手を習いはじめた）

[E]　**continue**: 両構文には明瞭な意味の違いがある（cf. Dixon 1991: 241）．
(25) a. He **continued** *to speak*. （[一度中断したあとで]彼はまた話しはじめた）
   b. He **continued** *speaking*. （[中断せずに]彼は話し続けた）

[F]　**be accustomed to, be committed to**:　Swan (1995: 285) は，これらは動名詞と to 不定詞のどちらをも伴い，あまり意味の差はないとする．
(26) a. I'm not **accustomed to** *giving* / *give* personal information about myself to strangers.　（私は，見知らぬ人に私事を語る習慣はない）
   b. He was **committed to** *take* his trial at the next Sessions.　　　(Dickens, *Great Expectations*)（彼は次の開廷時に裁判をうけることを決意していた）

確かに，少数ながら BNC でも to 不定詞の例を検索することができる．しかし，to は前置詞であるから，次例のように，動名詞または名詞を伴うのが正用法であろう．
(27) a. I am not **accustomed to** *doing* such business in my person.
    　　　　　　　　　　　　　　　　(Doyle, *Adventures of Sherlock Holmes*)
    （そのようなビジネスを個人の資格ですることには慣れてないんだ）
   b. Cf. My eyes slowly grew **accustomed to** *the dark*.　　　(OALD[6])
    （私の目は次第に暗がりに慣れてきた）

OALD[6], LDCE[4], COBUILD[3], MED は，当然ながら，どちらの語でも「＋名詞/動名詞」のみを認め，to 不定詞を認めていない．

16.7.　動名詞を含む慣用表現

◇**cannot help -ing**「…せずにいられない」
 (1)　I **couldn't help buying** such beautiful roses.
    （そんな美しいバラを買わずにはいられなかった）
 (2)　I **cannot help feeling** that Gregson is right, sir.　　(Doyle, *A Study in Scarlet*)（グレグソンの言うとおりだという気がしてなりません）

◇**cannot help NP -ing**「NP が … なのはどうしようもない」
 (3) I **can't help** him / my husband **being** such a bore.
   (彼/夫があんな退屈な男なのはどうしようもない)

◇**It is no use/good (NP's/NP) -ing**「(NP が) … してもむだだ」
 (4) **It's no use/good arguing** with him. (彼と議論してもむだだ)
 (5) **It's no use/good** your/you **complaining**. (君が不平を言っても仕方がない)

◇**feel like -ing**「… したい気がする」
 (6) a. I don't **feel like drinking** beer tonight. (今夜はビールを飲む気がしない)
   b. Do you **feel like answering** a few questions? (McBain, *Ten Plus One*)
    (2, 3 質問に答える気持ちがあるかい)

◇**worth -ing**「… する価値がある」：動名詞は，主語を遡及目的語としている．
 (7) a. This book is **worth reading**. (この本は読む価値がある)
   b. You're **worth standing** up for. (君は味方のしがいがある)

◇**not/never ～ without -ing**「～すれば必ず … する」
 (8) John **never** goes out **without losing** his umbrella.
   (ジョンは，外出すると必ず傘を忘れてくる)

◇**It goes without saying that …**「… は言うまでもない」(フランス語の *cela va sans dire* のなぞり (calque))
 (9) **It goes without saying that** health is above wealth.
   (健康が富にまさることは言うまでもない)

◇**on -ing**「… するとすぐ」("接触" の on) (§ 28.6.1 [B])
 (10) a. **On leaving** school he went into business.
    (彼は学校を出るとすぐ実務についた)
   b. They exchanged a firm handshake **on parting**. (MED)
    (別れるとき，二人は堅く握手を交わした)

◇**make a point of -ing**「必ず … することにしている」
 (11) He **makes a point of attending** such meetings.
   (彼はそのような会合には必ず出席することにしている)

◇**look forward to -ing**「… を楽しみにして待つ」
 (12) We are **looking forward to seeing** you again. (OALD[3])
   (またお目にかかれるのを楽しみにしています)

◇**as well as -ing**「… するだけでなく」
 (13) She writes songs **as well as singing** them. (KCED)
   (彼女は歌を歌うだけでなく，作詞もする)

◇**besides -ing**「… するほかに」
 (14) **Besides being** a professor, Ruth is also a novelist.

(ルースは教授であるばかりか，小説家でもある)

◇**There is no -ing**「…することはできない」

(15) a. **There was no saying** why it had happened. (Steel, *The Ghost*)
（なぜそんなことになったのか，わからなかった）
b. **There is no** possible **getting** out of it, Mr. Windibank.
(Doyle, *Adventures of Sherlock Holmes*)
（とてもそれから逃れることはできませんよ，ウインディバンクさん）

◇**There is no point -ing**「…しても意味がない」

(16) **There's no point torturing** ourselves, Adrian. (Steel, *Heartbeat*)
（われとわが身を苦しめても意味がないわ，エードリアン）

◇**There is no use (NP's) -ing**「(NP が) …しても仕方がない」

(17) a. But **there's no use talking** about it, is there? (Hemingway, *Fiesta*)
（でも，そんなことを話しても何にもならんでしょう）
b. **there is no use my boring** you with figures. (Doyle, *A Study in Scarlet*)
（数字をあげて，君を退屈させてもしようがないけどね）
c. Cf. **there's no use to deny** it. (Doyle, *His Last Bow*)
（それを否定したってしようがない）

◇**of one's (own) -ing**「自分が…した」

(18) a. These thoughts were not **of his own making**.
（こうした考えは，彼が自分で考えついたものではなかった）
b. You shall eat a lettuce **of my growing**, Mr. Goldthorpe.
(Gissing, *The House of Cobwebs*)
（私が育てたレタスを食べさせてあげますよ，ゴールドソープさん）

◇**for the -ing**「…しさえすれば」

(19) a. It's yours **for the asking**. （ほしいと言えば，あげます）
b. Come and fish me, the carp are yours **for the taking**. (BNC)
（さあ来て釣ってください，取りさえすればコイは自分のものです）

◇**go -ing**「(非難・軽蔑などの意を含めて) …するようなまねをする」

(20) But don't **go startin'** nothing with women. (Rice, *The Adding Machine*)
（しかし，女に手を出すようなまねをするんじゃないぞ）

◇**be used to -ing**「…し慣れている」

(21) He **was** not **used to being** answered in such fashion, and it amused him.
(Doyle, *The Valley of Fear*)
（彼は，そんなふうに返事をされるのに慣れていなかったので，興味をおぼえた）

第 17 章

法助動詞

17.0. 概　説

17.0.1. 様　相

　法助動詞の意味を分析するにあたっては，**様相論理学**（modal logic）を顧みる必要がある．法助動詞の表す〈可能性〉とか〈必然性〉とかの概念は，まさに，この学問分野の主題だからである．
　様相論理学では，次のような**様相**または**法性**/**モダリティー**（modality）が措定されている（von Wright 1951, Allwood et al. 1977, Perkins 1983）．

(1) a.　認識的（epistemic）：　　可能性，必然性
　　b.　義務的（deontic）：　　　義務，許可
　　c.　動的（dynamic）：　　　　能力，性向
　　d.　欲求的（boulomaic）：　　意志，願望

[**A**]　**認識論理学**（epistemic logic）では，「可能である」（M）と，「必然である」（N）という，二つの**様相演算子**（modal operator）が用いられる．M と N とは，互いに逆（inverse）の関係にあり，英語では，次のように表現される．（以下，≡ は同値，〜 は否定，p は命題を表す．）

(2) a.　*Np*　　It **must** be raining.　（雨が降っているにちがいない）[*p* が必然]
　　b.　≡ 〜 *M* 〜 *p*　　It **can't** nót be raining.
　　　　（雨が降っていないなんて，ありえない）[〜 *p* は可能ではない]
(3) a.　*N* 〜 *p*　　It **mustn't** be raining.　　　　　　　　　　（Lyons 1977）
　　　　（雨が降っていないにちがいない）[〜 *p* が必然]
　　b.　≡ 〜 *Mp*　　It **can't** be raining.
　　　　（雨が降っているなんて，ありえない）[*p* は可能ではない]
(4) a.　*Mp*　　It **may** be raining.　（雨が降っていることも，ありうる）[*p* は可能]
　　b.　≡ 〜 *N* 〜 *p*　　It **isn't necessarily the case** that it isn't raining.
　　　　（雨が降っていないとは，限らない）[〜 *p* は必然ではない]
(5) a.　*M* 〜 *p*　　It **may not** be raining.
　　　　（雨が降っていないことも，ありうる）[〜 *p* が可能]
　　b.　≡ 〜 *Np*　　It **isn't necessarily** raining.

(雨が降っているとは限らない)[p は必然ではない]

ここでわかることは，次のような事実である．

(6) a. must は〈認識的必然性〉を，may は〈認識的可能性〉を表す（一般の用語では，〈必然性〉＝〈確実性〉である）．
   b. ～M～p（～p は可能ではない）や，N～p（～p が必然）などは，英語の表現としては不自然である．
   c. N～p（～p が必然）を表す英語は，(3) で見るように，must not であるが，この形式は"堅苦しい"(stilted) 言い方で (Boyd & Thorne 1969)，普通は can't が用いられる（事実，Coates (1983) のコーパスには，この意味の must not は見いだされない）．
   d. 〈認識的可能性〉は，平叙文では may，否定文・疑問文では can によって表され，両者は相補分布 (complementary distribution) をなす．

(7) a. It **may** be true. （それは本当かもしれない）
   b. It **can't** be true. （それは本当であるはずがない）
   c. **Can** it be true? （それはいったい本当だろうか）[ie It can't be true.]

ところで，認識的様相の表現は，法助動詞だけによってなされるのではない．次の表現は，すべて認識的様相を表している．

(8) 〈認識的可能性〉
   a. **Perhaps** it might rain tonight. （もしかしたら，今夜は雨かもしれない）
   b. **It is possible** the train is late.
      （もしかしたら，列車は遅れているのかもしれない）

(9) 〈蓋然性〉
   a. **It's likely** that he will win the election. （彼は選挙に勝ちそうだ）
   b. **I believe** that he's coming this afternoon.
      （彼はきょうの午後来ると私は信じている）

(10) 〈認識的必然性〉
   a. **I'm sure** that the best man won. （最良の人が勝ったと信じている）
   b. **It's a certainty** that he will return to the team.
      （彼がチームに復帰するは，確かなことだ）

[B] **義務論理学** (deontic logic) では，「義務的」(O) と，「許可される」(P) という，二つの義務演算子 (deontic operator) が用いられる．Op は，「p が義務的である」を表し，Pp は「p が許される」を表す．O と P とは，ここでも逆の関係を示す．

(11) a. Pp　You **may** go now. （もう行ってもいい）[p が許される]
   b. $\equiv \sim O \sim p$　It's **not obligatory** for you not to go now.
      （行かないことは，義務的ではない）[～p は義務的ではない]

(12) a. $\sim Pp$　You **may not** go now.
      （いま行くことは許されない）[p は許されない]
   b. $\equiv O \sim p$　You **must not** go now.

第 17 章　法助動詞

(いま行かないことが義務的である)〔〜 p が義務的〕
(13) a.　$P \sim p$　You **may** nót go now.
　　　　(いま行かないことが許されている)〔〜 p は許される〕
　　b.　$\equiv \sim Op$　You **don't have to**/**needn't** go now.
　　　　(行くことは義務的ではない)〔p は義務的でない〕
(14) a.　Op　You **must** go now.　(いま行かなくてはならない)〔p が義務的〕
　　b.　$\equiv \sim P \sim p$　For you **not** to go now is **not permitted**.
　　　　(いま行かないことは許されない)〔〜 p は許されない〕

　$P \sim p$ と $\sim P \sim p$ に対応する英語は，かなり不自然であるが，対応する日本語の「行カナクテモヨイ」，「行カナクテハナラナイ」は全く自然な表現である点に注意．
　なお，$\sim Pp$ のように法助動詞が否定される場合を外部否定 (external negation)，または**法助動詞否定** (modal negation) と言い，$P \sim p$ のように本動詞が否定される場合を内部否定 (internal negation)，または**動詞句否定** (VP negation) と言う．
　〔C〕　**動的論理学** (dynamic logic) では，〈能力〉(ability)，〈性向〉(disposition) が問題とされ，法助動詞 can, may，準法助動詞 be able to などが関与する．〈能力〉の can では，"潜在能力"と，"顕在能力"とを区別する必要がある．

(15) a.　A cat **can** see in the dark.　(ネコは暗がりで目が見える)
　　b.　I **can** see the moon tonight.　(今夜は月が見える)

において，(15a) は"潜在能力"を表す例であり，(15b) の can は see, hear, smell などの五感動詞とともに用いられて，1回限りの〈能力〉の発現を表している．(15b) について，Palmer (1988) のように，"感覚"(sensation) という特別の意味を認める必要はない．
　ところで，たいていの文法家は，can に〈許可〉の意味を認めているが，これは，〈状況的可能性〉(it is possible for NP to ...) の語用論的 (pragmatic) な使用と考えられる．「行為の実現を妨げるものは情況の中に存在しない」(= nihil obstat 'nothing obstructs') という意味を表しているにすぎないからである．

(16) a.　You **can** smoke in this room.　(この部屋ではたばこを吸ってもよろしい)
　　b.　"**Can** I go for a swim?"　"No, you **can't**."
　　　　(「泳ぎに行ってもいい？」「いいえ，いけません」)
　　c.　Pencils **can** be blue.　(鉛筆は青でもよい)

〈状況的可能性〉は，can のほか，may によっても表される．ただし，can は〈普通体〉，may は〈格式体〉というように，スタイルの点で相補分布をなす (Palmer 1979: 158)．

(17) a.　We **may** compare the following pairs.
　　　　(次の対をなす文を比較することができる)
　　b.　We **can** offer the rough paraphrase.　　　　　　(以上 Palmer 1979)
　　　　(概略的なパラフレーズを示すことができる)

〔D〕　最後の**欲求論理学** (boulomaic logic) では，〈意志〉，〈願望〉が扱われる．英

語の法助動詞では，will, would が関与する．〈意志〉, 〈願望〉の will, would は，脈絡に依存して，種々の語用論的な"力"(force) を発揮する．

(18) a. I **won't** do that again. (二度とあんなことはしません)〈約束〉
　　 b. **Will** you lend me your pen, please? (ペンを貸していただけますか)〈依頼〉
　　 c. Jim **won't** let anyone near him. 　　　　　　　　　 (Perkins 1983)
　　　　（ジムは誰も寄せつけない）〈拒絶〉
　　 d. I **will** willingly do that for you. (喜んでそれをしてあげますよ)〈自発性〉
(19) a. **Would** you like a cake? (ケーキはいかがです)〈勧誘〉
　　 b. I **wouldn't** have any more to drink, if I were you.
　　　　（ぼくなら，もう飲むのをやめるだろうね）〈忠告〉
　　 c. She**'d** look better with shorter hair. 　　　　　　　　(OALD⁶)
　　　　（髪を短くしたら，もっと美人に見えるだろう）〈予測〉
　　 d. My car **wouldn't** start this morning. (けさは車が動こうとしない)〈拒絶〉

欲求的様相は，次のように，法助動詞以外でも表現される．

(20) a. I **want** the book. (その本がほしい) [ie Give me the book.]
　　 b. I **want/need** you to go. (君に行ってほしい)
　　 c. He **is willing to** help you. (彼は君を助けることをいとわない)
　　 d. **It is desired/hoped** that this book will be of special use.
　　　　（この本が特に役立ってほしい）
　　 e. **Hopefully**, we'll get more news next week. 　　　　(MED)
　　　　（うまくいけば，来週はもっと情報が集まるでしょう）

以上のように，意味論的には種々のモダリティーが認められるが，統語論的には，後段の§17.6で扱う「根源的用法」と「認識的用法」の2種に分類するのが最も有意義であると考えられる．

17.0.2. 法助動詞の種類と形式

法助動詞 (modal auxiliary verbs, modals) は，文の内容に対する話し手の心的態度を表すもので，次のようなものがある．

(1) 　　　　現在時制形式　　　　　　　過去時制形式
　 a.　　　can　　　　　　　　　　　could
　　　　　may　　　　　　　　　　　 might
　　　　　must　　　　　　　　　　　——
　　　　　will　　　　　　　　　　　 would
　　　　　shall　　　　　　　　　　　should
　 b.　　　ought　　　　　　　　　　 ——
　　　　　need　　　　　　　　　　　——
　　　　　dare　　　　　　　　　　　dared/〈古語〉durst
　　　　　——　　　　　　　　　　　used

以上のうち，(1a) の類は中核的法助動詞 (central modals)，(1b) の類は周辺的法助動詞 (marginal modals) と呼ばれることがある．(1b) が周辺的なのは，使用頻度が著しく低いこと，さらに，ought, used は to 不定詞を伴い，dare, need, used は，より多く本動詞として用いられることである．

助動詞の一般的特徴については，§11.0.2 で触れるところがあった．法助動詞には，さらに，次のような統語的特徴が見られる．

(2) a. 裸不定詞を伴う： I can go.
   b. 非定形動詞形がない： *to can/*canning/*canned
   c. -s 形式をもたない： *She cans come.
   d. 一次助動詞と共起しない： *had ought

NB 次のように，一次助動詞のあとに法助動詞が生起する例は，方言である．
   (i) I hadn't **oughta** (=ought to) have killed him. (Rice, *The Adding Machine*)
      (彼を殺すべきじゃなかった)
   (ii) I did **ought to** have spoken up at the time. (Sayers, *Have His Carcass*)
      (あのとき，はっきりと言うべきだった)

17.0.3. 法助動詞の 2 用法

法助動詞には二つの用法がある．**根源的用法** (root use) と**認識的用法** (epistemic use) とである．[1] 根源的法助動詞のうち，文の主語に内在する〈能力〉や〈意志〉，主語に課される〈義務〉や〈許可〉などは，**主語指向的** (subject-oriented) であり，「状況的可能性」は，主語がある事象 (event) の中に巻き込まれていることを表す点で，**事象指向的** (event-oriented) であると言える．これに対して，認識的法助動詞は，命題内容の蓋然性に関する話し手の査定 (assessment) を表す点で，**話し手指向的** (speaker-oriented) であると言える．このことは，以下のようなパラフレーズからも傍証される．

(1) a. **NP is able/obliged to**, etc. …
      (NP が…することができる/する義務がある，など)〔主語指向的〕
   b. **It is possible**, etc. **for NP to** …
      (NP が…することが可能である)〔事象指向的〕
   c. **It is possible/probable**, etc. **that** …
      (…ということが可能である/蓋然性がある，など)〔話し手指向的〕

このことを具体例について見てみよう．

(2) a. You **must** be careful. (君は注意深くしなければならない)
   b. You **can** smoke in here. (この部屋ではたばこを吸ってもいい)
   c. John **must** be careless. (ジョンは不注意なのにちがいない)

---

1. この 2 用法は，ほかに，root/epistemic (Hofmann 1976)，modulation/modality (Halliday 1970)，cognitive/epistemic (Ota 1972)，primary/secondary (Close 1975)，intrinsic/extrinsic (Quirk et al. 1985) などの用語で区別されることがある．

(2a, b, c) は，それぞれ，(3a, b, c) のようにパラフレーズすることができる．

 (3) a. **You are obliged to** be careful.　［主語指向的］
   b. **It is possible for you to** smoke in here.　［事象指向的］
   c. **It must be that** John is careless.　［話し手指向的］

このパラフレーズによって，(3a) では，動詞句に示されている行為をする義務が主語に課されていることがわかり，(3b) は，「この部屋では，あなたがたばこを吸うことが可能である」ということを述べている．一方，(3c) では，[John is careless] という命題の真理値 (truth value) は確実 (certain) なものである，という話し手の査定を述べるもので，must は命題の外にある．認識的法助動詞が命題の外にあることは，(3c) のパラフレーズによって明らかであろう．

 主語指向と事象指向との統語的違いは，例えば，「**態中立性**」(voice neutrality) の面に現れる．

 (4) a. John **won't** kiss Mary.　（ジョンはメアリーにキスしたがらない）
   b. ≠ Mary **won't** be kissed by John.　（メアリーはジョンにキスされたがらない）
 (5) a. We **can** dissolve lead by heat.　（鉛は熱で溶かせる）
   b. = Lead **can** be dissolved by heat.　（同上）

(4) の〈意志〉の will は，主語指向的であるから，態 (voice) が変化して，主語が変われば，知的意味が異なってくる ((4a) は John の意志，(4b) は Mary の意志を表す)．一方，(5) の〈状況的可能性〉の can は，事象指向的であるから，受動化によって真理値が変わることはない．すなわち，(5) の can は態中立的である．

 根源的用法と認識的用法との統語的な違いについては，改めて§17.6 で詳論する．

17.1.　現在時制形式の意味・用法

以下の節では，各法助動詞の現在時制形式の意味・用法を詳述する．その際，注意するべき点が二つある．一つは，法助動詞の言語内的 (intralinguistic) な意味と，語用論的 (pragmatic) な意味とを常に峻別する必要がある，ということである．例えば，〈意志〉の will は，脈絡に依存して，種々の語用論的な"力"(force) を発揮する．

 (1) a. I **will** willingly do that for you.　（喜んでそれをしてあげますよ）〈自発性〉
   b. All right, I **will**.　（よろしい，そうしましょう）〈承諾〉
   c. "No, I **won't**," he promised.　（「うん，しないよ」と彼は約束した）〈約束〉
   d. "No, I **won't**!" he refused.　（「いいや，いやだね」と彼は拒絶した）〈拒絶〉
   e. **Will** you pass the salt, please?　（塩を取っていただけますか）〈依頼〉
   f. **Won't** you have some more wine?　（もう少しワイン召しあがれ）〈招待〉
   g. You **will** leave immediately!　（ただちに出発するのだ）〈命令〉
   h. We'll start early, John.　（早めに発とうぜ，ジョン）〈勧誘〉
   i. This **will** be the house he was speaking of.
    （これが彼が話していた家だろう）〈推量〉

j. **I'll** break your neck for you! （おまえの首をへし折ってやるぞ）〈脅迫〉

以上の will の言語学的意味は，おしなべて〈意志〉であり，語用論的な種々の"力"は，場面と文脈に依存して生じる，というのが筆者の基本的な立場である．

第二は，法助動詞の意味・用法を記述するにあたっては，主語の人称の区別，使用されているのは平叙文・疑問文・否定文・条件文のいずれであるのか，に留意することが必要である．例えば，

(2) a. *__May__ you come in?
b. *__May__ it rain tomorrow?

で見るように，〈許可〉の may は，(2a)で見るように2人称主語とともに疑問文には使用できないし，〈認識的可能性〉の may は，(2b)で見るように，疑問文には使用できない．

17.1.1. CAN

can は，次の三つの意味を表す．

① 能力（ability）［根源的］
② 状況的可能性（circumstantial possibility）［根源的］
③ 認識的可能性（epistemic possibility）［認識的］

17.1.1.1. 〈能力〉

can は，主語に先天的に備わっている，または主語が後天的に身につけている精神的・身体的な**能力**（ability）を表す．大事な点は，この〈能力〉は潜在的であることである（例えば，(1) は「いま話している」わけではない）．日本語では通例，「話セル・書ケル・読メル・行ケル・泳ゲル」のような「可能動詞」が対応する．

(1) I **can** speak a little Italian. （私はイタリア語が少々話せる）
  [ie I have the ability to/know how to speak a little Italian.]
(2) President **can** veto congressional bills.
  （大統領は議案を拒否することができる）
(3) "**Can** you ride a horse?" "Yes, I **can**." (Leech 1987)
  （「あなた，馬に乗れますか」「ええ，乗れますよ」）
(4) I **can't** play the piano. （私はピアノが弾けない）

〈能力〉の can は，機械などに機能的に備わっている能力についても用いられる．メタファーによる擬人化（personification）である．

(5) This car **can** hold five persons. （この車には5人乗れる）
(6) Computers **can** handle vast quantities of information very quickly.
  （コンピューターは，多量の情報をすばやく処理できる）

以上，どの例においても，潜在的に〈能力〉があると述べているのみで，〈能力〉が実現していることを表しているわけではない．しかし，see, hear, feel, smell, taste のような**知覚動詞**（perception verb）の場合，特に〈英〉では can とともに用いられて，通例，身体的な〈能力〉が発現されていることを表す．

(7)　"... Ah!"—she shut her eyes—"I **can** *see* it happening ..."
　　　　　　　　　　　　　　　　　　　　　　　　　　(Christie, *Blue Train*)
　　　(「ああ！」――彼女は目をつむった――「それが起こってるのが見えるわ…」)
(8)　I **can** *smell* the cake in the oven.　　　　　　　　　　　(BNC)
　　　(オーブンで焼けているケーキのにおいがする)
(9)　I **can** *taste* blood running down the back of my throat.　(Ibid.)
　　　(のどの奥へ流れていく血の味がする)

次の (10a) では，〈能力〉が顕在し，(10b) では潜在していることを表している．

(10)　a.　I **can** *see* the moon tonight.　(今夜は月が見える)［顕在的能力］
　　　b.　Cats **can** *see* in the dark.　(ネコは暗がりで目が見える)［潜在的能力］

すなわち，同じ知覚動詞でも，(10a) のように，特定の主語についての叙述は通例，〈能力〉の発現の読みが生じ，(10b) のように，一般論（または総称文）の場合は，潜在能力の読みが得られることがわかる．

次に，understand, remember, guess, tell/follow（理解する）などの無意志的な認識動詞 (cognition verb) の場合も，知的〈能力〉は実現される．この種の動詞にあっては，認識は必然的に実現を含意するからである．

(11)　I (**can**) *remember* your grandfather.　　　　　　　　　(Swan 1995)
　　　(おじいさんのこと，覚えています)
(12)　**Can**/**Do** you *follow* what he's saying?　　　　　　　　　(Ibid.)
　　　(彼の言ってることがわかりますか)
(13)　I **can't**/**don't** *understand* it.　(Leech 1987)　(私にはそれが理解できない)
(14)　I **can** *guess* what you want.　(BNC)　(君が何がほしいのか，見当はつく)

NB 1　speak や play は，can なしで〈能力〉を表すことがある (Swan 1995: 106)．
　　(i)　She *speaks* Greek./She **can** *speak* Greek.　(彼女はギリシア語が話せる)
　　(ii)　**Do**/**Can** you *play* the piano?　(ピアノが弾けますか)

ただし，(i) の speaks は〈事実〉を述べているだけで，can のように，〈能力〉を強調することはできない．(ii) の場合も，do を使えば，「あなたがピアノが弾ける」というのは〈事実〉かどうかを聞いているのであって，〈能力〉の有無を聞いているのではない．

NB 2　Leech (1987: 74) は，知覚動詞が can と共起する場合は「知覚の状態」を表すが，can を伴わない場合は「瞬時的な知覚」を表すとする．
　　(i)　a.　I **can** *see* a bird.　(鳥が見える)
　　　　b.　I *see* a bird!　(鳥が見えた！)
　　(ii)　a.　I **could** *hear* a door slamming.　(ドアがバタンバタンいうのが聞こえていた)
　　　　　　［何回もの音の繰り返し］
　　　　b.　I *heard* a door slam.　(ドアがバタンというのが聞こえた)［1回の音］

Swan (1995: 234) も，「can＋知覚動詞」が現在進行形の意味をもつことを認めている．
　　(iii)　I **can** *hear* the sea.　(海の音が聞こえる)

このことの帰結として，知覚動詞が suddenly のような副詞と共起できるのは，can を伴わない場合のみであることが予測でき，事実，そのとおりである．

　　(iv)　a.　And *suddenly* he *saw* her at her window, looking out.

(Galsworthy, *The Apple-Tree*)
(と，突然，彼女が窓ぎわで外をのぞいているのが見えた)[he ~~could see~~]
 b. *Suddenly* I **saw** his shoulder twitch slightly. (BNC)
  (突然，彼の肩がぴくりと動くのが見えた)[I ~~could see~~]

17.1.1.2.　〈状況的可能性〉

[A]　can は，〈状況的可能性〉(circumstantial possibility)，すなわち，主語の行動を妨げるものは外界に存在しない(＝nihil obstat)という話し手の判断を表す．この意味は，It is possible for NP to ... でパラフレーズできる．

(1) **Can** I meet you again tomorrow?
  (あす，また会えますか)[ご都合はいかがでしょうか]
(2) You **can** get all sorts of things here.
  (ここでは何でも買えますよ)[商品がそろっている]
(3) I **can** see you at any time. (いつでも会いますよ)[都合がつけられる]
(4) This work **can** wait. (この仕事は，あと回しにしてよい)[急がない]
(5) You **can** ski on that hill. (あの山ではスキーができますよ)[十分な雪がある]

〈状況的可能性〉の can は，しばしば，at times, sometimes などの副詞語句を伴って，主語の散発的な行動様式 (sporadic patterns of behaviour) (Palmer 1974: 117)，または典型的なふるまい・状態 (typical behaviour or a typical state) (OALD[5] s.v. *Can* 5) を表す．しばしば軽蔑(けいべつ)的な含みがある．

(6) Women **can** be very catty *at times*. (女性はときどきひどく意地悪をする)
(7) Tropical sun **can** be dangerous. (Sheldon, *If Tomorrow Comes*)
  (熱帯の太陽は危険なことがある)
(8) It **can** be very cold here, *even in May*.
  (ここは5月でもひどく寒いことがある)
(9) Obstructing the door **can** be dangerous.
  (ドアを妨害すると危険な場合があります)[ロンドン地下鉄の掲示]

[B]　〈状況的可能性〉の can は，語用論的にも用いられる．まず，**1人称主語の場合**は，そうすることが「状況的に可能である」ことを示唆することによって，未来の行動を〈提案〉することができる．

(10) We **can** send you a map, if you wish.　(ご希望なら，地図をお送りします)
(11) "**Can** I carry your bag?"　"Oh, thanks very much." (Swan 1995)
  (「鞄(かばん)をおもちしましょうか」「やあ，どうもありがとう」)

2, 3人称主語の場合は，そうすることが「状況的に可能である」ことを相手に気づかせることによって，間接的に相手に〈依頼・命令〉することができる．

(12) **Can** you put the children to bed? (Swan 1995)
  (子供たちを寝かしてくれますか)
(13) Mike and Willy, you **can** be standing over there; and Janet **can** enter from behind that curtain. (Leech 1987)

(マイクとウィリー，君たちは，そちらに立っていてくれたまえ．そしてジャネットは，あのカーテンの陰から登場するんだ)

Leech (1987: 73) は，(13) のような「そつのない」(tactful) な命令文は，チームのキャプテンがチームメートに向かって，あるいは演出家が俳優に向かって，よく使用すると述べている．つまり，自分の権威を相手に押しつける直接的命令文と違って，「民主的な命令文」(democratic imperative) であって，自分と対等とみなされる相手に用いられる，と言うのである．

Can't we/you …? は，いらだちを示すことが多い．

(14) a. Dad, **can't** we go out in a boat? (Oates, "Four Summers")
(パパ，ボートで沖へ出てっちゃいけないの？)

b. "Mother," said Edmund in a voice of acute suffering, "**can't** you shut up?" (Christie, *A Murder Is Announced*)
(「母さん」とエドマンドは，激しく苦悩している声で言った．「黙ってられないの」)
〔長広舌をふるっている母親に向かって〕

〈状況的可能性〉の can は，事象指向的であるから，主語は無生物の場合もある．

(15) That business **can** wait. (KCED)(その仕事は後回しにしてもよい)

NB 1 〈能力〉の can と〈状況的可能性〉の can は，例えば，次のようなテストで区別できる．第一に，〈能力〉の can は，擬人化を除いて有生主語を必要とするので，

(i) Lightning **can** be dangerous. (Leech 1987)(稲妻は危険なことがある)

のような無生主語の場合は，〈能力〉の読みは成立しない．

第二に，〈状況的可能性〉の can は，〈能力〉の can とは違って，時間的・場所的制限をうけない．したがって，(ii) のような例では，〈能力〉の読みは成立しない．

(ii) You **can** speak English *tomorrow/here*.
(あすは/ここでは，英語を話してもいいよ)〈状況的可能性〉

第三に，態中立性に関する違いについては，§17.0.3 で触れるところがあった．

NB 2 たいていの辞書・文法書は，can に「許可」(permission) の意味を認めているが，これは〈状況的可能性〉の語用論的使用と考えられる．これは広義の規則 (rules) という「外部の状況」によって主語の"行動の自由"が保証されているという意味を表しているにすぎないからである．この用法は，口語的スタイルに見いだされる．

(i) You **can** smoke in this room. (この部屋では喫煙してよろしい)

(ii) "**Can** I go out for a swim?" "No, you **can't**."
(「泳ぎに行ってもいい」「いいえ，いけません」)

(iii) "**Can** I borrow your pen, please?" "Yes, of course you **can**./No, I'm afraid you **can't**."
(「ペンを拝借できますか」「ええ，むろんいいですよ/いいえ，だめですねえ」)

(iv) **Can** I come in? (入ってもいいですか)

上例の (iv) について，Visser (1978: 1740) は，この文は明らかに「部屋の中に私が入ると何か望ましくない，あるいはまずいことがありますか」という意味であって，相手に必ずしも入室を許可する権限があるわけではない，と述べている．これは，この can が 'nihil obstat' の意味であることを述べたものにほかならない．*May* I come in? なら，〈許可〉を求めていることになる．

第 17 章　法助動詞

NB 3　変則定形動詞 (§11.0.3) を二つ並べて使用することはできないので，未来の〈状況的可能性〉を表すには，*will can ではなく，will be able to を用いなければならない．
　(i)　**I will be able to** speak good French in a few months.　　　(Swan 1995)
　　　　(2, 3 か月もすれば，私はフランス語を上手に話せるようになるだろう)
　(i) では，未来の〈出来事時〉は [be able to speak good French in a few months] で表明されている点に注意．will は未来時を指示しているのではなく，発話時における話し手の〈予測〉を表しているにすぎない．
　「けれども，未来に関して現在，決定をするときには can を使用する」と Swan (1995: 104) は言って，次例を示している．
　(ii)　I haven't got time today, but I **can** see you tomorrow.
　　　　(きょうは時間がないが，あすなら会えるよ)
これを筆者の言葉で言えば，この can は，'it is possible for me to …' という意味で，発話時に〈状況的可能性〉が存在することを表している，と説明される．

NB 4　〈許可〉という "力" をもった〈状況的可能性〉の can は，相手にとって不利益になるような事柄を，わざわざしてもいいと "許可" する場合も利用される．その場合は，皮肉な，したがって無礼な表現になる．
　(i)　　You **can** forget your holiday.　　　　　　　　　　　　(Leech 1987)
　　　　(休暇のことなど忘れたらいい) [上司が部下に向かって]
　(ii)　 If you don't like it, you **can** lump it.　(それが気に入らなくても，我慢するさ)
　(iii)　If you go to the dance, you'd best find something else to wear, or you **can** forget the dance.　　　　　　　　　　　　　　　　　　　　(Steel, *The Gift*)
　　　　(ダンス (パーティー) へ行くのなら，まず別な服を見つけることだね，でなきゃ，ダンスのことは忘れたらいい) [もっと地味なドレスにしなさい]

NB 5　can't seem to は，〈略式体〉で seem unable to の意味でよく使われる．
　(i)　　I **can't seem to** think of a single thing I'd be good at doing.　(Caldwell, *This Very Earth*)　(おれ，何ひとつ得意なものを思いつかないような気がするんだ)
　(ii)　 I **can't seem to** help myself.　　　　　　　　　　(Faulkner, *Sanctuary*)
　　　　(おれ，自分の感情を抑えることができないような気がするんだ)
　この語法は，次のような，don't seem to の類推から生じたと考えられる．
　(iii)　I **don't seem** able **to** care for Ann.　　　　(Shaw, *Man and Superman*)
　　　　(ぼくはアンが好きになれないような気がするんだよ)

17.1.1.3.　〈認識的可能性〉

〈認識的可能性〉 (epistemic possibility) の can は，〈認識的可能性〉の may が普通，平叙文で用いられるのと相補分布 (complementary distribution) をなして，通例，疑問文・否定文で用いられて，話し手の発話時における命題内容の真実性に対する疑いを表す．細かく言えば，疑問文では，疑いまたは驚きを表す (OALD[6])．

　(1)　**Càn** it be trúe?　(いったい本当だろうか) [= *Can* it be that it is true?]
　(2)　What **càn** she *possibly* wánt?　(いったい彼女は何を求めているのだろうか)

否定文では，命題内容が真ではないことを確信していることを表す (OALD[6])．

　(3)　That **can't** be Mary ― she's in New York.
　　　　(あれは，メアリーであるはずがない ― 彼女，ニューヨークにいるんだから)

(4) It **can't** be true.　She **must** be mistaken.　（本当であるはずがない．彼女は勘違いしているに決まっている）[= It is certain that it isn't true.]

NB　(i) のような文は，(ii) のようにパラフレーズされることが多い．
  (i) You **can't** be serious.　（まさか本気じゃないでしょう）
  (ii) It is **not possible** that you are serious.
Quirk et al. (1985: 794), Leech (1987: 92), Palmer (1988: 101), Huddleston & Pullum (2002: 180) など，すべてそうである．そうすると，これは，「認識的用法の法助動詞は否定されない」という一般化の唯一の例外になるのだろうか．しかし，(筆者もその一人だが) そうは考えない人もいるのである．例えば，つとに Halliday (1970: 333) は，「否定のモダリティーというものは存在しない．すべてのモダリティーは，肯定的である」として，(iii) を (iv) のようにパラフレーズしている．
  (iii) This gazebo **can't** have been built by Wren.
    （この見晴台は，レンが建てたはずがない）
  (iv) = It is **possible** that this gazebo was not built by Wren.
次は，Swan (1995: 107) のパラフレーズである．
  (v) It **can't** be true.　[= It is certainly not true.]（それが本当でないのは確かだ）
さらに，OALD[6] (used in the negative for saying that you are sure sth is not true), MED (used for saying that you feel sure something is not possible or true), COBUILD[4] の定義も同様である．COBUILD[4] は，cannot / can't は「ある事柄が真ではない，または起こらないだろうと確信していることを述べる」ために用いられると定義し，次のような例を示している．
  (vi) a. Things **can't** be that bad.　（事態はそんなに悪いはずがない）
    b. You **can't** be serious, Mrs Lorimer?
    （まさか本気じゃないでしょう，ロリマーさん）
ここでは，以上二つの相反する考え方を紹介するにとどめる．ただ，認識的モダリティーは否定されない，という一般化を崩さない分，われわれの考え方のほうに分があると言えるのではないか．

17.1.2.　MAY
may は三つの意味と叙想法代用形としての用法がある．
  ①　許可 (permission) [根源的]
  ②　状況的可能性 (circumstantial possibility) [根源的]
  ③　認識的可能性 (epistemic possibility) [認識的]
  ④　叙想法代用形

17.1.2.1.　〈許可〉
[**A**] 〈許可〉の may は，(i) 話し手が，聞き手または第三者に「許可を与える」場合，および，(ii) 話し手が聞き手に「許可を求める」場合に用いられる．(i) の場合は，話し手は許可を与えるだけの権限 (authority) をもっていなければならない．(ii) の場合は，相手にそれだけの権限があることを認めている点で，──つまり，相手を尊重し，自分はへり下った態度をとっているという意味で，敬意表現になる．
  (1) a. You **may** go now.　（もう帰ってよろしい）

b. You **may** come if you wish. （来たければ来てもよろしい）
(2) a. "**May** *I* come in, please?" "*Yes, certainly*," the girl said. (McBain, *Ten Plus One*)（「入ってもよろしいですか」「ええ，どうぞ」と娘は言った）
b. "It's me, dear. **May** *I* come in?" "*Of course.*" (Steel, *Remembrance*)（「ぼくだよ，入ってもいいかい」「どうぞ，どうぞ」）
c. "... **May** *I* come around and explain everything to you?" "No, Alan, *you can't*. You're all ganging up against my husband ..."
(Archer, *Kane and Abel*)
（「そちらへ行って，一部始終説明させてもらえますか」「いいえ，アラン，駄目ですわ．あなたがたは，寄ってたかって夫に反対してるんですもの」）
(3) What, **may** I ask, are you doing here? (KCED)
（ここで何をしておられるんですかな）

〈許可〉の may は，(3)のように，ironical に用いられて，慇懃(いんぎん)無礼な感じをかもしだすことができる．

次例のような3人称主語の場合，許可を求めているのは主語ではなく，やはり，話し手である点に注意．

(4) **May** John come with us? （ジョンもいっしょに来ていいですか）

許可を求める用法では，(5) のような，2人称を主語とした例は，当然，存在しない．聞き手が聞き手に許可を求めるという状況は，まず考えられないからである．

(5) ***May** you come in?

〈許可〉を与える場合は，may を用い (*might は用いない)，〈不許可〉は may not を用いる (must not は，〈禁止〉)．

(6) a. "**May** I put the television on?" "Yes, (of course) you **may**."
（「テレビをつけてもいいですか」「ええ，（もちろん）いいですよ」）
b. "**May** I ask what your name is?" "No, you **may not**," said he, with decision.
（「名前をお尋ねしていいですか」「いいえ，駄目です」と彼はきっぱりと言った）

〈格式体〉では，許可の与え手は人ではなく，それだけの権限をもった機関であってもさしつかえない．

(7) a. You **may** borrow from the library three works of fiction and two works of non-fiction. (Hornby 1975)
（本図書館からは，小説3冊とノンフィクション2冊を借りられます）〈許可〉
b. Visitors **may not** feed the animals.
（入園者は，動物にえさを与えてはいけません）〈不許可〉

〈許可〉の may は，許可の与え手が不特定の場合，行動を禁止する要因がないという意味で用いられる．このような場合は，「…してさしつかえない」という正当性 (justification) を表すと言ってもよい．この用法は，次節で扱う〈状況的可能性〉の

may に酷似してくる．
- (8) The weather has been excellent, so we **may** expect a good harvest.
 (Hornby 1975)（天候が良好だったので，豊作を期待してよい）

この意味の may は，しばしば well (=with good reason) で補強される．
- (9) You **may well** say so. (OALD³)（君がそう言うのももっともだ）

[**B**] 語用論のレベルでは，(10) のように，小学校の教師などが〈許可〉の may を用いて〈命令〉を表すことがある．ただし，Leech (1971: 68) は，この用法の may は以前ほど使用されなくなっているが，それは，この用法がヴィクトリア朝時代の教師の権威主義を連想させるためであろう，と述べている．

- (10) a. "Mary," said Miss Pinckney, "you **may** come and stand by John."
 (Pearl S. Buck, *His Own Country*)（「メアリー」とピンクニー先生が言った．「あなた，こっちに来てジョンの隣に立ちなさい」）［小学校の教師］
  b. You **may** now return to your platoon. (Archer, *As the Crow Flies*)
 （もう自分の小隊に帰ってよろしい）［師団長が伍長に］

may (just) as well *do* (as *do*) は，常に語用論的に用いられて，「（～するくらいなら）…したほうがよい」といった，〈乗り気のない提案〉を表す．

- (11) We **may as well** throw our money into the sea **as** lend it to him.
 （彼に金を貸すくらいなら海に捨てたほうがいい）
- (12) "How shall we go? Shall we walk or go by bus?" "We **may as well** walk. That's what I suggest." (Close 1975)（「何で行こうか．歩こうか，それとも，バスで行こうか」「まあ歩くほうがいいね．それがぼくの提案だ」）

NB 1 mayn't は，〈米〉ではほとんど使用されず，〈英〉でもまれになりつつある (Quirk et al. 1985: 122)．OALD⁶ は "rare" としている．
  (i) "Oh, Anne, **mayn't** I help you cook the dinner?" implored Diana. (Montgomery, *Anne of Avonlea*)（「ああアン，夕ご飯の支度，手伝っちゃいけないの」とダイアナが懇願した）［Can't I ...? が普通］

NB 2 may not は，上で見たように，〈不許可〉を表す．一方，must not は〈禁止〉を表し，may not よりも意味が強い．
  (i) You **mustn't** leave the gate open. (OALD⁶)
 （木戸を開け放しにしてはいけない）
  (ii) Students **must not** use the staff car park. (Swan 1995)
 （学生は，職員用の駐車場を使用してはならない）

NB 3 May/Can I help you? は，may のほうが丁寧であり，can は friendly な感じがある．どちらの形式も〈英・米〉で用いられるが，小説で見る店員などは，〈英〉では can を用い，〈米〉では may を用いるという印象がある．
  (i) "**Can I help you?**" offered Florentyna. (Archer, *Kane and Abel*)
 （「何を差し上げましょうか」とフロレンティーナが申し出た）
  (ii) An eager salesman approached Tracy. '**May I help you**, Miss?' (Sheldon, *If Tomorrow Comes*)（セールスマンが，いそいそとトレーシーに近づいてきた．「何を差し上げましょうか，お嬢さん」）

17.1.2.2. 〈状況的可能性〉

特に言語学の文献などでは，may を〈状況的可能性〉の意味に使用することがある．この場合，〈状況的可能性〉の can との間には，may のほうが can よりも〈格式体〉(formal) であり，頻度も落ちる，というスタイル上の差異が見られる．

MED は，〈状況的可能性〉の may は〈格式体〉で，「あることを特定の方法ですることができる」(it is possible to do something in a particular way) という意味を表すとして，(1a, b) の例を示している．

(1) a. The bill **may** be paid by check or by credit card.
   (この請求書の支払いは，小切手でもいいし，クレジットカードでもいい)
   b. The total **may** be calculated by two different methods.
   (合計は二つの異なった方法で計算できる)

類例をあげておく．

(2) On the right **may** be seen the figure of Cupid.　　　　　(KCED)
   (右手にキューピッドの像が見える)
(3) Tickets **may** be obtained at the usual agencies.　　　　(Ibid.)
   (切符はいつもの代理店で購入できます)
(4) This negative notion **may** explain why CAN and MAY are so often interchangeable.　(Palmer 1974)　(この否定の概念によって，CAN と MAY がなぜしばしば交換可能であるかが説明される)

〈状況的可能性〉の may は，日本語では「…する場合がある」が対応することが多い．

(5) Intransitive verbs from other subtypes **may** occasionally drop a preposition in appropriate circumstances.　(Dixon 1991)　(他の下位タイプに属する自動詞は，適切な文脈では，ときどき前置詞を落とす場合がある)

次の例では，〈状況的可能性〉を表すために may と can が同義で併用されている点が興味深い (Fowler (MEU[1]) のいわゆる "elegant variation" の一例)．

(6) *Jump* **may** be used for motion up (*jump up onto the ledge*) or down (*jump down off/from the ledge*) or over some vertical obstacle (*jump over the fence*) or over a discontinuity in the ground (*jump over the brook*) or it **can** just refer to a mode of locomotion (*jump around the garden*).　(Dixon 1991)　(jump は，上への運動 (jump up onto the ledge)，下への運動 (jump down off/from the ledge)，垂直の障害物を越える場合 (jump over the fence)，地面の裂け目を越える場合 (jump over the brook) にも用いられるし，また，単に移動の様式 (jump around the garden) を指す場合にも使用できる)

〈状況的可能性〉の may のあとに，but/and yet が続くと，〈譲歩〉(concession) または〈容認〉(admission) の意味が生じる．

(7) You **may** call him a genius, **but** you cannot call him a good teacher.

(彼は天才と言ってもいいが，よい教師とは言えない)
- (8) He **may** be a university professor, **but** he sure is dumb. (Sweetser 1990)
(彼はなるほど大学教授ではあるが，ほんとにばかだよ)
- (9) I **may** be almost 50, **but** there's not a lot of things I've forgotten.
(COBUILD[4])(私は50に近いが，物忘れしたことはたくさんはない)

Sweetser は，(8)は「彼が大学教授であることは認めるが，しかし，やはり，彼はばかだと主張する」(I admit that he's a university professor, and I nonetheless insist that he's dumb) といった意味を表している，としている．COBUILD[4] は，この may ... but を「ある事態が真であることは受け入れるが，もっと重要なことがある，と二つの事柄を対照する場合に用いる」と説明している．

17.1.2.3. 〈認識的可能性〉

〈認識的可能性〉の may は，命題内容が真である可能性がある，またはある事柄が起こる可能性がある（ともに約50％の確率），という意味を表す．この用法の may は，原則的に平叙文にのみ用いられて，疑問文・否定文に用いられる can と相補分布をなす（言い替えれば，分業が行われている）．

- (1) His story **may** be true. (彼の話は本当かもしれない(し，うそかもしれない))
  [= *It may be that* his story is true.]
- (2) He **may** come, or he **may not**. (彼は来るかもしれないし，来ないかもしれない) [= *It is possible that* he will come or not come.]
- (3) Perhaps you **may** go to Mars and be part of the story of the future of Mars. (Google)(もしかすると，あなたは火星へ行って，火星の未来の物語の一部となるかもしれません)

OALD[6] は，mayn't は，現代英語ではまず使用されないと述べている．

- (4) Yes, we went to school in the sea, though you **mayn't** believe it.
  (Carroll, *Alice's Adventures in Wonderland*)
  (さよう，ぼくたちは海中の学校へ行ったのさ，あんたは信じないかもしれんがね)

認識的用法の may が命題の外にあることは，(1)，(2) のパラフレーズで明白であり，それが否定の作用域 (scope) に含まれないことは，(2) のパラフレーズから明白である．

may (very) well は，強い〈認識的可能性〉を表す (Swan 1995: 323).

- (5) a. You **may well** be right. (たぶん君の言うとおりだろう)
    [= *It is quite likely* that you are right.]
  - b. If you're not careful, you **may well** have an accident. (KCED)
    (気をつけていないと，たぶん事故に遭うよ)
    [... there is a good chance that you will have an accident.]

〈認識的可能性〉の may は通例，疑問文では使用しないので，別な表現をしなければならない (cf. Swan 1995: 324).

第 17 章　法助動詞

(6) a. ***May** you go camping this summer? → **Are you likely to** go camping this summer?　(この夏キャンプに行く予定がありますか)
  b. ***May** she be in London? → **Do you think** she's in London?
　　(彼女はロンドンにいると思いますか)

ただし，Swan (1995: 324) は，否定疑問文には用いることは可能であり(ただし，きわめて〈格式的〉)，また，Do you think に続く間接疑問文においても may を使用することができる，としている．これは，話し手の側に肯定の前提があるためと考えられる．

(7) **May** we **not** be making a big mistake?　　　　　　　(Swan 1995)
　　(大まちがいをしでかすことになるじゃないだろうか) [ie We *may* be making ...]
(8) **Do you think** you **may** go camping this summer?　(あなたは，今年の夏，キャンプに行くかもしれないとお考えですか) [Perhaps you *may* go camping ...]

NB 1　かなり有標の用法ではあるが，〈認識的可能性〉の may が wh 疑問文に生じて，直接疑問文の唐突さを和らげたり，ときには皮肉な感じをかもしだすことがある．
　(i) a.　How old **may** Phillis be, you ask.　　　　　　　　　(OED²)
　　　　(フィリスは何歳だろうか，とお聞きなんですね)
　　 b.　How old **may/might** you be?　(OALD³) (あなたは何歳なんでしょうね)
　　 c.　Who **may** you be?　(KCED) (あなた，どなたでしょう)
　　 d.　Whose child **may** this little girl be?　　　　　　　　(CED³)
　　　　(このかわいい女の子，誰の子なんでしょうね)
　(ii)　After all, who **may** this young girl, this Justine Marie, be?　(Ch. Brontë, *Villette*) (結局，この若い娘，このジュースティーヌ・マリーって，誰なんだろう)

この用法の may について，OED² (s.v. *May* II. 7) は，(ia) のような may は「質問をあまり唐突または辛辣(しんらつ)にしないために」用いられるとしている．Web³ は，「質問においてぶっきらぼうさを避けるためにときに用いられる」として，〈how old *may* you be?〉という例を示している．CED³ は「質問において丁寧さを表すため」として，(id) の例をあげている．
　一方，OALD³ は，(ib) の may/might の用法を「不確かさを表したり，情報を求めたり，不審の念を表す」ものとしている (OALD⁵,⁶ では，この例文は削除されている)．KCED (1999) は，(ic) の例をあげて「不確かさを強調する」と説明している．
　さらに，Palmer (1974: 137) は，(iii) の二つの文を比較して，(iiia) は可能な意味を尋ねるもので，認識的用法であるが，(iiib) は「しばしば皮肉に」，What do you mean by that? という意味に用いられるもので，おそらく非認識的用法(＝本書の根源的用法)であろうとしている．
　(iii) a.　What **can** that mean?　(いったい，それはどういう意味ですか)
　　　 b.　What **may** that mean?　(そりゃ，どういうことでしょうかね)
そうすると，この may の用法には，丁寧さ，不確かさ，皮肉という，一見ばらばらな，三つの含意があることになるが，これは，相矛盾することなく止揚することができるのではないか．つまり，不確かであるために質問が控えめになり，質問を控えめにすることが，かえって，慇懃(いんぎん)無礼 (politely insolent) な印象を与えることもあるのだと考えられる．なお，私見では，問題の may/might は，Palmer の言うような〈根源的用法〉ではなく，やはり，〈認識的可能性：推量〉を表す用法と考えられる．

NB 2　〈認識的可能性〉の may は，強勢をうけるが，〈許可〉の may は普通，強勢をうけ

ない．したがって，話し言葉では，両用法にあいまい性は生じない．
   (i) He **may** [méi] leave tomorrow.　（彼はあす発つかもしれない）〈認識的可能性〉
   (ii) He **may** [mei] leave tomorrow.　（彼はあす発ってもいい）〈許可〉

17.1.2.4.　叙想法代用形

法助動詞のうち，may と shall には，古い叙想法現在の代用形としての用法がある．同様に，叙想法過去の代用形として might と should が使用される．Coates (1983) は，この用法を"擬似叙想法"(quasi-subjunctive) と呼んでいる．

[**A**]　**独立節中で**：　きわめて〈格式的〉なスタイルでは，(1)のような，願望を表す叙想法現在の代用形として，(2)のように，独立節中で may が用いられる．

(1) a.　Long **liue** king Edward,　　　　　　　(Marlowe, *Edward II* 2404)
　　　　（エドワード王，万歳！）
    b.　God **bless** you!　（神の祝福がありますように！）[定形表現として現用]

「may＋主語＋本動詞」の語順で，話し手の願望 (*ie* 祝福・呪いなど) を表す．

(2) a.　Long **may** you live!　（長生きなさいますように！）
    b.　Much good **may** it do them!　　　(Doyle, *The Case Book of Sherlock Holmes*)（精々ためになりますように！）〈皮肉〉

[**B**]　**従属節中で**：　まず，wish, hope, pray など〈願望〉を表す動詞に続く名詞節において，古い叙想法現在の代用形として may が用いられる．以下，(a) 文は古い叙想法現在の例，(b) 文はその代用形を示す．

(a)　願望を表す名詞節

(3) a.　I *wish* my Brother **make** good time with him,　　(Shakespeare, *Cymbeline* 4.2.108)（どうかお兄さんが彼とうまくやってくれますように）
    b.　I *hope*/*pray* he **may** (＝will) succeed.　　　　　　(KCED)
　　　　（願わくは，彼が成功しますように）

次に，〈目的〉，〈譲歩〉の副詞節で用いられる may も，叙想法現在 (a 文) の代用形 (b 文) である．前者は「特別な種類の祈願文」(Sweet 1891: 106) であり，後者は「条件の反面にすぎない」(細江 1933: 184) のである．

(b)　目的の副詞節

(4) a.　And busy caterpillars hasten/*That* no time **be** lost.　　(Rossetti, *Summer*)[細江]（せわしい毛虫も，寸陰を失わじと急ぐ）
    b.　He flatters *that* he **may** win.　（彼は歓心を買うためにお世辞を言う）

(c)　譲歩の副詞節

(5) a.　Fortune hath fauord (＝favored) thee, *what ere* thou **be**,　(Marlowe, *Dido* 231)（そなたが誰であれ，運命の女神は，そなたに好意を示したのだ）
    b.　It's a pretty spot *whoever* **may** own it.
　　　　（誰が所有しているにせよ，そこは美しい場所だ）

(5b) の場合，現代英語では，通例 whoever owns it と叙実法を用いる．

17.1.3. MUST

must には二つの用法がある．
① 強い義務・必要（obligation / necessity）［根源的］
② 論理的必然性（logical necessity）［認識的］

17.1.3.1. 〈強い義務・必要〉

〈強い義務・必要〉の must は，話し手が，自分自身に，または 2, 3 人称に，ある行動をする義務・必要があると考えていることを表す．その義務・必要は，〈弱い義務〉を表す should や ought to とは異なり，逃れられないものである．NP is obliged to とパラフレーズできる．Swan (1995: 343) によれば，〈米〉の，特に話し言葉では，have to のほうが好まれる．

(1) a. I really **must** stop smoking.　(Swan 1995)（本当に禁煙しなくちゃ）
　　b. I **must** be going now.　（もうおいとましませんと）
　　c. I **must** go to the bank and get some money.　　　　　(OALD⁶)
　　　（銀行へ行って少しお金をおろさなくちゃ）
(2) a. You can borrow my car, but you **must** bring it back before ten.
　　　(Swan 1995)（車は貸してあげるけど，10 時までに返さなくちゃ駄目だよ）
　　b. You **must** be more careful.　（もっと注意深くしなくちゃ駄目だ）

1 人称主語の場合は，話し手自身が，行動の〈義務・必要〉を自らに課すことを表し，2 人称主語の場合は，話し手が相手にある行為をする〈義務・必要〉を押しつけることを表す．したがって，2 人称の場合は，通例，語用論的に用いられて，(2a) のような〈命令〉，または (2b) のような〈強い勧告〉を表す．

〈強い義務・必要〉の must は，また，2 人称主語とともに用いられて，〈強い勧誘〉の力をもつ．

(3) a. You really **must** come and see us soon.　　　　　(Swan 1995)
　　　（近くぜひご訪問ください）
　　b. You simply **must** read this book.　(OALD⁶)（この本，絶対読むべきですよ）

次のような例では，「勧誘」の must は，親しい間柄で使用されて，心からの推奨になっている．[2]

(4) a. You **must** eat this cake.　（このケーキ，ぜひ召し上がってみてください）
　　b. Mrs. Folliat said: "I will fetch another cup."　Poirot raised a faintly protesting hand, but she pushed the protest aside.　"Of course you **must** have some tea."　　　　　　　　(Christie, *Dead Man's Folly*)
　　　（フォリアット夫人が言った．「紅茶をもう 1 杯とって来ましょう」ポワロは，手をあげておずおずと抗議したが，彼女はその抗議をわきへ押しやった．「もちろん，

---

2. OALD⁶ は，must のこの用法を，"used to recommend that sb does sth because you think it is a good idea" と説明している．しかし，(4b) からもうかがえるように，この must は「好意の押し売り」の感じを伴う．

ぜひとも紅茶を召しあがれ」)

3人称主語の場合は，主語に〈義務・必要〉を押しつけるものは，(5) のように話し手の意志，(6) のように社会的な規則，または (7) のように特定の社会集団で求められる規範である場合がある (cf. OED s.v. *Must* 3). すなわち，それぞれ，**義務の源** (deontic source) が異なっている.[3]

(5) He **must** stop playing around.　(彼は遊び回るのをやめなければならない)
(6) a. All drivers **must** pass an examination.
　　　　(すべてのドライバーは，試験に合格しなければならない)
　　b. All passengers **must** wear seat belts.　　　　　　　　(LDCE[4])
　　　　(すべての乗客は，シートベルトを締めなければならない)
(7) Soldiers **must** obey orders.　(軍人は命令に従わなければならない)

(6),(7) のように，義務が話し手の意志によるのではなく，社会的な規則・規範による場合は，事象指向的になるので，受動文になっても態中立化が生じる.

(8) Old people **must** *be treated* with sympathy and understanding.　(Leech 1987)　(年寄りは，同情と理解をもって扱われなければならない)

疑問文では，行動の〈義務・必要〉を押しつける権限は聞き手にある.

(9) **Must** I be present?　(私も出席しなければなりませんか)
　　　[*ie* Do you want me to be present?]
(10) "**Must** you go so soon?" "Yes, I **must**."
　　　(「こんなに早く帰らなくちゃいけませんか」「ええ，どうしても」) [自己強制]
(11) "**Must** they lock the door?" "Yes, they **must**."
　　　(「彼らはドアをロックしなければなりませんか」「ええ，そのとおり」)

must not/mustn't は，語用論的に〈禁止〉(prohibition) を表す. must は not の作用域の外にあり，否定されていない点に注意.

(12) You **must** [**not** touch it].　[= You are required *not to touch it*.]
　　　(それに触れちゃいけない)
(13) Visitors **must** [**not** feed these giraffes].
　　　(お客様は，このキリンたちにえさをやらないでください)

〈義務・必要〉の否定「…しなくてもよい」は，don't need to/needn't/〈米〉don't have to を用いる. この場合，need, have to が not の作用域の中にあって否定されている点に注意.

(14) You [**need not**] go yet.　(まだ行かなくてもいいよ)
(15) You [**don't need**/**don't have to**] tell me.　(教えてくれなくてもいいよ)

---

3. Huddleston & Pullum (2002: 178) の用語. しかし，〈義務の源〉をいちいち詮索(せんさく)することは言語外 (extralinguistic) の問題であって，重要なのは，話し手が〈義務・必要〉の must を使用する場合は，その背後に何らかの〈義務の源〉があるという認識のみである.

NB must が，2人称とともに疑問文・条件文で用いられて，「…したいと言い張る」という強い必要性を表すことがある．この場合，must はしばしば強勢をうけ，書き言葉ではイタリック体で印刷される．

  (i) **Múst** you be so funny all the time?
    （君はいつもおどけてなきゃ気が済まないのか）
  (ii) If you **múst** smoke, use an ash-tray.　　　　　　　　　　(Leech 1987)
    （どうしてもたばこを吸いたければ，灰皿を使うんだな）

(i), (ii) は，話し手にとって不愉快なことを「しなければ気が済まないのか」と聞いている点で，皮肉な感じを伴うことになる (Leech 1987: 78)．MED は，この用法は「おもに〈英・口語〉」で，いらだちを表すとしている．

17.1.3.2. 〈論理的必然性〉

この用法の must は，命題内容が発話時において論理的に真であるにちがいない，という話し手の判断を表す．動詞は普通，状態動詞である．

  (1) You **must** be hungry after your walk.
    （散歩のあとだから，きっとおなかがすいたでしょう）
  (2) If he says so, it **must** be true.　（彼がそう言うのなら，本当にちがいない）
  (3) He **must** be well over eighty.　（彼は優に80歳を越えているにちがいない）
  (4) And he **must** care intensely if he had said that.　(Montgomery, *Rainbow Valley*)（そして，彼がそう言ったのだとしたら，きっと強く想っているにちがいないわ）[care は love の意味の状態動詞]

直接体験によってではなく，推論によって到達した結論なので，このように主観的な推量についても用いられる．推論の根拠は，(1) では after your walk，(2), (4) では if 節，(3) では場面 (*eg* 外見) によって示されている．

この意味の must は，未来の事態について使用することはまれである (Coates 1983: 45)．

  (5) *John **must** go to London tomorrow.
    （ジョンは，あしたロンドンへ行くにちがいない）[義務・必要の意味なら容認可能]

しかし，次の例を見られたい．

  (6) a.　Something **must** happen next week.
    b.　It **must** rain tomorrow.　　　　　　　　　　(以上 Palmer 1979)
    c.　it is raining and it **must** rain until the dawn.　　　　(Google)

これらの例では，話し手は，現在の気配または証拠に基づいて，「来週は何か起こるにちがいない」(6a)，「あす雨が降るにちがいない」(6b)，「夜明けまで雨が降り続くにちがいない」(6c) と発話時において推論しているのである．このような推論は，(6) の諸例のような，社会現象や天然現象について特に容易になると思われる（ちなみに，(6) の諸例は，日本語でも完全に文法的である）．

〈論理的必然性〉を表す must は，原則的に疑問文・否定文では用いられない．その代わりに，can が用いられる．

(7) a.　**Can** it be true?　[~~Must it be true?~~]（いったい本当だろうか）
　　b.　The report **cannot** be true.　[~~The report mustn't be true.~~]
　　　　（その報告は本当のはずがない）

一方，〈米〉では〈論理的必然性〉の must の最も一般的な否定は，must not であり，縮約形 mustn't は〈禁止〉を表す (Trudgill & Hannah 1994: 61)．

(8)　He **must not** be in — his car is gone.
　　（彼は不在なのにちがいない——車がないもの）[his car is gone が判断の根拠]

ただし，イングランドの北西部では，can't よりも mustn't のほうが用いられる (Trudgill & Hannah 1994: 61)．（その場合は，(7b) の [　] 内が容認可能になる．）
　Swan (1995: 342) の記述は，これとはやや異なり，must not/mustn't も〈米〉ではこの意味でときどき用いられるとして，次の例を示している．

(9)　I haven't heard Molly moving about.　She **mustn't** be awake yet.　Her alarm **mustn't** have gone off.　（モリーが動き回る音を聞いていない．まだ起きていないにちがいない．目覚まし時計が鳴らなかったのにちがいない）

また，付加疑問文では，mustn't が普通であるとしている．

(10)　It **must** be nice to be a cat, **mustn't** it/***can't** it?
　　（ネコであるのは，きっとすてきだろうね）

17.1.4.　HAVE (GOT) TO

have (got) to は，統語論的には法助動詞ではないが，意味論的には must に近い意味をもっているので，一般に **準助動詞** (semi-auxiliary) として扱われる．なお，特に〈英・略式体〉では，通例，have got to という形式が使用され，一方，特に〈米・略式体〉では，have to のほうが普通である (Swan 1995: 345)．
　have (got) to には二つの意味がある．
　　①　強い義務・必要 (obligation/necessity)［根源的］
　　②　論理的必然性 (logical necessity)［認識的］

17.1.4.1.　〈強い義務・必要〉

〈義務・必要〉の have (got) to は，外部的な事情によって主語が何かをする義務を課されているという意味を表す．
　一方，must は，おもに話し手が義務を課すことを表す．次の (a) 文と (b) 文とを比較せよ．

(1) a.　He **has to** stay the night.　　　　　　　　　　　(W. S. Allen 1974)
　　　　（彼は今夜は泊まるより仕方がない）[終電車が出てしまったので]
　　b.　He **must** stay the night.
　　　　（彼は今夜泊まっていくべきだ）[彼にそうするように勧める]
(2) a.　I**'ve got to** see the dentist tomorrow.
　　　　（あすは歯医者へ行かなければならない）[予約しているので]

b.　I **must** make an appointment with the dentist.　　　(以上 Swan 1980)
　　　　　（歯医者と予約しなければならない）［歯が痛いので］
(3)　You**'ve got to** go and see the boss.　　　　　　　　　(Swan 1980)
　　　（君は社長に会いに行かなければならない）［社長がそれを求めている］
(4)　Catholics **have to** go to church on Sundays.　(Ibid.)　（カトリック教徒は，日曜日には教会へ行かなければならない）［彼らの宗教がそれを命じている］
(5)　You**'ve got to** do this.　　　　　　　　　　　　　(Steel, *Bittersweet*)
　　　（君はこれをやらなくちゃならないんだ）［報道カメラマンの責任だ］
(6)　we**'ve got to** work some more.　　　　　　　(Maugham, *Bitter Sweet*)
　　　（もうちょっと働かなくちゃいけない）［他律的］

NB 1　〈英〉では，have to は通例，習慣的な〈義務・必要〉について用いられ，疑問文・否定文には do を使用する (Leech 1987: 79, Swan 1995: 233)．
　　(i) a.　I **don't** *usually* **have to** work on Sundays.
　　　　　　（私は通例日曜日には仕事をしなくてもいい）
　　　 b.　**Do** you *often* **have to** speak French in your job?　　　(以上 Swan 1980)
　　　　　　（お仕事では，よくフランス語を話す必要がありますか）
これに対して，1回限りの〈義務・必要〉に言及する場合は，（特に話し言葉では）have got to を使い，疑問文・否定文でも do を使用しない．
　　(ii) a.　I **haven't got to** work *tomorrow*.　（あしたは仕事をしなくてもいい）
　　　　b.　**Have** you **got to** get up early *tomorrow morning*?
　　　　　　（あしたの朝は，早起きする必要がありますか）
〈米〉では，上記のような区別をせず，have to を一般動詞として用いる（つまり，疑問文・否定文に do を用いる）．Swan (1980: 284) によれば，〈米〉の影響で両用法を区別しない傾向が，〈英〉でも一般化しつつある．次の例では，習慣的/1回限りの区別なく，have to が用いられている．
　　(iii) a.　I **don't** *usually* **have to** show my pass.　（通例パスを見せなくてもいい）
　　　　 b.　**Do** you **have to** get up early *tomorrow morning*?　(= (iib))
　　(iv)　I **don't have to** go.　　　　　　　　(Hemingway, *A Farewell to Arms*)
　　　　　（ぼくは行かなくてもいいんだ）
〈米〉でも，have got to は〈略式体〉で，特に平叙文において使用されている．非常にくだけたスタイルでは，have が省略される（ときに gotta と表記される）．
　　(v)　"I('ve) **got to**/**gotta** go."　"Oh, **do** you?"　　　　　(Swan 1980)
　　　　　（「もう帰らなくちゃ」「おや，そうかい」）
NB 2　have got to は過去時制ではまれであり，また，不定詞形や ing 形は存在しない．
　　(i)　I **had to**/?**had got to** get up at five yesterday.
　　　　　（きのうは5時に起きなければならなかった）
　　(ii) a.　We ***may have got to**/**may have to** leave earlier.
　　　　　　（早めに発たなければならないかもしれない）
　　　 b.　I regret ***having got to**/**having to** refuse your offer.
　　　　　　（お申し出をお断りせざるをえないのが残念です）
NB 3　〈義務・必要〉が現在，存在するときには have (got) to を用い，未来に存在するときは will have to を用いる (Swan 1995: 233)．

(i)　I've got to get up early tomorrow — we're going to Devon.
　　　（あすは早く起きなければならない——デボンへ行くんだ）
   (ii)　When you leave school you'll have to find a job.
　　　（学校を出たら，君も勤め口を捜さなくちゃいけないだろう）
この will have to を用いると，"遠景化"（distancing）効果によって命令を和らげることができる（Swan 1995: 346）．p. 287 の (2a) の例と比較せよ．
   (iii)　You can borrow my car, but you'll have to bring it back before ten.
　　　（車は貸してあげるけど，10時前に返さなくちゃいけないだろうね）

NB 4　have to の進行形：　一時的な〈義務・必要〉を表すときには，have to の進行形も可能である（Swan 1995: 233）．
   (i)　**I'm having to** work very hard at the moment.　　　　　　　　(Swan 1995)
　　　（目下，猛勉強しなくてはいけないんだ）
   (ii)　Folks does as they like, and much better off they are for it, I must say. But they're having to draw their horns in nowadays.　(Lawrence, *Lady Chatterley's Lover*)（民衆は好きなようにやってて，そのために，ずっと暮らし向きがよくなっている，ほんとさ．でも，近ごろは倹約しなくちゃならなくなっているね）
Swan の言にもかかわらず，常に必要に迫られている場合もある．
   (iii)　Dobby **is** *always* **having to** punish himself for something, sir.　　（Rowling, *Harry Potter and the Chamber of Secrets*）（ドビーは，いつも何かの罪でおのれを罰していなければならないんでございますよ）[Dobby は話し手自身]

17.1.4.2.　〈論理的必然性〉

この用法の have (got) to は，論理的な推論に基づく主観的結論を表す must とは異なり，外部の事実上の証拠に基づく強い推定を表す．ひと口で言えば，両者の対立は，「客観的：主観的」の対立としてよい．have (got) to のこの用法を Leech (1987: 79) は，must よりもずっと使用頻度が少なく，「まだアメリカ語法と感じられている」とし，Swan (1995) は「もと〈米〉であったが，〈英〉でも普通になりつつある」とし，OED² は口語（*colloq.*）としている．

   (1)　You **must** be joking. = You **have** (**got**) **to** be joking.　　　(Swan 1995)
　　　（ご冗談でしょ）
   (2)　*Someone was jealous and had it in for Henry* and he or she **had to be** lying.　(Archer, *Kane and Abel*)（誰かがねたんで，ヘンリーを目のかたきにしていたのだ．だから，その誰かがうそを言ってるのにちがいなかった）
   (3)　And without a moment's hesitation, she knew it **had to** be Peter. *Who else would call and why wouldn't he leave his name?* It **had to** be him.
　　　　　　　　　　　　　　　　　　　　　　　　(Steel, *Five Days in Paris*)
　　　（一瞬のためらいもなく，それはピーターにちがいないことを，彼女は知った．電話をかけてきて，名前を言い残さない者がほかにいるだろうか．彼にちがいなかった）
   (4)　At one pause *I heard a girl's mutter, "Shit!"* It **had to** be Jenny.
　　　(Segal, *Love Story*)（（ピアノの音が）ちょっとやんだとき，女の子が「くそ！」とつぶやくのが聞こえた．ジェニーにまちがいなかった）

(2), (3), (4)において, had to に先行する斜字体の部分が「外部の事実上の証拠」を提供していることに注意. その客観的証拠に基づいて,「彼か彼女にちがいなかった」とか,「ピーターにちがいなかった」とか,「ジェニーにちがいなかった」とかの断定を下しているのである.

does not have to は,「必ずしも … とは限らない」という意味を表す.

(5) "A dog's been killing our chickens." "It **doesn't have to** be a dog — it could be a fox." (Swan 1995)(「犬がうちのニワトリを殺している」「必ずしも犬とは限らないよ――ひょっとしたら,キツネかもしれない」)

NB 上掲の (2), (3), (4) では,had to が過去時制になっているが, これは描出話法 (§33.5.1) と考えられる. 認識的法助動詞は, 常に発話時を基準にしているからである.

17.1.5. OUGHT TO

ought to は, かなりまれである. 特に〈米〉においてそうである. to 不定詞を伴う点で他の法助動詞とは異なる. 二つの意味が認められる.
① 弱い義務・必要 (weak obligation/necessity) [根源的]
② 強い蓋然性 (strong probability) [認識的]

なお, ought to には通例, 強勢が置かれる. must, should との比較については, §17.1.5.2 を参照.

17.1.5.1. 〈弱い義務・必要〉

〈弱い義務・必要〉を表す ought to は, 主語が道徳的・社会的に当然, ある行為をするべきだという話し手の判断を表すが,〈強い義務・必要〉を表す must と異なり, 相手がその行為をするかどうかについて, 話し手の側に完全な自信がない, という含みがある (Leech 1987: 99). (1) の二つの文を比較せよ.

(1) a. You **ought to** tell the police. (警察に知らせるべきだよ)
    [助言: 君がそうするかどうかわからないが…]
   b. You **must** tell the police. (警察に知らせなければ駄目だ)
    [命令: 文句を言わせないぞ]
(2) I don't want to go, though I know I **ought to**. (KCED)
    (行きたくない, 行くべきだということはわかっているのだが)
(3) "**Ought** I **to** go?" "Yes, I think you **ought** (**to**)." (OALD³)
    (「行くべきだろうか」「うん, そうするべきだと思うね」)
(4) He **ought not**/**oughtn't to** behave like that. (彼は, あんなふるまいをするべきじゃない)[どうせ, 言っても聞かないだろうが…]
(5) There **ought to** be a book written about me. (Carroll, *Alice's Adventures in Wonderland*)(私のことを書いた本があっていいはずだ)

あとに受動不定詞を伴うことができる. この場合, must と同様に,「義務の源」は社会的・法的な規範であると考えることができる.

(6) a. Parents **ought to** be honored. (親は敬われるべきだ)

b. He **ought to** (**be**) hanged. （彼は絞首刑にされるべきだ）

(2), (3) のように動詞を省略した場合は、to の使用は随意的である（Quirk et al. 1985: 139）．

NB 1 to を省略するのは、OED² (*Ought* III.5.(b)) によれば「廃語または古語」であるが、〈米・英〉ともに、若い人々は疑問文・否定文では to を省略することが多いし、中にはそのほうが望ましいとする話し手もいる（Quirk et al. 1985: 139）．つまり、その環境では、ought は現在、純粋な法助動詞になりつつある、ということである．
  (i) **Oughtn't** we (**to**) send for the police? （警察を呼ぶほうがいいのでは？）
  (ii) They **ought not** (**to**) do that sort of thing.
      （彼らはそんなことをするべきではない）
  (iii) But **oughtn't** we **be** prepared for the best too? (Montgomery, *Anne of Avonlea*)（でも、最善の場合の準備もしておくべきじゃないの）

NB 2 付加疑問文では to を付けない（Swan 1995: 397）．
  (i) We ought to wake Helen, **oughtn't** we / *__oughtn't__ we **to**?
      （ヘレンを起こしたほうがいいのでは？）
  (ii) We ought to think of it, **oughtn't** we? (Hardy, *Tess of the d'Urbervilles*)
      （それって、考えておくべきじゃありませんか）

NB 3 ought to の否定に do を使用するのは方言形で、標準英語では使用されない．
  (i) He **didn't ought to** be doing that sort of job. (Biber et al. 1999)
      （彼はそんな仕事をしているべきじゃなかった）

NB 4 〈略式体〉では、want to を ought to の意味に用いることがある．
  (i) You **want to** show a bit more respect to a school Prefect!
      (Rowling, *Harry Potter and the Chamber of Secrets*)
      （君は監督生にはもう少し敬意を示さなくちゃいけないよ）

17.1.5.2. 〈強い蓋然性〉

〈強い蓋然性〉の ought to は、命題内容が真である確率は高いが、もしかすると、自分の結論は誤っているかもしれない、という話し手の判断を表す．話し手が自分の推論に疑いを残している点で、〈認識的必然性〉を表す must よりも確信度が弱い．次の (1a, b) を比較せよ．

(1) a. Our guests **ought to** be home now. (Leech 1987) （お客さんたちは、もう帰宅しているはずだ）[それが私の推論だが、それが正しいという自信はない]
   b. Our guests **must** be home now. (Ibid.)
     （お客さんたちは、もう帰宅しているにちがいない）[それを私は確信している]

この意味では、should とほぼ同義で、交換可能であるが、should よりも確信度はやや強い．

(2) The author is a well-known expert, so his book **ought to / should** be reliable. (Hornby 1975)（著者は有名な専門家だから、彼の本は信頼できるはずだ）

ought to / should の場合、話し手が自分の推論に疑いを残しているということは、must と違って、but による取り消し文を伴うことができることで明らかである．

(3) a. He **ought to/should** be there, **but** he isn't.
   (彼はそこにいるはずなのに，いない)
   b. *He **must** be there, **but** he isn't. (*彼はそこにいるにちがいないが，いない)

疑問文や否定文では，ought は〈格式的〉と感じる話し手もいる．そういう話し手は，think ... ought を使用するか，should で言い替える (Swan 1995: 398)．

(4) a. Do you **think** we **ought to** go now? (もう行くべきだと思いますか)
   [Ought we to ...? ほど〈格式的〉ではない]
   b. =**Should** we go now? (もう行くべきだろうか)

OALD^6 には，しかし，次の例がある．

(5) **Oughtn't** the water **to** have boiled by now?
   (もうお湯はわいてるはずじゃないのか)

NB 〈米〉の付加疑問文では，oughtn't の代わりに，普通 shouldn't が用いられる (Swan 1995: 397)．
   (i) He **ought to** be here soon, **shouldn't** he?
      (彼はおっつけ，現れてもいいころですね)

17.1.6. WILL

will には三つの意味が認められる．
① 意志 (volition) [根源的]
② 習性 (habitualness) [根源的]
③ 予言・予測 (prediction) [認識的]

ちなみに，伝統文法で言う"未来時制"を作る will は，③の用法である．

17.1.6.1. 〈意志〉

[A] 本動詞 will の原義は，「欲する」(desire) であった．そして，主語の〈意志〉を表す法助動詞としての will には，この原義が強く残っている．〈意志〉の will は普通，1人称を主語とし，自制可能 (self-controllable) な動詞とともに用いられる．^{4} また，〈意志〉は本来，未来指向的なので，未来時を示す副詞語句と共起することができる．

(1) a. I'**ll** see you *tomorrow*. (あすお目にかかりましょう)
   b. "Don't forget." "I **won't**." (「忘れなさんな」「忘れませんよ」)
   c. We **will** begin today's lesson at page 73.
      (きょうの授業は，73ページから始めましょう) [= Let's begin ...]

疑問文では，2人称の意志を尋ねることができる．

(2) "**Will** you have this woman to your wife?" "I **will**." [結婚式]
   (「この女を妻として迎えますか」「はい，迎えます」)

---

4. 自制不可能な動詞とともに用いられた場合は，〈意志〉の読みにはならないで，後述の〈予測〉の読みが与えられる: It *will* rain in the afternoon. (午後には雨が降るでしょう)

疑問の意味を含む if 節では，〈意志〉の will は 2, 3 人称主語と共起できる．

 (3) a. If you **will** wash the dishes, I will dry them.
    （あなたが皿を洗ってくださるなら，私が拭きます）
  b. Ask him if he **will** drive us to the station.
    （駅まで車で送ってもらえるかどうか，彼に聞いてみてください）

[B] 〈意志〉の will は，以下に見るように，種々の語用論的な用法を発達させている．
 1 人称 (I, we) が聞き手の利益になるような行為をする意志を表明する場合は，脈絡に応じて，自発性 (willingness)，承諾 (consent)，約束 (promise) を含意するようになる（なお，§17.0.1 [D] を参照）．

 (4) I **will** (*willingly*) do that for you. （喜んでそうしてあげますよ）〈自発性〉
 (5) All right, I**'ll** come. （いいよ，来るよ）〈承諾〉
 (6) I **won't** do that again. （あんなこと，二度としません）〈約束〉

逆に，相手の不利益になるような行為の場合は，〈脅迫〉になる．

 (7) And I**'ll** smash your sissy-face for you. (Montgomery, *Rainbow Valley*)
    （お前のいくじなしの顔をぶんなぐってやるぞ）

2 人称主語とともに疑問文に用いられた場合は，相手の〈意志〉の有無を尋ねることによって，間接的に〈依頼〉(request)（しばしば please を伴う），または〈招待〉(invitation) を表すことができる．

 (8) a. **Will** you marry me, Kate? (Steel, *Season of Passion*)
    （結婚してくれますか，ケート？）〈意志の確認〉
  b. "**Will** you stay, or **won't** you stay, Horace?" Narcissa said.
    (Faulkner, *Sanctuary*)（「泊まるの，それとも，泊まらないの，ホリス」とナーシッサは言った）〈同上〉
 (9) **Will** you pass the salt, *please*? （塩を回していただけませんか）〈依頼〉
 (10) **Will** you have *some* more tea? （もう少し紅茶，いかがですか）〈招待〉

Won't you …? の場合は，〈招待〉の気持ちがいっそう強くなる (Swan 1995: 627)．

 (11) a. **Won't** you have another piece of cake?
    （もう一つ，ケーキを召しあがりませんか）
  b. Have a seat, **won't** you? (McBain, *He Who Hesitates*)
    （どうぞ腰掛けてください）

Will you …? は，また，脈絡次第では，〈命令〉(command) を表すことができる．この場合は，will に強勢が置かれる (LDCE[1])．

 (12) a. **Wíll you** do as/what I say? （言ったとおりに/ことをしてくれ）
  b. **Wíll you** hold your tongue! （黙らないか）

なお，命令文に will you? を付加すれば，語調が和らげられて，通例〈依頼〉となり，won't you? を付加すれば，通例〈招待〉になる．

(13) Help me with this luggage, **will you**?
　　　（この手荷物を運ぶのを手伝ってくれませんか）
(14) Have a cup of tea, **won't you**?　（お茶を1杯いかがですか）

もちろん，will you? や won't you? が付いても，要求されている行為が〈依頼〉や〈招待〉の名に値するものであるかどうかにより，または音調その他によって，〈命令〉になることもある．例えば，(14) の「お茶を1杯飲む」は〈招待〉に値する行為であるが，次の (15) の「黙れ」は〈招待〉されるような性質の行為ではない．

(15) Just shut up, **will you**/**won't you**!　(KCED)（まあ黙ってくれないか）

won't という形式は，強勢を伴って，1, 3人称主語の〈拒絶〉(refusal) を表すことができる（この場合，will が否定されていないことについては，§17.6.1 を参照）．

(16) a. We **wón't** lend you any more money.　　　　　(OALD⁵)
　　　　（もう君には金を貸さない）
　　b. He **wón't** help me.　（彼は私を助けてくれようとしない）

この用法は，メタファー的拡張により，動く機能をもった無生物にも転用される．

(17) a. This window **wón't** open.　（この窓は開こうとしない）
　　b. The car **wón't** start.　（車が動いてくれない）

We will が 'Let's' の意味で，〈提案〉(suggestion) を表す場合がある．この we は，「包括の 'we'」(inclusive 'we')，つまり，'I + you' で，相手を話し手の意志に巻き込もうとしているのである．

(18) We**'ll** start early, John.
　　　（早めに発つことにしようぜ，ジョン）[= Let's ...]

「除外の 'we'」(exclusive 'we')，つまり，聞き手を含まない場合は，話し手の〈意志〉を表すことになる．

(19) We **will** follow you.　（君のあとに従いて行くよ）

17.1.6.2. 〈習性・特徴〉

人が進んですることは，たびたびしがちになるので，〈意志〉の will から，反復的・習慣的な行動を表す用法が発達する．この用法の will は，しばしば sometimes, often, occasionally などの頻度の副詞語句を伴う．

おもに3人称について用いられ，1, 2人称単数の例はない．聞き手または話し手自身の現在の習性について語るという状況が起こりにくいためと思われる．

(1) He **will** work one day and loaf the next.　　　　　(Web³)
　　（彼は通例，1日働くと，翌日はぶらぶらする）
(2) He **will** sit there for hours watching the sea.
　　（彼は何時間もそこにすわって，海を眺めていることがよくある）

〈習性・特徴〉の will に強勢を置いて，主語の特徴的なふるまいを非難することができる (Swan 1995: 627)．

(3) She **will** fall in love with the wrong people.
   (彼女は，えてしてまちがった人と恋におちいる)
(4) Boys **will** be boys. 〈諺〉(男の子は，所詮，男の子だ)[5]

〈習性〉の will は，メタファー的拡張により，動く機能をもった無生物の「癖」とか「特徴」についても用いられる．

(5) Occasionally the machine **will** go wrong without any apparent cause.
   (その機械は，別にはっきりした理由もないのに，ときどき故障する)

17.1.6.3. 〈予言・予測〉

〈予言・予測〉(prediction) の will は，話し手が発話時において，ある事柄がまずまちがいなく将来起こる，と聞き手に予言または予測をする．この点で，発話行為的である．

[**A**] **平叙文**: 主語の人称の区別なしに用いられる．ただし，1 人称主語の場合は，(2) で示したように，be, cry, die, dream, miss のような自制不可能 (non-self-controllable) な動詞でなければならない．自制可能な動詞の場合は，(1) のように，〈意志〉を表すことになるからである．

(1) I **will** help you. （手伝いますよ）〈意志〉
(2) a. One day I/you/he **will** die. (いつか私/君/彼は死ぬだろう)
    b. I believe I **will** cry after I go to bed.   (Montgomery, *Anne of Avonlea*)
       (床に就いてから，あたし，きっと泣くんだわ)
    c. Of course, I'**ll** miss you, Sophie.   (Rice, *The Subway*)
       (むろん，君がいないと寂しくなるよ，ソフィー)
    d. You and I **will** be nineteen next year.
       (君もぼくも，来年は19歳になる) [cf. be going to: §7.1.2 [C]]

〈予言・予測〉の will は，(3a) のような動詞の目的節に現れたり，(3b) のような文副詞と共起することがある (Thomson & Martinet 1986: 189)．このとき，これらの語句は，命題に対する話し手の自信 (confidence) の度合いを表す．[6]

(3) a. assume, be afraid, be/feel sure, believe, daresay, doubt, expect, hope, know, suppose, think, wonder, etc.
    b. perhaps, possibly, probably, surely, etc.
(4) a. "... It **will** be delicious, *I'm sure*," said Meg complacently. (Alcott, *Little Women*) (「きっと，おいしいと思うわ」とメグは満足そうに言った)
    b. *I suppose* they'**ll** sell the house. (たぶん彼らは家を売るだろう)

---

5. Cf. "you should not be surprised when boys or men behave in a noisy or rough way as this is part of typical male behaviour" (OALD[6]).
6. 例えば，次の文は "事実" を述べるはずの叙実法において probably が使用されて，多少の自信の欠如を表している．
   (i) We were *probably* in some of the same places.   (Steel, *Bittersweet*)
       (私たちは，たぶん，ときには同じ場所にいたんでしょう)

  c. They**'ll** *probably* be after you tomorrow. (Wharton, *The Gold Beast*)
   (おそらく，やつらはあす君を追いかけてくるだろう)
  d. (*Perhaps*) we**'ll** find him at the hotel. (Thomson & Martinet 1986)
   ((もしかすると)彼はホテルにいるだろう)
(5) The sun **will** go on rising and setting whether I fail in geometry or not.
  (Montgomery, *Anne of Green Gables*)(あたしが幾何を落とそうと落とすまいと，お日さまは相変わらず出ては沈んでいくでしょうよ)

〈予測〉の will は，当然，気象情報や未来の予言について用いられる．

(6) Tomorrow's weather **will** be cold and cloudy. (Leech 1971)
  (あすの天気は，肌寒い曇りでしょう)
(7) In a year or two we**'ll** have aeroplanes that will be able to go anywhere. (Priestley, *An Inspector Calls*)
  (1, 2年もすれば，どこへでも行ける飛行機ができるだろう)

〈予測〉の will は，If A, then B という形式の条件文の帰結節でもよく用いられる．A が真ならば，まずまちがいなく B も真である，と予測できるからである．

(8) The ice **will** melt *if* the sun comes out. （太陽が出れば，氷は溶けるだろう）
(9) You **will** be in time *if* you hurry. （急げば間に合うよ）
(10) *If* litmus paper is dipped in acid, it **will** turn red.
   (リトマス試験紙を酸に浸けると，赤くなる)
(11) *If* people study, they **will** learn／they learn. (LDCE[1])
   (人は勉強すれば，何かを学ぶ)

最後の例で will learn が learn で言い替えられていることは，〈予測〉の will の確実性 (certainty) が，事実を表す現在時制 (ie learn) に近いことを示している点で，注目に値する．

[B] **疑問文**: Will I …? は，相手の予測を尋ねる場合に用いられる．

(12) a. **Will I** have enough money? (Batchelor, *Forty Plus*)
   (金は十分にもらえるでしょうか)
  b. "**Will I** see you later?" She hated herself for the question.
                 (Steel, *The Promise*)
   (「あとで会えるかしら」彼女は，そんな質問をした自分がいやだった)

包括の we を疑問文に用いて，相手の予測を尋ねることができる．

(13) a. "What **will we** buy?" asked Jo. (Alcott, *Little Women*)
   (「何を買うことにしようか」とジョーが聞いた)
  b. **Will we** be seeing you at the regimental dinner, Trumper? (Archer, *As the Crow Flies*)（連隊の晩餐会で会えるだろうかね，トランパー）

3人称主語とともに用いて，相手の予測を尋ねることもできる．

(14) "… **Will** Friday suit you?" "It certainly **will**." (Archer, *Not a Penny*

More)（「金曜日でご都合はいいですか」「むろん，いいですよ」）

また，Will you …? の形式で，相手の予定を尋ねることができる．

(15) **Will you** be at home this evening?　　　(Doyle, *The Case Book of Sherlock Holmes*)（今晩ご在宅でしょうか）

しかし，この形式は，語用論的に〈依頼〉を表すことが多いので，相手の〈予定〉を聞く場合は，Will you be -ing? の形式（§7.1.4 [B]）のほうが，丁寧な表現になる（Leech 1987: 69, Swan 1995: 218）．

(16) "What time **will you be needing** the car?" "I'll be leaving at seven."
(Sheldon, *Face*)（「何時に車が必要でしょうか」「7時に発つ予定だ」）

NB 1　語用論のレベルで，〈予言・予測〉の will は，2人称主語とともに平叙文において用いられて，軍隊調の〈命令〉の力をもつことがある．相手が確かにそうすると先まわり的に断定して，その実行を迫っているのである（§7.3.3 を参照）．

(i)　You'**ll** do as I say, at once!　（私の言うとおりにするんだ，いますぐ）
(ii)　I don't want you in my bank, Mr. Parfitt. You'**ll** leave by tonight and never return.　　　　　　　　　　　　　　　　　　　(Archer, *Kane and Abel*)
（私の銀行ではあなたは不要です，パーフィットさん．今夜までに立ち去り，二度と戻ってこないように）［頭取が副頭取に解雇を言い渡しているところ］

NB 2　〈習性〉の will と〈予言・予測〉の will は，次の点で異なる．

第一に，〈習性〉の will は，〈予測〉の will とは違って，未来の副詞語句と共起しない．

(i) a.　A lion **will** attack a man only when hungry.
（ライオンは，ひもじいときのみ人を襲う）
b.　*A lion **will** attack a man tomorrow.

第二に，〈習性〉の will は，〈予測・予言〉の will とは異なり，過去時を指示することができる．

(ii)　He **would** fall asleep reading his newspaper.
（彼はよく新聞を読みながら眠ってしまうのだった）

第三に，〈予言・予測〉の will は，〈習性〉の will と違って，進行形や完了不定詞を伴うことができる．

(iii) a.　It **will be snowing** now in Hokkaido.
（北海道では，いま雪が降っているところだろう）
b.　They **will have arrived** by now.　（今ごろは到着していることだろう）

NB 3　次のような，〈英・米〉において，商店主・タクシーの運転手などの用いる will は，どう説明したらよいのか．

(i)　"How much **will** that be?" she asked. "Nothing," said Florentina.
(Archer, *The Prodigal Daughter*)（「それ，おいくらでしょうか」と女が聞いた．「ただです」とフローレンティナが言った）［お客の言葉］
(ii)　Then that'**ll** be three shillings and four pence, madam.
(Archer, *As the Crow Flies*)
（そうしますと，それで3シリングと4ペンスになります，奥様）［商店主の言葉］
(iii)　You'll have to pay in advance. That'**ll** be forty dollars for the night.
(Sheldon, *If Tomorrow Comes*)（代金前払いする必要があります．そうすると，ひと晩40ドルになりますね）［ホテルのフロント］

これらは，現在の事柄を〈予測〉の will を用いることによって，つまり，"遠景化"(distancing) の効果によって，表現を間接的で丁寧なものにしている用法と説明される．Swan (1995: 159) が "distancing" の項目で示している次の例も，同類である．
  (iv) That **will** be £1.65, please. (それで，1 ポンド 65 ペンスになりますですね)
NB 4 次の文を比較してみよう．
  (i) Back seat **will** hold three passengers. (Web[3]) (後ろの座席に 3 人すわれる)
  (ii) This **will** do if there is nothing better. (Ibid.)
    (これよりましなのがないのなら，これで結構)
Web[3] は，(i), (ii) の例が「能力または効能」(capability or sufficiency) を表すとするが，Leech (1987: 85) は，(iii) の例を示して，この will は〈可能性の can〉と密接な関係がある (LDCE[3] も will = can とする) けれども，条件文が省略された「予測可能性」(= 本書の〈推量〉) を表す用法とみなすこともできようと述べている．
  (iii) The auditorium **will** seat 500 (if required).
    (この講堂は(必要とあれば) 500 人収容できる)
NB 5 この用法の will は，未来の事態だけでなく，現在および過去の事態についての〈推量〉(inference) にも用いられる．Coates (1983: 177) は，これらの場合を "**予測可能性**"(predictability) と呼び，未来の事態への推量を表す〈予言・予測〉(prediction) と区別している．しかし，現在はともかく，過去の事態について「予測(可能性)」という言葉を使うのも不適切である．
  そこで，本書では，現在および過去の事態については，日本語文法で言う「推量」という用語を使用することにする．この用語ならば，本節の〈予言・予測〉をも含めることも可能である．なぜなら，事態が現在・過去・未来のいずれであれ，〈推量〉は常に発話時において行われるものであるからである．
  (i) a. That **will** be the postman. (あの音は郵便屋さんだろう)
    b. John**'ll** be working now. (ジョンはいま仕事中だろう)
  (ii) You **will have heard** about this. (このことはお聞き及びでしょう)
(i) は現在の事態についての〈推量〉，(ii) は過去の事態に対する〈推量〉である．

17.1.7. SHALL

本動詞 shall の原義は，「(金を)借りている」'owe (money)' であり，ついで「(義務を)負うている」という意味が発達した (OED[2])．そこから，外部から主語に課された〈束縛〉(obligation) を表す法助動詞が発達した．

〈束縛〉を加える要因は，神や人間の意志であったり，法律・規則であったりするが，要するに，主語の担う義務・束縛の背後には他者の〈意志〉が存在する，ということになる．

他者による〈束縛〉の意味が弱まると，主語の意志とは無関係に，いわば運命的に起こる(と考えられる)事柄について用いられるようになる．

shall の使用は，現代英語，特に〈米〉において衰退しているように思われるが，使用されないわけではないし，Shall we …? の形式は〈英・米〉ともに現用されている．今日，shall はかなり限られた文脈で，次のような意味・用法が認められる．

  ① 〈束縛〉(obligation) [根源的]
  ② 〈意志〉(volition) [根源的]
  ③ 〈成就確実性〉(certainty of fulfillment) [認識的]

④ 叙想法代用形

NB shall have done, shall have been doing の形式については，"未来完了"(§9.3)，"未来完了進行形"(§10.3) で扱ってある．

17.1.7.1. 〈束縛〉

古語的な文脈において，2,3人称とともに用いられ，話し手の意志によって文の主語が〈束縛〉を課されるという意味を表す．[7] この意味が最も明瞭に表れるのは，聖書の「十戒」(the Ten Commandments) における神の言葉である．

(1) Sixe dayes **shalt** thou labour, and doe all thy worke: But the seuenth day is the Sabbath of the Lord thy God: in it thou **shalt not** doe any worke. (*Exodus* 20: 9-10)（六日の間働いてあなたのすべてのわざをせよ．七日目はあなたの神，主の安息日であるから，何のわざもしてはならぬ）

(2) Thou **shalt not** kill. Thou **shalt not** commit adultery. Thou **shalt not** steale. (Ibid. 20: 13-15)（あなたは殺してはならない．あなたは姦淫してはならない．あなたは盗んではならない）

「十戒」とは，話し手である神の意志によって人間が10箇条の〈束縛〉を課されている文書にほかならない．この場合の〈束縛〉は，語用論の領域で言えば，〈命令〉(command) ということである．shalt not は，〈禁止〉(prohibition) であって，例えば，Thou shalt [not kill] では，「殺さない」という〈束縛〉が主語に課されているのである．

神の意志による〈束縛〉を表す shall は，容易に「**立法の shall**」(*shall* of legislation) へと移行していく．これは，法律・規則などによる〈束縛〉を表すものである．通例，shall not〈禁止〉の形で使用される．この場合の shall は，概略，must で書き替えることができる．

(3) Peers and peerage **shall not** be recognized. ［日本国憲法第14条］
（華族その他の貴族の制度は，これを認めない）

(4) Passengers **shall not** converse with the driver while the bus is in motion.
（お乗りの方は，バスの運行中は運転士に話しかけないでください）［掲示］

17.1.7.2. 〈意志〉

［**A**］ 平叙文において：〈格式体〉で，2,3人称主語とともに用いて，話し手の〈意志〉による保証 (guarantee) を表す．おもに語用論的に使用される．

(1) a. You **shall** suffer for this. （このことできっと罰してやるぞ）
   b. You *must* hear me. You ***shall*** [sic] hear me. (Doyle, *His Last Bow*)
   （おまえは私の言うことを聞かなければならない．いや，絶対に聞かせてやるぞ）
   [must よりも shall のほうが強意的]

(2) a. He **shall** be rewarded for this. (Palmer 1974)

---

7. ドイツ語の sollen ('shall') と wollen ('will') の間にもこの意味的関係が見られる．

(彼にはこの褒美をやろう)〈約束〉
    b. You **shall** live like a princess.   (Doyle, *A Study in Scarlet*)
       (王女のような暮らしをさせてやるぞ)〈約束〉
(3) a. He **shall** pay for that!   (Curme 1931)
       (やつめ，あんなことをして，懲らしめてやるぞ！)〈おどし〉
    b. 'You **shall** not have a farthing from me,' I cried.
                                                            (Doyle, *Adventures of Sherlock Holmes*)
       (「おまえには一文だってやらないぞ」と私は大声で言った)〈おどし〉

上で見るように，〈保証〉行為は，内容が聞き手の利益になるか不利益になるかによって，〈約束〉にもなるし，〈おどし〉にもなる.
  この shall は，従属節中にも現れる.
(4) I'm determined that she **shall** marry an Englishman.   (Maugham, *Our Betters*) (あの子は，イギリス人と結婚させようと決心しているんです)

この用法は，相手を見下すような感じを伴うので，今日では，次例のようにペットや子供に向かって使う以外はめったに用いられない，と Leech (1987: 88) は述べている.
(5) a. Good dog, you **shall** have a bone when we get home.
       (よしよし，家に帰ったら，骨をやるぞ)
    b. You **shall** stay with us as long as you like.
       (おまえは好きなだけこの家にいてよろしい)
    c. 'You **shall** have both,' he promised.   (BNC)
       (「どちらも君にあげるよ」と彼は約束した)

[B] **疑問文において**：　1, 3 人称主語とともに用いて，〈聞き手の意志〉を尋ね，主語が進んでその〈意志〉に従う用意があることを暗示する. この用法は，相手の意向を尋ねる点で，丁寧な表現になっている (Leech 1987: 89). この用法は，特に〈英〉において普通である (OALD[5]). (6) は 1 人称の例，(7) は 3 人称の例.
(6) a. "**Shall** I carry your bag?"　"Yes, do, please."
       (「かばんをお持ちしましょうか」「ええ，どうかお願いします」)
    b. "**Shall** we go out for a walk?"　"Yes, let's."
       (散歩に出かけましょうか」「ええ，そうしましょう」)
    c. **Shall** we dance?　(ダンスしましょうか)
    d. Let's play cards, **shall** we?　(トランプをしようや)
(7) a. **Shall** the taxi wait?　(タクシーを待たせましょうか)
    b. **Shall** my son post the letters for you?
       (息子に手紙を投函させましょうか)

このように，この形式は，語用論的には〈提案〉，〈勧誘〉などに用いられる ((6b, c, d) のように包括の 'we' の場合は，〈勧誘〉の意味が強くなる). けれども，文法的な意味は，あなたの〈意志〉次第では，〈命令〉なり〈指図〉なりの〈束縛〉をうける（主

語が 3 人称の場合は、うけさせる）用意がある、というものである。

次例のように、自問自答、つまり、聞き手が話し手自身である場合は、無力さ (helplessness) または困惑 (perplexity) の気持ちの表現になる (cf. Sweet 1898: 94)。

(8)　What **shall** [ʃæl] I/we do?
　　　（いったい、どうしたらいいんだ）［＝What ought I/we to do?］

NB　Shall I ...? の代わりに、Do you want me to ...? または Would you like me to ...? を使用することができる。特に、(7a) のような、主語が 3 人称の場合は、Do you want/Would you like the taxi to wait? のように言うほうが普通である (Close 1981: 119)。

次の例は、最初に Shall I と言いかけて、次に do you want me to の構文に変えている点で興味深い。

　　(i)　**Shall I** ... *do you want me* to call him?　　　　　　(Steel, *The Promise*)
　　　　（その人に電話しましょうか——してほしいですか）

17.1.7.3.　〈成就確実性〉

この用法の shall は、ある命題内容が、主語の意志とは無関係に、いわば運命的に必ず実現するという意味を表す。

[**A**]　平叙文において：〈英〉では、1 人称とともに用いられ、〈米〉でも、学術書のような〈格式体〉の書きことばでは用いる人もいる（例えば、Chomsky）。

この用法の shall は、無意志動詞とともに用いられた場合は、主語の意志と無関係な "運命的必然" (fatal necessity) が含意される。

(1) a.　One day we **shall** die.　（私たちはいつか（必ず）死ぬ）
　　b.　I **shall** come of age next year.　　　　　　(Jespersen *MEG* IV)
　　　　（私は来年、成人になります）
(2) a.　I **shall** never forget it.　　　　　　(Sheldon, *Master of the Game*)
　　　　（私はこのことを決して忘れません）
　　b.　I **shall** never forget that as long as I live.　　　　　　(BNC)
　　　　（私は生きているかぎり、そのことを忘れないだろう）
　　c.　Cf.　I **will** never forget that.　　　　　　(BNC)[8]

条件節を伴うと、"運命的必然" の意味がいっそう明白になる。

(3) a.　I **shall** be punished *if* I am caught.
　　　　（つかまったら（必ず）罰せられるだろう）
　　b.　We **shall** miss the train *unless* we take a taxi.　（以上 Jespersen *MEG* IV）
　　　　（タクシーを拾わなければ、（必ず）列車に遅れるだろう）

I shall が意志動詞を伴った場合は、事情によっては I will よりも意味が強くなる（cf.

8.　BNC には I shall never forget が 50 例、I will never forget が 40 例検索できるが、ここで問題にしているのは頻度の差ではなく、前者のほうが「忘れようにも忘れられない」という意味が強いし、かつ、より〈格式的〉であるということである。

Jespersen *MEG* IV: 285).

(4) a. I **shall** never forgive him. （あいつのことは絶対に許さない）
    b. At least I **shall** be doing something to bring the murderer to justice.
       (BNC)（殺人者を裁判にかけるために，せめて何か手を打つつもりだ）

この用法の shall には当然，強勢が置かれることが多い．その場合は〈決意〉(determination) の意味が一段と強くなる．

(5) a. I **sháll** do it. （どうあっても，やってみせるぞ）
    b. "No. If there is a war I suppose we must attack." "Must attack. **Sháll** attack." (Hemingway, *A Farewell to Arms*)（いや，もし戦争があれば，攻撃しなくちゃなるまいね」「攻撃しなくちゃならない．絶対に攻撃するんだ」）

Sweet (1898: 94) は，(5a) の例をあげて，これは話し手の〈意志〉が純粋に客観的な力になるくらい非常に強いということを含意している，と述べている．(5b) は，must よりも，shall のほうが意味が強くなることを示している．

〈運命的必然〉を表す shall が，2, 3 人称とともに用いられた場合は，典型的には〈予言の shall〉(prophetic 'shall') の意味を表す．やや古風な用法である．

(6) a. Blessed are the pure in heart: for they **shall** see God. (AV, *Matt.* 5: 8)
       （心の清い人々は，幸いである．その人たちは神を見るであろう）
    b. Oh, East is East, and West is West, and never the twain **shall** meet.
       (Kipling, *The Ballad of East and West*)
       （ああ，東は東，西は西，両者相まみえることなかるまじ）

[B] **疑問文において**： まず，**1 人称**とともに用いられた場合は，"必然"の意味を込めて，主語の意志を超えた未来の予想を尋ねる．

(7) a. **Shall I** be lame, sir? （私は足が不自由になるでしょうか，先生）
    b. **Shall we** get on the high road soon?
       （まもなく本街道に出られるだろうか）

2 人称とともに用いられた場合は，おもに相手の〈意志〉を問う Will you ...? とは異なり，相手の〈予定〉を尋ねる．この用法は〈英〉で，しかもかなり年輩の人たちのものと考えられる．というのも，Shall you ...? の用例は，現代イギリス英語を対象にした BNC コーパスでは次にあげる用例を含めて 44 例検索されるのに対して，現代アメリカ英語を対象にした Brown, Frown の両コーパスでは 1 例も検索されないからである．

(8) a. **Shall you** help me in the garden? （庭仕事を手伝ってくれますか）
    b. **Shall you** wear it for the picnic? （それをピクニックに着るのかい）
    c. **Shall you** swim, Felix? （泳ぐのかね，フィーリクス）

次例も〈英〉である．

(9) **Shall you** be here to-morrow? (Maugham, *Cakes and Ale*)
    （あす，ここにいますか）

NB 辞典によっては，'ll [l] を，will および shall の縮約形としているものがある（例えば OALD[5] (s.v. *Shall*) には話しことばでは shall と will は通例 'll に縮約されるとある）が，shall の最も弱まった形は [ʃ] であって，決して [l] (<will) にはならない (cf. Wells 1990, Gimson 1976, etc.)．

17.1.7.4. 叙想法代用形

古い英語では，shall は，いくつかの節において全人称にわたって，叙想法現在の代用形として用いられた．以下，(a) 文に叙想法の例，(b) 文に叙想法代用形を示す．主節の下線部の語は，「従節に想念の世界を構築せよ」と命じる**スペース構築語** (space builder) (§19.0.2) である．

① 名詞節において： (b) 文は命令の叙想法 (mandative subjunctive) の代用形．

(1) a. Law <u>wils</u> that each particular **be** knowne.　　　　(Marlowe, *Jew* 1715)
　　　（法は，委細が逐一明らかにされることを要求する）
　b. He <u>demands</u> that I **shall** tell him everything.　　　　(OALD[3])
　　　（彼は，私にすべてを話せと要求している）

(1b) の demand の場合，〈英〉では叙想法現在，または should を使用するほうが普通である (cf. Quirk et al. 1972: 834)．

② 時の副詞節において (cf. §5.3.2)．

(2) a. Cry out, exclaime, houle *till* thy throat **be** hoarce,　　　(Marlowe, *Massacre at Paris* 1089)（声がかれるまで叫び，おらび，わめくがいい）
　b. *Before* the sun **shall** rise and set again, bring me his head that I may see it.　(Twain, *The Prince and the Pauper*)（陽が昇ってまた沈む前に，あれの首を持ってくるのじゃ，わしが見られるようにな）

(2b) の場合も，現代英語では叙実法現在を用いるのが普通である．

③ 目的の副詞節において： ほかに may, should, can も使用可能．

(3) a. Then giue me leaue that I may turne the key, / That no man **enter**.
　　　　　　　　　　　　　　　　　　　　　　(Shakespeare, *Richard II* 5.3.36)
　　　（誰も入って来ないように，錠を下ろすことをお許しください）
　b. That I **shall** be the Monark of the East, / He sends this Souldans daughter rich and braue,　(Marlowe, *1 Tamberlaine* 380-1)（私が東洋の覇王となるために，神はサルタンの金持ちで素晴らしい王女をよこしてくれたのだ）

どの節においても，節の内容はまだ実現していないので，叙想法(代用形)が用いられているのである．

17.1.8.　NEED

法助動詞としての need は現在はまれで，特に〈米〉においてそうである．need は，次の二つの意味で，疑問文・否定文，すなわち，「非断定的文脈」(non-assertive context) において，must の対応形として用いられる．

① 〈必要性〉(necessity)［根源的］

② 〈論理的必然性〉(logical necessity)［認識的］

ただし，need は，法助動詞としてよりも，本動詞として使用されるほうがはるかに普通である．例えば，LDCE³ は，need の助動詞用法は〈英〉(*BrE*) としている．以下の用例で，[ ]内は本動詞の用法を示すものとする．

17.1.8.1. 〈必要性〉

通例，当面の必要性を表す．needn't は〈不必要〉を表す．

(1) "**Need** we stay this evening?" ［= *Do* we *need to* stay this evening?］
 "No, you **needn't**./Yes, you **must**."（「今夜は家にいなければなりませんか」「いいえ，それには及ばない/ええ，いなければならない」）

(2) You **needn't** go now. ［= You *don't need to* go now.］
 （いま行かなくてもよろしい）

(3) You **needn't** reserve seats — there'll be plenty of room. (Swan 1995)
 （座席の予約はしなくてもいい――空きはたくさんあるだろう）

(4) **Need** I say more? = **Need** I go on? (COBUILD⁴)
 （まだ言わなくちゃいけませんか）［もう十分でしょう］

(5) I **need** hardly say/I **needn't** add that if you fail to do as I ask, you will suffer the consequences. (Ibid.)（言うまでもないが，頼んだとおりにしないときには，責任をとってもらうからな）［わかっているだろうね］

この用法の needn't は，語用論的には〈しなくてもよい許可〉(permission not to do something) の力をもつ (COBUILD⁴)．

(6) You **needn't** come again, if you don't want to. ［= You *don't need to* come, ...］（来たくなければ，来なくてもいいよ）

助動詞の need は，(7a) のような間接疑問文，あるいは，(7b, c) のような，意味的に否定文に相当する文の中でも使用される．

(7) a. I *wonder if* I **need** fill in a form. (Swan 1995)
 （書式に書き込まなくちゃいけないかな）
 b. This is the *only* form you **need** fill in.
 （書き込む必要がある書式はこれだけです）
 c. You **need** do it *but* once. （それを1回するだけでいいんだ）

NB 1 法助動詞の need は，通例，「当面の必要」(immediate necessity) を表す．一方，本動詞の need は通例，習慣的・一般的な必要を指すのに用いられる (cf. Swan 1995: 351)．
 (i) **Need** I do the washing-up? I'm in a hurry?
  （食器洗いをしなくてはいけませんか．急いでるんだけど）
 (ii) Do you **need to** get a visa if you go to Mexico?
  （メキシコへ行くにはビザを取る必要がありますか） (以上 Swan 1980)

(i) は，語用論的には〈何かをしなくてもよい許可〉を求めることになる．
 needn't be -ing は，「いま ... していなくてもよい」という意味を表す．

(iii)　You **needn't be studying** now.（いま勉強していなくてもいいよ）
　本動詞の will need to は，未来の必要性を表すが，「遠景化」効果により，命令や指図を婉曲にするので語用論的に未来の行動への"助言"として用いられる．
　　　(iv)　You**'ll need to** start work soon if you want to pass your exams.　(Swan 1995)（試験にパスしたければ，すぐに勉強を始める必要がありましょうね）
NB 2　needn't は，need 自体が否定されて〈不必要〉を表し，一方，mustn't は，あとにくる本動詞が否定されるので「…しないことが必要である」という〈禁止〉を表す．
　　　(i)　You **needn't** tell John.（ジョンに話さなくてもいい）［もう知っているから］
　　　(ii)　You **mustn't** tell John.（ジョンに話してはいけない）［これは秘密だ］
NB 3　〈不必要〉の needn't は，語用論的には「…するな」という〈命令〉，あるいは「…しないほうがいい」という〈助言〉になることがある（COBUILD⁴）．
　　　(i)　Look, you **needn't** shout.（おいおい，どならなくてもいいじゃないか）
　　　(ii)　She **need not** know I'm here.
　　　　　（私がここにいることを，彼女に言わないほうがいい）
NB 4　Leech (1971: 85) によれば，〈米〉では疑問文では Need I …? は用いられず，Do I have to …? のみが使用される（事実，Brown, Frown の両コーパスにも Need I …? の形式は 1 例も検索されない）．一方，BNC〈英〉には，Need I …? の例は 61 例を数える．
　　　(i)　**Need** I explain?　(BNC)（説明しなくちゃいけませんか）
　　　(ii)　Kiddo — how long **do I have to** be a fiancé?　　(Dixon, *The Foolish Virgin*)
　　　　　（ねえねえ，どれくらい長くフィアンセでなくちゃいけないんだい）

17.1.8.2.　〈論理的必然性〉

　ときどき否定形式で用いられて，ある事柄が「必ずしも真ではない」(it isn't necessarily the case that) の意味を表す (Coates 1983: 50, Swan 1987: 352)．COBUILD⁴ は，これを〈格式体〉の用法とする．

　　(1)　"She looks quite ill.　I'm sure it's flu."　"It **needn't** be — maybe she's just over-tired."　(Swan 1995)（「彼女はひどく具合が悪いようだ．きっと流感だ」「必ずしもそうとはかぎらないよ──疲れすぎてるだけかもしれないし」））
　　(2)　Freedom **need not** mean independence.　　　　　　　　(COBUILD⁴)
　　　　（自由は，必ずしも独立を意味するとはかぎらない）
　　(3)　What is right for us **need not** be right for others.　　　　(Ibid.)
　　　　（われわれにとっての正義が，ほかの人にも正義とはかぎらない）

この意味・用法は，本動詞の need にはない．

17.1.9.　DARE

　法助動詞 dare も，疑問文・否定文においてのみ用いられ，次の一つの意味を表す．認識的用法はない．
　　　①　〈大胆さ〉(…する勇気がある) (have the courage to …)［根源的］
　助動詞用法は書き言葉で，話し言葉では本動詞が用いられる（以下の例で本動詞用法は［　］内に示してある）．
　　(1)　**Dare** he fight again?　［= *Does* he *dare* (*to*) fight again?］

(彼はもう一度戦う勇気があるか)
(2) I **daren't** ask my boss for a day off. [= I *don't dare* (*to*) ask my boss for a day off.] (ボスに1日休ませてくれなんて,とてもじゃないが言えないよ)
(3) How **dare** you come so late? (よくもこんなに遅く来られたもんだね)

本動詞用法での to の出没は,主としてリズムによると考えてよいが,to を省略した場合は助動詞に一歩近づいたことになる.

助動詞用法は,疑問・否定を含意する文脈にも見いだされる.(4) は疑問文に,(5) は否定文に相当している.

(4) I wonder *whether* he **dare** try. (彼にやってみる勇気があるのかどうか)
(5) That is *as much as* I **dare** spend on it.
   (いくらはずんでも,それ以上は出せないね) [= I *don't dare* (*to*) spend any more.]

NB 1 I dare say は,〈英〉の話し言葉で「たぶん」(it is probable that) の意味で用いられる (ときに daresay と1語に書かれる).
  (i) **I dare say** you are right. (FLOB) (たぶん,君の言うとおりだろう)
NB 2 本動詞の Don't you dare ... は「...したら承知しないぞ」という意味の成句として使用される.
  (i) **Don't you dare** bring your father into this!   (FLOB)
     (君のお父さんをこのことに巻き込んだら承知しないぞ)

17.2. 「法助動詞+完了不定詞」

この節では,「法助動詞+完了不定詞」の形式を記述する.

NB will have done, will have been doing の形式については,それぞれ,"未来"完了形 (§9.3),および,"未来"完了進行形 (§10.3) で扱ってある.

17.2.1. Can have -en

この形式の can は,疑問文・否定文において,認識的用法として用いられる.

① **疑問文**では,過去の事態に対する発話時における強い疑惑または驚きを表す:「いったい,...だっただろうか」

(1) a. **Cán** it **have been** fear? (あれは,いったい,恐怖のせいだったのか)
   b. Where **can** he **have gone**? (いったい,あいつ,どこへ行ったのか)
   c. Who **can have killed** him? Who **can** *possibly* **have killed** him?
     (Christie, *The Hollow*) (いったい,誰が彼を殺したのかしら.いったい,誰が彼を殺したりなんかしたのかしら) 〈驚き〉

② **否定文**では,過去の命題内容が真でなかったことを発話時において確信していることを表す:「...だったはずがない」

(2) a. She **can't have been** ill. (彼女が病気だったはずがない)
   b. He **can't have understood**. [= He certainly did not understand.] (Swan 1995) (彼は理解しなかったにちがいない)

  c. You **can't have gone** to the right house.　［＝I'm sure you did not …］
    (Close 1981)（あなたが当の家に行ったはずがない）
  d. She **can't have gone** to school—it's Sunday. (Swan 1995)
    （彼女は学校へ行ったはずがない――日曜日だもの）

can が否定されていないことは，(2b, c) のパラフレーズからも察せられる．
 疑問は，間接疑問文でも表されるし，否定は only, hardly, never によって表されることもある．
 (3) a. I wonder *where* he **can have gone**.　（いったい，彼はどこへ行ったんだろう）
  b. They **can** *hardly* **have intended** to do that. (Google)
    （彼らはまさか，そんなことをするつもりだったはずがない）

肯定文では，can have -en が使用できないので，may/might/could have -en の形式を用いる．
 (4) She **may/might/could have gone** swimming, I suppose. (Swan 1995)
   （彼女は泳ぎに出かけたのかもしれない）

17.2.2.　May have -en

この形式は一つの意味を表す：「…した/だったのかもしれない」［認識的］．
① **may have been** の例：
 (1) a. John **may** already **have been** in his office.　（ジョンはすでに事務所にいたのかもしれない）［＝It is possible that he *has* already *been* in his office.］
  b. John **may have been** in his office yesterday.　（ジョンはきのう事務所にいたのかもしれない）［＝It is possible that he *was* in his office yesterday.］
  c. John **may have been** in his office before she came.　（ジョンは彼女が来る前に事務所にいたのかもしれない）［＝It is possible that John *had been* in his office before she came.］

may have been が，(1a) では現在完了形に対応し，(1b) では過去形に，(1c) では過去完了形に対応している点に注意．
② **may have done** の例：
 (2) Mary **may have missed** the train.　（メアリーは，その列車に乗り遅れたのかもしれない）［＝Perhaps/It is possible that Mary *missed* the train.］
 (3) I'll try phoning him, but he **may have gone out** by now. (Swan 1995)
   （電話はしてみますが，もう外出したかもしれません）

17.2.3.　Must have -en

この形式は，二つの意味で使用される．
 ①　〈義務・必要〉：　ある基準時までに「…しておかなければならない」［根源的］．この意味は，おもに受験資格を確認する表現で多用されている．
 (1) You **must have completed** two or more years of undergraduate study.
                     (Google)

(あなたは，2年またはそれ以上の学部の科目を修得しておかなければならない)
- (2) Applicants **must have graduated** from high school. (Ibid.)
(志願者は，高等学校を卒業しておかなければならない)

② 〈**論理的必然性**〉:「…したにちがいない」［認識的］．発話時において判断を下している．
- (3) Karl **must've seen** 'Star Wars' six or seven times. (LDCE[4])
(カールは「スターウォーズ」を6，7回見たにちがいない)
- (4) He **must have missed** the train. (彼は電車に乗り遅れたにちがいない)
- (5) I **must have fallen** asleep. (私は寝入っていたにちがいない)
- (6) He **must have known** (=surely he knew) what she wanted. (OALD[6])
(彼女が何を求めているか，彼は知っていたにちがいない)

疑問文・否定文では，can がこの意味で用いられる．
- (7) Where **can** John **have put** the matches? He **can't have thrown** them away. (Swan 1995)
(ジョンは，どこにマッチを置いたのだろう．捨ててしまってはいないはずだが)

ただし，Swan (1995: 342) は，〈英〉でも否定疑問文においては，普通 mustn't をこの意味で用いるとして，次の例を示している（肯定の前提があると考えられる）．
- (8) **Mustn't** it **have been** strange to live in the Middle Ages?
(中世期に暮らすのはさぞかし奇妙だっただろうな)

NB 叙想法の帰結節では must は使用されないので，would have -en を用いる．
  (i) If it had rained, the match ***must have been cancelled**/**would** certainly **have been cancelled**. (もし雨が降っていたら，試合はきっと中止されていただろう)

17.2.4. Ought to have -en

この形式には四つの意味・用法がある．
① 〈**弱い義務**〉「…するべきであった(のにしなかった)」［根源的］
- (1) You **ought to have been** down earlier. (Burnett, *A Little Princess*)
(あなたは，もっと早く下りてくるべきでした(だが，そうしなかった))
- (2) You **ought to have sent** word, or **told** me this morning, (Alcott, *Little Women*)
(あなたは，けさことづけなり，言うなりするべきだったのですよ(でも，しなかった))
- (3) You **ought to have seen** her face. (Priestley, *Angel Pavement*)
(君にあの女の顔を見せたかったよ(でも，見なかった))
- (4) "Scarlet fever, ma'am. **Ought to have called** me before," he said crossly. (Alcott, *Little Women*)(「猩紅熱ですよ，奥さん．もっと早く私を呼ぶべきでした」と彼は不機嫌に言った)
- (5) We have done the things we **ought not to have done**.
(私たちは，するべきでないことどもをしてしまった)

② 「(未来の基準時までに)…してしまっているべきである」(まれ) [根源的]
　(6) Students **ought to have completed** most of the core requirements.
　　　(Google)（学生は，中核科目の大半を終えておかなければならない）
　③ 〈過去の事態に対する推量〉「…した/だったはずである」[認識的]
　(7) The news **ought to have reached** her *by now*.
　　　(そのニュースはもう彼女のところに届いているはずだ)
　(8) We were told that the glass **ought to have been** all broken. 　(Google)
　　　(ガラスは，全部割れていたはずだ，という話だった)
　(9) He **ought to have arrived** there *by this time*.
　　　(彼は今ごろはもう，そこへ着いているはずだ)
　④ 「(未来の基準時までに)…しているはずだ」("未来"完了的な意味) [認識的]
　(10) We **ought to have finished** painting the house *by the end of next week*.
　　　(Swan 1995)（来週末までには，家にペンキを塗るのを終えているはずだ）

17.2.5. Need not have -en
この形式は一つの意味を表す：「**…する必要はなかった(のに，してしまった)**」〈おもに英〉[根源的]．
　(1) We **needn't have sold** the car(, but we sold it).
　　　(車を売る必要はなかった(のに，売ってしまった))
　(2) It's obvious that I **need not have written** that book. 　(Conrad, *The Secret Agent*)（明らかに，あんな本は書かなくてもよかったのだ）
一方，本動詞の did not need to do は，「…する必要はなかった」(したかどうか不明)という意味を表す (Swan 1995: 352)．
　(3) a. He **did not need to** read it. (BNC)（彼はそれを読む必要はなかった）
　　　b. But he **did not need to** do so. (Ibid.)（でも，彼はそうする必要はなかった）
BNC に did not need to の例は，116 例あるが，不思議なことに，didn't need to の例は 1 例もない (ただし，Google には，約 269,000 例がある)．
　(4) Dodgers **Didn't Need to** Do This. 　　　　　　　　　　　(Google)
　　　(ドジャーズは，こんなことはしなくてもよかったのだ)

17.2.6. Daren't have -en
Palmer (1974: 123, 1988: 135) は，daren't have done「…する**勇気がなかった**」[根源的]という形式を認めているが，この形式は，OED^2 にも，BNC, LOB, FLOB, Brown, Frown, HTI などのコーパスにも見いだされない．ただし，Google には，(2), (3) のような例がいくつかある．
　(1) I **daren't have gone**, although I wanted to. 　　　　　(Palmer 1988)
　　　(行きたかったが，行く勇気はなかった)
　(2) He extends them in ways we **daren't have dreamt** about for about 20

years.
(彼は，われわれが20年間も夢想さえしなかったやり方で，それを拡大している)
(3) I **daren't have asked** to accompany him on the trip.
(その旅行で彼に同伴したいと頼む勇気は私にはなかった)

17.3. 過去時制形式の意味・用法

大半の法助動詞は，過去時制形式をもっている．

(1)　現在時制形式　　　　　　　　過去時制形式
　　　can　　　　　　　　　　　　could
　　　may　　　　　　　　　　　　might
　　　must　　　　　　　　　　　　——
　　　will　　　　　　　　　　　　would
　　　shall　　　　　　　　　　　should
　　　ought　　　　　　　　　　　——
　　　need　　　　　　　　　　　——
　　　dare　　　　　　　　　　　dared／〈古語〉durst
　　　——　　　　　　　　　　　　used

例外は，must, ought, need で，最初の二つは歴史的に過去形であり，need の過去形の needed は，本動詞である．一方，used には意味上，過去形しかない（現在形の use は，本動詞である）．

　法助動詞の過去形式の意味・用法を記述するにあたっては，次の四つの環境を峻別する必要がある．
　　①　叙実法過去 (indicative past)
　　②　叙想法過去 (subjunctive past)
　　③　後転移現在 (backshifted present)
　　④　叙想法代用形

すべての法助動詞は，②と③の用法をもっているが，①の用法にはきびしい制限がある．例えば，should には①の用法がなく，would は過去の意志，習性・特徴といった意味に限られている．

(2) a.　He said he **would** be better soon.（まもなく元気になる，と彼は言った）
　　b.　*He **would** be better soon.　［叙実法過去］

(2a)は③の用法であるから，文法的である．(2b) が使われるとすれば，描出話法においてである．④に使用される過去形法助動詞は，should と might のみである．

17.3.1. 叙実法過去
◇**Could**
①　〈**能力**〉：　習慣的用法，または否定文においてのみ使用できる．
　(1) a.　She **could** read when she was four.　［＝was able to］　　(Swan 1995)

(彼女は四つのときに字が読めた)［習慣的用法］
- b. My father **could** speak ten languages. ［= was able to］ (Ibid.)
  (父は10か国語を話せた)［同上］

(2) a. She **could** *hardly* believe her eyes.
  (彼女はわが目を信じることができなかった)［否定文］
- b. *Few* of the tourists **could** speak French. (Leech 1987)
  (観光客のほとんどは，フランス語が話せなかった)［同上］

〈能力〉は，身に付いたものであるから，習慣的に用いられるのは当然であるが，see, hear, feel, smell, taste などの知覚動詞の場合は，1回限りの〈能力〉の発現についても用いることができる．

(3) a. We **could** *see* the moon last night. (Palmer 1974)(夕べは月が出ていた)
- b. I **could** *smell* something burning. (何かがこげているにおいがした)
- c. I **could** *feel* his eyes riveted upon me. (Burroughs, *The Gods of Mars*)
  (男の目が私に釘付けされているのを感じた)

次に，understand, remember, guess, see/tell/follow/read (理解する)，visualize (思い描く)などの認識動詞も，1回限りの認識に用いられる．認識は〈能力〉の発現を前提とするからである．

(4) a. Harry approached, his throat very dry. ... He **could** *guess* what he had to do. (Rowling, *Harry Potter and the Chamber of Secrets*)(ハリーは，近づいていった．のどがからからだ．...彼は自分が何をなすべきか見当がついた)
- b. She watched him and she **could** *read* the changing expressions on his face. (Sheldon, *Bloodline*)
  (彼女は彼の様子を観察していたので，次々と変わっていく彼の表情が読めた)
- c. He **could** *visualize* himself strangling Donatella in her bed. (Ibid.)
  (彼は，自分がドナテラをベッドで絞め殺しているさまを思い描くことができた)

(3), (4) に対応する現在形の例については，§17.1.1.1を参照．

② 〈状況的可能性〉： 主節においては，〈能力〉の can と同様，習慣的用法または否定文(ときに疑問文)においてのみ用いられる．

(5) He **could** be very tactless *at times*.
  (彼はときどきとても気配りに欠けるときがあった)［習慣的用法］

(6) a. Laurie and I **couldn't** help laughing. (Alcott, *Little Women*)
  (ローリーと私は，笑わずにいられなかった)［否定文］
- b. It **couldn't** be too soon for me. (Archer, *As the Crow Flies*)
  (私にとって早すぎるということはなかった)

only は準否定語である．

(7) a. He **could** *only* stare at the beautiful vision just a few feet away from him. (Sheldon, *Bloodline*)(彼は，ほんの2, 3フィート離れたところにいる夢のように美しい女をただ見つめることしかできなかった)

b. How **could** you be so rude, so mean, and cruel to us both?
(Alcott, *Little Women*)（どうしてあなたは，私たち二人にそんなに無礼で，意地悪で，残酷なことができたの）［疑問文: 否定の含意がある］

しかし，次のような，1回限りの達成について could を使用することはできない (Palmer 1988: 118, Close 1975: 270, OALD⁵, Leech 1987: 97, Swan 1995: 105, Huddleston & Pullum 2002: 197).

(8) *I left early and **could** get a good seat. (Huddleston & Pullum 2002)

その場合は，was able to / managed to / succeeded in -ing などを使用する.

(9) a. **Were** you **able to** catch the bus? （バスに乗れましたか）
b. He **managed to** get home somehow. （なんとか帰宅することができた）
c. You have **succeeded in** winning the children's love.
（あなたは子供たちの愛をかちえることに成功したのです）

〈許可〉を表す用法は，過去の習慣を表す場合に限って使用され，(10b) のような1回限りの許可については使用できない．その場合は，was allowed to, または had permission to を用いる．

(10) a. When I was a child, I **could** watch TV whenever I wanted to. (Swan 1995)（私が子供のころは，見たいときにテレビを見てもよかった）［習慣的用法］
b. Yesterday evening, Peter ***could** / **was allowed to** watch TV for an hour. (Ibid.)（ゆうべ，ピーターは1時間テレビを見ることを許された）

しかし，従属節では，〈状況的可能性〉の1回限りの実現についても使用可能である．一般に，行為の実現・非実現は，主節の動詞によって表され，従属節の時制は行為の実現・非実現については中立的であるためと思われる（訳文から推察されるように，日本語でも従属節ではル形しか現れない点が示唆的である）．

(11) a. He ran as fast as he **could**. （彼はできるだけ速く走った）
b. It was all / as much as I **could** do to keep from laughing.
（なんとか笑いをこらえるのが関の山だった）
c. They ate whatever food they **could** find.
（彼らは見つけられる食べ物は何でも食べた）
d. He was gone before you **could** say 'Jack Robinson.'
（彼はあっと言う間に立ち去ってしまった） (以上 KCED)

NB Palmer (1988: 118) では，〈状況的可能性〉を表す could も，制限された成功，または困難ながらも成功したという含みがあるときは使用可能であるとして，次例を示している．
(i) I **could** *almost* reach the branch. （もう少しで枝に手が届くところだった）
(ii) I **could** *just* reach the branch. （やっとこさ枝に手が届いた）
もっと言えば，almost や just に限らず，〈状況的可能性〉が実際に発現されたことを暗示する表現が加わったときには，could も1回限りの〈状況的可能性〉の発現を表すことができると考えられる．
(iii) The ceiling was very high, but *by standing on a chair* I **could** reach it.

　　　　　（天井は高かったけれど，椅子の上に立ったので，手が届いた）
　(iv)　Lucky to say, I **could** get off *with a whole skin*.
　　　　（幸いにも，無傷でのがれることができた）
　(v)　I'm so glad that you **could** come.　　　　(Sheldon, *The Rage of Angels*)
　　　　（あなたが来ることができて，とてもうれしい）［万障繰り合わせて，の含み］

③　〈認識的可能性〉：　この意味を叙実法過去で表すことはできない．その代わりに，§17.3.3で後述する叙想法過去形が用いられる．

◇**Might**

①　〈許可〉：　might は，叙実法過去において〈許可〉を表すことはできない．代わりに，could, was allowed to を用いる．

　(12)　He *****might**/**could**/**was allowed to** watch television whenever he wished.
　　　　（彼は見たいときにはいつでも，テレビを見てもよかった）

②　〈状況的可能性〉：　学術的な文献では，might は，過去における習慣的な〈状況的可能性〉を表すことができる．might を叙実法過去として使用できるのは，この用法だけである（Swan 1995: 324）（対応する may の用法については，§17.1.2.2を参照）．この用法の might は，〈格式的〉でないスタイルでは，could で書き替えることができる（Swan 1995: 324, Palmer 1988: 121）．

　(13) a.　In those days, a man **might** be hanged for stealing a sheep.　(Swan 1995)（当時，人はヒツジを盗んでも絞首刑にされることがあった）
　　　 b.　In those days we **might** go for a walk in the woods.　［＝we were able to (and did)］(Palmer 1988)（そのころは，森の中を散歩しに行くことができた）

KCED も，「おもに雅語」(chiefly *lit.*) として，次の例を示している．

　(14)　On either side **might** be seen tall trees.　（どちらの側にも高い木が見られた）

〈状況的可能性〉の might のあとに，but, and yet が続くと，〈譲歩〉の意味が生じる（対応する may の用法については，§17.1.2.1［B］を参照）．この might は，(may が cannot と対立して用いられるように) しばしば could not と対立的に用いられる．might に続く VP の表す動作は，実現されていることに注意．

　(15)　Berry, a subaltern of my set, who was also named for the draft, **might** pipe to me,[9] "Hi, Blunden, we're going out: have a drink;" I *could not* dance.　(Blunden, *Undertones of War*)（仲間の準大尉ベリーも，同じく特派隊の一員に指名されていたが，「おいブランデン，お互いに出陣だ．1杯やれよ」と盛んに笛を吹いてくれたけれど，私は踊れなかった）［drink;のセミコロンに but の意味］

LDCE[4] には，might (＝although) の項に，次の用例がある．

9．次の，聖書からの引喩．
　(i)　We *haue piped vnto you*, and ye *haue not danced*:　　　　(AV, *Matt.* 11: 17)
　　　（笛を吹いたのに，踊ってくれなかった）

(16) a. Although she **might** understand his beliefs, she *could not* accept them.（彼女は彼の信念を理解はしたが，それを受け入れることはできなかった）
   b. Try as I **might**（= Although I tried hard）, I *couldn't* work out the answer.（どんなに頑張っても，その答えが出せなかった）

◇**Must**: 独立文中における過去用法はないので，had to で代用する．

(17) a. I **had to**/*****must** leave early that morning.
   （その日の朝は，早発ちしなければならなかった）〈義務・必要〉
   b. Cf. We submitted because we **must**.（われわれはやむなく降参した）［この must の過去用法については，p. 315 の (11) の例と同じ説明が可能である］

◇**Ought**: 〈弱い義務〉の ought は，元来が OE āgan ('owe') の過去形なので，過去用法はない．

◇**Would**

① 〈意志〉: 過去における主語の〈意志〉を表す．

(18) a. I told him not to, but he **wóuld** do it.　　　　　　(Palmer 1974)
   （するなと言ったのに，どうしてもしようとした）
   b. I washed my dress many times, but the stain **wóuldn't** come out.
   (KCED)（ドレスを何度も洗ったが，どうしてもしみが取れなかった）

これらの例では，would に強勢が置かれているので，(18a) では〈固執〉(insistence)，(18b) では否定の not と擬人化も加わって〈拒絶〉(refusal) を表すことになる．

   NB 次の成句に現れる would (=intended to) は，この用法と同類と考えられる．it は「環境」の it．
   (i) As fate **would have it**, they had the one grief of having no children.
      (OED²)（運悪くも，彼らには子供がいないという嘆きの種がひとつあった）
   (ii) Fate **would** not **have it** so.　　　　　　　　　　(Ch. Brontë, *Villette*)
      （そうはならない運命だった）

② **過去の〈習性・特徴〉**: used to との比較については，p. 319, NB 4 を参照．

(19) a. she **would** sit silent and pensive for hours, looking into the fire.
   　　　　　　　　　　　　　　　　　　　　　　(Steel, *A Perfect Stranger*)
   （彼女は何時間も黙って，物思いに沈んで，じっと火を見つめているのだった）
   b. When we were children we **would** go skating every winter.
   (Swan 1995)（子供のころ，私たちは毎年冬にはスケートに行ったものだった）

would に強勢を置いて，人の過去の特徴的行動を非難することがある (Swan 1995: 633, MED s.v. *Would*)．対応する will の用法については，§17.1.6.2 を参照．

(20) "Sylvia said it was your fault." "Oh, Sylvia **wóuld** say that, **wouldn't** she?" (MED)（「シルビアは，あれは君が悪いんだと言ってたよ」「ああ，シルビアならそう言っただろうね」）［いかにも彼女らしい］

◇**Should**: shall の過去形であるが，叙実法過去の用法をもたない．
◇**Need**: 法助動詞の need には過去用法がないので，本動詞の needed を用いる．

(21)　He **needed to** rest.　(彼は休む必要があった)
(22)　**Did** you **need** the money urgently?　(BNC)　(その金,緊急に要ったのかい)

◇**Dared/Durst**:　助動詞 dare の過去形には,dared および〈古語〉の durst がある.ともに否定・疑問の構文で用いられる.「…する勇気があった」[根源的]

(23) a.　Nobody **dared** ask him about his intentions.
　　　　　(彼の意向を尋ねる勇気は誰にもなかった)
　　b.　How **dared** he complain?　(あいつ,よくも不平を言ったものだ)
　　c.　I wonder how he **dared** say that.
　　　　　(彼はなぜ大胆にもあんなことを言ったのだろう)

OED[2] (s.v. *Dare* 1.c.) は,dared/durst の代わりに dare を用いるのは「不注意な」用法とし,Quirk & Greenbaum (1979: 58) は,

(24)　?Yesterday the children **daren't** go out and play.
　　　　(きのう子供たちは,とても外へ出て遊ぶ気になれなかった)

に?を付けて,その容認可能性を疑問視しているが,それを認める人もいる.

(25) a.　I couldn't look down.　I **daren't/didn't dare**.　　　　(Close 1975)
　　　　　(私は下を見ることができなかった.その勇気がなかった)
　　b.　He wanted to come, but **daren't**.　　　　(Palmer 1974)
　　　　　(彼は来たかったが,その勇気がなかった)

つまり,そういう人たちは,先行文が過去形であるというように,過去の文脈が確立されていれば daren't も使えると考えているようだが,やはり,OED[2] の注意書きが穏当と思われる.

◇**Used to**:　used to は,一つの意味・用法しかもっていない:「…する/…であるのを常とした」〈過去の習慣・状態〉

この形式は,現在は行われていない過去の規則的な習慣・状態を述べるのに用いられる.しばしば現在と対比されている.

(26) a.　I **used to** be able to keep two assistants, but *now* I only keep one.
　　　　　　　　　　　　　　　　(Doyle, *Adventures of Sherlock Holmes*)
　　　　　(以前は助手を二人雇うことができたものだが,いまは一人しか雇っていない)
　　b.　Harry **used to** be interested in history, but he is*n't* any more.
　　　　　(ハリーは以前は歴史に興味をもっていたが,いまはもっていない)
　　c.　We*'re eating out* more often than we **used to**.　　　　(LDCE[4])
　　　　　(私たちは以前よりもたびたび外食している)
　　d.　There **used to** be a very old one over yonder, but it was struck by lightning ten years ago.　(Doyle, *Memoirs of Sherlock Holmes*) (以前は,向こうにとても古い木が1本あったのだが,10年前に落雷に打たれてしまった)

特に〈英・古風〉では,used to を否定文・疑問文において用いることがあるが,普通は did(n't) use to を用いる.

(27)　But what **used** you **to** do during those evenings?　(Maugham, *Cakes and*

Ale)（しかし，そういう晩にはいつも何をしていたのかね）
(28) a. I **didn't use to**/〈英・古風〉**used not**/**usedn't** [juːsnt] **to** like opera, but *now* I do. （昔はオペラが好きじゃなかったけれど，いまは好きだ）
  b. **Did** you **use to** play football at school?
   （学生時代にいつもフットボールをしていましたか）
(29) **Did** there **use to**/〈英・古風〉**Used** there **to** be a hotel on that corner?
   (LDCE³)（以前，あの街角にはホテルがあったのですか）

NB 1　否定文・疑問文で did(n't) used to の形式もときに見られるが，MEU³ は，「きわめて略式的な文脈のみで」，COBUILD⁴ は「話し言葉で」とし，MED はこの形式を使う人もいるが，誤用とする話し手が多いとする．OALD⁶, LDCE⁴, CALD は，did(n't) used to を記述していない．ともあれ，1 文中に時制要素が二つあるのは，救いようもなく非文法的である．
  (i) It **didn't used to** matter, but *now* ... I don't know.　　(Steel, *The Promise*)
   （そんなことって，以前は問題じゃなかったのですけど，いまは ... わかりません）
  (ii) What time **did** she **used to** return?　　(MEU³)
   （彼女は以前は何時に帰っていましたか）
NB 2　used to は，特定の期間を示す for 句とともに用いることはできない (cf. Alexander 1988: 235, Swan 1995: 604)．(ii) のどちらかの表現を選ばなければならない．
  (i) *I **used to** live in Manchester *for three years*.
  (ii) a. I **used to** live in Manchester. （以前マンチェスターに住んでいた）
    b. I **lived** in Manchester *for three years*. （マンチェスターに 3 年間住んでいた）
NB 3　used to は付加疑問文には用いない (Swan 1995: 604)．
  (i) You used to smoke a pipe, **didn't** you/*use(d)n't you?
   （あなたは以前パイプをふかしていらっしゃいましたね）
NB 4　used to と would の違い：どちらも過去の習慣的動作を表すことができるが，過去の状態を示すことができるのは，used to だけである．
  (i) When I worked on a farm, I always **used to**/**would** always get up at 5 a.m.
   （農場で働いていたときには，いつも午前 5 時に起きたものだった）
  (ii) I **used to**/*would** have an old Rolls-Royce.　　(Swan 1995)
   （私は以前古いロールスロイスをもっていた）
used to は，物主語とも共起できるが，would は人主語としか共起しない．
  (iii) That China restaurant **used to**/*would** be a cinema.
   （あの中華料理店は，もとは映画館だった）

17.3.2.　後転移現在

間接話法や**描出話法** (represented speech) において，時制の照応によって法助動詞が過去時制形式をとる場合は，用いられる意味に制限はない (cf. Palmer 1965: 126, Leech 1987: 108)．

◇**Could**
(1) She said
  a. she **could** play the violin.　［<I *can* play the violin.］〈能力〉
   （私はバイオリンが弾ける，と彼女が言った）

b. I **could** see her at any time. ［＜You *can* see me at any time.］
　　　　（いつでも会いますよ，と彼女は言った）〈状況的可能性〉
　　　c. it **couldn't** *possibly* rain tomorrow. ［＜It *can't* possibly rain tomorrow.］
　　　　（あすはとうてい雨にはなるまい，と彼女が言った）〈認識的可能性〉

◇**Might**
　(2)　He said that
　　　a. I **might** go. ［＜You *may* go.］（行ってもよい，と彼は私に言った）〈許可〉
　　　b. he **might** be home late. ［＜I *may* be ...］
　　　　（帰宅が遅くなるかもしれない，と彼は言った）〈認識的可能性〉

◇**Would**
　(3) a. I was determined I **would** not make the same mistake again. ［＜I *will* ...］（二度と同じ誤りは犯さないぞ，と私は決心していた）〈意志〉
　　　b. John said she'**d** sit there for hours. ［＜She *will* sit ...］
　　　　（彼女はそこに何時間もすわっていることがよくある，とジョンが言った）〈習性〉
　　　c. He complained that I **would** keep interrupting him. 　　　(Leech 1987)
　　　　［＜You *will* keep ...］（君はぼくの話の腰を折ることばかりするんだね，と彼は不満を言った）〈固執〉
　　　d. I told you it **would** rain in the afternoon. ［＜It *will* rain ...］
　　　　（午後から雨が降る，と言ったでしょう）〈予測〉

次のような，「**過去から見た未来**」(future in the past) もここに属する．書き言葉の物語スタイルに見られる．
　(4) a. In a few weeks the cherry trees **would** bloom. (Archer, *Shall We Tell the President?*)（2, 3週間もすれば，サクラの木が花を咲かせるだろう）
　　　b. We had reached 9,000 feet.　Soon we **would** reach the top.
　　　　　　　　　　　　　　　　　　　　　　　　　　　　　(Alexander 1988)
　　　　（われわれは9,000フィート地点に到達していた．まもなく頂上を極めるだろう）

◇**Should**：　間接話法では shall が過去に移行して should になる．
　(5) a. He promised that we **should** have our reward. ［＜You *shall* have ...］
　　　　（きっと，ほうびをあげる，と彼は約束した）〈話し手の意志〉
　　　b. I promised you **should** have ten dollars if you were good.
　　　　　　　　　　　　　　　　　　　　　　　　［＜You *shall* have ...］
　　　　（行儀よくしていれば10ドル上げる，とおまえに約束した）〈同上〉
　　　c. She asked whether she **should** open the window. ［＜*Shall* I open the window?］（窓を開けましょうか，と彼女は言った）〈聞き手の意向を尋ねる〉

一方，もともと should であったものは，そのままで用いられる．
　(6) a. I knew I **should** pay my debts. ［＜I *should* pay my debts.］
　　　　（借金は，払うべきだということはわかっていた）〈弱い義務〉
　　　b. He said that they **should** be here by two o'clock. ［＜They *should* be

here ...］（彼らは2時にはここへ来るはずだ，と彼は言った）〈弱い蓋然性〉

◇**Must, Ought, Need**：過去形がないので，間接話法においても同じ形式が用いられる．

(7) a. He said that I **must** plant some trees.
   （木を何本か植えなくちゃいけないよ，と彼は私に言った）〈強い義務〉
   b. I felt there **must** be something wrong with my PC. （私のパソコンは，どこか具合が悪いにちがいないという気がした）〈論理的必然性〉
(8) He told me I **ought to** be ashamed of myself.
   （君は自分を恥じるべきだよ，と彼は私に言った）〈弱い義務〉［＜You *ought to* be ...］
(9) a. I told him he **needn't** go.
   （行かなくてもいいよ，と私は彼に言った）〈不必要〉［＜You *needn't* go.］
   b. I thought I **needn't** fear. （心配しなくてもいいんだ，と私は思った）〈同上〉
(10) は，描出話法の must である．
(10) There he lay in the dungeon. Yet a few hours more, and he **must** die a shameful death. (Onions 1929)［＜He thought: 'A few hours more, and I must die a shameful death.'］（彼は地下牢に横たわっていた．でも，2,3時間もすれば，おれは恥ずかしい死に方をしなければならない）

◇**Used to, Should**：used to や独立用法の should も変化しない．

(11) He told me that he **used to** keep a dog.
   （以前は犬を飼っていた，と彼は私に言った）［＜I *used to* keep ...］
(12) I told him that he **should** be more careful.
   （もっと注意深くするべきだよ，と私は彼に言った）［＜You *should* be ...］

◇**Dare**：dare は，現在形の daren't がそのまま用いられる (Palmer 1974: 130)．

(13) He said he **daren't** go. （とても行く勇気はない，と彼は言った）

次の didn't dare は，助動詞の daren't が後転移したのではなく，本動詞の doesn't dare が後転移したものである．

(14) He said he **didn't dare** to go.

◇**Had to**：前項と同様に，had to は，must ではなく，have to が後転移したものと考えなければならない．

(15) They said they **had to** wait for a long time.
   （長いこと待たなければならない，と彼らは言った）［＜We *have to* wait ...］

◇**Would rather, Had better**：叙想法過去の法助動詞は，もちろん，間接話法においても後転移しない．

(16) a. He said he**'d rather** have tea. ［＜I*'d rather* have tea.］
   （むしろお茶をいただきたいですね，と彼は言った）
   b. He warned her she**'d better** hurry up. ［＜You*'d better* hurry up.］
   （急いだほうがいいよ，と彼は彼女に警告した）

◇**Would, Should**：　最後に，will/shall の後転移について触れる必要があるだろう．まず，〈米〉では，shall は普通，Shall I ...? という形式以外では使用されないし，しかも，この場合は shall がそのまま should に変えられるので，全く問題がない．

(17)　He asked whether he **should** open the window.　［<*Shall* I open ...?］
　　　（窓を開けましょうか，と彼は聞いた）

〈英〉で1人称主語には shall，2, 3人称主語には will と使い分ける話し手にとっても，伝達文と被伝達文の主語の人称が同じであるかぎり，後転移は will → would，shall → should と機械的に行うことができる．

(18) a.　He said he **would** come again.　［<I *will* come again.］
　　　（また来ます，と彼は言った）
　　b.　I said I **should** be there at ten.　［<I *shall* be there at ten.］
　　　（10時にそこへ行きます，と私は言った）

しかし，そういう話し手は，被伝達文の主語が1人称の場合は will を should に，shall を would に変えるのが普通である．

(19) a.　He said I **should** see her the next day.　［<You *will* see her tomorrow.］
　　　（あす彼女に会えますよ，と彼は言った）
　　b.　He said he **would** be home all day.　［<I *shall* be home all day.］
　　　（終日家にいます，と彼は言った）

17.3.3.　叙想法過去

叙想法過去には，仮想世界における〈能力〉，〈状況的可能性〉，〈認識的可能性〉などを表す用法と，発話行為を控えめにすることによって表現を丁寧にする用法の二つがある．かりに，前者を叙想法過去の「基本用法」，後者を「丁寧用法」と呼ぶことにしよう．両者は，切れ目のない連続体（continuum）であるから，両者を截然と分かつことは不可能であるし，望ましいことでもない．どちらの用法においても，指示する時は，過去ではなく，発話時であるという事実の認識が重要である．

［A］　基本用法
◇**Could**

(1) a.　I wish I **could** draw.　（絵が描けたらなあ）〈能力〉
　　b.　Without water, nothing **could** live.
　　　（水がなければ何も生きられないだろう）〈状況的可能性〉
　　c.　How **could** you be so cruel?　　　　　　　　　　　　(MED)
　　　（よくもまあ，そんなにむごいことができるもんだね）〈同上：いらだち〉
　　d.　It **could** rain later this evening.
　　　（ひょっとして，今晩おそく雨になるかもしれない）〈認識的可能性〉
　　e.　"And shot himself?" "It **could** be ..."　　　(Christie, *A Murder Is Announced*)（「そして自分を撃った？」「かもね ...」）〈同上〉

　NB　Leech (1987: 125) は，〈能力〉の could は，動詞が「状態動詞」の場合は仮定を表す

文の主節で用いることはできないとし，would be able to または would know how to とすると述べている．

 (i) *If you had proper lessons, you **could** speak English. → You would be able to ... （きちんとした授業をうければ，英語が話せるようになりますよ）

◇**Might**

 (2) a. If you phone tomorrow, he **might** be at home.
    （あす電話すれば在宅しているかもしれない）〈状況的可能性〉
  b. This crisis **might** very easily lead to war. (MED)
    （この危機はたやすく戦争に至りかねない）〈同上〉
 (3) a. It **might** rain tomorrow.
    （もしかしたらあすは雨かもしれない）〈認識的可能性〉
  b. And who **might** she be? (OALD[2]) （で，彼女は誰なのかね）〈同上〉

might (just) as well は，「（ほかにましなことがないので）...するのも悪くはない／してもいい」の意味で用いる (may (just) as well (p. 282) の叙想法過去形）．

 (4) We **might as well** sit down while we're waiting. (MED)
    （待っている間すわっていたほうがいい）

また，二つの悪い事態を比べて，「...するほうがましだ，するのも同然だ」の意味にも用いる．

 (5) You never listen — I **might as well** talk to a brick wall (**as** talk to you).
   （Swan 1995）（君は全然聞こうとしない——れんが塀に話しかけたほうがましだ）

◇**Would**

 (6) a. If I were you I'**d** buy a car. (Thomson & Martinet 1986)
    （ぼくなら車を買うだろうね）〈主語の意志〉
  b. I would be very grateful if you **would** make arrangements for me.
    （お膳立てをしてくだされば，大変ありがたいのですが）〈同上〉

I wish ... would の形式はよく使われる．

 (7) a. *I wish* you'**d** give me a hand.（手伝ってほしいんだけど）
  b. *I wish* she **would** be quiet. (Swan 1995)（静かにしてほしいな）〈いらだち〉

would rather/sooner も〈主語の意志〉を表す．

 (8) a. I'**d rather** die than give a speech.
    （スピーチをさせられるくらいなら死んだほうがましだ）
  b. 'Do you want to come with us?' 'No, I'**d rather** not.' （以上 OALD[6]）
    （「いっしょに来たいですか」「いや，どうも行きたくないね」）
  c. I shall certainly not write if you **would rather** that I didn't.
            （Doyle, *Memoirs of Sherlock Holmes*）
    （君がもし書いてほしくないのであれば，むろん書かないよ）
 (9) a. He **would** help you if you asked.

(君が頼めば彼は助けてくれるだろう)〈認識的可能性〉→ 話し手の〈予測〉

    b. She**'d** be very surprised if she **could** see us now. (KCED)
(いま私たちに会えたら，彼女はひどく驚くことだろう)〈同上〉

    c. A man of common sense **wouldn't** behave in that way.
(常識のある人なら，そんなふるまいはしないだろう)〈同上〉

次例では，最初に弱い予測の would を使い，次いで，will に切り替えて強い予測を行っている．

(10) He **would** come. He **will** come. You shall see him within an hour.
(Doyle, *A Study in Scarlet*)
(やつは来るだろう．きっと来るさ．1時間以内に姿を見せるよ)

この用法の would は，おもに wh 疑問文に用いられて，「…するなんて」という驚き・意外の気持ちを表す(〈英〉の should に対応する)．

(11) **Why would** people invite a man who bores their guests? (Frown) (どうして人は，お客をうんざりさせるような男を招くのだろう)［わけがわからない］

[B] **丁寧用法**: 現実から一段隔たりを置くこと，つまり，表現を断定的ではなく，控えめにする効果をもつ用法がある．これを「**遠景化**」(distancing) と呼ぶ．

叙想法過去形には，遠景化の効果がある．そこで，対人的 (interpersonal) な語用論の領域では，〈依頼〉，〈許可〉，〈提案〉などの丁寧表現として日常的に利用される．Palmer (1974: 127) は，これを "試案的用法" (tentative use) と呼び，法助動詞の最大の特色とし，Leech (1987: 126) は "丁寧用法" (polite use) と呼んでいる．

条件節が表現されている場合もあるが，それは不可欠ではなく，重要なのは動詞が叙想法であることである．これだけで十分に，現実世界とは異なる仮想世界が構築されるからである．

◇ **Could**

(12) a. "**Could** I ask you something, if you're not too busy?" "Yes, of course you **can**." (Swan 1995)(「あまりお忙しくなければ，お尋ねしたいことがあるのですが」「ええ，むろんいいですよ」）[... ~~of course you could~~ としない] [10]〈許可〉

    b. I **could** do the shopping for you, if you're tired. (Ibid.)
(お疲れでしたら，私が買い物をしてもいいですよ)〈提案〉

    c. **Could** I please see the manager? (Archer, *Shall We Tell the President?*)
(支配人に会わせてもらえますか)［Can I ...? よりも丁寧］〈依頼〉

    d. If you haven't got anything to do you **could** sort out your photos.
(Swan 1995)(何もすることがないのなら，君の写真を整理したらいい)〈示唆〉

    e. Thank you, but I really **couldn't** accept.
(せっかくですが，本当にお受けするわけにいきません)〈拒絶〉

---

10. ただし，Close (1981: 128) は，Yes, of course you could./No, I'm afraid you couldn't. を認めている．can のほうが積極的なので，結局，丁寧になると思われる．

f. I **couldn't** agree more, darling. (Sheldon, *If Tomorrow Comes*)
（全く同感よ，あなた）〈同意〉

g. 'I **could** use a cup of coffee,' he said. 'How about you?'
(Sheldon, *Bloodline*)
（「コーヒーがほしいですね」と彼が言った．「あなたはどうです」）〈希望表現〉

この用法の could は，相手がある行為をしないことに対する非難にも用いられる．

(13) You **could** ask before you borrow my car. ［= You might …］(Swan 1995)
（私の車を借りる前に，貸してくれと頼めばいいのに）［なのに，そうしていない］

couldn't care less は，「少しも気にしない」という意味で〈略式体〉で使用される．

(14) Quite honestly, I **couldn't care less** what they do. (OALD⁶)
（正直に言えば，彼らが何をしようとてんで気にしないね）

以上見たように，丁寧用法に用いられる could の意味は，〈状況的可能性〉を利用したものにかぎられるようである．

◇**Might**

(15) a. **Might** I ask the President a question? (MED)
（大統領に質問してもいいでしょうか）〈許可〉

b. "**Might** I borrow your pen, please?" "Certainly."
（「ペンを拝借できましょうか」「いいですとも」）〈許可〉→〈依頼〉

c. I thought we **might** have a walk around the neighborhood. (Ibid.)
（近所を散策してはどうかと思ったのですが）〈状況的可能性〉→〈提案〉

d. In future you **might** try to be a little more polite. (MED)
（今後はもう少し礼儀正しくしてもらいたいもんだね）〈状況的可能性〉→〈非難〉

e. You **might well** wonder why we need all these rules. (Ibid.)
（なぜこんな規則が必要なのか，君がいぶかるのも，もっともだよ）〈状況的可能性〉

MED は，次のような might … but の構文について，「ある事柄が真であるかもしれないが，それでも私が述べている主旨は変わらないことを述べるのに用いられる」と解説している．

(16) a. He **might** be nearly seventeen **but** he's still very immature. (LDCE⁴)
（彼はもうすぐ17歳になるのかもしれないが，まだとても幼稚だ）〈許可〉→〈容認〉

b. This **might** sound crazy, **but** I think someone is following me. (MED)
（狂気じみて聞こえるかもしれないが，誰かに従けられているような気がするんだ）〈同上〉

次例も同類で，might … but の意味を含む．

(17) Surprising **as** it **might** seem, some tourists actually enjoy the British weather. (MED)（驚くべきことと思われるかもしれないが，旅行者の中には本当に英国の気候を楽しむものもいる）〈同上〉

◇**Would**

(18) a. I **would** gladly help you, if I could.
(できれば，喜んで助けてあげるところだが)〈主語の意志〉→〈申し出〉
　　 b. "**Would** you open the window?" "Certainly(, I will/*would)."
(「窓を開けてくださいますか」「いいですとも」)〈依頼〉

(19) Is there any book you **would like** to read?
(何か読みたい本がありますか)〈控えめな意志確認〉

(20) a. She **would** be about sixty when she died.　〈予測〉→〈控えめな推量〉
(彼女は亡くなったとき60歳くらいと思われる)
　　 b. It **would** seem to be the case.
(どうやらそうらしい)〈同上〉[seem よりも控えめ]

◇**Should**

(21) a. I **should** take an umbrella (if I were you).
((ぼくなら)雨傘を持って行くね)[特に〈英〉]〈助言〉
　　 b. I **shouldn't** worry.　(私ならくよくよしないね)〈同上〉

1人称主語とともに，say, think, like, prefer などの前に置いて，それぞれの動詞の意味を和らげる．

(22) a. She is close on forty, **I should say**.　(彼女はもうすぐ40歳ってところかな)
　　 b. **I should think** it measured about two yards.　　　　　　(BNC)
(約2ヤードだったと思うね)[＝I am inclined to think ...]
　　 c. "Will it be expensive?" "**I should think** so."　(「金がかかるでしょうか」
「たぶんそうでしょうね」)[I think so. よりも控えめな表現]

NB　I should think. は，〈口語〉では，相手の疑念に答えて「むろん...だと思う」という強い肯定的な意味を表すことがある (cf. OED² s.v. Should 19.d).
　　(i) "Would she suffer?" "Badly, **I should think**!"　[think に強勢を置く]
(「彼女は苦しむだろうか」「むろん，すごく苦しむと思うよ」)

17.3.4.　独立用法の should¹

　独立用法の should は，元来は上述の叙想法過去に由来するものだから，指示する時は現在時である．現在形の shall に見られない，別個の意味をもった法助動詞として確立している．

[A]　〈**弱い義務・必要**〉 (weak obligation/necessity) [根源的]：　この意味の should は，ought to とほぼ同義であり，語用論的には「...するのが望ましい」という意味の〈**助言**〉(advice) にも利用される．すべての人称について用いられる．

　should の表す〈弱い義務・必要〉は，話し手の主観的な見解・助言にとどまるが，一方，ought to の表す〈義務・必要〉は，もっと客観的で，法律や規則によって課されるものである．

　　(1) You **should**/**ought to** go and see Mary sometime.

(いつかメアリーに会いに行くべきだよ)
- (2) You **should** take more exercise. (Close 1981)
(もっと運動をしたほうがいいですよ)［That is advisable.］
- (3) We **ought to**/?**should**/***must** go and see Mary tomorrow, but we don't think we will. (あすメアリーに会いに行くべきだが，たぶん行かないだろうな)

(3) では，ought to のみが適切である．should が不適当で，must が容認不可能なのは，話し手が自分に助言もしくは命令をしながら，それに従うつもりがない，と言うことに矛盾があるからである．

［B］〈弱い蓋然性〉(weak probability)［認識的］: この場合も，ought to よりも確信度がやや弱いが，Swan (1995: 517) によれば，使用頻度ははるかに高い．

- (4) According to the map, this **should**/**ought to** be the way. (Close 1975)
(地図によれば，この道のはずだ)
- (5) I've bought three loaves — that **should**/**ought to** be enough. (Swan 1995)
(パンは 3 個買ったんだ——それで十分なはずだよ)

NB must は通例，客観的な証拠に基づく推論なので，主観的な should や ought to よりも，確信度が高い．
- (i) Rob **must** be home — his car is in the garage.
(ロブは帰宅しているにちがいない——車がガレージに入ってるもの)
- (ii) Rob **should** be home — it's nine o'clock now.
(ロブは帰宅しているはずだ——だって，もう 9 時だよ)

17.3.5. 叙想法代用形

現在時制形式の may と shall に叙想法代用形としての用法があったように (§§ 17.1.2.4, 17.1.7.4)，might と should にも叙想法代用形としての用法がある．

17.3.5.1. MIGHT

［A］名詞節中で:〈願望〉の表現 (wish, hope, O that など) や，「懸念」の表現 (fear, be afraid など) に続く名詞節中で用いられる．主節の動詞が過去系列で，想念スペースの構築語 (space builder, SB) として働いているときに使用される．(1) は真の叙想法過去の例，(2) が might による代用形である．

- (1) a. I *wish* I **were** a bird! (鳥だったらいいのになあ！)
  - b. He pulled himself up short, in the *fear* lest he **were** going again to be false. (Hughes, *Tom Brown at Oxford*)
(彼は自制した，またぞろ誤りを犯すのではないかと恐れたのである)
- (2) a. I *wished* fervently he **might** not discover my hiding-place.
(彼が私の隠れ場所を見つけませんようにと熱心に祈った)
  - b. O that I **might** see her again!〈雅語〉(彼女にもう一度会いたいなあ)
  - c. I *was afraid* that the news **might** be true.
(そのニュースが本当かもしれないと心配だった)

d. I *feared* that some disaster **might** occur.　　　(Doyle, *The Hound of the Baskervilles*)（何か災難が降りかかりはしないか，と私は恐れた）

[B]　**目的・譲歩の副詞節中で**：主文の動詞が過去系列のとき，譲歩の副詞節中で使用される．いずれも〈格式体〉．(3)は真の叙想法過去の例，(4a, b)は might による代用形．

(3)　It was a short interview, if there **were** any interview at all.　　(Doyle, *The Valley of Fear*)（よしんば会見があったとしても，それは短い会見だった）［譲歩］

(4) a. He died so that others **might** live.　　　　　　　　　　　　(OALD³)
　　　（ほかの人々が生きられるように，彼は死んだ）［目的］
   b. However tired he **might** be, he never stopped working.
　　　（彼はどんなに疲れていても，決して仕事をやめなかった）［譲歩］

17.3.5.2. SHOULD²

この用法の should は，さまざまな名称で呼ばれているが，[11] ここでは，「想念の should」(notional 'should') という用語を使用することにする．

この用法は，細江 (1933) が「仮装叙想法」と命名しているとおり，元来は，(1)のような，叙想法現在の代用形として英語史に登場してきたものである．

(1) a. Feare not to kill the King, tis *good* he **die**.　　(Marlowe, *Edward II* 2341)
　　　（王を殺すことを恐れるな，王が死ぬのはよいことだ）
   b. 'tis not *meete* / They **be** alone.　　(Shakespeare, *Julius Caesar* 4.3.126)
　　　（彼らだけにしておくのはよろしくない）

[A]　**命題内容に対する話し手の主観的なコメントを表す表現**（すなわち，命題態度 (propositional attitude) を示す表現（以下の例では斜字体で示す））**に続く名詞節中で**．

(2)　annoying, commendable, deplorable, depressing, disappointing, disconcerting, extraordinary, fitting, impossible, lamentable, logical, odd, peculiar, proper, queer, remarkable, sad, shocking, surprising, etc.

(3)　*It is very odd that* he **should** do that.
　　　（彼がそんなことをするなんて，とても変だ）

(4)　*It is lucky that* the weather **should** be so fine.
　　　（天気がこんなによいとはありがたい）

(5)　*I am sorry that* he **should** be punished.　（彼が罰せられる/たとは気の毒だ）

(6) a. *it is quite natural that* we children **should** play together.　　(Alcott, *Little Women*)（私たち子供がいっしょに遊ぶのは，ごくあたりまえのことだわ）
   b. Cf. *it was natural that* he **was** tired.　　(Sheldon, *Rage of Angels*)

---

11. 例えば，「感情の should」(emotional *should*: Jespersen 1933)，「瞑想(めいそう)と論争の should」(meditative-polemic *should*: Behre 1955)，「仮装叙想法」(disguised subjunctive: 細江 1933)，「推定の should」(putative *should*: Quirk et al. 1985)．

(彼が疲れているのは，当然だった)［単なる事実の報告］
(7) *How strange that* we **should** meet here!　　　　　　　　(KCED)
　　(こんなところで会うなんて，なんと不思議なことだろう)
(8) *Why* **should** *I have done* that?　(なぜ，あんなことをしちゃったんだろう)［= Why is it that …? の意味で，Why の中に話し手の命題態度が表明されている］

主節の動詞が過去形で，従属節の内容が過去を指示している場合，should のあとに完了不定詞を使用することも可能であるが，単純不定詞を続けてもさしつかえない (Quirk et al. 1985: 1014)．

(9) *I was surprised that* he **should have felt/should feel** lonely when he was in California.
　　(彼がカリフォルニアにいたとき寂しさを感じたなんて，びっくりした)

次の (10a, b) も，過去に生じた同じ事件について，should have happened/should happen の両形が使われている．

(10) a. In fact it seems to me … *quite impossible that* such a thing **should have happened**.　(Christie, *Dead Man's Folly*)　(事実，あんなことが起こったなんて，ありっこないような気がします)
　　b. "*Doesn't seem right that* a thing like that **should happen**," she said. (Ibid.)　(「あんなことが起こるなんて正しいとは思えませんね」と彼女は言った)

次のような慣用表現にも「想念の should」が見いだされる．

(11) a. But someone did pass, and *who* **should** it be but Meg.
　　　　　　　　　　　　　　　　　　　　　　(Alcott, *Little Women*)
　　　(ところが，ほんとに誰かがやって来た．それは誰あろう，メグだった)
　　b. We had got as far as this when who **should** walk in but the gentleman himself.　(Doyle, *The Return of Sherlock Holmes*)　(私たちがここまでたどり着いたとき，入ってきたのは，なんと，まさしくその紳士ではないか)

次の例では，命題態度が言外に含まれている．

(12) *That* he **should** dare speak in that tone of voice to me!　(Quirk et al. 1985)　(よくもまあ，あんな調子でぼくに話しかけるなんて (実にけしからん)！)

NB 1　(2) のような形容詞があれば，that 節中に義務的に should が生ずるということにはならない．次の二つの文の間には感情の違いがある．
　(i) I'm surprised that he **should resign**.　(彼が辞職するなんて驚いた)
　(ii) I'm surprised that he **has resigned**.　(彼が辞職したのには驚いた)

NB 2　このタイプが，次の［B］タイプと異なるのは，should を削除すると動詞を叙実法に変えなければならない点である．
　(i) I am sorry *that* you **are**/***be** so lazy.　(君がそんなになまけ者なのは残念だ)

[B]　「命令・要求・必要」を表す述語に続く名詞節中で：　この環境で「想念の should」を使用するのは〈英〉で普通で，〈米〉では古くからの叙想法現在（「命令の叙想法」(mandative subjunctive)）が用いられる (ただし，現在では〈英〉でも，〈米〉

の影響によって，叙想法現在の使用が復活している）．

(13) a. *I insisted that* he (**should**) go. （私は彼が行くべきだと主張した）
b. We *demanded that* he (**should**) be released. （彼の釈放を要求した）
c. They expressed *the wish that* she (**should**) accept the award.
（彼らは彼女がその賞をうけるように希望した）
d. *It is essential that* a meeting (**should**) be convened this week.
（今週，会を招集することが絶対必要だ）
e. *Was it necessary that* my uncle (**should**) be informed?
（おじに知らせる必要があったのか）

[C] 〈英〉の〈格式体〉において **lest** 節で：〈米〉では，この場合も叙想法現在を使用する．

(14) The animals must be destroyed *lest* the disease (**should**) spread. (Quirk et al. 1985)（この病気が蔓延してはいけないので，その動物は殺さなければならない）
[… in case the disease spreads. が普通の言い方]

17.4. まとめ

上述した法助動詞の意味・用法を表にまとめれば，次のようになる．

(1) 法助動詞の意味・用法

	根源的用法	認識的用法
Can	能力	認識的可能性
	状況的可能性〈普通体〉	（否定・疑問文）
Could	能力	認識的可能性
	状況的可能性	
May	許可	認識的可能性
	状況的可能性〈格式体〉	（平叙文）
Might	許可	認識的可能性
	状況的可能性	
Must	強い義務・必要〈自律的〉	論理的必然性
Have to	強い義務・必要〈他律的〉	論理的必然性
Will	意志	予言・予測
	習性	
Would	意志	予言・予測
	習性	
Shall	束縛	成就確実性
	意志	
Should	弱い義務・必要	弱い蓋然性
Ought	弱い義務・必要	強い蓋然性
Need	必要性	論理的必然性

Dare　　　大胆さ
Used　　　過去の習慣

次に，根源的法(助)動詞の〈義務〉の強さの度合いを，Halliday (1970)，Leech (1971)，Suzuki (1978) を参考にして示すと，次のようになる．

(2) 〈義務〉の強さの度合い

Less intense　　　He **should** go tomorrow.
　　　｜　　　　　He **ought to** go tomorrow.
　　　｜　　　　　He **needs to** go tomorrow.
　　　｜　　　　　He **has to** go tomorrow.
　　　▼　　　　　He **must** go tomorrow.
More intense　　　He **shall** go tomorrow.

さらに，認識的法(助)動詞の〈確実性〉の度合いを，Halliday (1970)，Close (1975)，Suzuki (1978)，DeCarrico (1980) を参考にして示すと(判断に多少の個人差はあるが)，大体次のようになる．

(3) 〈確実性〉の度合い

Uncertain　　　That **could** be John.
　　｜　　　　　That **might** be John.
　　｜　　　　　That **may** be John.
　　｜　　　　　That **should** be John.
　　｜　　　　　That **would** be John.
　　｜　　　　　That **ought to** be John.
　　｜　　　　　That **has to** be John.
　　｜　　　　　That **will** be John.
　　▼　　　　　That **must** be John.
Certain　　　　That **is** John.

17.5. 「過去形法助動詞＋完了不定詞」

本節では，「過去形法助動詞＋完了不定詞」の形式と意味・用法を考察する．この形式に生起する法助動詞は，すべて叙想法過去(出身)である．

17.5.1. Could have -en

① **後転移現在**

(1) I did not see how it **could have helped** me in the least. [< can have helped ...] (それがいったいどうして，いささかでも私の助けになったのか，わからなかった)

② 〈状況的可能性〉「…できたであろう(に)」: 条件節にも帰結節にも用いられる．通例，実際はできなかった場合に使用される．

(2) I would have cried out if I **could have done** so.　　　　　(Google)

(私は大声でわめいたことだろう，もしそうできていたら)
(3) I was so angry I **could have killed** her! (Swan 1995)
(すごく腹が立って，彼女を殺してやりたいくらいだった)
(4) Why didn't you save me? You **could have** if you'd tried.
(Christie, *A Murder Is Announced*)
(なぜ救ってくれなかったんだ．救おうとしていたら，救えただろうに)
(5) Dustin Thornton **could have shown** surprise, or he **could have argued**, … Instead, he had merely looked at Robert and nodded.
(Sheldon, *The Doomsday Conspiracy*)
(ダスティン・ソーントンは，驚きを示すこともできただろうし，文句を言うこともできただろう．そうはしないで，ただロバートの顔を見て，うなずいただけだった)

I wish の目的節でも用いられる．

(6) *I wish that* I **could**/*would have killed** you even if I had incurred a heavier penalty. (Aesop's *Fables*)
(もっと重い刑をうけたとしても，おまえを殺せていたらなあ)

この形式は，実現しなかった現在の状況を指すこともできる．

(7) He **could have been** Prime Minister *now* if he hadn't decided to leave politics. (Swan 1995)(彼は政界を去ることに決めなかったなら，現在，首相になれていただろうに)

否定形式は，「いくらそうしたくても，できなかっただろう」という意味を表す．

(8) I **couldn't have enjoyed** myself more — it was a perfect day. (Swan 1995)(あれ以上楽しむなんてできなかっただろう——全く申し分のない日だった)

〈状況的可能性〉の could have done は，語用論的に用いられて「しようと思えばできたのに，しなかった」という〈非難〉を表すことができる．

(9) You **could have told** me days ago! (Tarkington, *The Flirt*) [HTI]
(何日も前に教えてくれてもよかったのに)
(10) "You **could have told** us," *growled* Mr. Bellamy.
(Doyle, *The Case Book of Sherlock Holmes*)
(「われわれに話してくれてもよかったんだぞ」とベラミー氏はがみがみ言った)

③　過去時の事態に対する発話時における控えめな〈認識的可能性〉を表す：「ひょっとして…したのかもしれない」

(11) a. Don't worry — they **could have** just **forgotten** to phone. (OALD[5])
(心配ご無用——電話するのを忘れていただけかもしれないよ)
　　b. The letter **could have got** lost in the post. (Eastwood 1994)
(手紙は郵送中に紛失したのかもしれない) [= It is possible that the letter has got lost in the post.]
(12) But who **could have done** it? The cops wondered. (Google)
(それにしても，誰がそんなことをやったのか．警官らは，いぶかった)

否定形式は,「…した/だったはずがない」という意味を表す.
(13) a. But there were at least three shots in his back so he **couldn't have killed** him.　(Google)（しかし,彼は背中に銃弾を3発もくらっていたのだから,その男を殺したはずがない）
　　 b. It **couldn't have been** me you saw, because I wasn't there.　(KCED)（君が見たのはぼくだったはずがない,だって,ぼくはそこにいなかったんだから）

17.5.2.　Might have -en
この形式には,大きく,叙実法と叙想法の二つの用法がある.
① **叙実法後転移現在**
(1) I was afraid he **might have lost** his way.　[<he may have lost …]（彼は道に迷ったんじゃないか,と私は心配だった）〈認識的可能性〉
② **叙想法過去**:〈状況的可能性〉と〈認識的可能性〉の二つの用法がある.
(a)〈状況的可能性〉: 現実に起こらなかった過去の可能性を表す:「…していたかもしれない」
(2) If she hadn't been so bad-tempered, I **might have married** her.　(Swan 1995)（彼女があんなに怒りっぽくなかったら,彼女と結婚していたかもしれない）［が,結婚しなかった］
(3) You were lucky. You **might have been killed**.　(Close 1981)（幸運だったね.死んでいたかもしれなかったんだよ）［が,死ななかった］
この形式はまた,(could have -en と同様に)過去の怠慢に対する非難にも用いられる.
(4) a. But you **might have told** me it was wrong.　(Montgomery, *Anne of Avonlea*)（でも,悪いことだって教えてくれてもよかったのに）［だが,教えてくれなかった］
　　 b. "I think you **might have warned** me," returned the other *with a touch of sullenness*.　(Stevenson, *Dr. Jekyll and Mr. Hyde*)（「警告してくれてもよかったんじゃないか」と相手は,少しすねた様子でやりかえした）［が,警告しなかった］
(b)〈認識的可能性〉: 過去の行為に対する発話時における弱い推量を表す（may have done（§17.2.2）よりも可能性が一段階弱い）.
(5) She **might have been killed** after her visit, not before.　(Christie, *Murder Is Easy*)（もしかしたら,彼女は訪問の前ではなく,後から殺されたのかもしれない）
また,未来の出来事の実現に対する弱い可能性を表す（"未来"完了形に対応する）.
(6) By the end of this year I **might have saved** some money.　(Swan 1995)（今年の末には,多少は貯金ができているかもしれない）
(7) Earth **might have been** a ringed planet, like Saturn.　(Google)（地球はもしかして,土星のように輪をもった惑星だったかもしれない）

17.5.3. Would have -en
① 後転移 "未来" 完了
(1) I told you I **would have finished** my work by Saturday. [< I'll have finished my work ...]（土曜日までに仕事を終えるだろう，と言ったでしょう）〈推量〉

② 条件文の帰結節で：「... したことだろう（が，しなかった）」
(2) If I had known it, I **would have told** you all about it.
（そのことを知っていたら，すべて話してあげただろうに）〈意志〉
(3) I **would have liked** to see that exhibition.
（その博覧会，見ておきたかったね）〈意志〉
(4) He **would** never **have done** it alone.
（彼は一人では絶対しなかっただろう）〈推量〉

③ 過去の事態に対する発話時における控えめな〈推量〉：「たぶん ... していること / ... だっただろう」
(5) "Someone telephoned you last night." "That **would have been** Jeremy, I would say." (Close 1981)（「ゆうべ，誰か電話してきましたよ」「それって，たぶん，ジェレミーだったのだろう」）
(6) The party **would have arrived** by now.
（いまごろは，一行は到着していることだろう）

17.5.4. Should have -en
① 後転移 "未来" 完了： おもに〈英〉で，主語が 1 人称 (I/we) の場合．
(1) I told you I **should have finished** my work by Saturday. [< I shall have finished my work ...]（土曜日までには仕事を終えているだろう，と言ったでしょう）

② 条件文の帰結節で：「... したであろうに（でも，実際にはできなかった）」
(2) I **should have thanked** you fervently if your deeds had been as good as your words.　　　　　　　　　　　　　　(Aesop's *Fables*)
（あなたがお言葉どおりに実行してくださっていたら，熱烈に感謝したことでしょうに）

③ 〈弱い義務〉：「... するべきだった（のに，しなかった）」
(3) I **should have thought** of it earlier.　　　　　(Steel, *Bittersweet*)
（そのことをもっと早く考えつくべきでしたわ）
(4) You **should have seen** the hatred in her dove's eyes.
　　　　　　　　　　　　　　(Doyle, 'The Stark Munro Letters')
（君にあの女のハトのような目にひそむ憎しみの色を見せたかったよ）
(5) You **shoulda** (= should have) **heard** that audience. (Sheldon, *The Naked Face*)（君にあの観客の声を聞かせたかったよ）
(6) But **should** he **have apologized** for his comments?
（しかし，彼はそのコメントの件で謝るべきだったろうか）［謝らなかったけれど］

④ 〈弱い義務〉：「（基準時までに）しておくべきである」

(7) You **should have finished** this book within 5 years.　　　　(Google)
　　　(君は5年以内にこの本を書き上げておかなければならない)
⑤ "想念の should": 「…したなんて(信じられない)」
(8) I can't understand why you **should have said** that.　　　(Close 1981)
　　　(君がなぜあんなことを言ったのか理解できない)
⑥ 過去の事態に対する発話時における推量: 「…のはずであった(が, そうはいかなかった)」
(9) It **should have been** fine yesterday, but it rained.　　　　(KCED)
　　　(きのうは天気のはずだったのに, 雨が降った)
(10) There **should** [sic] **have been** fingerprints on it, her own.　(Christie, *They Came to Baghdad*)　(それには指紋がついているはずだっだ, 彼女自身のが)
(11) Sure George **should have arrived** by now.　Alexandra went from room to room, turning on the lights.　　　(Sheldon, *Master of the Game*)
　　　(確かに, ジョージは今ごろは着いているはずだ. アレクサンドラは, 部屋から部屋へと電灯を付けて回った) [が, 着いていない]

17.6. 根源的用法と認識的用法

　本節では, §17.0.3 で触れるところがあった, 法助動詞の根源的用法と認識的用法の主要な統語的特徴をより詳細に考察する. 両用法を区別する基準としては, 次の否定, 過去時制, 態中立性が最も重要である.

17.6.1. 否　定

　否定語 not が法助動詞と共起する場合, (1a) のように, 法助動詞が否定の作用域 (scope) に含まれている場合と, (1b) のように後続する動詞句が否定の作用域に含まれている場合がある.
　(1) a.　You **can't** go.　(君は行ってはいけない)
　　　　　(=It is *not* possible [for you to go].)
　　　 b.　The report **may not** be true.　(その報告は本当ではないかもしれない)
　　　　　(=It is possible [that the report is *not* true].)
(1a) のように, 法助動詞が否定されている場合を「**法助動詞否定**」(modal negation, M 否定), そして, (1b) のように動詞句が否定されている場合を「**動詞句否定**」(VP negation, VP 否定) と呼ぶことにしよう.[12] すると, 次のような一般化が得られる.
　(2)　認識的用法の法助動詞は, 否定されない.
　　　 a.　It **may not** be true.　(それは本当ではないのかもしれない)
　　　　　(=It is possible [that it is *not* true].)

---
12. この現象は, relative/eventual negation (Joos 1964), internal/external negation (Leech 1971), auxiliary/main verb negation (Quirk et al. 1972, Leech 1987) などの名称で知られている.

b. It **can't** be true. (＝It is certainly/necessarily the case [that it is *not* true].)
   (それは本当でないに決まっている)
c. That **shouldn't** be hard. (それはむずかしくないはずだ)
   (＝It is reasonable to conclude [that that is *not* hard].)
d. He **won't** have received my letter yet. (彼はまだ私の手紙を受け取ってはいないだろう) (＝I predict [that he has*n't* received my letter yet].)

以上のように，認識的法助動詞が否定されることがないのは，それが命題の真理値に対する話し手の査定である以上，必ずゼロより上の値をもっているからである，と説明される (cf. Halliday 1970: 333).[13]

一方，根源的法助動詞の多くは，二様の否定を受けることができる．(3), (4)において，(a) 文が「M 否定」，(b) 文が「VP 否定」の例である．

(3) a. You **can't** go today. (君はきょう行ってはいけない)
   (＝[You are *not permitted*] to go today.) [M 否定]
   b. You **can nót** go today. (君はきょう行かなくてもいい)
   (＝You are permitted [*not* to go today].) [VP 否定]
(4) a. You **may not** stay here. (君はここにいてはいけない)
   (＝[You are *not permitted*] to stay here.) [M 否定]
   b. You **may nót** stay here. (君はここにいなくてもいい)
   (＝I permit you [*not* to stay here].) [VP 否定]

上の (b) 文の読みでは，通例，not に強勢を置く必要がある (Palmer 1974: 132, Quirk et al. 1972: 385).

これに対して，〈義務〉を表す must, should, ought to や，〈意志〉を表す will, shall などの否定は，根源的用法であっても M 否定にはならない．その理由は，〈義務〉とか〈意志〉とかは，肯定的に主張されるものであって，否定の〈義務〉とか，否定の〈意志〉とかは存在しないからであろう．

(5) a. You **mustn't** smoke in here. (この部屋でたばこを吸ってはいけない)
   (＝You are obliged [*not* to smoke in here].)
   b. You **should not**/**ought not to** desert her. (彼女を捨ててはいけない)
   (＝You are advised [*not* to desert her].)
(6) a. He **wón't** do what he's told. (彼は言われたことをやろうとしない)
   (＝He insists on [*not* doing what he's told].)
   b. You **shall not**/**shan't** escape my revenge! (必ず復讐してやるぞ)
   (＝I will see [that you *don't* escape my revenge].)

NB 1 can の場合は，一つの文中に M 否定と VP 否定が同時に生じることがある．

---

13. Leech (1987: 91), Palmer (1988: 101), Huddleston & Pullum (2002: 175) のように，認識的用法の can't のみを「VP 否定」の例外として，(2b) のような文を It is *not possible* [that the report is true]. とパラフレーズしているが，本書では認識的法助動詞は否定されないという原則を貫く．その論拠の詳細は，§17.1.1.3 を参照．

(i) You **can't nót** admire him. (彼のことは感心しないではいられないよ)
　　(= It is *not* possible [for you *not* to admire him].)
パラフレーズで明らかなように，前の not は法助動詞を否定し，あとの not は動詞句を否定している．ただし，(i) は不自然な表現で，普通は次のように言う (Quirk et al. 1972: 385)．
(ii) a. You **can't help admiring** him.
　　b. You **can't** (**help**) **but** admire him.

NB 2 (5) で見たように，mustn't/shouldn't/ought not to は，VP 否定 (= 〈禁止〉) にしかならないので，M 否定のほうは needn't が分担する．
(i) You **mustn't** go now. (君はいま行ってはいけない)
　　(= You are obliged [*not* to go now].)
(ii) You **needn't** go now. (君はいま行かなくてもいい)
　　(= You are *not* obliged [to go now].)

17.6.2. 過去時制

認識的用法については，(1) の一般化が可能である．
(1) 認識的用法は，命題内容の真理値に対する発話時における話し手の査定を表すので，過去時制では使用されない．[14]
(2) a. *I asked him, and he **would** come. 〈予測〉
　　b. *John **could** be there yesterday. 〈認識的可能性〉

これに対して，根源的用法は，現実世界の事象の中に組み込まれているので，過去時制によって過去時を指示することができる．
(3) a. I asked him but he **wouldn't** come. (Palmer 1979)
　　(彼に頼んだが，来ようとしなかった) 〈意志〉
　　b. I **could** hardly sleep last night.
　　(ゆうべは，おちおち眠れなかった) 〈状況的可能性〉

17.6.3. 態中立性

法助動詞と受動化との関係について，次のような一般化が可能である．
(1) 認識的用法の法助動詞を含む文は，受動化されても文の知的意味 (cognitive meaning) は変わらない．

受動化されるのは，命題の中にある動詞句であり，認識的法助動詞は命題の外にあるので，受動化の影響をうけないのである．
(2) The teacher **will** punish the boy. 〈予測〉
　　= The boy **will** be punished by the teacher.
　　(先生は少年を罰するだろう)
(3) John **may** have met Mary yesterday. 〈認識的可能性〉
　　= Mary **may** have been met by John yesterday.
　　(ジョンは，きのうメアリーに会ったのかもしれない)

---

14. 「過去から見た未来」(§17.3.2) は，後転移現在の一種だから，反例にならない．

受動化が命題の内部の動詞句に生じていることは，例えば，(3) の受動文が，次のようにパラフレーズできることで明らかである．

(4) It may be [that Mary **was met** by John yesterday].

これに対して，根源的用法の場合は，「態中立的」なものと，そうでないものとがある．まず，主語の〈意志〉を表す will, 主語に与えられる〈許可〉を表す may, 主語に課される〈義務〉を表す must は，受動化に関して「態中立的」ではない．これらの法助動詞は，主語と結びついているので，主語が変われば，文意も変わるからである．

(5) a. John **won't** kiss Mary.
   (ジョンはメアリーにキスしたがらない)［ジョンの意志］
   b. ≠ Mary **won't** be kissed by John.
   (メアリーはジョンにキスされたがらない)［メアリーの意志］
(6) a. Tim **may** meet Ann. (ティムはアンと会ってよい)［ティムへの許可］
   b. ≠ Ann **may** be met by Tim. (アンはティムと会ってもよい)［アンへの許可］
(7) a. Chris **must** visit Meg.
   (クリスはメグを訪問しなければならない)［クリスの義務］
   b. ≠ Meg **must** be visited by Chris.
   (メグはクリスの訪問をうけなければならない)［メグの義務］

これに対して，話し手が課す〈義務〉ではなくて，個人色が弱まって，社会的規範による〈必要〉(requirement) を表す場合は，事象指向的であるから，受動化しても知的意味は変わらない．

(8) Israel **must be treated** as South Africa was. (Google)
   (イスラエルは，かつての南アフリカのように扱わなければならない)

また，〈状況的可能性〉を表す can/may も，やはり事象指向的であるから，受動化に対して態中立的である．

(9) We **can/may** accept this proposal. = This proposal **can/may** be accepted. (この提案は受け入れてもよい)

この文は，主語についてではなく，事象成立の可能性について陳述しているので，受動化によって真理値の相違が生じることがないのである．

17.6.4. 完了不定詞との共起

法助動詞と完了不定詞との共起については，次のような一般化が成り立つ．

(1) 認識的法助動詞は，おしなべて完了不定詞を伴うことができるが，根源的法助動詞は，〈義務・必要〉を表す must, should, ought to, need を除き，完了不定詞を伴うことができない．

まず，認識的法助動詞は，完了不定詞を伴って過去の出来事に対する発話時における話し手の心的態度を表すことができる．

(2) John **may/must/would/ought to/cannot have left** yesterday. (ジョンは，

きのう立ち去ったのかもしれない/にちがいない/だろう/はずだ/はずがない）

(2) の最初の文は，次のようにパラフレーズすることができる．

 (3) It is possible that John **left** yesterday.

言い替えれば，この場合の完了不定詞は過去時制に対応していることがわかる．
次の (4a) では現在完了形，(4b) では過去完了形に対応している．

 (4) a. John **may have left** already.（ジョンはもう立ち去ったのかもしれない）
    〔＝It is possible that John *has left* already.〕
  b. John **may have left** before you came.（ジョンは君が来る前に立ち去ったのかもしれない）〔＝It is possible that John *had left* before you came.〕

一方，根源的法助動詞のうち，must/should/ought to は，完了不定詞を伴って〈不履行〉を表し，need not は〈不必要〉を表す．

 (5) a. You **should have gone** there yesterday. (Coates 1983)
    〔＝It was advisable for you to go there yesterday, but you didn't do so.〕
    （君はきのう，そこへ行くべきだったのだ）［が，行かなかった］
  b. I **ought to have phoned** Ed this morning, but I forgot. (Swan 1995)
    〔＝It was necessary for me to phone Ed, but I didn't do so.〕
    （けさエドに電話するべきだったのに，忘れてしまった）
 (6) We **needn't have sold** the car. (Leech 1987)〔＝It was not necessary for us to sell the car.〕（私たちは車を売らなくてもよかったのだ）［が，売ってしまった］

さらに，must/should/ought to は，完了不定詞を伴って，未来の基準時までに「…しておかなくてはならない」という，"未来"完了的な意味を表す．

 (7) At a minimum, all applicants **must have graduated** ... from an accredited university by February 2005. (*Fulbright Graduate Study Awards*)（志願者は，最小限2005年2月までに公認された大学を卒業しておかなければならない）
 (8) You **should have finished** your secondary education ... in order to be eligible for a PLC course.   (Google)
   （PLCコースの有資格者になるためには，中等教育を終えていなければなりません）

17.6.5.　進行不定詞との共起

法助動詞と進行不定詞との共起については，次のような一般化が可能である．

 (1) 認識的法助動詞は，おしなべて進行相不定詞を伴うことができるが，根源的法助動詞では，それは例外的である．
 (2) a. He **must**/**may be working** now.
    （彼はいま働いているに違いない/のかもしれない）［認識的］
  b. Do you think she **can** still **be working**? It's very late. (Swan 1995)
    （彼女はまだ働いているなんて思いますか．ひどく遅い）
  c. He **can't be telling** the truth. He must be lying.
    （彼は真実を語っているはずがない．うそを言ってるのにきまっている）

(3) He **must**/**may**/**ought to work** now/tomorrow.
(彼はいま/あす働かなければならない/働いてもよい/働くべきだ)〔根源的〕

ただし，根源的 must/ought to は，次のような有標の文脈で進行不定詞を伴うことができる．
must be -ing には，二つの意味・用法がある．
① 〈義務・必要〉
(4) 'I **must be going** home,' she said. (Lawrence, *Aaron's Rod*)
(「そろそろ帰らなくちゃ」と彼女は言った)
② 〈論理的必然性〉
(5) a. You **must be joking**. (ご冗談でしょ)
b. It does really seem as if I **must be dreaming**. (Montgomery, *Anne of Green Gables*)(本当に，夢を見てるにちがいないような気がするわ)

ought to be -ing: この形式は，「現在…しているべきなのに，していない」という意味を表す．〈認識的用法〉はまれである．
(6) a. I am a stupid thing, and **ought to be studying**, not playing. (Alcott, *Little Women*)(あたしって，おばかさんね，遊んでいるんじゃなくて，勉強してなくちゃいけないのよ)
b. Well, I **ought to**/**must be going** now. (では，そろそろおいとましませんと)

NB 目の前にいる聞き手に向かって，
(i) You **must be going** now.
と言った場合も，「*君はもう行っているにちがいない」という〈推量〉の意味にはならず，「君，もう行かなくちゃ」という〈義務〉の意味にしかならない．すなわち，〈推量〉は2人称についてではなく，典型的に3人称について行うものである．

17.6.6. 疑問文

根源的法助動詞は，疑問文に自由に生じることができるが，認識的法助動詞のうち may, must は疑問文では用いられない．
(1) **May**/**Must**/**Can't** John see Mary today? 〔根源的〕(ジョンはきょうメアリーに会ってもよいか/会わなければならないか/会ってはいけないのか)
(2) ***May**/***Must** John be at home today?

では，その他の認識的法助動詞の場合は，どうだろうか．
(3) **Will** [it rain tonight]? (今夜は雨が降るだろうか)

このような場合も，will は，少なくとも疑問の焦点 (focus) にはなっていない．問われているのは，「雨が降るか降らないか」である．
それは，ちょうど，(4)のような法副詞 (modal adverb) が疑問文に用いられないのと平行している．つまり，認識的法助動詞や法副詞は，疑問の焦点にならない，ということである．

(4) *Did John **possibly**/**probably**/**certainly** come? [*Is it *possibly* that …?]

このことはまた，believe, think, suppose のような法的動詞が疑問の焦点にならないのと軌を一にしている．

(5) I believe John doesn't lie, **does he?**/*do I?
（ジョンはうそは言わないと信じている）

NB 1 (i) の疑問文は，認識的法助動詞を含んでいるが，修辞疑問であるから，それぞれ平叙文が含意されている．
   (i) a. **Can** it be Mary? （いったいメアリーだろうか）[*ie* It *can't* be Mary.]
      b. **Mustn't** there be another reason for his behaviour? (Quirk et al. 1972)
      （彼の行動には別な理由があるはずではないだろうか）[*ie* There *must* be another reason …]

NB 2 次の文は，メタ言語的に，相手の言葉の適切さを問題にしている．
   (i) "It must be John." "**Must** it be John? It **could** be Mary." （「きっとジョンだ」「きっとジョンだろうか．もしかすると，メアリーかもしれないよ」）

17.6.7. 条件節

条件節では，(1) のように，認識的法助動詞は原則的に生じないが，根源的法助動詞は，(2) で見るように自由に生じる．

(1) *If/*When it **will**/**may** rain tomorrow, I'll stay at home.
(2) a. I'll be grateful if you **will** help me.
     （手伝ってくだされば，ありがたい）〈意志〉
   b. I'll come back if I **may**. （許されれば，帰ってきます）〈許可〉
   c. You may come if you **must**. （ぜひもと言うのなら，来てもいいよ）〈必要〉

では，認識的法助動詞は，なぜ，条件節に生じないのだろうか．それは，認識的法助動詞は

(3) It **will**/**may** rain tomorrow.

のような独立文において「雨が降るだろう/かもしれない」という弱い断定（weak assertion）を行うものであるのに，条件節には話し手の断定が含まれないからである，と説明される．

ところが，同じ if 節でも，次のような例において〈予言・予測〉の will が現れることがある．

(4) If it**'ll** make you happy I'll phone him at five past ten, (Archer, *Kane and Abel*)（そのほうがうれしいというのなら，10 時 5 分に彼に電話してあげましょう）
(5) 'If it **will** help you any,' the professor said, 'I can tell you what countries some of them came from …' (Sheldon, *The Doomsday Conspiracy*)
（「何かのお役に立つのなら」と教授が言った．「彼らの何人かが，どこの国から来たのか教えてあげよう」）
(6) We'd like to stay, … if it **won't** inconvenience you. (Montgomery, *Anne of Avonlea*)（ご迷惑でなければ，あたしたち，泊まらせていただきたいわ）

こうした条件節中の will の説明として，古くは Jespersen (*MEG* IV: 400) をはじめとして，R. L. Allen (1966: 179), Jenkins (1972: 102), Haegeman & Wekker (1984), Declerck (1984: 2285), Leech (1987: 65), Palmer (1988: 157) などが論じているが，私見では，(4) は (7) のようにパラフレーズされるような意味を表している。

(7) If *it is the case that*/If *you say*/*think that* it will make you happy, …
    (もしも，そのほうがうれしいということであれば，…)

すなわち，話し手は (4) を発話するとき，相手が実際に If you phone me, it *will* make me happy. のように言ったか，または，相手がそのように考えていることを知っているか，のどちらかである。(7) のパラフレーズは，次の Leech, Close, Declerck, Jenkins のパラフレーズと軌を一にするものである。

(8) If you **will** be alone at Christmas, let us know about it. = If *you can predict now that* S, …   (Leech 1987)
    (クリスマスに独りでいるのであれば，その旨お知らせください)

(9) If the lava **will** come down as far as this, we must evacuate these houses immediately. = If *it is true that* S/If *it is the case that* S, …
    (Declerck 1984) (もしも溶岩がここまで流れてくるというのなら，これらの家から早速立ち退かなくてはいけない)

if 節に認識的用法の may〈推量〉が生起する場合も，同様に説明できる。

(10) If it **may** rain today, we'd better buy rubbers. = If *you are right in saying that* S/*Given that* S, …   (Jenkins 1972)
    (きょう雨が降るかもしれないのなら，ゴム靴を買ったほうがいい)

第 18 章

態

18.1. 受動態の特徴

18.1.1. 「態」とは

態 (voice) とは，プロトタイプ/原型 (prototype) 的には，話題 (topic) が動作主/行為者 (agent/actor) であるか，それとも受動者 (patient) であるかを示す動詞の形式である，としてよい．例えば，

(1) a. Keats **wrote** "Endymion". (キーツは「エンディミオン」を書いた)
　　b. "Endymion" **was written** by Keats.
　　　 (「エンディミオン」はキーツによって書かれた)

において，(1a) のように「行為者－行為－受動者」(actor-action-patient) の関係を示す構文を**能動態** (active voice)，(1b) のように「受動者－行為－行為者」(patient-action-actor) の関係を示す構文を**受動態** (passive voice) と呼ぶ．

したがって，「態」という文法範疇は，プロトタイプ的には，「行為者－行為－受動者」の関係をもつ他動詞に限って認められるものである．(2) のような自動詞や，(3) のような**中間動詞** (middle verb) には「態」は認められない．

(2) Mary **laughed** happily. (メアリーは楽しそうに笑った)
(3) a. John **resembles** his father. (ジョンは父親に似ている)
　　b. Mac **lacks** experience. (マックは経験に欠ける)
　　c. The dress **becomes** her. (そのドレスは彼女によく似合う)
　　d. They **have** a nice house. (彼らは素敵な家をもっている)
　　e. The book **costs** five dollars. (この本の値段は 5 ドルです)

中間動詞になぜ受動態がないかと言えば，それは**関係動詞** (relation verb) に属するものとして，A と B との関係を示すのみで，そこには受動化に必要な「行為者－受動者の関係」(actor-patient relationship) が認められないからである．

自動詞や中間動詞に「態」という文法範疇が認められない以上，(2) や (3) を能動態と言うのは不適当である．能動態は，受動態との対立 (contrast) においてのみ認められる文法形式だからである．

　　NB 次は，Stevie Smith という人の本のタイトルであるが，have が「もつ」という意味ではなく，「過ごす」という意味に使用されているとしても，かなり不自然な文である．

(i)　A Good Time **Was Had** by ALL (1937)　（みんな楽しく過ごした）

18.1.2.　受動態の形式
[A]　**be 受動態** (*be*-passive)：　日本語の受動態は，動詞に受動の助動詞「ラレル」を接辞することで作られ，英語の受動態は，おもに「be + -en（過去分詞）」で作られる．

　(1) a.　John **painted** this picture.　（ジョンがこの絵を描いた）
　　　b.　This picture **was painted** by John.　（この絵はジョンによって描かれた）

　生成文法では，(1b) の基底構造は，(2a) のようなものであると考えられている．基底では，this picture は painted の目的語として，painted の右側に生成される．そして，この位置では格がもらえないので（受動分詞 painted は，形容詞と同様に，格を付与する能力がない），空いている主語の位置へと移動し，そこで was から主格を付与される．

　(2) a.　[*e*] was painted this picture by John.　（[*e*] = empty）
　　　b.　[This picture] was painted *t* by John.

　次の文では，受動動詞が四つ続けて生起している点で興味深い．

　(3)　She **was beaten**, **abused**, **detested**, **scorned**, by a man she loathed.
　　　(Steel, *The Ghost*)（彼女は，彼女が憎悪している男に，なぐられ，虐待され，忌みきらわれ，軽蔑されていた）

　次の (4)–(7) において，(a) 文の -en 形は，過去分詞だから受動態であるが，(b) 文の -en 形は，形容詞だから受動態ではない．Huddleston & Pullum (2002: 1431) は，前者を「**動詞的受動態**」(verbal passive)，後者を「**形容詞的受動態**」(adjectival passive) と呼んでいる（(4)–(6) は Close 1975 からの引用）．

　(4) a.　I **was surprised by** a knock at the door.　（ドアをノックされてびっくりした）
　　　b.　I am *very* **surprised at** you.　（君にはほとほとあきれた）
　(5) a.　I **was interested by** what you told me.　（君の話に興味をそそられた）
　　　b.　I am *very* **interested in** chess.　（私はチェスに大変興味をいだいている）
　(6) a.　I **was annoyed by** mosquitoes all night.　（夜どおし，蚊に悩まされた）
　　　b.　I am *very* **annoyed with** him.　（彼にはひどく腹が立つ）
　(7) a.　I assumed he'd **be known by** the police.　　　(Sheldon, *The Naked Face*)
　　　　（彼は当然警察に知られていると思っていたんだ）
　　　b.　This edition **was** not **known to** earlier scholars.　　　(Quirk et al. 1985)
　　　　（この版は，昔の学者には知られていなかった）

　形容詞の特徴は，very に修飾される点,[1]　決定的には，by 以外の前置詞をとる点

　1.　〈略式体〉では，受動態でも very に修飾されている場合がある．
　　(i)　**I'm very surprised by** this move.　　　　　　　　　　　(*Canadian Sports Leader*)
　　　　（ぼくはこの動きにはひどく驚かされた）

第18章 態

である．したがって，次の例の -en 形も形容詞であって，受動態ではない．

(8) a. He **is absorbed in** his business. （彼は商売に没頭している）
    b. I **am** not **acquainted with** him. （彼とは知り合いではない）
    c. The ground **was covered with** snow. （地面は雪でおおわれていた）

また，次のように，否定の接頭辞 un- の付いた -en 形（いわゆる un 受動文を作る）も，形容詞的受動態の特徴であり，対応する能動文をもたない．

(9) a. The letter **was** still **unanswered**. （その手紙にはまだ返事をしていなかった）
    b. *He **unanswered** the letter.

動詞的受動態と形容詞的受動態を区別する有効なテストは，be 動詞を seem, look, remain で置き替えられるか否かである．

(10) a. They **seemed** very **worried**. （ひどく心配そうだった）［形容詞的受動態］
     b. *The kitchen window **seemed broken** by the thieves. ［動詞的受動態］

[B] **get 受動態**： 17世紀半ばに，**get 受動態**（*get*-passive）が英語史に登場する．おもに話し言葉に用いられて，一義的に動作受動態の意味を表す．後段の §18.3 で詳論する．

NB 次例のような文の -en 形は，対応する能動態がないので，形容詞と見たほうがよい．
  (i) I **was born** in 1985. （私は1985年生まれだ）
一方，is rumored/said などは，受動態でしか使わない．
  (ii) He **is rumored**/**said** to be living in London.
      （彼はロンドンで暮らしているとうわさされている/言われている）

18.1.3. 受動態のパラダイム

以下に，受動態と他の文法形式との結びつきを考察しておこう．

① **現在時制＋受動態**： be ＋ -en
  (1) English **is spoken** here. （ここでは英語を話します）

② **過去時制＋受動態**： was ＋ -en
  (2) This door **was painted** by John. （このドアは，ジョンがペンキを塗った/？このドアは，ジョンによってペンキを塗られた）

③ **進行形＋受動態**： be being -en
  (3) The house **is being painted**. （その家はペンキを塗っている最中だ）

④ **完了形＋受動態**： have been -en
  (4) **Has** John **been told**? （ジョンには話したか）

⑤ **法助動詞＋受動態**： will/may/can/etc. be -en
  (5) **Will** she **be invited**? （彼女は招かれるだろうか）

⑥ **"未来"完了形＋受動態**： will have been -en
  (6) The work **will have been done** by Tuesday.
     （仕事は火曜日には終わるでしょう）

⑦ 完了形＋進行形＋受動態： have been being -en 〈まれ〉
(7) Mary **has been being kissed** by John.
（メアリーは，さっきからジョンにキスされている）

⑧ 法助動詞＋進行形＋受動態： will/can be being -en 〈まれ〉
(8) It **will be being discussed** tomorrow. (CAU)
（それはあす議論されていることになるだろう）
(9) She doesn't trust us. **I shall** always **be being pushed** away from him by her. (Galsworthy, *Freelands*) [Visser]（彼女は，私たちを信用していない．私は彼女のために常に彼から押しのけられてばかりいるだろう）

⑨ 法助動詞＋完了形＋進行形＋受動態： will/may have been being -en 〈まれ〉
(10) By then it **will have been being discussed** for an hour. (CAU)
（それまでには，それは1時間も議論され続けていることになる）［未来指向的］
(11) Mary **may have been being kissed** by John.
（メアリーは，ジョンにキスされ続けていたのかもしれない）［過去指向的］

⑩ **be going to**＋受動態： be going to be -en
(12) The wedding **is going to be held** in June.
（結婚式は6月に行われる予定です）

⑪ 命令形＋受動態： be＋-en
(13) **Be advised** by me, Miss Russell. (Craven, *Tower of Shadows*) [HTI]
（私の忠告に従いなさい，ミス・ラッセル）
(14) Don't **be swayed** by such considerations.
（そんな事柄に左右されるんじゃない）

上の〈まれ〉という判断は，Palmer (1965), Swan (1995) による．

18.1.4. 受動化できる動詞

Chomsky (1965: 104) は，**受動化** (passivization) は様態の副詞類 (manner adverbial) を自由にとる動詞に限られると主張しているが，それでは，know, believe, consider, think, see, hear, perceive のような動詞の受動態を説明することができない．これらの動詞は，他の状態動詞と同様に，様態の副詞類を自由にとることはできないが，受動化は可能だからである (cf. G. Lakoff 1970: 156)．

(1) a. Harry **was seen** by John. （ハリーはジョンに見られた）
   b. The music **was heard** by John. （その音楽はジョンが聴いた）
(2) a. Harry **was considered** a fink by John.
     （ハリーはジョンにいやなやつだと思われた）
   b. It **was believed** by Bill that Harry was president.
     （ハリーは社長だとビルは信じていた）

さて，これらの動詞は，「行為者－受動者」の関係をもつ他動詞ではなく，知覚動

詞 (1)，または認識動詞 (2) であり，主語は〈経験者〉(experiencer) である．したがって，受動態は，プロトタイプ的には「行為者－受動者」の関係をもつ他動詞であるが，そのほかにも，「経験者－対象」(experiencer-theme) の関係をもつ動詞の場合にも可能であることを認めなければならない．
　受動文の主語が〈対象〉で，by 句が〈経験者〉の例を追加しておく．
(3)　Mary **is loved** by John.　(メアリーはジョンに愛されている)
(4)　You will **be missed** by all.　(あなたがいなくなれば，みんな寂しく思うでしょう)

18.1.5.　受動態と話題
次の二つの文を比較してみよう．
(1) a.　John **broke** that window this morning.
　　　　(ジョンはね，けさ，あの窓を割ったんだよ)
　　b.　That window **was broken** by John this morning.
　　　　(あの窓はね，けさ，ジョンが割ったんだよ)

能動態の (1a) と受動態の (1b) とでは，両文の伝達する現実世界の状況は同一であっても，話し手の視点は全く異なる．すなわち，(1a) では行為者である John が**話題** (topic) にされており，(1b) では，受動者である「窓」が話題にされている．その結果，使用される環境も全く異なる．(1a) は，例えば (2a) の問いに答えるものであり，一方，(1b) は，(2b) の問いに答えるものである．

(2) a.　What did John do this morning?　(ジョンは，けさ何をしたのか)
　　b.　What happened to that window this morning?
　　　　(けさ，あの窓に何が起こったのか)

(1b) において，〈受動者〉を話題に選んだ以上，話し手は was broken という受動態の使用を余儀なくさせられる．英語に限らず，すべての言語において受動態を用いるおもな理由は，〈受動者〉を話題にするためである，と言ってよいと思われる．
　さて，(2) で明らかなように，能動文が使用される脈絡と，受動文を使用する脈絡が異なるとするならば，学びとるべき教訓は，(3) のように能動文で表現するべき文を，無理やりに (4) のような受動文に変えて，W. S. Allen (1974: 277) の言う「グロテスクで珍奇な文」(grotesque curiosities) を作り出さないように留意しなければならない，ということである．

(3) a.　John likes girls.　(ジョンは女の子が好きだ)
　　b.　Henry can read German.　(ヘンリーはドイツ語が読める)
　　c.　Beavers build dams.　(ビーバーはダムを造る)
(4) a.　*Girls **are liked** by John.　(*女の子はジョンに好かれる)
　　b.　*German **can be read** by Henry.　(*ドイツ語はヘンリーによって読まれる)
　　c.　*Dams **are built** by beavers.　(*ダムはビーバーによって造られる)

(4) が「グロテスクで珍奇な文」になるのは，(3) が特定の主語についての叙述であるのに，(4) は「女の子」，「ドイツ語」，「ダム」についての (成立しえない) 総称文

(generic sentence) になってしまうからである（例えば，女の子はジョンだけに好かれるわけではないし，ドイツ語はヘンリーだけに読めるわけではないし，ダムはビーバーだけが造るものではない）．(4) を，例えば (5) のようにすれば，受動化の可能な総称文になる．

(5) a.　Girls **are liked** by boys.　（女の子は男の子に好かれる）
　　b.　German **can be read** easily by this method.
　　　　（ドイツ語はこの方法を用いれば楽に読める）
　　c.　Dams **are built** to hold back the water.
　　　　（ダムは水をせき止めるために造られる）

要するに，英語の文の中には，能動文で表現するほうが自然なものと，受動態で表現するほうが自然なものとの2種類がある，ということである．

18.2.　受動態の制約

18.2.1.　意味的な制約

受動文の主語や目的語が数量詞（quantifier）を含む場合，態の変換によって知的意味の相違が生じる．

(1) a.　Everyone in the room **speaks** two languages.　　　　(Chomsky 1965)
　　　　（この部屋にいる人は，みんな（任意の）2か国語を話す）
　　b.　Two languages **are spoken** by everyone in the room.　　　　(Ibid.)
　　　　（この部屋にいる人は，みんな（特定の）2か国語を話す）

このとき，(1a) では，everyone の作用域（scope）が two よりも広いと言い，(1b) では two の作用域が everyone よりも広いと言う．作用域の広いほうの数が，まず最初に固定されるのである．

18.2.2.　受動態が選ばれる理由

英語において受動態が用いられるのは，受動者が旧情報を担うものとして話題化される場合である，と先に述べた．このことを，もう少し細かに考察してみよう．Jespersen (1933: 120) は，受動態が選ばれる理由として，次の五つの要因をあげている．

① 能動文の主語が不明，または容易に表せない場合
　(1)　He **was killed** in the Boer War.　（彼はボーア戦争で死んだ）
　(2)　The doctor **was sent for**.　（医者が呼びにやられた）

② 能動文の主語が脈絡から自明である場合
　(3)　He **was elected** Member of Parliament for Leeds.
　　　（彼はリーズを代表する下院議員に選出された）［選挙民］

③ 何か特別な理由（如才なさ・遠慮）で，能動文の主語を言わないほうがよいとされる場合：　例えば，話し言葉よりも書き言葉（特に学術書）において，しばしば1人

称主語が表現されないのは，このためである．
- (4) Enough **has been said** here of the subject which **will be treated** more fully in a subsequent chapter. (この題目はのちの章で詳論する予定なので，いまはこれだけ述べておけば十分である)

④ 能動文の主語よりも受動文の主語により大きな関心が寄せられている場合
- (5) a. The house **was struck** by lightning. (その家は雷に打たれた)
  b. His son **was run over** by a motor car. (彼の息子は車に轢かれた)

⑤ 文と文との結合を容易にする場合
- (6) She came to the Derby not only to see, but just as much **to be seen**. (彼女がダービー競馬に来たのは，見るためばかりではなく，(人に)見られるためでもあった)

以上 Jespersen のあげる五つの理由は，受動態のおもな存在理由は受動者を話題化することにある，とするわれわれの考えの中にきれいに還元されるものである．例えば，①の場合は，不定の主語を話題化できないからであり，②-④の場合は，話し手は受動者について何か新情報を提供したかったからである．⑤の「文と文との結合を容易にする」というのは，(6) の先行文 (S_1) の主語である she を，後続文 (S_2) においても変えないで，「話題」を統一したいためである．

18.2.3. 動作受動態と状態受動態

非状態動詞(=動作動詞)の受動態は，次に見るように，「…された」という〈動作〉を表す場合と，「…されている」という〈状態〉を表す場合とがある．[2]

- (1) a. The children **were dressed** every morning by their mother.
    (子供たちは，毎朝，母親に服を着せてもらった)〈動作〉
  b. Mary **was dressed** in the latest fashion.
    (メアリーは最新流行の服装をしていた)〈状態〉
- (2) a. He **was buried** yesterday. (彼はきのう埋葬された)〈動作〉
  b. He **is buried** at Cloydon.
    (彼はクロイドンに埋葬されている) [=lies buried]〈状態〉

(2a) の〈動作〉を表す場合は，was と buried とは同じ時を表しているが，(2b) の〈状態〉を表す場合は，buried は is よりも過去においてなされた行為の結果を表している．

これに対して，状態動詞の受動態は，常に〈状態〉を表す．にもかかわらず，動詞的受動態である点に注意せよ(例えば，(4) を *Mary seemed loved by John. と書き替えることはできない)．

- (3) He **is respected** by everybody. (彼は誰からも尊敬されている)
- (4) Mary **is loved** by John. (メアリーはジョンに愛されている)

---
2. ただし，瞬時的動作を示す動作動詞は，〈状態〉を表すことはできない．
  (i) Jim **was hit** by John. (ジムはジョンにたたかれた)

(5) I **am** *very* **depressed** by it. (Hemingway, *A Farewell to Arms*)
(そのことでひどく落ち込んでるんだ)

現在完了形が継続を表す場合も，〈状態〉の意味になる．

(6) I **have been divorced** for three years and have fallen in love again.
(私は3年前に離婚し，いままた恋に落ちました)

この場合の〈状態〉の表す時は，have の時制が表す時と同じである．

さて，〈動作〉を表す受動態は「**動作受動態**」(actional/dynamic passive)，〈状態〉を表す受動態は「**状態受動態**」(statal passive) と伝統的に呼ばれている．

非状態動詞の受動態が〈動作〉，〈状態〉のいずれを表すかは，文脈を見て判断される．例えば，(2a) では yesterday によって〈動作〉の読みが決定され，(2b) では，is buried という現在時制，ならびに，at Cloydon という場所の副詞語句との共起によって〈状態〉の読みが決定される．次の例では，was shut が〈動作〉と〈状態〉の双方を表している（前者が〈状態〉，後者が〈動作〉）．

(7) The door **was shut** at six when I went by, but I don't know when it **was shut**. (Curme 1931)
(私が6時に通り過ぎたときドアは閉まっていたが，いつ閉まったのか知らない)

もちろん，be の代わりに，lie, remain, stand, become などを使えば，常に状態を表すが，その場合は受動態ではなく，「動詞＋形容詞」と分析しなければならない．

(8) a. He **lay injured** in the field. (彼は戦場で負傷して倒れていた)
    b. The whole world is rapidly **becoming Americanized**.
       (全世界は急速にアメリカナイズされている)

18.2.4.「by＋行為者」について

上述したように，英語で（ひいてはすべての言語において）受動構文が使用されるのは，受動者を話題 (topic) にし，それについてコメントしたい場合である以上，「by＋行為者」は，むしろ，表現されないのが普通である．その比率を Jespersen (1924: 168) は，英語の受動構文の 70-94 ％とし，Quirk et al. (1972: 807) は，5 例中 4 例まで（約 80 ％）としている．

では，どういう場合に「by＋行為者」が表現されるのだろうか．それは，「by＋動作主」が新情報の焦点 (focus) になっている場合である，と答えることができる．次の (1a), (2a) において「by＋行為者」が省略できないのは，このためである．

(1) a. John was brought up **by his aunt**. (ジョンは，おばさんに育てられた)
    b. *John was brought up. (*ジョンは育てられた)
    c. Who was John brought up by? (ジョンは誰に育てられたのか)
(2) a. This sonnet was written **by Shakespeare**.
       (このソネットは，シェイクスピアによって書かれた)
    b. *This sonnet was written. (*このソネットは書かれた)
    c. Who was this sonnet written by?

第18章 態   351

（このソネットは誰によって書かれたのか）

(1a) は，(1c) の「誰に」という疑問の焦点に答えたものであり，(2a) は (2c) の「誰によって」という疑問の焦点に答えたものである．

次の例では，定代名詞（＝既知項目）の me が新情報になっている．不明な行為者が誰であるかを明らかにしたのである．

 (3) Mary was being poisoned **by *me*** [sic]. (Christie, *Third Girl*)
  （メアリーは私に毒を盛られていたのです）

18.3.　get 受動態

18.3.1.　特　色

「get＋過去分詞」の形式は，おもに会話で用いられて〈動作〉を表す．³ 〈格式体〉では避けられ，〈略式体〉においてさえ be 受動態よりもはるかにまれである（Quirk et al. 1985: 161）．

 (1) I never **got invited** to parties. (Swan 1995)
  （私はパーティーに招かれるなんて一度もなかった）
 (2) The house is **getting rebuilt**. (Quirk et al. 1985)（その家は改築されている）

get 受動態では，(1)，(2) で見るように，普通，動作主を表さないとされるが（Biber et al. 1999: 481），必要があれば，動作主が表現されるのは言うまでもない．

 (3) Didn't he **get killed by** Italian terrorists? (G. Lyall, *The Crocus List*)
  （彼はイタリアのテロリストに殺されたのではないのか）
 (4) You might **get accosted by** a stranger. (Steel, *Summer's End*)
  （見知らぬ人間に近寄って声をかけられるかもしれませんよ）
 (5) That afternoon we found out that Charlie had fallen in the river and drowned.　And **got eaten by** alligators. (McBain, *The Big Bad City*)
  （その日の午後わかったのは，チャーリーが川にはまって溺死し，それからワニに食われたということだ）
 (6) And then she **got run over by** a car? (Christie, *Murder Is Easy*)
  （それから，その女，車に轢かれたわけ?）

18.3.2.　get 受動態の含意

[A]　**主語の責任**: get 受動態では，be 受動態と比べて，主語の意図性や責任，または事件に対する話し手の同情などがしばしば含意される，と R. Lakoff (1971) は述べている．また，get 受動態は，主語にとって不利益になるなどの否定的な含みが

 3.　しかし，次の例の「get＋過去分詞」は，My mother is *getting old*. などと同様に SVC 型の文型であり，受動態ではない．
  (i) I was **getting tired／bored／excited／confused**.　（私は疲れて／あきて／興奮して／混乱してきた）
  (ii) He **got accustomed to** the new method.　（彼は今度のやり方に慣れてきた）
(ii) においても，to 句を伴っているし，get は become で置き替えることができる．

ある，という Biber et al. (1999: 481) の観察も，同じ趣旨を述べていると思われる．

(1) a. This department is going to hell! Six linguists **got arrested** for possession of marijuana. (R. Lakoff 1971)
(この学科はいまにぶっつぶれるぞ．6人の言語学者がマリファナ所持のかどで逮捕されてしまった）［学科長など，この事件で被害をうける人の発言］

b. At the University of Throgg this afternoon, six linguists **were**/***got arrested** for possession of marijuana. (Ibid.)
(スロッグ大学では，今日の午後，6人の言語学者がマリファナ所持のかどで逮捕されました）［ニュースキャスターなどの報道］

Palmer (1988: 90) は，get 受動態はときに非難 (disapproval) を含意することがあるとして，(2) の例をあげ，Quirk et al. (1985: 161) は，しばしば行為に対する不快な態度を反映するとして，(3) の例をあげているが，これらも「主語（この場合は〈行為者〉）の責任」ということで説明できる．

(2) How did the plates **get broken**?
(どうして皿が割れることになったのか）［Who broke the plates? が含意される］

(3) How did that window **get opened**?
(どうして窓が開けられることになったのか）［＝It should have been left shut!］

[**B**] **主語の存在**: get 受動態では，事件のあとに主語に永続的な変化が生じる（cf. Palmer 1974: 89）．言い替えれば，get 受動態を適切に使用するためには，受動文の主語は，動作をうける以前に存在していなければならない，ということである．次の (4), (5) は，主語に生じた変化を表しているので，get 受動態が適切である．

(4) The picture **got damaged** when we were moving.
(その絵は転居中に傷が付いた）

(5) He **got run over by** an articulated lorry. (BNC)
(彼はトレーラー・トラックに轢かれた）

したがって，次のような，"**達成目的語**"(effectum object) (object of result「結果目的語」(§3.2.4.2) とも言う）の場合，get 受動態は不適切になる．

(6) a. *Our house **got built** in 1925.
(わが家は 1925 年に建てられた）［→ was built, got rebuilt なら文法的］

b. *This sonnet **got written** by Milton.
(そのソネットはミルトンが書いた）［→ was written］

NB get 受動態の場合，主語の意図とか不利益とかの意味は，どこから生じるのだろうか．このことは，例えば get killed は，元来，次のような get oneself killed という使役構造であったという仮説によって説明可能であると思われる．

(i) "I'm going to New York tomorrow morning to enlist in the Army." "You're crazy — you could **get yourself killed**. ..." (Archer, *Kane and Abel*)
(「あすの朝ニューヨークへ行って，陸軍に入隊するつもりだ」「どうかしてるよ，あんた──むざむざ死にに行くようなもんだよ」）

(ii) Actually I just wondered whether you were trying to **get yourself killed**?
(Christie, *Third Girl*)
(実は,あんたは自分から死のうとしてるんじゃないかと思ったものでね)

つまり,自らの意志で,自らを特定の行為に向かわせているのであり,したがって,その行為は当然,"主語の責任"になる.

これに関連して,Quirk et al. (1985: 162) が,get started「始める」という変則 (anomalous) なイディオムは,次のような「get の使役用法と密接な関係があるように思われる」と述べているのは,筆者の考えを支持するものと言えよう.

(iii) How soon can we **get ourselves started** on the pool?
(いつからプールの仕事にとりかかれるだろうか)

以下に,'get oneself + -en' と 'get + -en' の対応関係を示唆する例を追加しておく.(a) 文は,(b) 文から oneself の削除によって生じたというのが筆者の仮説である.(いずれもBNC コーパスからの引用.)

(iv) a. Then I **got arrested** for some petty thing, shoplifting.
(それから,ぼくはつまらんことで逮捕された,万引きさ)
b. I couldn't let Edward take that risk, he might **get himself arrested** for stealing pages from the account books.
(エドワードにそんな危ないまねはさせられなかった.ひょっとすると,会計簿から何ページか盗んだかどで逮捕されかねないからね)

(v) a. I **got elected** to this council. (私はこの評議会に選出された)
b. Richard Nixon's use of advertising to **get himself elected** President
(リチャード・ニクソンが,大統領に選出されるために広告を利用したこと)

(vi) a. Who **got shot**? (誰が撃たれたのか)
b. He was going to **get himself shot**. (彼は撃たれようとしていた)

(vii) a. I'll make sure you don't **get sacked** for it.
(君がその件で馘にならないように留意するよ)
b. And Ollie managed to **get himself sacked** from the place.
(そしてオリーは,まんまとその勤め口から解雇されてしまった)

18.4. 種々の構文の受動態

この節では,種々の受動文の派生の仕方を記述する.

18.4.1. SVO 型の構文

[A] S〈行為者〉+V+O〈受動者〉の場合: これがプロトタイプ(原型)的な受動態である.二,三の例をあげるにとどめる.

(1) Mary **was kissed** by John. (メアリーはジョンにキスされた)
(2) The door **was painted** by Bill. (ドアはビルの手でペンキを塗られた)
(3) Jim **was praised** by the teacher for his diligence.
(ジムは,勤勉さを先生にほめられた)

[B] S〈経験者〉+V+O〈対象〉の場合

(4) The teacher **is respected** by the boys. (その先生は少年たちに尊敬されている)

(5) The story **is believed** by some of them.
(その話は，彼らの一部に信じられている)

[C]　S〈動因〉+V+O〈受動者〉：　しばしば無生物が行為者性（agentivity）を付与されて，あたかも〈行為者〉であるかのようにふるまうことがある．その結果，SVOという，英語の愛用文型が貫徹される．このような無生物名詞の意味役割を，本書では**動因**（cause）と呼ぶ（§3.7.1）.[4]

(6) a.　Frost has **ruined** the crops.
　　　（霜で作物が台なしになった）
　　b.　The crops have **been ruined** by frost.
　　　（作物は霜で台なしにされた）　　　　　　　　　　　（以上 Quirk et al. 1985）
(7) a.　This book will **change** your life.
　　　（この本は，あなたの人生を一変させてくれるでしょう）
　　b.　Your life will **be changed** by this book.
　　　（あなたの人生は，この本で一変するでしょう）　　　　（以上 Swan 1995）
(8)　I **was shocked** by your attitude.　　　　　　　　　　　　（Swan 1995）
　　（君の態度にはショックをうけた）
(9)　The house **is surrounded** by a high wall.　　　　　　　　　（BNC）
　　（その家は高い塀に取り囲まれている）

　NB　次の (a) 文の主語は，〈動因〉,〈行為者〉,〈道具〉のいずれだろうか.
　(i) a.　Smoke **filled** the room.　（煙が部屋に充満した）
　　 b.　The room **was filled** with smoke.　（部屋は煙で充満した）
　(ii) a.　The key **opened** the door.　（その鍵でドアが開いた）
　　 b.　The door **was opened** with the key.　（ドアはその鍵で開けられた）
前置詞 with でわかるとおり，smoke と key は，ともに〈道具〉（instrument）である．

18.4.2.　二重目的語構文

[A]　**give 型動詞**：　give 型の場合，元来は (1b) のように，〈受動者〉（= 直接目的語）を話題化した受動態のみ可能であったが，OE の早いころに (1c) のような〈受領者〉（recipient）（= 間接目的語）を話題化した受動態が発生し，近代英語に至って一般化した．伝統文法では，前者を**直接受動態**（direct passive），後者を**間接受動態**（indirect passive）と呼んでいる.[5]　（t は移動した名詞句の残した痕跡．）

(1) a.　John **gave** Mary the book.　（ジョンは，メアリーにその本を与えた）
　　b.　The book **was given** Mary t by John.
　　　（その本は，ジョンからメアリーに与えられた）［直接受動態］
　　c.　Mary **was given** t the book by John.
　　　（メアリーは，ジョンからその本を与えられた）［間接受動態］

---

4. Quirk et al. (1985) は，このたぐいを 'semi-agent'（準行為者）と呼んでいる．
5. ドイツ語やフランス語には，現在でも間接受動態は発達していない．

現代英語では，通例，人間を話題化した (1c) のほうが普通とされている (cf. W. S. Allen 1974: 269, Swan 1995: 411) が，これは，人間中心の表現を好む現代英語の一般的傾向と平行するものと考えられる（特に，〈米〉では，(1b) を認めない話し手が多い）．

次に，文の各要素を受動 wh 疑問文に変換してみよう．

(2) a. Who **was given** *t* a book by John? （誰が本をジョンから与えられたのか）
 b. *Who **was** a book **given** *t* by John? （本は，ジョンから誰に与えられたのか）
 c. What **was** Mary **given** *t* by John?
    （メアリーは，ジョンから何を与えられたのか）
 d. What **was given** Mary *t* by John?
    （ジョンからメアリーに何が与えられたのか）

ここで，(2a) は文法的なのに，なぜ，(2b) は非文法的なのだろうか．(2a) では，主語が wh 語で置き替えられているので文法的であるが，(2b) では，間接目的語が wh 語で置き替えられているため，who では間接目的語の〈受領者〉の意味が認知しにくくなっているからである，と説明される．[6] この非文法性を救うためには，次例のように，構文を次節で扱う与格構文に変えればよい．

(3) Who was a book given **to** *t* by John? 〈普通体〉

pay の用例を追加しておく（=(1c) 型）．

(4) Chief Parker **was paid** a visit on 24 April 1927 by a Mrs Ethel Trentham, the deceased's mother. (Archer, *As the Crow Flies*)
    （パーカー署長は，1927年4月24日に，故人の母親のエセル・トレンタム夫人という人の訪問をうけています）

NB 二重目的語構文の格付与については，Chomsky (1981) では，John gave Bill a book. において，Bill は gave から構造格を付与され，a book は内在格を付与されると考えている．この考えでは，いろいろな不都合が生じる．
 (i) A book was given Bill by John.
 (ii) What was given Bill by John?
(i) では，a book は，内在格を付与されたまま主語の位置へ移動して主格を付与されるため，格の衝突が生じており，さらに，受動分詞のあとにきた Bill は，なんらの格も付与されていない．(ii) でも，what が内在格を付与されたまま主語の位置へ移動している．にもかかわらず，(i), (ii) はともに文法的である．

筆者は，二重目的語の与格と対格は，「V IO DO」という語順によって認可されたもので，移動した目的語は，語順の認可を失って，もとの格を失い，移動先で新しい格を付与されると仮定する．この考えでは，(i), (ii) はともに問題なく文法的と判断される．

[B] **buy** 型動詞： まず，buy Mary a book の IO (=Mary) を主語とする受動文は容認可能であるが，DO (=a book) を主語とする受動文は容認されない．

---

6. Quirk et al. (1985: 728) も，間接目的語が wh 化された場合（to を付ければ完全に文法的であるが），文法性の判断に揺れが生じることを指摘している．

(5) a. Mary **was bought** *t* a new dress by John.
　　　　（メアリーは，ジョンに新しいドレスを買ってもらった）
　　b. *A new dress **was bought** Mary by John.　［Mary に格が付与されていない］
　　c. Cf. A new dress **was bought for** Mary by John.
　　　　（新しいドレスが，ジョンによってメアリーのために買われた）［与格構文］

18.4.3.　与格構文
[**A**]　**give** 型動詞：　give X to Y という構造は，SVOA 型だから，X を主語にした受動文しか派生できない．
　　(1)　John gave a book **to** Mary.　（ジョンはメアリーに本を与えた）
　　　　a.　A book was given *t* **to** Mary by John.
　　　　　　（本がジョンからメアリーに与えられた）
　　　　b.　*Mary was given a book **to** *t* by John.

(1b) が非文法的なのは，a book が格を付与されていないためである．wh 疑問文：

　　(2) a.　Who was a book **given to** *t* by John?
　　　　　　（本はジョンから誰に与えられたのか）
　　　　b.　*Who was a book **given** *t* by John?
　　　　c.　What was **given** *t* **to** Mary by John?
　　　　　　（ジョンによってメアリーに何が与えられたのか）

(2b) の非文法性は，to がないため，who の〈受領者〉の意味が認知しにくいためである．言い替えれば，与格の who が主格と解されてしまうのである（To whom なら文法的）．

[**B**]　**buy** 型動詞：　buy X for Y という構造で，与格構文の give と同様に，X のみを主語にした受動文が文法的である．

　　(3)　John bought a book **for** Mary.　（ジョンはメアリーに本を買ってあげた）
　　　　a.　A book was bought *t* **for** Mary by John.
　　　　　　（ジョンによってメアリーのため本が買われた）
　　　　b.　*Mary was bought a book **for** *t* by John.　［a book が格を付与されない］

wh 疑問文の例：
　　(4) a.　Who was a book **bought for** *t* by John?
　　　　　　（本がジョンによって誰のために買われたのか）
　　　　b.　*Who was a book **bought** *t* by John?
　　　　c.　What was **bought** *t* **for** Mary by John?
　　　　　　（メアリーのためにジョンによって何が買われたのか）

(4b) が容認不可能なのは，for がなければ，who の〈受益者〉の意味が認知しにくいためである（For whom なら文法的）．
　また，find, catch, cook などの受動文でも，必ず for が必要である．
　　(5)　A taxi was found ***me/for me**.　（タクシーが私のために見つけられた）

(6) Some fish had been caught/cooked ***us**/**for us**.
　　（魚が私たちのために捕らえられた/料理された）

一方，bring の場合は for のない形式も容認されている。[7]

(7) Some flowers had been brought **him**/**for him**.
　　（花が彼のところにもって来られた）

ただし，Quirk et al. (1972: 347) は，(7) の例では，for を落とした形式のほうは「自然でない」(less natural) としている．

それにしても，to を省略しても（少なくとも〈英〉では）容認可能なのに，for を省略すると，なぜ，容認可能性が落ちるのだろうか．それは，for は「…のために」という，明確な語彙的な意味をもっているので，これを落とすと，名詞句の文中の機能（=〈受益者〉）を認知することが困難になるためと考えられる．

18.4.4. SVOC 型の構文

これは，目的語 (O) が受動構文の主語になり，C がそのままの位置に保留 (retain) されるだけで，ほとんど問題はない．ちなみに，受動構文の文型は SVC 型になる．

(1) a.　They **elected** John captain.（彼らはジョンをキャプテンに選んだ）
　　b.　John **was elected** captain.（ジョンはキャプテンに選ばれた）［C は名詞］
(2)　The door **was pushed** open.（ドアは押し開けられた）［C は形容詞］
(3)　Mary **was found** cooking the dinner.
　　（見ると，メアリーは食事を作っていた）［C は ing 形］
(4)　The children **were seen** beaten by their rivals.
　　（子供らはライバルに負かされるのを見られた）［C は過去分詞］
(5)　I **was forced** to attend the meeting.
　　（私はむりやりにその会に出席させられた）［C は to 不定詞］

NB 上例は，すべて SVOC 型としておいたが，厳密に言えば，(5) のみがそうであって，他のものは SVO 型である（§2.2.8 を参照）．

18.4.5. 「他動詞＋目的節」の場合

この場合，目的節を受動文の主語にするよりも，形式主語 it を挿入して，受動文の主語にするのが普通である（「文末重心の原則」§38.4）．

(1) a.　People **believed** that witches communicated with the devil.
　　　（魔女は悪魔と親しく交わっている，と人々は信じていた）
　　b.　*It* **was believed** that witches communicated with the devil.
　　　（魔女は悪魔と親しく交わっている，と信じられていた）
　　c.　?That witches communicated with the devil **was believed**.
(2) a.　John **saw** that she was pretty.（ジョンは彼女が美人なのを見てとった）

---

7. bring は，give 型にも，buy 型にも用いられることに原因があると思われる（§37.4.3.1 [B] を参照）．

b.　*It* **was seen** (by John) that she was pretty.　　　(以上 Quirk et al. 1972)
　　　　　（彼女が美人なのを（ジョンは）見てとった）
　　　c.　?That she was pretty **was seen**.

ただし，次のように，動詞句に副詞語句が付くなどして情報量が増してくると，目的節を受動文の主語にすることが可能になる．

　(3) a.　That witches communicated with the devils **was** *widely* **believed**.
　　　　　（魔女が悪魔と親しく交わっているということは，広く信じられていた）
　　　b.　That Ruth would be on time could *hardly* **be expected**.
　　　　　（ルースが定刻に来るなんて，とても期待できなかった）

　NB　次の三つの文を比較せよ（いずれも「ジョンは百万長者だと言われている」の意味を表す）．
　　　(i)　People **say** that John is a millionaire.
　　　(ii)　**It is said** that John is a millionaire.　（<[*e*] is said that ...）
　　　(iii)　John **is said** to be a millionaire.
これらの文では，(iii) が「一番よい」(best) と W. S. Allen (1974: 274) は言っている．(ii) の例は，受動文の主語の位置は基底では空いていることを示す好例である（§18.1.2）．空いている主語の位置に，拡大投射原理 (extended projection principle, EPP)（＝すべての節は主語をもつ）の要請によって，虚辞の it が挿入されるわけである．(iii) は，(i) の受動文ではなくて，現在ではすたれている，次の「不定詞付き対格」(accusative with infinitive) 構文（§20.5.3 [E]）に対応する受動文であることに注意．
　　　(iv)　*People **say** John **to be** a millionaire.
次に，Marlowe から (iv) 型の文の実例をあげておく．OED² によれば，これは「ラテン語法」(Latinism) で，いまは廃用である．
　　　(v)　This thou wilt **say to be** a worthy ground.　　　(*Ovid* 3.1.26)
　　　　　（これこそは立派な分野だ，とあなたは言うだろう）

18.4.6.　「動詞・不変化詞」の構文

　次のような，「動詞・不変化詞結合」(verb-particle combination) が一つの他動詞として働く場合，受動化が可能である．この構文の詳論は，第35章を参照．

　(1) a.　Mary **was called up** by John.
　　　　　（メアリーはジョンに電話をかけられた）［句動詞］
　　　b.　Mary **was called on** by John.
　　　　　（メアリーはジョンの訪問をうけた）［前置詞付き動詞］
　　　c.　That fellow can't **be put up with**.
　　　　　（あの男には我慢できない）［前置詞付き句動詞］
　　　d.　John **was taken advantage of**.　（ジョンは弱みに付けこまれた）［複合動詞］

さて，(1a) の句動詞は，普通，スタイルを損なわずに受動化できる．

　(2)　Chris **was brought up** by Aunt Matilda.
　　　　（クリスはマチルダおばさんに育てられた）

しかし，次のような「句動詞＋目的語」が自動詞的なイディオムになっているよう

な場合は，受動化できない．句動詞全体が自動詞として機能しているためである．

(3) a. The train **picked up speed**. (Quirk et al. 1985)（電車は速度を増した）
   b.*?Speed **was picked up** (by the train).

(1c) の前置詞付き句動詞の受動文では，過去分詞に強勢が置かれる (Zandvoort 1972: 54)．

(4) a. Has any decision **been cóme to**?　[=reached]（何か決定に至りましたか）
   b. He could always **be relíed upon**.　[=trusted]（彼はいつも信頼できた）
   c. A doctor must **be sént for** at once.　[=called]
   （すぐに医者を呼ばなくてはならない）

前置詞付き句動詞が受動化できるかどうかの基準は，前置詞（あるいは句動詞）の目的語が〈受動者〉になっているか否かである．例えば，

(5) a. This house **was lived in** by George Washington.
   （この家にはジョージ・ワシントンが住んでいた）
   b. *Virginia **was lived in** by George Washington.

(5a) の場合, this house は live in (=inhabit) という動作の〈受動者〉になっている（階段がすり減るなど，人が居住した跡が歴然と残る）．これに対して，(5b) の場合は，Virginia 州は〈場所〉(location) を表すのみで，live in の〈受動者〉になりえない．Virginia 州全体が Washington の居住によって影響をうけることは考えられないからである (cf. Langendoen 1970: 38)．

次の例についても，同様なことが言える．

(6) a. A conclusion **was arrived at**.　（ある結論が得られた）
   b. *A station **was arrived at**.　　　　　　　（以上 Quirk et al. 1985）
(7) His bed had not **been slept in**. (Doyle, *Memoirs of Sherlock Holmes*)
   （彼のベッドには，人が眠った形跡がなかった）

すなわち，(6a) の conclusion は arrive at (到達する) の〈受動者〉なのに対して，(6b) の station は〈場所〉以外の何ものでもない．(7) の bed は，sleep in という行為の影響をもろにうける〈受動者〉である．

(1c) の前置詞付き句動詞は，おもに〈略式体〉の英語で使用される．このうち，put up with = tolerate / look in on = visit のように，1 語の他動詞に書き替えられるもの (= 他動性の高いもの) は，受動化が可能である．

(8) a. The death penalty has **been** recently **done away with**.　(Quirk et al.
   1985)（死刑は最近廃止された）[=abolished]
   b. What **was looked down on** was male effeminacy.　(Google)
   （軽蔑されたのは，男性の柔弱さだった）[=despised]

(1d) の複合動詞 (complex verb) の場合は，次のように，2 種の受動態が可能である．

(9) a. **Advantage was taken of** John.　（ジョンは弱みに付けこまれた）
   b. John **was taken advantage of**.　（同上）

この場合，(9a) は，(10a) の advantage を受動文の主語にした構文であり，(9b) は take advantage of を，例えば，utilize という1個の他動詞として再分析 (reanalysis) し，その複合動詞の目的語 John を主語にした構文である．

(10) a.

```
            VP
          /    \
         V      PP
        / \    /  \
       V  NP  P   NP
       |   |  |    |
      take advantage of John
```

⇒再分析

b.

```
            VP
          /    \
         V      NP
         |       |
    take advantage of  John
```

この場合，(9b) よりも，(9a) のほうが〈格式体〉であり，ときには容認不可能な場合が生じる (cf. Quirk et al. 1972: 848)．例えば，make sense of (=understand), make fun of (=ridicule), give way to (=yield), catch sight of (=see) のように，複合動詞の熟語性 (idiomaticity) が高い場合——言い替えれば，全体として結合力が強くて，一つの意味単位としてふるまうものであれば，次のように，普通，その内部から NP を取り出して受動文の主語にすることはできない．

(11) a. This code can never **be made sense of**. （こんな暗号はわかりっこない）
　　b. *Sense can never **be made of** this code.

これに対して，複合動詞の熟語性が低くて，例えば，その内部の NP が修飾語をとりうるような場合は，複合動詞に再分析できないので，その NP のみが受動文の主語になる傾向がある (cf. Quirk et al. 1972: 848)．

(12) a. *Considerable* **allowance** will **be made for** special cases.
　　　　（特別な事例については，かなりの手心が加えられるだろう）
　　b. *Undue* **advantage** was **taken of** his weakness.
　　　　（彼の弱みが不当に利用された）

NB 生成文法では，(1c) の前置詞付き句動詞の受動態を "擬似受動態" (pseudo-passive) と呼んでいる．次の二つの例の文法性の違い考察してみよう．
　　(i) a. This bed **was slept in** by Napoleon. （このベッドにはナポレオンが寝た）
　　　 b. *The meeting **was yawned during** by John.
(ia) が文法的なのは，sleep in が1個の複合動詞として再分析できるのに対して，(ib) が非文法的なのは，yawn during が1個の複合動詞として再分析される余地がないためである．次の例は，どうだろうか．
　　(ii) a. *This lake **was camped beside** by my brother.
　　　 b. This lake is not to **be camped beside** by anybody.
　　　　（この湖のそばでは，誰もキャンプしてはならない）
(iia) が非文的なのは，この湖のそばでキャンプしたのは私の弟ばかりではないからである．つまり，この文の命題内容は，*French is spoken by Mary. と同様に成立しないのである．一方，(iib) が文法的なのは，その命題内容が "主語の特徴づけ" をするものとして，誰が見ても成立するものだからである．

18.4.7. 受動不定詞

(1) のように，文の主語が〈行為者〉になっている場合は，形容詞用法の to 不定詞は，受動不定詞にしない．

(1) a. I've got work **to do**/***to be done**. (私にはする/*されるべき仕事がある)
    b. I found a poem **to memorize**. (暗記するべき詩を見つけた)

また，不定詞の主語が for NP の形式で明示されている場合も，当然，能動不定詞が用いられる．

(2) I found a book *for my child* **to read**. (私の子が読める本を見つけた)

一方，〈受動者〉が主語になっている場合は，通例，be のあとで受動不定詞が用いられる．

(3) a. These sheets are **to be washed**. (Swan 1995)
    (これらのシーツは洗濯しなければならない)
    b. This form is **to be filled in** in ink. (Ibid.)
    (この書式はインクで記入しなければならない)

その他の場合は，能動不定詞と受動不定詞のどちらを用いてもよい．

(4) a. There's a lot of work **to do**/**to be done**.
    (なすべき/なされるべき仕事がたくさんある)
    b. There are six letters **to post**/**to be posted**.
    (投函するべき/されるべき手紙が6通ある)
    c. The people **to interview**/**to be interviewed** are in the next room.
    (面接するべき/されるべき人々は，隣の部屋にいる) [前者は面接委員の視点，後者は面接される人の視点で書かれている]

ところで，(4) の諸例において，Swan (1995: 273) は能動と受動の不定詞の双方が可能だとしているが，両者は同義ではない．例えば，(4a) において能動不定詞の場合は，a lot of work *for me* to do のように，不定詞の意味上の主語が省略されていると見るべきであり，これに対して，受動不定詞の場合は，a lot of work *which is* to be done の意味を表している．

次の nothing to do と nothing to be done との間の意味の違いも，同様に説明される．

(5) a. There's **nothing to do** — I'm bored. (Swan 1980)
    (何もすることがない——退屈しちゃった) [= nothing for me to do]
    b. There's **nothing to be done** — we'll have to buy another one. (Ibid.)
    (もうどうしようもない——別なのに買い替えなくちゃだめだ)
    [= nothing which is to be done]

18.4.8. 「他動詞＋様態副詞」

「他動詞＋様態副詞」の構文を受動化する場合は，普通，他動詞の右側にあった様態副詞は，過去分詞の左側へ移動される．

(1) a.　You can **mend** this door **easily**.　(このドアは楽に修理できます)
　　 b.　This door can **be easily mended**.　(同上)
(2)　This article has been **beautifully written**.　(この記事は文章が見事だ)
(3)　He is **well spoken of**.　(彼は評判がいい)[He is *spoken well of*. よりも普通]
(4)　This child has been **very badly brought up**.
　　　(この子はしつけがまるでできていない)

18.4.9.　能動受動態

　能動受動態 (activo-passive) というのは，Jespersen (*MEG* III: 347) の用語で，(1)のように，能動態の形式で受動的な意味を表す用法を言う．生成文法では，この構文のことを**中間態** (middle voice) と言い，中間態を作る動詞を中間態動詞 (middle verb) と言うことがある．日本語では，「売レル，読メル」のような可能動詞が対応する．

(1) a.　This book **reads** *well*.　(この本は読んでおもしろい)
　　 b.　The new Ford **is selling** *badly*.　(新型フォードは売れ行きが悪い)
　　 c.　Clay **shapes** *well*.　(粘土は成形しやすい)
　　 d.　Math theses **type** *slowly*.　(数学の論文は，タイプするのに時間がかかる)
　　 e.　This cereal **eats** *crisp*.　(このシリアルは，食べるとパリパリする)

これらの文の述語動詞が受動的な読みを与えられるのは，それらの動詞は元来他動詞であるのに，〈受動者〉が話題化されているため，文全体に受動的な読みを付与せざるをえない——言い替えれば，そうしないと意味解釈が成立しないからである，と説明される．

　これらの文は，主語の特徴を述べるものであるから，通例，現在時制で用いられること，また，(1)の諸例で見るように，動詞は通例，様態副詞または形容詞を伴っている点に注目するべきである．それらの副詞は，新情報の焦点 (focus) になっているので，それらを削除した，次のような文は容認不可能になる．

(2) a.　*This book reads.
　　 b.　*This cereal eats.
　　 c.　*Clay shapes.

第 19 章

叙 想 法

19.0. 概 説

19.0.1. 叙　法
　文の内容に対する話し手の心的態度を表す動詞の語形を**叙法** (mood) と言う．
　英語には，次の3種類の叙法が認められる．
[**A**]　**叙実法** (indicative mood)：　事柄を「事実として」(as a fact) 述べる叙法で，[1]「直説法」とも言うが，本書では，細江 (1933) に従い，より適切な名称として**叙実法** (fact-mood) を用いる．大半の文は，この叙法で書かれる．

(1)　John **is** a student. （ジョンは学生だ）
(2)　The child **was** seriously ill. （その子供は重病だった）
(3)　Bill **has gone** to Australia. （ビルはオーストラリアへ行ってしまった）

[**B**]　**命令法** (imperative mood)：　命令・依頼などを表す場合に用いられる叙法で，現代英語では，動詞の原形と同じ形になる．命令文についての詳細は，§39.5を参照．

(4)　**Go** at once. （すぐ行け）
(5)　**Be** quiet! （静かに（しなさい）！）
(6)　**Don't touch** anything. （何にもさわるな）
(7)　**Don't** be silly! （ばかなことを言うんじゃない）

　NB　現代英語で，動詞の原形と同じ形式になっているため，命令法が見えなくなっているが，ドイツ語やフランス語の場合と同様に，OE, ME では命令法は独自の形式をもっていた．

	不定詞	命令法単数	命令法複数
OE	bindan（結ぶ）	bind	bindaþ
ME	binde(n)	bind	bindeþ
G.	sagen（言う）	sag(e)	sagt
F.	aller（行く）	va	allez

[**C**]　**叙想法** (subjunctive mood, SUBJ)：　事柄を現実の事実としてではなく，一つの「想念」，すなわち，話し手の心の中で考えられたこととして，あるいは仮想世界の状況として，述べる場合に用いられる．英文法では，「仮定法」という用語がよ

---
1. 事実を述べるのではなく，事実として述べるのである．例えば，Two and two makes five.（2足す2は5）は，数学的な事実ではないが，叙実法で書かれた文法的な文である．

く使用されるが，この叙法で述べられた文がすべて仮定を表しているかのような誤解を与えるので，本書では，細江 (1933) に従い，より適切な名称として「叙想法」を用いる．次の3種類に分けられる．

① **叙想法現在**（動詞は原形を用いる）
(8) Grammar **be** hanged! （文法なんか，くそくらえだ！）
(9) God **bless** you! （神様の祝福がありますように！）

② **叙想法過去**
(10) If I **were** you, I **would** learn English.
(私だったら，英語を勉強するだろうね)［が，私はあなたではない］

③ **叙想法過去完了**
(11) I wish you **had told** me the truth.
(本当のことを話してくれたらよかったのに)［が，話してくれなかった］

19.0.2. 叙法が生成される節点

叙法 (mood) という文法範疇は，AUX（助動詞）の中に，統語特徴 (Mood, M) として基底生成されると仮定する．AUX の節点には，時制 (Tense)，一致要素 (AGR) もあるので，これに叙法 (M) という特徴が加わって，複合特徴 (complex features) となる．(1) は，独立文の構造である．

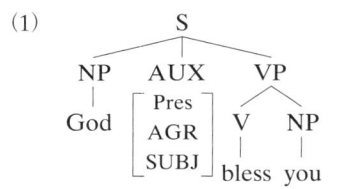

(1)
```
            S
      ┌─────┼─────┐
     NP   AUX    VP
      │    ┌──┐  ┌┴─┐
     God  │Pres│ V  NP
          │AGR │ │   │
          │SUBJ│bless you
          └──┘
```

従属節の場合は，次のようになる．

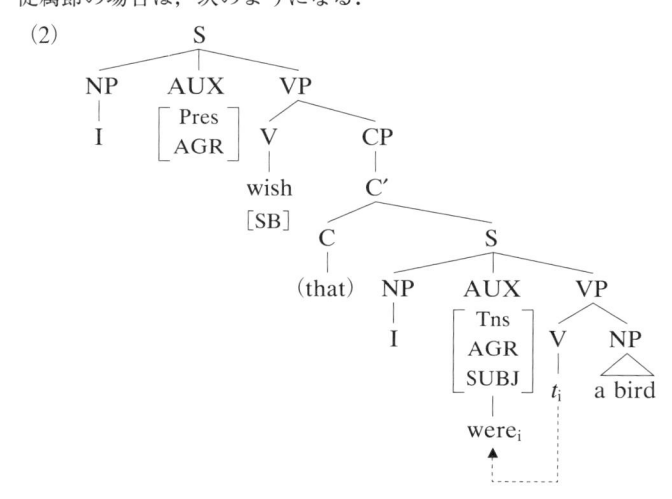

(2)
```
            S
      ┌─────┼─────┐
     NP   AUX    VP
      │   ┌──┐  ┌┴──┐
      I   │Pres│ V   CP
          │AGR │ │    │
          └──┘ wish   C'
                [SB]  ┌┴──┐
                      C    S
                      │  ┌─┼──┐
                   (that) NP AUX  VP
                          │  ┌──┐ ┌┴─┐
                          I  │Tns│ V  NP
                             │AGR│ │   △
                             │SUBJ│ t_i a bird
                             └──┘
                              │
                            were_i
```

(3) a. I wish I **were** a bird!（鳥であったらいいのになあ！）
      [SB]　　[SUBJ]
   b. I demand that he **be** placed under arrest.　　(Burroughs, *The Lost*
      [SB]　　　　　　[SUBJ]
      Continent)（彼を逮捕することを命じる）

(3a, b) において，主節動詞のもつ [SB] という特徴は，それぞれ，従節の内容を〈想念スペース〉に変換する引き金となる「**スペース構築語**」(space builder) (cf. Fauconnier 1997: 39) である．

独立文の場合，[SB] は，「これから〈想念スペース〉を構築するぞ」というふうに，話し手の脳の中に存在すると想定する．

19.1. 叙想法現在

叙想法現在は，次のような場合に用いられる．動詞の形式は，人称・数を問わず原形である．

19.1.1. 独立節中で

祈願を表す独立節で，若干の定型表現 (formulaic expression) に用いられる (**祈願の叙想法** (optative subjunctive))．印欧祖語にあった希求法 (optative mood) の反映形 (reflex) である．

(1) God **save** the Queen!（神様が女王を守らせたまわんことを！）
(2) God **forgive** me.（神様がお赦しくださいますように）
(3) Long **live** our noble Queen!（気高き女王，万歳！）
(4) So **help** me God!（神に誓って！）[宣誓]
(5) Heaven **forbid** that he should injure you!
    （彼があなたを傷つけることが絶対ありませんように！）
(6) Heaven **be** thanked you were not killed.
    （ありがたい，あなたが殺されなくて）
(7) 'God **have** mercy on his soul,' said my aunt piously.
    （「あの人の魂に神様が慈悲を垂れたまわんことを」とおばは，敬虔な口調で言った）

聞き手に不利益になる祈願は，「呪詛・ののしり」に転換する．

(8) Kinsman **be** hanged!（身内なんて，くそくらえだ！）
(9) Deuce **take** it! / **Damn** you!（ちくしょう！）
(10) **Be damned to** that.（そんなもの，くそくらえ）
(11) **Fuck** you — I'm leaving.（OALD⁶）（ちきしょう——おれは帰る）

NB　ドイツ語，フランス語，イタリア語などにも類例が見いだされる．
　(i) a. G.　Edel **sei** der Mensch!　'May man be noble!'
　　 b. F.　La paix **soit** avec vous!　'Peace be with you!'
　　 c. It.　**Viva** il nostro partito!　'Long live our party!'

これらの言語においても，祈願の叙想法は独立節に生じる．ゆえに，これらの言語で使用さ

れている「接続法」という用語は，不適切である．

古い英語では，叙想法現在は，勧誘を表す場合にも使用される（**勧誘の叙想法**（hortative subjunctive））．

(12) And **looke we** friendly on them when they come： (Marlowe, *1 Tamburlaine* 337)（彼らが来たら，友好のまなざしを向けよう）

(13) come, **goe we** to the King, (Shakespeare, *Hamlet* 2.1.114)（さあ，王様のところへ参りましょう）

勧誘の叙想法は，今日の英語では，荘重な詩文に保有されているだけであるが，ドイツ語では現用されている．

(14) a. **Sprechen** wir Deutsch.（ドイツ語を話しましょう）［１人称］
b. **Kommen** sie herein!（どうかお入りください）［２人称］

さらに，文章体では，**命令の叙想法**（jussive subjunctive）も使用される．

(15) And **witnesse** heauen how deere thou art to me. (Marlowe, *Edward II* 463)（天も照覧あれ，そなたは私にとってどれほど愛しいことか）

(16) Heaven **forbid** I should deny good points in him. (Dickens, *Great Expectations*)（私が彼の長所を否定するなんて，滅相もない）

(17) **Suffice** it to say that we won. ［＝Let it suffice ...］ (Quirk et al. 1985)（われわれは勝った，とだけ言っておこう）

(18) **Be it noted that** I attempt to follow instructions very carefully. (Google)（注意してほしいが，私は指示に注意深く従おうとしているのだ）

(19) If that means delaying the trip, **so be it**. (LDCE[4])（それで旅行が遅れるということなら，そういうことにしておこう）

19.1.2. 従属節中で

［**A**］ lest 節

① **心配・恐れなどを表す語句の補部として**（文章体で，今日では that が普通）．

(1) it is my fear *lest* evil **come** to the lodge which makes me speak in anxious words. (Doyle, *The Valley of Fear*)（私が不安な言葉で話すのは，この番小屋に災いが降りかかりはしないかという恐れからです）

(2) she knew how you loved the boy and feared *lest* it **break** your heart. (Id., *The Case Book of Sherlock Holmes*)（彼女は，あなたがその少年をどんなに愛しているかを知っていて，そのことであなたがひどく悲しむのではと心配したのです）

② **懸念の副詞節**：〈英〉ではきわめて格式的なスタイルに限られるが，〈米〉ではそれよりは普通に用いられる (Quirk et al. 1985: 158)．

(3) He was remarkably solicitous *lest* his guest **be** disturbed. (Burroughs, *The Beasts of Tarzan*)（彼は客人がじゃまされはしないかとひどく心配していた）

〈英〉では，叙想法代用形の should が用いられることが多い．

(4) She worried *lest* he **should** tell someone what had happened. (LDCE⁴)
(彼女は彼が事件のことを誰かに言いはしないかと気を揉んでいた)

　NB 〈米〉でも lest 節中に should/may/might が用いられないわけではない．
　　(i) He trembled *lest* his piece **should** fail. (Brown)
　　　(彼は自分の作品が失敗しはしないかとおののいた)

[B] **条件・譲歩を表す節中で**： ある事柄を「事実」としてではなく，単なる「想念」として述べるのに用いられる．現代英語では，〈格式体〉でのみ用いられ，普通は叙実法が使用される．

(5) Now, sir, *if* it **be** your pleasure, I will follow. (Cooper, *The Last of the Mohicans*)(思し召しなら，従いて参りますわ)
(6) *Though* the sore **be** healed, yet a scar may remain. 〈諺〉
　　(傷は治っても，傷跡は残る)

命令の叙想法は，次の例のように，従属節に格下げされて，〈譲歩〉を表すこともある (cf.「さもあらばあれ」)．

(7) **Be** that as it *may*, terrible things clearly happened. (BNC)
　　(それはともあれ，確かに恐ろしいことが起こったのだ)
(8) **Be** it ever so humble, there's no place like home. (Payne, *Home, Sweet Home*)(いかに粗末であろうと，家庭にまさるところはない)
(9) You must not interfere, **come** what *may*. You understand?
　　　　　　　　　　　　　　　　　(Doyle, 'A Scandal in Bohemia')
　　(何が起ころうと，君は手出しをしてはいけない．わかったかね)
(10) Mrs Rachel, **ponder** as she *might*, could make nothing of it.
　　　　　　　　　　　　　　　　　(Montgomery, *Anne of Green Gables*)
　　(レーチェル夫人は，いくら考え込んでも，さっぱり見当がつかなかった)

[C] **時の副詞節中で**： 未来は未知の世界であるから，叙想法が用いられるのは驚くにあたらない．

(11) tell him *ere* it **be** long, Ile (= I'll) visit him. (Marlowe, *Massacre at Paris* 919) (ほどなく訪ねるから，と彼に言ってくれ)
(12) shee will keepe no foole sir, *till* she **be** married, (Shakespeare, *Twelfth Night* 3.1.33) (彼女は結婚するまで，道化を家においておかないでしょう)

ただし，今日の英語では，叙実法が用いられるのが普通である．

(13) Look *before* you **leap**. 〈諺〉(跳ぶ前に見よ，'転ばぬ先のつえ')
(14) Let's wait *until* the rain **stops**. (OALD⁶) (雨がやむまで待ちましょう)

[D] **that 節中で（命令的叙想法 (mandative subjunctive)）**： 広義の命令表現に続く that 節では，叙想法現在が使用される（命令が実行されるかされないかは不明である，ゆえに叙想法）．これは，古い用法がおもに〈米〉に残ったもので，〈英〉でも使用されつつあるが，「想念の should」を使うほうが普通である (§17.3.5.2)．

〈命令〉の意味を表す表現は,次のような動詞・形容詞・名詞である。言い替えれば,これらが「スペース構築語」(SB) である。

(15) a. 動詞: command, decide, desire, insist, intend, move, order, prefer, propose, request, suggest
b. 形容詞: advisable, desirable, essential, fitting, imperative, important, necessary, vital
c. 名詞: decision, decree, order, requirement, resolution

(16) He *insisted* that she **leave** the room. (Archer, *Kane and Abel*)
(彼は,彼女が部屋から出て行けと言い張った)

(17) My final task as chairman of Lester's is to *propose* that the new chairman **be** Mr. Richard Kane. (Archer, *The Prodigal Daughter*)
(レスター銀行頭取としての私の最後の仕事は,リチャード・ケイン氏を新しい頭取にすることを提案することであります)

(18) The Director *asked* that I **meet** with you. (Sheldon, *The Doomsday Conspiracy*) (あなたに会うように長官が求めたのです)

(19) I *demand* that he **go** there. (彼がそこへ行くことを命ずる)

(20) It *is/was necessary* that he **start** at once. (彼はすぐ発つ必要がある/あった)

(21) it's *important* that he **have** the right wife. (Sheldon, *If Tomorrow Comes*)
(彼がふさわしい妻を得ることが肝心だ)

(22) *All that mattered* was that she **escape**. (Sheldon, *The Other Side of Midnight*) (大事なことは,彼女が逃れることだった)

次例では,「形容詞+名詞」が〈命令・要求〉の意味を表している。

(23) a. It is my *ardent wish* that he **come** at once.
(彼がすぐ来ることを私は熱望している)
b. The *important point* is that both **be** satisfied with adjustment.
(肝心な点は,双方が調整に満足するということだ)

次の補文中の not の位置,および,否定文でありながら do が生じていない点に注意せよ。

(24) I would *suggest* that you **not offend** Miss Page any further.
(Sheldon, *The Other Side of Midnight*)
(これ以上ミス・ページの機嫌を損なわないほうがいいと思うよ)

(25) I *thought it best* that we **not be** seen together, in case you're being followed. (Id., *If Tomorrow Comes*) (おれたちがいっしょにいるところを見られないのに越したことはないと思ったんだ,君が尾行されていたらいけないからね)

NB 1 〈英〉では,このタイプは〈形式ばった〉スタイルとみなされ,普通,"想念の should" を用いる。
(i) It *is imperative* that you **should** go now. (君がいま行くことが絶対必要だ)
〈米〉では,(i) に should を付けると,(ii) のように二とおりにあいまいになる。

(ii) a.   Go now.
   b.   You **should** (＝ought to) go now.
〈英〉では，(i) は (iia) の意味しか表さない．
NB 2　insist (a 主張する；b 要求する)，suggest (a 暗示する；b 提案する) などは，a の意味では「that＋叙実法」を，b の意味では「that＋叙想法現在/should」をとる．
   (i) a.   He *insisted* that she **was** right.　(彼女の言うとおりだ，と彼は言い張った)
   b.   He *insisted* that she (**should**) **start**.　(彼は彼女が発つことを要求した)
NB 3　Haegeman & Guéron (1999: 325) は，次の二つの文を対比して，(ib) には，(ia) の should に対応する，潜在的な法助動詞 M があると仮定している．
   (i) a.   It is important that he **should not** be forgotten.
         (彼のことを忘れないことが肝心だ)
   b.   ＝It is important that he [**M**] **not** be forgotten.
この考え方は，Radford (1988: 307) が，(ib) のような節には「空の」(empty) 法助動詞がある，と仮定するのと軌を一にするものである．AUX の位置に目に見えない法助動詞 M があると仮定するなら，does not のように，do が生じる理由がないことが説明される．
　もう一つの説明法は，lest … (should) go など should の出没の場合と同様に，〈米〉では，この環境では should が削除されるとすることである．この説明法は，少なくとも共時的観点からは可能であろう．
NB 4　叙想法節を導く that は省略できないのか：Haegeman & Guéron (1999: 108) は，(i) のような，命令的叙想法節を導く that は省略できないと言い，Radford (1988: 307) も，補文標識 (C) と一致要素 (I＝AUX) との間に一致関係が見られるので，叙想法節の補文標識 that は省略できないとする．
   (i)   I *demand that* he **see** the president now.　［叙想法現在］
         (彼にいますぐ会長に会ってもらいたい)
しかし，この仮説は，英語の実態と合致しない．なぜなら，次のような，叙想法節を導く補文標識が省略される場合を説明できないからである．
   (ii)   I *wish* ø I **were** taller.　(OALD⁶)（もっと身長があればなあ）
   (iii) The committee *proposes/proposed* (*that*) Mr Day **be** elected.　(Quirk et al. 1985)（委員会はデイ氏を選ぶように提案する/した）
   (iv)   I *suggested* we **fly** to Strasbourg.　　　　　　　　(Hemingway, *Fiesta*)
         (ストラスブールまで飛行機で行こうと提案した)
NB 5　叙想法節の動詞は，例えば，
   (i)   I *demand* that he **go** there.　(彼がそこへ行くことを命ずる)
のように原形で現れるので，C.-Murcia & L.-Freeman (1999: 633) の言うように，時制をもたない非定形動詞と考えるべきであろうか．答えは，ノーである．英語だけを見ているとわからないが，叙想法動詞が定形 (finite) であることは，第一に，英語よりも屈折の豊かな言語（ドイツ語，フランス語，イタリア語，スペイン語，ルーマニア語など）の観察から，言語横断的に帰結される事実である．以下に，スペイン語の例をあげる．
   (ii) a.   Exijo que Juan **parta** para Hawaii mañana.
         [SB]　　　　[SUBJ 3 Sing Pres]
         'I-demand that Juan leave for Hawaii tomorrow.'
   b.   Exigi que Juan **partiese** para Hawaii el dia siguiente.
         [SB]　　　　[SUBJ 3 Sing Past]
         'I-demanded that Juan leave for Hawaii the following day.'

第二に，叙想法現在の動詞が定形であることは，次のような，英語自体の経験的事実からも支持される (cf. Radford 1988: 291-2)．
　①　非定形動詞は主語がなくてもよいが，叙想法動詞は主語を義務的に要求する．
　　(iii) a.　He intends [ø **to leave** tomorrow].
　　　　b.　*He insists [that ø **leave** tomorrow].
　②　(iv) のような叙想法動詞は主格を要求するが，(v) のような非定形動詞は主格をとらなくてもよい．
　　(iv)　He insists [that they/*them/*their **leave** tomorrow].
　　(v) a.　I want [him/*he **to leave** tomorrow].
　　　　b.　I remember [his/him/*he **leaving** for Hawaii that day].
さらに，If he *be*/if he *were* という be 動詞の変化も，定形動詞であることの証である．

19.2.　叙想法過去

　叙想法過去 (subjunctive past) は，通例，次の形式で用いられる．
　(1)　If + 主語 + 過去形/were …，主語 + would/should/could/might + 原形
このとき，if 節を**条件節**または**前提節** (protasis)，主節を**帰結節** (apodosis) と呼ぶ．帰結節でどの法助動詞を選ぶかは，表現しようとする意味によって決定される．
　叙想法過去は，動詞の過去形が用いられるが，指示する時は現在時である点に注意．叙想法過去は，次のような場合に用いられる．

　NB　条件文一般については，第 30 章を参照．

19.2.1.　独立節中で
[**A**]　**would** (**to God**) (**that**) 〈雅語〉：「… であればよいのに」(強い願望を表す：= I wish)

　(1)　**Would** that were true!　(Google)（あれが本当であればなあ！）
　(2)　**Would that** I had never been there!　　　　　(Blackmore, *Lorna Doone*)
　　　（あんなところへ行かなければよかったのに！）
　(3)　**Would to God that** I had done so!　(Ibid.)（そうしておけばよかったなあ！）

[**B**]　**would/'d rather**「むしろ … したい」(= would prefer to)

　(4)　'How about a drink?'　'**I'd rather** have something to eat.'　(Swan 1995)
　　　（「飲み物はどうかね」「むしろ，食べ物がほしいですね」）
　(5)　**I'd rather** stay here, thank you.　　　　　　(Alcott, *Little Women*)
　　　（せっかくだけど，私はここにいたいわ）

[**C**]　**had better/best**：　この had は，叙想法過去に由来するもので，would have (= hold, regard) という意味を表す．You had better go は，したがって，You would regard going as better とパラフレーズできるような意味をもっている．
　①　**意味・用法**：had better は，強い勧告 (strong advice) を表し，should よりも緊急性が強い．

(6) You **had better** go before it rains. （雨が降らないうちに出かけたほうがいい）
(7) We**'d better** hurry, or we'll be late. （急いだほうがいい，さもないと遅刻する）

had better は，「しないと大変なことになる」というふうに，「おどし」(threat) を含意することがある．したがって，丁寧な依頼には用いられない．

(8) You**'d better** help me. If you don't, there'll be trouble. (Swan 1995)
（ぼくに手を貸したほうがいいぜ．さもないと困ったことになる）

同じ意味で，頻度ははるかに落ちるが，had best も用いられる．次のコーパスを参照．

(9) BNC: had better 512 例　　had best 40 例
　　HTI: had better 790 例　　had best 73 例
(10) We **had best** be getting back, don't you think? (BNC)
（ぼくたちは戻ったほうがいい，そう思わないかい）
(11) We **had best** return to the shelter. (Burroughs, *The Return of Tarzan*)
（避難所へ戻ったほうがいい）
(12) You **had best** read this first. (Doyle, *The Case Book of Sherlock Holmes*)
（まず，これを読んだほうがいい）

② **形式**：近接未来を指す場合は，裸不定詞を伴う．

(13) You**'d better** take an umbrella — it's going to rain. (MED)
（雨傘をもって行くほうがいいよ——ひと雨きそうだから）

〈英〉では，動詞句が省略された文では，強調のため better had の語順になることがある．

(14) "I promise I'll pay you back." "You **better had**." (Swan 1995)
（「必ず金はお返しします」「そうしたほうがいいよ」）

しかし，普通は，had better/'d better の語順が用いられる．

(15) "Shall I put my clothes away?" "You**'d better**!" (Swan 1995)
（「衣類を片づけましょうか」「そのほうがいいよ」）
(16) "He says he won't tell anybody." "He**'d better not**." (Ibid.)
（「彼は誰にも言わないと言っている」「そのほうがいい」）

否定は，had better not が規範的である．

(17) We **had better not** talk about this on the phone. (BNC)
（これは電話で話さないほうがいい）

had not better は可能だが，きわめて〈まれ〉(Swan 1995)．BNC には一例もないが，HTI に 1 例，Google には約 934 例がある．次のは手元の例である．

(18) Perhaps you **had not better** speak of the matter. (Doyle, *Adventures of Sherlock Holmes*)（おそらく，その件は口にしないほうがいいだろう）

しかし，疑問文で hadn't と縮約された場合は可能である (Swan 1995: 226)．

(19) Do you think it could melt away, Miss? **Hadn't** we **better** be quick?
(Burnett, *A Little Princess*)
(溶けてしまうと思いますか．早く食べたほうがいいのではないですか)

had better は，非常にくだけたスタイルでは，よく had が落ちて better になる．

(20) You **better** wait until the shelling is over. (Hemingway, *A Farewell to Arms*)（砲撃が終わるまで待ってたほうがいいぜ）

[D] 「had better＋完了不定詞」の構造には，二つの用法がある (cf. Leech 1987: 104)．

① 「…したほうがよかった（が，していない）」（過去の行為について）

(21) You **had better** never **have been** born. (Doyle, *Memoirs of Sherlock Holmes*)（おまえなんか，生まれなかったほうがよかったのさ）

(22) How long have you been working here? Perhaps I **had better have said** 'idling'. (Quiller-Couch, *Major Vigoureux*) [Jespersen]（いつからここで働いているのかね．あるいは，「ぶらぶらしていた」と言ったほうがよかったかな）

現代の用例は，あまり見つからないが，決して皆無ではない（Google には約 279 例）．

(23) So you want to be a spy? You had better be able to keep a secret. And you **had better not have told** so much as a white lie in your life.
(*Courier Mail* 5/23/1999) [Bank of English]
（じゃ，君はスパイになりたいのかい．（ならば）秘密を守れるほうがいいよ．それから，これまでに罪のない嘘ひとつだってついていないほうがいいぞ）

(24) When you worked for George, you **had better have done** your homework. (*Research Profile*) (Google)（ジョージのために仕事をしたときは，君は宿題を済ませておいたほうがよかったのだ）

(25) "I hope he remembered to lock the door." "He**'d better have**!"
（「彼，忘れないでドアを閉めてくれただろうね」「そうしておいたほうがいいぜ！」）

② 「…しておいたほうがよい」（未来の行為について）："未来"完了的と考えるとよい．

(26) You**'d better not have changed** your mind when I call *tomorrow*.
(Leech 1987)（あす電話をするときに，心変わりしていないほうがいいよ）

(27) You**'d better have finished** *by tomorrow*. (Eastwood 1994)
（あすまでには済ませておいたほうがいいよ）

NB 'should regard as better' という had better の原義からすれば，主語は「思考力」のある人間に限られるはずであるが，次のような it を主語にした構文が見られる．

  (i) I think **it had better** be me. (Christie, *N or M?*)
（私のほうがいいと思うんです）

  (ii) **It had better** be soon. (Greene, *Brighton Rock*)（早いほうがいいぜ）

この現象は，had better の had＝should regard という原義が忘れられて文法化を起こし，

had better が一つの機能語のように働きはじめたことを物語っている.

[E]　**it were better** = it would be better 〈古風〉
(28)　**It were better** that you held the key.　　　　(Burroughs, *A Princess of Mars*)
　　　(鍵はもっていたほうがいい)
(29)　"And **it were better** we sailed sooner than later," he added.　(Gidley, *Armada*) [BNC] (「遅いよりも早く出帆したほうがいい」と彼は言い添えた)

19.2.2.　条件節中で
[A]　現在の事実に反する (counterfactual) 仮定を表す.
(1)　If I **were** you, I'd be very worried.　　　　　　　　(Steel, *Bittersweet*)
　　　(ぼくだったら, ひどく心配するだろうね)
(2)　If I **knew** her number, I **could** phone her.
　　　(彼女の番号を知っていたら, 電話がかけられるのだが)

be 動詞の場合, 人称・数に関係なく were を使用するのが正式であるが, 〈略式体〉では, If I were you (私だったら) / as it were (いわば) / If S were to ... (かりにSが...するならば) のような決まり文句のほかは, was のほうが普通に用いられる.

(3)　If I **was** at home now, I **would** be watching TV.
　　　(いま家にいたら, テレビを見ているところだろう)
(4)　**I'd** go myself, if I **was** any use.　　　　　　　　(Alcott, *Little Women*)
　　　(何かお役に立つなら, 私が参ります)
(5)　"Well, I **should** forget all about it if I **were** you," advised Mrs. Oliver comfortably.　(Christie, *Third Girl*) (「そうね, 私だったらそんなことすっかり忘れてしまうでしょうね」とオリバー夫人は, 自信たっぷりに助言した)

NB　叙想法過去では, 時間の観念が薄れて, 現在のみならず, 未来を指示することもできる (cf. Jespersen *MEG* IV: 114).
　(i)　If I **had** money enough *now/tomorrow*, I **should** pay you.
　　　(いま/あしたお金が十分あれば, お支払いするでしょうよ)

[B]　純粋な仮定を表す:　叙想法過去は, 事実性にかかわりなく,「かりに...だとするならば」という純粋な仮定についても用いられる.
(6)　If you **had** a million dollars, what **would** you do?
　　　(かりに100万ドルあったら, どうするかね)

未来についての可能性の少ない仮定は, should または were to によって表される. どちらも〈格式体〉である.
(7)　If you **should/Should** you see John, give him my regards.
　　　(もしジョンに会うようなことがあれば, よろしく言ってください)

were to は, 特に「仮定のための仮定」を述べるときに用いられる. 可能性の度合いは should よりもいっそう少ない.

(8) Who **gets** your money if you **were to** die?

(Christie, *A Murder Is Announced*)

(もしも，あなたが死ぬようなことがあれば，あなたのお金は誰が受けとるのですか)

19.2.3. 従属節中で

[A] **I wish / would rather** に続く名詞節中で： 叙想法過去は，現在または未来の事実に反する (counterfactual) 願望を表す．I wish / would rather は「スペース構築語」 (SB) である．

(1) *I wish* I **knew** her name. （彼女の名前がわかればいいのに）
    [= I'm sorry I don't know her name.]
(2) *I wish* I **were** / ⟨略式体⟩ **was** a bird. （鳥であったらいいのに）
    [= I'm sorry I'm not a bird.]
(3) I almost *wish* I **were** not a painter. (A. Brontë, *The Tenant of Widfell Hall*) （私が画家でなかったら，と思うくらいです）

would rather は「（むしろ）…してほしい」（= would prefer）という意味を表す．

(4) 'Do you mind if I smoke?' 'Well, I'*d rather* you **didn't**.' (OALD⁶)
    （「たばこを吸ってもいいですか」「いや，吸わないでほしいですね」）
(5) *Would* you *rather* I **didn't** talk? (Montgomery, *Anne of Avonlea*)
    （あたしに黙っていてほしい？）
(6) My wife *would rather* we **didn't** see each other any more. (Swan 1995)
    （私たちはもう会わないほうがいい，と妻は思っている）

[B] 形容詞節中で

① **It is time** を修飾する節で：「もう…するべき時間だ」（なのに，していない）

(7) *It's time* you **called** me Jamie. (Sheldon, *Master of the Game*)
    （そろそろジェイミーって呼んでくれてもいいころだぜ）
(8) I'm afraid *it is time* I **was** going. (Montgomery, *Anne of Windy Willows*)
    （どうやらおいとまするべき時刻ね）
(9) *It's about time* you **knew** how to behave.
    （おまえもそろそろ行儀作法がわかっていいころだぞ）
(10) It is high time I **was** going. （もうとっくにおいとまするべき時間です）

NB 「もう…していいころだ」という意味は，次のような不定詞構文でも表すことができる．Twaddell (1960) によれば，⟨米⟩ではそのほうが普通である．

(i) **It's time** for you to go to bed. （もう寝る時間ですよ）
(ii) **it is high time** for you to go home to your mother. (Blackmore, *Lorna Doone*) ⟨英⟩（もうお母さんのところへ帰っていってもいいころですよ）

② **that were better** = that would be better

(11) there was too much to say, too many things **that were better** left unsaid. (Sheldon, *The Doomsday Conspiracy*)

(言うべきことはありすぎた，言わないでおくほうがいいような事柄もありすぎた)

[C] **as if/as though 節中で**:「まるで…かのように」 この形式は，事実に反する想像をするものである以上，叙想法が使用されるのは当然である．

主節の動詞が状態を表していれば叙想法過去が用いられ，完了相としてとらえれば，過去完了形が用いられる（§19.3.2②）．

(12) He speaks/spoke *as if* he **knew** everything.
（彼は何でも知っているかのように話す/話した）

(13) He lives/lived *as if* he **were**/〈略式体〉**was** a millionaire.
（彼はまるで百万長者ででもあるかのような暮らしをしている/していた）

主節の動詞の示す時よりものちの時は，would で表す．

(14) He looked *as if* he **would** choke. （彼はいまにも息が詰まりそうな顔をしていた）

この表現は，as ... as if という比較形式でも用いられる．

(15) I remember *as* vividly *as if* she **were** telling it now.
（彼女がいまそれを話しているかのように，まざまざと思い出す）

as if 節中の内容が事実であると話し手が考えている場合は，叙実法現在が用いられる．

(16) It looks *as if*/*though* it's going to rain.
（どうやら雨になりそうだ）［＝It looks like rain.］

(17) It looks *as if* you're right. （あなたの言うとおりのようです）

(16)で，it was/were を使えば，「降らないかもしれない」という気持ちを暗示する．

NB 1 as if 節中では，「主語＋動詞」の省略がよく起こる．
　(i) He sat *as if* (he were) **charmed** by the music.
　　（彼は音楽に魅せられたかのように，すわっていた）
　(ii) He opened his mouth *as if* (he wanted) **to speak**.
　　（彼は話そうとするかのように，口を開いた）
　(iii) Everything was *as if* (it had) **grown** together with the earth. (*New Yorker*)
　　（すべての物が，まるで大地とともに育まれてきたかのようだった）
　(iv) A hand appeared *as if* (it had appeared) **by magic**.
　　（まるで魔法によるもののように，1本の手が現れた）

(iv) のような場合は，「主語＋動詞」が省略されたというよりも，There was a sound *as* of rats scuffling.（ネズミがつかみ合いをしているような音がした）の as（§27.5.9）などと同様に，前置詞句の前に as if を挿入した，と分析するほうが自然かもしれない．

NB 2 as (＝as if) it were（いわば）は，イディオムとして定着している．
　(i) He is, **as it were**, a grown-up baby. （彼はいわば大人になった赤ちゃんだ）

[D] **譲歩節中で**: 譲歩節は，上述したように，条件節の一種である．

(18) It was a short interview, *if* there **were** any interview at all.　(Doyle, *The Valley of Fear*)（たとえ会見があったとしても，それは短い会見だった）

(19) Too heavily out of sorts to care much at the time *whether* it **were** he or

no.　(Dickens, *Great Expectations*)（あまりにも体調が悪かったので，そのときは，それが彼であろうとなかろうと，あまり気にしなかった）

19.3.　叙想法過去完了

叙想法過去完了（subjunctive past perfect）は，通例，次の形式で使用される．

(1)　If＋主語＋had＋-en …, 主語＋would/should/could/might have＋-en

叙想法過去完了は，通例，「もしも（あのとき）…していたら…であったろうに」というように，「過去の事実に反する仮定」をするときに使用される．以下の例で［　］内が過去の事実を表す．

19.3.1.　条件文中で

(1)　If I **had seen** you, I **would have invited** you home.
　　（君に会っていたら，家に招待したことだろうに）
　　［＝I couldn't/didn't invite you home because I didn't see you.］

(2)　If you **had left** earlier, you **would have caught** the bus.
　　（もっと早めに発っていたら，バスに間に合っていただろうに）
　　［＝You couldn't catch the bus because you didn't leave earlier.］

(3)　If you **had asked** me, I **would have told** you.　　　　　(Swan 1995)
　　（君が聞いていたら，お話しただろうね）［As you didn't ask me, I didn't tell you.］

(4)　I suppose my father **could have been** a good man even if he **had been** called Jedediah.　(Montgomery, *Anne of Green Gables*)（あたしのお父さんは，たとえジェディダイアと呼ばれていたとしても，たぶん，いい人だっただろうと思うわ）

(5)　If I **had been** there, it **would not have happened**.　　　(Blackmore, *Lorna Doone*)（もしおれがあそこにいたら，あんなことは起こらなかっただろう）

19.3.2.　補部節中で

①　**I wish/would (that)**〈雅語〉/ **'d rather** のあとに続く名詞節中で

(1)　*I wish* I **had been born** in the moon.　（月に生まれていればよかったのに）
　　［I'm sorry I wasn't born in the moon.］

(2)　"Don't *I wish* I**'d been** there!" cried Jo.　　　　(Alcott, *Little Women*)
　　（「ああ，あたしもそこにいたらなあ！」とジョーが叫んだ）

(3)　*Would that* I **had never been** there!　　　　(Blackmore, *Lorna Doone*)
　　（あんなところへ行かなければよかったのに！）

(4)　I*'d rather* you **hadn't done** that.　(Swan 1995)（あんなことは，してほしくなかったですね）［*I wish* you hadn't done that. のほうが普通］

②　**as if/as though** 節中で：節中の動詞が状態を表しているなら過去時制，完了相としてとらえれば過去完了形が用いられる．

(5)　Theo felt *as if* she **had been shot** through the heart.　　　(*New Yorker*)

(テオはまるで心臓を撃ち抜かれでもしたような気がした)
(6) He looks/looked *as if* he **had seen** a ghost.
(彼は幽霊でも見たかのような顔をしている/していた)

次は，'as ... as if' の形式である．

(7) I recall the whole thing *as* vividly *as if* **I'd seen** it yesterday.   (*New Yorker*)（まるできのう見たかのように，ありありとその一部始終を覚えている）

19.3.3. 現在の事実に反する仮定を表す叙想法過去完了

この場合は，叙想法過去の場合よりも，現実からの距離がいっそう強調されている（=2段階の"遠景化"と考えられる）．

(1) **Had** she **lived** in our time, picture postcards **might have been sold** of her as a general. (Shaw, *Saint Joan*)［細江］（彼女が現代に生きていたら，将軍としての彼女の絵はがきが売り出されていたかもしれない）

Jespersen (*MEG* IV: 126) も，「想像の大過去」(pluperfect of imagination)（=叙想法過去完了）が現在時を指して用いられる場合として，次の2例を示している．

(2) If I **had had** the money [at the present moment] I **should have paid** you. （もしその金が［現在］あったら，お支払いしたでしょうね）

(3) I wish I **had been** rich enough to give you the money (but I am not). （その金をあなたにあげられるほど金持ちだったらなあ，と思いますよ（ところが，そうじゃない））

Jespersen は，大過去では過去に内在する想像的要素が2乗されて，不可能性 (impossibility) または非蓋然性 (improbability) を表す，としている．

> **NB** 条件節と帰結節の指示する時は，一致しなくてもよい．例えば，「もし（過去に）...していたら，（現在は）...だろう」という状況では，条件節は過去完了形，帰結節は過去形が用いられる．
>
> (i) "If he **had kept** his cool," Tony finished contemptuously, "the German **would be** here today to make his report in person."
>
> (Archer, *Shall We Tell the President?*)
> （「もしも冷静さを失わなかったなら」とトニーは，軽蔑したように言葉を締めくくった．「あのドイツ人もきょうここにいて，自分で報告することでしょう」）
>
> 反対に，条件節が現在を指示し，帰結節が過去を指示している例もある．
>
> (ii) If it **were** not for immense number of the eggs, the herring **would** long ago **have become** quite extinct. （もしも膨大な数の卵がなかったならば，ニシンはとうの昔に絶滅していただろう）

19.4. if 節に相当する語句

〈条件〉の意味は，if 節以外の形式でも表すことができる．

19.4.1. 倒　置
「助動詞の過去形＋主語」の形式で条件を表す（〈格式体〉）．（§38.1.5 を参照．）
- (1) **Were he** (＝If he were) in charge, he *would* do differently.
 （彼が担当すれば，違ったやり方をするだろう）
- (2) **Should she** (＝If she should) be interested, I'll phone her.
 （彼女が興味をもつようなら，電話しよう）
- (3) **Had I** (＝If I had) known, I *would have told* you.
 （知っていたら，教えてあげたのだが）
- (4) **Should you** win the prize, my cup will be full.　　　(Archer, *The Prodigal Daughter*)（もしもあなたがこの賞をとれば，私の望みはすべてかなえられるのです）

19.4.2. if の類義表現を用いる
[A]　**if it were not/were it not for ...**「もし（いま）…がなければ」
- (1) **If it were not/Were it not for** your help, I *should* fail.
 （あなたの援助がなければ，私は失敗するでしょう）

[B]　**if it had not/had it not been for ...**「もし（あのとき）…がなかったならば」
- (2) **If it had not/Had it not been for** your help, I *should have failed*.
 （あなたの援助がなかったならば，私は失敗したことだろう）

NB　(1) の If it were not for your help という節に現れる it は，帰結節に含まれる「私が失敗しないこと」を指す．そこで，全体の文意は「私が失敗しないのは，あなたの援助によるものである」のごときものになる．

[C]　**but for/without ...**「…がなければ」，「…がなかったならば」のどちらの意味にも用いる．
- (3) I'*d have crashed* the car **but for** your warning.　　　(CALD)
 （君が警告してくれなかったなら，車を衝突させたことだろう）
- (4) **Without** (＝If it were not for) water no living thing *could* survive.
 （水がなければ，どんな生物も生きられない）
- (5) It *would have been* boring **without** you.　　　(Steel, *Summer's End*)
 （君がいなかったとしたら，退屈だっただろうね）［＝if it had not been for you］

[D]　**suppose/supposing (that) ...**「もし…だとしたら」(suppose は命令文出身，supposing (that) は分詞節出身)
- (6) **Suppose** (＝If) it *should* rain, what *would* you do?
 （もし雨が降ったら，どうするのか）
- (7) **Supposing** you *were* in my place, what *would* you do?
 （私の立場だったら，どうしますか）

　NB　従節の内容が現実性が高い場合は，叙実法が使用される．
- (i) **Suppose (that)** we *miss* our train, what *shall* we do?
 （列車に乗り遅れたら，どうしよう）

[E] **otherwise/or**「そうでなければ」(= if not)
   (8) I am tired; **otherwise**, I *would* play. （疲れた．さもなければ遊ぶだろう）
   (9) Pablo must have a sound plan **or** he *would not have tried* it.
   (Hemingway, *For Whom the Bell Tolls*)（パブロは，よほど手堅い計画を立てているにちがいない．さもなければ，そんなことを試みはしなかっただろう）

19.4.3. 条件の意味が文中の語句に含まれている場合
[A] 主語
   (1) **A producer of plays** *would have cast* him for the role of a miser.
       （劇の演出家だったら，彼に守銭奴の役を割り当てたことだろう）
   (2) **A medieval doctor** *would have called* him saturnine.　　(Joyce, *Dubliners*)
       （中世の医師なら，彼のことを土星のもとに生まれたと呼んだことだろう）
[B] to 不定詞
   (3) **To hear** (= If you could hear/heard) him talk, you *would* take him for an American.　（彼の話すのを聞けば，アメリカ人だと思うだろう）
   (4) **To fly** *would* be a confession of guilt.　　　(Doyle, *The Return of Sherlock Holmes*)（逃亡すれば，罪を白状したことになるだろう）
   (5) It *would* be injustice **to hesitate**.　　(Id., *Adventures of Sherlock Holmes*)
       （ためらったりしたら，不公平ということになるだろう）
[C] 前置詞句
   (6) **With your assistance** I *would* succeed.　[= If I had your assistance ...]
       （あなたの援助があれば，私は成功するでしょう）
   (7) **In different circumstances** (= If circumstances had been different), I *would have said* yes.　　　　　　　　　　　(Alexander 1988)
       （事情が違っていたら，うんと言ったことだろう）
[D] 現在分詞・過去分詞
   (8) This same thing, **happening** (= if it should happen) in wartime, *would* amount to disaster.
       （これと同じことが戦時中に起これば，災害になってしまうだろう）
   (9) **Seen** (= If it was seen) from an airplane, this *would* look like a green ball.　（飛行機から見れば，これは緑色のボールのように見えるだろう）
[E] 関係詞節
   (10) Every caress **I gave you** *would* be sin.
        （私があなたを愛撫したりすれば，その都度，罪を犯すことになりましょう）
   (11) A country **which stopped working** (= If a country stopped working, it) *would* quickly be bankrupt.
        （ある国が仕事をやめたりすれば，たちまち破産してしまうだろう）
[F] 「名詞+and」（§ 27.2.1.1 [D] を参照）

(12) **Another month and** the change *would have been* complete. (Galsworthy, *To Let*) (もうひと月もすれば，変化は完全になっていただろう)

19.5. 条件節と帰結節の省略

19.5.1. 条件節の省略
[A] 条件節が言外に含まれている場合
(1) I **would** do that for you. (Palmer 1974)
    (それをしてあげますよ) [*ie* if you asked me]
(2) I **could** lift that. (たぶん，あんなものは持ち上げられるよ) [*ie* if I tried]
(3) **Would** you like some peas? (豆はいかがですか) [*ie* if I offered you some]
(4) **I'd** hate to live in a house like that.
    (あんな家に住むのはいやだな) [*ie* if I had to]
(5) **Would** you let me have a match? ((3)-(5): Leech 1987)
    (マッチを貸してもらえますか) [*ie* if I were so bold as to ask you for one]

[B] "遠景化"によって表現を控えめにする (§17.3.3 [B])
(6) It **might** rain this afternoon. (もしかすると，午後から雨になるかもしれない)
(7) There **could** be trouble in World Cup match tomorrow. (Leech 1987)
    (あすのワールドカップの試合は，もめるかもしれない)
(8) He **might well** be in his office. (Palmer 1988)
    (彼はたぶん事務所にいるのだろう) [may よりも自信がある]

NB 次のような表現は，叙実法でも言えるので，条件節の省略として扱うのはむずかしい．これらは，ただ，表現が断定的になるのを避けるために用いられると考えられる (cf. Leech 1987: 170).
   (i) **It would seem** there has been a mistake. (どうもまちがいがあったようだ)
   (ii) **One would suppose** the danger is over. (たぶん危険は去ったんじゃないか)

19.5.2. 帰結節の省略
[A] **As if …!**: 主節を省略して，反語的に強い感情を表す．
(1) **As if** I *didn't* know that already!
    (まるで私がそのことを先刻承知してはいないみたいな顔しちゃって！→そんなこと，とっくに知ってるさ！) [= Of course I know that.]
(2) What is it I'm at? **As if** you *didn't* know very well what I'm at.
    (ぼくが何をねらってるかって？ ぼくが何をねらってるのか，あんまり知らないような顔をしちゃって) [= You know quite well.]
(3) **As if** I cared! (LDCE[3]) (まるで私が気にしてるみたいじゃないか！→てんで気にしてないね！) [= I don't care at all.]

[B] **If only …!** 「…でありさえすればなあ！」: よく帰結節を省略して，感嘆文として用いる．

(4) a. **If only** I *were*/*was* better-looking! (もっと器量よしだったらなあ！)
   b. **If only** it *would* stop raining! (雨がやみさえしたらなあ！)

どちらの文でも，「どんなにうれしいだろう」などの意味を表す帰結節が省略されている．

次は，叙想法過去完了の例である．

(5) **If only** you*'d spoken* before! It's excessively awkward to mention it now. (Carroll, *The Hunting of the Snark*) (もっと早く話してくれさえしてたらなあ！今ごろ言うのは，チョーまずいよ)

第 20 章

名　　詞

20.0.　概　説

次の文の主語は，すべて名詞句（noun phrase, NP）である．

(1) a.　The girl
　　b.　The pretty girl
　　c.　The pretty girl with long hair
　　d.　The pretty girl who became angry
　　e.　Mary
　　f.　She

⎫ is my sister.

生成文法で言う名詞句には，(a)–(d) のような句形式を備えたものだけではなく，(e) のような名詞，(f) のような代名詞も含まれることに注意．

20.1.　名詞句の用法

20.1.1.　基本用法

① **主　語**
(1)　**Terriers** make good hunting dogs.　(Swan 1995)（テリヤはいい猟犬になる）
(2)　There's **a man** at the door.　（玄関に人が来た）

② **目的語**
(3)　John finished **his work**.　（ジョンは仕事を終えた）［直接目的語］
(4)　The man gave **Jim** a dime.
　　（その男はジムに10セント硬貨を与えた）［間接目的語］
(5)　Mary is fond of **music**.　（メアリーは音楽が好きだ）［前置詞の目的語］

③ **補　語**
(6)　Kobe is **a big seaport**.　（神戸は大きな港町だ）［主語補語］
(7)　We appointed John **manager**.
　　（私たちは，ジョンをマネジャーに任命した）［目的語補語］

④ **呼びかけ**
(8)　**Waiter**, two coffees!　（ウェイター，コーヒー二つ）

(9) **Boys**, be ambitious! （少年よ，大志を抱け）

⑤ **他の名詞句との同格語** (appositive)

(10) 弛緩同格 (loose apposition)[1]
    a. Alfred, **king of England** （イングランド王アルフレッド）
    b. the Smiths, **the friends of my youth** （わが青春時代の友人スミス夫妻）

(11) 密接同格 (close apposition)[1]
    a. **the apostle** John （使徒ヨハネ）
    b. **king** Alfred （アルフレッド王）

(11b) などは，後述の限定名詞 (attributive noun) (§20.1.2) と見ることもできる．次例は，前文の内容を指示する，説明的同格語である．

(12) Naturally, I left it unanswered ── **the only dignified thing to do**.
（当然，それには答えぬままにしておいた──それだけが品位あるふるまいだった）

⑥ **接続詞**

(13) **Every time** he comes, we quarrel.
（彼が来るといつでも，私たちはけんかをする）

(14) **The moment/instant** I closed my eyes, I fell asleep.　　　(COBUILD[3])
（目をつむったとたん，寝入ってしまった）

これらは，名詞句というよりも，機能変化を起こして接続詞になりきっていると考えてもよい．

⑦ **間投詞**

(15) a. **Hello**, John! （こんにちは，ジョン）
    b. **Shame**! （恥を知れ！）
    c. For shame! （みっともない！）
    d. Good grief! （なんてこった！）

Sweet (1891: 153) は，(15b-d) のような語句は間投詞ではなく，(b) は感嘆名詞 (exclamation-noun)，(c, d) は感嘆句 (exclamation-group) であると述べている．

20.1.2. 形容詞的用法

名詞句は，次の二つの場合，形容詞的に用いられる．

[A] **限定的用法** (attributive use)：「名詞＋名詞」の形式で，前の名詞が後の名詞を修飾する．

(1) a **stone** brídge （石の橋）／a **student** téacher （教生）
(2) a **stóne**-worker （石工）／a **stúdent** lamp （読書用ランプ）

強勢型は，普通 (1) のように，「形容詞＋名詞」と同じ ［－́ －̀］ であるが，複合語になりきると，(2) のように ［－́ －］ になる．

---

1. Curme (1931: 89) の用語．

[B] 叙述的用法(補語として用いられる)(詳細は, §20.5.3 [B] を参照)[2]
① 主語補語として
(3) a. The plank is not (*of*) **the right width**. (この板は幅が合っていない)
b. This book is (*of*) **the same size** as that. (この本はそれと同じ大きさだ)
c. **What color** is it? (それは何色ですか)
d. **What price** is that article? (その品物は, いくらですか)
② 目的語補語として
(4) a. **What colour** shall I paint your door? (Sweet 1898)
(ドアは何色に塗りましょうか)
b. I always thought her rather **a cold temperament**.
(彼女はかなり冷たい性格だ, と私はいつも考えていました)
③ 名詞句のあとに置かれて, これを修飾する.
(5) a. She extended a hand **the color of cream**.
(彼女はクリーム色の手をさしのべた)
b. I want to buy a car **this size**. (これくらいの大きさの車を買いたい)

20.1.3. 副詞的用法

「時間・空間・程度・様態」を示す名詞句に見られる用法で, 伝統文法で "**副詞的対格**" (adverbial accusative) と呼ばれてきたものである (§20.5.3 [C]).
(1) Come **this way**, please. (こっちへおいでください)[空間]
(2) "You are **one train** late," he said. (Faulkner, *Sanctuary*)
(「あんたは, ひと汽車遅れている」と彼が言った)[程度]
(3) I always travel **second class**. (私はいつも二等で旅行する)[様態]
(4) I couldn't be **any** happier. (これ以上幸福になれなかった)
(5) The boy was **nothing** daunted. (少年は, 少しもひるまなかった)

20.2. 名詞の種類

20.2.1. 可算名詞と不可算名詞

英語の名詞は, 大きく, 数えられる名詞 (=**可算名詞** (countable noun, C)) と数えられない名詞 (=**不可算名詞** (uncountable noun, U)) の2種類に分けられる (OALD[6] は, 初版のときからこの区別を明示している).[3]

---

2. Onions (1929: 93) や Curme (1931: 35) は, 名詞句のこの用法は, 発生的には It is *of no use.* → It is *no use.* のように, of がとれて形容詞化したと考えている. もしも of の脱落で説明できない例があるならば, この語法が確立したあと, その型の類推 (analogy) または拡張 (extension) によって生じたと説明することができる.

3. この二つは, Jespersen (1924: 188) の用語. ほかに, Jespersen (op.cit.: 199) の thing-word (事物語), mass-word (質量語), Christophersen (1939: 25) の unit-word (単位語), continuate-word (連続語) という呼称もよく知られている.

第 20 章　名　詞

(1) 名詞の種類

可算名詞 { 普通名詞： cat, tree, boy
　　　　　 集合名詞： family, team, crowd

不可算名詞 { 物質名詞： water, air, sugar
　　　　　　 抽象名詞： beauty, love, truth
　　　　　　 固有名詞： America, Paris, John

可算名詞と不可算名詞には，次のような統語的特徴がある．

① 可算名詞には a/an が付くが，不可算名詞には付かない．
  (2) a. **A** whale is **a** mammal.　(クジラは哺乳動物である)
      b. ***A** sugar is sweet.　(砂糖は甘い)［正: Sugar is sweet.］

② 可算名詞は複数形になるが，不可算名詞はならない．
  (3) a. I like **dogs**.　(私は犬が好きだ)
      b. ***Corks** float.　(コルクは水に浮かぶ)［正: *Cork* floats.］

③ 可算名詞も，限定された不可算名詞も the をとることができる．
  (4) a. **The** lion is a fierce animal.　(ライオンは猛獣だ)
      b. **The** water *in this well* is not fit for drinking.
         (この井戸の水は，飲むのに適していない)

④ 可算名詞は単独では使用できないが，不可算名詞はそれができる．
  (5) a. ***Cat** has nine lives.　〈諺〉(ネコに九生あり)［正: *A cat* has nine lives.］
      b. **Water** boils at 100 degrees Celsius.　(水は摂氏 100 度で沸騰する)

ここで注意すべきことは，可算・不可算の区別は絶対的なものではなく，多くの名詞は意味の違い，またはとらえ方の違いに応じて，可算名詞にも不可算名詞にもなるという点である．次例を考察せよ．

  (6) a. These plates are **paper**.　(これらの皿は紙です)［U］
      b. He is reading **an** evening **paper**.　(彼は夕刊紙を読んでいる)［C］
  (7) a. **Beauty** is to be admired.　(美は賛嘆されるべきだ)［U］
      b. Mary was **a beauty**.　(メアリーは美人だった)［C］
  (8) a. **Rembrandt** was a Dutch painter.
         (レンブラントはオランダの画家だった)［U］
      b. The museum owns two **Rembrandts**.
         (その美術館は，レンブラント(の絵)を 2 点所蔵している)［C］

(6)-(8) の (a) 文と (b) 文とでは，不可算名詞［U］と可算名詞［C］との間に意味の違いが見られる．次の二つの文の場合はどうだろうか．

  (9) a. She baked three **cakes**.　(彼女はケーキを 3 個焼いた)［C］
      b. Would you like **some cake**?　(ケーキはいかがですか)［U］

この場合は，ケーキを焼いたままの大きなかたまりと見るか ((9a))，それの一部と見るか ((9b)) という「**とらえ方**」(construal) の違いがある．

20.2.2. 可算名詞

普通名詞と集合名詞がこの類に属する．

[A]　**普通名詞** (common noun)：[4] boy, girl, book, desk, teacher のように，同一類に属する個体を表す名詞．

(1)　a **book**（1冊の本）／two **books**（2冊の本）

上で見るように，個体は不定冠詞をとり，個体が二つ以上ある場合は複数形で現れる．

[B]　**集合名詞** (collective noun)：　一つの集合体を表す名詞で，次の2種類がある．

①　**family** 型：　単数にも複数にも用いられる集合名詞：family, audience, board, team, club, committee, class, enemy, crowd, crew, jury, firm（会社），ministry, orchestra, party, public, staff, government, union, etc.

〈英〉では，family 型名詞には，二つの用法がある．次の例文中，(a) 文のように集合体を「**一つの単位**」として見る場合は単数扱いにし，(b) 文のように集合体の「**個々のメンバー**」を考えているときには複数扱いにする．「**意味構文**」(synesis)，または「**概念的一致**」(notional agreement) の典型的な事例である．

(2) a.　*My family* **is** very large.　（私のところは大家族です）
　　b.　"**Are** *your family* all well?"　"Thanks, **they** are all well."
　　　　（「お宅のみなさん，お元気ですか」「おかげさまで，みんな元気です」）
(3) a.　There **was** *a large audience* in the hall.　（ホールには多数の聴衆がいた）
　　b.　*The audience* **were** enjoying the performance.
　　　　（聴衆は演奏を楽しんでいた）
(4) a.　*The committee* **consists** of six members.
　　　　（委員会は6人の委員で構成されている）
　　b.　*The committee* **are** taking lunch now.　（委員たちは，いま昼食中です）
(5)　*The jury* **has**/**have** returned a verdict of guilty.　　　　（OALD[6]）
　　（陪審は有罪の評決を下した）

〈米〉では，family 型名詞は，単数呼応が好まれる（Biber et al. 1999: 188）．ただし，family 自体は，複数扱いにされることも，複数代名詞でうけることもある（Swan 1995: 527）．

(6)　*Her family* **are** all avid skiers.　（BEU）（彼女の家族は，みんなスキーに熱心だ）
(7)　*The team* **is** in Detroit this weekend.　**They have** a good chance of winning.　　　　　　　　　　　　　　　　　　　　　　　　　　　　（Swan 1995）
　　（そのチームは今週末デトロイトにいる．彼らが優勝する見込みは十分ある）
(8)　*The jury* **was** unable to agree on a verdict.　　　　　　　（Brown）
　　（陪審は一致した評決が出せなかった）

②　**police** 型：　常に単数形で，複数呼応をする．family 型よりも数が少ない．

4.　この common の意味は，OED[2] にあるように，「ある類に属する個々の成員に共通にあてはまる」という意味であって，「普通の」という意味ではない．厳密には，「共通名詞」が正しい．

(9) *The police* **are** already upstairs.　　　(Doyle, *Memoirs of Sherlock Holmes*)
　　(警察はもう 2 階に上がっている)
(10) *The clergy* **occupy** a high social position in England.
　　(イングランドでは，聖職者の社会的地位は高い)
(11) Who says that *the aristocracy* **are** proud?　(貴族は高慢だ，などと誰が言うのか)
(12) *The clergy* **have** a lot of power in some countries.　　　　　(LDAE)
　　(一部の国では，聖職者は大きな権力をもっている)
(13) Young *cattle* **are** called calves.　(Google)(子供の牛は子牛と呼ばれる)
police 型は，〈米〉でも複数呼応である．
(14) Frequently enough, *the police* **are themselves** in league with the killer.
　　(Brown)(よくあることだが，警察自体が殺人者とぐるになっている場合がある)

では，police 型集合名詞には，なぜ，単数用法がないのか．それは，それぞれが，単数のメンバーを表す普通名詞(次のリストの[　]内に示してある)をもっているので，複数呼応は集合名詞，単数呼応は普通名詞というふうに，いわば"分業"が行われているからである．

(15) police 型集合名詞
　　the police ([集合的] 警察)　　　　[a policeman (警官)]
　　the aristocracy ([集合的] 貴族階級)　[an aristocrat ((一人の)貴族)]
　　the nobility (貴族階級)　　　　　　[a nobleman (貴族)]
　　the clergy ([集合的] 聖職者)　　　　[a clergyman (牧師)]
　　the peasantry ([集合的] 農民)　　　[a peasant (農夫)]
　　cattle ([集合的] ウシ)　　　　　　　[a cow, an ox, a bull (乳牛，去勢した雄
　　　　　　　　　　　　　　　　　　　　牛，去勢しない雄牛)]
　　the gentry (紳士階級)　　　　　　　[gentleman (紳士)]
　　etc.

NB　people は，「人々」の意味では常に単数形で複数呼応するので，police 型集合名詞に属する．
　(i) *People* **say** he is very rich.　(世間では彼は大金持ちだと言っている)
　(ii) There **were** *twenty people* at the meeting.
　　　(その会合には 20 人の人が出席していた)
しかし，「国民・民族」の意味では単数扱いで a/an をとり，複数形は peoples ともなるので，普通名詞と言ってよい．
　(iii) The Japanese are **a** hardworking **people**.　(日本人は勤勉な国民である)
　(iv) **The peoples** of the world should live in peace.
　　　(世界の諸民族は平和に暮らすべきだ)

20.2.3. 不可算名詞
　物質名詞・抽象名詞・固有名詞が，この類に属する．
[A]　物質名詞と抽象名詞

物質名詞 (material noun) は，連続体で，一定の形状をもたない物質を表す名詞： stone, wood, iron, gold, beer, tea, sugar, butter, rice, fruit, etc.

抽象名詞 (abstract noun) は，抽象的な概念を表す名詞： happiness, truth, peace, kindness, love, etc.

両者は，以下の①-④で見るように類似した文法的ふるまいを示す．

① 両名詞とも通例，無冠詞で用いられ，総称的な意味を表す．
- (1) **Blood** is thicker than water. ⟨諺⟩（血は水よりも濃い）
- (2) **Necessity** is the mother of invention. ⟨諺⟩（必要は発明の母）
- (3) good/bad/excellent/serious/cold **news**
 （よい/悪い/すばらしい/深刻な/興醒ましのニュース）

② <u>限定語句を伴う場合は，両名詞とも the を付ける</u>．
- (4) **The coffee** *I like best* is from Brazil.
 （私が一番好きなコーヒーは，ブラジル産です）
- (5) He has **the wisdom** *of Solomon*. （彼にはソロモンの知恵がある）

③ 両名詞とも，「不定の量」を表すには，much, little, some, a great deal of, any, no などを用いる．
- (6) I want **some** bread. （パンがほしい）
- (7) He has **no** experience in work of this sort.
 （彼はこの種の仕事には全く経験がない）

④ 「一定の量」を表すには，次のような可算名詞の"取っ手"（＝助数詞（numerative））を付けて数えられるようにする．
- (8) 物質名詞： **a piece of** chalk（チョーク1本）/**two pieces of** chalk（チョーク2本）/**a glass of** water/milk（コップ1杯の水/牛乳）/**a cup of** tea（紅茶1杯）/**two spoonfuls of** sugar（砂糖小さじ2杯）/**a yard of** cloth（1ヤールの布）/**a pint of** beer（1パイントのビール）/**a pound of** butter（1ポンドのバター）/**some pieces**/**articles of** furniture（数点の家具），etc.
- (9) 抽象名詞： **a piece**/**word of** advice（一つの助言）/**a piece**/**an item of** information（一つの情報）/**a piece**/**an item of** news（一つのニュース）/**two pieces of** evidence（二つの証拠）/**a bit of** news（ちょっとした知らせ）/**a certain item of** news（ある一つのニュース）

助数詞の中には，形容詞を前置できるものがある．
- (10) a. **a** *hot* **cup of** coffee （熱い1杯のコーヒー）
  b. They had **a** *quick* **cup of** tea. (Sheldon, *Bloodline*)
 （彼らは一気に紅茶を飲み干した）
  c. **a** *nice* **glass of** whisky （うまい1杯のウィスキー）
  d. **an** *interesting* **piece of** news （おもしろい一つのニュース）

ただし，good/bad news（吉報/凶報）は複合語の意識が強いため，普通，*a good/

bad piece of news とは言わない.⁵

(11) a. **two pieces of** *bad news* （凶報二つ）
　　 b. I have **a piece of** *good news*. （吉報が一つある）　　　（以上 Google）

同様なことは，hot/cold coffee/water についても言える（ただし，(10a) の語順もある）．

(12) a. **a cup of** *steaming hot* coffee　（湯気の立つほど熱い1杯のコーヒー）
　　 b. **a cup of** *hot* water　（1杯の白湯）　　　　　　　　　((a), (b) : Brown)
　　 c. **a cup of** *hot* tea　（1杯の熱い紅茶）
　　 d. **a cup of** *cool* water　（1杯のひゃっこい水）
　　 e. **a glass of** *cold* water　（グラス1杯の冷たい水）　　　((c)-(e) : Google)

　NB　次の普通名詞と物質名詞の場合を参照（いずれも Google から）．
　 (i) a.　**a pair of** *nice* shoes　（1足の素敵な靴）［約 798 例］
　　　b.　**a nice pair of** shoes　（同上）［約 846 例］
　(ii) a.　**a pair of** *huge* eyes　（大きな（一対の）目）［約 160 例］
　　　b.　**a huge pair of** eyes　（同上）［約 108 例］
　(iii) a.　**a piece of** *red* chalk　（赤いチョーク1本）［約 200 例］
　　　b.　**a red piece of** chalk　（同上）［約 18 例］

shoes, eyes の場合は両形がほぼ拮抗し，red chalk は結びつきが強いことを示している．

[B]　**固有名詞** (proper noun)：　特定の人・物・場所などに固有な名称を表す名詞で，必ず大文字で書き始め，a/an を付けず，複数形にもならない：Newton, June, Christmas, London, Japan, etc.

(13)　**Paris** is the capital of **France**.　（パリはフランスの首都だ）
(14)　**President Kennedy** lived in **Boston**.
　　　（ケネディー大統領はボストンに住んでいた）

固有名詞は冠詞をとらないが，<u>限定語句を伴えば</u> the を付ける．そのものの特定の局面（aspect）を表すからである．

(15) a.　I am interested in **the France** *of the eighteenth century*.
　　　　（私は18世紀のフランスに興味がある）
　　 b.　This was **the Jondalar** *she loved*.　　　(Auel, *The Mammoth Hunters*)
　　　　（これが彼女の愛しているジョンダラーだった）

20.2.4.　不可算名詞 → 可算名詞

不可算名詞は，「具体的な事例」を示すときには普通名詞化されて，a/an を付けたり，複数形にしたりすることができる．逆に言えば，不可算名詞に a/an が付いたり，複数形になっている場合は，もはや可算名詞になっている証拠であり，したがって，

---

5. Quirk et al. (1972: 133) は，*a good stroke* of luck という例を示しているが，good/bad luck は複合語なので，むしろ無標の形は，ODCIE (vol. 2) のあげている，a stroke of *good luck*（思いがけない一つの幸運）ではなかろうか．

当然，何か具体性のある別な意味を表している，と考えなければならない．

[A]　物質名詞 → 普通名詞：　物質名詞が「種類・個体・製品」などを表すときは，普通名詞化される．

① 種類
- (1)　This is **an** excellent **coffee**. （これは上等なコーヒーだ）
- (2)　**Many wines** are imported every year. （多くのワインが毎年輸入されている）

② 個体
- (3)　He threw **a stone** at the dog. （彼はその犬に石ころを投げつけた）
- (4)　You have **some** gray **hairs**. （白髪が少々ありますね）
- (5)　**Two coffees** (＝cups of coffee), please. （コーヒーを二つください）
- (6)　I drank **a beer**. (Hemingway, *Fiesta*)（ビールを1杯飲んだ）

③ 製品
- (7)　Have you read today's **paper**? （きょうの新聞，読みましたか）
- (8)　Bring me some **glasses**. （グラスをいくつか持ってきておくれ）

　NB　fruit（果物）は元来，物質名詞であるが，「個体や種類」を言うときには普通名詞になる．
- (i)　I like **fruit**. （私は果物が好きだ）[物質名詞]
- (ii)　An apple is **a fruit**. （リンゴは果物だ）[個体]
- (iii)　**Fruits** and vegetables contain acids that aid the absorption of calcium.
(BNC)（果物類や野菜類には，カルシウムの吸収を助ける酸が含まれている）[種類]

[B]　抽象名詞 → 普通名詞：　抽象名詞が抽象的な概念ではなく，その「具体的な事例や種類」を表す場合は，普通名詞化される．

- (9) a.　The party was **a success**. （パーティーは盛会だった）[一つの事例]
  - b.　Patience is **a virtue**. （辛抱強さは一つの美徳だ）[具体的な種類]
  - c.　He is **a** great **authority** on phonetics. （彼は音声学の権威だ）[人]

抽象名詞は，普通名詞化されると，a/an や many を付けたり，複数形にしたりすることができても，one, two のような数詞を付けることはできない．

- (10) a.　There was **a silence**. 　　　　　　　　　　　　　(Christie, *Blue Train*)
  （しばらく沈黙があった）[＝a period of silence; ~~one silence~~]
  - b.　He has done me **many** / *****two kindnesses**.
  （彼はいろいろと親切にしてくれた）[＝kind acts]
  - c.　He knew his own **shynesses**, **awkwardnesses** and **reticences**.
  (Walpole, *Jeremy and Hamlet*)（彼は，おのれの内気なところ，不器用なところ，遠慮がちなところをわきまえていた）

[C]　固有名詞 → 普通名詞：　次のような具体的な意味を表す．

① 「… 家の人」
- (11) a.　Her mother was **a Johnson**. 　　(Montgomery, *Anne of Windy Willows*)

(彼女の母親はジョンソン家の人だった)
- b. All **the Woods** like sport. (ウッド家の人々はみんなスポーツ好きだ)
- c. **The Smiths** are coming tonight. (今晩，スミス夫妻がやって来る)

② 「…という人/都市」

(12) a. There's **a Mr. Spencer** to see you.
(スペンサーという人が，お見えになりました)
- b. There are **two Greens** in this class.
(このクラスには，グリーンという生徒が二人いる)
- c. There are **many Manchesters** in the world.
(世界には，マンチェスターという都市はたくさんある)

③ 「…のような人」(有名人の場合)

(13) a. **A Shakespeare** needs no advertisement.
(シェイクスピアのような大詩人は，広告なんか不要だ)
- b. You are **a Columbus of** science who has discovered a lost world.
(Doyle, *Lost World*)
(あなたは，失われた世界を発見した，科学界のコロンブスです)
- c. Cf. He is **the Napoleon of** crime, Watson. (Doyle, *Memoirs of Sherlock Holmes*) (やつは犯罪の帝王だよ，ワトソン君)

④ 「…の製品・作品」

(14) a. His car is **a Ford**. (彼の車は，フォードだ)
- b. The museum owns **two Renoirs and a Matisse**.
(その美術館は，ルノワールを2点とマチスを1点所蔵している)
- c. **three** tiny **Corots, a** small **Cézanne, a Pissarro**, two Renoir sketches, **a Cassatt** (Steel, *Remembrance*) (ちっちゃなコローが3点，小さなセザンヌが1点，ピサロが1点，ルノワールの素描2点，カサット1点)

NB ④の例は，現実世界においてxと空間的/心理的に隣接関係にあるyを，xによって表している点で，修辞学で言う「換喩/メトニミー」(metonymy)の例と見ることができる．次例もメトニミーの例である．
- (i) What did **table seventeen** want? (Archer, *Kane and Abel*)
(17番テーブルは，どんな用事だったのかね)〔その席の客〕

20.2.5. 可算名詞 → 不可算名詞

[A] 普通名詞 → 抽象名詞：「the＋普通名詞」の形式で，その名詞の「性質・機能」など抽象的な意味を表すことがある．これも，前節のNBで触れた「メトニミー」の例である．

(1) a. **The pen** is mightier than **the sword**. 〈諺〉(文は武よりも強し)
- b. **The poet** in him was moved at the sight.
(その光景を見て，彼の詩心が動いた)

c. He succeeded to **the crown**. （彼は王位を継承した）

[B] 普通名詞 → 固有名詞

① **家族名**： 家庭内では次のような語は固有名詞扱いになる：Father (Dad, Daddy), Mother (Mum, Mummy), Uncle, Aunt, brother, sister, nurse (ばあや), etc.

　(2) a. Is **Aunt** coming tonight? （おばさん，今晩来るの）
　　　b. **Mother** and **Father** accompanied me to the boat-train for London.
　　　　　（母さんと父さんが，ロンドン行きの連絡船列車のところまでついて来てくれた）
　　　c. **Mother** is proud of you. 　　　　　　　(Montgomery, *Anne of Ingleside*)
　　　　　（母さんは，あなたのことを誇りに思っていますよ）

② **唯一物**： the sun, the moon, the Bible, the Devil, God, Satan, the Tower (ロンドン塔), the Strand ((ロンドンの)ストランド街), etc.

　(3) Well, speak of **the devil**—here's Alice now! 　　　　　　　　　(OALD[6])
　　　（おやおや，うわさをすれば何とやらで——アリスがやって来たよ）

20.3. 名詞の性

20.3.1. 自然性と文法的性

　性 (gender) は，名詞・代名詞・形容詞における性別を示す文法範疇(はんちゅう)である．これを自然的性 (natural gender) との混同を避けるために，**文法的性** (grammatical gender) と呼ぶこともある．文法上の gender の区別と生物学的な sex の区別とは別個のもので，両者は必ずしも一致しない．例えば，今日のドイツ語では，die Sonne (太陽) は女性，der Mond (月) は男性，das Weib (女性) は中性である．フランス語のあらゆる名詞は，le soleil (太陽) のように男性か，la lune (月) のように女性のいずれかであり，中性名詞は存在しないので，無生物の la table (テーブル) も女性として扱われる．

　OE では，ドイツ語と同様，男性 (masculine)，女性 (feminine)，中性 (neuter) の3種の性があり，次に示すように，冠詞・形容詞は，名詞と性・数・格において一致した．

　(1) a.　se gōda bāt　　'the good boat'　　［男性・単数・主格］
　　　b.　sēo gōdē talu　'the good tale'　　［女性・単数・主格］
　　　c.　þæt gōde wīf　 'the good woman' ［中性・単数・主格］

ここで積極的に名詞の性別を示しているのは，定冠詞である．また，人称代名詞（3人称単数形のみ）は，先行する名詞の性と一致したが，すでに OE において無生物は，性別に関係なく hit (= it) でうけたり，cīld (= child)［中性］は，男の子であれば hē (= he)，女の子であれば hēo (= she) でうけたりするように，自然性と一致することがまれではなかった (Jespersen *MEG* VII: 178, Quirk & Wrenn 1957: 75)．

　さらに，ME までに屈折語尾が水平化 (levelling) され，名詞の性別を示していた

定冠詞も一律に þe [θe] になったので，文法的性の区別はほぼ完全に消え，ModE では文法的性の問題は，先行する名詞を人称代名詞の he, she, it のどれでうけるか，という点に限られることになった．しかも，その選択は，ほとんどの場合，有生・無生の区別や，自然的性に依存するものとなっている．したがって，学校文法で必ずとりあげられている次例のような自然的性の対立は，もはや，文法的性の問題ではなくて，語彙論・語形成論上の問題であるとしなければならない．

(2) a. 別語の利用： boy — girl／father — mother／brother — sister／king — queen／husband — wife／son — daughter／uncle — aunt／nephew (甥) — niece (姪)，etc.

b. 接尾辞を付ける： prince — princ**ess**／duke (公爵) — duch**ess** (公爵夫人)／ actor — actr**ess** ／ god — godd**ess** ／ lion — lion**ess** ／ tiger — tigr**ess** ／ widow (やもめ) — widow**er** (男やもめ)／bride (花嫁) — bride**groom** (花婿)[最後の二つのペアでは，女性が主役]，etc.

c. 性別を示す語を付ける： **boy**friend — **girl**friend／**he**-goat (雄のヤギ) — **she**-goat (雌のヤギ)／pea**cock** (雄のクジャク) — pea**hen** (雌のクジャク)／police**man** ((男性)警察官) — police**woman** ((女性)警察官)，etc.

NB　authoress, poetess は〈古風〉で，いまは author, poet と言う．stewardess も〈古風〉で，いまは flight attendant, chair**man** は chair または chair**person**, spokes**man** は spokes**person**, police**man**／**woman** は police officer, waiter／waitress は server と言う人が多い（OALD⁶ の gender を参照）．

20.3.2. 現代英語の性

現代英語では，人間名詞は he か she でうけ，物名詞は it でうけるのが原則である．つまり，自然界の性別と一致していると言ってよい．

その場合，名詞は，性に関して次の4種に分類できる．

① 男性： who — he でうける (*eg* father, son, king, uncle)
② 女性： who — she でうける (*eg* mother, daughter, queen, aunt)
③ 通性： who — he/she でうける (*eg* parent, student, teacher, guest)
④ 中性： which — it でうける (*eg* stone, flower, tree, house)

われわれとしては，上の原則に違反する事例のみを問題にすればよい．

[**A**]　**baby, child**： これらは，通性 (common gender) 名詞であり，性別が不明であるか，それを問題にしない場合は it でうける．しかし，親がわが子を指して it と言うことは，まずありえない．

(1) a. What a beautiful **baby**!　Is **it** a girl?
(かわいい赤ちゃんですね．女の子ですか)

b. You are mistaken there; it is **its** father **it** resembles.
(A. Brontë, *The Tenant of Wildfell Hall*)
(そこはまちがいです．赤ちゃんが似ているのは父親のほうですわ)

(2) The **child** showed me **her** doll.　(その子は，私に自分の人形を見せてくれた)

[B] **動物と性**: 動物は，性別を問題にしなければ it でうけるが，ペット・家畜などは人間扱いにして，しばしば he, she でうける．

- (3) a. The cat caught **a hen** and killed **it**.
    （ネコがめんどりをつかまえて，それを殺した）
- b. It's the farmer's best **cow**: **she** gives lots of milk.
    （それは，農場主の一番いい牛だ．どっさり乳を出す）
- (4) a. **The dog** had lost **his/her/its** bone. （犬は自分の骨をなくした）
- b. Go and find **Fido** and put **him/*it** out.
    （ファイドー［犬］を捜して，外へ出してやってくれ）
- (5) a. **the dog who/which** took the bone　　　　　(Huddleston & Pullum 2002)
    （骨を取った犬）
- b. **Fido, who/*which** was barking again　　　　　(Ibid.)
    （またほえているファイドー）［ペットなので，which になりえない］
- (6) There was also **a rhino who**, ... came here each night.　　(Hemingway, *Green Hills of Africa*)（毎夜ここへやって来るサイもいた）

[C] **通性名詞**: student, teacher, politician のような名詞の場合，話題にしている人の性別がわかっている場合は，(7) のように he/she のいずれかを選べばよいが，(8) のように性別に関係のない一般論を述べる場合は，どちらを使うべきかが問題になる．

- (7) **The teacher** submitted **her/his** report to the principal.
    （教師は校長にレポートを提出した）
- (8) **A student** who wants a passing grade must turn in **his** theme.
    （合格点をもらいたい学生は，論文を提出しなければならない）

(8) のような通性名詞の場合，伝統的には he (his, him) を無標形として使用してきたのであるが，それは「政治的に見て正しい」(politically correct, PC) とは言えないので，法律用語のように he or she を使うか，主格の場合は he/she, s/he を使うことが提案されている．

- (9) **A student** who wants a passing grade must turn in **his or her** theme.

しかし，最も自然なのは，students, readers のような複数形を使う方式であろう．その場合は，代名詞は通性の they でうけることができるからである．

　everybody, anyone, someone などの不定代名詞の場合は，常に単数動詞をとるが，代名詞はしばしば複数形でうける．

- (10) a. *Has* **everyone** finished **their** drinks／〈格式体〉**his or her** drink？ (LDCE²)
    （みんな飲み終わったかい）
- b. **Anyone** can do it if **they** try／〈格式体〉**he or she** tries.　　　(Ibid.)
    （誰だってやればできる）

[D] **擬人性** (gender of animation): Curme (1931: 553) の用語で，擬人化 (per-

sonification) によって無生物に与えられる gender を言う.[6] 心理的性 (psychological gender) とも言う.
　擬人性の生じた原因を探るとすれば, 次のようなものをあげることができる.
　① **ギリシア・ローマの神話・伝説の連想**: sun (男性)＜太陽神 Phoebus (Apollo)／moon (女性)＜月の女神 Selene (Luna)[7]／love (男性)＜恋愛の神 Eros (Cupid)／Fortune (女性)＜ローマ神話の運命の女神 Fortuna／war (男性)＜軍神 Ares (Mars)／Victory (女性)＜勝利の女神 Nike (Victoria).
　② **語誌・語源的な影響**: 国名や都市名がよく女性扱いされるのは, それらが Roma, Britannia (＝Britain), Caledonia (＝Scotland) のように, ラテン語で女性名詞であったことの継承である(-a は, 女性名詞語尾). (ちなみに, America も, この国に名前を与えたイタリアの航海者 *Amerigo* Vespucci (1454-1512) のラテン語形 Americus の女性形である.)

(11) a. **Switzerland** is noted for **its** scenic beauty.
　　　　(スイスは風景の美しさで有名である)［地理的に見たとき］
　　 b. **England** may well be proud of **her** poets. (イングランドがその詩人を誇りとするのはむりもない)［政治的・国家的に見たとき］

次例では, history が女性扱いになっている(普通は itself).

(12) 　And here again **history** repeated **herself**. 　　(Queen, *The American Gun Mystery*)(ここでもまた, 歴史が繰り返されていた)

川・湖・山は, ラテン語と同じく男性扱いである. 悪徳を表す名詞が男性で, 美徳を表す名詞が女性であるのは, それぞれ, OF の vice, vertu (＝virtue) からの遺産であると考えられる (Curme 1931: 555).

　③ **心理的連想による場合**
　(*a*) 　**男性**: 　雄大・激烈なもの: mountain, river, ocean, summer, day, death, winter, anger, discord, despair, war, murder, law, etc.

(13) 　**Death**, tho I see **him** not, is near 　　　　　　(W. S. Landor, *Age*)
　　　　(死は, 見えないけれど, 近くにいる)
(14) 　The froward **brook** ... found **himself** ... Stripped of **his** voice
　　　　　　　　　　　　　　　　　　　　　　　(Wordsworth, *The Prelude* 4.51)
　　　　(つむじ曲がりの小川も, いつしかその声を奪われて)
　(*b*) 　**女性**: 優美・可憐(かれん)なもの, 生産的なもの: peace, spring, nature, earth, soul, night, darkness, arts, science, liberty, charity, mercy, religion, philosophy, poetry, literature, wisdom, church, college, ship, car, boat, balloon, etc.

(15) 　**April** went **her** course. 　(4月は過ぎていった)

---
　6. Curme (1931: 553) は, 現在では正確に突き止めるすべのない gender の起源をおしなべて擬人化に求めている.
　7. ただし, OE はゲルマン語なので, ギリシア・ローマ神話の影響をうけず, ドイツ語と同様, sunne (太陽) (＝die Sonne) は女性, mōna (月) (＝der Mond) は男性であった.

(16)　I love **Wisdom** more than **she** loves me.　　　　(Byron, *Don Juan* 6.63)
　　　(ぼくは，知恵がぼくを愛する以上に彼女を愛している)
(17)　a.　That's a lovely **ship**.　What is **she** called?
　　　　　(あれはきれいな船ですね．何という名前ですか)
　　　b.　The **ship**, which/*who was on **its**/**her** maiden voyage, was way behind schedule.　　　　(Huddleston & Pullum 2002)
　　　　　(その船は処女航海に出ていたが，大幅に遅れていた)
(18)　a.　What's wrong with the **car**?　**She** won't start.
　　　　　(車はどうしたんだろう．いっこうに動こうとしない)
　　　b.　Fill '**er** (= her) up.　(車を満タンにしてくれ)

しかし，このような「心理的性」は当然主観的なものなので，同一の名詞でも扱いが変わるときがある．例えば，Christie の推理小説 *The Hollow* には，自分の愛車を常に男性扱いにする女性が登場している．

(19)　"Isn't **he** a beauty, John?　Doesn't **he** just purr along?" (For Henrietta's cars were always masculine.)　(「彼って美しくない，ジョン？　グルルルって快調に走るじゃない？」(なにしろ，アンリエッタの車は，常に男性だったのだ))

また，スペイン語の mar (海) は女性・男性のどちらにも使用できるが，*The Old Man and the Sea* の Santiago 老人は，海が穏やかなときには *la* mar と女性扱いにし，荒れ狂うときには *el* mar と男性扱いにしている．また，Charlotte Brontë は，*Villette* において，sleep をあるときは she，あるときは he で指示している．

20.4.　名詞の数

数(かず)を表すための名詞の形態変化を数 (number) と呼ぶ．日本語にも数(かず)の概念はもちろんあるが，文法上の数という範疇(はんちゅう)は存在しない．英語の名詞には，一つのものを表す**単数** (singular) と二つ以上のものを表す**複数** (plural) の区別がある．[8] 複数は，普通，単数に語形変化を施して作られる．その意味で，単数は無標 (unmarked) 形であり，複数は有標 (marked) 形である．

20.4.1.　規則複数

[A]　**作り方**：　単数形に -(e)s を付けて作るもので，これが現代英語における圧倒的多数かつ生産的な複数形で，新しくできた名詞はすべてこの方式で複数形を作る．
　OE においては数種の複数語尾があったが，その中で多数派を占めていた -as が，ME の -es を経て，他を圧して今日の規則複数 -(e)s となったのである．

[B]　**発音**：　3種類の異形があり，それは次のように"音韻的に規定されて"いる．
　①　歯擦音(しさつおん) ([s, z, ʃ, ʒ, tʃ, dʒ]) のあとでは，[iz]

8.　OE には，両数 (dual) という範疇があり，both, either, neither などはその概念上の対応物である．

(1) horses（馬），noses（鼻），dishes（皿），mirages（蜃気楼),　watches（時計),
　　 judges（判事）
② 無声非歯擦音（[p, t, k, f, θ]）のあとでは，[s]
(2) caps（帽子），cats（ネコ），books（本），cliffs（崖），months（月）
ただし,「長母音/二重母音＋θ, f」の場合は，[θ] [f] は有声化されて [ðz] [vz] になることが多い。[9]
(3) a. baths [bɑːðz/〈米〉bæðz]（温泉），paths [pɑːðz/〈米〉pæðz]（小道），mouths [mauðz]（口）
    b. knife → knives [-vz]（ナイフ），leaf → leaves [-vz]（葉），wife → wives [-vz]（妻），wolf → wolves [-vz]（オオカミ）
③ その他の場合は [z]
(4) sofas（ソファー），birds（鳥），cabs（タクシー），dogs（犬），bones（骨），kings（王），bells（鐘），doves（ハト）

NB ①-②について，若干の説明を加える。①において，例えば，なぜ，glasss とならないのかと言えば，英語には子音重複（gemination）が存在しないので，[-ss] のように同じ子音を重ねると発音しにくくなる。そこで，[-siz] のように母音を入れて発音しやすくするのである。
　houses [háuziz], mouths [mauðz], wives [waivz] については，歴史的説明を必要とする。すなわち，OE, ME においては母音間（intervocalic）の [s, θ, f] は規則的に有声化されて，[z, ð, v] になっていた。すなわち，hūs [huːs] → huses [húːzəz], muþ [muːθ] → muþes [múːðəz], wīf → wīves [wíːvəz] のように発音されていた名残である。最後の wīves の場合，PE と同様，発音のみならず，綴り字も f から v に変えられた。

[C] 綴り字について
① 歯擦音で終わる語：語尾に黙字の e のあるもの（*eg* horse, size, nose）を除き，語尾に -es を添加する。[iz] の発音を保障するためである。
(5) glasses（グラス），brushes（ブラシ），watches（時計）
② 「強勢のある短母音＋[s, z]」で終わる語：子音を重ねることがある。これは短母音を保持するためである。
(6) quizzes（クイズ），busses（〈米〉buses）（バス）（ただし，omnibuses（〈古風〉バス）は，u に強勢がないので，busses にならない）
③ -o で終わる語：「母音＋o」で終わる語には -s を付ける。
(7) bamboos（竹），folios（二つ折り版），zoos（動物園），radios（ラジオ）
　NB ただし，no は二重母音 [ou] を保障するため，noes となる。
「子音＋o」で終わる語には -es を付ける。
(8) heroes（英雄），potatoes（じゃがいも），tomatoes（トマト）

---

9. oaths（誓い），truths（真実），youths（青年）などのように，[θs] と発音されるものもある。

NB ただし, solo*s* (独唱), tobacco*s* (たばこ) のような外来語や, piano*s* (ピアノ), photo*s* (写真), kilo*s* (キロ), pro*s* (プロ) のような短縮語には -s を付ける. また, -s, -es の間で揺れの見られるものもある: banjo(*e*)*s* (バンジョー), buffalo(*e*)*s* (野牛), volcano(*e*)*s* (火山), motto(*e*)*s* (モットー).

④ **-y で終わる語**: 「子音+y」の場合: y を i に変えて -es を付ける. PE の正書法では, 語頭・語中では i, 語末では y と使い分けるからである.

(9) sp**ies** (スパイ), cit**ies** (都市), lad**ies** (婦人)

NB ただし, 固有名詞は元の綴りを保持する: Henry*s*, Mary*s*, the Kennedy*s* (ケネディー家の人々).

「母音+y」の場合: y は保持される.

(10) day*s* (日), key*s* (鍵), toy*s* (おもちゃ)

⑤ **-f(e) で終わる語**: f を v に変えて -es を付ける (上述の OE, ME の名残なので, 英語本来語に多い).

(11) life → li**ves** [-vz] (生涯), thief → thie**ves** (泥棒), half → hal**ves** (半分), wife → wi**ves** (妻), leaf → lea**ves** (葉)

しかし, 借用語や比較的新しい語では, そのまま -s を付けるものも多い.

(12) chief*s* (かしら), belief*s* (信念), grief*s* (悲しみ), proof*s* (証明), safe*s* (金庫) [いずれもフランス語], roof*s* (屋根)

NB 次の語は, -fs, -ves の両形をもつが, 前者が一般的.
(i) handkerchief**s**, **-ves** (ハンカチ) / scarf**s**, **-ves** (スカーフ) / hoof**s**, **-ves** ((馬などの) ひづめ) / wharf**s**, **-ves** (波止場)

⑥ **文字・数字・略語の場合**: -'s を付けるのが原則であるが, アポストロフィー(') を付けないのが最近の傾向.

(13) a. dot your **i's** and cross your **t's** (言動に細心の注意を払う)
b. in the 1980**'s** / 1980**s** (1980 年代に)
c. PhD**'s** / PhD**s** (学術博士)

20.4.2. 不規則複数

[A] **-(r)en 複数**: これは, OE の弱変化複数 -an が, ME -en を経て今日まで残っているものである.

(1) ox**en** (牛), child**ren** (子供たち), breth**ren** (同信者たち)

前 2 者が *oxes, *childs と規則複数にならなかったのは, 基礎語彙として日常ひんぱんに使用されたためであり, brethren の場合は, 宗教的な脈絡で brothers と意味的に区別するためと考えられる.

なお, 古語・方言には ki*ne* [kain] (= cows), ey*en* [áiən] (= eyes), shoo*n* [ʃuːn] (= shoes) に -en 複数の名残が見られる (3 語とも Shakespeare に見いだされる).

NB　children, brethren, kine は，歴史的には**二重複数**（double plural）であった．前2者の ME における複数形は childre, brethre であったが，南部方言では -en 複数にならって，children, brethren が作られた（OED²）．日本語の「子-ども-たち」も参照．kine の場合は，OE cū（= cow）の複数形 cȳ(e) が，ME に入って ky(e) と綴られ，南部ではさらに n を付けて kyn という二重複数形になった．

[B]　**変母音複数**（mutation plural）：　man → men のような母音変異（mutation）に基づく複数形を言う．OE でも多くはなかったが，現在残っているのは以下の少数のものだけである．これらが主流派の -s 複数に同化しなかったのは，日常ひんぱんに使用される語であったからである．

(2) a.　man（男）→ **men**（< OE mann → menn < *manniz）
　　b.　tooth（歯）→ **teeth**（< OE tōþ → tēþ < *tanþiz）
　　c.　foot（足）→ **feet**（< OE fōt → fēt < *fotiz）
　　d.　goose（ガチョウ）→ **geese**（< OE gōs → gēs < *gōsiz）
　　e.　louse（シラミ）→ **lice**[10]（< OE lūs → lȳs < *lūsiz）
　　f.　mouse（ネズミ）→ **mice**[10]（< OE mūs → mȳs < *mūsiz）

ところで，こういう母音変異はなぜ生じたのか．それは，上で見るように，ゲルマン祖語（Proto-Germanic）において，名詞の複数主格語尾 *iz の i 音によって，前の音節の母音が口蓋化されて，i に近い性質の母音に変わったからである．i-mutation，あるいはドイツ語ふうに i-Umlaut と呼ばれる現象で，OE 以前の，紀元5, 6 世紀にゲルマン語に生じた変化である．語尾の *iz は，例えば *gōsiz の o を e に変えたあと消失したのであるが，その過程は，次のようなゲルマン語の，同語源の不定詞において明瞭にうかがうことができる．

(3)　Goth. haffjan, OS heffian, OE hebban　（いずれも 'to lift' の意味）

つまり，ゴート語では i-Umlaut はまだ生じていないが，古サクソン語では語尾の i は前の音節の a を e に変えたのち，いわば "歴史の証人" としてまだ保存されているのである．一方，OE では，その i は完全に消失してしまっている．

[C]　**不変化複数**（unchanged plural）：　a *sheep*（一匹のヒツジ），many *sheep*（多くのヒツジ）のように，単数と同形の複数を言う．（Web³ や Quirk et al. (1985: 298) は「ゼロ複数」（zero plural）と呼んでいる．）三つの種類がある．

① **魚・鳥・獣類**：　これらの動物は，野生で群れをなして生活している．そこで，集団として，いわば "量的に" とらえられるのである．

(4)　deer（シカ），sheep（ヒツジ），salmon（サケ），carp（コイ），trout（マス）

一方，(5a, b) のような事実に注意する必要がある．

(5) a.　birds（鳥），cows（牛），dogs（犬），eagles（ワシ），hawks（タカ），monkeys（サル），hens（めんどり），rabbits（（飼い）ウサギ）
　　b.　duck(s)（カモ），herring(s)（ニシン），antelope(s)（レイヨウ）

10.　-se を ce に変えたのは，[s] 音を保持するため．mise なら [maiz] と発音されてしまう．

(5a) の動物が複数形をもつのは，"個性"を認められているからである．これに対して，(5b) の類は不変化複数にも変化複数にも用いられる．特に狩猟者は不変化複数を用い，一般の人は変化複数を用いるとされる（Web[3]: p. 26a）が，それは，動物を獲物または食料として量的に（つまり，物質名詞的に）見るか，カモに1個の生物として個性を認めるかという，話し手の動物観の差に起因するものと考えられる．

> **NB**　fish は，漁の対象として見られたときには (i) のように単複同形であるが，"異なる種類"を言うときには (ii) のように fishes が用いられる．
> 　　(i)　John caught *one* **fish** and Mary caught *ten* **fish**.
> 　　　　（ジョンは魚を1匹釣り，メアリーは10匹釣った）
> 　　(ii)　The aquarium exhibits *many* **fishes**.
> 　　　　（水族館には多くの種類の魚が展示されている）

② **-ese [iːz] で終わる国民名**:　語尾の [z] が複数を意識させることと関係があると思われる．

　　(6)　Japan**ese**（日本人），Chin**ese**（中国人），Portugu**ese**（ポルトガル人），Leban**ese**（レバノン人），Vietnam**ese**（ベトナム人），Burm**ese**（ビルマ人）

③ **数量・単位を表す語**:　数詞のあとでしばしば不変化で用いる．

(7) a.　two **dozen** of these glasses　（このグラス2ダース）
　　b.　several **head** of cattle　（牛数頭）
　　c.　three **score** of sheep　（ヒツジ60匹）［score =〈やや古〉twenty］
　　d.　two **gross** of pencils　（鉛筆2グロス）［gross（12ダース）］
　　e.　He weighs ten **stone**.　（彼は体重10ストーンだ）［stone（14ポンド）］
　　f.　(i)　He is five **foot** *two*.　（彼は身長が5フィート2インチだ）
　　　　(ii)　Cf.　He is five **feet**/〈略式体〉**foot** tall.　（彼は身長が5フィートだ）
　　g.　That will be six **pound** *fifty*.　（それで6ポンド50ペンスになります）
　　h.　two **hundred**（2百）／three **thousand**（3千）

(f(i))-(g) のように，あとに数詞を伴う場合は不変化が普通とされる（cf. Quirk et al. 1972: 180）．

> **NB 1**　pair は普通，複数形で用いる．three *pair* of shoes（くつ3足）のように不変化に用いるのは，OALD[6] によれば〈米・略式体〉であり，LDCE[3] は pairs を優先し，KCED は「ときに pair」とする．
> 　　(i)　six **pairs** of gloves　（手袋6双）
> 　　(ii)　two more **pairs** of trousers　（ズボンをあともう2本）
> **NB 2**　数を表す名詞は，独立的に用いられる場合は，複数形になり，概数を表す．
> 　　(i)　**dozens** of glasses　（何ダースものグラス）
> 　　(ii)　**hundreds** of books　（何百冊もの本）
> 　　(iii)　**tens of thousands** of police　（何万もの警察官）
> 　　(iv)　**millions** of people　（何百万人もの人）

20.4.3. 外来複数

ここでは，外国語の複数形がそのまま英語に導入された**外来複数** (foreign plural) をとりあげる.

[A] **ギリシア・ラテン語から来た名詞**: 徐々に英語化して -s 複数になる傾向があるが，学術用語では原語の複数形成法を保存するのが普通である.

(1) ギリシア語 　　　　　　　外来複数形 　　　　　英語複数形
　　a. criterion（基準）　→　criteria　　　　　　criterions
　　b. dogma（独断）　　→　dogmata　　　　　　dogmas
　　c. schema（式型）　　→　schemata　　　　　　schemas
(2) ラテン語 　　　　　　　　外来複数形 　　　　　英語複数形
　　a. nebula（星雲）　　→　nebulae [-iː]　　　　nebulas
　　b. focus（焦点）　　　→　foci [-ai]　　　　　focuses
　　c. medium（媒体）　　→　media　　　　　　　mediums
　　d. vortex（渦巻き）　→　vortices [-siːz]　　vortexes

古典語の複数形と英語の複数形の両形をもつ場合は，前者は学術用語，後者は一般語として，それぞれ別義で用いられることが多い.

(3) ギリシア語 　　　　　　　外来複数形 　　　　　英語複数形
　　a. phenomenon　　　　→　phenomena（現象）　phenomenons（非凡な人）
　　b. stigma　　　　　　　→　stigmata（聖痕）　　stigmas（烙印）
(4) ラテン語 　　　　　　　　外来複数形 　　　　　英語複数形
　　a. antenna　　　　　　→　antennae [-niː]（触角）　antennas（〈米〉アンテナ）
　　b. formula　　　　　　→　formulae [-liː]（公式）　formulas（きまり文句）
　　c. index　　　　　　　→　indices [-siːz]（指数）　indexes（索引）

[B] **ヘブライ語**

(5) ヘブライ語 　　　　　　　外来複数形 　　　　　英語複数形
　　a. cherub（天使ケルビム）　cherubim　　　　　cherubs（かわいらしい子供）
　　b. seraph（熾天使）　　　　seraphim　　　　　seraphs

[C] **イタリア語・フランス語**

(6) イタリア語 　　　　　　　　　外来複数形 　　　　　英語複数形
　　a. bambino（子供）　　　　→　bambini　　　　　bambinos
　　b. dilettante（ディレッタント）→　dilettanti　　　dilettantes
(7) フランス語 　　　　　　　　　外来複数形 　　　　　英語複数形
　　a. chateau [-ou]（城）　　→　chateaux [-ouz][11]　chateaus
　　b. beau（だて男）　　　　　→　beaux [bouz][11]　　beaus

　　NB ラテン語の data の単数形 datum は，英語ではほとんど用いられないで，data が単複両用に使用される.

---

11. ただし，これは英語音でフランス語では [-z] は発音しない.

(i) This **data** is insufficient. (このデータは不十分だ)
(ii) These **data** are insufficient. (これらのデータは不十分だ)

〈英・格式体〉や科学記事では，ときに (ii) のように複数扱いにされるが，通例は (i) のように単数に扱われる．〈米〉では，data は普通，複数扱いにされる (COBUILD[3])．

20.4.4. 注意するべき複数形

[A] **複合語の複数形**： 原則として主要語を複数にする．

(1) fountain **pens** (万年筆), boy**friends** (ボーイフレンド), **passers**-by (通行人), **mothers**-in-law (義理の母)

第1要素に man, woman をもつ複合語は両要素を複数形にする．

(2) gentle**men**-farm**ers** ((働く必要のない)大地主), **men**serv**ants** (〈古風〉下男), wo**men** doct**ors** (女医) [lady doctor は，かえって侮蔑的に響くので避けられる]

[B] **絶対複数** (plurale tantum)： 常に (または通常) 複数形で用いられる名詞．呼応は，必ずしも複数動詞ではない．

① 対 (つい) の部分からなる衣類・器具

(3) breeches (半ズボン), trousers (ズボン), shorts (ショーツ), slacks (スラックス), glasses (眼鏡), tights (タイツ), scissors (はさみ), nippers (ペンチ), handcuffs (手錠), compasses (コンパス), scales (天びん)

これらは複数名詞だから (4) のようには言えても，不可算名詞なので (5) のように数詞を付けることはできない．

(4) These **pants** are dirty. (このズボンは汚れている)
(5) *two **pants**／*both **pants**

数える場合は，a pair of を使用する．

(6) a. *a pair of* **scissors** (はさみ1挺(ちょう))
    b. *several pairs of* **slacks** (スラックス数本)

② -ics で終わる学問名： 通例，単数扱い．

(7) linguistics (言語学), mathematics (数学), physics (物理学), politics (政治学), economics (経済学), statistics (統計学), phonetics (音声学)

(8) a. **Politics** *is* not a science but an art. (政治学は科学ではなく技術だ)
    b. **Statistics** *is* a rather modern branch of mathematics. (統計学は，数学のかなり現代的な一分野だ)

ただし，economics (経済状態), politics (政治的意見), statistics (統計，統計表), phonetics (音声組織) のように，学問名でない場合は複数扱いにされる．

(9) a. What *are* your **politics**? (あなたの政見はどんなものか)
    b. These **statistics** *show* deaths per 1,000 of the population. (この統計表は，人口1,000人あたりの死者を示すものである)

さらに，mathematics (数学的処理, 計算) のように，単複両様に呼応する名詞もある．

(10)　If my **mathematics** *is*/*are* right, the answer is 142.　　　(OALD⁶)
　　　(私の計算が正しければ，答えは 142 だ)

③　"絶対複数"は，ほかにも次のようなものがある．

(11) a.　身体の部分 (複数呼応)： bowels (腸), entrails (内臓), loins (生殖器), sinews (筋肉), gums (歯ぐき), intestines (腸)
　　b.　ゲーム (単数呼応, ただし cards は単複呼応)： billiards (ビリヤード), cards (トランプ), checkers (チェッカー), dominoes (ドミノ), ninepins (ナインピンズ)
　　c.　病気 (普通，単複呼応)： blues (憂鬱), dumps (〈略式体〉ふさぎ), measles (はしか), mumps (おたふくかぜ)
　　d.　場所・建物 (単複呼応)： links (ゴルフ場), precincts (境界), outskirts (郊外), surroundings (環境), barracks (兵舎), eaves (ひさし), headquarters (本部), works (工場)
　　e.　その他： annals (年代記), ashes (廃墟), arrears (未払い金), savings (貯金), remains (遺体), amends (償い), tidings (知らせ), victuals [vítlz] (〈古語〉食物), Athens (アテネ), means (手段, 収入)

若干の例をあげてみよう．まず，works (工場) は単複呼応．

(12)　The **ironworks** *is*/*are* on sale.　(その鉄工所は売りに出されている)

means は「手段」の意味では単複呼応であるが，「収入」の意味では常に複数動詞で呼応する．

(13) a.　*Is* there any **means** of contacting him?　　　(OALD⁶)
　　　　(彼と連絡する方法がありますか)
　　b.　There *are* several **means** of transport on the island.　(Swan 1995)
　　　　(その島には，交通手段はいくつかある)

(14)　His **means** *have* been much reduced.　(彼の収入はひどく減少した)

pains (骨折り) は，複数呼応する．しかし，many で修飾することはできない．

(15) a.　My **pains** *have* been rewarded.　(私の苦労は報いられた)
　　b.　He takes *great*/**many* **pains** with his pupils.
　　　　(彼は生徒のことで大変骨を折る)

series (シリーズ), species (種, 種類) は，単複呼応する．

(16) a.　*A* **series** of lectures *was*/〈略式体〉*were* given.　(連続講義が行われた)
　　b.　*Several* **series** of lectures *were* given.　(連続講義が何回か行われた)

(17) a.　*That* **species** *has* died out.　(その種は絶滅した)
　　b.　*Many* **species** of butterflies *are* found on that island.
　　　　(その島には多くの種類のチョウがいる)

[C]　**強意複数** (intensive plural)： 個体の複数というよりも，強意を目的とした複数形．おもに詩や〈格式体〉のスタイルで用いられる．

① 抽象名詞の場合は，程度の強大さを表す．
(18) a. It is a thousand **pities** (＝a great pity). (いかにも残念なことだ)
　　 b. Many **thanks**. (大変ありがたい)
　　 c. I have my **doubts**/**fears**. (私には疑義/不安がある)
② 具象名詞の場合は，「広がり・重なり・連続」を表す．
(19) a. The moon was already bright in the **heavens**.
　　　　(空にはもう月が皎々と照っていた)
　　 b. We were still in British **waters**. (OALD⁶) (私たちはまだ英国海域にいた)
　　 c. Autumn is the season of **mists**. (秋は霧の季節だ)
　　 d. She was down in the **depths** of despair.
　　　　(彼女は絶望のどん底に沈んでいた)

[D] **相互複数** (plural of reciprocity)： exchange のように，「取り交わす」の意味を表す動詞の目的語がとる複数形を言う．Jespersen (*MEG* II: 80) の用語．

(20) a. Shall we exchange **seats**? (席を替わりましょうか)
　　 b. You must change **cars** at this station. (この駅で乗り換えです)
　　 c. John shook **hands** with Mary. (ジョンはメアリーと握手した)
　　 d. He crossed **swords** with the spark. (彼はその伊達男と剣を交えた)

次のような成句にも，相互複数が見いだされる．

(21) 　I am **friends** with him. (cf. He and I are **friends**.) (私は彼と友達だ)

[E] **二重複数** (double plural)： 歴史的には，§20.4.2 で扱った children や brethren のように，複数語尾が二つ重なったものを二重複数と言うが，現代英語では複数形が2種あって，それぞれ意味が異なるものも，同じ名前で呼ばれる．

(22) a. brothers (兄弟) — brethren (同胞，同信者)
　　 b. cloths (布地) — clothes (衣服)
　　 c. dies (刻印) — dice (さいころ)
　　 d. geniuses (天才) — genii [dʒíːniài] (守り神)
　　 e. pennies (1ペニー(硬貨)) — pence (ペンス(金額))
　　 f. indexes (索引) — indices (指数)
　　 g. staffs (職員) — staves (譜表)

(22e) の pennies と pence は，次のように使い分けられる．

(23) a. This biro cost 60 **pence**/*__pennies__.
　　　　(このボールペンは60ペンスだった)[価格]
　　 b. Would you please change a pound note into **pennies**/*__pence__?
　　　　(1ポンド紙幣を1ペニー貨にくずしていただけませんか)[硬貨]

[F] **分化複数** (differentiated plural)： Jespersen (*MEG* II: 85) の用語．単数形にない意味を表す複数形．単数形の意味も保存している場合も多いが，複数形で新しい意義が"分化"しているので，こう呼ばれる．例えば，colors は「色彩」の複数形

でもあるが，同時に，単数にはない「軍旗」という意味も表す．しかし，airs の「気どり」という意味には，単数形の air「空気」の意味は全くない．

(24) a. advice（忠告）   — advices（通知）
    b. arm（腕）   — arms（武器）
    c. bearing（態度）   — bearings（進路）
    d. confidence（自信） — confidences（内緒事）
    e. custom（習慣）   — customs（関税）
    f. effect（結果）   — effects（動産）
    g. force（力）   — forces（軍隊）
    h. letter（文字）   — letters（文学）
    i. look（見ること）   — looks（容貌）
    j. manner（方法）   — manners（行儀作法）
    k. moral（教訓）   — morals（素行）
    l. number（数）   — numbers（〈古語〉詩）
    m. order（命令）   — orders（聖職）
    n. pain（苦痛）   — pains（骨折り）
    o. part（部分）   — parts（才能）
    p. premise（前提）   — premises（構内）
    q. quarter（4分の1） — quarters（宿舎）
    r. respect（尊敬）   — respects（伝言）
    s. spectacle（光景） — spectacles（眼鏡）
    t. spirit（精神）   — spirits（元気，火酒）
    u. water（水）   — waters（鉱泉水）

[G] **on all fours**: Jespersen (*MEG* II: 110) は，この「四つんばいで」という意味の成句の複数は，意味のない複数 (meaningless plural) であるとしている．確かに，OED[2] (s.v. *All-fours*) には，この句は 'formerly *all four*, s.c. extremities' とある (cf. whatsoeuer goeth *vpon all foure* (AV, *Lev.* 11: 42)（すべて四つ足で歩くもの))．

筆者は，この -s には意味がないとは思わない．現代人は，on all four *extremities*（四つの手足全部を使って）というように，この fours に複数を感じていると推測する．次のような，all four のあとに limbs とか legs とかの現れる例は，all fours という圧縮された表現の中に潜んでいる「複数意識」がはっきりと顕在化したものと考えられるからである．

(25) a. To go *on all fours* is to crawl about **on all four limbs**.
            (Brewer, *Phrase and Fable*)
       (To go on all fours というのは，4本の手足ではい回ることである)
    b. He dropped the chair forward **on all four legs**. (Spillane, *Kiss Me, Deadly*)（彼はその椅子をそのままどっかり置いた）

    c. Cf. She crawled **on hands and knees** through the grass to the house.

(Andersen, *Winesburg, Ohio*)

（彼女は，四つんばいではいながら，芝生を抜けてわが家に帰った）

20.5. 英語の格

20.5.1. はじめに

[A] **格** (case)：　格とは，名詞句が文中で他の語に対する各種の関係を表すための形態の変化に与えられた名称である．サンスクリット語には八つの格があり，OE には主格・属格・対格・与格・具格の五つの格があったが，PE には主格・属格（または所有格）・目的格の三つを認めるのが普通である（生成文法でも同様）．名詞と代名詞の格関係が，次に見るように，平行しているからである．

(1) a. **John**/**He** lives in London.　（ジョン/彼はロンドンに住んでいる）[主格]
    b. Mary loves **John**/**him**.　（メアリーはジョン/彼を愛している）[目的格]
    c. **John's**/**His** car has broken down.
      （ジョンの/彼の車はこわれてしまった）[属格]

　名詞の場合，主格と目的格とは同形である．したがって，厳密な形式主義に立つならば，Sweet や Jespersen のように，二つの格（= 属格と通格（common case））しかないことになる．ここで，"通格"とは主格と目的格をまとめた呼称である．

[B] **格が付与されるのは名詞か名詞句か**：　上で「名詞句の格」という言い方をしたのは，格は名詞や代名詞だけにではなく，名詞句全体に付与されると考えられるからである．例えば，

(2) a. **the man's** car　（その男の車）
    b. **his** car　（彼の車）
    c. **five miles'** distance　（5マイルの距離）

などの属格の例において，his は the man's 全体の代用形であるとしなければならないし，distance を限定しているのは miles' ではなく，five miles' であることは明白である．あるいは，(3) の OE やドイツ語の文

(3) a. Hē brōhte **grēatne stān**.　'He brought (a) large stone.'
    b. In **unserem kleinen Garten** steht **ein alter Apfelbaum**.
      'In our small garden stands an old apple tree.'

においても，(3a) の他動詞 brōhte は，その目的語である grēatne stān という NP 全体に対格（accusative）を付与している．(3b) のドイツ語の前置詞 in は，unserem kleinen Garten という名詞句全体に与格（dative）を付与し，一方，ein alter Apfelbaum は，文の主語として NP 全体が主格（nominative）を付与されている．ゆえに，格（および，性・数）は名詞ではなく，名詞句に付与されると結論される．

20.5.2. 主格の用法
[A]　文の主語

(1) a. **John** gave Mary the money. （ジョンはメアリーにその金を与えた）
    b. **Mary** was given the money by John.
      （メアリーはジョンにその金を与えられた）

[B] 文の補語

(2) a. He is **an able man**. （彼はやり手だ）[主語補語]
    b. They elected him **chairman**. （彼らは彼を議長に選んだ）[目的語補語]

[C] 呼びかけの主格 (nominative of address)： ギリシア語・ラテン語には呼格 (vocative case) という特別の格があったが，英語では，呼びかけには主格を用いる．

(3) a. Come, **children**, let's beat it! （さあ，子供たち，逃げよう）
    b. Hey, **you**, come down here! （おい，おまえ，こっちへ降りて来い）
    c. Good morning, **Jim**! （おはよう，ジム）

teacher は，呼びかけには普通用いられないとされるが，カナダの作家 Montgomery の作品では，男子生徒が Anne に向かって，常に teacher と呼びかけている．

(4)   You may be famous yourself, **Teacher**.   (*Anne's House of Dreams*)
      （あなた自身有名になるかもしれませんよ，先生）

[D] 不定詞付き主格 (nominative with infinitive)： (5a) のような "不定詞付き対格" (accusative with infinitive) の構文を，(5b) のように受動化したとき「主格と to 不定詞」の結合（=不定詞付き主格）が派生される．

(5) a. I believe [**John to be** innocent]. （私はジョンが無実だと信じている）
    b. **John** is believed **to be** innocent. （ジョンは無実だと信じられている）

"不定詞付き主格" は，Poutsma (1929: 818) の用語であるが，重要な点は，'John to be innocent' という結合（Jespersen 流に言えば，ネクサス目的語 (nexus object)）が，(5a) では believe の目的語として，(5b) では is believed の主語として機能している（=Jespersen の分離主語 (split subject)）という事実である．

(6) a. **He** was discovered **to be** proud. （彼は高慢なのがわかった）
    b. Presently **he** was heard **to drive** away.
        （やがて彼が車で立ち去るのが聞こえた）
    c. **She** was made **to repeat** the whole story.   (Swan 1995)
        （彼女は一部始終を繰り返して言わされた）
    d. **He** is believed **to be** dead. （彼は死んだと信じられている）
    e. **He** is expected **to be** back by Christmas.
        （彼はクリスマスまでには帰るはずだ）
    f. **She** was rumored **to have died** at Nice.
        （彼女はニースで死んだといううわさだった）

この構文をとる動詞は，不定詞付き対格をとる動詞とほぼ同じであるが，一方の構文にしか用いられないものもある．例えば，watch, have, wish, cause などは不定詞付き主格構文にはほとんど用いられず，逆に，repute, rumor, say などは不定詞付

き対格構文には用いられない．

(7) a. ***He** was watched **to go** into the building.
   b. They watched **him** go into the building.
   (彼がそのビルに入るのを見守った)［不定詞付き対格］
(8) a. *They **say** him **to be** a spy.
   b. **He** is said **to be** a spy. (彼はスパイだと言われている)

NB 「判断・宣言」を示す動詞のあとでは，しばしば to be が省略される．
　(i) The picture is considered (**to be**) a perfect likeness of his mother.
　　(その絵は彼の母とそっくりだと考えられている)
　(ii) The picture was pronounced (**to be**) a forgery.
　　(その絵は贋作だと言明された)

[E] **現在分詞付き主格** (nominative with present participle)： これは，(9a) の現在分詞付き対格に対応する，(9b) のような受動態の構文に，Zandvoort (1972: 34) が与えた名称である．

(9) a. I saw **her entering** the house. (私は彼女がその家に入っているところを見た)
   b. **She** was seen **entering** the house.
   (彼女はその家に入っているところを見られた)

この構文に用いられる動詞は，知覚動詞である．類例をあげるならば，

(10) a. **They** were caught **kissing** each other.　　　　　　　　　　(KCED)
   (彼らは，キスしているところを見つかった)
   b. **The woman** was found **drinking** my whisky.
   (その女は，私のウィスキーを飲んでいるところを見つかった)

20.5.3. 対格の用法

[A] 上述したように，まぎれもなく対格目的格と言えるのは，二重目的語構文における直接目的格である．

(1) a. I gave him **a book**. (私は彼に本を与えた)
   b. She left her daughter **£1 million**.　　　　　　　　　　　　(OALD⁶)
   (彼女は娘に100万ポンド遺した)

以下のものは，現代英語では，おしなべて目的格としてみなせば十分である．
① 他動詞の目的語
(2) a. John kicked **the ball**. (ジョンはボールをけった)
   b. He killed **himself**. (彼は自殺した)

歴史的には，与格であったものも，目的格とみなされる．
(3) a. I thanked **him**. (私は彼に感謝した)［cf. thankful *to* him］
   b. I believe **you**. (君の言葉を信じるよ)
② 同族目的語 (§ 3.2.4.3 [C])

(4) a. He died **a glorious death**. (彼は名誉の死を遂げた)
　　b. He slept **a peaceful sleep**. (彼は静かに眠った)
③　形容詞の目的語
(5) a. Rome is worth **visiting**. (ローマは訪れる値打ちがある)
　　b. I think he is like **me**. (彼はぼくに似ていると思う)
④　前置詞の目的語
(6) a. Is there any letters for **me**? (私宛の手紙がありますか)
　　b. He sat beside **her** all night. (彼は夜どおし彼女のそばにすわっていた)

以下の構文では，伝統的に「対格」という用語が用いられている．ここで使用するのは，レッテル語として便利であるからにすぎない．

[B] **記述の対格** (accusative of description)： Onions (1929: 93) の用語．形状・色彩・年齢・価格・職業などを表す名詞で，形容詞的に用いられる．通例，of を補うことができる (§20.1.2 [B])．

① 主語補語として
(7) a. The earth is **the shape of an orange**. (地球はオレンジの形をしている)
　　b. This book is **the same size** as that. (この本はそれと同じ大きさだ)
　　c. '**What age** is he?' said Mr. O'Connor.　　　　　　(Joyce, *Dubliners*)
　　　（「彼は何歳かね」とオコナー氏が聞いた）
　　d. He was good-looking, was **my age**. 　　　(Hemingway, *A Farewell to Arms*)
　　　（彼は男前で，私ぐらいの年ごろだった）
　　e. **What color** is it? (それは何色ですか)
　　f. Her cheek was **colour of ashes**. (彼女のほおは灰色だった)
　　g. **What price** is that article? (その品物，値段はいくらですか)
　　h. **What** are potatoes today? (きょうはポテトはいくらですか)

② 目的語補語として
(8) a. **What colour** shall I paint your door?　　　　　　(Sweet 1898)
　　　（ドアは何色に塗りましょうか）
　　b. They painted their house **a hideous shade of green**.
　　　（彼らは自分の家を醜い緑色に塗った）

③ 名詞句のあとに置かれて，これを修飾する．
(9) a. Why can't you be like other girls **your age**?　　(Sheldon, *Master of the Game*) （なぜ君は，君の年ごろのほかの女の子みたいになれないのかね）
　　b. This **is** a model, **the size of life**. (これは実物大のモデルです)
　　c. Nowhere could I discern a cloud **the size of a man's hand**.
　　　　　　　　　　　(Gissing, *The Private Papers of Henry Ryecroft*)
　　　（どこにも手のひらほどの雲も見えなかった）

[C] **副詞的対格** (adverbial accusative)： OE の対格は，空間・時間の広がりを表

す副詞として用いることができた．例えば，OE の対格 ham は，to one's home の意味に用いられた．しかし，現代英語の come home の home は，純然たる副詞として扱われている．現代英語では，以下の例も，名詞句の副詞的用法と見るのが妥当であろう．

◇[空間]
(10) a. He fell **all his length**. （彼はばったり倒れた）
   b. Step **this way**, please. （どうぞこちらへ）
   c. The lake is **three miles** wide. （その湖は幅3マイルだ）

◇[時間]
(11) a. He is **two years** my senior. （彼は私よりも二つ年上だ）
   b. I'll come **next Thursday**. （次の木曜日に来ます）
   c. They danced **all the evening**. （彼らは一晩中ダンスした）
   d. You have been **a long time**. （ずいぶん時間がかかったね）
(12) a. **Two dishes** later he began.　　　　　　　（Archer, *As the Crow Flies*）
（ふた皿ふき終えたあとで，彼は切り出した）
   b. The Vicar returned **three cucumber sandwiches** later. (Id., *Kane and Abel*)（教会区牧師は，キュウリのサンドイッチを3切れ食べたあと戻ってきた）
   c. **a grief** ago　（Dylan Thomas, *A Grief Ago*）（ひと悲しみ前）

(12) の例では，two dishes/three cucumber sandwiches/a grief は，時間表現ではないが，'x later/ago' という枠の中では時間の読みが与えられる（Leech 1969: 31）．

◇[程度]
(13) a. The table is about **this** high. （そのテーブルはこれくらいの高さだ）
   b. He talked **a great deal**. （彼は大いにしゃべりまくった）
   c. The sea went **mountains** high. （波は山のように高くなった）
   d. I see you haven't changed **an atom**. 　　　　　　　（Joyce, *Dubliners*）
（ちっともお変わりないようですね）
   e. we know that somebody is **God Almighty** anxious to murder you, Dr Stevens.　（Sheldon, *The Naked Face*）（誰かがあんたを殺そうと，しゃかりきになってることがわかってるんですよ，スティーブンス先生）

◇[様式]
(14) a. He came **full speed**. ［＝at full speed］（彼は全速力でやって来た）
   b. We sat **tailor fashion**. （私たちはあぐらをかいてすわった）
   c. He ran out **bare-foot**. （彼は素足で走り出た）

対句形式も多用される．
(15) a. He was bound **hand and foot**. （彼は手足を縛りあげられた）
   b. They worked **day and night**. （彼らは昼夜を分かたず働いた）
   c. It is getting warmer **day by day**. （日ましに暖かくなっている）

d. We shall see God **face to face**. （私たちは神をまともに見るだろう）
　　e. We gain knowledge **step by step**. （私たちは一歩一歩知識を身につけていく）

[D] **動名詞付き対格** (accusative with gerund)： 動名詞の主語は，属格が正式であるが，〈略式体〉では対格が普通に用いられる（§16.3）．
　(16) a. I have no objection to **him** *coming* to stay.　　　　　　　(OALD⁶)
　　　　 （彼が泊まりにくるのに異存はない）
　　　b. I hate **people** *being* miserable.　（人が惨めなのはいやだ）

[E] **不定詞付き対格** (accusative with infinitive)
　(17) a. I like **boys** *to be* quiet.　（私は男の子はおとなしくしているのが好きだ）
　　　b. I hate **girls** *to smoke*.　（私は女の子がたばこを吸うのは嫌いだ）

[F] **分詞付き対格** (accusative with participle)
　(18) a. I saw **the thief** *running* away.　（泥棒が逃げ去って行くのが見えた）
　　　b. I could feel **my heart** *beating* wildly.
　　　　 （激しく心臓が鼓動しているのが感じられた）

20.5.4. 与格の用法

[A] 例えば，(1a)では Mary が主格で，John が目的格であり，(1b)ではジョンが主格で，メアリーが目的格だとするのは，おもに語順 (word order) によってである．
　(1) a. Mary kicked John.　（メアリーがジョンをけった）
　　 b. John kicked Mary.　（ジョンがメアリーをけった）

名詞句が生じる「位置」も形式だとするならば，次のような，二重目的語構文 (double object construction) における二つの目的語を区別して，いわゆる間接目的語を**与格** (dative case)，直接目的語を**対格** (accusative case) と呼ぶことも理にかなったことである．
　(2)　John gave **Mary** a book.

さらに，意味論の立場から言えば，与格は〈受領者〉(recipient) であり，対格は〈受動者〉(patient) である，という歴然たる違いがある．このことは，さらに，OE やドイツ語では，
　(3) a. Hē sealde **ǣlcum** ānne pening.　　　　　　　　　　　(Sweet 1953)
　　　　 'He gave each a penny.'
　　 b. Ich gab **ihm** ein Buch.
　　　　 'I gave him a book.'

で見るように，間接目的語は与格を付与され，直接目的語は対格を付与され，日本語では，与格には「ニ格」が対応し，対格には「ヲ格」が対応するという，統語論的・意味論的な通言語的一般化によっても支持されるのである．
　本書の記述では，対格・与格という用語は，おもに両者を対立的に区別する必要が

ある場合に限って用い，普通は目的格という用語を使用する方針である．

[**B**] **利害の与格**（dative of interest）： 叙述の内容が与格の名詞句に利益または不利益になることを表す．二重目的語の与格と酷似しているが，他動詞ばかりではなく，自動詞と共起することができる点，また，受動文の主語になれない点が異なる．生成文法では，付加部（adjunct）として働く．

(4) a. I bought **me**/**myself** a new hat. （私は新しい帽子を買った）
　　　［＝I bought a new hat *for myself*.］
　　b. She bought **herself** a new dress. （彼女は新しいドレスを買った）
　　　［She bought *her* a new dress. なら，別人に買ったことになる］
　　c. He built **himself** a house. （彼は家を建てた）
　　　［＝He built a house *for himself*.］
　　d. She will make **him** a good wife. （彼女は，彼にとっていい妻になるだろう）
　　　［＝She will make a good wife *for him*.］
　　e. It will last **you** for life. （それは一生涯保ちますよ）
　　f. The meal cost **us** about £40. （OALD⁶）（その食事は40ポンドほどかかった）
　　g. I can refuse **you** nothing. （あなたには何ひとつ断れません）
　　h. He bore **me** a deep-rooted grudge. （彼は私に根深い恨みを抱いていた）
　　i. The umbrella stood **me** in good stead. （その雨傘はとても役に立った）
　　j. You lost **me** my servant, boy! (Rowling, *Harry Potter and the Chamber of Secrets*)（おまえのおかげで召使いがいなくなったんだぞ）
　　k. Now you go away and boil **me** some water, and quickly.
　　　　　　　　　　　　　　　　　　　　　　　　　(Archer, *As the Crow Flies*)
　　　（さあ，あんたはあちらへ行って，お湯を沸かしておくれ，急いでね）

上で見たように，利害の与格は，通例，for 句で書き替えられる．

(5)　And so, last night, you ruined my life **for me**.　　　(Wilde, *An Ideal Husband*)（だから，ゆうべ，あなたは私の人生を滅茶苦茶にしてくれたのです）

NB 感興与格（ethical dative）（心性与格とも言う）： 聞き手の注意を引くために挿入される me/you を言う．LME から現れはじめ，エリザベス朝やジェームズ朝の戯曲の散文の中で多用され，19世紀以降衰えた．
　　(i)　he pluckd **me** ope his Doublet, and offer'd them his Throat to cut.
　　　　　　　　　　　　　　　　　　　　　　(Shakespeare, *Julius Caesar* 1.2.269)
　　　（やつは自分の胴着をぐいと開いてさ，さあおれののどを切れと言いよった）

Curme (1931: 108) は，現代英語では感興与格の代わりに for 句を用いることができるとして，次の例を示している（日本語の「あんた」に似た機能がある）．
　　(ii)　*There's* a fine fellow **for you**! （ありゃあんた，いい男ですよ）

さらに，OALD³ (s.v. *There*) には (iiia) の，Wood (1967: 37) には (iiib) の例が見える．
　　(iii) a.　*There's* gratitude **for you**!
　　　　　　［＝Note how grateful he, she, etc is! (used either sincerely or ironically)］
　　　　b.　*There are* some fine apples **for you**!
　　　　　　［＝Don't you think these are fine apples?］

この there は，虚字の there ではなく，直示的な指示詞の there [ðέə] である．そのことは，ときに (viii) で示すように，that と交代することで明らかである．
- (iv) *There's* a little intricate [*ie* obstinate] hussy **for you**. (Sheridan, *The Rivals*)
 (ありゃあんた，強情なあまっちょだよ）［手元の初例 (1775)］
- (v) "*There's* gratitude **for you**," said Patrick. "After all I did for that girl." (Christie, *A Murder Is Announced*)（「あれこそ，あんた，恩知らずってもんだぜ」とパトリックが言った．「あの子には，あんなにいろいろしてやったのに」）
- (vi) *There's* a queer woman **for you** now! (Id., *N or M?*)
 (ありゃあんた，おかしな女ですぜ）
- (vii) And George Gershwin! *There was* an Irishman **for you**. (Cain, *Serenade*)
 (それにジョージ・ガーシュウイン！　あれこそあんた，まさにアイルランド人ですよ）
- (viii) *That's* one **for you**. (Senhouse, Collet's *Shéri*)
 (ありゃ，あんた，大した人でしょ）

ドイツ語にも，似た用法がある．
- (ix) Das is **dir** ein Kerl!（ありゃあんた，どえらい男ですぜ）[*dir* = for you]

20.5.5. 属格の用法

属格 (genitive case) は，主として生物（特に人間）を表す名詞に限られる．
まず，形態と発音から考察する．

① **単数名詞**: -'s を付ける．
- (1) 単数名詞 (-'s の発音は，複数語尾の場合と同じ (§20.4.1))
  - a. 歯擦音 [iz]: her **niece's** doll（彼女の姪の人形）／**Jones's** book（ジョーンズの本）／this **horse's** tail（この馬の尾）／the **judge's** gown（判事のガウン）
  - b. 有声非歯擦音 [z]: my **uncle's** letter（おじさんの手紙）／the **dog's** ear（犬の耳）／**Susan's** birthday（スーザンの誕生日）
  - c. 無声非歯擦音 [s]: **Smith's** house（スミスの家）／the **cat's** tongue（ネコの舌）／his **wife's** ring（彼の妻の指輪）

② **-s で終わらない複数名詞**: -'s を付ける．
- (2) **women's** college（女子大学）／**men's** clothes（紳士服）／**children's** toys（子供のおもちゃ）

③ **-s で終わる複数名詞**: アポストロフィー (') のみを付ける．
- (3) a [**girls'** school]（女子校）／**ladies'** shoes（婦人靴）[cf. [a *lady's*] shoes（ある婦人の靴）]／April **Fools'** Day（万愚節）

④ **-s で終わる固有名詞**: -'s を付けるのが原則であるが，古典に現れる人名にはアポストロフィー (') のみを付ける傾向がある．
- (4) a. **Keats's** [-tsiz] poems（キーツの詩）／**Dickens's** [-ziz] novels（ディケンズの小説）／**Tess's** family（テスの家族）
  - b. **Euripides'** [-diːz] plays（エウリピデスの劇）／**Socrates'** [-tiːz] death（ソクラテスの死）／**Jesus'** [-zəs] teachings（イエスの教え）

NB 1 ***his*-genitive** (his 属格)： OE の属格語尾は, -es であったが, 特に 1400 年から 1750 年ごろ, これが his の縮約形とまちがわれて, his (弱まり形 is) がよく用いられた.
 (i) ME: To fore **Noe is** flood = before Noah's flood
 (ii) EModE: for Jesus Christ **his** sake   (*Prayer Book*)
   (イエス・キリストのために)
 (iii) ModE: John Ridd **his** name   (Blackmore, *Loona Doone*)
   (ジョン・リッドの名前)

NB 2 発音上からは, doctors, doctor's, doctors' の区別はできない. あいまいさを避ける場合は, "of 属格" (= of + 名詞) を使う.
 (i) the **doctor's**/**doctors'** advice (その医者/医者たちの助言)
 (ii) the advice **of the doctors** (その医者たちの助言)

⑤ **複合名詞や一つのまとまった語群**： 最後の語に -'s (または -') を付ける.
(5) a. my [**father-in-law**]**'s** house (義父の家)
  b. [**Alexander the Great**]**'s** conquests (アレクサンダー大王の征服)
  c. [**Who else**]**'s** hat is this? (これはほかの誰の帽子か)
  d. [**an hour and ten minutes**]**'** walk (1時間10分の散歩)
  e. That's [**the man I saw yesterday**]**'s** son.   (Onions 1929)
   (あれは, きのう私が会った人の息子だ)
  f. That's [**the passenger that missed the train**]**'s** luggage. (Ibid.)
   (あれは, その列車に乗り遅れた乗客の荷物だ)

この語法は**群属格** (group genitive) とも呼ばれ, ドイツ語やフランス語には類例のないものである. (e) のように節を含む構造は, 一般には避けられるが, 話し言葉ではときどき使用される.

NB 1 共同の著作・活動は, [A and B]'s NP (群属格), 別々の著作・活動は A's and B's NPs とするのが原則である (cf. Curme 1931: 78).
 (i) [**Anne and Richard**]**'s** close friends   (Archer, *Kane and Abel*)
   (アンとリチャードの親しい友人たち)
 (ii) **Steele's and Addison's** works (スティールとアディソンの著作)
ところが, CAU は, (i) と同じ意味で (iii) の表現もあるとしている.
 (iii) **William's and Mary's** reign (ウィリアムとメアリーの治世)
とすれば, (i) と (iii) とはどう違うのだろうか. Perrin (1972: 573) によれば, 両者間にはスタイルの差があり, (i) は〈略式体〉であり, (iii) は〈格式体〉である.
ところが, Vallins (1957: 149) は, (i), (iii) のどちらの言い方にも難点があるとし, むしろ, 次のような属格を全然使用しない方式のほうが安全であると言っている.
 (iv) the **Ogden and Richards** Meaning of Meaning (Empson, *The Structure of Complex Words*) (オグデンとリチャーズの『意味の意味』)
次の例にも, (iv) の方式が用いられている (日本語の「斎藤中辞典」などの言い方も参照).
 (v) In general the specialized terms included in the **Berry-Van Den Bark** Thesaurus were checked for accuracy by specialists. (L. Pound, Preface to *American Thesaurus*) (全般に, ベリーとヴァンデンバークの「シソーラス」に収

められた専門語は専門家にただして正確を期した)
NB 2 群属格の一種と見られるものに,次例のように,二つ(以上)の属格が連続して用いられている例がある.
   (i) **Tim's father's** shop　(ティムの父親の店)
   (ii) He was **my father's sister's** husband.　　(Christie, *Endless Night*)
       (彼は私の父の妹の夫でした)
   (iii) Mrs **Pendexter's husband's** sister　　(Montgomery, *Anne of Avonlea*)
        (ペンデクスター夫人の夫の妹)

この用法は,**直列属格** (tandem genitive) と呼ばれ,血縁関係の表現に用いられることが多い.3個以上の属格の並列はきわめてまれで,俗語か,または特に滑稽味を添える場合に限られる.普通は,次のように,主要語は of の前に回される.
   (iv) John is **a connection** of Mary's mother's family.
        (ジョンは,メアリーの母親の家族の親類だ)

20.5.6. 無生名詞の属格

[A] **無生名詞**： 属格は,人間および高等動物を表す名詞に限られ,無生名詞は of 句 (of 属格 (*of*-genitive) とも呼ばれる) で代用されることが多い.
   (1) a.　the legs **of a table**　(テーブルの脚)
      b.　the foot **of a mountain**　(山のふもと)

しかし,〈英・米〉ともに,新聞英語 (journalese) を中心に次第に属格の使用が拡大する傾向が見られる.[12] それも,多少とも擬人化の可能な (2), (3), (4) のような名詞に限らず,特に〈米〉では,(5) の諸例のように,何らの制限もなく無生名詞の属格化が行われている.
   (2) 地域名： **London's** theatres (ロンドンの劇場)／**Europe's** future (ヨーロッパの将来)／**the city's** noise (都市の騒音)／**the suburb's** more prosperous citizens (郊外の裕福な市民層)
   (3) 公共機関名： **the school's** history (その学校の歴史)／the **Sorbonne's** rector (ソルボンヌの学長)
   (4) 交通機関・人間の諸活動： **the car's** speed (車の速度)／**the ship's** doctor (船医)／**the game's** rules (ゲームの規則)／**the concerto's** final movement (その協奏曲の最終楽章)
   (5) 一般語： **the bed's** footboard (ベッドの足台)／**the bottle's** mouth (びんの口)／**the door's** surface (ドアの表面)／**the letter's** every word (その手紙の一語一語)／**war's** truth (戦争の真実)／**her face's** charm (彼女の顔の魅力)／the peak of **the sentence's** pitch (その文の高さアクセントの頂点)

((5)：キルヒナー 1983)

[B] **度量の属格** (genitive of measure)： Curme (1931: 83) の用語.「時間・距

---
12. この傾向は,つとに Jespersen (*MEG* VII: 327) によって指摘されている.さらに,Potter (1975),特にキルヒナー (1983: 39) などを参照.

離・重さ・価格」などを表す名詞は，通例，「数詞＋属格」の形式で用いられて，一種の"度量名詞"として形容詞的にあとの名詞を限定する．強勢型も，普通「形容詞＋名詞」の場合と同じ（二一）．

(6) 時間： **today's** paper（きょうの新聞）／**tomorrow's** dinner（あすのディナー）／a [**three hours'**] delay](3時間の遅れ)／a [**nine days'**] absence（9日間の休暇）／**yesterday's** rain（きのうの雨）

(7) 距離： **five miles'** distance（5マイルの距離）／by **a boat's** length（一艇身の差で）／within **a stone's** throw（石を投げれば届くところに）

(8) 重さ： **ten pounds'** weight（10ポンドの重さ）

(9) 価格： **ten dollars'** worth of sugar（10ドル分の砂糖）

同様な意味は，(10a)のように，of 属格で表すこともできるし，さらに，時間以外の場合は，(10b)のように，通格（つまり，無変化）で表すこともできる．

(10) a. a delay **of three hours**（3時間の遅れ）／a descent **of two leagues**（2リーグの距離の下り）／a boy **of ten years** (**old**)（10歳の男の子）／an absence **of nine days**（9日間の休暇）

　　 b. a **three hour** delay（3時間の遅れ）／a **ten-pound** baby（10ポンドの赤ちゃん）／a **six-foot** pole（6フィートの棒）／a **five-mile** walk（5マイルの散歩）

(10b)のような通格の名詞句は，現在では複合形容詞として解される（Curme 1931: 84）．

[C] **擬人化・慣用句**：〈格式体〉では，擬人化または慣用句として無生名詞に属格が付与されることがある．

(11) 擬人化： **Fortune's** smile（運命の女神のほほえみ）／**the ocean's** roar（海のとどろき）／in **luck's** way（運に恵まれて）／**America's** policy（アメリカの政策）／**the plane's** engines（その飛行機のエンジン）／under **the moon's** rising eyes (Macaulay, *Dangerous Ages*)（昇る月の目）

(12) 慣用句： to one's **heart's** content（心ゆくまで）／for **conscience**(') sake（気休めに）／at one's **wits'** end（途方にくれて）／his **journey's** end（旅路の果て）／at the **water's** edge（水際に）[13]

(13) we were **at our wits' end** what to do.　　　　　(Doyle, *His Last Bow*)
（私たちはどうしたらいいのか途方に暮れた）

20.5.7. 属格の意味

属格の基本的意味は，日本語の「ノ」に対応している．ともに"関係的意味"を表し，A's B（AのB）と言うとき，-'s および「ノ」の意味は，A と B との論理的関係から解釈されるものである．例えば，*my* school（私の学校）と言った場合，私が学校の経

---

13. 話し言葉では，at the water's edge は使用するが，at the lake's edge とか，on the water's surface とは言わずに，at the edge of the lake／on the surface of the water のように言う（Potter 1975: 105）．

営者であれば「所有」を表し，教師であれば「私が教えている学校」の意味になるし，生徒であれば「私が通っている学校」の意味になる．要するに，A's B の表す意味は「A の B」であって，それ以上の意味は，A と B との論理的関係からおのずと決まってくる．

以上のことを押さえた上で，属格の意味を分析してみよう．（以下の例文で，[ ] 内の文は属格の意味を説明しているだけで，そこから変形によって属格が派生されたという含みは，全くない点に注意．）

以下の例では，of 属格の例も併せてあげておく．

[A] 「所有」(possesive genitive)
  (1) a. **my son's** wife　（息子の妻）［cf. My son has a wife.］
      b. **John's** passport　（ジョンのパスポート）［cf. John has a passport.］
      c. **my father's** house　（父の家）［cf. My father has a house.］
      d. **the earth's** gravity　（地球の重力）［= the gravity *of the earth*］

[B] 「起源」(genitive of origin)
  (2) a. **the girl's** story　（その少女の話）
      b. **Keats's** letters = the letters **of**/**by** Keats　（キーツの手紙）
      c. **Einstein's** theory　（アインシュタインの理論）
         ［cf. a theory Einstein advanced］
      d. **Dickens's** novels = the novels **of**/**by** Dickens　（ディケンズの小説）

[C] 「特質」(genitive of characteristics)
  (3) a. a **woman's** voice　（女の／らしい声）／a **man's** roughness　（男の粗暴さ）
      b. a **girls'** school　（女子校）／a **mother's** love　（母性愛）
      c. a **fool's** errand　（むだ骨）／**child's** play　（児戯）
      d. a man **of action**　（行動の人）／goods **of high quality**　（上等な品）

[D] 「関係」(genitive of connection)
  (4) a. **John's** lawyer　（ジョンの弁護士）［ジョンが相談している弁護士］
      b. **this girl's** class　（この女の子の(所属している)クラス）
      c. **today's** news　（きょうのニュース）
      d. **the party's** policy = the policy **of the party**　（その政党の政策）
      e. **the earth's** surface = the surface **of the earth**　（地球の表面）

[E] 「同格」(appositive genitive)：詩的スタイルにのみ見いだされる（cf. 富士の山，霞が関）．
  (5) a. **Albion's** happy ile　（Cowper, *Task*）（アルビオンのめでたき島）
      b. **England's** green and pleasant land　　　　　　　　（Blake, *Milton*）
         （青々として楽しきイングランドの国土）
      c. **Time's** fleeting river　（すみやかに過ぎ去る時の流れ）
      d. **Tweed's** fair river　（美しきトゥイード川）

現代英語で生産的に用いられるのは，of 属格のみである．

(6) a. the city **of Rome** (ローマ市)／the land **of Egypt** (エジプト国)
   b. the crime **of murder** (殺人罪)

NB 次のような慣用的な表現も「同格の属格」に属する.
   (i) a. *a brúte* **of a húsband** (獣のような夫)[以下，同じ強勢型]
       b. *an angel* **of a girl** (天使のような少女)
       c. *the rascal* **of a landlord** (ならずもののような家主)
       d. *his termagant* **of a wife** (彼のやかましやの妻)
       e. *a beast* **of a night** (ひどい夜)
       f. That old brute **of a Franklin Westcott** may have come back.
          (Montgomery, *Anne of Windy Willows*) (あの人でなしのフランクリン・ウェストコットのおいぼれが戻って来たのかもしれない)
       g. it was a little frightening to see *the huge bear* **of a man** so angry.
          (Auel, *The Mammoth Hunters*)
          (でっかい熊のような男がそんなに怒っていのを見ると，少々おっかなかった)

Curme (1931) は, この表現は OE にはなく, フランス語の影響だとするが, ドイツ語にも類似表現が見られる(日本語の「田中の馬鹿」,「鈴木の畜生」,「三郎のクソ野郎」なども参照).
   (ii) フランス語: *un drôle* **d'enfant** (風変わりな子供)／*mon coquin* **de fils** (うちの悪ガキ)／*un fripon* **d'enfant** (いたずらな子供)／*Quel chien* **de métier**! (なんていやな商売だ)／*une coquine* **de servante** (したたか者の女中)／*un diable* **d'homme** (変な人) (田辺 1955, 朝倉 1955)
   (iii) ドイツ語: *ein Engel* **von einem Mädchen** (天使のような乙女)／*ein Schurke* **von einem Soldaten** (ならず者みたいな兵士)

[**F**] 「**素材**」(genitive of material): of 属格でしか表現できない.

(7) a. a crown **of thorns** ((キリストがかぶった)イバラの冠)
   b. raiment **of camel's hair** (ラクダの毛で作った衣装)
   c. a flock **of birds** (鳥の群れ)

[**G**] **属格最上級** (genitive superlative): 主要語が属格で表される類の中で最上であることを示す. ラテン語, OE にも存在していた. 現在でも残っているのは, 聖書の英語の影響であると考えられている. ME 以降は, of 属格が多用され, ModE では of 属格しか使用されない. 日本語の「男の中の男」も同様な発想に基づく.

(8) OE: **cyninga** *cyning* (=king **of kings**, *ie* God) [=L. rex *regum*]
(9) a. the *holy* **of holies** [=L. sanctum *sanctorum*] (最も神聖な場所)
   b. the *song* **of songs** (歌の中の歌, *ie* ソロモンの雅歌)
   c. Earnest (his *foe* **of foes**) (Walpole, *Jeremy and Hamlet*)
      (アーネスト(彼の最大の敵))

次のような例は, 属格最上級の模倣と見ることができる.

(10) a. Are you happy, *Annest* **of Annes**? (Montgomery, *Anne of Ingleside*)
       (君は幸せかい, アンのうちで一番アンらしいアン)

b. Mrs. Stowe, *the poorest* **of the poor** (Mitford, *L'Estrange Life*)
      (貧しい人のうちで最も貧しい人であるストウ夫人)

[H] **主語属格** (subjective genitive)： A's B において，A と B との間に主述関係があるもの．B は動作名詞または動名詞．

(11) a. We were surprised by **John's appearance** at the party. （ジョンがパーティーに現れたのにはびっくりした）[cf. John appeared at the party.]
   b. I am expecting **the doctor's arrival**. （医師の到着を待っている）
      [cf. that the doctor will arrive]
   c. I don't like **your smoking**. （君がたばこを吸うのは気に入らない）
      [cf. you smoke]
   d. the revolt **of the oppressed** （抑圧された人々の反乱）

[I] **目的語属格** (objective genitive)： A's B において，A が B の意味上の目的語である場合．B は，他動詞出身の名詞．

(12) a. Brutus was one of **Caesar's murderers**.
      （ブルータスはカエサルの殺害者の一人だった）[cf. Brutus murdered Caesar.]
   b. John is very keen about **his children's education**.
      （ジョンは子供の教育に実に熱心だ）[= the education *of his children*]
      [cf. John educates his children.]
   c. Those kids will be the death **of me**/〈まれ〉 **my** death.
      （これらの子供たちは私の命取りになるだろう）

   NB 同一の名詞句が，主語としても目的語としても用いられることがある．そのどちらの意味になるかは，文脈によって決定される．
      (i) I succeeded through **your assistance**. （あなたのご援助で成功した）[主語属格]
      (ii) They came to **your assistance**.
         （彼らは君を援助するためにやって来た）[目的語属格]

20.5.8. 独立属格

属格のあとの主要語が省略されて，属格が名詞句として用いられる場合を**独立属格** (absolute genitive) と言う．次の2種類が考えられる．

[A] 主要語が前，または後に明示されている場合（日本語の「ノ」の機能と比較せよ：ソノ本ハ，太郎ノダ）．

(1) a. These *books* are **John's**/**his**. [= John's books]（これらの本はジョンのだ）
   b. My *car* is faster than **John's**. [= John's car]
      （ぼくの車はジョンのよりも速い）
(2) a. **Ours** is a small *world*. [= Our world]（私たちの世界は小さな世界だ）
   b. **Helena's** was a simple *faith*.   (Archer, *Kane and Abel*)
      [= Helena's faith]（ヘレナのは単純な信仰だった）

[B] 主要語は明示されていないが，文化的・社会的に了解される場合．了解される

主要語は，普通，建物（特定の人の住居，[14] 寺院・学校・病院・店舗など）である．

(3) I am staying at **my uncle's**/**Bill's**.　[＝my uncle's/Bill's house]
　　（私はおじの/ビルの家に滞在している）

(4) a. **St. Paul's** is the largest church in London.　[＝St. Paul's Cathedral]
　　　（セント・ポールは，ロンドンで一番大きい教会だ）
　　b. John underwent operation at **St. Luke's**.　[＝St. Luke's Hospital]
　　　（ジョンは聖ルカ病院で手術をうけた）

(5) a. We had dinner at **Claridge's**.　[＝Claridge's Hotel]
　　　（私たちはクラリッジでディナーを食べた）
　　b. You can get it at a **greengrocer's**.　[＝greengrocer's shop/store]
　　　（それって八百屋で買えるよ）
　　c. **The doctor's** is just around the corner.　[＝doctor's office]
　　　（お医者さんは，ちょうど角を曲がったところだ）
　　d. **Thompson's** is a good school.　　　　(Walpole, *Jeremy and Hamlet*)
　　　[＝Thompson's school]（トンプソン校は，いい学校だ）
　　e. I'm going to the **barber's**.　　　　　　(Hemingway, *Fiesta*)
　　　[＝barber's shop]（理髪店へ行くんだ）

省略される主要語は，ときに聖徒祝日を表す場合がある．[15]

(6) on the eve of **St. Swithin's**　[＝St. Swithin's Day]（聖スウィジンの前夜に）

なお，百貨店名などは複数扱いにされるため，アポストロフィーを省略することが多い．

(7) He buys shoes at **Harrods**/**Selfridges**.　（彼は靴をハロッズ/セルフリッジで買う）

NB　「固有名詞＋普通名詞」を独立属格にする場合は，次の三つの方式がある．
　　(i) at Smith's, the bookseller's　（本屋のスミスで）
　　(ii) at Smith, the bookseller's　（同上）
　　(iii) at Smith's, the bookseller　（同上）
(i) が最も普通で，(ii) もよく用いられる．(iii) の方式はまれとされる．
それぞれの実例をあげる．
　　(iv) they dive into Nixon's, the hatter's.　(Hughes, *Tom Brown's School Days*)
　　　（彼らは帽子屋のニクソンの店に飛び込む）
　　(v) Hayward, the stationer's　　　　　　　(Maugham, *Cakes and Ale*)
　　　（文房具商のヘイワードの店）
　　(vi) There is Mortimer's, the tobacconist.　(Doyle, *Adventures of Sherlock Holmes*)　（たばこ屋のモーティマーの店がある）

---

14. 特定の人でない場合は，主要語を省略できない．
　(i) Two or three times a week she plays bridge at **friends'** houses.　(Scheurweghs 1959)
　　（週に2, 3回，彼女は友人の家でブリッジをする）
15. したがって，独立属格のこの用法を Zandvoort (1972: 105) や Quirk et al. (1985: 329) のように「場所の属格」(local genitive) と呼ぶのは適切な名称ではない．

20.5.9. "後置属格"

日本語では「ジョンのある友人」と言えるし、イタリア語でも un mio amico (一人の私の友人) と言えるが、英語では、*John's a friend とか、*a John's friend とか言うことはできない。a も John's も、ともに限定詞 (determiner) であり、現代英語では、限定詞は相互に排除的 (mutually exclusive)[16] だからである。

その場合、a friend of *John's* のように属格のほうを「of＋属格」として主要語のあとに回して、二つの限定詞の衝突を避ける。この、a friend of *John's* のような構造は、**後置属格** (post-genitive) (Quirk et al. 1985: 330) とか、**二重属格** (double genitive) (Curme 1931: 75) とか呼ばれている。

(1) He is *a friend of* **John's**/**mine**. (彼はジョンの/私の(一)友人だ)
(2) I will welcome *any student of* **the teacher's**.
 (あの先生の弟子なら、誰だって歓迎する)
(3) How do you like *this motorbike of* **Tom's**? (このトムのバイク、どうかね)
(4) Look at *that big nose of* **Cyrano's**. (シラノのあのでかい鼻を見たまえ)
(5) This is *no fault of* **John's**. (これはジョンの落ち度ではない)

Quirk et al. (1985: 1283) は、この構造には次のような制約が課されていることを指摘している。

第一に、後置される属格は、[＋def(inite),＋human] でなければならない。

(6) a. an *opera of* **Verdi's** (ヴェルディーのオペラ) [＋def,＋human]
    b. an *opera of* **my friend's** (私の友人のオペラ) [同上]
(7) a. *an *opera of* **a composer's** (ある作曲家のオペラ) [－def,＋human]
    b. *a *funnel of* **the ship's** (その船の煙突) [＋def,－human]

第二に、この構造の主要語は、不定 (indefinite) でなければならない。

(8) a. **A friend** of the doctor's has arrived. (医者の友人がやって来た)
    b. ***The daughter** of Mrs Brown's has arrived.[17]

この主張が正しいとすれば、(3)、(4) の this, that を含んだ例はどう説明すればいいのか。Quirk et al. (op. cit.) は、この this/that は「例のよく知られた」という意味であって、直示的 (deictic) に用いられたものではないと説明する。

NB 1 この構造の起源・意味については、種々の意見が提出されている。そのうち、主要

---

16. this our land (このわが国) のような言い方が 〈格式体〉 に見いだされることがあるが、その場合は、this [our land] のように、this は our land を修飾していると考えることができる。次例も同類である。
 (i) on the eve of **this** [her sixty-third birthday] (Macaulay, *Dangerous Ages*)
  (この、彼女の 63 歳の誕生日の前夜に)
17. ただし、すでに話題にのぼっている場合、または限定節を伴っている場合は、the/that の使用が可能になる。
 (i) *The*/*That daughter* of Mrs Brown's (**that I mentioned**) has arrived.
  ((私が言った)ブラウン夫人の娘さんが到着した)
 (ii) Have you read *the book* of mine **I lent you**? (君に貸したぼくの本、読んだ？)

なものに次のようなものがある.

① **部分属格** (partitive genitive): a friend of mine の of は部分的な意味をもち, one of my friends と同義である (Sonnenschein 1916, MEU² その他多くの学者の説). MEU² は, そこで, that long nose of his などは, 彼の鼻が複数あることになり, 非論理的 (illogical) であるとする.

② **同格属格** (appositional genitive): a friend of Tom's が partitive だと言うのであれば, one of Tom's friends のほうが明確であろうし, しかも, 部分属格では this old mother of mine のような例が説明できない. この of は, the city of Rome や the three of us (われわれ三人) の of と同様に, 同格を表す. すなわち, a friend of mine は a friend who is mine, that long nose of his は that long nose which is his とパラフレーズされる (Jespersen *MEG* III: 19). ほかに Mason (1888: 52), H. E. Palmer (1939: 288) もほぼ同説.

③ **類推説**: a friend of his は元来, 'a friend from among his friends' というように, of は partitive な意味をもっていた. しかし, その類推 (analogy) によって, this friendship of ours のような, 部分を表さない構文に拡大された (Sweet 1898: 54, 75). OED (s.v. *OF* 44) もほぼ同意見で, 元来は部分を表していたが, その後, *this son of mine* = this my son; *a dog of John's* = a dog which is John's/a dog belonging to John のように, 単一所有格 (*ie* my) の代わりに, あるいは同格句 (appositional phrase) に相当するものとして, 使用されるようになったと述べている.

以上の説のうち, 通時的には③が正しいと思われるが, 共時的意識からは②ですべての場合を説明できるし, また, 現代の話し手の直観にも合うようである. その一つの証拠として, 次の二つの文は, 現在では同義ではない.

(i) a. Bill is one of John's friends. （ビルはジョンの友人の一人だ）
　　b. Bill is a friend of John's. （ビルはジョンの友人だ）

(ia) の of は「部分」を表し, (ib) の of は「同格」を表している.

NB 2 次のペアをなす表現を比較せよ.

(i) a. This is **my friend** Tom.
　　b. Is he **a friend of yours**?

(ia) は特定 (definite) の友人 (「私の友人」), (ib) は非特定 (indefinite) の友人 (「あなたのある友人」) を指す (cf. Quirk et al. 1985: 331).

(ii) a. He is **a student of Jespersen**.
　　b. He was **a student of Jespersen's**.

(iia) は「イェスペルセンの研究家」, (iib) は「イェスペルセンの弟子」という意味である.

(iii) a. an impartial estimate **of his**
　　 b. an impartial estimate **of him**

(iiia) は「彼が下した評価」の意味で主語関係を, (iiib) は「彼に対する評価」の意味で目的語関係を表している.

(iv) a. He is a friend **of Tom's**.
　　 b. He is a friend **of Tom**.

Jespersen (*MEG* III: 23) は, (iva) を主語属格 (「トムが友人とみなしている人」), (ivb) を目的語属格 (「トムを友人とみなしている人」) と説明する. 確かに, 目的語属格の気持ちは a friend of the people (人民の友) や friends of France (フランスの味方) などの例では, はっきりと感じられるが, 実際には, この区別のあてはまらないような用例が見いだされるのである.

(v) "You wouldn't know me," the voice said unnecessarily, "but I was **a friend of Harry Lime**." It was a change too to hear anyone claim to be **a friend of Harry's**. (Greene, *The Third Man*)(「私をご存じないでしょうが」とその声は，よけいなことを言い出した．「私は，ハリー・ライムの友人だったのです」誰にせよ，ハリーを友人呼ばわりするのを聞くのは，また一つの気分転換だった）

この場合，a friend of Harry Lime と a friend of Harry's とで主格関係が逆になっていないことは，文脈に照らして明らかである．このことを支持する意見が Hornby (1954: 23) に見られる．すなわち，Hornby は (iv) のような二つの形式を示した上で，(iva) が普通の形式であるが，(ivb) のような言い方も容認される (permissible) とし，両者間にスタイルの差は認めても，意味の差は認めていないからである (Hornby (1975) では，(ivb) の形式は削除されている)．(ivb) のタイプの例を追加しておく．

(vi) a. They were all **friends of the Kerneys**. (Joyce, *Dubliners*)
(彼らはみんなカーネー家の友人だった)
b. I just happened to meet **a friend of my daughter**. (Faulkner, *Sanctuary*)
(たまたま娘の友人に会っただけだ)

NB 3 次の表現の差に注意せよ．
(i) a. a painting **of my sister's** (妹が描いた絵/妹が所有している絵)
b. a painting **of my sister** (妹を描いた絵)
c. a painting **by my sister** (妹が描いた絵)
d. a painting **of my sister by my mother** (母が描いた妹の絵)

20.5.10. 副詞的属格

OE では，属格が，dages ond nihtes (= by day and night) (cf. G. *des Morgens* = in the morning) / hys weges (= on his way) のように，空間・時間・様式を表すことがあった．次の語は，現代英語に見られる副詞的属格の名残である．

(1) always, nowadays, needs, else, once, twice, thrice, hence, thence, towards, backwards, homewards, seawards, westwards, nights, mornings, evenings, Sundays, etc.
(2) The museum is open **Sundays**. (美術館は日曜日に開く)
(3) **Evenings** he would read for hours. (晩には，彼は何時間も読書するのだった)
(4) Go **your ways**. (あっちへ行け) [= G. Gehe dein*es* weg*es*.]

現代英語の共時意識としては，特に nights, mornings, Sundays のたぐいは複数と感じられているが，once, homewards などの -s を複数と説明することはできない．語源はともかく，今日では，機能的にはおしなべて名詞の副詞用法と扱えば十分であろう．

needs「どうしても」は，今日では〈雅語〉で，needs must / must needs の結合で使用されるだけである（「愚かにも」といった皮肉を含むことがある）．

(5) stupid Jo ... **must needs** answer with unnecessary frankness, "Oh, Amy painted it. ..." (Alcott, *Little Women*)(おばかさんのジョーは，あらずもがなの率直さを示して，「あら，エイミーが描いたのよ．...」と答えてしまった)
(6) **Needs must** when the devil drives. 〈諺〉(悪魔に追い立てられれば，どうして

もせざるをえない，'背に腹はかえられぬ')［must の非人称構文］

of an evening, of a morning, of a Sunday afternoon, of late, of necessity など の of 句は，古い副詞的属格に取って代わった表現である．

(7) He would take a walk **of an evening**. （彼は夕方よく散歩したものだった）
(8) There's never very much to do **of a morning**. (Doyle, *Adventures of Sherlock Holmes*)（午前中は，たくさんの仕事があるなんてことは一度もない）
(9) We have not seen him **of late**. （最近彼と会っていない）
(10) Many of the jobs are, **of necessity**, temporary. (LDCE[4])
 （その仕事の多くは，必然的に一時的なものである）

第 21 章

代 名 詞

21.0. 概　説

21.0.1. 代名詞の機能
　代名詞 (pronoun) は,「名詞の代わりに用いられる語」というのが伝統文法の定義であるが, それでは,
　　(1) a.　The fat **man** laughed.　(太った男は笑った)
　　　 b.　*The fat **he** laughed.　(*太った彼は笑った)
　　　 c.　**He** laughed.　(彼は笑った)
において, (1b) の非文法性を説明することはできない. he は, (1a) の名詞 man の代用をしているにもかかわらず, 非文法的だからである. これで, 代名詞が代わりをするのは, 名詞ではなく, 名詞句 (ie The fat man) であることが明らかであろう.
　では, 次の文の代名詞はどんな働きをしているのか.
　　(2) a.　**Who** is **he**?　(あの人は誰か?)［外界にいる人を指さして］
　　　 b.　**Who** goes there?　((そこを行くのは)誰か?)［歩哨(ほしょう)の誰何(すいか)］
この he や Who は, 名詞句の代わりをしているのではなく, 外界にある事物を**直示的** (deictic) に指示して (=通例, 指で指し示して) いるのである.
　同様に, John という話し手が自分を指して I と言う場合や, Mary という聞き手を指して you と言う場合, I や you は, John や Mary という名詞句の代わりをしているのではなく, John や Mary という現実世界にいる人を「直示」しているのである.
　では, 次の文の she や this の機能はどんなものか.
　　(3) a.　"What does *your sister* do?"　"**She**'s a dentist."　　　　　(OALD[6])
　　　　　(「君の姉さんは何をしているの」「(彼女は)歯医者だよ」)
　　　 b.　Let me tell you **this**.　*No one ever got rich raising prunes.*　(このことは言っておくぞ. スモモの栽培で金持ちになった人間は, 一人もいやしないんだ)
(3) の代名詞は, 外界の事物を指示しているのではない. (3a) の she は先行文の your sister を**逆行照応的** (anaphoric) に指示し, (3b) の this は後続する文全体を**順行照応的** (cataphoric) に指示している.
　そうすると, **指示** (reference) は, Halliday & Hasan (1976: 33) によれば, 次

― 425 ―

のような構造をもっていることがわかる．

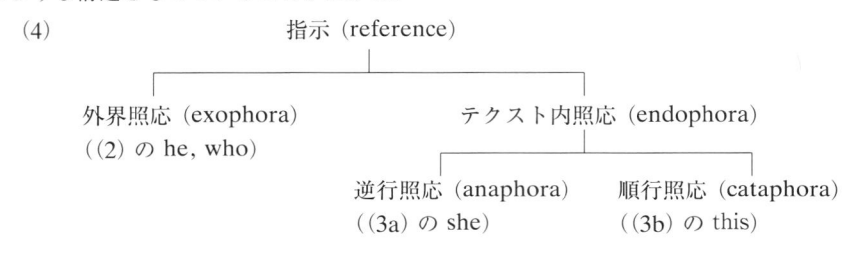

(4)　　　　　　　　　指示 (reference)
　　　　　┌──────────────┴──────────────┐
　　外界照応 (exophora)　　　　　テクスト内照応 (endophora)
　　((2) の he, who)　　　　　┌──────────┴──────────┐
　　　　　　　　　　　　逆行照応 (anaphora)　　順行照応 (cataphora)
　　　　　　　　　　　　((3a) の she)　　　　　((3b) の this)

21.0.2.　代名詞の種類

代名詞は，通例，次の 5 種に分類される．
① 　人称代名詞 (personal pronoun)
② 　指示代名詞 (demonstrative pronoun)
③ 　不定代名詞 (indefinite pronoun)
④ 　疑問代名詞 (interrogative pronoun)
⑤ 　関係代名詞 (relative pronoun)

このほかに，所有代名詞と再帰代名詞とを区別することがあるが，この二つは人称代名詞の下位区分としてさしつかえない．

> **NB**　以上のうち，不定代名詞は第 24 章「数量詞」で，疑問代名詞は第 12 章「疑問詞」で，関係代名詞は第 13 章「関係詞」で扱ってある．不定代名詞の so, such, the same は，第 36 章「代用と省略」で扱ってある．

21.1.　人称代名詞

人称代名詞は，人称 (person)，すなわち，1 人称 (＝話し手)，2 人称 (＝聞き手)，3 人称 (＝話題にのぼる人や事物) の区別を表す代名詞を言う．したがって，無生物の it も含まれる．

人称代名詞は，性 (gender)・数 (number)・格 (case) によって，次のように変化する．

	人称	主格	所有格	目的格	独立所有格
単	1	I	my	me	mine
	2	you	your	you	yours
数	3	he	his	him	his
		she	her	her	hers
		it	its	it	(its)
複	1	we	our	us	ours
	2	you	your	you	yours
数	3	they	their	them	theirs

以下では，代名詞の格について考察する．

[A] **主格と目的格**： 主格は，名詞の場合と同様，主語および主語補語として用いられる．

(1) **He** was sad. （彼は悲しかった）[主語]
(2) a. Precisely. It was **I**. (Doyle, *Adventures of Sherlock Holmes*)
　　　（そのとおり．あれは私でした）[主語補語]
　　b. That is **she**. （あれは彼女です）[同上]

しかし，(2)のように，人称代名詞の主格を主語補語として用いるのは著しく〈格式的〉であり (Sapir 1921: 167, Swan 1995: 435)，(3)のように目的格を用いるほうが普通である．述語動詞のあとの位置は，"目的語の領域" (object territory) と感じられるからである．[1]

(3) "Who is it?" "It's **me**." （「誰ですか」「私です」）
(4) a. "Where's Bob?" "That's **him** over there."
　　　（「ボブはどこにいるのか」「向こうにいるのが彼だ」）
　　b. Yeh, that's **him**, all right. (Rice, *The Adding Machine*)
　　　（そう，確かにあれが彼さ）
　　c. This is **her**, I expect. (Coward, *The Vortex*) （これがどうやら彼女ですね）

ただし，(5)のような分裂文 (cleft sentence) の場合は，通例，主格が用いられる．しかし，〈略式体〉では，この場合も目的格が好まれる．

(5) It was **she**/〈略式体〉**her** who came. （やって来たのは彼女だった）
(6) a. all the same, it was **I** who gave you the idea that day. (Christie, *Blue Train*) （それでも，あの日あなたにそのことを思いつかせたのは，私でしたよ）
　　b. It was **she** who awoke me. (Maugham, *Cakes and Ale*)
　　　（私を起こしたのは彼女でした）
(7) a. It was **him** that sacked me without a character on the word of a lying corn-chandler. (Doyle, *The Return of Sherlock Holmes*) （嘘つきの雑穀商の証言で，人物証明書もなしにぼくを馘にしたのは，あいつでした）
　　b. It is **him** whom you must ask. (Ibid.)
　　　（尋ねなければならないのは，あいつにだよ）

また，(8b)のように，述部を省略した文でも目的格が普通である．

(8) Who received the letter? （誰が手紙を受け取ったのか）
　　a. **I** did. （私です）
　　b. **Me**. （同上）

---

1. このことは，述語動詞の前が"主語領域" (subject territory) と感じられて，*Who did you see?* のように，目的格の代わりに主格が好まれるのと平行している．ちなみに，"主語領域"，"目的語領域" は Fries (1940: 254) の用語．Sapir (1921: 167) は，前者を"動詞前形" (pre-verbal form)，後者を"動詞後形" (post-verbal form) と呼んでいる．

but, except, than, as のあとでは揺れが見られる．これらを接続詞と見る人は主格を用い，前置詞と見る人は目的格を用いるからである（Quirk et al. 1972: 210）．

(9) Nobody *but*/*except* **him**/?**he** can solve our problems.
(彼のほか誰一人，私たちの問題を解決できる人はいない)
(10) He is more intelligent *than* **she** (is)/**her**． (彼は彼女よりも聡明だ)
(11) He is as intelligent *as* **she** (is)/**her**． (彼は彼女に劣らず聡明だ)

Quirk et al. (1985: 337) は，(10)，(11) において，she を単独で使うのは堅苦しい印象を与えるので，is を付けるほうが望ましいが，〈略式体〉では目的格が好まれるとしている．

一方，between you and I のような場合は，**過剰修正** (hypercorrection) の事例であり，Harper (1985) の語法パネルは，書き言葉では98％が不可としている．しかし，次のような例は，〈略式体〉の会話では珍しくない（Quirk et al. 1972: 211）．

(12) a. Let **you and I** do it! （君とぼくでやろうじゃないか）
    b. He says she saw **you and I** last night.
       （彼女はゆうべ君とぼくを見た，と彼が言っている）

他動詞・前置詞の目的語，および目的語補語は"目的語領域"にあるので，当然，目的格が用いられる．

(13) I saw **him** at the station. （駅で彼を見た）
(14) Leave your dog with **me**. （おたくの犬を私に預けなさい）
(15) I thought it **him**. （それを彼だと思った）

[B] **属格**： 日本の高校生などには，次のような属格の用法がわかりにくい．

(16) a. Now I can say **my** ABC. （これでもう，ABCが言えます）
    b. He knows **his** Bible/**his** Shakespeare.
       （彼は聖書／シェイクスピアを知っている）
    c. I have forgotten **my** French. （フランス語は忘れてしまった）

これらは，主要語が「ある階級の共有物で，各人がそれぞれ分け前にあずかっていると想定されるもの」(objects ... which are the common possession of a class, in which everyone is assumed to have his share (OED s.v. *His* 2b)) を表している．(16a)は，そこで，「(上手か下手か知らないが) 私なりにABCが言える」，(16b)は「(十分かどうかわからないが) 彼なりに聖書／シェイクスピアを知っている」といった意味を表している．

次の例は，どうだろうか．

(17) a. So he is one of **your** swells. （じゃ，あれがいわゆるお偉方の一人かい）
    b. There are more things in heaven and earth, Horatio, / Then are dream't of in **your** philosophie. (Shakespeare, *Hamlet* 1.5.166-67) （世の中にはな，ホレイショ，哲学なぞというものに思いもつかぬことがたくさんあるのさ）

この your は，**心性的与格** (ethical dative) と同じく，話し手の感情を表す属格で，

第21章　代名詞

心性的属格 (ethical genitive) と呼ばれる．たいてい，軽蔑(けいべつ)の気持ちを表す．
[C] **独立属格**:
① 「...のもの」の意味で，「属格＋先行名詞句」の代わりに用いられる．
(18)　My son is ten years old.　How old is **yours**?
　　　（うちの息子は10歳です．おたくのは，何歳ですか）[=your son]
② **yours** は，「あなたの手紙/家族/義務」などの意味にも用いられるが，何が省略されているかは，おおむね，文脈・場面から推測できる．
(19) a.　I had **yours** of April 10th.　（4月10日付の貴信，受け取りました）
　　 b.　I wish you and **yours** every joy in life.　　　　　(Joyce, *Dubliners*)
　　　　（あなたとご家族のみなさんのご幸福をお祈りします）[=your family]
　　 c.　It is **yours** to help him.　（彼を助けるのは君の勤めだ）[=your duty]
Yours は，手紙の結びの言葉として用いられる．
(20)　**Yours** sincerely ⟨英⟩/Sincerely **yours** ⟨米⟩, John Brown.
　　　（敬具，ジョン・ブラウン）
③ **後置属格** (a friend of mine のタイプ) (§20.5.9を参照)
(21) a.　Susan is *an old friend* of mine.　（スーザンは私の古い友達です）
　　 b.　I like *this bike* of yours.　（君のこのバイク，好きだよ）
　　 c.　That's *no business* of yours.　（それは君の知ったことじゃない）
④ **its** の独立属格:　非常にまれだが，有生名詞の場合は皆無ではない．
(22) a.　The children's health is poor except the baby's and **its** is perfect.
　　　　(Curme 1931)（子供たちの健康状態はかんばしくないが，赤ちゃんは別で，赤ちゃんのは申し分がない）
　　 b.　You know that mouse you saw?　Well, that hole there must be **its**.
　　　　　　　　　　　　　　　　　　　　　　　　　　(Halliday & Hasan 1976)
　　　　（いま見たネズミ，知ってるね．きっと，あそこの穴があいつのだよ）
　 NB　one には独立所有格の用法がない．
　　　(i) *Regarding health, one should take care of **one's**.
　　　　（健康については，気を付けなければならない）

21.2.　人称代名詞の特殊用法

21.2.1.　総称の人称代名詞

　意味上，1人称，2人称，3人称の区別を超えて，すべての人称に通じる人称を**総称人称** (generic person) と言う．one, we, you, they が漠然と「一般の人々」を指すときに見られる用法である（フランス語の on，ドイツ語の man を参照）．日本語では，通常，主語なし文が対応する．
[A] **one**: 話し手を含む一般の人を表す．きわめて⟨格式体⟩で，今日では⟨古風⟩に響くので，you を使うほうがよい (OALD[6])．

(1) **One** should never give people advice. (Swan 1995)
　　(決して人に忠告するべきではない)
(2) **One** often fails to see **one's** 〈英〉/ **his** 〈米〉 own mistakes.
　　(自分の間違いは見落とすことが多い)

[B] **you**: 聞き手を含めて一般の人を指す．
(3) **You** can never tell what will happen. (何が起こるか絶対にわかりませんよ)
(4) **You** cannot eat **your** cake and have it too.
　　〈諺〉(お菓子を食べて，なおももっていることはできない，'二つよいことはない')

[C] **we**: 話し言葉で，話し手が帰属する共同社会の一般論に用いられる．
(5) **We** should love **our** mother. (私たちは母親を愛すべきだ)
(6) **We** don't do that sort of thing here. (ここではそういうことはしません)

[D] **they**: 聞き手も話し手も除外したときに用いられる．
(7) **They** say prices will increase. (物価が上がるという話だ)
(8) **They** speak Spanish in Cuba. (キューバではスペイン語を話す)

次例では，「当局，その筋」(the authorities) を指している．
(9) Why don't **they** pay nurses enough? (Swan 1995)
　　(なぜ看護婦に十分な給料を支払わないんだろう)

NB 1 次のような例は，総称の they の例としてあげられることがあるが，実は漠然と当事者を指すものとして，正当な3人称の用法と考えられる．
　(i) **They**'re mending the road there.
　　　(あそこでは道路を修理している) [土木業者]
　(ii) **They** sell shoes at that store. (あの店では靴を売っている) [店員]

NB 2 次のような 'I' の婉曲語法としての one は，総称の one とは異なるものと見るべきであろう．
　(i) **One** let it pass, for **one** doesn't want to seem mean.
　　　(それを大目に見てやったんだ．意地悪だと思われたくないからね)
COD[7] (s.v. *One*) は，この one = I の用法を「口語」(colloq.) とし，UED は「気どった」(stilted) スタイルとしている．その昔，英国のテレビに登場した Anne 王女と婚約者の Mark Phillip 大尉が，お二人とも終始一貫して自分のことを one で指していたのが印象的であった．

21.2.2. we の特殊用法

[A] 包括の **'we'** (inclusive 'we'): 聞き手である you を含む場合の we (*ie* you and I) で，典型的には勧誘文に見いだされる．
(1) a. **Let's** watch TV, *shall* **we**? (テレビを見ようよ)
　　b. **Let's** enjoy ourselves, *shall* **we**? (さあ，楽しもうぜ)

[B] 除外の **'we'** (exclusive 'we'): 聞き手である you を含まない場合の we (*ie* I and others) で，典型的には相手の許可を求める文に用いられる．
(2) Please let **us** go without you! (どうか私たちだけで行かせてください)

NB　ドラヴィダ諸語，オーストロネシア諸語，アメリカインディアン諸語では，包括の 'we' と除外の 'we' とは語形上区別される．例えば，マライ語では包括の 'we' は kita で，除外の 'we' は kami である．

[C]　**君主の 'we'** (royal 'we')：　君主が公式（ときに非公式）の場合に自分を指すために I の代わりに用いる we で，ローマの寡頭政治時代に 'I (= ruler) and my adviser(s)' の意味で布告に用いられたのが起源とされるが，のちに君主が一人の場合にも使用され，全ヨーロッパの宮廷に広まったとされる．Quirk et al. (1985: 351) は，今日では事実上廃用 (virtually obsolete) としている．

(3)　I am about to weepe; but, thinking that **We** are a Queene … my drops of teares Ile turne to sparkes of fire.　(Shakespeare, *Henry VIII* 2.4.70-73)　(私は泣き出したいところですが，王妃であることを思って，涙のしずくを火花に変えてみせましょう)［私人としての I と王妃としての we を使い分けている点に注意］

(4)　**We** are not amused.　(朕はおもしろうない)［臣下の誰かが下品な冗談を言ったとき，Victoria 女王が不興げに言われた言葉として有名］

[D]　**主筆の 'we'** (editorial 'we')：　編集者が編集部員一同を含めて用いる we のこと．I を使って自己中心的 (egocentric) になるのを避ける意図もあるので，"謙遜の複数" (plural of modesty) とも呼ばれる．

(5)　a.　**We** owe an apology to the public for not noticing this work on its first appearance.　(Curme 1931)　(この著作が最初に出たとき注目しなかったことを，われわれは読者にお詫びしなければならない)

　　　b.　**私たち**も，女性天皇を認めるよう皇室典範を改正するべきだと考える．　　　　　　　　　　　　　　　　　(朝日新聞 2004 年 12 月 19 日)

著者や講演者が読者や聴衆を巻き込んで用いる we も，この用法に属する．

(6)　**We** now turn to a different problem.　(Quirk et al. 1985)　(今度は別な問題に目を向けよう)［Let's now turn … とすれば，くだけたスタイルになる］

次の例は，we と I の両方が用いられている点で興味深い．

(7)　Nevertheless, the generalization that **I** have just made is undoubtedly correct: in most cases, etymology supports the average speaker's intuitions about relatedness of meaning.　As **we** shall see presently, there are good reasons why this should be so.　(Lyons 1981)
(にもかかわらず，いま私が行った一般化が正しいことは疑いの余地がない．つまり，たいていの場合，意味の関連性について普通の話し手の抱いている直観は，語源によって支持されるのである．まもなくわかるだろうが，なぜそうであるかについては十分な理由があるのだ)

ここでもそうであるように，著者自身の知的責任においての発言には I が用いられ，著者が読者とともに，ある問題を考察しているような場合は we が用いられるとしてよい．

[E] 親心の 'we'(paternal 'we'):　親が子供に対し，あるいは医者や看護婦が患者に対して，you の代わりに we を使用することがある．感情移入 (empathy) により，自分を相手と同化した言い方と解される．日本語では，(8) の訳文のような言い方が対応する．

(8) Don't **we** want to eat our oatmeal so **we**'ll grow big and strong?
　　（大きく強くなるように，オートミールを食べましょね）［子供をあやして］
(9) Well, how are **we** this morning, Peter?
　　（やあ，ピーター，けさは気分はどうかね）［医者が患者に向かって］

NB 非標準語法（cockney など）では，us を me の代わりに使うことが普通である (Quirk et al. 1985: 351)．
(i) Lend **us** (＝me) a fiver. （5 ポンド貸してくれ）
(ii) Then Herbert lit a cigarette. 'Give **us** a fag, Herb,' said Betty, 'I'm simply dying for a smoke.'　　　　　　　　　　　　　　　　　(Maugham, 'The Kite')
（それから，ハーバートが巻きたばこに火を付けた．「あたしにも 1 本ちょうだい，ハーブ」とベティーが言った．「一服したくてたまらないの」）

21.3.　人称代名詞 it の用法

it は，(i) 外界照応的 (exophoric)，(ii) テクスト内照応的 (endophoric)，および (iii) 非人称的 (impersonal) に用いられる．

21.3.1.　外界照応の it

[A] it は，現実世界の事件や事物を指して，つまり，外界照応的に用いられる．
(1) **It** happened so quickly.　（それは急に起こった）［事件］
(2) There's someone at the door.　Go and see who **it** is.
　　（誰か玄関にやって来た．誰だか見に行ってごらん）
(3) There's the doorbell.　**It** must be Mary.
　　（ほら，玄関のベルが鳴っている．メアリーにちがいない）

(2) の it は，訪ねてきた性別不明の人を指しており，(3) の it は玄関でベルを押している訪問客を外界照応的に指している．

NB 次のような文の it が何を指すかについて，かつて『英語青年』で問題になったことがある．すなわち，この it は時を表す it か，それとも，that 以下を指す形式主語の it か，というものである．
(i) **It** was the first time that such a privilege had been accorded him.
　　　　　　　　　　　　　　　　　　　　　　　　(Aldrich, *A Struggle for Life*)
（そのような特典が彼に与えられたのは，それが初めてであった）
これは，上の説のどちらでもなく，「その折」という意味の外界照応の it である．この意味は，it が this (＝this time) や，that (＝that time) で置き替えられた文では，いっそう，はっきりと感じられる．
(ii) a.　**This** ain't the first time me and Bayard ever shot Yankees.

(Faulkner, *The Unvanquished*)
（おれとベイヤードが北部の奴らを撃ったのは，これが初めてじゃねえんだよ）
b. **That** wasn't the first time I had used his hotel for that gag. (Spillane, *I, the Jury*)（そういうペテンをやるために彼のホテルを利用したのは，それが初めてじゃなかった）

さらに，it が yesterday とか today とかの名詞で現れる場合は，「その折」という外界照応的な意味は，疑いの余地がないまでに明示的になる．

(iii) a. **Yesterday** was the first pleasant day I have had. (*Senior English Readers*)（きのうは，私が味わった初めての楽しい日でした）
b. **Today** was the first time she'd gone out for a chocolate malted in whole week. (Hawley, *Executive Suite*)（きょうは，彼女が今週で初めてチョコレート入り麦芽乳を飲みに出かけた日だった）

[B] **環境の it** (ambient 'it')[2]: この it は，漠然と周囲の環境を指示するので，外界に指示物をもつと考えなければならない．例えば，

(4) a. **It**'s Sunday tomorrow. ~ *Tomorrow* is Sunday.（あすは日曜日だ）
b. **It**'s not far to York. ~ *York* is not far.（ヨークは遠くない）
c. **It**'s windy in Chicago. ~ *Chicago* is windy.（シカゴはよく風が吹く）
d. **It**'s so hot in here. (Steel, *Special Delivery*)（ここはひどく暑い）

のような例の場合，〜のあとのパラフレーズにおいて主語 it が，指示物をもつ真性項 (true argument) に置き替わっていることが，その傍証になる．

次のような it も，漠然と周囲の状況を指示するという意味で，虚辞ではなく，環境の 'it' と解される．

(5) a. **It**'s very quiet in here.（ここはとても静かだ）
b. Do you like **it** here?（当地はお好きですか）
c. **It**'s all up with him.（彼はもう処置なしだ）

同じ説明は，次のようなイディオムに現れる it にもあてはまる．

(6) a. You will catch **it**.（お目玉を食うぞ）[=reproach, punishment]
b. I will foot **it** home.（歩いて家に帰ろう）
c. Let's make a night of **it**.（一晩遊び明かそうぜ）
d. Though I know one or two people who had **it** in for him.
(Christie, *Murder Is Easy*)
（もっとも，彼に根をもっている人間を一人か二人ほど知っているけどな）

いわゆる "**非人称の it**" (impersonal 'it') も，漠然と周囲の環境・状況を指すという意味で，環境の it に含めてよい．

(7) a. **It** is raining/snowing.（雨/雪が降っている）[天候]
b. **It** is dark/light.（暗い/明るい）[明暗]

---

2. ambient 'it' という用語は，Chafe (1970), Bolinger (1977b) も使用しているが，Chafe は，この it は外界に指示物をもたないとし，Bolinger はもつと考える．筆者の考えは，後者と同じである．

c. **It** was a quarter to twelve.　　　　　　(Doyle, *Memoirs of Sherlock Holmes*)
　　　(12時15分前だった)［時間］
   d. **It** was a fine day for the races.　　　　　　(Greene, *Brighton Rock*)
　　　(競馬にはうってつけの日だった)［日］
   e. **It** is nearly half a mile.　(Doyle, *His Last Bow*)　(ほぼ半マイルです)［距離］
   f. How far is **it** to Paris?　(パリまではどれくらいありますか)［同上］
   g. How fares **it** with you?　(いかがですか)［状況］

時間の it は，it was ... before/when の構文でよく用いられる．

(8) a. **It** was ten o'clock *before* we reached Baker Street again.
　　　　　　　　　　　　　　　　　　(Doyle, *Memoirs of Sherlock Holmes*)
　　　(私たちがベーカー街に戻ったときには，もう10時になっていた)
   b. **It** was after nine o'clock *when* he left the shop.　　(Joyce, *Dubliners*)
　　　(彼が店を出たときには，9時を過ぎていた)

非人称構文は，自然界・社会・個人の心理に生起するもろもろの事象を，あたかも人間の外部で起こる自然現象であるかのように表現するものである．自然現象と見る以上，明確な行為者は存在しない．したがって，本来の非人称構文は，(9)のラテン語やイタリア語の例のように，

(9) a. L.:　Pluit.　'ø rains.'
　 b. It.:　Piove.　'ø rains.'

文法上の主語をもたない文を言うのであるが，英語の it，フランス語の il，ドイツ語の es をもつ構文も，ややルースに非人称構文と呼ばれている．

(10) a. F.:　**Il** pleut.　'It rains.'　［<略式体>で，*Ça* (=that) pleut. となることも漠
　　　　　　然と指示物があると考えている証拠である］
　 b. G.:　**Es** regnet.　'It rains.'
(11) G.:　a. **Es** hungert mich.　'I am hungry.'
　　　　 b. **Es** ist mir kalt.　'I feel cold.'

　NB　天候動詞 (weather verb) が人称構文で用いられる場合がある．
   (i)　**Rain** *was drizzling* down on the cold streets.　　(Joyce, *Dubliners*)
　　　(冷たい通りに雨がしとしと降っていた)
   (ii)　It was a clear daylight now and **a fine rain** *was falling*.　(Hemingway, *A Farewell to Arms*)　(もう明るい昼間で，こぬか雨が降っていた)
   (iii) a. **The Lord** thundred from heauen: and the most high vttered his voice.
　　　　　　　　　　　　　　　　　　(AV, *2 Sam*. 22: 14)
　　　(主は，天から雷鳴をとどろかせ，いと高き神は御声をあげられた)
　　 b. Gk. **Zeus** *hyei*.　'Zeus rains.'　　　　　　　　　　　(Onions)
　　 c. L. **Jupiter** *tonat*.　'Jupiter thunders.'　　　　　(Jespersen 1924)

次の例の it は，日本語の「お天道さま」に対応する点で，興味深い．
   (iv)　It only began to rain in earnest just as we got to the gate. Very thoughtful of **it**, I'm sure!　　　　　　　　(Bennett, *Hilda Lessways*)［Jespersen］

(ちょうど門に着いたときに雨が本降りに降り出した．お天道さまもずいぶんと思いやりがあるねえ，全く！)

21.3.2. テクスト内照応の it

it が，外界には指示物をもたないで，テクストの中に指示物をもつ場合がある．テクストの中の先行詞 (antecedent) を指示物とする点で，この用法の it は，**虚辞** (expletive) ではない．

[A] 逆行照応の **it**： it は通例，前に述べられたものを逆行照応的 (anaphoric) に指示する．

(1) a. "Where is *the book*?" "**It**'s on the desk."
    (「その本はどこにあるのか」「机の上です」)
  b. John has bought *a car*. **It**'s a Toyota. (ジョンは車を買った．トヨタだ)
  c. He tried to lift *a piano*, but he couldn't lift **it**/*one.
    (彼はピアノを持ち上げようとしたが，持ち上げられなかった)

it の先行詞は，特定の性質のような非物質的なものであってもさしつかえない．

(2) a. *Beauty* is everywhere and **it** makes us happy.
    (美はいたるところにあって，私たちを楽しませてくれる)
  b. Mary is *intelligent*, though she doesn't look **it**.
    (メアリーは頭がいい，そうは見えないけれど)

また，先行する文全体，またはその一部であってもよい．

(3) a. *Tomorrow will be fine.* No one doubts **it**.
    (あすは晴れだ．そのことを疑うものは一人もいない)
  b. "Bob can't *drive a car*." "Neither can John do **it**."
    (「ボブは車の運転ができない」「ジョンもできないよ」)
  c. *When he spoke it* **it** was without beating about the bush. (Christie, *Blue Train*) (彼がそのことを口にしたときは，遠回しな言い方はしなかった)

さらに，it の先行詞は，相手がまだ発言していない，心の中で考えていることであってもさしつかえない．

(4) 'Papa,' she said in a low, mysterious little voice which was almost a whisper, 'papa.' 'What is **it**, darling?' Captain Crewe answered, holding her closer and looking down into her face. 'What is Sara thinking of?' (Burnett, *A Little Princess*)(「パパ」と彼女は，ほとんどささやき声のような，低い，神秘的な小声で言った．「パパ」「何だね，おまえ」とクルー大尉は，相手を抱き寄せ，顔をのぞき込みながら，答えた．「何をセアラは考えてるんだね」)

[B] 順行照応の **it**： it は，後述されるものを順行照応的 (cataphoric) に指示することもできる．

(5) **It** is a country of vast extent, is *China*. (OED[2])(広大な国だよ，中国は)

この it は，予備の 'it' (preparatory 'it') と呼ばれているものと本質的に同じもの

である．予備の it は，形式主語，および形式目的語として働く．
① "形式主語"(formal subject) として： it の先行詞(antecedent)（後続する語句・節を指示する場合も先行詞と言うことがある）は，次のとおりである．
 (a) to 不定詞節を指す場合
 (6) a. **It** is a great pleasure *to see you*. （お目にかかれて大変うれしいです）
   b. **It**'s unusual *to see Peter with a girl*.
      （ピーターが女の子といっしょにいるのを見るのは珍しい）
   c. These are questions which **it** is difficult *to explain*. (Huxley, *Music at Night*)（これらが，説明しにくい問題なのです）
   d. You don't know what **it** is *to be poor/in love*.
      （君は貧乏/恋愛がどんなものか知らないんだ）
 (b) that 節を指す場合
 (7) a. Is **it** true *that she is ill*? （彼女が病気だというのは本当か）
   b. **It**'s interesting *that you should think that*.
      （君がそんなふうに考えるとはおもしろいね）
 (8) a. **It** is not too much to say *that he is a genius*.
      （彼は天才だと言っても，過言ではない）［to say を指すのではない］
   b. Cf. startled would not be *too much to say*. (Blackmore, *Lorna Doone*)（肝をつぶしたと言っても，過言ではないだろう）
次のように，it is が省略されることもある．
 (9) Small wonder *that he decided to take no part in the debate*.
    （彼がその議論に参加しないことに決めたのは，そう不思議なことじゃない）

NB Haegeman (1994: 61) は，次の (ia) は，(ib) のパラフレーズであって，it は外界に指示物をもたない虚辞である．虚辞でないとすると，surprise は 3 項動詞になってしまう，と主張している．
   (i) a. **It** surprised Jeeves that the pig had been stolen.
        （ブタが盗まれたので，ジーブスはびっくりした）
     b. That the pig had been stolen surprised Jeeves.
しかし，この it は虚辞ではなく，順行照応的に that 節を指示する項としなければならない．例えば，フランス語では，心理動詞の主語は，虚辞の il ではなく，指示詞の ça が使用されるからである．
   (ii) **Ça**/*Il m'amuse que Marie ait peur des mouches.
       'It amuses me that Marie fears flies.'
(ii) の ça および，それに対応する it は，'the fact' というような意味内容をもっていると考えられる．事実，it が目的語として使用されている次のような文では，it と the fact を交換しても知的意味は変わらない．
   (iii) a. I don't like **it** *that you were there*. （君がそこにいたのは気に入らない）
     b. I don't like **the fact** *that you were there*. （同上）
一方，it/the fact が主語として働いている場合は，the fact の補部節の外置は随意的であるが，it の補部節は義務的に外置しなければならない．

(iv) a. **The fact** *that Marie fears flies* amuses me.
   (マリーがハエを怖がるとはおもしろい)
   b. **The fact** amuses me *that Marie fears flies*. (同上)
   c. ***It** [*that Marie fears flies*] amuses me.
   d. **It** amuses me [*that Marie fears flies*]. (同上)

以上の考察から，問題の that 節は，項である it の同格節であるから，surprise は依然として 2 項動詞であると結論することができる．

(c) **名詞句を指す場合**

(10) a. **It**'s a nuisance, *this delay*. (困っちゃうな，こんなに遅れて)
   b. **It** is the ideal place in which to think, *a railway carriage*. (Milne, *Not That It Matters*) (ものを考えるには理想的な場所だ，列車の中は)
   c. **it** is odd *the way* things happen. (Christie, *The Blue Train*)
   (物事の起こり方って，変ね)
   d. **It** was always a great affair, *the Misses Morkan's annual dance*.
   (Joyce, *Dubliners*)
   (それはいつも大変な行事だった，モーカン姉妹の例年の舞踏会は)
   e. **it** is amazing *the belief* they have in one another.
   (Hughes, *Tom Brown's School Days*)
   (彼らが互いに寄せあっている信頼ときたら，驚くべきものがある)

(d) **動名詞節を指す場合** (かなり〈略式体〉(Swan 1995: 295))

(11) a. **It**'s nice *being with you*. (君といっしょにいると楽しい)
   b. **It**'s crazy *her going off like that*.
   (彼女があんなふうにぷいと立ち去るなんて，どうかしてるよ)
   c. **It**'s no use *his/him apologising* — I shall never forgive him. (Swan 1995) (彼が詫びたってだめだ——絶対許さないんだから)
   d. Isn't **it** lovely *seeing one's name in print*? (Taylor, *A View of Harbour*)
   (自分の名前が印刷されるなんて，素敵じゃない)
   e. Yes, **it** was quite a bit of luck *my seeing the lawyer's advertisement*.
   (ええ，その弁護士の広告が私の目にとまったのは，全く幸運でした)
   f. **It**'s the devil *getting a cab*. (McBain, *Ghosts*) (タクシーは絶対拾えない)
   g. **It**'s tough **being a man**. (Google) (男はつらいよ)

NB この構文に生じる述語は，no use, useless, no good, foolish, annoying, irritating, nice, dull, wonderful, fun, crazy, lovely, the devil, a bother のような情緒性の強いクラスに限られている．Emonds (1976: 124) は，(i) の例をあげて，たいていの話し手は動名詞の前にコンマ音調を置けば容認するが，それがなければ容認不可能とすると言っている．

(i) **It** would be surprising, *your being able to find a new job*.
(君に新しい勤め口を見つけられたら，驚きだろうな)
(ii) **it** must have been heavy work, *the raising of that stone*. (Doyle, *Memoirs of Sherlock Holmes*) (大変な仕事だったにちがいない，あの石を持ち上げるのは)
(iii) **It**'s not always so easy, *being a girl*. (Rice, *Street Scene*)

(必ずしもそう楽じゃないのよ，女の子であることって)

(iv) It's heavenly — *being back*.　　　　　(Coward, *The Vortex*)
(まるで天国よ——戻って来たのは)

(e) **wh 節を指す場合**

(12) a. **It** is still a mystery *why he killed himself*.
(彼がなぜ自殺したのか，いまだに謎だ)

b. **It** doesn't interest me *whether he succeeds or not*.
(彼が成功するかしないかには，興味がない)

c. **It** is interesting *what you say*.　　(Hemingway, *Green Hills of Africa*)
(君の話，おもしろいよ)

② "**形式目的語**" (formal object) として：it は，後続する that 節，to 不定詞，if 節，動名詞節を指す．典型的な動詞は，make, think, find, consider など目的語補語をとるものである．これらの文は，例えば He felt [it [= to visit her] his duty]．のように分析されるので，it は基底では小節の主語である点に注意せよ．

(13) a. He felt **it** his duty *to visit her in hospital*.
(入院中の彼女を見舞うのは自分の義務だ，と彼は感じた)

b. I found **it** difficult *to speak*.　　(口をきくのがむずかしかった)

c. I'd consider **it** a compliment *if you accepted*.
(ご受諾くだされば，光栄に存じます)

d. I thought **it** pointless *starting before eight o'clock*.　　(Swan 1995)
(8時前に発つなんて意味がないと思った)

次例では，it は他動詞の直接目的語で，(13) の構文とは区別しなければならない．it は，後続する to 不定詞，when 節，that 節の内容を指している．

(14) a. I will leave **it** to you *to decide*.　(決定は君に任せるよ)

b. She hated **it** *when her mother acted like that*.　　(Steel, *The Ghost*)
(彼女は，母親がそんなふるまいをするときは嫌いだった)

c. She loved **it** *that he made all the decisions*.
(彼女は，彼が何でも決定してくれるのがありがたかった)

d. I can't help **it** *if you think I'm odd*.
(君がぼくのことを変人だと思ったとしても，どうしようもない)

e. Depend upon **it**, *the book will be a best-seller*.
(まちがいない，その本はベストセラーになるよ)

NB (14) の構文では，it が省略される場合がある．動詞と補語が密接に結びついて一つの句動詞のように機能するためと解される．

(i) He tried to **make out** that he was the heir.
(彼は自分が相続人であるふりをした) [= pretend]

(ii) Mary **saw fit** to exclude them from her invitation list.
(メアリーは彼らを招待者名簿から除くことに決めた) [= decided]

③ **it 分裂文** (*it*-cleft sentence): (15) は，it is X that … の構文を用いて，(16) のように，主語，目的語，前置詞句，副詞語句などの構成素を強調することができる．X の部分に文強勢が置かれて，新情報の焦点 (focus) になっている．

(15) John broke the window with a stone yesterday.
　　（ジョンはきのう石ころで窓ガラスを割った）
(16) a. **It was** *John* **who/that** broke the window with a stone yesterday.
　　　（きのう石ころで窓ガラスを割ったのは，ジョンだ(った)）
　　b. **It was** *the window* **that** John broke with a stone yesterday.
　　　（きのうジョンが石ころで割ったのは，窓だ(った)）
　　c. **It was** *with a stone* **that** John broke the window yesterday.
　　　（きのうジョンが窓ガラスを割ったのは，石ころ(で)だった）
　　d. **It was** *yesterday* **that** John broke the window with a stone.
　　　（ジョンが窓ガラスを石ころで割ったのは，きのうだった）

焦点化されるのは，副詞節の場合もある．

(17) **It was** *when we were in New York* **that** I first met Mary.
　　（私が初めてメアリーに会ったのは，二人がニューヨークにいたころだった）

it は that 節の先行詞である．分裂文の詳細については，§36.6.2 を参照．

21.4. 順行照応と逆行照応

上述 (§21.0.1) の指示体系によれば，(1a) のように，代名詞が先行詞の右側に現れるものは逆行照応 (anaphoric reference) であり，(1b) のように，左側に現れるものは順行照応 (cataphoric reference) である．後者は，前者よりも頻度が低く，おもに〈格式体〉の書き言葉で使用される．

(1) a. If *John*$_i$ feels good, **he**$_i$ will go.　［John$_i$ ← he$_i$]〈逆行〉
　　b. If **he**$_i$ feels good, *John*$_i$ will go.　［he$_i$ → John$_i$]〈順行〉

ちなみに，日本語には普通，順行照応は存在しない．

(2) *彼$_i$が落第したとき，太郎$_i$はひどく落ち込んだ．［彼$_i$ → 太郎$_i$]〈順行〉

Quirk et al. (1985: 351) によれば，代名詞が先行詞を指示できるのは，次の二つの条件のどちらか一つを満たした場合である．

(3) 代名詞の指示制約
　　a. 先行詞は，代名詞に先行しなければならない．
　　b. 先行詞は，構成素構造 (=樹形図) において代名詞よりも高い位置を占めていなければならない．

そうすると，(1a) の逆行代名詞は条件 (3a) を満たしており，(1b) の順行代名詞は条件 (3b) を満たしているので，ともに文法的である．また，(4) が適格なのは，(1b) と同様，先行詞が主節に，代名詞がそれよりも低い従属節に生じているからである．

(4) Melville well knew that to the men who sailed in **her**$_i$, a *whaler*$_i$ was

anything but a pleasure boat. (Quirk et al. 1985)
(捕鯨船に乗っている人にとっては，捕鯨船は断じて遊覧船のごときものではないことを，メルビルは十分にわきまえていた)

また，次のように，前置詞句の中に生じる代名詞も先行詞よりも低い位置にあるので，同一指示関係が成立する．

(5) Near **him**$_i$, *John*$_i$ keeps a snake. (Rinehart 1983)
(ジョンは，自分のそばでヘビを飼っている)

NB Quirk et al. (1985: 352) は，特に新聞英語では，代名詞が先行詞よりも高い位置に生じている例がときどき見られるとして，次の例を示している．

(i) Failure of **his** latest attempt on the world record has caused heavy financial loss to the backers of daredevil balloonist *Felix Champ*. (最近の世界記録を破ろうとする試みが失敗したために，向こう見ずな気球操縦者フィーリックス・チャンプの後援者らは経済的な大損失を被った)

21.5. 再帰代名詞

人称代名詞の所有格または目的格に -self, -selves を付けた形式は，**再帰代名詞** (reflexive pronoun) と呼ばれる．

(1)

	1人称	2人称	3人称
単数	myself	yourself	himself/herself/itself
複数	ourselves	yourselves	themselves

再帰代名詞は「目的格（厳密には与格）＋ self」(*eg* **him**self) が元来のもので，ME 期に herself の her が所有格と誤解された結果，myself, ourselves, yourself, yourselves が生じた．方言や俗語にはさらに，すべてを所有格に統一して hisself, theirselves とする用法もある．[3]

再帰代名詞には，二つの用法がある．再帰用法と強意用法である．

21.5.1. 再帰用法

再帰用法 (reflexive use) というのは，主語と目的語とが同一指示的 (coreferential) である (＝同じ事物を指す) 場合の用法である．

この用法の再帰代名詞は，次の構文で用いられる．

[**A**] **再帰動詞** (reflexive verb) **とともに**: absent, avail, betake, pride などの再帰動詞は，義務的に再帰代名詞を目的語にとる．

(1) a. You should *avail* **yourself** *of* every chance to improve your English.

---

3. (i) Then Bob picks **hisself** up again. (Hughes, *Tom Brown's School Days*)
   (それからボブはまた起き上がる)
   (ii) Them damn junkies take care of **theirselves** twice as good as you can. (OED[2])
   (ああいう売人たちは，あんたの2倍も自分を大事にしている)

第 21 章　代 名 詞　　　　　　　　　　　　　　　441

　　　　　（あなたは，あらゆる機会を利用して英語力をさらに伸ばさなければならない）
　　b. I *betook* **myself** *to* London.　（私はロンドンへ出向いた）〈格式体〉
　　c. He *prides* **himself** *on* his driving skill.
　　　（彼は自分の運転技術を自慢にしている）
　　d. He *absented* **himself** *from* the meeting.　（彼はその会合を欠席した）

再帰動詞には，ほかに次のようなものがある．

　(2)　demean oneself〈格式体〉（自らを卑しめる）／ingratiate oneself (with)（…に取り入る）／perjure oneself（偽証する）

[B]　**準再帰動詞** (semi-reflexive verb) **とともに**：　この種の動詞は，普通のスタイルでは再帰代名詞が省略される．

　(3) a. *Behave* (**yourself**) now!　（さあ，行儀よくしなさい！）
　　b. He has to *shave* (**himself**) twice a day.
　　　（彼は 1 日に 2 回ひげを剃らなければならない）
　　c. How long does it take you to *dress* (**yourself**)?
　　　（身支度するのにどれくらいかかりますか）
　　d. I won't *oversleep* (myself).　　　　　(Hemingway, *A Farewell to Arms*)
　　　（寝過ごしはしないよ）

準再帰動詞には，ほかに次のようなものがある．

　(4)　adjust (oneself) to（…に順応する）／hide (oneself)（隠れる）／prepare (oneself) for（…の準備をする）／worry (oneself)（心配する）／wash (oneself)（体/手/顔を洗う）

[C]　**一般の他動詞の場合**：　主語と目的語が同一指示的であることを明示する（義務的）．

　(5) a. John saw **himself** in the mirror.
　　　（ジョンは鏡に映る自分の姿を見た）[自分自身]
　　b. Cf. John saw **him** in the mirror.
　　　（ジョンは鏡に映るその男の姿を見た）[別人]

このとき，(5a) の John を himself の**先行詞** (antecedent) と言う．再帰代名詞を適切に用いるためには，次のような条件がある．

　(6) a. 再帰代名詞とその先行詞は，同一の単文内にある（このことを**同節要素** (clause mates) とも言う）．
　　b. 先行詞は，再帰代名詞の左側にある．

この二つの条件で，次の諸例が説明できる．

　(7) a. [John talked to Mary about **himself**/**herself**].
　　　（ジョンは自分のことをメアリーに話した/メアリーに彼女のことを話した）
　　b. John thought that [Mary admired **herself**/***himself**].
　　　（ジョンはメアリーがうぬぼれていると思った）

c. John wanted [Mary to wash **herself**/***himself**].
   （ジョンはメアリーに手を洗ってほしかった）
d. John forced Mary$_i$ [PRO$_i$ to wash **herself**$_i$/***himself**$_j$].
   （ジョンはむりやりにメアリーに顔を洗わせた）
e. *[**Himself** was shaved by John].

(7a) では，再帰代名詞は同一の単文内に生じているので，himself と herself の二つとも可能である．himself の場合は，主語の John が先行詞であり，herself の場合は，to の目的語の Mary が先行詞である．(7b), (7c) では，himself の先行詞は同一の単文内にないので，容認不可能である．(7d) では，PRO の先行詞は主文の目的語 Mary であるから，herself のみが文法的である．(7e) は，先行詞が再帰代名詞の右側にあり，(6b) の条件に違反しているので，非文法的である．

次の (8) は一見，(6a) の条件に違反しているように思われる．

(8) John seemed to Mary to admire **himself**/***herself**.
   （ジョンはうぬぼれているようにメアリーには思われた）

しかし，(8) は，(9) のような構造をしているので，再帰代名詞 himself の先行詞は，主文の主語の位置へ繰り上げ (raise) られた John の残した痕跡 (t) であることがわかる．つまり，t は単文内で himself の先行詞となっている．

(9) [John] seemed to Mary [t to admire himself]

NB 1 次のような心理動詞 (psych verb) の場合は，代名詞が先行詞の左側に現れる．
   (i) **Each other**'s health worried *the students*.　　　　(Belletti & Rizzi 1988)
      （お互いの健康状態が学生を悩ませた）
   (ii) <u>自分</u>の写真が<u>太郎</u>を喜ばせた．

安藤 (1996) には，この問題の解決法を五つ示してあるが，ここでは，認知意味論的な「**意識主体照応性**」(logophoricity) の観点からの説明を試みる．

   (iii) 意識主体照応的代名詞の先行詞は，伝達されている発話・思考・感情・意識の主体でなければならない．　　　　　　　　　　　　　　　　　　　　(Clements 1975: 141)

心理動詞は，意識主体照応動詞 (logophoric verb) であるから，(iii) の原理によるならば，動詞の目的語である〈経験者〉が照応形の先行詞であると解釈される．すなわち，(i) では the students が，(ii) では「太郎」が，それぞれ照応形の先行詞である．

NB 2 次のような文では，再帰代名詞の先行詞がないので，(6a) の条件に違反している．
   (i) 'Nobody goes there but **myself**,' she thought quickly. 　 (Burnett, *A Little Princess*)（「あたし以外には誰もあそこへ行かないわ」と彼女はとっさに思った）
   (ii) 'None mount here but **herself**, Sahib,' he said. 　　　　　　　(Ibid.)
      （「あの子以外には誰もここへ上がってきませんです，旦那さま」と彼は言った）

(i) の場合の先行詞は，話し手の頭の中に存在する I であり，(ii) の場合は，すでに話題になっている人物である，と考えることができる．

NB 3 「one's + 形容詞 + self」のように，one's と self が形容詞で分断される**切離** (tmesis) という現象がある．

   (i) a. John gave **his whole self** to his job.　　　　　　　　　　(OALD^6)

（ジョンはその仕事に全身全霊を捧げた）
    b. He was his **usual discreet self**.   (Archer, *Kane and Abel*)
        （彼はいつものように慎重だった）

[D] **前置詞の目的語の場合**： いろいろなケースがある．

(*a*) まず，前置詞付き動詞 (prepositional verb) の目的語としては，再帰代名詞が用いられる．

(10) a. She can *look after* **herself**. （彼女はひとりでやっていける）
     b. I did not know what to *do with* **myself**.
        （どう過ごしていいかわからなかった）
     c. He *thinks too much of* **himself**. （彼は自分のことを高く評価しすぎだ）
     d. If you have a child, you *take it upon* **yourself** to provide for his future. （子供がいるなら，その子の将来に備える責任がある）

(*b*) picture, story, photograph などの"**絵画名詞**" (picture noun) の補部になる前置詞句においても，再帰代名詞が生じる．

(11) a. John read *a book/story about* **himself**.
        （ジョンは自分のことを書いた本/話を読んだ）
     b. Mary heard *a criticism of* **herself**.
        （メアリーは自分に対する批判を耳にした）
     c. John gave Mary *a photograph of* **himself**/**herself**.
        （ジョンはメアリーに自分の/彼女の写真をあげた）

  NB 次の文の herself の先行詞は Mary である．
    (i) John believes Mary's description of **herself**.
        （ジョンはメアリーが自分について述べたことを信じている）
ところが，Mary's description of herself は名詞句なので，(6a) の条件に違反するのではないか．生成文法では，Mary を大主語 (SUBJECT) と見て (i) の文法性を説明しているけれども，(i) の名詞句は Mary described herself という文の名詞化 (nominalization) であると考えれば，(6a) の条件を満たすので，もっと簡潔な説明が可能になると思われる．

(*c*) 前置詞句が「目的・方向」を表すときにも，再帰代名詞を目的語としてとる．

(12) a. I kept it *for* **myself**. （私はそれを自分用に取っておいた）
     b. He aimed the gun *at* **himself**. （彼は自分に銃を向けた）
     c. Mary was talking *to* **herself**. （メアリーはひとりごとを言っていた）

また，前置詞句が比喩的・情意的な意味を表すときにも，再帰代名詞が義務的である．

(13) a. Mary was *beside* **herself** with rage. （メアリーは激怒でわれを忘れていた）
     b. He winced *within* **himself**. （彼は心の中でひるんだ）

(*d*) 前置詞句が「場所」を表すときには，人称代名詞の単一形が用いられる．動詞が「静止動詞」(verbs of rest) である点に注意せよ．

(14) a. Have you any money *on* **you**? （お金の持ち合わせがありますか）

b. She had her fiancé *beside* **her**. (彼女はそばに婚約者をはべらせていた)
c. I placed the book *in front of* **me**. (私はその本を自分の前に置いた)
d. John saw a snake *near* **him**. (ジョンはそばにヘビがいるのを見た)
e. We have the whole day *before* **us**.
(これからまる一日ある)［場所が時間に比喩的に拡張されている］

これらの場合，なぜ，再帰代名詞が用いられないのだろうか．一つの答えは，これらの例は基底においては単文ではなく，複文である，というものである．例えば，Chomsky (1981: 291) は，(14d)((15) として再録)を次のように分析している．

(15) John saw a snake [_S PRO near him]

すなわち，PRO の先行詞は a snake であり，その PRO が near him という述部の主語である．この分析が正しいとすれば，(14) の諸例では単文中に代名詞の先行詞が存在しないのであるから，再帰代名詞を用いることは理論上不可能になる．次の例でも，him の先行詞は同節中にないので，当然，再帰代名詞は生じない．

(16) John considers [Mary angry *at* **him**].
(ジョンは，メアリーが彼に腹を立てていると思っている)

(e) 「場所」の前置詞句でも，(17) のような「運動の動詞」の場合は，人称代名詞の単一形と再帰形の双方が許容される．

(17) a. I pulled the covers *over* **me**/**myself**. (カバーを体の上に引き寄せた)
b. Draw it away *from* **you**/**yourself**. (それを自分から引き離しなさい)
c. I tied the rope *around* **me**/**myself**. (ロープを体に結わえ付けた)
d. I drove the flies away *from* **me**/**myself**. (ハエを自分から追い払った)

(以上 Spangler 1970)

これらの例では，単一形が無標で，再帰形が有標であると考えられる．この場合，前置詞句が「場所」を表すと感じる話し手は，単一形を用い，代名詞が動的な複合動詞 (*eg* pulled the covers over＝covered; tied the rope around＝tied) の目的語になっていると感じる話し手は，再帰形を用いると説明できる．

NB **say to oneself** のタイプ: この表現は，(ia) のように発言を伴っていることが明示されている場合は，「ひとりごとを言う」，(ib) のように，そうでない場合は「心の中で考える」と訳すこともできるが，実際には，(ic) のように，発言の有無は不明の場合が多い．

(i) a. I **said** *softly* **to myself** the word paralysis. It had always *sounded* strangely in my ears. (Joyce, *Dubliners*) (私は小声で「麻痺」という言葉をひとりでつぶやいてみた．この言葉は，私の耳にはいつも奇妙に響くのだった)
b. 'Good heavens!' **said** the Duchess **to herself**, 'he is a sort of chiropodist after all.' (Wilde, *Lord Arthur Savile's Crime*)
(「まあ大変！」公爵夫人は心の中で思った．「この人，結局，カイロポディストみたいなもんだわ」)［相手の面前で］
c. 'The light's going,' Bertram **said to himself**. (Taylor, *A View of the Harbour*) (「灯が消えていく」とバートラムは自分に言い聞かせた)

要するに，say to oneself の中核的な意味は「自分に言い聞かせる」であり，「心の中で考え

る」とか,「ひとりごとを言う」とかは,文脈的意味であって,訳出の好みに属すると言ってよい.

　talk/speak to oneself は,常に発言を伴っているので,「ひとりごとを言う」の意であるとされるが,(ii) のように,自分以外にも話しかける相手がいる場合にも使用されるので,「ひとりごとを言う」は適切ではない.これらの表現の本質的な意味は,「自分に語りかける」である.

(ii) a. Holmes ... began **talking**, rather **to himself**, as it seemed, than **to us**.
(Doyle, *Adventures of Sherlock Holmes*)(ホームズは,私たちというよりも,むしろ自分に語りかけるように話しはじめた)

b. He ... **spoke** *gently*, more **to himself** than **to valet**. (Christie, *Blue Train*)
(彼は,従僕というよりも,むしろ自分に語りかけるように,小声で話した)

類例:　いずれも,to oneself は「自分に向かって」が原義である.

(iii) chuckle *to oneself*(ひとりでクツクツ笑う)/frown *to oneself*(ひとりで眉をひそめる)/laugh softly *to oneself*(小声でひとり笑う)/mutter *to oneself*(ひとりでつぶやく)/sing *to oneself*(ひとり歌を口ずさむ)/smile *to oneself*(ひとりでにんまりする)

21.5.2.　強意用法

強意用法(emphatic use)では,再帰形は名詞句と同格的に用いられ,強勢が置かれる(例は Quirk & Greenbaum 1979 から).

(1) a. I **mysélf** have never been there.
b. I have never **mysélf** been there.
c. I've never been there **mysélf**.
(私自身は,そこへ行ったことは一度もない)

(2),(3) のように,目的語や補語を強める用法もある.

(2)　I spoke to the manager **himsélf**.　(私は支配人自身と話した)
(3)　Mary was kindness **itsélf**.　(メアリーは親切そのものだった)

21.6.　指示代名詞

指示代名詞(demonstrative pronoun)は,this/that,および these/those の4語である.数の対立があり,限定詞と代名詞の二つの機能をもつ.

this/these は近接的(proximal),that/those は遠隔的(distal)という2項対立的な指示をする.「近接的/遠隔的」とは,「話し手にとって空間的・時間的・心理的に近い/遠い」の意味である.

(1)　指示代名詞

	単数	複数
近接的	**this** (book)	**these** (books)
遠隔的	**that** (book)	**those** (books)

ここで,this/that book の this/that は,限定詞(determiner)であり,this/that だ

けなら，代名詞である．以下の記述では，この二つの機能をいちいち区別することはしない．

一方，日本語の指示詞「コレ/ソレ/アレ」は，3項対立的な指示をする．コレは「話し手のなわばり (territory)」，ソレは「聞き手のなわばり」，アレは「談話の当事者 (=話し手と聞き手) のなわばりの外」を指示する．

そうすると，英語と日本語の指示詞は，次のような対応関係を示すことになる．

(2)

this	コレ
that	ソレ
	アレ

21.6.1. 外界照応的指示

[A] **直示用法** (deictic use): this は，上述したように，「話し手のなわばり」の中のものを指示する．

(1) a. **This** lollipop is for you. （この棒付きキャンデー，あなたにあげる）
    b. **This** is Betty, Mum. （こちら，ベティーだよ，母さん）

this は，(1a) では，話し手が手にもっているキャンデーを，(1b) では，話し手のそばにいるガールフレンドを指示している．

that は，まず，日本語のソ系と同様に，「聞き手のなわばり」の中のものを指示する．

(2) a. Give me **that** filthy lollipop, Marvin! Don't put it in your mouth.
    （その汚い棒付きキャンデーをよこしなさい，マービン！ 口に入れてはいけません）
    b. Don't talk to your mother like **that**, Herbert. (Maugham, 'The Kite')
    （母さんに向かってそんな口のきき方をするものではありません，ハーバート）[あなたが話しているような]

that は，また，日本語のア系と同様に，「談話の当事者 (=話し手と聞き手) のなわばりの外」のものを指示することができる．

(3) a. **That** is the Statue of Liberty over there.
    （あちらに見えますのが自由の女神像です）
    b. in the evening when they had just finished their supper the bell rang. '**That**'s her,' they said with one voice. (Maugham, 'The Kite')
    （晩方，ちょうど夕食を済ませたとき，玄関の呼び鈴が鳴った．「あれは彼女だ」と彼らは異口同音に言った）

that/those は，空間的にばかりではなく，心理的に距離のあるもの (=話し手・聞き手のなわばりの外のもの) をも指示することができる．すなわち，that/those は〈略式体〉において，「話し手と聞き手の共有する知識」(some shared knowledge of the speaker and hearer) を表すことができる (cf. Leech & Svartvik 1979: 59, Quirk et al. 1985: 375)．

(4) I used to enjoy **those** enormous hotel breakfasts.　　(Quirk et al. 1985)
　　　(むかし，あの盛りだくさんのホテルの朝食を楽しんだものだ)
次例のような固有名詞に付く that も，同類と考えてよい．
(5) **That** Bach had genius.　[＝Bach, that we all know]　(Halliday & Hasan 1976)
　　　(あのバッハは，天才だった)

[**B**]　"**情緒的直示**"：　this/that (あるいは these/those) は，特別な音調を伴って賞賛/非難，快/不快などの感情を表すことがある．この場合は，上で触れた"心理的な距離"を示すものだから，通例，指し示すジェスチャーを伴わない (cf. Curme 1931: 234)．
　　Quirk et al. (1985: 374) は，「近い/遠い」の極性 (polarity) が拡張されて，that が嫌悪 (dislike) または非難 (disapproval) を含意することがあるとして，次の例を示している．
(6) a.　Janet is coming.　I hope she doesn't bring **that** husband of hers.
　　　　(ジャネットがやって来る．彼女のあの夫を連れて来なければいいが)
　　b.　She's awful, **that** Mabel.　(彼女はひどい女だよ，あのメーベルってのは)
確かに，評価形容詞なしに that を使えば，心理的な距離感から上のような含みが出てくるのは自然であると思われる．
　　しかし，this/that が kind, broad のような評価形容詞や，hate, love など愛憎を表す動詞を伴っている場合は，this/that は快/不快，賞賛/非難の情緒に中立的で，どちらの極性とも共起できること，および，積極的に快/不快を表しているのは評価形容詞や愛憎の動詞であることに注意しなければならない．(7)-(8) の諸例は，Curme (1931: 508-9) から．
(7) 「賞賛」
　　a.　**this** *broad* land of ours　(この広々としたわが国)
　　b.　**that** *kind* wife of yours　(君のあの親切な細君)
(8) 「非難・不快」
　　a.　**These** *inexperienced* maids are always breaking dishes.
　　　　(こういう不慣れなメイドたちときたら，いつもお皿を割ってばかりいる)
　　b.　I *hate* **that** Johnson boy.　(あのジョンソンって男の子は嫌いだ)
例えば，(7b) の kind を spiteful に替えれば，途端に非難の意味がこもり，(8b) の hate を admire に替えれば，途端に賞賛の意味に逆転することがわかる．以上 (6)-(8) の例においても，this/these は「話し手のなわばりの中」のものを指示し，that は「話し手のなわばりの外」のものを指示している．

　　NB 1　電話をするとき，〈英〉では自分のことを this，相手を that で指すが，〈米〉ではどちらも this で指す．
　　(i) a.　Hello.　**This** is Mary speaking.　Is **that** Ruth?　〈英〉
　　　　　(もしもし，こちらメアリーです．そちらルースですか)
　　　　b.　"Hello?　Is **this** Tracy Whitnet?"　"Who is **this**?"　〈米〉(「もしもし，そち

らトレーシー・ホイットネットさんですか」「どなたでしょうか」)
つまり，〈英〉では相手が自分のなわばりの外にいるので that を使用するのに対して，〈米〉では耳元に聞こえている相手の声は自分のなわばりの中にあるので，this を用いるのである．ただし，〈米〉でも that を使う例がある．
  (ii) 'Roger? Is **that** you?' 'Yes, Mom.'   (McBain, *He Who Hesitates*)
    (「ロジャー？ あなたなの」「そうだよ，母さん」)
NB 2 Lyons (1981: 235) は，話し手が何かを手にもっている場合は，空間的・時間的に近接しているのだから，普通は that ではなく，this が使用されるだろうが，そのような場合に What's *that*? と言ったとすれば，that の使用は話し手の嫌悪感を示す，つまり，その指示物に対して情緒的な距たりを置いているのである，と述べている．われわれの立場では，話し手がここで that を使用したのは，例えば，「それは何です．わいろなら受け取りませんよ」というように，自分の手の中のものを，まだ自分のなわばりに属するものと認めていないという心的態度を表明するためである，と説明される．
 また，変な食べ物を勧められて，試みに口の中に入れた人が，What's *that*? と言ったような場合にも，同じ心的態度の表明が見られる．
NB 3 手元の英和辞典で Take *that*! というイディオムを引くと，「(なぐるときなど)これでもくらえ！」という説明がある．この that も，話し手 (speaker) のなわばりから聞き手 (hearer) のなわばりへの打撃 (＝that) の移行を示すという点で，外界照応的な，身振り用法 (gestural use) である (むしろ，「そら，どうだ」が対応する)．この関係は，次のように図示できよう．

  (i) Ⓢ Ⓗ   (Take *that*!)

NB 4 〈略式体〉では，語り (narrative) の中に初出のものを導入するために，次のような this/these がよく用いられている．
  (i) There was **this** record I wanted to get for Phoebe. (Salinger, *The Catcher in the Rye*)(フィービーのために買ってやりたい，こんなレコードがあった)
  (ii) I was walking along the street when **this** girl came up to me.
    (通りを歩いていると，こんな女の子が歩み寄ってきた)
(ii) は，Leech & Svartvik (1979: 59) からのもので，彼らは this girl を 'a girl I'm going to tell you about' とパラフレーズしている．WNCD⁹ は，「先に言及していないものを指して」として，〈then *this* guy runs in〉(すると，こんなやつが馳けこんでくる) という例を示して，「特に語りにおいて親密感，あるいは生き生きとした感じを与えるために用いられる」と説明している．この this の指示物は，話題として話し手の頭の中に存在しているという意味で，「話し手のなわばり」の中にあるのだと説明することができる．
NB 5 What's *this/that*? の答えは，例えば It's a key. であって，*This is/*That's a key. ではない．この場合，it は人称代名詞として先行の that を逆行照応的に指示すれば十分であって，再び that を使って現実世界の事物を「直示」する必要はないからである．

21.6.2. テクスト内照応的指示

[**A**] **this**: this は，逆行照応的 (先行詞が this の左側にある場合) にも，順行照応的 (先行詞が this の右側にある場合) にも用いられる，とされている．(以下の例で，斜字体の部分が先行詞である．)
  (1) He *abhorred fanaticism*. In **this** he truly mirrored the spirit of ... the

Victorian Era. (Galsworthy, *Forsyte Saga*)（彼は熱狂ということを忌み嫌っていた．この点で，真にヴィクトリア朝精神を反映していた）
 (2) And **this** I warn you: *take no hand or part in burying him.* (Sophocles, *Ajax*)（そして，このことを警告しておくぞ．彼の埋葬にいっさい手を貸してはならぬ）
(1) の this は逆行照応的，(2) の this は順行照応的である．

NB いま通説に従って，this に逆行照応と順行照応の二つの用法を認めたわけだが，this の用法を一つにまとめることも可能である．次の文を見られたい．
  (i) There seems to have been a great deal of sheer carelessness.
    （全くの不注意の事例がずいぶんあったらしい）
    a. **This** is what I can't understand. （こいつが理解できないところだ）［話し手］
    b. Yes, **that**'s what I can't understand.
      （うん，そいつが理解できないところだ）［聞き手］
(ia) の this は，話し手が使用し，that は，聞き手が使用するということでは諸家の意見は一致している．相手の言ったことは，話し手のなわばりの外だから，that が用いられるのは当然だが，this は果たして逆行照応的用法だろうか．私見では，this は現在話題になっている事柄を直示していると見るほうがより妥当な解釈であると思われる．
　次の例は，いずれも Lady Windermere と夫の対話である．夫人は，夫の恋人だと誤解している女性を話題にしているのだが，この女性は舞台に登場してはいないにもかかわらず，this person と this を使用し，Windermere 卿は this woman という言い方をしている．これをどう説明したらいいだろうか．
  (ii) a. Why do you talk to me about **this** *person*?
    （どうして，この人のことをお話になりますの）
    b. Who is **this** *woman*, then? （では，この女の人は誰ですの）
    c. Margaret, you could save **this** *woman*.
      （マーガレット，君はこの女を救えるんだよ）
                          (以上 Wilde, *Lady Windermere's Fan*)
私見では，これらの this は「話題」を直示していると考えられる．話題の主は，話題の中に存在すればいいのであって，その場にいる必要はないのである．指示詞が「話題」を直示する用法は，日本語のコ系にも見られる．
  (iii) a. 女房の身柄は，今，わしがあずかり，手当をしているが，この女，なかなか口をきいてはくれぬ．　　　　　（池波正太郎「権兵衛酒屋」『鬼平犯科帳』）
    b. アルモリックの国に，1 人の騎士が住んでいた．この男，ある女に惚れて，あらゆる方法をつくして，女の歓心を買おうとした．
                          （西脇順三郎訳「騎士の話」『カンタベリ物語』）

[**B**] **that**: これに対して，that には逆行照応的用法しかない（先行詞は斜字体で示す）．
 (3) I knew *there was a snake in the room*, but **that** was not what worried me. （部屋の中にヘビがいたのは知っていたが，そんなことで気をもんでいたんじゃない）
 (4) *Stop banging your drum*, Billy, **that**'s good boy. Your mother's got a headache this morning. （ビリー，いい子だからドラムをドンドンたたくのはや

めなさい．母さんがけさは頭が痛いんだ）

(5) "You're *awfully strong*," Jeremy suddenly said. The boy nodded his head. "I am **that** ..." (Walpole, *Jeremy and Hamlet*)（「君って，すっごい強いんだね」と不意にジェレミーが言った．少年はうなずいた．「そうだよ ... 」）

(And/So) that's that.（それでおしまい），That's it.（ああそれだ）は，成句として使用される．

(6) Well I'm not going, **and that's that**.　　　　　　　　　　　　　　(OALD⁶)
   （とにかく，行かないったら行かないんだ）

(7) A hierarchy ― **that's it**. **That's** exactly **it**.　　　　　(クラウン熟語)
   （階級組織――そうだ．まさにそれだ）

NB Quirk et al. (1972: 702) は，「皮肉な文脈では that も順行照応的に用いられる」(In an ironical context *that* can be used cataphorically) として，(i) の例をあげている．

 (i) I like **THÁT**. Bob smashes up my car and then expects me to pay for the repairs.（あんなのないよ．ボブときたらぼくの車をぶっ壊しておいて，修理代はこっちが払うことを当てこんでるんだからな）

しかし，Quirk et al. の解釈は，明らかに的はずれである．I like that! というイディオムは 'an exclamation of astonished protest, esp about sth said or done which is felt to be untrue or unfair' と ODCIE にあるように，「すでに言われたりなされたりした事柄について」発せられるものだからである．(i) の場合で言えば，that は過去に起こった不愉快な事件を外界照応的に指示している．さらに，次の例を見られたい．

 (ii) 'You goaded me into saying it!' '*I* [sic] goaded you! I like **that**! You picked a quarrel with me just to get rid of me ―' (Montgomery, *Anne of Ingleside*)（「あなたがあたしをそそのかして，そう言わせたんじゃないの！」「<u>ぼくがそそのかしたって！ そんなのないよ！ 君こそぼくにけんかをふっかけて，ぼくをお払い箱にしようとしたんじゃないか――</u>」）

この例では，that は先行する 'goaded' という語を逆行照応的に指示しているのであって，順行照応的にあとの文を指示しているのではない．ここでも，that が順行照応的用法をもたず，空間的・時間的・心理的に「遠い」ものを指示するという特徴は，厳密に保持されていることがわかる．

[C] 名詞の反復を避ける **that/those** 〈文章体〉：必ず限定語句を伴い，指示的な意味はない．

(8) The area of the USA is larger than **that** (= the area) *of Brazil*.
   （アメリカ合衆国の面積は，ブラジルのそれよりも大きい）

(9) John enters by the door opposite to **that** (= the one) *opening to the garden*.（ジョンは，庭に通じているドアの反対側のドアから入る）

(10) The finest wines are **those** (= the ones) *from France*.
   （最上のワインはフランス産のだ）

[D] 「**those**＋限定語句」：「…の人々」

(11) Be kind to **those** *around you*.（周囲の人々に親切にしなさい）

(12) There are **those** *who believe it*, though others are more sceptical.

(Jespersen 1933)(それを信じている人々もいるが,他のものはもっと懐疑的だ)

[E] 関係代名詞と相関する that/those
(13) **That** *which* you told me to do I did.
〈古風〉(せよと言われたことは,しました)[〈普通体〉では what を使う]
(14) All **those** boys *whose* parents are living abroad will spend the summer holidays with friends. (両親が外国で暮らしている少年たちは,みんな夏休みを友達といっしょに過すだろう)
(15) He had **that** in his eyes *which* forbade further trifling. (COD^5)
(彼の目には,それ以上軽くあしらうことを許さないものがあった)

[F] 接続詞 that と相関する **that**: that＝such (a), so great (おもに〈古語〉または〈方言〉(OED^2).
(16) He blushed to **that** degree *that* I felt quite shy. (OED^2)
(彼がひどく赤面したので,こちらも恥ずかしくなってしまった)
(17) He was wounded to **that** degree *that* he resigned. (COD^5)
(彼は大けがをしたので,辞職してしまった)

[G] 対比の this/these と that/those
(18) Health is above wealth, for **this** (＝wealth) cannot give so much happiness as **that** (＝health). 〈古風〉(健康は富にまさる。というのは,後者は前者ほど幸福をもたらさないからだ)[this にとって,health よりも wealth のほうが近い]
(19) He went to **this** doctor and **that**/**this and that** doctor. (COD^5)
(彼はあれこれと,いろいろな医者に診てもらった)

[H] 副詞用法の this/that 〈略式体〉
(20) I'm **that** hungry I could eat a dog.
(ひどく腹ぺこで,犬だって食べられそうだ)
(21) I could just cry, I'm **that** happy to see you! (Caldwell, *Tragic Ground*)
(ほんとに泣きたいくらいよ,それくらいあなたに会ってうれしいの)
(22) I didn't think it was **that** late. (Green, *Brighton Rock*)
(そんなに晩いとは思わなかった)

例えば,(20) は,「犬が食べられるほど,<u>それほど</u>」,(21) は,「泣きたいほど,<u>それほど</u>」というように,いずれも逆行指示性がある.

第22章

冠　　詞

22.0. 概　説

　現代英語の冠詞には，不定冠詞 a/an と定冠詞 the の2種類がある．
　冠詞 (article) は，通例，強勢をもたず，後接語 (proclitic) として，直後の主要語と密接に結合する．
　(1)　a book [əbúk]　（1冊の本）
　(2)　the man [ðəmǽn]　（その男）
冠詞は，my, this, some などと同様に，限定詞 (determiner) に属する (§23.1.1)．

22.1. 定冠詞

　英語の**定冠詞** (definite article) the は，OE の男性指示代名詞 sē の弱まり形 se が定冠詞としても用いられていたのが，12世紀の中ごろから，þe (やがて the) と綴られ，すべての性・数・格において用いられるようになったものである．同じ OE の指示代名詞の þis (= this) が，「この」という指示機能をもっていたのとは異なり，þe は指示機能ではなく，当初から「あの，例の」といった**同定機能** (identifying function) をもっていた (cf. Quirk & Wrenn 1957: 70)．例えば，
　(1)　Pass me **the** bucket.　（(あの)バケツを手渡してくれ）
と言う場合，Pass me *that* bucket. のような指示的な場合とは違って，バケツは目に見えていなくてもよい (Hawkins 1978: 153)．どのバケツのことを言っているのかが，相手に同定できさえすればよいのである．
　the は，子音で始まる名詞の前では [ðə] と発音し，母音で始まる名詞の前では [ði] と発音する．
　(2)　a.　**the** [ðə] dog　（その犬）
　　　b.　**the** [ði] apple　（そのリンゴ）
　the がいわゆる典型冠詞 (typical article) として，'the best', 'the typical' の意味を表すときは，普通 [ðiː] と強形で発音され，書き言葉では斜字体で印刷されることが多い．
　(3)　He is *the* [ðiː] pianist of the day.　（彼は当代きっての名ピアニストだ）

−452−

また,「かの有名な」の意味でも,[ðiː] が用いられる.
(4) 'My name is James Bond.' 'What, not **the** James Bond?'　(Swan 1995)
(「私の名前は,ジェームズ・ボンドです」「何ですって,あのジェームズ・ボンドじゃないでしょうね」)

22.1.1. 定冠詞の基本用法

定冠詞は,文脈または場面から聞き手にとって唯一的に同定可能 (uniquely identifiable) な事物について用いられる. 言い替えれば,定冠詞の使用は,指示物が聞き手にとって旧情報 (old information) に属するという前提が話し手の側に存在する場合にかぎって可能になる,ということである. 定冠詞のこの特徴は,〈定性〉[+def(initeness)] と呼ばれる. 定性は,次のような場合に付与される.

[A] 先行の名詞を指す場合
　(1) Once there lived *a miller* in a small village. **The** miller had one daughter. (むかし小さな村に粉屋が住んでいた. その粉屋には娘が一人あった)

[B] 先行名詞の指示物から含意されるものを指す場合
　(2) He made *a doghouse* and painted **the** roof red.
　　(彼は犬小屋を作り,屋根に赤いペンキを塗った)
　(3) Hans came to *a village*, where **the** boys were running about, shouting.
　　(ハンスは,とある村へやって来た. そこでは,男の子らが大声をあげながら走り回っていた)

(1)–(3) の the は,逆行照応的 (anaphoric) な用法である. 先行名詞から,(2) の the roof は「犬小屋の屋根」であり,the boys は「その村の男の子ら」であることが容易に推論される. 同様に,*a* car が話に出たあとでは,*the* door (ドア), *the* headlight (ヘッドライト), *the* seatbelt (シートベルト), *the* windshield wiper (ワイパー), *the* trunk (トランク) のように,いきなり the を付けることが可能になる.

[C] 限定語句によって「唯一的に同定可能」になっている場合
　(4) I am studying **the** life *of Thomas Hardy*.
　　(私はトマス・ハーディの生涯を研究しています)
　(5) **The** letters *on the desk* are for you. (デスクの上の手紙は,君宛のものです)
　(6) John is **the** taller *of the two*. (二人のうちでは,ジョンのほうが背が高い)

これらの例で,名詞句に [+def] が付与されているのは,後続する限定語句によって,つまり,**順行照応的** (cataphoric) に,それが「唯一的に同定可能」なものにされたためである. しかし,限定語句を伴えば必ず the が付くと考えるのは,誤りである. 例えば,

　(7) a. He is **a** teacher *of this school*. (彼はこの学校の先生だ)
　　　b. An orphan is **a** child *whose parents are dead*.
　　　　(孤児とは,両親をなくした子供のことである)

の場合,限定語句を伴っていても, *the teacher, *the child にはならない (ただし,

「校長」は唯一的に同定可能なので，*the* principal of this school となる）．ただ一人に特定化されていないからである．つまり，先生も孤児も一人ではなく，ほかにもごまんといるからである．さらに，次の二つの文を考察せよ．

(8) a. **The** book *I borrowed from John* was very interesting.
　　b. **A** book *I borrowed from John* was very interesting.
　　　（ジョンから借りた本は，とてもおもしろかった）

(8a)は，私がジョンから借りた本は1冊であり，しかも，その本がどんな本であるか聞き手も知っている，と話し手が考えている場合に限って成立する文である．一方，(8b)では，私がジョンから借りた本は1冊とは限らないし，しかも，その本の存在を聞き手が知っていない場合の発話である．

　最後に，(9)の二つの文を比較してみよう．

(9) a. **literature** that deals with our inner life
　　b. **the literature** that deals with our inner life　　(Christophersen 1939)

(9a, b)は，日本語ではともに「人間の内面生活を扱う文学」となるが，(9a)の無冠詞は，その種の文学を一般的・総称的な表現としてとらえているので [−def] であるのに対して，(9b)に the が付いているのは，いま問題にしている，その種の特定の文学を考えているからである．

[D]　最上級の形容詞，および，その類義語の **first, only, same** などに名詞が修飾されている場合：「唯一的に同定可能」になっている．

(10) a. Tokyo is **the largest** city in Japan.　（東京は日本一の大都会です）
　　 b. John was **the first** man to arrive.　（ジョンが最初にやって来た）
　　 c. He's **the only** man for the position.　（その地位には，彼こそがうってつけの人だ）[cf. He is *an* only child.（一人っ子）; *the* only child は「その一人っ子」]
　　 d. They met in **the same** place *as* before.　（彼らは以前と同じ場所で会った）

NB　**(the) next week** のタイプ：一般に，next week は，「（未来の）来週」，the next week は，「（過去/未来の特定時の）その翌週」を意味する．

　(i) a. **Next week** you can go with Beth and Hannah, and have a nice time.
　　　　　　　　　　　　　　　　　　　　　　　　　　　(Alcott, *Little Women*)
　　　　（来週ベスとハンナといっしょに行って，楽しんだらいいわ）
　　 b. Catherine wakened **the next morning** to brilliant sunshine.　(Christie, *Blue Train*)（キャサリンが翌朝目を覚ますと，陽がさんさんと照っていた）

しかし，過去時制では，その the はよく省略される．特定時が文脈から明白だからである．

　(ii) a. Still more shaken was he **next morning**.　(Doyle, *A Study in Scarlet*)
　　　　（翌朝，彼はいっそう混乱していた）
　　 b. We met **next day** as he had arranged.　(Ibid.)
　　　　（翌日，私たちは彼の手配どおり会った）

(the) next time「今度...するとき」では，the は随意的である（LDCE[4]）．
　(iii)　**Next time** I go skiing, I'll wear warmer clothes.
　　　　（今度スキーに行くときには，もっと暖かい服を着よう）

第22章　冠　詞

[E]　場面から何を指しているか聞き手にわかる場合

(11) a. Please shut **the** window.　(窓を閉めてください)　[この部屋の窓]
   b. Ann is in **the** kitchen.　(アンは台所にいる)　[この家の台所]
   c. Don't **the** stars look bright tonight?
    (今夜の星は，明るく見えませんか)　[いま夜空に見えている星]
   d. What's **the** time?　(いま何時?)
   e. Did you enjoy **the** party?　((例の)パーティーは楽しかったかい)

NB 1　ある共同社会でよく知られた人の職業名に付けて，'the well-known' の意味を表すことがある．
  (i) Silas Hobbs, **the** grocer　(食料雑貨商のサイラス・ホッブズ)
  (ii) Stephen King, **the** novelist　(小説家のスティーブン・キング)
  (iii) Mr. Utterson **the** lawyer was a man of rugged countenance.
                                 (Stevenson, *Dr. Jekyll and Mr. Hyde*)
    (弁護士のアターソン氏は，顔つきのいかつい男だった)
  (iv) It was William, **the coachman**.　(Doyle, *Memoirs of Sherlock Holmes*)
    (それは御者のウイリアムだった)

NB 2　to tell you *the* truth (本当のことを言えば) のように，the truth は「特定の事態についての真相」を言うので the が付くが，次例のように一般的に言う場合は the が付かない．
  (i) **Truth** is truth.　(Doyle, *Lost World*)　(真実は真実だ)

[F]　唯一物を指す場合：　"文化のコンテクスト"に基づいて，「唯一的に同定可能」になっている．

(12) a. **the** sun／**the** moon／**the** world／**the** universe／**the** earth／**the** sky／**the** air／**the** sea／**the** wind／**the** rain／**the** weather／**the** Bible／**the** Lord (主)／**the** Devil／**the** Queen／**the** King／**the** Emperor／**the** government, etc.
   b. **The** moon is full tonight.　(今夜は満月だ)
   c. I love listening to **the** wind.　(風の音を聴くのが大好きだ)
   d. God save **the** Queen!　(女王万歳!)
   e. **The** government has approved the budget.　(政府は予算案を承認した)

同様に，ロンドン市民にとっては，the river は the Thames であり，the Tower は the Tower of London, the tube は「ロンドンの地下鉄」である．

NB　唯一物でも，その「一つの様相 (aspect)」を示す場合は不定冠詞をとる．
  (i) **a** *new* moon (新月)／**a** *red* sun (赤い太陽)／**a** *calm* sea (穏やかな海)

[G]　種全体を表す場合：　"文化のコンテクスト"に基づいて，特に他の種と対照的に用いられる．

(13) a. **The** tiger is a dangerous animal.
    (トラは危険な動物だ) [例えば，the cat などと比べて]

b.　**The** airplane has revolutionarized travel.
　　　　　（飛行機によって旅行に革命が生じた）
　　　c.　**The** telephone is a most useful invention.
　　　　　（電話はきわめて有用な発明品だ）
　　　d.　**The** public is/are the best judge.　（世間が最上の審判者である）
　　　e.　**The** aristocracy are proud.　（貴族階級は傲慢だ）
次の二つの文では，明示的に二つの種が対比されている．
　(14) a.　**The** violin is more difficult to play than **the** piano.
　　　　　（ヴァイオリンはピアノよりも演奏しにくい）
　　　b.　I prefer **the** country to **the** city.　（都会よりも田舎のほうが好きだ）
この用法の単数普通名詞は，metonymy（メトニミー，換喩）として用いられて，その「性質・職能」を表すことがある．
　(15) a.　**The** pen is mightier than **the** sword.　〈諺〉（文は武にまさる）[16c. 後期]
　　　b.　**The** Child is father of **the** Man.　　（Wordsworth, *My Heart Leaps Up*）
　　　　　（子供は，大人の父である）
[**H**]　人名に付けて，「かの有名な」の意味を表す：　the に強勢が置かれる．
　(16) a.　"My name," he said, "is Hercule Poirot."
　　　　　"Not," the Commissary stammered, "not *the* [sic] Hercule Poirot?"
　　　　　(Christie, *Blue Train*)（「私の名前は」と彼は言った．「まさか」と警務部長がどもりながら言った．「まさか，あのエルキュール・ポワロさんじゃないでしょうね」）
　　　b.　***The*** [sic] Paul Ward?　The Wizard of Wall Street?　　　　　(Steel, *Bittersweet*)（あのポール・ウォードかい．ウォール街の魔術師かい）
[**I**]　典型の **the** (typical *the*)：Jespersen (*MEG* VII: 485) の用語．通例，強勢が置かれて（書き言葉では，斜字体で印刷されて），「典型的な，最高の」の意味を表す．
　(17) a.　Caesar was *the* [ðiː] general of Rome.
　　　　　（シーザーはローマ随一の将軍だった）
　　　b.　Beer is *the* [ðiː] drink for hot weather.
　　　　　（ビールは暑いときには何よりの飲み物だ）
　　　c.　He is quite *the* gentleman.　（彼こそは全く真の紳士です）
[**J**]　「the＋複数名詞」で特定のグループ全体を指す場合
　(18) a.　**The** Smiths are coming tonight.　（今夜スミス夫妻が訪ねてくる）
　　　b.　**The** Beatles were very popular in Japan.
　　　　　（ビートルズは日本で非常に人気があった）
　　　c.　**The** owls have large eyes.　（フクロウは大きな目をしている）[特定の地域の]

22.1.2.　慣用的な用法
[**A**]　〈the＋身体部位を表す語〉

第22章　冠　　詞

「彼はメアリーの手を取った」を英訳する場合，次の三つの表現が可能である．

(1) a.　He took Mary's hand.　　　［A 型］
　　b.　He took Mary by the hand.　［B 型］
　　c.　He took Mary by her hand.　［C 型］

［A 型］は，日本語と平行する表現であるが，［B 型］は，英語で慣用的な表現である．［A 型］は，「身体部位」に力点をおいた言い方であり，［B 型］は，「人」に力点をおいた言い方になっている．［C 型］は，［A 型］と［B 型］の，いわばハイブリッドである．頻度は，［B 型］が最も高く，［C 型］が最も低い．

まず，［A 型］と［B 型］の例を対照的に示してみよう．

(2) a.　Mrs. Drifford *took* **my** *hand* and shook it.　　(Maugham, *Cakes and Ale*)
　　　（ドリフォード夫人は，私の手を取って握手した）
　　b.　Mrs. Barton Traford ... *took me by* **the** *hand*.　　(Ibid.)
　　　（バートン・トラフォード夫人は，私の手を取った）
(3) a.　he ... *kissed* **her** *forehead*.　　(Galsworthy, 'The Apple Tree')
　　　（彼は彼女の額にキスした）
　　b.　Papa smiled and *kissed me on* **the** *forehead*.　　(Selinko, *Désirée*)
　　　（パパはにっこりして，私の額にキスした）
(4) a.　I laughed and *slapped* **her** *hand*.　　(Moravia, *Conjugal Love*)
　　　（私は笑って，妻の手をぴしゃっとたたいた）
　　b.　He ... *slapped* Gerry *on* **the** *back*.　　(Iams, *The Countess to Boot*)
　　　（彼はゲリーの背中をぴしゃっとたたいた）

さて，この the の用法は，前節の［A］である．つまり，(1b) の例で言えば，Mary が「前に出ている」ので，the hand がメアリーの手であることがわかるのである．この the が her の意味であることは，ときに her を使った［C 型］が使用されることで明らかである．

(5)　She felt something *choking* her *in* **her** *throat*.　(Wilde, *The Happy Prince and Other Stories*)（彼女は，何か，のどに詰まってくるのを感じました）
(6)　*Catch* a nigger *by* **his** *toe*.　（黒んぼの足をおつかみなされ）［英国の数取り歌］

この［C 型］は，次の諸例のように，「身体部位」を表す語に white, clean, little のような性質形容詞が付いているような場合，特にふさわしい表現法になる．

(7)　Take her by **her** *little head* and eat her quick.　　(Alcott, *A Ghost Story*)
　　（あの子の小さい頭をつかんで，さっさと食べちゃいなさい）
(8)　I kissed my uncle *on* **his** *bald forehead*.　　(Maugham, *Cakes and Ale*)
　　（私はおじのはげた額にキスした）
(9)　I ... kissed my son *on* **his** *clean little forehead*.　　(Selinko, *Désirée*)
　　（私は，わが子のきれいな，小さな額にキスした）

[B]　「the＋形容詞/分詞」：　二つの意味がある．
① 「...の人々」（複数扱い）

(10) a. **the** rich（金持ち）／**the** poor（貧しい人々）／**the** living（生きている人々）／**the** dead（死者たち）／**the** wounded（けが人たち）／**the** most saintly (Doyle, *A Study in Scarlet*)（この上もなく聖者に近い人々）
   b. **the** Japanese（日本人）／**the** Chinese（中国人）／**the** French（フランス人）〔全体を指す〕
(11) **The** young are less patient than **the** old.（若者は老人ほど忍耐力がない）

② 抽象的意味（「that which is 形容詞」）を表す．

(12) a. **the** beautiful（美）（= beauty）／**the** unknown（未知なるもの）／**the** good（善）／**the** impossible（不可能なこと）／**the** sublime（崇高）／**the** eternally feminine (Goethe, *Faust*)（永遠に女性的なるもの）
   b. **The** unexpected has happened.（予測できないことが起こった）
   c. You're asking me to do **the** impossible.
     （あなたは私に不可能なことをしてくれと頼んでいるのだ）

NB the departed「故人」は，普通，一人を指し単数扱い．
   (i) The local vicar conducted the ceremony for **the** dear departed. (Archer, *As the Crow Flies*)（教会区司祭が，故人を弔う儀式を執り行った）

[C] 〈**in the morning**〉のタイプ： これは，ある種全体を他の種と区別する定冠詞（§22.1.1 [G]）に属する．

(13) in **the** morning（午前中）／in **the** afternoon（午後に）／in **the** evening（夕方）／in **the** night（夜中に）
(14) a. in **the** dark（暗がりで）／in **the** light（明るいところで）／in **the** sun（日なたで）／in **the** shade（日陰で）
   b. in **the** right（正しい）／in **the** wrong（間違って）

NB at のあとでは the がよく落ちる（at の t に the が吸収されている）： at night（日暮れに（= at nightfall），夜に（= from nightfall to midnight））／at noon（正午に）．

[D] 〈**by the hour**〉のタイプ： この用法も §22.1.1 [G] に属するもので，他の単位名詞と暗黙のうちに対比されている．

(15) a. I get paid **by the hour**.（私は時間給です）〔< 1 時間いくらで〕
   b. Eggs are sold **by the dozen**.（卵は 1 ダース単位で売られる）
   c. This car does thirty miles **to the gallon**.
     （この車は 1 ガロンで 30 マイル走る）
   d. The exchange rate will soon be $2 **to the pound**.
     （為替レートは，まもなく 1 ポンド（につき）2 ドルになるだろう）

22.1.3. 固有名詞と定冠詞

[A] 原則： 固有名詞は，絶対的存在を示すものなので，原則として，the による相対的限定をうけない．

第22章 冠　詞

(1) Shakespeare, England, France, London

ただし，同名の二人の対照，同一人の青年期と老年期との対照を考えているとき，つまり，限定的(restrictive)な用法では，the を付ける (cf. Jespersen 1933: 91).

(2) **the** Japan of today（今日の日本）／**the** new Japan（新しい日本）[cf. *modern* Japan（近代日本）]／**the** young Shakespeare（若き日のシェイクスピア）／**the** old Wordsworth（老年期のワーズワス）／**the** celebrated Mrs Barnaby（かの有名なバーナビー夫人）／**the** real Carlyle（本当のカーライル）

また，「あの，かの」の意味を表すときも the が付く.

(3) **the** wise Solon　（かの賢明なソロン）

一方，問題の人に対する主観的な態度(感嘆・同情)を表す場合は，限定性がないので the を付けない (cf. Christophersen 1939: 169).

(4) a. **Beautiful** Evelyn is dead!　　　　　　　　(Browning, *Evelyn Hope*)
　　　 （美しいイーヴリンは死せり）[醜いイーヴリンとの対立は存在しない]
　　b. **young** Stanford（スタンフォード青年）／**great** Caesar（偉大なカエサル）／**poor** Smith（かわいそうなスミス）／**merry** England（愉しきイングランド）／**immortal** Shakespeare（不滅のシェイクスピア）／O **rare** Jonson（ああ，無比のジョンソンよ）[Westminster 寺院にある墓碑銘]

[B]　「固有名詞＋普通名詞」の形式をもつ名詞句:　通例 the をとらない.

(5)　都市の主要な建物・施設
　　　[駅] Victoria Station（ヴィクトリア駅）／Waterloo Station（ウォータールー駅）
　　　[大学] Harvard University（ハーバード大学）／Yale University（イェール大学）[ただし，the University of Oxford の形式では，university が主要語なので，the が付く]
　　　[寺院] Salisbury Cathedral（ソールズベリー大聖堂）／Westminster Abbey（ウェストミンスター寺院）
　　　[宮殿・城] Buckingham Palace（バッキンガム宮殿）／Windsor Castle（ウィンザー城）
　　　[空港] Heathrow Airport（ヒースロウ空港）／Birmingham Airport（バーミンガム空港）
　　　[公園・広場] Hyde Park（ハイドパーク）／Trafalgar Square（トラファルガー広場）
　　　[動物園] Bristol Zoo（ブリストル動物園）／Ueno Zoo（上野動物園）[正式名は Ueno Zoological Gardens]
　　　[警視庁] Scotland Yard（ロンドン警視庁）
　　　[通り・橋] Fífth Avénue（5番街）／Óxford Strèet（オックスフォード通り）／Lóndon Brídge（ロンドン橋）

　NB 1　the Òxford Róad（オックスフォード(に至る)街道）は，ほかの街道と区別して，

相対規定の the を付ける（Óxford Strèet との強勢型の違いにも注意）．
NB 2　the Crystal Palace（水晶宮）は，「形容詞＋名詞」の形式なので the をとる．Central Park もこの形式だが，〈米〉の公園には一般に the を付けない．

[C]　「称号＋固有名詞」の形式：　固有名詞が主要語であるため，the が付かない．

(6)　President Bush（ブッシュ大統領）／Dr Johnson（ジョンソン博士）／Queen Elizabeth（エリザベス女王）

NB　Lake Windermere（ウィンダミア湖）／(Lake) Ladoga（ラドガ湖）／Mount Everest（エヴェレスト山）／(Mount) Snowdon（スノードン山）も，同様に説明できる．
一方，**the** Lake of Geneva（ジュネーヴ湖），**the** Mount of Olives（オリーブ山）は，普通名詞が主要語になっているため，the が付く．

[D]　普通名詞に由来する固有名詞：　これらは擬似固有名詞であって，当然 the が付く．

(7)　**the** Lizard（リザード半島＜トカゲ）／**the** Strand（ストランド通り＜岸辺）／**the** Mall（マル散歩道＜並木道）／**the** Ginza（銀座＜銀貨の鋳造所）／**the** West End（ウェストエンド：ロンドン西部の富豪の邸宅・大商店・劇場などが多い地域）／**the** East End（イーストエンド：ロンドン東部の下層民街・工場地帯）／**the** Hague（ハーグ市：＜Dutch Den Haag＝the hedge）／**the** Sudan（スーダン：＝the country of blacks）／**the** Argentina（アルゼンチン：＝silvery (land)）

[E]　顕在的・潜在的に普通名詞を主要語とする固有名詞：　the は，普通名詞を修飾すると考えられる（OED s.v. *The* 9）．

(8)　［海洋・海峡・河川・運河・半島・海岸］
the Black Sea（黒海）／**the** Pacific (Ocean)（太平洋）／**the** North Sea（北海）／**the** (English) Channel（イギリス海峡）／**the** (River) Thames（テムズ川）／**the** Mississippi (River)（ミシシッピ川）／**the** Suez Canal（スエズ運河）／**the** Malay Peninsula（マレー半島）／**the** Gold Coast（ゴールドコースト）

(9)　［峠・砂漠・アルプスの山］
the Simplon (Pass)（サンプロン峠）／**the** Sahara (Desert)（サハラ砂漠）／**the** Gobi (Desert)（ゴビ砂漠）／**the** Jungfrau（ユングフラウ(山)＜'young lady'）／**the** Matterhorn（マッターホルン山＜Zermatt（麓の村の名））

(10)　［船舶・列車・鉄道など］
the Titanic（タイタニック号）／**the** Golden Arrow（ゴールデンアロー号）／**the** Great Northern Railway（(米国の)グレートノーザン鉄道）

(11)　［公共の建造物・施設など］
the Grand (Hotel)（グランド・ホテル）／**the** Odeon（オデオン座）／**the** Phenix (Theatre)（不死鳥座）／**the** Tate (Gallery)（テート美術館）／**the** British Museum（大英博物館）／**the** Bodleian（ボドレー図書館）／**the** Pentagon（ペンタゴン（米国国防総省）＜五角形）／**the** Newgate (Prison)（ニューゲート刑務所）

(12) ［新聞・雑誌・辞書・聖書］
The Times（タイムズ紙）／**The** Washington Post（ワシントンポスト紙）／**The** Economist（エコノミスト紙）／**The** Oxford English Dictionary（オックスフォード英語辞典）／**the** Bible（聖書＜'book'）／**the** Koran（コーラン＜'reciting'）

(13) ［協会・学会・研究所］
the Royal Society（王立協会）／**the** Athenaeum Society（アシーニアム協会）／**the** Young Men's Christian Association（キリスト教青年会）／**the** MIT Press（MIT 出版部）

NB しかし，今日では，たいていの雑誌は無冠詞（BEU）．次の雑誌では，もとあった定冠詞がなくなっている．
(i) Punch／Time／New Scientist／New Statesman／Spectator

[**F**] **複数形の固有名詞**:「特定化された集合」を表すので，必ず the が付く（同時に，顕在的・潜在的に普通名詞を含んでいる点にも注意）．

(14) **the** Wilsons（ウィルソン一家）［＝ the Wilson family］／**the** Misses Morkan（モーカン嬢たち）／**the** Americans（アメリカ人）／**the** Netherlands（オランダ）／**the** United States of America（アメリカ合衆国）／**the** Philippines ＝ **the** Philippine Islands（フィリピン(諸島)）／**the** Highlands（スコットランドの高地地方）／**the** Rockies ＝ **the** Rocky Mountains（ロッキー山脈）／**the** Alps（アルプス山脈）／**the** Canaries ＝ **the** Canary Islands（カナリア諸島）／**the** Chiltern Hills（チルタン丘陵）

22.2. 不定冠詞

英語の不定冠詞 a/an は，古期英語の数詞 ān [ɑːn] 'one' の弱まり形 an [ɑn] に由来するので，常に「一つの」という意味をとどめている．[1] 不定冠詞が単数可算名詞にしか付かないという事実は，これによって自動的に説明される．この an は，12世紀半ばから子音で始まる語の前で [n] が消失しはじめ，ModE では a となった．したがって，例えば，an apple／a pear の対立の場合，歴史的に言えば，前者が母音で始まるから n を付けたのではなくて，後者が子音で始まるから n を落としたのである．

(1) **a** girl／**a** cat／**a** useful book（役に立つ本）
(2) **an** apple／**an** engineer／**an** honest man

上で母音/子音で始まると言うとき，綴り字ではなく，発音を問題にしている点に注意．(1) の useful は，母音字 u で始まっているが，発音は [júːsfl] と子音で始まっている．一方，honest は子音字 h で始まっているが，発音は [ɔ́nist] と母音で始まっている．「一つ」を強調するときは，強形の [ei] を用いる．

---
1. a/an は深層構造においては one であったという Perlmutter (1970) の主張は，共時的説明としては成り立たないが，通時的発達は，確かにそのとおりであった．

次に，不定冠詞の意味・用法を考察する．

従来，不定冠詞の意味として，以下に掲げるようなものがあった．しかし，それらの意味に通底しているのは，(1)のような不定冠詞の中核的な意味である．

(1)　不定冠詞の中核的な意味は，〈**個体性**〉[+individual] と仮定される．

[A]　**数冠詞** (numerical article)「一つの」：　次の諸例の不定冠詞は，OE の an (= one) の意味をとどめているが，意味は one よりも弱い．

(2) a.　**A** bird in the hand is worth two in the bush.　〈諺〉
　　　（手の中の1羽の鳥は，やぶの中の2羽の値打ちがある，'あすの百よりきょうの五十'）[two との対照に注意]
　　b.　Rome was not built in **a** day.　〈諺〉（ローマは1日にしてならず）
　　c.　I waited for **an** hour.　（私は1時間待った）
　　d.　I don't remember **a** word of what he said.
　　　（彼が言ったことをひと言も覚えていない）

病名に付けて，「1回の」という意味を表す．

(3) a.　I had **a** headache/toothache/stomachache this morning.
　　　（けさ頭痛/歯痛/腹痛がした）
　　b.　I have **a** fever/cold.　（熱がある/風邪をひいている）

次のような語では，全体を一つの集合 (set) と見ている．

(4) a.　half **a** dozen（半ダース）/ **a** score (of) years（20年）/ **a** hundred (of) books（100冊の本）
　　b.　**a** flock of birds（一群の鳥）/ **a** crowd of men（人の群れ）/ **a** host of golden daffodils（黄水仙の群れ）/ **a** herd of cattle（牛の群れ）/ **a** fleet of ships（船団）/ **a** bevy of pretty girls（美少女の群れ）

[B]　[しばしば of a ... の形式で] **同一の** (one and the same)：　[A] の意味からの転化．ことわざ以外では，やや〈古風〉．

(5) a.　Birds *of* **a** feather flock together.　〈諺〉（同じ羽の鳥はいっしょに群がる，'牛は牛づれ'）[日本語の「一つ屋根の下に住む」と比較せよ]
　　b.　Two *of* **a** trade seldom agree.　〈諺〉
　　　（二人の同業者が仲よくやっていくことはめったにない，'商売がたき'）
　　c.　The eggs are all *of* **a** size.　（その卵はすべて同じ大きさです）

[C]　「**ある**」(a certain)：　初出の可算名詞に付ける．この場合，'one' の意味は弱まっているが，〈個体性〉という中核的な意味は保持されている．

(6) a.　There's **a** visitor for you.　(OALD[6])（誰か訪ねて来ていますよ）
　　b.　I met **an** old friend in the train.　（電車で旧友と会った）
　　c.　My brother's going out with **a** French girl.　　　　　　　　(Swan 1995)
　　　（弟はフランス娘とつきあっている）

[D]　**総称冠詞** (generic article)「...というもの」：　この用法の a/an は，'any',

'every' の読みが与えられる．
- (7) a. **A** tiger is sly and cunning.（トラはずるくて狡猾だ）
  - b. **A** cat has nine lives.〈諺〉（ネコに九生あり）
  - c. **An** insect has six legs.（昆虫には脚が6本ある）
  - d. **A** doctor must like people.（医者は人間好きでなくてはいけない）

この用法は，直喩（simile）によく見られる．
- (8) a. She is as busy as **a** bee.（彼女はすごく忙しい）
  - b. O, my luve's (＝love's) like **a** red, red, rose.（Burns, *A Red Red Rose*）
    （ああ，ぼくの恋人は赤い，赤いバラのようだ）

  NB「ライオンは，高貴な動物である」のような総称用法には，次の四つの表現がある．
  - (i) **A lion** is a noble beast.
  - (ii) **The lion** is a noble beast.
  - (iii) **Lions** are noble beasts.
  - (iv) **The lions** are noble beasts.

  上の文で真の意味の「総称文」は，無冠詞複数の (iii) である．それは，"無限定"の総称文であるのに対して，他の文は冠詞によって限定された総称文である．少し細かく見ていくと，(i) の a は，'any' の意味で，ライオンという種 (class) の単数のメンバーに共通の特徴を述べている．1頭のライオンについての特徴づけは，他のすべてのライオンにもあてはまると想定されるからである．口語的で，直接的・実際的な表現である (cf. Christophersen 1939: 130)．

  (ii) は，ライオンという種全体を代表する用法で，ために「すべての動物のうちで，ライオンは」というように，他の種との対照 (contrast) が意識される．the が付いているのは，ライオンが動物の部分集合として捉えられているからである (cf. Bolinger 1980)．(i) よりも形式ばっていて，学問的・抽象的な表現なので，百科事典などの記述に用いられる．

  (iii) の無冠詞複数形は，真の総称文であって，すべてのライオンについての一般化 (generalization) になっている．

  (iv) は，「現存している」あるいは「アフリカにいる」というように，特定化されたライオンについての記述である (Stockwell et al. 1973: 84 は，普通，総称的には解されないとしている)．

[**E**] **唯一物とともに**： 唯一物の「一つの様相」(an aspect) を表す．
- (9) a. **a** flaming sun（燃える太陽）／**a** full moon（満月）／**a** sky of winter（冬の空）
  - b. What **a** sea!（何という（美しい／汚い／荒れている／など）海だろう！）［どの意味になるかは，場面・文脈による］

[**F**] **ある類の成員を表す**（日本語では，通例，訳されない）．
- (10) a. My father is **a** teacher／musician／lawyer.（父は教師／音楽家／弁護士です）
  - b. He is **a** Buddhist／Muslim.（彼は仏教徒だ／イスラム教徒だ）
  - c. He remained **a** bachelor all his life.（彼は生涯，独身を通した）

[**G**] **特定の月日を指す**．
- (11) a. The accident occurred on **a** Friday afternoon.
  （事故は，とある金曜日の午後に起こった）

b. My father died on **a** Saturday. (父はある土曜日に亡くなった)

[H] 一部の不可算名詞とともに： 連続体である不可算名詞の「一部分」を切り取って可算名詞化するため，'some' の意味を表す．

(12) a. for **a** time (しばらくの間) / at **a** distance (やや離れた所に) [cf. in **the** distance (遠方に)]
  b. He has **a** knowledge of Greek. (彼はギリシア語を少々知っている)
  c. There was **a** silence. (しばらくの間沈黙があった) [= a period of ...]
  d. You have been **a** great help. (君は大いに役立った)
  e. I need **a** good sleep. (たっぷり寝る必要がある)

[I] 固有名詞とともに： この場合，固有名詞は普通名詞化される．

(13) There's **a** Mr. White to see you.
  (ホワイトさんという方がお見えになりました) [= a person named ...]

(13)の用法は，自分は知っていて，聞き手が知らない場合にも使用される．

(14) I'm dining tonight with **a** Mr. Peter Parfitt, a vice chairman of Lester's. He's being most considerate and cordial. (Archer, *Kane and Abel*)
  (ぼくは，今晩ピーター・パーフィットという人と会食することになってるんだ．レスター銀行の副頭取だよ．すごく親切で心から歓迎してくれているんだ) [妻と電話で；妻は Parfitt 氏を知らない]

(15) He thinks he's **a** Napoleon.
  (彼はナポレオンを気どっている) [= a hero like ...]

(16) The painting on the wall is **a** Picasso.
  (壁にかかっている絵はピカソだ) [= a work by ...]

(17) My car is **a** Jaguar. (ぼくの車はジャガーだ) [= a product of ...]

(18) His grandfather was **a** Gordon.
  (彼の祖父はゴードン家の人だった) [a member of ...]

次のような例では，ある人物の特定の様相 (aspect) を示している (cf. *a* blue moon)．

(19) a. It was **a** different Poirot who spoke now, sharp and decisive.
  (Christie, *Blue Train*)
  (いま話しているのは，いつもと違ったポワロだった，鋭く，断固としていた)
  b. There was a long silence before **a** shocked Becky felt able to reply.
  (Archer, *As the Crow Flies*) (ショックをうけたベッキーが答えることができる，と感じるまでに長い沈黙があった)
  c. Cf. She turned to Ermengarde, looking quite like **the** old Sara.
  (Burnett, *A Little Princess*)
  (彼女は，昔どおりのセアラの顔つきでアーメンガードのほうを振り向いた)

[J] 質量名詞 (mass noun) とともに： この場合，質量名詞は，可算名詞化され，〈個体性〉と(そして当然)〈具体性〉を付与される．

第 22 章 冠　　詞　　　　　　　　　　　　　　　465

(20) a.　Temperance is **a** virtue.　(節制は(一つの)美徳だ) [= an instance of ...]
　　 b.　I drank **a** black coffee.　(ブラックコーヒーを 1 杯飲んだ) [= a cup of ...]
　　 c.　Mahogany is **a** wood.　(マホガニーは木材だ) [= a kind of ...]
　　 d.　I have **a** strong faith in God.　(私は強く神を信じている) [a ... kind of]
　　 e.　It's **a** pity that you can't stay longer.　　　　　　　　　(OALD[6])
　　　　 (もっと長くいていただけないのは残念(なこと)です)

[K]　裸不定詞とともに：不定詞を行為名詞にする．
(21) a.　He likes **a** smoke after dinner.　(彼は夕食後にたばこを吸うのが好きだ)
　　 b.　She gave the carpet **a** clean.　(彼女はカーペットを掃除した)
　　 c.　Let's go for **a** swim.　(OALD[6])　(泳ぎに行こう)
　　 d.　Sit down here and have **a** warm.　(ここにすわって，暖まってください)

[L]　動名詞とともに：動名詞を普通名詞化する．
(22) a.　**A** knocking at the door was heard.　(ドアをノックする音が聞こえた)
　　 b.　I began to take **a** liking for her very soon.　(じきに彼女が好きになってきた)
　　 c.　You must give him **a** fair hearing.
　　　　 (彼の言い分を公平に聞いてあげなければならない)

NB 1　次の例の a は，few, many, great/good many などの数詞の前に置かれて，「約 ...」(about) の意味を表す．
　　(i)　**a great many** acquaintances (多くの知り合い)／**a good many** well-wishers (多くの好意を寄せる人)／**a few** tried friends (少数の信用できる友人)
この用法の不定冠詞は，〈個体性〉という中核的な意味ではうまく説明できない．というのも，これは OE の数詞 ān の複数形 āne [ɑːne] (= some) に由来するもので，現在は上の言い方にのみ残っているものだからである (OED[2] s.v. A.2).
NB 2　「... につき」(per) の意味を表す a/an は，歴史的には OE の前置詞 an/on の弱まり形だから，つまり，語源が違うのだから，学習辞典ではともかく，学問的には不定冠詞とは区別するべきものである (現に，OED[2] では，別見出し)．
　　(i) a.　twice **a** week (週 2 回)／275 kilos **an** hour (1 時間 275 キロ)
　　　　b.　We have English three hours **a** week.　(英語が週 3 時間ある)
NB 3　a/an は，「不定」冠詞と呼ばれ，一般に不定のものを指すというように考えられているが，a/an には，非特定的 (non-specific) なものを指す用法とともに，特定的な (specific) なものを指す用法もある．
　　(i)　"I'm looking for a pen." "Here **it** is."　(「ペンを捜しているんだ」「ここにあるよ」)
　　(ii)　"I'm looking for a pen." "Here's **one**."
　　　　 (「ペンを捜しているんだ」「ここにペンがあるよ」)
(i) のように，話し手が特定の指示物を念頭に置いているときが「特定的」(specific) であり，一方，(ii) のように，そうでない場合は「非特定的」(non-specific) である．つまり，特定的名詞句は it で，非特定的名詞句は one で受ける．
特定/非特定の対立は，関係詞節によっても明らかになる．
　　(iii)　I want to marry **a** girl, who is a pianist.　(ぼくは，ある女の子と結婚したいと思っている．彼女，ピアニストなんだ) [特定的]
　　(iv)　I want to marry **a** girl who is a pianist.
　　　　 (ぼくは，ピアニストの女の子と結婚したいと思っている) [非特定的]

22.3. 冠詞の語順

22.3.1. 基本的な語順
冠詞が名詞に付く場合の語順は，次のとおりである．
「冠詞(＋程度語)(＋形容詞)＋名詞」
- (1) **a/the** book （1冊の/その本）
- (2) **a/the** good book （1冊の/そのよい本）
- (3) **a/the** very good book （1冊の/そのとてもよい本）

22.3.2. 注意するべき語順
[A] 「**such/what a**（＋形容詞）＋名詞」
- (1) I cannot answer **such a** question. （そんな質問には答えられない）
- (2) **What a** lot of flowers! （なんてたくさんの花だろう！）
- (3) But that may not be **such a** bad thing.
   （でも，それはそれほど悪いことじゃないかもしれない）

NB 複数名詞および不可算名詞には，むろん，a を付けない．
   - (i) **What fools** they are! （彼らはなんというばかだろう！）[複数名詞]
   - (ii) Did you ever see **such weather**? （こんな天気，見たことある？）[不可算名詞]

[B] 「**how/as/so/too/this/that＋形容詞＋a/an＋名詞**」
- (4) He is not **as/so great a** scholar *as* his father.
   （彼は父親ほどの大学者ではない）
- (5) This is **too good an** opportunity to miss. （これは逸するのは惜しい好機だ）
- (6) "**How long a** tape was it?" "A two-hour cassette." （McBain, *Ghosts*）
   （「どれくらいの長さのテープだったの」「2時間のカセットさ」）
- (7) I did not expect **that big a** turnout. （Haegeman & Guéron 1999）
   （そんな大層な人出は予想していなかった）
- (8) Frank Sinatra didn't get **this big a** reception. （Sheldon, *Windmills of the Gods*）（フランク・シナトラだって，こんなに盛大な歓迎はうけなかった）

NB 1 名詞句の DP（限定詞句）分析を採用するならば，次のような DP 内部の移動を仮定することができる (cf. Haegeman & Guéron 1999: 420)．例えば，DP の SPEC（指定部）には，感情的 [＋emotive] という特徴があり，その特徴を照合するために，それと同じ特徴をもつ形容詞句が SPEC-DP へ移動すると説明できる．

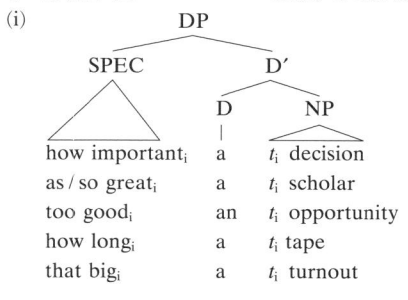

(i)
```
              DP
             /  \
          SPEC   D′
           /\   /  \
               D    NP
               |
     how important_i   a   t_i decision
     as/so great_i     a   t_i scholar
     too good_i        an  t_i opportunity
     how long_i        a   t_i tape
     that big_i        a   t_i turnout
```

NB 2 次の too の位置に注意.
  (i) He exclaimed with **a too late** repentance. (Aesop's *Fables*)
     (彼は後悔して叫んだが,その後悔は遅すぎた)
  (ii) Rosalind has **a too** vivid fancy and a scandalous tongue.
     (Macaulay, *Dangerous Ages*)
     (ロザリンドは,あまりにも生き生きとした空想力と毒舌の持ち主だ)

この語順は,あとの to 不定詞と相関しない用法で見られる. too は,単なる強意語 (intensifier) で,この場合は,the too の語順も見いだされる.
  (iii) the young one ... was smothered by **the too great** affection of the Mother.
     (Aesop's *Fables*)(子供は,母親のあまりにも大きな愛情で息苦しくなっていた)

③ 「**quite a+形容詞+名詞**」と「**a quite+形容詞+名詞**」:〈英・米〉ともに,前者の語順が圧倒的に頻度が高い. LOB〈英〉と Brown〈米〉による両者の語順の頻度は,次のとおり.

(9) 　　　　　　　「quite a+形容詞+名詞」　　「a quite+形容詞+名詞」
　　LOB　　　　　　　74　　　　　　　　　　　　7
　　Brown　　　　　　30　　　　　　　　　　　　4

(10) a. This child ... was **quite a** different creature. (Burnett, *A Little Princess*)
     (この子は(むかしとは)すっかり変わった人間だった)
   b. The pain in her head had dulled to **a quite** bearable ache. (BNC)
     (彼女の頭痛は和らいで,まずまず我慢できる痛みになった)

④ 「**rather a+形容詞+名詞**」と「**a rather+形容詞+名詞**」: これは quite の場合とは逆に,〈英・米〉ともに後者の語順が断然頻度が高い.

(11) 　　　　　　　「rather a+形容詞+名詞」　　「a rather+形容詞+名詞」
　　LOB　　　　　　　11　　　　　　　　　　　　24
　　Brown　　　　　　4　　　　　　　　　　　　　18

(12) a. She paused, and then added in **rather a** queer tone of voice.
     (Christie, *Blue Train*)
     (彼女はしばらく口を閉ざした. それから,かなり変な調子の声で言い添えた)
   b. "That is true," murmured Poirot, with **a rather** crestfallen air.
     (Ibid.)(「そのとおりだね」とポワロは,だいぶしょげた様子で,小声で言った)

NB 「quite/rather a+形容詞+名詞」では,quite/rather は「a+形容詞+名詞」全体を修飾し,「a quite/rather+形容詞+名詞」では,quite/rather は形容詞のみを修飾する (cf. CEU).

[C] 「**all/both+the+名詞**」: 次の二つの文を比較せよ.
 (13) a. **All/Both the** students are coming to the party.
   b. **All/Both of the** students are coming to the party.
     (学生はみな/二人ともパーティーにやってくる)

二つの文は同義である. (a) 文は,(b) 文の of を省略することで派生されたと考

えれば,「冠詞＋名詞」の基本的な語順の反例にはならない.

> **NB** both は, the two の意味であるから, both the の the は省略してもよい.
> (i) **Both** (**the**) students are coming to the party.

しかし, all のあとで the を省略すれば, 意味の違いが生じる.
> (ii) **All the** students hate exams. ［特定の学生］（その学生たちはみな試験ぎらいだ）
> (iii) **All** students hate exams. ［学生一般］（すべての学生は試験ぎらいだ）

22.4. 冠詞の省略と反復

22.4.1. 冠詞の省略

［A］ 呼びかけの名詞

(1) a. Good morning, **Doctor**! （おはようございます, 先生）
　　b. Thank you, **Uncle**. （ありがとう, おじさん）

> **NB** teacher（先生）, surgeon（外科医）などは普通, 呼びかけに用いない（§20.5.2［C］）.

［B］ 一人が占める役職を表す名詞が補語・同格になっている場合

(2) a. He was **president** of the Union.　　　　　(Maugham, *Cakes and Ale*)
　　　（彼は組合の会長だった）［主語補語］
　　b. Cf. I am **the** King.　　　　　(Doyle, *Adventures of Sherlock Holmes*)
　　　（私が国王です）［同上:「役職」ではなく,「個人」を指している］
　　c. I determined that I should be **judge**, **jury**, and **executioner** all rolled into one. (Doyle, *A Study in Scarlet*)（私は, 裁判官・陪審・死刑執行人の三役を一人でやってやろうと決心した）［同上］
　　d. They elected Bill **captain** of the team.
　　　（彼らはビルをチームの主将に選んだ）［目的語補語］

(3) Victoria, **Queen of England**, was noted for her wisdom.
　　（イングランドの女王ヴィクトリアは聡明さで知られていた）［同格］

この用法では, 名詞は「個体」というよりも「役職」という機能を表しているので, 無冠詞になる.

> **NB** 「as＋職業名」では,「個人」を考えていれば a が付き,「資格」を考えていれば a が付かない.
> (i) It is **as a** historian that he is best known.　　　　　(MEU³)
> 　（彼が一番よく知られているのは,（一人の)歴史家としてである）［個人］
> (ii) He could earn bread **as** clerk or labourer. (Gissing, *The House of Cobwebs*)（彼は事務員か労働者としてパンを稼ぐことができる）［資格］

［C］「称号＋固有名詞」: 称号が固有名詞の一部となっている.

(4) **King** George（ジョージ王）／**Queen** Elizabeth（エリザベス女王）／**Prince** Charles（チャールズ皇太子）／**Lord** Byron（バイロン卿）／**Dr** Johnson（ジョンソン博士）／**Professor** Benson（ベンソン教授）

第 22 章　冠　　詞　　　　　　　　　　　　　　　　　　　　　469

[D]　家族関係を表す語：　家族内では固有名詞扱いになる．
　(5) a.　**Father** is out, but **Mother** is in.
　　　　　（父は外出していますが，母は在宅しています）
　　　b.　Oh Jeremy, **father** wants to see you.　　　(Walpole, *Jeremy and Hamlet*)
　　　　　（あらジェレミー，お父さんがお呼びよ）
　　　c.　**Uncle** is coming tomorrow.　（おじさんはあす参ります）

　NB　無冠詞の father, mother は，「ウチ」の用法で，他人（＝ソト）に向かって言う場合は，my father, my mother を用いる．

[E]　建造物が建造物自体ではなく，その「機能」を表している場合：　前置詞の目的語になっている場合が多い．
　(6) a.　We go to **church** on Sundays.　（私たちは日曜日には教会に行きます）
　　　b.　He is in **hospital**/〈米〉**the hospital** now.　（彼はいま入院中です）
　　　c.　My son will go to **university**/〈米〉**the university** next year.
　　　　　（息子は来年大学に行きます）
　　　d.　I went to **bed** at ten last night.　（ゆうべ10時に寝た）
　　　e.　**School** is over at three.　（学校（ie 授業）は3時に終わる）
　　　f.　in **prison**（入獄して）／be at **table**/〈米〉at **the table**（食事中で）

　NB 1　go to sea（船乗りになる）／go to war（戦争を始める）なども，これに準じる．
　NB 2　特定の建造物を指している場合は，冠詞が付く．
　　(i)　We drove past **the school**.　（私たちは学校のそばを車で通った）
　　(ii)　Don't sit on **the bed**.　（ベッドにすわらないでくれ）
　　(iii)　**The church** is opposite **the hospital**.　（教会は病院の向かいにある）

[F]　by bus/on foot のタイプ：　「1台の」バスではなく，交通の「手段」を問題にしている．
　(7) a.　He came *by* **bus/car/boat/train/plane**.
　　　　　（彼はバスで／車で／船で／列車で／飛行機で来た）
　　　b.　Are you going *by* **bicycle** or *on* **foot**?　　　(CIDE)
　　　　　（自転車で行くのか，歩いて行くのか）[on foot＝脚に支えられて]
　〈米〉には by car などの類推で by foot も見受けられる．
　(8)　Franklin traveled from Boston to Philadelphia *by* **foot**.　　　(Crowell 1960)
　　　　（フランクリンは，ボストンからフィラデルフィアまで徒歩で旅をした）

　NB 1　go on foot はおもに〈英〉であり，〈米〉では walk を用いる．
　NB 2　特定の乗り物を指す場合は，限定詞がつく．
　　(i)　We rode in **a bus**.　（私たちは（1台の）バスで行った）
　　(ii)　He got on **his bicycle** and rode off.　(CALD)（彼は自転車に乗って立ち去った）

[G]　日常の食事名：　固有名詞扱い．
　(9) a.　**Breakfast** is ready.　（朝食の用意ができました）

b. He came after/before/at **lunch**. （彼は昼食後/昼食前/昼食時にやって来た）
c. He invited us to/for **tea**. （彼は私たちをお茶に招いてくれた）

NB 特定の食事を言う場合は，冠詞を付ける．
(i) I had *an early* **lunch**. （早いおひるを食べた）
(ii) **The lunch** *I ordered* hasn't arrived yet.
（私が注文したランチはまだ届いていない）

[**H**] 対句をなす二つの名詞：「個体」ではなく，両者の「関係」だけが問題になっている．

(10) a. **day** and **night** （昼も夜も）／**young** and **old** （老いも若きも）／**Father** and **Son** （父と子）[Edmund Gosse の自伝]／**day** by **day** （日ごとに）／**face** to **face** （面と向かって）／from **flower** to **flower** （花から花へと）／**side** by **side** （並んで）
b. I pronounce you **man** and **wife**. （あなたがたを夫婦と宣言します）[牧師]
c. **Mother** and **child** are doing well. （母子とも元気です）[出産後]
d. **Mother** obeyed **child** for the first time. (Archer, *The Prodigal Daughter*) （初めて母が子の言うとおりにした）
e. Jack and Jill went **hand** in **hand**. （ジャックとジルは手に手をとって行った）
f. **Year** passed into **year**. (Doyle, *A Study in Scarlet*)
（1年，また1年と過ぎていった）
g. **Pursuers** and **pursued** vanished into the night. (Christie, *Blue Train*)
（追跡する者もされる者も夜の中に消えてしまった）

ただし，次のような例もある．

(11) A History of **A Father and Son** (Meredith, *The Ordeal of Richard Feverel*)
（父と子の歴史）[文学辞典には無冠詞の形式が見られるが，Macmillan 版，Russell & Russell 版など A あり]

[**I**] 慣用句 （動詞・前置詞の目的語として）： やはり，個体性が考えられていない．

(12) a. by **accident** （偶然に）／in **fact** （事実）／on **duty** （勤務中で）／make **fun** of （…をからかう）／take **care** of （…の世話をする）／take **place** （（事件などが）起こる）
b. He is always ready to *find* **fault** *with* other people.
（彼はいつも他人のあら探しをしようと手ぐすね引いている）

[**J**] 総称の **man** （人間）／**man** （男性）／**woman** （女性）

(13) **man** shall not liue by bread alone, (AV (1611), *Luke* 4: 4)
（人はパンだけで生きるものではない）

「人間」という意味では，いまでは human beings, humans などを使用する．*New Revised Standard Version* (1989) では，(13) は，次のようになっている．

(14) **One** does not live by bread alone.

第 22 章　冠　　詞　　　　　　　　　　　　　　　471

「人間」の意味では，man を複数にしても〈雅語・古風〉である（OALD[6]）．
　(15)　All **men** must die.　（すべての人は必ず死ぬ）
〈格式体〉では，man（男性）/woman（女性）も総称的に用いられる（普通は複数形を使う）．
　(16) a.　**Woman** lives longer than **man** in most countries.
　　　　　（たいていの国では，女性のほうが男性よりも長生きする）
　　　b.　**Woman** is no longer subordinate to **man**.　　　　　　　　　（RHD[2]）
　　　　　（女性はもはや男性に従属しない）

　　NB　可算名詞が無冠詞で使用される場合がある．
　　　(i) a.　What is it ── **dog** or **cat**?　（それは何ですか──イヌですか，ネコですか）
　　　　b.　What's this one, **a dog** or **a cat**?　（こいつは何だね，イヌかね，ネコかね）
　　　　　　　　　　　　　　　　　　　　　　　　　　　（以上 Bolinger 1980）
　　(ia) は類（class）を尋ねているので，数は問題でないが，(ib) は個体（individual）を問題にしているので，数が関与的になる．
　　では，次の可算名詞の無冠詞は，どう説明したらいいだろうか．
　　　(ii) a.　**Cat** in the Rain（雨の中のネコ）[Hemingway の短編の題名]
　　　　b.　**Cat** on a Hot Tin Roof
　　　　　　（焼けたトタン屋根の上のネコ）[Tennessee Williams の戯曲名]
　　　　c.　**Cat** Among the Pigeons（ハトの中のネコ）[Christie の小説の題名]
　　いずれも，個体ではなく，ネコの属性・特徴を問題にしている．

[**K**]　**新聞の見出しなど**：　通例，冠詞は省略される．
　(17) a.　MAN KILLED ON MOUNTAIN　（男性，山で死亡）
　　　b.　Mother and Child　（母と子）[写真のキャプション]
　　　c.　Keep out of reach of children.
　　　　　（子供の手の届かないところに置いてください）[指示]
　　　d.　No dogs without leash.　（革ひもなしの犬，お断り）[掲示]

[**L**]　**kind of a/sort of a**：　kind/sort of に続く可算名詞に a を付けるのは，〈略式体〉で，〈格式体〉の書き言葉では避けられる（Merriam-Webster の用例ファイルでは，書き言葉には a/an を付けないのが大多数である）．
　(18) a.　*What* **kind of a** *part is it?*　　　　　　　　　（Cather, *Alexander's Bridge*）
　　　　　（それって，どんな役ですか）
　　　b.　*it's* **a kind of a** *family name what* (=that) *he gave him.*　　　（Dickens,
　　　　Great Expectations）（そいつぁ，その男が彼に付けた名字みたいなもんでさぁ）
　(19) a.　What **kind of** person is she?　（MED）（彼女って，どんな種類の人間ですか）
　　　b.　What **sort of** school did you go to?　　　　　　　　　　　（COBUILD[3]）
　　　　　（どういう種類の学校へ行ったのですか）
　　NB　話し言葉では，a の有無による意味の違いが感じられる場合がある（LGEU）．
　　　(i)　What **kind of** job is that?　（それは，どういう種類の仕事ですか）

(ii) **What kind of a** job is that?
(それって，何という仕事かね)[恥ずかしくないのか]

22.4.2. 冠詞の反復

[A] 原則: 二つ(以上)の名詞が「同一物」を表す場合は，冠詞は最初の語だけに付けるが，「別個のもの」を表す場合は，それぞれの名詞に付ける．

(1) a. **A** *poet and novelist **was*** present at the party.
(詩人にして小説家が，そのパーティーに出席していた)[一人]
b. **A** *poet and* **a** *novelist **were*** present at the party.
(詩人と小説家がそのパーティーに出席していた)[二人]

二つの名詞が同一人を指していても，それぞれの語の表す職能を強調するときには，不定冠詞を繰り返す．

(2) a. Shakespeare was **a** *poet* and **a** *dramatist*.
(シェイクスピアは，詩人であり，かつ劇作家でもあった)
b. Ah, well, he's always had the reputation of being **a** *humorist* and **a** *gentleman*. (Maugham, *The Circle*)
(そう言えば，彼はいつもユーモリストにして紳士だという評判がありました)

[B] 二つの名詞が「一組のもの」を表す場合: 冠詞は反復しない．

(3) a. **a** [watch and chain] (鎖付きの時計)／**a** [fork and knife] (フォークとナイフ)／**a** [cup and saucer] (受け皿付きのカップ)／**a** [coach and four] (4頭立ての馬車)
b. **A** [needle and thread] ***was*** found on the floor.
(糸を通した針が床で見つかった)

NB 誤解のおそれのないときには，冠詞を反復しなくてもよい．
(i) **the** King and (**the**) Queen (王と王妃)
(ii) **the** old and new worlds (旧世界と新世界)
(iii) Cf. **the** old and **the** new world [この場合，the world は単数]

第 23 章

形 容 詞

23.0. 概 説

　形容詞（adjective）は，名詞・代名詞を直接・間接に修飾する語で，通例，比較級・最上級の語形変化がある（比較変化は，副詞のそれとまとめて第 26 章で扱ってある）．
　(1) a.　This is an **interesting** book.　（これはおもしろい本だ）
　　　b.　This book is **interesting**.　（この本はおもしろい）
(1a) の interesting は，主要語（head）の book を直接に修飾し，(1b) の interesting は，名詞句 This book を間接に修飾している．

　NB　-ed で終わる次の形容詞は，[-id, -əd] と発音する．
　　(i)　aged（老齢の）／blessed（恵まれた）／cursed（呪われた）／dogged（頑固な）／learned（学識のある）／one-legged（1本脚の）／naked（裸の）／ragged（ぼろを着た）／wicked（邪悪な）／wretched（みじめな）
　aged は，（...歳の）意味では，[éidʒd] と発音される: an old man aged ninety（90歳の老人）．

23.1. 形容詞の特徴

23.1.1. 位 置
　形容詞は，名詞句（NP）内の次の位置に生じる．
　(1)　all　　the　　ten　　**fine**　　stone　　houses　　at the seaside
　　　　I　　　II　　　III　　　IV　　　　V　　　　VI　　　　VII
(1) において，IV の位置に生じるもののみが形容詞である．ほかの要素は形容詞ではなく，I は前位限定詞（predeterminer），II は中位限定詞（middeterminer），III は後位限定詞（postdeterminer）（＝数量詞），IV は前位修飾語（premodifier），V は名詞的修飾語（nominal modifier）あるいは限定名詞（attributive noun），VI は主要語（head），VII は後位修飾語（postmodifier）である．

23.1.2. 制限用法と非制限用法
　関係詞節に制限用法と非制限用法があるように，形容詞にもこの区別がある．
　[A]　**制限用法**:　主要語の意味を限定しているので，省略できない．

(1) a. a **fat old** lady　（太った老婦人）［= a lady who is fat and old］
　　b. a **nice little** house　（きれいな小さい家）

[**B**]　**非制限用法**：　主要語の意味を限定しないので，省略してもさしつかえない．

(2) a. Come and meet my **beautiful** wife.　　　　　　　　(Quirk et al. 1985)
　　　　（ぼくの美しい妻に会いに来てください）［= my wife, who is beautiful: 美しくない妻がもう一人いるわけではない］
　　b. the **industrious** Dutch
　　　　（勤勉なオランダ人）［= the Dutch, who are industrious］

23.1.3.　目的語をとる形容詞

　like/worth/near などの形容詞は，目的語をとるため前置詞とされることもあるが，比較級をとることでもわかるように，目的語をとる少数の形容詞である．形容詞が目的語をとるということに抵抗をおぼえる人がいるかもしれないが，OE には目的語をとる形容詞はもっと多かったし，対照言語学的に言えば，現代ドイツ語の他動詞的形容詞は通例，目的語をとる．前置詞に比較変化を認めるほうがむりである．

(1) a. He is **more like** his mother than his father.
　　　　（彼は父親よりも母親に似ている）
　　b. Cf.　G.　Er ist seinem Bruder［与格］sehr **ähnlich**.
　　　　　　　　（彼は兄さんにとてもよく似ている）
(2) a. A carbuncle is **more worth** than a rock.　　　　　　　　(OED²)
　　　　（ザクロイシはただの石よりも価値がある）
　　b. Cf.　G.　Der Erfolg war der Mühe［属格］**wert**.
　　　　　　　　（その成功は骨折りに値した）
(3) a. Who comes **nearest** him in wit?　　　　　　　　(COD⁵)
　　　　（機知の点で彼の次にくる人は誰か）
　　b. Cf.　G.　Er war der Verzweiflung［与格］**nahe**.
　　　　　　　　（彼は絶望しかけていた）

23.1.4.　形容詞句

　形容詞句（adjective phrase, AP）は，(1) で示すように，形容詞（A）を主要語とし，その左側に程度副詞（degree adverb），右側に補部（complement），さらに随意的な付加部として前置詞句（PP）をとる．

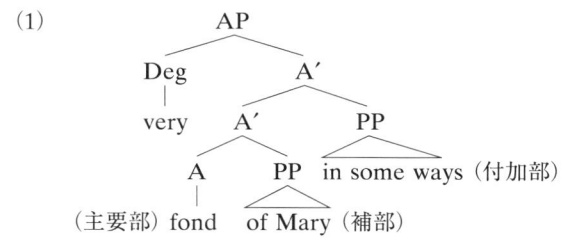

(1)
```
                AP
              /    \
            Deg     A′
             |     /  \
           very  A′    PP
                / \     \
               A   PP   in some ways （付加部）
        （主要部）fond  of Mary （補部）
```

具体例をあげてみよう.
 (2) a. John is **clever**. （ジョンは利口だ）［A］
   b. John is a **very clever** boy. （ジョンはとても利口な少年だ）［Deg A］
   c. I am **very fond** of Mary in some ways.
      （ぼくは，ある点でメアリーが大好きだ）［Deg A ＋補部＋付加部］
   d. He was **well aware** of the danger.
      （彼は，その危険のことは十分承知していた）［Deg A ＋補部］
   e. I am **well aware** that John is mean.
      （ジョンが意地悪なのはよく知っている）［Deg A ＋ S′］

以上の AP のうち，(2a, b) のように，A のみで完全な意味を表すものは **1 項**（または自動詞的）**形容詞**，他の例のように補部を必要とするものは，**2 項**（または他動詞的）**形容詞**と呼ばれることがある．両者の区別は重要である．

   NB 伝統文法では，次の (ia) や (ii) のようなものを「形容詞句」と呼んでいる．
    (i) a. He is **in good health**. （彼は健康だ）
      b. Cf. He is **in the garden**. （彼は庭にいる）［副詞句］
    (ii) He had nothing **to eat**. （彼には食べ物は何もなかった）
   生成文法では，(ia) の in good health, (ib) の in the garden は前置詞句（PP），(ii) の to eat は不定詞句（厳密には，節）である．つまり，伝統文法では句の「機能」を考え，生成文法では「構造」を考えているわけで，どちらの視点からの句も成立する（§1.2.4）．

23.2. 形容詞の用法

統語的には，形容詞には限定用法と叙述用法の二つの用法がある．

23.2.1. 限定用法

限定用法（attributive use）の形容詞は，修飾する名詞の左側に置かれて，通例，名詞の**恒常的**［＋permanent］**な特徴**を表す．

 (1) Sally is a **pretty** girl. （サリーはかわいい少女です）
 (2) He is an **old** man. （彼は老人だ）
 (3) She married a **rich** businessman. （彼女は金持ちのビジネスマンと結婚した）

23.2.2. 叙述用法

叙述用法（predicative use）の形容詞は，修飾する名詞の右側に置かれて，通例，その名詞の**一時的**［－permanent］**な状態**を表す．
［**A**］ **主語補語** (§3.3.2)
 (1) a. This flower is **beautiful**. （この花は美しい）
   b. She seems **clever**. （彼女は利口そうに見える）
   c. Whether he will resign is **uncertain**. （彼が辞職するかどうかは不確かだ）
［**B**］ **準主語補語** (§3.4.1)

(2) a. She sat **silent**. （彼女は黙ってすわっていた）
　　b. John left the room **angry**. （ジョンはぷりぷりして部屋を出ていった）
　　c. John came home **drunk**. （ジョンは酔っぱらって帰宅した）
　　d. He died/married **young**. （彼は若くして死んだ/結婚した）

[C] **目的語補語** (object complement)： 伝統文法に従って，(3) の太字体の語を"目的語補語"と呼んでおくけれども，[ ] 内はネクサス目的語であるから，厳密に言えば，interesting は [ ] 内の補文中の主語補語である．

(3) a. I found [the book very **interesting**]. （その本はとてもおもしろかった）
　　b. I consider [what he did **foolish**]. （彼がしたことは愚かだと思う）

目的語補語は，結果を表すことがある（"結果構文"（§ 37.4.5.2.6））．

(4) a. He pushed [the door **shut**]. （彼はドアを押して閉めた）
　　b. The gardener watered [the tulips **flat**].
　　　（庭いじりの好きな人は，チューリップに水をやって倒してしまった）
　　c. The chef cooked [the food **black**].
　　　（シェフは，その食べ物を焼いて黒こげにした）
　　d. The joggers ran [their Nikes **threadbare**].
　　　（ジョギングする人たちは，走ってナイキの靴底をすり減らした）

[D] **準目的語補語**

(5) a. John ate the meat **raw**. （ジョンはその肉を生で食べた）
　　b. I love to drink coffee **hot**. （コーヒーは熱いのを飲むのが好きだ）

〈略式体〉の話し言葉では，準目的語補語を文頭に回すことがある．ただし，次のように，あいまい性が生じる場合は避けたほうがよい（Quirk et al. 1985: 427）．

(6) **Hot**, I can't drink coffee.
　　a. 体がほてっているので，コーヒーなんか飲めない．[= Because I am hot, ...]
　　b. 熱いと，コーヒーは飲めない．

[E] **後位用法** (postpositive)： 名詞のあとに置かれると，叙述用法であるから，通例，その名詞の「**一時的な状態**」を表す．以下，どの場合も後置は義務的．

① 形容詞が前置詞句（PP）を伴っている場合

(7) a. I know a man (who is) **suitable** *for the job*.
　　　（私は，その仕事に適任の人を知っている）[~~a suitable for the job man~~ は不可]
　　b. This is a custom (which is) **peculiar** *to Japan*.
　　　（これは日本特有の習慣です）

② **-body, -one, -thing, -where** で終わる語を修飾する場合

(8) a. *Anyone* (who is) **intelligent** can do it. （Quirk et al. 1985）
　　　（そんなことは，聡明な人なら誰でもできる）
　　b. I have *nothing* (that is) **particular** to do today.
　　　（きょうは，これといった用事はない）

c.　There is *something* (that is) **comical** about him.
　　　（彼には，どことなくひょうきんなところがある）
　　d.　Is there *anywhere* (which is) **good** where I can stay?　　　　（KCED）
　　　（どこか泊まれるいいところがありますか）
③　-able，-ible で終わる形容詞の場合
(9) a.　There is no money **available** for research.　（研究のために使える金はない）
　　b.　It's the only solution **possible**.　（可能な解決策はそれだけだ）

NB　the people (who were) *present*（居合わせた人々）／the money (which is) *required*（必要な金）などにおける形容詞の後置も，「wh語＋be」の省略（*whis* deletion）として説明できる．

④　場所や時の副詞が形容詞的に用いられた場合
(10) a.　the school (which is) **here**　（当地の学校）
　　b.　the people (who are) **outside**／**upstairs**　（外の／2階の人たち）
(11)　the meeting (which was) **yesterday**　（きのうの会合）

NB　次のような形容詞の後置は，フランス語の語順をモデルにしたものである（cf. Quirk et al. 1985: 1295）．いずれも〈格式体〉．
　　(i) a.　court **martial**　（軍法会議）［F.＝cour martiale］
　　　b.　from time **immemorial**　（大昔から）［F.＝de temps immémorial］
　　　c.　poet **laureate**　（桂冠詩人）［F.＝poète lauréat］
　　　d.　the devil **incarnate**　（悪魔の化身）［F.＝le diable incarné］
　　　e.　Secretary **General**　（(国連などの)事務総長）［F.＝secrétaire général］
　　　f.　body **politic**　（統治体，国家）［F.＝corps politique］
　　　g.　God **almighty**　（全能の神）
　　　h.　President **elect**　（(当選した)次期大統領）

23.2.3.　限定用法だけの形容詞

次の形容詞は，限定用法しかもたない（Bolinger 1967, Quirk et al. 1985: 429-32）．

［A］　名詞の指示を限定する形容詞
(1)　the **very**／**same**／**exact**／**particular** man I was seeking（まさに／特に私が捜している人）／their **main**／**prime**／**principal**／**chief** faults（彼らのおもな欠点）／the **sole** survivor（唯一の生存者）／the **only** nominee（唯一の被任命者）／not a **single** individual（ただの一人も…ない）

［B］　名詞から派生した形容詞
(2)　a **medical** doctor（医者）／**criminal** lawyers（刑事専門弁護士）／an **atomic** physicist（原子物理学者）／a **Southern** gentleman（南部生まれの紳士）／a **polar** bear（シロクマ）／the **urban** crisis（都市の危機）

［C］　副詞から派生した形容詞

(3) the **present** chairman（現在の議長）／the **late** president（前大統領）／the **previous** occupant（前の居住者）／a **hard** worker（勤勉に働く人）／a **sound** sleeper（ぐっすり眠る人）

[D] 名詞の意味を強める形容詞

(4) a **mere** child（ほんの子供）／**sheer** delight（全くの喜び）／a **total** stranger（赤の他人）／an **outright** lie（真っ赤なうそ）／You **bloody** fool!（この大ばか者！）

[E] 既往比較級 (ex-comparative),[1] および **-most** で終わる最上級

(5) an **elder** brother（兄）／an **inner** pocket（内ポケット）／the **outer** world（外界）／her **former** self（以前の彼女）／an **utter** stranger（全く知らない人）／the **uppermost** floor（最上階）／the **utmost** limits of the land（国の最果て）

[F] **-en** で終わる形容詞

(6) a **drunken** man（酔っぱらい）／a **stricken** deer（手負いのシカ）／the **beaten** road（踏みならされた道）／**earthen** wares（陶器）

[G] 文から臨時に作った形容詞

(7) a. his **hail-fellow-well-met** air　　　　　　　　　(Maugham, *Cakes and Ale*)
（彼の「やあ君いいところで会ったね」という態度）［これは辞書にもある］

b. a **Nobel-Prize-declining** Russian novelist　　　(Sheldon, *The Doomsday Conspiracy*)（ノーベル賞を断ったロシアの小説家）

c. it's so different from that inhuman **you-mind-your-business-and-I-will-mind-mine** of a city!　(Christie, *Murder Is Easy*)（それは, 都会の, あの非人間的な「お節介をするな, こっちもお節介しない」という態度とは大違いですよ）

d. a tall, motherly lady with a '**can I help you**' look about her
　　　　　　　　　　　　　　　　　　　　　　　　(Alcott, *Little Women*)
（背の高い,「どうなさいました」という様子を漂わせた母親タイプの婦人）

e. a decided **can-any-good-thing-come-out-of-Nazareth** air　(Montgomery, *Anne of Avonlea*)（きっぱりとした,「ナザレから何かいいものが来るなんてことがあるものか」といった様子）

f. Lester gave her his best paternal, **you-can-lean-on-me** smile.
(Sheldon, *If Tomorrow Comes*)（レスターは彼女に, とっておきの, 父親らしい,「頼りにしてもらっていいよ」という微笑を送った）

NB 1 a *beautiful* dancer は, 二とおりにあいまいである.
　(i) a dancer who dances beautifully
　(ii) a dancer who is beautiful

NB 2 次の形容詞は, 主要語を部分的にしか修飾していない.
　(i) a [practical jok]er（悪ふざけをする人）[= ~~a joker who is practical~~]
　(ii) [New England]ers（ニューイングランドの住人）

---

1. Jespersen (*MEG* II: 331) の用語で, than を伴う真の比較構文に用いることができないもの.

このように，複合語にさらに接尾辞を付けて造られた語を**併置総合複合語**（parasynthetic compound）と言う．

23.2.4. 叙述用法だけの形容詞

叙述的にしか用いられない形容詞は，通例，修飾する名詞の一時的な状態を表す．

[A] **接頭辞 a-**（OE の前置詞 on の弱まり形）**を名詞に添えてできた形容詞**

(1) **afloat**（浮かんで）／**alive**（生きて）／**asleep**（眠って）／**akin**（似て）／**ablaze**（燃えて）／**adrift**（ただよって）／**ajar**（(ドアが) 半開きで）

(2) a. He keeps **aloof** from the outer world.
（彼は外の世界から超然としている）
b. He was fast **asleep**. （彼は熟睡していた）
c. Pity is **akin** to love. 〈諺〉（憐れみは恋心に近い）［夏目漱石『三四郎』の登場人物の訳「可哀想だた惚れたってことよ」を参照］

[B] **別の起源の a- をとる形容詞**

(3) **afraid**（こわがって）［廃語 afray の過去分詞］／**aghast**（肝をつぶして）［廃語 agast の過去分詞］／**ashamed**（恥じて）［廃語 ashame の過去分詞］／**alone**（ひとりぼっちで）［<all＋one］／**awake**（目をさまして）［awake の過去分詞 awaken の -n を落としたもの］／**averse**（嫌悪して）［<L. āversus］／**alike**（似て）［<OE gelīc］／**aware**（気づいて）［<OE gewær 'watchful'］／**alert**（注意を払っている）［<F. alerte］

(4) a. The boy is **afraid** of going out in the dark.
（その子は，暗がりの中を外へ出ていくのをこわがっている）
b. I am not **alone** in this opinion. （この意見は私だけでない）
c. I am not **averse** to a good dinner. （ごちそうなら，いやとは言わないね）
d. She was well **aware** of her faults.
（彼女は，自分の欠点を十分に自覚していた）

[C] **概して副詞から転用され，健康の良否を意味する形容詞**

(5) a. He felt **ill**／**poorly**（ともに特に〈英〉）／**unwell**／**well**.
（彼は気分がすぐれなかった／よかった）
b. She felt **faint**. （彼女は気が遠くなりそうだった）

sick は，副詞からの転用ではなく，普通に限定用法にも用いられる．

(6) a. The woman is **sick**. （その女性は病気だ）
b. the **sick** woman （病気の女性）

NB be sick は，特に〈英〉の be ill に対応する〈米〉である．〈英・米〉ともに婉曲的に「吐く」の意味にも用いられる．特に，進行形や着点 (goal) (ie on the carpet) を表す前置詞句と共起するときがそうである (Quirk et al. 1985: 433)．
(i) She is **being sick**. （彼女は吐いている）
(ii) The dog **was sick** on the new carpet. （犬は新しいカーペットの上に吐いた）

[D]　その他の形容詞

(6)　exempt（免除された）/liable（...しがちで）/bound（...行きの）/worth（...に値する）/pure and simple（純然たる，全くの）

(7) a.　These goods are **exempt** from tax.　（これらの商品は免税品です）
　　b.　Difficulties are **liable** to occur.　(COD[5])（困難は生じがちだ）
　　c.　This train is **bound** for Tokyo.　（この列車は東京行きです）
　　d.　This was hubris, **pure and simple**.　(BNC)
　　　　（これは全くの傲慢というものだった）

NB　[A], [B]の形容詞の大半は，副詞に修飾された場合は限定的に用いることができる（Quirk et al. 1985: 409）．これは，修飾語によって「一時性」の読みが保障されるためと思われる．

　　(i) a.　a **somewhat afraid** soldier　（少しこわがっている兵士）
　　　 b.　the **fast asleep** children　（ぐっすり眠っている子供たち）
　　　 c.　the **wide awake** patient　（すっかり目ざめている患者）

23.2.5.　限定用法と叙述用法で意味を異にする形容詞

以下の例で，(a)文が限定用法，(b)文が叙述用法である．

(1) a.　He is an **able** leader.　（彼は有能な指導者だ）
　　b.　He is **able** to speak German.　（彼はドイツ語を話すことができる）
(2) a.　I heard it from a **certain** man.　（ある人からそれを聞いた）
　　b.　Are you **certain** of that?　（そのことは確かなのか）
(3) a.　My **present** secretary is Miss Green.　（私の現在の秘書はグリーン嬢だ）
　　b.　He was **present** at the party.　（彼はそのパーティーに出席していた）
(4) a.　We drove with **due** care.　（私たちは十分な注意をしながら運転した）
　　b.　He is **due** to speak this evening.　（彼は今晩講演する予定だ）
(5) a.　My **late** father was a music teacher.
　　　（最近亡くなった父は，音楽教師だった）
　　b.　Spring was **late** in coming that year.　（その年，春の訪れが遅かった）
(6) a.　She seems a **responsible** person.　（彼女は信頼できる人のようだ）
　　b.　The person **responsible** for the accident will be punished.
　　　（その事故の責任者は処罰されるだろう）

23.3.　形容詞の配列順序

日本語の語順はかなり自由なので，「その二つの大きな丸いテーブル」とも，「その丸い大きな二つのテーブル」とも言えるが，英語では those two big round tables という語順しか許されない．つまり，英語は語順が非常に窮屈な言語なので，二つ以上の形容詞を並べる順序はほぼ決まっていて，それは，次のように図示できる（Coe 1980: 59, Hornby 1954: 174, Quirk et al. 1972: 925）．

第 23 章　形 容 詞

(1)　形容詞の語順

a.	both/all/half		both
b.	限定詞		the
c.	序数詞		last
d.	基数詞		two
e.	評価	↑	**nice**
f.	寸法	一	**big**
g.	年齢・温度	般	**old**
h.	形状	的	**round**
i.	色彩		**red**
j.	分詞	特	**carved**
k.	出所	殊	**French**
l.	材料	↓ 的	**wooden**
m.	(動)名詞		card
n.	主要語		tables

(e)-(l) の太字体の語が形容詞である．形容詞は，主要語と関係の深い，特殊なものほどその近くに置かれ，意味が一般的になるにつれて主要語から離れていく傾向がある．一般に，主要語に三つまたは四つの形容詞が併置されることはまれである．

(e)-(l) の各カテゴリーから一つずつ選んで併置する場合は，通例，and も要らないし，コンマも付けない．

(2) a.　an **attractive young Welsh** girl　[b (e, g, k) n]
　　　　（魅力的な，うら若い，ウェールズ人の少女）
　　b.　the only **antique pewter** jug　[b, c (g, l) n]
　　　　（そのただ一つの，古風な，白目製水差し）
　　c.　her **new Austrian** skiing boots　[b (g, k) m, n]
　　　　（彼女の新しい，オーストリア製のスキー靴）

これに対して，(e)-(j) の各カテゴリーから一つの形容詞を選び，合わせて二つ以上の形容詞を併置した場合は，次のようにコンマを付けてもよい．

(3) a.　two **large**(,) **oval** mirrors　[d (f, h) n]　（二つの大きな楕円形の鏡）
　　b.　an **enormous**(,) **steaming** pressure cooker　[b (f, j) m, n)]
　　　　（ばかでかい，湯気を立てている圧力鍋）
　　c.　some **attractive**(,) **round**(,) **black** beads　[b (e, h, i) n]
　　　　（いくつかの魅力的な，円い，黒いビーズ）

同一のカテゴリーから二つ以上の形容詞を選んだ場合は，等位接続 (coordination) になるので and の機能を示すものとして，義務的にコンマを付ける．

(4) a.　You **stupid, unthinking, irresponsible, reckless** idiot!
　　　　　　　　　　　　　　　　　(Archer, *Shall We Tell the President?*)
　　　　（このとんまな，考えのない，無責任な，向こう見ずなばか者め！）［すべて (e)］

b. the best of today's procedural school of police stories — **lively, inventive, convincing, suspenseful,** and wholly **satisfactory**.　　　(*New York Times*)（[これは]今日の手続き派の警察小説の最上のもの――生き生きとして，工夫に富んだ，納得のいく，サスペンスフルな，全く満足のいくものだ）［すべて (e)］

「色彩」形容詞が二つある場合は同一カテゴリーからなので，and で等位接続し，三つの場合は，最後の形容詞の前に and を付ける．

(5)　a **black** and **red** flag　（黒と赤の2色旗）

(6)　a **red**, **white** and **blue** flag　（赤，白，青の3色旗）

NB　(i) は階層的に積み重ねられた多重形容詞，(ii) は同格的な形容詞で，その構造は，それぞれ，次のようになる．

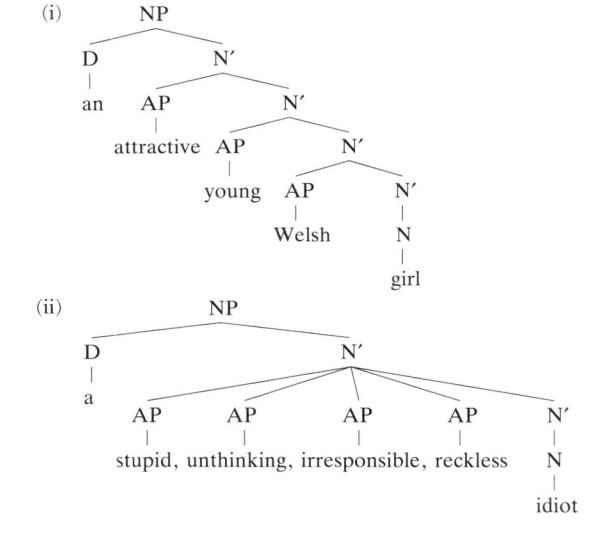

(i)
```
            NP
           /  \
          D    N'
          |   / \
          an AP  N'
             |  / \
       attractive AP  N'
                  |  / \
              young AP  N'
                    |   |
                 Welsh  N
                        |
                       girl
```

(ii)
```
                NP
               /  \
              D    N'
              |  / | | | \
              a AP AP AP AP N'
                |  |  |  |  |
           stupid, unthinking, irresponsible, reckless N
                                                      |
                                                    idiot
```

23.4.　形容詞の意味論的な下位分類

形容詞を意味論的に下位分類するならば，次の4種類が認められる．

① 恒常的：一時的（permanent : temporary）
② 状態的：非状態的（stative : nonstative）
③ 段階的：非段階的（gradable : nongradable）
④ 内在的：非内在的（inherent : noninherent）

以上の区別は，しかし，勾配的（gradient）なもので，絶対的なものではない．例えば，同じ kind という形容詞が，(1a) では状態的に，(1b) では非状態的に用いられている．

(1) a.　Mary is a **kind** woman.　（メアリーは親切な女性だ）
　　b.　Be **kind** to old people.　（老人には親切にしなさい）

23.4.1. 「恒常的：一時的」

　形容詞の意味論で一番重要なことは，限定用法の形容詞は通例，主要語の「恒常的 (permanent) な特徴」を表すのに対して，叙述用法の形容詞は通例，主要語の「一時的 (temporary) な状態」を表すという点である．

(1) a.　I like **hot** tea.　(私は熱い紅茶が好きだ)［恒常的な特徴］
　　b.　I like my tea **hot**.　(紅茶は熱いのがいい)［一時的な状態］
(2) a.　A nightingale is a **singing** bird (＝a bird that sings).
　　　　(ナイチンゲールは歌鳥だ)［恒常的な特徴］
　　b.　The people **singing** (＝who were singing) were students.
　　　　(歌っている人たちは学生だった)［一時的な状態］

次のペアの場合，lost の文法性と found の非文法性は，「恒常的：一時的」の対立で説明される．つまり，「一時的な状態」を表す形容詞を限定的に使用することはできない，ということである．

(3) a.　a **lost** purse　(なくした財布)
　　b.　*a **found** purse　(見つかった財布)

言葉を変えて，「なくした」という状態は見つかるまで続くが，「見つかった」という状態は瞬時に終わる，と言ってもよい．
　「恒常的：一時的」の対立の例を追加しておこう．

(4) a.　Look out, those sticks are **sharp**.　　　　　　　　(Bolinger 1967)
　　　　(気を付けて，その棒，とがっているよ)
　　b.　*Look out, those are **sharp** sticks.　　　　　　　　　　(Ibid.)
　　　　(？気を付けて，それ，とがった棒だよ)

(4) でも，棒が「たまたま」とがっていることが問題になっているので，「恒常的な」状態を述べている (4b) は不適切である．
　以上述べてきたことをまとめると，次のような原則が得られる．

(5)　限定用法と叙述用法の違いは，通例，形容詞の [±permanent] という意味特徴に依存する．すなわち，[+permanent] であれば限定的に使用され，[-permanent] であれば叙述的に使用される．

このように一般化すると，次のような主語の属性 (attribute) を示す形容詞は，限定的にも叙述的にも使用できるのではないか，という疑問が生じるかもしれない．

(6) a.　He is a **tall**/**clever**/**handsome** boy.
　　b.　The boy is **tall**/**clever**/**handsome**.

しかし，安井ほか (1976: 98) も指摘しているとおり，(6b) が適切に用いられる文脈は，「主語の一時的な状態」が問題になっている場合のものであると思われる．例えば，次の (7) に対する答えとして，(7a) は適切であるが，(7b) は不適切と判断されるからである．

(7)　Who can read this riddle?　(この謎，誰に解ける？)

a. Oh, John is **clever enough** (to do it). (ああ，ジョンは頭がいいから)
b. ?Oh, John is a **clever enough** boy. (ああ，ジョンは頭がいい少年だから)

また，小説の中で，何かうれしいことがあった人物について，作家はよく (8) のような限定用法を使用することがある．

(8) a. Sally will be **a glad woman** *this night*. That's the ring. (Doyle, *A Study in Scarlet*) (サリーは今夜，さぞ喜ぶことでしょう．それが例の指輪です) [なくした婚約指輪を見つけてもらった娘の母親の言葉]
b. As for Captain Jim, he was **a happy man** *that summer*. (Montgomery, *Anne's House of Dreams*) (ジム船長と言えば，彼はその夏，幸せな男だった)
c. Mr. Rosnovsky, you look **a happy man** *this morning*. (Archer, *Kane and Abel*) (ロスノフスキーさん，けさはうれしそうですね)

このような場合，一晩，または一夏の状態を述べているのだから，(5) の原則によれば，Sally was glad／he was happy／you look happy のように叙述用法になるのではないか，という疑問が生じるかもしれない．しかし，例えば，(8a) は，「サリーは，今夜は幸せな女というカテゴリーに入るだろう」といった意味合いになる（さらに，(8b) は「その夏は」，(8c) は「けさは」と限定されて，主語の一時的な状態を表している）ので，この限定用法は叙述用法の「一時性」という特質と矛盾しないのである．

23.4.2. 状態的：非状態的

両者には，次のような統語的な違いがある．
状態的形容詞は，非状態的形容詞と異なり，次のような構文に生じない．

［A］ 命令文
(1) a. *Be **tall**.
b. Be **careful**. (注意しなさい)

［B］ 進行形
(2) a. *I am being **tall**.
b. I am being **careful**. (注意深くしているところです)

［C］ *do*-something
(3) a. *What he *did* to please me was to be **tall**.
b. What he *did* to please me was to be **generous**.
(彼が私を喜ばすためにしたことは，気前よくすることだった)

［D］ do so
(4) a. *I tried to be **tall**, because he told me to *do so*.
b. I tried to be **cheerful**, because he told me to *do so*.
(私は快活にしようとした，彼がそうしろと言ったから)

［E］ 主語副詞（§25.3.7）のあと
(5) a. *John was deliberately **tall**.

b. John was deliberately **rude**. （ジョンはわざと無礼なまねをした）

[F] **force** の補文

(6) a. *I forced him to be **tall**.
　　b. I forced him to be **careful**. （私は彼が注意深くするように強制した）

上例からもわかるように，非状態的形容詞は自制可能（self-controllable）なもので，したがって，使用は特定時に制限されるという特徴をもっている．

23.4.3. 段階的：非段階的

段階的形容詞は，次のような特徴をもっている．

[A] 比較変化が可能である

(1) a. tall　　　　tall**er**　　　　tall**est**
　　b. beautiful　**more** beautiful　**most** beautiful

NB 形容詞の比較変化は，第26章で扱っている．

[B] 程度副詞の修飾をうける

(2) **very** tall／**so** beautiful／**extremely** important

したがって，大部分の性質形容詞は段階的であるが，次のような形容詞は段階的ではない．

(3) atomic（原子の）／chief（主要な）／rural（田舎の）／medical（医学の）

23.4.4. 内在的：非内在的

内在的形容詞 (a) は，直接に指示物を特徴づけるが，非内在的形容詞 (b) はそれをしない（Quirk et al. 1985: 435）．

(1) a. a **firm** foundation　（堅固な土台）［＝a foundation that is firm］
　　b. a **firm** friend　（友情の固い友）
　　　［*a friend who is firm → a man whose friendship is firm］
(2) a. a **perfect** gentleman　（完全な紳士）［＝a gentleman who is perfect］
　　b. a **perfect** fool　（全くのばか）
　　　［*a fool who is perfect → a person who is perfectly foolish］
(3) a. a **true** story　（本当の話）［＝a story which is true］
　　b. a **true** scholar　（真の学者）
　　　［*a scholar who is true → a person who is truly scholarly］

第 24 章

数 量 詞

24.0. 概 説

数量詞（quantifier）は，数・量を表す語の総称として用いられ，次の類を含んでいる．

(1) 不定数量詞（indefinite quantifier）（伝統文法の不定代名詞（indefinite pronoun）に相当する）
  (i) 閉じた集合： all, both, each, every, some, any, many, most, (a) few, several, much, (a) little, no, none, either, neither
  (ii) 開いた集合： a couple of, a great deal of, plenty of, a number of, a lot of, lots of, a host of, a multitude of, a sea of, ...
(2) 数詞（numeral）
  (i) 序数詞（ordinal number）： first, second, third, ...
  (ii) 基数詞（cardinal number）： one, two, three, ...

24.1. 数量詞の特徴

[**A**] **位置**： (1)において，I は限定詞，II は数量詞，III は形容詞が生じるスロット（slot）である．

	I	II	III	
(1) a.	these	five	cute girls	（これらの5人のキュートな女の子）
b.	John's	many	good friends	（ジョンの多くの仲良し）
c.	the	several	interesting books	（その数冊のおもしろい本）

数量詞は，伝統文法では数量形容詞（quantitative adjective）と呼ばれるものも含んでいるが，それが形容詞ではないことは，(1)で見るように，形容詞の前のスロットに生じることで明らかである．

[**B**] **文中の働き**： 数量詞は，主語や目的語には用いられるが，普通，be の補語としては用いられない（Swan 1995: 388）．

(2) a. **Two**'s company, **three**'s none. 〈諺〉
  （二人なら仲間，三人なら仲間割れ）[主語]
  b. It cost **thousands**. （それは何千ドルもかかった）[目的語]

— 486 —

(3) a. *My sisters are **three**.
　　b. *The men who came here were **all**/**each**/**some**.

　Wordsworth の有名な詩 *We Are Seven* の中で，亡くなった姉と兄も家族の人数に数えて，We are **seven**. (あたいたちは，7人よ) と言い張る女の子が詠われているが，この言い方は，いまでは不自然で，普通，次のように言う．

(4)　There are **seven** of us in my family. (私たちは7人家族です)

ただし，数詞が年齢を表すときには，普通に用いられる．

(5)　I am **seventeen** going on eighteen. (私は17歳で，まもなく18歳になります)

また，many/few は，〈格式体〉では許される (Quirk et al. 1985: 263).

(6)　His faults were **many**/**few**. (彼の欠点は多かった/少なかった)

[C]　**断定性**：数量詞は，通例，新情報を担うものとして断定性をもっている．例えば，

(7)　I have read **a lot of** books on physics. (私は物理学書をたくさん読んだ)

のような平叙文で断定されているのは，「物理学書を読んだ」ことではなく，読んだ本が「たくさんである」ことである．

　疑問文では，数量詞が疑問の焦点 (focus) になる．

(8)　"Were there **many** people there?"　"No, not so many."
　　(「そこには多くの人がいましたか」「いいえ，それほど多くじゃなかったです」)

否定文では，数量詞が否定の焦点になる．

(9) a.　I haven't got **much** time. (時間はあまりない)
　　b.　**Not many** people saw the movie. (その映画を見た人は，たくさんじゃない)

[D]　**存在文との関連**：all, both, each, every, most などの普遍数量詞 (universal quantifier) は，存在文の主語になれないが，some, none のような存在数量詞 (existential quantifier) ならなれる．

(10) a. *There is **each** person in his own room.
　　 b. *There are **all** the books on the table.

(10) が容認されない一つの理由は，each person や all the books には，存在文に要求される不定性 (indefiniteness) と部分性 (partitiveness) がない，ということである．

　以下に，存在数量詞の例をあげる．

(11) a.　There are **many**/**a lot of**/**a great many** Americans who like baseball.
　　　　(野球好きのアメリカ人はたくさんいる)
　　 b.　There's **two** policemen at the door, Dad.　　　　(Swan 1995)
　　　　(パパ，玄関におまわりさんが二人来ているよ) [*There *is* two ...]
　　 c.　Is there **any**body at home? (誰かご在宅でしょうか)

この事実は，存在文の主語は**部分格** (partitive Case) をもつという，Belletti (1988) の主張を支持するものである．

現に，フィンランド語の存在文では部分格（全体から取り出された一部を表す）が生じる．
- (12) Poydalla　on　kirjoj-a.　[-a は部分格語尾]
on the table　is　(some) books
'There are some books on the table.'

24.2.　不定数量詞

不定数量詞（indefinite quantifier）は，不定の数・量を表す語で，伝統文法の不定代名詞に対応する．次のようなものがある．
- ① 限定詞用法のみをもつもの： every
- ② 代名詞用法のみをもつもの： one, somebody, anybody, everybody, nobody, everything, someone, anyone, everyone, no one
- ③ 限定詞と代名詞の用法をもつもの： both, several, either, neither
- ④ 代名詞と副詞の用法をもつもの： something, nothing, none
- ⑤ 限定詞と副詞の用法をもつもの： no
- ⑥ 限定詞・代名詞・副詞の用法をもつもの： all, both, each, any, some, other, another

24.2.1.　all
[A]　限定詞の前に生じる前位限定詞（predeterminer）として： 単数名詞にも，複数名詞にも使える．
- (1) a. **All** milk is nourishing. （すべての牛乳は栄養がある）[総称的]
  - b. **All** (**of**) *the* milk boiled over.　[of の付いた形式は限定詞ではなく，代名詞]
（その牛乳は，すっかりふきこぼれた）[特定的]
- (2) a. **All** women like jewels. （すべての女性は宝石が好きだ）[総称的][the, my, this などの限定詞がないときには of を付けない： *All of women]
  - b. **All** (**of**) *the* women drank tea.
（その女性たちはみんな紅茶を飲んだ）[特定的]
- (3) He was absent **all** that week. （彼はその週いっぱい欠席した）
- (4) Are **all** (**of**) *these* books yours? （この本は全部，あなたのですか）
- (5) **All** (**of**) *his* money was gone. （彼のお金は全部なくなった）

NB 1　'all (the) NP' は，the がなくても特定的な意味を表す場合がある（Quirk et al. 1985: 259）．
- (i) I will see **all** (**the**) **students** at 11 a.m.
（午前11時にすべての学生と会いましょう）
- (ii) **All** (**the**) **men** must leave their coats here, but (**the**) **women** may take theirs with them. （男性はすべてコートをここへ置いていかなければならないが，女性は持って行ってもよい）

NB 2　all of us/you/them, または we all/you all/they all の形式は，文の主語・目的語

として使用できる．
　　(i) a.　**All of us/We all** agreed.　(私たちはみんな賛成した) [~~all we~~]
　　　 b.　He's invited **all of you/you all**.　(彼は君たちすべてを招待した) [~~all you~~]
　　この形式は，また補語や短い答えにも用いられる．
　　(ii) a.　Is that **all of them**?　(それが全部ですか) [~~them all~~]
　　　 b.　"Who did you invite?"　"**All of them**."
　　　　　(「誰を招待したの」「みんなだよ」) [~~them all~~]

[**B**]　**代名詞として**：　例えば，all women の主要語 women が省略されると，all は代名詞になる．
　① 物を指すとき (＝everything) は単数扱い：「(一つのものの)**全部**」
　　(6)　**All** is over.　(すべてが終わった)
　　(7)　That's **all** for today.　(きょうはこれでおしまい)
　　(8)　**All**'s right with the world.　(Browning, *Pippa Passes*) (すべて世はこともなし)
all を単独で使うことはまれで，通例，関係節や of 句を伴う (ただし，〈英〉では通例 of を付けない)．
　　(9)　**All** (**that**) *he said* was true.　(彼が言ったことはすべて本当だった)
　　(10)　Have you spent **all** (**of**) *the money*?　(その金を全部使ったのか)
しばしば，特定の文脈で 'only' の意味を表す．
　　(11)　This is **all** *I've got*.　(持っているのは，これだけだ)
　　(12)　**All** *I want* is peace of mind.　(ほしいのは心の平静さだけだ)
　　(13)　it was **all** *I could do* to keep my countenance.　(Doyle, *A Study in Scarlet*) (平然としているのが関の山だった)
　② 人を指すとき (＝everybody) は，複数に扱われる：「**すべての人**」
　　(14)　**All, all** are gone, the old familiar faces.　(Lamb, 'The Old Familiar Faces')
　　　　(みんな，みんな逝ってしまった，昔の懐かしい顔が) [all people の意味で単独に使うのは〈古風〉]
　　(15)　**All** (**of**) *my friends* like Peter.
　　　　(私の友人は，みんなピーターが好きだ) [of がなければ限定詞]
　　(16)　**All of** *us* were tired.　(私たちはみんな疲れていた) [~~All us~~]

[**C**]　**副詞として**：　一種の強意語 (＝entirely, quite) として働く．
　　(17) a.　He was **all** alone.　(彼は全く一人ぼっちだった)
　　　 b.　**All** at once I saw a host of golden daffodils.　(突然，黄水仙の群れが見えた)
　　　 c.　She went **all** red in the face.　(彼女は顔を真っ赤にした)

24.2.2.　both
[**A**]　**前位限定詞として**：　限定詞の前にくる．
　　(1)　**Both** (**of the**) girls can speak French.　[~~The both~~ girls]
　　　　(その女の子は二人ともフランス語が話せる) [of を付ければ both は代名詞となる]

(2)　I want **both these** books.　(この本を2冊ともほしい)
(3)　Kate loved **both her** granddaughters, but different ways.　　(Sheldon, *Master of the Game*)　(ケートは，孫娘を二人とも愛していたが，愛し方は違っていた)
　　　[~~her~~ ~~both~~ granddaughters]

[B]　代名詞として：「その二つの (the two)」という意味で，常に特定の複数名詞を修飾する．
(4) a.　**Both** are dead.　(二人とも死んでいる)
　　b.　**Both of** *the* women were hungry.　(その婦人たちは二人とも空腹だった)
　　c.　**Both of** *us* / *We* **both** went.　(私たちは二人とも行った) [~~Both we~~]

[C]　副詞として：both A and B の形式で用いられる．[1]
(5)　**Both** John **and** Mary were awarded prizes.
　　　(ジョンもメアリーも，賞をもらった)
(6)　This is **both** good **and** cheap.　(これはよいものだし，また安くもある)

NB　both ... not の代わりに，普通，neither を用いる (Swan 1995: 98).
　　(i)　**Neither** of them is here.
　　　　(二人ともここにはいない) [~~Both of them is not here.~~]
　Not both も不可．
　　(ii)　***Not both** of them is here.
　しかし，not ... both の語順は，文法的である (部分否定 (§29.3.2 を参照))．
　　(iii)　You can't have it **both** ways.　(両天びんかけるわけにはいかないよ)

24.2.3.　every
every は，三つ以上のものについて，「どの...もみな」と個別的・総括的に言うときに用いられる．「every + 単数可算名詞」の形式で用いられ，単数動詞で呼応する．
　限定詞として：今日では，代名詞用法はない．[2]
(1)　**Every** child knows it.　(どの子もみな，そのことを知っている)
(2)　I have read **every** book on the shelf.
　　　(その棚の本はどれもみな読んだ) [all the books なら「全部の本」]
(3) a.　**Every** óne of them made the same mistake.
　　　　(彼らの一人ひとりが同じ誤りをした)
　　b.　His books are great. **Every** óne's worth reading.　　(Swan 1995)
　　　　(彼の本はすばらしい．いずれも読む価値がある)
　　c.　Cf.　**Éveryone** has gone home.　(みんな帰宅してしまった)
(4)　He had **every** reason to be satisfied.　(彼には満足するべき理由が十分あった)

　1.　OED^2 や COD^5 は，この用法の both を副詞と見ているが，both ... and で相関接続詞として機能すると考えるほうが現実的であろう．
　2.　Shakespeare には every の代名詞用法がある．
　　(i)　If **euery** of your wishes had a wombe,　　　(*Antony and Cleopatra* 1.2.38)
　　　　(あなたの望みが一つ一つ懐胎すれば)

not ... every の語順は，部分否定(§29.3.2)になる．
- (5) **Not every** man can be an artist.　(みんなが芸術家になれるわけではない)
  [*Every* man can*not* be an artist. よりも自然]
- (6) Such things do **not** happen **every** day.　(そんなことは毎日あるとは限らない)

〈略式体〉では，「every＋名詞」を複数代名詞でうけることができる．
- (7) **Every** person brought **his/her/their** lunch with **him/her/them**.
  (めいめいが弁当を持参した)

次の例では，three days を一つの単位として見ている(「複数の統合」(§31.3.1))ので，「every＋単数名詞」の例外にならない．
- (8) He comes to see us **every three days/third day**.
  (彼は3日めごとに訪ねてくる)

24.2.4. each

二つ以上の特定のものについて，「それぞれの(人・物)」と個別的に言うときに用いられる．

[A] 限定詞として：「それぞれの」
- (1) **Each** new day is different.　(新しい日はそれぞれ異なっている)
- (2) **Each** boy has earned one dollar.　(それぞれの少年が1ドルずつ稼いだ)
- (3) There is a hotel on **each** side of the street.
  (通りのそれぞれの側に，ホテルが1軒ずつある)

[B] 代名詞として：「それぞれの人・物」
- (4) **Each** could feel what *the other* was thinking.　　　　　(KCED)
  (めいめいが相手が何を考えているかわかった)
- (5) a. **Each of** *the* girls has a pet.　[each が主語]
  b. The girls **each** have a pet.　[The girls が主語]
  (その少女たちは，それぞれペットを飼っている)
- (6) **Each of** *them* has/〈略式体〉have problems.　　　　　(Swan 1995)
  (彼らは，それぞれ，問題を抱えている)
- (7) **Each of** *them* explained it in **his/her**/〈略式体〉**their** own way.　(Swan 1995)(彼らは，それぞれ自分のやり方でそれを説明した)
- (8) **Each of** *us* had seized **his** rifle.　　　　　(Doyle, *The Lost World*)
  (われわれは，それぞれ，ライフルを手に取っていた)

(6),(7) において，each が〈略式体〉で複数呼応するのは，「意味呼応」(notional concord) または「意味構文」(synesis) である．

[C] 副詞として：「一人/1個につき」
- (9) The books are two dollars **each**.　(その本は1冊2ドルです)
- (10) I paid them two dollars **each**.　(彼らにそれぞれ2ドル支払った)

NB every と each の違い

① each は二つ以上，every は三つ以上のものに使う．
 (i) She was holding a bag in **each**/***every** hand.
   （彼女はそれぞれの手に袋をもっていた）
② 人や物を個別的に考えているときは each を使い，まとめてグループとしてとらえているときは every を使う（every のほうが all に近い）(Swan 1995: 169).
 (ii) a. **Each** person in turn went to see the doctor.
    （各自，順番に医者に診てもらいに行った）
  b. He gave **every** patient the same medicine.
    （彼は，どの患者にも同じ薬を与えた）
③ almost, practically, nearly などは，グループ全体の観念を強調するので，each とは共起しない．
 (iii) **Nearly every** girl went to the dance. [~~Nearly each~~ girl]
   （ほとんどすべての女の子が，そのダンスパーティーに行った）

24.2.5. all, both, each と語順

[A] **all, both**: 前位限定詞（predeterminer）として，指示代名詞・定冠詞・人称代名詞などの中位限定詞に先行する．
 (1) a. He spent **all his** money. （彼は自分の金を全部使った）
  b. **Both my** parents like dancing. （私の両親はともにダンスが好きです）
  c. **Both the**/**these** oranges are delicious. （このオレンジは二つともおいしい）

[B] **us**/**you**/**them all**, **us**/**you**/**them both**, **us**/**you**/**them each**: この形式は，文の目的語に用いられる．
 (2) He ordered **us**/**them all** to go. （彼は，私たち/彼らすべてに行けと命じた）
 (3) She's invited **us**/**you**/**them both**. （彼女は私たち/あなた方/彼ら二人を招待した）
 (4) She sent **you**/**them each** a present.
   （彼女は，あなた方に/彼らにそれぞれプレゼントを贈った）
 (5) I bought **the girls each** an ice-cream. (Swan 1995)
   （少女たちに，それぞれ，アイスクリームを買ってあげた）

24.2.6. 数量詞遊離

 all, both, each は，主語と同格的に使用することができる．生成文法では**数量詞遊離**(quantifier floating) と呼ばれている．
 ① 一般動詞の前
 (1) The girls **all** *work* on the project.
   （女の子らは全員，そのプロジェクトにかかわっている）
 (2) We **both** went. （私たちは二人とも行った）[~~Both us~~]
 (3) We **each** earned two dollars. （私たちは，それぞれ，2ドル稼いだ）
 ② be 動詞・助動詞のあと
 (4) a. You *are* **each** right in a different way. (Swan 1995)
   （君たちは，それぞれ，異なった形で正しい）

第 24 章　数　量　詞　　　　　　　　　　　　　　　493

　　b.　The men *have* **all** tried to escape.（男たちは，みな逃げようとした）
　　c.　We *can* **all** swim.（私たちはみんな泳げる）
数量詞が助動詞の前にくる構文は，容認性が低下する（Quirk et al. 1985: 126）．
(5) a.　We *were* **both** working late.（私たちは，二人とも晩^{おそ}くまで働いていた）
　　b.　?We **both** *were* working late.

NB 1　動詞句の中で主語が基底生成されると仮定するならば（いわゆる**動詞句内主語仮説**（VP-internal subject hypothesis）），移動するのは主語のほうで，数量詞は元位置にとどまることになる．
　　(i) a.　We can all swim.　　　　b.　The girls both worked on the project.

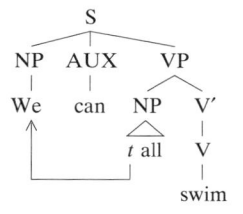

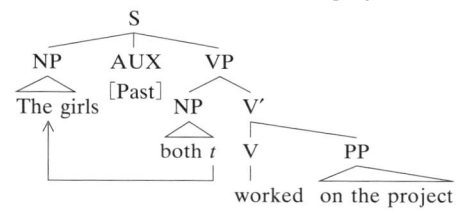

```
         S                              S
       / | \                          / | \
      NP AUX VP                      NP AUX  VP
      |   |  /\                      /\  |   /\
      We can NP V'                The girls[Past] NP  V'
             |  \                            /\  |   /\
             t all V                       both t V   PP
                   |                              |    \
                  swim                          worked on the project
```

すなわち，Sの主語へと（主格をもらうため，または，EPP 条件を満たすために）上昇したのは，we all, both the girls という同格語のうち，それぞれ，we, the girls のみであって，数量詞は遊離していない，と説明することができる．
　　この分析によれば，次の事実が自動的に説明できる．
　　(i)　英語では，数量詞遊離が主語にしか生じないこと．
　　(ii)　数量詞が助動詞の後，一般動詞の前に生じること．
　　(iii)　(5b) の語順が容認可能性が低下すること．
NB 2　感嘆文などで be 動詞が文末にきた場合は，all/both/each be の語順になる．文末の be 動詞に強勢を置くためである．
　　(i)　How glad we **all** are!（私たちみんな，どんなに喜んでいることか！）[~~are all~~]
この場合は，遊離が生じない．
NB 3　数量詞遊離ができるのは，all, each, both, every one のような普遍数量詞（universal quantifier）に限られ，some, any, many, three のような存在数量詞（existential quantifier）の場合は可能ではない．
　　(i)　**Three girls** came along.　[~~Girls three~~ came along.]
日本語では，なぜか，存在数量詞も遊離することができるし，しかも，そのほうが普通である．
　　(ii) a.　三人の女の子がやって来た．
　　　　b.　女の子が三人やって来た．
　　(iii) a.　4本の梅の木が立っていた．
　　　　b.　梅の木が4本立っていた．
日本語では，英語と違って，さらに，存在数量詞が目的語の位置に生起することができる．
　　(iv)　太郎は，梅の木を3本植えた．（*Taro planted apricot trees *three*.）

24.2.7.　some/any の基本用法

　まず，次の原則を立てておく．

(1) **some/any の使い分けの原則**
文が肯定文・否定文・条件文のいずれであるかを問わず，数・量について，若干の存在が前提されている場合は some が用いられ，存在が前提されていない場合は，any が用いられる。(注意:「存在が前提されていない場合」には，存在するかどうか不明の場合も含まれる。)

[A] **限定詞として**: some/any は，不可算名詞または複数可算名詞とともに用いられて，[3]「若干量/数の」という意味を表す。この用法の some は，[səm] と弱形で発音される。

(2) I need **some** money. (お金が少々必要だ)［不可算名詞］

次例は，ものがあるかどうか不明の場合である。

(3) a. Have you got **any** aspirins? (アスピリンがありますか)［複数可算名詞］
b. Are there **any** letters for me? (私宛の手紙が来ていますか)［同上］

(1) の原則で述べたとおり，話し手が若干の数量を念頭においている場合は，非断定的文脈 (non-assertive context)（すなわち，否定文・疑問文・条件節）においても，some が用いられる。

(4) 疑問文
 a. Could I have **some** apples, please?
  (リンゴを少しいただけませんか)［＝Please give me *some* apples.］
 b. Would you like **some** more coffee?
  (コーヒーをもう少しいかがですか)［＝Please have *some* more coffee.］
 c. Are there **some** [səm] letters for me? I was expecting **some** [sʌm].
  (私宛の手紙がきてるでしょう。当てにしていたんです)
 d. 'Didn't you think you heard **some**thing?' asked Sara.　　　　(Burnett, *A Little Princess*)(「何か聞こえたと思わない？」とセアラが聞いた)

(5) 否定文: 次の三つの文を比較せよ (Stockwell et al. 1973)。
 a. I don't like **some** [sʌm] books.
  (本の中には嫌いなものもある)［特定的 (specific)］
 b. Cf. I don't like **any** books.
  (どんな本も嫌いだ)［非特定的 (non-specific)］
 c. Cf. I don't like **books**. (本なんて，嫌いだ)［総称的 (generic)］

(6) 条件節
 a. If you need **any** help, let me know.
 b. If you need **some** help, let me know.
  (何かお手伝いが必要なら，お知らせください)[4]

---

3. 単数可算名詞に any を使用することはできない。
 (i) I haven't got **a** car. (私は車をもっていない)[~~I haven't got *any* car.~~]
4. 日本語では，説明的な訳文にしないかぎり，(a) と (b) の意味の違いは明瞭には出てこない。

(6a) では, any の使用により, 相手が援助を必要としているかどうかは不明であることがわかり, (6b) では, some の使用により, 話し手が肯定の答えを予想していることがわかる.

(1)で述べたように, 数・量の存在が前提されていない場合は any が用いられる.

(7) There aren't **any** letters for me. (私宛の手紙は(1通も)来ていない)

この場合, 存在の否定には, not や never による以外に, 次のような表現形式でも利用できる. 以下の例で, any は否定極性項目, 斜字体はその**認可表現** (licenser)．

① hardly, without, before, than, too のような準否定語を含む場合

(8) a. There's *hardly* **any** tea left. (紅茶はほとんど残っていない)
   b. He answered *without* **any** hesitation. (彼は少しのためらいもなく答えた)
   c. Stop him *before* he does **any**thing foolish.
      (彼がばかなことをしでかさないうちに, やめさせろ)
   d. He has more books *than* **any**body else.
      (彼はほかの誰よりも多くの本をもっている)
   e. I feel *too* tired to eat **any**thing. (疲れすぎて何も食べる気がしない)

② deny, avoid, prevent, keep from のような否定を含意する動詞と共起する場合

(9) a. He *denied* that there were **any** letters. (彼は手紙は来ていないと言った)
   b. We *avoid* **any** such complications.
      (そういう面倒は(いっさい)避けることにしている)
   c. We were *prevented* by thick fog *from* seeing **any**thing.
      (濃霧のために何も見えなかった)

③ 否定が含意される構文の場合

(10) a. It's been a week since I bought **any**. (Bolinger 1977a)
       (1週間前から何も買っていない) [=I haven't bought *any* for a week.]
    b. This doctrine was first put out in **any** detail in 1935. (Ibid.)
       (この学説は, 1935年にはじめて詳細にわたって発表された)
       [=It was *not* put out in *any* detail earlier.]

疑問文や条件節においても some と any が生じるが, 両者の間には当然意味の違いが存在する (cf. Bolinger 1977a: 24).

(11) 疑問文
    a. Didn't you publish **any** poetry that year?
       (その年は詩を少しも発表しなかったんじゃありませんか)
       [=I suppose you didn't publish *any* poetry that year.]
    b. Didn't you publish **some** poetry that year? (その年は, 少しは詩を発表
       したんじゃありませんか) [=I suppose you published *some* poetry that year.]

上の[ ]内の文が, それぞれ, 話し手の頭にある前提 (presupposition) である.

(12) 条件文
　a. If you have **some**/***any** spinach, I'll give you $10.　　(R. Lakoff 1969)
　　　(ほうれん草を少し食べたら，10 ドルあげますよ)
　　　［＝I hope you eat *some* spinach.］
　b. If you eat **any**/***some** candy, I'll whip you.　　(Ibid.)
　　　(キャンディを少しでも食べたら，むちで打ちますよ)［＝Don't eat *any* candy.］

(12a) には肯定の期待 (positive expectation) があり，(12b) には否定の期待 (negative expectation) がある (cf. Bolinger 1977a: 21).

[B]　代名詞として：　代名詞用法の some/any の使い分けの原則は，数量詞の場合と同じである．次の (13) の some/any の代名詞用法は，some paper/any stamps から主要語の paper/stamps を削除することで生じたと説明される．代名詞の some は，常に [sʌm] と強形で発音される．

(13) a. I want *some* [səm] paper; I suppose you want **some** [sʌm] too.
　　　［＝some paper］(紙が少しほしい．たぶん，あなたもそうでしょうね)
　b. I want *some* stamps; have you got **any**?　［＝any stamps］
　　　(切手が少々ほしい．お持ちですか)［持っているかどうか不明］

'some of NP'/'any of NP' の形式では，NP は「定」(＋definite) でなければならない．

(14) a. **Some of** *milk/*the* milk has spilt.　(牛乳が少々こぼれた)
　b. I don't want **any of** *books/*the* books.　(その本はどれも要らない)

[C]　副詞として
① **some** [sʌm]
(a)　数詞の前で，「約 …」(approximately)
(15)　**Some** thirty people were present at the meeting.
　　　(約 30 人の人が，その集会に出席していた)
(b)　「ある程度」(somewhat)〈米・略式体〉
(16) a. He has improved **some**.　(彼はちょっぴりよくなった)
　b. I can ski **some**.　(少々スキーができる)
② **any**
(a)　否定文・疑問文で，形容詞・副詞 (の通例，比較級) を強める：「**少しは，少しも**」(at all)
(17) a. He wasn't **any** *good* at French.　(彼はフランス語がちっともうまくなかった)
　b. He didn't sing **any** *too* well.　(彼の歌はちっともうまくなかった)
　c. Do you feel **any** *better* today?　(きょうは少しは気分がいいですか)
(b)　否定文・疑問文の最後に置いて，動詞を修飾する (〈米・略式体〉)：「**少しも，少しは**」(at all)
(18) a. You certainly aren't helping me **any**.

(君は確かに，ちっともぼくの助けになってないね)
  b. Has the sick child improved **any**?　(病気の子供は少しはよくなったかね)

24.2.8.　some/any の特殊用法
[**A**]　「**some** [sʌm]＋**単数可算名詞**」:　前節で見た，若干の数量を表す some [səm] は意味上，単数可算名詞と共起できないが，この用法の some は話し手の知らない，または明確にしたくない人・物・場所について，「ある…」の意味で用いられ，しばしば無関心または軽蔑の気持ちが含まれる．(2)のように，しばしば or other を伴う．
  (1)　**Some** girl phoned you just now.　(さっき，どっかの女の子が電話してきたよ)
  (2)　Mary went off to Australia with **some** man *or other*.
　　　(メアリーは，どっかの男とオーストラリアへ行ってしまった)

[**B**]　**some** [sʌm]「(考察中の全部のうちの)**一部(の…)**」(しばしば *others*, *all*, *enough* などと対照されて)
  (3)　**Some** people don't like that sort of thing.
　　　(そういうことが嫌いな人もいる)〔好きな人もいるが〕
  (4)　**Some** people like the sea; *others* prefer the mountains.
　　　(海を好む人もいるが，山のほうが好きな人もいる)
  (5)　**Some**times she is very excited and *other* times she seems as though she is in a dream.　　　　　　　　　　　　　　(Christie, *Third Girl*)
　　　(彼女は，とても興奮しているときもあれば，夢を見ているように思われるときもある)
  (6)　I've got **some** money, but not *enough*.
　　　(お金のもち合わせは少しあるが，十分ではない)

[**C**]　**some** [sʌm]「(数量が)**かなりの**」
  (7)　It was with **some** surprise that I heard the news.　　　　(OALD⁵)
　　　(その知らせを聞いたときは，ちょっと驚いたなあ)
  (8)　He remained silent for **some** time.　(かなりの間，彼はだまっていた)
日本語の「ちょっとした→大した」などと同様に，緩叙法 (meiosis) による表現であろう．

[**D**]　**some** [sʌm]「**なかなかの，大した**」(〈略式体〉ときに皮肉):　あることをほめるとき，または，けなすときに用いる (OALD⁵)．
  (9)　He is **some** poet!　(彼は，なかなかの詩人だ)
  (10)　**Some** expert you are!　You know even less than me.　　(OALD⁵)
　　　(大した専門家だよ，君は．ぼくよりももっとものを知らないじゃないか)

[**E**]　**肯定文の any**:　"**自由選択の any**"
　any は非特定的 (non-specific) な単数名詞とともに，「どんな…でも」(no matter which) の意味で，肯定文で用いることができる．この意味では，通例，[éni] と強形で発音される．
  (11) a.　Come **any** day you like.　(いつでも好きな日にいらっしゃい)〔非特定的〕

b. Cf. I'll phone you **some** day next week, perhaps on Monday.
(来週いつか電話するよ，もしかしたら月曜日にね）[特定的］
(12) **Any** cat is a mammal. （どんな猫でも哺乳動物だ）
(13) **Any** pen/color will do. （どんなペン/色だっていいよ）

この用法の any を Carlson (1981) に従って"自由選択の any" (free-choice *any*) と呼んでもいい．

24.2.9. any ... not の語順

重要な語法なので，別な節を立てて考察する．学校文法でも，not ... any とは言えるが，any ... not とは言えないことは教えている．

(1) a. ***Any**one would**n't** go to his party.
   b. **No** one would go to his party. （誰も彼のパーティーには行かないだろう）
(2) You ca**n't** go out without **any** shoes. (OALD⁵)
（靴をはかずに外へは出られないよ）

Jespersen (*MEG* V: 447) の言うとおり，二つの語のいずれに否定語を付けることも論理的に可能な場合，最初の語に付けるのが英語の傾向だからである．しかし，この傾向は数量詞としての any にあてはまることではあるが，ここで問題にしている"自由選択の any"にはあてはまらないように思われる．まず，any ... not の実例をあげてみよう．

(3) **Any**body who jumps in front of a car is**n't** too bright.
                                                        (Spillane, *Kiss Me, Deadly*)
（車の前に飛び出してくるようなやつは，誰にせよ，あんまり利口じゃないさ）
(4) **Any** poem I wrote would**n't** be about Miss Daffney, it would be about something worthwhile. (Saroyan, *My Name Is Aram*)
（ぼくが書いた詩はどれだって，ダフニー嬢なんかのことじゃなかった，それは何か価値あるものに関するものだった）
(5) a. **Any** woman who goes to church will **never** gossip.
（教会に行くような女性は，誰でも決してうわさ話はしないだろう）
   b. **Any** boy who steals is **not** worth anything. （以上 W. L. Moore 直話）
（盗みをする少年は，誰でも何の値打ちもない）
(6) **Any** look with so much in it **never** met my gaze yet before. (Blackmore, *Lorna Doone*)（これほど情のこもった表情は，これまで見たことがなかった）
(7) a. **Any** géntleman would**n't** use such language. (Bolinger 1977a)
（紳士なら誰だって，そんな言葉は使わないだろう）
   b. **Any**body had**n't** better try that with mé! (Ibid.)
（誰だって，そんなことを私にはしかけないほうがいいぞ）

(3)–(5) の例には限定節，(6) には限定句が付き，(7a) の Any gentleman は，Bolinger (1977a) の言うとおり，'any man who is a gentleman' という意味である．しかし，any ... not の語順が許されるのは，限定句が付いたときに限るのかと言え

ば，そうではない．(7b) の Anybody でわかるように，限定語句のない場合にも起こるのである．[5]

　結論を先に言うなら，'any + NP' が否定辞の作用域 (scope) に入っていない場合は any ... not の語順が許され，入っている場合は not ... any の語順になる，ということになる．(3) を例にとれば，not の作用域に入っているのはその右側にある [not too bright] のみであり，「世の中には車の前に飛び出してくるようなやつがいる」という命題は否定されていない．また，(7b) の例で言えば，with mé という対照強勢 (contrastive stress) でわかるように，「ほかの者にはともかく，私にはだめだ」の部分が否定されているだけで，Anybody には否定は及んでいない．それは，ちょうど，次の文において some が否定されていないのと同様である．

　(8)　**Some** of the men [didn't see anything].
　　　（その人々のうち何人かは，何も見なかった）

　一方，例えば (1b) では，否定辞の作用域は命題全体に及んでいて，(9) でパラフレーズされるように，文否定になっている．

　(9)　It is not true that anyone would go to his party.

　上で any ... not の語順が許されるのは，any が not の作用域に入っていない場合であると言ったが，"自由選択の any" は，定義上，肯定文にしか起こらないのである以上，それは当然予測されるところである．

　NB　Labov (1972) や太田 (1980: 307) は，
　　　(i)　**Any**one who drinks can't go.　（誰でも酒を飲む人は行けない）
　のような，any に限定節の付いた文は，
　　　(ii)　If there is **any**one who drinks, he can't go.
　のように，if 節でパラフレーズできるとし，any を引き起こしているのは if 節であると説明しようとしているが，この考えは，限定節を含まない (7b) のような例を説明することができない．そもそも，(ii) のように if 節に現れる any は，否定文に現れる any と同じものであって，肯定文に現れる "自由選択の any" とは別ものなのである．

24.2.10.　either
[A]　限定詞として

　(1)　**Either** plan will do.　（どちらのプランでもいい）

　either はときに，ペアをなす語 (eg side, end, hand など) について，'each of the two' の意味で用いられることがある (OALD[5], COBUILD[3])．

　(2)　There's a door at **either** end of the corridor.　　　　　　(OALD[5])
　　　（廊下の両端に，ドアが一つずつある）
　(3)　The shops on **either** side of the street were big.
　　　（通りのどちら側の店も大きかった）

5.　any のあとに限定語句が来れば any ... not の語順が許されることは，つとに安藤 (1969: 290) で指摘され，のちに，Quirk et al. (1972: 379) でも指摘されている．

［B］ 代名詞として：「どちらか一方」（2者について用いられる．単数扱いが原則）
 (4) **Either** (of the books) is suitable. （(その本の)どちらでも適当だ）
'either of NP' は普通，単数で呼応するが，〈略式体〉では複数で呼応することがある．
 (5) I don't think **either of** them **is/are** at home. （彼らはどちらも留守だと思う）
同様に，'either of NP' を指示する代名詞も，〈略式体〉では複数であってもよい (Swan 1995: 171)．
 (6) If **either of** the boys phones, tell **him/them** I'll be in this evening.
  （例の少年のどちらかが電話してきたら，今晩は家にいると言ってくれ）

［C］ 副詞として
① 否定文のあとで「…もまた(…ない)」（肯定文では，too, also を用いる）
 (7) a. You **don't** like it, and I don't **either**. （君はそれを好かない，私もだ）
    b. I **don't** drink, (and) I don't smoke **either**.
      （私は酒を飲まないし，たばこもやらない）
    c. "I **don't** like him." "Me **either**." 〈米・略式体〉［＝Neither do I.］
      （「あいつは嫌いだ」「おれもだ」）
② 叙述を強めて「確かに，ほんとに」
 (8) I thought it would**n't** rain, and it didn't rain **either**.
  （雨は降らないだろうと思っていた，そして確かに降らなかった）
③ 前の叙述に情報を付け足して「その上，おまけに」
 (9) I know a good Italian restaurant. It's **not** far from here, **either**.
  (OALD[5]) （うまいイタリア料理店を知っている．おまけにここから近いんだ）

 NB either A or B は相関接続詞として，§27.3 で扱う．

24.2.11. neither

neither は，either の否定形で「どちら(の…)も…ない」の意味を表す．
［A］ 限定詞として
 (1) **Neither** plan will do. （どちらのプランもだめだ）
 (2) I took **neither** side in the quarrel.
   （私はそのけんかでどちらの味方もしなかった）
［B］ 代名詞として
 (3) **Neither** (of the books) is suitable. （(その本の)どちらも適当ではない）
目的語に付く場合は，neither よりも，not … either のほうが〈普通体〉．
 (4) a. I can see **neither** of the ships.
    b. I can**not** see **either** of the ships.
       （その船は，どちらも見えない）
〈略式体〉では，意味呼応によって複数動詞でうけることがある．

(5) **Neither** of us *was*/*were* invited. （私たちはどちらも招かれなかった）

次の例では，動詞は単数，代名詞は複数で呼応している．

(6) Both are astonished at the falling off in the other one, but **neither** *sees* *their* own change.
（両人とも相手の衰えには驚きながらも，どちらも自分の変化には気づいていない）

[C] 副詞として
① 否定文のあとで：「… もまた (… ない)」(肯定文では, too, also を用いる)
(7) a. You don't like it, and **neither** do I/and I don't *either*.
（君はそれを好かない，私もだ）
b. I don't drink, (and) **neither** do I smoke/(and) I don't smoke *either*.
（私は酒も飲まないし，たばこもやらない）
c. "I'm not hungry." "**Neither** am I. [=〈略式体〉Me **neither**.]
（「私は腹がへってない」「私もだ」）

NB neither A nor B は相関接続詞として，§27.3 で扱う．

24.2.12. none

語源的に，'no+one' で，主要語を中に含んでいるので，当然，限定詞用法はない．

[A] 代名詞として：「何も/誰も … ない」
(1) "Is there any tea left?" "No, (there*'s*) **none** (=no tea) at all."
（「紅茶が残っていますか」「いや，少しも残っていない」）
(2) **None of** this *concerns* me. （この件は，私にはまるでかかわりがない）
(3) **None of** my friends *lives*/〈略式体〉*live* here.
（私の友人は，誰もここに住んではいない）[~~Not any of~~ my friends]
(4) She's done **none of** the work I told her to do.   (Swan 1995)
（彼女は私がしろと言った仕事を少しもしていない）
[She hasn*'t* done *any* of the work … よりも強意的]
(5) **None of** your impudence! （生意気言うんじゃない！）

NB 1 二つのものの否定には neither of を使い，none of を使わない (Swan 1995: 371).
(i) **Neither of** my parents are living. [~~None of my parents~~ …]
NB 2 none を no one の意味に使うのは今は〈まれ〉．普通は no one または nobody を用いる．
(i) **Nobody**/〈雅語〉**None** can tell. （誰にもわからない）

[B] 副詞として
① 「**none the**＋比較級」：「ちっとも … でない」(not at all)
(6) I've read the instruction book from cover to cover, but I'm still **none the wiser**. (LDCE[3])（使用説明書を全部読んだが，依然として全然わかってない）
(7) He is **none the happier** for his wealth.
（彼は，金があっても少しも幸福ではない）

② 「**none too**＋形容詞/副詞」：「全く ... でない」(not at all)
  (8) The pay is **none too** high. (その給料は全然高くない)
  (9) Her hand grasped my shoulder, **none too** gently.　　　　(COBUILD⁴)
     (彼女の手が私の肩をつかんだが、全然優しくなかった)

24.2.13. no
代名詞用法はない (それは none の役割である).
[A] 限定詞として：「少しも ... ない」(not any/not a よりも強意的)
  (1) There is **no** water in the well. (井戸には水は少しもない)
  (2) a. He is **no** genius.
        (彼は天才どころではない) [むしろ、ばかだ] (§29.2.2 を参照)
      b. Cf. He is **not a** teacher. (彼は教師ではない)
  (3) He showed **no** small skill. (彼は並々ならぬ腕前を示した) [＝very great]
  (4) There was **no** denying the fact. (その事実は否定のしようもなかった)
「no＋動名詞/動作名詞/複数普通名詞」の形式で掲示に用いて、「... 禁止」「... お断り」の意味を表す.
  (5) a. **No** parking. (駐車禁止)／**No** smoking. (禁煙)
      b. **No** entry. (立入禁止)／**No** flowers. ((葬儀の)献花お断り)
[B] 副詞として：「[比較級の前で] 少しも ... ない」
  (6) The patient is **no better** than before.
     (病人は、前よりも少しもよくなっていない)
  (7) She is **no better** than she should be.
     (彼女はあまり上品ではない) [＝not quite respectable]
  (8) He is **no more** a lord than I am. (彼は私と同様に貴族ではない)
  (9) My tie is **no**/**not any different** from yours.
     (ぼくのネクタイは、君のとちっとも違わない) [different は意味的に比較を含む]
small, common などを否定して反対の意味にする. [ ] 内が否定の作用域 (scope) (＝否定の及ぶ範囲) である.
  (10) a. He showed me [**no** *small*] kindness. [*ie* great]
         (彼は大変親切にしてくれた)
       b. This is [**no** *unimportant*] question. [*ie* a very important]
         (これはなかなか重要な問題だ)

24.2.14. other
[A] 限定詞として
 ① **other**「ほかの、別の」
  (1) There were three **other** boys in the room.
     (その部屋には、ほかに三人の男の子がいた)
  (2) We have **other** evidence. (証拠はほかにもある)

(3) Bill is taller than **any other** member of the team.
   (ビルは，チームの誰よりも背が高い)
(4) Give me **some other** ones. (ほかのをいくつかください)
(5) I have **no other** place to go to. (ほかに行くところがない)
(6) Some books are good; **other** books are bad.
   ((世の中には)良書もあれば，悪書もある)
(7) The market opens **every other** (= second) day.
   (その市場は 1 日おきに開く)

some NP or other (どこかの NP) は，ぼかした表現．

(8) **Some** idiots **or other** have been shouting all night.　　　　　(COD⁵)
   (どこかのばかが，夜どおしわめいていた)

② 「the/one's other＋単数名詞」「(二つの中で)もう一方の」

(9) Now open **the/your other** eye. (こんどはもう一方の目を開けなさい)
(10) The post office is on **the other side** of the street.
    (郵便局は，通りの向こう側にあります)

③ 「the other＋複数名詞」「(三つ以上の中で)**残り全部の**」

(11) These books are mine. **The other ones** are John's.
    (この本はぼくのです．残りは全部ジョンのです)

[B] 代名詞として: 複数形 others がある．

① other(s)「ほかの人/物」

(12) I don't like these ties. Could you show me some **others**?
    (このネクタイは気に入らない．ほかのを少し見せてもらえますか)
(13) *Some* cars are fast; **others** are slow. (速い車もあれば，遅い車もある)
(14) You'll have to use this chair; there's **no other** (than this). (この椅子を使うより仕方がないでしょう．ほかにありませんから) [no other は単数扱い]

② others「他人」(other people)

(15) Do good to **others**. (他人には親切にしなさい)
    [自分を除く他のすべての人(親・兄弟も others である)]
(16) Let **others** talk, I act. (COD⁵)(他人が何と言おうと，ぼくは行動する)

③ the other「(二つのうちで)もう一方」

(17) Mary has two children. *One* is a boy, and **the other** is a girl.
    (メアリーには子供が二人いる．一人は男の子で，もう一人は女の子だ)
(18) *Each* loved **the other**. (二人は愛しあっていた)

④ the others「(三つ以上の中で)残り全部」

(19) These books are mine; **the others** are my big brother's.
    (これらの本はぼくのだが，残りは全部兄のだ)
(20) Where are **the others**? ((われわれ以外の)ほかの連中はどこにいるの)

[C] 副詞として：「違ったやり方で」(＝otherwise)
  (21) I can't do **other** *than* accept. (受け入れるより仕方がない)
  (22) She never speaks **other** *than* in a whisper.
       (彼女はささやき声でしか話さない)

24.2.15. another
語源的には 'an+other' だから，常に単数名詞を伴う．
[A] 限定詞として：「もう一人の，もう一つの」
  (1) Try **another** pear. (ナシをもう一つ食べてごらんよ)
  (2) She opened **another** shop last month. (彼女は先月もう一つ店を開いた)
  (3) We may call him **another** Solomon.
      (彼のことを第二のソロモンと呼んでもいい)
次の例では，複数名詞を一つの集合 (set) と考えている．
  (4) a. I'm staying for **another** [two weeks]. (もう2週間滞在するつもりです)
      b. On Saturday she paid **another** [four dollars].
         (土曜日に彼女はもう4ドル払った)
[B] 代名詞として：「(同種の人や物の)もう一人，もう一つ」
  (5) Take *this* towel away and bring me **another**.
      (このタオルを持っていって，もう1枚持って来なさい)
one と対照的にも用いられる．
  (6) a. *One* man's meat is **another** man's poison. 〈諺〉[16c. 後期]
         (甲の薬は，乙の毒) [meat＝〈古語〉food]
      b. To know is *one* thing, to practice is (quite) **another**.
         (知ることと行うことは，(全く)別のことだ)
  (7) "You're a fool." "And you're **another**." [＝And so are you.] (KCED)
      (「君はばかだ」「そういう君もさ」)
  (8) He gave her **another of** his sideways smiles. (BNC)
      (彼は，もう一度，彼女を流し目に見てにやりと笑った)

24.2.16. many of the boys のタイプ
数量詞は，上で見てきたとおり，*many* books と *many* of the books という二つの形式で用いられる．この節では，後者の形式に共通する特徴を考察する．
[A] of 句内の名詞句は，定名詞句 (definite NP) でなければならない．
  (1) a. **many** *of the* books (その本の中の多く) [*many of books]
      b. **all** *of these* qualities (こういった性質のすべて) [*all of qualities]
      c. **each** *of Mary's* friends (メアリーの友達のおのおの) [*each of friends]
[B] 「the＋数量詞」の形式は，必ず制限的関係節を伴う (Jackendoff 1977: 184)．
  (2) a. Mary knows **the many** of the men who like knitting.

　　　　　　　　　　（メアリーは，その男性たちのうちで編み物好きな多くを知っている）
　　　b. *Mary likes **the many** of the men.
この場合，関係節は the men ではなく，the many を限定している．そのことは，次のような例を見れば，明白である．
　(3)　John is **the** (only) **one** of the men who *likes* / **like* knitting.
　　　（ジョンは，その男たちのうちで編み物を好む唯一の人間だ）
[C]　of 句を数量詞から外置（extrapose）することができる（名詞句からの外置（§38.4.3））．
　(4) a.　**A lot** *of the leftover turkey* has been eaten.
　　　　（食べ残しの七面鳥は，だいぶ食べられた）
　　　b.　→**A lot** has been eaten *of the leftover turkey*.　（同上）

24.2.17. some, any, no, every を含む複合語

	some	any	no	every
人	somebody	anybody	nobody	everybody
	someone	anyone	no one	everyone
物	something	anything	nothing	everything

これらは -body, -one, -thing などの主要語を含んでいるので，限定詞用法はない．
[A]　代名詞として
①　**-body** と **-one**:　-one のほうが頻度が高い．-body はややより〈略式的〉である（Swan 1995: 549）．
　(1) a.　Laurie enjoyed having **someone** to tease.
　　　　（ローリーは，いじめる相手がいるのが楽しかった）
　　　b.　Why, **anyone** can make up things.　　　（Burnett, *A Little Princess*）
　　　　（あら，誰だってお話は作れるわ）
　(2) a.　I guess you can get **somebody** to marry you.
　　　　（あなたも誰かに結婚してもらえるでしょう）
　　　b.　Those who seek to please **everybody** please **nobody**.　（Aesop's *Fables*）
　　　　（みんなを喜ばせようとするものは，誰も喜ばさない）
②　**some-, any-**:　some- や any- の付いた語の用法は，some, any のそれに準じる（§24.2.7）．
　(3)　There's **somebody** at the door.　（玄関に誰か来ています）［肯定文］
　(4) a.　Do you know **anything** about it?
　　　　（そのことについて何か知っていますか）［疑問文］
　　　b.　Can I get you **something** to drink?
　　　　（何か飲み物をおとりしましょうか）［同上］
　　　c.　I hope to see **something** of him.　（ときには彼に会いたいものだ）

(5)　There isn't **anyone** listening.　（誰も聞いている人はいない）［否定文］
　　(6)　If you need **something**/**anything**, just shout.　　　　　　(Swan 1995)
　　　　　（何か必要なら，大声をあげてください）［条件節］
　③　**動詞・代名詞との呼応**：　動詞は単数で呼応するが，人を表す代名詞は〈略式体〉では they でうけることがある．
　　(7) a.　**Somebody** has lost *his*/〈略式体〉*their* hat.　（誰かが帽子をなくした）
　　　　b.　**Everybody** started waving *his or her* flag/〈略式体〉*their* flag.
　　　　　　（誰もが自分の旗を振りはじめた）
　　　　c.　**Nobody** goes to France when *they* can go to Italy.
　　　　　　（イタリアへ行けるのに，フランスに行く人はいない）
　everybody をうける付加疑問では，hasn't he/she は意味上不適当で，they のほうが自然である．
　　(8)　**Everybody** has arrived, haven't *they*?　（みんな到着したんだね）
［B］　**名詞として**：　-body, -thing で終わる語には，名詞用法がある．
　　(9) a.　He'll never be **anybody**.　［否定文で］
　　　　　　（彼は決してひとかどの人物にはならないだろう）
　　　　b.　He's a **nobody** here but he's a **somebody** in his own village.
　　　　　　（彼は，ここでは名もない人だが，自分の村では重要人物だ）
　　(10) a.　She is **everything** to me.　（彼女は，私にとってかけがえのない人だ）
　　　　b.　University education is **something**.　（大学教育って，まんざらでもない）
　　　　c.　He is a real **nothing**.　（彼は全くつまらない男だ）
［C］　**副詞として**：　something, nothing には副詞用法がある．
　　(11)　He was **something** like impatient.　（彼は少々じりじりしていた）
　　(12)　Your plan is **nothing** better than his.
　　　　　（君の案は，彼のと比べてちっともよくない）［＝not at all better］

24.2.18.　many/much

［A］　**限定詞として**：　many は，複数の可算名詞に付けて「多数」を表し，much は，単数の不可算名詞に付けて「多量」を表す．
　　(1) a.　I haven't got **many** pop records.
　　　　　　（ポップミュージックのレコードは，たくさんもっていない）
　　　　b.　There isn't **much** tea here.　（ここには，たくさんの紅茶はない）
　　(2) a.　Do you read very **many** books?　（ずいぶんたくさんの本を読みますか）
　　　　b.　Is there **much** milk?　（牛乳はたくさんありますか）
　many/much は，上で見たように否定文・疑問文で用いられ，〈略式体〉の肯定文では普通 a lot of/lots of/plenty of が用いられる (Quirk et al. 1985: 262)．
　　(3) a.　He has got **a lot of**/**lots of**/**plenty of** friends.　［数］
　　　　　　（彼は友人がたくさんいる）

第24章　数量詞

b. I have **a lot of**/**lots of**/**plenty of** free time. ［量］（暇はたっぷりあります）

〈普通体〉では，many の代わりに a great number of, a large number of, a good number of も用いられ，much の代わりに a great deal of, a good deal of, あるいは a large quantity of, a large amount of なども用いられる．

(4) a. This hall can seat **a large**/**good number of** people. ［数］
　　　（このホールは多数の人を収容できます）
　　b. The chest contained **a great deal of**/**a large amount of** money. ［量］
　　　（その収納箱にはたくさんの金が入っていた）

ただし，〈格式体〉では，肯定文でも many/much がしばしば使用されるし，一方，a lot of, lots of, plenty of も，肯定の答えを期待しているときには疑問文に用いることができる．

(5) a. **Many** people think so.　（多くの人がそのように考えている）
　　b. **Much** time has been wasted.　（多くの時間がむだになった）
(6) "Did you take **a lot of** photos?"　"Yes, I took **a lot**."
　　（「写真をたくさん撮ったのですね」「ええ，たくさん撮りました」）

[B] 代名詞として：many と much は主要語を省略して，代名詞として用いることができる．

(7) a. I have *some* pencils, but not **many**.　［*ie* many pencils］
　　　（鉛筆を少しはもっているが，たくさんはもっていない）
　　b. I have *some* money, but not **much**.　［*ie* much money］
　　　（金は少しはあるが，たくさんはない）
(8) a. **Many of** you will be going on to college.　　　　　　　　　（MED）
　　　（あなたがたの多くは，大学に進学することでしょう）
　　b. You didn't eat **much of** it.　（それをあまり食べなかったね）

NB 1　how, too, so, as のあとでは，〈略式体〉でも many/much が用いられる．そういう結びつき (collocation) として確立しているからである．
　(i)　**How many** are coming?　（何人来るのですか）
　(ii)　**How much** money have you got?　（金はいくらあるのですか）
　(iii)　He spent **too much** money.　（彼は金を使いすぎた）
　(iv)　Do you need **so many**/**much**?　（そんなにたくさん要るのですか）
　(v)　I have six here and **as many** again at home.
　　　（ここに六つあるし，家に帰ればもう六つある）

NB 2　「many a ＋単数名詞」（多くの…）は〈格式体〉．
　(i)　**Many a** good man has been destroyed by drink.　　　　　　（OALD[6]）
　　　（多くのまっとうな人が酒で身を持ち崩している）［単数呼応］

NB 3　a number of, a lot of, a great deal of などでは，number, lot, deal が主要語のように見えるが，実際は全体で数量詞として働いていると考えられる．その証拠に，動詞はそのあとの名詞と呼応するからである．
　(i) a.　**Lots of food** *was* on the table.

　　　　b.　= There *was* **lots of food** on the table.
　　　　　　（テーブルの上に食べ物がどっさりあった）　　　　（以上 Quirk et al. 1985)
　　(ii)　**A number of** people *were* hurt in the accident.　　　　　　(RHD[2])
　　　　　　（その事故で何人かの人が負傷した）

24.2.19.　(a) few, (a) little

[A]　限定詞として：a few/few は，複数可算名詞に付けて「数」を表し，a little/little は不可算名詞に付けて「量」を表す．
　(1) a.　a few, a little　（少しはある）［肯定の意味］
　　　b.　few, little　（ほとんどない）［否定の意味］
　(2) a.　I have **a few** friends.　（友人が少しはいる）
　　　b.　I have **few** friends.　（友人がほとんどいない）
　(3) a.　I have **a little** money.　（金は少しはある）
　　　b.　I have **little** money.　（金はほとんどない）
　(4)　I speak **a little** English.
　　　　（英語を少しは話します）［I speak English *a little*. の場合は，副詞句］

[B]　代名詞として：(a) few, (a) little は，代名詞として用いることができる．
　(5) a.　I know *just* **a few** of these people.　（この人たちをごく少数知っている）
　　　b.　I know *very* **few** of these people.　（この人たちをほとんど知らない）
　(6) a.　I see *only* **a little** of him.　（彼とはたまに会うだけです）
　　　b.　I see *very* **little** of him.　（彼とはほとんど会いません）

(5), (6) で見るように，a few/a little はよく just, only で修飾し，few/little は very で修飾する．

　　NB 1　a little は性質形容詞と数量詞の二様に用いられる．
　　　　(i)　**a little** girl　（かわいい女の子）［性質形容詞］
　　　　(ii)　**a little** bread　（少々のパン）［数量詞］
　　NB 2　次の慣用表現に注意せよ．
　　　①　quite a few〈英〉，a good few は，ともに「かなり多数の」(a considerable number of) の意を表す．
　　　　(i) a.　We've got **quite a few** friends in the village.　　　　(Swan 1995)
　　　　　　　（この村には，友人がかなりたくさんいる）
　　　　　　b.　He bought **a good few** books.　（彼は本をかなりたくさん買った）
　　　②　not a little, no little〈格式体〉は，「多量の」(very much) の意を表す．
　　　　(ii)　I took **not a little**/**no little** trouble over it.
　　　　　　　（そのことではずいぶん苦労した）

24.2.20.　several

[A]　限定詞として：「二つまたは三つ以上だが，多くではない」という意味を表す（上限は 5 か 6 くらいまで）．スタイルは〈格式体〉で，〈普通体〉では some を用いる．
　(1)　I've read the book **several** times.　（その本は何度か読んだことがある）

(2)　I waited for quite **several** minutes.　（まるまる数分待った）
〈格式体〉では，「それぞれの」(separate) の意味でも使用される．
　　　(3)　They said goodbye and went their **several** ways.　　　　　(OALD⁶)
　　　　　（彼らはさよならを言って，思い思いに帰っていった）
［B］　代名詞として
　　　(4)　She went to the store for oranges and bought **several**.
　　　　　（彼女はオレンジを買いに店へ行き，いくつか買った）
　　　(5)　**Several** of the students were absent.　（学生たちの何人かは欠席していた）

24.2.21.　enough
［A］　限定詞として：　複数の可算名詞または単数の不可算名詞とともに用いる．名詞の前後どちらにも置けるが，あとに置くのは〈古風〉(OALD⁶)．
　「(ある目的にとって)十分な」という意味で，通例，for＋名詞「…のために」，または to do「…するために」を伴って用いられる．絶対的に「多い」という含みはない．
　　　(1)　There's **enough** money / money **enough** to buy a car.
　　　　　（車を買えるだけの金はある）
　　　(2)　There was food **enough** *for* all.　〈古風〉　　　　　　　　(OALD⁶)
　　　　　（みんなが食べられるだけの食料があった）
　　　(3)　There was just **enough** light *for us to see* what we were doing.
　　　　　（私たちのしている仕事がやっと見えるほどの明かりがあった）
　　　(4)　There's **enough** time *for* / *to do* that.
　　　　　（そのための/それをする時間は十分ある）
　the が enough の意味を表すことがある (Swan 1995: 187)．
　　　(5)　I hardly had the *strength* to take my clothes off.
　　　　　（私は服を脱ぐだけの元気もなかった）［＝enough strength］
［B］　代名詞として
　　　(6)　I've had quite **enough**.　（もう十分いただきました）［食卓で］
　　　(7)　I've had **enough** of your nonsense.　（君のたわごとはもううんざりだ）
　　　(8)　**Enough** has been said on this matter.　（この点についてはもう十分述べた）
［C］　副詞として：　修飾する形容詞・副詞のあとに用いる．
　　　(9)　He was *kind* **enough** to help me.　［形容詞］（彼は親切にも私を助けてくれた）
　　　(10)　She is *old* **enough** to know better.　［形容詞］
　　　　　（彼女はもっと分別があってもいい年ごろだ）
　　　(11)　You know *well* **enough** what I mean.　［副詞］
　　　　　（私が何を言おうとしているか，百もご承知のはずです）
　　　NB　**fool enough to marry her**：　He was *fool enough* to marry her. (Curme 1931)（彼は愚かにも彼女と結婚してしまった）という文の enough は，副詞としての典型的な位置に

生じている．fool に不定冠詞が付かないのは，それが形容詞化していることを傍証する．しかし，主語が複数であれば，律儀に fools となるところを見れば，名詞性もとどめていることがわかる．

(i) a. And some were **fools enough** to think the lumps were only brass.
(The Ballad of America) [Google]
(そして，中にはその[金の]塊が真鍮にすぎないと思ったばかもいた)
b. they didn't seem to be **men enough** to have that feeling. (Caldwell, *This Very Earth*)(あの人たち，そういう感情をいだくほど男じゃないように思えたの)

さらに，補語が不定冠詞をとる例もある．

(ii) It's time for you to be **a man enough** to take a drink. (Caldwell, *This Very Earth*)(もうおまえも，一杯やれるくらい大人になってもいい時分だよ)

手元の類例を追加しておこう．

(iii) This was **load enough** to crash him. (Dickens, *Our Mutual Friend*)
(これは，彼を押しつぶすほどの重荷だった)
(iv) I was **brute enough** to do so last night. (Shaw, *Man and Superman*)
(ゆうべ，ぼくは野蛮にもそういうことをやったんだ)

24.3. 数　詞

24.3.1. 基数詞と序数詞

基　数	序　数	基　数	序　数
1 one	1st first	21 twenty-one	21st twenty-first
2 two	2nd second	22 twenty-two	22nd twenty-second
3 three	3rd third	23 twenty-three	23rd twenty-third
4 four	4th fourth	30 thirty	30th thirtieth
5 five	5th fifth	31 thirty-one	31st thirty-first
6 six	6th sixth	40 forty	40th fortieth
7 seven	7th seventh	43 forty-three	43rd forty-third
8 eight	8th eighth [eitθ]	50 fifty	50th fiftieth
9 nine	9th ninth	56 fifty-six	56th fifty-sixth
10 ten	10th tenth	60 sixty	60th sixtieth
11 eleven	11th eleventh	70 seventy	70th seventieth
12 twelve	12th twelfth	80 eighty	80th eightieth
13 thirteen	13th thirteenth	90 ninety	90th ninetieth
14 fourteen	14th fourteenth	99 ninety-nine	99th ninety-ninth
15 fifteen	15th fifteenth	100 a/one hundred	100th a/one hundredth
16 sixteen	16th sixteenth	1,000 a/one thousand	1,000th a/one thousandth
17 seventeen	17th seventeenth	10,000 ten thousand	10,000th ten thousandth
18 eighteen	18th eighteenth	1,000,000 a/one million	1,000,000th a/one millionth
19 nineteen	19th nineteenth		
20 twenty	20th twentieth		

基数詞は，13から19までは，-teen という語尾が付き，20から99までは -ty という語尾が付く．
　-tieth という語尾の発音は，[-tiəθ] である．
　序数詞は，first, second, third を除き，基数詞の語尾に -th を付けて作られる．
　序数詞には普通，(1)のように the が付くが，a/an を付けると，(2)のように「もう一つの，別の」という意味になる．

(1)　origins of **the Second** World War　(第二次世界大戦の原因)
(2) a.　Try it **a second** time.　(もう一度やってごらん)
　　 b.　**a sixth** sense　(第六感)

24.3.2. 数詞の特徴

[**A**]　基数詞も序数詞も，ともに数量詞・代名詞の両用法をもつ．序数詞は，普通，特定化されるので，the が付く．

数量詞用法：
(1) a.　She is a mother of **five** children.　(彼女は5人の子供の母親です)
　　 b.　**The fifth** boy from the left is John.　(左から5番目の少年はジョンです)

名詞用法：
(2) a.　There are **seven** of us in my family.　(私の家族は7人です)
　　 b.　Today is **the seventh** of June.　(きょうは6月7日です)

[**B**]　**数詞の語順**：〈序数詞＋基数詞〉の順に並べられる．
(3)　The **first two** runners won medals.
　　　(先着2名のランナーがメダルを与えられた)
(4)　the **next two** (次の二人)／the **last two** (最後の二人)

[**C**]　**a dozen, hundred, thousand, million などの複数形**：　数量詞用法では，当然，複数形にしない．
(5)　three **dozen** eggs　(3ダースの卵)
(6)　five **hundred** people　(500人の人)

名詞用法でも，-s を付けないのが原則 (ただし，million には -s を付けるときもある)．

(7)　I want $\begin{cases} \text{three } \textbf{dozen}. & (3ダースほしい) \\ \text{a few } \textbf{hundred}. & (数百ほしい) \\ \text{ten } \textbf{thousand}. & (1万ほしい) \\ \text{several } \textbf{million}(\textbf{s}). & (数百万ほしい) \end{cases}$

24.4. 数の読み方

24.4.1. 整　数
〈英〉では，hundred のあとに and を付けるが，〈米〉では通例，付けない．

(1) a. 140 = a / one hundred (*and*) forty ［a のほうが〈略式体〉］
　　b. 325 = three hundred (*and*) twenty-five
　　c. 400 = four hundred
　　d. 719 = seven hundred (*and*) nineteen

大きな数は，3けたずつに切って，thousand, million などを付けて読む．

(2) a. 000, 000, 000
　　　　　　↑　　↑
　　　　million thousand
　　b. 3,076 = three thousand (*and*) seventy-six
　　c. 7,000 = seven thousand
　　d. 15,102 = fifteen thousand, one / *a hundred (*and*) two ［数字の途中では，a hundred ではなく，one hundred とする］
　　e. 1,602 = one thousand, six hundred (*and*) two ［hundred の前では，a thousand よりも one thousand のほうが自然］
　　　　　　= sixteen hundred (*and*) two 〈略式体〉
　　f. 234,753 = two hundred (*and*) thirty-four thousand, seven hundred (*and*) fifty-three
　　g. 75,653,345 = seventy-five million, six hundred (*and*) fifty-three thousand, three hundred (*and*) forty-five

NB 1 hundred, thousand, million, および dozen (12), score (20) が明確な整数を表す場合は，決して複数にしない．
　(i) six **hundred** men （600人の人）
　(ii) two **thousand** (and) ten pounds （2千10ポンド）
　(iii) six **dozen** （6ダース）
　(iv) two **score** （40）
しかし，of を付けて概数を表す場合は，必ず複数になる．
　(v) **hundreds of** people （何百人もの人）
　(vi) **hundreds of thousands of** students （何十万人もの学生）
　(vii) **dozens of** eggs （何ダースものたまご）
　(viii) **scores of** people （何十人もの人）

NB 2 billion は，〈米〉では「10億」(thousand million) を表す．〈英〉でも，いまは「10億」を表すが，もとは「1兆」(million million) を表していた．そこで，〈英〉ではいまでも話し手の間で誤解が生じることがある (Swan 1995: 386)．

NB 3 James Bond の活躍する映画は，'double oh seven' と発音する．

24.4.2.　小　数

小数 (decimal) を読むとき，小数点を point と読み，小数点以下は1けたずつ読む．数字のゼロは，通例，〈英〉では nought [nɔːt]，〈米〉では zero [zíːrou] と読むが，小数の中では [ou] と読むことも多い．

(1) a. 0.5 = nought / zero point five = 0 [ou] point five

b. 3.305 = three point three nought/zero five = three point three 0 [ou] five

1以下の小数は，通例，「of a + 単数度量衡名詞」を伴うが，直接に複数度量衡名詞を伴ってもよい (Swan 1995: 383).

(2) 0.125 cm = nought point one two five **of a centimeter**
= nought point one two five **centimeters**

1以上の小数は，普通，複数度量衡名詞を伴う (Swan 1995: 383).

(3) 1.7 **millimeters**/***millimeter** （1.7 ミリ）

24.4.3. 分　数

分数 (fraction) を読むとき，分子を基数，分母を序数で読む（ただし，half, quarter は，そのまま分母とする）.

(1) a. $\frac{1}{2}$ = a/one half　　b. $\frac{1}{3}$ = a/one third

c. $\frac{1}{4}$ = a/one quarter　［〈米〉では，a/one fourth もある］

分子が 2 以上の場合は，分母を複数形にする.

(2) $\frac{2}{3}$ = two thirds　［$\frac{1}{3}$ が二つと考えられている］

(3) $\frac{3}{4}$ = three quarters　［〈米〉では，three fourths もある］

(4) $1\frac{5}{9}$ = one and five ninths

(5) $\frac{3}{4}$ hour = three quarters of an hour

(6) $\frac{6}{10}$ mile = six tenths of a mile

分子・分母が大きな数の場合は，「分子 + over + 分母」の形式にする（この場合は，分子・分母ともに基数を使用する）.

(7) $\frac{317}{509}$ = three hundred (and) seventeen **over** five hundred (and) nine

1以下の分数は，「of + 単数度量衡名詞」を伴い，1以上の分数は，直接に複数度量衡名詞を伴う (Swan 1995: 383).

(8) a. three quarters **of a ton**　（4 分の 3 トン）
b. one and a half **hours**　（1 時間半）［~~one and a half hour~~］
c. Cf. I've been waiting for **an hour and a half**.
　　　　（もう 1 時間半も待っている）

24.4.4. 年　号

通例，終わりから 2 けたずつに切って読む．

(1) a. 1984 = nineteen eighty-four
    b. 1066 = ten sixty-six
    c. 921 = nine twenty-one
    d. 1700 = seventeen hundred
    e. AD 55 = [éi díː] fifty-five ［55 AD とも書く］
    f. 1500 BC = fifteen hundred BC [bíː síː]
              = one thousand five hundred BC
(2) a. in the 1980s / 1980's = in the nineteen eighties
       （1980 年代に）［アポストロフィー(')なしが現代風］
    b. John is in his 30s / 30's / thirties.　（ジョンは（年齢が）30 代だ）

24.4.5.　日　付

[A]　書き方:「1995 年 3 月 10 日」は普通，次のように書く．

(1) 〈英〉10(th) March 1995
    〈米〉March 10, 1995　［年号の前にコンマを付ける］

〈英〉でも年号の前にコンマを付ける人もいるが，(2) のように，文中に日付がくる場合を除いて，あまり普通ではなくなった．

(2) He was born in York on **29 December, 1980**.
    （彼は 1980 年 12 月 29 日にヨークで生まれた）

日付を数字だけで表す場合は，〈英〉では月を 2 番目に書き，〈米〉では月を最初に書く．したがって，例えば，6/4/95 は，〈英〉と〈米〉では異なって解釈される．

(3) a. 〈英〉6 April 1995
    b. 〈米〉June 4, 1995

長い月名は，しばしば，次のように省略して書かれる．

(4) Jan Feb Mar Apr Jun Jul Aug Sept Oct Nov Dec

[B]　読み方

(5) 〈英〉30 March 1995 = March thirtieth, nineteen ninety-five / the thirtieth
    of March, nineteen ninety-five
    〈米〉March 30, 1995 = March (the) thirtieth, nineteen ninety-five

年号は，次のように読む．

(6) a. 1300 = thirteen hundred
    b. 1406 = fourteen hundred and six / fourteen 0 [ou] six
    c. 1910 = nineteen (hundred and) ten
    d. 2000 = two thousand
    e. 2005 = two thousand and five

日付 (date) を表すには，it を主語にする．

(7) "What's the date (today)?"　"*It*'s **July the second**."

(「きょうは何日ですか」「7月2日です」)
(8) "What date is your birthday?" "*It*'s **May** (**the**) **twenty-eighth**."
(「お誕生日は何日ですか」「5月28日です」)

24.4.6. 時　刻

[A] **12時間制**：　時刻の普通の言い方には，次の二とおりがある．

(1)   8:05   eight (oh) five   five (minutes) past eight
       8:10   eight ten   ten (minutes) past/〈米〉after eight
       8:15   eight fifteen   a quarter past/〈米〉after eight
       8:25   eight twenty-five   twenty-five (minutes) past/〈米〉after eight
       8:30   eight thirty   half past eight [〈米〉でも half after eight とは言わない]
       8:35   eight thirty-five   twenty-five (minutes) to nine (9時25分前)
       8:45   eight forty-five   a quarter to nine
       8:50   eight fifty   ten (minutes) to nine
       9:00   nine o'clock

例えば，「8時15分」を数字で表すとき，〈米〉では8:15のようにコロンを用い，〈英〉では8.15のようにピリオドを用いる．
「9時10分前」と言うとき，〈米〉では to の代わりに，ten *of*/*before*/*till* nine のように，of, before, till を用いることができる．

NB 1 o'clock は，正時にしか使用しない (Swan 1995: 582).
    (i) Wake me at **seven** (**o'clock**). (7時に起こしてくれ)
        Wake me at **ten past seven** (*o'clock*).
NB 2 〈略式体〉では，half past の past がよく落とされる (Swan 1995: 582).
    (i) I'll see you at **half** (**past**) **two**. (2時半に会いましょう)

[B] **24時間制**：　時刻表・プログラム・公示などで用いられる．普通には，12時間制の時刻が用いられる．

(2) Last check-in time is **20:15**. (最後のチェックイン時刻は20時15分です)

24時間制を使わなくても，in the morning/afternoon/evening を付けて午前・午後を区別することができる．もっと改まった形式では，am (= ante meridiem 'before midday'), pm (= post meridiem 'after midday') を時刻のあとに付ける．

(3) a. 09:00 = nine o'clock **in the morning**/nine **am** (午前9時)
    b. 21:00 = nine o'clock **in the evening**/nine **pm** (午後9時)

NB 〈英〉の軍隊では，次のような4けたの時刻表示が使用されている．
    (i) Supper will be served at **nineteen hundred hours** and lights out will be at **twenty-one hundred hours**. Tomorrow morning reveille will be sounded at **zero five hundred**. (Archer, *As the Crow Flies*) (夕食は19時00分に出され，消灯は21時00分だ．明朝は，ゼロ5時に起床ラッパが鳴らされる)

24.4.7. 電話番号

数字を1字ずつ読む．0は oh [ou] と読む（〈米〉では，zero とも言う）．44のように同じ数字が重なるときは，〈英〉では通例 double four と読み，〈米〉では four four と読む．

(1) 03 507 4522 = 〈英〉 oh three, five oh seven, four five double two
〈米〉 zero three, five zero seven, four five two two

(2) 307 4900 = 〈英〉 three oh seven, four nine double oh
〈米〉 three zero seven, four nine zero zero

24.4.8. 金　額

[A] 英国の通貨： 1 pound は，100 pence．penny は「コイン」を指し，pence は penny の複数，および「金額」を言う．

(1) a. 1 p = one **penny**／〈略式体〉one **p** [piː]／a **penny**（1ペニー硬貨）
b. 5 p = five **pence** [~~pennies~~]／a five **pence** stamp（5ペンスの切手）
c. £3.56 = three **pounds** fifty-six (**pence**) = 〈格式体〉three **pounds** and fifty-six **pence**（3ポンド56ペンス）
d. a ten-**pound** note（10ポンド紙幣）／a **pound** coin（1ポンド硬貨）
e. a million **pounds**（100万ポンド）

NB　次の言い方は，〈古風〉である．
(i) it cost them **two-and-thirty pounds**.　　　(Doyle, *The Adventures of Sherlock Holmes*)（それは32ポンドかかった）

[B] 米国の通貨： 1 dollar／〈略式体〉buck は，100 cents．

(2) a. $1.50 = a dollar fifty = one fifty　（1ドル50セント）
b. $12.26 = twelve (dollars) twenty-six (cents)　（12ドル26セント）

[C] 日本の通貨： yen は複数にしない．

(3) ¥15,800 = fifteen thousand eight hundred **yen** [~~yens~~]

24.4.9. 温　度

〈英・米〉ともに通例，華氏（Fahrenheit, F）で表すが，摂氏（Celsius, C）も一般化しつつある．0は，〈英・米〉ともに zero と言う．

(1) 32°F = thirty-two degrees Fahrenheit　（華氏32度）

zero のあとは，複数形がくる．

(2) Zero degrees Celsius is thirty-two degrees Fahrenheit.
（摂氏零度は華氏32度である）［述語動詞は単数］
(3) 0°C = zero degrees Celsius
(4) −5°F = five degrees below zero Fahrenheit

24.4.10. 身長・体重・年齢

[A]　身長：英米では，普通，foot（約 30 cm）と inch（約 2.5 cm）で表す．

(1) a.　I am five **feet**/⟨略式体⟩ **foot** six (**inches**) (tall).
（私は身長 5 フィート 6 インチです）
b.　his height [is] five **feet** eight **inches**.　　　(McBain, *Ten Plus One*)
（彼の身長は，5 フィート 8 インチだ）

(2)　I am one **meter** seventy-three (**centimeters**) (tall).
（私は身長 1 メーター 73 センチです）

[B]　体重：⟨英⟩では，stone（約 6.35 キロ）と pound（約 453 グラム）で表し，⟨米⟩ではポンドのみで表す．

(3)　I weigh twelve **stone** ten (**pounds**).
（私は体重 12 ストーン 10 ポンドです）[12st 10lb]

(4)　I weigh a hundred and seventy-eight **pounds**.
（私は体重 178 ポンドです）[178lb]

(5)　I weigh seventy-one **kilos**.　（私は体重 71 キロです）[71 kg]

[C]　年齢：例えば，24 歳を twenty-four 以外に，four-and-twenty と言うのは⟨古風⟩である（cf. OE fēower and twentiġ, G. vier und zwanzig）．

(6)　She was a woman of about **five-and-forty**.　　(Maugham, *Cakes and Ale*)
（彼女は 45 歳くらいの女性だった）

24.4.11. 面 積

「横 by 縦」で表す．

(1)　This room is sixteen **feet**/⟨略式体⟩ **foot** (wide) *by* fifteen **feet**/⟨略式体⟩ **foot** (long).
（この部屋は，横 16 フィート，縦 15 フィートの広さがある）[16′×15′]

(2)　A room **twelve feet by twelve** can be called **twelve feet square**.
（横 12 フィート，縦 12 フィートの部屋は，12 フィート四方と呼ぶことができる）

24.4.12. 数 式

[A]　足し算 (addition)：小さい数では，＋を and, ＝を is または are と読む．単複両様の呼応があるが，Bryant (1962: 25) によれば，56％が単数，44％が複数で呼応する．

(1)　2＋3＝5：　Two and three **is**/**are** five.

大きい数や⟨格式体⟩では，＋を plus, ＝を equals または is と読む．

(2)　713＋146＝859：　Seven hundred (and) thirteen plus a hundred (and) forty-six **is**/**equals** eight hundred (and) fifty nine.

[B]　引き算 (subtraction)：小さい数では，－を from, または take away, ＝を leaves または is と読む．引き算では，単数呼応だけが使用される．

    (3) 7−4=3： Four **from** seven　　　　　} **leaves**/**is** three.
　　　　　　　　　　Seven **take away**[6] four

大きい数や〈格式体〉では，− を **minus**，= を **equals** と読む．

    (4) 619 − 428 = 191： Six hundred (and) nineteen **minus** four hundred (and) twenty-eight **equals** a hundred (and) ninety-one.

[C]　掛け算 (multiplication)： 小さい数の場合は，次のように言う．

    (5) 3×4=12： Three fours **are** twelve.　［この形式は常に複数呼応］
　　　　　　　　　Three **times** four **is** twelve.

大きい数や〈格式体〉では，次のような言い方ができる．単数呼応．

    (6) 17×381=6,477： Seventeen **times** three hundred (and) eighty-one **is**/**makes** six thousand, four hundred (and) seventy-seven.
　　　　　　　　　17 **multiplied by** 381 **equals** 6,477.

[D]　割り算 (division)： 単数動詞のみが使用される．小さな数では，次のように言う．

    (7) 50÷10=5： Ten **into** fifty **goes** five (times).

大きい数や〈格式体〉では，÷ を **divided by**，= を **equals** と読む．

    (8) 261÷9=29： Two hundred (and) sixty-one **divided by** nine **equals** 29.

24.4.13.　nought, zero, nil, nothing, love

数字 0 は，〈英〉では普通 nought，〈米〉では zero と呼ばれる．番号を 1 字ずつ言うときには，0 はしばしば oh と発音される (Swan 1995: 384)．

    (1)　My account number is **four one five oh seven**.　（私の口座番号は41507です）

サッカー，ラグビーなどの得点は，〈英〉では nil，〈米〉では zero または nothing と呼ばれる．

    (2)　Newcastle beat Leeds **four nil**/**by four** goals to **nil**.　　　　　(OALD[6])
　　　　　（ニューカースルは，4対0でリーズに勝った）

テニスでは，零点は love と呼ばれる（< F. *l'œuf* 'egg'（卵の形が 0 に似ているところから）．

    (3)　She won the first set **six-love**/**six** games to **love**.　　　　　(OALD[6])
　　　　　（彼女は，第1セットを6対0で勝った）

24.4.14.　a/an と per

無冠詞の単数名詞の前に置かれて「…につき」の意味に用いるときは，日常英語では a/an を使用し，per はおもに商業英語に使用する．

　6.　この take away は，動詞というよりも，記号化されて "minus" という意味になっている．対応する日本語の「7引く4は3」についても，同様なことが言える．

(1) Peaches are 99 cents **a** pound. (MED)
(モモは，1 ポンドにつき 99 セントです)
(2) He earns $ 120 **a**/**per** week. (彼は週 120 ドル稼ぐ)
(3) This train is travelling at 275 kilometers **an**/**per** hour. [275 km.p.h.]
(この列車は，時速 275 キロで走っています)[新幹線のテロップ]

24.4.15. ローマ数字

ローマ数字 (Roman numeral: I, II, III, i, ii, iii) は，現代英語ではあまり普通ではないが，まだ，次のような場合に使用されている．

① 王や女王の名前，学術書などの前付けのページ，文書の段落を示す数字，試験問題の質問の番号，時計の文字，ときに世紀の名前など．

(1) Henry **V** (= Henry the Fifth) (ヘンリー五世) ／page **vi** (vi ページ) ／question (**vii**) (質問 vii) ／a fine **XVIII** century watercolor (素晴らしい 18 世紀の水彩画)

普通使用されているローマ数字は，次のようなものである．

(2)
1	I, i	11	XI, xi	50	L, l
2	II, ii	12	XII, xii	60	LX, lx
3	III, iii	13	XIII, xiii	90	XC, xc
4	IV, iv	14	XIV, xiv	99	IC, ic
5	V, v	19	XIX, xix	100	C, c
6	VI, vi	20	XX, xx	101	CI, ci
7	VII, vii	21	XXI, xxi	500	D
8	VIII, viii	29	XXIX, xxix	1000	M
9	IX, ix	30	XXX, xxx	2000	MM
10	X, x	40	XL, xl	1995	MCMXCV

24.4.16. メートル法以外の計量

〈英〉では，1995 年 10 月 1 日からヤード・ポンド法からメートル法に変わったが，まだ次のような，もとのヤード・ポンド法が広く使用されている．メートル法の数値は，概数で示す．

(1) a. 1 inch (1 in) = 2.5 cm
    b. 12 inches = 1 foot = 30 cm
    c. 1 mile = 1.6 km
(2) a. 1 ounce = 28 g
    b. 16 ounces = 1 pound = 455 g
    c. 2.2 pounds (2.2 lb) = 1 kg
    d. 1 stone 〈英〉= 14 pounds (14lb) = 6.4 kg
(3) a. 1 pint 〈英〉= 56.8 cl 〈米〉= 47.3 cl (= centilitres)
    b. 1 gallon 〈英〉= 4.55 litres 〈米〉= 3.78 litres

(4) a.　1 acre = 4,840 square yards = 0.4 hectares / ha
　　 b.　1 square mile = 640 acres = 259 ha

24.4.17.　その他
名詞のあとでは，普通，序数ではなく，基数を用いる．
(1) a.　p. 61 = page sixty-one　（61ページ）
　　 b.　pp. 32-50 = pages thirty-two to fifty　（32ページから50ページまで）
(2)　15% = fifteen percent /〈英〉per cent（15パーセント）
(3)　Lesson 15 = lesson fifteen　（第15課）
(4) a.　Chapter 10 = chapter ten　（第10章）
　　 b.　the fifth book = Book Five　（第5巻）
(5)　the third act　=　Act Three　（第3幕）
(6)　Beethoven's **ninth** symphony　=　Symphony **nine**, by Beethoven
　　（ベートーベンの第9交響曲）

ただし，王や女王や世界大戦などは，序数を用いる．
(7)　Elizabeth II = Elizabeth the Second　（エリザベス二世）
(8)　World War II / two = the Second World War　（第二次世界大戦）
　　［~~World War the second~~］

第 25 章

副　　詞

25.0. 概　　説

25.0.1. 副詞と副詞類
　副詞類 (adverbial) は，副詞の上位範疇で，副詞の働きをするすべての語句を指す．英語の副詞類には，次のような種類がある．
① 単一副詞
　(1) He spoke **slowly** and **deliberately**. （彼はゆっくりと慎重に話した）
② 副詞句
　(2) John drives **very carefully**. （ジョンは非常に注意深く運転する）
　(3) Do you have to talk **so loudly**?
　　　（そんなに大声で話さなくちゃならないんですか）[やかましいな]
③ 前置詞句
　(4) We'll stay **at a hotel**. （ホテルに泊まることにしよう）
　(5) Oil won't mix **with water**. （油は水と混ざらない）
④ 名詞句
　(6) John lives **next door**. （ジョンは隣に住んでいる）
　(7) He was bound **hand and foot**. （彼はかんじがらめに縛られた）
⑤ 定形動詞節
　(8) We'll stay **where it'll be convenient**. （便利なところに泊まることにしよう）
⑥ 非定形動詞節
　(9) **Walking across the field**, we saw a plane fly past.　　　(Eastwood 1994)
　　　（原っぱを歩いて横切っているとき，飛行機が飛んでいくのが見えた）
　(10) **Left to itself**, the baby began to cry.
　　　（一人にされたので，赤ちゃんは泣き出した）
⑦ 無動詞節（自由付加詞 §3.6.2 [D] を参照）
　(11) **Grateful for his help**, they thanked him profusely.
　　　（彼の援助に感謝して，彼らはやたらにお礼を言った）
　(12) **An orphan at six**, he was brought up by his uncle.

（6歳で孤児になったので，彼はおじに育てられた）

25.0.2. 副詞の働き

おもに動詞・形容詞を修飾する語であるが，また，他の副詞・名詞・代名詞・句・節を修飾することもある．

① 動詞を修飾

(1) She *speaks* French **fluently**. （彼女はフランス語がぺらぺらだ）

② 形容詞を修飾

(2) This problem is **terribly** *difficult*. （この問題はすごくむずかしい）
(3) I felt **a bit** *better*. （少し気分がよくなった）

③ 他の副詞を修飾

(4) Mary danced **surprisingly** *well*. （メアリーは驚くほどうまくダンスした）
(5) Bill didn't react *quickly* **enough**. （ビルは十分早く反応しなかった）

④ 句を修飾

(6) You're **entirely** *in the wrong*. （君は全くまちがっている）
(7) His office is **right** *in the center of the city*.
　　　（彼の事務所は，街のど真ん中にある）

⑤ 節を修飾

(8) A man is happy **only** *when he is healthy*. （人は健康なときだけ幸福だ）
(9) I did it **simply** *because I wanted to*. （ただ，したかったからしたまでだ）

⑥ 文全体を修飾

(10) **Wisely**, *the meeting ended early*. （賢明なことに，会議は早めに終わった）
(11) **Luckily** *no one was killed*. （幸運にも，誰も死ななかった）

⑦ 名詞を修飾

(12) **Even** *a child* can do this. （子供だって，こんなことはできる）

⑧ 代名詞を修飾

(13) *I*, **too**, have been to London. （私もロンドンへ行ったことがある）

以上の例からもわかるように，副詞の配置には次のような原則がある．

(14) 副詞配置の原則
    a. 副詞は，無標の語順では，修飾する語のできるだけ近くに置く．
    b. 副詞が有標の位置に置かれているときには，何か特別な表現意図（例えば，新情報の焦点にする）が働いていると考えなければならない．

NB 「時」と「場所」の副詞は，動詞・前置詞の目的語として名詞的に用いられることがある．
  (i) He *left* **there** yesterday. （彼はそこをきのう発った）
  (ii) I have lived here *since* **then**. （私はそのとき以来，ここに住んでいる）
また，名詞句のあとに置かれて形容詞的に働くことがある．

(iii)　the school **here**　（当地の学校）
　　　(iv)　the meeting **yesterday**　（きのうの会合）.

25.1.　副詞の分類

25.1.1.　副詞の統語的分類
［**A**］　副詞は，大きく，次の3種に分類できる．
　①　**VP副詞**（VP adverb）：　VP（動詞句）内の構成素を修飾し，VP内またはVPに隣接して生じる．
　　(1)　John [replied **politely**].　（ジョンは丁寧に答えた）
　②　**文副詞**（sentence adverb）：　文全体を修飾する．
　　(2)　[**Probably** he will be here soon.]　（たぶん，彼はまもなくここへ来るだろう）
　③　**接続副詞**（conjunctive adverb）：　おもに文と文を接続する．
　　(3)　[He tried hard.]　**Nevertheless**, [he failed].
　　　　（彼は懸命に努力したが，にもかかわらず失敗した）
［**B**］　上の3種を区別する統語的基準は，次のとおりである（Greenbaum 1969, Quirk et al. 1972）．
　①　VP副詞は，文副詞や接続副詞とは異なり，否定文の文頭に生じない．
　　(4)　$\left\{\begin{array}{l}\text{*}\textbf{Quickly}\\ \textbf{Perhaps}\\ \textbf{Nevertheless}\end{array}\right\}$ he didn't leave for home.
　　　　（もしかすると/にもかかわらず，彼は家路につかなかった）
　②　VP副詞は，疑問文の焦点（focus）になれるが，文副詞・接続副詞はなれない．
　　(5)　Did he reply **politely** or **rudely**?
　　　　（彼の返事は丁寧だったのか，それとも，無礼だったのか）
　　(6)　*Did he leave home $\left\{\begin{array}{l}\textbf{perhaps}?\\ \textbf{nevertheless}?\end{array}\right\}$
　③　VP副詞は，否定文の焦点になれるが，文副詞・接続副詞はなれない．
　　(7)　I did[n't answer him **rudely**] but **politely**.
　　　　（ぼくの彼への返事は無礼ではなく，丁寧だった）
　　(8)　*I didn't see him $\left\{\begin{array}{l}\textbf{perhaps}\\ \textbf{nevertheless}\end{array}\right\}$ but $\left\{\begin{array}{l}\textbf{probably.}\\ \textbf{therefore.}\end{array}\right\}$
　④　文副詞と接続副詞の相違は，yes/no疑問文の答えになれるかどうかである．
　　(9)　"Will he be there?"　"Yes, $\left\{\begin{array}{l}\textbf{probably.}\text{［文副詞］}\\ \text{*}\textbf{therefore.}\text{［接続副詞］}\end{array}\right\}$
　　　　（「彼はそこへ行くの」「うん，たぶんね」）

　NB　同じ副詞でも，生じる位置によって，意味と機能が異なることがある．

(i)　[**Happily** he escaped injury.]　（幸運にも，彼はけがを免れた）
　　(ii)　The children [are playing **happily**].　（子供らは，喜々として遊んでいる）
の場合，happily は (i) では文副詞，(ii) では VP 副詞である．
　同様に，(iii) の yet は VP 副詞，(iv) の yet は接続副詞である．
　　(iii)　I haven't seen him **yet**.　（まだ彼に会ったことがない）
　　(iv)　He was poor, **yet** cheerful.　（彼は貧乏だが，陽気だ）

25.1.2.　VP 副詞の下位分類

VP 副詞は，次のように下位分類される．
　① 様態 (manner) [How? に答える]：　quickly, carefully, bravely
　② 場所／方向 (place/direction) [Where? に答える]：　here, there, up, down, somewhere
　③ 時 (time) [When? に答える]：　today, tomorrow, yesterday, afterwards
　④ 頻度 (frequency) [How often? に答える]：　once, often, always
　⑤ 程度 (degree) [To what extent? に答える]：　quite, very, fairly
　⑥ 焦点化 (focusing) [修飾する (＝直後にくる) 要素を新情報の焦点とする]：just, merely, only, simply, chiefly, even

25.2.　VP 副詞

25.2.1.　形容詞・副詞を修飾する VP 副詞

形容詞・副詞の前に置く．用いられる副詞は，おもに「程度」の副詞である．
　(1) a.　The play was **very** *funny*.　（その芝居はとても滑稽だった）
　　　b.　This steak is very **badly** *cooked*.　　　　　　　　　　　(Swan 1995)
　　　　　（このステーキは，焼き方がひどくまずい）
　　　c.　He is **madly** *in love* with Mary.　（彼はメアリーに猛烈に恋していた）
　(2) a.　He spoke **extremely** *quickly*.　（彼はひどく早口にしゃべった）
　　　b.　He was driving **dangerously** *fast*.
　　　　　（彼は，危険なほどのスピードで運転していた）
ただし，enough は常に形容詞・副詞のあとに置かれる．
　(3) a.　This bench is *big* **enough**.　（このベンチは十分大きい）
　　　b.　He didn't run *fast* **enough**.　（彼は十分に速くは走らなかった）
この位置は，enough のあとに何か基準を表す句が削除されていると考えることで説明される．例えば，(3) の例では，それぞれ次のような基準を補うことができる．
　(4) a.　... **enough** *for five people*
　　　b.　... **enough** *to catch the train*

25.2.2.　動詞を修飾する VP 副詞

　副詞の種類によって，位置が異なる．
[A]　「様態」の副詞

① **無標の語順**：⟨V(+O)+Adv⟩の語順になる．
  (1) Mary *danced* **beautifully**. （メアリーは優雅にダンスした）
  (2) We'll have to *think* **quickly**. （私たちは速く考えなければなるまい）
  (3) He *read* the letter **carefully**. （彼はその手紙を念入りに読んだ）

(3)の語順は，⟨V+O⟩の結び付きのほうが⟨V+副詞⟩のそれよりも密接であるために生じたものである（OはVの補部（complement）であるが，副詞はVの付加部（adjunct）である）．

② **有標の語順**：⟨Adv+V+O（複合名詞句）⟩（すなわち，目的語が複合名詞句（SやPPを含む名詞句）の場合は，この語順になる）．[ ]内が複合名詞句．
  (4) a. He **suddenly** *sold* [the car he had bought one year before].
        （彼は，1年前に買っていた車を突然売り払った）
     b. She **carefully** *picked up* [all the bits of broken glass].
        （彼女は，割れたガラスの破片を残らず注意深く拾い上げた）

NB 1 受動文では，「様態」の副詞は動詞の前に置かれて，⟨副詞+形容詞⟩の場合と同じ語順になる．これは，受動分詞が英語母語話者にとって形容詞と同様に受けとられていることの一つの証拠になる．
  (i) She was **badly** *treated*/*treated **badly**. （彼女はひどいあしらいを受けた）

NB 2 前置詞付き動詞の場合，副詞は，(i)のようにPPの前，または(ii)のように目的語の後に置ける．
  (i) He *looked* **suspiciously** *at* me. （彼は，うさん臭そうに私を見た）
  (ii) He *looked at* me **suspiciously**. （同上）

[B] 「場所・方向」の副詞
  ① **無標の語順**：⟨V(+O)+Adv⟩（「場所・方向」の副詞は，文末に置かれる）．
  (5) 「場所」
     a. I met John **here**. （ここでジョンと会った）
     b. I will meet you **downstairs**. （階下でお会いしましょう）
  (6) 「方向」
     a. I'll go **downstairs**. （階下へ降りて行こう）
     b. He jumped **over the fence**. （彼はフェンスを跳び越えた）

② **有標の語順**：「場所」の副詞，特にPPは，しばしば話題化（topicalize）されて文頭に生じる．
  (7) **Outside**/**In the nursery**, the children are playing happily.
      （外では／子供部屋では，子供たちが楽しそうに遊んでいる）

NB here/thereは話し言葉では，しばしば文頭にくる．
  ⟨here/there+V+主語NP⟩
  (i) **Here** *comes* our bus! （さあ私たちのバスがやって来たぞ！）
  (ii) **There** *goes* the last train! （あそこを終電車が行っている！）
  (iii) **There** *goes* another hope of winning! (KCED)

(これでまた勝つ見込みがなくなった！)

⟨here/there＋主語代名詞＋V⟩
- (iv) **Here I** am!　(ただいま(帰りました))
- (v) **Here she** comes!　(さあ彼女がやって来た！)
- (vi) **There he** goes!　(あそこを彼が行く/行っている！)

[C]　時の副詞
① **無標の語順**：「時」の副詞は，通例，文末に置かれる．
- (8) a. I wrote to her **yesterday**.　(きのう彼女に手紙を書いた)
  b. He left **a few months ago**.　(彼は2,3か月前に発った)

② **有標の語順**：話題化された「時」の副詞は，文頭に置かれる．
- (9) **One cold December morning** a man was walking along the Dover road.
  (ある寒い12月の朝，一人の男がドーヴァー街道を歩いていた)

次の例では，話題が対比されている．
- (10) **Last summer** we went to Wales; **this summer** we're going to Scotland.
  (去年の夏は，ウェールズへ行った．今年の夏はスコットランドへ行くことにしている)

次の例では，前文の副詞句は無標の位置(＝文末)に生じているが，次文の副詞句は「(そして)正午には」と話題化されて，文頭に生じている．
- (11) We left London **at ten o'clock**. **At noon** the plane landed at Rome Airport.　(われわれは，10時にロンドンを発った．正午にはローマ空港へ着陸した)

Quirk et al. (1972: 484)は，nowadays, presently が普通文頭に生じるとするが，それは，これらの副詞が「**場面設定語**」(scene setter)として話題化されやすいためと解される．
- (12) **Nowadays** gasoline costs a lot.　(当節は，ガソリンが高い)

[D]　「頻度」の副詞：「頻度」の副詞は，次の3種に下位区分することができる．
- (13) a.　＋の頻度(語形式)：　always, regularly, usually, generally, often, frequently, sometimes, occasionally
  b.　－の頻度：　ever, never, seldom, hardly
  c.　＋の頻度(句形式)：　now and again (時々) ／ once a week (週に1回) ／ every other day (1日おきに) ／ time after time (何度も) ／ on several occasions (いく度も), etc.

① **無標の語順**：(a), (b)類は通例，動詞の隣に置き，(c)類は文末に置かれる．まず，(a), (b)類から始めよう．

⟨Adv＋一般動詞⟩
- (14) a. He **sometimes** *stays up* all night.　(彼はときどき徹夜をする)
  b. He **seldom** *goes out*.　(彼はめったに外出しない)
  c. Tom **usually** *cycles* to school.　(トムは通例，自転車で通学する)

⟨be/助動詞＋Adv⟩

(15) a. She *is* **often** late. （彼女はよく遅刻する）
　　b. He *has* **never** had a holiday. （彼は一度も休暇をとっていない）
　　c. I *can* **seldom** find time for reading. （読書の時間がなかなか見つからない）
　　d. *Will* you **ever** feel at home here?
　　　　（あなたは，ここでくつろぐことがありますか）［ないでしょう］

助動詞が二つある場合は，頻度の副詞は通例，その間に置かれる（Swan 1995: 22）．

(16) a. We *have* **never** *been* invited to one of their parties.
　　　　（私たちは，一度も彼らのパーティーに招かれたことがない）
　　b. She *must* **sometimes** *have* wanted to divorce.
　　　　（彼女は，ときには離婚したいと思ったにちがいない）

次に，(c)類は，通例，文末に置かれる．

(17) a. The buses *run* **every hour**. （バスの便は毎時間ある）
　　b. We *heard* shots **now and then**. （ときどき銃声が聞こえた）

② **有標の語順**：　三つの場合がある．

〈(a), (b)類の副詞+助動詞〉：　この語順では，助動詞に強勢を置いて，文の内容が真であることを強調する．

(18) a. "You should always be polite." "I **always** *am* [ǽm] (polite)."
　　　　（「君はいつも丁寧にしなきゃいけないよ」「ぼくはいつだってそうだよ」）［前文の always は無標の位置にある］
　　b. "Do you remember?" "No, I **never** *can* [kǽn] remember."
　　　　（「覚えていますか」「いや，どうしても思い出せない」）
　　c. When it comes to grading test papers, teachers **often** *don't* distinguish between right and wrong. (*Newsweek*) （答案用紙に点数をつける段になると，教師はしばしば，正誤の区別がつかなくなる）

〈(a), (c)類の副詞（文頭）+主語+動詞〉：　この場合，文頭の副詞は話題化されるか，または新情報の焦点になる．

(19) 〈話題化〉
　　a. **Occasionally** I try to write poetry. （ときには，私は詩作を試みる）
　　b. **As a rule** I don't go to the office on Saturdays.
　　　　（原則として，私は土曜日には事務所へ行かない）

(20) 〈新情報の焦点〉（一種の分裂文効果）
　　　Again and again I've warned you not to arrive late.
　　　（遅刻するなと言ったのは，一度や二度じゃないぞ）

〈(b)類の副詞（文頭）+助動詞+主語〉：　この場合，副詞が新情報の焦点になり，義務的に倒置（inversion）が生じる．

(21) a. **Seldom** *have* I heard such beautiful singing.
　　　　（こんな美しい歌を聞いたことはめったにない）
　　b. **Never** *shall* I forget your kindness. （ご親切は決して忘れません）

c. **Hardly** *had* we started when it began to rain.
　　　（出発したかと思うと，もう雨が降りだした）
　　d. **Very rarely** *do* you find the ideal partner.
　　　（理想のパートナーが見つかることはめったにない）[find は一般動詞なので，do による支え（*do*-support）が行われている]

[E] **程度副詞** (degree adverb)： この類には，次のようなものがある．
(22)　completely, altogether, almost, nearly, very much, practically, quite, rather, more or less, partly, sort of, kind of, hardly, scarcely

⟨be／助動詞＋Adv＋V⟩
(23) a. He *has* **completely** ignored my request.　　　　　(Quirk et al. 1985)
　　　（彼は私の依頼を完全に無視した）
　　b. She *will* **altogether** reject such views.　　　　　　(Ibid.)
　　　（彼女はそのような考えは全然受けつけないだろう）
　　c. It *was* **almost** dark.　（ほとんど暗くなっていた）

⟨Adv＋一般動詞⟩
(24) a. I **entirely** *agree* with you.　（全くお説に賛成です）
　　b. I **kind of**／⟨略式体⟩ **kinda** *thought* this would happen.　　(KCED)
　　　（こんなことになるんじゃないか，という気が薄々していた）
　　c. Let's **kind of** *look* round.　　　　　　　(Faulkner, *Sanctuary*)
　　　（ちょっくら，あたりを見回してみようじゃないか）

程度副詞を文末に置くこともできる．
(25) a. I *need* a drink **badly**.　（ひどく一杯やりたい）
　　b. They *like* her **very much**.　（彼女のことを大変好いている）

特に，句形式の場合は文末が無標の位置である．
(26)　They *annoy* me **a great deal**.　（彼らにはひどく腹が立つ）

　NB　Many／A thousand *thanks* の thanks は名詞であるが，よく使われる Thanks awfully という表現は，どう説明したらいいだろうか．
　　(i)　And **many** thanks.　　　　　　　(Hemingway, *A Farewell to Arms*)
　　　　（そして，どうもありがとう）
　　(ii)　Thanks **awfully**, I'd love to.　　　　　　　(Coward, *The Vortex*)
　　　　（どうもありがとう，喜んで）
　(ii) の場合，Thanks は，意味的に Thank you と同じ動詞的機能を発揮していると考えられる．

25.2.3.　焦点化の副詞

　「焦点化の副詞」(focusing adverb) は，その右側にくる要素が新情報の焦点であることをシグナルする働きをもつ．句や節，名詞・代名詞を修飾できるのは，この類の副詞である．

① **句を修飾**
(1) a. The accident happened **just** *at this point*. (事故はちょうどここで起きた)
   b. I helped him **purely** *out of friendship*. (ただただ友情から彼を助けた)
   c. I did it **simply** *for the money*. (ただ金ほしさにそれをしたのだ)

② **節を修飾**
(2) a. He did it **simply** *because he wanted to*.
   (彼はそうしたかったから、そうしたにすぎない)
   b. Tell me **exactly** *where he lives*.
   (いったいどこに彼が住んでいるのか、教えてくれ) [Tell を修飾するのではない]

③ **名詞・代名詞を修飾**
(3) a. **Even** *John* was there.
   (ジョンでさえ、そこにいた) [ほかの者は言うまでもない]
   b. **Only** *they* could afford to buy cars. (彼らだけが車を買うことができた)

さて、焦点化の副詞には、次のような種類がある (Quirk et al. 1972: 431).

(4) a. 「…だけ」の意味を表すもの： alone, exactly, exclusively, just, merely, only, precisely, purely, simply, solely
   b. 「特に…」の意味を表すもの： chiefly, especially, largely, mainly, mostly, notably, particularly, primarily, principally, specifically, at least, in particular

これらの中には、alone, as well, in particular などのように、被修飾語のあとに置かれるものもある.

(5) a. *Smith* **alone** knows what happened.
   (スミスだけが、何が起こったか知っている)
   b. I bought *some apples* **as well**. (リンゴもいくつか買った)
   c. *I*, **too**, have been to Rome. (私もローマへ行ったことがある)

NB 1 only や also は、書き言葉では被修飾語の直前または直後に置かれるが、話し言葉では、一律に動詞句の前に置き、どの要素を限定するかはそこに強勢を置くことによって示すのが普通である (H. E. Palmer 1939: 186, Quirk et al. 1972: 433).

	書き言葉	話し言葉
(i)	**Only** *John* phoned Mary today.	JOHN **only** phoned Mary today. (ジョンだけが…)
(ii)	John **only** *phoned* Mary today.	John **only** PHONED Mary today. (電話しただけ…)
(iii)	John phoned **only** *Mary* today.	John **only** phoned MARY today. (メアリーだけに…)
(iv)	John phoned Mary **only** *today/today* **only**.	John **only** phoned Mary TODAY. (きょうだけ…)

NB 2 also は、焦点化の副詞 too とは異なり、「S_1 のほかに、S_2 でもある」という意味を表す. おもに〈格式体〉で用いられる.

(i) be 動詞・助動詞のあと.
Ann is a teacher. She is **also** a mother.
(アンは先生だ. また, 母親でもある) [*She too is ...]
(ii) 一般動詞の前.
I play tennis and I **also** play golf.
(私はテニスをやるし, またゴルフもやる) [*I too ...]

25.2.4. VP 副詞の併置

[**A**] **場所＋場所**:「一般から特殊へ」という強い傾向がある.
(1) He is **out** *in the garden*. (彼は外の庭にいる)
(2) The larks are singing **up** *in the sky*. (ヒバリは空高くさえずっている)
(3) Many people eat **here** *in restaurants*. (ここのレストランで食べる人は多い)

場所の副詞を等位接続するときは,「近＋遠」の順序が普通.

(4) a. Soldiers were on guard **inside** and **outside**. (Quirk et al. 1972)
(内でも外でも, 兵士が見張っていた)
b. We can wait for you **here** or **in the car**. (Ibid.)
(ここか車の中で, お待ちしていましょう)

ただし, 住居標示などでは,「特殊から一般へ」の語順になる. 日本語では, 鏡像関係になる点に注目.

(5) He lives <u>at number 35</u>, <u>Oxford Street</u>, <u>London</u>.
　　　　　　　　1　　　　　　2　　　　　3
(彼は, <u>ロンドン市</u>, <u>オックスフォード通り</u>, <u>35 番地</u>に住んでいる)
　　　　　3　　　　　　2　　　　　　　　1

[**B**] **方向＋方向**: 図像/アイコン的 (iconic) (＝事件の生起した) 順序に従う (この場合は, 日本語でも当然同じ語順になる).

(6) a. They drove **down the hill** *to the village*. (Quirk et al. 1972)
(彼らは車を駆って<u>丘を下り</u>, <u>その村へ</u>行った)
b. He flew **over the city** *towards the airport*. (Ibid.)
(彼は飛行機でその<u>町を越え</u>, <u>空港へ</u>向かった)

方向の副詞も, 等位接続できる.

(7) They went **up the hill** and **into the station**. (Quirk et al. 1972)
(彼らは丘を上がり, 駅へ入っていった)

[**C**] **場所と方向**: 通例,「方向＋場所」の語順になる (Quirk et al. 1972: 475).

(8) a. The children are running **around** *upstairs*.
(子供たちは2階で駆け回っている)
b. People move **to a new house** *in America* every few years.
(アメリカでは, 人々は数年ごとに新しい家に移る)

この場合, 文頭へ回せるのは, 場所の副詞である.

(9) *In America* people move **to a new house** every few years.

[D] **場所/方向と時**：通例，時の副詞があとに置かれる（日本語と鏡像関係になる）．

(10) a. I met him **here** *yesterday*. （きのう，私はここで彼と会った）
   b. We went **to a party** *last night*. （ゆうべ，私たちはあるパーティーへ出かけた）

[E] **時と時**：「特殊から一般へ」が原則（日本語と鏡像関係になる）．

(11) I'll meet you **at three o'clock** *tomorrow*. （あす3時にお会いしましょう）

しかし，「一般」の情報がより重要と感じられるか，あるいは，「特殊」な情報が，あと思案 (afterthought) として，文末に添加された場合は，上の順序が逆になる．そして「特殊」な時の前にコンマを付ける．

(12) I'll meet you *tomorrow*, **at three o'clock**. （あすお会いしましょう，3時にね）

また，「特殊から一般へ」の二つの副詞語句をまとめて文頭に回すことができるけれども，「特殊」な副詞語句のみを文頭に置くことはできない．

(13) a. **At three o'clock** *tomorrow* I'll meet you outside the theater.
     （あす3時に，劇場の外で会いましょう）
   b. ***At three o'clock** I'll meet you *tomorrow*.
     （? 3時にあす会いましょう）［日本語でもおかしい］

[F] **場所/方向＋頻度＋時**：通例，この順序に併置される（日本語と鏡像関係になる）．

(14) a. He goes **to Japan** *every year* NOWADAYS.
     （彼は<u>近ごろは</u> <u>毎年</u> <u>日本へ行く</u>）
   b. He gave lectures **at the college** *three days a week* LAST TERM.
     （彼は<u>先学期</u> <u>週3日</u> <u>大学</u>で講義をした）

25.3. 文副詞

25.3.1. 文副詞の統語的特徴

文副詞 (sentence adverb) というのは，ひと口に言えば，節の外にある副詞である．そこで，節内のいかなる要素からの影響もうけない．具体的に言えば，

① 否定の影響をうけない．
  (1) **Perhaps** he *didn't* like Mary.
      （もしかすると，彼はメアリーが嫌いだったのかもしれない）
② 選択疑問文の焦点になれない．
  (2) *Will he be here **perhaps**, or will he be here **probably**?
③ 焦点化の副詞の作用域の外にある．
  (3) John *only* phoned Mary, **obviously**.
      （ジョンは，明らかに，メアリーだけに電話したんだ）
④ 次のパラフレーズからわかるように，文副詞は上位節 (superordinate clause)

に生じる（≡は同値を表す）．
- (4) a. **Happily**, John won the game. （幸い，ジョンがそのゲームに勝った）
    b. ≡ I consider it *happy* that John won the game.
- (5) a. **Frankly**, I am tired. （はっきり言って，ぼくは疲れた）
    b. ≡ I say *frankly* that I am tired.
- (6) a. **Evidently**, he is mistaken. （まさしく，彼はまちがっている）
    b. ≡ It is *evident* that he is mistaken.

25.3.2. 文副詞の下位区分

文副詞には，次のような種類がある．
① 領域副詞
② 法副詞
③ 評価副詞
④ 発話様式副詞
⑤ 主語副詞

25.3.3. 領域副詞

領域副詞（domain adverb）は，文が叙述される領域を表す．Huddleston & Pullum（2002: 765）が「領域付加詞」（domain adjunct），Quirk et al.（1985: 568）が「視点下接詞」（viewpoint subjunct）と呼ぶものである．領域副詞は，機能的には話題（topic）または場面設定（scene-setting）を表すと考えられる．

- (1) **Economically**, the country is in sharp decline.
    （経済面では，その国は急激に衰微している）
- (2) **Officially**, we shouldn't really be discussing the matter.
    （正式には，本当にその問題を論じているべきではない）
- (3) **Politically**, the country is always turbulent.
    （政治面では，その国は常に不穏である） （以上 Huddleston & Pullum 2002）

領域副詞は，句や節の形で現れることがある．

- (4) **From a linguistic point of view**, there are no primitive languages.
    （言語学の立場から言えば，原始的な言語など存在しない）
- (5) **As far as the law is concerned**, what he did is not a crime. （法律に関するかぎり，彼がやったことは犯罪ではない） （以上 Huddleston & Pullum 2002）

場所の前置詞句も，領域副詞として機能することがある．

- (6) **In this country** giving bribes to secure foreign contracts is permitted.
    （この国では，外国との契約を確保するために贈賄することは許されている）

NB 「名詞＋wise」という形式も，特に〈米・略式体〉で領域副詞として用いられることがある（Quirk et al. 1985: 568）．
- (i) **Weatherwise** (= As regards the weather), we are going to have a bad time this winter. （天候については，今年の冬は不順になりそうだ）

25.3.4. 法副詞

法副詞 (modal adverb) は，命題内容の真偽性に対する話し手の確信の度合いを表すものである．

法副詞は，話し手の確信度に応じて，次の4種類を区別することができる (cf. Huddleston & Pullum 2002: 768)．

① assuredly, certainly, clearly, definitely, manifestly, necessarily, obviously, plainly, surely, truly, unarguably, undoubtedly, unquestionably
② apparently, doubtless, evidently, presumably, seemingly
③ arguably (おそらくは), likely, probably
④ conceivably, maybe, perhaps, possibly

[A] 〈be/助動詞＋法副詞〉

(1) That *was* **probably** sensible of her.　　　　　　(Steel, *Bittersweet*)
（おそらく，彼女がそうしたのは，分別があったのだ）

(2) It *will* **probably** rain this evening.（たぶん今晩は雨だろう）

[B] 〈法副詞＋一般動詞〉

(3) Kim **definitely** *chaired* the meeting.
（キムは確かにその会の司会をした）［疑いに対する反論］

(4) He **obviously** *lived* a life of luxury.　　　　　　(Steel, *Bittersweet*)
（彼は明らかに贅沢な生活をしたのだ）

maybe, perhaps は通例，文頭にくる．

(5) **Maybe** she is in love.　　　　　　　　　　　　(COBUILD³)
（もしかすると，彼女は恋しているのかもしれない）

(6) **Perhaps** you've seen it. ＝ You have **perhaps** seen it.
（ひょっとすると，君も見てるかもしれないね）

25.3.5. 評価副詞

評価副詞 (evaluative adverb) は，命題内容が事実であることを前提とし，それに対する話し手の評価を表すものである．

(1) amazingly, annoyingly, astonishingly, curiously, disappointingly, fortunately, funnily, happily, importantly, incredibly, interestingly, ironically, luckily, miraculously, naturally, oddly, paradoxically, regrettably, sadly, strangely, surprisingly, thankfully, unbelievably, understandingly, unfortunately

次の (2b, c) のようなパラフレーズを見れば，評価副詞が文の外にあって，文内容に対する話し手の評価を表していることが明らかになる．

(2) a. **Amazingly** he escaped death by a hair's-breadth.
（驚くべきことに，彼は間一髪で死を免れた）
b. ≡ *It was amazing that* he escaped death by a hair's-breadth.

c.　≡ He escaped death by a hair's-breadth, *which was amazing.*
(3)　**Curiously** (**enough**), I hadn't noticed his absence.
　　（不思議(千万)にも，私は彼の欠席に気づかなかった）
(4)　**Regrettably**, he failed mathematics.　（残念ながら，彼は数学を落とした）
(5)　Think about the *Sea Star*, and **hopefully**, one of these days, you and Sam will be on it again.　(Steel, *Bittersweet*)（「海星号」のことを考えてみてほしい．うまくいけば，近いうちに，君とサムがまたそれに乗れることだろう）

次の happily は，(a) では文副詞，(b) では様態の副詞である．

(6)　a.　**Happily**, his injuries were not serious.　　　　　　　　(LDCE[3])
　　　　（幸い，彼のけがは大したことはなかった）
　　b.　They lived **happily** ever after.
　　　　（二人は，その後ずっと幸せに暮らしました）[昔話の結末]

25.3.6.　発話様式副詞

発話様式副詞（manner-of-speaking adverb）は，話し手の発話の仕方を修飾するもので，次のようなものがある．

(1)　bluntly, briefly, candidly, confidentially, flatly, honestly, seriously, strictly, truly, truthfully

例えば，(2a) は (2b) のように，パラフレーズすることができる．

(2)　a.　**Frankly**, I'm tired.　（はっきり言って，疲れちゃった）
　　b.　≡ *I tell you frankly* / *I say to you frankly* that I'm tired.　（同上）

つまり，(2a) の Frankly は，表層に現れない発話動詞（ie tell, say）を修飾するものと考えられる．事実，発話様式副詞のうち -ly で終わるものは，-ly speaking または to speak -ly のように，発話動詞の顕在する形式をもっているのであって，この場合は，-ly 副詞が発話動詞を修飾していることは明白である．

(3)　**Frankly speaking** / **To speak frankly**, I'm tired.

次に，発話様式副詞の例をいくつかあげておこう．

(4)　**Personally**, I don't like her.　（個人的には，彼女のこと好きじゃない）
(5)　**Strictly speaking**, spiders are not insects.
　　（厳密に言えば，クモは昆虫ではない）

この類の副詞は，通例，節形式の定型表現で使われる場合も少なくない．

(6)　**If I may say so**, that's a crazy idea.　　　　　　　　(Sweetser 1990)
　　（こう言っちゃなんだが，その考えはばかげているよ）
(7)　**If you must know**, (I'll tell you that) I wasn't even short-listed.
　　（Huddleston & Pullum 2002）（ぜひ知りたいとおっしゃるなら(申しますが)，私は最終選考者名簿にさえ載っていなかったのです）
(8)　Are you nearly ready, (I'm asking you) **because the bus leaves in ten minutes**?　（そろそろ用意はできましたか，なにしろバスが10分後に出るもので(お

尋ねするんですが))

(7)-(8)では，発話動詞が言外に含意されている点に注意．
主文が疑問文の場合は，発話様式副詞は，二とおりにあいまいになる．
(9) **Frankly**, is he tired?
a. Tell me frankly, …　（率直に言ってほしいが，…）
b. I ask you frankly, …　（率直にお尋ねするんだが，…）　(Quirk et al. 1972)

Quirk et al. (1972: 509) は，(9a) の意味にとられる確率が高いとしている．
以上見たとおり，発話様式副詞は，文頭が無標の位置である．文末に回される場合は，あと思案 (afterthought) として追加されたものと解される．この場合，前にコンマを付けなくてはならない．
(10) I don't want the money, **confidentially**.
（あの金は要らないんだ，ここだけの話だが）

25.3.7. 主語副詞

主語副詞 (subject adverb) は，行為をする際の主語の心的態度を表すとともに，動詞句をも修飾する．
主語副詞には，次の2種類がある (Quirk et al. 1972: 465)．
(1) a. 主語の意図を表すもの：deliberately, (un)intentionally, purposely, reluctantly, voluntarily, wilfully, (un)willingly, on purpose, with reluctance
b. 主語の心的状態を表すもの：resentfully, angrily, frankly, manfully, bitterly, sadly, with great pride

［A］　**無標の語順**：動詞句の直前に置かれる．
次の二つの文を比較せよ．
(2) a. May **foolishly** forgot her passport.　［May was foolish.］
（メイは愚かにもパスポートを忘れてしまった）
b. May behaved **foolishly** at the party.　［＝in a foolish manner］
（メイはパーティーで愚かなふるまいをした）

において，(a) の foolishly は主語の心的態度を表す主語副詞であるが，(b) の foolishly は behaved を修飾する様態の副詞である．
(3) a. John **angrily** tore up the letter.　［＝John was angry when he tore up the letter.］（ジョンは怒って手紙を破いてしまった）
b. John **deliberately** misled us.　［＝He was being deliberate when …］
（ジョンは，故意に私たちを欺いた）

主語副詞は，定義上，無生主語とは共起しない．
(4) *The rain **deliberately** fell.
［B］　**有標の語順**：主語副詞を新情報の焦点としたい場合は，文頭に回される．こ

のときは，あとにコンマを付ける．
(5) a. **Sadly**, he roamed the streets. （悲しげに，彼は街をさまよった）
b. **Bitterly**, he buried his children. （つらい思いで，彼は子供たちを葬った）
c. **Proudly**, he wouldn't accept the award.
（誇りをもって，彼はその賞をうけようとはしなかった）
d. **On purpose**, he broke an appointment. （わざと，彼は会う約束を破った）
［＝It was on purpose that he broke …］

最後の例のように分裂文に書き替えた場合は，on purpose に焦点があることが顕在化する．これを"分裂文効果"(cleft-effect) と呼ぶことにしよう．

NB 1 次の三つの文の副詞の位置に注意せよ．
(i) John **cleverly** has been examined by the doctor.
(ii) John has **cleverly** been examined by the doctor.
(iii) John has been **cleverly** examined by the doctor.

cleverly は，(i) では主語副詞，(ii) ではさらに様態の副詞の解釈も可能になる．(iii) のように，本動詞の直前では，様態の副詞の解釈が普通になる．

NB 2 本書では，主語副詞が S に直接に支配されていること，および，主語と述語を含む文全体にかかわるという理由で，文副詞に含めておいたが，文の IP 分析を採用するなら，主語副詞は VP の指定部に基底生成されるとしなければならない．厳密には，主語副詞は，文副詞と VP 副詞の中間的性質をもっていると言うべきかもしれない．

25.4. 副詞の階層性と配置

25.4.1. 副詞の階層性

以上見てきた副詞類をそれぞれ 1, 2, 3, 4, 5 と記号化すると，各類の副詞は，次に示すように，文のそれぞれの階層に生じると考えられる．

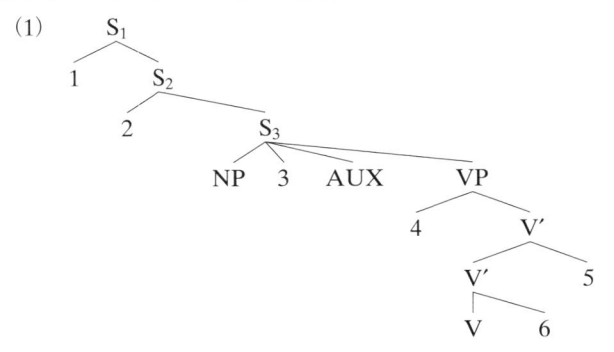

(1)
```
        S₁
       /  \
      1    S₂
          /  \
         2    S₃
             /|\ \
           NP 3 AUX VP
                    / \
                   4   V'
                      / \
                     V'  5
                    / \
                   V   6
```

ここで，1-3 のように S に直接支配された副詞が文副詞，4-6 のように VP に支配された副詞が VP 副詞である．

1-6 に属する副詞は，次のように分類できる．
(2) 1 発話様式副詞： frankly, personally, seriously, …

例： **Frankly**, you are mistaken. （はっきり言って，君はまちがっている）
2a 評価副詞： fortunately, surprisingly, thankfully, …
例： **Fortunately** for me, I did not lose my head.
（私にとって幸いなことに，私は落ち着きを失わなかった）
2b 法副詞： certainly, obviously, possibly, probably, …
例： **Probably** she will not be there. （おそらく，彼女はそこにいないだろう）
時・場所 today, yesterday, last Sunday; here, there, in Tokyo ［この類は，文末が規範］
例： He went away **yesterday**. （彼はきのう立ち去った）／**Yesterday** he went away.
She died **in London**. （彼女はロンドンで亡くなった）／**In London** she died.
3 主語副詞： wisely, cleverly, deliberately, …
例： He **angrily** walked out of the room.
（彼は，ぷりぷりして部屋から出て行った）
4 頻度： always, often, frequently, …
例： I have **often** read that novel. （その小説は何度も読んだ）
5 VP副詞
手段 surgically, microscopically, by car
様態 easily, loudly, beautifully
etc.
例： They went **by car**. （彼らは車で出かけた）
6 V副詞（動詞の補部になるもの）
位置 (stay) here, (sleep) in bed, (live) in London
時間 (walk) three hours
様態 (word) carefully, (treat) kindly, (dress) elegantly, (pay) handsomely
例： He lives **in London**. （彼はロンドンに住んでいる）
Word your ideas **clearly**. （自分の考えを明晰な言葉で述べなさい）

25.4.2. 副詞の配置順序

副詞は，前項の階層性を反映して，一つの文に二つ（以上）の別な類に属する副詞が現れる場合は，左から右へ 1, 2（2 同士の場合は 2a → 2b の順），3, 4, 5, 6 の順に並ぶことになる．つまり，より高次の階層に属する副詞ほど，文の左側に現れるのであり，その逆の順序は非文法的である (cf. Jackendoff 1972, 1977, 松浪（ほか）1983: 580)．（注意：以下の記述は，無標の語順にあてはまることであって，有標の語順では，いくつかの variation が可能になる．）

(1) 1-2: **Frankly,** John **obviously** left early. (Schreiber 1968)
（率直に言えば，ジョンは明らかに早発ちしている）

　　　　2-1: ***Obviously**, John **frankly** left early.
　　　　　　　（?*明らかに，ジョンは率直に言えば早発ちしている）
(2)　2a-2b: **Fortunately**, Ben **evidently** passed the exam.
　　　　　　　（幸い，ベンが試験に合格したのは明らかだ）
　　　　2b-2a: ***Evidently**, Ben **fortunately** passed the exam.
　　　　　　　（?*明らかに，ベンは幸い試験に合格したようだ）
(3)　2b-3: **Obviously**, John **wisely** left early.　　　　(Schreiber 1968)
　　　　　　　（明らかに，ジョンが早めに発ったのは賢明だった）
　　　　3-2b: ***Wisely**, John **obviously** left early.
　　　　　　　（*賢明にも，ジョンは明らかに早めに発った）
(4)　3-4: Max **deliberately** was shouting **loudly**.
　　　　　　　（マックスは，故意に大声でどなっていた）
　　　　4-3: *Max **loudly** was shouting **deliberately**.
　　　　　　　（?マックスは，大声で故意にどなっていた）
(5)　4-5: They **always** treat us **kindly**.
　　　　　　　（彼らは，いつも親切にもてなしてくれる）
　　　　5-4: *They **kindly** treat us **always**.
　　　　　　　（?彼らは，親切にいつももてなしてくれる）

以上のように，階層上高い位置にある副詞は，低い位置にある副詞よりも左に生じる．その逆の順になると，非文法性が生じる．その場合，日本語でも文法性が低下する点に注目せよ．

NB　同じ形式の副詞でも，無標の語順において文中で現れる位置が異なっている場合は，それぞれ別なクラスに属すると考えなければならない．
　　　(i) a.　Mary made tea **carefully**.
　　　　 b.　Mary **carefully** made tea.
日本語に訳すと，両文とも「念入りにお茶を淹れた」となるが，(a) 文は茶の淹れ方を示す様態副詞であるが，(b) 文は普通，(ii) と同義の主語副詞と解される．
　　　(ii)　Mary was *careful* in making tea.

25.5.　副詞の話題化

VP 副詞または主語副詞が話題化されて，主語の前の位置に上昇することがある．例えば，
　　　(1) a.　John **clumsily** spilled the beans.　（ジョンは，不器用にもソラマメをこぼした）
　　　　 b.　**Clumsily**, John spilled the beans.
　　　　　　　（不器用にも，ジョンはソラマメをこぼした）

(1a, b) の clumsily は，ともに主語副詞であり，両文の知的意味に違いはない．しかし，(b) の clumsily は，有標の話題 (marked topic) として，新情報の焦点になっている（"分裂文効果"）．次の (2)-(6) の諸例を考察せよ．

(2) **On purpose**, he left his proposals vague.　　　　(Quirk et al. 1985)
　　（故意に，彼は提案をあいまいにしておいた）［＝It was on purpose that …］
(3) **Quietly**, Harry tried to say something in parsel-tongue.
　　　　　　　　　　　　　　　(Rowling, *Harry Potter and the Chamber of Secrets*)
　　（静かに，ハリーはパーセル語で何か言おうとした）
(4) **Quickly**, Jamie shoved the log under it.　　(Sheldon, *Master of the Game*)
　　（素早く，ジェーミーはそれ(筏)の下に丸太を押し込んだ）
(5) **Slowly, carefully**, he began dialling.　　(McBain, *He Who Hesitates*)
　　（ゆっくりと，注意深く，彼はダイアルを回しはじめた）
(6) **Slowly, hypnotically**, she nodded.　　　　(Steel, *Remembrance*)
　　（ゆっくりと，催眠術にかかったように，彼女はうなずいた）

(2)では主語副詞が，(3)-(6)では様態副詞が，有標の話題になっていて，どちらの場合も，(2)のパラフレーズに示したように，一種の"分裂文効果"が生じている．
　それでは，ともに文頭の位置が指定席になっている発話様式副詞や法副詞も，新情報の焦点になっていると言えるだろうか．

(7) a.　**Frankly**, John is a fool.　（はっきり言って，ジョンはばかだ）
　　b.　**Perhaps**, his train is late.　　　　　　　　　(Swan 1995)
　　　　（もしかしたら，電車が遅れたのかもしれない）

そうではない．ともに文全体を作用域にしていることを示すために，文頭に置かれているのであって，新情報の焦点になっているわけではない．

25.6.　注意するべき副詞

25.6.1.　形容詞と同形の副詞

　副詞の中には，次のように，形容詞と同形のものがある．両用法は，統語的に区別される．

(1) clean（きれいな/すっかり），daily（日々の/日ごとに），dead（死んだ/激しく），direct（直接な/直接に），easy（易しい/ゆったりと），fine（立派な/見事に），free（自由な/ただで），hard（堅固な/懸命に），high（高い/高く），kindly（親切な/親切に），pretty（きれいな/かなり），real（本当の/本当に），right（正しい/ちょうど），sound（健全な/ぐっすりと），straight（真っすぐな/真っすぐに），etc.

以下の用例で，(a)は形容詞，(b)は副詞である．

(2) a.　She swept the room **clean**.　（彼女は部屋をきれいに掃除した）［結果構文］
　　b.　I **clean** forgot about it.　（そのことは，きれいに忘れていた）
(3) a.　It's a **daily** paper.　（それは日刊新聞だ）
　　b.　It comes out **daily**.　（それは毎日発行される）
(4) a.　He is **dead** and buried　（彼は死んで葬られている）
　　b.　He was **dead** drunk/tired.　（彼はへべれけに酔っていた/くたくたに疲れていた）

(5) a. He gave a **direct** answer to my question. （彼は率直な答えをした）
   b. The next flight goes **direct** to Rome. （次便はローマに直行します）
(6) a. He is **easy** to please. （彼は機嫌をとりやすい）
   b. Take it **easy**. （のんびりやんなさい）[1]
(7) a. He is a **hard** man to please. （彼は気むずかし屋だ）
   b. He tried **hard** to succeed. （彼は成功しようと懸命に努めた）
(8) a. She spoke with a **kindly** smile. （彼女は優しげな微笑みを浮かべて話した）
   b. She spoke **kindly** to him. （彼女はねんごろに彼に話しかけた）
(9) a. Beth is a **pretty** girl. （ベスはかわいい女の子だ）
   b. I'm getting **pretty** fed up. (Swan 1995)（かなりうんざりしてきた）

NB likely（ありそうな），friendly（友好的な）は，副詞として使用しないので，probably, in a friendly way として用いる (Thomson & Martinet 1986: 47)．OALD[6], COBUILD[3], MED, LDCE[4] なども，friendly, friendlily の副詞用法を認めない（OED[2] の両語の最終例は，それぞれ 1869 年，1883 年）．
   (i) It's **likely** to rain tonight. = **Probably** it will rain tonight.
       （たぶん今夜は雨でしょう）
   (ii) He smiled **in a friendly way**. （彼は親しげににっこりした）

25.6.2. 二つの語形のある副詞

語形が二つある場合は，その間に意味またはスタイルの差があると考えなければならない．

[**A**] 以下のペアでは，おもにスタイルの違いがある．

◇**right / rightly**： どちらも「正しく (correctly)」の意味で用いられるが，right は様態副詞として動詞のあとでのみ用いられ，かつ，〈略式体〉では rightly よりも普通に用いられる．

(1) a. I'll try to do it **right** this time. （今度は正しくやりたい）
   b. His name was Clint Smith, if I remember **right / rightly**.
      （私の記憶に誤りがなければ，彼の名はクリント・スミスだった）[if I remember rightly のほうが普通]

rightly は，また，評価副詞としても用いられる (cf. Eastwood 1994: 263)．

(2) a. He **rightly** assumed that Mary wasn't coming.
      （メアリーは来ない，と彼が推測したのは正しかった）
   b. Helen decided **rightly** to call the police.
      （ヘレンが警察を呼ぶことにしたのは，適切だった）

---

1. この easy が副詞であることは，次のような -ly 副詞との平行性に照らして明白である．
   (i) They take it **quietly**.　　　　　　　　　　　　　(Shaw, *Man and Superman*)
       （やつらは，のんびりかまえているぞ）
   (ii) She'll take it **naturally**.　　　　　　　　　　　　(Spillane, *I, the Jury*)
       （あの子はそれを自然に受け入れるでしょう）

◇**wrong / wrongly**「誤って」: wrong は様態副詞として動詞のあとでのみ用いられ, かつ, 〈略式体〉では wrongly よりも好まれる.
 (3) You guessed **wrong / wrongly**.（君の推量は誤っていた）
 (4) You are **wrongly** informed.（君のうけた情報は誤っている）
◇**loud / loudly**「大声で」: loud は特に〈略式体〉では動詞のあとで loudly の代わりに用いられる. 共起する動詞は, 通例, 発声動詞 talk, speak, shout, laugh である.
 (5) He shouted **loudly** for help, but nobody came.
   （彼は大声で助けを呼んだが, 誰も来なかった）
 (6) Don't talk so **loud**.（そんなに大声で話さないでください）
◇**slow / slowly**「ゆっくりと」: 〈略式体〉や掲示では, slow のほうがよく用いられる.
 (7) Speak **slowly**, please.（ゆっくりと話してください）
 (8) a. Go **slow**.（ゆっくり行け/やれ）
   b. Drive **slow**.（徐行）［道路標識］

[B] 以下のペアでは, 意味の違いがある. 通例, 単純形は文字どおりの意味に用いられるのに対して, -ly 形のほうは意味が狭く, 比喩的に用いられることが多い.
◇**high / highly**「高く/大いに」
 (9) a. The bird is flying **high**.（その鳥は空高く飛んでいる）
   b. I can **highly** recommend him.（彼は大いに推薦できます）
◇**late / lately**「晩くまで/最近」
 (10) a. I sat up **late** last night.（ゆうべは晩くまで起きていた）
   b. I haven't seen him **lately**.（最近は彼に会っていない）
◇**dear / dearly**「高価に/心から」
 (11) a. He sold his camera **dear**.（彼はカメラを高く売った）
   b. I loved her **dearly**.（私は心から彼女を愛していた）
◇**clean / cleanly**「完全に/楽々と」
 (12) a. The bullet went **clean** through the wall.（弾丸はきれいに壁を貫通した）
   b. A sharp knife cuts **cleanly**.（鋭いナイフはすぱすぱ切れる）
◇**near / nearly**「近くに/ほとんど」
 (13) a. It's getting **near** to Christmas.（クリスマスが近づいてきた）
   b. He was **nearly** killed in the accident.
    （彼はその事故で危うく死ぬところだった）
◇**wide / widely**「広く/大幅に」
 (14) a. The door was **wide** open.（ドアは広く開けてあった）
   b. Their opinions are **widely** different.（彼らの意見は大きく異なっている）

25.6.3. 副詞的に用いられた形容詞
特に〈米・略式体〉では, 特定の形容詞を強意語として用いる.

(1) It's **awful** *cold*. (Hemingway, *Fiesta*)（すげえ寒いや）
(2) The cocked gun, behind my back, made me **black** *angry*.
(Id., *Green Hills of Africa*)
(撃鉄を起こした銃を背中に突き付けられて，おれはかんかんに怒った)
(3) The wine was **icy** *cold*. (Id., *A Farewell to Arms*)
(ワインは氷みたいに冷えていた)
(4) It's a **jolly** *good* story. (Id., *Green Hills of Africa*)
(それは，やけにおもしろい話だった)
(5) And I'm **real** *sorry* about it. (HTI)
(そして，そのことでは本当にお気の毒です)
(6) It was **precious** *dirty* and *lovely*. (Doyle, *A Study in Scarlet*)
(それは，すごい汚れてかわいかった)〔召使いの言葉〕
(7) The air in the room was **bitter** *cold*. (McBain, *He Who Hesitates*)
(部屋の中の空気は，すごく冷たかった)
(8) He was **dead** *serious*, and Mike knew it. (Steel, *The Promise*)
(彼は大まじめだった．マイクにもそれがわかった)
(9) He was an **uncommon** *drunk* sort o' man. (Doyle, *A Study in Scarlet*)
(そいつは，ひどく酔っぱらった男でした)
(10) I was **plenty** *nervous*. (Hemingway, *Green Hills of Africa*)
(私はすごくいらいらしていた)

mighty は，特に〈米・格式体〉である．

(11) The task was **mighty** *difficult*. （その仕事はいたく困難だった）

現在分詞形形容詞にも，この用法がある．

(12) It was **baking** *hot* in the square. (Hemingway, *Fiesta*)
(広場はうだるように暑かった)
(13) It was a **scorching** *hot* day. （焼けつくように暑い日だった）

25.7. 意味・用法の紛らわしい副詞

25.7.1. very と much

ともに強意副詞であるが，両者には次のような使い分けがある．
[A] very は，形容詞・副詞を前から修飾する．
(1) a. This is a **very** *interesting* book. （これはとてもおもしろい本だ）
    b. He spoke **very** *slowly*. （彼はとてもゆっくり話した）

much は，否定文・疑問文において動詞をあとから修飾する．
(2) a. I don't *like* him (**very**) **much**. （彼はあまり好きじゃない）
    b. Do you *like* him **much**? （彼がとても好きかい）

肯定文では，much ではなく，very much を用いる．

(3) I *like* him **very much**/*much*. (彼が大好きだ)

ただし，〈格式体〉では，prefer, admire, appreciate, regret などのラテン系の動詞の場合，much のみをその前に置いて使用することができる．

(4) We **much** *appreciate* your offer. (お申し出，いたく感謝いたします)

この場合，very much を文末に使用すれば，普通のスタイルになる．

(5) We *appreciate* your offer **very much**.

[B] very は，形容詞・副詞の原級を修飾する．

(6) It's **very** *hot* today. (きょうはとても暑い)
(7) She spoke **very** *quickly*. (彼女はとても早口にしゃべった)

また，最上級，または，その相当語 first, last, same などを強めることができる．

(8) This is the **very** *best* butter. (これはとびきり上等なバターです)
(9) It was the **very** *last* thing I expected.
   (それは夢にも予期していなかったことだった)
(10) There have been three accidents in this **very** *same* place.
   (まさにこの同じ場所で，3回事故があった)

much は，比較級・最上級を修飾する．

(11) It's **much** *better* to say nothing. (何も言わないほうがずっといい)
(12) John can run **much** *the fastest*. (ジョンは断然一番速く走れる)

[C] 形容詞化した分詞は very で，動詞性の強い分詞は much または very much で修飾する．

(13) This is a **very** *interesting* story. (これはとてもおもしろい物語だ)
(14) The children were **very** *bored*. (子供らはひどく退屈していた)
(15) The problem has been (**very**) **much** *discussed*.
   (この問題は大いに議論されてきた)
(16) He's **very much** *admired* by his students.　　　　　(Swan 1995)
   (彼は学生に大変敬愛されている)

25.7.2. already, yet, still

[A] 平叙文で: already は通例，現在完了形の肯定文で「もう…した」の意味で用い，yet は，現在完了形の否定文で「まだ…していない」の意味に用いる．[2]

(1) a. He's **already** done a lot. (彼はもうたくさんやった)
   b. He hasn't done much **yet**. (彼はまだたくさんはしていない)

これらの文でわかるように，already は普通，助動詞のあと，yet は文末で用いられる．

---

2. ただし，〈米〉の〈略式体〉では，どちらも過去時制が使用される．
   (i) I **already** told you. (もう話したじゃないか)
   (ii) Did you call Mary **yet**? (もうメアリーに電話したかい)

NB be, know, like のような状態動詞は，単純現在形または単純過去形で already とともに用いることができる．

 (i) a. He **is already** dressed. (彼はもう服を着ている)
   b. I **already** *like* him. (私はもう彼が好きになっている)
   c. He **already** *knew* about it. 彼はそのことはもう知っていた)

[B] **疑問文で**：already も，yet と同様に，疑問文に用いられるが，両者は意味を異にする．

 (2) a. Have you read this book **yet**? (この本，もう読みましたか)
   b. Have you **already** read this book? (この本, もう読んじゃったの？)

(2a) は，読んだか読んでいないか不明なので質問をする文であるが，(2b) では，読んだことを前提としている．つまり，疑問文に already を使用すれば，相手に情報を求めているというよりも，'so soon' という意味の驚きを表す(この場合，文末に生じることが多い)．

 (3) a. Have you **already** finished? That was quick! (Swan 1995)
    (もう済ませちゃったの？ そりゃ速かったね！)
   b. Is it noon **already**! ((おや)もう正午なのか！)
   c. "Have you stopped loving me **already**?" she said. (Archer, *Kane and Abel*) (「もうあたしを愛するのをやめちゃったの？」と彼女は言った)

[C] **否定文で**：already は，否定文に用いられても否定されていない点に注意．

 (4) I am surprised that Lord St. Simon has *not* **already** arrived. (Doyle, *Adventures of Sherlock Holmes*)(セント・サイモン卿がすでに到着してはいないのに驚いた) [＝It isn't the case that he has already arrived.]

一方，否定疑問文では，yet の場合，「いらだたしさ」の含意が生じる (Thomson & Martinet 1986)．

 (5) Have*n't* you seen him **yet**? (まだ彼に会っていないのかい)
   [じれったいな：Is it the case that you have*n't* seen him *yet*?]

[D] **条件節で**：already は，肯定・否定の条件節で用いられる．

 (6) a. If he has seen it **already**, tell me so.
    (彼がすでに見ているのなら，そう言ってください)
   b. If he has*n't* seen it **already**, tell me so.
    (彼がすでに見てしまっているのでなければ，そう言ってください)
    [*ie* If it is not the case that he has seen it already …]

一方，yet は，否定の条件節でのみ使用される．

 (7) If he has*n't* seen it **yet**, tell me so. (彼がまだ見ていないのなら，そう言ってください) [*ie* If it is the case that he hasn't seen it yet …]

[E] still は，「(もうすぐ終わる，あるいは，もう終わったと思っていたのに)まだ」の意味を表す．( )内は話し手の側の前提であり，その前提に反してまだ終わってい

ない現状があるので，ときに驚き・いらだちといった感情的色彩を帯びることがある．通例，肯定文で用いられるが，否定文・疑問文で用いられることもある．無標の語順は，⟨be＋still⟩，または⟨still＋助動詞/一般動詞⟩である．

(8) a. Oh, hell, it's **still** raining.
（ちくしょう，まだ降っている）[Oh, hell といういらだちの表現に注意]
b. She **still** loves him. （彼女はまだ彼を愛している）[裏切られたのに，など]
(9) a. Are you **still** here? I thought you'd gone ages ago.
（まだここにいたの．とっくの昔に帰ったと思っていたのに）
b. I've been thinking for hours, but I **still** can't decide. (Swan 1995)
（もう何時間も考えているのだが，いまだに決心がつかない）
c. Are you **still** waiting? ＝ Are you waiting **still**? (Close 1975)
（まだ待ってるのかい）[辛抱強いな]

25.7.3. … ago と before

[**A**] … ago は，常に発話時を基準にして，「(今から)…前」という意味で，過去時制で用いられるのが原則である．

(1) a. Your wife *called* **a few minutes ago**. (MED)
（奥さんが2, 3分前に電話してきました）
b. My father *died* **long ago**. （父はずいぶん前に亡くなりました）
c. It *was* just **a week ago** to-day. (Doyle, *The Case Book of Sherlock Holmes*)（それは，ちょうど1週間前のきょうのことだった）

ただし，long ago は，発話時まで続く時間帯を指しうるので，(2)のように，現在時制とともに用いることも，(3)のように，現在完了形とともに用いることもできる．

(2) That's **a long time ago** now. Nearly twenty years.
(Christie, *The Murder at the Vicarage*)[石橋(編)]
（それって，もうずいぶん前のことです．かれこれ20年になります）
(3) I *have* **long ago** *perceived* that you are a trifle lame. (HTI)
（君が少し足が不自由なのはずっと前から知っている）

さらに，小説などでは，long ago を過去完了形とともに用いることがよくある．これは，小説家が普通，発話時に視点を据えて過去の出来事を描写しようとするからである（直示時制）．

(4) However, he *had* **long ago** *stopped* believing such stories. (Archer, *As the Crow Flies*)（けれども，彼はそういう話を信じるのは，とっくの昔にやめていた）

[**B**] before は，ago と違って，「以前に」という意味で単独で用いることができる．
① 過去および現在完了形で（発話時を基準にして「**以前**」）
(5) a. I repeat what I *said* **before**. （前言ったことを繰り返します）
b. I repeat what I *have said* **before**. （以前から言ってきたことを繰り返します）

[before は，現在時まで続いている時間帯を指す]

② 過去完了形(過去の特定時よりも「**以前に**」)
- (6) Jane was excited because she *had* never *seen* a giant panda **before**.
(ジェーンは，それまで一度もパンダを見たことがなかったのでわくわくした)

25.7.4. once
動詞の前にあるときは「かつて」の意味を表し，動詞のあとにあるときは「一度」の意味を表す傾向が強い(Jacobson 1964 の調査では，それぞれ 70％，80％)．
- (1) a. I **once** knew him, but we are no longer friends.
(彼とはかつては知り合いだったが，もう友人ではない)
  b. We have **once** lived in London. (以前，ロンドンに住んでいたことがある)
- (2) I have seen him only **once**. (彼とは一度しか会ったことがない)

しかし，これは傾向であって，規則ではない．次の二つの文は，それぞれ，上述の傾向に対する反例である．
- (3) a. If you **once** stop you'll find it hard to start again.
(一度やめたら，もう一度始めるのがむずかしくなる)
  b. I was very fond of him **once**. (以前は彼が大好きだった)

25.7.5. recently, lately
[A] **recently**「先ごろ，最近」: 過去・現在完了形，また過去完了形の文に用いる．
- (1) a. The colonel *died* quite **recently**. (Archer, *A Matter of Honor*)
(大佐はつい先ごろ死んだ)
  b. I *haven't seen* them **recently**. (OALD⁶)(最近彼らに会っていない)
  c. She *had been* warned **recently** about smoking. (Brown)
(彼女は最近喫煙について警告されていた)

[B] **lately**「最近，近ごろ」: 通例，現在完了形，または過去完了形とともに用いられる．
- (2) a. You *have* not *been* happy **lately**? (A. Brontë, *The Tenant of Wildfell Hall*)(近ごろは幸せでなかったの？)
  b. Lord David Cecil, who *had* **lately** *come* back to Oxford to teach English Literature at New College (BNC)(ニューカレッジで英文学を教えるためにオックスフォードに最近帰ってきたデイヴィッド・セシル卿(きょう))

ただし，結果が現在まで継続している場合は，過去形・現在形と用いることも可能である．
- (3) a. I shall indulge myself in drinking some nectar which Pallas **lately** *gave* me. (Aesop's *Fables*)
(パラスが先ごろ下さったネクタルを飲みふけることにしよう)
  b. Life *isn't* treating you very kindly **lately**. (BNC)

(近ごろは，あまり景気がよくないんだね)

25.7.6. quite
〈英〉では二つの意味がある．

[A] 「まあまあ」(moderately)： good, bad, hot, old, tired; well; like, enjoy のような段階的 (gradable) な形容詞・副詞・動詞を修飾するときは，「まあまあ」の意味になり，それらの語の意味を弱める働きをする．

(1) a. It is **quite** *good*, but it could be better. (Swan 1995)
　　　 (それは，まあまあいいが，もっとよくなるはずだ)
　　b. Your essay is **quite** *good*. (君の論文はまあまあの出来だ)
　　c. You have done **quite** *well*. (君はかなりよくやった)
　　d. I am **quite** *pleased* with it. (それはまあまあ気に入っている)
　　e. I **quite** *like* her, but she's not one of my closest friends. (Swan 1995)
　　　 (彼女のことはかなり好きだが，親友じゃない)

[B] 「全く，完全に」(completely)： full, empty, finished, perfect, wrong, right, all right, sure, certain, determined, ready のような「完璧」の意味を表す語，および，amazing, horrible, extraordinary のような，きわめて強い意味を表す語，あるいは appreciate, believe, forget, realize, recognize などの動詞――言い替えれば，非段階的 (non-gradable) な形容詞・副詞・動詞とともに用いられた場合は，<u>意味の弱まりが生じないで</u>，'completely', '100％' の意味になる．

(2) a. The bottle is **quite** *empty*. (びんは完全にからっぽだ)
　　b. You're **quite** *wrong*. (君は全くまちがっている)
　　c. It's **quite** *extraordinary*; I can't understand it at all.
　　　 (全く異常なことだ．私には全然理解できない)
　　d. I **quite** *understand*. (全くよくわかりました)

NB 1 Swan (1995: 482) は，〈米〉では quite は 'fairly/rather' の意味ではなく，一般的に 'very' のような意味で用いられるとする．
　(i) **quite** near (かなり近い)，**quite** ill (かなり重病で)，**quite** rich (かなり金持ちで) (Web[3])
　(ii) **quite** small (かなり小さい)，**quite** objectionable (かなり不快な) (RHD[2])

NB 2 not quite という形式は，おもに非段階的な語とともに用いられて，'not completely', 'not exactly' (Swan 1995: 482) の意味を表す．
　(i) I'm **not quite** ready―won't be a minute.
　　　 (用意がもうちょっとなんだ――すぐできるから)
　(ii) Your answer is **not quite** good enough.
　　　 (君の答えは，申し分なしとは言えないね)
　(iii) I do**n't quite** agree/understand. (全く賛成な/わかったわけではない)

25.7.7. fairly と rather
両語は同義語ではない．

[A]　**fairly**「まあまあ」は，緩和語 (downtoner) で，good, nice, well, bravely などのような，<u>よい意味をもった形容詞や副詞の意味を弱める働きをする</u>．
　　(1)　This is a **fairly** *good* dictionary.
　　　　（これはまあまあよい辞書だ）［大変よいとは言えない］
　　(2)　I know him **fairly** *well*.
　　　　（彼とはまずまずの知り合いだ）［よく知っているわけではない］

[B]　**rather**「かなり，相当に」は，強意語 (intensifier) で，<u>形容詞・副詞・動詞の意味を強める働きをする</u>．
　　(3)　This is *a* **rather** *good* dictionary / **rather** *a good* dictionary.
　　　　（これは相当よい辞書だ）［推薦できる］
　　(4)　I did **rather** / ***fairly** *badly* in my exam. （試験の出来がかなり悪かった）
(4)のような悪い意味をもった語とともに fairly を使うことはできない点に注意．
　　(5)　I think I'll put the heating on.　It's **rather** *cold*.　　　　(Swan 1995)
　　　　（ヒーターを付けよう．ずいぶん寒い）
　　(6)　Maurice speaks Russian **rather** *well*.　People often think he is Russian.
　　　　（モーリスは，ロシア語を話すのが相当うまい．よくロシア人だとまちがえられる）
　rather は，enjoy, like, think, ときに dislike, object などの動詞の前に用いられる．
　　(7)　I **rather** *like* Tom.　　　　　　　　　　　　(Thomson & Martinet 1986)
　　　　（トムって結構好きだよ）［I like Tom. よりも一層の関心を含意する］
　　(8)　I **rather** *enjoy* listening to classical music.
　　　　（クラシック聴くの，結構好きなんだ）

[C]　fast, slow, thin, hot, cold などのように，「よい／悪い」について中立的な語の場合は，話し手は fairly を使って是認 (approval) を表し，rather を使って不満 (disapproval) を表すことができる (Thomson & Martinet 1986: 60)．
　　(9) a.　This soup is **fairly** *hot*.　（このスープ，ほどほどに熱い）［是認］
　　　　b.　This soup is **rather** *hot*.　（このスープ，だいぶ熱い）［不満］
(9a)は，話し手が熱いスープが気に入ったことを表し，(9b)は話し手には少し熱すぎることを表している．

[D]　rather を alike, like, similar, different などや比較級の前に用いた場合は，「やや，少し」(a little) の意味になる．
　　(10)　I feel **rather** *better* today. （きょうは少し気分がいい）

　　NB　特に〈英・古風〉において答えに用いられる rather [rɑ̀ːðɚ́ː] は，上の用法の自然な発展である．
　　　　(i)　"Do you know the young lady?"　"**Rather**!"
　　　　　　（「あのお嬢さんを知ってるんですか」「もちろんさ」）
この rather は，端的に Yes, certainly. を表すのではなく，「いささかね」を緩叙法 (litotes) として使用したもので，ひとひねりした表現と考えられる．

25.7.8. just と just now

[A] just には，いくつかの意味がある．

① 「まさに，ちょうど (exactly)」
  (1) a. It's **just** on six. （かっきり6時だ）〈英〉
      b. **Just** then the phone rang. (COBUILD³) （ちょうどそのとき，電話が鳴った）
      c. It's **just** as I feared/thought/expected.
         （まさに恐れて/思って/予期していたとおりだ）
      d. Thanks. That's **just** what I wanted. (Swan 1995)
         （ありがとう．これ，ちょうどほしかったんだ）

② ［強意語 (intensifier) として］「**全く**」
  (2) a. I am **just** starving. （全く餓死しそうだ）
      b. She's **just** beautiful. （彼女は全く美しい）

③ ［完了形に添えて］「**ほんの今**（…したばかり）」(a short time ago)
  (3) a. He has (**only**) **just** *come*. （彼はいま来たばかりだ）
      b. Alice has **just** *phoned*. （さっきアリスが電話してきた）
  〈米・略式体〉では，過去形とも用いる．
  (4) I **just** *heard* the news. (Sheldon, *If Tomorrow Comes*)
      （いま，そのニュース聞いたところなんだ）

④ ［進行形/be about to に添えて］「**ちょうど今**」(right now)
  (5) a. I'll be down in a minute. I'm **just** *changing* my shirt. (Swan 1995)
         （すぐ降りていくよ．いまシャツを着替えているところだ）
      b. The water's **just** *about to* boil. (OALD⁶) （すぐお湯が沸騰するところだ）

⑤ ［しばしば only just として］「**ようやく，やっと**」(scarcely)
  (6) a. There was **only just** enough light to read by. (Swan 1995)
         （やっと本が読めるだけの明かりがあった）
      b. It was Colin's voice, **only just** audible. (COBUILD³)
         （それは，コリンの声で，やっと聞こえた）

⑥ 「ほんの，…だけ」(only)
  (7) a. It was **just** a stupid mistake. (MED) （ばかげた誤りにすぎなかった）
      b. It's not **just** me. Other people are complaining too. (Ibid.)
         （私だけじゃない．ほかの人たちも不平を言っている）
      c. "Are you hungry?" "Ain't I **just**!" (Burnett, *A Little Princess*)
         （「おなか空いてる？」「空いてるのなんのって！」）［反語的に］

⑦ ［命令/依頼文に添えて，口調を穏やかにする］「**まあ，ちょっと**」
  (8) a. **Just** look at this picture. （ちょっと，この絵をごらんなさい）
      b. **Just** fancy/think of it. （まあ，考えてもごらん）

⑧ ［could/might/may に添えて］「**あるいは，ひょっとすると**」

(9) Try his home number — he *might* **just** be there.
（家の番号に掛けてごらんよ――あるいは，家にいるかもしれないから）

[**B**]　**just now**：　時制に応じて，二つの意味を表す．
① ［現在時制とともに］〈おもに英〉「**ちょうどいま**」(at this moment)
(10) She*'s* not in **just now**. 　Can I take a message？　　　　　(Swan 1995)
（ただいま彼女はいません．ご用件を承りましょうか）
② ［過去時制または現在完了形とともに］「**ついさっき**」(a moment ago)
(11) a. "I *met* him **just now**," said Luke. ［後位］　　(Christie, *Murder Is Easy*)
（「ついさっき彼と会いましたよ」とルークが言った）
　　 b. He *has* **just now** *turned* 25. （最近25歳になったばかりだ）［中位］　(Google)

25.7.9.　since

since は，現在・現在完了・過去完了とともに用いられて，「ある基準時からのちの時（または今日）まで」の意味を表す．

(1) He lost his job five years ago, but *has* **since** *found* other work.
(LDCE⁴)（彼は5年前に失職したが，その後，別の仕事を見つけた）

ever since は，「その後ずっと（今日まで）」の意味を表す．

(2) Paul started sailing in 1986 and he's been doing it **ever since**.　　(MED)
（ポールは1986年にヨットを始め，それ以来ずっとそれをやっている）

long since は，「ずっと以前に」(a long time ago) の意味で用いられる．現在完了，または過去完了とともに用いられる．

(3) a. I*'ve* **long since** *forgotten* any Latin I ever learned.　　(CALD)
（習ったラテン語は，とうの昔にすっかり忘れてしまった）［＝long ago］
　　 b. Everyone *had* **long since** *left* the building.　　(Sheldon, *Bloodline*)
（みんな，とっくの昔にビルを出ていた）

25.7.10.　like

いくつかの意味で用いられる．

[**A**]　［数詞の前で］「**およそ，約**」(approximately)
(1) The house is more **like** 40 than 20 years old.　　　　　　　(RHD²)
（その家は築20年というより，約40年だ）

[**B**]　［like enough, like as not として］〈略式〉「**おそらく，たぶん**」(probably)
(2) a. **Like enough** he'll change his mind.　（彼はたぶん考えを変えるだろう）
　　 b. **Like as not** her leg is broken.　　　　　　　　　　　　(RHD²)
（おそらく，彼女の足は折れているだろう）

[**C**]　〈非標準〉［冗語的に，表現をぼかして］「**いわば，…みたいに，そうね，まあ**」
(3) a. I had her in a trance, **like**. I really did.　(Salinger, *The Catcher in the Rye*)（ぼくは，彼女をまるでうっとりしたようにさせてしまった．ほんとだよ）

b. The lagoon. That little lake, **like**, there. (Ibid.)
 (あの池さ．あそこの，まあ，小さな湖みたいなとこだよ)
c. He spoke knowing-**like**. (Web³) (彼は物知りみたいにしゃべった)
d. I was wondering if I could, **like**, borrow the car this evening. (MED)
 (今晩，あのう，車を貸してもらえないかなって思ってたんですよ)
e. He hadn't called me in, **like**, three weeks. (Ibid.)
 (彼は，そうだね，3週間も電話をくれていない)

25.7.11. (the) same as
the はしばしば落ちる．
(1) Animals feel pain **the same as** we do. (MED)
 (動物はわれわれと同様に痛みを感じる)
(2) I watched at the gate, **same as** you advised, Mr. Holmes. (Doyle, *His Last Bow*) (あなたの助言のとおり，門を見張っていたんですよ，ホームズさん)

25.7.12. what with A and (what with) B
この what は，partly の意味の副詞：「**A だの B だので**」
(1) **What with** her natural blindness, **and what with** the change from dark to light, she stood as one dazed. (Doyle, *The Return of Sherlock Holmes*)
 (生まれつき目が見えないことやら，暗がりから明りへと変化したことやらで，彼女は，ぼうっとした人のように立ちつくしていた)
(2) I shall be *so* [sic] depressed **what with** Gregory going away **and** everything. (Coward, *The Vortex*)
 (グレゴリーがいなくなったことやら，なんやらで，私はすっごく落ち込むでしょう)

25.8. 副詞節の階層

25.8.0. はじめに
副詞が五つの階層に属していることは，上で見たとおりであるが（§25.4），副詞節も四つの階層に属すると仮定される（cf. 松浪ほか（編）1983: 625）．
(1) a. 1（S_1 の下）： 遂行動詞を修飾する．
 because, if, for, in case (〈米〉= if), since
 b. 2（S_2 の下）： 文全体を修飾する．
 譲歩： while, whether, (al)though
 条件： if, unless
 理由： since
 c. 3（VP の指定部）： VP を修飾する．
 理由： because
 時： when, while, after, before, since
 目的： so (that), in order that

様態： as, as if
d. 4（V′の下）： V を修飾する．
様態： as, as if
場所： where

副詞節 1-4 の生じる位置は，枝分かれ図で (2) のように示される．

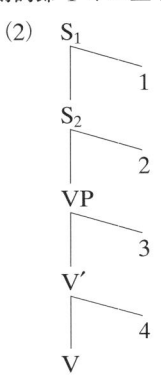

(2)
```
S₁
├─────
│    1
S₂
├─────
│    2
VP
├─────
│    3
V′
├─────
│    4
V
```

25.8.1. 副詞節 1

次の諸例では，副詞節は表層構造に現れていない遂行動詞（performative verb: I say to you, I ask you, etc.）を修飾している．

(1) There's food in the fridge, **if** *you're hungry*. （おなかがすいているのなら（教えてあげるが），食べ物は冷蔵庫の中にあるよ）[*ie I say to you* if you're hungry]

(2) Jenny isn't here, **for** *I don't see her*. （ジェニーはここにいないよ，だって姿が見えないもの）[*ie I say so* because I don't see her]

(3) He beats his wife, **because** *I talked to her*. （彼は奥さんをぶつんだってさ，だって奥さんと話したんだもの）[*ie I say this* because I talked to her]

(4) He'll take his umbrella, **in case** *you're wondering*.
（どうかなと思っているなら（教えてあげるが），彼は傘を持っていくよ）
[*ie I say this* in case you're wondering]

(5) **If** *it's not rude to ask*, what made you decide to leave IBM? (Sweetser 1990)（お尋ねしてもぶしつけでなければ（お尋ねしますが），なぜあなたは IBM をやめたんですか）[*ie I ask you* what made ...]

(6) **If** *you went to the party*, was John there? (Ibid.)（パーティーに行ったのなら（お尋ねしますが），ジョンはいましたか）[*ie* I ask you ...]

NB 同一の接続詞でも，生じる階層が異なることがある．次のペアを成す文を比較せよ．
(i) a. He's not coming to class **because** *he's sick*. （彼は病気だから授業に出ない）
    b. He's not coming to class, **because** *he just called from San Diego*.
       （彼は授業に出ないよ，さっきサンディエゴから電話してきたんだから）
(ii) a. He'll take his umbrella **in case** *it rains*.

(彼は雨が降れば傘を持っていくだろう)
- b. Anne is happy, **in case** *you're wondering*.
  (どうかなと思っているなら(教えてあげるけど)，アンは幸せだよ)
(iii) a. He was jealous **if** *Mary danced with other boys*.
  (メアリーがほかの男の子とダンスすると，彼はやきもちを焼いた)
- b. He was jealous, **if** *you ask me*.
  (君が聞くなら(言うけど)，彼は嫉妬していたんだ)
(iv) a. **Since** *you know Latin*, you should be able to translate the inscription.
  (君はラテン語を知っているのだから，その碑銘が訳せるはずだよ)
- b. What does the word mean, **since** *you're so clever*?
  (その単語はどういう意味ですか，君って，とても賢いから(聞くんだが))

上の諸例の (b) 文は，遂行動詞にかかる副詞節 1 を含んでいるが，一方，(a) 文は，VPを修飾する副詞節 3 を含んでいる．

25.8.2. 副詞節 2

副詞節 2 は，文全体を修飾するもので，次のような統語的特徴を備えている（松波ほか（編）1983: 627）．

① 主節の前へ回せる．

(1) **Whether** *you believe it or not*, it's true.
  (君がそれを信じようと信じまいと，本当なのだ)

(2) **Because** *they are always helpful*, he likes them.　　　(Quirk et al. 1985)
  (いつも助けてくれるので，彼は彼らが好きだ)

② 主節の主語と副詞節中の主語が同一指示的な場合，副詞節の主語を削除できる（〈格式体〉）．

(3) **Although** (*he was*) *badly wounded*, he refused to surrender.
  (重傷を負っていたが，彼は降参しなかった)

(4) **Once** (*it is*) *deprived of oxygen*, the brain dies.
  (いったん酸素を奪われると，脳は死ぬ)

副詞節 2 は，上の①，②のほかは，次のような，副詞節 1 と同じ統語的特徴を共有する．

③ 否定の作用域に入らない．

(5) a. He's not coming to class, **because** *his mother just told me*.　[1]
  (彼は授業に出ないよ，さっきお母さんが知らせてきたんだから)
- b. Mary isn't beautiful **while** *Sally is* (*beautiful*).　[2]
  (メアリーは美人ではないが，サリーは美人だ)

④ 分裂文の焦点になれない．

(6) a. *It is **in case** *you're wondering* that he will take his umbrella.　[1]
- b. *It is **if** *it rains tomorrow* that we will stay at home.　[2]

⑤ 疑問文の焦点になれない．

(7) a. *What does the word mean, **since** *you're so clever*? [1]
   b. *Did you go to the bank, **as** *you had run out of cash*? [2]
⑥ 動名詞節の中に現れない．
(8) a. *His starting early **although** *it was raining* surprised us. [1]
   b. *His starting early **if** *it is fine* will please him. [2]

25.8.3. 副詞節 3 と副詞節 4

副詞節 4 は，次の点で副詞節 3 と異なっている．

第一に，副詞節 4 は，本動詞（V）を下位範疇化する（言い替えれば，V の補部になっている）のに対して，副詞節 3 は V を下位範疇化しない．(1), (2) は副詞節 4 の例である．

(1) You look **as if** *you had seen a ghost*.
    (君はまるで幽霊を見たような顔をしている)
(2) These insects lived **where** *there was little light*.
    (これらの昆虫は光がほとんどない所に住んでいた)

第二に，副詞節 4 のみが do so の中に含まれる．

(3) He lives *where his father once lived*, but his brother doesn't **do so**.
    (彼は父親がかつて住んでいたところに住んでいるが，弟はそうしていない) [＝live where his father once lived]

上記の 2 点を除けば，副詞節 3 と 4 とは，他の副詞節とは異なり，次のような統語的特徴を共有している．

① 分裂文の焦点になれる．
(4) a. It was **when** *it stopped raining* that she showed me the garden. [3]
       (彼女が庭を見せてくれたのは，雨がやんだときだった)
   b. It's **where** *his father once lived* that he is living now. [4]
       (彼がいま住んでいるのは，父親がかつて住んでいたところだ)
② 否定の作用域に入る．
(5) a. I [didn't get up **before** *the sun rose*]. [3]
       (日が昇る前には起きなかった)
   b. They [didn't treat us **as if** *we were children*]. [4]
       (彼らは，私たちを子供扱いにはしなかった)
上例で [ ] 内が否定の作用域となっている．
③ 疑問の焦点になれる．
(6) a. Did he write to his parents **because** *he wanted money*? [3]
       (両親に手紙を書いたのは，金が必要だったからか)
   b. Did they treat you **as if** *you were children*? [4]
       (彼らは，あなたがたを子供扱いにしましたか)
④ 動名詞節の中に現れる．

(7) a. His having started **before** *she arrived* astonished us.　[3]
(彼女が到着しないうちに彼が発ったのには，びっくりした)
b. Their treating us **as if** *we were children* was simply irritating.　[4]
(彼らが私たちを子供扱いにしたのは，全く腹立たしかった)

25.9.　接続副詞

25.9.1.　機能と分類

接続副詞 (conjunctive adverb)，あるいは接合詞 (conjunct) は，同一の文内の二つの語句や文を関係づける働きをする．

(1) a. John loved *beautiful*, **therefore**, *popular*, Mary.
(ジョンは美しく，それゆえ人気のあるメアリーを愛した)
b. *Mary was a beautiful girl.*　**Therefore** *John loved her.*
(メアリーは美しい少女だった．それゆえ，ジョンは彼女を愛した)

(1a) では，therefore は二つの形容詞を結びつけ，(1b) では二つの文を関係づけている．接続副詞は，Halliday 流に言えば，**結束性** (cohesion) に参与する統語範疇である点に特徴がある．

Quirk et al. (1985: 634) は，接続副詞を次のように分類している．

(2) a. 列挙：［枚挙］first, second, third, first(ly), secondly, thirdly, one, two, to conclude；［追加］also, moreover, furthermore, similarly, by the same token (同様に)
b. 要約：altogether, overall, then, therefore, thus
c. 同格(説明)：namely, thus, in other words, for instance
d. 結果：accordingly, hence, so, therefore, thus, in consequence, as a result, incidentally, now, by the way, meanwhile
e. 推論：else, otherwise, in other words, in that case
f. 対照：［改良］better, rather, more accurately, alternatively；［取替え］again, worse, on the other hand；［反対］conversely, instead, in contrast, contrastingly；［譲歩］anyhow, however, nonetheless
g. 推移：［談話的］incidentally, by the way, now；［時間的］meantime, meanwhile, in the meantime, eventually

25.9.2.　統語的特徴

接続副詞には，次のような統語的特徴がある．

[**A**]　**接続詞との違い**：①　接続詞は接続副詞と共起できる．(1a) の so は，二つの文を結びつける接続詞のように見えるが，(1b) のように，真の接続詞 and と共起できるので，接続詞ではなく，接続副詞である．

(1) a. It's raining, **so** you'd better take a taxi.
(雨が降っている．だから，タクシーに乗るほうがいい)

        b. It's raining, **and so** you'd better take a taxi. （同上）

次の yet についても，同様なことが言える．

  (2) Mary isn't pretty, (**and/but**) **yet** people like her.
       （メアリーは美人じゃないが，みんなに好かれている）

② 接続詞の文中における位置は概して固定しているが，接続副詞には文頭や文末に生起できるものがある．

  (3) a. **Somehow** I don't like him. （どういうわけか彼が嫌いだ）
      b. I don't like him **somehow**. （同上）

次の接続副詞は，ほとんど文頭に限って現れる．先行文との「結束性」を明白にするためである：again, altogether, besides, further, hence, overall, similarly, so, yet.

  (4) a. And **again**, we must think of the time involved. (OALD[6])
         （それに，必要な時間のことも考慮しなければならない）
      b. **Altogether**, it was a delightful town garden, peaceful and secluded.
         (COBUILD[3])（要するに，そこは快適な都会の庭で，穏やかで閑静だった）

次の類は，しばしば文末に生じる：anyhow, anyway, otherwise, though.

  (5) He is poor. He is satisfied with his condition, **though**.
      （彼は貧しい．でも，自分の境遇に満足している）

therefore は，文頭・文中・文末に起こりうる，まれな接続副詞である．

  (6) a. **Therefore** John loved Mary. （だから，ジョンはメアリーを愛した）
      b. John **therefore** loved Mary. （ジョンは，だからメアリーを愛した）
      c. John loved Mary **therefore**. （同上）
      d. John loved beautiful, **therefore**, popular, Mary. ［前出（§25.9.1)］

                                                              （以上 Hill 1958）

[**B**] 接続副詞の中には，特定の接続詞と結びつくものがある：and *yet*／but *yet*／nor *yet*／and *so*／but *then* (*again*)／or *else*／and *besides*／and *nonetheless*, …

  (7) a. His story is strange, **and yet** it is true. （彼の話は妙だが，でも本当だ）
      b. I don't like it, **and besides**, it's too expensive.
         （それは嫌いだし，おまけに高すぎる）
      c. He might agree. **But then again** he might have a completely different opinion. (OALD[6])（彼は，同意するかもしれないし，また，全く違った意見をもっているかもしれない）
      d. Own up, **or else**! （白状しろ，さもないと（ひどい目に遭わせるぞ））

[**C**] 接続副詞は，二つ（以上）使用することができる．

  (8) But **yet**, **even so**, she has done well, **all the same**. (Quirk et al. 1985)
      （でも，そうだとしても，彼女はやはりよくやったよ）

特に，節間の論理関係を強めるために，前の従位接続詞と呼応する接続副詞もある

（一種の係り結びで，〈格式体〉）： if ... *then* ／although／though ... *yet*／because ... *therefore*／while ..., *meantime* ...

(9) a. **Although** he is poor, **yet** he is generous. （彼は貧しいが，気前はよい）
  b. **If** oil is mixed with water, **then** it floats. （油は水に混ぜると浮く）
  c. **While** I'm out, you can **meantime** do the dishes. （Quirk et al. 1985）
   （私が外出している間に，君は皿洗いをしてください）

第 26 章

比較構文

26.0. 概説

比較変化 (comparison) とは,比較を表すための形容詞・副詞の語形変化を言う.比較変化には,3 段階がある.
① 原級 (positive degree): deep, famous
② 比較級 (comparative degree): deep**er**, **more** famous
③ 最上級 (superlative degree): deep**est**, **most** famous

比較変化は,大きく二つに分けて,原級に -er, -est を付けて比較級・最上級を作るものを**屈折比較変化** (inflectional comparison) と言い,原級の前に more, most を添えて比較級・最上級を作るものを**迂言比較変化** (periphrastic comparison) と言う.前者は,OE の -ra, -ost/-est に由来するもので,英語本来の比較変化であり,後者は 13 世紀に,英語の強い分析的傾向とフランス語 plus ... que (比較級)/定冠詞+plus+形容詞 (最上級) の影響のもとに新しく発達してきた形式である.

共時的には,-er, -est, または more, most によって比較級・最上級を作るものを**規則比較変化** (regular comparison),good, better, best のように,原級とは異なる基体 (base) から比較級・最上級を作るものを**不規則比較変化** (irregular comparison) と呼んでいる.

26.1. 比較変化

26.1.1. 規則比較変化

ここでの問題は,どのような語に -er, -est を付け,どのような語に more, most を付けるか,ということである.
① まず,1 音節の語には -er, -est を付ける.
(1)   kind   kind**er**   kind**est**
   cheap   cheap**er**   cheap**est**
   soon   soon**er**   soon**est**

(2a) のような形容詞と同形の副詞,および,〈略式体〉では (2b) のような副詞も -er, -est を付ける.
(2) a.   fast, hard, high, late, long, low, near

— 558 —

b. fast, loud, quick, slow
(3) a. Can't you drive *any* **faster**? 　　　　　　　　(Swan 1995)
　　　　（もっと速く運転できないのか）
　　　b. Talk **louder**. （もっと大きな声で話してくれ）

ただし，1音節語でも，real, right, wrong, および like は，more, most しかとらない．

(4) a. It seems **more real** than you are — **more real** than the schoolroom. (Burnett, *A Little Princess*)（それ［自分の作ったお話］って，あなたよりもいっそう真実に――教室よりもいっそう真実に思えるの）
　　　b. She is **more like** / *****liker** her grandmother. 　　(Quirk et al. 1985)
　　　　（彼女はむしろ，おばあさん似だ）

② 2音節語のうち，-y で終わるものには，-y を -i に変えて，-er, -est を付ける（y は語末，i は語中が正書法である）．

(5) 　happy　　　　　　　　happ**ier**　　　　　　　　happ**iest**
　　 lovely　　　　　　　　 love**lier**　　　　　　　　love**liest**
　　 early　　　　　　　　　ear**lier**　　　　　　　　 ear**liest**

語尾が -le, -ow, -er で終わる語も，-er, -est を付ける．

(6) 　simple　　　　　　　　simp**ler**　　　　　　　　simp**lest**
　　 narrow　　　　　　　　narrow**er**　　　　　　　narrow**est**
　　 clever　　　　　　　　 clever**er**　　　　　　　 clever**est**

その他の大部分の2音節の語には，more, most を付ける．-ly で終わる様態の副詞もここに属する．

(7) 　useful　　　　　　　　**more** useful　　　　　　**most** useful
　　 tragic　　　　　　　　　**more** tragic　　　　　　**most** tragic
　　 slowly　　　　　　　　 **more** slowly　　　　　　**most** slowly

③ 少数の2音節の形容詞 common, handsome, hollow, polite, lively, quiet, solid, wicked などは，-er, -est と more, most の両方をとる．現在は，迂言形が優勢になっているように思われる（Quirk et al. 1985: 462）．

(8) 　common　　　　　　　⎰ common**er**　　　　　　⎰ common**est**
　　　　　　　　　　　　　　⎱ **more** common　　　　 ⎱ **most** common
　　 handsome　　　　　　　⎰ handsom**er**　　　　　　⎰ handsom**est**
　　　　　　　　　　　　　　⎱ **more** handsome　　　 ⎱ **most** handsome

副詞の cheap は，1音節語だから -er, -est, cheaply は2音節語だから more, most をとる．cheap は普通，買売動詞と共起する．

(9) You could get one **cheaper** / **more cheaply** secondhand. 　(Eastwood 1994)
　　（中古ならもっと安く手に入るよ）

④ 3音節以上の語は，原級の前に more, most を付ける．

(10) wonderful　　　　　　　**more** wonderful　　　　　**most** wonderful
　　 diligent　　　　　　　　**more** diligent　　　　　　**most** diligent
　　 carefully　　　　　　　 **more** carefully　　　　　 **most** carefully

(11) You'll have to draw the graph **more accurately than** that.　　　(Eastwood 1994)（グラフは，それよりももっと正確に描かなければならないでしょう）

否定の接頭辞 un- で始まる形容詞は，例外である．

(12) unhappy　　　　　　　　unhapp**ier**　　　　　　　　unhapp**iest**
　　 untidy　　　　　　　　 untid**ier**　　　　　　　　 untid**iest**

形容詞として使用される分詞も，more, most をとる (Quirk et al. 1985: 462).

(13) interesting　　　　　　　**more** interesting　　　　　**most** interesting
　　 wounded　　　　　　　　**more** wounded　　　　　　**most** wounded
　　 worn　　　　　　　　　**more** worn　　　　　　　 **most** worn

NB 1　前置詞句が形容詞的に働いている場合も，more が義務的になる．
　　(i) I was **more** *in doubt* about it than any of them.　　　(Curme 1931)
　　　　（私は，彼らの誰よりもそのことを疑っていた）

NB 2　1音節の語の中にも，叙述用法で，特に than を伴う場合は，more, most をとることがある (Quirk et al. 1985: 462).
　　(i) John is **more mad than** Bob is.　（ジョンはボブよりも狂っている）
　　(ii) You couldn't find a man **more brave than** he is.
　　　　（彼よりも勇敢な男は見つけがたいだろう）

NB 3　次のような**二重比較変化** (double comparison) は，LME から始まり，エリザベス朝の英語には少なくないが，18世紀に論理への反省からすたれた．
　　(i) This was **the most vnkindest** cut of all.　　　(Shakespeare, *Caesar* 3.2.183)
　　　　（これが一番残酷きわまる一撃だった）

しかし，二重比較変化は心理的にはきわめて自然な強調法であるから，今日でも臨時用法 (nonce use) として，話し言葉で使用されることがある．
　　(ii) I drew nearer, and **more nearer**.　　　(Blackmore, *Lorna Doone*)
　　　　（私はだんだん近づいていった）
　　(iii) We will get you the biggest, **bestest**, superest breakfast you've ever seen, if Wicky says it's all right.　(Steele, *The Promise*)（あなたが見たこともないような，一番盛りたくさんで，一番素敵で，一番上等な朝食を作ってもらいましょうね，ウィッキーがいいと言ったらね）［Wicky は主治医］

26.1.2.　不規則比較変化

[**A**]　この比較変化は，少数の，日常よく使用される，英語本来語に見られる．good, well の比較級，最上級 better, best は，別語源の語を**補充** (suppletion) して作ったものである．

(1) good ⎫
　　　　 ⎬　　　better　　　　　　　best
　　 well ⎭

第26章 比較構文

bad / badly	worse	worst
many / much	more	most
little	less	least
old	elder / older	eldest / oldest
late	latter / later	last / latest
far	further / farther	furthest / farthest

NB 1 子供は，gooder という規則比較級を用いることがある．
  (i) Anne, I'm **gooder** than I used to be.　　(Montgomery, *Anne of Avonlea*)
   （アン，ぼく前よりもいい子になったよ）

NB 2 good-looking, well-known は，二様の比較級・最上級をもつ．
  (i) good-looking　　**better**-looking / **more good**-looking　　**best**-looking / **most good**-looking
  (ii) well-known　　**better**-known / **more well**-known　　**best**-known / **most well**-known

[B] 〈英〉では，elder, eldest を兄弟姉妹の長幼関係にのみ用いるが，〈米〉では，その場合にも older, oldest のほうをよく使用する．

  (2) John is my **eldest** /〈米〉**oldest** brother.（ジョンは私の長兄です）

しかし，older than の意味で，*elder than を使うことはできない．

  (3) Mary is **older** / *****elder** than John.　（メアリーはジョンよりも年上だ）

[C] later, latest は「時間」に，latter, last は「順序」に使う．

  (4) a. Have you heard **the latest** news?　（最近のニュースを聞きましたか）
    b. His **latest** book might be his **last**.
       （彼が最近出した本が，最後の本になるかもしれない）

last week/month/year は「先週／先月／去年」，the last week/month は「ここ1週間／ここ1か月」の意味である．

  (5) a. I had flu **last week**.（先週は流感にかかっていた）
    b. I've had flu **the last week**.（1週間前から流感にかかっている）

the last century は，「前世紀，過去百年間」を意味する（*last century という言い方はしない）．

  (6) a. the stiff and cumbrous costume of **the last century**
       （前世紀の堅苦しく，かさばった衣装）
    b. the diverse little works published during **the last century**
       （過去百年間に出版された種々の小著作）

[D]　farther, farthest は「距離」に，further, furthest は，「距離」にも「程度」にも用いられる．

(7) a.　The station is **further**/**farther** than the hotel.　（駅はホテルよりも遠い）
    b.　We must make a **further** investigation.　（さらに調査しなければならない）
(8)　**further**/*****farther** reading（= at the end of a book, a list of other books that give more information about the same subject）　　　　（OALD⁶)
   （さらに読むべき本）［further readings は誤り］

26.2.　比較成立の条件

本節では，比較が成立するための基本条件を考察する．

26.2.1.　段階性

比較を示す形容詞・副詞は，「**段階的**」（gradable）なものでなければならない．ある形容詞・副詞の段階性（gradability）は，その語が，例えば程度語 very によって修飾できるか否かで簡単にテストできる．

(1) a.　**very** young/bad/fast/clearly
    b.　*****very** single/chief/always/already

(1a) の類は，very の修飾を許すので「段階的」であり，(1b) の類は，それを許さないので「非段階的」である．次の二つの文を比較してみよう．

(2) a.　John is **English**.　（ジョンはイギリス人だ）
    b.　John is **very English**.　（ジョンはいかにもイギリス人らしい）

(2a) の English は，主語の国籍を表すものとして「非段階的」，(2b) のそれは，主語の特質を表すものとして「段階的」である．

> **NB**　perfect, unique, infinite, universal, inferior, superior などの形容詞は，「非段階的」なので，普通，比較変化をしない．すなわち，*nearly/almost/not quite* perfect とは言えるが，*more/most* perfect とは言えないとされる．Partridge (1947: 76) は，このクラスの形容詞を「偽りの比較級/最上級」（false comparative/superlative）と呼んでいる．しかし，このクラスの形容詞の中には，意味的に比較変化を絶対受け入れないものと，perfect, dead, unique などのように，さらに度合いが考えられるものがあることは認めなくてはならない（Curme 1931: 504 も参照）．
>
>   (i)　I maintain that, if she were **more perfect**, she would be less interesting.
>   (A. Brontë, *The Tenant of Wildfell Hall*)（ぼくの主張はだね，もしも彼女がもっと完璧であれば，それだけ魅力が減るだろうってことさ）
>   (ii)　"Why is a door-knob **deader** than anything else?" asked Paul, curious.
>   (Lawrence, *Sons and Lovers*)（「どうしてドアの鋲くぎは，どんなものよりも死んでるの」と，ポールは，不思議がって聞いた）［as dead as a door-nail（完全に死んでいる）という成句にからめて］
>   (iii)　the strangest and **most unique** things　　（Doyle, *Adventures of Sherlock Holmes*）（この上もなく不思議で，この上もなく珍しい事柄）

26.2.2. 尺度形容詞と評価形容詞

尺度形容詞 (measure adjective) は，無標/有標のペアをなすものが多い．以下の形容詞で，斜線 (/) の左が無標形容詞，右側が有標形容詞である．

(1) old/young deep/shallow tall/short high/low wide/narrow
    thick/thin long/short strong/weak big/small

次の (2) で見るように，無標の尺度形容詞は，how 疑問文に用いられるが，有標の尺度形容詞は，特別な前提がないかぎり，how 疑問文に用いることはできない．

(2) a. **How old** is John? (ジョンは何歳ですか)
    b. ***How young** is John?

(2b) は，相手に John is very young. と言われて，「じゃあ，どれくらい若いのか」と聞き返すような場合にかぎって容認される表現である．(3) の諸例のように，無標の尺度形容詞が比較構文に用いられた場合，old, tall, long は，それぞれ，「年をとった」，「背が高い」，「長い」というプラスの値または含みをもっていない．これを「相対的意味」と呼ぶことにしよう（How young の実例は，§12.2.4 [B] を参照）．

(3) a. A is **not as old as** B. (A は B ほど年とっていない) [A is younger]
    b. A is **not ás old as** B. (A は B と同い年ではない)
       [A is older と A is younger とで二とおりにあいまい]
    c. A is **not so old as** B. 〈英〉(= (3a))

(4) "How **long** is it?" "Very short." (KCED)
    (「長さはどれくらいですか」「すごく短いですよ」)

同様に，有標の尺度形容詞が比較級・最上級で用いられた場合も，「相対的意味」を表すと考えられる．例えば，(5a) で言えば，ジョンが 40 歳で，メアリーが 45 歳であってもいいし，また，それぞれ，5 歳と 7 歳であってもいい．

(5) a. John is **younger than** Mary (is). (ジョンはメアリーよりも年下だ)
    b. Of the three boys, John is **the youngest**.
       (三人の少年のうち，ジョンが一番年下だ)

一方，有標の尺度形容詞が同等比較に用いられた場合は，明確にプラスの意味を表す．すなわち，話し手は，(6) の各文を発話するとき，

(6) a. John is **as young as** Mary (is). (ジョンはメアリーと同じくらい若い)
    b. This room is **as small as** that one. (この部屋はあの部屋と同じくらい狭い)
    c. He is **as clever as** they make 'em. (Doyle, *The Lost World*)
       (彼はすこぶる利口だ)

次の (7) を前提としていると考えられる．つまり，ジョンとメアリーがともに 50 歳であるとすれば，(6a) は成立しない．ともに，若者でなければならないのである．これを「絶対的意味」と呼ぶことにしよう．(前提は，主節ではなく，比較節に含まれる点に注意．)

(7) a. Mary is young. (メアリーは若い)

b. That room is small. (あの部屋は狭い)
c. He is clever. (彼は利口だ)

さて，(8)のような形容詞は，いずれも主要語の特質をそれ自体でプラスに評価している，言い替えれば，「絶対的意味」をもっている，と考えられる．このような形容詞を「**評価形容詞**」(evaluative adjective) と呼ぶことにしよう．

(8) wise, stupid, foolish, intelligent, beautiful, happy, charming, attractive, expensive, excellent, cheap, experienced, serious, acute, valuable, etc.

(9) a. Ann is **as charming as** Diana. (アンはダイアナと同様に魅力的だ)
b. Mary is **more beautiful** than Beth (is). (メアリーはベスよりも美人だ)
c. Of the three girls, Susan is **the most intelligent**.
(三人の少女のうち，スーザンが一番聡明だ)

(9)の文を発話するとき，話し手には，それぞれ，次のような前提があるはずである．

(10) a. Diana is charming. (ダイアナは魅力的だ)
b. Beth is beautiful. (ベスは美人だ)
c. The other two girls are intelligent. (ほかの二人の少女も聡明だ)

なお，尺度形容詞の場合，(11)のようなパラフレーズ関係が成立するが，評価形容詞の場合は，(12)のようなパラフレーズ関係は成立しない．

(11) a. John is **older** than Bill (is). (ジョンはビルよりも年上だ)
b. ＝Bill is **younger** than John (is). (ビルはジョンよりも年下だ)
(12) a. Mary is **more beautiful** than Betty (is).
(メアリーはベティーよりも美人だ)
b. ≠Betty is **uglier** than Mary (is). (ベティーはメアリーよりも不美人だ)

26.2.3. 比較の基盤

比較構文では，比較の基盤 (basis) が明示されている場合がある．次の諸例で，斜字体の部分が「比較の基盤」を示している．

(1) John is as **old** *as Bob* (*is*). (ジョンはボブと同い年だ)
(2) John is **taller** *than Paul* (*is*). (ジョンはポールよりも背が高い)
(3) a. John is **the taller** *of the two boys*.
(二人の少年のうち，ジョンのほうが背が高い)
b. John is **the tallest** *of the three boys*.
(三人の少年のうち，ジョンが一番背が高い)
(4) a. John is **the tallest** boy *in the room*. (その部屋ではジョンが一番背が高い)
b. Mary is **the brightest** girl *that I have ever known*.
(メアリーは，私が知っている少女の中で一番利口だ) [*ie* the brightest girl (of all the girls) that I have ever known]

Gnutzmann et al. (1973) によれば，「比較の基盤」が明示されている文の比率は，比較級では25％，最上級では52％である．こうした事情は，次のように説明できる．

比較級は 2 項が関与するだけなので，比較の基盤は容易に場面または文脈から推察できる．例えば，John is the taller. は「上述の二人のうちで」の含みしかない．一方，最上級の場合は，比較の基盤の範囲がはるかに広い．例えば，the oldest woman は 'the oldest woman in the world/England/the village/this room' のいずれであってもさしつかえない．そこで，「比較の基盤」を明示する必要がより大になると考えられる．

26.3. 比較構文の構造

比較構文は，二つ(以上)の事物について，それらに共通する性質の相対的な程度を比較するものである．原級・比較級による比較構文は，主節と比較節 (as, than に導かれる節) から成る．

26.3.1. 比較構文の基底構造

[A] **Bresnan** (1973, 1975)： Bresnan は，比較節の基底に (1) の x のような抽象的な程度語 (degree word) を仮定している．

(1) John is **more generous** than Bill is [x generous].
　　(ジョンはビルよりも気前がいい)

この x は表層化の過程で義務的に削除され，さらに，比較節の generous も主節の generous と同一の場合，あるいは，Chomsky 流に言って，非弁別的 (nondistinctive) な場合は，義務的に削除されて (2) が得られる．

(2) John is **more generous** than Bill is.

その後，比較節に残っている is も随意的に削除されて，(3) が得られる．

(3) John is **more generous** than Bill.

一方，(4) のように，比較節の XP (任意の句) が主節のそれと同一でないときは，復元の可能性がないので削除されない．

(4) John is **more clever** than Mary is **pretty**.
　　(メアリーのかわいさよりも，ジョンの利口さのほうがまさっている)

(4) の基底構造は，Bresnan によれば，概略，(5) のようである．

(5) John is **more clever** than Mary is x pretty.

(5) の x は，義務的に削除される．削除が行われた証拠として，Bresnan (1973: 323) は，比較節の is を縮約して Mary's とすることができないという事実をあげている．一般に，削除 (または移動) された語の前では，(6) で見るように，助動詞や be の縮約は起こらない，と言うのである．

(6) a. *John is more clever than Mary's ø pretty.
　　b. *You'll need some, and I'll ø, too.
　　c. *I wonder where John's ø today.

この比較削除は，次のような比較節内の縮約の事実をうまく説明する (Quirk &

Greenbaum 1979).

(7) a. James enjoys the theatre **more than** *Susan enjoys the theatre*.
    b. James enjoys the theatre **more than** *Susan enjoys*.
    c. James enjoys the theatre **more than** *Susan does*.
    d. James enjoys the theatre **more than** *Susan*.
       （ジェームズはスーザンよりも芝居を楽しむ）

[B] **Chomsky** (1977)： Chomsky は，(8a)のような文が英語のいくつかの方言で可能である事実に着目して，比較節に適用されるのは削除規則ではなく，(8b)のような基底構造からの wh 移動であると主張する．この what は，標準英語では義務的に削除されて(8c)になる．

(8) a. John is **taller** than *what* Bill is.
    b. John is **taller** than what$_i$ Bill is t_i.
    c. John is **taller** than Bill is.

[C] **Jackendoff** (1977)： 比較節において変形を認めない立場もある．Jackendoff は，(9)のように，[ ]内に PRO（音形をもたない，抽象的な XP（任意の句））を仮定し，PRO の意味は解釈規則で決定することを提案している．

(9) a. John is **taller** than Bill is [$_{AP}$ PRO].
    b. John has **more** books than Bill has [$_{NP}$ PRO].

[D] **本書の立場**： 筆者は，比較構文の意味は PRO を認めない解釈規則で決定されると考える．というのは，どの分析にも難点があって，例えば，Chomsky の分析では，Bresnan が反論するとおり，(4)や(10)のような，what が現れえない文をうまく説明できない．

(10) a. Ann is **less beautiful** than she is [x] funny.
       （アンは滑稽さと比べて，美しさが劣っている）
    b. We bought **more** books than we sold [x many] cars.
       （車を売った数よりも，たくさんの本を買った）

Jackendoff の解釈規則にしても，(10a)や(10b)のような例の場合，RRO によってどのような解釈ができるのか不明である．

また，Bresnan の「同一性のもとでの比較削除」というメカニズムでは，次のような例をうまく説明できないと思われる．

(11) a. I got up **later** than I ought to (get up) [*x late].
       （私は起きるべき時刻よりも遅く起きた）
    b. I'm feeling **better** (than I was feeling) [*x well]. （気分はよくなった）

例えば，(11a)は，午前6時に起きるべきところ，6時半に起きたような場合にも用いられる文であって，基底に「遅い」という絶対的な意味があると考えにくい．(11b)も，気分が前よりも少しでもよくなっていれば使えるのであって，これまた，基底に[*x well]を仮定するのは不自然である．つまり，話し手にとっては，発話以前に

than 節の数値はすでに決まっていて，前提 (presupposition) とされているのである．
　than 節の内容が前提とされていることは，次のような比較構文ではいっそう明確になる．ここで，馬が魚でないのは自明なことである．

(12)　A whale is no **more** a fish *than a horse is*.
　　　（馬が魚でないように，クジラも魚ではない）

　また，次のような，比較の基盤が明確な数値を与えられている例も，than 節の内容は前提とされているということの証になっている．

(13)　I stayed **longer** *than six weeks*.　　　　　　　(Huddleston & Pullum 2002)
　　　（6週間よりも長く滞在した）

　比較節の内容あるいは比較の基盤の数値が，話し手の頭の中で定まっていないのであれば，そもそも，比較構文は成立しないのである．言い替えれば，

(14) a.　John is **older** *than* Mary.
　　 b.　太郎は花子よりも年上だ．

という比較構文を発話するとき，話し手は，Mary および花子の年齢を先刻承知している（統語的には，比較節中に数値を明示する必要はない）ということである．（一方，(4)のように，主節と比較節の内容（数値）が異なる場合は，比較節の数値を明示しなければならないのは言うまでもない．）

26.4.　比較構文の諸相

　伝統文法では，次のような比較構文の種類を認めてきた．
　　① 同等比較：　A＝B
　　② 不等比較 $\begin{cases} \text{a.　優勢比較：　A＞B} \\ \text{b.　劣勢比較：　A＜B} \end{cases}$

26.4.1.　同等比較

　同等比較 (comparison of equality) は，通例，「as＋原級＋as」の形式で表され，比較節の原級は，主節のそれと同一または弁別的に異ならない場合は，義務的に表現されない（削除されたのではなく，初めから表現されていないのである）．

(1)　John is **as tall as** Mary (is) [*tall].　（ジョンはメアリーと身長が同じだ）

　ただし，同一の事物の異なる性質の度合いを比較する場合は，比較節の原級は必ず表現されなければならない．

(2) a.　The river is **as deep as** it is wide.
　　　　（その川の幅は，深さと同じだ）［例えば，ともに5メーター］
　 b.　Mary is **as clever as** Jane is pretty.
　　　　（メアリーの利口さは，ジェーンのかわいさと同じだ）［例えば，ともに8点］

(2a)は，川の大きさ (size) という一つの基準の異なる側面を比較している．(2b) の clever と pretty は，二人の属性 (attribute) という一つの基準の異なる側面を比

較している．しかし，次例のように，同一の意味次元に属さない性質同士を比較することはできないことに注意せよ．

(3) *The desk is **as high as** the fox is cunning.

〈英〉の否定文では，as ... as は通例，not so ... as になる．この形式は，〈略式体〉では less ... than よりも好まれる (Swan 1995: 69)．

(4) a. Of course it's **not as easy as** that. (BNC)
   (もちろん，ことはそれほど易しくはない)
   b. It's **not so easy as** all that. (Christie, *A Murder Is Announced*)
   (ことは，それほど簡単じゃない)

ところで，直喩(simile)に用いられる「as+形容詞+as」は，同等比較と同じものだろうか．答えは，「ノー」である．

(5) a. John is **ás old as** Bill. ［同等比較］
   b. John is (**as**) **óld as** Adam. (ジョンは大変な年寄りだ)［直喩］

(5)で見るとおり，同等比較の場合は最初の as に強勢を置くことができるが，直喩の場合は，最初の as に強勢がなく，ために省略されるのが普通である．もう一つの違いは，同等比較の場合，Bill is と is を補うことが可能であるが，直喩の場合は *Adam is のように，is を補うことはできない (Fillmore の個人談話)．三つめの違いは，同等比較の old は，直喩の old とは異なり，「年とって」という「絶対的意味」がない (ともに 10 歳であってもよい)．

26.4.2. 優勢比較

優勢比較 (comparison of superiority) は，通例，「比較級+than」，または「the+比較級/最上級+of/in」の形式で表される．

(1) a. John is **younger than** Bill (is). (ジョンはビルよりも年下だ)
   b. Bill is **the younger** (**one**) **of** the two. (二人のうちで，ビルのほうが年下だ)
   c. I'm **the youngest** (**one**) **in** my family/**of** the three.
      (うちで/三人の中で，私が一番年下だ)

(2) Abel spent three **more** days in England **than** he had originally intended.
   (Archer, *Kane and Abel*) (アベルは，もともと考えていたよりも3日多く，イングランドで過ごした)

(1b, c) において，比較級と最上級に the が付いているのは，前置詞句によって「ただ一人に限定された」ためであり，また，one を補っても意味が変わらないことからも明白であるように，名詞性を付与されたためである．

次の(3)では，最上級に等しい意味を同等比較の形式で，(4)ではそれを優勢比較の形式で表している．

(3) a. He is **as rich as any** in our town.
   (彼は裕福さでは，この町の誰にも負けない)
   b. I was **as happy as** happy (**can be**) in the garden.

(その庭の中で，私はこの上もなく幸せだった)
(4) This play is **better than any other** play I've seen.
 = This play is **the best one** (that) I've seen.　(C.-Murcia & L.-Freeman 1999)
 (この芝居は，これまで見たほかのどの芝居よりもすぐれている)

なお，くだけたスタイルでは，強意的に二者についても最上級を用いることがある．

(5) a. She was **the youngest** *of the two* daughters.
  (彼女は二人の娘のうちで一番若かった)
  b. Which is **the strongest** *of these two*?
  (この二人のうちで，どちらが一番強いのか)

NB 1　最上級のあとに，「前置詞＋場所やグループを表す単数名詞」がくるときは，in を用いる．
 (i) a. This is **the strangest** chair *in* the world.　(これは世にもへんてこな椅子だ)
  b. Anne is **the tallest** girl *in* the team.　(アンはこのチームで一番背が高い)
 複数名詞や複数の意味をもつ lot/bunch (仲間，連中) がくるときには，of をとる．
 (ii) a. She's **the fastest** player *of* them all.　(彼女は全選手のうちで一番足が速い)
  b. He's **the best** *of* the lot/bunch.　(彼はその仲間のうちで最高だ)
NB 2　比較級・最上級表現では，any, ever, yet などの否定極性項目 (negative polarity item) が生起することができる．否定の含意があるからである．
 (i) You're **more stubborn than** *any*body I know.
  (君みたいな頑固な人は知らないよ)
 (ii) It's **the best** book I've *ever* read.　(こんないい本は，まだ読んだことがない)
 (iii) This is **the hardest** job *yet*.　(これはこれまでにないきつい仕事だ)
NB 3　次の文を考察せよ．
 (i) Soames' position was **as bad** or **worse than** her own.　(Galsworthy, *In Chancery*)　(ソームズの立場は，彼女の立場と同じくらいひどい，いや，もっとひどいものだった)
 (ii) Our hope was that by taking train we might get to Beckenham **as soon as**, or **sooner than**, the carriage.　(Doyle, *Memoirs of Sherlock Holmes*)
  (私たちの希望は，汽車に乗れば，馬車で行くと同様，あるいはもっと早く，ベッケナムに着けるかもしれない，というものだった)
(i) では同等比較が完成していない．たいていの語法辞典は，そこで，(ii) のように，*as bad as* or worse than と as を付けるほうがよいとしている．ただし，Bryant (1962) は，as を落とした形式も標準語として認めている．

26.4.3.　劣勢比較

劣勢比較 (comparison of inequality) は，(1) のように，「less＋原級＋than」，または「the least＋原級＋of/in」の形式で表される．しかし，これらは有標構文として頻度が低く，普通は (2) のように，無標の比較構文が用いられる．

(1) a. John is **less old** than Mary (is).　(ジョンはメアリーよりも年下だ)
  b. Mary is **less young** than John (is).　(メアリーはジョンよりも年上だ)
(2) a. John is **younger** than Mary (is).　(＝(1a))

    b. Mary is **older** than John (is).　(= (1b))

特に，(1b) のように，有標の形容詞 young に有標の less を重ねて用いるのは，かなり「不自然」(Gnutzmann et al. 1973)，または「まれ」(Quirk et al. 1985: 1128) である．

ただし，次のような，un-/im- で反意語を作るような形容詞の場合は，less が普通に用いられる．

 (3) Ann is **less perceptive/sophisticated than** Jane (is).
        (アンはジェーンほど洞察力/見識がない)

または，次のような否定の同等比較も使用可能である．

 (4) Ann is **not as/so perceptive/sophisticated as** Jane (is).　(同上)

(3)，(4) の表現は，次のような，「more + 否定の形容詞」を用いた文よりも明確であるように思われる (Quirk et al. 1985: 1129)．

 (5) Ann is **more imperceptive/unsophisticated than** Jane (is).　(同上)

26.4.4.　比例比較級

比例比較級 (comparative of proportion) は，「the + 比較級，the + 比較級」の構文で表される．

 (1) a. **The more** one has, **the more** one wants.　(持てば持つほど，ほしくなる)
    b. = One wants **the more**, **the more** one has.
 (2) **The more** we love, **the richer** life is.　　　　(Lawrence, *Rainbow*)
        (愛すれば愛するほど，人生は豊かになる)
 (3) And **the more** I think about it, **the funnier** it sounds.
                                (Gardner, *The Case of the Vagabond Virgin*)
        (そのことを考えれば考えるほど，ますますおかしな感じなんですよ)

この構文は，接続詞を用いないで，二つの文の**並列** (parataxis) によって生じたもので，[1] 普通 (1a) のように，従属節が先行するが，(1b) のように主節が先行することもある．

〈格式体〉では，従属節であることを明示するために不変化詞 that を挿入することがある (Curme 1931: 297, OED[2] s.v. *The*, Swan 1995: 123)．

 (4) **The more** light *that* falls on the eyes, **the more** the pupils contract to vertical slits.　(HTI)　(多くの光が(ネコの)目に当たれば当たるほど，ますます瞳孔(どうこう)が縮まって，垂直の細長い線になってしまう)

比例比較級では，しばしば，主語と動詞が省略される．

 (5) a. **The** more **the** better.　(多ければ多いほどよい)

---

 1. フランス語の類似構文で，前の文と後の文との間に et (= and) が現れることが，そのことの傍証となる．
    (i) Plus il a, *et* plus il désire.　(= The more he has, the more he wants.)

b. **The** sooner **the** better. (早ければ早いほどよい)
c. **The** more **the** merrier. ((招待客は)多ければ多いほど賑やかだ)

なお，〈格式体〉で，主語が長い場合，倒置 (inversion) が随意的に生じることがある．普通は 'S + V' の語順が用いられる．

(6) a. **the bigger** the crime, **the more** obvious, as a rule, *is the motive*.
(Doyle, *Adventures of Sherlock Holmes*)
(犯罪が大きければ大きいほど，一般に，動機が見え透いたものになる)
b. Cf. **The older** I get, **the happier** *I ám / *am I*.
(年をとればとるほど，私は幸せになる)

NB 1 この the は，定冠詞ではなく OE の具格の指示代名詞 þȳ に由来するもので，従属節の the は関係副詞 (= in what degree)，主節の the は指示副詞 (= in that degree) である．
NB 2 日本人の学生は，「the more + 形容詞/副詞」の場合，the more を形容詞/副詞から離してしまうことが多い．
(i) a. **The more** it is **dangerous, the more** I like it.
b. **The more dangerous** it is, **the more** I like it.
(危険であればあるほど，好きになる)
「the more + 原級」で，はじめて形容詞の比較級という一つの構成素となることを心に銘記するべきである．

26.4.5. 漸層比較級

程度が漸次増加または減少することを示す比較級を**漸層比較級** (comparative of gradation) と言う (Curme 1931: 505 の用語)．普通，「比較級 + and + 比較級」の形式をとる．

(1) The road got **worse and worse**. (道は次第に悪くなった)
(2) I'm getting **fatter and fatter**. (私はだんだん太ってきた)
(3) We're going **more and more slowly**. (私たちはだんだんゆっくり進んでいる)

この場合，(2) のような 1 音節の語に more を使って，*more and more fat とはしない．また，more and more を使う場合は，*more faint/slowly and more faint/slowly のように形容詞や副詞を繰り返さない．

NB 1 特に詩において，「屈折比較級 + and + 迂言比較級」の形式が見られる．
(i) The screams grew **fainter and more faint**. (Kingsley, *Hypatia*) [HTI]
(悲鳴は，次第にかすかになった)
NB 2 「ever + 比較級」の形式でも，漸層比較級の意味を表すことができる．
(i) The road got **ever worse**. (Curme 1931) (道は次第に悪くなった)

26.4.6. 比較構文と限定詞

[A] 形容詞の最上級： 最上級が限定的に用いられたときには，主要語が「唯一的に同定可能」になるので，定冠詞または my/our などの限定詞を付けなければならない．

(1) a. Beth is **the/their youngest** child. (ベスは末っ子だ/彼らの末っ子だ)
    b. *Beth is **youngest** child.

しかし，形容詞が叙述的に用いられたときには，the の使用は随意的である．

(2) Ann is (**the**) **youngest** (of all). (アンは(みんなの中で)一番若い)

ただし，the がある場合とない場合では，次に述べるような違いがある．

(3) a. The lake is **the deepest** (**one**) in this district.
       (その湖はこの地方で一番深い(もの)だ)
    b. The lake is **deepest** at this point. (この湖はここが一番深い)

すなわち，(3a) の the の付いた形は，他の湖との対比で，one を補うことができることでわかるように名詞用法であるが，(3b) は，同一の湖の深浅の比較で，deepest は形容詞そのもので，the を付けるべき主要語が存在しない．

次のように，評価形容詞の最上級が the なしに叙述的に用いられたときには，最上級の意味と「extremely＋形容詞」という絶対最上級 (§26.5.4) とで，二とおりにあいまいである．

(4) Della is **most efficient**.
    a. デラが，一番有能だ．［＝the most efficient of all］
    b. デラは，すこぶる有能だ．［＝extremely efficient］

限定的に用いられた場合でも，不定冠詞またはゼロ冠詞に修飾されていれば，most は常に絶対最上級（＝extremely＋Adj）と解釈される (Quirk et al. 1985).

(5) a. She is **a most efficient** publisher. (彼女はとても有能な出版者だ)
    b. They are **most efficient** publishers. (彼らはとても有能な出版者だ)

[B] **副詞の最上級**： この場合，〈略式体〉では the は随意的である．

(6) a. Of all my books I like this **the best**. (Dickens)
       (私の書いたすべての本のうちでこれが一番好きだ)
    b. Of the three boys, John behaves **the most politely**.
       (三人の少年のうちで，ジョンが一番行儀がいい)
    c. Let's see who can shoot **the straightest**. (Eastwood 1994)
       (誰が一番まっすぐに撃てるか見てみよう)

(7) Dick ran (**the**) **fastest** of all. (ディックがみんなの中で一番速く走った)

(8) She works (**the**) **hardest**; her husband doesn't know what work is.
                                                                (Swan 1995)
    (彼女が一番精出して働く．夫のほうは，仕事の何たるかがわかっていない)

ただし，異なる状況下における同一人の比較には，the を付けない．

(9) She works **hardest**/*the hardest** when she's doing something for her family. (Swan 1995)
    (彼女は，家族のために何かしているときが一番精出して働く)

NB 副詞の最上級は，しばしばぎこちない表現になるので，than any ..., than all ... な

どを使って比較級で表現することが多い (Coe 1980: 63).
- (i) a. Of all my relatives my sister works **the hardest**.
  - b. My sister works **harder than all** my other relatives.
    （妹は親類の誰よりも勤勉だ）
- (ii) Jenny eats **faster than any** one I know.
    （ジェニーは私が知っている誰よりも早食いだ）
- (iii) He expresses himself **more subtly than any** other contemporary writer.
    （彼は，ほかのどの同時代の作家よりも繊細な表現をする）

26.5. 擬似比較

比較構文に似ていて比較構文とは異なる構文がある．

26.5.1. 擬似比較構文

比較構文は，(1)のように，比較級・最上級を much で修飾することができるが，**擬似比較構文** (pseudo-comparative) は，(2)のように，まず第一に，much テストに合格しない．

- (1) a. John is **much taller** than Paul. （ジョンはポールよりもずっと背が高い）
  - b. John is **much the tallest** boy in the class.
    （ジョンはクラスで断然一番背が高い）
- (2) a. the **upper** story （上の階）
  - b. *the **much upper** story

後述する絶対比較級（§26.5.3）も much テストに合格しない事実から，これらは擬似比較であることが明らかになる．

- (3) a. **Higher** education is something. （高等教育は捨てたものじゃない）
  - b. *He received **much higher** education.
- (4) a. I haven't **the foggiest** idea. （皆目わからない）
  - b. *I haven't **much the foggiest** idea.

第二に，擬似比較では，than 節を補うことができない．

- (5) *A chimpanzee is **a higher animal than** a rabbit.

第三に，擬似比較は，原級・比較級・最上級というパラダイムをもっていない．

- (6) a. *A **High** English Grammar
  - b. A **Higher** English Grammar （高等英文法）［書名］
  - c. *A **Highest** English Grammar

26.5.2. メタ言語的比較級

次のような比較構文は，ある性質の程度を比較しているのではなく，B という語よりも，A という語を使用するほうがいっそう適切であると述べているのである．その意味で，Huddleston & Pullum (2002: 1122) は，この種の比較を**メタ言語的比較** (metalinguistic comparison) と呼んでいる．常に，屈折比較ではなく，more を

使うのが特徴である．

(1) He is **more good**/***better than** bad. （彼は悪人というよりも，むしろ善人だ）
(2) Susan is **more shy than** unsocial.
（スーザンは非社交的というよりも，むしろ，はにかみやなのだ）
(3) Life is an affair of being **more frightened than** hurt.
（人生は，けがをするというよりも，びっくりする程度で済むものだ）〔S. Butler の *The Way of All Flesh* (1903) の中に 'we have long found *life to be an affair of rather frightened than hurt*' という文が見いだされる〕
(4) He looked at his son **more in sorrow than** in anger. （彼は怒るよりも悲しんで息子を見た）〔more in sorrow than in anger は，*Hamlet* 1.2.232 が出典〕

26.5.3. 絶対比較級

絶対比較級 (absolute comparative) は，**相対比較級** (relative comparative) のように，比較の対象を特定することなく，ただ比較的程度が高いことを示す．普通，〈略式体〉の英語で用いられる．

(1) a. the **lower** animals/classes　（下等動物/下層階級）
　　b. the **higher** animals/the **upper** classes　（高等動物/上流階級）
(2) a. the **younger** generation　（青年層）
　　b. the **older** generation　（老年層）
(3) **larger** women （大きめの女性）/an **older** man （年配の男性）/**better** dresses （上等なドレス）/**larger** department stores （大型のデパート）

絶対比較級では，比較の対象は確かに漠然としているが，ペアになった言い方が多いことから推測しても，二価値的考え方に従って，現実世界の指示物をおおざっぱに二分しようとする心理が潜んでいることがわかる．また，年配の人は，old man と呼ばれるのはいやがるが，older man と呼ばれるのには異議を唱えないかもしれない．older は，old ほど年とっていないように思われるからである．同様に，(3) の例は，原級を用いた場合よりも丁寧な印象を与える．商業関係者が絶対比較級を多用するのは，この効果のためである (Bryant 1962: 56)．

26.5.4. 絶対最上級

絶対最上級 (absolute superlative) は，他との比較を含まず，単に「程度が高いこと」を表す．絶対最上級は，その意味で，強意表現の一種と考えるのが最も適切である．話し言葉またはくだけた書き言葉で用いられる．

(1) a. You are **most generous**/**kind**. （あなたはとても気前がいい/ご親切です）
　　b. Thank you very much indeed. That is **most kind**/***kindest** of you.
　　　（Swan 1995）（大変ありがとうございます．厚くお礼申しあげます）

相対最上級では most に強勢が置かれ，絶対最上級では形容詞に強勢が置かれる (Curme 1931: 506)．

(2) a. It was **the móst lovely** flower in the garden.　〔相対最上級〕

(それは庭で一番美しい花だった)
- b. He has **the most béautiful** of gardens.　［絶対最上級］
(彼は実に美しい庭をもっている)

以下も，絶対最上級の例である．
(3) We shall soon see George and **his most béautiful** wife.
(まもなく，ジョージとすごい美人の奥さんに会えます)
(4) It was **a most magníficent** exhibition of courage.
(それは実に素晴らしい勇気の発露だった)

絶対最上級の most は，主観的態度を表す形容詞を修飾するときに用いられ，客観的態度を表す形容詞には用いられない (Quirk et al. 1972: 287)．
(5) a. She is **most beautiful**.　(彼女はすこぶる美人だ)［主観的形容詞］
   b. *She is **most tall**.　［客観的形容詞］

a most と the most は，ともに絶対最上級として用いられるが，the most のほうがさらに強い度合いを表すのに用いられる傾向がある (Quirk et al. 1972: 287)．
(6) a. Isn't she **a most beautiful** woman?　(彼女ってとても美しい女性じゃないか)
   b. Isn't she **the most beautiful** woman?　(彼女って世にも美しい女性じゃないか)
      [= an extremely, extremely beautiful woman]
(7) I am having **a loveliest** time.　　　　(Taylor, *A View of the Harbour*)
(ぼくはとても楽しく過ごしている)

絶対最上級は，most でなく，-est によって表されることがある．その場合は，形容詞に強勢を置き，母音を長く引き伸ばして発音する (Curme 1931: 507)．
(8) a. Oh, he made **the rú-dest** remark!
(いやもう，彼は無礼千万な所感を述べた)
   b. At all times her dress was of **the póorest**.
(彼女のドレスは，いつもひどくお粗末なものだった)
   c. There is no **smállest** doubt.　(疑いはみじんもない)
   d. I'm in **the bést** of health.　(健康状態は最良です)

NB ときに副詞の絶対最上級も見いだされる．
   (i) She behaved **most generously**.　(彼女はひどく気前よくふるまった)

26.6.　注意するべき比較表現

[**A**]　**ラテン語系の比較表現**：ラテン語の比較級 senior/junior, superior/inferior などを用いて比較表現をすることができる．
(1) John is two years **senior to** me. = John is my *senior by* two years.
= John is two years my *senior*.　(ジョンは私より二つ年上だ)
(2) Meg is five years **junior to** Joe. = Meg is Joe's *junior by* five years.
= Meg is five years Joe's *junior*.　(メグはジョーよりも五つ年下だ)

(3) a. Wood is **superior to** plastic as a material.
　　　（木材は資材としてプラスチックよりすぐれている）
　　b. Margarine is **inferior to** butter in flavor.
　　　（マーガリンは，風味の点でバターに劣る）

[B] 倍数の表し方： x times as ... as の形式を使う．ただし，「2倍」は，two times としないで twice as ... as とし，「半分」は，half as ... as とする．

(4) a. I am about **twice as old as** you are.　（私は君の2倍も年とっている）
　　b. John spends **half as much** money **as** Mary (does).
　　　（ジョンはメアリーの半分しか金を使わない）
　　c. Bill has **three times as many** books **as** John (has/does).
　　　（ビルはジョンの3倍もの本をもっている）

「x times ＋比較級＋than」の構文は，普通，倍数表現には用いないで，次のような誇張表現で用いる．

(5)　This book is **twenty times better than** that.
　　　（この本は，その本の20倍もすぐれている）

[C] **than** (**any**) **other**： ある特定のものを，同じ集合に属する他のメンバーと比較する場合は，(6a) のように other が要るけれども，別な集合に属するものと比較する場合は，(6b) のように other を付けないのが慣用 (idiom) である (Perrin 1972: 495)．

(6) a. She is **a better** dancer **than the other** girls.　［同じ集合］
　　　（彼女はほかの少女よりもダンスが上手だ）
　　b. She is **a better** dancer **than** the boys/**than any** of the boys.　［別な集合］（彼女はその少年たち/その少年たちの誰よりもダンスが上手だ）

Ebbitt & Ebbitt (1978: 455) は，もう少し厳しくて，同じ集合に属するあるものを他のものと比較する場合は，論理的に other だけでなく any も必要になるとして，次の例をあげている．確かに，このほうが (6a) よりも論理的ではある．

(7)　She is **a better** dancer **than any** of the **other** girls.
　　　（彼女はほかの少女たちの誰よりもダンスが上手だ）

また，Ebbitt & Ebbitt (1978) は，any の項目で，同類のもの同士の比較には any other を用いるのが慣用であるが，別な類のものを比較するときには any のみでよいとして，次の二つの文を比較している．

(8) a. This book is **better than any other** on the subject.　［同じ類］
　　　（この本は，その問題に関するほかのどの本よりもすぐれている）
　　b. I like a movie **better than any** book.　［別な類］
　　　（私は，どんな本よりも映画のほうが好きだ）

次の例は，同類の比較は，any other のほかに，all other, every ... else のような同義表現も用いられることを示している．

(9) a.　Mont Blanc is **higher than all other** Alpine peaks.　　　　(Swan 1972)
　　　　（モンブランは，ほかのすべてのアルプスの峰よりも高い）
　　b.　He plays **better than every**body else in the team.　　　　(Ibid.)
　　　　（彼は，チームのほかのすべての選手よりも競技がうまい）
主語が複数の場合は，「any other＋複数名詞」になる．
(10)　American farmers produce **more individually than any other farmers** in the world.　　　　(*The USA*)
　　　　（アメリカの農場主は，世界のほかのどの農場主よりも個人個人の生産性が高い）

上記の規範（norm）はおおむね妥当と思われるが，同類の比較に other を用いていない例が作家の英語に見いだされることを認めなければならない．

(11)　I like Wagner's music **better than any**body's.　　　(Wilde, *The Picture of Dorian Gray*)（ぼくは，ヴァーグナーの音楽が誰のよりも好きだ）
(12)　Then he broke into running, moving ... **swifter than any** life in the world.　　　　(Saroyan, *The Human Comedy*)
　　　（それから彼は急に駆けだした，世界中のどんな生き物よりも速く）

また，次の諸例は，同類の比較でも，the other を用いるなら，必ずしも any を必要としないことを示している．

(13) a.　John is **more stupid than the other** boys.　　　　(Quirk et al. 1972)
　　　　（ジョンは，ほかの少年たちよりも頭が悪い）
　　b.　John is **cleverer than the other** boys.　　　　(Zandvoort 1972)
　　　　（ジョンはほかの少年たちよりも頭がいい）

[D]　**No (other) mountain in Japan**： このような構文では，主語に other を付けるか付けないかで，英語の母語話者も迷うようである．

(14)　**No** mountain in Japan is **as high as/higher than** Mont Blanc.
　　　　（日本のどの山も，モンブランほど高くはない）

の場合，別々の集合に属する山の比較だから，当然，other は不要である．一方，

(15)　John is taller than Bill.　**No other** boy in the class is **taller than** Bill.
　　　　（ジョンは，ビルよりも背が高い．クラスのそのほかの少年でビルよりも背が高いものはいない）

の場合，「ジョン以外の」という意味だから other を省くことはできない．迷いが生じるのは，同じ集合に属すると思われるものを比較する場合である（むろん，(16) では other を付けるほうが論理的であるが）．

(16)　**No (other)** mountain in Japan is **as high as/higher than** Mt. Fuji.

結論的に言えば，nothing, no one などが主語の場合は，other を付けないほうが普通であるが，その他の語では，「ほかにない」という対比の気持ちを特に強調したいときには other を付ける，ということになろう．other のない例とある例を，石橋ほか（編）(1966) から引用してみよう．

other のない例

(17) a. **Nothing** could be **more delightful**. （これほど楽しいことはあるまい）
   b. **No one** can order a lunch **better than** Roy.
      （ロイほど上手にランチを注文できる人はいない）
   c. **Nothing** in life could be **so dreadful**.
      （世の中にこんなに恐ろしいことはあるまい）

other のある例

(18) a. **No other** trial of the period excited **more widespread** attention.
      （当時の裁判でこれほど広範囲な注意を引いたものはほかになかった）
   b. **Never** has **any other** audience been **so stimulating** to writers.
      （これほど作家にとって刺激的な読者があったためしはほかにない）

[E] 現実世界の知識の必要性： 次の諸例を見られたい．

(19) That guy Morrow was about **as sensitive as a goddam toilet seat**.
     （あのモローってやつの感受性ときたら，まず，便座並みだった）

(20) She was about **as kind-hearted as a goddam wolf**.
     （彼女の心の優しさは，まず，オオカミ並みだった）

(21) I liked him **as much as Churchill liked Hitler**.
     （ぼくが彼を好きなのは，チャーチルがヒトラーを好きな程度だった）

(19), (20) は, Salinger, *The Catcher in the Rye* からの引用である．これら3例の比較構文を正しく理解するためには，現実世界の知識を持ち込む必要がある．第二の as 節は「前提」を表すものとして,世間の人々にとって既知の事実が述べられている．(19)で言えば，「便座」に感受性があるわけがないので，モローにもまるで感受性がなかったという否定的な解釈が得られる．

(20)も同工異曲であり，(21)では，チャーチルは，ヒトラーが大嫌いだったという現実世界の知識に照らして，「ぼくも彼が大嫌いだった」と解釈しなければならない．

[F] **no taller** と **not taller**： 次の二つの文を比較せよ．

(22) a. I am **not taller than** John.
   b. I am **no taller than** John.

(22a)は，「私はジョンよりも背が高くはない（もしかすると，低いかもしれない）」という文否定（§29.1）であり，(22b)は，「私はジョンよりもゼロ程度しか背が高くない（身長が同じだ）」という構成素否定（§29.2）の例であり，no は taller を修飾する．その点, *much* taller/*a bit* taller などと同様である．

(22)の二つの文を否定の作用域に注意してパラフレーズすれば，それぞれ，次のようになる．

(23) a. **Not** [I am **taller than** John]. ［=It is not so that I am taller than John.］
   b. I am [**no taller**] **than** John. ［=I am exactly as tall as John.］

[G] **than 節と否定**： than 節に否定が生じないことはよく知られている．

(24) a. I know him **better than** Mary does.
   (私のほうが，メアリーよりも彼のことをよく知っている)
   b. *I know him **better than** Mary *doesn't*.

これは，than が準否定語 (semi-negative) として，否定の意味を内蔵していることで説明される．than に否定的な意味があることは，any/ever のような否定の環境にしか生起しない否定極性項目が生じることからも明白である (than はその認可表現).

(25) My aunt loved me **better than** I **ever** deserved.
   (おばは，私が値しないほど私を愛してくれた)

[H] 意味解釈2題： 次の二つの文を比較せよ．
(26) a. I've never seen **a taller** man **than** my father.
   b. ≠I've never seen **a taller** man **than** my mother.

どちらの文も文法的ではあるが，(b) は my mother is a man を含意するので，意味的に逸脱した文になっている．
   次の二つの文は，どうだろうか．
(27) a. *Mary is **taller than** she is.
   b. Mary thinks she is **taller than** she is.

(27a) は，「メアリーは，実際よりも背が高い」という矛盾文になっているが，(27b) のような埋め込み文の中では容認可能な文になる．その理由は，think は dream, believe, want などの「世界創造動詞」(world-creating verb) として現実世界とは別の，想念の世界を創り出すので，矛盾の存在が許される，ということである．それは，ちょうど，次のような文が dream の埋め込み文になりうるのと同様である．

(28) She dreamed that *she was a beautiful queen*.
   (彼女は，自分が美しい女王になっている夢を見た)

[I] **newer than new** のタイプ： 〈米〉の広告文では，次のタイプの比較級が用いられている (C.-Murcia & L.-Freeman 1983: 497).
(29) a. John is **taller than tall**. [*ie* He's gigantic!]
   b. This product is **newer than new**. [*ie* It's the very latest.]

   NB 1 as deaf： 次の例のように，as … as の同等比較で，あとの as 句が省略されているような場合，大学生でも意味解釈に困難を覚える．
   (i) That's the way I found him, sitting by the roadside! upright as a milestone! And almost **as deaf**. (Dickens, *The Cricket on the Hearth*) (あんなふうに，道ばたにすわっていたんだよ，一里塚みたいにまっすぐにさ！ しかも，(それに) 負けないぐらい耳が聞こえないんだ)
   もちろん，正しい意味解釈のためには，as deaf のあとに前出の as a milestone が省略されていることを知らなければならない．
   NB 2 much か many か： 比較級を強調するには，very ではなく，much/far であることは学校文法でも教えている．
   (i) I paid **much/far/*very** more than I should. (お金を払いすぎてしまった)

では，次の文では，much と many のどちらが正しいだろうか．
- (ii) There were **many/far/*much more** people **than** I had expected.
  （予想よりもずっと多くの人がいた）

「more + 複数名詞」の場合は，many/far で強調し，much は使用できない (Swan 1995: 126)．

NB 3 as well as の二義：　次の二つの文を比較せよ (Swan 1995: 75)．
- (i) She sings **as well as** playing the piano.
  （彼女はピアノを弾くばかりではなく，歌も歌う）
- (ii) She sings **as well as** she plays the piano.
  （彼女はピアノを弾くのと同じくらい上手に歌を歌う）

(i) の B as well as A は，not only A but also B の意味であり，A の部分は旧情報を，B の部分が新情報を表す．(ii) の as well as は (Her singing is) as good as (her playing the piano.) の意味である．

26.7.　比較級・最上級を強める語句

[A]　比較級は，much, very much, far, a lot〈略式体〉, still, even で強調することができる．
- (1) I am **much happier** now.　（いまはずっと幸せだ）
- (2) This pen is **far better** than that.　（このペンはそれよりはるかに上等だ）
- (3) **a lot** happier（ずっと幸せで）／**even/still** worse（いっそう悪い）

[B]　最上級は，by far, far and away, much, quite, alive で強調することができる．
- (4) This is **much the best** of the three.　（これは三つのうちで断然いい）
- (5) The last of these reasons is **by far the most important**.　　　　(OALD⁶)
  （これらの理由のうち，最後のが断然重要だ）
- (6) Ed McBain is, **by far**, **the best** at what he does.　　　　(*People*)
  （エド・マクベインは，自分の仕事で，断然，ベストだ）
- (7) Soccer is **far and away the most popular** sport in the world.　(MED)
  （サッカーは，世界中で断然一番人気のあるスポーツだ）
- (8) He was **the shyest man alive**.　（彼は，世にも内気な男だった）

形容詞の very も最上級，first, next, last を強めることができる．
- (9) I did **my very best**.　（精一杯のベストを尽くした）
- (10) That was **the very first** day I met an old friend of yours.
  （その日が，そもそも君の旧友と会った最初だった）

26.8.　比較を含む慣用表現

26.8.1.　原級を含む比較表現

◇**as … as possible/as … as one can**「できるだけ…」
- (1) a.　When you write in English, use **as** easy words **as possible**.

第 26 章 比較構文   581

(英語で書くときには，できるだけ易しい単語を使いなさい)
  b. Use **as** good a dictionary **as you can**.　(できるだけいい辞書を使いなさい)

◇**as … as any**「なんと/誰と比べても」
 (2) He is **as** clever **as any**body.　(彼は誰にも負けず利口だ)

◇**as … as ever ～**「いままで～したことがないほど…」
 (3) a. Keats is **as** great a poet **as ever** lived.　(キーツは不世出の大詩人だ)
   b. Cf.　Alice is **as** pretty **as ever**.　(アリスは相変わらずきれいだ)

◇**as good as**「…も同然」(practically)
 (4) a. If he gets hold of me, I am **as good as** dead.
    (もし彼に捕まったら，私は死んだも同然だ)
   b. The work is **as good as** finished.　(仕事は終わったようなものだ)
   c. He **as good as** told so.　(彼はそう言ったのも同然だ)

◇**as much as**「…も多くの」(多量であることを表す)
 (5) Some machines cost **as much as** £20,000.　　　　　　　　　(LDCE⁴)
   (機械の中には 2 万ポンドもするものがある)

◇**as well that/if**「…のほうがよい」
 (6) a. It is **as well that** we should talk where there can be no eavesdropping.　(Doyle, *His Last Bow*)　(盗み聞きされないところで話したほうがよい)
   b. It is **as well if** you are aware of these.　　　　　　　　　　(BNC)
    (このことに気づいたほうがよい)

◇**not/never so much as …**「…さえしない」
 (7) He can**not so much as** write his own name.　(彼は自分の名前すら書けない)
 (8) He **never so much as** spoke.　(彼は口さえもきかなかった)

◇**not so much A as B**「A よりはむしろ B」
 (9) He is **not so much** a scholar **as** a writer.
   (彼は，学者というよりは，むしろ，作家だ)

26.8.2.　比較級を含む慣用表現

◇**all/any/none the＋比較級＋for**「(…のため)それだけ～」
 (1) I feel **all the better for** a night's sleep.　(一晩寝たので，それだけ気分がいい)
 (2) He didn't seem **any the worse for** his accident.
   (彼は事故で何でもなかったらしい)
 (3) I was **none the wiser for** his explanation.
   (彼の説明を聞いても，やはりわけがわからなかった)

◇**know better**「もっと分別がある」
 (4) You should **know better** at your age.　(君の年ならもっと分別があるべきだ)

◇**know better than to**「…するようなばかはしない」

(5) I **know better than to** answer such a question.
(私は，そんな質問に答えるようなばかじゃない)

◇**think better of**「考え直して決心を変える；見直す」
(6) a. He started to say something, but he **thought better of** it.
(彼は何か言おうとしたが，気持ちを変えた)
b. I **think better of** him for his present conduct.
(私は，今度のふるまいで彼を見直した)

◇**get the better of**「(ゲーム・議論などで) … をうち負かす」
(7) Finally he **got the better of** his opponent. (ついに彼は相手をうち負かした)

◇**no better than**「… も同然」
(8) Such a man is **no better than** an animal. (そういう人間は動物も同然だ)

◇**no longer / not … any longer**「もはや … ない」
(9) a. Food shortages are **no longer** a problem. (COBUILD³)
(食糧不足はもはや問題ではない)
b. We can**not** stay here **any longer**. (これ以上ここにはいられない)

◇**no sooner** A **than** B「A したかと思うとすぐ B する」
(10) I had **no sooner** done it **than** I regretted it.
(それをしたかと思うと，すぐ後悔した)

◇**no more than**「わずか … にすぎない」(数・量が少ないことを強調する)
(11) a. There is room for **no more than** three cars. (OALD⁶)
(車が3台しか入る余地がない)
b. He is **no more than** a puppet. (彼は傀儡(かいらい)にすぎない)

◇**not more than**「せいぜい … (それ以下かもしれない)」(= at most)
(12) She has **not more than** five dollars on her.
(彼女の持ち金は，せいぜい5ドルだ)

◇**no more** A **than** B / **not** A **any more than** B「A でないのは B でないのと同じ；B と同様 A ではない」
(13) a. A whale is **no more** a fish **than** a horse is. = A whale is **not** a fish **any more than** a horse is. (クジラが魚でないのは，馬が魚でないのと同じだ)
b. I am **no more** mad **than** you (are). = I am **not** mad **any more than** you (are). (ぼくは，君と同様，気が狂ってはいない)

◇**more or less**「多少；多かれ少なかれ」
(14) a. I was **more or less** excited. (私は多少興奮していた)
b. All crowns are **more or less** crowns of thorn.
(すべての王冠は，多かれ少なかれ，いばらの冠である)

◇**not … any more**「もはや … しない」

(15) I can**not** walk **any more**. (これ以上歩けない)

◇**much more/still more**［肯定文のあとで］「なおさら…だ」

(16) You have a right to your property, **still/much more** to your life.
(君は財産の権利がある，生命の権利はなおさらだ)

◇**much less/still less**「［否定構文のあとで］なおさら…ない」

(17) He doesn't know English, **much/still less** German.
(彼は英語を知らない，ドイツ語なんてもってのほかだ)

◇**more often than not**「通例」〈略式体〉

(18) **More often than not** the train is late. (LDCE[4]) (たいてい，その列車は遅れる)

◇**nothing more than/nothing less than**「…にほかならない」

(19) a. He is **nothing more than** a dreamer. (彼は夢想家にすぎない)
   b. The affair was **nothing less than** an insult.
     (その事件は，まさに侮辱にほかならなかった)

◇**no less than** ① 「…ほども多くの」(数・量が大きいことを強調する)

(20) Exports have risen by **no less than** 80% in the last ten years. (MED)
(輸出は，過去10年間で80％も上昇した)

② 「少なくとも」(下限を表す)

(21) The hamburgers should contain **no less than** 50% meat. (Ibid.)
(ハンバーガーは，少なくとも50％の肉を含んでいなければならない)

◇**not less than**「…よりも少なくはない(多いかもしれない)」(= at least)

(22) The audience was **not less than** two thousand.
(聴衆は，少なくとも2千人以上はいた)

◇**none the less**「それでもやはり，にもかかわらず」

(23) He has many faults, but I love him **none the less**.
(彼には欠点が多いが，にもかかわらず私は彼を愛している)

NB no と not：(11a) について言えば，no は，much more [than three]（3よりもずっと多い），a little more [than three]（3よりも少し多い），no more [than three]（3よりも少しも多くない）のように，直後の比較級を否定する（構成素否定（§29.2））．つまり，no = zero と考えればよい．
　一方，(12) の not は，not [she has more than five]（[5以上もっている]のではない）ということで，not は文全体を否定している（文否定(§29.1)）．「それ以下かもしれない」は含みである．no less than と not less than も同様に分析される．

26.8.3. 最上級を含む慣用表現

◇**as best one can/may**「できるだけうまく」

(1) I explained my meaning **as best I could**. (Burroughs, *The Lost Continent*)
(できるだけうまく私の意図を説明した)

◇**at (the) best**「いくらよく見ても」
　(2)　Life is, **at best**, a sea of trouble. （人生は，所詮，苦難の海だ）
◇**at one's best**「最もよい状態で」
　(3)　The cherry-blossoms are **at their best** these days. （いまはサクラが満開だ）
◇**make the best of**「(不利な状況)を最大限に利用する」
　(4)　We must **make the best of** a bad job.
　　　（悪い状況にできるだけ善処しなければならない）
◇**make the most of**「…を最大限に利用する」
　(5)　Happiness is the ability to **make the most of** what you have. （COBUILD[3]）
　　　（幸福とは，自分のもてるものを最大限に利用する能力である）
◇**to the best of one's ability**「力の及ぶかぎり」
　(6)　I will do it **to the best of my ability**. （全力を尽くしてそれをやります）
◇**to the best of one's knowledge**「知っているかぎり」
　(7)　**To the best of my knowledge** he isn't here.
　　　（私の知っているかぎりでは，彼はここにいない）
◇**at (the) most**「せいぜい，多くて」(上限を示す)
　(8) a.　This is **at most** a makeshift. （これはせいぜい間に合わせだ）
　　　b.　I can only pay £10 **at the most**. （多くて10ポンドしか払えない）
◇**for the most part**「大部分は，大体は」
　(9)　The shops were **for the most part** closed. （店は大部分閉まっていた）
◇**at least**「少なくとも；せめて」
　(10) a.　It will take a year **at least**. （それには，少なくとも1年はかかる）
　　　b.　You might **at least** have told me. （せめて話してくれればよかったのに）
◇**not in the least**「少しも…ない」(not at all)
　(11)　Really, I'm not **in the least** tired. （OALD[6]）
　　　（本当に，ちっとも疲れていません）
◇**to say the least (of it)**「控えめに言っても」
　(12)　Lying is a bad habit, **to say the least of it**.
　　　（うそを言うのは，控えめに言っても悪い癖だ）
◇**least of all**「とりわけ…ない」
　(13)　None of us is religious, **least of all** Jim. （MED）
　　　（私たちは誰も信心深くない．とりわけジムがそうだ）
　　NB　at (long) last と at the last : last は最上級的な意味をもつものとして，ここで扱う．
　　　at (long) last は，「(長い間待っていて)やっと，ついに」の意味を表す．
　　　(i)　**At last** we're home! （OALD[6]）（やっと家に着いた！）

(ii) **At long last** the cheque arrived.　(Ibid.)（やっとこさ小切手が到着した）
at the last は，「最後の瞬間に」(at the last moment) の意味に用いる (cf. Poutsma 1914: 500)．
(iii) "Oh, don't say such dreadful things!" said Winterbourne — "just **at the last**!" (James, *Daisy Miller*)（「ああ，そんなひどいことを言わないでください――いよいよこれが最後だというときに」とウィンターボーンが言った）
(iv) **At the last**, however, it died heroically.　(Rinehart, *The Window at the White Cat*)（しかし，おしまいには，マッチはめらめらっと燃え尽きてしまった）[at last とは違って，消えるのを待っていたのではない]
(v) In effect, the story is a tragedy but the tragedy that, **at the last**, emerges without grief into beauty.　(実質的に，この物語は悲劇であるが，その悲劇たるや，最後には，悲しみもなく美に昇華する底のものなのだ）[Hemingway, *Old Man and the Sea* のジャケットの広告 (blurb)]

第 27 章

接続詞

27.1. 等位と従位

27.1.1. 等位と従位

接続詞の用法を記述するに先立って,まず,等位と従位の関係を見ておきたい.

語・句・節が対等な文法関係で接続されていることを**等位** (coordination, parataxis) と呼ぶ.等位には,次の 2 種類がある (Quirk et al. 1985: 918).

① 連辞的等位 (syndetic coordination): and, but, or のような等位接続詞で連結されるもの.

(1)　John likes coffee **and** Mary likes tea.
　　　　(ジョンはコーヒーが好きで,メアリーは紅茶が好きだ)

② 非連辞的等位 (asyndetic coordination): 接続詞なしで連結されるもの.

(2)　John likes coffee, Mary likes tea. (同上)

(2) において,and を挿入することができることは,とりも直さず,(2) が等位関係に連結されている証拠である.

これに対して,被連結語が異なった階層にあり,一方が他方に従属する関係は**従位** (subordination, hypotaxis) と呼ばれる.従位が最も明示的になるのは,従位接続詞によって,一つの節が他の節の構成素になっている場合である.例えば,

(3)　I know [that John is Mary's husband].
　　　　(ジョンがメアリーの夫であることは,承知している)

において,that 節は独立節の資格を失い,主節の一つの構成素である目的語に格下げ (downgrade) されている.このように,普通,文法で従位が問題になるのは節であるが,語のレベルでも「従位:等位」は認められる.例えば,

(4) a.　an elderly, foolish man　(初老の,愚かな男)
　　b.　an elderly **and** foolish man　(同上)
(5)　a foolish old man　(愚かな老人)

において,(4) の elderly と foolish は等位に連結されている.その証拠に,(4b) のように,二つの形容詞を and で接続することができる.(4a) のコンマは,and の機能を果たしていると考えられる.一方,(5) の foolish old は等位に連結されていない.なぜなら,foolish は man ではなく,old man を修飾しているからである.主

要語 (head) と修飾語 (modifier) では，定義上，修飾語は主要語に対して従位である．(5) は，a foolish [old man] という修飾構造を成しているので，a blue [bird] にコンマが付かないと同様に，a foolish old man にコンマが不要なのである．

ところで，等位に連結されるものは，基本的に名詞句と名詞句，前置詞句と前置詞句のように，同一の統語（まれに意味）範疇でなければならない．(6) の2例は，and で連結されている語句が同一の範疇ではないので，非文法的である．

(6) a. *John is [clever] **and** [a salesman]. ［形容詞句と名詞句］
    b. *Mary is [a schoolgirl] **and** [in the garden]. ［名詞句と前置詞句］

次の例は，副詞と前置詞句が等位接続されているのだろうか．

(7) We're *here* **and** *out of that bloody place.* (Hemingway, *A Farewell to Arms*)（われわれは，ここにいて，あのいまいましい場所から抜け出している）

いや，そうではない．here は，統語的には in this place という意味の前置詞句の代用形 (pro-form) であり，意味的には，here も前置詞句も，ともに「場所」を表していると見ることができるからである．

NB 等位構造制約: Ross (1967) は，等位構造に関して，次のような制約を課している．
(i) 等位構造制約 (co-ordinate structure constraint)
等位構造においては，いかなる等位項 (conjunct) も移動してはならない．また，等位項に含まれるいかなる要素も，その構造から外へ移動してはならない．

(i) によって，次のような文の非文法性が説明できる（t は移動した要素が残した痕跡）．
(ii) a. *Mary, I really like [John **and** *t*].
    b. [John **and** Mary], I really like *t*.（ジョンもメアリーも，私は本当に好きだ）
    ［等位項全体 (NP) の移動］

また，次のような等位項に含まれる要素の一方だけではなく，その要素を画一的に移動した場合も文法的である．
(iii) It's *potatoes* that [John likes *t* **and** Mary hates *t*].
    （ジョンが好み，メアリーが嫌いなのは，ポテトだ）

では，等位項に含まれる要素の一方のみが移動している次の例は，等位構造制約の違反になるだろうか．
(iv) Here's the whiskey *which* I [went to the store **and** bought *t*].
    （私が店に行って買ってきたウィスキーが，ここにある）

Schachter (1977) は，and bought *t* は真の等位項ではなく，to buy *t* という意味の目的を表すと説明している．しかし，文意は「BするためにAする」ではなく，「AしてBする」ということで，明らかにアイコン的 (iconic) 語順である．むしろ，go to the store and buy「店に行って買う」という連鎖が自然な複合動詞 (complex verb) を形成していると考えられる．そうすると，which はこの複合動詞の目的語ということになるので，等位構造制約をうけないことになる．

27.1.2. 等位構造と従位構造

「等位」，「従位」は伝統文法の用語であるが，生成文法では，それぞれ，**等位構造**，**従位構造**と呼ばれるのが普通である．

等位構造と従位構造との違いは，(1) と (2) の枝分かれ図のように示すことがで

る．(1) の等位構造では，二つの節は and によって同じ資格で接続されているので，and を削除すれば，それぞれの節は完全な独立文になる．一方，(2) の従位構造では，S_2 は S_1 の一つの構成素である接続詞句（ConjP）の中に埋め込まれている．

(1)　等位構造

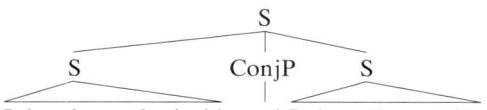

```
                S
       ┌────────┼────────┐
       S       ConjP      S
   ┌───┴───┐    │     ┌───┴───┐
John cleans the inside and I clean the outside
```

(2)　従位構造

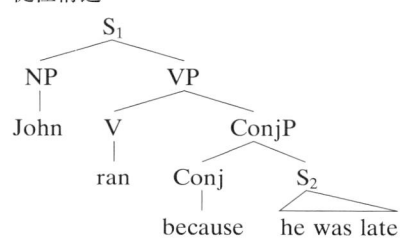

```
          S₁
      ┌───┴───┐
     NP       VP
      │    ┌───┴───┐
    John   V      ConjP
           │    ┌───┴───┐
          ran  Conj     S₂
                │    ┌───┴───┐
             because  he was late
```

ここで注意しておきたいことは，「等位構造」，「従位構造」は，文字どおり"構造上"の概念であって，意味的なものではない，ということである．例えば，(3) の二つの文は，構造上の違いはあっても，知的意味はほぼ同じで，両文とも「雨は降っていたが，散歩に出かけた」という意味を表している．

(3) a.　It was raining **but** we went for a walk.
　　b.　**Although** it was raining, we went for a walk.

Quirk et al. (1985: 919) は，等位節と従属節との主要な違いは，従属節中の情報が，通例，新情報として断定されているのではなくて，既知のものとして前提とされている点であるとして，次の例を対照させている．

(4) a.　He has quarrelled with the chairman **and** has resigned.
　　b.　**Since** he has quarrelled with the chairman, he has resigned.

(4a, b) はともに「彼は会長とけんかをして辞職した」という意味を表しているが，(4b) では，聞き手は，けんかのことは先刻承知していると想定されている，という違いがある，と説明している．しかし，従属節が常に旧情報を担っているわけではない．例えば，次の例では，従属節が新情報を担っている．

(5)　"Why all this fuss about security?"　"**Because** it's important."　　(MED)
　　　（「なぜセキュリティのことでこんなに大騒ぎするのかね」「大切だからだよ」）
(6)　"Will you be at home tomorrow?"　"Yes, **if** it rains."
　　　（「あすはご在宅でしょうか」「ええ，雨が降ればね」）

また，副詞節が文頭にあれば旧情報を表し，文末にあれば新情報を表す，とも言われるが，常にそうであるとは限らない．例えば，

(7)　**When** he saw me, he waved.　（私を見たとき，彼は手を振った）

(8) It was raining **when** we left. （私たちが発ったとき，雨が降っていた）

の場合，(7) の when 節は，確かに文頭にあって旧情報を表しているが，(8) の when 節は，文末にあっても旧情報を表している，という解釈も可能である．

> **NB** 最近では，Emonds (1970) の提案以来，従位接続詞を前置詞の一種とする考え方が一般的になった．すなわち，前置詞は目的語として NP と S の両方をとると考えるのである．（これは，接続詞と前置詞との相似性を認め，従位接続詞を "sentence preposition" と呼んだ Jespersen (1924: 89) の立場と軌を一にするものである．）
>
> (i) a.　　　PP　　　　　　　　b.　　　PP
> 　　　　　／＼　　　　　　　　　　　／＼
> 　　　　 P　 NP　　　　　　　　　 P　　S
> 　　　　 │　／＼　　　　　　　　　│　／＼
> 　　　before his error　　　　　before he erred

27.1.3. 句接続と文接続

(1) は，(2a, b) で示されるように，二とおりにあいまいである．

(1)　John **and** Mary sang.
(2) a.　John sang **and** Mary sang. = **Both** John **and** Mary sang.
　　b.　John **and** Mary sang together. = John sang **with** Mary.

すなわち，(2a) の解釈では，「ジョンが歌い，メアリーも歌った」のであるが，(2b) の解釈では，「ジョンとメアリーがいっしょに歌った」のである．

この場合，(2a) の and を**文接続** (sentence conjunction) と呼び，(2b) の and を**句接続** (phrasal conjunction) と呼ぶ．[1] 前者の場合，(1) は，(2a) の第 1 文から同一動詞句 (ie sang) 削除によって派生されるとする．この提案には一応の説得力がある．これに対して，句接続の場合も，(2b) のような基底構造からの変形によって派生しようという提案もあるが，基底構造の候補は (2b) で見るように複数に存在しているし，変形も大胆すぎて説得力に乏しい．本書では，(1) のもつ二とおりのあいまい性は，変形ではなく，意味解釈によって得られると考えておきたい．

大部分の等位構造は，上述の二とおりの意味解釈を許すが，述語が know, have, see のような状態動詞，または tall, young, kind, erudite (博識な) などの性質形容詞である場合は，「文接続」の読みしか成立しない．これらは，第一義的に「個人」について用いられる述語であり，二人で共有できるような性質を表す述語ではないからである．

(3) a.　John **and** Mary have a cold.　（ジョンもメリーも風邪を引いている）
　　b.　= John has a cold **and** Mary has a cold.
(4) a.　Bob **and** Ann are tall.　（ボブもアンも背が高い）
　　b.　= Bob is tall **and** Ann is tall.
(5) a.　John **and** Mary are erudite.　（ジョンもメアリーも博学だ）

---

1. Quirk et al. (1985: 953) は，文接続を分離的等位 (segregatory coordination)，句接続を連結的等位 (combinatory coordination) と呼んでいる．

b. = John is erudite **and** Mary is erudite.

これに対して，differ, collide, confer, kiss, meet, agree; similar, identical のような**対称的述語** (symmetric predicate) の場合は，「句接続」の読みしか成立しない．これらは，一つの実体だけでは成立しない行為ないし関係を表すからである．この場合は，二つの項を交換しても，文の知的意味は変わらない．

(6) a. The bus **and** the truck collided. （バスとトラックが衝突した）
    b. = The truck **and** the bus collided. （トラックとバスが衝突した）
    c. Cf. The bus collided **with** the truck.
    d. *The bus collided **and** the truck collided.
(7) a. This book **and** that one are similar. （この本とその本は似ている）
    b. = This book is **similar to** that one. （この本はその本に似ている）
    c. *This book is similar **and** that one is similar.

NB collide するためには，双方とも移動していなければならない．したがって，一方が移動しない，次のような例は，日英語ともに容認不可能である．
   (i) *The car **and** the lamppost collided.
   (ii) *車ト街灯柱ガ衝突シタ．

27.1.4.　What do you mean, curious?

次の三つの表現を考察せよ．

(1) What do you mean *by* '*Ah!*', Dad?　　　　　　(Christie, *Blue Train*)
    （「ああ」って，どういう意味なの，パパ？）
(2) What do you mean *I'm fired*?　　　　　(Saroyan, *You're Breaking My Heart*)
    （おれが馘(くび)になったって，どういう意味だ）
(3) What do you mean?　*Snow's*?　　　　　　　(Greene, *Brighton Rock*)
    （どういう意味なんだい？　スノウ軒だって？）

(1) は，どこにも問題になる箇所はない．(2) について，尾上 (1957: 153) は，by saying の中部省略だと説明している．筆者は，I'm fired は引用実詞で，mean の直接目的語と考える．(3) の例は，二つの疑問文が並列 (parataxis) の関係で併置されている，と分析する．

(2) の例は，手元に1例しかない．

(4) How do you mean *helpful*?　　　　　　(Capote, *Other Voices, Other Rooms*)
    （役に立つって，どういうことなの）

(2) の I'm fired や，(4) の helpful が mean の直接目的語であることは，次のような例からも傍証される．

(5) "How do you mean?" "*Nothing* …"　　　(Hemingway, *A Farewell to Arms*)
    （「どういう意味だ」「何でもないよ…」）

以下は，(3) の例，言い替えれば，疑問文が並列されている例である．mean のあとに，コンマ，ダッシュが付いたり，さらに完全な並列になっている点に注目せよ．

(6) a. What do you mean, *curious*? (Christie, *The Invisible Theft*)
　　　（どういう意味です，妙ですって）
　　b. What do you mean, *it was nip and tuck*? (Iams, *The Countess to Boot*) （どういう意味なのよ，五分五分だったって？）
(7) a. What do you mean ― *the time*? (Greene, *Brighton Rock*)
　　　（どういう意味なんだ――時間だって？）
　　b. What do you mean ― '*Oh, it's you*'! (Spillane, *I, the Jury*)
　　　（どういう意味なんだ――「あら，あなたなのって」？）
(8) a. What do you mean? *A hook*? (Hemingway, *A Farewell to Arms*)
　　　（どういう意味だ？　フックだって？）
　　b. Cf. 「うさんくさい――とは，どういう意味だい？」
　　　　　　　　　　　　　　　　　　　　　　　（内田康夫『明日香の皇子』）

NB　上例にもあるが，How do you mean? という疑問文が作家の文の中によく見られる．
　(i)　**How do you mean**, have to? (Faulkner, *Sanctuary*)
　　　（どういう意味なんだ，ねばならないって？）
　(ii)　**How do you mean**, you got it out of the garage? (Maugham, *The Circle*)
　　　（どういうことかね，ガレージから出したって？）
　Partridge (1947: 146) は，上のような文で what の代わりに how を使用するのは，「無学」(illiterate) または，せいぜい「だらしない」(slovenly) 文体だと言っている．
　(iii)　Cf.　**What**/***How** do you think of that?　（それをどう思いますか）

27.2.　接続詞

　接続詞 (conjunction) は，語・句・節を連結する語で，語形変化をもたない．語・句・節を対等な関係で接続する**等位接続詞** (coordinate conjunction) と，文の一要素として働く語句（名詞節・副詞節）を導く**従位接続詞** (subordinate conjunction) の二つに分類される．

27.2.1.　等位接続詞
　等位接続詞には，and, or, but, for の 4 語がある．

27.2.1.1.　and
[**A**]　**A** *and* **B**：　A, B は，文法上対等の語・句・節である．しかし，意味的には（(6) で見るように），B が A に対して従属的な場合もある．
　(1) a. [John] **and** [Bill] are good friends.　（ジョンとビルは仲よしだ）［語と語］
　　b. They went [across the river] **and** [through the woods].
　　　　（彼らは川を渡り，森を抜けて行った）［句と句］
　　c. [I said it] **and** [I mean it].
　　　　（私はそう言ったし，また，そのつもりだ）［節と節］
　等位に連結された語句を**等位項** (conjunct) と言う．等位項が三つ（以上）ある場合

は，通例，最後の等位項にのみ and を付ける．

 (2) I bought some bread, butter, **and** cheese. (パンとバターとチーズを買った)

等位項は口調の関係で，通例，短い（＝音節数の少ない）ほうが先に置かれる．

 (3) a. big **and** ugly (大きくて醜い)
   b. a black **and** yellow insect (黒と黄まじりの昆虫)

慣用表現の中には，語順が固定しているものがある．

 (4) a. hands **and** knees (手と膝)
   b. a knife **and** fork (ナイフとフォーク)

次の語順は，文化的な優先関係に基づいている．

 (5) a. men **and** women (男と女)
   b. men, women, **and** children (男，女，子供)
   c. father **and** son (父と子)
   d. heaven **and** hell (天国と地獄)
   e. church **and** state (教会と国家)［教会が上位］
   f. old **and** new (新旧)［日本語の語順とは反対］

次の表現では，A and B の語順が固定し，かつ，B は A の付属物であることを示す．(6c) でわかるように，'NP and NP' を is でうけているのは A と B が一つの単位としてみなされている証拠となる．and の発音は，[ən] と弱形が使用される．

 (6) a. bread **and** butter (バター付きパン)
   b. fruit **and** cream (クリーム入りフルーツ)
   c. Chicken **and** chips *is* my favorite dish.
    (チキンチップスは私の好物です)

NB 1 ladies and gentlemen は，(4) と (5) の条件が重なっていると見てもよい．lady は元来，貴族の婦人または令嬢で，紳士階級よりも身分が高い．
NB 2 Everyone arrived nice **and** early.（みんな，とても早く到着した）［＝very early］この場合は，逆に A が B を修飾している．

[B] **A *and* A**: 等位項が同一語の場合である．まず，等位項が動詞の場合，瞬時的動詞では〈反復〉を，非完結的動詞では〈継続〉を表す．

 (7) a. They knocked **and** knocked. [*ie* knocked repeatedly]
    (彼らはノックし続けた)
   b. She ran **and** ran. [*ie* ran for a long time]（彼女は走りに走った）

等位項が名詞の場合は，「種々様々」の意味を表す．

 (8) There are books **and** books.
   (本にもいろいろある)［良書もあれば，悪書もある］

[C] **S₁ *and* S₂**: 等位項が文と文である場合は，二つの文の論理的関係から種々の意味が生じる．

① 〈同時〉(=while)
  (9) John sang **and** Mary played the piano.
      (ジョンが歌い，メアリーがピアノを弾いた)
② 〈時間的継起〉(=and then) [=アイコン（図像）的語順 (iconic order)]
  (10) I woke up **and** got out of bed.　(私は起きて，床を離れた)
③ 〈因果関係〉(=therefore)
  (11) She was sick **and** took some medicine.　(彼女は病気なので薬を飲んだ)
④ 〈対比〉(contrast)：(12)における〈対比〉の含意は，candid : secretive の対照から生ずる．この場合，もっと明示的には，and を but で置き替えることもできる．
  (12) John is candid **and** Mary is secretive.
       (ジョンは率直だが，メアリーは秘密主義だ)
⑤ 〈S_1 が S_2 の条件を表す〉： S_1 は，**擬似命令文** (quasi-imperative) なので，if 節を使ってパラフレーズできる．S_2 は，通例 will, would などの法助動詞を含み，未来指向的でなければならない．
  (13) Move **and** I'll shoot.　(動いたら撃つぞ)
       [=If you move, (then) I'll shoot.]
⑥ 〈S_2 は S_1 への評言〉： ただし，and 自体に"評言"の意味があるのではない．
  (14) a. You doubt his ability **and** *with reason*.
         (君は彼の能力を疑っているが，むりもないね)
      b. He is a fool, **and** *no mistake*.　(やつはばかだ，それもまちがいなしだ)
この場合，and のあとに 'that's' などを補って解釈される．

[D] **名詞句 *and* 文**： 二つの意味がある．
① another step のような，名詞句が命令文相当語である場合がある．
  (15) Another step, **and** I'll shoot.　(もう一歩動いてみろ，そしたら撃つぞ)
名詞句に続く文は，次のように，現在時制の場合もある．このほうが現実性があるので，語用論的には〈強いおどし〉になる．
  (16) One move **and** you are a dead man.
       (身動きひとつでもしてみろ，おまえはお陀仏だ)
② 名詞句が時間や事象表現で，「何日が経過した／ある事象が起こった，すると…」の意味を表す．①と異なり，命令文の意味はない．
  (17) a. Ten days, **and** no letter came.　　　　　　　　　　(Gissing)
         (10日経ったが，手紙は1通も来なかった)
      b. then two or three minutes, **and** the doors were slammed to.
         (Sewell, *Black Beauty*)　(それから2, 3分経つと，ドアがぴしゃりと閉められた)
      c. A pause **and** then the Inspector spoke more truculently.
                                      (Queen, *Dutch Shoe Mystery*)
         (しばらく黙っていてから，警部は前よりも攻撃的な口調で言った)

d. A gentle knock **and** he was ushered in to meet the manager.

(Archer, *Kane and Abel*)

(静かにノックすると，彼は支配人に会うために室内に案内された)

27.2.1.2. or

[**A**]　**A *or* B**: 語・句・節を，通例，二者択一の関係で結びつける．論理学的には，排反的 (exclusive) な or である．

(1) Is it [green] **or** [blue]?
(それはグリーンですか，それともブルーですか) [語と語]

(2) You can sleep [on the couch] **or** [in the bed].
(長椅子で寝ても，ベッドで寝てもいいよ) [句と句]

(3) [Were you there], **or** [was John]?
(君がそこにいたのか，それともジョンがいたのか) [節と節]

節の内容によっては，or が両立的 (inclusive) に解される場合がある．

(4) You can boil yourself an egg **or** you can make some cheese sandwiches (, **or** you can do both). (自分で卵をゆでてもいいし，チーズサンドイッチを作ってもいい(し，または，どっちもしたっていい))

(4) の場合，( ) 内の第3文によって両立的な意味が明示的になっている点に注意.

[**B**]　**S₁ *or* S₂**: (*a*)　S_2 が S_1 の訂正になる場合がある．

(5) He came home late last night, **or** (**rather**) early this morning.
(彼はゆうべ遅く，というよりも，けさ早く帰宅した)

(*b*)　否定的条件 (if not) を表す．and とは異なり，(8) のように A は命令文でなくてもよい．

(6) Wear your coat **or** (**else**) you'll be cold.
(コートを着なさい，さもないと寒いよ)

(7) The soldiers told everyone to leave **or** they would be shot. (MED)
(兵士たちは，皆立ち去れ，さもないと撃つ，と言った)

(8) It's true **or** I am a Dutchman. (それは本当だ，さもなきゃ首でもやる)

or else は，話し言葉で，S_2 なしに語用論的に〈おどし〉として用いられることがある．

(9) You clean it properly, **or else**!　[*ie* something terrible will happen]
(きちんと掃除するんだ，さもないと … ！)

[**C**]　**or was he? のタイプ**:　この or は，前言を疑って，「いや(そうだろうか)」という意味を表す．前文との間にポーズが置かれる(書き言葉では，ダッシュ，省略符号(…)，または独立文で示される). もと〈米〉であるが，いまでは〈英〉でも使用されている．

(10) a. He was lying — **or was he**?　(OALD⁶)

(彼は嘘をついていた――いや，そうだったろうか) [＝or was he lying?]

b. And soon afterwards he had left the building.　**Or had he**?　(Sheldon, *Bloodline*)（そのすぐあとで，彼はビルを出たのだ．いや，そうだったろうか）

次の例では，疑いの気持ちは文脈に顕現している．

(11) a. It was right that they should be together.　**Or was it**?　As he stared down into the deep green eyes of Serena, *he was no longer sure*. (Steel, *Remembrance*)（自分たちは，いっしょにいるのが当然だ．いや，そうだろうか．セレーナの深いグリーンの目をじっと見おろしているとき，彼はもはや確信がもてなくなった）［フィアンセよりも別な女性に魅せられた軍人］

　　b. Christ, he never even realized what a little beauty she was.　**Or did he**?　Jim Sullivan *wondered to himself* as he drove away.　(Id., *Summer's End*)（やれやれ，彼女がなんというかわいい美女であるか，おれはわかってさえいない．それとも，わかっているのか．ジム・サリヴァンは，車で帰っていきながら，ひそかにいぶかった）

付加された疑問文は，ときに否定文の場合もある．

(12)　Are they going to advertise it **or are they not**?　　　　　　　　(BNC)
　　　（彼らは，それを広告するのだろうか，それともしないのか）

27.2.1.3.　but

but は，語・句・節を反対・対立（adversative）の関係で連結する．

(1)　He is an [intelligent] **but** [lazy] man.　（彼は頭はいいが，怠け者だ）［語と語］
(2)　It was not [in London] **but** [in Paris] that he met Mary.
　　　（彼がメアリーと会ったのは，ロンドンではなく，パリだった）［句と句］
(3)　[I'd like to go], **but** [I'm busy].　（行きたいんだが，忙しい）［節と節］

次のような，but が驚きを示す用法は，間投詞的である．

(4)　"She's won first prize."　"**But** that's wonderful!"　　　　　　　(LDCE²)
　　　（「彼女，1等賞を取ったよ」「いやあ，そいつはすばらしい」）

27.2.1.4.　for

for は，直前の文・語句を使用したわけを解説する節を導く．語や句を導くことはない．スタイルは〈格式体〉で，話し言葉ではめったに用いられない．

(1)　It may rain, **for** the barometer is falling.　（ひと雨くるかもしれない，バロメーターが下がっているから）［バロメーターが下がっているから，雨が降るのではない］

(2) では，'shop' という語を使ったわけを解説している．

(2)　I went into the shop, **for** a shop it was.
　　　（私はその店——というのは，そこは店だったのだ——に入って行った）

because との違いは，次の2点である．

① for は等位接続詞なので，「節＋for＋節」の語順しか許されないのに対して，because は従位接続詞なので，主節の前にも後にも置くことができる．

(3) a. He felt no fear, **for** he was a brave man.
（彼は恐怖を感じなかった，なにしろ勇敢な男だったのだ）
　　b. ***For** he was a brave man, he felt no fear.
(4) a. I didn't go **because** I was ill. （病気だったので，私は行かなかった）
　　b. **Because** I was ill, I didn't go. （同上）

大学生の中にも (4b) の位置にある because の用法につまずく者がある．

② because は「原因・理由」を述べるのに対して，for は前言ったことへの「解説」を付加する．

(5) a. He looks pale **because** he is ill. （彼は病気なので顔色が悪い）
　　b. He must be ill, **for** he looks pale. （彼は病気に違いない，顔色が悪いから）

27.2.1.5. let alone, still less, not to mention

still less／〈略式〉let alone は，通例，否定文のあとに用いて，後続文のほうがいっそう真であることを表す．(1a) のように，先行文にしばしば even が付いて，「A のような容易なことさえできないのだから，もっとむずかしい B はなおさらだ」という気持ちを表す．等位接続表現だから，例えば，動詞と動詞といったように，同じ資格の句・範疇をつなぐ．

(1) a. I've not *even* read the first chapter, **still less**／**let alone** finished the book. 　　　　　　　　　　　　　　　　　　　　　(Quirk et al. 1985)
（ぼくは第1章さえ読んでいない，全巻読み終わるなんてもってのほかだ）
　　b. He'd barely had time to sit down all day long, **let alone** relax. 　(Steel, *The Promise*)（彼には終日腰をおろす暇がほとんどなかった，リラックスするなんてなおさらだった）
　　c. No one has ever tried to rape me, **let alone** be romantic.　　(Archer, *The Prodigal Daughter*)（誰も私をレイプしようとはしなかったわ，ロマンチックになるなんてなおさらだわ）［身長6フィートもある大女の言葉］

not to mention も同じ意味を表すが，通例，名詞句しか従えない．

(2) The weather here is gorgeous, **not to mention** the wonderful food.
（MED）（ここの天気はすばらしい，すてきな食べ物は言うまでもない）

27.3.　相関接続詞

both A and B, either A or B, neither A nor B がよく用いられる**相関接続詞** (correlative conjunction) である．A と B は，等位接続されている点に注意．

(1) a. I can **both** knit **and** sew. （私は編み物も縫い物もできる）
　　b. You can contact us **either** by letter **or** by phone.
（手紙か電話で連絡してください）
　　c. **Neither** his son **nor** his daughter *was*／*were* at the funeral. （彼の息子も娘も，葬式に参列していなかった）［複数動詞のほうが〈略式体〉（OALD[6]）］

(2) He smoked $\begin{Bmatrix} \textbf{both} \\ \textbf{either} \\ \textbf{neither} \end{Bmatrix}$ cigars $\begin{Bmatrix} \textbf{and} \\ \textbf{or} \\ \textbf{nor} \end{Bmatrix}$ cigarettes.

(彼は $\begin{Bmatrix} 葉巻きも紙巻きたばこも吸った \\ 葉巻きか紙巻きたばこを吸った \\ 葉巻きも紙巻きたばこも吸わなかった \end{Bmatrix}$)

either, neither は, both と違って, 動詞の前に置くこともできる.

(3) He $\begin{Bmatrix} \textbf{either} \\ \textbf{neither} \end{Bmatrix}$ smoked cigars $\begin{Bmatrix} \textbf{or} \\ \textbf{nor} \end{Bmatrix}$ cigarettes.

neither A nor B の場合, S_2 に主語があれば語順転倒が生じるが, 主語がなければ生じない.

(4) a. John **neither** has long hair, **nor** *does he* wear jeans.
　　b. John **neither** has long hair **nor** wears jeans.　　(以上 Quirk et al. 1972)
　　(ジョンは, 長髪にもしていないし, ジーンズもはかない)

27.4. 名詞節を導く従位接続詞

従位接続詞は, 名詞節と副詞節を導く.
名詞節を導く接続詞には, 次のようなものがある.
　(1)　that, lest 〈雅語〉, whether, if, but (that), but what 〈略式体〉

27.4.1. that

that 節は, 文中で次のような機能を果たす.
[A]　**主語**:　that は原則的に省略されない.
　(1) a.　**That** *John is honest* is obvious.
　　 b.　It is obvious **that** *John is honest.*　[外置構文]
　　　　(ジョンが正直なのは, 明らかだ)

　NB　I'm tired is all. のような文については, §2.3.2 [F] を参照.

[B]　**他動詞の目的語**:　say, tell, think, know, wish などの日常語のあとでは, that は省略されることが多い.
　(2)　I know (**that**) *he is here.*
　　　(彼がここにいることは, 知っている)
　(3)　I think it a pity **that** *you couldn't come.*　[外置構文]
　　　(あなたが来られなかったのは, 残念です)
　(4)　I trust that I make it clear **that** *no hand but mine ever touched this plate.*　(Doyle, 'The Vital Message')　(この皿には私以外の手は触れていないということは, これで明らかになったと信じます)

　NB 1　God/Heaven knows は, (that) 節を伴うときと, wh 節を伴うときでは, 意味が

異なる．前者は「神様も知っている」，後者は「誰も知らない」を意味する．
- (i) **Heaven knows**, they were complicated enough before! (Doyle, *A Study in Scarlet*)（神様もご存じのとおり，それは以前から込み入っていたのだ）
- (ii) Though *how* you came to know it, **Heaven only knows**! (もっとも，あんたがどうしてそれを知るようになったか，神のみぞ知る（＝誰も知らない）だけれど！)

NB 2　as を that の意味の接続詞（＝補文標識）として使用するのは，非標準語法である．
- (i) I suspected **as** (= that) something was wrong. (Doyle, *A Study in Scarlet*)（なんだかおかしいな，と思いましただ）

[C]　**前置詞の目的語**：except, save 〈古語〉などに限られる．

(5) I know nothing except that *he was found dead*.
　　（彼が死んでいたということ以外には，何も知りません）

(6) They found out nothing more save that *she had borne a child*.　(OALD⁶)
　　（彼女が子供を産んだということ以上には，何も発見できなかった）

NB　次のような構文の that 節，または，that が省略されている内容節（content clause）の場合は，どう分析できるだろうか．
- (i) I'll [*becha* (= bet you) *a million dollars*] ø he couldn't. (Rice, *Street Scene*)（百万ドル賭けてもいい，やつはできなかったのさ）[on の省略]
- (ii) I will [*pledge my life*] ø **that** whoever stole my papers could only have come through the door. (Doyle, *Memoirs of Sherlock Holmes*)（命を賭けてもいい，私の書類を盗んだ人間は誰であれ，ドアからしか入れなかったのだ）[to の省略]

文型論的には，(that) 節は A として働くので，(i) は SVOOA，(ii) は SVOA と言うこともできるが，意味論的には，むしろ，[bet you a million dollars], [pledge my life] が，それぞれ，まとまって，pledge（誓う）という意味の複合他動詞の働きをしていると考えるほうが自然であろう．その場合は，文型は SVO に還元される．

[D]　**主語補語**：おもに it や the trouble/point/question/fact/reason などを主語として（that は省略されることがある）．

(7) a. It is just **that** *he has not a great deal of tact or imagination*.
　　　　(Montgomery, *Anne of Avonlea*)（それは，ただ，彼は才知なさとか想像力とかがあまりないということにすぎない）
　　b. "It is not **that** *I fear for myself*, Paul," he said at last.
　　　　(Burroughs, *The Beasts of Tarzan*)
　　　（「自分のことを心配してるってことじゃないんだ，ポール」とついに彼が言った）

(8) The point is (**that**) *we're leaving*. （要は，われわれは発つということです）

(9) The trouble is **that** *Mr. Wilson's salary is too small*.
　　（困ったことは，ウイルソンさんの給料が少なすぎることです）

(10) The fact is (**that**) *nothing was done about the matter*. (BNC)
　　（実は，その件については何もなされていなかった）

(11) The thing is, *it drives me crazy if somebody gets killed*. (Salinger, *The*

第 27 章　接 続 詞

Catcher in the Rye)（実は，誰かが殺されたりすると，ぼくは頭にくるんだ）
(12)　All you knew was, *you were happy*.　　　　　　　　　　(Ibid.)
　　　（わかってることは，ただ，幸せだということだった）
(13)　the reason why I tell you is **that** *I hope frankness may beget frankness*.
　　　(Doyle, *His Last Bow*)（あなたに話す理由は，率直に話せば率直に答えてもらえることを願ってのことなんだ）

(The) fact is/The truth is のあとでは，しばしば that が省略される．それは，これらの表現が，Actually/In truth などの文副詞のように機能している，と感じられるためであろう．

(14)　(The) fact is, *I don't really want to go*.　　　　(Bank of English)
　　　（実は，行きたくないのだ）
(15)　The (plain) truth is, *I forgot about it*.　　　　　　　(OALD[5])
　　　（はっきり言って，そのことは忘れてしまった）

NB 1　reason を because 節でうけるのは誤用とする話し手もいるが，〈略式体〉ではよく使用されている．
　　(i)　Sorry I'm late — the reason is **because** *I overslept*.　(Swan 1995)
　　　　（遅れてすまない．寝過ごしたものだから）
NB 2　Salinger, *The Catcher in the Rye* の主人公 Holden 少年は，述部の補文標識 that を（ときには was とともに）常に省略する（(a) 文）（詳しくは，安藤 (1969) を参照）．
　　(i) a.　So *what I did*, I wrote about my brother.（そこで，ぼくがどうしたかと言えば，ぼくは兄さんのことを書いた）[did (was that) …]
　　　 b.　*What I did was*, I went up to the window.
　　　　　（そこで，ぼくがどうしたかと言えば，ぼくは窓のところへ行った）
　　(ii) a.　I figured *what I'd do*, I'd sneak in the apartment,（ぼくが何をしようと思ったかと言えば，ぼくはアパートの中へこっそり入ってやろうと思った）
　　　 b.　I figured *what I'd do was*, I'd check the crazy suitcase.
　　　　　（ぼくが何をしようと思ったかと言えば，ぼくはそのおんぼろのスーツケースを一時預けしようと思った）

[E]　**前の名詞句と同格**:　that が落ちることもある．
(16)　The fact **that** *it had a happy ending* was immaterial to me.　　(BNC)
　　　（それがハッピーエンドになっていることは，私にはどうでもいいことだった）
(17)　There's no doubt **that** *one day a cure will be found*.　　(LDCE[4])
　　　（いつか治療剤が見つかることは，疑いない）
(18)　There is little doubt *he was the killer*.　　　　　　　　(Ibid.)
　　　（彼が殺人者だったことは，ほとんど疑いはない）

27.4.2.　if と whether

yes/no 疑問文が補文になる場合は，if か whether という従位接続詞（＝補文標識）によって導かれる．しかし，両語のスタイル，および分布には若干の違いがある．まず，〈普通体〉では，if のほうが一般的である．

(1) He asked **if/whether** *I knew John*. (ジョンを知ってるか，と彼は尋ねた)

次に，分布の面では，whether のほうが広い (cf. Huddleston & Pullum 2002: 973). 例えば，次の場合，whether しか使用できない．

① 疑問詞節が主節の前にくる場合
(2) a. **Whether/*If** *he will succeed* is not certain.
(彼が成功するかどうかは，確かではない) [主語]
b. **Whether/*If** *it will work* we shall soon find out.
(それがうまくいくかどうか，じきにわかるだろう) [目的語]

② 疑問詞節が主語補語の場合
(3) The question is **whether/*if** *he will agree or not*.
(問題は，彼が同意するかしないかだ)[2]

③ 補文標識が or not を伴っている場合
(4) He asked **whether or not/*if or not** *I had seen the accident*.
(彼は，その事故を見たかどうか，私に尋ねた)
(5) I'm going to see her **whether/*if** *you like it* **or not**.
(君が好むと好むまいと，ぼくは彼女に会うつもりだ)

④ 補文標識の前に前置詞がある場合
(6) It depends <u>on</u> **whether/*if** *he will support us or not*.
(それは，彼が私たちを支持するかしないかによる)

⑤ 補文標識が to 不定詞を伴っている場合
(7) John wondered **whether/*if** <u>to wait</u> *for them or go on*.
(ジョンは，彼らを待つべきか，それとも先へ進もうかと迷った)

27.4.3. whether と that

whether と that は，次の点で異なっている．すなわち，話し手が whether を用いるときには，補文の内容を不確かなものと思っているのに対して，that を用いる場合は，補文の内容が事実であることを前提としている．したがって，certain, sure, know, realize, believe などの話し手の確信を表す述語は，that 節をとり，whether 節をとらないことが予測される．すなわち，これらの動詞は，[−wh] という特徴をもっていると考えられる．

(1) John is certain/is sure/knows **that/*whether** *it will rain*.
(ジョンは，雨になるだろうと確信している/降ることを知っている)

もちろん，これらの述語も，疑問文では that, whether のどちらも伴うことができるが，その場合は，やはり，上述のような前提の違いがある．

---

2. しかし，if の例もないわけではない．
(i) The question is **if** *you are willing to pay it*. (Steel, *Five Days in Paris*)
(問題は，君がその代金を払う気持ちがあるかってことだね)

(2) a. Do you know **whether** *the plane has landed*?
(飛行機が着陸したかどうか知っていますか)［着陸したかどうか,話し手には不明］
b. Do you know **that** *the plane has landed*?
(飛行機が着陸したことを知っていますか)［話し手は着陸したことを知っている］

doubt の場合も,whether, that のどちらとも用いられるが,whether の場合は補文の内容が真であるかどうか疑わしい (uncertain) という意味を表すのに対し,that の場合は,通例,疑問文または否定文に用いて,補文の内容に対する不信 (disbelief) を表す.この区別は,日本人にとってかなりわかりにくい.

(3) I doubt **whether** *it will rain today*.
(きょう雨が降るかどうか怪しい)［どうも降らないのではないか］
(4) a. Do you doubt **that** *I can do it*?
(ぼくにそれができないと思っているのか)［＜できるということを疑うのか］
b. I don't doubt **that** *John will succeed*.
(ジョンは,きっと成功すると思う)［＜成功することを疑わない］

27.4.4. lest / but that / but what

[A] **lest**「…しはすまいかと,…ではないかと」: afraid, fearful, fear, worry, terrified, terror など心配・恐れを表す語句のあとで用いる.〈雅語〉で,今日では that が普通.

(1) She was afraid **lest** *she had revealed too much*. (OALD[6])
(彼女は,多くを漏らしすぎたのではないかと心配した)
(2) She worried **lest** *he should tell someone what had happened*. (LDCE[4])
(起こったことを,彼が誰かに言いはしないか,と彼女は気をもんだ)
(3) He was in terror **lest** *she should go away*.
(彼女が立ち去りはしないか,と彼はおびえていた)

[B] **but that / but what**「…ということ」:「否定語 + deny, doubt, question, wonder」などのあとで用いる.but that は〈格式体〉,but what は〈略式体〉であるが,ともに今日では that が普通に使われる.

(4) There was no doubt **but that** *the poor girl had committed suicide*. (MED)
(哀れな少女が自殺したことは,疑いの余地はなかった)
(5) There was no question **but that** *it was a flying saucer*. (Sheldon, *The Doomsday Conspiracy*)(それが UFO であることは,疑いなかった)

まれに that は省略される.

(6) I don't doubt **but** *he will do it*. (RHD[2])(彼は必ずそうするだろう)

NB but that 節を否定にするのは,よくある誤り (LGEU, MEU[2]).
(i) I don't doubt **but that** *he's guilty* / **not guilty*.
(彼が有罪であることは,疑いの余地がない)

[C] **but that / but what**「…ではないと」(that … not): believe, expect, know, say, think, be sure などの否定文・疑問文のあとで用いる．but that は〈格式体〉，but what は〈略式体〉．

(7) Who knows **but that** *he may be right*? （案外，彼の言うとおりかもしれない）
(8) We can't be sure **but that** *he's right*. （彼はもしかすると正しいのだろう）

まれに that が落ちることがある．

(9) It was impossible **but** *he should notice it*. (Web³)
    （彼がそのことに気づかないなんて，ありえなかった）
(10) Who knows **but what** *the sun may still shine*? (RHD²)
    （まだ陽が照らないとはかぎらないじゃないか）

27.5. 副詞節を導く従位接続詞

副詞節（adverb clause）を導く従位接続詞には，以下のようなものがある．このうち，条件節は第30章「条件文」で扱う．

27.5.1. 時の副詞節

「時」(time) の副詞節は，次のような従位接続詞，および従位接続詞相当語句によって導かれる．

(1) a. 同時性： when, while, as, as/so long as, whenever, now (that), if and when
    b. 前後関係： until, till, before, after, since, as and when （（将来）…ときにかぎって），unless and until（…するまで）[until のもったいぶった言い方]，next time, the first/last time
    c. 即刻： as soon as, immediately (that)〈特に英・略式体〉, directly (that)〈特に英・略式体〉, the instant (that), the moment (that), the minute (that), (no sooner) … than, (hardly/scarcely) … before/when, once
    d. 常時・反復： any time, each time, every time

① 同時性

(2) a. **While** *he was laughing* the door opened.
    （彼が笑っている間に，ドアが開いた）
   b. We'll go **as long as** *the weather is good*. (OALD⁶)
    （天気がいいかぎり，行きます）
   c. I'll do it **if and when** *I like*.
    （気に入ったらするよ）[when よりも実現の見込みがない]

② 前後関係

(3) a. This message arrived **after** *everyone had gone home*. (MED)
    （この伝言は，みんなが帰宅したあとに届いた）
   b. I shall wait **till** *she sends for me*. （彼女が呼びによこすまで待っていよう）

c.　**After/Before** *I left school*, I went to America.
　　　　(学校を出てから/出る前に，私はアメリカへ行った)
　　d.　The committee deals with applications for relief **as and when** *they arise*. (委員会は，救援申請が出されたときにかぎって処理する)
　　e.　**Unless and until** *I receive a full apology*, I shall not forgive him.
　　　　(正式のわびを入れるまでは，彼を許さない)
　　f.　**Next time** you're here let's have lunch together.　　　　(OALD⁶)
　　　　(今度君がこちらへ来たら，いっしょに昼飯を食べよう)
　　g.　**The last time** we played chess I beat him.
　　　　(この前チェスしたときには，ぼくが勝った)

since の場合，普通の時制の組み合わせは，「完了形 + since + 過去/現在完了」である (前置詞用法にも触れておく)。

(4) a.　I've known Mary **since** *1980/we were at school together*.
　　　　(1980年以来/学生時代以来，メアリーとは知り合いだ)
　　b.　I haven't seen John **since** *Christmas/he went to London*.
　　　　(ジョンとは，クリスマス以来/彼がロンドンへ行って以来，会っていない)
　　c.　I've known her **since** *I've lived in this street*.　　　(Swan 1995)
　　　　(この通りに住むようになって以来，彼女とは知り合いだ)
　　d.　He wondered where Ann was.　He hadn't seen her **since** *their quarrel*. (Thomson & Martinet 1986) (アンはどこにいるのかと彼は思った。けんかをして以来，彼女とは会っていなかった)

(4c) では，現在もこの通りに住んでいるので since 節で現在完了形が用いられ，(4a, b) では，現在時とつながりがないので過去時制が使われている。

　NB　Quirk et al. (1985: 1016) は，since を含む文でも，次のような場合には，主節に単純時制が許されるとする。
　(*a*)　主節の動詞 (be, seem, 進行形) が持続相を表す場合。
　　(i) a.　Things *are* different **since** you've gone.
　　　　　　(君がいなくなって以来，事情が変わってしまった)
　　　　b.　**Since** Pat left, it *seems* dull here.
　　　　　　(パットが去ってから，ここは退屈になってしまった)
　　　　c.　I*'m feeling* much better **since** I had an operation.
　　　　　　(手術して以来，以前よりもずっと気分がいい)
「It is/was + 時間表現」も同様に説明される。
　　(ii)　*It's ten years* **since** they were last here.
　　　　　(彼らがこの前ここに来てから10年になる) [It has been ten years も可能]
　(*b*)　can, could のような法助動詞，または have to のような準助動詞がある場合 (これらは，完了形が作れないのである)。通例 ever で補強される。
　　(iii)　(Ever) **since** my teeth were pulled out I *can't* eat anything solid. (歯を抜いて以来，堅いものが食べられない) [ただし，I haven't been able to も容認可能]
　(*c*)　主節が習慣を表す場合は，ときに単純現在または進行形が用いられる。

(iv) a. (**Ever**) **since** we bought that car we *go* camping every weekend.
　　　　　　(あの車を買って以来，週末ごとにキャンプに行く)
　　　　b. I'*m doing well* **since** I invested in the money market.
　　　　　　(金融市場に投資して以来，うまくいっている)
　(*a*), (*b*), (*c*) の事例を一般化するなら，主節の述語が時間的継続を含意する場合は，完了形の代用をすることができる，と言えそうである．

③ 即刻

　(5) a. We'll eat **once** *I finish preparing the meal.* 　　　　(Quirk et al. 1985)
　　　　　(食事の支度ができ次第，食べましょう)
　　　b. The phone rang almost **as soon as** *he sat down.* 　　　(Steel, *Special Delivery*) (彼がすわるとほとんど同時に，電話が鳴った)

次の例では，名詞句が接続詞として働いている．

　(6)　I knew you **the instant** / **moment** *I saw you.*　　(見たとたん君とわかりました)

④ 常時・反復

　(7) a. **Every time** *I phoned him*, he was out.　(彼に電話すると，いつも留守だった)
　　　b. Come and see me **any time** *you want to.*
　　　　　(その気になったらいつでも遊びに来てください)

副詞節の主語が主節の主語と同一指示的 (coreferential) な場合は，節を短縮することが可能である．

　(8) a. John doesn't speak **until** (*he is*) *spoken to.*
　　　　　(ジョンは，話しかけられるまでは口をきかない)
　　　b. He got malaria **while** (*he was*) *travelling in Africa.* 　　　(LDCE³)
　　　　　(彼はアフリカを旅行中，マラリアにかかった)
　　　c. **When** *writing* (= When he writes) *English*, he often consults the dictionary.　(英語を書くとき，彼はよく辞書を引く)

NB　小説などに見られる．when の次のような用法は，接続詞ではなく，and then の意味の関係副詞と見るべきである．
　　(i)　She was doing the dishes **when** suddenly John came in.
　　　　　(彼女が皿を洗っていると，突然，彼が入ってきた)
(i) の when 節が and then の意味の等位節に等しいことは，普通は主節にしか許されない，主語・述語の倒置が生じうること，when の前にコンマが付くことがあることから明白である．
　　(ii)　She was doing the dishes(,) **when** suddenly *in came* John.

27.5.2. 場所の副詞節

「場所」(place) の副詞節は，次の語句に導かれる．

　(1) a.　where, wherever, wheresoever
　　　b.　whence, whither
　(2) a.　The house stood **where** *three roads met.*

(その家は三つの道路が交わるところにあった)
    b. **Remain where** *you are*. (今いるところにいなさい)

where は，場所の there (強形で発音される) と相関的に用いられることがある．
  (3) a. **Where** *there's a will*, there [ðeə]*'s a way*. 〈諺〉
        (意志のあるところ，そこに道がある，'精神一到何事かならざらん')
    b. **Where** *there are reeds*, there *is water*. 〈諺〉
        (ヨシのあるところに水がある，'火のないところに煙は立たぬ')
  (4) a. He goes **wherever** *he likes*. (彼はどこでも好きなところへ行く)
    b. Cf. Do your duty **wherever** *you may be*.
        (どこにいようと，義務を果たしなさい) [譲歩節 (次節を参照)]

whence (= from where), whither (= to which) は，ともに〈古風〉である．
  (5) a. They returned **whence** *they had come*. (彼らはもと来たところへ帰って行った) [=〈普通体〉 *where* they had come from]
    b. They did not know **whither** *they should go*.
        (彼らはどこへ行くべきかわからなかった) [=〈普通体〉 *where* they should go]

27.5.3. 譲歩の副詞節

[A]「譲歩」(concession) の副詞節は，おもに although/though, (even) if, even though などの従位接続詞によって導かれる．
  (1) **If** *he is young*, he is learned [lə́:rnid]. (彼は若いとはいえ，学識がある)
  (2) **Though** *she is the youngest*, she is the tallest.
     (彼女は一番年下だけれど，一番背が高い)

whether ... or/whether or not ... によっても，「譲歩」を表すことができる．
  (3) You'll have to pay, **whether** *you want to* **or not/whether or not** *you want to*. (払いたくても，払いたくなくても，払わなくてはならない)

譲歩節は，想念を表すものであるから，古い，または文語体の英語では叙想法現在が用いられることがあった．
  (4) **Though** *she be dead*, yet let me think she lives. (Marlowe, *2 Tamburlaine* 3095) (あれは亡くなったが，でも生きていると思いたい)
  (5) I will accept what you do, **whether** *it be good or bad*. (Trollope, *Phineas Redux*) (あなたのすることが善いことであれ悪いことであれ，私はそれを受け入れます)

[B] 主節と従属節の主語が同一指示的な場合は，次のように，短縮節も生じる．
  (6) **Though** *doing* (= Though he did) *his best*, he failed.
     (最善は尽くしたけれども，彼は失敗した)
  (7) **Though** (*she was*) *sick*, she went to school.
     (病気だったけれど，彼女は学校へ行った)
  (8) It's possible, **if** *difficult*.   (Quirk et al. 1985)
     (むずかしいにせよ，可能だ) [*ie* it may be difficult]

[C] 〈A, if not B〉[A, B は同じ範疇（はんちゅう）]「B とは言えないまでも A（おそらくは，B である）」(A よりも，B に力点が置かれている)

(9) He spoke ungraciously, **if not** *rudely*.　(Quirk et al. 1985)（無礼と言わないまでも，彼はいやな感じで話した）[*ie* He may have spoken rudely.]

(10) a. The changes will affect thousands, **if not** *millions*, of ordinary people.（MED）(この変更は，何百万とは言わないまでも，(少なくとも)何千人もの普通の人々に影響をあたえるだろう）[もしかすると，millions かもしれない]

b. it (= your bosom enemy) may sadden, **if not** *spoil your life*.

(Alcott, *Little Women*)

（あなたの「心の中の敵」は，あなたの人生を台なしにするとまでは言わないけど，悲しいものにするでしょうよ）[もしかすると，台なしにするかもしれない]

NB if not には，「もしそうでなければ」という意味の「条件」を導く用法もある．

(i) Do you want that cake?　**If nót**, I'll have it.　(OALD⁶)
（そのケーキほしいですか．ほしくなければ，私がもらいます）

[D] **Naked as/though I was** のタイプ：かなり〈格式的〉なスタイルで，as/though に導かれる譲歩節において，述語が文頭に移動している構文がある．though 移動（*though*-movement），または though 牽引（*though*-attraction）と呼ばれる．

(11) a. *Genius*ᵢ **though** she was tᵢ, she was quite unassuming.　[*A genius ...]

（天才ではあったが，彼女はなかなか控えめだった）

b. *Naked* **as** *I was t*, I braved the storm.
（裸ではあったが，私は勇敢にあらしに立ち向かった）

c. *Fail* **though** *I did t*, I would not abandon my goal.
（失敗はしたが，私は目標は捨てなかった）

d. *Change your mind* **as** *you will t*, you will gain no additional support.
[= Even though you change your mind, ...]（決心を変えたところで，これ以上の支持は得られないよ）

(以上 Quirk et al. 1985)

though の場合，前置は随意的であるが，as の場合は義務的である（前置しなければ，「理由」の副詞節を導くことになる）．

(11a) のように，名詞句（NP）が前置された場合は，限定詞が削除されて N' になる点に注意．また，(11c) のように，動詞句が前置され，かつ，助動詞がない場合，AUX（助動詞）の位置に do が挿入（*do*-support）される．

NB Young as he is の形式は，Shakespeare 時代には (i) のように，As young as he is であった．

(i) **As** *young* **as** *I am*, I haue obseru'd these three Swashers:　(*Henry V* 3.2.27)
（おいらは若造だけど，こういう威張り屋は三人も見たことがあるぜ）

この形式は，〈英〉では 18 世紀前半から使用されなくなったが，〈米〉ではいまでも使用されている．

(ii) **As** *busy* **as** *he was*, Larry had remembered, and Catherine was touched.

(Sheldon, *The Other Side of Midnight*)（忙しかったけれど，ラリーは［プレゼントを］覚えていた．キャサリーンは感動した）
この形式は，文脈に応じて，「理由」を表すこともある．
(iii) **As** *fascinated* **as** *she was* with this part of the world, she had no desire to go west and become a pioneer.　(Steel, *The Ghost*)（彼女は，世界のこのあたりに魅せられてはいたので，西部へ行って開拓者になりたいという希望はみじんももっていなかった）

that にも主語補語を前置して「譲歩」を表す用法がある．この場合，〈米〉では (12) のように名詞句しか前置されないが，〈英〉では (13) のように形容詞句も前置できる (Quirk et al. 1985: 1098)．

(12)　*Fool* **that** *he was*, he managed to evade his pursuers.　［＝Even though he was a fool／*fool, ...］（彼は愚か者ではあったが，どうにか追跡者をまくことができた）
(13)　*Poor* **that** *they were*, they gave money to charity.　［＝Even though they were poor, ...］（彼らは貧しかったが，慈善施設に献金した）

NB 1　Be it ever so humble のような，叙想法現在の動詞を節頭に置いて「譲歩」を表す構文については，§19.1.2 [B] を参照．
NB 2　**even if／though**：両者は完全に同義ではない．例えば，
 (i)　I'll go for a swim **even if／though** the water is freezing.
　　（水が凍りかけていても，泳ぎに行く）
 (ii)　I'll go for a swim **even if／*though** the water were freezing.
　　（たとえ水が凍りかけているとしても，泳ぎに行く）
の場合，(i) では even if／though のどちらも使用できるが，(ii) では，even if しか使用できない．つまり，節の内容が事実と認められるときには両者が使用できるが，そうでないときには even if しか使用できない，ということである．

27.5.4.　理由の副詞節

理由節 (reason clause) を導くおもな接続詞は，because, since, as で，この順に意味が強い．because は，通例，「理由」が文の最も重要な部分 (＝新情報) であるときに用いられる．because 節が通例文末にくるのは，このためである．

(1)　People dislike me **because／*as／*since** *I'm handsome and successful*.
　　（人が私を嫌うのは，私がハンサムで成功者だからだ）

because 節は，その意味で分裂文の〈焦点〉にもなれる．

(2)　It's **because／*as／*since** *he helped you* that I am prepared to help him.
　　（私が彼を援助しようとしているのは，彼が君を援助したからだ）

because 節は，主語の reason をうけて，主語補語になることができる（ただし，that 節のほうが普通）．

(3)　The reason is **because** *experienced business people know what to do*.
　　　　　　　　　　　　　　　　　　　　　　　　　　(Google)
　　（その理由は，経験豊かなビジネスマンは，何をなすべきかを知っているからである）

since, seeing (that) は，事実だとわかっている事柄（＝旧情報）についてのみ用いる．したがって，(6)のように，これらに導かれる節を疑問の〈焦点〉にすることはできない．

(4) **Since** *I have no money*, I can't buy it. （金がないので，それが買えない）
(5) **Seeing** (**that**) *the ground is wet*, it must have rained during the night.
（地面が濡れているところを見ると，夜分雨が降ったにちがいない）
(6) Did he come **because**/*****since**/*****seeing** (**that**) *he wanted money*?
（彼はお金がほしいから来たのか）

seeing as (how) は，〈略式体〉（OALD[6]）．

(7) **Seeing as how** *I only saw his back*, it's hard to say. (Christie, *Blue Train*)
（あの男の背中を見ただけだから，はっきりとは言えないわ）

in that（複合接続詞）は〈格式体〉で，「…という理由で」という意味で用いられる．

(8) She was fortunate **in that** *she had friends to help her*. (OALD[6])
（彼女は，助けてくれる友達がいたので幸運だった）

as は，「自明な理由」（＝旧情報）について用いる．通例文頭に用いられるのは，このためである．

(9) **As** *it was raining*, I stayed in. （雨が降っていたので，屋内にいた）

in case〈英〉は，「…ということになるかもしれないので」(because of the possibility of sth happening: OALD[6])という「偶然性＋理由」を表す．[3]

(10) a. Take your umbrella **in case** *it rains*.
（雨が降るかもしれないので，傘をもって行きなさい）
b. **In case** *you're wondering why Jo's here*— let me explain. (OALD[6])
（なぜジョーがここにいるのかと思っているかもしれないので，説明させてくれ）
c. Don't wait up for me **in case** *I should be late*. (Doyle, *Adventures of Sherlock Holmes*) （私は遅れるかもしれないので，寝ないで待つには及ばないよ）

inasmuch as「…だから」〈格式体〉は，いま言ったことを解説する．

(11) He was a very unusual musician **inasmuch as** *he was totally deaf*.
(OALD[6])（彼はきわめて非凡な音楽家だった，まるで耳が聞こえなかったのだから）

now (that)「もう…だから」は，「時間＋理由」を表す．

(12) **Now** (**that**) *I've got my own car* I don't get as much exercise as I used to. (CALD)（もう自分の車があるので，以前のように運動をしていない）

「with＋分詞節／不定詞節」も，状況的理由を表す (Quirk et al. 1985: 1105)．

(13) a. **With the exams** *coming next week*, I have no time for a social life.

---

3. 〈米〉では，in case は if の意味で用いられる．
　(i) **In case** (＝If) *you see him*, give him my regards.
　　（もし彼に会ったら，よろしくと言ってくれ）

(試験が来週あるので，社交生活の暇はない)
- b. **With so many children *to support*,** they both have to work full time.
(扶養する子供が多いので，二人ともフルタイムで働かなければならない)

時・譲歩の副詞節とは異なり，理由の副詞節は短縮されることがないので，分詞構文を用いて文を短縮する．
(14) **Being** *ill*, I stayed in bed.　［＝As I was ill, ...］
(病気だったので，私は寝ていた)

NB Salinger, *The Catcher in the Rye* の主人公 Holden 少年は，次に見るように，on account of を because の意味の接続詞として数回使用している．
  (i) **On account of** *it was Sunday*, there were only about three shows playing.
   (日曜日だったので，芝居は三つぐらいしかかかっていなかった)
WDEU (1989: 687) は，この用法はもっぱら方言と非標準語に限られているとしている．

27.5.5. 目的の副詞節
「目的」(purpose) の副詞表現を使用するとき，主文の主語と補文の主語とが同一指示的である場合は，節形式よりも to 不定詞を用いることが多い．
(1) I left early **to catch** *the train*.　(その列車に乗るために早めに出た)
「目的」の意味を明示的にするためには，in order to, so as to が用いられる．
(2) I have come here **in order to/so as to learn** *English*.
(私は英語を学ぶためにここへ来た)
主節の主語と目的節の主語が異なる場合は，for A to do の形式を用いて，to 不定詞の主語を明示しなければならない．
(3) I've sent off my coat **for it to be cleaned**.　(LDCE[3])［＝in order that it may be cleaned］(クリーニングしてもらうために上着を出した)
〈格式体〉では，節形式が用いられる．so that/in order that ... may/shall は〈格式体〉であり，so (that) ... will/can が〈普通体〉である．
(4) a. She bought the book **in order that** *she might* learn English.
  (彼女は，英語を勉強するためにその本を買った)
  b. ＝She bought the book **so that** *she could* learn English.
(5) Please turn off the lights **so that**/〈略式体〉 **so** *I can sleep*.
(私が眠れるように明かりを消してください)
(6) Then please hurry, darling, and get dressed **so** *we can start*.　(Hemingway, *A Farewell to Arms*) (じゃおまえ，出かけられるように急いで着替えてくれ)

「...しないように」という否定の目的を表すには，まず，so as not to, in order not to のように，不定詞節を用いる方法がある．
(7) Turn the volume down **so as not to wake** *the baby*.
(赤ちゃんが目をさまさないようにボリュームを下げてください)

(8) I ignored the remark **in order not to prolong** the dispute.
(議論を長引かさないために,私はその意見を無視した)

定形節の場合は, in order that ... would/should/might not, for fear (that) ... might/should/would, lest ... (should)[4] 〈雅語〉を用いる.

(9) a. They came early **so** (**that**) they would**n't** miss the overture.
  b. = They arrived early **so that**/**in order that** they might not/should not miss the overture. 〈格式体〉
(彼らは,序曲を聴きのがさないように早めにやって来た)

(10) We didn't move **for fear** (**that**) we might/should wake the baby.
(私たちは,赤ん坊を起こさないように身じろぎひとつしなかった)

(11) I hid the letter **lest** he (**should**) see it. (彼に見られないように手紙を隠した)

NB 目的の副詞節でも,古くは叙想法が用いられた.(9)-(11)のshould, might, wouldは,叙想法代用形である.
  (i) Ivdge not, **that** ye **be** not iudged.　　　　　　　(AV, *Matt.* 7:1)
   (人を裁くな,自分も裁かれないために)

(11)の例で,〈米〉ではlest he see itと叙想法現在を使用するが,この用法は,〈米〉の影響で〈英〉でも復活している.
  (ii) Next day, **lest** any stone **be** left standing, 316 American bombers attacked the city again　(*The Times*, Feb '95)(翌日,あとに石が一個でも残っていてはいけないので,316機のアメリカの爆撃機がまたもやその都市を爆撃した)

27.5.6. 結果の副詞節

「結果」(result)の副詞節は, so (that), so ... that, または such ... that で導かれる.

まず, so that は主文のあとに置かれ,その前にコンマが付けられる.

(1) He held up the candle, **so that** the light fell strongly on his visitor.
(彼は,ろうそくを掲げた.そこで,その光が明々と訪問客を照らした)

〈略式体〉では, so that の that は省略される.

(2) I took no notice of him, **so** he flew into a rage.　　　　(Quirk et al. 1985)
(私が彼に目もくれなかったので,彼はかんかんに怒った)

so that を含む結果節と目的節とは形式的に似ているが,両者は,次の4点で異なる.

① 結果節は,実際に生じた事実を述べるので,目的節と違って,法助動詞をとらない.

---

4. lest は afraid, anxious, fear などのあとで「...しはすまいかと,ではないかと」という意味でも用いられるが,今日では that のほうが普通.
  (i) He paused, afraid **lest** he say too much.　　　　　　　(LDCE³)
   (言い過ぎはすまいかと,彼は口をつぐんだ)

② 結果節では，so that の前にコンマが付くが，目的節では普通付かない．
次の Quirk et al. (1985: 1108) からの引用は，①，②の点を明らかにしている．
   (3) a. We paid him immediately, **so** (**that**) *he left contented.*
          (彼にすぐ支払ったので，満足して帰った)［結果節］
       b. We paid him immediately **so** (**that**) *he would leave contented.*
          (彼が満足して帰るように，すぐ支払った)［目的節］
③ 結果節は，目的節と違って，分裂文の〈焦点〉になれない．
   (4) a. *It was **so that** *he flew into a rage* that I took no notice of him.　［結果節］
       b. It was **so that** *she could learn English* that she bought the book.　［目的節］(彼女がその本を買ったのは，英語の勉強ができるようにするためだった)
④ 結果節は，目的節と違って，主文の前へ回すことができない．
   (5) a. ***So that** he flew into a rage*, I took no notice of him.　［結果節］
       b. **So that** *she could learn English*, she bought the book.　［目的節］
so ... that では形容詞・副詞が強調され，such ... that では名詞句が強調される．
   (6) a. The box was **so** heavy **that** *I couldn't lift it.*　［＝The box was too heavy for me to lift.］(箱は重すぎて持ち上げられなかった)
       b. He spoke **so** clearly **that** *everyone could hear him.*
          (とても明瞭に話したので，みんな彼の話を聞くことができた)
       c. He was **so** tired *he left early*.　　　　　　(Coward, *Bitter Sweet*)
          (彼は，疲れていたので早めに帰りました)［that の脱落］
   (7) She had **such** a fright **that** *she fainted.*
       (彼女は，ひどくびっくりして，失神してしまった)
ところで，so ... that, such ... that という相関的表現は，「〜ほどそれほど…」という意味の「程度」を表していると考えられる．(6)-(7)のような例では，従属節の時制が過去なので，例えば，上の(7)では，「失神するほど驚いた」と訳しても，「驚きのあまり卒倒した」と訳しても，事実関係(＝真理値)は変わらない．しかし，次のように，否定文の場合は，〈程度〉の意味が明瞭になってくる．
   (8) a. No one is **so** poor **that** *he cannot afford to be neat.*
          (小ざっぱりする余裕のないほど貧乏な人はいない)
       b. He is not **such** a fool **that** *he cannot understand this.*
          (彼はこんなことがわからないようなばかではない)
また，例えば (6a) は，次のようにパラフレーズすることができるが，この場合も，so のもつ「程度」の意味は明白である．
   (9) I couldn't lift the box, it was **so** heavy.
       (その箱が持ち上げられなかった．それほど重かったのだ)
さらに，so のあとに動詞がくる場合も，「程度」の解釈しか許さない．
   (10) The bridge is **so** made **that** *it opens in the middle.*

(その橋は中央が開くように作られている)

such that〈格式体〉は,「結果+様態」を表す (Quirk et al. 1985: 1109).

(11) The damage was **such that** *it would cost thousands to repair.* (OALD[6])
(損傷は,修理するのに何千ポンドもかかるほどのものだった)

(12) **Such** was Crowther's reputation in the city **that** *no one ever questioned his judgment.* (MED)(その街でのクラウザーの評判は大変なもので,彼の判断を疑うものは一人もいなかった)[= Crowther's reputation was such that ...]

27.5.7. 様態の副詞節

「様態」(manner)の副詞節は, as/〈特に米・略式体〉like, または as if/as though で導かれる. as/like は普通, just または exactly によって前位修飾される.

(1) Do it (**just**) **as** I tell you. (私の言うとおりにしなさい)

(2) It was (**just**) **as** I imagined. (まさに私の想像したとおりだった)

様態の as 節中には,動詞の否定形が生起しないという説があるが,実はそうではない.

(3) a. I set off running across the isle **as** *I had* **never** *run before.*
(Stevenson, *Treasure Island*)
(私は,これまで走ったこともないくらいの勢いで島を横切って走りだした)

b. and at once I had that far, that forgotten past with me again, **as** *I had* **never** *previously had it.* (Hudson, *Far Away and Long Ago*)
(と,たちまち,以前に一度もなかったくらいまざまざと,あの遠い,あの忘れられた過去がよみがえってきたのだった)

〈略式体〉では, like が as, または as if の意味で用いられる.

(4) a. You don't know him **like** *I do*, Jake. (Hemingway, *Fiesta*)
(あなたは私ほど彼のことを知らないのよ,ジェーク)

b. He acted **like** (=as if) *he owned the shop.*
(彼はまるで店の持ち主みたいにふるまった)

c. **Like** *I said* (=as I said before), you're always welcome to stay.
(OALD[6])(前にも言ったように,いつだって泊まりに来ていいよ)

d. Don't talk to me **like** *you talk to a child.* (LDCE[4])
(子供に話しかけるように話さないでくれ)

主語が長い場合,動詞第2位 (V2) 現象として,「操作詞+主語」の倒置が随意的に生じる (〈格式体〉).

(5) a. He was a Catholic, **as** *were most of his friends.*
(友人の大半と同様に,彼もカトリック教徒だった)

b. He looked forward, **as** *do we all*, with great hope and confidence to Monday's debate. (MEU)(彼は,私たちすべてと同様に,月曜日の討論を希望と自信をもって待ち望んでいた)

第27章 接続詞

as if / as though では，事実に反する想像をしている場合は叙想法が用いられる．
- (6) He looks / looked **as if** he were / 〈略式体〉 was ill.
  （彼はまるで病人のような顔をしている／いた）
- (7) You look / looked **as though** you had seen a ghost.
  （君はまるで幽霊を見たかのような顔をしているね／していたね）

しかし，as if / as though 節の内容が，現在，真であると話し手が考えている場合は，〈略式体〉では叙実法現在が用いられる．
- (8) a. It looks **as if** it's going to rain. （ひと雨来そうだ）
  - b. You look **as if** you've been running. （いままで走っていたみたいだね）

as if 節中に前置詞句，to 不定詞，分詞が含まれ，主節と従属節の主語が同一指示的な場合は，'S+V' を省略することができる．
- (9) a. The cat had disappeared **as if** (it had disappeared) by magic.
  （まるで魔法を使ったかのようにネコは姿を消した）
  - b. He opened his mouth **as if** (he wanted) to speak.
  （彼は話そうとするかのように口を開けた）
  - c. He bends down **as if** (he were) helping the child. (New Yorker)
  （まるでその子の手助けをするかのように，彼は腰をかがめる）
  - d. Everything was **as if** (it had) grown together with the earth. (Ibid.)
  （すべての物は，まるで大地とともに育ってきたかのようだった）

NB 1 as if / as though 節では，節中の事態が「状態」を表しているならば過去形，「完了相」を表しているならば過去完了形が用いられる．
　　また，叙想法の常として，主節の動詞の時制の影響をうけないので，意味に応じて，次のような時制と相の組み合わせが見られる．
- (i) He { speaks / spoke / will speak } **as if** he were a king. ［状態］
- (ii) He { talks / talked / will talk } **as if** he had been abroad. ［完了相］

NB 2 次の例に見える as は，普通，前置詞とされているが，形容詞や現在分詞を伴うことがあるので，不変化詞（particle）と見るほうが現実的であろう．
- (i) I regard myself **as** your guardian. （私は君の後見役だと思っている）
- (ii) You will give me up **as** hopeless. (Gissing, Life's Morning)
  （あなたは私を見込みなしとして見捨てるでしょう）
- (iii) They gave your name **as** being a friend. (Galsworthy, Captures)
  （友人だといってお名前をあげていました）
- (iv) He preferred it to the lounge ... **as** being more private. (Christie, Blue Train)
  （彼は，そこのほうが人目につかないといって，ラウンジよりも好んでいた）
- (v) The point is of the utmost importance **as** guiding us towards the reason of the sudden quarrel. (Doyle, Memoirs of Sherlock Holmes) （この点は，突然

のけんかの理由の手がかりを与えるものとして最高に重要だった）

27.5.8. 比例の副詞節
「比例」(proportion) の副詞節は，as ... (so) の形式で表される．
(1) **As** *rust eats iron*, **so** care eats the heart.
（さびが鉄を腐食するように，心労は心をむしばむ）
(2) **Just as** *the earth goes around the sun*, **so** the moon goes around the earth. （地球が太陽の周りを回るように，月は地球の周りを回る）

NB 接続詞ではないが，「比例」は「the＋比較級，the＋比較級」の形式でも表される（§ 26.4.4）．
  (i) **The later** you arrive, **the better** the food is.
     （来るのが遅いほど，料理が上等になる）
  (ii) **The more**, **the merrier**. 〈諺〉（大勢になればなるほど，陽気になる）
ことわざ風の表現では，(ii) のように，しばしば 'S＋V' が省略される．

27.5.9. 比較の副詞節
[A] 「比較」(comparison) の副詞節は，as (as, so と相関的に)，than で導かれる（詳しくは，§§ 26.4.1, 26.4.2 を参照）．
(1) a. John is **as** tall **as** *I* (*am*) /〈略式体〉**as** *me*. （ジョンは私と同じ身長だ）
   b. He is **as** wise **as** *you are foolish*. （彼の賢さは，君の愚かさと同程度だ）
   c. It's just **as** simple **as** *that*. (BNC) （ことは，それほど簡単だ）
   d. It's not **so** easy **as** *you think*. （これは，君が考えているほどたやすくない）
(2) a. I'd rather stay here **than** *go out*. （外出するよりも，ここにいたい）
   b. She is **no more** a fool **than** *you* (*are*). (Quirk et al. 1985)
     （君と同様，彼女はばかじゃない）[＝She is not a fool, any more than you are.]
   c. He knows **more than** *I did at his age*. (Thomson & Martinet 1986)
     （彼は，彼の年ごろの私より物知りだ）

[B] **than/as＋代名詞**： 人称代名詞は，あとに動詞が続く場合は主格を用いるが，動詞がない場合は目的格を用いる (Eastwood 1994: 284)．
(3) a. She is older **than** *I am*/〈略式体〉**than** *me*. （彼女は，私より年上だ）
   b. He has more time **than** *we have*/〈略式体〉**than** *us*. （彼は私たちよりも暇が多い）[He has more time than we. は〈格式体〉で，かつ〈古風〉である]

上の例や次の例において，目的格をとる than は，接続詞というよりも前置詞と見るほうが妥当であろう．
(4) a. he's a good deal younger **than** *me*. (Maugham, *Cakes and Ale*)
     （彼はぼくよりもはるかに若い）
   b. You are more self-sufficient **than** *me*. (Taylor, *A View of the Harbour*)
     （あなたは私よりも自立心があるわ）

次の二つの文の意味の違いに注意せよ．

(5) a. I like her better **than** *he does*. (私は彼(が彼女を好いている)よりももっと彼女を好いている) [=than he likes her]
   b. I like her better **than** *him*. (私は彼(を好いている)よりも彼女のほうをもっと好いている) [=than I like him]

〈格式体〉では，than 節中の主語が名詞句の場合は，動詞第 2 位 (V2) 現象として倒置が随意的に生じる．

(6) a. She spoke more convincingly **than** *did Jóhn*.
     (彼女はジョンよりも説得力のある話し方をした)
   b. Cf. She spoke more convincingly **than** *he díd*.

[C] **than that, than if, as ... as if**

(7) a. I desire nothing more **than that** *you should come*.
     (あなたが来てくれることよりも望ましいことはありません)
     [=more than (I desire) that you should come]
   b. =I desire nothing more **than** *for you to come*.　　　　　(Onions 1929)
(8) I am much happier **than if** *I were rich*.　　　　　　　　　　　(Ibid.)
     (私は金持ちである場合よりもずっと幸福だ)

この表現は，as ... as if の形式でも用いられる．

(9) I recall the whole thing **as** vividly **as if** *I'd seen it yesterday*.　　　(*New Yorker*) (まるできのう見たかのように，ありありと一部始終を覚えている)

[D] **as=as if**：次のような as は，OED² (s.v. *As* 10a) によれば，'With the subordinate clause abbreviated: *In the same way as, as if, as it were*' という意味の接続詞である (Web³ s.v. *As* 4 も，as=*as if* としている)．

(10a) の例で言えば，There was a ring as (if it were) of steel in his voice. とパラフレーズすることができる．しかし，従位節の省略を補うとかなり不自然な英文になることもあるので，むしろ，「類似性」(similarity) を表すために，不変化詞 (particle) の as が前置詞句の前に挿入されている，と考えるほうが現実的であろう．

◇**as+of 句の例**：

(10) a. There was a ring **as of** *steel in his voice*.
     (彼の声には，鋼鉄のような響きがあった)
   b. There was a sharp twang **as of** *a broken banjo-string*.
　　　　　　　　　　　　　　　　　　　　　　(Burroughs, *Tarzan of the Apes*)
     (バンジョーの弦が切れたような，ビーンという鋭い音がした)
   c. I heard ... the sound **as of** *a large animal moving about*.
　　　　　　　　　　　　　　　　　　　(Doyle, *Adventures of Sherlock Holmes*)
     (大きな動物が動き回っているような音が聞こえた)

◇**as＋他の前置詞句の例**：

(11) a. The girl clung to him **as** *by instinct*.
     (娘は，まるで本能によるもののように彼にとりすがった)

b. Her body shook **as** *with a chill*. (Anderson, *Winesburg, Ohio*)
（彼女のからだは，まるで悪寒がするかのようにがたがた震えた）

c. I stood at the window of my garret, and saw that the street was illumined **as** *at night*. (Gissing, *The Private Papers of Henry Ryecroft*)
（屋根裏部屋の窓際にたたずんだ．見ると，通りは夜のように照明されていた）

[E] **as＝like**： 次のような as は，特に聖書の『ソロモンの雅歌』(*The Song of Solomon*) に見いだされるもので (17回)，雅語的である．OED² (s.v. *As* conj. B7) は，この as は like の意味で，従属節から主語または目的語のみが残った場合と説明している．

(12) a. Thy teeth are **as** *a flock of sheep*. (AV, *Solom.* 6: 6)
   （あなたの歯は，羊の群れのようだ）

b. Thy neck is **as** *a tower of ivory*. (Ibid. 7: 4)
   （あなたの首は象牙の塔のようだ）

次の現代英語の例も，聖書的表現である．[5]

(13) a. Her bosom was **as** *a bird's*, soft and slight. (Joyce, *A Portrait of the Artist as a Young Man*)（彼女の胸は鳥の胸のようで，柔らかく小さかった）

b. They were **as** *stainless snow*, they could not sin. (Garnett, *Lady into Fox*)（彼ら[小ギツネ]は，清浄な雪のようなものだ，罪を犯すこともできない）

[F] **as well as**： ① 数の呼応 (§31.1.3 を参照)

② 格： as well as は，接続詞であるから，あとにくる代名詞の格は，それが主語ならば主格，目的語ならば目的格になる．

(14) a. You helped him **as well as** *I* (*did*)．（私と同様，君も彼を助けた）

b. You helped him **as well as** (*you helped*) *me*.
（君は，私と同様，彼も助けた）

③ 動詞の形式：「…と同じくらい上手に」という意味で比較の副詞節を導く場合，あとに定形動詞が用いられる．

(15) a. You can swim **as well as** *I do*. （君はぼくと同じくらい水泳がうまい）

b. She doesn't play tennis **as well as** *she used to*.
（彼女はむかしほどテニスがうまくない）

しかし，in addition to「…のほかに」という意味の複合接続詞として働く場合は，定形動詞は使えない，と Wood (1962: 26) は言っている．

(16) He spent all his money **as well as** *wasting/*wasted his time*.
（彼は，時間を浪費したばかりではなく，金も残らず使ってしまった）

むしろ，besides の意味の前置詞と解したほうがわかりやすい．

---

5. 『ソロモンの雅歌』には，これと同義の「be like＋名詞」の形も，14回使用されている．
  (i) Thy two breasts are **like** *two young roses*. (AV, *Solom.* 7: 3)
    （あなたの二つの胸は，二つの咲きそめたバラのようだ）

次の例も，Wood の主張に沿っている．
- (17) a. She is a talented musician **as well as** *being a photographer*. （OALD[6]）
  （彼女は写真家である上に，才能のある音楽家だ）
- b. The organization gives help and support to people in need, **as well as** *raising money for local charities*. （LDCE[4]）（その団体は，地方の慈善事業のために募金するほかに，困窮している人々の援助もしている）

一方，次のように，他の定形動詞に続くと考えられる場合は，当然，非定形動詞が用いられる．
- (18) a. She can cook **as well as** *sew*.
  （彼女は縫い物もできるし，料理もできる）〔can に続く〕
- b. We are repairing the roof **as well as** *painting the walls*.
  （私たちは，壁にペンキを塗るほかに，屋根の修理もしている）〔are に続く〕

27.5.10. 対比の副詞節

「対比」(contrast) の副詞節は，whereas, while によって導かれる．
- (1) My wife wants a house, **whereas** *I would rather live in a flat*.
  （妻は家をほしがっているが，私はむしろフラットに住みたい）
- (2) **Whereas** *knowledge can be acquired from books*, skills must be learned through practice. （MED）（知識は書物から得られるのに対して，技術は修練を通して身につけなければならない）

while は，whereas と同義だが，意味が弱い．この場合，「…する間」という時間的な意味がない点にも注意せよ．
- (3) Some men are rich(,) **while** *others are poor*.
  （金持ちの人もいるし，一方，貧乏な人もいる）
- (4) **While** *Tom's very good at science*, his brother is absolutely hopeless.
  （OALD[6]）（トムは科学が非常にできるのに，弟ときたら，全く望みなしだ）

27.5.11. 制限の副詞節

「制限」(restriction) の副詞節は，as/so far as, insofar as, in that などの複合接続詞で導かれる．
as/so far as は，「…するかぎり（では）」の意味で用いられる．
- (1) a. **As/So far as** *I can see*, he cannot be more than sixty.
  （見たところでは，彼は60歳を超えているはずがない）
- b. That's all right, **so/as far as** *I am concerned*.
  （私に関するかぎり，それで結構です）

insofar as は，「…するかぎりにおいて」という意味で用いられる．
- (2) I will help you **insofar as** *I can*. （可能なかぎり，お助けします）

in that … は，「…という点で」という意味を表す．前置詞句と見るよりも，複合

接続詞と見るほうがより適切である.
 (3) I am fortunate **in that** *I have so many friends*.
   (友達が非常に多いという点で，私は幸せ者だ)

27.5.12. 除外の副詞節
「除外」(exception) の副詞節は，except (that), but (that), excepting (that), save that などの接続語句によって導かれる.
 (1) I didn't tell him anything **except** (**that**) *I needed the money*. (OALD⁶)
   (金が要るということ以外は，彼に何も言わなかった)
 (2) She knew nothing about him **save that** *he was from Dublin*. 〈格式体〉
   (彼がダブリン出身だということを除いて，彼女は彼のことは何も知らなかった)
 (3) The copy is perfectly accurate, **excepting that** *the accents are omitted*.
   (OED²) (アクセントを省いているほかは，このコピーは完全に正確だ)

「除外」の but (that) には，二つの用法がある.
 (4) a. [否定語のあとで] = without it being the case that
   Justice was never done **but** *someone complained*. (COD⁵)
   (正義がなされると，必ず不平を言うものがいた)
  b. = 〈古風〉if it were not that
   She would have fallen **but that** *he caught her*. (KCED)
   (彼がつかまえなかったら，彼女は倒れていただろう)

NB without that の that を省略して，unless の意味の接続詞に使用するのは〈米〉方言である (OED²).
 (i) I don't suppose you would know a bird at all, **without** *it was singing in a cage in a hotel lounge.* (Faulkner, *Sanctuary*) (君なんか，ホテルのラウンジの籠(かご)の中で鳴いていないかぎり，鳥のことはまるでわからないだろうね)

27.5.13. 判断の根拠を示す副詞節
この用法では，主文が疑問文で，that 節中に should が生起することが多い.「…なんて」の意味.
 (1) a. Are you mad **that** *you should do such a thing*?
   (そんなことをするなんて，君は気でも狂ったのか)
  b. Who are these people **that** *you should visit them at such an hour*?
           (Doyle, *Memoirs of Sherlock Holmes*)
   (君がそんな時間に訪問するなんて，その連中は何者なんだね)
  c. What have I done to you, **that** *you should stare at me like this*?
             (Galsworthy, *Fraternity*)
   (私があなたに何をしたと言うのですか，こんなに私をじろじろ見るなんて)
 (2) a. Is anything the matter, **that** *you come here*?
   (あなたがここへ来るなんて，どうかしましたか)

b. Do you think he is your property, **that** *you can come whenever you like*? (Lawrence, *Women in Love*) (好きなときに押しかけて来るなんて，君は彼を自分の持ち物とでも思っているのか)

27.5.14. 選択の副詞節
「選択」(preference) の副詞節は，rather than, sooner than, sooner ... than, as soon ... as によって導かれる．
　(1) **Rather than** *go there by air*, I'd take the slowest train.　　(Quirk et al. 1985) (そこへ飛行機で行くよりも，むしろ，最鈍行の列車で行きたい)
　(2) I'd **sooner** die **than** *marry you*/**as soon** die **as** *marry you*.
　　　(あなたと結婚するよりも，死んだほうがましです)
　(3) They'll fight to the finish **sooner than** *surrender*.　　(Quirk et al. 1985)
　　　(彼らは，降参するよりも，最後まで戦うだろう)

27.5.15. コメント節
　接続詞を使用しない副詞節（便宜上，ここへ入れる）に，「コメント」(comment) を表すものがある．いずれも，挿入節として使用される．
[A] 文頭
　(1) **Stated bluntly**, he had no chance of winning.
　　　(遠慮なく言えば，彼には勝つ見込みはまるでなかった)
　(2) **Mind you**, this is just between you and me. (いいかい，ここだけの話だよ)
　(3) **What's more surprising**, you can do it with so little money.
　　　(もっと驚くべきことは，とてもわずかのお金でそれができることだ)
[B] 文中
　(4) There were no other applicants, **I believe**, for that job.
　　　(その職には，たしか，ほかの志願者はなかったはずだ)
　(5) John, **as you said**, is a liar. (ジョンは，君の言ったとおり，嘘つきだ)
[C] 文末
　(6) It belongs to me, **you know**. (それぼくのだよ，ね)
　(7) What's he doing, **I wonder**? (あいつ，何やってんだろう)
　(8) What's she doing, **do you think**? (彼女，何をやっていると思うかね)
主文が否定文の場合，コメント節も否定文になることもある (Quirk et al. 1985: 1114)．
　(9) They aren't at home, **I don't believe**. (彼らは不在だと思うよ)
〈略式体〉では，I don't think が皮肉な陳述のあとに用いられて，反語を表すことがある (OED² s.v. *Think* III.b, Quirk et al. 1985: 1115).
　(10) Hark how he swears, Tom. Nicely brought-up young man, ain't he, **I don't think**. (Hughes, *Tom Brown's School Days*) [OED²] (まあ，なんて毒づ

き方なんだ，トム．育ちのいい若者だよな，いやはや）

(11) That's a másterpiece, **I don't think**.　　　　　(Quirk et al. 1985)
（あれはまさに傑作だよ，全くねえ）

コメント節には，次に見るように，定形表現（formulaic expression）が多い．

(12) I believe／I guess／I understand／they say／they tell me／it is said／it seems

(13) I'm glad to say／I'm happy to tell you／I regret to say／I'm sorry to say／I'm afraid

(14) you know／you see／you must admit／you may know／it may interest you to know

(15) don't you think？／don't you agree？／wouldn't you say？／can't you see？

(16) to be honest／to be frank／to be precise／to speak candidly／to put it briefly

(17) generally speaking／speaking frankly／speaking personally／putting it mildly

(18) I can't help you, **I'm afraid**.　（OALD[6]）（お役に立てません，残念ながら）

(19) Everyone gossips, **don't you agree?**　　　　　　　(Google)
（誰だってうわさ話をしますよ，そうじゃありませんか？）

(20) "**To be honest**, I don't think much of it," I answered.　(Doyle, 'The Stark Munro Letters')（「正直言って，私はそれを高く買っていないんです」と私は答えた）

第 28 章

前　置　詞

28.1.　前置詞の種類

28.1.1.　前置詞句を含むもの
次の2種に分かれる．
① 単一前置詞 (simple preposition)：1語から成るもの．
　　at, by, for, from, in, of, on, to, with; about, above, across, after, against, along, among, between, before, behind, below, beside, besides, beyond, but, inside, into, off, over, (a)round, since, through, throughout, toward (〈米〉), towards (〈英〉), under, underneath, until, till, up, within, without
　Fries (1940: 112) によれば，このうち現代英語において最も使用頻度の高いのは，次の九つの単音節の前置詞で，これらの使用頻度がすべての前置詞のそれの92.6％を占めている．
　　(1)　at, by, for, from, in, of, on, to, with
② 複合前置詞 (compound preposition)：2語(以上)から成るもの．
　　［副＋前］　along with／apart from〈英〉／aside from〈米〉／as for／as to／away from／into／instead of／off of〈米〉／on to, onto／out of／together with／up to／etc.
　　［形＋前］　due to／next to／owing to
　　［接＋前］　because of
　　［前＋名＋前］　at odds with／by means of／in addition to／in place of／in spite of／in return for／on top of／on account of／with regard to／with a view to／etc.
複合前置詞は，すべて1個の前置詞で終わっている点に注意．

> **NB**　複合前置詞のうち，最後のものは"開いた集合"をなしていて，非常に数が多い．そこで，複合前置詞と単なる前置詞句との違いが問題になる．一口に言えば，これは一般の複合語と句の違いと平行していて，前者は要素の結合が緊密で，他の語を挿入したり，他の語で置き替えたり，削除したりできない．例えば，in comparison with は，
> 　　(i)　This is easy **in comparison**. （これはわりと易しい）
> のように，with の省略を許すので結合力が弱い．in defense of は，in *the* defense of のように他の語の挿入を許し，in *her* defense のように他の語と交換できるので，厳密な意味で

－621－

の複合前置詞としては失格である．

28.1.2. 他品詞に由来する前置詞

通時的に見れば，英語の前置詞の中には他品詞に由来するものが相当数ある．

(1) a. 分詞から： barring, concerning, considering, during, failing, lacking, notwithstanding, pending, rising, touching; except, past
   b. 名詞から： across (＜cross), despite (＜spite)
   c. 形容詞から： like, near, opposite, worth

次の (2), (3b) では，分詞構文の出自が強く感じられるはずである．

(2) **Considering** his age, he looks very young. ［＜If we consider his age ...］
   (年齢のわりには，彼はとても若く見える)

(3) a. We went on, **notwithstanding** the storm.
   b. We went on, the storm **notwithstanding**.
   (嵐にもかかわらず，先へ進んだ)

また，前置詞の資格を獲得するにつれて（あるいは，文法化が進むにつれて），語義の漂白化 (bleaching)（＝弱まり）が見られることにも注意せよ（例えば，(2) の場合は，「…を考えれば → …としては」）．

辞書によって品詞分類に揺れが見られる場合がある．例えば，

(4) He is nine, **rising** ten. (彼は九つだが，そろそろ十になる)

の場合，『リーダーズ英和』は前置詞，Web[3] は副詞，LDCE[3] は形容詞としている．

NB like, near のクラスを形容詞と見るか，前置詞と見るかの議論については，§23.1.3 を参照．

28.1.3. 前置詞的副詞

Curme (1931) や Quirk et al. (1985) は，目的語が削除されたために副詞的に働きはじめた前置詞を**前置詞的副詞** (prepositional adverb)，Bolinger (1971) は，**副詞的前置詞** (adprep) と呼んでいる．以下の例で，(a) 文は前置詞を，(b) 文は前置詞的副詞を含んでいる．

(1) a. A car drove **past** the door. (車が玄関の前を通り過ぎた)
   b. A car drove **past**. (車が通りすぎた)
(2) a. She stayed **in** the house. (彼女は家の中にいた)
   b. She stayed **in**. (彼女は中にいた)
(3) a. Why didn't you come **before** 7 o'clock? (なぜ 7 時前に来なかったのか)
   b. Why didn't you come **before**? (なぜ前に来なかったのか)
(4) a. There's a bus **behind** us/the car. (われわれ/車の後ろにバスがいる)
   b. There's a bus **behind**. (後ろにバスがいる)
(5) a. Poor John fell **off** the horse/ladder.
      (かわいそうに，ジョンは馬/梯子から落っこちた)
   b. Poor John fell **off**. (かわいそうに，ジョンは落っこちた)

(6) a. Why don't you put the trunk **on top of** the car?
    （車のてっぺんにトランクを置いたらどうだい）
   b. Why don't you put the trunk **on top**?
    （トランクをてっぺんに置いたらどうだい）
(7) a. I haven't seen him **since** that time.（その時以来，彼に会っていない）
   b. I haven't seen him **since**.（その後，彼に会っていない）
前置詞的副詞では，複合前置詞の第2要素が削除される．
(8) a. He went **into** the house.（彼は家の中へ入っていった）
   b. He went **in**.（彼は中へ入っていった）
(9) a. She came **out of** the room.（彼女は部屋から出てきた）[1]
   b. She came **out**.（彼女は出てきた）
(10) a. He jumped **onto** the bus.（彼はバスに飛び乗った）
    b. He jumped **on**.（彼は飛び乗った）

28.2. 前置詞句の構造と機能

28.2.1. 前置詞句の構造

前置詞句（prepositional phrase，以下 PP）は，次のような構造をしている．

(1)
```
        PP
       /  \
      P    NP
      |    /\
      in  the garden
      with  a knife
```

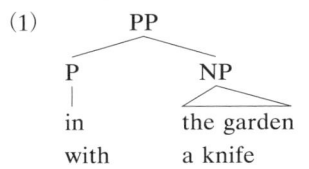

すなわち，P が PP の主要部（head），NP が P の補部（complement）である．
次のように，前置詞が PP を補部（＝目的語）にとっている構造がある．

(2) from behind／from within／till after

表層で前置詞が二つ並ぶため，二重前置詞（double preposition）と呼ばれることがあるが，適切な名称ではない．

(3) A cat came out **from [behind** the screen**].**（衝立の後ろからネコが出てきた）

このクラスは，次のような構造をしている．

(4)
```
           PP
          /  \
         P    PP
         |   /  \
         |  P    NP
         |  |    /\
       from behind the screen
```

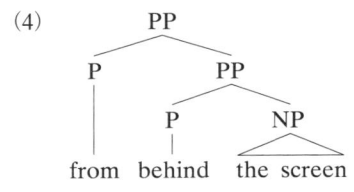

若干の例を追加しておこう．

---
1. 読むときは，came out | of the room ではなくて，came | out of the room となる．

(5) John looked **from** [**above** *his spectacles*]. （ジョンは眼鏡越しに見た）
(6) That dates **from** [**before** *the war*]. （その起源は戦前にさかのぼる）
(7) she glowered at Fred **from** [**under** her big hat]. 　　(Alcott, *Little Women*)
　　（彼女は，大きな帽子の下からフレッドをにらみつけた）
(8) He did not come back **till** [**after** *ten*]. （彼は10時過ぎまで帰ってこなかった）

28.2.2. 前置詞句の機能

[A] 英語の前置詞は，前置詞をもたない日本語の話し手にとっては，複雑多岐でなかなかマスターしがたい，という考えがある．しかし，筆者は，次のような理由で，前置詞の学習は日本語の話し手にとってさほど難事ではないと考えている．
　第一に，前置詞と日本語の助詞（後置詞（postposition）と言ってもよい）とは，(1)で見るように，鏡像関係（mirror-image relation）にある．

(1) a. live in London ＝ ロンドン ニ 住ム
　　　　 1　 2　 3　　　　　3　　 2　 1
　 b. sit on the sofa ＝ ソファー ニ スワル
　　　　1　2　 3　　　　　　3　　 2　 1

　第二に，前置詞も後置詞も，「x＋前置詞/後置詞＋y」という構造をもち，x (*eg* live)とy (*eg* 住ム) という二つの語彙項目の間の関係的意味を表しているにすぎず，その意味はおおむね論理的に決定されるからである．例えば，次の文を見られたい．

(2) a. John lives (　　) London. ジョンはロンドン(　　)住んでいる．
　 b. We see (　　) our eyes. 私たちは目(　　)見る．

(2a)では，「住んでいる」と「ロンドン」との関係は「ロンドンに住む」という〈行為〉と〈場所規定〉の関係としてのみ成立する．この場合，英語では in と at の可能性があるわけだが，ジョンはロンドンの「中に」住んでいるのだから，当然，in が選ばれることになる．
　(2b)の「目」と「見る」の関係は，「目で見る」という〈行為〉と〈手段〉の関係としてのみ成立する．そこで，日本語では「デ」が，英語では with が選ばれることになる．

[B] 前置詞は，「前置詞＋名詞（相当語句）」の形で前置詞句を作り，その前置詞句は，文中で形容詞句，副詞句，まれに名詞句として働く．

(3) The people **on** *the bus* were singing. ［形容詞句］
　　（バスに乗っている人々は歌を歌っていた）
(4) The people were singing **on** *the bus*. ［副詞句］
　　（人々はバスに乗って歌を歌っていた）

PP がときに文の主語になっている場合は，名詞句の機能を果たしていることになる（詳しくは，§3.1.1 [G] を参照）．

(5) a. **Between** *six and seven* will suit me. （6時と7時の間が都合がいいです）
　 b. **Through** *the wood* is the nearest way. （森を抜けるのが一番の近道です）

自動詞や形容詞の右側に生じる PP は，伝統文法では副詞句ということになる．

(6) a. The river abounds **in** *fish*. （その川には魚がたくさんいる）
　　b. John looked **at** *the girl*. （ジョンは，その少女を見つめた）
(7) a. Meg is proud **of** *her beauty*. （メグは，自分の美しさを自慢にしている）
　　b. I am sorry **for** *his parents*. （彼の両親が気の毒だ）

　(6b)のような構造は，look [at the girl] のように副詞句，look at [the girl] のように句動詞の目的語と二とおりにあいまいである．前者の構造は，(8a)のような関係詞節への書き替えが可能であり，後者の構造は，(8b)のような受動文への書き替えが可能である．

(8) a. The girl **at** whom John *looked* is my sister.
　　　（ジョンが見つめた少女は，私の妹です）
　　b. The girl *was looked* **at** by John. （その少女は，ジョンに見つめられた）

28.2.3. 前置詞の目的語

　前置詞の目的語になれるのは，名詞句か，名詞相当語句である．後者は，厳密に言えば，前置詞のあとに置かれることによって，名詞性を付与されるのである．代名詞の場合は，目的格が要求される．

[A] 名詞句
　(1) He is staying **at** *a hotel*. （彼は，ホテルに滞在している）

[B] 代名詞
　(2) He got angry **with** *me*. （彼は，私に腹を立てた）

[C] 形容詞
　(3) a. He was given up **for** *dead*. （彼は，死んだものとしてあきらめられた）
　　　b. I regard it **as** *insignificant*. （そんなことはつまらないと思う）
　　　c. Well, matters went **from** *bad* **to** *worse* with us. 　　(Doyle, *Memoirs of Sherlock Holmes*)（とにかく，私たちにとって事態は次第に悪くなっていった）
　　　d. Do you know it **for** *certain/sure*? （そのことを確かに知っているのか）
　　　e. I took it **for** *granted* that you would consent.
　　　　（君は当然承知してくれる，と思っていた）

[D] 副詞
　(4) a. He will come **before** *long*. （彼は，ほどなく来るでしょう）
　　　b. It's a long way **from** *here*. （そこは，ここからは遠い）

[E] 動名詞： ここでも，前置詞のあとに動詞を置きたければ，名詞形 (*ie* 動名詞) に変えなければならない，ということである．
　(5) a. He went out **without** *saying a word*. （彼は，ひと言も言わずに出ていった）
　　　b. **On** *arriving in London*, I telephoned Bob.
　　　　（ロンドンに着くとすぐ，ボブに電話した）

[F] 不定詞： 不定詞が前置詞の目的語になる場合は少ないが，but, except, save

〈雅語〉の場合は，不定詞を目的語と見ることができる．

(6) a. We had no choice **but** *to submit*. (われわれは，降参するほか道がなかった)
　　b. She did nothing **but**/**except** *cry*. (彼女は，ただ泣いてばかりいた)
　　c. I cannot **but** *admire* his courage. (彼の勇気を賞賛せずにはいられない)
　　d. A clever man upon so delicate an errand has no use for a beard **save** *to conceal* his features. (Doyle, *The Hound of the Baskervilles*)(そのようなむずかしい使命を帯びた利口な男には，ひげなんて顔を隠す以外に必要がないのだ)

(6b, c)のような場合，can/do に依存するものとして，裸不定詞が用いられる (Jespersen *MEG* V: 214).

NB for to は元来は目的を表していたが，ME では to 不定詞と同様に広く用いられていた．エリザベス朝の文章語では比較的まれになったが，今日でも方言にはある程度残っている．

　　(i) Therefore tis good and meete **for** *to be* wise. (Marlowe, *1 Tamburlaine* 42)
　　　　(だから，賢明なことは結構で適切なことだ)
　　(ii) I went down south **for** *to see* my gal. (S. C. Foster)
　　　　(恋人に会いに南部へ行った)

[G] 前置詞句

(7) He stayed **till** *after supper*. (彼は夕食後まで帰らなかった)
(8) The noise seems to be coming **from** *within the building*. (OALD⁵)
　　(その音は，ビルの中から聞こえてくるようだ)

[H] **wh 節**: tell, ask, depend, sure, look などの日常語のあとでは，wh 節の前で前置詞を落とすことができる (Swan 1995: 456).

(9) a. Tell me (**about**) *where you went*. (どこへ行ったのか聞かせてくれ)
　　b. I asked her (**about**) *whether she believed in God*.
　　　　(彼女に神を信じるかどうか聞いてみた) [about のないほうが自然]
　　c. **Depends** *how you look at it*, I suppose. (Taylor, *A View of the Harbour*)
　　　　((それは)たぶん，それをどう見るかによるだろうね) [= Depends on ...]
　　d. I am not sure (**of**) *how he does it*.
　　　　(彼がそれをどのようにするのか，はっきりしない) [of がないほうが自然]
　　e. Look (**at**) *what I've got*. (ぼくが持っているものをごらん)

その他の場合は，前置詞を落とすのはまれであるか，または不可能である (Swan 1995: 456).

(10) a. I'm worried **about** *where she is*. (彼女がどこにいるのか心配だ)
　　　b. The police questioned me **about** *what I'd seen*.
　　　　　(警察は，私が何を見たのかについて質問した)
　　　c. There's the question (**of**) *who's going to pay*.
　　　　　(誰が支払うかという問題がある) [of のあるほうが自然]
　　　d. People's chances of getting jobs vary according **to** *whether they live*

in the North or the South.（人々が仕事にありつける機会は，北に住むか南に住むかで異なる） (以上 Swan 1995)
  e. I'm very clear **on** *what I'm willing to do.* (Steel, *Bittersweet*)（私は，自分が何を進んでしようとしているかについては，とてもはっきりしてるんです）
  f. Cathy ... glided noiselessly up **to** *where I awaited her.* (Alcott, *Little Women*)（キャシーは，私が待っているところに，音もなく，滑るように歩み寄ってきた）［ここでは to は落ちない］
  g. She had no idea *what had happened to make him so furious.* (Steel, *Bittersweet*)
    （いったい，何があって彼があんなに激怒したのか，彼女にはさっぱりわからなかった）

wh 節の前の前置詞の出没については，次のような一般化が可能であろう．

(11) wh 節の前の前置詞は，wh 節が述語の目的節として意識される場合は省略され，副詞節と解される場合は省略されない．

  NB 1 Since when の when は，what time という意味の代名詞として使用されている．
  (i) **Since when** is forty middle-aged? (McBain, *Ten Plus One*)
      （いつから40歳が中年になったのかね）
  NB 2 if は前置詞のあとには生じないので，whether を用いる．
  (i) I'm worried **about whether** / ***if** you're happy.
      （あなたが幸福かどうかが心配だ）
  NB 3 that 節の前に前置詞を置くことはできない．次の in that は，「前置詞 + that 節」と見るべきではなく，Quirk et al. (1972: 300) の言うように，複合接続詞と見るべきである．
  (i) Men differ from brutes **in that** they can talk.
      （人間は，言葉を話す点で動物とは異なる）

28.3. 前置詞の後置

前置詞は，普通，その名のとおり，目的語の前に置かれる．しかし，次の環境では，目的語から離れて後置される（厳密には，もとの位置にとどまる）．

[A] 疑問詞が目的語の場合（前置詞残留（§ 12.1.2 [C]））（*t* は，移動した wh 句の痕跡）

  (1) *Where* do you come **from** *t*?（どこのご出身ですか）
  (2) *Who* are you thinking **of** *t*? (Greene, *Brighton Rock*)
      （誰のことを考えてるんだい）
  (3) *Which flight* is the general travelling **on** *t*? (Swan 1995)
      （将軍は，どの便に乗っているのですか）
  (4) *What kind of novels* are you interested **in** *t*?
      （どんな小説に興味がおありですか）
  (5) '*Where* shall we go **to** *t*?' I said. (Wilde, *The Sphinx Without a Secret*)
      （「どこへ行こうかね」と私は言った）

NB *For whom* are you looking? (随伴 (§12.1.2 [C])) は，はなはだしく〈格式的〉.

前置詞残留は，間接疑問文においても生じる．

(6) Tell me *where* you bought it **from** *t*. （それ，どこで買ったのか教えてください）

(7) Come, father, and see *where* he has got **to**! (Doyle, *Memoirs of Sherlock Holmes*)（お父さん，こっちへ来て，彼がどこへ行ったか確かめてください）

〈略式体〉の疑問文では，「前置詞＋疑問詞」または「疑問詞＋前置詞」のみから成り立つものもある（§12.1.2 [C]）（(9)の語順のほうがよく使用される）．

(8) **By** *who*? (Faulkner, *Sanctuary*)（誰によって？）［*By whom*? は〈格式体〉］

(9) a. *Who* **for**? （誰のために？）
 b. "*Where* **to**?" "South America." (Christie, *The Big Four*)
 （「どこへ行くの？」「南アメリカさ」）
 c. *Who* **with**? （誰といっしょに？）

[B] **関係詞が目的語の場合**（前置詞残留（§13.1.2.4））

(10) This is the house (*which*/*that*) I told you **about** *t*. （これがお話した家です）
 ［*about which* I told you は〈格式的〉］

(11) The man (*who*) I was speaking **to** *t* was a German.
 （私が話しかけていた男は，ドイツ人だった）

(12) That's *what* I'm afraid **of** *t*. （それが，私が恐れている点です）

[C] **擬似分裂文**

(13) *What* I was surprised **at** *t* was his arrogance.
 （私がびっくりしたのは，彼の傲慢さです）

(14) *What* Mary was aware **of** *t* was that John left.
 （メアリーが気づいていたのは，ジョンが立ち去ったということだ）

[D] **感嘆文**（前置詞残留）

(15) *What an awful state* he was **in** *t*! （彼はどんなに興奮していたことか！）

(16) *What a mess* he's got **into** *t*! （彼は何という窮境に陥ったことか！）

[E] **to 不定詞**（形容詞的用法（§14.2））

(17) There was no chair *to sit* **on**. （すわる椅子がなかった）

(18) He's impossible *to work* **with**. （彼とはとてもいっしょに働けない）

(19) It's a boring place *to live* **in**. （そこは住むのに退屈な場所だ）

〈略式体〉では，前置詞が省略されることがある（Swan 1995: 452）．

(20) She has no money *to buy food* (**with**). （彼女は食べ物を買う金がない）

(21) We have an hour *to do it* (**in**). （それをするのに1時間ある）

(22) We need a place *to live* (**in**). （われわれは住む場所が必要だ）

[F] **前置詞付き動詞の受動態**

(23) His insolence cannot *be put up* **with**. （彼の横柄な態度はがまんならない）

(24)　I hate *being laughed* **at**.　(Swan 1995)（私は，笑われるのは大嫌いだ）
[G]　**worth -ing の構文**
(25)　He's *worth listening* **to**.　（彼の話は，傾聴に値する）
[H]　**倒置文**
(26)　*That* I don't care **for**.　（そんなことは気にしない）

　以上の例のうち，[A] から [D] までは wh 語が義務的に節頭に移動した結果，前置詞が残留した，と説明される．[E] では，There's no time to *lose*. において time が不定詞 to lose の意味上の目的語になっているのと同様に，例えば chair は，前置詞付き動詞 sit on の意味上の目的語になっている．
　[F]，[G]，[H] の場合は，主題化された主語は，前置詞付き動詞の潜在的目的語 (implicit object) になっている．

　NB　前置詞残留が許されるのは，原則として，PP が動詞の補部 (complement)（＝簡単に言えば，不可欠の要素）になっている場合に限られる．(ia) が容認されないのは，Which city を動詞の付加部 (adjunct) から移動させたからである．
　　　(i)　a.　*Which city* did you meet Mary **in**?
　　　　　b.　**In** *which city* did you meet Mary?　（どの町でメアリーと会ったのか）
　一方，次の例では，PP は動詞の補部になっている（すなわち，補部 PP からの wh 移動は可能である）．
　　　(ii)　a.　*What conclusion* did John arrive **at**?　（ジョンはどんな結論に達したのか）
　　　　　b.　*Who* did John give the book **to**?　（ジョンは，誰にその本をやったのか）
　さらに，PP が動詞の補部でない場合でも，動詞句内にあって，動詞との結びつきの強い，道具・目的・手段・同伴を表す PP（準補部と言ってもよい）も前置詞残留を許容する．
　　　(iii)　a.　*What* did the burglar open the safe **with**?
　　　　　　　（強盗は，何で（もって）金庫を開けたのか）
　　　　　b.　*What* did Rose save the money **for**?
　　　　　　　（どんな目的でローズは金を貯めたのか）
　　　　　c.　*Which car* did Chris go to the movies **in**?
　　　　　　　（クリスは，どの車で映画に行ったのか）
　　　　　d.　*Who* did Bill go to New York **with**?
　　　　　　　（ビルは，誰とニューヨークへ行ったのか）
　しかし，PP が事象の起きる時間や場所を表す場合は，文全体と結びついているので，すなわち，文副詞なので，前置詞残留は許されない．
　　　(iv)　a.　*Which vacation* did John go to Hawaii **during**?
　　　　　b.　*Which city* did you sleep in your bed **in**?

28.4.　前置詞の省略

28.4.1.　時間の前置詞句

　last, next, this, that のような直示語 (deictic word) や，some, any, every, one, all のような数量詞の付いている名詞句，あるいは today, yesterday, tomorrow morning のような表現の前では，前置詞は常に省略される．

(1) a. I saw John *last Friday/year*.（先週の金曜日/昨年，私はジョンと会った）
   b. Better luck *next time*.（この次はうまく行きますように）
   c. The meeting is *this Friday*.（会合はこの金曜日だ）
   d. I met John *that afternoon*.（その日の午後，私はジョンと会った）
   e. I'll call on you *some day*.（いつか伺いますよ）
   f. Come *any day* you like.（いつでも好きなときにおいでなさい）
   g. He opens the store *every morning* at nine.（彼は毎朝9時に店を開ける）
   h. I'll take you there *one day*.（いつかそこへ連れてってあげる）
   i. It's been raining *all morning*.（午前中ずっと雨が降っている）
   j. I have seen him twice *today*.（きょうは2回，彼と会った）
   k. He went away *yesterday*.（彼はきのう立ち去った）
   l. He will leave *tomorrow morning/afternoon*.
      （彼はあすの朝/午後発つでしょう）

現在時の前または後の時を示す直示句の場合，通例前置詞は随意的である（Quirk et al. 1985: 693）．

(2) a. (**on**) Monday week 〈英〉（来週の月曜日に）[=〈米〉a week from Monday]
   b. (**on**) the day before yesterday（一昨日）
   c. (**in**) the January before last（一昨年の1月に）[〈米〉では in が落ちる]

過去または未来の基準時の前または後を示す句の場合も，前置詞は随意的である．

(3) a. (**in**) the previous spring（その前年の春に）
   b. (**at**〈英〉/**on**〈米〉) the following weekend（その次の週末に）
   c. (**on**) the next day（その翌日）
   d. We met (**on**) the following day.（私たちは，その翌日会った）

省略可能な前置詞は，at, on, in に限られるようで，例えば，before, since などは語彙的意味が豊かなので省略できない．

(4) a. I'll see you **before** *Monday*.（月曜日よりも前にお目にかかります）
   b. ≠I'll see you *Monday*.（月曜日にお目にかかります）
(5) I haven't seen Mary *last week/**since** last week.
   （先週以来メアリーに会っていない）

概して，前置詞のない形式のほうが，より〈略式的〉で，かつ，より普通である．次に示すような，「the + 名詞句 + 前置詞句」の場合，〈英〉では通例，前置詞を付けるが，〈米〉では随意的である（Quirk et al. 1985: 693）．

(6) a. We met (**on**) *the day of the conference*.（私たちは会議の日に会った）
   b. We met (**in**) *the spring of 1983*.（私たちは1983年の春に会った）

on Sunday next とか in January last のような倒置表現では，前置詞は通例落とさない（おもに〈英〉）．

(7) I will see her **on** *Sunday next*/*****on** *next Sunday*.

(次の日曜日に彼女と会います)

28.4.2. 頻度の前置詞句
「every + 曜日」には前置詞が付かない.
(1) *Every Sunday* we usually go for a walk.
(毎週日曜には, 私たちは散歩に出かける)

曜日を表す名詞の場合, 単数・複数のどちらでもよく, 前置詞は随意的である. 前置詞のない形式は特に〈米・略式体〉.
(2) **On** *Sunday(s)* / *Sunday(s)* we usually go for a walk.

その他の頻度表現では, 常に前置詞が必要である.
(3) a. We saw each other **from** *time* **to** *time*. (私たちは, ときどき会った)
    b. He is reading some book or other **at** *all hours*.
    (彼は, いつでも何かしら本を読んでいる)
    c. On this line cars run **at** *intervals* **of** ten minutes.
    (この路線では, 電車は10分おきに走っている)

28.4.3. 期間の前置詞句
状態動詞とともに用いられた for は, しばしば省略される.
(1) a. We have lived here (**for**) *three years*. (私たちは, 3年間ここに住んだ)
    b. (**For**) *how long* have you owned this house?
    (この家をどれほどの期間所有していますか)

all day, all (the) week のように, all を含む句では, 省略は義務的である.
(2) We stayed in Rome *all* (*the*) *week* / *****for** *all week*.
(私たちは, 1週間ずっと, ローマに滞在した)

一方, 動作動詞の場合は, for を省略できない.
(3) I taught her **for** *three years* / ?***three years*. (私は, 彼女を3年間教えた)

「完結動詞」が否定文で用いられた場合は, for を省略することができない. このクラスの動詞は, for 句を伴ってはじめて〈継続〉の意味を表すことができるからである.
(4) a. I shan't get up **for** *another hour*. (もう1時間は起きないぞ)
    b. I haven't spoken to him **for** *three months*.
    (もう3か月も彼とは口をきいていない)

文頭の位置でも for は省略されない. for がなければ, 〈期間〉の副詞語句であることが認知しにくくなるためと考えられる.
(5) a. **For** *600 years*, the castle stood on a hill.
    b. The castle stood on a hill (**for**) *600 years*.
    (600年前の昔から, その城は丘の上に立っていた)

NB 1 問いに対する答えにおいても，前置詞の省略は随意的である．
  (i) a. "How long have you lived here?" "(**For**) *two years*."
     （「ここに何年住んでいますか」「2年です」）
    b. "When do you usually wake up?" "(**At**) *7 a.m.*"
     （「通例何時に起きますか」「7時です」）

NB 2 for ages, for days, for years などでは，前置詞は普通落ちない．しかし，years and years とすると，容認可能性が高まる（Quirk et al. 1985: 695）．
  (i) For *years* / *Years / (?)*Years and years* we have been waiting for this event.
     （何年もの間，私たちはこの出来事を待っていた）

NB 3 次の二つの文を比較せよ．
  (i) We must sleep *eight hours* a day.
     （1日8時間は睡眠をとらなければならない）
  (ii) I slept **for** *ten hours* yesterday. （きのうは10時間寝てしまった）

(i) では，sleep と eight hours の結び付きが強いので（言い替えれば，eight hours は sleep の補部），for は不必要であるが，(ii) は「眠った」ことを報告する文で，それが10時間続いたと言っているのである（中島 1980: 80）．

28.5. 場所の前置詞

たいていの前置詞は，空間的意味が元になって，そこから時間的意味が生じ，さらに種々の抽象的・比喩的な意味が生じる，と想定される．

28.5.1. 場所と方向

〈場所〉と〈方向〉の前置詞の間には，因果関係が見られる（Quirk et al. 1985: 675）．

  (1)   方向   （その結果）   場所
    a. Tom went **to** York.   →   Tom was **at** York.
    b. Tom fell **onto** the floor. →   Tom was **on** the floor.
    c. Tom dived **into** the water. →   Tom was **in** the water.

〈略式体〉の英語では，onto, into の代わりに on, in を用いることがある．
  (2) a. Tom fell **on** the floor. （トムは床に落ちた）
    b. Tom fell **in** the brook.   （トムは小川に落ち込んだ）

28.5.2. at, in, on

認知意味論的に言えば，話し手が，ある場所を〈容器〉(container) ととらえている場合は in を用い，そこを〈地点〉(point) ととらえている場合は at を用いる．
  (1) a. I'm **in** Kamakura now.   （いま鎌倉にいる）
    b. I was **at** Kamakura last year. （去年は鎌倉にいた）

次のペアをなす文にも，同様なとらえ方 (construal) の違いが見いだされる．
  (2) a. I walked about **in** his shop. （彼の店の中を歩き回った）［内部］
    b. I bought this pen **at** his shop. （彼の店で買った）［地点］

(3) a. He stayed **in** London. （彼はロンドンに滞在した）［内部］
    b. Our plane refueled **at** London.
       （飛行機は，ロンドンで燃料を再補給した）［地点］

建物の場合，at と in の双方が可能であるが，at は建物を〈地点〉ととらえているときに用いられ，in は建物の「内部」を指すときに用いられる．

(4) Ann works **at**/**in** a publishing house. (Quirk et al. 1985)
    （アンは，出版社に勤めている）
(5) a. John is **at** home today. （ジョンは，きょうは在宅している）
    b. John is **in** the house now. （ジョンは，いま家の中にいる）

school の場合，次の三つの構造が見いだされる (Quirk et al. 1985)．

(6) a. He is **at** school. （〈英〉彼は生徒である；〈米・英〉彼は(いま)学校にいる）
    b. He is **in** school. （〈米〉彼は生徒である；〈英〉彼は(いま)学校にいる）
    c. He is **in** the school. （〈英・米〉彼は校舎の中にいる）

次の at と in の違いに注意せよ．

(7) a. She is **at** Oxford. （彼女は，オックスフォード大学の学生だ）
    b. She is **in** Oxford. （彼女は，オックスフォード市にいる）

on は，面との〈接触〉(contact) を表す．(8) の field は，(a) では競技場の「表面」を表し，(b) では「柵で囲まれた土地」を表している．

(8) a. The players are practicing **on** the field.
       （選手たちは競技場で練習している）
    b. Cows are grazing **in** the field. （牛は牧草地で草をはんでいる）

次の例では，ドアは (a) では「表面」として，(b) では「地点」として，(c) では「容器」としてとらえられている．

(9) a. There was a new coat of paint **on** the door.
       （ドアには，新しくペンキが塗ってあった）
    b. John stood **at** the door. （ジョンは，ドアのところに立っていた）
    c. There were woodworms **in** the door. （ドアの中には木食い虫がいた）

28.5.3. above/below; over/under; in front of/behind

これらの場所の前置詞は，それぞれ，関係的反意関係を表す．

above は，「…よりも高い所に」の意味を表すのに対して，below は「…よりも低い所に」の意味を表す（≡は「同値」を示す）．

(1) a. The picture is **above** the desk. （絵はデスクの上のほうにある）
    b. ≡The desk is **below** the picture. （デスクは絵の下のほうにある）

over は「…の真上に」，under は「…の真下に」意味する．

(2) a. The lamp is **over** the table. （ランプはテーブルの真上にある）
    b. ≡The table is **under** the lamp. （テーブルはランプの真下にある）

in front of は「…の前に」, behind は「…の後ろに」の意味を表す.
- (3) a. The car is **in front of** the bus.　(車はバスの前にある)
  - b. ≡The bus is **behind** the car.　(バスは車の後ろにある)

(1)-(3) の (a) 文は, (b) 文を論理的に含意し, (b) 文は, (a) 文を論理的に含意する.

over/under は, above/below とほぼ同義であるが, 前者のペアが「…の真上に/真下に」を意味するのに対して, above/below は, ただ,「…よりも高い所に/低い所に」を意味する. したがって, 次のような例では, above と over とを交換することはできない.

- (4) The castle stands on a hill **above**/**?over** the valley.
  - (城は, 盆地の上手の丘の上にある)
- (5) The policemen were leaning **over**/***above** the body.
  - (警官たちは, 死体の上にかがみ込んでいた)

しかし, そういう方向の差が問題にならない場合は, どちらを使ってもよい.

- (6) The plane is flying **over**/**above** the city.　(飛行機は市の上空を飛んでいる)
- (7) She can't be much **below**/**under** sixty.
  - (彼女は, 60歳よりもあまり下であるはずがない)

さらに, over/under のペアは, 二つのものが接触している場合にも使えるが, above/below のペアの場合は, 二つのものの間に常に空間がなければならない.

- (8) She put a blanket **over**/***above** the baby.　(彼女は赤ん坊の上に毛布をかけた)
- (9) She put a pillow **under**/***below** his head.　(彼女は彼の頭の下に枕を入れた)

NB　beneath, underneath は, under とほぼ同義であるが, ともに〈格式体〉で, かつ under よりも〈まれ〉である.
- (i) A cat was sleeping **beneath**/**underneath** the table.　(Wood 1967)
  - (ネコが, テーブルの下で眠っていた)

beneath は, 比喩的な意味に使うほうが安全である (Thomson & Martinet 1986: 100).
- (ii) a. She married **beneath** her.　(彼女は, 自分よりも身分の低い者と結婚した)
  - b. He would think it **beneath** him to tell a lie.
    - (彼は, うそを言うなんて沽券にかかわると思うだろう)

28.5.4.　in front of, before

〈場所〉を示す場合は, before はあまり用いられず, 普通は in front of が用いられる.

- (1) a. He stood **in front of** me.　(彼は私の前に立った)
  - b. There's a car **in front of** the hotel.　(ホテルの前に車がある)

before が〈場所〉を指して用いられるのは, 次のような場合である.

- (2) a.　「〈重要人物〉の前に」:
  - He was brought **before** the magistrate.　(彼は治安判事の前に連れ出された)
  - b.　before a person's (very) eyes という成句で:

The accident happened **before my** (**very**) **eyes**.
(その事故は，私の(ちょうど)目の前で起こった)

28.5.5. between, among

between は通例，二つ(ときに三つから五つ)のものが一つ一つ明確に区別できる場合に用いられる．

(1) a. Mary was sitting **between** Ann and Susan.
(メアリーは，アンとスーザンの間にすわっていた)
b. Switzerland lies **between** France, Italy, Austria and Germany.
(Quirk et al. 1985)
(スイスは，フランス，イタリア，オーストリア，ドイツの間にある)
c. The five diplomats settled the question **between** them.　　(CAU)
(五人の外交官は，その問題をみんなで解決した)

これに対して，among は，三つ以上のものを一つのグループとして集合的にとらえているときに用いられる．

(2) a. Mary was standing **among** the crowd.
(メアリーは，人混みの中にたたずんでいた)
b. The three men had $30 **among** them.　　(CAU)
(三人の男は，みんなで30ドルもっていた)

(2b) の例では，三人をグループとして考えているので，一人が20ドル，あとの二人が6ドルと4ドルもっている場合もある．

share, divide のような「分配」動詞に伴う場合は，単数名詞の前では between が用いられ，複数名詞の前では between, among のどちらでも用いられる (Swan 1995: 95)．

(3) He *divided* his money **between** his wife, his daughter and his sister.
(彼は，自分の金を妻と娘と妹に分けあたえた)
(4) I *shared* the food **between/among** all my friends.
(私は，その食べ物を友人みんなと分かち合った)

ただし，(4) の場合も，between は「平等な分配」を暗示し，among は「不平等な分配」を暗示する可能性がある．

NB amongst = among は〈おもに英〉，amid, amidst (= among) は〈格式語〉．

28.5.6. up/down; across/along

up/down は縦軸において対立し，across/along は横軸において対立する．

(1) a.　up
　　　↑
　　　↓
　　down
　　　　　　b. across　along

(2) He ran **up/down** the hill.　(彼は，丘を駆け上がった/駆け下りた)

(3) a. He walked **across** the street. （彼は，通りを横切った）
    b. He walked **along** the street. （彼は，通りを歩いていった）

「〈通り〉に沿って」（= along）の意味では，up/down の両方が用いられるが，もちろん，意味の違いが生じる．次の

(4) He was walking **up/down** the street.

において，本通りや市中の通りの場合は，up を街の中心部に向かっているときに用い，down を街の中心部から離れるときに用いる．一方，脇道や郊外の通りの場合は，up は話し手のいる場所に近づいてくるときに用い，down は話し手のいる場所から遠ざかるときに用いる傾向がある（Wood 1967: 29）．

up/down は，また，「〈通り〉の突き当たりに」（at the far end of）の意味でも用いられる．

(5) They live just **up/down** the road.　　　　　　　　　　　　（LDAE）
    （彼らは，道路のちょうど突き当たりに住んでいる）

28.5.7. around, round, about

[A] 〈英〉では，次の意味では，around, round の両方が用いられる（ただし，around のほうが〈格式的〉）．この場合，〈米〉では around のみが用いられる．

(1) 「…の周りを/に」
    a. The earth goes **around/round** the sun. （地球は太陽の周りを回る）
    b. They sat **around/round** the campfire.
       （彼らは，キャンプファイアを囲んですわった）
(2) 「…を回った所に」
    They live **around/round** the corner.
    （彼らは，角を曲がったところに住んでいる）
(3) 「…のあちこちを/に」
    a. We traveled **around/round** Japan. （私たちは，日本のあちこちを旅行した）
    b. There were papers lying **around/round** the room.
       （部屋のあちこちに書類が散らばっていた）

[B] 「…の近くに」の意味では，〈米〉ではおもに around, 〈英〉では round, about を用いる．

(4) Is there a pub anywhere 〈米〉**around**/〈英〉**round/about** here?
    （どこかこの近くにパブがありますか）

NB 「およそ」という概数を示すときは，〈英・米〉ともに around, about を用いる（OALD[6]）．
    (i) We left **around/about** 8 o'clock. （私たちは，8時ごろ去った）
    (ii) He's **about/around** six feet tall. （彼は，身長は約6フィートだ）

28.5.8. by, beside, near

by, beside は，「…のそばに」の意味で同義的に用いられることがある．

(1) Come and sit **by**/**beside** me. (こちらへ来て私のそばにすわりなさい)

しかし, by には「…の近くに」という含みがあり, beside には「…と並んで」という含みがある. 次の二つの文では, 両語の交換はむずかしい.

(2) a. He sat **by** the fire. (彼は, 暖炉のそばにすわった)
  b. I walked **beside** him. (私は, 彼と並んで歩いた)

near は, by よりも距離があるときに用いられる (Swan 1995: 103).

(3) a. We live **near** the sea. (海の近くに住んでいる)
  b. We live **by** the sea. (海のそばに住んでいる)

の場合, (a) では5キロ離れているかもしれないが, (b) では海が見えるくらい近くであることを暗示している.

28.5.9. after, behind

after は, 時間・順位に用いられ, 場所の意味に用いられないと言われているが, shut the door *after* you という定型表現では, *behind* you と同義に用いられ, ともに「入ってから/出てからドアを閉める」の意味を表す (複数のインフォーマントの反応も同様).

(1) a. She slammed the door **after** (=behind) her. (CALD)
   (彼女は, 出たあとでドアをバタンと閉めた)
  b. "That'll do now, Mitzi. I'm busy. Shut the door **after** you," she added firmly. (「いまはそれでいいわ, ミッチー. 私は忙しいの. 出たあとドアを閉めてね」と彼女はきっぱりと言い添えた)

(2) a. Don't forget to lock the door **behind** you (=when you leave). (OALD⁶) (出たあとでドアに鍵をかけるのを忘れないように)
  b. Philip went into the room and shut the door **behind** him. (Ibid.) (フィリップは部屋に入ると, 後ろ手にドアを閉めた)
  c. He closed the door **behind** her and walked over to the phone by his bed. (Archer, *Kane and Abel*) (彼女が出て行ったあとドアを閉め, ベッドのそばの電話のところへ歩いていった)

28.5.10. from, to

from は, 〈起点〉(source) を表し, to は 〈着点〉(goal) を表す.

(1) He came **to** London **from** Rome. (彼は, ローマからロンドンへ来た)
(2) He went **from** Rome **to** London. (彼は, ローマからロンドンへ行った)

上例において, come は〈着点〉と結びつき, go は〈起点〉と結びついていることがわかる.

(3) We're planning to drive **from** Los Angeles **to** Denver. (MED)
   (ロサンゼルスからデンバーまで車で行くことを計画している)
(4) **From** London **to** Berlin **to** Rome, the two young men left a trail of

broken hearts and suitably impressed bankers.　　(Archer, *Kane and Abel*)
(ロンドンからベルリンへ，さらにローマへ旅行した二人の青年は，幾人かの女性を失恋させ，銀行家たちに相応の感銘をあたえた)

to は，時間に転用されて，〈結果〉(result) を表す．

(5) a. Much **to** his own astonishment, Peter slept till noon that day.
(Steel, *Five Days in Paris*)
(ピーターは，自分でもひどく驚いたことに，その日は正午まで寝ていた)
  b. She watched him and she could read the changing expressions on his face.　They went **from** disbelief **to** puzzlement **to** anger.
(Sheldon, *Bloodline*)
(彼女は，彼の様子をじっと観察していた．そこで，彼の顔の表情が変わっていくのがわかった．表情は，不信から，戸惑いへ，さらに怒りへと変わっていった)
  c. He survived, **to** the amazement of surgeons.　　(COBUILD⁴)
(彼が生き延びたので，外科医らは仰天してしまった)
  d. The letter reduced her **to** tears (=made her cry).　　(OALD⁶)
(その手紙を読んで，彼女は涙を流した)
  e. Katherine wakened the next morning **to** brilliant sunshine.　(Christie, *Blue Train*)　(キャサリンが翌朝目をさましてみると，さんさんと陽が照っていた)

〈起点〉の from は，きわめて自然に〈出身地〉を表す．

(6) a. He comes **from** China.　(彼は，中国出身だ) [= He is Chinese.]
  b. I'm **from** Tokyo.　(東京から来ました)

28.5.11.　out (=out of)

〈米〉で out を out of の意味で用いるのは，目的語がドア・窓である場合に限られる．

(1) a. She looked { **out** the window.　(〈米〉および〈英・略式体〉)
　　　　　　　　 { **out of** the window.　(〈英〉または〈米〉)
(彼女は，窓から外を見た)
  b. They went **out of**/***out** the wood.　(彼らは，森から出ていった)
(2) I looked **out** the open window at the night.　(Hemingway, *A Farewell to Arms*)　(私は開いた窓から外の夜をながめた)

28.5.12.　within

within の中核的意味は，「あるものの範囲内に」である．さらに細かくは，次の三つの意味に分けられる．(時間の within は，§28.6.4 を参照．)

① 「あるものから特定の距離以内に」

(1) a. His house was **within** a mile of the station.
(彼の家は，駅から1マイル以内のところにあった)
  b. Is it **within** walking distance?　　(OALD⁶)

　　　　　　　（そこは歩いて行けるところですか）
② 「あるものの範囲内に」（＝within the scope of）
　(2) a. That question is not **within** the scope of this talk.　　　（OALD⁶）
　　　　　（その問題は，この話のらち外です）
　　　b. I was acting **within** the law（＝legally）.　　　（CALD）
　　　　　（私は，法律の許す範囲内で行動していた）
③ 「あるものの内部に」（＝inside）〈格式体〉
　(3) a. There were four churches **within** the walls of the ancient city.　（MED）
　　　　　（その古都の城壁の内側には教会が四つあった）
　　　b. Hope sprang up **within** him／himself.　（彼の心の中に希望がわいてきた）

28.5.13.　by way of

by way of は，〈場所〉というよりも，〈経路〉（path）を表す．さらに，②，③のような意味がある．
① 「…を通って，…経由で（via）」
　(1) I went to Europe **by way of** Siberia.　（シベリア経由でヨーロッパへ行った）
② 「…のつもりで，…として」
　(2) She rolled her eyes **by way of** an answer and left.　　　（OALD⁶）
　　　　　（彼女は，返事代わりに目玉をぎょろっと回して，立ち去った）
③ ［by way of -ing として］「いつも…して；…のように見せかけて；…といったようなもので」
　(3) a. The Gibsons were **by way of** *spoiling* their son.
　　　　　（ギブソン夫妻は，いつも息子を甘やかしていた）
　　　b. It's **by way of** *being* a hotel.　　　（Maugham, *The Circle*）
　　　　　（そこはホテルのようなものだ）
　　　c. He is **by way of** *knowing* everybody.
　　　　　（彼はみんなの知り合いのように見せかけている）
　　　d. We're **by way of** *being* engaged.　　　（Coward, *The Vortex*）
　　　　　（私たちは，婚約しているようなものです）

28.6.　時間の前置詞

　この節では，おもな時間の前置詞を対照的に考察する．時間の意味は，上述したように，通例，場所の前置詞の意味から比喩的に拡大されたものである．

28.6.1.　at, in, on

［**A**］　at のあとには〈時点〉名詞，in のあとには〈期間〉名詞がくる．on の場合は，ある出来事が特定の折（occasion）と〈接触〉して起こったことを表す．

(1) a. **at** ten o'clock (10時に)／**at** noon (正午に)／**at** that moment (その瞬間に)／**at** Christmas (クリスマスの季節に) [Christmastime (12月24日から1週間あまり) をひとまとめにとらえている]
   b. The game starts **at** *three o'clock*. (試合は3時に始まる)
(2) a. **in** the afternoon (午後に)／**in** (the) winter (冬に)／**in** 1995 (1995年に)／**in** the 20th century (20世紀に)／**in** my old age (私の老年期に)
   b. I prefer coffee **in** *the morning*. (OALD[6]) (朝は、コーヒーのほうがいい)
   c. It was very hot **in** *the afternoon*. (LDCE[4]) (午後はずいぶん暑かった)
   d. The accident occurred **in** *the evening*. (事故は夕方起こった)
(3) a. **on** Monday (月曜日に)／**on** the following day (その翌日に)／**on** Sunday morning/afternoon/evening (日曜日の朝／午後／晩に)／**on** that occasion (その折に)／**on** Tuesdays ((いつも)火曜日に)／**on** your birthday (あなたの誕生日に)
   b. Katherine received it **on** *the morning of* her arrival in London.
    (Christie, *Blue Train*)
    (キャサリンは、ロンドンに到着した日の朝、それを受け取った)
   c. **On** *the afternoon of* Friday 15 December, the rain stopped, the sun came out. (BNC) (12月15日の金曜日の午後、雨がやんで、陽が出てきた)
   d. The accident occurred **on** *the evening of* May the first.
    (事故は5月1日の晩に起こった) [*in the evening of ...]

NB 特定の朝であっても、時刻表現や early, middle, late と共起するときは in が用いられる。
   (i) It was *seven* **in** *the evening of* a lovely summer's day. (Doyle, *The Case Book of Sherlock Holmes*) (それは、快い夏の日の午前7時のことだった)
   (ii) **in** *the early morning of* May 10 (5月10日の早朝に)

[**B**] 「on＋動作名詞/動名詞」は、「動作と接触して」という原義から、「…するとすぐ」という意味を表す。
(4) a. **On** *arrival* in London I deposited my luggage at an hotel. (Christie, *The Big Four*) (ロンドンに到着するとすぐ、とあるホテルに荷物を預けた)
   b. **On** *arriving home* I discovered they had gone. (OALD[6])
    (帰宅するとすぐ、彼らが帰ったことを知った)

[**C**] **in years** のタイプ: in は、否定文中、または first, last などのあとで用いて、「特定の期間中で」の意味を表す (OALD[6])。
(5) a. She had*n't* been in London **in years**. (Steel, *Bittersweet*)
    (彼女は、もう何年もロンドンへ来たことがなかった)
   b. Serena smiled for *the first* time **in days**. (Ibid.)
    (セレーナがにっこりしたのは、何日もの間ではじめてだった)
   c. It's *the first* time we've met **in years** (＝for many years). (OCD)

(長年の間で私たちが会ったのは，それがはじめてだった)

肯定文では，for years を使う．
- (6) I felt as though we'd known each other **for years**. (Steel, *Summer's End*)
(まるで長年の知り合いのような気がしました)

NB 1 次の表現の違いに注目せよ．
- (i) at night (夕方に) (at nightfall)：ときに夕方6時ごろから真夜中に至る期間を指す．in the morning と対立する．
 He worked from six *in the morning* until six **at night**.
 (彼は朝6時から夜の6時まで働いた)
- (ii) in the night (夜中に)：in the daytime に対立する表現．暗くなったあと，夜明けまでのある時点で何かが起こることを示唆する．
 a. Burglars broke into the house **in the night**. (夜中に強盗が家に押し入った)
 b. We went to bed early and **in the night** it rained a little. (Hemingway, *Green Hills of Africa*) (私たちは，早めに床についたが，夜中に小雨が降った)
 c. I felt sick **in the night**. (Id., *A Farewell to Arms*) (夜中に気分が悪くなった)
- (iii) by night (夜間は)：by day (昼間は) と対照的に用いられる表現．
 They sleep *by day* and hunt **by night**. (彼らは昼間は眠り，夜間は狩りをする)

NB 2 at about は「...ごろに」は，〈略式体〉でよく使用される．
- (i) a. We got there **at about** four o'clock. (私たちは，4時ごろそこに着いた)
 b. Next day **at about** eleven I got my bicycle out of the coach-house.
 (Maugham, *Cakes and Ale*)
 (翌日，11時ごろ，ぼくは馬車置場から自分の自転車を出した)

しかし，〈格式体〉の書き言葉では，at, about のどちらかを使用する．
- (ii) We got there **at** four o'clock. (4時にそこに着いた)
- (iii) We got there **about** four o'clock. (4時ごろそこに着いた)

〈略式体〉では，at around も at about と同義に用いられる．
- (iv) I arrived **at around** two o'clock. (2時ごろ着いた)

〈格式体〉では，at approximately も使用される．
- (v) We shall arrive **at approximately** three o'clock. (3時ごろ到着するだろう)

at about が値段を表す場合は，at は省略できない．
- (vi) The meat was sold **at about** $2 a pound.
 (肉は1ポンドあたり2ドルほどで売られた)

28.6.2. from, since

since は，「今/その時まで」の意味で，過去の〈起点〉から現在までの，または過去の基準時までの継続を表すので，普通，完了形とともに用いられる．一方，from「〈ある時〉から」は，単に時の〈起点〉を示すだけで，〈着点〉を示さないので，(完了形を除く) どんな時制とも用いられる．

- (1) a. It's been raining **since**/*****from** two o'clock. (2時から雨が降り続いている)
 b. He began/begins/will begin work **from** Monday.
 (彼は月曜日から仕事を始めた/始める/始めるだろう)
- (2) a. I've been here **since** three o'clock, but nobody *has come* yet.

(3時からここにいるが，まだ誰も来ない)
　　b. I was here **from** three o'clock, but nobody *came*.
　　　(3時からここにいたが，誰も来なかった)

次の例では，「雨がやまない状態」が継続している．
　(3) The rain has not stopped **since** last week. (先週以来雨がやんでいない)

It is ... since の構文では，現在完了形ばかりではなく，〈英〉では現在時制も用いられる．
　(4) a. It's *been* a long time **since** the last meeting. 〈米〉
　　　b. It's a long time **since** the last meeting. 〈英〉
　　　(この前の集まりから，だいぶ経(た)つ)

since は，過去完了形とも用いられる．
　(5) I met Mary last year, but I *had known* her **since** 1975.
　　　(去年メアリーと会ったが，彼女のことは1975年以来知っていた)

NB 「...の最初から」という意味では，from が現在完了形とともに用いられることがある (Swan 1995: 204).
　(i) She's *been* delicate **from** a child. (彼女は，子供のころから華奢(きゃしゃ)だった)
　(ii) **From** the dawn of civilization, people *have made* war.
　　　(文明の始まったときから，人々は戦争をしてきた)

28.6.3. in, after

時を表す in と after は，完全に同義ではない．

in は，「(今から)...期間ののちに」の意味を表す．すなわち，期間の終点 (end-point) がプロファイルされている．出来事は，未来指示的である．
　(1) a. I'll be with you **in** a minute. (すぐごいっしょするよ)
　　　b. I think he'll be a millionaire **in** a year or two.
　　　(1, 2年もしたら，彼は大金持ちになるだろうよ)

MED は，「未来時の終わりに」(at the end of time in the future) として，次の用例を示している．
　(2) a. The exams are **in** six weeks. (試験は6週間後だ)
　　　b. Wait, I'll be with you **in** a minute or two.
　　　(待ってくれ，1, 2分したらごいっしょするよ)

一方，after は，「特定の時間が過ぎてから」(when a particular amount of time has passed: LDCE[3]) の意味を表す．
　(3) a. **After** months of argument they decided to divorce.
　　　(何か月も議論したあげく，二人は離婚することにした)
　　　b. **After** 10 minutes remove the cake from the oven.
　　　(10分したら，ケーキをオーブンから出しなさい)

in は，また，「...時間をかけて」とか，「...のうちに」とかの意味を表す．この場

合も，after は使用できない．
- (4) He learned English **in** two years.
  （彼は2年間で英語を習得した）［= and then he knew it］
- (5) I'm getting forgetful **in** my old age. (OALD⁶)
  （老年になって物忘れしはじめた）

NB in は，「今から...期間ののちに」という意味では，未来指向的であるらしい．上のMED の定義は，このことを明示的に示しているし，COBUILD³ も，この in を "If something will happen in a particular length of time, it will happen after that length of time" と定義し，次の用例を示している．
  - (i) They'll be back **in** a few months. （2, 3か月もすれば帰ってくるだろう）

Fillmore (1975: 45) も，次の (iib) を非文法的としている．
  - (ii) a. I'll do that **in** *a while*. （まもなくそれをやるよ）
  - b. *I did it **in** *a while*.

28.6.4. within

within は，「特定の期間内に」の意味で用いられる．
- (1) I shall be back **within** an hour. (Wood 1967)
  （1時間以内に戻ってきます）
- (2) The ambulance arrived **within** minutes *of* the call being made. (OALD⁶)
  （救急車は，呼んでから数分以内にやって来た）
- (3) They died when I was sixteen, **within** a few months *of* one another.
  (Huxley, *Half-Holiday*)（私が16歳のとき，二人は数か月以内に相次いで亡くなった）

28.6.5. by, till/until

by は「...までに」は，動作・状態の〈完了〉を，till/until「...まで」は動作・状態の〈継続〉を表す．
- (1) a. Can you finish the work **by** tomorrow?
  （あすまでに仕事を終えることができますか）
  - b. **By** the time we got home it was dark. （家に帰るまでに暗くなっていた）
  - c. "He'll be just fine **by** tomorrow," said Richard. (Archer, *Kane and Abel*)（「あすまでには元気になるよ」とリチャードは言った）

till/until では，till のほうが〈略式体〉．
- (2) a. Let's wait **till** four o'clock. （4時まで待っていよう）
  - b. The shops don't open **until** 10:00.
  （店は10時まで開かない）［開かない状態の継続］

「いつからいつまで」の意味を表すときには，from x till/until y のほかに，to も用いられる．
- (3) I usually work *from* nine **to** five. ［= from nine *till*/*until* five］
  （私は通例，9時から5時まで働く）

NB till/until は，時間についてのみ用いられ，距離を表す場合は as far as または up to を用いる (Swan 1995: 602).
  (i) We walked **as far as/up to**/*till the edge of the forest. （森の縁まで歩いた）
数量については，up to を用いる.
  (ii) The minibus can hold **up to** thirteen people.
    （このミニバスは，13 人まで乗せられる）
「…に到着するまで」(= until we get to) の意味では，till/until を場所名詞の前に使用することが可能である (Swan 1995: 602).
  (iii) You drive **until** Phoenix and then I'll take over.
    （フェニックスまでは君が運転したまえ，それからぼくが代わる）

28.6.6. until, before

not ... until/till は，not ... before と同じ意味を表す (Swan 1995: 603).
  (1) I wo*n't* be seeing Judy **until/before** Tuesday.
    （火曜日まではジュディと会わないだろう）
「…までに〜期間がある」という構文では，until, before の双方を使うことができる.
  (2) There's only six weeks left **until/before** Christmas.
    （クリスマスまであと 6 週間しかない）

28.6.7. during, for, in

during には，①「…の間ずっと」(= all through a period of time)，②「…の間のある時点で」(= at some point in a period of time) という，二つの意味を表す.
  (1) The sun gives out light **during** the day. （太陽は昼の間，光を発する）
  (2) I met John **during** my stay in London. （ロンドン滞在中にジョンと会った）
during と for を一つの文の中で併用することもできる.
  (3) a. It rained **during** the night **for** two or three hours. (Swan 1995)
    （夜中に 2, 3 時間雨が降った）
     b. I'll call in and see you **for** a few minutes **during** the afternoon. (Ibid.)
    （電話を入れて，午後のいつか 2, 3 分お会いしましょう）
during の①の意味では，「特定の期間の継続」を表し，for は「非特定の期間の継続」を表す（冠詞の違いに注目せよ）.
  (4) a. I stayed there **during** *the* week. （その週の間そこに滞在した）
     b. I stayed there **for** *a* week. （1 週間そこに滞在した）
また，during のあとには，the lecture のような，（期間ではなく）行事を表す名詞も置けるが，for のあとには a week, ten days のような期間名詞しか置けない.
  (5) Mary slept **during**/*for* the lecture. （メアリーは講義の間，寝ていた）
in 「…の間に」は，during の②の意味とほぼ同義である.
  (6) I woke up **during**/**in** the night. （夜中に目がさめた）

「〈行事〉の間に」の意味では，during が好まれる．

(7) Please remain seated **during** the performance.　[*_in_ the performance]
（OALD⁶）（演奏の間は席を立たないでください）

28.7.　その他の前置詞

この節では，〈場所〉と〈時間〉以外の前置詞で，主要なものを考察する．

28.7.1.　行為者・手段・道具: by, with

by は〈行為者〉(agent), with は〈道具〉(instrument) を表す．

(1) a.　He was killed **by** his enemy.　（彼は敵に殺された）
　　b.　He was killed **with** a sword.　（彼は剣で殺された）

(1a, b) を一つの文で表せば，次のようになる．

(2)　He was killed **by** his enemy **with** a sword.　（彼は敵に剣で殺された）

次の文でも，by と with の両方が可能であるが，意味に違いがある．

(3) a.　John was killed **by** a stone.　（ジョンは，石が当たって死んだ）
　　b.　The window has been broken **with** a stone.　（窓は石で割られた）

(3a) は，例えば，登山中に転がり落ちてきた石で死んだような場合で，石が〈行為者〉（厳密には，〈動因〉）と感じられている．一方，(3b) のように with を使うと，

(4)　Someone has broken the window **with** a stone.　（誰かが窓を石で割った）

のように，常に〈行為者〉が含意される．したがって，次の (5a) は文法的であるが，(5b) は非文法的になる．（神を除き）〈行為者〉が考えられないからである (Quirk et al. 1972: 325)．

(5) a.　We were driven indoors **by** the rain.
　　　　（われわれは，雨のために屋内へ追いやられた）
　　b.　*We were driven indoors **with** the rain.

〈行為者〉の by は，著作物にも用いられる．

(6)　a picture **by** Degas（ドガの絵）／a novel **by** Dickens（ディケンズの小説）

by は，また，〈手段〉にも用いられる (by foot (=on foot) は〈米〉).

(7) a.　You can go Dutch Express, or you can go **by** foot.　(Sheldon, _Master of the Game_)（オランダ急行でも行けるし，歩いても行けるよ）
　　b.　The house is heated **by** gas.　（OALD⁶）（その家はガス暖房だ）
　　c.　travel **by** boat／bus／car／plane　（船／バス／車／飛行機で旅行する）

28.7.2.　向かい側: opposite と across from

across from は，「…向かい側に」という意味で opposite と同義に用いられる．

(1)　He felt uneasy sitting **across from** her.　(Sheldon, _Master of the Game_)
　　　（彼は，彼女と差し向かいにすわって落ち着かなかった）

(2) Jenny had sat **opposite** her at breakfast. (COBUILD⁴)
   (ジェニーは，朝食のとき彼女と向かい合わせにすわった)

28.7.3. 除外: but, except, except for, save
[A] but「…を除いて」(=except)
   (1) Everyone was there **but** him. (彼のほかは，みんなそこにいた)
   (2) I came last **but** one in the race.
      (私は，そのレースでびりから2番目だった) (以上 OALD⁶)
   (3) He didn't speak anything **but** Greek. (彼はギリシア語しか話さなかった)
   (4) The trip was anything **but** pleasant. (遠足は全然楽しくなかった)
[B] except「…を除いて」の意味で，種々の目的語をとる．
   (5) a. Every one was tired **except** John/him.
      b. Every one **except** John/him was tired.
         (ジョン/彼のほかは，みんな疲れていた)［名詞句］
   (6) I can take my holidays at any time **except** in August.
      (8月を除いていつでも休暇がとれる)［前置詞句］
   (7) I know nothing about Judith **except** what I'd heard at secondhand.
      (ジュディスのことは，又聞きで聞いた以外には何も知らない)［wh 節］
   (8) I know nothing about her **except** that she uttered this nauseating statement six years ago. (6年前にこんなむかつくような発言をしたということ以外，彼女のことは何も知らない)［that 節］
   (9) He demanded nothing of her **except** to be there.
      (彼は，彼女がそこにいること以外には何も求めなかった)［to 不定詞］
   主節に do があれば，to なし不定詞が用いられる．
   (10) We can do nothing **except** wait. (待つより仕方がない)
[C] **except for**: 次の三つの意味で用いられる (LDCE²).
   ① 「…があるのを除いて」
   (11) The road was empty **except for** a few cars.
      (道には車が2, 3台いるほかは，人っ子一人いなかった)
   ② 「…を除いて」: この意味では except と交換可能．
   (12) a. Everyone was tired **except for**/**except** John.
      b. =**Except for** John, everyone was tired.
         (ジョンのほかは，みんな疲れていた)
   ③ 「…がなかったならば」(=but for)
   (13) She would have left her husband **except for** the children.
      (彼女は，子供がいなかったら，夫と別れていたことだろう)
[D] save 〈古風/格式体〉=except

(14) They knew nothing about her **save** her name.　　　　　　(OALD⁶)
　　　（彼らは，彼女のことは名前を除いて何も知らなかった）
(15) We knew little about his childhood, **save** *that* his family was poor.
　　　(MED)（彼の家族は貧しかったということを除いて，彼の幼年時代のことは，私たちはほとんど何も知らなかった）

28.7.4. 主題: about, on

「…について，に関して」の意味で about をとる動詞・形容詞には，次のようなものがある (Quirk et al. 1985: 709).

(1) teach a person, read, hear, quarrel, keep quiet, inform a person, find out, be reasonable
(2) He told me **about**/***on** his adventures.（彼は自分の冒険のことを私に話した）
(3) I've read **about** it in the papers.（そのことは新聞で読みました）

一方，次の動詞・形容詞は，on/about の両方をとる．

(4) speak, argue, lecture, preach, confer, write, communicate, be knowledgeable, learn

on は，講演・講義・著作などのような専門的・格式的な言語で用いられるので，read, quarrel, teach, chat, gossip などの動詞には不適切である．したがって，

(5) a. She spoke **on** butterflies.（彼女は 蝶 について語った）
　　b. She spoke **about** butterflies.（彼女は蝶のことを話した）

の場合，(a) は動物学の講演を暗示するのに対して，(b) はくだけた会話の中での言及を暗示する．

on と about の，この違いは，次のような後位修飾語句 (postmodifier) においても見いだされる．

(6) a. a book **about**/**on** butterflies　（蝶に関する本）
　　b. a story **about** a princess　（王女についての話）

(6a) では，a book *about* butterflies は「蝶のことが書いてある本」であるが，a book *on* butterflies は，蝶の専門書を暗示する．

on/about に導かれる前置詞句は，be 動詞の補語としても用いられる．

(7) This book is **about**/**on** antiques.（この本は古美術を扱った本です）

NB tell … of/speak of/inform … of よりも，about を使うほうが普通である (Quirk et al. 1985: 710).

　(i) Please inform us **of**/**about** any change of address.
　　　（宛名が変わった場合はお知らせください）

think は，of と about の両方をとるが，意味が異なる．

　(ii) He *thought* **of** the problem.（彼はその問題のことを思い出した）
　(iii) He *thought* **about** the problem.（彼はその問題のことをとくと考えた）

concerning は，きわめて〈格式的〉な語である．

　(iv) He asked several questions **concerning** the future of the company.

(OALD[6]) (彼は,会社の将来に関していくつか質問をした)

28.7.5. 刺激: at, with

〈英〉では,〈刺激〉(stimulus) が出来事の場合は at が,人や物の場合は with が用いられる (Quirk et al. 1972: 333).

(1) a. I was furious **with**/*at John. (ジョンに猛烈に腹が立った)
　　 b. I was delighted **with**/*at the present. (プレゼントに大喜びした)

ただし,〈米〉では,人の場合も at がきわめて普通に用いられる.

(2) a. I was furious/angry **at** John. (ジョンに激怒した/腹を立てた)
　　 b. Here are two old men, mad **at** each other.　　　　　　(Brown)
　　　 (二人の老人がお互いに対して腹を立てている)

出来事名詞の場合は,〈英・米〉ともに at が普通に用いられる.

(3) a. I was furious **at** John's behavior. (私はジョンのふるまいに激怒した)
　　 b. I'm absolutely disgusted **at** this decision.　　　　　(BNC)
　　　 (この決定には,もうすっかりうんざりしている)

at をとる述語は通例,(4) のような感情述語である.

(4)　　angry, glad, alarmed, disgusted, delighted, amused; rejoice, laugh

NB　〈刺激〉の意味は,ときに at 以外の前置詞でも表される.
　(i) resentful **of**, disappointed **with**, sorry/worried **about**
　また,at の代わりに about もよく使われる.at は「…に接して」,about は「…のことで」という感じ.
　(ii) He was annoyed **at**/**about** her continued coyness.
　　　(彼は,彼女がいつまでも恥ずかしがっているのにいらだっていた)
　(iii) Is he pleased **about** the cottage? (彼は,田舎小屋のことで喜んでいるかね)

28.7.6. 成分・材料・製品: with, of, out of, from, into

「作る」を意味する動詞のあとでは,with は複数の〈成分〉(ingredient) を表し,(out) of は唯一の〈材料〉を表す (Quirk et al. 1985: 710).

(1)　This cake is made **with** lots of eggs.
　　　(このケーキは,卵をたくさん使って作ってある)
(2)　This desk is made **of** wood. (このデスクは木製だ)

(1) では,卵は「成分の一つ」であるのに対して,(2) では,木が「唯一の材料」である.

make と of とが離れている場合は,out of を用いることが多い.

(3)　He made the frame **out of** wood. (彼はその窓枠を木で作った)

一方,from は〈起源〉を表すので,作成動詞のあとでは,通例,〈原料〉を表す.したがって,製品によっては原形をとどめていない場合 (=(4b)) もある.

(4) a. What material is this dress made **from**? (このドレスの素材は何ですか)
　　 b. Wine is made **from** grapes. (ワインはブドウから作られる)

flour（小麦粉）でパンを作るような場合，小麦粉は〈材料〉とも〈原料〉とも解されるので，of と from の両形が見られる．

(5) a. bread: a common food *made* **of** baked flour　　　　　　　　(LDAE)
　　　　（パン：小麦粉を焼いて作った，よくある食品）
　　b. Bread is *made* **from** flour.　(Ibid.)　（パンは小麦粉から作られる）

作成動詞と共起した場合，into は完成した〈製品〉を表す．

(6) 　We make milk **into** butter and cheese.　（牛乳でバターやチーズに作る）

NB 1　〈材料〉の of は，名詞の後位修飾語として用いられる（「素材の属格」(genitive of material) の例）．
　　(i) 　a bracelet **of** gold（金の腕輪）／a table **of** oak（オーク材のテーブル）
　　(ii) 　Her gown was **of** black velvet　　　　　　(Maugham, *Of Human Bondage*)
　　　　（彼女のガウンは，黒ビロードであった）
　　(iii) 　a woman **of** steel（鋼鉄の女）／a heart **of** stone（石の（ように冷たい）心）／a bed **of** roses（バラの床，安楽な暮らし）
(iii) はメタファー的拡張の例である．

NB 2　以下の前置詞はいずれも，メタファー的に拡張されて使用される．
　　(i) 　He makes a living **from** literary work.　（文筆で生計を立てている）
　　(ii) 　Revolutions are not made **with** rose water.　　　　　　　　（活用大英和）
　　　　（革命はなまやさしいことでなし遂げられるものではない）
　　(iii) 　The man was made **into** a slave.　（その男は奴隷にされた）
　　(iv) 　He makes jokes out **of** anything.　（彼はなんでもかんでもジョークにしてしまう）
make x of y「y を材料にして x を作る」のパタンは，特に生産的である．
　　(v) a. Don't *make* a fool **of** yourself.　（馬鹿なまねをして笑い者になるんじゃない）
　　　 b. He intends to *make* a lawyer **of** his son.　（彼は息子を弁護士にするつもりだ）
　　　 c. I can't *make* anything **of** what he says.
　　　　（彼の言うことがさっぱりわからない）
　　　 d. She didn't want to *make* a scapegoat **of** Phillipa.　(Christie, *A Murder Is Announced*)（彼女は，フィリッパをスケープゴートにしたくなかった）

28.7.7.　死因: die of と die from

通例, die of は病気など〈内的な原因〉で死ぬことを表し，die from は外傷など〈外的な原因〉で死ぬことを表す(cf. OED² s.v. *Die* 1b)．

(1) a. *die* **of** a malady, hunger, old age, or the like
　　　　（病気，飢え，老齢などで死ぬ）
　　b. And she could have *died* right then **of** happiness.　(Sheldon, *Bloodline*)
　　　　（彼女は，そのとき即座に，幸せのあまり死んでもいいくらいだった）
(2) 　*die* **from** a wound, inattention, overwork, a blow, eating too much, etc.
　　　　（外傷，世話をしないこと，過労，殴打，食べ過ぎなどで死ぬ）

Web³ の次の例も，同じ考え方に拠っているとしてよい（RHD² には，die of / from の用例がない）．

(3) a. *dying* **of** old age （老衰で死にかけて）
    b. likely to *die* **from** lack of care （世話をしないために死ぬおそれがある）

以上がおおよその基準であると思われるが，最近の英語辞書には両者を区別していないものが多い（BNC では，died of は 705 例，died from は 401 例）．

(4) a. OALD[6]: to *die* **of**/**from** cancer （ガンで死ぬ）
    b. MED: *die* **of**/**from**: He *died* **of** cancer. （彼はガンで死んだ）
    c. CALD: She *died* **of**/**from** hunger/cancer/a heart attack/her injuries. （彼女は飢え/ガン/心臓発作/けがで死んだ）
    d. LDCE[3]: (*die*) **of**/**from**: The animals *died* **of** starvation in the snow. ／My grandfather *died* **from** a heart attack. （動物たちは飢えのために雪の中で死んだ/おじいさんは，心臓発作で死んだ）

COBUILD[3] には，die of の用例しか示されていない．

(5) Sadly, both he and my mother *died* **of** cancer.
    （悲しいことに，彼も私の母もガンで死んでしまった）

NB die through という言い方もある．
    (i) The child *died* **through** neglect. （子供は放置されて死んでしまった）

28.7.8. 備え: **for, against**

ともに「…に備えて」の意味を表すが，against は特に事故・敵・飢饉など〈悪いこと〉に備える場合に用いられる．

(1) I must prepare myself **for**/***against** the examination.
    （試験の準備をしなければならない）
(2) They stored up their grain **against** famine.
    （彼らは，飢饉に備えて穀物をたくわえた）

28.7.9. 価格: **for, at**

for は「…と引き替えに」(in exchange for)，at は「…の値段で」(at a price of) という意味を表す．

(1) a. I bought this book **for** ten dollars. （この本を 10 ドルで買った）
    b. I paid ten dollars **for** this book. （同上）
(2) He sold the car **for**/**at** $950. （彼は，950 ドルでその車を売った）

以下に，〈交換〉の for の用例を追加しておく．

(3) a. Copies are available **for** two dollars each.
       （複写は，それぞれ 2 ドルで入手できる）
    b. I'll swap these two bottles **for** that one.
       （この瓶二つをその瓶一つと交換しよう）   （以上 OALD[6]）

at は，〈割合〉(rate) を示すものであるから，値段以外にも，温度・速度・年齢などにも使用できる．

(4) a. The car was going **at** about 50 mph. （車は時速約50マイルで走っていた）
　　b. You should have more sense **at** your age.
　　　（君の年では，もっと分別があってしかるべきだ）
　　c. Amanda rode off **at** a gallop. （アマンダは，ギャロップで駆け去った）

28.7.10. 譲歩: in spite of, despite, for all, with all, notwithstanding
〈譲歩〉の前置詞としては，in spite of が最も普通である．despite は，もっと〈格式的〉である (Quirk et al. 1985: 705)．

(1) I admire him, **in spite of** his faults.　　　　　　(Quirk et al. 1985)
　　（彼にはいろいろ欠点はあるが，敬服している）
(2) Three more nuclear power stations were built **despite** widespread opposition.　　　　　　　　　　　　　　　　　　　　　　(MED)
　　（広範囲にわたる反対にもかかわらず，原子力発電所がさらに三つ作られた）

with all, for all は，despite よりも〈略式体〉で，用法も限られている．

(3) **With all / For all** his wealth, he is not happy.
　　（あんなに金持ちなのに，彼は幸せではない）

notwithstanding は〈格式語〉で，特に後置された場合は法律文のスタイルになる (Quirk et al. 1985: 706)．

(4) a. **Notwithstanding** his love of luxury, his house was simple inside.
　　　(MED) （彼はぜいたく好きなくせに，家の内部は質素だった）
　　b. The EC nations embarked upon the trade agreement, a few exceptions **notwithstanding**.　　　　　　　　　　　　　　(LDCE[3])
　　　（EC諸国は，多少の例外はあるものの，通商協定に乗り出した）

(4b)の用法は，notwithstanding が元来は分詞構文に由来することを物語っている．

28.7.11. 関連: with regard to, with reference to, as to, as for
with regard to, with reference to は，かなり〈格式的〉で，特に商業文で用いられる．

(1) The company's position **with regard to** overtime is made clear in their contracts. (OALD[6]) （その会社の超過時間に関する立場は，契約書に明記してある）[in regard to は〈まれ〉]
(2) **With reference to** your recent advertisement, I am writing to request further details. (LDCE[3]) （貴社の最近の広告について，さらに詳細を伺いたく一筆しています）[in reference to は〈まれ〉]

as for, as to は，この類の他の前置詞句ほど〈格式的〉ではない．as for と as to については，as for が文頭に用いられて話題 (topic) を導入し，as to が節の終わりに用いられて〈関連〉を表す点が異なる．

(3) **As for** me, I'd rather walk. （私としては，むしろ歩きたい）

(4) There is some doubt **as to** whether the information is totally accurate.
(MED)（その情報が完全に正しいかどうかについては，若干の疑問がある）

regarding, concerning, touching〈格式体〉なども，〈関連〉の前置詞として用いられる．

(5) She has said nothing **regarding**/**concerning**/**touching** your request.
（君の依頼については，彼女は何も言わなかった）

28.7.12. 原因・理由・動機: for, from, because of, on account of

Why …? という疑問に答えるのは，〈原因・理由・動機（＝心理的原因）〉を示す前置詞句である．

on account of は，because of よりも〈格式的〉．

(1) We had to drive slowly **because of** the heavy rain.　　(Quirk et al. 1985)
（豪雨のため，ゆっくり運転しなければならなかった）

(2) **On account of** her love for them, she did all that was possible.　　(Web³)
（彼らに対する愛ゆえに，彼女は，できることはすべてした）

from, out of は，おもに〈心理的原因〉（＝動機）を表す．

(3) a. She felt sick **from** tiredness.　（彼女は疲れから吐き気がした）
　　b. I asked **out of** sheer curiosity.　（私は全くの好奇心から尋ねた）
　　c. She did it **out of** spite.　（彼女は意地悪からそれをした）

for は，おもに for love/fear/joy/fun/sorrow, for want/lack of のような，限られた表現に現れる．

(4) a. We were all volunteers, working just **for** *love*.
（われわれは，みなボランティアで，ただ好きで働いていた）
　　b. He was sick **for** *lack of* food.　　(MED)
（彼は食べ物がないために病気になった）
　　c. We could hardly see **for** the mist.　（霧のためにほとんど見えなかった）
　　d. He got a ticket **for** driving through a red light.
（彼は赤信号を無視してつっ走ったために違反切符を切られた）
　　e. They cannot see the forest/〈おもに英〉 wood **for** the trees.　〈諺〉
（木のために森が見えない，'木を見て森を見ず'）

28.7.13. 目的・目的地: for

for は，次の例では〈目的〉(purpose) を表す．

(1) He'll do anything **for** money.
（彼は，金のためならどんなことでもやるだろう）［＝in order to gain money］
(2) Everyone ran **for** shelter.
（みんなが避難所を求めて走った）［＝in order to reach shelter］

〈目的地〉(intended destination) を表す for は，start, head, leave, set out など

の「出発」動詞と共起する．
  (3) He left **for** America yesterday.　（彼は，きのうアメリカへ発った）

〈目的〉の for は，次のような環境でも用いられる．
  (4) The scenery **for** the play is splendid.　　　　　　（Quirk et al. 1985）
      （その劇のための景色は，すばらしい）[後位修飾語]
  (5) The red button is **for** turning the machine off.　　　　　　（MED）
      （赤いボタンは，その機械をオフにするためのものだ）[補語]

28.7.14.　様態：with, in … manner/fashion

〈様態〉は，「with＋抽象名詞」，あるいは in … manner/fashion の前置詞句で表せる．
  (1) a. He behaved **with** *great dignity*.　　　　　　（Quirk et al. 1985）
      （彼は，非常にいかめしくふるまった）
    b. "How did she speak?" "She spoke **with** *great skill*."　　（Ibid.）
      （「彼女はどんなふうに話しましたか」「実に上手に話しましたよ」）
    c. *The ease* **with** *which* she learns languages is astonishing.　（OALD⁶）
      （彼女が楽々と外国語を習得するのには，驚くばかりだ）

manner/fashion は，-ly 副詞が容易に利用できにくいような場合に，自由に，かつ生産的に副詞句を作る．
  (2) a. Voting was conducted **in** *a peaceful and orderly fashion*.　（MED）
      （投票は，平穏に，かつ秩序正しく行われた）
    b. She answered **in** *a businesslike manner*.
      （彼女は，ビジネスライクに返事をした）

28.7.15.　支持・反対：for, against, with

for は〈賛成〉を，against は〈反対〉を表す．
  (1) Are you **for** or **against** the plan?　（君はこの計画に賛成なのか，反対なのか）

with は，〈同意・協調〉を表す．
  (2) I'm **with** you all the way on this point.
      （この点では全面的に君と同じ意見だ）
  (3) Are you **with** us or **against** us?
      （君はわれわれにくみするのか，くみさないのか）

「with＋人」はまた，話し言葉で「人の言うことがわかる」という意味で，疑問文・否定文で用いられる．
  (4) "Are you **with** me?" "No, could you explain that last part again?"
      （MED）（「私の言ったことがわかったかね」「いいえ，最後の部分をもう一度説明していただけませんか」）

with は，fight, quarrel, argue, strive〈雅語〉など「戦う」の意味をもつ動詞と共

起した場合は，〈対抗〉を表す（against のほうが普通）．

(5) a. As a child she *fought* **with** her younger sister. (COBUILD³)
    （子供のころ，彼女は妹とけんかした）
  b. The ship strove **with**/**against** the wind. （船は風と戦った）

28.7.16. 所属：at, of, on, with

at は，自分の働いたり勉強したりしている場所を表す．

(1) a. He's been **at** the bank longer than anyone else. (OALD⁶)
    （彼は，誰よりも長くその銀行に勤めている）
  b. They had been **at** Oxford together. (Maugham, *Christmas Holiday*)
    （彼らは，ともにオックスフォードで学んでいた）
  c. She's a professor of history **at** Oxford University. (LDCE⁴)
    （彼女は，オックスフォード大学の歴史学教授だ）
  d. I'm **at** Harvard Business School. (Archer, *Kane and Abel*)
    （ぼくは，ハーバード・ビジネス・スクールへ行ってるんだ）

of は，〈所属〉を示す．

(2) a. the director **of** the company （その会社の取締役）／a member **of** the team
    （そのチームのメンバー）
  b. "I'm Detective Carella **of** the Eighty-seventh Precinct," Carella said.
    (McBain, *Ten Plus One*)
    （「私は，87分署のキャレラ刑事です」とキャレラが言った）
  c. He's the son **of** Inspector Queen. (Queen, *Dutch Shoe Mystery*)
    （彼は，クイーン警部の息子です）

小・中・高の生徒，校長などは，「研究者」ではないので，at ではなく，所属の of を用いる（なお，「a pupil of + 人名」は「…の弟子」という意味で用いられる：a pupil of Hegel（ヘーゲルの弟子））．

(3) a. The pupils **of** a school are the children who go to it. (COBUILD⁴)
    （ある学校の生徒とは，その学校に通う子供たちである）
  b. His uncle is the principal **of** a high school （彼のおじは，高校の校長だ）

on は，チーム・委員会などの「メンバーである」ことを表す．

(4) a. He is **on** the committee/jury/panel.
    （彼は，委員会/陪審員団/討論者団のメンバーだ）
  b. I'm glad to have a player like you **on** our team. (MED)
    （わがチームに君のような選手が加わってありがたい）

with は，会社「に雇われている」ことを表す．

(5) He has been **with** the company since 1980.
    （彼は，この会社に1980年以来勤めている）

第 29 章

否　　定

29.0.　概　説

29.0.1.　否定の種類

否定 (negation) の現象をこの章で独立的に扱うのは，それがいくつかの**語彙範疇**（＝品詞）にまたがって存在するからである．例えば，not, never, nowhere は副詞，nobody, nothing は代名詞，nor は接続詞，neither は代名詞・副詞といったふうである．

否定は，大きく，二つに分かれる．

① **文否定** (sentence negation)：　文の陳述が真でないことを表すもの．
② **構成素否定** (constituent negation)：　文中の特定の構成素（＝語・句）のみを否定するもの．

次の (1a) は〈文否定〉の例である．命題が真でないこと，言い替えれば，文全体が否定の**作用域** (scope) に入っていることは，(1b) のような，文否定の典型的なパラフレーズによって明白であろう．

(1) a.　John **isn't** American.　(ジョンはアメリカ人ではない)
　　b.　＝ *It is not so that* John is American.

一方，(2) の諸例は，〈構成素否定〉の例である．[　]内の構成素のみが否定されているからである．

(2) a.　John decided [**not** to pay taxes this year].
　　　　(ジョンは，今年は税金を払わないことに決めた)
　　b.　[**Not** long ago] Englishmen lived here.
　　　　(つい先ごろ，イギリス人がここに住んでいた)
　　c.　Mary is [**un**happy].　(メアリーは不幸だ)

29.0.2.　否定辞の種類

否定辞の中で最も一般的なものは not であるが，ほかに no（および nothing, nobody, nowhere のような no の複合語），neither, never, none などがある．さらに，次のような否定の意味を含んだ**準否定辞** (semi-negative) がある．

◇**seldom** / **rarely** ＝ *not* often

(1)　**Seldom** / **Rarely** *does* crime pay.　(犯罪が儲かることは，めったにない)

◇**scarcely** / **hardly** = almost *not*

(2) I could **scarcely** / **hardly** eat *any*thing. (私はほとんど何も食べられなかった)

◇**little** = *not* much

(3) There is **little** hope, *is there*? (まず希望はないんだね)

◇**few** = *not* many

(4) **Few** people know it *yet*. (それを知っている人は，まだほとんどいない)

準否定辞が否定辞に属することは，(i) (2), (4) で見るように，any や yet のような**否定極性項目** (negative polarity item)[1] と共起している点，(ii) 準否定辞が文頭にくると，(1) のように倒置が生じること，(iii) (3) のように，肯定の付加疑問文が付くことによって明らかである．

NB the hell, like hell などが文頭に置かれて，文意を否定することがある．
Wentworth & Flexner (1980) は，like hell を "An expression of incredulity, negation, or a refusal" と説明して，次の例を示している．

(i) **Like hell** I will. (＝I won't.) (まっぴらごめんだね)

Salinger, *The Catcher in the Rye* には，次の例が見いだされる．

(ii) 'Did you give her my regards?' I asked him. 'Yeah.' **The hell** he did, the bastard. (「あの子によろしくって言ってくれたかい」とぼくは彼に尋ねた．「ああ」言ってるもんか，畜生め)

(iii) 'That's a deer shooting hat.' '**Like hell** it is.'
(「そいつはシカ撃ち帽だぜ」「てんで違うね」)

女性は，like hell を和らげて like fun と言うこともあるらしい．次例は，ニューヨークの売春婦の言葉である．

(iv) 'Me? Twenty-two.' '**Like fun** you are.' (Salinger, *The Catcher in the Rye*)(「おれかい？ 22 歳だよ」「うそばっかり」)

the devil にも，平行する用法がある．

(v) 'I am going back.' '**The devil** you are.' (Trollope, *An Old Man's Love*)
(「私，帰ります」「うそをつけ」)

29.1. 文否定

29.1.1. 統語的特徴

文否定の not は，(1) の樹形図で示したように，動詞句 (VP) の指定部 (specifier, SPEC) に基底生成される．

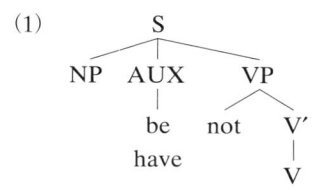

(1)
```
           S
    ┌──────┼──────┐
   NP    AUX     VP
          │    ┌──┴──┐
          be  not   V'
          have      │
                    V
```

---

1. 否定の作用域の中に特徴的に現れる語句．例えば，any, ever, yet, care to, at all など．一方，肯定極性項目 (positive polarity item) には，already, some, would rather などがある．

第29章 否　定

さて，文否定には，次のような統語的特徴がある．
① it is not so that ... によって，パラフレーズすることができる．
　(2) a.　John is**n't** a teacher.　（ジョンは教師ではない）
　　　b.　= *It is not so that* John is a teacher.
② 肯定の付加疑問文が付く．
　(3)　You do**n't** like cats, *do you*?　（ネコが嫌いなんでしょう）
③ neither 文を付加することができる．
　(4)　John will **not** come, and *neither will Mary*.
　　　　（ジョンは来ないだろうし，メアリーも来ないだろう）
④ 否定語句が文頭に出ると，主語・助動詞の倒置が起こる．
　(5) a.　**Not until yesterday** *did he* change his mind.
　　　　　（きのうまで彼は決心を変えなかった）
　　　b.　**Nothing** *could I* find.　（何も見つからなかった）
　　　c.　**In no clothes** *does Mary* look attractive.
　　　　　（どんな服を着ても，メアリーは魅力的に見えない）
⑤ 否定を強める not even 付加が可能である．
　(6)　Writers will **not** accept anything, *not even* suggestions.
　　　　（作家は何も受け入れない，示唆でさえもだ）

①は Jackendoff (1972) のあげる〈文否定〉の基準であり，②-⑤は Klima (1964) のあげる〈文否定〉の基準であるが，Jackendoff は，②-⑤の基準はすべて①の基準から派生すると考えている．

　NB　次のことわざでは，not の否定の作用域 (scope) は，重文の文末まで及んでいる．
　　(i)　You ca[**n't** eat your cake and have it too].
　　　　（ケーキを食べて，しかももっていることなんてできない，'二つよいことはない'）

29.1.2. 否定辞編入

ever, anything, anybody, either などの左側に，not——より厳密には否定辞——がある場合，**否定辞編入** (negative-incorporation) によって，never, nothing, nobody, neither として表層構造に現れる．次のペアをなす文の (a) では，動詞に not が付いているのに対して，(b) では，否定語が目的語や副詞に編入されている点に注目 (Quirk et al. 1972: 376-7)．

　(1) a.　We have**n't** had **any** lunch.
　　　b.　We've had **no** lunch.　（私たちは，ランチは食べなかった）
　(2) a.　He did**n't** see **either** man.
　　　b.　He saw **neither** man.　〈まれ〉（彼は，どちらの人も見なかった）
　(3) a.　We have**n't** had **any**.
　　　b.　We've had **none**.　（私たちは，何も食べなかった）

(4) a. I have**n't** bought **anything** for you.
　　b. I've bought **nothing** for you. （君には何も買ってあげなかった）
(5) a. I was**n't** in **any** way surprised.
　　b. I was in **no** way surprised. （私は，ちっとも驚かなかった）
(6) a. I have**n't** seen them **anywhere**.
　　b. I've seen them **nowhere**. 〈まれ〉（彼らをどこでも見なかった）
(7) a. He does**n't ever** visit us.
　　b. He **never** visits us. （彼は，全然会いに来ない）
(8) a. He's **not** at school **any** longer.
　　b. He's at school **no longer**. 〈まれ〉（彼は，もう学校へ行っていない）
(9) a. He couldn't speak, and he could**n't** walk **either**.
　　b. He couldn't speak, **nor**/(and) **neither** could he walk.
　　　（彼は，話すことも，歩くこともできなかった）

以上の諸例において，(7b) の never の場合を除き，それぞれ，not (＋否定極性項目) による (a) 文のほうが，否定辞編入による (b) 文よりも〈略式体〉で，かつ，慣用的である (Quirk et al. 1972: 377)．

29.1.3. 否定形の主語

否定極性項目は，not の前に置くことはできないので，その場合は主語に否定辞が義務的に編入される．

(1) a. **No one**/**Nobody** came. （誰も来なかった）
　　b. *****Any** one didn't come.
(2) a. **Nothing** came of it. （そこからは何も出てこなかった）
　　b. *****Anything** didn't come of it.
(3) a. **None** of us were ready. （私たちは，誰も用意していなかった）
　　b. *****Any** of us weren't ready.

日本語の表現は，むしろ，(b) 文に対応しているので，教室で (b) 文が聞かれるとしても無理からぬことである．

　　NB　ただし，any に修飾語句が付くと，not の前に置くことができる（詳細は§24.2.9 を参照）．
　　　(i)　*Any one* who does that is**n't** honest.
　　　　　（そんなことをする人は，誰だって正直じゃない）

29.2. 構成素否定

29.2.1. 統語的特徴

構成素否定には，次のような統語的特徴がある．［　］内が否定の作用域．
① It is not so that ... によってパラフレーズできない．
(1) a. I bought it [for **nothing**]. （それをただで手に入れた）

b. *It is not so that* I bought it for anything.
② 否定の付加疑問文が付く．
　(2) He came home [in **no** time], *didn't he*? （彼はすぐ戻って来たのでしょう）
③ neither ではなく，and so / and ... too を付加することができる．
　(3) John is [**un**happy], *and so* is Mary. （ジョンは不幸だ，メアリーもそうだ）
　(4) He married a [not **un**attractive] girl, *and* you did *too*.
　　　（彼は，魅力的な女の子と結婚した，君もそうした）
④ 否定語句が文頭にあっても，主語・助動詞の倒置が生じない．
　(5) a. [In **not** many years,] Christmas will fall on a Sunday.
　　　　　（もう何年かしたら，クリスマスが日曜日にくるだろう）
　　b. [In **no** clothes,] Mary will look attractive.
　　　　　（服を着なければ，メアリーは魅力的に見えるだろう）
⑤ not even 付加が不可能で，even だけが付加される．
　(6) [**Not** long ago] there was some snow, *even* in Florida.
　　　（つい先日，フロリダでさえ雪が少々降った）
以上の特徴は，否定の作用域が [　] 内の特定の構成素にのみ及び，文全体に及んでいないことの証拠となる．

29.2.2. 構成素否定と文否定
ここで，構成素否定と文否定の例を対照的にあげてみよう．
　(1) a. I [did**n't** listen] to **some** of the speakers.
　　　　　（講演者のうちの何人かの話は聞かなかった）
　　b. [I did**n't** listen to **any** of the speakers.] （どの講演者の話も聞かなかった）
　(2) a. [With **no** job,] he would be happy. （仕事がなければ，彼は幸せだろう）
　　b. [With **no** job *would he* be happy.]
　　　　　（どんな仕事をしても，彼は幸せではあるまい）
　(3) a. He is [**no** fool]. （彼はばかどころではない）［天才だ］
　　b. [He is**n't** a fool.] （彼はばかではない）［かといって，賢いとはかぎらない］
次例は，(3a) タイプの実例である．
　(4) a. That's **no** joke.　I can tell you.　　　　　　　　(Joyce, *Dubliners*)
　　　　　（それって，冗談じゃないぜ．全くのところ）
　　b. Adelbert is **no** coward.　　　　　(Doyle, *The Case Book of Sherlock Holmes*)
　　　　　（アデルバートは，腰抜けどころじゃないよ）
NB isn't と 's not との相違： まず，両形の例からあげてみよう．
　(i) a. And I **wasn't** an animal.　　　　　(Miller, *The Alchoholic Veteran*)
　　　　　（それに，ぼくは動物じゃなかった）
　　b. This **isn't** an old place.　　　　　(Steinbeck, *The Red Pony*)
　　　　　（ここは古い家じゃない）

(ii) a. Don't.　It**'s not** necessary.　　　　　　　(Lawrence, *The Rainbow*)
　　　（やめて．そんなこと必要じゃないわ）
　　b. He**'s not** a Blackstable man, is he?　　　(Maugham, *Cakes and Ale*)
　　　（彼って，ブラックステーブルの人じゃないんでしょ）

両形には，どのような違いがあるのだろうか．Sweet (1891: 126) は，次の二つの文を比較して，

(iii) a. He **isn't** a fool. = I deny that he is a fool.
　　b. He**'s not** a fool. = I assert that he is the opposite of a fool. = He is no fool.

(i) は文全体を否定し（= 文否定），(ii) は not が動詞から離れて fool という名詞を否定している（= 構成素否定）と説明している．

Jespersen (*MEG* V: 438) は，この Sweet の説を紹介して，isn't 型よりも 's not 型のほうが強意的であるとしている．要するに，[nʼt] と母音を落として発音するよりも，[nɔt] と完全母音で発音するほうが，否定性が明瞭に現れるわけである．このことは，次の例でも明らかである．

(iv) I **won't** have it: I **will not** have it.　　　(Shaw, *Man and Superman*)
　　（そんなことはご免です．まっぴらご免ですよ）
(v) "My dear boy, it **isn't** good. ..." And he said again, with heightened emphasis. "It**'s not** good, it's bad."　　(Maxwell, *Fernande*) [Jespersen]
　　（「ねえ，君，それはよくないよ ...」それから，いっそう語気を強めて，もう一度言った．「それはよくないよ，悪いですよ」）

29.3.　数量詞と否定

29.3.1.　数量詞と否定の作用域

Jackendoff (1972) によれば，表層構造で「neg（否定辞）→ 数量詞」の配列順序の場合は〈文否定〉であり，「数量詞 → neg」の配列順序の場合は「動詞句否定」（= 本書の〈構成素否定〉の一部）である．例えば，

(1) a. **Many** arrows [did **not** hit the target].
　　　（的に当たらなかった矢は，多かった）
　　b. [The target was**n't** hit by **many** arrows.]
　　　（的には多くの矢は当たらなかった）

において，(a) では many は neg の左側，つまり，neg の作用域の外にあるので，〈構成素否定〉である．これに対して，(b) では many は neg の右側，つまり，neg の作用域内にあるので，〈文否定〉である．したがって，(a) と (b) とは同義ではない．

同様に，(2a) は〈構成素否定〉であり，(2b) は〈文否定〉である．

(2) a. **Some** of the men [did**n't** see anything].
　　　（その男たちの中には，何も見なかった者が何人かいた）
　　b. [**None** of the men saw **anything**.]　（その男たちは，誰も何も見なかった）

29.3.2.　"部分否定"と"全体否定"

ここで，学校文法で必ずとりあげられている"部分否定"(partial negation) と"全

第29章 否　　定

体否定"(total negation)の問題に触れておかなければならない．

部分否定というのは，特別な否定文ではなく，文中にたまたま both, all, always, every, whole, entire, wholly, completely, necessarily, quite のような "全体性" (totality) を意味する語が，否定の作用域中の焦点 (focus) となって，「全部ではない」という意味になる場合を言うのである．部分否定は，次のテストでわかるように，文否定の一種である．

① It is not so that ... でパラフレーズできる．(1) は文全体が否定の作用域であるが，特に all が「みんなではない」というふうに "狙い撃ち" されて，否定の焦点 (focus) になっている．

(1) a.　[I don't know **all** of them.]　(彼らをみんな知ってるわけじゃない)
　　 b.　= *It is not so that* I know all of them.

② 肯定の付加疑問が付く．

(2)　[You don't know **both** of them,] *do you*?
　　　（二人とも知ってるわけじゃないんでしょう）

しかし，部分否定は，"全体性" を意味する語に限るべきではなく，例えば，(3) のように，数量詞（および，その類義語）が否定の焦点になっているすべての文を含めるべきである．

(3) a.　He does**n't** speak from notes **very often**.
　　　　（彼は，しょっちゅう草稿を見て講演するわけでない）
　　 b.　I did**n't** see **many** of his friends　（彼の友人の多くを見たわけではない）

において，(a) 文は「しばしばではない」，(b) 文は「多くではない」というように，数量詞のみが否定の焦点となり，文の残りの部分は肯定の意味になっている．

以下の例文では，(a) 文は "部分否定"（音調は，降昇調），(b) 文は "全体否定"（音調は，下降調）の例である．

(4) a.　I don't want **both** of them.　↗　（二つともは要らない）
　　 b.　I don't want **either** of them.　↘　（どちらも要らない）
　　 c.　=〈格式体〉I want **neither** of them.
(5) a.　**Not everybody** knows about it.　↗
　　　　（そのことをみんなが知っているわけじゃない）
　　 b.　**Nobody**/**No one** knows about it.　↘　（そのことは誰も知らない）
(6) a.　The rich are **not always** happy.　↗　（金持ちがいつも幸福とはかぎらない）
　　 b.　The rich are **never** happy.　↘　（金持ちはいつも幸福ではない）

ただし，all, both, every などが，not の左側に生じていても，音調によっては，否定の作用域が主語に及ぶことがマークされて，"部分否定" の解釈が与えられる場合もある．

(7) a.　**All** cats [don't like WÀTer].　↘　(*ie* All cats dislike water.)
　　 b.　[**ÀLL** cats don't like WÁTer.]　↗　(*ie* Not all cats like water.)

(以上 Quirk et al. 1972)

(8) But **everybody** ca**n't** go to Harvard. (Faulkner, *Sanctuary*)（でも，誰もがハーバードへ行けるわけじゃない）［「みんな行けない」では，現実と矛盾する］

(7a) では，普通の否定の作用域であるが，(7b) では降昇調の音調によって主語が作用域に含まれることが合図されている．ただし，(7a) の構造は〈まれ〉であって，より普通には，(9) のように主語に否定辞が編入される．

(9) **No** cat likes water.（水の好きなネコはいない）

NB ことわざには，not が all の右側にあっても"部分否定"を表すものも少なくない．
　(i) **All** is **not** gold that glitters.（光るもの必ずしも金ではない）［13c. 前期］
　(ii) **All** men are **not** true.（すべての男が誠実なわけではない）［16c. 中期］
　(iii) **All** is **not** paid that is promised.
　　　（約束されたものがすべて支払われるわけではない）［17c. 中期］

29.4. 否定のその他の問題

29.4.1. "否定辞上昇"

believe, suppose, think, fancy などの意見・推測を表す動詞の場合，通例，従属節（＝補文）が否定されていると思われるときにも，主節に not が置かれる．次の文は，二とおりにあいまいである．

(1) I do**n't** think it's a good idea. (Quirk et al. 1985)
　　a. それは名案である，とは考えない．
　　b. それは名案じゃないと思う．
(2) I think it is**n't** a good idea. （＝(1b)）〈まれ〉

一つは，主節が否定される意味 (1a) であり，もう一つは，従属節が否定される意味 (1b) である．

［A］ **従来の諸説**： さて，(1b) の意味では，(2) と同義になる．その場合の同義性を，もともと従属節中にあった not を，(1) のように主節に搬送 (transport) する，あるいは，上昇 (raise) させる変形（"否定辞上昇" (neg-raising)）によって説明しようとしたのは，Fillmore (1963) であった．この変形規則は，生成意味論派の認めるところとなったが，解釈意味論派は，おおむね，この変形規則を認めていない．

この変形の存在を主張する論拠としては，まず，次のような現象がうまく説明される，ということである．

(3) a. I suppose [you have**n't** paid for it **yet**].
　　　（君は，たぶん，まだその支払いを済ませていないよね）
　　b. ＝[I do**n't** suppose you've paid for it **yet**.]（同上）
(4) I do**n't** think I moved **a muscle**. (Conrad, *Lord Jim*)
　　（私は，びくともしなかったと思う）
(5) I do**n't** think **any** spot on earth could be so still. (Ibid.)
　　（こんなに静かなところは地球上のどこにもないと思うよ）
(6) But I do**n't** think I'll **ever** try that again. (Conrad, *The Secret Agent*)

(でも，もう一度やってみたいとは思わないね)
(7) I do**n't** think you **need be** afraid that there will be any scene. (HTI)
(何か大騒ぎになるんじゃないかと心配しなくていいと思うよ)

(3)-(6) の yet, a muscle, any, ever は，否定文と特徴的に共起する**否定極性項目** (negative polarity item, NPI) であり，一方，(7) の need は，否定文・疑問文など非断定的文脈 (non-assertive context) にしか現れない助動詞である．そういう語彙項目が (3)-(7) に現れても容認可能であるのは，not が元来は補文中にあったためである，とするのである．

もう一つの論拠は，(8) のように，肯定の付加疑問文が付加されることは，否定されているのは主節ではなく，補文である証拠である，というものである．

(8) a. I do**n't** imagine he knows, *does he*? (彼は知ってはいないと思うがね)
    b. =I imagine he does**n't** know, *does he*? (同上)

けれども，think 型動詞の場合は，どのみち，補文の真偽性 (*ie* 知っているかどうか) を問題にしているのだから，(8) のような事実は，否定辞上昇を仮定しなくても説明できることである．

これに対して，否定辞上昇を認めない立場で最も説得力があるのは，この変形を許すとされている動詞においてさえも，補文に not がある場合と，主節に not がある場合とでは意味が異なる，というものである．例えば，補文に not のある (2) では，話し手は「それは真ではない」と主張しているのに対して，主文に not のある (1) では，補文内容の真偽性に関する話し手の信念が弱い，というのである．

[**B**] **代案**： さて，筆者は，補文の内容が否定されている (つまり，もともと補文に not があった) と考えられるのは，(1b) の読みの場合のみであり，(1a) では，not は最初から主文にあったと考える (つまり，否定辞上昇を認めない)．Cushing (1972) 流に言えば，(1a) の読みの think は，補文の内容が偽であるという「明確な態度」(a definite stance) を示している ([+stance] 動詞) のに対して，(1b) の読みの think は，補文の内容の真偽については態度を明らかにしていない ([−stance] 動詞) のである．

(1b) の読みを許す [−stance] 動詞には，次のような主観性の強い種類がある．

(9) a. 推測・意見： believe, expect, suppose, guess, imagine, reckon, suspect, think, fancy, be supposed to
    b. 知覚： seem, appear, feel/look/sound as if/⟨米・略式体⟩ like
(10) a. I do**n't** believe I've met you before. (あなたとは以前お目にかかったことがないようですが) [=I believe I have*n't* met you before.]
    b. I do**n't** suppose he's serious.
       (彼，本気じゃないと思う) [=I suppose he is*n't* serious.]
(11) a. You do**n't** seem to understand it.
       (君はそのことがわかっていないようだ) [=You seem *not* to understand it.]
    b. It does**n't** look like it's going to rain.

(雨は降りそうには思えない) [= It looks like it is*n't* going to rain.]

NB 推測の動詞でも，assume, surmise, presume などは，主節の否定と従属節の否定とでは意味が異なる (Quirk et al. 1985: 1034). 言い替えれば，これらは [+stance] 動詞ということになる．
   (i) I assume that he did**n't** come. (たぶん，彼は来なかったんだろうね)
   (ii) ≠I do**n't** assume that he came. (彼が来たとは想定していない)

次に，主節が否定されている [+stance] 動詞の場合の考察に移る．Quirk et al. (1985: 1033) は，think に否定の焦点が置かれた場合は，(1a) の意味が際だってくるとして，次の例をあげている．

(12) I do**n't** THÍNK it's a good idea; I KNÒW it is.
      (それは名案だと考えてるんじゃない．そうだということを知ってるんだ)

その場合は，相手の意見に対する否認 (denial) を表す．次の例でも，主節の I don't think が否定されていることは，続く but I think との対比に照らして明らかである．

(13) **I don't think** she's going to do anything about it, but *I think* she realizes now what she's lost. (Steel, *A Perfect Stranger*)
      (あの人がそのことで何か手を打つなんて思いませんよ，でも，あの人も，いまじゃ自分が何を失ったか，とくとわかっていると思いますよ)

次の二つの例でも，"I don't think so" は，相手の言ったことを明確に否認している．

(14) a. "As much as five minutes?" "**I don't think so**. Maybe two or three minutes, just a little while." (Gardner, *The Case of the Vagabond Virgin*) (「5分間も？」「そう思いません．たぶん2, 3分だと思います，ほんのちょっとですわ」)
   b. "Surely they must all be mine," said Mrs. Hunter … "**No, I don't think so**," said Mr. Cooke. (Archer, *Sons of Fortune*)
      (「確かに，その票はみんな私のものにちがいないわね」とハンター夫人が言った．「いや，そうは思いませんね」とクック氏が言った)

[C] 否定辞上昇説批判： まず，否定極性項目が補文に現れるという現象は，not が上昇している証拠にはならない．なぜなら，次のような，[+stance] 動詞の場合でも，否定極性項目が肯定の補文中に生じることがあるからである．

(15) a. They did**n't** know [I'd **ever** met you before].   (Quirk et al. 1985)
      (私が以前あなたと会ったことがあるなんて，彼らは知らなかった)
   b. I **doubt** / do**n't say** [that John insulted **any***one*].
      (ジョンが誰かを侮辱したなんて，疑わしい/言わない)
   c. I did**n't realize** [that he knew **any***thing at all* about photography].
      (彼が写真のことを少しでも知っているとは，気づかなかった).

このことは，主文の否定は補文にまで及ぶことを示している．

次に，次例の believe のような [−stance] 動詞の場合，なぜ，補文が否定されて

いるという解釈ができるのか，という疑問に答えなくてはならない．
  (16) I do**n't believe** I've met you before.　［＝I believe I haven't met you before.］
     (Quirk et al. 1985)（以前あなたに会ったことはないと思いますが）

［－stance］動詞は（そして，ときには (15a) の know や (15b) の doubt のような
［＋stance］動詞も），**否定に対して透明** (negation-transparent) であり，否定の作用
域は補文にまで広がっていく，と筆者は仮定する．それゆえにこそ，母語話者は，
(4)-(7) のような文を，わざわざ not を下降させなくても，このままの語順で，正
しく解釈できるのだ，と考えられる．

29.4.2. 累積否定

OE や ME では，文中の否定形をとりうる要素はすべて否定形にして，二重，三
重に否定を繰り返すことが普通であった．このような**累積否定** (cumulative nega-
tion) の現象は，他国語にも見られる．否定語を重ねて否定を強めようとするのは，
心理的にはきわめて自然だからである．
  (1) He **nevere** yet **no** vileynye **ne** sayde/In al his lyf unto **no** maner wight.
                                           (Chaucer, *Prologue* 70-1)［四重否定］
     'He never yet said a boorish thing in all his life to any man.'
  (2) **Nobody never** went and hinted **no** such a thing, said Peggoty.
     (Dickens, *David Copperfield*)［Jespersen］（誰一人，そげえなことほのめかす人は
     いなかっただよ，とペゴティーが言った）［三重否定］
現代英語でも，累積否定は，ロンドンの下町言葉 (cockney) やアメリカの黒人英
語 (black English) などの非標準語 (non-standard) に普通に見られる (Huddleston
& Pullum 2002: 846)．
  (3) a. I do**n't** hemploy **no** women now.   (Shaw, *Candida*)
        （わしは，いまは女は雇っておらん）［hemploy＝employ の過剰修正，I は cock-
        ney の話し手］［二重否定］
     b. **No** one **never** said **nothin**'．
        （誰も何も言わなかった）［三重否定］［＝No one ever said anything.］
     c. I **never** did **no** harm to **nobody**．   (Elmer Rice, *The Adding Machine*)
        （あたしゃ，誰にも危害を加えたことなんかねえだよ）［三重否定］［＝I never did
        any harm to anybody.］
  NB Jespersen (1924: 332) から，他の言語の累積否定の例をあげる．
     (i) F. On **ne** le voit **nulle** part.
              'One not see him nowhere.'
     (ii) Sp. Aquí **no** vienen **nunca** soldados.
              'Here not come never soldiers.'
  次は，Curme (1922: 352) の示すドイツ語の例である．
     (iii) Hat **keiner kein** Geld **nicht**?
              'Hasn't nobody no money?'

29.4.3. **not** が二つ生じる文
標準語においても，まれに一つの文に二つの not が生じることがある．
- (1) I can't [**not** obey]. (Quirk et al. 1972)
   （従わないわけにはいかない）[I can't help obeying. のほうが普通]
- (2) Charley would**n't** [have **not** seen the money] if he had been looking for it. (Culicover 1976)（チャーリーがその金を捜していたのなら，それを見ていないなんてことはないだろう）
- (3) "I'm not very hungry." "Come on and eat. You can't [fish and **not** eat]." (Hemingway, *The Old Man and the Sea*)
（「わしは，あんまり腹が空いとらん」「そんなこと言わずに食べなよ．釣りをしながら，食べないなんてできっこないよ」）

このような例がある以上，次のような特定の構成素の直前に not を挿入する規則が必要になる（X は任意の構成素とする）．
- (4) 構成素否定： X を構成素統御（c-command）する位置に not を挿入する．

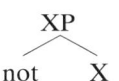

```
      XP
     /  \
   not    X
```

(5) のような構成素否定も，(4) によって生成される．
- (5) a. [**Not** *surprisingly*], she refused him.
（驚くにあたらないが，彼女は彼の求婚を断った）
- b. He is a [**not** *clever*] boy. （彼は頭の悪い少年だ）

NB 1 上の (1)-(3) の二重否定語の例と，次のような場合とは区別しなければならない．
- (i) There is **no** rule **without** exceptions. （例外のない規則はない）

これは，二つの否定語が相殺しあって肯定の意味を表す場合であり，全く問題はない．

NB 2 seldom/rarely が否定語の作用域に入る場合がある．
- (i) He does[**n't** visit us **rarely**]. （彼が私たちを訪ねて来るのは，まれではない）
   [＝It isn't rarely that he visits us.]

この例も，上の not … without などと同様，not … rarely で二つの否定語が相殺して肯定の意味を表す場合である．

NB 3 次のような追加された否定文は，**再叙否定** (resumptive negation) と呼ばれるものであるが，(i) の not even は，上で文否定のテストで用いられたものであることは興味深い．
- (i) There was **no** money, **not even** coins. （お金はなかった，小銭さえなかった）
- (ii) I would**n't** let you touch me, **not** if I was starving. (Maugham, *Of Human Bondage*)（あなたに体をさわらせたりしないわ，たとい飢え死にしたって）

NB 4 cannot … too は，「いくら…してもしすぎない」の意味を表す．
- (i) One **can't** be **too** careful these days, can one? (Sheldon, *If Tomorrow Comes*)（当節は，いくら注意しても注意しすぎることはないからね）
- (ii) It **couldn't** be **too** soon for me. (Archer, *Kane and Abel*)
（私としては，いくら早くても早すぎることはなかった）

too と同意義の enough/sufficiently や over- が使用される場合もある．
- (iii) I **cannot** thank him **enough**/**sufficiently** for his help.

(彼の援助には，いくら感謝してもし足りない)
 (iv) Its value **cannot** be **over**estimated. (HTI)
  (その価値は，いくら過大評価してもし足りない)

29.4.4. 否定と焦点・前提

 否定文を考察する場合，否定の作用域ばかりではなく，新情報の焦点 (focus) (= 文強勢が置かれる部分) を特定することも重要である．普通，「**無標の焦点**」(unmarked focus) は文末に置かれる．そして，それ以外の位置に置かれた焦点は「**有標の焦点**」(marked focus) と呼ばれる．強勢を置かれた有標の焦点は，その部分のみが否定され，文の他の部分は肯定の意味に解される．なぜ，肯定かと言えば，その部分は「**前提**」(presupposition) となっているからである．別な言い方をすれば，文中の否定されない部分が「前提」である．

 (1) a. JOHN did**n't** fly to Chicago. ↘
   b. John did**n't** FLY to Chicago. ↘
   c. John did**n't** fly to CHICAGO. ↘

の場合，(a) は Someone flew to Chicago が「前提」で，それは「ジョンではない」が否定の「焦点」である．(b) は，John went to Chicago が「前提」で，それは「飛行機でではない」が否定の「焦点」である．(c) は，John flew to somewhere が「前提」で，そこは「シカゴではない」が否定の「焦点」である．
 ここで重要なのは，「焦点」は否定の〈作用域〉の中に含まれていなければならない，という点である．発見的 (heuristic) に言うならば，一つの文の終わりに文強勢の置かれた語があれば，そこまでが否定の作用域であり，かつ，その語が否定の「焦点」であるとしてよいであろう．
 次の二つの文を比較されたい．

 (2) [I did**n't** leave HÓME] because I was afraid of my FÀTHER.
   (ぼくは家を出なかった，だっておやじが怖かったから)
 (3) [I did**n't** leave home because I was afraid of my FÁTHER.]
   (ぼくが家を出たのは，おやじが怖かったからじゃない) (以上 Quirk et al. 1985)

(2) では，二つの節にそれぞれ文強勢があるが，まず home に否定の「焦点」が置かれるので，because 節は否定の「作用域」の外にあることがわかる．一方，(3) では，二つの節は同じ音調で発話され，最後の降昇調で発音される father に「焦点」が置かれるので，because 節が否定の「作用域」に入り，主節は「前提」として肯定に解釈される．念のため，(2) と (3) のパラフレーズを示せば，それぞれ，次のようになる．

 (2′) Because I was afraid of my father, I did**n't** leave home.
 (3′) I left home, but it **was**n't because I was afraid of my father.

 NB 法助動詞と否定との関係についての詳細は，§17.6.1 を参照．

第 30 章

条 件 文

30.0. 概　説

　条件の副詞節（前提節（protasis）とも呼ばれる）と，主節（帰結節（apodosis）とも呼ばれる）からなる複文は，**条件文**（conditional sentence）と呼ばれる．
　条件文を記述するに先立って，開放条件と却下条件の区別に触れておく必要がある．前提節が，真偽または条件の成立の可否について中立的である場合，**開放条件**（open condition）と言う．開放条件では，通常，叙実法が用いられる．
　(1)　**If** you **see** Art, give him my regards.
　　　（アートに会ったら，よろしく言ってくれ）［会うかどうかわからない］
　法律文など〈格式体〉のスタイルでは，叙想法現在を用いて開放条件を表すこともある．
　(2)　**If** any person **be** found guilty, he shall have the right of appeal.　(Quirk et al. 1972)（なんぴとにせよ，有罪となった場合は，上訴の権利を与えられる）
　これに対して，前提節が事実に反する条件を表している場合を，**却下条件**（rejected condition）と言う．却下条件では，叙想法の動詞が用いられる（第19章を参照）．
　叙想法過去は，現在または未来の仮想条件を表す．
　(3) a.　**If** I **were** rich, I would spend all my time travelling.
　　　　　（私が金持ちだったら，いつも旅行をして過ごすだろう）
　　　b.　What would you do **if** you **lost** your job?
　　　　　（もしも失業したら，どうするのかね）　　　　　　　　　　（以上 Swan 1995）
　叙想法過去完了は，過去の事実に反する仮定を表す．
　(4) a.　**Had** I **known**, I would have told you.　（知っていたら，教えてあげたのだが）
　　　b.　If you **had left** earlier, you would have caught the bus.
　　　　　（もっと早めに発っていたら，バスに間に合っていただろうに）
　開放条件を表す前提節では，疑問文と同様に，ever, any, yet などの否定極性項目（negative polarity item, NPI）を用いることができる．
　(5)　**If** you **ever** have **any** trouble, let me know.
　　　（何か困ったことがあったら，知らせてください）
　このことは，この種の前提節は，疑問文の性質をもっていることを物語っている．

30.1. 条件文の諸相

条件文は，大きく，次の3種に分類される．
① 叙実的条件文 (factual conditional sentence)
  (1) **If** it **is** raining, shut the window. (雨が降っているなら，窓を閉めなさい)
② 予測的条件文 (predicative conditional sentence)
  (2) **If** it **rains**, I'll stay home. (雨が降るなら，家にいます)
③ 叙想的条件文 (imaginative conditional sentence)
 (*a*) 仮想的条件文 (hypothetical conditional sentence)
  (3) a. **if** it **be** your pleasure, I will follow. (Cooper, *The Last of the Mohicans*) (お望みなら，従って行きましょう)
     b. **If** I **should** be free tomorrow, I will come. (もしもあす暇なら，来ます)
 (*b*) 反事実的条件文 (counterfactual conditional sentence)
  (4) **If** he **did** this, he would sin.
     (彼がこんなことをすれば，罪を犯すことになる)［現在時指示］
  (5) **If** I **had offended** him, I should have regretted it.
     (もし彼を怒らせていたとすれば，私は後悔していただろう)［過去時指示］

①では，条件節の内容が事実であることが前提とされている．すなわち，開放条件を表しているので，動詞は叙実法が用いられる．

②の条件文は，前提節の内容が実現するならば，帰結節の内容も実現するだろうという話し手の予測を述べるものである．この場合も「開放条件」を表しているので，動詞は叙実法が用いられる．

③には二つの下位タイプがある．すなわち，仮想的条件文と反事実的条件文である．

(3) は仮想的条件文で，話し手は条件節の内容は疑わしいが，ありうるものとして受けとめている．これも「開放条件」を表しているので，叙想法現在または should が用いられる．

(4)，(5) は反事実的条件文で，前提節の内容は，(4) では現在の，(5) では過去の，事実に反する事柄を述べている．すなわち，「却下条件」(rejected condition) を表しているので，(4) のタイプでは叙想法過去が，(5) のタイプでは叙想法過去完了が用いられる．

30.1.1. 叙実的条件文

叙実的条件文は，日常多用されているにもかかわらず，文法教科書などではほとんど無視されている．これには，四つのタイプがある (C.-Murcia & L.-Freeman 1999: 548)．

① 総称的 (generic): 普遍的に真である命題を表すもの．普通，両節とも現在時制で，内容の性質上，しばしば科学的な文章に用いられる．
  (1) **If** you **boil** water, it vaporizes. (水を沸かすと，蒸発する)

(2) **If** oil **is** mixed with water, it floats. （油は，水に混ぜると浮かぶ）

② 習慣的 (habitual)： 主語の習慣を述べるもので，現在の習慣は叙実法現在で，過去の習慣は叙実法過去で表現される．会話で多用される．

(3) **If** it **rains**, he goes to work by car.
　　（雨が降ると，彼は車で仕事に行く）［現在の習慣］
(4) **If** it **rained**, he went to work by car.
　　（雨が降ると，彼は車で仕事に行った）［過去の習慣］

上の①，②のどちらの場合も，whenever によるパラフレーズが可能である．

(5) a. **Whenever** you boil water, it vaporizes. ［総称的］
　　b. **Whenever** it rains, he goes to work by car. ［習慣的］

③ 潜在的推論 (implicit inference)： 上述の①，②とは異なり，帰結節は発話時における話し手の推論を表す．このタイプは，「推論」の法助動詞 must, should を含まない．

(6) **If** he's here, he's in the garden. （もし彼がここにいるのなら，庭の中だ）
(7) **If** it's Wednesday, it's Sally's birthday.
　　（きょうが水曜日なら，サリーの誕生日だ）

次例では，過去の事態に対する推論が表明されている（叙実法過去）．

(8) **If** he **was** there, he *saw* the accident.
　　（彼がそこにいたのであれば，その事故を見たのだ）

④ 顕在的推論 (explicit inference)： ③とは異なり，「推論」の法助動詞 must, should が顕在している．

(9) a. **If** someone's at the door, it *must* be Peter.
　　　（もし誰かが玄関にいるなら，ピーターにちがいない）
　　b. **If** anyone **knows** about it, it *should* be Chris.
　　　（もし誰かそのことを知っているとすれば，それはクリス(のはず)だ）

この用法では，過去の事態への推論は，「must/should have + 過去分詞」によって示される．

(10) a. **If** he **was** there, he *must have seen* the accident.
　　　（もし彼がそこにいたのであれば，事故を見たにちがいない）
　　b. **If** he **left** home one hour ago, he *should have arrived* at the office by now. （もし彼が 1 時間前に家を出たのであれば，もう会社に着いているはずだ）

30.1.2. 予測的条件文

上述したように，予測的条件文では，話し手は，もしも前提節の内容が実現したならば，帰結節の内容も実現するだろう，と予測している．

［A］ **強い予測**： このタイプの普通の形式は，「if + 主語 + 現在形，主語 + will/be going to」である．

(1) **If** it **rains**, the match *will* be canceled.
(雨が降れば，試合はキャンセルされるだろう)
(2) We'*re going to* find ourselves in difficulty **if** we **go** on like this.　　(Leech 1987)(こんなことを続けていたら，困ったことになるだろうよ)[§ 7.1.2 [C]]

帰結節に単純現在形を使用するなら，強い断定になる．
(3) **If** you **do**, you'*re* a dead man.　　(Sheldon, *Master of the Game*)
(もしそんなことをしたら，命はないぞ)

[B] **弱い予測**：帰結節の事態が実現するかどうか自信がない場合は，should/may/might（この順に弱くなる）などの弱い予測の法助動詞が用いられる．
(4) a. **If** he **left** at six, he *should* get there soon.
(彼が6時に出たのであれば，まもなくそこへ着くはずだ)
b. **If** you **are** not careful, you *may* have an accident.
(気をつけていないと，事故に遭うかもしれないよ)
c. **If** we **hurry**, we *might* get there before it rains.
(急げば，雨が降る前に先方へ着けないものでもない)

[C] **弱い条件**：if 節中に happen を使用することで，条件の意味を弱めることができる．
(5) **If** it **happens** to rain, I'll stay home.　　(C.-Murcia & L.-Freeman 1999)
(ひょっとして雨が降れば，家にいます)[*ie* it might rain]

30.1.3. 叙想的条件文

[A] **仮想的条件文**：前提節の事態はありそうもないが，しかし，ありえないことではない，と話し手が考えていることを表す．

① **叙想法現在**：現在または未来について，前提節の内容を単に想像上のこととして表現する場合は，ときに叙想法現在 (subjunctive present) が用いられる．
(1) **If** it **be** achieved, I have cause to return thanks.　　(E. Brontë, *Wuthering Heights*)(もしもそれが成就されるなら，こちらも感謝しなければならない)

この用法は，きわめて〈格式的〉で，おもに法律文または擬似法律的な文脈に限られる．

② **should**：これは，叙想法現在の代用形として発達した「shall＋裸不定詞」の過去形で，実現性がきわめて少ないと感じられる事態について用いられる．帰結節では，しばしば命令文が用いられる．
(2) **If** anything **should** happen to me, please give this letter to my wife.
(MED)(私に万一のことがあったら，この手紙を妻に渡してください)
(3) **Should** anyone phone, tell them I'm in conference.　　(LDCE[3])
(もし誰かが電話してきたら，私は会議中だと言ってほしい)

③ **were to**：「取り決め」を表す be to の叙想法過去形で，未来に関して，should よりもいっそう可能性の少ない，特に"仮定のための仮定"を述べるときに用いられる．〈略式体〉では，was to も用いられる．

(4) What *would* you do **if** war **were to** break out?
　　(戦争が急に起こるようなことがあれば，君はどうするかね)
(5) **If** you **were to** throw him to the lions, that *would* no doubt be persecution.　　　　　　　　　　　　　　(Shaw, *Androcles and the Lion*)
　　(かりにあなたが彼をライオンに投げ与えれば，それは確かに迫害になりましょう)

NB should, were to は意味的には未来指向的であるが，形式的にはともに叙想法過去であることに注意．過去形によって現実からの隔たり (distance) を暗示しているのである．

[B] **反事実的条件文**: この条件文は，前提節の内容が実現されることはあるまいと話し手が予想している場合に用いられる (却下条件)．
① **叙想法過去**: 現在の事実に反する仮定をする場合は，次の形式が用いられる．
(6) 「If＋主語＋叙想法過去，主語＋would/should/could/might, etc.＋裸不定詞」

帰結節の法助動詞は，文意に応じて選択される．
(7) **If** it **were**/〈略式体〉**was** fine, I *would* go for a walk. 〈意志〉
　　(天気だったら，散歩に行くのだが)
(8) **If** I **were** you, I *would* see the doctor. 〈意志〉
　　(私だったら，医者に診てもらうでしょうね)
(9) He *would* go **if** he **could** get a visa. 〈予測〉(彼は，ビザが取れれば，行くだろう)
(10) **If** Jim **were** here, he *would* be angry. 〈予測〉
　　(もしジムがここにいたら，怒るだろうな)
(11) **If** he **were** my friend, he *would* support my cause. 〈予測〉 (Leech 1987)
　　(もし彼が私の友人なら，私の運動を支持してくれるだろうに)

② **叙想法過去完了**: おもに過去の事実に反する仮定をする場合は，次の形式が用いられる．
(12) 「If＋主語＋had＋過去分詞，主語＋would/should/could/might have＋過去分詞」

ここでも，帰結節の法助動詞は，文意に応じて選択される．
(13) **If** it **had been** fine yesterday, I *would have gone* for a swim. 〈意志〉
　　(きのう天気だったら，泳ぎに行ったところだが)
(14) I *might have gone* for a walk **if** it **had been** fine last Sunday. 〈蓋然性〉
　　(前の日曜日が天気だったら，散歩に行ったかもしれない)
(15) He *could have gone* to the party **if** he **had been invited**. 〈可能性〉
　　(招待されていたら，彼はパーティーへ行けただろうに)
(16) **If** we **had been** able to borrow/〈まれ〉**could have borrowed** your car, we *would have got* there in time. 〈予測〉
　　(君の車を借りることができていたら，私たちは間に合って先方へ着けていただろう)

NB 1 叙想法過去完了が，ときに現在時を指して用いられることがある．

(i) a. **If** I **had had** the money [at the present moment], I *should have paid* you.
   (いまお金があったら，支払っただろうね)
   b. **If** I **had** the money, I *should* pay you. (いまお金があれば，支払うだろうね)
Jespersen (*MEG* IV: 126) は，(a) 文のほうが (b) 文よりも否定的要素 (*ie* いま金がない) が強い，と述べている．
NB 2　前提節と帰結節の叙法と時制とは必ず照応するとはかぎらない．次の例では，前提節は過去時を指示し，帰結節は現在時を指示している．
(i) **If** I **had caught** that plane, I *would* be dead now.
   (あの飛行機に乗っていたら，今ごろは死んでいるだろう)
反対に，次の例では，前提節は現在時を指示し，帰結節は過去時を指示している．
(ii) **If** he **were** in this town, I *should have met* him before this.
   (もし彼がこの町にいれば，もっと早く会えたはずなのに)

[C]　**丁寧用法**:　叙想法過去は，現在の事実に反する仮定を表すのみならず，より断定的でない陳述，またはより丁寧な依頼を表す場合にも利用される．その場合，前提節は表現されないほうが普通であるが，次のように，表現されている場合もある．

(17) I *should/would* be grateful **if** you **would** do that for me.
   (あなたがそれをしてくだされば，ありがたいのですが)
(18) a. I *would* do that for you (**if** you **asked** me).
      ((もしお頼みなら)それをしてあげますよ)
   b. I *could* lift that (**if** I **tried**).
      ((やってみれば)それを持ち上げることだってできる)
   c. I *could* do that for you (**if** you **let** me).
      ((君が許してくれるなら)そうしてあげられるよ)　　　　(以上 Palmer 1965)
(19) *Would* you lend me fifty pence (**if** I **were** bold enough to ask you)?
   (Leech 1987) ((厚かましいお願いですが)50ペンスお貸しくださいませんか)

30.2.　その他の条件文

条件文には，上記以外にも，なお次のようなものがある．

30.2.1.　修辞的条件文

条件文の中には，開放条件を表しているように見えても，実際は強い断定 (strong assertion) を行うものがある．これを**修辞的条件文** (rhetorical conditional sentence) と言う．次の2種類がある (Quirk et al. 1985: 1094)．

①　主節から断定が派生するもの：　主節の命題が明白に偽であるように，条件節の命題も偽であると断定する．しばしば，ふざけ，皮肉に用いられる．

(1) **If** Mary **is** beautiful, then I'*m* Marilyn Monroe!
   (メアリーが美人なら，あたしは(さしずめ)マリリン・モンローよ)
(2) **If** he'**s** intelligent, then I'*m* Albert Einstein!
   (やつが聡明なら，ぼくは(さしずめ)アルバート・アインシュタインさ)

(3) **If** she's only eighteen, I *am* a monkey's uncle/a Dutchman!
(彼女がほんの18歳なら，ぼくはおサルのおじさん／オランダ人ってところだ)［18歳のはずがない］

(4) **If** they're Irish, I'*m* the Pope. (Quirk et al. 1985)
(彼らがアイルランド人なら，おれは教皇さ)［絶対アイルランド人ではない］

(5) **If** they're married, I'*m* the king of England. (Archer, *Kane and Abel*)
(もしも彼らが結婚してるとしたら，おれはイングランド王ってわけさ)［絶対結婚していない］

この用法では，通例，if 節が主節に先行しなければならない (C.-Murcia & L.-Freeman 1999: 559). (6) は，帰結節が先行しているので容認されない.

(6) *I'm Albert Einstein **if** he's intelligent!

② 条件節から断定が派生するもの：条件節の命題が明白に真なので，主節の命題も真であると断定する．この場合，条件節は主節のあとに置かれる．

(7) He's ninety **if** (he'*s*) a day. (彼は確かに90歳だ)［彼が生まれて1日たっていることは明らかなように，彼が90歳であることも明らかだ］

(8) The painting must be worth a thousand dollars **if** it'*s* worth a cent.
(Quirk et al. 1985) (その絵は，確かに1,000ドルの価値があるにちがいない)

(9) a. Murder **if** there ever **was** one upon earth. (Doyle, *His Last Bow*)
(まぎれもなく殺人です)

b. you two understand each other, **if** any two on earth **do**. (Blackmore, *Lorna Doone*) (あなたがたは，確かに理解しあっている)

30.2.2. 言語行為条件文

前件の事態が認められるならば，後件の言語行為が実現することを表すような条件文を **言語行為条件文** (speech-act conditional sentence) と言う (cf. Sweetser 1990).

いくつかの下位類があるが，いずれも条件節の事態が不確かなので，発話がためらいがちで，ゆえに丁寧になる，という特徴がある．

① 慣習的な丁寧表現

(1) a. **If** *I may say so*, the dress doesn't become you.
(こう言っちゃなんだが，そのドレス，君には似合ってないね)

b. **If** *you will allow me to say so*, your attitude is equally racist. (Quirk et al. 1985) (言わせてもらえば，君の態度もやはり人種差別だよ)

c. **If** *I may change the subject*, have you seen Jim recently?
(話は変わりますが，最近ジムに会いましたか)

(2) a. But I'd rather go alone, **if** *you don't mind*. (Rice, *Street Scene*)
(でも，よかったら，むしろ一人で行きたいのですけど)

b. But I can very well go at once **if** *you like*. (Maugham, *The Circle*)
(でも，よろしかったら，ただちに出かけるのはわけないことよ)

c. They're two of a kind, **if** *you ask me*.　　　(Rice, *The Adding Machine*)
(ぼくに言わせれば，彼らは似たもの同士だよ)

② **メタ言語的なコメント**：if I may put it so／if that's the correct term／if that's the word for it／if you know what I mean／if you like，など．

(3) His style is florid, **if** *that's the right word*.
(彼のスタイルは流麗だ，それが適切な言葉だとすれば)

(4) I am shy **if** *you like*.　（私は，まあ内気と言えるでしょう）

③ **言語外の事実に対する話し手または聞き手の不確かさを表す**：if I am correct／if I remember correctly／if I'm not mistaken／if you remember／in case you don't know，など．

(5) I first met Mary in London, **if** *I'm not mistaken*.
(私がまちがっていなければ，初めてメアリーと会ったのはロンドンだ)

(6) They had three children, **if** *I remember rightly*.　　　(LDCE[3])
(私の記憶に誤りがなければ，彼らには子供が三人いた)

(7) **Since** *you don't seem to know*, all further negotiations have been suspended.　　　(Quirk et al. 1985)
(知らないようだから言うけど，これ以上の交渉はすべて一時停止だって)

④ **前提節が発話の条件を表している場合**

(8) Where's John now, **if** *you know*?
(知ってたら教えてほしいんだが，ジョンはいまどこにいるの)

(9) There are biscuits on the sideboard **if** *you want them*.　　　(Austin 1961)
(ほしかったら(言うんだが)，サイドボードの上にビスケットがあるよ)

(10) **While** *we're on the subject*, why didn't you send your children to a public school?　　　(Quirk et al. 1985)
(話のついでだが，なぜ子供さんをパブリックスクールへやらなかったのかね)

30.3.　前提節の構造

30.3.1.　条件の接続語句

前提節は if で導かれるのが最も普通で，次に unless があるが，ほかにも次のような接続詞や接続詞相当語句がある．

(1) as/so long as／assuming (that)／in case／in the event that／just so (that)〈略式的〉／on condition (that)／provided (that)／providing (that)／supposing (that)／if it were not for／if it had not been for／but for

(2) She may go, **as long as** he goes with her.　　　(Quirk et al. 1985)
(彼がいっしょに行けば，彼女も行くかもしれない)

(3) He doesn't mind inconveniencing others **just so** he's comfortable.
(Ibid.)（彼は，自分さえよければ，他人に迷惑をかけても平気だ）

(4) **In case** you want me, I'll be in my office till lunchtime.　　　　(Ibid.)
　　(もし私に用事があれば，お昼まで私の事務所にいるよ)
(5) Ron lent me the money **on condition that** I pay it back next month.
　　(LDCE³)(来月返すという条件で，ロンはその金を貸してくれた)
(6) **Supposing** you were in his place, what would you do?
　　(彼の立場にいたら，君はどうするだろうかね)
(7) **But for** (=**If it had not been for**) your help, I would have been ruined.
　　(あなたの援助がなかったなら，私は破産していただろう)

30.3.2. 倒　置

〈格式体〉では，助動詞が were, had, would, should, might, could の場合，倒置 (inversion) によって条件を表すことができる (§§ 19.4.1, 38.1.5).

(1) **Should you** (=If you should) change your mind, no one *would* blame you.　(気が変わったとしても，誰も君を責めないだろう)
(2) **Were she** (=If she were) my daughter, how happy I *would* be!
　　(彼女が私の娘なら，どんなにうれしいことだろう)
(3) **Had you** (=If you had) waited, he *would have come*.
　　(待っていたら，彼も来ただろうに)

まれに，might, could の倒置も見られる．

(4) **Might/Could I** but see my native land, I *would* die a happy man.
　　(Quirk et al. 1985)(祖国を見ることさえできれば，幸せな男として死ねるのだが)

30.3.3. if と unless

unless は，よく if ... not とパラフレーズされるが，unless は「…のでないかぎり」((in all circumstances) except if) という開放条件の意味で用いられるので，両者は完全に同義ではない．例えば，(1), (2) は if ... not で書き替えられるけれども，(3), (4) はそれができない．

(1) Come tomorrow **unless** I phone (=**if** I do**n't** phone).
　　(電話をしなかったら，あす来てください)
(2) Let's go out **unless** you're (=**if** you are **not**) too tired.
　　(あまりお疲れでなければ，外出しましょう)
(3) I'll be glad **if** she does**n't** come/*****unless** she comes this evening.
　　(彼女が今晩来なければうれしい)
(4) **If** it is**n't**/?**Unless** it's going to rain, we'll have a picnic.　　(Bolinger 1980b)
　　(ひと雨来そうでないなら，ピクニックをしよう)

(4) の unless は，「雨が降りそうだという条件が充たされないかぎり」，つまり，「雨が降りそうな場合にかぎって」という意味になって，帰結節の内容と整合しない．

また，unless は，「…するのでないかぎり」というように，肯定の選択肢のほうに重点が置かれるので，some のような**肯定極性項目** (positive polarity item) が生じ

ることができる.

(5) I won't phone you, **unless** *something*/*anything* unforeseen happens.
（何か不慮の事態が生じたのでないかぎり，電話しないよ）

同様な理由で，unless は「却下条件」を表す条件文に用いられることはできない (Quirk et al. 1985: 1093).

(6) **If** you had**n't**/***Unless** you had studied hard, you*'d have failed* the exam.（猛勉強しなかったなら，試験に合格しなかっただろうよ）

(7) **If** she weren't/***Unless** she were so silly, she *would* understand.
（彼女があんなに愚かでなければ，理解するだろうに）

要するに，unless は，「ある状況がすでにある/将来起こるのでないかぎり」という必要条件を表す．unless 節中に肯定極性項目の some が生起し，非事実を表す文が生起できないのは，この条件を充たさないためである．

30.3.4. 条件節の独立

条件文の帰結節が省略されて，条件節が一種の力強い感嘆文になることがある.

(1) **If** I'd known you were there!
（あなたがそこにいたことがわかっていたらなあ！）

(2) **If only** we could afford to buy a place of our own!
（自分の家を買う余裕がありさえすればなあ！）

(3) **If** he **only** knew what I know!
（私が知っていることを彼が知ってさえいたらなあ！）

第31章

一　　致

31.0.　概　説

　文中の二つの要素が，性（gender）・数（number）・格（case）・人称（person）の点で，互いに一致した形式的特徴を示す現象を**一致**（agreement）または**呼応**（concord）と言う．
  ① **主語と述語動詞**：　人称と数に応じて一致する．
   (1)　*I* **am** happy because of you. （君のおかげで幸せだ）
   (2)　*You* **are** my sunshine. （君はぼくの太陽だ）
   (3)　*She* **is** wonderful. （彼女はすばらしい）
  ② **限定詞と名詞**：　this/these, that/those は数において主要語と一致する．
   (4)　*This* **book** is mine.／*These* **books** are mine.
  ③ **代名詞と先行詞**：　数において，通例，意味呼応する．
   (5)　Has *anybody* brought *their* camera? （誰かカメラを持ってきたか）
  ④ **同格名詞**：　数と格において，通例，一致する．
   (6)　*We* **students** respect the professor.
   　　　（われわれ学生は，その教授を尊敬している）［数・格が一致］
   (7)　Let *us* go, **you** and **I**. （さあ，行こうぜ，いっしょに）［格が不一致］
  ⑤ **主語と補語**：　数と格において一致するが，しない場合も多い．
   (8)　*He* is **a boy**.／*They* are **boys**.
   (9)　*Children* are my **pleasure**. （子供は私の喜びだ）［数が不一致］
   (10)　It's **I**/**me**. ［me は格が不一致］

31.1.　主語と述語動詞

31.1.1.　単主語の場合

［A］　**名詞節・動名詞節・不定詞節**：　一つの観念を表しているだけなので，単数動詞と一致する．
   (1)　*Whether we go or not* **depends** on the weather.
   　　　（われわれが行くか行かないかは，天気次第だ）

(2) *Smoking cigarettes* **is** dangerous to your health. (Quirk et al. 1985)
　　（たばこを吸うのは，健康によくない）
(3) *To see her* **is** to love her. (Burns, *Bonnie Lesley*)
　　（彼女を見れば，愛するようになる）

[B] 前置詞句・副詞・形容詞： ［A］と同じ理由で，単数として扱われる．
(4) a. *Under the bed* **is** a good place to hide. (Haegeman & Guéron 1999)
　　　（ベッドの下が，隠れるのにいい場所だ）
　 b. *In the evenings* **is** best for me. (Quirk et al. 1985)（晩方が一番好都合だ）
(5) a. *Slowly* **does** it now. (Galsworthy, *Maid in Waiting*)
　　　（まあ，ゆっくりやるに限るよ）[*ie* slow way of doing]
　 b. *Gently* **does** it. (Id., *Silver Spoon*)
　　　（ゆるゆるやるのが肝心だ）[*ie* gentle way of doing]
(6) a. It's *dogged* that **does** it.
　　　（ことの成否は，がんばりひとつだ）[*ie* dogged way of doing]
　 b. *Rather too big for your boots* **is** what you are, my boy. (Huddleston & Pullum 2002)（ひどいうぬぼれ屋，それが君の実態だよ）

[C] 集合名詞（§20.2.2 [B]）： audience, committee, crowd, family, government, team などの集合名詞は，〈英〉では，次の (a) 文のように，集合体を「一つの単位」として見る場合は単数扱いにし，(b) 文のように，集合体の「個々のメンバー」を考えているときには複数扱いにする．
(7) a. The *committee* **consists** of six persons. （委員会は6人で構成されている）
　 b. The *committee* **are** taking lunch now. （委員会はいま昼食中です）
(8) a. The *family* **was** united on this question. (BEU)
　　　（一家は，この問題では結束していた）
　 b. My *family* **are** always fighting among themselves. (Ibid.)
　　　（私の家族は，いつも内輪げんかばかりしている）

上記の傾向は，(8) でわかるように，〈米〉でも見られるが，BEU によれば，〈米〉では government や team などは複数扱いにしない．
(9) a. The Sri Lankan *Government* **is** responsive to criticism from outside the country. (BNC)（スリランカ政府は，国外からの批判に応えている）
　 b. The *government* **have** broken all **their** promises. 〈英〉 (Quirk et al. 1985)（政府は，その約束をすべて破ってしまった）

次の the village や the town は，メトニミー (metonymy) によって，そこに住む人々を指す．OALD[6] によれば，単数扱い．
(10) a. *The whole village* **was** invited to the party. (OALD[6])
　　　（村中の人が，パーティーに招かれた）〈特に英〉
　　b. *The whole town* **gabbles** about it. (Tarkington, *The Flirt*)
　　　（町中の人が，そのことをペチャクチャしゃべっている）

NB 1 BEU は，同一の文で集合名詞を単複両用に使用してはならないとして，次の例をあげている．
 (i) The *family* **is** determined to press **its**/***their** claim.
   (一家は，自分の主張を続けようと決心している)

しかし，Quirk et al. (1985: 759) は，〈英・米〉ともに，単数の集合名詞を複数代名詞でうけることが多いとして，次の例をあげている．この意見のほうが英語の実態と合致すると思われる．
 (ii) The *committee* **has** not yet decided how **they** should react to the Governor's letter.
   (委員会は，知事の手紙にどのように反応したらいいか，まだ決めていない)

NB 2 couple は，〈英・米〉ともに，単位を示すときは単数扱い，二人を示すときは複数扱いである (Quirk et al. 1985: 759)．
 (i) Each *couple* **was** asked to complete a form.
   (それぞれのカップルは，申込用紙に完全に書き込むことを求められた)
 (ii) The *couple* **are** happily married. (その夫婦は，幸福な結婚をしている)

[D] **複数名詞**：　単数呼応と単複呼応の場合がある．
① 次のような複数名詞は，単数動詞で呼応する．一つの個体 (entity) を指示しているからである：-ics で終わる学問名 (*eg* mathematics)，病名 (*eg* measles)，遊技名 (*eg* billiards)，施設名 (*eg* Kensington Gardens)，国名・地名・団体名 (*eg* The United States of America)，書名・作品名，news．

(11) *Phonetics* **is** the study of speech sounds.
   (音声学は，言語音を研究するものである)
(12) *Measles* **is** an infectious disease common in children.
   (はしかは，普通子供がかかる伝染病である)
(13) *The United States of America* **is** a federal republic of 50 states.
   (アメリカ合衆国は，50 の州からなる連邦共和国である)
(14) *The Times* **is** a paper of long standing. (タイムズ紙は，由緒ある新聞である)
(15) *Gulliver's Travels* **is** Jonathan Swift's satirical fiction.
   (『ガリバー旅行記』は，ジョナサン・スウィフトの風刺小説である)

 NB 物語の集成であるような作品は，単複両様に扱われる (Quirk et al. 1985: 756)．
 (i) *The Canterbury Tales* **exists**/**exist** in many manuscripts.
   (カンタベリー物語は，多くの写本で残っている)

② 次の複数名詞は，単複両様に扱われる：　gallows (絞首台) [通例単数]，means (手段) [単・複扱い]，whereabouts (所在) [単・複扱い]，odds (差異) [通例複数]，tidings 〈古語〉(音信) [通例複数]，data (データ) [単・複扱い]，agenda (協議事項) [通例単数]，etc．

(16) His *whereabouts* **are**/**is** still unknown. (OALD[6]) (彼の所在はまだ不明だ)
(17) Good *tidings* **have** come at last. (ついに，よい知らせが来た)
(18) There **is**/**are** no *means* of finding his house.
   (彼の家を見つけ出す手だてがない)

(19) *This data* **is**/*These data* **are** unreliable.
　　　(このデータ/これらのデータは信頼できない)
(20) His foreign *agenda* **focuses** on strengthening the UN.　　(活用大英和)
　　　(彼の外交方針は国連の強化に焦点がしぼられている)

③ 次の名詞は，常に複数に扱われる： means (財産)，odds (勝ち目)，pains (骨折り)，alms (施し物)，riches (富)，eaves ((家の)軒)．[1]

(21) My *pains* **have** been rewarded.　(私の苦労は報いられた)
(22) The *odds* **are** very much in our favour.　　　　　(OALD[6])
　　　(勝ち目は，大いにわれわれの側にある) [=we are likely to succeed.]
(23) *Alms* **were** bestowed on them.　(彼らに施しがなされた)
(24) *Riches* **have** wings.　〈諺〉(お金には羽が生えている)

④ 「**most/half/part/rest/any of**＋名詞」のタイプ： 通例，of の目的語が単数ならば単数動詞で，複数ならば複数動詞で呼応する．

(25) a. *Part of the house* **is** of stone.　(家の一部は石造りである)
　　 b. *Part of the applicants* **are** aged people.　(志願者の一部は老人である)
(26) a. *Most of his life* **was** spent in Paris.　(彼の生涯の大半は，パリで過ごされた)
　　 b. *Most of us* **feel** the same way.　(私たちの大半は，同じように感じている)
(27) a. *The rest of the day* **was** spent in reading.
　　　　(その日の残りは，読書に費やされた)
　　 b. *The rest of us* **are** to stay behind.
　　　　(私たちの中のほかの者は，あとに残ることになっている)

a lot/lots of も，このタイプに従う．

(28) a. *A lot/Lots of money* **was** spent for that purpose.
　　　　(たくさんの金が，そのために使われた)
　　 b. There **were** *a lot/lots of people* in the zoo.
　　　　(動物園には，たくさんの人たちがいた)

NB 次の二つの文を比較せよ．
　(i) *A group of* us **are** going to the theatre this evening.　　(OALD[6])
　　　(私たちのグループは，今晩劇場に行きます)
　(ii) *A group of* new houses **is** to be built on the old playing-field.　(LDCE[4])
　　　(一群の家が，古い競技場の跡に新築される予定だ)
(i) では，us の複数に引かれて複数で呼応し，(ii) では，家が集合としてまとめて考えられている．

⑤ **a number of** と **the number of**： 前者は「いくつかの」(several)[2] の意味で複

---

1. 最後の3語は，元来は単数であるが，**異分析** (metanalysis) によって，語幹の s が複数と感じられるようになったもの： *alms*＜ME almes／*riches*＜ME richesse／*eaves*＜ME eves．
2. 「多数の」は，a large number of/large numbers of，「少数の」は a small number of/small numbers of のように修飾語を付ける．

数呼応，後者は「…の数」の意味で単数呼応をする．

(29) *A number of* books **are** missing from the library.
（何冊かの本が図書館からなくなっている）

(30) *The number of* birds approaching extinction **is** frightening.
（絶滅しかけている鳥の数は，恐ろしくなるほどだ）

⑥ **不定代名詞の場合**

(*a*) **all / none**：通例，人を表す場合は複数，事物を表す場合は単数で呼応する．

(31) Not *all* of them **were** invited. (OALD⁶)（彼らがみんな招待されたのではない）

all を単独で everybody の意味に用いることは，普通しない．

(32) *Everybody / *All* **stood** up. （みんなが立ち上がった）

(33) a. *All* of the food **has** gone. (OALD⁶)（食物は全部なくなった）
　　b. *All* **was** dead silence. 　　　　　(Lawrence, *Sons and Lovers*)
　　　（あたりは静まりかえっていた）

(34) a. *None* of you **need** worry. 　　　　　　　　(LDCE³)
　　　（あなたがたは，誰一人心配しなくてもいい）
　　b. Cf. *None* of us **is** wholly blameless. （非難の余地の全くない人は，一人もいない）[not a single one の意味が強いため単数扱い]

(35) *None* of the food **was** rotten. （食べ物は一つも腐っていなかった）

(*b*) 次の代名詞は，単数動詞で呼応する：each, everyone/everybody, anyone/anybody, anything, one, no one/nobody, someone/somebody, something.

(36) a. *Everybody* **likes** birthday cake. （みんな誕生日のケーキが好きだ）
　　b. *Nobody* **knows** about it. （そのことは誰も知らない）
　　c. There **is** *something* funny about it. （それには，どこか滑稽(こっけい)なところがある）

(*c*) **either** と **neither**：単数呼応が原則だが，〈略式体〉では複数呼応もある．

(37) **Is / Are** *either* of them at home? (MED)（どちらか在宅してるだろうか）

(38) *Neither* of us **was / were** invited. （私たちはどちらも招かれなかった）

(*d*) **one of those who / which のタイプ**：who / which の先行詞は those だから，複数呼応が論理的には正しいが，話し手の脳裏では one について述べているという意識が強いためか，実際には単数呼応が非常に多い．

複数呼応の例：

(39) a. That's *one of the books that* **make** you change your ideas.
　　　（それは，人の思想を変化させるような本の一つである）
　　b. Are you *one of those who* **were** bought? 　　　　　(BNC)
　　　（君も買われた人たちの一人かね）

単数呼応の例：

(40) a. Clare … is *one of those who* **takes** advice quite well. 　　(BNC)
　　　（クレアは，喜んで忠告に従う人々の一人だ）

b. I am *one of the few men I know who* **is** able to profit by experience.
(Maugham, *The Circle*)
(ぼくは，自分が知っている人の中で，経験から学ぶことができる少数の一人だ)

c. He is *one of those people who* **believes** in the perfectibility of man.
(Perrin 1972)（彼は，人間を完全な存在にできると信じている一人である）

NB Google 検索の結果は，次のとおりで，複数呼応がやや優勢.
one of those who is　約4,050例　　　one of those who are　約6,940例

(e) **what 節**：補語が複数のときには，複数呼応が単数呼応の2倍も多い.

(41) a. *What remains* **is**/**are** a few trees. （残っているのは，数本の木である）
b. *What they want* **are** promises. （彼らが求めているのは約束だ）

(42) *What was once a palace* **is** now a pile of rubble. (Quirk et al. 1985)
（かつては宮殿だったものが，いまは瓦礫(がれき)の山だ）

ただし，what の先行詞が明らかに単数ならば単数で呼応し，明らかに複数ならば複数で呼応する.

(43) a. We shall not need any more *bread*; *what we have* **is** quite sufficient.
（もうパンは，要らないだろう．いまあるので十分だ）
b. You need not get any more *stamps*; *what we have* **are** quite sufficient. （もう切手は買わなくてもいい．いまあるので十分だ）

(f) 「**many a+単数名詞**」〈詩的・雅語的〉： 意味は複数だが，単数動詞で呼応する.

(44) *Many a husband* **forgets** his wife's birthday and gets into trouble.
（多くの夫が妻の誕生日を忘れて，ひどい目に遭う）

(g) 「**more than one+単数名詞**」： 単数動詞で呼応する.

(45) *More than one writer* **is** interested in the story.
（この話に関心を寄せている作家は一人にとどまらない）

「more than one of+複数名詞」は，複数動詞で呼応する.

(46) Mixed etiology is when *more than one of the above factors* **occur** in a family. (BNC)
（ある家族に上記の要因が一つ以上生じる場合は，病因は複合している）

(h) **who**, **what** が主語の場合： 原則として単数動詞をとる (Huddleston & Pullum 2002: 505).

(47) a. *Who* **wants** some more ice-cream?
（もう少しアイスクリームがほしいのは，誰かね）
b. *What* **remains** to be done? （残った仕事は何だろう）
c. *Who* **lives** here? (Taylor, *A View from the Harbour*)
（ここには，誰が住んでるの）

ただし，答えが複数であろうという前提があるときは，複数動詞でうける.

(48) a. *Who* **haven't** yet handed in their assignments?
(宿題をまだ提出していないのは,誰かね)
b. *What* **are** going to be the deciding factors?
(決定要因となるのは,何だろうね)

31.1.2. 複主語の場合

[**A**] **複主語**: 二つ(以上)の名詞句が and または接続詞なしに等位接続されて主語になっているものを**複主語** (compound subject) と言う.
(1) **原則**:「別個の人/物」を指すと解釈された場合は複数動詞で呼応し,「同一の人/物」を指すと解釈された場合は単数で呼応する.
次の二つの例は,明らかに「別個の人/物」を指しているので,複数動詞で呼応する.
(2) *Jack and Jill* **are** lovers. (ジャックとジルは恋人同士だ)
(3) *His camera, his radio, his money* **were** confiscated by the custom officials. (Quirk et al. 1985) (彼のカメラ,ラジオ,お金は,税関吏によって没収された)

以下の例では,(a) は「別個の事柄」,(b) は「一連の行為」としてとらえられている.(c) は,「別個の事柄」の解釈しか許さない.
(4) a. *What I say and do* **are** my own affair.
(私が言うこととすることは,私自身の問題だ)
b. *What I say and do* **is** my own affair.
(私の言行は,私自身の問題だ)〔=That which I say and do ...〕
c. *What I say and do* **are** two different things.
(私の言うこととすることとは,別個の事柄だ)   (以上 Quirk et al. 1985)

以下の例は,「同一の人/物」を指しているので,単数動詞で呼応する.
(5) *My friend and adviser* **is** dead. (私の友人であり助言者でもあった人が死んだ)
(6) *Fish and chips* **is** my favorite food.
(フィッシュチップスは,私の大好きな食べ物だ)
(7) *Bread and butter* **is** nutritious. (バターを塗ったパンは,栄養がある)
(8) What **is** *the use and object* of the plan?
(その計画の効用と目的は,どんなものか)

抽象名詞が等位接続された場合も,単複両様の呼応が見られる.すなわち,性質を別個のものと見れば複数動詞で,複合的なものと見れば,単数動詞で呼応する.
(9) *Her calmness and confidence* **are**/**is** astonishing.   (Quirk et al. 1985)
(彼女の落ち着きと自信は,驚くべきものだ)

[**B**] 動詞が単数名詞で始まる複主語に先行する場合: 通例,単数動詞で呼応する.あとの主語は,あと思案 (afterthought) で追加されたと考えられる.
(10) Where **is** *Bertha and her baby* to sleep the night?
(バーサと赤ちゃんは,どこで夜を過ごしたらいいのか)

(11) Therein **consists** *the force, the use, and the nature of language.*
(そこにこそ，言語の力，効用，本質がある)
(12) At night there **is** *the moon, and the stars.* (夜には，月とそれから星が出る)

[C] **A or B の場合**： 原則として，動詞はより近い B と呼応する．
(13) *John or Mary* **is** wrong. (ジョンかメアリーがまちがっている)

しかし，or が事実上 and の意味で用いられている場合は，複主語扱いにする．
(14) *John or his brother* **are** to blame. (ジョンか弟に責任がある)

[D] **not A but B の場合**： B と一致する．
(15) *Not you, but I* **am** to blame. (君ではなく，ぼくに責任がある)

[E] **either A or B／neither A nor B**： 原則として B と一致する．
(16) *Either you or he* **is** to blame. (君か彼に責任がある)
  [Either you are to blame, *or* he is. のほうが自然]
(17) *Neither my father nor I* **am** in the wrong. (父も私もまちがっていない)
  [My father *is* not in the wrong, *nor* am I. のほうが自然]

neither A nor B では，B が単数であっても，複数動詞で呼応することが多い．both A and B の否定という気持ちが強いからである．

(18) They chose us because *neither I nor the boy here* **drink**.
  (彼らが私たちを選んだのは，私もここにいる少年も，酒を飲まないからです)

[F] **not only A but (also) B**： B と一致する．
(19) *Not only my wife but also I* **am** invited. (妻だけでなく，私も招かれている)

31.1.3. 擬似等位接続

A (along／together) with B や A as well as B などは，意味的に等位接続詞に似ている (Quirk et al. 1985: 761 は，これを**擬似等位接続** (quasi-coordination) と呼んでいる)．動詞は，A と一致する．

(1) *The report together with other information* **suggests** that desegregation in the schools is slow. (Brown) (レポートは，ほかの情報とともに，学校の人種差別の廃止は遅々として進まないことを示唆している)
(2) *The mother, as well as her three children,* **was** taken to hospital.
  (母親は，三人の子供とともに病院に運ばれた)

くだけたスタイルでは，together with, as well as などが and と同義にみなされて，複数動詞で呼応することもある．

(3) ?*The President, together with his advisors,* **are** preparing a statement on the crisis. (Quirk et al. 1985)
  (大統領は，顧問団とともに，その危機に関する声明を準備している)
(4) *Bob as well as Frank* **was**／**were** there. (CAU)
  (フランクとともに，ボブもそこにいた)

31.1.4. there 構文

「there is + 単数名詞」，「there are + 複数名詞」が原則である．

(1) *There's a hole* in my tights.　(Swan 1995)（私のタイツに穴が開いている）
(2) *There* **are** *all sorts* of wonderful jobs in London.　(LOB)
　　（ロンドンには，あらゆる種類のすばらしい仕事がある）

しかし，there's のあとには単数名詞はもちろん，複数名詞も普通に使用される．there's が**文法化** (grammaticalization) によって，「存在」を表す不変化詞 (particle) になっていることがわかる．

(3) *There's a lot worse teams* in the league than us.　(*The Times* 1995/3)
　　（リーグには，われわれよりもずっと下手なチームがたくさんある）
(4) *There's two policemen* at the door, Dad.　(Swan 1995)
　　（玄関にお巡りさんが二人来てるよ，パパ）[*There is two policemen ...]

There is A and B のタイプの呼応については，§ 31.1.2 [B] を参照．

31.1.5. It is A that の構文

この分裂文 (cleft sentence) では，A が複数であっても，it is/was は単数のままである．一方，従属節の動詞は，A と一致するのが原則である．

(1) *It is I who* **am** frightened — frightened out of my senses.　(Collins, *The Haunted Hotel*)（おびえているのは私だ——気が狂うほどおびえているんだ）
(2) *It is I who* **am** the true propagandist.　(Conrad, *The Secret Agent*)
　　（本物の伝道師は，私なのだ）
(3) *It is he,* then, *who* **is** our enemy — it is he who dogged us in London?
　　(Doyle, *The Hound of the Baskervilles*)（じゃ，われわれの敵はあいつなんだね——ロンドンでわれわれを尾行したのは，あいつなんだね）

一方，it's me who is の呼応も決して珍しくない．

(4) *It's me who's* going to find it a struggle.　(Archer, *Sons of Fortune*)
　　（そのため[= Yale 大学受験]に苦闘を強いられそうなのは，ぼくだよ）

Huddleston & Pullum (2002: 507) も，(4) のように，It's me の場合は，who am よりも who is と呼応するほうが多いことを指摘している．Google の検索の結果も，このことを裏書きしている．Huddleston & Pullum は，その理由については何も言っていないが，これは me が客体化されて，3 人称として扱われているからである，と説明できる．

(5)　It's me who is　約 811 例　　　It's I who am　約 38 例
　　It is I who is　約 1,570 例　　It is I who am　約 5,490 例
(6) a. And *it's me who* **is** my enemy.　（私の敵は私だ）
　　b. Ah, lady, *it is I who* **is** called the fool.
　　　（ああ，ご婦人，ばかと呼ばれているのは私です）

31.2. 限定詞と名詞

OE時代には，限定詞と形容詞が性・数・格において一致していたが，現代英語では，(1)のように，限定詞のthis/these, that/thoseが，それぞれ単数・複数名詞と呼応するのが，唯一の一致の事例になってしまった．

(1) a. this man／these men
b. that book／those books

[A] **this thirty years のタイプ**: Marloweや Shakespeareに見いだされるthis eight nights, this nineteen years のような語法は，現代でもすたれているわけではない（BNCで5例検索できる）．

(2) ONE [sic] of the outstanding books of **this 20 years** (BNC)
（この20年間で傑出した著作の一つ）

(3) 'I thought you had been dead **this thirty years**, Henry,' said she in a shaking voice. (Doyle, *The Memoirs of Sherlock Holmes*)（「あたし，あなたが30年前に亡くなったと思っていたのよ，ヘンリー」と彼女は震える声で言った）

(4) I've known Parliament gents **this thirty years** and more. (Trollope, *Phineas Finn*)（私は，もう30年以上も議員諸氏と知り合いだった）

これは，30年という年月を一つの集合としてとらえていると説明される（「複数の統合」（§31.3.1）の例（cf. *this ten dayes* space（この10日間）(Marlowe, *Edward II* 2507))．[3]

[B] **these kind of knaves のタイプ**: Swan (1995: 551) は，この構造はしばしば誤用とされ，〈格式体〉では通例避けられるとしているが，Huddleston & Pullum (2002: 353) は，〈略式体〉では容認可能とみなしてよいとしている．この構造は，Shakespeare時代から使用されてきたものであり，現代でも決してまれではない．BNCでは，次例を含めて56例を検索することができる．

(5) **These kind of skills** are not rewarded in school, where memory is more important. （この種の技能は，学校では報いられない，学校では記憶力のほうが大切なのだから）

sort, type にも同様な用法がある．

(6) I hate having to make **these sort of decisions**.
（こういうたぐいの決定を迫られるのは大嫌いだ）

(7) I love **these type of games**. （このタイプのゲームは大好きだ）

もちろん，these kinds of skills のように，kinds の部分が複数の例もある．

---

3. もちろん，these を使用した例はいくらでも見いだされる．
(i) I haue beene a student here **these thirty yeeres**, (Marlowe, *Faustus* 1375)
（私は，30年前からここで研究している）
(ii) I've know'd him **these ten years**. (Trollope, *Phineas Finn*)
（あの人のことは10年前から知っている）

(8) In practice **these kinds of limits** are too rigid.
　　（実際には，この種の制限は厳格すぎる）
(9) The system picks up **these sorts of problems** straightaway.
　　（そのシステムは，この種の問題を直ちに集める）
(10) **These types of jobs** pay very well.　（Google）（この種の仕事は，十分引き合う）

ME 期にフランス語から借入された manner は，現在では all manner of（＝all sorts of）という形式でのみ使用される（OED² s.v. *Manner* 9.b.）．

(11) The bus held about twenty people, but it carried **all manner of** other things.　（バスには20人ばかりの人が乗っていたが，ほかにあらゆる種類の物を積んでいた）

細江（1956: 332）は，these kind of knaves という表現の説明として，kind of は脳裏において形容詞的な第二の地位を占め，these は思想的には knaves と一致しているのである，としている．次のような type の形容詞的用法は，細江の見解を支持するものかもしれない．

(12) I don't like **that type language**.　　　　　（Salinger, *The Catcher in the Rye*）
　　（あたし，そんな言葉づかいは嫌いよ）

さらに言えることは，書き手は，これらの構造の kind, sort, type を不変化複数 (unchanged plural) として意識しているのではないか，ということである．

次は，BNC における各タイプの頻度数を示す（ちなみに，(13) の構造は，すべて複数動詞で呼応する）．

(13)　these kind of　　56　　　these kinds of　　155
　　　these sort of　　137　　　these sorts of　　97
　　　these type of　　14　　　 these types of　　145
　　　all manner of　　292　　　all manners of　　1

NB　NP of that kind の表現では，動詞は NP と一致する．
　　(i) *Parties of that kind* **are** dangerous.　（Quirk et al. 1985）（その種の党は危険だ）

[C] 数詞の場合
① **one or two weeks／one week or two のタイプ**：　複数扱い．
(14) *One or two reasons* **were** suggested.　（一つか二つの理由が提案された）
② **端数のある場合**：1より多ければ複数，少なければ単数で呼応する．
(15) a. *One and a half years* **have** passed since we last met.　　　　（Quirk et al. 1985）（最後に会ってから，1年半が過ぎた）
　　 b. *A year and a half* **has** passed.
　　　　（1年半が過ぎた）［単数呼応は動詞の直前の a half の影響］
(16) a. 1.36 **miles**　（1.36マイル）／8.5 **metres**　（8.5メートル）
　　 b. 0.2 **mile**　（0.2マイル）／0.68 **metre**　（0.68メートル）

[D]　「**the＋形容詞**」：三つの場合がある．

① 複数普通名詞に相当する場合は，複数動詞で呼応する．
(17) *The absent* **are** always in the wrong. 〈諺〉（いない者はいつも悪者にされる）
② 抽象名詞に相当する場合は，単数動詞で呼応する．
(18) *The beautiful* **is** as useful as the useful. （美は，有用性と同じように有用である）
③ 単数普通名詞に相当する場合は，単数動詞で呼応する．
(19) *The deceased* **is** none other than Sir Francis Norton. (Doyle, 'Round the Red Lamp')（故人は，ほかならぬフランシス・ノートン卿(きょう)である）

31.3. その他の数の一致

31.3.1. 主語と補語
両者は，数において一致するのが原則である．
(1) *He* is *a student.* ／ *They* are *students.*
しかし，「複数の統合」(unification of plurals) が起こることがある（後注 (p. 888) を参照）．
(2) a. '*Seventeen years* **is** a long time,' said Poirot thoughtfully.
　　　　　　　　　　　　　　　　　　　　　　(Christie, *Blue Train*)
（「17年と言えば，長い年月だ」とポワロは，思いにふけりながら言った）
b. *Twenty thousand pounds* **is** a lot of money. (Ibid., *Nemesis*)
（2万ポンドは大金です）
c. Cf. *Two years* **have** passed since then. (Doyle, *Adventures of Sherlock Holmes*)（それから2年が過ぎた）［1年，また1年と過ぎ去ったととらえられているので，単数扱いにはならない］

「複数の統合」が補語で生じている場合がある．
(3) a. Wives **are** *a damned nuisance*, anyhow.
（とにかく，女房ってとんでもないやっかいものだ）
b. The stars **were** *our only guide.* （星だけが，私たちの道しるべだった）
c. Children **are** *a great disappointment.* (Taylor, *A View of the Harbour*)
（子供って，大きな失望の種ですわ）
d. They're *a strange animal*, aren't they? (Hemingway, *Green Hills of Africa*)（やつらは不思議な動物だね）
e. The Mohammedans and all religions **were** *a joke.* (Ibid.)
（マホメット教徒も，すべての宗教も，ジョークだった）

31.3.2. 主語と目的語
主語が複数で，目的語が単数になる場合がある．例えば，(1)の例では，各人が鼻を一つずつもっているわけで，言い替えれば，鼻は各人に個別的に配分されていると考えられる．**配分単数** (distributive singular) の例である．

(1) We have **a nose**. (私たちには鼻が一つある) [= We *each* have a nose.]
(2) Everybody that can remember what they were doing on August 8th 1985, raise your **hand**. (BNC) (1985年8月8日に自分が何をしていたか覚えている人はみんな，手をあげてください) [片手をあげる]

Vallins (1954: 107) は，(3)のような例では単複両形が可能であるが，単数のほうがよいと述べている．複数形は，**配分複数** (distributive plural) と呼ばれる．

(3) The three men were vigorously nodding their **head / heads**.
(三人の男は，力強くうなずいていた)
(4) A number of gentlemen raised their **hands** uncertainly. (BNC)
(何人かの紳士が，自信なさそうに手をあげた)

次のような例では，あいまい性を避けるために，配分単数が要求される．

(5) Children must be accompanied by **a parent**. (Quirk et al. 1985)
(子供は，片親の付き添いがなければならない) [parents とすれば，両親の付き添いの意味にもとれる]

31.3.3. 目的語と補語

両者は数と格において一致する．

(1) a. I consider **him** *a fool*. (彼をばかだと考えている) [単数・対格]
b. I consider **them** *fools*. (彼らをばかだと考えている) [複数・対格]

31.3.4. 代名詞と先行詞

[A] **everyone / everybody**, **someone / somebody**, **anyone / anybody**, **no one / nobody**: 通例，複数代名詞でうける (Quirk et al. 1985: 770, Swan 1995: 549)．

(1) *Everyone* thinks **they** have the answer. (Quirk et al. 1985) (自分には答えがある，とみんな考えている) [he has ... は〈格式的〉，かつ性差別的]
(2) Has *anybody* brought **their** camera? (Ibid.) (誰かカメラを持ってきたかね)
(3) *Nobody* phoned, did **they**? (Swan 1995) (誰も電話してこなかったんだね)

[B] 複主語が両性を指す場合や性別が不明の主語：複数代名詞でうける．

(4) a. *Either he or she* is going to have to change **their** attitude.
(彼か彼女が態度を変えなければならなくなっている)
b. *Every student* has to hand in **their** paper today. (どの学生も，きょうレポートを提出しなければならない) [his or her paper は重苦しい]

以上のようなジレンマを避ける一つの方法は，主語を複数にすることである (Quirk et al. 1985: 770)．

(5) *All students* have to hand in **their** paper today.
(すべての学生は，きょうレポートを提出しなければならない)

不定代名詞 one は，〈英〉では one，〈米〉では he でもうける．

(6) *One* should choose **one's / his** friends carefully. (友人は慎重に選ぶべきだ)

最近は，one を避けて，we, you, they を使うことが多くなった．
  (7) **We** should choose **our** friends carefully. （同上）
[**C**] **your Majesty/Highness**:　MEU (1926: 339) によれば，your Majesty, her Grace などの称号は，文法的には it, its でうけるのが正しいのだが，実際には，次の二つの方式のいずれかを用いるとしている．
  ① you, your, she, her でうける．
  (8) *Your Majesty* can do what **you** will with **your** ships.
     （陛下には，ご自分の船をいかようにお扱いになることも可能でございます）
  ② your Majesty, her Grace をあくまでも繰り返す．
  (9) *Your Majesty* can do what your Majesty will with **your Majesty's** ships.
しかし，実際の英文に見いだされるのは，①の常識的な方式である．
  (10) "If *your Majesty* would condescend to state **your** case," he remarked, "I should be better able to advise you." (Doyle, *Adventures of Sherlock Holmes*)（「もしも陛下がご自分の言い分をお申し立てになられますならば」と彼は意見を述べた．「私といたしましても，ご助言がしやすくなることでございましょう」）
  (11) *His Majesty* requests your Majesty to come to **his** study at once.
                                                        (Selinko, *Désirée*)
     （陛下は，陛下にただちに書斎のほうへおいでくださるようとの仰せでございます）
  (12) *His/Her Majesty* can do as **he/she** will do with **his/her** ships.
                                                        (Curme 1931)
動詞は，当然ながら，常に3人称単数でうける．
  (13) '*Your Grace* **is** quite right,' said Mr. Pogers.　(Wilde, *Arthur Savile's Crime*)（「閣下夫人のおっしゃるとおりです」とポジャー氏が言った）
  (14) I hope *her ladyship* **is** quite well.　(Ibid.)
     （令夫人は，お健やかでいらっしゃいましょうね）

31.4. 格の一致

31.4.1. 主語と主語補語

次の構造では，主語補語の主格 (nominative) は，きわめて〈格式的〉なスタイルに限られ，それ以外では対格 (accusative) が使用される．すなわち，主語の格と主語補語の格は，人称代名詞の場合，一致しないのである．その意味で"主格補語"という用語は，不適切と言わなければならない (§3.3.1)．

  (1) a. Yes, *it* is **she!/her!** （そうだ，彼女だよ！）
     b. *It* is **I/me** she loves. （彼女が愛しているのは，ぼくだ）
     c. *This* is **he/him**./*These* are **they/them**. （これは彼だ/彼らだ）
     d. *The only one who objected* was ?**I/me**. （ただ一人反対したのは，ぼくだ）
     e. *This one here* is ***I/me** at the age of 12.

(ここにいるのは，12歳のぼくだ)　　　　　(以上 Huddleston & Pullum 2002)

be 動詞の左側の位置は，**主語領域** (subject territory)，右側の位置は**目的語領域** (object territory) であると感じられること (Fries 1940: 19)，特に，It's me の場合，話し手は me を使用することで自己を対象化していることの認識が重要である (特に，(1e) の例では，現実のスペースから過去のスペースにいる自分をながめているわけで，自己の対象化が明白である)．また，Poor *me*! (= It. Povero *me*!) と言うとき，話し手は，もう一人の自分を他者の目で「かわいそうな私」と見ていることになる．

次の (2b) においても，単数動詞でうけているのは，me が 3 人称としてとらえられている証拠である．

(2) a.　It is *I* who **am** at fault.　(Huddleston & Pullum 2002) (悪いのは私だ)
　　 b.　It is *me* who **is** at fault.　(Ibid.) (同上)

31.4.2.　目的語と目的語補語

[**A**]　原則として，格が一致する．

(1)　I thought *it* **him**.　(それは彼だと思った)
(2)　God saue the King, although I be not hee; And yet, Amen, if Heauen doe thinke *him* **mee**.　　　　(Shakespeare, *Richard II* 4.1.174) [Jespersen]
(わしは王ではないが，王様万歳．でもアーメンと言おう，もしも天が，王はわしだと思し召すならば)
(3)　if there is a girl capable of being uninfluenced by ambition, I can suppose *it* **her**　(Austen, *Mansfield Park*) [Jespersen] (もしも，野心というものにいささかも左右されない娘があるとすれば，きっと彼女でしょう)

[**B**]　"**不定詞付き対格**" (accusative with infinitive)，あるいは**例外格表示** (exceptional Case-marking, ECM) **構文**において，不定詞が to be の場合，その補語は対格の主語と一致する．

(4)　You want *it* to be **him**, don't you?　　　　　　　　　　　　(BNC)
(それが彼であってほしいのですね)
(5)　We suspected the *intruders* to be **them**.　　　　　　(細江 1971)
(侵入者は，彼らではないかと考えた)

31.4.3.　同格語の一致

同格語 (appositive) は，それが修飾する主要語 (head word) と数と格において一致する．

(1) a.　*John*, **my neighbor**, often goes to the races.
　　　　　(隣人のジョンは，よく競馬に行く) [主語と同格]
　　 b.　*The verb* '**attack**' is transitive.　(「攻撃する」という動詞は，他動詞だ) [同上]
(2) a.　The information was given me by *Kim Jones*, **the President of the Students' Union**.　(Huddleston & Pullum 2002) (その情報は，学友会議長の

キム・ジョーンズが私にもらしてくれたものだ）〔前置詞の目的語〕
- b. She sang in *the opera* '**Carmen**'.
(彼女は，オペラ「カルメン」で歌った）〔同上〕

しかし，主要語が let の目的語である場合は，同格語のほうは主格で現れる．

(3) Let *us* go then, **you and I**,/When the evening is spread out against the sky/Like a patient etherised upon a table; (T. S. Eliot, *The Love Song of J. Alfred Prufrock*)（では，君もぼくも行こうよ，手術台の上で麻酔をかけられた患者のように，夕方が，空を背景に長々と横たわっているとき）

これは，you and I が主語として強く意識されているためである．

31.5. 性の一致

フランス語やドイツ語とは違って，現代英語には文法的性 (grammatical gender) という文法範疇は存在せず，ほぼ，男性・女性・無性という自然性 (natural gender) と一致するので，文法的な問題はほとんどない (§ 20.3)．

(1) a. *John* is an American **boy**. （ジョンはアメリカの少年です）
    b. *Mary* is an American **girl**. （メアリーはアメリカの少女です）
    c. The *hotel* has **its** own pool. （そのホテルにはプールが付いている）

なお，擬人化によって与えられる**擬人性** (gender of animation) の詳細については，§ 20.3.2 [D] を参照．

31.6. アスペクトの一致

次の文を考察せよ．

(1) All I could *do* was **wait** until he felt better. (Selinko, *Désirée*)
（彼の気分がよくなるまで，待つほかなかった）
(2) What she *did* next was **correct**/***correcting** the proofs.
（彼女が次にしたのは，校正をすることだった）
(3) All she had *done* was **knock**/***knocked** over an easel and spill some paints on the floor. (Sheldon, *If Tomorrow Comes*)（彼女がしたことは，イーゼルを倒して，絵具を床の上にまき散らしただけだった）
(4) All I have *done* is **work** and **take care of** Vanessa. (Steel, *Remembrance*)
（私がしてきたのは，ただもう働いて，ヴァネッサの世話をすることだけでした）
(5) What she was *doing* was **correcting**/***correct** the proofs.
（彼女がしていることは，校正をすることだった）

主語節に do/did/done がある場合は，補語節の動詞は，裸不定詞をとり，主語節に doing がある場合は，補語節の動詞も -ing 形で一致する．

第32章

時制の照応

32.1. 時制の照応

間接話法その他で，主節の動詞が過去時制である場合，従属節の動詞も過去系列の時制に調整される現象を，ラテン文法以来，**時制の照応**（または，**一致**）(sequence of tenses) と呼んでいる．

[**A**] **主節の動詞が現在時制の場合**： 主節の動詞が現在時制の場合は，時制の照応は生じないので，従属節の時制はどのようなものであってもよい．

(1) He *says*/*has said*/*will say* that Mary **is**/**has been**/**was**/**will be** pretty.

[**B**] **主節の動詞が過去時制の場合**： 一方，次の対をなす二つの文のうち，(b) 文のように，主節の動詞が過去時制の場合は，従属節の時制は，おしなべて過去系列の時制に**後転移** (back-shift) [Jespersen (1931: 151) の用語] される．

(2) a. He *says*, "I *feel* ill." (「気分が悪い」と彼は言う)
　　b. He **said** that he **felt** ill.
(3) a. They *say*, "We *are losing*." (「われわれは負けている」と彼らは言う)
　　b. They **said** that they **were losing**.
(4) a. He *says*, "I *haven't finished*." (「ぼくは終わっていない」と彼は言う)
　　b. He **said** that he **hadn't finished**.
(5) a. Ann *says*, "I *have been crying*." (「いままで泣いていたの」とアンが言う)
　　b. Ann **said** that she **had been crying**.
(6) a. He *says*, "I *will have finished* by noon."
　　　(「昼までには終わるだろう」と彼は言う)
　　b. He **said** that he **would have finished** by noon.

直接話法の過去時制は，過去完了形に後転移するが，文脈から時間の前後関係が明瞭な場合は過去のままでもよい (Quirk et al. 1985: 1027)．(7b) の例では，the preceding week によって，「終わった」のが said よりも先であることが明示されている（したがって，過去完了形を使わなくてもよい）．

(7) a. 'The exhibition *finished* last week,' *explained* Ann.
　　　(「展示会は先週終わりました」とアンが説明した)
　　b. Ann **explained** that the exhibition **finished**/**had finished** the preceding

week. (以上 Quirk et al. 1985)

過去完了形は，英語にはこれ以上古い過去を表す形式がないので，間接話法でも後転移しない。

(8) a. He *said*, "I *had seen* the film before."
   (「以前その映画は見たことがある」と彼が言った)
   b. He **said** that he **had seen** the film before.

以上を要するに，時制の照応による従属節の時制の後転移には，次の三つのタイプがあるということになる。

(9) a. present ⇒ past
   b. past ⇒ past / past perfect
   c. present perfect ⎫
      past perfect   ⎬ ⇒ past perfect

NB 1 大学生でも，John *said* that he *was* happy. のような英文を日本語に訳すとき，英文の過去時制に引かれて，「ジョンは幸せだったと言った」とする傾向があるが，日本語には時制の照応は存在しないので，「ぼくは幸せ者だ，とジョンは言った」としなければならないことを徹底させる必要がある。

NB 2 主節の動詞が現在完了形の場合： 現在完了形は，時制的には現在系列であるが，過去から現在にまで広がる時間帯の中で特に過去への指示が強い場合は，時制の照応を引き起こすことがある (特に, think, know の場合)。

(i) I've always **known** you **were** a good speaker.
   (あなたが話上手だということは，かねてから知っていました)
(ii) I've always **thought** he **was** a gentleman. (彼は紳士だ，といつも思っていた)

NB 3 主節の動詞が叙想法過去の場合は，現在時を指示するので時制の照応は起こらない，と Curme (1931: 355) は言う。

(i) I **should say** that this book **meets** your requirements. (Curme 1931)
   (この本は，ご要望に応えると思いますよ)
(ii) I **should imagine** that his parents **are** really upset. (MED)
   (彼の両親は，ほんとうに狼狽しただろうと思います)
(iii) I **should think** everything's ready now. (BNC)
   (もう万端整っていると思います)

ただし，Jespersen (*MEG* IV: 157) には，次のような，後転移の生じる例が見える。

(iv) "I suppose you are glad." "I **should say** I **was**."
   (「うれしいでしょうね」「そりゃ，うれしいですよ」)

しかし，I should think/imagine/hope のたぐいは，「真だと信じている，または期待している事柄」(what you believe or expect to be true (LDCE)) について用いられる表現である以上，今日の英語では，後転移しないほうが規範になっているのではないか。というのも，BNC のデータや，OALD[6], MED, COBUILD[4] などの辞典も，後転移が生じた例は示していないからである。

(v) I **should think** it's going to rain soon. (COBUILD[4])
   (たぶん，まもなく雨が降るだろうと思うよ)

32.2. 時制の照応・非照応の原則

　主節の動詞が過去時制であっても，(1), (2) の (b) 文のように，時制の照応が生じない場合がある.

(1) a.　John **said**, "I *like* music."　(「ぼくは音楽が好きだ」とジョンは言った)
　　b.　John **said** that he **likes**/**liked** music.
(2) a.　John **said**, "I *saw* Mary yesterday."
　　　　(「きのうメアリーに会った」とジョンは言った)
　　b.　John **said** that he **saw**/**had seen** Mary the day before.

　前節 (9) のルールに従えば，(1b) の従属節の時制は過去時制になるはずなのに現在時制も許されるし，(2b) では，過去完了相が期待されるはずなのに過去時制も許されている．このような時制の非照応を，どう説明すればよいのだろうか．

　時制の照応・非照応を規制している原則は，実は，かなり単純明快なもので，概略，次のようなものである．

(3)　時制の照応の原則
　　a.　発話時 (speech time) を基準時 (reference time) として従属節の時制が選ばれる場合は，時制の照応は生じない．
　　b.　一方，主節の伝達動詞の示す時を基準時として従属節の時制が選ばれる場合には，時制の照応が生じる．

　ここで，発話時を基準時とする従属節の時制を，Huddleston (1969) に従って，**直示時制** (deictic tense)，伝達動詞の示す時を基準時とする従属節の時制を**非直示時制** (non-deictic tense) と呼ぶことにしよう．

　さて，時制の照応・非照応を規制している原則が，(3) のようなものであるとしても，それだけでは十分ではない．(1), (2) の (a) 文と (b) 文とでは，従属節の命題内容に対する話し手の心的態度に相違があることに注目しなければならない．すなわち，(a) 文のように直示時制を選ぶ場合は，話し手は，従属節の命題内容が発話時において真であることを前提としている (presuppose) のに対して，(b) 文のように非直示時制を選ぶ場合は，従属節の命題内容を客観的に伝達しているのみで，その真偽については判断を下さない (non-committal) 態度をとっているのである．もう少し用例にあたって，このことを説明してみよう．

(4)　John **grasped** that the earth **was**/**is** round.　　(Kiparsky & Kiparsky 1970)
　　(ジョンは，地球が丸いということを理解した)
(5)　He **said** he **was**/**is** going tomorrow.　　(Curme 1931)
　　(彼は，あす行くんですと言った)
(6)　I **know**/I **learned**/He **will tell** you that Columbus **discovered** America in 1492.　(コロンブスが1492年にアメリカを発見したことを，私は知っている/学んだ/彼が教えてくれるだろう)

　伝統的な学校文法では，(4) のような普遍的な真理，(5) のような現在も変らぬ事

態を伝達する場合は，時制の照応が起らないとされてきたが，それは要するに，話し手が従属節の命題内容は発話時においても真であることを前提としている，ということにほかならない．これに対して，従属節の命題内容の真偽について判断を下したくない場合は，(4), (5) で見るように，時制を照応させるのである．

(6) のような「歴史的事件」についても，学校文法は時制の照応をうけない場合として説明してきたが，それは，時制の照応が生じないというよりも，むしろ，話し手が発話時を基準時として（つまり，直示時制を選んで），過去の事件を述べている以上，過去時制は選ばれるべくして選ばれたのだ，と言うべきである．発話時を基準時とする場合は，(6) のように 15 世紀の事件であろうと，次の (7) の例のように，10年前の事件であろうと，すべて同一の過去時領域に起こったものとして，とらえられるのである．

(7) John **said** that his father **died** in 1994.
（父は 1994 年に死にました，とジョンは言った）

次の (8) は，かつて『英語教育』の Question Box 欄に寄せられたものである．

(8) She **told** me that she **went** to school with mamma when she **was** a little girl. （私は幼い少女のころママに連れられて学校へ行った，と彼女は私に言った）

質問の要旨は，主節の動詞が過去時制であるのに，なぜ，she had gone to school when she had been a little girl と過去完了形にしないのか，というものであった．この場合は，「個人の歴史」を物語るものとして，直示時制が使用されている．つまり，発話時から見れば，主節の told も従属節の went, was も，ともに過去時領域に属するものとしてとらえられている，と説明される．

NB 次のような例では，歴史的事件を述べているにもかかわらず，過去完了形が用いられている．これは，上の説明の反例になるのだろうか．

(i) We **learned** that Leif Ericsson **had discovered** America earlier than Columbus **did**. （レイフ・エリクソンのほうがコロンブスよりも早くアメリカを発見していたことを，私たちは学んだ）

ここで，'had discovered' と非直示時制が用いられているのは，エリクソンのアメリカ発見のほうがコロンブスのアメリカ発見の時（＝過去）よりも前 (anterior) であるという時間の前後関係を明確にする必要があるからである．

32.3. A 動詞と B 動詞

時制の照応・非照応は，従属節の内容に対する話し手の心的態度に依存するだけでなく，主節の動詞の種類にも関係することがある．Costa (1972) は，英語には時制の照応が随意的である動詞と，義務的な動詞の 2 種類が存在する，と主張している．Costa は，前者の類を A 動詞，後者の類を B 動詞と呼んでいる．

(1) A 動詞： 時制の照応は随意的
Bill forgot / mentioned / regretted / realized / discovered / showed / noticed / was amazed / was concerned / said / reported that coconuts **grew** / **grow**

high up on trees. （ビルは，ココナッツは木の高いところで育つことを忘れた/と述べた/残念に思った/悟った/発見した/示した/に気づいた/に驚いた/に関心をもった/と言った/報告した）

(2) B 動詞： 時制の照応は義務的
- a. Bill knew/was aware/thought/believed/imagined/figured/dreamed/wished/hoped/asserted/alleged/insisted/quipped/snorted/whispered that the new President of Korea **was**/***is** really a KCIA agent.
  （ビルは，韓国の新大統領は，実は韓国中央情報部（KCIA）のエイジェントだということを知っていた/に気づいていた/思った/信じた/想像した/考えた/夢想した/願った/望んだ/主張した/申し立てた/言い張った/からかった/鼻息荒く言った/ささやいた）
- b. It seemed/was likely/was possible/was unfortunate/was a fact/was true that the new President of Korea **was**/***is** really a KCIA agent.
  （韓国の新大統領は実は KCIA のエイジェントであるように思われた/ことは本当らしかった/ありうることだった/不幸だった/事実だった/本当だった）

A 動詞は，従属節の命題内容が真であることを話し手が前提としていることを示す**叙実述語** (factive predicate)[1] のほかに，say, report のような，適切な前提が与えられた場合，叙実述語的に使える伝達動詞も含まれている．

B 動詞の中には，know, be aware のような若干の叙実述語，whisper のような発話様態動詞（manner-of-speaking verb），allege, insist のような非叙実的な伝達動詞，it was true/likely のような1項述語が含まれているが，最も重要なものは，think のような**非叙実的動詞** (non-factive verb)[1] である．

ただし，Costa のこの分類も絶対的なものではなく，一つの規範 (norm) を示したものと考えるべきである．というのは，照応が義務的な B 動詞に分類されている know, be aware, think, believe などは，照応しない場合もあるからである．

(3) a. The ancients **did not know** that Africa **was**/**is** an island.　(Sweet 1900)
  （古代人は，アフリカが島であることを知らなかった）
- b. I **was aware** that prejudice **can** stem from the most unexpected beginnings.　(BNC)（偏見は，全く予期しない始まりから生じることがあることに私は気づいていた）
- c. They **thought** that prison conditions **have** improved.　(Quirk et al. 1985)（刑務所の事情はよくなった，と彼らは思った）
- d. It **was** firmly **believed** that the frontal region **is** the seat of the highest intellectual processes.　(Ellis, *Man and Woman*) [Jespersen]
  （前頭部が最も高度な知的作用をつかさどる箇所だ，と堅く信じられていた）

32.3.1. 時制の照応が随意的な場合

[A] **従属節が過去時制の場合**：　従属節の動詞が元来過去時制の場合は，§32.2 の

---
1. Kiparsky & Kiparsky (1970) の用語．

時制の照応の原則 (3b) のルールを適用すれば過去完了形に後転移し，適用しなければ過去時制のままで残る．
  (1)　He *said*, "I *saw* Tom yesterday."　(「きのうトムに会った」と彼は言った)
　　a.　He **said** he **had seen** Tom the day before.
　　b.　He **said** he **saw** Tom yesterday.
なぜなら，(1) において，「きのう」と呼ばれる日が発話時から見て一昨日であったり，一週間前であったりすれば，話し手は (1a) を選ぶことを余儀なくさせられるし，一方，「きのう」という日が発話時から見てやはり「きのう」である場合は，話し手は当然，(1b) を選ぶからである．

[B] **法助動詞**：法助動詞が直接話法においてすでに過去形式の場合は，間接話法においても後転移しない．
  (2) a.　'You *shouldn't* smoke in the bedroom,' he *told* them.
　　　　(「寝室でたばこを吸ってはいけません」と彼は彼らに言った)
　　b.　He **told** them that they **shouldn't** smoke in the bedroom.
　　　　　　　　　　　　　　　　　　　　　　　　　　　　(Quirk et al. 1985)
  (3) a.　'We *could* be wrong,' I *told* them.
　　　　(「私たちがまちがっているかもしれない」と私は彼らに言った)
　　b.　I **told** them that we **could** be wrong.　　　　(Ibid.)
  (4) a.　It *might be* too late.　(もしかすると，遅すぎるかもしれない)
　　b.　I **was** afraid that it **might** be too late.　　(Swan 1995)
  (5) a.　A walk *would* be nice.　(散歩も素敵だろうな)
　　b.　We **thought** a walk **would** be nice.　　(Eastwood 1994)

形式が一つしかない (あるいは，元来過去時制形式であった) must, ought to, had better, used to，および need は，間接話法においても後転移しない．
  (6) a.　He *said* to me, "You *must* be tired."
　　　　(「さぞお疲れでしょう」と彼は言った)
　　b.　He **told** me that I **must** be tired.
  (7) a.　She *said* to me, "You *ought to* be more careful."
　　　　(「あなたはもっと注意深くするべきよ」と彼女が言った)
　　b.　She **told** me that I **ought to** be more careful.
  (8) a.　He *said*, "You *needn't* go."　(「君は行かなくてもよい」と彼は言った)
　　b.　He **said** I **needn't** go.
  (9) a.　He *warned*, "You *had better* not tell anyone."
　　　　(「誰にも言わないほうがいいぞ」と彼は言った)
　　b.　He **warned** that I **had better** not tell anyone.

32.3.2.　従属節が過去完了形の場合
　従属節の時制がもともと過去完了形であった場合，英語には「過去の過去」を表す形式 (=前過去) がないので，過去完了相のままで残る．

(1) a. He *said*, "I *had been* there before."
　　　　（「以前そこへ行ったことがある」と彼が言った）
　　b. He **said** he **had been** there before.

したがって，英語では，直接話法の (2a-c) の対立は，間接話法では中和され，いずれも (3) の形式一つになってしまうことになる．

(2) a. I **saw** him.
　　b. I **have seen** him.
　　c. I **had seen** him.
(3) 　I **had seen** him.

32.3.3.　従属節が叙想法の場合

[**A**]　**命令的叙想法** (mandative subjunctive) **の場合**：　叙想法現在のままで，時制の照応は起こらない．

(1)　We **insisted** that he **leave** at once.
　　　（彼が直ちに去ることをわれわれは主張した）
(2)　It **was essential** that this mission not **fail**.
　　　（この使命が失敗しないことが肝心だった）
(3)　They **expressed the wish** that she **accept** the award.
　　　（彼女がその賞を受けることを彼らは希望した）　　　（以上 Quirk et al. 1985）

[**B**]　**叙想法過去の場合**：　被伝達節の指示する時が伝達動詞（＝過去）の表す時よりも先 (anterior) である場合は，被伝達節の時制は過去完了形に後転移する．

(4) a. 'If he *were* here, he *would* vote for the motion,' she *said*.
　　　（「彼がここにいたら，この動議に賛成票を入れるでしょう」と彼女は言った）
　　b. She **said** that if he **had been** there, he **would have** voted for the motion.

直接話法の命題内容が現在でも妥当な場合は，後転移は随意的である (Quirk et al. 1985: 1031)．

(5) a. 'If I *were* in New York, I *would* visit the current exhibition at the Metropolitan Museum,' he *said*. （「もしニューヨークにいたら，メトロポリタン美術館でいま開かれている展覧会に行くのになあ」と彼が言った）
　　b. He **said** that if he **were**/**had been** in New York, he **would** visit/**would have** visited the current exhibition at the Metropolitan Museum.

Swan (1995: 506) も，非現実を表す条件文では，「しばしば」時制の照応が起こるとして，次の例を示している．

(6) a. If I **had** any money, **I'd** buy you a drink.
　　　（金があれば，一杯おごるところですが）
　　b. She **said** that if she **had had**/**had** any money, she **would have** bought/**would** buy me a drink.

しかし，非現実を表さない条件文では，後転移が起こらない（Swan 1995: 506）．
- (7) a. It **would** be nice if I **could** see you again.
    （もう一度お目にかかれれば楽しいでしょうね）
  b. He **said** it **would** be nice if he **could** see me again.

32.3.4. 副詞節の場合

[A] **時の副詞節**： 被伝達文中に副詞節が含まれている場合は，少し厄介である．まず，(1)のように，被伝達節が現在時制の場合から見ていくことにしよう．この場合は，時制の照応に関して，(2a, b, c)のように，三つの可能性がある（Huddleston 1969: 793, Palmer 1988: 42）．

- (1) I *will* leave after John **returns**. （ジョンが戻ってから発ちましょう）
- (2) a. Peter **said** he **would** leave after John **returned**.
  b. Peter **said** he **will** leave after John **returns**.
  c. Peter **said** he **would** leave after John **returns**. （以上 Huddleston 1969）

(2a)は，被伝達文全体が時制の照応をうけて非直示時制になっている．(2b)は，逆に，被伝達節全体が時制の照応をうけずに直示時制になっている（これが許されるのは，被伝達節の内容がまだ現実化していない場合に限られる）．(2c)では，after John returns という副詞節中のみで直示時制が用いられている（話し手は，自分が発つことは明確にしていないが，他方，副詞節の内容が実現するものと信じている）．

同様に，(3)のように，被伝達節中の二つの節の一方が過去完了形を含む場合は，(4a, b)のように，二つの可能性がある．

- (3) Jim *said*, "Max had already gone when I *phoned* him this morning."
  （「けさ電話したとき，マックスはもういなかった」とジムが言った）
- (4) a. Jim **said** that Max **had** already **gone** when he **had phoned** him that morning.
  b. Jim **said** that Max **had** already **gone** when he **phoned** him this morning.

(4a)は，両節とも非直示時制を用いて時制を照応させた場合（(2a)に対応），(4b)は，副詞節のみに直示時制を用いた場合（(2c)に対応）である．

被伝達文中の副詞節が同時性を表す while に導かれている場合も，事情は同じである（(5)-(6) は Huddleston 1969 からの例）．

- (5) John *waited* outside while Mary *locked* up.
  （メアリーが戸締まりをしている間，ジョンは外で待っていた）
- (6) a. He **said** that John **had waited** outside while Mary **had locked** up.
  b. He **said** that John **had waited** outside while Mary **locked** up.

すなわち，(6a)は二つの節で時制の照応が生じている例であり，(6b)は副詞節中のみで直示時制が用いられている例である．Huddleston は，(6a) と (6b) では，(6b) のほうが普通で，(6a) は比較的まれとしている．

また，(7)のような文でも，副詞節の時制は後転移しないのが普通である．

(7) a. He *said*, "I *had* already *seen* her before she *bowed*."
（「彼女がおじぎをする前に，もう彼女が目にとまっていた」と彼は言った）
　　b. He **said** that he **had** already **seen** her before she **bowed**/**had bowed**.

それは，なぜかと言えば，(7b)の that 節中の二つの動作，he had seen と she bowed の時間関係は，まず that 節の内部で明確にされるべきものであり（「おじぎ」よりも「見た」ほうが先），もしも before she had bowed としたならば，両者の時間の前後関係がぼやけてくるからである．

次のような例において，主節と副詞節の双方に過去時制が用いられているのは，両節の内容が過去時に属するためであって，時制の照応によるものでは決してない．

(8) a. It **was** broad day when he **awoke**/*awakes.
（彼が目を覚ましたときは，真っ昼間だった）
　　b. Her parents **died** while she **was** still at school. (OALD⁶)
（彼女が在学中に両親が亡くなった）

[B] **目的節**： かなり厳しく時制の照応が守られる．

(9) They **climbed** higher so that they **might** get a better view.
（彼らは，もっとよい眺めが得られるように，さらに高く登った）

(10) I **took** care that he **should** not hear me. （彼に聞こえないように気を遣った）

目的節で照応が厳しく守られるのは，他の副詞節の場合よりも，主節の動詞との関係が緊密である，つまり，動詞句の内部にあって動詞の下位範疇化 (subcategorization) に寄与しているためであると考えられる．その一つの証拠に，例えば，(10)の目的節を，次のように文頭へ移動させることはできないように思われる．

(11) ?That he **should** not hear me I **took** care.

[C] **比較節**： as/than に導かれる比較節では，時制の照応が機械的に守られることはない．比較節として，両節の時間関係を明確に伝達する必要からすれば，それは当然であろう．

(12) John sang better than
　　a. Mary did.
　　b. Mary has ever done.
　　c. Mary does.
　　d. Mary will do.

32.3.5.　時制の照応が義務的な場合

B 動詞は時制の照応が義務的であるとされるが，それは，なぜだろうか．

[A] **世界創造動詞** (world-creating verb)： dream, believe, assert のような非叙実的動詞 (non-factive predicate) は，現実世界とは別の，仮想世界を創り上げるという特徴をもっている (cf. G. Lakoff 1968, Morgan 1969)．

この種の動詞がとる補文の命題内容については，世界創造動詞の主語のみが責任を

負うことができるのであって，話し手が発話時において真偽を決定できるものではない．そこで，補文中では必然的に非直示時制が用いられる．つまり，主節の世界創造動詞の時制（＝過去時制）を基準時として，時制の照応が起こるのである．

(1) I **dreamed** that I **was** playing the piano. (G. Lakoff 1968)
（私は，ピアノを弾いている夢を見た）

(2) Marmaduke **believed** that he **was** of royal blood. (Costa 1972)
（マーマデュークは，自分は王族だと信じていた）

(3) He thought of wrenching his arm free, but **feared** it w*ould* make a scene. (Aiken, "Impulse")（彼は腕を振りほどこうかと思ったが，そんなことをすれば大騒ぎになりはしないかと恐れた）

[B] 発話様態動詞 (manner-of-speaking verb)： この種の動詞は，quip（からかって言う），snort（鼻を鳴らして言う），whisper（小声で言う）のように，発言の様態（*ie* in such and such a manner）を意味特徴としてもっている．

(4) John **quipped**/**snorted**/**whispered** that Mary **was**/***is** a spy.
（メアリーはスパイだ，とジョンはからかって/鼻を鳴らして/小声で言った）

これらの動詞は，主節の主語の発言を客観的に伝達する場合に用いられるので，話し手の信念の入り込む余地がない．そこで，時制の照応が生じるのだと考えられる．

[C] **it was likely**/**possible** のクラス： 上で触れたように，Costa は，次のような述語も B 動詞で，時制の照応が義務的であるとしている．

(5) It **seemed**/**was likely**/**was possible**/**was unfortunate**/**was a fact**/**was true** that John **was**/***is** blameless.

これらの述語は，補文の表す事態についてコメントをするという特徴を共有している．補文の表す事態にコメントするためには，その事態はすでに起こっているか，現存していなければならない．言い替えれば，補文の時は主節の時よりも前（anterior）であるか，同時的（co-temporal）でなければならない．そこで，

(6) It **is a fact** that John **does**/**did**/***will** do it.

のように，これらの述語が現在時制で用いられた場合は，補文の時制は現在・過去のどちらかであってもよいが，未来時を指すものであってはならない．一方，

(7) It **was a fact** that John **did**/***does**/***will** do it.

のように，主節の動詞が過去時制である場合は，補文の時制は過去時制しか許されない．ここで重要なことは，主節の事件も，補文の事件も，ともに発話時から見ての過去時に生じたから過去時制が選ばれているのであって，時制の照応が生じているのではない，という点である．言い替えれば，主節も補文も，ともに〈直示過去〉が用いられているのである．

NB Ross (1967: 181) は，逆方向の照応もあるとして，(i) を示している．

(i) That the sun **was**/***is** out was obvious. （陽が出ていることは明らかだった）

つまり，主節の動詞が was obvious と過去だから，主語節の動詞も was と過去になる，と

言うのである.
　しかし,英語に時制の逆照応があるとするのは疑問である.なぜなら,(i) は,
　　(ii) a.　It was obvious that the sun **was**/***is** out.
　　　　b.　The sun was out — it **was**/***is** obvious.
とパラフレーズできることによって明らかなように,上で論じた,補文の表す過去の事態に対する話し手のコメントを表す文と考えられるからである.具体的に言うなら,まず,The sun *was* out. という過去時に属する事態が存在しており,その過去の事態に対して,過去時に関してのみ妥当なものとして,It *was* obvious という話し手の論評が加えられているのである.こういう見方に立てば,Ross のように,"時制の逆照応"を認める必要はなくなる.

32.3.6.　"精神的惰性"か

　ここで,Jespersen (*MEG* IV: 152) の言う"精神的惰性"(mental inertia) による照応という考えを検討しておきたい.まず,主節の動詞が know, think, forget の場合は,時制の照応が起こるのが普通である.

(1) a.　I **knew** you **weren't** English.　　　　　　　　　(Huddleston 1969)
　　　　（あなたが英国人でないことは,知っていました）
　　b.　I **didn't know** you **were** here.　　　　　　　　　(Jespersen *MEG* IV)
　　　　（君がここにいたとは知らなかった）
(2) a.　I **thought** we **weren't** allowed to smoke.　　　(Huddleston 1969)
　　　　（喫煙は許されていないと思っていた）
　　b.　I **thought** you **were** a gentleman.　[*ie* Now I see you *are* not.] (Jespersen *MEG* IV: 156)（君は,紳士だと思っていたんだが）［今そうでないのがわかった］
(3) a.　I **forgot** you **were** married.　　　　　　　　　　(Jespersen *MEG* IV)
　　　　（あなたが結婚していることを忘れていた）
　　b.　I **forgot** (that) you **were** coming.　　　　　　　(H. E. Palmer 1939)
　　　　（君が来るのを忘れていた）
(4)　you **discovered** I **was** Irish.　　　(Zangwill, *The Grey Wig*) [Jespersen]
　　　（私がアイルランド人だということに気づいたのですね）
(5)　Who **told** you I **was** called Carl David?　　　(Ch. Brontë, *Villette*)
　　　（私がカール・デイヴィッドだ,と誰が言ったのかね）

　このうち,know, think は B 動詞であるから,照応は予測可能であるが,discover, forget, realize は,Costa (1972) によれば,照応が随意的な A 動詞とされているが,少なくとも上例のような環境では,照応は義務的になると考えなければならない.
　Jespersen (*MEG* IV: 152) は,以上のような例を"精神的惰性"による照応としているが,それは誤りであろう.なぜなら,I knew/thought/forgot は,「その時は知っていた/考えていた/忘れていた」のように,過去の基準時における話し手の心理状態を報告しているのであり,したがって,従属節の命題内容も当該過去時においてのみ妥当なものとして表現され,現在における妥当性については何も言われていないと解されるからである.

(2b) では，Now I see you are not. という現在の状況と対比されて，補文の内容の現在における妥当性は否定されている．(3b) でも，過去の特定時に「あなたが来ることになっていた」のは確かであるが，現在もそうであるという含意はない．(1b) に至っては，

(6) You **were** here though I **didn't** know it.
　　（知らなかったけど，あなたはここにいたんですね）

とパラフレーズすれば明らかになるように，明瞭に過去の特定時の状況に言及しているので，ここでは，時制の照応が生じているのではなく，発話時を基準時とする「直示過去」が用いられていると見るほうがより適切である．

次に，Jespersen は，(7)，(8) のような例も"精神的惰性"ということで説明しようとしている．

(7) What **did** you **say** his name **was**? （彼の名が何だとおっしゃいましたか）
(8) A: I am going to Bristol on Thursday.
　　　B: (a little later) What day **were** you going to Bristol?
　　（A: 木曜日にブリストルに行きます．B: (しばらくたって) 何曜日にブリストルへ行くんでしたっけ）

例えば，(8) は，What day (did you say) you were going to Bristol? のように，主節の表現されていない動詞 (ie say) の過去時制に引かれているのだ，と説明する．意味論的にはそのとおりかもしれないが，統語的な省略があるとするのは無理である．私見では，(7) の was，(8) の were は，旧情報を表す過去時制とするのが最も妥当な説明であると思われる．すなわち，われわれの考え方では，(7) は，「さっき彼の名をおっしゃいましたが，あれ何でしたっけ？」のごとき意味であり，話し手はすでに聞いたことのある彼の名 (＝旧情報) を確認しているのだと説明される．(8) の場合は，A が木曜日にブリストルに行くということは，先行する A の発言によって旧情報になっているので，B は were を用いてその旧情報を確認しているのである．

NB 旧情報の確認には，日本語ではタ形が用いられる．例えば，上の (1b) は，
　(i) 君がここにい<u>た</u>とは知らなかった．
が対応する．また，夫が大阪へ出張することを知っていて，その日程を確認したい妻は，
　(ii) 出張はいつ/火曜日でし<u>た</u>っけ？
と聞くことができるし，また，それが最も自然な表現であろう．一方，(iii) は，新情報を求める疑問文である．
　(iii) 出張はいつですか．

32.4. 時制の照応をうけない場合

以上，時制の照応が随意的な A 動詞，義務的な B 動詞を中心に，時制の照応の実態を見てきた．A 動詞，B 動詞というのは，名詞節 (＝that 節) を目的語としてとる述語なので，われわれの検討は，いきおい，名詞節を中心とするものであった．

副詞節の場合は，上で触れたので，ここでは，形容詞節の場合を考察する．

形容詞節の場合，主節の動詞に統語的に支配される（つまり，補文になる）ということがないので，時制の機械的な照応はほとんど起らないと言ってよい．つまり，発話時を基準時とする「直示時制」が用いられるのである．
　まず，次例を見られたい．
　(1) He **gazed** at the picture which **hung** on the wall.
　　　（彼は，壁にかかっている絵をじっと見つめた）
この場合，過去時制 hung は，その状態が発話時から見て過去時に属するものであるために当然要求されたもの（＝直示時制）であって，時制の照応によるものではない．同様に，
　(2) The idea that **came** to me seemed brilliant.
　　　（頭に浮んで来た考えは，すばらしいものに思えた）
の場合も，時制の"逆照応"とは考えない．(2) は，
　(3) An idea **came** to me.　It **seemed** brilliant.
とパラフレーズできるものであり，二つの動詞によって表現される事態はともに過去時に属するものである．
　形容詞節が主節の時制に左右されないということは，(4)，(5) の例ではいっそう明瞭である．
　(4) But Conway **did** not want to make the effort that aeroplane conversation **demands**.　　　　　　　　　　　　　　(Hilton, *Lost Horizon*)
　　　（しかし，コンウェーは，機上の会話に必要な努力をしたくなかった）
　(5) He had hardly spoken before there **rushed** into the room one of the most lovely young women that I **have** ever **seen** in my life.　(Doyle, *Adventures of Sherlock Holmes*)（彼が口をきくかきかないかのうちに，バタバタと部屋へ入ってきたのは，これまで見たこともないような美しい若い女だった）
上の二つの用例の場合，形容詞節で現在時制が用いられているのは，ともにその内容が現在時にかかわる事柄を述べているためである．

第33章

直接話法と間接話法

33.0. 概　説

Aの言葉や思想をBに伝えるのに，大きく二つの方法がある．一つは，Aの言葉や思想をそのままBに伝える方法，もう一つは，Aの言葉や思想の趣旨を話し手の言葉に直して伝える方法である．

前者を**直接話法** (direct speech)，後者を**間接話法** (indirect speech) と言う．

(1) a. John said, "I want to go home." ［直接話法］
    （「家に帰りたい」とジョンが言った）
  b. John said (that) he wanted to go home. ［間接話法］
    （家に帰りたい，とジョンが言った）

(1) において，John said を伝達節 (reporting clause)，said を伝達動詞 (reporting verb)，伝達される文を被伝達節 (reported clause) と言う．伝達動詞の中には，think, wonder, recall のような思考動詞も含まれる．

完全な直接話法と間接話法のほかに，実際には，直接話法と間接話法の混合した**混合話法** (mixed speech) もよく使用されている．

さらに，被伝達節だけが独立して，地の文（会話以外の説明や描写の文）の中に投げ込まれている形式を，特に**描出話法** (represented speech) と呼ぶ．登場人物の実際に言ったことよりも，心中で考えていることである場合が多い．

NB　日本の教科文法では，narration（話法）という用語がよく使用されているが，Jespersen や英米の権威ある文法書では，一般に direct and indirect speech が用いられている．

33.1. 直接話法

33.1.1. 伝達節の位置

伝達節は，被伝達節の前後いずれにも置かれる．被伝達節が長いときには，中間に置かれることもある．

(1) a. **She complained**, 'The radio is too loud.'
  b. 'The radio is too loud,' $\begin{cases} \textbf{complained Mary.} \\ \textbf{she complained.} \end{cases}$ (Quirk et al. 1985)
    （「ラジオの音が大きすぎる」とメアリー/彼女が不平を言った）

(2) 'I wonder,' { John said / he said / said John } 'whether I can borrow your bicycle.'
(Quirk et al. 1985)
(「君の自転車,借りられるかな」とジョン/彼が言った)

書き言葉では,ときどき随意的に伝達節の主語名詞(特に長い場合)が倒置される.動詞(特に say)が単純現在または単純過去で,主語が名詞句の場合は,said John のように,倒置(inversion)が起こることがある.ただし,伝達動詞の主語が代名詞の場合,said he と倒置するのは,〈古風〉である (Quirk et al. 1985: 1022).

(3) a. 'What do you mean?' **asked John**/**John asked**.
(「そりゃどういう意味だね」とジョンが尋ねた)
b. 'What do you mean?' **he asked**.

NB 新聞英語では,ときに伝達動詞を文頭におく方式が用いられる.
(i) **Said a pollster**: "Frenchmen still like to believe that they are the world's greatest lovers." (Biber et al. 1999) (世論調査員いわく:「フランスの男たちは,いまだに,自分たちは世界一の恋人だと信じたがっている」)

33.1.2. 引用符

引用符は,1611年の欽定英訳聖書 (AV) にはなく,18世紀の小説にもない.現代英語でも,小説などに直接話法なのに引用符を用いない,(1)のような例が見られる.しかし,この方式は,本書の定義では「混合話法」になるので,§33.3 で詳論する.

(1) I ... say *leave it outside the door please*. (Hemingway, *A Farewell to Arms*)
(それをドアの外へ置いといてください,と言っているのだ)

引用符は,シングル ('...') とダブル ("...") があるが,前者は特に〈英〉,後者は特に〈米〉で用いられる.引用の中の引用は,〈英〉では ' "..." ',〈米〉では " '...' " になる.

(2) a. 'I heard "Keep out" being shouted,' he said. 〈特に英〉
b. "I heard 'Keep out' being shouted," he said. 〈特に米〉
(「『立ち入るな』と叫んでいるのが聞こえました」と彼が言った)

NB 新聞英語では,話法に関して,次の四つの方式が用いられている.
(i) 直接話法:
"*This particular incident is as horrendous an error as one can imagine*," said Thomas Murray. (*The Japan Times* 03/1/22) (「この事件は想像を絶するほど恐ろしい医療ミスです」とトーマス・マレーは言った)
(ii) 間接話法:
But officials said *Santillan received no preferential treatment*. (Ibid.)
(しかし,職員らは,サンティランは特別待遇はうけていないと言った)
(iii) 間接話法に直接話法の引用文を組み込む方式
Former U.S. President Bill Clinton has canceled a forthcoming trip to India due to "*serious security concerns*," reports said Friday. (AFP) (前米国大統

第33章 直接話法と間接話法

領ビル・クリントンは、「深刻なセキュリティ上の問題」のため、今度のインドへの旅行を中止した、と金曜日に報道された)

(iv) 被伝達節を引用符なしに伝達する方式(伝達動詞は文末におく)
Choi escaped with his train's master key, leaving passengers trapped in their cars and choking in flames and toxic fumes, Cho said. (*The Japan Times* 03/1/22)(チョイは電車のマスターキーをもって逃れ、乗客たちは車両に閉じこめられ、炎と毒性ガスの中で息が詰まった、とチョウが言った)

(iv)の方式で用いられている伝達動詞は、圧倒的に said で、ほかに added, reported なども使用される。この方式は、いわば直接話法と間接話法との妥協の産物であって、これには時制の照応などという文法規則に煩わされずに、自由に「直示時制」が使用できるという利点がある。この方式が新聞英語で頻用されるのは、このためであろう。

33.1.3. 被伝達節の機能

被伝達節は、普通、伝達動詞の目的語になっているが、主語補語、同格節、外置された主語の機能を果たしていることもある。

(1) a. John said, '*I don't like this party*.' ［直接目的語］
  (「こんなパーティーは嫌いだ」とジョンが言った)
 b. What John said was '*I don't like this party*'. ［主語補語］
  (ジョンが言ったのは、「こんなパーティーは嫌いだ」ということだった)
 c. John used the following words: '*I don't like this party*.' ［同格節］
  (ジョンは次のように言った、「こんなパーティーは嫌いだ」)
 d. It is said *that the old man is a millionaire*. ［外置された主語］
  (その老人は、百万長者だと言われている)

33.1.4. 伝達動詞の種類

次のような発話・思考の伝達動詞があるが、最も多く使用されるのは、say である。

(1) a. say, add, comment, admit, conclude, observe, announce, confess, state, answer, promise, cry (out), argue, declare, protest, assert, exclaim, explain, remark, warn, beg, insist, boast, maintain, reply, wonder, claim, write, report, ...
 b. おもに命令文: order, urge, ...
 c. おもに疑問文: ask, inquire, ...
 d. 思考動詞: think, recall, realize, recognize, suppose, ...
 e. 発話様態動詞: falter, mumble, murmur, mutter, snap, sneer, sigh, sob, whisper, ...

(1e)の発話様態動詞の場合は、'say in an x manner'のように、say の意味が重なっている。

(2) a. "Coward!" he **sneered**. ［= said sneeringly］
  (「腰抜けめ!」と彼はせせら笑って言った)
 b. "Oh well, better luck next time," she **sighed**. ［= said with a sigh］

(OALD[6])(「まあいいか,この次はいいことあるわ」と彼女はため息まじりに言った)

33.2. 間接話法

直接話法を間接話法に変換するとき,直示的 (deictic) な特徴が変わることがある.
- (1) a. 動詞の時制形式
  - b. 時間の副詞語句
  - c. 場所の副詞語句
  - d. 人称代名詞
  - e. 指示代名詞

このうち,動詞の時制の転移は,第32章「時制の照応」で扱った.

33.2.1. 代名詞・副詞語句の変更

被伝達文中の this, I のような指示代名詞・人称代名詞や,here, today のような場所・時間の副詞語句のように直示的特徴をもった項目は,場面に依存するものであるから,伝達の時と所が変われば,話し手の立場から適当に変える必要が生じる.

まず,人称代名詞の場合から見ていこう.人称が変われば,動詞の形式も変わる場合がある.以下,変更部分は太字体で示す.

- (1) a. He says, "I am wrong." [I = he]
  (「私がまちがっている」と彼は言っている)
  - b. ⇒ He says (that) **he is** wrong.
- (2) a. John said to me, "You are wrong." [You = I]
  (「君はまちがっている」とジョンが私に言った)
  - b. ⇒ John **told** me (that) **I was** wrong.
- (3) a. John said to Mary, "I love you." [I = John; you = Mary]
  (「君を愛している」とジョンがメアリーに言った)
  - b. ⇒ John **told** Mary (that) **he loved her**.

次は,指示代名詞や場所・時間の副詞語句が変わる場合である.

- (4) a. He said, "She is coming this week." [この]
  (「彼女は今週やって来る」と彼が言った)
  - b. ⇒ He said (that) she **was** coming **that** week. [その]
- (5) a. He said at the library, "I'll be here again tomorrow." [あす]
  (彼は図書館で「あすまたここへ来る」と言った)
  - b. ⇒ He said at the library that **he would** be **there** again **the next day**.
  [翌日]

次に代名詞・副詞語句の変更をまとめておく.

- (6)　直接話法　　　　　　　間接話法
  - this/these　　⇒　that/those
  - here　　　　　⇒　there

now	⇒	then
today	⇒	that day
tonight	⇒	that night
tomorrow	⇒	the next / following day
yesterday	⇒	the day before, the previous day
this week / month	⇒	that week / month
last week / month	⇒	the week / month before, the previous week / month
next week / month	⇒	the following week / month
a week / month ago	⇒	a week / month before
long ago	⇒	long before

NB 上述したように，代名詞や場所・時間の副詞語句は，場面依存的であるから，場面が変わらなければ人称代名詞以外には変更は生じないことに注意．例えば，上の (4) の内容を「今週」中に伝達するのであれば，相変わらず this week のままでよいし，(5) の場合も，伝達者が被伝達節が発せられたのと同じ日に同じ図書館にいるのであれば，(i) のように，人称代名詞以外には，当然，何の変化も生じない．

 (i) He said at the library that **he** will be here again tomorrow.

33.2.2. 平叙文の場合

 (1) John said (to me), 'I am tired.' (「疲れちゃった」とジョンは(私に)言った)

(1) は，次の操作を経て，間接話法に変えられる．

 ① 伝達動詞が say to の場合は tell に変え，say (および他の動詞) の場合は変えない (ただし，said to me もないわけではない[1])．

   ⇒ John **told me** / **said** ...

 ② 被伝達文を that 節に変える (ただし，この that は，伝達動詞が say, tell, wish, think のような日常語の場合はよく省略される)．

   ⇒ John told me / said (**that**) ...

 ③ 被伝達文中の時制・人称代名詞・指示代名詞・時と場所の副詞語句を話し手の視点から見て適切なものに変える．

   ⇒ John told me / said (that) **he was** tired.

類例:

 (2) a. He said to me, "I want to see you tomorrow."
    (「あすお目にかかりたい」と彼は私に言った)
   b. ⇒ He **told** me (that) **he wanted** to see **me the next day**.

---

1. (i) You **said to me that** Sibyl Vane represented to you all the heroines of romance.
  (Wilde, *The Picture of Dorian Gray*) (シビル・ヴェインは，自分にとってはロマンス物語の全ヒロインの代表だ，と君はぼくに言ったよね)
 (ii) The doctor has **said to me that** since she came I'm changed completely. (BNC)
  (彼女が来てから，ぼくはすっかり変わった，と医者がぼくに言った)

NB He answered, 'Yes/No.' は，He answered in the affirmative/in the negative. に変えることもできるが，大げさで〈格式的〉な言い方なので，普通は He answered yes/no. が用いられる．

 (i) I **told** you **yes** once.   (Spillane, *Kiss Me, Deadly*)
    （いつかそうだ，とおれは言ったよな）
 (ii) I **said no**. (Cain, *Serenade*)（私はいいやと言った）
 (iii) The last time I asked you, you wouldn't even bother to **say yes or no**.
                   (Caldwell, *This Very Earth*)
    （この前，君に尋ねたときには，君はうんともすんとも言いさえしなかったな）

33.2.3. yes/no 疑問文の場合

 (1) He said (to me), "Have you seen Mary anywhere?"
    （「メアリーをどこかで見かけたかい」と彼は（私に）言った）

yes/no 疑問文は，次の操作を経て間接話法に変えられる．変更された部分は，太字体とする．

① 被伝達節を補文標識 if/whether を"つなぎ語"としてつなぐ（whether のほうが〈格式的〉）．
  ⇒ He asked (me) **if/whether** …
② 被伝達節を間接疑問文（if/whether＋S＋V）に変える．
  ⇒ He asked (me) if/whether I **had seen** Mary anywhere.

類例：

 (2) a. He said, "May I use your telephone?"
    （「電話を貸していただけますか」と彼は言った）
  b. ⇒ He asked **if/whether he might** use **my** telephone.
 (3) a. "Are you satisfied or not?" I asked her.
    （「満足しましたか，どうですか」と彼女に尋ねた）
  b. ⇒ I asked her **whether or not she was** satisfied.
 (4) a. I asked Philip, "Would you please find Dr Janney?"
  b. ⇒ I asked Philip **if he** would please find Dr Janney. (Queen, *The Dutch Shoe Mystery*)（どうかジャニー医師を見つけてくれませんか，と私はフィリップに頼んだ）［間接話法中の please の生起に注意］

NB 〈依頼〉の意味を表す "Will you …?" は，ask を用い，to 不定詞構文とする．
 (i) a. He said to me, "Will you pass me the salt?"
  b. ⇒ He **asked** me **to pass** him the salt.
    （「塩を取ってくださいませんか」と彼は私に言った．）

33.2.4. wh 疑問文の場合

 (1) John said (to me), "When will the plane leave?"
    （「飛行機はいつ発つのですか」とジョンは（私に）言った）

この文は，次の操作を経て，間接話法に変えられる．

① 伝達動詞を ask に変える．
⇒ John **asked** (me) ...
② 被伝達文を間接疑問文（wh 語＋S＋V）に変える（疑問詞が補文標識（＝つなぎ語）になる）．その他の変化は，平叙文の場合と同じである．
⇒ John asked (me) when the plane **would** leave.
(2) a. I said to Mary, "Why have you done that?"
(「君はなぜあんなことをしたの」と私はメアリーに言った)
b. ⇒ I **asked** Mary why **she had done** that.

伝達動詞で疑問を表すものとして，ほかに wondered/wanted to know なども用いられる．
(3) a. He said, "How do you operate this machine?"
(「この機械，どうやって動かすの」と彼は言った)
b. ⇒ He **wanted to know** how **I** operated **that** machine.
(4) a. "Which is the right road?" I wondered.
(「どちらが正しい道だろう」と私は思った)
b. ⇒ I **wondered** which **was** the right road.

33.2.5. 命令文の場合
[A] 肯定命令文の場合
(1) He said to me, "Go at once." (「すぐ行け」と彼は私に言った)
命令文は，次の操作を経て，間接話法に変えられる．
① 伝達動詞を，命令の意味を表す tell, order などに変える．
⇒ He **told** me ...
② 被伝達節中の命令形の動詞を to 不定詞に変える．
⇒ He told me **to go** at once.

伝達動詞は，被伝達節の内容によって，ask〈依頼〉, advise〈助言〉, invite, urge〈誘い〉も用いられる．
(2) a. He said to me, "Please send for the doctor."〈依頼〉
(「医者を呼んでください」と彼は私に言った)
b. ⇒ He **asked** me **to send** for the doctor.
(3) a. The doctor said to him, "Don't smoke too much."〈助言〉
(「たばこを吸いすぎてはいけません」と医者は彼に言った)
b. ⇒ The doctor **advised** him **not to smoke** too much.

「説得の do」には，urge を使用することができる．
(4) a. "Do have a cup of coffee," she said to me.〈誘い〉
(「ぜひコーヒーを1杯召しあがれ」と彼女が私に言った)
b. ⇒ She **urged** me **to have** a cup of coffee.

話し言葉では，直接話法の please が分離不定詞（§14.7.6）の形で to 不定詞に挿

入される場合がある.

(5) a. He asks you **to please stay** for supper. (BNC)
（どうぞ夕食をごいっしょに，と彼が言っています）
b. I asked her **to please give** her the note. (Salinger, *The Catcher in the Rye*)（ぼくはその子に，彼女に手紙を渡してほしいと言った）

命令文は，that 節で表すことができるものがあるが，to 不定詞の文とは意味が異なる.

(6) "Tidy up the room at once," I said to Tom.
（「部屋をすぐ片付けなさい」と私はトムに言った）
a. I **told** Tom **to tidy** up the room at once.
b. I **ordered that** Tom **tidy up**/〈英〉 **should** tidy up the room at once.
（トムにすぐ部屋を片付けさせなさい，と私は（第三者に）命じた）

(6a) は Tom に直接命令しているのに対して，(6b) は Tom 以外の第三者に命令しているので，(6) とは異なった意味になる.

NB 〈勧誘〉を表す 'Let's ...' の形式は，that 節を用いて，次のようにする.
(i) a. Mary said (to John), "Let's start at once."
（メアリーは，「すぐ出発しましょう」と（ジョンに）言った）
b. ⇒ Mary **suggested**/**proposed** (to John) **that** they **start**/〈英〉 **should** start at once.

[B] **否定命令文の場合**: 伝達動詞を tell に変え，「Don't＋原形」を「not＋to 不定詞」に変換する.

(7) a. He said to her, "Don't do it."
（「そんなことをするな」と彼は彼女に言った）
b. ⇒ He **told** her **not to do** it.

33.2.6. 感嘆文の場合

what や how で始まる感嘆文では，それらを補文標識とする.

(1) a. "How silly you are!" Mary told him.
（「ばっかじゃないの，あんたって！」とメアリーは彼に言った）
b. ⇒ Mary told him **how** silly **he was**.
(2) a. She said, "What a lovely garden this is!"
（「ここって，何て美しい庭でしょう」と彼女は言った）
b. ⇒ She said **what** a lovely garden **that was**.

NB 話し言葉では，how, what で始まらない感嘆文を間接話法で伝達する場合は少ない.参考までに，次のような場合をあげておくが，このような変換は，知的意味も微妙に変わるので，文法の問題というよりも，作文・修辞学の問題と言うべきであろう．例えば，(ib, b′) から (ia) の "Oh dear!" を復元することは，まず不可能である.
(i) a. She said, "Oh dear! I've torn my dress!"
（あらあら，ドレス，破いちゃった！」と彼女が言った）

b.　⇒ She **exclaimed bitterly that** she had torn her dress.
　　　b′.　She **sighed and said that** she had torn her dress.
　(ii) a.　He said to me, "A merry Christmas!"
　　　　　(「クリスマスおめでとう」と彼は私に言った)
　　　b.　⇒ He **wished** me a merry Christmas.
　(iii) a.　He said, "Alas! I am ruined!"
　　　　　(「ああ，これでおれも破滅だ！」と彼は言った)
　　　b.　⇒ He **cried out with a sigh** that he was ruined.

33.3.　混合話法

　この節では，直接話法と間接話法の混合された形式を考察する．大きく，三つのタイプに分けられる．
　① A 型：　被伝達節が引用符に囲まれていることを除いて，その他の点では間接話法の特徴を有するもの．
　② B 型：　語順は直接話法のままであるが，引用符に囲まれていないし，時制・人称の変化が起こっているもの．
　③ C 型：　引用符なしの直接話法．
　現代英語では，間接話法としては，A 型は少数派で，B 型，C 型が多く用いられている．現代の小説類を読んでいると，直接話法をそのまま間接話法に持ちこんだような形式 (C 型) が，盛んに使用されているのに気がつく．

33.3.1.　A 型

　(1) a.　He said that "*his father was seriously ill.*"
　　　　　(「父が重病なんだ」と彼は言った)
　　　b.　= *His father*, he said, *was seriously ill.*
　(2)　Austrian Chancellor Bruno Kreisky said in an interview published Sunday Israel's "*aggression*" against southern Lebanon could presage war and that a solution to the Palestinian problem "*is the key to a Middle East peace.*"　　　　　　　　　　　　　　　　　　(UPI 1982/5/4)
　　　　(オーストリアのブルーノ・クライスキー首相は，日曜日に公開されたインタビューにおいて，イスラエルの南レバノンへの「侵略」は戦争の前兆になりうるものであり，パレスチナ問題の解決が「中東の平和への鍵である」と述べた)
　(2) の例は，混合話法というよりも，文の一部の引用と言うべきかもしれない．

33.3.2.　B 型

　B 型のような話法の口語的形式は，間接話法のまだるっこくて，往々にして不自然な形に比べて，直截(ちょくせつ)で柔軟性に富んでいるので，今後，ますます多用されていくものと思われる．

[A]　平叙文の場合
　(1)　And little Sunshine ... indicated, with a tilt of his head, that *yes, the*

　　　　charm would be made.　　　　　　　(Capote, *Other Voices, Other Rooms*)
　　　(すると、リトル・サンシャインは、こっくりうなずいて、いいよ、お守りを作ってあげようという旨を伝えた)［＜yes, the charm will be made］

(2)　Bassi said *no that was no test because he had already drunk twice as much as I.*　(Hemingway, *A Farewell to Arms*)(バッシーは、それはテストにならない、おれはもう君の2倍も飲んだのだから、と言った)［＜no, this is no test because I have already drunk twice as much as you］

(1),(2)では、学校文法では許されないyes, noの据え置きが行われている点が興味深い。

[B]　yes/no疑問文の場合

(3)　She asked me *was I tired and would I like to stay the night there?*
　　　(Joyce, *A Portrait of the Artist as a Young Man*)(女は私に、お疲れですか、今夜はここにお泊まりになりませんか、と聞いた)［＜Are you tired? Would you like to stay the night here?］

(4)　He ... asked *did he get whipped often at school.*　(Joyce, *Dubliners*)(彼は、学校ではよく鞭うたれたかと聞いた)［＜Did you get whipped often at school?］

(5)　I wonder *is it far to Detroit.*　　　　　　(Elmer Rice, *The Subway*)
　　　(デトロイトまでは遠いのかしら)

[C]　wh疑問文の場合

(6)　She asked him *why did he not write out his thoughts.*　(Joyce, *Dubliners*)(彼女は、なぜ考えていることを洗いざらい書いてしまわないのか、と彼に尋ねた)［＜Why don't you write out your thoughts?］

[D]　感嘆文の場合

(7)　I suddenly remarked *how beautiful it was outdoors.*　(Miller, 'Via Dieppe-Newhaven')(私は思わず、なんて外は美しいんだ、と言った)［＜How beautiful it is outdoors!］

(8)　We revenged ourselves on Leo Dillon by saying *what a funk he was.*
　　　(Joyce, *Dubliners*)(私たちは、おまえはなんて腰抜けなんだ、と言って、レオ・ディロンに腹いせした)［＜What a funk he is!］

(9)　He began to speak to us about the girls, saying *what nice soft hair they had* and *how soft their hands were.*　(Ibid.)(彼は娘たちのことを話しはじめて、なんときれいな柔らかい髪をしているか、手がどんなに柔らかいか話した)［＜What nice soft hair they have and how soft their hands are!］

このように、how, whatに導かれる感嘆文は、how, whatをそのまま補文標識に利用しようとする傾向が強い。感嘆文を必ずthat節に書き替えさせようとする学校文法の習慣は、現代英語の実情に即していない、と言わなければならない。

[E]　命令文の場合

(10)　I said *get a cop.*　　　　　　　　　　　(Spillane, *Kiss Me, Deadly*)

第33章　直接話法と間接話法　　　　　　　　　　　　717

　　　　（サツを呼べって言ったんだよ）
(11)　I said *quickly please*.　　　　　　　　(Queen, *The Dutch Shoe Mystery*)
　　　（私は，どうか早くしてくれと言った）
(12)　I ... say *leave it outside the door please*.　　(Hemingway, *A Farewell to Arms*)（それをドアの外へ置いといてください，と私は言っているのだ）

Jespersen (1924: 299) は，命令文がそのまま据え置かれる例は少ないと言っているけれども，話し言葉では，そのような制限はもはや存在しないようである．

33.4.　重文・複文などの間接話法

これまでの変更の仕方を応用すればよい．

33.4.1.　被伝達節が重文の場合

[A]　二つの平叙文からなる場合：　接続詞が and, but の場合は，その次に"つなぎ語"（＝補文標識）の that を繰り返して，文脈を明らかにする．ただし，第一の that は省略されることもある．

(1) a.　He said, "My father has gone out, *but* my mother is at home."
　　　　（「父は外出しましたが，母は家にいます」と彼は言った）
　　b.　⇒ He said (**that**) **his** father **had** gone out, **but that his** mother **was** at home.

この場合，第二の that を省略すると，「父は外出した」と彼は言ったが，母親は家にいたという意味にも解される（つまり，彼が言った内容ではなくなることがある）．

　次の例は，等位接続詞なしで三つの that 節がつながれている．

(2)　He was thinking **that** next week was his birthday, **that** he would be forty-five years old, **that** he didn't feel a day over thirty-five.　(McBain, *Ten Plus one*)（来週はおれの誕生日だ，45歳になる，（でも）35歳より1日も上ではないような気がする，と考えていた）

[B]　等位接続詞が **for**〈雅語〉や **so** の場合：　for, so を"つなぎ語"として使用し，第二の that は繰り返さない．

(3) a.　She said, "I listened eagerly, *for* he brought news of my son."
　　　　（「私は熱心に耳を傾けました，彼が息子の消息をもたらしてくれたので」と彼女は言った）[*for that ... とはしない]
　　b.　⇒ She said **that she** listened eagerly, **for** he **had brought** news of **her** son.
(4) a.　He said, "I missed the bus, *so* I was late for work."
　　　　（「ぼくはバスに乗れなかった．それで会社に遅刻してしまった」と彼は言った）
　　b.　He said **that he** missed the bus, **so he** was late for work.

[C]　〈**yes/no** 疑問文＋等位接続詞＋**yes/no** 疑問文〉の場合：　if/whether を繰り返

す．
- (5) a. He said, "Are you satisfied? Or have you anything to complain of?"（「満足しましたか．それとも何か不満がありますか」と彼が言った）
  b. ⇒ He **asked if/whether I was** satisfied, **or if/whether I had** anything to complain of.

[D] 〈wh 疑問文＋and＋wh 疑問文〉の場合： 疑問詞を繰り返す（伝達動詞は必ずしも繰り返さなくてもよい）．
- (6) a. She said to me, "Where is Mary? Why isn't she studying in her room?"（「メアリーはどこにいるの．なぜ自分の部屋で勉強していないの」と彼女は私に言った）
  b. ⇒ She **asked** me **where** Mary **was and** (wanted to know) **why she wasn't** studying in her room.

33.4.2. 被伝達節が複文の場合

被伝達節が名詞節を含む場合は，普通，時制の照応が生じる．名詞節は，伝達動詞の補部として，それに依存しているからである．
- (1) a. He said to me, "Do you know *who* is coming?"
  （「誰が来るのか知っていますか」と彼が私に言った）
  b. ⇒ He **asked** me **if/whether I knew who was** coming.
- (2) a. "Do you know *why* he didn't come?" he asked.
  （「なぜ彼が来なかったか知っていますか」と彼が聞いた）
  b. ⇒ He **asked if/whether I knew why** he **hadn't come**.

被伝達節が副詞節を含む場合は，§32.3.4 で扱っている．

33.4.3. 被伝達文が異なる種類の文からなる場合
それぞれの文に応じた伝達動詞を使うのが原則である．
[A]「平叙文＋yes/no 疑問文」の場合
- (1) a. He said, "I like this. May I have it?"
  （「これは気に入った．売っていただけますか」と彼は言った）
  b. ⇒ He **said** (**that**) **he liked that and asked if** he **might** have it.

[B]「平叙文＋wh 疑問文」の場合
- (2) a. Mary said, "I must write some letters. What date is it?"
  （「手紙を書かなければならない．きょうは何日かしら」とメアリーは言った）
  b. ⇒ Mary said (**that**) **she** must write some letters **and asked** what date it **was**.

[C]「平叙文＋命令文」の場合
- (3) a. "Someone's coming," he said. "Get behind the curtain."
  （「誰か来てる．カーテンの陰に隠れなさい」と彼が言った）

  b. ⇒ He said (**that**) someone **was** coming **and told** me **to get** behind the curtain.

[D] 「命令文＋平叙文＋命令文」の場合

(4) a. He comforted her feebly, and said to her "Don't cry, it will be all right, never fear."

  b. ⇒ He comforted her feebly, **telling** her **not to cry, that** it **would** be all right, never fear.   (Joyce, *Dubliners*)
(彼は，弱々しく彼女を慰めた．そして言った「泣くんじゃない，うまく行くさ．心配しなくてもいい」)

33.5.　自由話法

33.5.1.　自由間接話法

登場人物の言葉や思考を，地の文に投げ出された形で表現する**描出話法**（represented speech）［Jespersen 1924: 290］，または**自由間接話法**（free indirect speech）［Quirk et al. 1985: 1025: Bally 1932 の自由間接文体（style indirect libre）の訳語］は，小説の中でよく用いられている．

伝達動詞を欠いているが，時制・人称の変化が生じている．Visser (1966: 784) によれば，18 世紀の心理小説家 Samuel Richardson からの用例がこの話法の初例であるというのは，興味深い．

[A] 次の例は，作中人物が実際に使った言葉である．

(1) We soothed and comforted her by such words we could find. *Did she know where her husband was? Was it possible that we could bring him back to her?* (Doyle, *Adventures of Sherlock Holmes*) (私たちは，思いつくかぎりの言葉を使って，彼女をなだめたり，慰めたりした．ご主人がどこにいるのか知っていますか．何とかしてご主人を連れ戻してあげましょうか) [＜Do you know where your husband is? Is it possible that we can bring him back to you?]

[B] 次の (2)–(4) は，作中人物の心中で考えたことである．このタイプのほうが頻度が高い．

(2) A divorce! The word was paralysing. *She would pass out of his life, and he would never see her again!* (Galsworthy, *The Man of Property*) (離婚！　その言葉に呆然としてしまった．あれは，おれの生活から消えていき，もう二度と会うことはなくなるんだ！) [＜She will pass out of my life, and I will never see her again!]

(3) She was growing a trifle impatient: *if he wanted to sulk, let him, she didn't care.* (Maugham, *Painted Veil*) [Visser] (彼女は，少しいらいらしてきた．すねたいんだったら，すねたら．私はへっちゃらよ) [＜if he wants to sulk, let him, I don't care.]

(4) Max was feeling remorseful. *He shouldn't have spoken to them so*

harshly. *He would have to apologise to them next time he saw them.*
(Huddleston & Pullum 2002)（マックスは，後悔していた．彼らにあんなにきびしい言葉を使うべきじゃなかった．今度会ったら謝らなくちゃな）[<I shouldn't have spoken to them so harshly. I will have to apologise to them next time I see them.]

　自由間接話法は，談話の頭にいきなり現れることはない．通例，この話法が自然に使えるようにするために，"お膳立て"(springboard phrase) が用意されている．(2) の The word was paralysing., (3) の She was growing a trifle impatient:, (4) の Max was feeling remorseful. という部分が，それである．「呆然として」，「いらいらしてきた」，「後悔していた」というのは，いずれも精神状態に言及しているので，その次に，心中の思いを述べるのがきわめて自然になるのである．

33.5.2.　自由直接話法

Quirk et al. (1985: 1032) や Huddleston & Pullum (2002: 1029) は，次のような自由直接話法が現代の小説の中で用いられていることを報告している．伝達動詞はないが，直接話法の一種なので，時制の照応も，人称，副詞語句の変更もない．

(1)　I sat on the grass staring at the passers-by. Everybody seemed in a hurry. *Why can't I have something to rush to?*　　　　(Quirk et al. 1985)
（私は芝生にすわって通行人をじっと見つめていた．誰もがせかせかしているみたいだった．どうして，おれは飛びつくものがもてないんだろう？）

　自由直接話法は，日本の作家によっても多用されている．日本語でも，人称，副詞語句の変更もなく，ル形がそのまま使用される．

(2)　私は大変恥ずかしかったが，このとき，本当に川端昇を尊敬した．何という男だろう．本当に売る気だ．そして更に驚いたことには，本当に買い手が寄って来たのだった．
　　　　　　　　　　　　　　　　　　　　　　　（伊藤整「海の見える町」）

第 34 章

代用形と省略

34.0. 概 説

本章では，代用形（pro-form）と省略（ellipsis）をとりあげる．ともに文構造を簡略にすることを目的としている．(1a) は代用形によって，(1b) は省略によって，文から余剰性を取り去っている．

(1) a. She might sing tonight, but I don't think she will **do so**.
 b. She might sing tonight, but I don't think she will (**sing tonight**).
 （彼女は，もしかして今晩歌うかもしれないが，そうするとは思わないね）

34.1. 代用形

代用形には，次の2種類が認められる．
 ① 同一指示のための代用形
 ② 置き替えのための代用形

34.1.1. 同一指示のための代用形

Quirk et al. (1985) は，同一指示（coreference）のための代用形（pro-form）と置き替えのための代用形を同じ箇所で扱っているが，Halliday & Hasan (1976) は，両者を区別して，前者を指示（reference）を示す項目とし，代用形とは見ていない．代用形には，必ず先行詞があるが，これに対して指示項目は，

(1) I am a student. （私は学生です）

の I のように，Tom Brown のような名詞句の"代用"をしているのではなく，話し手を直示しているのである．同一指示のための代用形（＝Halliday & Hasan の指示項目（reference item））には，次のようなものがある．

[A] **人称代名詞**: I, you, he, she, it, they; my, your, his; myself, yourself, himself, etc.

まず，人称代名詞は，(2) で明らかなように，名詞（N）ではなく，名詞句（NP）を指示する．

(2) Smith invited *the little Japanese girl* because he liked **her**.
 （スミスは，かわいい日本人の少女が気に入ったので，彼女を招いた）

— 721 —

(3) As soon as *the baby* saw her, **it** stretched **its** arms to her.　(Curme 1931)
　　（赤ん坊は，彼女を見たとたん，そちらへ両手をさし伸べた）

[B]　**指示代名詞**（常に直示的）：　this, that; these, those
　(4) I like **this** better than **that**.　（それよりも，このほうが好きだ）
　(5) I think you'll find **these** more comfortable than **those**.　(OALD[6])
　　（このほうがそちらのよりも快適だと思いますよ）

[C]　**場所・時間の前置詞句**：　here (= at this place), there (= at that place);
now (= at this moment), then (= at that moment)
　(6) Leave that **there** and come **here**!　(Halliday & Hasan 1976)
　　（それはそこに置いて，こっちへ来なさい）
　(7) I wish I had known **then** what I know **now**.　(LDCE[4])
　　（いま知ってることを，あのとき知っていたらなあ）

[D]　**such**
　①　**代名詞として**：「そのようなこと／人」（逆行照応的）
　(8) I *may have offended*, but **such** was not my intention.　[〈普通体〉= that]
　　(COD[5])（怒らせたかもしれないが，それは私の意志ではなかった）
　(9) He is *a friend* and I treat him as **such**.
　　（彼は友人だから，友人として扱うのだ）
　(10) Those who leave *parcels* in the train cannot expect to recover **such**.
　　〈俗語または商業英語〉(COD[5])（列車の中に手荷物を忘れた人は，それを取り戻すことは期待できません）

　②　**限定詞として**：　(*a*)　逆行照応的用法：「そのような」
　(11) Don't be in **such** a hurry.　（そんなに急ぎなさんな）[外界指示]
　(12) *If any Christian ... shall speak contemptuously of the Holy Scriptures ...* **such** person or persons shall be punished.　(OED[2])（もしもクリスチャンにして聖書を軽んじるようであれば，そういう人は罰せられるであろう）
　(13) **Such and such** causes have **such and such** effects.
　　（しかじかの原因は，しかじかの結果を生む）
　(*b*)　逆行照応的または順行照応的：「それほどの」
　(14) a. *He cannot come too often*, he gives **such** pleasure.　(COD[5])
　　　（彼なら何度来てもかまわない，それほど楽しいんだ）
　　　b. There was **such** draught, *it is no wonder he caught cold*.　(Ibid.)
　　　（彼が風邪を引いたのもむりもない，それほどすきま風がひどかったのだ）
　(*c*)　程度形容詞・名詞の前で：「非常に … な」[外界指示]
　(15) a. We have had **such** sport!　（すこぶる楽しかった）
　　　b. It was **such** an enjoyable evening!　（とても愉快な晩だった）
　(*d*)　as と相関的に用いる（順行照応的用法）

(16) a. **Such** poets *as* Keats are rare.
　　　　(キーツのような詩人はまれだ)［Poets *such as* Keats なら代名詞］
　　b. **Such** people *as* these are despicable.　(そういう人間は軽蔑に値する)
　　c. You may use my car, **such** *as* it is.
　　　　(こんなものだが，ぼくの車を使ってもいいよ)
(*e*)　as to do/that を伴って:「非常に…なので」［順行照応的用法］
(17) a. His indifference is **such** *as to make* one despair.　　(Zandvoort 1972)
　　　　(彼の無頓着ときたら，人を絶望させるほどのものだ)
　　b. It gave him **such** a shock *that* his face turned white.
　　　　(大変なショックだったので，彼は真っ青になった)
　　c. His behavior was **such** *that*/**Such** was his behavior *that* everyone disliked him.　(彼のふるまいはひどかったので，みんな彼を嫌った)

以下，本章では，特に，置き替えのための代用形に焦点を当てて記述する．

34.1.2. 置き替えのための代用形

置き替えのための代用形には，次のようなものがある (Halliday & Hasan 1976: 91)．

　(1)　名詞の代用形:　one, ones, the same
　(2)　動詞の代用形:　do
　(3)　節の代用形:　so, not

34.1.2.1.　one/ones

代用形の **one**（**支柱語** one (prop-word 'one') とも言う）は，前出の，または場面からわかる，人や物の代わりに用いることができる:「(それと同類の) もの」

［**A**］**単独で用いられる場合**:　先行の非特定の可算名詞を代用する．
　(1)　I've lost *my pen*, so I must buy **one** (=a pen).
　　　　(ペンをなくしたので，また買わなくてはいけない)
　(2)　I can recognize *a poet* when I see **one** (=a poet).
　　　　(私は，詩人を見ればそれとわかる)
　(3)　He was *a bachelor* and was likely to remain **one** (=a bachelor).
　　　　(彼は独り者で，これからも独り者で通しそうだった)
　(4)　Bill got *a first prize* this year, and I got **one** (=a first prize) last year.
　　　　(Quirk et al. 1985)（今年はビルが 1 等賞を取り，去年はぼくが 1 等賞を取った）［*a one としない: 次の NB 1 を参照］
　(5)　*The year* has been **one** of political unrest.
　　　　(その年は政治不安の年だった)［=a year］

次の one は，代用形と数詞の読みとであいまいである．
　(6)　Have you any *envelopes*?　I need another **one**.
　　　　(封筒があるかい．もう 1 枚要るんだ)

代用形の場合は，another に強勢が置かれ，数詞の場合は，one に強勢が置かれる (Halliday & Hasan 1976: 100)．

NB 1　生成文法では，one が代用するのは，NP ではなく，N′（＝N-bar: 限定詞のない構造）であるとされている．このことは，(i) の樹形図において，

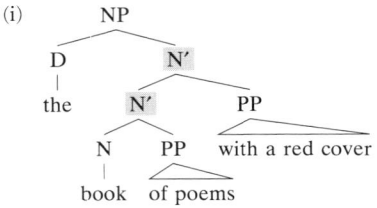

(i)
```
           NP
          /  \
         D    N′
         |   / \
        the N′  PP
            / \   \
           N  PP  with a red cover
           |   \
         book of poems
```

下の N′ を one で置き替えると，(ii) が得られ，上の N′ を one で置き替えると，(iii) が得られるが，NP の主要部である N（＝book）を one で置き替えると，(iv) の非文法的な連鎖が得られることから明らかである．

(ii)　the **one** with a red cover　［下の N′ の代用］
(iii)　the **one**　［上の N′ の代用］
(iv)　*the **one** of poems　［N の代用］

そうだとすると，上の(4) の例の one は，a first prize という NP 全体を代用しているのではなく，first prize という N′ を代用していることがわかる．すなわち，この one は，a one の意味で用いられている，としなければならない．言い替えれば，one に形容詞が付いていないときに不定冠詞の a/an を付けないのは，いわば，'a + one' が融合しているからである．次の文も参照せよ．

(v)　I am looking for *a flat*. I'd like $\begin{Bmatrix} \text{one } [\text{a one}] \\ \text{a small one} \end{Bmatrix}$ with a garden.
（フラットを捜してるんだ．庭付きの/庭付きの小さいのがいいな）

Quirk et al. (1985: 387) は，ただし，くだけた話し言葉では，a one を感嘆的に 'a single one' の意味で用いることはあると言っている．

(vi)　I had lots of pencils, and now I haven't got **a one**!
（鉛筆はたくさんもっていたが，いまでは 1 本もなくなっちゃった！）

NB 2　非特定（nonspecific）の名詞は one で，特定（specific）の名詞には定代名詞（it, he, she など）を用いる．

(i) a.　I've caught a fish. Have you caught **one** (＝a fish)?
　　　（魚を 1 匹釣った．君も釣ったかい）
　 b.　I've caught a fish and ate **it** (＝the fish).
　　　（魚を 1 匹釣って，それを食べた）
(ii) a.　John wants to marry a pianist if he can find **one** (＝a pianist).
　　　（ジョンは，ピアニストが見つかれば結婚したいと思っている）
　 b.　John wants to marry a pianist, but **she** (＝the pianist) dislikes him.
　　　（ジョンは，ピアニストと結婚したがっているが，彼女は彼を嫌っている）

[B]　**修飾語を伴う場合**：　a/an や this/that, which, each などの限定詞を付けることもできる．

(7)　That coast is *a* peculiarly *dangerous* **one** (＝coast).
　　　（その海岸は，とりわけ危険な海岸だ）

(8) She wore a red dress, but *a blue* **one** suits her better, (Quirk et al. 1972)
    (彼女は，赤いドレスを着ていたが，青いほうがよく似合う)
(9) *Which* **one**'s your favourite? (OALD[6])
    (どれが，あなたのお気に入りですか)
(10) My favourite band? Oh, that's *a hard* **one** (=question). (Ibid.)
    (ぼくのお気に入りのバンドだって？ いやあ，そいつは難問だな)

複数名詞の代用には，ones を用いる．

(11) This/That **one** is better than *those/these* **ones**.
    (これ/あれは，あれら/これらよりも上等です)
(12) Ann has two velvet dresses and *two silk* **ones** (=dresses).
    (アンは，ビロードのドレスを2着と絹のドレスを2着もっている)

one は，先行詞と同類であれば十分で，同一指示的でなくてもよい ((1), (4) も同様)．

(13) "Sit in *this chair*." "No, I want **a more comfortable one**." (Quirk et al. 1972) (「この腰掛けにおかけなさい」「いや，もっとすわり心地のいいのがほしいね」)

NB 1 one は，数詞 (<OE ān) から派生しているので，不可算名詞を代用することはできない．
  (i) I prefer red wine to white/*white **one**. (私は白ワインよりも赤のほうが好きだ)
NB 2 my, your, his などや some, any, both, many, あるいは数詞のあとでは，one/ones を使わない (Swan 1995: 392)．a/an は，歴史的には数詞 ān (=one) の弱まり形だから，特に，一つ以上を表す some, both, many などの限定詞と意味的に衝突するのだと思われる．
  (i) I need some matches. Have you got **any**/*any ones?
     (マッチがほしい．少しもってるかい)
  (ii) She bought **six**/**both**. (彼女は6個/二つとも買った) [*six ones/*both ones]

34.1.2.2. the same
[A] 代名詞として：「(逆行照応的に)同じこと/もの」
the same は，名詞句 (NP)，動詞句 (VP)，形容詞句 (AP) や前置詞句 (PP) を代用することがある．

(1) "Can I have *a cup of black coffee with sugar*?" "Give me **the same**, please." (Quirk et al. 1985)(「砂糖入りのブラックコーヒーをください」「私にも同じものをください」)[NP の代用]
(2) They all *started shouting*. So I did **the same**. (Halliday & Hasan 1976)
    (みんなが大声で叫びはじめた．そこで，私も同じようにした)[VP の代用]
(3) The soup smells *delicious*, and the turkey smells **the same**. (Quirk et al. 1985) (このスープは，おいしそうなにおいがする．七面鳥も同様においしそうなにおいがする)[AP の代用]
(4) Yesterday I felt *under the weather*, and today I feel **the same**. (Ibid.)

(きのう私は気分が悪かったが，きょうも同じ気分だ)［PP の代用］

さらに，節を代用することができる（特に，say, think のあとで）．

(5) We can trust Smith. I wish I could *say* **the same** of his partner.
(Halliday & Hasan 1976)（スミス氏は，信頼できる．彼のパートナーについても同様なことが言えたらいいのだが）［*ie* that we can trust him］

(6) "John thought *it was impossible.*" "Yes, I *thought* **the same**." (Quirk et al. 1985)（「ジョンは，それは不可能だと思った」「そう，私も同じ思いでした」）［*ie* that it was impossible］

[B] 限定詞として：「(順行照応的に)同じ」（よく as, that, who などと相関的に用いられる）

(7) I use **the same** dictionary *that* you do / *as* you / *that you*.
（私は，君のと同じ辞書を使用している）［動詞を省略する場合は as しか使用できない］

(8) Our eggs are sold **the same** day *that* / *as* they come in.
（当店の卵は入荷した当日に売れてしまいます）

(9) Is this **the same** girl *who* / *that* came last week?
（これは，先週来たのと同じ娘さんですか）

(10) Bernard works at **the same** institution *as* Arlette. (COBUILD[3])
（バーナードは，アーレットと同じ研究所で働いている）

34.1.2.3. so, thus

[A] so： 代用形 so は，形容詞を置き替えることができる．

(1) Prices at present are reasonably *stable*, and will probably remain **so**.
(Quirk et al. 1985)（物価は現在かなり安定している．今後もたぶんそうだろう）

(2) Mary is very *serious* about John, but less **so** than Jane. (Ibid.)（メアリーは，ジョンのことをとても真剣に考えているけれど，ジェーンほど真剣じゃない）

次に，叙述名詞 (predicate noun) を代用することができる．叙述名詞は，機能的に形容詞に近づくからである．

(3) If he's *a criminal*, it's his parents who have made him **so**. (Quirk et al. 1985)（彼がもし犯罪者だとすれば，彼をそうしたのは両親だ）

代用形 so は，さらに，副詞を代用することができる．

(4) Mary searched the big room very *carefully* and the small one less **so**.
（メアリーは，大きい部屋の中はとても丹念に捜したが，小さい部屋はさほど(丹念)ではなかった）

[B] thus： so と同様に，副詞を代用することができる．

(5) While she was **thus** / **so** engaged Thomas had summoned the hotel doctor. （彼女がその仕事にかかっている間に，トマスはホテル付きの医者を呼んでいた）

第34章　代用形と省略

34.1.2.4.　so

[**A**]　**do so**:　先行の動詞句を代用する〈格式体〉.[1]　(do it, do that との比較については, §34.1.2.5 を参照.)

(1) People who *deceive us* once are capable of **doing so** again.　(Zandvoort 1972)（一度われわれをだます人は，またそうしかねない）

(2) "Shall I *call the doctor*?"　"Please **do so** as soon as possible."
（「医者を呼びましょうか」「できるだけ早くそうしてください」）

(3) You can *use my car*, but don't smash it in **doing so/so doing**.
（ぼくの車を使ってもいいが，そうするとき，ぶっこわさないでくれよ）

NB　do so は，動詞句 (VP)（厳密には VP よりも一段階小さい V′ (＝V-bar)）を代用する.

(i)　VP
　　　│
　　　V′
　　／　＼
　V′　　　PP
／＼　　　│
V　NP　with a fork
│　│
eat　beans

例えば，上の構造には二つの V′ があるが，上の V′ を do so で代用すれば，(ii) が得られ，下の V′ を do so で代用すれば，(iii) が得られる.

(ii) John [ate beans with a fork] and Mary **did so**, too.
（ジョンは，フォークで豆を食べ，メアリーも，そうした）

(iii) John [ate beans] with a fork, and Mary **did so** with a spoon.
（ジョンは，フォークで豆を食べ，メアリーは，スプーンでそうした）

しかし，主要部の V を do so で置き替えると，非文法的な文になる.

(iv) *John [ate] beans with a fork, and Mary **did so** beans, too.

[**B**]　**be, remain, seem** などの補語として:　名詞・形容詞の代用語として使用される.

(4) *"Your birthday*?"　"Yes, **so** it is."　　　　　　　　　　　　(COD[5])
（「君の誕生日？」「うん，そうだよ」）

(5) We hoped that the programme would be *a success*, and **so** it turned out.　(Quirk et al. 1985)
（そのプログラムが成功すればいいと思っていたが，そのとおりになった）

(6) His income was *insufficient*, and likely to remain **so**.　(Zandvoort 1972)
（彼の収入は不十分で，ずっと不十分のままになりそうだった）

[**C**]　**So I do**（確かにそうだ）のタイプ:　前文の内容が真であることを強調する.

(7) "Sally is a nice girl."　"**So** she ís!"　（「サリーはいい子です」「そのとおり」）

1.　Quirk et al. (1985: 875) には，順行照応の do so が見えるが，これはきわめて有標の用法と考えられる（日本語においても）.

(i) As no one else has succeeded in **doing so**, I shall attempt to *solve the mystery* myself.
（ほかの誰もそうすることに成功していないので，私がその謎を解いてみたいと思う）

(8) "John enjoys music." "So he dóes!"
（「ジョンは音楽好きだ」「そのとおりだよ」）

(9) "John's got a new car." "So he hás!"
（「ジョンは新車を買った」「そのとおりだね」）

[D] **So do I**（私もそうだ）のタイプ：主語を新情報として強調する．

(10) John speaks French and **so does Máry**.
（ジョンはフランス語を話す，メアリーもだ）

(11) John can speak Spanish and **so can Jáne**.
（ジョンはスペイン語を話せる，ジェーンもだ）

(12) "I'm hungry." "**So am Í**." （「おなかがすいた」「私もだ」）

34.1.2.5. do so/it/that の用法

do so/it/that の表現に現れる do は，目的語をとることで明らかなように，助動詞ではなく，本動詞である．

Quirk et al. (1985: 876) は，3 者の使い分けを次のように解説している．まず，(1) では，do so, do it, do that のいずれも使用することができる．

(1) "Rover is scratching the door." "Yes, he always DOES so/DOES it/does THAT when he wants attention. （「ローバー[＝犬の名前]がドアをひっかいている」「そう，注意を引きたいときには，いつもそうするのさ」）

しかし，厳密には 3 者の間には若干の差異が認められる．まず，do so と do it の差異から見ていく．

(2) a. Martin is painting the house. I'm told he **does it** every four years.
（マーティンが，家にペンキを塗っている．4 年目ごとにそうするんだって）

b. Martin is painting the house. I'm told this is merely because his neighbour **did so** last year. （マーティンが，家にペンキを塗っている．なんのことはない，お隣さんが去年そうしたからなんだって）

(2a, b) において，do it, do so のどちらを使用することも可能であるが，(2a) で do it が好まれるのは，二つの文で同一の行為（ie マーティンが家にペンキを塗る）が述べられているからである（つまり，it は逆行照応 (anaphoric) の代名詞である）．一方，(2b) で do so が好まれるのは，同類の行為（ie 家にペンキを塗る）が述べられているからである．

次に，do it と do that の差異の考察に移る．

(3) a. Is Connie still trying to light the stove? She should have DÒNE it by NÓW. (Quirk et al. 1985)（コニーは，まだストーブに火を付けようとしているのか．もうそうしていても（＝火を付けていても）いいころだよ）

b. Are you trying to light the stove with a match? I wouldn't **do** THĂT. (Ibid.)（君は，マッチでストーブに火を付けようとしてるのかい．ぼくなら，そんなことはしないね）

(3a) では，done it で述べられている行為の内容が既知であるから，新情報の焦点は「完了」を含意する done に置かれる．一方，(3b) では，マッチでストーブに火を付けるという行為自体が驚きの対象であり，ために，強勢が that に置かれる．

以上の Quirk et al. (1985: 877) の解説は，おおむね賛成できる．しかし，はたして do that の that は，常に「驚きの対象」になるのだろうか．that は，前出の light the stove with a match を逆行照応しているので，旧情報を伝えている点では，do it といささかも変わるところはないのではないか．次の，do that の実例を見られたい．

(4)　Angela, look this is your problem. You have to solve it. But, however you **do that**, don't involve me, OK?　　　　　　　　(FLOB)
（アンジェラ，これは君の問題だよ．君が解決しなくちゃいけないんだ．でもね，どのようにそいつを解決するにせよ，ぼくを巻き込まないでくれよな，いいね）

(5)　Serena squeezed her eyes closed for a moment, forcing the memory back. She had to **do that** often.　　　　　　(Steel, *Remembrance*)
（セレーナは，しばらく，ぎゅっと目をつむって，思い出を押さえこんだ．彼女はしょっちゅう，そうしなければならなかった）

(6)　"… Can I make you coffee?" "I was just thinking about **doing that**."
(Id., *A Perfect Stranger*)
（「…コーヒー，淹れましょうか」「ちょうどそうしようかなと思ってたところさ」）

(4)-(6) においても，that は前出の行為を指示しており，別に「驚き」の含意をもっていない．したがって，はっきり言えることは，do it と do that の違いは，情報の新旧ではなくて，it は直示性のない人称代名詞として常に強勢をうけないのに対して，that は直示性の強い指示代名詞として常に強勢をうける点にある，ということである．ゆえに，that には it にない「情緒性」あるいは「思い入れ」がまつわることがある，とは言えるかもしれない．

NB do so, do it, do that は通例，意図的な行為に用いられるので，think, own, like, lose, remember などのような状態動詞や無意志動詞には用いられない (Quirk et al. 1985: 878, Swan 1995: 164)．

　(i)　They think Jake's wrong, and I **do**/*do so/*it/*that too.
　　　（みんなジェークがまちがっていると考えている．私もそう思う）
　(ii)　"He owns a Cadillac." "Yes, his brother **does**/*does that too."
　　　（「彼はキャディラックをもっている」「うん，弟ももってるよ」）

34.1.2.6.　節を代用する so と not

次の (2) に示した，think, suppose クラスの動詞の補文は，肯定文ならば so，否定文ならば not によって代用することができる．

(1)　A:　Has John failed?（ジョンは失敗したのか）
　　Bi:　I think **so**.（そうだと思う）[= I think *he has failed*.]
　　Bii:　I think **not**.（そうではないと思う）[= I think *he hasn't failed*.]

このクラスの述語は，think, suppose のほかに，次のようなものがある．
(2) afraid, appear, assume, expect, fancy, hope, imagine, presume, seem, tell, understand
(3) "Are you really coming?" "I *told* you **so**."
(「本当に来るんですか」「そう言ったでしょう」)
(4) "Has John arrived?" "I *think* **so**/I *think* **not** (=〈普通体〉I *don't think so*)." (「ジョンは到着したのか」「そうだと思う／そうではないと思う」)
(5) "Will he succeed?" "I *hope* **so**/I'm *afraid* **not**."
(「彼は成功するだろうか」「そうだといいね／どうも危ないようだね」)

これらの動詞は，補文の真偽に対して主語が明確な態度をとっていないことを表す (*ie* [−stance] 動詞)（次節を参照）．

ただし，hope は (2) の動詞類の例外で，not の繰り上げを許さない．
(6) A: Is it going to rain? （ひと雨来そうですか）
Bi: I hope **not**/**so**. （降らないで／降ってほしいですね）
Bii: *I do**n't** hope **so**.

これに対して，(7) のような伝達動詞は，not によって否定の補文を代用することはできない．
(7) claim, declare, say, state, tell

これらの動詞の場合は，否定文は not … so で代用される．
(8) A: Did she say/tell you that she was coming to the party?
(彼女，パーティーへ来ると言いましたか)
Bi: (Yes,) She said **so**/told me **so**. ((ええ)そう言いました)
Bii: (No,) He did**n't** say **so**/did**n't** tell me **so**.
((いいえ)そうは言いませんでした)
Biii: *(No,) He said **not**/told me **not**.

(2) 以外の動詞は，so/not によって，補文を代名詞化することはできない．
(9) a. *I *wonder* **so**/**not**.
b. *I *resent* **so**/**not**.
c. *I *admire* **so**/**not**.

ここで注意するべきことは，(2) のように，補文の代用として so/not をとる動詞は，日本語では「…と思う」とか，「…と言う」のように，「ト」という補文標識をとる点である．ということは，このクラスの動詞が，非叙実動詞 (non-factive verb) に属することを物語るものである．

NB 1 補文を代用する so は，appear, seem, say などの動詞の場合，文頭に回すことができる．
(i) A: Is there life on Mars? （火星には生物がいますか）
B: It appears/seems **so**.=**So** it appears/seems. （そのようだ）
(7) の伝達動詞，特に say の場合は，(iiB) のように，倒置も可能である (Quirk et al.

(ii) A: Mary is a pretty girl. (メアリーは美少女だね)
    B: All my friends *say* **so**. = **So** *say* all my friends.
       (私の友人もみんなそう言ってるよ)
NB 2 see, hear, gather, notice などの動詞の場合, so は必ず文頭に回される.
(i) A: Is it raining outside? (外は雨ですか)
    B: **So** I see / hear / notice. (そのようですね) [*I see / hear / notice *so*.]
(ii) He was sound but old-fashioned, **so** I hear.　　　(Christie, *Murder Is Easy*)
     (彼は堅実だが, 古風だった, と聞いている) [*I hear *so*.]
(iii) "How should I know? I never paid one." "**So** I gather." (Gardner, *The Case of the Vagabond Virgin*)(「どうしてわかりますか. ゆすりに金を払ったことなんかないんですから」「そのようだね」) [*I gather *so*.]

34.1.2.7. 補文を代用する it と so

肯定の補文は, 動詞によっては, so のほかに it によっても代名詞化することができる. その使い分けの原理は, どのようなものだろうか.

(1) a. Mary asserts that John is innocent, and I assert **it** / ***so** too.
       (メアリーは, ジョンが無実だと主張している. 私もそれを主張する)
    b. I don't know if there is life on Mars, but I suppose **so** / ***it**.
       (火星に生物がいるかどうか知らないが, いるだろうと思う)

Cushing (1972) は, it は [+definite] な補文を代用し, 一方, so は [−definite] な補文を代用すると主張している. (1a) のように, [+definite] の補文をとる動詞は, 補文の真偽に対して, 主語が明確な態度 (a definite stance) をとっているのであり, このような動詞は [+stance] という特徴をもつとされる. これに対して, (1b) のように, [−definite] の補文をとる動詞は, 補文の真偽については主語の態度を明確にしない動詞であり, これらは [−stance] という特徴をもつとされる. 例えば, (1a) の assert は, 「ジョンは無実である」という補文の内容が真であるという "態度" を明確にしており, 一方, (2) の doubt, disbelieve の場合は, 主語は補文の内容が偽であるという "態度" を明確にしていることがわかる.

(2) John says that Mary is innocent, but I doubt / disbelieve **it** / ***so**.
    (ジョンは, メアリーは無実だと言うが, それは疑わしい / 信じられない)

これに対して, (1b) の suppose の場合は, 「そうだと思う」と述べているのみで, 「火星に生物がいる」という命題が真であるという "態度" をとっていない.
[±stance] という特徴 (feature) に関して動詞を分類すれば, 次のようになる.

(3) a. [+stance]: admit, announce, assert, deny, disbelieve, deduce, doubt, find, hypothesize, know, postulate, predict, prove, suggest, theorize, etc.
    b. [−stance]: hope, suppose, surmise, think, etc.
    c. [±stance]: believe, expect, guess, etc.

次に, [+stance] 動詞の例をもう 1 例あげておこう.

(4) A: Do you know that John got married last week?
   (ジョンが先週結婚したということを知っていますか)
   Bi: (Yes,) I know **it**/***so**. ((ええ)知っています)
   Bii: (No,) I don't know **it**/***so**. ((いいえ)知りません)

[±stance] の動詞は, it を伴う場合と so を伴う場合とでは, 当然, 意味が異なる点に注意しなければならない. 例えば, (5)-(7) の各動詞において, (a) が [+stance] の意味であり, (b) が [-stance] の意味である.

(5) believe: a. 「…ということを信ずる」
              b. 「…と思う」
(6) expect: a. 「…ということを期待する」
              b. 「…と思う」
(7) guess: a. 「…ということを推測する」
              b. 「…と思う」

例をあげてみよう.

(8) John said that Bill loved Mary, and
   (ジョンは, ビルがメアリーを愛していると言ったが)
   a. I believe **it**. (そのことを信じる)
   b. I believe **so**. (そうだと思う)

の場合, (8a) では, 文の主語(この場合は話し手)は,「ビルがメアリーを愛しているということ」は真であるという"態度"を明確にしているのに対して, (8b) では, その内容の真偽については"態度"を明確にしていないことがわかる.

NB Kiparsky & Kiparsky (1970) では, 叙実的 (factive) な動詞の補文は it でうけ, 非叙実的 (non-factive) な動詞の補文は so でうけるとされた. 確かに, すべての叙実的な動詞は [+stance] であり, 大部分の非叙実的な動詞は [-stance] ではあるが, 後者の中には assert, believe, guess, predict のような [+stance] 動詞が含まれているので, [±stance] 動詞と [±叙実動詞] とは, 必ずしも同じ概念ではない.

34.1.2.8. 指示代名詞 that / those

「the + 名詞」の代用をする.

(1) *The population* of Tokyo is larger than **that**/***the one** of New York.
   (東京の人口は, ニューヨークの(人口)より大きい)
(2) *The paintings* of Gauguin's Tahiti period are more famous than **those** (= the ones) he painted in France. (Quirk et al. 1985) (ゴーギャンのタヒチ時代の絵は, フランスで描いたのよりも有名だ)

that は, those と異なり, 人を先行詞にできない (Quirk et al. 1985: 872).

(3) a. *The blonde girl* I saw was older than **the one**/***that** you were dancing with.
   b. *The blonde girls* I saw were older than **the ones**/**those** you were danc-

ing with.
（私が見たブロンドの女の子たちは，君がダンスしていたのよりも年上だった）

34.2. 省　略

反復を避けるため，または場面や文脈から復元可能（recoverable）なため，文中のある要素を表現しないとき，**省略**（ellipsis）または**削除**（deletion）が行われた，と言う．

34.2.1. 場面または文脈から省略が復元できる場合
［A］　主語の省略
 (1) a.　(I) Beg your pardon?　（何とおっしゃいましたか）
　　b.　(I) Hope you're right.　（お元気のことと思います）
 (2) 　(You) Had a good time, did you?　（楽しかったかい）
 (3) a.　(It) Looks like rain.　（ひと雨来そうだね）
　　b.　(It) Serves you right.　（ざまあ見ろ）
 (4) 　(There) Ought to be some coffee in the pot.
　　　（ポットにコーヒーが少しあるはずだが）

［B］　「接続詞＋主語」の省略
 (5) 　(When I) Come to think of it, I do not recall a similar case in all history.　（考えてみれば，似たようなケースは歴史を見渡しても思い出せないよ）

［C］　「主語と操作詞」の省略： この場合，構成素でなくても省略可能である（語用論的省略）．
 (6) 　(I'll) See you later.　（じゃ，また）
 (7) 　(I have) Never seen anything like it!　　　　(Huddleston & Pullum 2002)
　　　（そんなものは見たことがない）
 (8) 　(It's) No wonder he was angry.　（彼が怒ったのは，むりもない）
 (9) 　(Have you) Seen Mary?　（メアリーに会ったかい）
 (10) 　(Do you) Like it?　（気に入った？）
 (11) 　Found yourself a girl, have you?　（いい娘，見つけたかね）
 (12) 　'S wonderful.　（すばらしい）［＝It's］

［D］　操作詞のみの省略
 (13) 　(Is) That you, Chris?　（君かい，クリス？）
 (14) 　(Has) Anyone seen my glasses?　（誰か私の眼鏡を見なかったかね）

［E］　冠詞の省略
 (15) 　(A) Friend of mine told me about it.　（ある友人がそのことを教えてくれた）
 (16) 　(The) Trouble is, I have to be there by six.
　　　（困ったことに，6時までにそこへ行かなくちゃいけないんだ）

[F] 節の省略

(17) I asked [when she was leaving], and she said she didn't know ø.

(Quirk et al. 1985)

(いつ発つのかと聞いたら，彼女はわからないと言った) [S′ (=S-bar) の省略]

(18) [Somebody has hidden my notebook], but I don't know who/why/where ø. (Ibid.) (誰かが私のノートを隠してしまった．でも，誰だか/なぜだか/どこだかわからない) [S の省略]

34.2.2. 反復を避けるための省略

[A] 名詞句の省略

(1) "Do you want large eggs?" "No, I'll have small (eggs)."
(「大きい卵がお入り用ですか」「いや，小さいのをいただきます」)

(2) The men got back at midnight. Both (men) were tired out.
(男たちは，真夜中に帰ってきた．二人とも疲れきっていた)

[B] 動詞句の省略

(3) I was planning to go to Paris next week, but I can't (go to Paris next week). (来週パリへ行くつもりだったが，行けない)

(4) "Can you speak Russian?" "Yes, I can (speak Russian)."
(「ロシア語が話せますか」「ええ，話せます」)

(5) "Have you finished?" "Yes, I have (finished)."
(「済みましたか」「ええ，済みました」)

(6) I can't see you today, but I can (see you) tomorrow.
(きょうは会えないが，あすならいいよ)

次のような，複数の助動詞を省略する場合は，最初の助動詞に強勢を置く (Swan 1995: 178).

(7) John could have been dreaming, and Mary $\begin{Bmatrix} \text{cóuld} \\ \text{cóuld have} \\ \text{cóuld have been} \end{Bmatrix}$, too.

(ジョンは夢を見ていたのかもしれない．そしてメアリーも，そうしていたのかもしれない)

[C] 代不定詞 (pro-infinitive): Jespersen (*MEG* V: 338) の用語で, to 不定詞の代わりをする to を言う．否定形は not to とする．

(8) Sorry I shouted at you, I didn't mean **to** (shout at you).
(どなりつけてごめん．そのつもりはなかったんだ)

(9) "Somebody ought to [clean out the garage]." "I'll ask John **to**."
(「誰かガレージを掃除しなくちゃいけない」「ジョンにそうするように頼むよ」)

(10) She [opened my drawer], though I told her **not to**.
(彼女は私の引き出しを開けた，開けるなと言っといたのに)

ただし，be と have は，普通，省略されない．
(11) She hasn't been promoted yet, but she ought **to be**/*to.
      (彼女はまだ昇進していないが，そうするべきだ)
(12) You've got more freckles than you used **to have**/*to.   (Swan 1995)
      (君はむかしよりもそばかすが多くなったね)

また，would like/love/hate/prefer/choose のあとでも，to を普通省略しない．
(13) "Do you want to see that film?" "Yes, I'd **like to**/*like."
      (「その映画見たいかい」「うん，見たいね」)

しかし，want, like, please, wish など願望を表す動詞は，when, if, what, as のあとでは，to はしばしば省略される．
(14) a. Come when you want (**to**). (来たいときに来なさい)
     b. I'll do what I **like**. (好きなとおりにする)
     c. Stay as long as you **like**. (好きなだけ長くいてください)

また，名詞や形容詞のあと，不定詞なしで使用できる動詞のあとでは，to は省略してもよい (Swan 1995: 180)．
(15) He'll never leave home; he hasn't got the courage (**to**).
      (彼は決して家出をしないだろう．その勇気がないんだ)
(16) You can't force him to go if he's not ready (**to**).
      (彼がまだその気になっていないなら，むりに行かせることはできないよ)
(17) "Can you persuade him." "I'll try (**to**)."
      (「彼を説得できますか」「やってみるよ」)

[**D**] **空所化**： 等位節中の同一の動詞は，右側の等位項 (conjunct) の動詞を省略することができる．省略された箇所に空所 (gap) が残るので，この規則を**空所化** (gapping) と言う．
(18) Mary hit John and Jane (hit) Bill.
      (メアリーはジョンを，ジェーンはビルをぶった)
(19) Emily went to Greece and Alice (went) to Rome.
      (エミリーはギリシアに，アリスはローマに行った)

上の訳文からわかるように，日本語では，反対に，左側の等位項の動詞を省略する．英語のように右側の等位項の動詞を省略するのを「**順行空所化**」(forward gapping)，日本語のように左側の等位項の動詞を省略するのを「**逆行空所化**」(backward gapping) と呼ぶ．[2]

ただし，英語でも，自動詞文では，逆行空所化が可能になる．

---

2. 日本語における順行空所化の例は，源氏鶏太の作品によく見られるが，いささか翻訳口調に感じられる．
    (i) 「よくよく武田常務が嫌いなんだな」「そして，武田常務の方でも私を」
                                                          (源氏鶏太『掌の中の卵』)

(20) a. I can (go) and will go. （私は行けるし、また、行くつもりだ）
　　 b. You seem (ill), and she certainly is, ill.　　　　　　　　(Swan 1995)
　　　　（君は病気みたいだし、彼女ときたら確かに病気だ）

34.2.3. 構造的な省略
文構造の観点から、省略が可能になる場合がある．
[A] 比較節
(1) a. Mary loves Ann as much as I (**love her**).
　　　（メアリーは、ぼく（がアンを愛しているの）と同じくらい、アンを愛している）
　　 b. Mary loves Ann as much as (**she loves**) me.
　　　（メアリーは、ぼく（を愛しているの）と同じくらい、アンを愛している）

[B] 接続詞
(2) I wish (**that**) I were taller. （もっと背が高かったらなあ）
(3) I am glad (**that**) you have come. （君が来てくれてうれしい）
(4) Come in quietly so (**that**) she doesn't hear you.
　　（彼女に聞かれないように、そうっと入ってきなさい）

[C] 関係詞（詳細は、§§ 13.1.2.6, 13.4.1 を参照）
(5) This is the restaurant (**which**) I was talking about.
　　（これが私が話していたレストランだ）
(6) Do it the way (**that**) I showed you.　　　　　　　　　　　　(Swan 1995)
　　（私が教えたとおりにやってみなさい）
(7) I'd like to know the reason (**why**) you're so late.
　　（君がこんなに遅れた理由を聞きたいものだね）

[D] 「関係詞＋be」
(8) Who's the girl (**who is**) dancing with John?　["*whis* deletion"]
　　（ジョンとダンスしている女の子は、誰だい）
(9) This was the only room (**that was**) available.
　　（使える部屋は、これだけだった）

[E] 接続詞のあとの「主語＋be」
(10) Phone me if (**it is**) necessary. （必要なら電話してくれ）
(11) Let's start when (**you are**) ready. （準備ができたら、出かけよう）
(12) When (**you are**) in Rome, do as the Romans do.　〈諺〉
　　（郷に入っては郷に従え）

[F] 前置詞
(13) See you (**on**) Saturday night. （土曜の晩、会おう）
(14) (**At**) What time will you start? （何時に発つの）［At のないほうが自然］
(15) We walked (**for**) two miles. （われわれは2マイル歩いた）

第 35 章

句 動 詞

35.0. 概　説

　句動詞 (phrasal verb) は，英語本来の基本動詞 (eg do, get, go, let, look, make, put, run, take, turn, work, etc.) に，不変化詞 (particle) (eg at, down, for, in, off, out, over, to, up, with などの短い副詞や前置詞) を組み合わせて，統語的・意味的に一つにまとまった動詞句として使用するもので，従来，動詞副詞結合 (verb-adverb combination)，動詞不変化詞結合 (verb-particle combination)，複合動詞 (complex verb) などと呼ばれることもあったが，最近では「句動詞」という名称が定着してきた。「句の構造をもった一つの動詞」という意味で，最も適切な名称と思われる。
　句動詞は，大きく，八つのタイプを認めることができるが，大半のタイプは，きわめて生産的で，常に新しい意味を発達させることで，英語の活力と柔軟性に寄与している。

35.1.　タイプ 1:「自動詞＋副詞」

　このタイプは，常に一つの自動詞として働く。以下の記述では，句動詞に代表的な意味を一つしかあげていないが，通例，きわめて多義であることをお断りしておく。

(1) 　break down (故障する)，break out (〈戦争・火事などが〉急に起こる)，break up (解散する)，come about (〈事故などが〉起こる)，come off (〈ボタンなどが〉取れる)，come out (明るみに出る)，drop in (立ち寄る)，get away (逃げる)，get on (暮らしていく)，get up (起きる)，give in (降参する)，go on (行われる)，look out (気をつける)，show up (姿を見せる)，sit/stay up (寝ずに起きている)，take off (〈飛行機が〉離陸する)，turn out (結局 ... になる)，turn over (ひっくり返る)，etc.
(2) 　My car **broke down** on the way.　(車が途中で故障した)
(3) 　A war may **break out**.　(戦争が起こるかもしれない)
(4) 　The handle has **come off**.　(柄が取れた)
(5) 　He **dropped in** to see us last night.　(彼は昨夜私たちのところに立ち寄った)
(6) 　The boxer **gave in** in the third round.　(ボクサーは第3ラウンドで降参した)

(7) How are you **getting on**? (いかがお過ごしですか)
(8) He didn't **show up** at the office next day.
(彼は翌日事務所に姿を見せなかった)
(9) The nurse **stayed up** all night. (看護婦は夜どおし起きていた)
(10) The prices **came down**. (物価が下がった)
(11) The two men have **fallen out**. (二人の男は仲たがいをした)

NB come, go と結ぶものは, 次のような, 強調のための倒置が可能である.
   (i) **Down came** the prices and **up went** the sales. (Quirk et al. 1985)
      (物価がどっと下がり, 売り上げがぱっと上がった)
   (ii) There was a gust of wind, and **out went** the light. (Ibid.)
      (一陣の風が吹いて, ぱっと電気が切れた)
   (iii) **Off went** the electricity supply. (ODCIE 1)
      (電力供給がぱったり止まった)

35.2. タイプ2:「自動詞＋前置詞」

[A] このタイプは, 他動詞として働くけれども, 受け身になれないものがある. (1a) は受け身になれる句動詞, (1b) はなれない句動詞である.

(1) a. account for (...を説明する), ask for (...を要求する), believe in (...を信じる), call for (大声で...をくれと言う; 〈人〉を誘いに寄る, 〈物〉を取りに寄る), call on (〈人〉を訪問する), deal with (...を扱う), decide on (...に決定する), do for (...をやっつける, 殺す), do without (...なしで済ます), hope for (...を期待する), look after (...の世話をする), look for (...を捜す), look into (...を調査する), refer to (...に言及する, ...を参照する), see to (...に配慮する), stare at (...を見つめる), talk to (...に話しかける), etc.
   b. care for ([否定文・疑問文に用いて]...を好む), come across (偶然...に出くわす), come by (...を手に入れる), result in (...という結果になる), stand for (...を表す, ...の略字である), take after (〈親など〉に似る), wait for (...を待つ), etc.

(2) Don't hesitate to **ask for** advice. (ためらわずに助言を求めなさい)
(3) I will **call for** you by three. (3時までにお誘いに参ります)
(4) I don't **care for** that color. (その色は嫌いだ)
(5) I cannot **do without** this dictionary. (私はこの辞書なしでは済ませられない)
(6) I must **look into** this matter. (この件を調べてみなければならない)
(7) What does UN **stand for**?
(UNって, 何を表しているのですか)[UN = United Nations (国連)]
(8) I'll **see to** the matter at once. (すぐその件の手配をしましょう)
(9) I am **waiting for** the bus. (バスを待っているのです)

受動態の例:

(10)　　This boy will **be** well **looked after**.
　　　　（この子は，十分世話をしてもらえるだろう）
(11)　　**I was called on** (＝visited) by John yesterday.
　　　　（きのうジョンが訪ねてきた／*…に訪ねられた）

　受動化の目安としては，一般に他動性（transitivity）の高いもの（言い替えれば，〈受動者〉(patient) を目的語とするもの）は受動化が可能であり，他動性の低いものは不可能であるとしてよいだろう（詳細な議論は，§18.4.6 を参照）．

NB 1　受動化が可能なものでも，なお自動詞的性格をとどめているものも少なくない．
　　(i) a.　His family has **been** well **provided for**.　（彼の家族は十分に扶養されてきた）
　　　 b.　**For** his family he has **provided** well.　（彼の家族を彼は十分に扶養してきた）
　　　 c.　The family **for** which he has **provided** well enjoy music.
　　　　　　（彼が十分に扶養してきた家族は，音楽が好きだ）
(ia) は，受動化によって他動詞性を示しているのに対して，(ib, c) の事実は自動詞性を示している．(iia) のような「自動詞＋前置詞」を，(iib) のように他動詞に分析するのを**再分析** (reanalysis) と言う（§18.4.6）．
　　(ii) a.　自動詞の分析：　He [_V provided] [_PP for his family]
　　　　b.　他動詞の分析：　He [_V provided for] [_NP his family]
　一方，get at（…をしかる）のような句動詞は，他動性が高いので，(ib, c) の構文をもたない．
　　(iii) a.　John **is got at** frequently by his wife.　（ジョンはたびたび妻にしかられる）
　　　　b.　***At** the husband she often **gets** …
　　　　c.　*The husband **at** whom Mary **gets** …
NB 2　「手紙を書く」は，〈英〉では普通 write to で，write はおもに〈米〉で用いられる．
　　(i) a.　Do you mean to **write to** him again?　　　　（Collins, *The Woman in White*）
　　　　　　（また彼に手紙を書くつもりですか）
　　　 b.　He said he was going to **write** you.　　　　　（Steel, *Bittersweet*）
　　　　　　（彼は，あなたに手紙を書くと言っていました）
「電話する」(telephone/phone) は，〈英/米〉ともに，いまは普通 to なしで用いる．
　　(ii)　I'll **telephone** my lawyer to arrange an appointment.　　　　（MED）
　　　　　　（予約を取り決めてもらうために私の弁護士に電話しよう）

[**B**]　**動能構文**：hit, strike, hammer, cut, punch, rub, tear, kick, knock, clutch, grab, snatch, shoot などの接触動詞（contact verb）には，at/on を伴う自動詞用法がある．この用法を**動能構文**（conative construction）と呼ぶことがある．conative は，動詞が「努力を表す」(expressive of endeavour: OED[2]) という意味で用いられる．Dixon (1991: 279) によれば，動能構文は，一般に，典型的な他動詞的行為からの逸脱（deviation），言い替えれば，未達成（non-achievement）を含意する．例えば，次の (12a) では，ボールをけることを達成しているが，(12b) の動能構文では達成していない，という含みがある．

(12) a.　John **kicked** the ball.　（ジョンはボールをけった）
　　 b.　John **kicked at** the ball.　（ジョンはボールにけりかかった）

次のことわざにも，未達成の含意がある．

(13) A drowning man will **clutch at/grasp at** a straw.
（おぼれる者はわらをもつかむ）[つかめないかもしれない]

以下の (a) の他動詞文と (b) の動能構文の対立についても，同様なことが言える．

(14) a. He **struck** the dog with a stick. （彼は棒で犬をなぐった）
b. He **struck at** the dog with a stick. （彼は棒で犬になぐりかかった）
(15) a. He **shot** a bird. （彼は鳥を撃った）
b. He **shot at** a bird. （彼は鳥をねらって撃った）
(16) a. The boy **snatched** the travel bag out of her hand.
（少年は，女の手から旅行鞄をひったくった）
b. The boy **snatched at** her travel bag.
（少年は，女の旅行鞄をひったくろうとした）
(17) a. John **pulled** the rope. (Dixon 1991)
（ジョンはロープを引っ張った）
b. John **pulled on** the rope. (Ibid.)
（ジョンはロープを引っ張ろうとした）

ところで，spank, whip などには，動能構文が存在しないのは，なぜだろうか．

(18) She **spanked**/***spanked at** her son hard.
（彼女は，息子をぴしゃりと平手でたたいた）
(19) He would **whip**/***whip at** her to make her scream.
（彼は，悲鳴を上げさせるために彼女をむち打つのだった）

それは，spank/whip は，「行為の達成」を要求する動詞だからである．つまり，むちでたたく行為が達成しないかぎり，whip したとは言えないのである．同様に，eat や drink も，「行為の達成」を前提とする動詞である．*eat at とか，*drink at とか言わないのは，このためである．

一方，chew, nibble, suck, sip などの飲食動詞は，on/at を伴うことができるし，smell, sniff などの嗅覚動詞は at をとることができる．しかし，これらの動詞は，接触動詞とは異なり，達成しはするものの，それが不完全であるか，熱意に欠けていることを含意する．

(20) a. Alan Loyd **sipped** his orange juice and left the rest of his breakfast untouched. (Archer, *Kane and Abel*)（アラン・ロイドは，オレンジジュースをちびちび飲んで，あとの朝食は食べずに残した）
b. Ralf picked up his hot chocolate, **sipped at** it, and then turned to Roger again. (McBain, *He Who Hesitates*)（ラルフは，ココアを手にとって，ちびちびと飲み，それからまた，ロジャーの方を向いた）

(20a, b) の文の差は微妙であるが，おおむね，(b) 文は熱意の欠如 (a lack of enthusiasm) による不完全な達成を示唆していると言ってよい．

35.3. タイプ3:「自動詞＋副詞＋前置詞」

このタイプは，他動詞として働く．(1a)は受け身が可能なもの，(1b)は不可能なものである．

(1) a. catch up with (...に追いつく), do away with (...を処分する，廃止する), face up to (...に敢然と立ち向かう), look down on (...を見下す), look forward to (...を楽しみにして待つ), look up to (...を尊敬する), make up for (...の埋め合わせをする), put up with (...をがまんする), send away for (...を郵便で注文する)

b. come up to (〈標準・期待など〉に達する), end up in (結局...になる), keep up with (...について行く), listen in to/on (〈番組〉を聴く，〈会話〉を盗み聴く), run out of (...が尽きる), etc.

(2) They always **looked down on** us as poor relations.
(彼らは，私たちを貧乏な親類としていつも見下していた)

(3) We have just **run out of** sugar. (ちょうど砂糖を切らしてしまった)

(4) I must **make up for** lost time.
(空費した時間の埋め合わせをしなければならない)

(5) I was **listening in on** the radio then. (そのとき，ラジオを聴いていた)

(6) a. The old man cannot **keep up with** the times.
(その老人は，時世に遅れずについていくことができない)
b. *The times cannot **be kept up with** by the old man.

受動態の例:

(7) These restrictions should **be done away with**.
(こういう制限は，廃止しなければならない)

(8) An application form **was sent away for**. (申請書が郵便で請求された)

(9) The boss's vagaries must **be put up with** patiently.
(ボスのむら気は，根気よくがまんしなくてはならない)

(10) Such problems must **be** squarely **faced up with**. (Quirk et al. 1985)
(このような問題は，真っ向から取り組まなくちゃ駄目だ)

35.4. タイプ4:「他動詞＋副詞」

このタイプは，句動詞が他動詞なので，通例，受け身が可能である．

(1) break off (〈契約などを〉解消する), bring about (〈事故などを〉起こす), bring up (〈子供を〉育てる), call up (〈人に〉電話をかける), carry on (続ける), carry out (実行する), cut down (切り詰める), cut off (〈電気・ガスなどを〉切る), give up (あきらめる；〈習慣などを〉やめる), hand down (〈伝統などを〉伝える), hand in (提出する), hand over (譲り渡す，引き渡す), hang up (〈電話を〉切る), leave out (省略する), look up (〈辞書などで〉調べる), make out (理解する),

pick out (選び出す), put off (延期する), put on (着る), put out (〈火などを〉消す), take over (〈仕事などを〉引き受ける), telephone in (電話で知らせる), turn off (〈ガス・電気などを〉消す), work out (〈問題などを〉解く), etc.

(2) It was gambling that **brought** his ruin **about**.
(彼を破滅させたのは，ばくちだった)

(3) When his father died, he **carried on** the business.
(父親が死んだとき，彼がその商売を続けた)

(4) **Look up** the word in your dictionary. (その単語を辞書で引いてみなさい)

(5) I'll give five minutes to **work** this problem **out**.
(この問題を解くのに 5 分あげよう)

(6) We must **carry out** this plan by all means.
(この計画をぜひとも実行しなければならない)

(7) Harry Borden … **telephoned in** his first report.　　(Gardner, *Smoking Chimney*) (ハリー・ボーデンは，第一報を電話で知らせた)

受動態の例：

(8) The story has **been handed down** to this day.
(その話は今日まで伝えられている)

(9) His children have **been** well **brought up**. (彼の子供はりっぱに育てられた)

(10) The machine **was** thoroughly **tried out** before being out on the market.
(その機械は，市場に出す前に徹底的に試験された)

(11) This plan must **be carried out** by all means.
(この計画は，ぜひとも実行しなければならない)

目的語が名詞句の場合は，副詞の前後のどちらに置いてもよいが，代名詞の場合は，副詞の前にしか置けない．

(12) a. He **turned on** the light. (彼は明かりをつけた)
    b. He **turned** the light **on**. (同上)
    c. *He **turned on** it. ⇒ He **turned** it **on**.

(12a) と (12b) とは，厳密に言えば，同義ではない．両者は，情報構造において異なるからである．(12a) は，(13a) に対する答え，(12b) は，(13b) に対する答えである．

(13) a. What did he turn on? (彼は何をつけたのか)
    b. What did he do to the light? (彼は明かりをどうしたのか)

すなわち，(12a) では the light が〈新情報〉，(12b) では turn on が〈新情報〉である．同じことは，(14a, b) についても言える．

(14) a. The man took off **his coat**. (男は上着を脱いだ)
    b. The man **took** his coat **off**. (同上)

NB 1 イディオム性が高いもの，言い替えれば，動詞と副詞の結びつきが緊密なものは，副詞を NP 目的語のあとに置きにくいものがある (Quirk et al. 1985: 1155).
  (i) He had **given up** hope. (彼は絶望した) → ?He had **given** hope **up**.

第35章　句動詞

(ii) They **laid down** their arms.（彼らは武器を捨てた）
→ ?They **laid** their arms **down**.
NB 2　次の誇張表現的成句では，副詞は常に目的語のあとに置かれる．
(i) I was **crying** my eyes **out**/***crying out** my eyes.
（私は，目もつぶれるほど泣いていた）
(ii) He was **laughing** his head **off**/***laughing off** his head.
（彼は，頭がちぎれるほど笑っていた）
これらは，使役・移動構文（タイプ5）で，動詞が使役化されているので，厳密に言えば，上のタイプとは区別しなければならない．
NB 3　be run down などは，普通，受動態で使われる．
(i) I've **been run down** recently.（私は最近体力が衰えてきた）

35.5.　タイプ4（call up）とタイプ2（call on）の統語的な区別

両タイプの相違は，次のとおりである．

① call up タイプの up は副詞で，目的語名詞句を副詞の前後いずれにも置くことができるが，call on タイプの on は前置詞で，目的語名詞句を前置詞の前に置くことはできない．

(1) a. I **called up** John today.〈タイプ4〉（私は，きょうジョンに電話をかけた）
b. = I **called** John **up** today.
(2) a. I **called on** John today.〈タイプ2〉（私は，きょうジョンを訪問した）
b. *I **called** John **on** today.

② call up タイプでは，代名詞が目的語の場合は，必ず副詞の前に置くのに対して，call on タイプでは，目的語が代名詞の場合も前置詞の前に置くことはできない．

(3) a. I **called** him **up** today.〈タイプ4〉（きょう彼に電話した）
b. *I **called up** him today.
(4) a. I **called on** him today.〈タイプ2〉（彼をきょう訪問した）
b. *I **called** him **on** today.

③ call on タイプの中には，前置詞を関係詞の前へ回せる（=随伴）ものがあるが，call up タイプの副詞はそれができない．

(5) a. The boy **on** *whom* I **called** today is John.〈タイプ2〉
（きょう私が訪問した少年は，ジョンだ）〈格式体〉
b. *The boy **up** *whom* I **called** today is John.〈タイプ4〉

NB　run A over と run over A:「〈車・運転者が〉〈人や動物を〉轢く」という場合，OALD[6] に run sb/sth ⟷ over と表記されているように，この両方の語順が許されることがわかる．その場合，それぞれ，違ったタイプに属する点に注意せよ．Wood (1964: 236) は，(ia) の over は副詞で，被害者が強調され，(ib) の over は前置詞で，行為が強調されていると説明している．ただし，⟷ の表記にもかかわらず，タイプ2の run over him は絶対に run him over の語順にはならないことに注意．ちなみに，The car *ran* him *down*.（車が彼を轢き倒した）は，タイプ4である．

(i) a. The car **ran** a boy/him **over**. 〈タイプ4〉
   b. The car **ran over** a boy/him. 〈タイプ2〉

この句動詞は，通例，受け身で使用されるので，その場合は，タイプの違いは中和してしまう．

(ii) Two children **were run over** and killed. (OALD⁶)
   (子供が二人，轢かれて死んだ)

35.6. タイプ5：「他動詞＋目的語＋副詞」

目的語が常に動詞の直後にくる．通例，「使役・移動構文」(caused-motion construction) で，例えば，get NP across ＝ make NP come across のように，動詞が使役化されている．詳しくは，§37.4.5.2.6 を参照．

(1) The comedian doesn't **get** the jokes **across** that he prepares in advance.
   (コメディアンは，前もって準備したジョークで人を笑わせることはできない)
(2) a. He **saw** the crisis/it **through**. (彼は危機/それを乗り越えた)
   b. Cf. He **saw through** the crisis. (彼は危機を見抜いた)〈タイプ2〉
(3) The police **moved** the spectators/them **along**.
   (警察は野次馬/彼らを解散させた)
(4) I've **run** my finger **through** with the needle; it's bleeding.
   (針で指を刺しちゃった．血が出ている)
(5) A snowball **knocked** his cap **off**. (雪つぶてが彼の帽子を打ち落とした)
(6) I **saw** him **off** at the airport. (空港で彼を見送った)
(7) May I **see** you **home** (＝ go with you as far as your house)? (OALD⁶)
   (家までお送りしましょうか)
(8) I'll **see** myself **out**. (お見送りは結構です) [＜自分を送り出す]
(9) Things will **work** themselves **out**. (物事は，おのずとうまくいくだろう)

受動態の例：

(10) His jokes **weren't got across**. (彼のジョークは通じなかった)
(11) The spectators **were moved along** by the police.
   (見物人は，警察によって解散させられた)

35.7. タイプ6：「他動詞＋名詞句＋前置詞」

このタイプには，三つの下位タイプがある．

[A] 「他動詞＋名詞句＋前置詞」：名詞句は開いた集合で，このタイプに生じる他動詞と共起できるものであればよい．

(1) The pickpocket **robbed** her **of** her purse. (スリが彼女の財布をすった)
(2) The old man **protected** the tree **from** frost. (老人はその木を霜から守った)
(3) The teacher **plied** the boy **with** questions. (先生はその子を質問攻めにした)
(4) I must **thank** you **for** your help. (ご援助いただきありがとうございます)

(5) I will **confine** myself **to** a few remarks. (ふた言み言述べるにとどめます)

[**B**] '**take care of**' のタイプ: このタイプは成句であって、生起する目的語は定まっている．この類の句動詞は，非常に数が多い．

(6) make a mess of (…を台なしにする), take notice of (…に注意する), make mention of (…に言及する), …
(7) The mother **made** too **much of** her youngest son.
   (母親は末っ子を甘やかしすぎた)
(8) He never **pays attention to** what she says.
   (彼は，彼女の言うことにいっこうに構わない)
(9) My secretary **takes** good **care of** my mail.
   (秘書が私宛の郵便物の処理を上手にしてくれる)
(10) We **took** careful **note of** his request. (彼の依頼を慎重に考慮した)
(11) I shouldn't **pin my faith to** what he says.
   (私なら彼の言うことなんか盲信しないね)

このタイプは，二とおりの受動態の可能性がある．成句中の目的語を主語として受動文を作れば，次の (a) 文が得られ，成句全体を一つの複合動詞と見るならば，(b) 文が得られる．
(b) 文が可能になるためには，句全体の結びつきが緊密でなければならない．

(12) a. **An example** will **be made of** the next offender.
       (次の違反者を見せしめにしてやろう)
    b. = The next offender will **be made an example of**.
(13) a. **Advantage was taken of** John. (ジョンは利用された)
    b. = John **was taken advantage of**.
(14) a. **Good care was taken of** the children. (子供らは，十分に世話してもらった)
    b. = The children **were taken good care of**.

一方，句動詞の結びつきが弱くて，その内部の NP が修飾語を伴うような場合は，その NP のみが受動文の主語になる傾向がある (cf. Quirk et al. 1972: 848).

(15) a. Considerable **allowance** will **be made for** special cases.
       (特別な事例については，かなりの手心が加えられるだろう)
    b. ?Special cases will **be made** considerable **allowance for**.

[**C**] '**catch sight of**' のタイプ: このタイプは，make sense of (=understand), make fun of (=mock), make a fool of (=ridicule), keep track of (=remember) のように，熟語性が非常に高いものは，(a) 文のような受動文は作りにくい．

(16) a. *****Sense** can never **be made of** this code.
    b. This code can never **be made sense of**.
       (この暗号はまるで意味がわからない)
(17) The lifeboat was suddenly **caught sight of**.   (Quirk et al. 1985)
    (救命ボートの姿が突然見えた)

(18) I don't like being **made a fool of** in public.
（私は，人前で笑われるのはいやだ）

(19) He's working on so many projects that it's a wonder they**'re** all **kept track of**. (ODCIE 1)（彼は，とてもたくさんの事業に手を染めているので，それを全部覚えているのは驚きだ）

NB 次のような，再帰代名詞が目的語になっているものは，再帰代名詞を主語にした受動態はできない．(iib) と同様に，再帰形が c 統御（c-command）されていない（＝樹形図において，先行詞よりも低い位置にない）からである，と説明できる．

(i) a. He prided **himself** on his cleverness. （彼は自分の利口さを鼻にかけている）
   b. ***Himself** was prided on his cleverness.
(ii) a. He shaved **himself**. （彼はひげを剃った）
   b. ***Himself** was shaved.

35.8. タイプ 7：「自動詞＋前置詞句＋前置詞句」

これは，3 項動詞のとるタイプで，二つの前置詞句を従える．

(1) He **argued with** John **about** politics.（彼はジョンと政治を論じた）
(2) John **talked to** me **about** himself.（ジョンは私に自分のことを話した）
(3) He **applied for** a job **to** the firm.（彼はその会社に就職を願い出た）
(4) I **competed with** him **for** the prize.（私はその賞を目指して彼と競った）
(5) Japan **depends on** other countries **for** oil.（日本は石油を他国に依存している）

このタイプでは，通例，一方の旧情報を担った前置詞句が省略される．

(6) He **argued with** John．（彼はジョンと議論した）
(7) He **applied for** a job．（彼はある仕事口に応募した）

NB 次のような例は，このタイプの下位類で，二つの前置詞のうち前の前置詞の目的語が定まった場合と見ることができる．

(i) a. I will **get to the bottom of** the whole affair.
   （その事件の一部始終の真相を調べあげてみよう）
   b. The whole affair will **be got to the bottom of**.
   （その事件は一部始終，真相を調べあげられるだろう）
(ii) a. We must **get to grips with** this problem at once.
   （直ちに，この問題に取り組まなければならない）
   b. This problem must **be got to grips with** at once.
   （この問題は，直ちに取り組まなくてはならない）

35.9. タイプ 8：「他動詞＋名詞句＋副詞＋前置詞」

このタイプの名詞句は，開いた集合で，他動詞と共起できるものであればよい．

(1) We **brought** them **around to** our point of view.
（彼らを説得してわれわれの考え方に同意させた）

(2) We **let** him **in on** our plans. (彼をわれわれの計画に参加させた)
(3) He **put** his success **down to** hard work. (彼は自分の成功を勤勉によるとした)
(4) You shouldn't **take** your resentment **out on** your wife.
(君の憤懣を奥さんにぶつけちゃいけないよ)
(5) a. He **fobbed** me **off with** a cheap camera.
(彼は, ぼくに安物のカメラをつかませた)
b. = He **fobbed** a cheap camera **off on** me. 〈英〉

受動態の例：
(6) Every vessel **was decked out with** flags. (どの船も旗で飾り立てられていた)
(7) We **were brought up against** unexpected delays.
(私たちは, 予期しない遅延にぶつかった)
(8) **Are** you **fixed up with** a job yet? (Quirk et al. 1985)
(もう仕事をあてがってもらいましたか)
(9) The boy **was sent away for** the doctor. (男の子は医者を呼びにやられた)

be fed up with は, 常に受動態で用いられる.
(10) I **am fed up with** you. (君にはうんざりした)

35.10. その他のタイプ

上記以外にも, 次のようなマイナーなタイプがある.
[A] **動詞＋形容詞**：(1)は自動詞の例, (2)は他動詞の例.

(1) a. I must **plead guilty** to this.
(このことには身に覚えがある, と言わなければならない)
b. You'd better **lie low** for a few weeks.
(あなたは, 数週間は身を隠しているほうがいい)
c. I **broke even** on the deal. (その取引では損得なしだった)
(2) a. At one blow I **brought** him **low**. (一撃のもとに, 私は彼を倒した)
b. He **cut** her **short** with "You may go."
(彼は女の言葉をさえぎって, 「下がってよろしい」と言った)
c. I shall check to **make certain** that she is all right. (Sheldon, *The Doomsday Conspiracy*)(彼女の無事を確かめるために調べてみよう)
d. We **pumped** the well **dry**. (われわれは井戸をくみ干した)
e. The truth **makes free**. (Montgomery, *Anne's House of Dreams*)
(真理は(人を)自由にする) [the Trueth shall *make you free*. (AV, *John* 8: 32)
(真理はあなたたちを自由にする) から]

(2d) は,〈結果構文〉(§ 37.4.5.2.6) の例である.
[B] **動詞＋動詞**：このタイプは, 例が多くない.
① 最初の動詞が make, let, help の例. 目的語は, 文脈から復元できる場合, ま

たは一般人を表す場合は，しばしば省略される．

(3) a. We must **make do with** cheap clothes.
   （私たちは，安物の衣服で間に合わせなければならない）
   b. Let's **make believe** we are soldiers. （兵隊ごっこをしよう）
   c. We soon learned to **let** him **be**.
   （われわれは，まもなく彼をうっちゃっておくようになった）
   d. **Let go**! You're hurting me! (OALD⁶)
   （離して！痛いじゃないの）［＜let me go］
   e. Live and **let live**. （互いに邪魔せずにやっていく）［＜let others live］
   f. Can I **help wash up**? （皿洗いを手伝いましょうか）

② 2番目の動詞が分詞の例： 例は少数で，生産性はない．(4)は過去分詞，(5)は現在分詞の例である．

(4) a. I'm afraid this sudden wet weather has **put paid to** our garden party.
   （この突然の雨で，園遊会もどうやらおじゃんだ）
   b. We **got rid of** all the old furniture. (OALD⁶)
   （古い家具は，残らず処分してしまった）
   c. **Have done with** it! （そんなことやめちゃえ！）
   d. Let's **get started**. （さあ，始めよう）［＜get ourselves started］

(5) a. If we expect to reach there before dark, we'd better **get going**.
   （暮れないうちにそこへ着きたければ，急いだほうがいい）
   b. The store clerk was **sent packing** for stealing the money.
   （店員は，その金を盗んだためお払い箱になった）
   c. They **knocked** him **flying** as they rushed for dinner.
   （彼らは，食事に殺到したとき彼を押し倒してしまった）
   d. I **left** him **standing** in the study of English.
   （英語の勉強では，私は彼を追い越してしまった）［競馬から］

NB　hear tell/say は，〈古風〉な表現である（＜hear people tell/say）．
   (i) I've often **heard tell** of such things. （そういう話は，たびたびうわさに聞いた）

第36章

情報構造

36.1. 文の情報構造

36.1.1. 新情報と旧情報

　文をメッセージとして伝えるとき，話し手は，聞き手がすでに知っている（と想定される）事柄（＝**旧情報**（old information））と，聞き手がまだ知らない（と想定される）事柄（＝**新情報**（new information））とを，どのような順序で配列するかを工夫するだろうし，聞き手もまた，応答するときに「新・旧」の配列に注意するはずである．そういった，情報が「新・旧」に配列された構造を，文の**情報構造**（information structure）と言う．

　談話（discourse）は，相手が知っている（と思われる）事柄を**話題**（topic）としてとりあげ，その話題について相手のまだ知らない（と思われる）事柄について述べるのが自然である．すなわち，談話は，情報が「旧から新」へと流れていくのが自然である．例えば，(1) の質問に対する答えとして自然なのは，(1a) であろうか，それとも，(1b) であろうか．

(1)　What do you think of Bob?　（ボブのこと，どう思ってる？）
　　a.　**Bob**, I like.　（ボブって，ぼくは好きだよ）
　　b.　I like **Bob**.　（ぼくはボブが好きだ）

ボブは，問いの文にすでに出ているので，旧情報となっている．したがって，「旧から新」への流れに沿った (1a) のほうが自然な答えだと判断される．

　新・旧の配列は，副詞節においても観察される．

(2)　a.　Paul got up **when** *Mary came in*.
　　　　　　　旧　　　　　　　　新
　　b.　**When** *Mary came in*, Paul got up.
　　　　　　　旧　　　　　　　　新

情報構造に忠実に日本語に訳すなら，(2a) は「ポールが立ち上がったのは，メアリーが入ってきたときだった」，(2b) は「メアリーが入ってきたとき，ポールは立ち上がった」となるように，この二つの英文は，異なる情報構造をもっている．(2a) は，(3a) の答えとして適切であり，(2b) は，(3b) の答えとして適切である．

(3)　a.　**When** did Paul get up?　（ポールはいつ立ち上がったのか）

— 749 —

b. **What** *did Paul do* when Mary came in?
（メアリーが入ってきたとき，ポールはどうしたのか）

すなわち，(2a)のように文末に置かれた副詞節は，〈新情報〉を表し，(2b)のように文頭に置かれた副詞節は〈旧情報〉を表すのである．言い替えれば，ここでも，談話の流れは「旧から新」へと向かっていることがわかる．

さて，文の中で最も強く発音される部分は，**文強勢** (sentence stress) の置かれる位置である．そして，文強勢をうけた要素を，〈新情報〉の**焦点** (focus) と言う．以下の，AとBとの対話において，太字体の部分が〈新情報〉を伝える部分であり，その中で文強勢をうけている部分（大文字で表す）が〈新情報の焦点〉である．

(4) A: Who broke the window? （誰が窓ガラスを割ったのか）
    B: **JOHN** did. （ジョンです）
(5) A: What did John do? （ジョンは何をしたのか）
    B: He **broke the WINDOW**. （窓ガラスを割ったのです）
(6) A: What happened? （何があったのか）
    B: **John broke the WINDOW**. （ジョンが窓ガラスを割ったんです）

(4B) では，主語名詞句が〈新情報〉として提示されている．次に，(5B) の文強勢の置かれ方は，(6B) と同じであるが，両者の情報構造上の解釈は異なっている．(5B) では動詞句が，(6B) では文全体が，それぞれ，〈新情報〉として提示されているからである．

36.1.2. 主題と題述

プラハ学派の総帥 Mathesius は，その著書 (1975) において談話を情報構造の観点から分析して，それが通例，二つの部分からなることを発見した．話し手が話題にしようとしている**主題** (theme, T) と，主題について何かを述べる**題述** (rheme, R) である（これらの用語は，英語圏の topic（話題）と comment（評言）の区別にほぼ対応する）．

TとRの配列は，「旧から新へ」と向かうT—R (**客観的語順** (objective order)) が普通であるが，話し手が興奮したときなどは，R—T の配列 (**主観的語順** (subjective order)) も見られる，と Mathesius は言う（これは，おそらく言語普遍的な現象と思われる）．

(1) London Bridge ｜ is broken down. （ロンドン橋が落っこちた）
    　　T　　　　　　　　　R
(2) a. What a big house ｜ that is! （なんて大きな家なんだ，あれは！）
        　　　R　　　　　　　T
    b. Nonsense ｜ I call it! （ナンセンスだよ，そんなの！）
        　R　　　　　T

さらに，注意するべきは，主題と題述は，主部 (subject) と述部 (predicate) と全く同じ概念ではない，という点である．

以下の記述で，大文字の箇所は，そこに文強勢が置かれていることを示す．

(3) The teacher | then came. (先生は，次にやって来た)
　　 主部/T　　　　 述部/R
(4) Then came | the teacher. (次にやって来たのは，先生だった)
　　 述部/T　　　　 主部/R

　次のことわざでは，伝統文法では主語・述語の倒置が生じていると言わざるをえないが，Mathesius の分析では，まず，After a storm（嵐のあとは）という T がきて，それについて comes a calm（凪がくる）という R が述べられている．情報構造的に見れば，これ以上自然な語順は考えられないことがわかるだろう．

(5) After a storm | comes a calm. (嵐のあとは凪だ)
　　　 T　　　　　　　　 R

　ただし，すべての文に T と R がそろって見いだされるわけではない．(6) の諸例では，R のみが表現され，(7) では，T のみが表現され，R は表現されていない（訳文でわかるとおり，日本語でも同じことが言える）．

(6) a. Fire!（火事だ！）／Thief!（泥棒！）／Come here!（こっちへ来い！）
    b. Away with you!　（失せろ！）
(7) The teacher …（先生がね…）［と言って，児童が泣きだしたような場合］

　主語は，普通，旧情報を担っており，ゆえに無標 (unmarked) の主題とされるが，ときに新情報の焦点 (focus) として文強勢をうける場合がある．

(8) "Who gave you that pen?" "JOHN gave it to me."
　　 （「誰がそのペンをくれたの？」「ジョンがくれたんだ」）

　この場合，Mathesius ならば，JOHN は題述 (R) で，gave it to me (これは「旧」) が主題 (T) ということになる．Gardiner (1951: 272) も，

(9) "WHO has arrived?" "HENRY has arrived."
　　 （「誰がやって来たのか」「ヘンリーがやって来た」）

において，ヘンリーは論理的述部 (logical predicate) である，と述べている．新情報の焦点の述語性は，英語の場合は，(10a, b) のような分裂文への書き換えにおいて，明示的になる．

(10) a. It was JOHN who gave it to me. (それをくれたのは，ジョンだった)
　　 b. It is HENRY who has arrived. (やって来たのは，ヘンリーだ)

　以下の記述では，主題と題述の代わりに，もっとわかりやすく一般的な話題 (topic) と評言 (comment) という用語を使用することにする．そして，(11) のように，旧情報を担っている話題を無標の話題 (unmarked topic) と呼び，(12) のように，文強勢をもち，新情報の焦点になっている話題を有標の話題 (marked topic) と呼ぶことにする．

(11) "Who is Bill?" "Bill is MARY'S HUSBAND."
　　 （「ビルって，何者？」「ビルは，メアリーの夫だよ」）
(12) "Who gave you this pen?" "BILL gave it to me."
　　 （「このペンを誰がくれたの」「ビルがくれたんだよ」）

NB　SVOO と SVOA の「新・旧」の違いについては，§2.2.7 を，put out the cat と put the cat out との「新・旧」の違いは，§35.5 を参照せよ．

36.2. 無標の話題

談話が普通「旧情報→新情報」の順序で展開していく以上，先行文脈と関連する要素（＝旧情報）が文頭に置かれるのは理にかなっている．通例，文の主語が無標の話題になっているが，本節では，主語以外の要素が無標の話題になる場合をとりあげる．

36.2.1. 話題化

主語以外の句を話題として文頭に移動する操作を**話題化**（topicalization）と言う．次の諸例の[　]内の要素は，話題化によって文頭に移動している．以下，*t* は，移動した要素が残した痕跡（trace）を表すものとする．

(1) a. [**These steps**] I used to sweep *t* with a broom.
　　　　（この階段は，以前は私がほうきで掃いたものだった）
　　b. [**Each part**] John examined *t* carefully.（各部分は，ジョンが綿密に調べた）
　　c. [**Our daughters**] we are proud of *t*.（うちの娘たちは，私たちの自慢です）
　　d. [**Poetry**] we try not to memorize *t*.（詩は，丸暗記しないようにする）
　　　　　　　　　　　　　　　　　　　　　　　　　　　　　（以上 Emonds 1976）
　　e. "Willie says his (＝the dog's) name is Bert." "Then [**Bert**] it is *t*."
　　　　　　　　　　　　　　　　　　　　　　　　　　　（Steel, *A Perfect Stranger*）
　　　　（「ウィリーは，子犬の名前はバートにするって」「じゃあ，バートに決まりだね」）

話題化された要素の**着地点**（landing site）は，どこだろうか．Radford (1988: 530) とともに，それは補文標識句（complementizer phrase, CP）の指定部（specifier, SPEC）であると仮定してみよう．

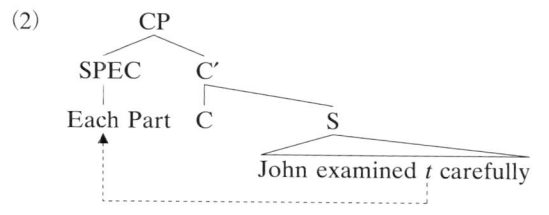

(2)
```
            CP
           /  \
        SPEC   C'
          |   /  \
      Each Part C   S
                   /  \
              John examined t carefully
```

このように仮定するならば，wh 句と話題化された要素が共起できないことが，自動的に説明される．wh 句は，定義上，CP の指定部に移動するからである．

(3) *[**Why**] [**each part**] did John examined carefully?

36.2.2. 受動文

受動文は，通例，主語を「無標の話題」にする機能をもっている．残りの部分が評言である．次の (b) 文は，(a) 文に対する答えである．

(1) a. What became of **John's plan**?（ジョンの企画は，どうなったのか）

      b. **His plan** was rejected by the board.（彼の企画は，委員会に却下された）
(2) a. When was **this church** built?（この教会は，いつ建てられたのか）
      b. **This church** was built in 1650.（この教会は，1650 年に建てられた）

36.2.3. 逆行照応の this / that / them

(1) a. **Most of these problems** a computer could take *t* in its stride.
        （こういう問題の大半は，コンピュータなら見事に処理できよう）
    b. She had a considerable sum of money, ... and **this** she bequeathed *t* to Dr. Roylott.   (Doyle, *Adventures of Sherlock Holmes*)
        （彼女は，相当な金をもっていた。そして，それをロイロット博士に遺した）
(2) a. A good cook does wonders, and **that** I know you have *t*.   (Wilde, *Lady Windermere's Fan*)（料理上手は奇跡を行います。それがお宅にはいますよね）
    b. **That** you won't *t*!   (Carrol, *Alice's Adventures in Wonderland*)
        （そんなこと，あなた，しないわ）［That は won't の目的語］[1]
    c. [Of **that**] I am certain *t*.   (Doyle, *The Return of Sherlock Homles*)
        （その件については，私は確信している）［前置詞句の話題化］
(3) **Most of them**, matter of fact, he didn't get the humor of *t*.
                                  (McBain, *He Who Hesitates*)
    （それらの大半は，実のところ，彼にはそのユーモアがわからなかった）

上の諸例の指示代名詞と人称代名詞は，話題が先行文脈の要素を逆行照応的 (anaphoric) に指示することによって，〈旧情報〉を担っていることを示している。[2]

36.2.4. 比較を表す形容詞句

"比較の基盤"は，通例，先行文にある。

(1) The whole class just burst out into a roar of laughter but **the most embarrassing** was these boys staring and laughing at me.   (Google)
      （クラス全員が，大声で笑い出したが，一番ばつが悪かったのは，そういう少年たちがぼくの顔をじろじろ見つめて笑っていることだった）
(2) **Just as surprising** was his love for clothes.   (Emonds 1976)
      （同様に驚くべきは，彼の衣装好きだった）

上の例において，「ばつが悪かったこと」，「驚くべきこと」が，すでに先行文に述べられていることは，それぞれ，文脈に明示または暗示されている。
次の形容詞句も，先行文との比較を行っている。

(3) **Even more important** was the cost of storage.   (BNC)

---

1. Cf. (i) Can I forget? yea, **that can** I.（私は忘れられるだろうか。さよう，それができる）
    (ii) Get back to your good little wife ... I **will that**.   （以上 Jespersen *MEG* V）
        （君のかわいい，いい奥さんのところへ帰りたまえ ... そうしよう）
2. ただし，this, these は，いま話題になっている問題を直示すると解釈することもできる（§ 21.6.2）。

(さらに重要な点は，保管料だった)
- (4) **Equally inexplicable** was his behavior towards his son.
(同様に説明しがたいのは，息子に対する彼のふるまいだった)
- (5) **Also available** are the following articles.
(また入手可能なのは，次の商品です)

36.2.5. 分詞句の前置

分詞句の前置は，特に新聞英語で多用されている．
- (1) **Speaking at today's lunch** will be our local congressman.
(本日の昼食でスピーチするのは，当地選出の国会議員です)
- (2) **Coming up next** here on Radio Oxford is the six o'clock news. (BNC)
(ラジオ・オックスフォードの次の番組は，6時のニュースです)

(1)で言えば，「本日の昼食で誰かがスピーチをする」が，〈旧情報〉になっている．Quirk et al. (1985: 1379) は，この種の文では，分詞句が一種の「場面設定」になり，文末の主語に新情報の〈焦点〉が置かれている，と述べている．

ところで，(1)，(2)は，それぞれ，進行形出身と考えることも可能かもしれないが，次のような分詞は，進行形や受動態と見ることはできない．
- (3) a. **Adjoining the living room** (*there*) *was* a kitchen.
(居間に隣接して台所があった)
- b. **Facing me** *there were* some cypress-trees. (De la Mare, *The Return*)
(私の正面に，イトスギの木がいく本かあった)
- (4) a. **Opposed to the Neo-Romantic's standpoint**, *there is* that group of critics. (McAlpine, *The Poetry of Dylan Thomas*)
(新ロマン派の立場に対立して，かの批評家のグループがいる)
- b. **Tied round the box** (*there*) *was* a piece of blue ribbon. (Wood 1962)
(箱を結わえているのは，1本のブルーのリボンであった)

なぜなら，(3a)の adjoin は，進行形をとらない状態動詞であり，また，(3a, b)，(4a, b)の各文では，be の前に存在の there を挿入することができるからである．[3]

36.2.6. 動詞句前置

動詞句前置（VP preposing）を適用するためには，先行文に同一の動詞句があることが条件になる．
- (1) a. John hoped that Mary would **find his hat**, but [**find it**] she could not *t*. (ジョンは，メアリーが彼の帽子を見つけてくれればいいと思っていたが，彼女は見つけることができなかった)

---

3. Wood (1962: 171) は，(3)，(4)のような構文は，be 動詞の前に there を挿入しても慣用的である場合にかぎって使用するのが安全であり，(1)，(2)のような例は，この用法の不当な拡大用法であって，ゴシップ記事を売り物にする雑誌において見られるようになったものである，としている．

b. John intends to **make a table**, and [**make one**] he will *t*. （ジョンはテーブルを作ろうと思っている．そして，確かに，テーブルを作るだろう）

(以上 Emonds 1976)

(2) John wanted to **win the race**, and [**win the race**] he certainly did *t*.
   （ジョンは，そのレースで勝ちたかった．そして確かにそのレースで勝った）

(3) I couldn't bear to **lose my houses** until the fatal moment, when [**lose them**] I must *t*. (Gissing, *The House of Cobwebs*) （私は，家を手放さざるをえないという決定的な瞬間まで，家を手放すに忍びなかった）

(1a)のように，否定文に動詞句前置が生じるのはまれである．

36.2.7. 場所・方向の副詞句

先行文に旧情報を担う「場所・方向」の副詞句がきて，その場所・方向を"しり取り"的に再叙するもの．〈格式体〉で，小説などに多く見られる．共起する動詞は，be, come, lie, stand, walk のような「存在・出現」の動詞である．この構文では，文頭の構成素の直後に述語動詞が生じる，いわゆる動詞第2位 (verb-second, V2) 現象が観察される．

(1) There was *a canopied bed* in the room.　**On the bed** slept a beautiful girl.
   （部屋には天蓋付きのベッドがあった．そのベッドに眠っていたのは，美しい少女だった）

(2) **On the wall** hangs an Egyptian papyrus.
   （壁に貼ってあるのは，エジプトのパピルス紙である）

(3) **Into the summerhouse** *strode* her father.
   （あずま屋の中へ大股で入っていったのは，彼女の父親だった）

(4) **Round this corner** *were* three doors in a line.　　(Doyle, *Adventures of Sherlock Holmes*) （この角を曲がったところに，三つのドアがひと並びにあった）

これらの文では，それぞれ，bed, wall, summerhouse, corner が前出の〈旧情報〉を伝え，文末の名詞句が〈新情報〉を伝えている．

ただし，"しり取り"的に再叙される要素は，必ずしも同一の語句でなくてもよい．二つの物が「全体と部分」のような密接な関連性が認知されれば，十分である（例えば，(5) では，スツールは台所にあったことが容易に推論される）．

(5) I walked *into the kitchen*.　**On a stool** was a large book.
   （私は，台所へ入っていった．スツールの上に，大きな本が置いてあった）

同様な V2 現象は，場所の前置詞句が wh 移動している場合にも生じる．

(6) a. They are planning to destroy the old church **under which** *are* buried six martyrs.　（彼らは，6人の殉教者が葬られている古い教会を壊そうとしている）

   b. I met the social reformer **to whom** *fell* that terrible task.
   （私は，その大変な仕事を押しつけられた社会改革家と会った）

NB 主語が人称代名詞の場合は，倒置は生じない (Quirk et al. 1985: 1379).
   (i) a. **Into the stifling smoke** we *plunged*.

(息も詰まるような煙の中へ，われわれは飛び込んだ)
  b. **Into the stifling smoke** *plunged* the desperate mother.
     (息も詰まるような煙の中へ飛び込んだのは，死に物狂いの母親だった)

36.2.8.　though 移動
〈格式体〉では，譲歩節の主語補語が話題化されて文頭に移動することがある．
  (1)　**[Genius]** though/as John is *t*, he can't tie his shoe laces.
       (ジョンは天才だけれども，靴ひもも結べない)
  (2)　**[Short girl]** though/as she is *t*, few people look down on her.
       (彼女はちびっ子だけれども，彼女を見下す人はまずいない)
  (3)　**[Naked]** as/that/though I was *t*, I braved the storm.
       (私は裸だったが，嵐（あらし）なんかものともしなかった)
as, that は，文脈次第で〈理由〉を表すこともある．
  (4)　Michael, **[fool]** as/that he was *t*, completely ruined the dinner.
       (マイケルは，なにしろ愚か者なので，晩餐（ばんさん）会をすっかり台なしにしてしまった)
この構文では，(1)，(2) に見るように，主語補語に a, an の付かない形式（＝NP ではなく，N'）が生じる点に注意．ただし，though 移動しないときには，限定詞が復活する（as を文頭に出すと，〈譲歩〉ではなく，〈理由〉を表すことになる）．
  (1′)　Though/As John is **a genius**, he can't tie his shoe laces.
  (2′)　Though/As she is **a short girl**, few people look down on her.

36.3.　有標の話題

主語が新情報の焦点，すなわち，有標の話題となる例は，先に示した ((1) として再録)．
  (1)　"WHO has arrived?"　"HENRY has arrived."
       (「誰がやって来たのか」「ヘンリーがやって来た」)
本節では，主語以外の要素が有標の話題になる場合を考察する．

36.3.1.　補語の前置
［A］　**主語補語の前置**：　倒置は多くないし，また，義務的でもない．主語が重いので，重い構成素を文末に回す，**文末重心** (end-weight)（§38.4）の原理も働いている．(1)-(4) では，V2 現象も見られる．
  (1)　**Many and long** *were* the conversations they held through the prison walls.　　　　　　　　　　　(Stevenson, *Men and Books*)
       (彼らが刑務所の壁越しに交わした会話は，多岐にわたり，かつ長いものだった)
  (2)　**Blessed** *are* all who fear the Lord.　　　(Houston, *In Search of Happiness*)
       (おしなべて幸いなるかな，主を恐れる人)
  (3)　**Gone** *are* the days when all Christmas school plays focused on the

Nativity.　　　　　　　　　　　　　　　　　　　　　　　(BNC)
（クリスマスの学校劇がキリスト降誕に集中していた時代は，終わった）

(4) **Many** *were* the daylight hours we spent together and "tired the sun with talking".[4]　　　　　　　　　　　　　(Hudson, *Green Mansions*)
（二人が日中をともに過ごし，語らい続けて太陽を倦ませたこともいくたびか）

(5) and [**very happy**] we have been *t*.　　(Doyle, *The Return of Sherlock Holmes*)
（そして，とても幸福だった，私たちは）

(6) And [**an exceedingly interesting**] **case** it appears to be *t*.　(Id., *Adventures of Sherlock Holmes*)（すこぶる興味をそそる事件のように，それは思われる）

(7) [**Flashy London people**] they are *t*, don't belong down here.　(Taylor, *A View of the Harbour*)（はでなロンドンの連中だよ，あれは．ここいらの者じゃない）

(8) [**Right**] you are *t*.　(Maugham, *Our Betters*)（そのとおり）

(2), (3)の形式は，それぞれ，イエスの山上の垂訓 (*Matt.* 5: 1-11) と，（おそらくは）*Old Black Joe* の歌詞をなぞって，いまでもよく使用されている．

次のような，is を落とした例は，話し言葉に特徴的に見られるものである．

(9) "**Smart fellow**, that," observed Holmes, and we walked away.　(Doyle, *Adventures of Sherlock Holmes*)（「抜け目のない男だな，あれは」とホームズが言った．そして，私たちは立ち去った）

(10) **Wonderful civility** this.　　　　　　　　　　　(Ch. Brontë, *Jane Eyre*)
（驚くべき慇懃さだ，これは）

[B]　目的語補語の前置

(11) [**Mean**] I call it *t*!　（卑劣だよ，そういうのは）

(12) [**Mad extravagance**], I call it *t*.　　　　(Burnett, *A Little Princess*)
（気違いじみた浪費というものです，そんなの）

(13) [**Damned selfish**] I call it *t*.　　　　　　　　(Maugham, *The Circle*)
（とんでもないわがままだ，そいつは）

(14) "And [**very wet**] it seems to have made you *t*," said Holmes.
　　　　　　　　　　　　　　　　　　(Doyle, *Adventures of Sherlock Holmes*)
（「おかげでずいぶん濡れたようだね」とホームズが言った）

36.3.2.　目的語の前置

(1) [**Really good meals**] they serve *t* at that hotel.　(Quirk et al. 1985)
（実にうまい料理を出してくれるんだぜ，あのホテルでは）[直接目的語]

(2) [**Sara's rooms**] she had saved *t* until the last.　(Burnett, *A Little Princess*)
（セアラの部屋を，彼女は最後まで残しておいた）[同上]

(3) [**Filthy climate**] you have *t* in this country.　　(Maugham, *The Circle*)
（いやな気候なんだね，この国って）[同上]

4.　引用は，William J. Cory, *Heraclitus* から．

36.3.3. 動詞句の前置

旧情報を伝える動詞句前置（§36.2.6）と区別せよ．

(1) **[Working late]** do you think he was *t*? (Radford 1988)
（彼は遅くまで働いていた，と思うかね）

(2) **[Found yourself a girl]**, 'ave (= have) you *t*? Because I only 'ope (= hope) it's not the boozer. (Archer, *As the Crow Flies*)（娘っこを見つけたのかい．ただ，飲んべえでなければいいと思って聞くんだが）[cockney の話し手]

これらの例は，話し手の頭に浮かんだ最も重要なことを最初に言い，残りの部分はあとからの思いつき（afterthought）の形で付け加えられたもののようで，その証拠に，WILSON, his name was.（ウィルソンだった，彼の名は）のように，コンマを挿入することも可能である，と Quirk et al. (1985: 1377) は述べている．日本語でも，話し言葉では，次のような有標の話題化は，ごくありふれたものである．

(3) <u>いやだよ</u>，そんなの．
(4) <u>田中さんだよ</u>，あの人．
(5) <u>きれいだねえ</u>，あの花．

36.3.4. 否定辞前置

否定辞前置（negative preposing）は，否定表現を有標の位置である文頭（厳密には，CP の SPEC（樹形図は凡例②(2)を参照））において，その部分を否定の焦点として強調するものである．この場合，倒置は義務的で，スタイルは〈格式体〉である．ここでは，V2 現象が義務的に生じる．

(1) **Never** *have* I *t* felt better. （こんなに気分のよかったためしはない）
(2) **Never in my life** *have* I *t* seen such a sight. (Doyle, *Adventures of Sherlock Holmes*)（生まれてこの方，そんな光景は見たことがなかった）
(3) **Scarcely** *had* we *t* started breakfast when the doorbell rang.
（朝食を始めるとすぐ，玄関の呼び鈴が鳴った）
(4) **Seldom** *have* I *t* seen so graceful a figure. (Doyle, *The Return of Sherlock Holmes*)（それほど気品のある姿をめったに見たことがない）
(5) **In no way** *can* John be held responsible *t*.
（どう見てもジョンの責任を問うことはできない）
(6) **Only then** *did* I understand what he meant *t*.
（その時はじめて，彼の言おうとすることがわかった）
(7) **Under no circumstances** *may* candidates leave the room *t*. (Radford 1988)
（どんな事情があっても，志願者は部屋を出てはならない）
(8) **Few people** *would* I trust *t* with such a mission. (Ibid.)
（そのような使命を託せる人はほとんどいない）
(9) **Not a single word** *did* he say *t*. (Swan 1995)（ひと言も，彼は言わなかった）
(10) **Not a soul** *did* I meet *t* all the way down. (Doyle, *A Study in Scarlet*)
（下ってくる途中ずっと，誰にも出くわさなかった）

前置された否定表現は，(1)-(7) のように副詞語句，あるいは (8)-(10) のような名詞句である．
　なお，scarcely はもちろん，only も "準否定辞"(semi-negative) である点に注意．

>**NB**　次の文は，文否定ではないので，倒置は起こらない．
>　(i)　[**Not far from here**] *you can* see foxes.　　　　　　　　(Swan 1995)
>　　　(ここからほど遠くないところに，キツネが見える)

36.3.5. 結果句前置

結果句前置 (resultative preposing) は，so/such で始まる結果句を新情報の焦点として文頭 (Spec, CP) に置いて，強調する．一般動詞の場合は，*do*-support が起こる．ここでも，V2 現象が観察される．

(1)　**So absurd** *was* his manner *t* that everyone stared at him.　(Quirk et al. 1972)(彼の態度はひどく非常識だったので，みんなが彼の顔をじっと見つめた)

(2)　**So ridiculous** *did* she look *t* that everybody burst out laughing.　(Swan 1995)(彼女がとてもばかげた顔つきをしたので，みんながどっと吹きだした)

(3)　**Such gallantry** *did* he show *t*, that he was awarded the Victoria Cross. (Radford 1988)(大変な武勇を示したので，彼はヴィクトリア十字勲章を授与された)

(4)　**Such** *was* Crowther's reputation in the city *t* that no one ever questioned his judgment.　(MED)(その都市でのクラウザーの名声は大変なもので，彼の判断を疑うものは誰一人いなかった)

36.3.6. 副詞語句前置

これも副詞語句を新情報の焦点として文頭において強調する．倒置は随意的で，スタイルは〈格式体〉である．V2 現象に注意．

(1)　**Often** *had* I intended to speak of it.　　　　　　　　(Quirk et al. 1972)
　　　(そのことについて語りたいと私は何度も思った)

(2)　**Well** *do* I remember walking up and down the hilly streets of San Francisco.　(BNC)(忘れもしない，サンフランシスコの坂道を上り下りしたことを)

(3)　**On this** *depends* the whole argument.　　　　　　　　　　　(MEU)
　　　(議論はすべて，この点一つにかかっている)

36.3.7. 話題の対比的強調

二つの文にそれぞれ強調したい要素があるとき，それぞれの要素が有標の話題化をうけて，対照強勢 (contrastive stress) を置かれることがある．〈修辞的〉なスタイルで使用される (Quirk et al. 1985: 1378)．

(1)　But **St Cláir** he is *t* and **St Cláir** he shall remain *t*.　(Montgomery, *Anne of Avonlea*)(でも，あの子はセント・クレアですし，これからもずっとセント・クレアで通させます)

(2)　**Léave** him I couldn't, but at least I could make his life a **mísery**.

（彼を捨てることはできないが，少なくとも彼の人生を不幸にすることはできる）

(3) In **Lóndon** I was born, and in **Lóndon** I shall die.　　　(Quirk et al. 1985)
（ロンドンで私は生まれ，ロンドンで私は死ぬだろう）

(4) He might agree under **préssure**: **wíllingly** he never would.　　　(Ibid.)
（圧力をかければ同意するかもしれないが，進んでは決してしないだろう）

この種の文では，しばしば新情報の焦点が二つあり，一つは S_1 の有標の話題，もう一つは S_2 の有標の話題となっている．

36.4. 提示文

文は，大きく，二つに分けることができる．

① **叙述文**（predicational sentence）：ある話題（topic）について，何かの評言（comment）をするもの（二重判断で，旧情報と新情報からなる）．

(1)　John | is intelligent.　（ジョンは聡明だ）

② **提示文**（presentational sentence）：ある事物や状況が談話の舞台に登場または発生したことを伝えるもの（単純判断で，文全体が新情報を伝える）．[5]

(2) a. There's a car blocking my way.　（行く手を車がふさいでいる）
　　b. Here comes our bus!　（さあ，バスがやって来たぞ！）
　　c. Down came the rain!　（ザァーと雨が降ってきた）
　　d. バラが咲いた！　バラが咲いた！
　　e. あっ，あそこを花嫁が行く！

本節で扱うのは，提示文である．

36.4.1. Here comes our bus! のタイプ

これは，文頭に場所を示す here, there, または away, down のような方向の副詞語句がくるもので，おもに話し言葉で，主語の指示物が談話の舞台に不意に登場（ときに退場）したことを，驚きや感嘆の気持ちを込めて表現するものである．V2 現象に注意（ただし，主語が代名詞のときは倒置は生じない）．

[A]　談話の舞台への主語の登場

(1) a. **Here's** your book.
　　　（ほら，ここに君の本があるよ）［cf. *Here it* is!/*Here is it*!］
　　b. **Here comes** Mary!
　　　（ほら，メアリーが来たぞ！）［cf. Here *she comes*!/*Here *comes she*!］

(2) a. **There goes** John!
　　　（あそこをジョンが行く！）［cf. *There he* goes!/*There goes he*!］
　　b. **There goes** the last bus.　　　(OALD)[6]
　　　（やあ，最終バスが出ちゃった）［= We've just missed it.］

---
5. 例えば，(2a) は，「車のわが行く手をふさぐあり」といった意味を表している．

第 36 章　情報構造　　761

　　　c.　**There's** the door-bell.　　　　　　　(Rice, *The Adding Machine*)
　　　　　（ほら，玄関の呼び鈴が鳴っている）［= It's ringing］

この there は，[ðéər] と発音される場所規定の there であって，次節で扱う存在の there [ðər] と区別しなければならない．

　(3) a.　One fine day **up went** the signal.　（ある日のこと，ポーンと，のろしが上がった）
　　　b.　I opened the bedroom door and **out walked** the cat.
　　　　　（寝室のドアを開けると，ひょっこりネコが出てきた）

　事件の発生自体が〈新情報〉であるから，上例で見るように，主語は定名詞句であってもさしつかえない．

［B］　談話の舞台からの主語の退場

　(4) a.　**Away flew** my hat!／**Away** it flew!　（ぼくの帽子，ぽーんと飛んでった！）
　　　b.　**Off went** John!／**Off** he went!　（ジョンのやつ，とっとと行っちまった！）

　NB　「談話の舞台への登場」，「談話の舞台からの退場」は，つまるところ，「談話の場面で新事態が生じた」とまとめて考えることができる（河上 1984: 133）．

36.4.2.　there 構文

［A］　まず，(1) のような「there 構文」(*there* construction)（存在文 (existential sentence) とも言う）を考えてみよう．

　(1) a.　**There is** a fly in the mustard.　（カラシの中にハエが入っている）
　　　b.　**There was** a car blocking my way.　（行く手を車がふさいでいた）
　　　c.　**There were** peasants murdered every day.　（毎日，小作農が殺されていた）
　　　d.　**There were** many students sick.　（多くの学生が病気になっていた）
　　　e.　**There walked** into the room a unicorn.　（部屋の中に一角獣が入ってきた）
　　　　　　　　　　　　　　　　　　　　　　　　　（以上 Milsark 1974)
　　　f.　**There's** a glass there.　　　　　　　　　(Maugham, *Cakes and Ale*)
　　　　　（そこにグラスがある）［あとの there は，場所を直示する副詞］

このような there 構文の生成については，従来，さまざまな提案がなされてきたが，いまだに定説はない．そのうち，Stowell (1978) は，(2a) のような，主語の位置が空きまま (e = empty) になっている存在文の基底構造を仮定し，そこへ there を挿入する方式と，there を挿入しない場合は，空いている主語の位置へ主語 NP を繰り上げる方式の二つの派生方法を提案した．

　(2)　　　［e］was a car blocking my way．［基底構造］
　　　a.　［**There**］was a car blocking my way.
　　　　　（車が行く手をふさいでいた）［there 挿入］
　　　b.　［**A car**］was t blocking my way.　（同上）［主語繰り上げ］

しかし，この構文では空いている主語の位置への NP の移動は，少なくとも三つの理由により，認められない．

　第一に，(2a) のタイプと (2b) のタイプの文とは，厳密に言えば，同義ではない．

例えば，(2a) は，提示文として (3a) の疑問文に答えるものであるのに対して，(2b) は，主語について何かを述べる叙述文として，(3b) に答える文であり，両文を同じ環境で使用することはできない．

(3) a. What happened? （何が起こったのか）
　　b. What was blocking your way? （何が君の行く手をふさいでいたのか）

　第二に，非対格動詞 (unaccusative verb) be の右側の NP は，Belletti (1988) によれば，部分格 (partitive case) を付与されているので，空いている主語の位置へ移動できない．移動すれば，主語の位置で与えられる主格と衝突するからである．

　第三に，そして決定的に，NP を繰り上げると，非文法的な文が生成される場合があることである (Quirk et al. 1985: 1404)．例えば，there を挿入した (4a), (5a) は文法的であるが，NP を上昇した (4b), (5b) は非文法的になる．

(4) [*e*] is a parcel come for you
　　a. **There's a parcel** come for you. （あなた宛に小包が届いていますよ）
　　b. ***A parcel is** come for you. ［正しくは，has come］
(5) [*e*] is a new history of Indonesia published recently.
　　a. **There's a new history of Indonesia** published recently.
　　　（新しいインドネシアの歴史書が最近出版された）
　　b. ***A new history of Indonesia is** published recently.
　　　［正しくは，has been published］

[B] **there 構文の派生**：　まず，be 動詞の場合から考察する．筆者の仮定する派生は，次のようなものである．

(6)　基底構造
　　a. [*e*] is [a hole **in my sock**] （前置詞句）
　　b. [*e*] was [a car **blocking my way**] （現在分詞）
　　c. [*e*] are [peasants **murdered**] every day （過去分詞）
　　d. [*e*] are [three pigs **loose**/***stupid**] （形容詞）

ここで，[　] 内は [NP XP] という形式の小節 (small clause, SC) をなしている．(　) 内は，小節の述部 XP (任意の句) となりうる範疇を示す．there 構文は提示文の仲間であるから，(6d) で見るように，小節に生起する形容詞は stupid のような恒常的 [＋permanent] なものではなく，非恒常的 [－permanent] なものでなくてはならない．

　there 構文に生じる動詞は，非対格動詞（＝あとに目的語があってもそれに対格を付与しない動詞）だから，定義上，主語の位置 [*e*] は空いている．その空いている主語の位置へ，（英語では主語なし文は許されないので）虚辞の there が挿入されるのである．

(7)　there 挿入 (*there*-insertion)
　　a. **There** is [a hole in my sock]. （私の靴下に穴が開いている）
　　b. **There** was [a car blocking my way]. （行く手を車がふさいでいた）

  c. **There** are [peasants murdered] every day.
   （毎日のように，小作農が殺されている）
  d. **There** are [three pigs loose]. （ブタが3匹解き放たれている）

 there 構文は，〈存在〉を表す文であるから，存在の be (existential *be*) と共起するのが規範であるが，〈格式体〉では，live, stand, remain, exist, come, arise, enter, be born, happen, take place (= happen) などの〈存在〉や〈出現〉を表す自動詞表現とともに用いられることがある．これらの動詞は，小節をとらない．

 (8) a. There **arose** no problems. （問題は，持ち上がらなかった）
   [[e] arose no problems が基底で，[e] の位置に there を挿入する]
  b. There **took place** a strange accident. （不思議な事件が起こった）
  c. There **was born** a child to them. （二人に子供が産まれた）
  d. There **was heard** a rumbling noise. （ごろごろという音が聞こえた）

 また，run, walk, amble などの**非能格動詞** (unergative verb) は，それ自体では「移動」の動詞にすぎないけれども，run/walk/amble *into the room* のように，方向の前置詞句と結びつけて使用された場合は，一つの複合動詞 (complex verb) として，まぎれもなく〈出現動詞〉となる．

 (9) a. There [**walked into the room**] a unicorn. （部屋に一角獣が入ってきた）
  b. Cf. ?There **walked** a unicorn **into the room**.
  c. And there [**shot into his mind**] the thought: "I want to go home."
                (Christie, *The Hollow*)
   （すると，「家に帰りたい」という思いが，急に彼の心に湧いてきた）
 (10) There [**ran out of the bushes**] a grizzly bear.
   （藪からハイイログマが走り出てきた）

(9b) の不自然さは，walk と into the room が離れてしまったため，〈出現動詞〉として認識されないことに起因すると説明される．

 さらに，reach, cross, enter のような他動詞でさえも，次例のように，場所の目的語を伴って〈出現動詞〉という複合動詞を形成すること，したがって，主語名詞句の後置は義務的になることに注意せよ．

 (11) a. There [**reached his ear**] the sound of voices and laughter.
   （しゃべったり笑ったりしている声が彼の耳に聞こえてきた）
  b. There [**entered the room**] an indescribably malodorous breath of air.
   （何とも言えず臭い微風が，部屋の中に入ってきた）
  c. There [**crossed his mind**] a most horrible thought.
   （この上もなく恐ろしい考えが彼の頭に浮かんできた） (以上 Kayne 1979)

 以上のように，〈存在・出現〉の自動詞は言うまでもなく，移動の自動詞は，方向の前置詞句を伴うことにより (*eg* walk into the room)，他動詞は，受け身になったり (*eg* be held)，場所目的語をとったりする (*eg* reach his ear) ことによって，おしなべて自動詞的な〈出現動詞〉になることがわかる．これらの〈存在・出現〉の動詞

は，談話の舞台へ新しい事物を導入する働きをするという特徴を共有している．存在文の主語が普通，不定名詞句 (indefinite NP) であるのは，このためである (「**定性効果** (definiteness effect)」と呼ばれる).

(12) a. There is **a** dove in the cage. (かごの中にハトがいる) [提示文]
  b. *There is **the** dove in the cage.
  c. Cf. **The** dove is in the cage. (そのハトは，かごの中にいる) [叙述文]

 NB 1 まれに，「There + V + PP + S」の形式で消滅動詞が生起することがある.
  (i) There **disappeared** *from the academic community* a noted scholar.
   (学会から高名な学者が姿を消した) [Google には約 312 例]

 NB 2 存在文の主語の位置は，ギリシア語・ラテン語や Chaucer の英語などでは，現に空いていた.
  (i) Gk. ø esti de autou ho kai aphulakton ēn. (Thucydides, *History*) [竹島]
    'is there what unguarded was' (そこには無防備な場所がある)
  (ii) L. ø Est īnsula in ōceanō.
    'Is (an) island in (the) ocean.'
  (iii) ø **Was** nowher swich a worthy vavasour. (Chaucer, *General Prologue* 360)
    'Was nowhere such a distinguished landholder.'

[C] **定名詞句の主語**：しかし，主語名詞句が定冠詞を伴っていたり，固有名詞であったとしても，つまり，「定性効果」にもかかわらず，<u>それが聞き手にとって未知の情報を担うものとして談話の場面に導入されるかぎり</u>，there 構文で用いることができる点に注意しなければならない.

(13) a. There's **the possibility** that his train has been delayed.
   (彼の列車が遅れている可能性がある)
  b. Suddenly there ran out of the woods **the man** we had seen at the picnic. (Aissen 1975) (突然森の中から，ピクニックで見かけた男が走り出てきた)
  c. "How many can we get for our group?" "Well, there's **John**, and **Mary**, and **Bill**." (「何人，私たちのグループに加わってくれるだろうか」「そうだね，ジョンとメアリーとビルがいるね」)

(13a) の the は，同格節の影響によるもので，**順行照応的** (cataphoric) な the である．(13b) では，たとえすでに見かけた人であっても，森から走り出てくるまでは誰だか不明であり，(13c) は，「リスト文」 (list sentence) と呼ばれるもので，個々の項目は既知であっても，どんな項目がリストに入るかは聞き手にとって不明なのである．したがって，「定性効果」の反例にならない.

ここで，筆者が主張していることは，出身が自動詞・非能格動詞・他動詞たるを問わず，〈存在・出現〉の動詞は，おしなべて非対格動詞と見ることができる，ということである.

[D] **提示文と叙述文**：Huddleston & Pullum (2002: 1397) は，(14b)-(16b) のように，おもに主語が抽象物の場合は，(b) 文の形式 (=叙述文) が許されない，と述べている.

第36章　情報構造

(14) a.　There's **plenty of room** on the top shelf.
　　　　（一番上の棚にはたっぷり余裕がある）
　　 b.　***Plenty of room** is on the top shelf.
(15) a.　There was **sincerity** in her voice.　（彼の声には誠実さがこもっていた）
　　 b.　***Sincerity** was in her voice.
(16) a.　There was **peace** in the region.　（その地域には平和があった）
　　 b.　***Peace** was in the region.

この考え方では，しかし，G. Lakoff (1987: 558-9) があげている具体名詞を含む場合が説明できない．

(17) a.　There is **a flaw** in the diamond.　（このダイヤには疵がある）
　　 b.　***A flaw** is in the diamond.
(18) a.　There is **no lid** to this jar.　（この瓶にはふたがない）
　　 b.　***No lid** is to this jar.
(19) a.　There's **not much** to him.　（彼にはあまり見所がない）
　　 b.　***Not much** is to him.
(20) a.　There's **a great deal of merit** in his theory.
　　　　（彼の理論にはたくさん取り柄がある）
　　 b.　***A great deal of merit** is in his theory.

G. Lakoff は，(17)-(20) の (b) 文のように，二つの項の間に「部分と全体」の関係があるときは，叙述文は許されない，と主張している．ところが，次の (21b), (22b) のような時間関係を示す文では，「部分と全体」の関係がなくても容認不可能になるので，別の原理が必要になることを，G. Lakoff 自身も認めている．

(21) a.　There's **an hour** before lunch.　（昼食までに1時間ある）
　　 b.　***An hour** is before lunch.
(22) a.　There's **a concert** at ten o'clock.　（10時にコンサートがある）
　　 b.　***A concert** is at ten o'clock.

さて，Huddleston & Pullum (2002) と G. Lakoff (1987) の意見の相違を，どのように止揚したらいいだろうか．(b) 文の非文法性の説明としては，少なくとも二つ考えられる．一つは，

(23)　?A vase is on the table.

という文が非文法的ではないにしても，かなり不自然に響くのは，文頭の話題の位置は旧情報を担う定名詞句が占めるという情報構造上の一般的傾向に反して，新情報を担う不定名詞句がきている，という唐突さによるものである，という事実がある (cf. Quirk et al. 1972: 958-9, Huddleston 1971: 322)．

もう一つ，より高い一般性が得られると思われる説明は，there 構文は，「談話の舞台への新しい事物の登場」を表すものであるから，ある事物が「たまたまある」 (incidental-occurrence) という意味合いをもつ場合は，この構文が優先されると規定することである．(16a) は，「その地域にたまたま平和があった」，(21a) は，昼食

までに「たまたま1時間ある」と話し手は言いたいのである.

一方, (21b) 文の An NP is ...「...というものは」という形式は, 次例のように, おもに総称文 (そして, 当然, 叙述文) に用いられるもので, 存在文としては不適切になると考えられる.

(24) **AN** [sic] **hour is** a long time in politics. (BNC)（政治では, 1時間は長い時間だ）

> **NB 1** 次の二つの文を比較せよ.
> (i) There was certainly some truth **to that**. (Steel, *Bittersweet*)
> (それには, 確かに一理あった)
> (ii) There was certainly some truth **in that**.
>
> 訳文では明確に区別するのは困難だが, 通例, to は偶有的 (accidental), in は本質的 (intrinsic) という違いがある.
>
> (iii) Mass murder is an absolute crime and there are no degrees **to** it. (*The Times*, Jan., '95) (大量殺人は, 絶対的な犯罪であって, それには程度などない)
> (iv) there is no truth **in** it whatsoever. (Ibid.) (それには全く真実がない)
>
> **NB 2** 虚字の there [ðər] は, 主語の位置にあるため, 名詞句として機能する. 例えば,
> ① yes/no 疑問文・付加疑問文の主語になる.
> (i) a. Is **there** any more coffee? (コーヒーはまだありますか)
> b. There's nothing wrong, is **there**? (誤りはないでしょう)
> ② 非定形動詞の主語になる.
> (ii) a. I don't want **there** to be any trouble. (面倒なことがあってほしくない)
> b. **There** being nothing else to do, we went home.
> (ほかにすることがなかったので, 私たちは家に帰った)
> c. I was disappointed at **there** being so little to do.
> (することがほとんどないので, 私は失望した)
> ③ 受動文の主語になる.
> (iii) **There** is believed to be a spy among us.
> (われわれの中にスパイがいると信じられている)
>
> **NB 3** there is a sense in which という言い方は, 特に学術書において 'in a sense' (ある意味では) と同義によく使用される.
> (i) **There is a sense in which** a child understands far more than we suspect.
> (Hayakawa, *Through Communication Barrier*)
> (ある意味では, 子供はわれわれが気づいているよりもはるかに理解力がある)

36.5. 転 移

転移 (dislocation) は, Ross (1967) の用語. **左方転移** (left dislocation) と**右方転移** (right dislocation) がある. 話題化ではもとの位置が空所 (gap) になるのに対し, 転移ではその位置に代名詞がある, という違いがある.[6]

(1) a. **John**, Mary kissed *t*. (ジョンは, メアリーがキスしたのだ) [話題化]

---

[6] 話題化では移動が生じるが, 左方にせよ, 右方にせよ, 転移要素は基底生成され, 移動は起こらないので, 転移 (dislocation) という用語は不適切である. Quirk et al. (1985: 1416-7) は, 左方転移を代理代名詞 (proxy pronoun), 右方転移を敷衍的付加語 (amplificatory tag) と呼んでいる.

b.　**John**, Mary kissed *him*.
　　　　（ジョンは（と言えば），メアリーが彼にキスした）[左方転移]
　　c.　*They* are all the same, **these politicians**.　　　　　　（Quirk et al. 1985）
　　　　（彼らは，みんな同じだよ，こういう政治家たちは）[右方転移]

36.5.1. 左方転移

次の例でわかるように，左方転移は，よく知られた話題（topic）を談話の中に導入するときに用いられるので，文強勢は置かれない．

　（1）　**Inferiority complex** — what exactly does *that* mean?
　　　　（劣等複合，それって，いったいどういう意味なんだね）
　（2）　**That priest who entered**, do you know *his* name?
　　　　（入ってきたあの牧師，あの人の名前知ってるかい）　　　（以上 Jespersen 1933）
　（3）　**That kind of pen**, what can you use *it* for?　　　　　（Radford 1988）
　　　　（そんなペン，何のためにそんなものを使うのかね）

周知のように，フランス語の話題化は，しばしば左方転移の形をとる．

　（4）　**Le style**, *c*'est l'homme.　（文は人なり）[7]
　（5）　**L'etat**, *c*'est moi.　（国家，それは私だ）[Louis 14世の言葉]

左方転移は，日本語でも，法律文書でよく使われている．

　（6）　思想及び良心の自由は，これを侵してはならない．（日本国憲法第19条）
　（7）　通信の秘密は，これを侵してはならない．（同第21条）
　（8）　学問の自由は，これを保障する．（同第23条）

左方転移した名詞句を再叙する要素は，代名詞ばかりではなく，いわゆる「ののしり語」(epithet) であってもよい．

　（9）　**[John]**, I can't stand [*the bastard/the creep/the jerk*].　（ジョンって，あの野郎/いやなやつ/ばかは，がまんならん）[John と the bastard は，同一指示的]

NB 1 左方転移した要素は，(i) のような構造にかんがみて，CP (=S′) に付加されて基底生成されると仮定する (cf. Radford 1988: 532).

　(i)　**[Terrorism]**, what do you think of *it*?　（テロって，君，どう思うかね）

```
              CP
            /    \
           NP     CP
           |    /    \
       Terrorism SPEC  C'
                 |    /  \
                what C    S
                     |   /\
                     do you t think of it t
```

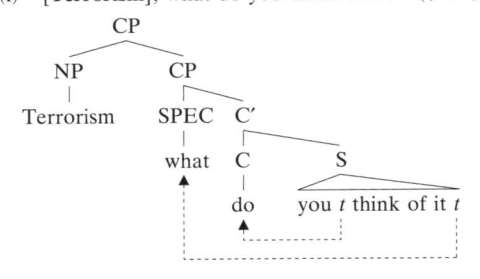

7.　Buffon の1753年8月25日の Academy での演説は，左方転移のない Le style est l'homme même.（文体は人そのものである）となっている．

一方，右方転移された要素は，S に付加されると考えることもできるが，(ii) のように，動詞が生じることがあることを考慮するならば，前の文と並列的 (paratactic) に置かれていると見るほうが妥当ではないだろうか．
　　(ii)　*She*'s a lovely girl, **Anne** (**is**).　（彼女はかわいい女の子だよ，アンはさ）
NB 2　次のような例では，左方転移要素の直後に，主語が繰り返されている．
　　(i)　**Every fiddler**, *he* had a fiddle.　　　　　　　　　　　　(Mother Goose)
　　　　（どの胡弓弾きも，胡弓をもっていた）
　　(ii)　**Robin** *he* married a wife in the West,　　　　　　　　　　(Ibid.)
　　　　（ロビンは西部の女といっしょになった）
　　(iii)　**The maid** *she* went to the well to wash,　　　　　　　　(Ballad)
　　　　（乙女は井戸に洗濯に行った）
これは，古いバラッドや Mother Goose などによく見られる語法であるが，現在は cockney などで多く使用されている．

36.5.2.　右方転移

　右方転移では，先行する代名詞を同一指示的な名詞句に替えて，代名詞の指示を明確にするものである．音調は通例，主文は下降調で，右方転移した要素は，その既知性 (givenness) を反映して上昇調で発音される (Quirk et al. 1985: 1417)．

　(1) a.　*They*'re all the same, ↘ **these politicians**. ↗
　　　　（彼らはみんな同じだ，こうした政治家は）
　　　b.　I wouldn't trust *him* for a moment, ↘ **your brother-in-law**. ↗
　　　　（ぼくは，彼のこと，片時も信用しないね，君の義理の弟は）
　　　c.　*He* was a great novelist, **that Charles Dickens**.　　　(Jespersen 1933)
　　　　（彼は大作家だった，かのチャールズ・ディケンズは）
　　　d.　*It*'s the ideal cure for laziness, **marriage**.
　　　　（あれは，怠惰の理想の治療剤だ，結婚はさ）

右方転移は，日本語の話し言葉でも多用されている．

　(2) a.　あれはいい人だよ，田中さんは．
　　　b.　あれ頂戴，サフォライド．［歯科医］
　　　c.　この人は，あれだね，右足がほとんどあがらないね．［野球解説者］

上で見るように，右方転移される要素は，主語が多いが，(1b) のような目的語，(日本語の例では) (2c) のような主語補語の場合もある．

36.6.　強　調

　強調 (emphasis) という用語は，従来，あいまいに使用されてきたように思われる．文法的な強調と，修辞的な強調とがいずれも "強調" として取り扱われてきたからである．例えば，(1) の強勢 (stress) による強調は文法的なものであるが，(2) の語彙項目による強調は，修辞的な強調としなければならない．

　(1) a.　She **dóes** look beautiful.　（彼女は，確かに，美人に見える）

  b. I **wíll** find out.（絶対，見つけてみせるぞ）
(2) a. He is **very**, **very** intelligent.（彼はすっごく頭がいい）
  b. The accident occurred before my **very** eyes.
   （その事故は，私の目の真ん前で起こった）

この2種類の強調は，厳しく区別しなければならない．なお，評言に文末焦点を与える方法による強調（§36.2），話題化による強調（§36.3）は，すでに見たとおりである．ここでは，それ以外の英語における主要な強調のしくみを調べることにする．

36.6.1. 文法的な強調

文法的な強調は，次のように定義することができる．

(1) 文中のある要素が，新情報の焦点として文強勢をうけたとき，その要素は強調される．

書き言葉では，文強勢の位置は，普通，大文字やイタリック体で示される．

(2) a. Give it to **ME**!（それ，私にくれ）
  b. He *will* have his own way.（彼は，あくまでも思いどおりにしようとする）

以下に，文法的な強調をリストしてみよう．

[A] **操作詞に文強勢を置く**：命題内容が真であることを強調する．一般動詞の場合は，*do*-support を行う．

(3) a. "I'm all right." "But you **dó** look pale."
   （「ぼくは，大丈夫だ」「でも，ほんとうに顔色がよくないよ」）
  b. You **díd** give me a fright.（びっくりしたよ，ほんとに）
  c. That **wíll** be nice!（そりゃ，さぞ素敵でしょうね）
  d. I **háve** enjoyed myself!（確かに，大いに楽しんだよ）

[B] **本動詞に文強勢を置く**：他の動詞との対比が暗示される．

(4) a. John **phóned** me yesterday.
   （ジョンはきのう電話してきたんだ）［手紙をよこしたのではない］
  b. I **sáw** it.（ぼくはそれを見たんだよ）［聞いたのではない］

[C] **文中の特定の語に文強勢を置く**：そこが新情報の焦点として強調される．次の四つの文を比較せよ．

(5) a. **Jóhn** gave the book to Mary.　［Dick ではない］
  b. John **gáve** the book to Mary.　［貸したのではない］
  c. John gave the **bóok** to Mary.　［帽子ではない］
  d. John gave the book **to Máry**.　［Sally にではない］

[D] **分裂文を用いる**：分裂文 (cleft sentence) (Jespersen *MEG* VII: 147 の用語) は，まさに It is x that の構文によって x の部分を明示的な新情報の焦点とする文法的なしくみである．

 (6) の無標文からは，(7) のように，四とおりの分裂文を派生することができる．

(6) John wore a white suit at the dance last night.
（ジョンは，昨夜のダンスパーティーで白いスーツを着ていた）
(7) a. It was **Jóhn** who/that wore a white suit at the dance last night.
   b. It was **a white súit** (that) John wore at the dance last night.
   c. It was **last níght** (that) John wore a white suit at the dance.
   d. It was **at the dánce** that John wore a white suit last night.
   d′. It was **the dánce** (that) John wore a white suit **at** last night.

（以上 Quirk et al. 1985）

(7d) と (7d′) とは，スタイルの点で異なる．すなわち，(7d′) は〈略式体〉である．

さて，分裂文では，It is x that の x のところが新情報の焦点となり，that 節は旧情報あるいは前提（presupposition）となっている．（焦点の位置は，話し言葉では，そこに文強勢が置かれることではっきりとわかる．）焦点の部分は，「y ではなくて，x なのだ」というふうに，常に否定された対照要素が含意されている．否定された対照要素は，文脈に顕現している場合が多い．顕現の仕方には，次のように，三とおりある（そのうち，(8a, b) が普通）．

(8) a. It was Jóhn, (and) **not Jím**, who danced.
      （ダンスしたのはジョンで，ジムではない）
   b. It **wasn't Jím**, but Jóhn, who danced.
   c. It was Jóhn who danced, **not Jím**.

分裂文は，重要な構文なので，後段の§36.6.2 で改めて詳論する．

NB 学校文法では分裂文のことを"強意構文"と称してきたが，強意構文はほかにも数多くあるので，この名称は適切ではない．

[E] 擬似分裂文を用いる： 次のような擬似分裂文では，主語節が旧情報を担っており，be の直後の要素に核強勢が置かれ，そこが新情報の焦点となる．
次の三つの文を比較せよ．

(9) a. I want móney. （私はお金がほしい）［無標の文］
   b. *It*'s móney (*that*) I want. （お金だよ，私がほしいのは）［分裂文］
   c. *What* I want is móney. （私がほしいのはお金だ）［擬似分裂文］

典型的な擬似分裂文は，次のように，what 節を主語とするものである．

(10) a. *What* John bought was **a cár**. （ジョンが買ったのは車だ）
    b. *What* I like is **her géntleness**. （私が好きなのは，彼女の優しさだ）
    c. *What* John is, is **stúpid**. （ジョンがどんなかと言えば，ばかだ）
    d. *What* I did to Bill was **twist his wríst**.
       （ぼくがビルにしたことは，手首をねじることだった）
    e. *What* they are doing is **painting the hóuse**.
       （彼らがしていることは，家にペンキを塗ることだ） （以上 Emonds 1976）

Akmajian (1970) は，なお，次のような"自由関係詞"を含むものを認めている．

しかし，これらを容認しない方言もある（括弧内の形式なら文法的）.[8]
(11) a. *Who* (=The one) Nixon chose was **Agnew**.
        （ニクソンが選んだのは，アグニューだった）
    b. *Where* (=The place where) John went was **to Boston**.
        （ジョンが行ったのは，ボストンだった）
    c. *When* (=The time when) I met John was **at 4 o'clock**.
        （ジョンと会ったのは4時だった）
    d. *Why* (=The reason why) John came was **to irritate me**.
        （ジョンが来た理由は，私を怒らせるためだった）
    e. *How* (=The way) John did that was **by standing on a ladder**.
        （ジョンがそれをした方法は，梯子の上に立つことだった）

NB 次の文を考察せよ．
  (i) The problem **is is** that I can never get that screw in right.　　　(Freidin 1992)
      （問題は，そのねじくぎをうまく差し込めないことだ）
Freidin (1992: 20) は，この文は is が余分に付いているが，このままで容認可能である．
しかし，余分な is を取れば，生成文法で説明可能になる，と述べている．
  これは，次のような，擬似分裂文の類推で生じたものと説明できると思われる．
  (ii) **What the problem is** is that I can never get that screw in right.
       （何が問題かと言えば，…）
この構文には，実際に what の生起する例が見られる．
  (iii) **What the problem is is** the inside of the tank has accumulated rust from the water.　　　(Google)
       （何が問題かと言えば，タンクの中に水のアカがたまったことである）

36.6.2. 分裂文詳論
分裂文については，次のような点を明らかにしなければならない．
① it のステータス
② 分裂文の焦点の位置に生じる統語範疇
③ 分裂文の派生

36.6.2.1. it のステータス
まず，it は虚辞か項かを問題にする．普通，次のような分裂文に現れる it は，虚辞とされていると思われる．
  (1) **It** is the wife *that* decides.　（決定するのは妻だ）
しかし，細江 (1971: 310) は，この構文では「that の先行詞は明らかに It である」と言っている．言い替えれば，この it は，順行照応的 (cataphoric) に that 節を指示している，ということである．
  また，Jespersen (*MEG* III: 89) は，この構文では，関係詞節は，it is のあとに

---
8. 私見では，これらの wh 語を疑問詞と解するなら，容認可能になる．

くる述詞（predicative）（＝主語補語）を修飾するのではなく，むしろ，it を修飾すると見ることもできる，と述べている．つまり，関係詞節の先行詞は，it と見ることができる，ということである．

さらに，MEU[1]（1926: 303）は，(1) のような構文において，that の真の先行詞は it であると述べている．

that 節の先行詞が it であり，it is のあとの述詞ではないことは，第一に，次のような，数多くの俚諺(りげん)的表現において明らかである．

(2) a. **It** is an ill wind *that* blows no man good.
（誰にも利益を吹き与えないのは，悪い風である→どんな風でも誰かの得になる）
b. **It** is a long lane *that* has no turning.
（曲がり角のないのは，長い道である→どんな長い道でも曲がり角はある）
c. **It** is a wise father *that* knows his own child.
（わが子を知っているのは，賢い父親である→そんな賢い父親はいない）

例えば，(2a) を「それは，誰にも利益を吹き与えない風である」と訳したのでは，意味をなさない．

第二に，分裂文の焦点（focus）の位置に，John のような固有名詞がくる場合も，John が限定節の先行詞でないことは明白である．固有名詞は，限定節をとらないからである．

(3) **It** is John *who* Mary really likes. （メアリーがほんとに好きなのは，ジョンだ）
［述詞が人間名詞の場合は，that よりも who が一般的］

第三に，It is you who *are* と呼応しないで，It is you who *is* と呼応する例がいくらでも見いだされるという事実がある．これは，英語母語話者が who の先行詞を It と感じている証拠である（§31.1.5）．

(4) **It** is you ... *who is* dyed-in-the-wool. (Francis, *Odds Against 1965*)
［OED[2]］（生え抜きなのは，君だよ）
(5) a. **It** is me *who is* at fault. (Huddleston & Pullum 2002)
（責めを負うべきは，私だ）
b. **It**'s me *who's* to blame. (Quirk & Greenbaum 1979)（悪いのは，私だ）

筆者の立場は，分裂文に生じる it は，逆行照応的な定代名詞（Chomsky 1981: 325 の用語では，真正項（true argument））であるとするものである．なぜなら，この it は，「いま問題になっている人/事柄/場所/時」というような意味を表していると解されるからである．このことを十分に理解するためには，分裂文を文のレベルではなく，談話/テクストのレベルで考察しなければならない．例えば，

(6) Does John want a house? （ジョンは家をほしがっているのか）
a. No, **it**'s a car that he wants. （いや，彼がほしがっているのは車だ）
b. No, **it**'s a car. （いや，（それは）車ですよ）

において，(6b) の it は，「ジョンがほしがっているもの」という意味の逆行照応的な it であることは，明白である．一方，(6a) から，旧情報を担っている that 節を

削除するならば，たちまち，(6b) の構文になるのを見てもわかるように，(6a) の it と (6b) の it との間に機能上の差は認められない．

分裂文の it が単に場所ふさぎの，無内容なものではなく，it の指示するものは場面または文脈からすでにわかっているものでなければならないことは，つとに Bolinger (1977b: 71) も指摘しているとおりである．このことは，また，そういう条件の整わない，談話の冒頭で，分裂文を用いることができないという事実を説明する．

分裂文の it が単に形式的なものでない証拠として，さらに，Quirk et al. (1985: 1384) が指摘するように，it の代わりに指示性のある that, those, he が用いられる，という事実をあげることができる．これらの例においても，限定節の先行詞が that, those, he であることは明らかである．

(7) a. (No,) **that** was the Dóctor I was speaking to.
   ((いや)あれは医者だよ，私が話しかけていたのは)

b. **That**'s a really good papier-mâché bowl that you've got there.
   (Christie, *Postern of Fate*)
   (それって，ほんとにすてきな紙張子のボウルだわ，あなたがお持ちなのは)

c. **He** was a real génius that invented this.
   (彼は本物の天才だった，こいつを発明したのは)

例えば，(7c) は，「彼は，これを発明した真の天才だった」という意味ではない．

36.6.2.2. 分裂文の焦点に生じる統語範疇

分裂文の焦点となる要素は，普通，主語，目的語，前置詞句である．例えば，文 (1) では，主語，目的語，前置詞句，副詞語句を，それぞれ，(2a-d) のように強調することができる．

(1) John broke the window with a stone yesterday.
   (ジョンはきのう石ころで窓ガラスを割った)

(2) a. It was **Jóhn** who/that broke the window with a stone yesterday.
   (きのう石ころで窓ガラスを割ったのは，ジョンだ(った))

b. It was **the wíndow** that John broke with a stone yesterday.
   (きのうジョンが石ころで割ったのは，窓だ(った))

c. It was **with a stóne** that John broke the window yesterday.
   (きのうジョンが窓ガラスを割ったのは，石ころでだ(った))

d. It was **yésterday** that John broke the window with a stone.
   (ジョンが窓ガラスを石ころで割ったのは，きのうだ(った))

焦点化されるのは，副詞節の場合もある．

(3) It was **when** *we were in New York* that I first met Mary.[9]
   (私が初めてメアリーに会ったのは，二人がニューヨークにいたころだ(った))

---

9. Emonds 流に when が文を目的語とする前置詞だと見るならば，(3) も前置詞句の焦点化であると言ってもよい．

他の要素も周辺的に焦点になることもある (Quirk et al. 1985: 1385).

(4) ?It's **me** (that) he gave the book. （彼が本をくれたのは，私にだ）［間接目的語］

しかし，間接目的語の代わりに前置詞句を使用するほうが普通である.

(5) a. It's **me** he gave the book **to**.
    b. It's **to me** he gave the book.

(6) It's **dark green** that we've painted the kitchen.
    （台所に塗ったのは，濃い緑色だ）［目的語補語］

主語補語の焦点化は，特に関係詞節中の動詞が be で，焦点化されるのが特に形容詞の場合は（〈略式体〉のアイルランド英語のほかは），容認度が低下する.

(7) a. ?It's **a genius** that he *is*.
    b. ?It's **very tall** you *are*.

しかし，be 動詞でない場合は，主語補語の焦点化が可能になる.

(8) It was **a doctor** that he eventually *became*.
    （彼が最後になったのは，医者だ(った)）

動詞の焦点化は，普通，容認されないが，〈略式体〉でときに動詞句 (VP) の焦点化が見いだされる.

(9) a. *It's **broke** that John the window with a stone.
    b. ?It was **teach English in a school** that he did at that time.
    （当時彼がしていたのは，学校で英語を教えることだった）

NB 焦点化されるのは，wh 語であってもよい.
  (i) **Who** was it who interviewed you? (Quirk et al. 1985)
      （君をインタビューしたのは，誰でしたか）
  (ii) **How** is it you are so late? （こんなに遅れたのは，どうしてですか）
  (iii) **Why** is it you can do nothing? （何もできないのは，なぜですか）
  (iv) **Which** is it you want, then? (Doyle, *Adventures of Sherlock Holmes*)
      （じゃ，どれなの，あなたが求めてるのは）

36.6.2.3. 分裂文の派生

分裂文の基底構造は (1b) であり，限定節は義務的に外置されて，文末に回される.

(1) a. It is the wife that decides.
    b. It [that decides] is the wife

(1a) は，例えば，(2a) のような疑問文に対する答えであり，it は「決定権をもっている人」というような観念を表している.

(2) a. Who decides in your house? （お宅では誰が決定するのか）
    b. It is the wife (who decides). （(決定するのは)妻だ）

(3) のような that/those で始まる分裂文も，同様な基底構造から派生すると考えられる.

(3) Those [(that) you are stepping on] are my feet ___
（そりゃ私の足だよ，おまえさんが踏んづけてるのは）

分裂文の基底構造を (1b) や (3) のようなものと仮定することについては，少なくとも二つの理論上の利点がある．その一つは，分裂文派生のためだけの ad hoc な規則が不要になる，ということである．例えば，C.-Murcia & L.-Freeman (1999: 616) は，次のような分裂文派生のための規則を仮定している（Δ は焦点化される要素）．

(4) S → It + AUX + be + (Not) + Δ + that/who + S

もう一つの利点は，分裂文と擬似分裂文との関連性が明らかになる点である．

(5) What John bought was a CAR. （ジョンが買ったのは車だった）

私見では，擬似分裂文の基底構造は，次のごときものである．[10]

(6) That [which John bought] was a CAR.

ここで注意するべきことは，(6) は，(1b) と (3) の表す分裂文の基底構造と同型的 (isomorphic) であり，(6) の that which を同義の自由関係詞 what に替えるならば，(5) のような擬似分裂文になり，(6) の限定節を外置するならば，(7) のような分裂文が得られる．

(7) That/It was a CAR [which John bought].

このとき，(6) の擬似分裂文の場合も，(7) の分裂文の場合も，that (…) which John bought の部分が旧情報を伝えており，a CAR の部分が新情報を伝えている．

NB 1 次の二つの文を比較せよ．
 (i) "Who's that?" "It's the woman **that**/**who** cleans the hóuse."
  （「あれは誰？」「家を掃除する女性だ」）
 (ii) "Who cleans the house—the man or the woman?" "It's the wóman **that**/**who** cleans the house."
  （「誰が家の掃除をするのか——男か女か」「家を掃除するのは女だ」）
(i) は形容詞節を含む文で，文強勢は文末の house に置かれる．一方，(ii) は分裂文で，文強勢は焦点に置かれる．

NB 2 分裂文では，(i) のように，主文と従属節の時制は照応することが多い．
 (i) It **was** John who **broke** the window. （窓ガラスを割ったのは，ジョンだった）
 しかし，それは義務的ではない．(ii) のように，発話時における行為者の同定 (identification) を主眼としている場合は，主文に現在時制が用いられる．
 (ii) So it**'s** the butler who **killed** Mr. Smith.
  （では，スミスさんを殺したのは執事なんだね）

---

10. この基底構造は，Akmajian (1970) の仮定する分裂文の基底構造とほぼ同じである．すなわち，Akmajian は，(i) のような基底構造から，that 節が外置され，主要部のない (headless) Δ の位置に it が代入されると仮定するのである．
 (i) [Δ [that I spoke] was to John]
Akmajian と筆者の立場の決定的な違いは，Akmajian が it を虚辞と見るのに対して，筆者は it を真正項 (true argument) と見る点である．

36.6.3. 語彙的な強調

以下，特定の語彙項目の付加による語彙的強調は，文法学というよりも，修辞学の問題と言うべきであるから，いくつかの例示にとどめる．

[A] 同一語句を反復する（通例，3回が上限）

(1) It's **very, very** difficult. （それはすっごくむずかしい）

(2) It's sacrilege — she's **too, too** marvelous. (Coward, *The Vortex*)
（それって冒瀆だよ――彼女はあまりにもすばらしい人だ）

(3) "What doe you read my Lord?" "**Words, words, words.**"
(Shakespeare, *Hamlet* 2.2.194)（「何をお読みですか，殿下」「言葉，言葉，言葉さ」）

(4) **Water, water,** everywhere／Nor any drop to drink. (Coleridge, *The Ancient Mariner*)（どこを向いても，水また水，しかも飲める水は一滴もない）

(5) The only remedy is **work, work, work**. (Quirk et al. 1985)
（唯一の薬は，仕事，仕事，仕事だ）

(6) But I can never, *never,* NEVER marry Terry Garland. (Montgomery, *Anne of Windy Willows*)（でも，あたし，テリー・ガーランドとなんか，断じて，断じて，断じて結婚なんてできないわ）

(7) We saw **dogs and dogs and dogs** all over the place. (Quirk et al. 1985)
（そこいら一面，犬，犬，犬が見えた）

(8) we shan't be able to find out anything because it was all such **years and years and years** ago. (Christie, *Postern of Fate*)（何も見つけることはできないでしょうよ，すべて何年も何年も何年も前のことですもの）

(9) Cf. 愛してる，愛してる，愛してる，あなただけを．（中島美嘉）

[B] 強意語 (intensifier) を用いる

(10) I **really** enjoyed. （私はほんとうに楽しんだ）

(11) Thank you **so** much. （大変ありがとう）

(12) He sat there **ever so** quietly. 〈英〉（彼は，いかにも静かにそこに腰掛けていた）

(13) I do love it **so**. 〈英〉（それって，すっごく好きなんです）

(14) I am **frightfully** sorry. （はなはだ申し訳ない）

(15) What a **bloody** shame! （全くもってけしからん）

(16) Why **ever** didn't he tell me?
（いったい，何だってやっこさん教えてくれないんだ）

(17) This is **by far** the best idea. （これは断然最良の考えだ）

[C] 強化の付加文を用いる： 次のような平叙文のあとに，主語と操作詞を反復して，主文の意味を強調する用法．Swan (1995: 473) は，強化の付加文 (reinforcement tag) と呼んでいる．この用法は，特に〈英〉の話し言葉に多いとされる．一般動詞の場合は，*do*-support が起こる．

(18) I'm getting fed up, **I am**. （うんざりしてきたよ，全く）

(19) He likes his beer, **he does**. （あいつはビールが好きなんだ，あいつはね）

(20) You've gone mad, **you have**. （君は気が狂ったんだ，ほんとさ）

主文に代名詞がきて，付加文に名詞句が現れる場合もある．

(21) She is a nice girl, **Mary is/is Mary**. （あれはいい娘だよ，メアリーは）
(22) She really got on my nerves, **Sylvia did**.
   （全く頭にきたぜ，シルヴィアはよう）

Quirk et al. (1985: 1417) は，上のような用法を「敷衍的付加文」(amplificatory tag) と呼び，そのうち (21) の is Mary のように倒置の生じている付加文は，特にイギリス北部方言であるとしている．

(23) の例のように，名詞句のみが付加された場合も，Swan (1995) や Quirk et al. (1985) は，(18)-(22) の例と同類と見ているが，生成文法では右方転移と呼んでいることは，先で見たとおりである (§36.5.2)．

(23) I know them, **men**! （やつらのことはよく知ってるよ，男ってのはさ）
(24) (They're) very polite, your **children**. (Swan 1995)
   （とても礼儀正しいね，お子さんたち）
(25) Odd sort, **those neighbours of yours**. (Quirk et al. 1985)
   （おかしな連中だね，君の隣人たちは）
(26) Not bad, **that jacket**. （悪くないね，そのジャケット）

話し言葉では，付加された名詞句が主文の主語と同一指示的な場合は，(24)-(26) で見るように，主文の主語は通例省略される．

第 37 章

補部構造

37.0. 概　説

　本章では，名詞・形容詞・動詞・副詞・前置詞の補部構造（complement structure, complementation）を記述する．ある主要部（head）の**補部**（complement）とは，主要部と姉妹関係にある要素である．

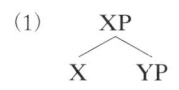

(1)　　　XP
　　　／＼
　　　X　YP

(1) の樹形図において，任意の句範疇(はんちゅう) XP の主要部は X であり，補部は YP である．

37.1. 補部と付加部

　補部は，他動詞と目的語の関係のように，主要部（head）と密接な関係をもっている（例えば，a student *of English* と study *English* とを比較せよ）．これに対して，付加部（adjunct）は，形容詞的または副詞的修飾語であって，主要語にとって随意的な要素である．具体的に言えば，両者には，次のような違いが見られる．

① 補部と付加部の語順を逆転することはできない．主要部との関係が密接な補部が主要部の近くに置かれ，主要部との関係が密接でない付加部が主要部から遠くに置かれるのは，きわめて自然である．[1]

　(1) a.　a student [of English] [with long hair]　（長髪の英語専攻の学生）
　　　b.　*a student [with long hair] [of English]　（?英語専攻の長髪の学生）

② 補部は連続して生起できないが，付加部はそれが可能である．

　(2) a.　*a student [of English] [of chemistry]
　　　b.　a student [with long hair] [with short arms]　（長髪の，腕の短い学生）

③ 補部と補部，付加部と付加部の等位接続（＝and で接続すること）は可能であるが，補部と付加部は等位接続できない．範疇のステータス（あるいは，重さ）が異なるからである．

---

1. the definition [in OED] [of democracy] のような例外的な語順は，このタイプに限られているようである．

第 37 章 補部構造

(3) a. a student [of English] **and** [of chemistry]
 (英語と化学の専攻生)〔補部と補部〕
 b. a student [with long hair] **and** [with short arms]
 (髪が長く，腕の短い学生)〔付加部と付加部〕
 c. *a student [of English] **and** [with long hair] 〔補部と付加部〕

④ 補部からの wh 句の取り出しは可能であるが，付加部からの wh 句の取り出しは許されない．

(4) a. [Which city] did you see mayor [of *t*]?
 (どの都市の市長と会ったのですか)〔補部からの取り出し〕
 b. *Which city did you see a student [from *t*]?
 (どの都市から来た学生と会ったのですか)〔付加部からの取り出し〕

(4b) に対応する日本語文は容認可能である．日本語のド系名詞句は，移動しないからである．

NB 同格節と関係節の違いも，補部と付加部の違いにほかならない．つまり，同格節は補部の位置を占め，関係節は形容詞的修飾語として付加部の位置を占めることになる．

(i) 同格節

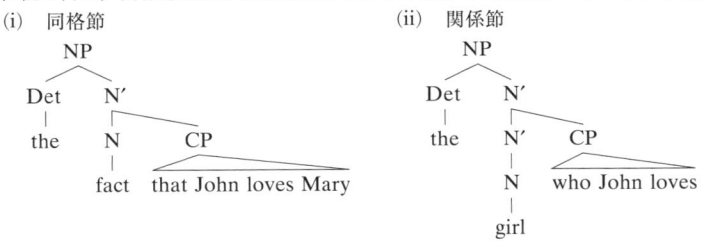

```
        NP
       /  \
     Det   N′
      |   /  \
     the N    CP
         |    |
        fact that John loves Mary
```

(ii) 関係節

```
        NP
       /  \
     Det   N′
      |   /  \
     the N′   CP
         |    |
         N   who John loves
         |
        girl
```

37.2. 名詞の補部構造

名詞の補部は，主要部名詞句と姉妹関係にある要素である．

(1) 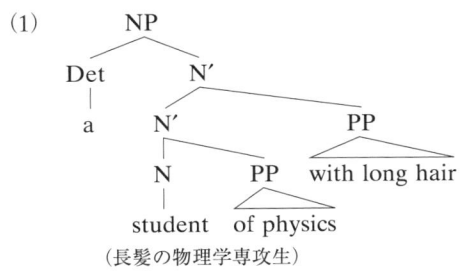
```
        NP
       /  \
     Det   N′
      |   /  \
      a  N′   PP
         /\   |
        N  PP with long hair
        |   |
    student of physics
```
(長髪の物理学専攻生)

ここで，of physics という前置詞句 (PP) が主要部 student の補部で，with long hair という PP が，付加部 (adjunct) である．

37.2.1. 名詞の左側にくる補部

日本語では，「ドアノ鍵」「英語教師」のように，補部は必ず主要部の左側に生じる

が，英語では，名詞の左側にくる補部は，右側の場合ほど多くはない．

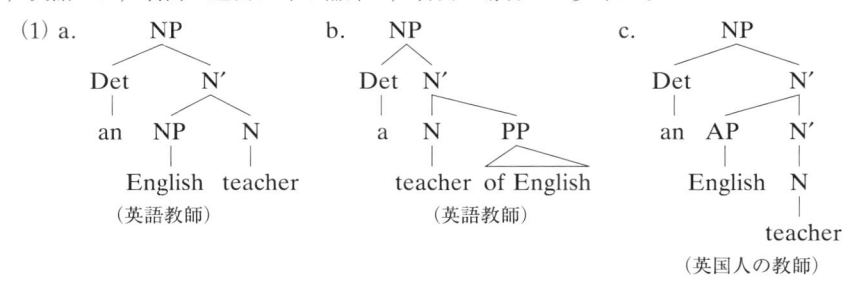

(1) a.
```
      NP
     /  \
   Det   N′
    |   /  \
   an  NP   N
        |   |
     English teacher
      (英語教師)
```

b.
```
      NP
     /  \
   Det   N′
    |   /  \
    a  N    PP
       |   /\
    teacher of English
        (英語教師)
```

c.
```
      NP
     /  \
   Det   N′
    |   /  \
   an  AP   N′
        |   |
     English N
             |
          teacher
       (英国人の教師)
```

(1a) では English（名詞）が，(1b) では of English（前置詞句）が teacher の補部であり，(1c) の English（形容詞）は付加部である．

以下の例で，主要部の左側の，太字体の部分が補部である（同義の［　］の形式では，補部は右側にきている）．

(2) a. a **Physics** professor　（物理学(の)教授）［= a professor *of Physics*］
　　b. the **charity** appeal　（慈善への訴え）［= the appeal *for charity*］
　　c. the **fraud** investigations　（詐欺の調査）［= the investigations *into fraud*］
　　d. an **Audrey Hepburn** fan
　　　　（オードリー・ヘップバーンのファン）［= a fan *of Audrey Hepburn*］
　　e. an **opera** lover　（オペラ(の)愛好者）［= a lover *of the opera*］

37.2.2.　名詞の右側にくる補部

名詞の右側にくる補部は多様で，次のようなものがある．

① 前置詞句
② to 不定詞
③ 動名詞
④ that 節
⑤ （前置詞）+ wh 節

37.2.2.1.　前置詞句

三つのタイプが認められる．

[A]　「自動詞+前置詞句」の名詞化

(1) a. John is a *specialist* **in Greek history**.
　　　（ジョンは，ギリシア史の専門家だ）［= specializes in］
　　b. He made no *reference* **to the incidence**.
　　　（彼はその事件のことに言及しなかった）［= didn't refer to］
　　c. You must make *allowance* **for his youth**.
　　　（彼の若さを考慮してやらなければならない）［= allow for］
　　d. He made no *reply* **to my letter**.
　　　（彼は私の手紙に返事をくれなかった）［= didn't reply］

第37章　補部構造

[B] 「形容詞＋前置詞句」の名詞化

(2) a. She has an *aversion* **to hard work**.
   （彼女は骨の折れる仕事を毛嫌いしている）［＝is averse］
   b. I have a great *interest* **in English**.
   （私は英語に大きな興味を抱いている）［＝am greatly interested］
   c. No one doubts his *fitness* **for the post**.　［cf. He is fit for the post.］
   （彼がそのポストに向いていることを疑う者はいない）

[C] 「他動詞＋目的語」の名詞化

(3) a. Edison was the *inventor* **of the radio**.
   （エジソンは，ラジオの発明者だ）［＝invented］
   b. I have no *knowledge* **of his whereabouts**.
   （彼の居所は，全然知らない）［＝don't know］
   c. I have a great *admiration* **for the poet**.
   （私はその詩人を大変尊敬している）［＝greatly admire］

37.2.2.2.　to 不定詞

三つのタイプを認めることができる．

[A] 「他動詞＋to 不定詞」の名詞化

(1) a. You have no *need* **to worry**.　（心配する必要はありませんよ）［＝don't need］
   b. He gave a *promise* **to return**.　（彼は戻ってくると約束した）［＝promised］
   c. We made the *decision* **to invest in his invention**.
   （私たちは彼の発明に投資することに決めた）［＝decided］
   d. We must make a *proposal* **to end the war**.
   （この戦争を終結しようという提案をしなければならない）［＝propose］

[B] 「形容詞＋to 不定詞」の名詞化

(2) a. Does he have the *ability* **to do the work**?
   （彼はその仕事をする能力があるのか）［＝Is he able …?］
   b. I have no *ambition* **to be famous**.
   （私は有名人になりたいという野心はない）［＝am not ambitious］
   c. His *anxiety* **to win** was very strong.　［cf. He was very anxious to win.］
   （彼のなんとしても勝ちたいという思いは，非常に強かった）

[C]　主要語と同格の場合

(3) a. Will you have the *goodness* **to show me the way**?
   （道を教えてくださいませんか）
   b. He had the *misfortune* **to lose his wife**.
   （彼は不幸にも妻をなくしてしまった）
   c. They didn't even have the *decency* **to apologize**.
   （彼らは，わびを言う礼儀すらわきまえていなかった）

d. John had the *impudence* **to talk back to his teacher**.
   （ジョンは，生意気にも先生に口答えした）

NB 1 ［A］，［B］のクラスは，補部の to 不定詞が叙述的に使われて，be 動詞の補語になることがある．
   (i) my whole *desire* is **to make things easy for you**.　　　(Doyle, *The Return of Sherlock Holmes*)（私の願いは，ただもう，君を楽にしてあげることだけだ）
   (ii) His *plan* is **to emigrate to Canada**.（彼の計画は，カナダに移住することだ）
   (iii) Our *ambition* is **to start a magazine**.（私たちの野心は，雑誌を発刊することだ）
   (iv) My only *concern* is **to find my daughter**.　　　(MED)
   （私の関心事は，ただひとつ，娘を見つけることだ）
さらに，idea, object, policy, purpose などの「目的」を表す名詞は，［B］のタイプに属さないが，(i)-(iv) のパタンの拡大用法として，to 不定詞補語をとることができる．
   (v) My sole *object* in life is **to become a writer**.
   （私の人生の目的は，ただひとつ，作家になることです）
   (vi) Company *policy* is **to prohibit dogs from entering the store**.　　　(BNC)
   （会社の方針は，犬を店内に入れないことである）

NB 2 次のような to 不定詞は，引き延ばせば形容詞節に相当する機能をもっているので，補部ではなく，付加部と考えなければならない（§14.2.1 を参照）．
   (i) Sam found a man **to do the job**. ［=who would do the job］
   （サムは，その仕事をしてくれる男を見つけた）
   (ii) I found a poem **to memorize**. ［=which I should memorize］
   （暗記するべき詩を見つけた）
   (iii) That's the way **to do it**. ［=in which to do it］（それがそのやり方だよ）
   (iv) I have a tool **to open it with**. ［=with which to open it］
   （それを開ける道具があるよ）

37.2.2.3. 動名詞

次の例では，動名詞は「職業」を表す主要部と同格になっている．

(1) a. I'm looking for *a job* **driving cars**.（車を運転する仕事を探している）
   b. We can offer you *a career* **counselling delinquents**.
      （非行少年のカウンセラーの仕事をあげましょう）　　　(以上 Quirk et al. 1985)
   c. Let's assume you are looking for *a job* **teaching English overseas**.
      (Google)（あなたが海外で英語を教える仕事を探していると想定してみよう）

次の名詞は，おもに「of＋動名詞」を補部としてとる (Quirk et al. 1985)．「of＋動名詞」と主要部との関係は，**同格関係**と見てよい．

(2) aim, impossibility, possibility, intention, hope, necessity, responsibility, risk

(3) a. The team is running *the risk* **of** (**us**/**our**) **losing** another game.
      （チームは，（われわれが）もう一度試合に負ける危険を冒している）
   b. There is actually *no hope* **of** (**them**/**their**) **winning** the war.
      （実は，（彼らが）戦争に勝つ見込みはまるでない）

  c. I have *no intention* **of retiring** just yet. (LDCE[4])
   （目下のところ，私は引退するつもりは全くない）

これに対して，to 不定詞を伴う名詞は，(4) のようなものである．おおむね「未来指向性」(future-orientation) という意味特徴をもっているとしてよい．

 (4) agreement, decision, determination, invitation, proposal, refusal, resolution, inclination, readiness, willingness, will
 (5) Anna has *the will* **to win**/*****of winning**.
   （アンナには，勝とうとする意志がある）

chance は，「勝算，可能性」の意味では，of doing をとり，「（適当な）機会」の意味では to do をとる (cf. OALD[6])．

 (6) a. She has only *a* slim *chance* **of passing the exam**.
    （彼女が試験にパスする見込みはごくわずかしかない）
  b. Please give me *a chance* **to explain**. （説明する機会をお与えください）

37.2.2.4. that 節

主要部と同格で，「of + 動名詞」で書き替えられるものもある．主要部は，次のような一般的な意味をもつ抽象名詞である (Quirk et al. 1985: 1260)．

 (1) belief, fact, idea, certainty, conclusion, concern, excuse, impression, message, proposition, proposal, reply, remark, answer, news, saying, truth, likelihood, possibility, etc.
 (2) He heard *the news* **that his team had won**.
   （彼は自分のチームが勝ったという知らせを聞いた）
 (3) Is there *any certainty* **that John will support us**?
   [= Is there any certainty *of John supporting us*?]
   （ジョンがわれわれを支持してくれる当てはあるのですか）
 (4) I have *an idea* **that he is still living somewhere**.
   （彼はまだどこかで生きている気がする）
 (5) I could no longer ignore *the fact* **that he was deeply unhappy**. (OALD[6])
   （彼がひどく不幸だという事実をもはや無視できなかった）

NB 1 (1) であげたような名詞の補部である that 節は，たいてい，be 動詞の補語になることができる．この場合の be は，通例，強勢をうける (Quirk et al. 1985: 1261)．
  (i) *the fact* is **that the Duke is far from well**. (Doyle, *The Return of Sherlock Holmes*)（実は，公爵は大変お具合が悪いのです）
  (ii) *My belief* is **that John is innocent**.
    （私の信念は，ジョンは無実だということです）
  (iii) *The news* was **that his team had won**. (Quirk et al. 1985)
    （その知らせは，彼のチームが勝ったというものだった）
  (iv) *His concern* is **that they are out of political control**. (BNC)
    （彼の懸念は，彼らを政治的にコントロールできないことだ）

ただし，trouble, wonder などは，that 節を補部とする用法がないようである．しかし，(i)-(iv) の拡大用法として，次の表現が可能である．
- (v) *Her trouble* is **she's incapable of making a decision**.　　(OALD⁶)
(彼女の困った点は，決心がつきかねるということだ)［that の省略に注意］

NB 2　次のような例は，補部節が文末重心 (end-weight) の原理に従って，**外置** (extrapose) されている構文で，NB 1 の例とは異なる．
- (i) I feel sorry for her, but [*the fact t*] remains [**(that) she lied to us**].　(OALD⁶)
(彼女が気の毒だとは思うが，彼女がうそをついたという事実はまだ残っている)
［= the fact *that she lied to us* remains］
- (ii) [*A rumor t*] has been circulating [**that the teacher is ill**].
(先生が病気だといううわさが広まっている)［= A rumor *that the teacher is ill* has been circulating.］

37.2.2.5.　（前置詞）+wh 節

wh 節の［+question］という意味特徴と，主要語の［+question］という意味特徴が一致している点に注意．

- (1) I have *no knowledge* **of where he is living now**.
(彼がいまどこに住んでるのか，全く知らない)
- (2) *The problem* **of how to contact the party** vexed him.
(その一行といかに連絡をとるか，という問題が彼を悩ました)
- (3) He is still in some *doubt* **whether to go or not**.　　(MED)
(彼は行くべきかどうか，なお少し迷っていた)
- (4) He asked himself *the question* **whether it was worth the effort**.
(彼は，それが骨折る価値があるのかどうか，自問した)
- (5) I haven't *the faintest idea* **what you're talking about**.
(君が何の話をしているのか，全く見当もつかないよ)

NB　question, problem, concern など［+question］の意味特徴をもつ名詞は，wh 節を be 動詞の補語にとることがある．
- (i) The main *question* is **what to do about inflation**.
(主要な問題は，インフレをどうするかということだ)
- (ii) The chief *problem* was **how to fill the time**.
(主要な問題は，いかにその時間を埋めるかであった)　　((i), (ii)：活用大英和)
- (iii) My main *concern* is **what will happen** if the worst takes place.　(BNC)（私のおもな心配は，最悪の事態が生じたときどんなことが起こるか，ということだ）

37.3.　形容詞の補部構造

補部を義務的にとる形容詞を **2 項形容詞** (two-place adjective) または**他動詞的形容詞** (transitive adjective) と言う．2 項形容詞は，さまざまな補部をとる．
- ① 前置詞句
- ② that 節

③ wh 節
④ than 節
⑤ to 不定詞
⑥ ing 形

37.3.1. 前置詞句

(1) He was *angry* **with me about it**.[2] （彼は，そのことで私に腹を立てた）
(2) She got *angry* **at what I said**. （私の言ったことに彼女は腹を立てた）
(3) Sam is *bad* **at mathematics**. （サムは数学が苦手だ）
(4) He was *determined* **on that**. (BNC)（彼はそうしようと決心していた）
(5) My ideas are *different* **from**/〈米・略式体〉**than**/〈英・略式体〉**to yours**.
    （私の意見は，君のとは違う）
(6) I'm *interested* **in learning to cook**. (Swan 1995)
    （私は，料理の仕方を学ぶことに興味をもっている）
(7) Mary is *afraid* **of snakes**. （メアリーは，ヘビを怖がっている）
(8) Jim is still *dependent* **on his parents**. （ジムは，まだ親のすねをかじっている）
(9) You will be *answerable* **to the boss for this**.
    （君は，このことを上司に説明しなければならないだろう）
(10) But he was *oblivious* **to all of them**. (Steel, *The Ghost*)
    （しかし，彼は彼らすべてに気づかなかった）[oblivious of も正用]
(11) I am *content* **with my lot in life**. （私は自分の運命に満足している）

NB different, similar, the same, last, first, best などは，名詞の前に置かれ，前置詞句 (PP) が名詞の後に置かれることがある．つまり，PP の主要部は直前の名詞ではなく，形容詞である．
  (i) I want a *different* pen **from this one**. （これとは違うペンがほしい）
  (ii) the *second* train **from this platform** （このホームから出る2番目の電車）

37.3.2. that 節
節中の動詞の叙法 (mood) に三つの種類がある．
[A] 叙実法をとる **that** 節： 形容詞は種々の確信度を表す．
  (1) I am *sure* **that** he **will** help me.
      （彼はきっとぼくを助けてくれると思っている）
  (2) She was not *aware* **that** there **was** any danger. (KCED)
      （彼女は，危険があることに気づいていなかった）
  (3) It was *obvious* **that** he was drunk. （彼が酔っているのは明らかだった）
  (4) It is very *likely* **that** he will not consent. （彼は，まず同意しそうにない）

---

2. OALD[6], Quirk et al. (1985: 1221) は，angry with/at sb を認めている．
  (i) We were *angry* **at ourselves** for letting him go. (*The New Yorker*)
      （彼を行かせたために，私たちはわれとわが身に腹を立てた）

[B] 叙想法現在または should をとる that 節: 形容詞は「命令・要求」を表す.

(5) They were *insistent* (**that**) he **go**/**should** go.
　　（彼らは彼に行けと言ってきかなかった）

(6) She was *anxious* **that** he **should** meet her father.　　　　　(OALD⁶)
　　（彼女は，彼が自分の父と会うことを切望していた）

(7) It is *essential* **that** the ban **be**/**should** be lifted tomorrow.　　(Quirk et al. 1985)（あす解禁することが重要だ）

(8) It is *necessary* **that** the scheme **be** published.　　　　　(BNC)
　　（その計画を発表することが必要だ）

Quirk et al. (1985: 1224) は，この構文では周辺的 (marginally) に叙実法の動詞をとるとしているが，BNC を見ると，次に示すように，叙実法の例は決して少なくない．ただし，両構文は同義ではなく，should は想念を，叙実法は事実を表す．

(9) It is *vital* **that** these dummies **are** removed from sale.
　　（これらの偽装品を販売しないことが重要だ）

(10) It is *necessary* **that** everyone **has** a share.
　　（すべての人が分け前にあずかる必要がある）

　　NB 叙想法は第19章で，想念の should については，§17.3.5.2 で扱っている．

[C] 叙実法または should をとる that 節: 形容詞は情緒・主観的な判断を表す. ここでも should は想念を，叙実法は事実を示す，という違いが見られる．

(11) a. she is *annoyed* **that** some person **should** have questioned her servants about their private affairs.　　　　　(BNC)
　　　　（彼女は，自分たちの私事について誰かが召使いに尋ねたことを怒っている）

　　　b. He was *annoyed* **that** George **had** acted without him.　　(Ibid.)
　　　　（彼は，ジョージが勝手に行動したので怒っていた）

(12) 'Oh, I'm so *glad* you'**ve** come, teacher,' he said eagerly.
　　　　　　　　　　　　　　　　　　　　(Montgomery, *Anne of Avonlea*)
　　（「ああ，おいでくださってとてもうれしいです，先生」と彼は熱心に言った）

(13) It is *strange* **that** she **is**/**should** be so late.　　　(Quirk et al. 1985)
　　（彼女があんなに遅れるなんて奇妙だ）

(14) It is *natural* **that** he **should** get angry.　　（彼が怒るのもむりはない）

(15) It's not *surprising* (**that**) they **lost**.　　　　　　　(OALD⁶)
　　（彼らが負けたのは，驚くにあたらない）

37.3.3. wh 節

「疑問・疑い」の意味を含む形容詞は，wh 節と共起することができる．このクラスの形容詞は，[+question] という意味特徴をもち，wh 節の [+question] という意味特徴と一致 (agree) する．2種類のタイプがある．

① 〈経験者〉が主語: careful (about), doubtful (as to), puzzled (as to), un-

第 37 章　補部構造

certain (of), undecided (about), unsure (of), unaware (of). この場合は，疑問節の前の前置詞は随意的に省略できる．特に，be doubtful = doubt のように，「be ＋形容詞」が他動詞的な意味を表す場合は，前置詞を落とすほうが自然である．

(1) I am *doubtful* (*as to*) **whether** *I will succeed*.
 （私が成功するかどうか疑わしい）
(2) I am not *interested in* **whether** *you like the plan or not*.
 （君がそのプランが気に入っているかどうかには，興味がない）
(3) I'm *worried* (*about*) **whether** *the money was spent*.
 （その金が使われたかどうかについて心配している）
(4) He was totally *ignorant* (*of*) **what** *was happening in the firm*.
 （会社で何が起こっているのか，彼はまるで知らなかった）
(5) I'm *perplexed* **what** *answer I should make*.
 （どんな返事をしたらいいのか，途方に暮れている）
(6) I'm not *sure* (*about*) **whether** *he will come or not*.
 （彼が来るかどうか確かでない）
(7) John is *careful* (*about*) **what** *he does with money*.　　　(Quirk et al. 1985)
 （ジョンは，金をどう使うかには気をつけている）

しかし，PP が副詞的に働いている場合は，省略されない．

(8) I am *worried about* **where** *she is*.　　　(Swan 1995)
 （彼女がどこにいるのかについて心配している）

sure, clear, obvious, certain, plain など [＋question] の意味を含まない形容詞でも，疑問文・否定文では疑問の意味が出てくるので，wh 節と共起できる．

(9) Are you *sure* (*of*) **how much** *the machine costs*?　　　(Quirk et al. 1985)
 （その機械がいくらするか確かですか）
(10) I wasn't altogether *clear* (*about*) **what** *we had to do*.　　　(Ibid.)
 （われわれが何をするべきか，まるではっきりしなかった）
(11) I'm not *certain* (*of*) **who** *he is*.　（彼が何者だか，自信がない）

② **it が主語**： unclear, uncertain, unknown, unsure, not obvious, not apparent, not certain, not plain, etc.

(12) a.　It's *doubtful* **whether** *he'll be able to come*.
　　　　（彼が来ることができるかどうか疑わしい）
　 b.　**Whether** *he'll be able to come* is *doubtful*.
　 c.　Cf. [e] is *doubtful* **whether** *he'll be able to come*.

(12a) の基底構造は，概略 (12b) であり，wh 節はこの構造では形容詞の補部ではない．しかし，wh 節は普通，(12c) のように外置され，空いた主語の位置に，(12a) のように虚辞の it が挿入されるので，その場合，wh 節は形容詞の補部になる．

37.3.4. than 節
比較級の形容詞，または比較級の意味をもつ different とともに用いられる．

(1) a. They have a house *larger* **than ours**.
   b. They have a *larger* house **than ours**. [(1a) よりもやや〈略式体〉]
   (彼らは，私たちのより大きい家を所有している)
(2) She's quite a *different* girl **than** *she was five years ago*.
   (彼女は，5年前とは全く違った女の子だ) [from what she was ... よりも自然]

different than は，もと〈米・略式体〉だが，〈英〉でも使用が増えてきている．特に，(2) のように節がくる場合は，ほかに適当な言い方がない，と Quirk et al. (1985: 1226) も述べている．

NB (i) のように，節が名詞句に縮約された場合は，from の使用も可能になる．
   (i) The unions are taking a very **different** attitude **than/from the employers**.
   (Quirk et al. 1985)
   (労働組合は，雇用者側とは非常に異なる態度をとりつつある)
   そうでない場合は，than の容認可能性がはっきりと低下する．
   (ii) This illustration is *different* **than** *that*.
   (この例はそれとは異なる)〈俗語・方言〉[from that なら問題がない]

37.3.5. to 不定詞
次の八つの型を区別することができる (cf. Quirk et al. 1985: 1226-30)．

[**A**] **You are kind to come.** のタイプ: このタイプは，(b) 文への書き替えが可能である．以下，「書き替えが可能である」というのは，「同義である」を必ずしも意味しない点に注意．

(1) a. You were very *kind* **to play**. (Hemingway, *A Farewell to Arms*)
   ((トランプの)相手をしてくれて，どうもありがとう)
   b. =It was very *kind of* you **to play**.
(2) a. How *foolish* he is **to make** a fuss. (騒ぎ立てるなんて，彼もばかだ)
   b. =How *foolish* it is *of* him **to make** a fuss.
   c. Cf. I think it's *crazy for* you **to do** that. (Steel, *A Perfect Stranger*)
   (そんなことをするなんて，むちゃだわ)

(1), (2) の (a) 文と (b) 文とは完全に同義ではない．(a) 文は「主語」が，(b) 文は「主語の行為」が，「親切だ/愚かだ」と言っているのである．
このタイプをとる形容詞は，主語の行為に対する話し手の評価を表す．

(3) bold, brave, careless, crazy, considerate, mad, cruel, greedy, foolish, silly, stupid, wise, unwise, good, nice, polite, rude, vulgar, natural, right, wrong, etc.

過去の行為は，that で，現在の行為は this で指示することができる (この場合は，this, that の中に to 不定詞の内容が含まれている)．

(4) a. Why, **that**'s *good* of you, Rickie. (Greene, *Brighton Rock*)

(まあ，あんなことしてくれて，ありがとう，リッキー)
　　b.　Now, my dears, **this** is *foolish* of you.　　　　(Blackmore, *Lorna Doone*)
　　　　(なあ，おまえさんがた，こんなことってばかげているよ)
It is は，省略されることもある．
(5)　"Very *good of* you **to look** me up," said Derek.　　　(Christie, *Blue Train*)
　　(「立ち寄ってくれて，どうもありがとう」とデレックが言った)

NB 1　of の代わりに，「内在」の in が使用される場合もある (現在は，〈古風・方言〉)．旧情報を表す to 不定詞は省略される．
　　(i)　It is *kind in* you **to make** such a pretence.　　　(Bailey, *Hidden Flame*)
　　　　(そんなふりをしてくださって，ありがとう)
　　(ii)　I must say I think it was real *kind* and *thoughtful in* him, that's what. (Montgomery, *Anne of Green Gables*) (あれは，彼としてとても親切で思いやりのあることだったと思いますよ，ほんとにさ)

NB 2　brave/cowardly, right/wrong のような相互に反義的な形容詞でこの構文で用いられるものもあるが，ペアの一方しか用いられない形容詞もある (Hornby 1975: 144)．
　　(i)　It was *ungrateful*/*grateful of you **to** …
　　　　(…するなんて君は恩知らずだ/*恩を知っている)
　　(ii)　It was *careless*/*careful of you …　(…するなんて君は不注意だ/*注意深い)

[B]　He is quick to learn. のタイプ：　このタイプをとる形容詞は，slow, quick, prompt のような「早い/遅い」を意味するもので，(b) 文への書き替えが可能である．
(6)　a.　He is *quick* **to learn**.　(彼はもの覚えが早い)
　　b.　=He is *quick* **in learning**.

[C]　He was angry to hear about it. のタイプ：　このタイプは (b), (c) 文への書き替えが可能である．
(7)　a.　He was *angry* **to hear** about it.　(彼はそのことを聞いて怒った)
　　b.　**To hear** about it made him *angry*.　〈格式体〉
　　c.　It made him *angry* **to hear** about it.

このタイプをとる形容詞は「感情形容詞」で，to 不定詞はその感情の生じる原因を表す．
(8)　angry, ashamed, furious, indignant, glad, happy, annoyed, delighted, excited, astonished, relieved, surprised, worried, etc.

　NB　I'll be *glad to come*. (喜んで参ります) は，あとの [E] のタイプに属する．

[D]　John is easy to please. のタイプ：　この構文は，次のような形容詞 (ときに名詞) をとる．
(9)　difficult, tough, hard, impossible, a bitch (=〈米・略式体〉むずかしいもの); easy, simple, a breeze 〈略式体〉易しいこと); a pleasure, a snap (=〈米〉楽な仕事) のような「難易」, comfortable, pleasant のような「快・不快」, safe, dangerous のような「安全・危険」を表す述語．

次の三つの文を考察せよ．
- (10) a. PRO **To please John** is easy. ［主語不定詞］
  - b. It is easy PRO **to please John**. ［外置不定詞］
  - c. John is easy PRO **to please**.[3] [tough 構文]

(10a)は，主語不定詞の例，(10b)は，to 不定詞を外置（extrapose）した例であり，両者は，概略，「ジョンの機嫌をとるのはやさしい」という意味を表し，to 不定詞は名詞的に働いている．一方，(10c)は，「ジョンは，機嫌をとりやすい」という主語の特徴づけを表していて，to 不定詞の働きは副詞的である（「機嫌をとるのにやさしい」というふうに，「範囲指定」を行っている（§ 14.3.6））．

これらのうち，(10c)を，特に **tough 構文**（*tough*-construction）と呼んでいる．[4] Biber et al. (1999: 728) によれば，主語不定詞は一般に少なく，遡及不定詞（= tough 構文）は，外置不定詞よりもやや頻度が高い．類例をあげておこう．

- (11) a. **To teach Mary** is *a pleasure*. （メアリーを教えるのは楽しい）
  - b. It is *a pleasure* **to teach Mary**. （同上）
  - c. Mary is *a pleasure* **to teach**/***teach her**. （同上）
- (12) a. **To solve this problem** is *difficult*. （この問題を解くのはむずかしい）
  - b. It is *difficult* **to solve this problem**. （同上）
  - c. This problem is *difficult* **to solve**/***solve it**. （この問題は解きにくい）

次の例はどうだろうか．
- (13) a. This house is *comfortable* **to live in**. （この家は住むのに快適だ）
  - b. That man is *impossible* **to work with**.
    （あの人は，とてもいっしょには働けない）

ここでは，主語の This house および That man は，それぞれ，to live in, to work with という前置詞付き動詞の遡及的な目的語になっている．

以上でわかることは，(10c) の John は意味論的には主語ではなく，不定詞の目的語である，ということである．to 不定詞が (11c) では her をとれず，(12c) では it をとれないことは，とりもなおさず，主語が潜在目的語としてとらえられている証左である．Jespersen (*MEG* V: 221) は，(10c) のような，先行する語を"さかのぼって"論理的な目的語とする不定詞を **遡及不定詞**（retroactive infinitive）と呼び，OED (*To* B.11.a(c)) は **潜在目的語**（implicit object）と呼んでいる．以上の観察から，次のような制約を設けることができる．

---

3. John が please の目的語の位置から移動しているとすれば，please から対格を付与されるので，主語の位置へ移動して主格を付与されると，格の衝突が起こる．そこで，生成文法の格理論では，この構文は説明できない．一方，Quirk et al. (1985: 1394)，Swan (1995: 270)，Biber et al. (1999)，Huddleston & Pullum (2002: 1247) なども，(10) の三つの文を関係づけて論じている．そこで，この構文は，目的語が移動したというよりも，頭の中で潜在目的語または遡及不定詞としてとらえる，という解釈意味論の立場から説明するほうが有意義であると考える．

4. 日本語の類例：
  (i) この子供は，扱いにくい．／この本は，読みやすい．

(14) tough 構文の主語の制約
tough 構文の主語は，to 不定詞または前置詞の潜在目的語でなければならない．

したがって，次の二つの文は (14) の制約を満たすものとして，ともに文法的な tough 構文である．

(15) a. This sonata is *easy* **to play** *t* **on** this violin.
（このソナタはこのバイオリンで弾きやすい）
b. This violin is *easy* **to play** this sonata **on** *t*.
（このバイオリンでは，このソナタを弾きやすい）

ところが，(15a, b) の this violin と this sonata とをそれぞれ wh 句にすると，次に示すように，前者は文法的になるが，後者は日本語に翻訳できないほど非文法的になる．

(16) a. *Which violin* is this sonata *easy* **to play on** *t*?
（このソナタは，どのバイオリンで弾きやすいのか）
b. *Which sonata is this violin *easy* **to play** *t* **on**?

(16) のような文法性の非対称性は，"**violin-sonata paradox**" と呼ばれ，これまでもいくつかの説明が提出されてきたが，いまだに完全な解決は得られていないように思われる．私見では，このパラドックスは，制約 (14) で説明可能である．すなわち，(16a) の Which violin は前置詞 on の潜在目的語であるから (14) を満足させるのに対して，(16b) の Which sonata は前置詞 on の潜在目的語になっていない（それは，this violin である）ので非文法的である，と説明される．

NB 1 この種の形容詞は限定的に使うことができる．
(i) a. This nut is *tough* **to crack**. （この問題は厄介だ）
b. This is a *tough* nut **to crack**. （これは厄介な問題だ）
(ii) a. This question is *difficult* **to answer**. （この質問は答えにくい）
b. This is a *difficult* question **to answer**. （これは答えにくい質問だ）

NB 2 tough 構文とはやや異なるが，主語が不定詞の潜在目的語になっている例は，bad, fit, good, nice, ready のような「適否」を表す形容詞や，too の後，enough の前にくる（「難易」形容詞とは別の）形容詞の場合にも見いだされる．
(i) a. The water in this well is not *good* **to drink**/***drink it**.
（この井戸の水は，飲むのに適さない）
b. The peaches are ripe and *ready* **to eat**/***eat them**.
（このモモは，熟していて食べごろだ）
c. It's not a *bad* place **to live in**/***live in it**. （そこは，住みにくい場所ではない）
d. Mary is *beautiful* **to look at**/***look at her**. （メアリーは見るからに美しい）
(ii) a. This tea is too *hot* **to drink**/***drink it**. （この紅茶は熱くて飲めない）
b. The radio's small *enough* **to put**/***put it** in your pocket. (Swan 1995)
（このラジオは，小さいのでポケットに入れられる）

これらの文は，(iii) のようなパラフレーズができない点で，tough 構文とは異なる．
(iii) a. *It is *beautiful* **to look at** Mary.

　　　　b. *It is too *hot* **to drink** this tea.
　NB 3　impossible (*eg* (13b)) と異なり，possible は tough 構文に使用できないので，(i) は (ii) のように書き替えなければならない．
　　(i)　*Our team is *possible* **to defeat**.
　　(ii)　It's *possible* **to defeat** our team.
　　　　　（わがチームを負かすことは可能だ）　　　　　　　　　（以上 Hornby 1975）

[E]　**I am anxious to see you. のタイプ**
(17)　a.　I am *anxious* **to see** you.　（お目にかかることを切望しています）
　　　b.　Bob is *hesitant* **to agree** with you.　（ボブはあなたに同意しかねている）
　　　c.　I am *willing* **to go** there, if I really have to.
　　　　　（是非ともと言うのであれば，そこへ行ってもかまいません）
　　　d.　I am *dying* **to know** what happened.　（何が起こったのかぜひ知りたい）
to 不定詞の主語が主文の主語と異なる場合は，for NP to，または，that 節への書き替えができる．
(18)　a.　I'm *anxious* **for her to do** as little as possible.　　　　　(OALD⁶)
　　　　　（彼女にはできるだけ仕事をさせないことを熱望している）
　　　b.　= I'm *anxious* **that she** should do as little as possible.
このタイプをとる形容詞は，「主語の意欲」を表すもので，to 不定詞は方向の不定詞（§ 14.3.1 を参照）である．
(19)　anxious, curious, dying, eager, hesitant, keen, ready, reluctant, willing, determined, disposed, inclined, prepared, etc.
　NB　interested to do の to 不定詞が過去指向的であれば，「…して興味をおぼえる」，未来指向的であれば「…したいと思う」の意味になる．
　　(i)　She was **interested to notice** that her grandfather had gone to sleep.　（渡辺（編著）1987）（彼女は，祖父が眠ったのに気づいておもしろく思った）
　　(ii)　I would be **interested to hear** your views on that question.
　　　　　（その問題についてご意見をうかがいたいものです）
　　to 不定詞は，また，次のように「条件」を表す場合もある．
　　(iii)　You'll be **interested to hear** that I'm engaged.　　(Doyle, *The Return of Sherlock Holmes*)（ぼくが婚約していると聞けば，興味をおぼえるだろうね）

[F]　**The coffee is hot to drink. のタイプ**：　このタイプは，他の構文への書き替えができない．to 不定詞を省略しても知的意味はほとんど変わらない．
(20)　a.　The coffee is *hot* **to drink**.　（このコーヒーは飲むと熱い）
　　　b.　The coffee is *hot*.　（このコーヒーは熱い）
　　　　　[cf. He is eager to come. → *He is eager.]
(21)　a.　The stone is *heavy* **to lift**.　（この石は持ち上げるのに重たい）
　　　b.　The stone is *heavy*.　（この石は重たい）
(22)　a.　The girl is *beautiful* **to look at**.　（その少女は，見るからに美しい）
　　　b.　The girl is *beautiful*.　（その少女は美しい）

(23) a. This book is *easy* **to read**.　(この本は読みやすい)
　　 b. This book is *easy*.　(この本はやさしい)
(24) a. These apples are *delicious* **to eat**.　(このリンゴは(食べると)おいしい)
　　 b. These apples are *delicious*.　(このリンゴはおいしい)

この種の形容詞が enough, too, so に修飾された場合，形容詞が主要語の前に置かれて to 不定詞補部から離れることがある．

(25) a. She is *brave enough* a student **to attempt** the course.
　　　　(彼女は，そのコースをとるほど勇敢な学生だ)
　　 b. It was *too boring* a book **to read**.
　　　　(それは，退屈すぎて読めないような本だった)
(26) a. A man *so difficult* **to please** ⎫
　　 b. *So difficult* a man **to please** ⎬ must be *hard* **to work with**.
　　　　　　　　　　　　　　　　　　　　⎭
　　　　(あんなに気むずかしい人は，いっしょに仕事をしにくいにちがいない)

このタイプの形容詞は，「主語の内在的な性質」を表す．to 不定詞は，範囲指定の不定詞 (infinitive of specification) である (§14.3.6 を参照)．

(27)　beautiful, cold, hot, fine, good, delicious, heavy, light, sour, bitter, sweet, soft, ugly, etc.

しかし，(28a) の to 不定詞を省略して，(28b) のようにすることはできない．easy は，デスクの「内在的な性質」ではないので，「何をするのにやさしい」のか不明だからである．

(28) a. This desk is *easy* **to move**.　(このデスクは動かしやすい)
　　 b. *This desk is *easy*.

[G]　**It is important to be accurate. のタイプ**：　ここでは，主語の to 不定詞が文末重心の原則によって文末に外置 (extrapose) されている．Quirk et al. (1985: 1230) は，この to 不定詞を形容詞の補部と見ているが，to 不定詞は，(29b) で明らかなように，文の主語であって，形容詞の補部ではないが，説明の便宜上，ここに掲げる．

(29) a. It is *important* **to be** accurate.　(正確であることは，重要だ)
　　 b. ＜To be accurate is *important*.　(同上)
(30)　It was not *easy* **to get** fresh water.　(真水を手に入れるのは，楽ではなかった)
(31)　These are questions which it is *difficult* **to explain**.　　(Huxley, *Music at Night*)　(これは説明しにくい疑問である)

不定詞節の主語は，'for NP' で表される．

(32)　Is it *possible* **for me to get** there in time?
　　　(そこに間に合って着けるだろうか)

このタイプに使用されるおもな形容詞は，次のようなものである．

(33)　essential, important, vital, necessary, obligatory, likely, nice, possible, certain, obvious, fortunate, lucky, strange

[H]　**He is sure to come.** のタイプ：　これは，Quirk et al. (1985: 236) が準法助動詞に分類しているもので，次のようなものがある．

(34)　be bound to／be certain to／be destined to／be about to（§7.2.1)／be due to／be supposed to／be sure to／be to（§7.1.5)／be going to（§7.1.2)／be liable to／be willing to

〈必然性〉を表すもの．

(35) a.　We *are bound* **to win**. （私たちはきっと勝てる）
　　 b.　It's *bound* **to rain** soon. （もうじき雨が降るにちがいない）

(36) a.　He *is certain/sure* **to come**. （彼はきっと来る）［話し手の確信］
　　 b.　There *is certain* **to be** a mistake somewhere.
　　　　（どこかに誤りがあるにちがいない）

(37) a.　You*'re sure* **to get** lost if you don't keep to the path.　　　(OALD⁶)
　　　　（道をはずれると，きっと道に迷いますよ）［＝I'm sure that you will get lost ...］
　　 b.　but it is *sure* **that** this is the only possible exit.　(Doyle, *The Return of Sherlock Holmes*)（でも，これがただひとつ可能な出口であることは確かです）
　　　　〈まれ〉［普通は，It is certain that ...］

(37a) は，話し手の確信，(37b) は客観的な確実性を表している．

〈未来指示〉を表すもの．

(38)　We *were destined* never **to meet** again. （私たちは二度と会えない運命だった）

(39)　The train *is due* **to arrive** in London at 4:30.
　　　（列車は4時半にロンドン到着の予定だ）

〈傾向〉を表すもの．

(40) a.　We *are* all *liable* **to make** mistakes occasionally.
　　　　（誰でもときには誤りを犯しがちだ）［主語にとっての災い］
　　 b.　Cf.　At this rate, we *are liable* **to win**.　〈米・略式体〉
　　　　（この分だと，私たちは勝ちそうだ）［未来性：＝likely］

〈意志〉を表すもの．

(41)　I*'m* perfectly *willing* **to discuss** the problem.　　　(OALD⁶)
　　　（その問題を議論することに全くやぶさかではない）

be supposed to には，三つの意味がある．

①　「（義務/習慣上）…することになっている」〈義務〉

(42) a.　You *were supposed* **to be** here at nine.　　　(Quirk et al. 1985)
　　　　（君は，9時にここに来ることになっていたのだ）
　　　　［＝ought to have been;〈義務〉］
　　 b.　You *are* not *supposed* **to smoke** in this room.
　　　　（この部屋では喫煙してはいけない）［否定文では，〈禁止〉］

②　「…するように意図されている」

(43)　　This law *is supposed* **to help** the poor.　　　　　　　　　　(LDCE²)
　　　　（この法律は，貧しい人を援助するためのものである）
　③　「（一般に）考えられている」
(44)　　This film *is supposed* **to be** a really good one.
　　　　（この映画は，本当にいいものだと考えられている）

37.3.6.　This problem is too difficult to solve. の構文
次の二つの文を比較せよ．
　(1) a.　This problem is too *difficult* **to solve**.
　　 b.　This problem is too *difficult* **for me to solve／solve it**.

(1a) では，上述したように，主語が to 不定詞の「潜在目的語」として働いているので，代名詞目的語（it）を付けないが，(1b) のように，for の付いた構文では，it の挿入は随意的である．Swan (1995: 186-7) は，文の主語が不定詞の目的語になっている場合は，普通，目的語を付けないが，for を伴う構文では，目的語を付けることが可能であると述べて，次の文を示している．

　(2) a.　Those tomatoes aren't *ripe enough* **to eat**.　　(NOT ... ~~to eat them.~~)
　　　　　（このトマトは，熟れていないので食べられない）
　　 b.　Those tomatoes aren't *ripe enough* **for the children to eat／eat them**.
　　　　　（このトマトは，熟れていないので子供には食べられない）

問題は，なぜ，for NP のある構文では目的語を付けることができるのか，ということである．それに答える前に，次の類例を見てみよう．
　(3)　　This problem is too *difficult* **for Bill to solve**.
　　　　（この問題を解くのは，ビルにはむずかしすぎる）
　(4)　　This problem is too *difficult* **for Bill to solve it**.
　　　　（この問題は，ビルが解くにはむずかしすぎる）

(3) は，(4) の it を随意に削除して得られたものではなく，(3)，(4) は，それぞれ，次の対応する (3′)，(4′) から派生したものである (cf. Lasnik & Fiengo 1974)．
　(3′)　This problem is too *difficult* **for Bill** | **to solve**.
　(4′)　This problem is too *difficult* | **for Bill to solve it**.

ここでわかることは，(3′) のように，for が前置詞の場合は不定詞が遡及的に働くので目的語を付けることができないが，(4′) のように，for が不定詞を導く補文標識の場合は目的語を付けることができる，ということである．コーパスで検索しても，(3′) の構文が (4′) の構文よりも圧倒的に頻度が高いのがわかるが，それは，難易の形容詞は「x にとって」という意味で，for を伴うことが多い——したがって，(3′) のようなポーズの置き方のほうがはるかに自然である——ということの帰結であると考えられる．
　それでは，次のような，不定詞の目的語が，普通，省略されない場合をどう説明したらよいだろうか．

(5) a.　He ran *too quickly* | **for me to catch him**.　　　　(Hornby 1975)
　　　（彼があまり速く走るので，私はついて行けなかった）
　　b.　He was *too near* | **for me to avoid him**.　　　　(Curme 1931)
　　　（彼があまり近くにいたので，避けることができなかった）

　これらの文の for は補文標識であり，不定詞はそれぞれ，too quickly, too near という副詞句を修飾しているのであって，主語を「潜在目的語」にしていないので，不定詞自体の目的語が必要なのだ，と説明してよいと思われる．
　参考までに，難易の形容詞を限定する前置詞の for と，補文標識の for の両者が一つの文に生じている例をあげておこう（休止の可能性を示す | の挿入は，筆者のもの）．

(6) a.　It would be *tough* **for** John | **for** his wife **to accept** this view.
　　　　　　　　　　　　　　　　　　　　　　　　　　(Lasnik & Fiengo 1974)
　　　（妻がこの見解を受け入れることは，ジョンにとってはつらいことだろう）
　　b.　It is *important* **for** me | **for** you **to visit** my mother.　　(Postal 1974)
　　　（あなたが私の母を訪ねてくれることが，私にとっては重要なんです）
　　c.　It would be *unpleasant* **for** us | **for** it **to rain** now.
　　　（いま雨が降ったら，私たちとしても困るだろう）

37.3.7.　ing 形
次の下位タイプが認められる．

[A]　**busy (with) doing のタイプ**：　前置詞のある形式が〈格式体〉．

(1)　Mary is *busy* (*with*) **writing** letters.　（メアリーは手紙を書くのに忙しい）
(2)　We're *fortunate* (*in*) **having** Aunt Mary as a baby-sitter.　(Quirk et al. 1985)（メアリーおばさんがベビーシッターになってくれて好都合だ）[LDCE³ は fortunate in having を見出しとする]
(3)　You are *happy* **working** with us, I hope?　　　(Christie, *They Came to Baghdad*)（私たちといっしょに働いていて楽しいのでしょうね）
(4)　Spring is *late* (*in*) **coming**.　（春がくるのが遅れている）
(5)　Sir Malcolm was always *uneasy* **going** back to his wife.
　　　　　　　　　　　　　　　　　(Lawrence, *Lady Chatterley's Lover*)
　　（サー・マルカムは，妻のもとに帰るのがいつも不安だった）
(6)　You are *lucky* **having a house built for you**.
　　（君は，家を建ててもらって幸せ者だよ）

[B]　**it is worth doing**：　it が指示するものがないので，AEU は誤りとするが，Quirk et al. (1985: 1230) や LDCE³ などはコメントを付けずに認めている．Swan (1995: 631) は，おもに〈英〉とする．(7a, b) の二つの構文に用いられる．

(7) a.　It is *worth* **visiting** Kyoto.　[[C] の形式なら全く問題がない]
　　b.　= Kyoto is *worth* **visiting**.　（京都は訪れる価値があります）
　　　　[~~worth visiting it~~/~~to be visited~~]

(8)　It isn't *worth* (**you**/**your**) **talking** to him.
　　　((君が)彼と話してみる価値はないよ)

[C]　**It is worth while/worthwhile doing/to do**: it は形式主語で，doing/to do が真主語．
(9) a.　It is *worth while*/*worthwhile* **visiting**/**to visit** Kyoto.
　　b.　= **Visiting** Kyoto is *worth while*/*worthwhile*.
　　　　(京都は訪れる価値がある) [~~Kyoto is worth while visiting.~~]
(10)　It'll be well *worth while* **you coming**/**for you to come**.　　　(LDCE[3])
　　　(あなたが来るだけの価値は十分にあるでしょう)
(11)　It's not *worth while*/*worthwhile* **your staying**. = It's not *worth* **your** *while* **staying**.　(Quirk et al. 1985) (あなたがとどまっても，しようがないですよ)

上の例で見るように，worth while または worth someone's while と分かち書きされている場合は，while（時間）は worth の目的語である．worthwhile は，全体で形容詞．

37.4.　動詞の補部構造

動詞句の主要部 V の右側に姉妹関係で現れ，その動詞の意味を表すのに不可欠な要素をおしなべて**補部**（complement）と言う．

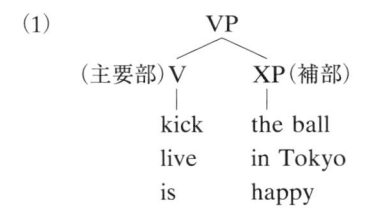

(1)　　　　　　VP
　　　　　　　／＼
　　（主要部）V　　XP（補部）
　　　　　　｜　　｜
　　　　　　kick　the ball
　　　　　　live　in Tokyo
　　　　　　is　　happy

そして，V が補部を伴っている構造を**動詞補部構造**（verb complementation）と言う．動詞補部構造は，大きく，次の5種類に分類することができる．
　①　補部をとらない動詞：　Birds sing.
　②　補部を一つとる動詞：　John loves **Mary**.
　③　補部を二つとる動詞：　John gave **Bill** *a book*.
　④　補部を三つとる動詞：　I sold **James** *my car* for £800.
　⑤　ネクサスを補部にとる動詞：　I saw [**her leave the room**].

37.4.1.　補部をとらない動詞
補部をとらない動詞には，次のものがある．
　①　自動詞：　The sun *rose*.　(太陽が昇った)
　②　擬似自動詞：　John doesn't *smoke*.　(ジョンはたばこを吸わない)

[A]　**自動詞**：　真の自動詞は，主語項一つで文が成立するので，"1項動詞"（one-place verb）とも呼ばれる．このクラスの動詞は，何らの補部も必要としない．

(1) Birds *fly*. （鳥は，飛ぶ）
(2) Whatever *is*, *is*. 　　　　　　　　(Goldsmith, *The Vicar of Wakefield*)
　　（およそ存在するものは，すべて存在する）[=〈格式体〉exists]
(3) He had hoped for a boy, but it was not to *be*.
　　　　　　　　　　　　　　　　　　(Archer, *The Prodigal Daughter*)
　　（父は，男の子を望んでいたのですが，そうはなりませんでした）[be=happen]

[B] 擬似自動詞：　擬似自動詞（pseudo-intransitive verb）は，Lees (1960: 33) の用語．動詞の中には，目的語が省略されたために，1項動詞のように見えるものがある．目的語は，次のような場合に省略可能になる (cf. Quirk et al. 1985: 723, 1169, 1565)．

① 先行する文脈（context）から特定の目的語が復元できる場合
(4) Let's do the dishes. I'll *wash* and you *dry*.
　　（皿洗いをしよう．私が洗うから，君はふいてくれ）
(5) "When do these animals hunt?" "Beavers *kill* during the day, but tigers only *kill* at night." （「こういう動物は，いつ獲物を捕るのですか」「ビーバーは，昼間殺しますが，トラは夜分にしか殺しません」）[獲物 (game)]

② 場面（situation）から特定の目的語が了解される場合
(6) *Shake* well before use. （使用前によく振ること）[薬の説明書]
(7) The coat doesn't *fit*. （そのコート，(私/君には) 合わないよ）
(8) Don't *touch*. （さわるんじゃない）

③ 特定の再帰代名詞が了解されている場合
(9) I'm *shaving*. （ひげを剃ってるところだ）['shaving myself']
(10) They're *dressing*. （彼らは服を着ているところだ）['dressing themselves']

wash は，二とおりにあいまいである．
(11) She's *washing* (herself/the clothes). （彼女は体/服を洗っている）

④ 動詞自体の意味から，目的語が予測できる場合
(12) Are you *eating* again? （君，また食べてるのかい）
(13) I don't *drink*. （私は酒はやりません）
(14) Tommy is learning to *read* and *write*.
　　（トミーは，読み書きができるようになっている）
(15) He can't *spell*. （彼は字がつづれない）
(16) He *teaches*. （彼は教師だ）
(17) He'll lie, *steal*, *murder*—anything to further his ambitions. （彼は，うそをつき，盗み，殺しをやる——おのれの野心を押し進めることなら何でもやってのける）

さらに，clean（掃除をする），cook（料理をする），hunt（狩りをする），knit（編み物をする），sew（縫い物をする），wave（手を振る）なども同様に用いられる．
真の自動詞であるテストの一つに，(18)のように，ing 形にして名詞の前位修飾

語 (premodifier) になれるという事実がある．
- (18) a. a *barking* dog　（ほえる犬）
  - b. a *flying* plane　（飛んでいる飛行機）
  - c. the *Sleeping* Beauty　（眠り姫）

ところが，擬似自動詞は，そのような言い方はできない．
- (19) a. ?a *smoking* man
  - b. ?an *eating* man

のような言い方はできないので，このテストの観点からすれば，擬似自動詞は真の自動詞ではないことがわかる（これらを強いて解釈すれば，「くすぶっている人間」，「食用の人間」（cf. an *eating* apple（（調理用ではなく）生食用リンゴ））という，逸脱した意味になってしまう）．

擬似自動詞は，〈未完了〉を表す進行形で使用されることが多く，完了形は普通〈完結〉を含意するので，目的語の省略ができない．
- (20) a. I have *been reading* all afternoon.　（昼からずっと読書している）
  - b. *I have *read*.　[完了形は，特定の目的語を含意するので，不可]
  - c. We *have eaten* already.　['eaten something, had a meal']　　（Quirk et al. 1985）[(b)と違って，目的語は不特定である]

目的語削除には，厳しい制限があって，例えば，(21a)から(21b)を派生することはできない（(21b)は日本語でも容認されないだろう）．
- (21) a. The cat is *chasing* **a butterfly**.　（ネコは，チョウを追いかけている）
  - b. *The cat is *chasing*.　（ネコは，追いかけている）

(21b)が容認不可能なのは，ネコが追いかけているのが，チョウか，スズメか，バッタかの予測がつかないからである．

だとするならば，interesting（興味深い），amusing（おもしろい），astonishing（驚くべき），surprising（びっくりするような）のような語は，他動詞出身なのに，なぜ，前位修飾語 (premodifier) として使用できるのだろうか．それは，これらの語が純粋な形容詞になりきっているためである．これらの語が形容詞であることは，very という程度語 (degree word) で修飾できることで，明らかである．
- (22) a. a *very interesting* story　（とてもおもしろい話）
  - b. a *very surprising* report　（とてもびっくりするような報告）

これに対して，現在分詞は本来，形容詞ではなく動詞であるから，very で修飾することはできない．
- (23) a. *a *very barking* dog
  - b. *a *very smoking* chimney

37.4.2.　補部を一つとる動詞
補部を一つとる動詞には，次のようなものがある．
- ①　連結動詞

(1) I *am* **hungry**.（おなかが空いた）

(2) He *seems* **honest**.（彼は正直そうだ）

② SVA 型をとる動詞

(3) His house *is* **near the station**.（彼の家は駅の近くだ）

(4) John *lives* **in London**.（ジョンはロンドンに住んでいる）

(5) This book *sells* **well**.（この本はよく売れる）[中間態動詞（§18.4.9）]

③ 他動詞

(6) Bill *married* **a pianist**.（ビルはピアニストと結婚した）

(7) John *kicked* **the ball**.（ジョンはボールをけった）

このうち，①は §§2.2.3, 3.3 で，②は §2.2.2 で詳述したので，ここでは，③の他動詞のみを扱う．

他動詞（transitive verb）は，補部として目的語（O）を一つとる動詞の代表である．他動詞は，その表す動作に主語 NP と目的語 NP の二つが参与するので，**2 項動詞**（two-place verb）とも呼ばれる．

[A] 受動態をとる動詞

(8) a. John *caught* **the ball**.（ジョンはボールをとらえた）
    b. The ball was caught by John.（ボールはジョンにとらえられた）

(9) Russell *won* **a Nobel Prize**.（ラッセルはノーベル賞を受賞した）

(10) The news *shocked* **our family**.（その知らせは，私たち一家にショックを与えた）

(11) Every student *admires* **the professor**.（どの学生も，その教授に敬服している）

[B] 受動態をとらない動詞：become, have, lack, fit, suit, equal, resemble などの**関係動詞**（relation verb）[5] は，2 項間の関係を表すのみで，他動性（transitivity）が低いので，受動態をとらない．

(12) a. I *have* **two sisters**.（私には妹が 2 人いる）
    b. Her voice *resembles* **her mother's**.（彼女の声は母親の声に似ている）
    c. Jim *lacks* **confidence**.（ジムには自信がない）
    d. This dress doesn't *become* **you**.（このドレス，あなたに似合っていないよ）

[C] **句動詞**（phrasal verb）：自動詞として働くものも，他動詞として働くものもあるが，後者の目的語は補部にほかならない（詳細は，第 35 章を参照）．

(13) a. The district attorney *called up* **three witnesses**.
    （地方検事は，3 人の証人を召喚した）[＝summoned]
    b. John *called on* **the dean**.（ジョンは学部長を訪問した）[＝visited]
    c. I can't *put up with* **that fellow**.（あの男には我慢ができない）[＝tolerate]
    d. He wished to *take advantage of* **the girl**.

---

5. 中間動詞（middle verb）とも言うが，中間態動詞（§18.4.9）とまぎらわしく，また，適切でもない．

(彼は，その娘を誘惑したいと思った）［＝seduce］
- e. Shall I *put away* **the dishes**? （皿を片づけましょうか）
- f. She *brought* **the girls** *up*. （彼女は女の子を育てた）
- g. Sue *took good care of* **the children**. （スーは子供の面倒をよく見た）

このクラスの句動詞が一つの他動詞の機能を果たしていることは，次のように，受動化できることで明らかになる．

(14) a. Three witnesses *were called up* by the district attorney.
（3 人の証人が，地方検事に召喚された）
- b. That fellow can't *be put up with*. （あの男には我慢できない）
- c. She is much too nice a girl to *be taken advantage of* by him.
（彼女はとてもいい娘だから，彼なんかに誘惑されない）

[D] 「**他動詞＋wh 節**」： wh 節をとる動詞は，大きく，次の 3 種に分けられる．これらの動詞が適切に使用されるためには，まず，疑わしい命題が前提 (presupposition) として存在しなければならない．wh 節には if 節も含まれる．

(15) a. 疑問を表明する動詞： doubt, question, wonder, etc.
- b. 情報を求める動詞： ask, inquire, ascertain, interrogate, look into, see, decide, etc.
- c. 情報を提供する動詞： explain, indicate, inform, predict, report, say, telephone, tell, wire, write, etc.

(15a) 類の例:

(16) a. I *wonder* **if** *he knows it*. （彼はそのことを知っているのだろうか）
- b. I *question* **whether** *he will come*. （彼が来るかどうか疑問だ）

(15b) 類の例:

(17) a. She *asked* him **when** *he would come*.
（彼女は，いつ来るのか，と彼に尋ねた）
- b. We must *decide* **where** *we should go*.
（私たちは，どこへ行くべきか決めなければならない）

(15c) 類の例:

(18) a. He *informed* me **when** *he would arrive*. （彼がいつ着くか知らせてきた）
- b. That *shows* **how little** *you know*.
（それで君がどれほど知っていないかがわかる）

NB　whether/if 節は，基底に yes/no 疑問文がある．
- (i) I *wonder* **whether** *he will come*? ＜I wonder, "Will he come?"
（彼は来るだろうか）

間接疑問文を導く，その他の wh 節は，基底に wh 疑問文がある．
- (ii) He *asked* me **when** *I would come*. ＜He said to me, "When will you come?"
（彼は，いつ来るのかと私に尋ねた）

[E] way 構文

make one's way（進む）をプロトタイプとして，make を他の手段動詞で置き替えることによって，非常に生産的に way 構文を作ることができる．

(19) He then **made his way** to Hastie's rooms.　　　(Doyle, 'Round the Red Lamp')（それから，彼はヘイスティーの下宿へ進んでいった）

way 構文は，二つの意味で用いられる．一つは，by -ing という意味の「手段」を表す場合である．

(20) He **shouldered** / **pushed** / **threaded** / **fought** / **elbowed** / **inched** his way *through* the crowd.（彼は人ごみを肩で押し分けて/押しながら/縫うようにして/戦いながら/ひじで押し分けて/少しずつ，進んでいった）

次の例では，メタファー的拡張（metaphorical extension）が見られる．

(21) a. Becky managed a smile as she **munched her way** *through* a peach.
　　　　　　　　　　　　　　　　　　　　　　　　(Archer, *As the Crow Flies*)
（ベキーは，桃をむしゃむしゃ平らげながら，かろうじてにっこりした）

b. the seven Weasleys, Harry and Hermione **ate their way** *through* five delicious courses.　(Rowling, *Harry Potter and the Prisoner of Azkaban*)（ウィーズリー家の7人と，ハリーとハーマイオニーは，5コースのおいしい料理を平らげていった）

もう一つの意味は，while -ing という「様態」を表す場合である（このほうが頻度が落ちる）．

(22) a. He **belched** / **hiccupped his way** *out of* the restaurant.
（彼は，げっぷをしながら/しゃっくりをしながら，レストランから出ていった）

b. Feeling content, Izzy **whistled his way** *to* the subway.　　　(Google)
（満足な思いで，イジーは，口笛を吹きながら地下鉄のほうへ歩いていった）

c. He **stammered his way** *through* a gospel tract, reciting it word for word to another teenager.　(Ibid.)（彼は，福音を説く小論文を1語1語どもりながら，もう一人の若者に読み聞かせた）

[F] 'time'-away 構文：pass one's time（時を過ごす）をプロトタイプとして，pass 以外の動詞をこの鋳型にはめ込むと，in -ing の意味が加わった構文が得られる．

(23) a. We **read** / **daydreamed** / **waltzed** the whole afternoon **away**.（私たちは，その日の昼からずっと，読書して/白昼夢を見ながら/ワルツを踊って，過ごした）

b. They **drank** the night **away**.（彼らは，その夜を飲み明かした）

c. It was so much easier to stay in bed, to **sleep** the day **away**.　(Steel, *Summer's End*)（ベッドから起きずに，眠ってその日を過ごすほうがよほど楽だった）

37.4.3. 補部を二つとる動詞

補部を二つとる動詞には，次のようなものがある．

① 二重目的語構文

(1)　John *gave* **Mary** *a scarf*.　（ジョンはメアリーにスカーフを与えた）
　②　与格構文
　(2)　He *gave* **a scarf** *to Mary*.　（彼はスカーフをメアリーに与えた）
補部を二つとる動詞には，これ以外にもいろいろなタイプがある．
　(3) a.　I *put* **the car** *in the garage*.　（車をガレージに入れた）
　　　b.　His worries *deprived* **him** *of sleep*.　（彼は心配事で眠れなくなった）
　　　c.　Mary *planted* **the garden** *with roses*.　（メアリーは庭にバラを植えた）
このクラスの動詞は，その表す動作が成立するためには，V (x, y, z)「xがyにzをVする」というように，三つの項を必要とするので，**3項動詞** (three-place verb) と呼ばれる．

37.4.3.1.　二重目的語構文と与格構文
　give 型動詞は，次の二つの構文をとる．
　(1) a.　John *gave* **Mary** *a book*.
　　　b.　John *gave* **a book** *to Mary*.
　　　　　（ジョンはメアリーに本を与えた）
このとき，(1a)のように目的語を二つとる構文を**二重目的語構文** (double object construction) と呼び，(1b)のように前置詞を用いた構文を**与格構文** (dative construction) と呼ぶ．英語は，この二つの構文を許すが，ドイツ語は二重目的語構文しかとらず，反対に，フランス語やイタリア語は与格構文しかとらない．
　二重目的語構文の場合，〈x に〉が**間接目的語** (indirect object, IO)，〈y を〉が**直接目的語** (direct object, DO) と呼ばれる．IO は通例「人」を表し，DO は通例「物」を表す．
　(2)　Who *gave* **you** *this picture*?　（誰が君にこの絵をくれたのか）
　(3)　They *sent* **me** *a letter of thanks*.　（彼らは私に感謝の手紙をよこした）
　(4)　The old man always *tells* **us** *a funny story*.
　　　（その老人は，いつもこっけいな話をしてくれる）
　(5)　My father *bought* **me** *a tape recorder*.
　　　（父がテープレコーダーを買ってくれた）
　二重目的語構文に用いられる代表的な動詞は，大きく give 型と buy 型に二分される．
[A]　**give 型**：award（授与する），cause（もたらす），fetch（取ってくる），hand（手渡す），give（与える），leave（〈遺産として〉残す），lend（貸す），offer（提供する），pay（支払う），pass（回す），read（読む），sell（売る），send（送る），ship（船で送る），show（示す），teach（教える），tell（告げる），throw（投げる），write（〈手紙を〉書く）; refuse（与えない），forbid（禁じる），bar（禁止する），etc.
　give 型の間接目的語は，「IO に DO を与える」というように，〈受領者〉(recipient) の意味役割をもっている．一方，IO が聞き手の知らない「新情報」を伝えている場

合は，to を付けて文末に回して，「与格構文」にすることができる．なぜ，文末かと言えば，そこは，普通，文強勢の落ちる位置だからである．to 句の意味役割は，〈着点〉(goal) である．

(6) a. She *gave* **Paul** *a doll*. （彼女はポールに人形をあげた）⇒
　　b. She *gave* **a doll** *to Paul*.
(7) a. I will *show* **you** *my album*. （私のアルバムを見せてあげよう）⇒
　　b. I will *show* **my album** *to you*.
(8) a. I *paid* **them** *a visit*. （私は彼らを訪問した）⇒
　　b. I *paid* **a visit** *to them*.

しかし，注意するべきは，(6)–(8) の (a) 文（二重目的語構文）と (b) 文（与格構文）とは，完全に同義ではない点である．例えば，(6a) は，(9a) に対する答えであり，(6b) は (9b) に対する答えである．したがって，(a) 文と (b) 文とは交換可能ではない．

(9) a. **What** did she give Paul? （彼女は何をポールに与えたのか）
　　b. **Who** did she give a doll **to**? （彼女は誰に人形を与えたのか）

NB 1 次の二つの文を比較せよ．
　(i) John *sent* a parcel *to Mary*/*London*.
　　　（ジョンは小包をメアリー/ロンドンに送った）
　(ii) John *sent* **Mary**/***London** a parcel.

(i) の to Mary/London はともに〈着点〉(goal) を表し，(ii) の Mary は〈受領者〉(recipient) を表している．London が非文になるのは，場所を表す London が〈受領者〉になれないからである．また，(i) の Mary は〈着点〉を表すのみで，小包を受け取ったという含みはない点に注意せよ．その証拠に，but による取り消し文が可能である．

　(iii) John sent a parcel to Mary, **but** she didn't receive it.
　　　（ジョンはメアリーに小包を送ったが，彼女はそれを受け取らなかった）

NB 2 次の諸例は，give を含んでいるにもかかわらず，to 句で書き替えることはできない．それは，なぜだろうか．
　(i) John **gave** Pat a kiss. （ジョンはパットにキスした）
　(ii) Chris **gave** the door a kick. （クリスはドアをけとばした）
　(iii) I **gave** John a call. （私はジョンに電話をした）
　(iv) John **gave** Chris a piece of his mind. （ジョンはクリスをしかりつけた）

それには二つの理由が考えられる．第一に，give Pat a kiss = kiss Pat; give the door a kick = kick the door; give John a call = call John; give Chris a piece of his mind = scold Chris のように，'give NP' が一つの複合他動詞の機能を果たしていることである（したがって，文型は SVO 型であり，Pat や the door などは，〈受領者〉ではなく，〈受動者〉である）．

　第二に，a kiss, a kick, a call, a piece of one's mind は「物」ではなく，動作名詞 (action noun) であって，授受の対象になるものではない，ということである．類例：
　(v) a. *give* somebody **a pain** (in the neck) = annoy somebody （人を悩ます）
　　　b. *give* somebody **the ax** = dismiss somebody （人を馘にする）
　　　c. *give* somebody **the air** = reject somebody （恋人などをそでにする）
　　　d. *give* somebody **the double cross** = deceive somebody （人を裏切る）

反対に，次の give NP to の形式のイディオムでは，⟨SVOO⟩型の文型に書き替えることはできない．それ自体が一つの動詞として働くからである．
  (vi) She **gave birth to** a healthy baby. （彼女は健康な赤ちゃんを産んだ）［=bore］
  (vii) I **give** little **credence to** such rumours.　　　　　　　　　　　(OALD⁶)
   （私は，そういううわさはほとんど信じない）［=believe］
  (viii) He **gave way to** despair. （彼は悲嘆にくれた）［=yield to］
NB 3　loan を lend の意味で使用するのは，⟨特に米⟩．
  (i) **Loan** me fifty lire.　　　　　　　　　　　(Hemingway, *A Farewell to Arms*)
   （50 リラ貸してくれないか）
NB 4　次の to 句の位置をどう説明したらよいだろうか．
  (i) I've sent *t* **to my lawyer** [_NP_ every letter I ever received].
   （私は，受け取った手紙をすべて私の弁護士に送った）
これは，まず，次の文があり，そこから，複合名詞句（前置詞句や関係節などが付加されて複雑になった名詞句）を "複合名詞句転移" (complex NP shift) (§38.4.4) によって，文末に移動させることで派生されたと説明される．
  (ii) I've sent [_NP_ every letter I ever received] **to my lawyer**.
なぜ，"重い名詞句" を文末に回すかと言えば，そのほうが文体的にバランスのとれた構造になるからである (Quirk et al. 1985: 1362 は，この現象を**文末重心** (end-weight) の原理 (§38.4) と称している). この移動は，統語規則か，文体規則かが問題になることがあるが，随意的なものである以上，文体規則と見てよいであろう．
NB 5　次の文の hit the table a bang は，give 型をモデルとして拡大使用されたものと考えられる (ie give by hitting).
  (i) He leant forward and **hit the table a bang** with his fist.　　　(Christie, *Blue Train*) （彼は身を乗り出して，こぶしでテーブルをどかんとたたいた）
NB 6　IO と DO の語順: Quirk et al. (1985: 1396) によれば，give 型において IO と DO がともに人称代名詞の場合は，IO に to を付けて文末に回すのが普通である（以下の例で，大文字の語は，そこに文強勢が置かれていることを示す）．
  (i) She GAVE it to him. （彼女はそれを彼に与えたのだ）
  (ii) She gave it to HIM. （彼女はそれを彼に与えたのだ）
あるいは，次の言い方もできる:
  (iii) She GAVE him it. ［⟨米⟩では周辺的 (BBI)］
  (iv) She GAVE it him. ⟨英⟩［しかし，*She gave HIM it. は不可］
  (v) She gave it HIM. ⟨英⟩［しかし，*She gave IT him. は不可］
  (vi) How will you **give it me**?　　　　　　　(Walpole, *Jeremy and Hamlet*)
   （どうやってそれをぼくにくれるの）
なぜ，it に文末焦点 (end focus) を与えることができないのか．it は定代名詞で，定義上，旧情報を担っている——その点では，日本語の「ソレ」も同様——ので，新情報の焦点となる位置には生じないのである．これに対して，指示代名詞の this/that は ⟨DO⟩ として 文末焦点をうけることができる．
  (vii) Give me THAT. （それをください）
指示代名詞は，人称代名詞とは異なり，聞き手の知らない，⟨新情報⟩を担った事物を指すことができるし，したがって，文強勢をうけることもできるのである．

[**B**]　**buy** 型: bake (焼く), build (建築する), buy (買う), choose (選ぶ), clean (みがく), cook (料理をする), find (見つける), get (手に入れる), make (作る), order (注

文する), sing (歌う), etc.

buy 型の IO は, 〈受益者〉(benefactive) を表しているので, IO を新情報として強調したいときには, for を付けて文末に回すことができる.

(10) a.　My aunt *bought* **me** **a dictionary**. ⇒
　　　b.　My aunt *bought* **a dictionary** *for me*.
　　　　　(おばさんが私に辞書を買ってくれました)
(11) a.　She *chose* **her daughter** **a red dress**. ⇒
　　　b.　She *chose* **a red dress** *for her daughter*.
　　　　　(彼女は娘に赤いドレスを選んでやった)
(12)　　 I'll *order* **you** **another**.　　　　　(Hemingway, *A Farewell to Arms*)
　　　　　(もう一つ注文してあげるわ)

buy 型の場合も, 上の (a) 文と (b) 文とは同義ではなく, 使われる環境が異なる. 例えば, (10a) は, (13a) に対する答えであり, (10b) は, (13b) に対する答えである.

(13) a.　**What** did your aunt buy for you?
　　　　　(おばさんは, あなたに何を買ってくれたのですか)
　　　b.　**Who** did your aunt buy a dictionary **for**?
　　　　　(おばさんは, 誰に辞書を買ってあげたのですか)

NB 1　付加部としての for 句: buy 型で使われる for 句は補部であり, したがって, 文型に関与するのに対して, 以下の文に現れる for 句は, 付加部 (adjunct) であり, 文型に関与しない点に注意せよ (したがって, 文型はやはり SVO).

　(i)　Jesus died **for us**.　(イエスは, 私たちのために死にたもうた)
　(ii)　I'll do it **for you**.　(Steel, *Bittersweet*)　(私がしてあげますよ)
　(iii)　Say hi to Sam **for me** when you see him.　　　　　(Ibid.)
　　　　(サムに会ったら, よろしくと言ってください)
　(iv)　If I have to say it once more, I'll kick your balls in **for you**.　(Sheldon, *Bloodline*)　(もう一度言わせるようなら, おまえのたまをけりつぶしてやるぞ)
　(v)　And I'll smash your sissy-face **for you**.　(Montgomery, *Rainbow Valley*)
　　　　(お前のいくじなしの顔をぶんなぐってやるぞ)

NB 2　bring の場合は, to と for のどちらの型への書き替えも可能であるが, 両文は同義ではなく, それぞれ, 異なった意味を表す (to 句は補部, for 句は付加部).

　(i)　*Bring* a glass of water **for me**.　　　　　(OALD[5])
　　　　((私のために)水を1杯持ってきておくれ)
　(ii)　*Bring* it **to me**, please.　　　　　(H. E. Palmer 1939)
　　　　((私のところへ)それを持ってきてください)

その証拠に, to 句と for 句の共起も可能である (Say hello *to* him *for* me. と同じ型).

　(iii)　*Bring* it **to him** *for me*, please.　(それを彼のところへ持ってって(やって)くれ)

NB 3　wish は give 型であるが, 「通例 to を使わない」(BBI[2]). LDCE, OALD などにも to の付いた用例はない.

第37章　補部構造

  (i) I *wish* you a Merry Christmas! (クリスマスおめでとう！)
  (ii) They *wished* us good luck. (幸運を祈ってくれた)

しかし，次の表現では to が付く．

  (iii) A Merry Christmas **to** you! (クリスマスおめでとう！)

[C] その他の動詞: ask は「〜から...を求める」という意味を表し，IO は〈起点〉(source) を示すものであるから，IO が〈新情報〉を伝える場合は，of (＝from) を付けて文末に回される．

  (14) a. May I *ask* **you** *a question*? (ひとつお尋ねしてもよろしいでしょうか) ⇒
       b. May I *ask* **a question** *of you*? [元の文よりも〈まれ〉]
  (15) a. Mary *asked* **John** *a favor*. (メアリーは，ジョンに頼みごとをした) ⇒
       b. Mary *asked* **a favor** *of John*. [元の文と同じくらい普通の文]

play は，SVOA 型への書き換えに際して，その意味に応じて特異 (idiosyncratic) な前置詞をとる．

  (16) a. John *played* **us** *a trick* (ジョンは私たちに悪ふざけをした) ⇒
       b. John *played* **a trick** *on us*. [SVOO 型よりも普通]
  (17) a. John *played* **Max** *three games of chess*.
         (ジョンはマックスとチェスの勝負を3回した) ⇒
       b. John *played* **three games of chess** *with Max*.

NB 1　次の各ペアの (a) 文は，一見 SVOO 型に見えるけれども，それぞれ，SVOA 型の基本文である (b) 文から，前置詞の削除によって派生したと説明される．
  (i)   a. I forgave him his offences. (私は彼の無礼を許した)
        b. ＝I forgave him **for** his offences.
  (ii) a. John excused Mary the fee. (ジョンはメアリーの謝金を免除した)
        b. ＝John excused Mary **from** the fee.
  (iii) a. They dismissed him the society. (彼を社会から追放した)
        b. ＝They dismissed him **from** the society.
  (iv) a. The king banished him the realm. (王は彼を国から追放した)
        b. ＝The king banished him **from** the realm.

派生文の基底に前置詞が存在することは，それを受け身にした場合，必ず前置詞が現れることで明らかである．

  (v) He was banished **from** the realm (by the king). (彼は王国から追放された)

NB 2　次の各文は，表層構造は SVOO 型であるが，二つの直接目的語を含むと考えられる (cf. Jespersen *MEG* III: 295)．
  (i)   I struck him a heavy blow. (彼をしたたかなぐった)
        <I struck him×I struck a heavy blow.
  (ii) I envy you your beauty. (あなたの美しさが羨ましい)
        <I envy you×I envy your beauty.
  (iii) Forgive me my sins. (私の罪をお許しください)
        <Forgive me×Forgive my sins.

これらの文を二つの DO を含む文と見る根拠は，二つある．第一に，John gave Mary a

hat. のような授与動詞の場合は，John gave a hat. とは言えるが，もう一つの *John gave Mary. という文は成立しない (a hat は gave の目的語であるのに対して，Mary は gave a hat の目的語である)．第二に，これらの文では，授与動詞の場合のように，to とか for による書き替えが許されない．

(iv) *I envy your beauty **for**/**to** you.

37.4.3.2. I advised Mary to wait. のタイプ

次のクラスの動詞の補部は，to 不定詞または that 節，wh 節として実現し，両構文の知的意味は変わらない．

(1) advise, counsel, ask, convince, inform, instruct, permit, teach, tell, warn, promise, remind, etc

that 節の前には，〈被伝達者〉を表す O が義務的に要求される (ただし，場面または文脈から復元可能な場合は，表層で落ちていることもある)．なぜなら，いずれも「x に y を告げる」というような構造的な意味を共有しているからである．文型は SVOO 型と見ることができる (cf. Jespersen *MEG* V: 285; Quirk et al. 1985: 1218)．

(2) a. I *advised* Mary **to wait**.（メアリーに待つように忠告した）
 b. = I *advised* (Mary) **that** *she* (*should*) *wait*.
(3) a. I *told* John **to see** a doctor.（ジョンに医者に診てもらえと言った）
 b. = I *told* John **that** *he* (*should*) *see a doctor*.
(4) a. He *promised* me **never to show up late again**. (BBI)
 （彼は，決して二度と遅刻はしません，と私に約束した）
 b. = He *promised* (me) **that** *he would never show up late again*.

(2) と (4) の基底構造は，概略，次のとおりである．

(2′) I advised Mary$_i$ [PRO$_i$ to wait]
(4′) He$_i$ promised me [PRO$_i$ never to show up late again]

つまり，同一指標でわかるように，(2′) では不定詞の主語は目的語の Mary であるのに対して，(4′) では不定詞の主語は主文の主語の He である．この構文を SVOO 型と見る根拠については，§ 2.2.8 [C] で論じている．

このクラスの動詞は，DO として that 節や wh 節を補部にとることができる．

(5) a. John *convinced* me (**that**) *he was right*. (Quirk et al. 1985)
 （ジョンは，自分が正しいことを私に納得させた）
 b. A notice *informed* the guests **that** *formal dress was required*.
 (OALD[6])（客たちは，通知によって正装が必要であることを知った）
(6) a. *Show* me **how** *this machine works*.
 （この機械がどのように作動するのか教えてください）
 b. Mary *asked* me **where** *my wife was*.
 （メアリーは，私の妻がどこにいるのかと尋ねた）
 c. Can someone *remind* me **what** *I should do next*? (OALD[6])

(次に何をしたらいいか，誰か教えてくれませんか)

advise, ask, instruct, remind, show, tell, warn は，'O + wh to do' の構文もとる (Quirk et al. 1985: 1215).

(7) a. They *advised* us **what to wear in the tropics**.
   (彼らは，熱帯地方では何を着たらいいか，助言してくれた)
b. Don't *tell* me **what to do**. (ああしろ，こうしろと私に言うな)

(8) a. My father *taught* me **how to ride a bike**. (OALD[6])
   (父がバイクの乗り方を教えてくれた)
b. Cf. My father *taught* me **to swim**. (父が泳ぎ方を教えてくれた)

(8b) は，「実際に泳げるようになった」という含意があるが，(8a) は「乗り方」を教えたという意味で，実際に乗れるようになったかどうかは不明である．

なお，teach には，話し言葉で，次のような反語的 (ironical) な意味を表す用法もある．通例，'I will teach you to do' の形式で用いられる．

(9) a. **I'll teach you to do** that again! (Joyce, *Dubliners*)
   (もう一度そんなことをしたら，ひどい目に遭わせるぞ) [= I'll punish you.]
b. **I'll teach you to insult** an honest girl! (Doyle, *A Study in Scarlet*)
   (ちゃんとした娘を侮辱などしたら，承知しないぞ)
c. Cf. ウソヲ吐ケ／馬鹿ヲ言エ.

give a person to understand/know「人に了解させる/知らせる」というイディオムも，この類に属する (OED s.v. *Give* 29c, 細江 1942: 301).

(10) a. He **gave me to understand** that his house was some distance off.
   (Doyle, *Memoirs of Sherlock Holmes*)
   (彼の家は，少し離れたところにあると知らせてくれた)
b. every boy received a subscription card, and **was given to understand** that he must collect thirty shillings. (Forster, *The Longest Journey*)
   (どの少年も寄付金カードを受け取り，30シリングを集金しなければならない，と言われた)

NB 1 これまでとりあげた動詞は，通例，
 (i) I **was advised** not to smoke. (たばこを吸わないように忠告された)
のように，受動化を許すが，like, dislike, love, hate, prefer, want, wish などの動詞は，他動性が低いので，受動化を許さない．
 (ii) I *like* people to be happy. (私は人々が幸福なのが好きだ)
  [~~People are liked to be happy.~~]

NB 2 言語学書には，主語コントロール動詞の例として，よく次の (i) の構文が引かれているが，Dixon (1991: 148) は，この構文を認めない話し手もいる (例えば，オーストラリア英語) と報告している．しかし，次の (ii)，(iii) のような用例があるし，BBI には「しばしば否定構文で」という注記とともに，上の (4a) の例を示している．
 (i) Sam *promised* me **to get some food**. (Quirk et al. 1985)
  (サムは，食べ物を手に入れてこようと私に約束した)

(ii) And he *promised* me **to come up**. (Eliot, *Middlemarch*)
 (それに，彼はやって来ると私に約束したんです)
 (iii) You have *promised* me **to become an honest man**. (Hugo, *Les Misérables*)
 (あなたは，真人間になると私に約束しましたね)

37.4.3.3. SVOA 型

動詞の中には SVO のほかに A を補部として要求するものがある．例えば，put という動詞は，put (x, y, z)「x が y を z に置く／入れる」のような項構造をもつ 3 項動詞である．いかなる言語においても，x, y, z という三つの参与項 (participant) がそろわないと，「put／置ク」という行為は成立しないのである．

 (1) a. John *put* **the car** *in* the garage. (ジョンはガレージに車を入れた)
　　　b. Cf. *John put the car.／*He put in the garage.

この文型をとる動詞は多種多様であるから，ここでは，主要なものを示すにとどめる．まず，次のような，give 型と buy 型が to 句や for 句で書き替えられて SVOA 型に変わることは，前節で見たとおりである．

 (2) She *gave* **the book** *to* me. (彼女はその本を私にくれた)
 (3) Mother *made* **an omelet** *for* me. (母は私にオムレツを作ってくれた)

移動動詞 (motional verb) は，通例，場所または方向の A をとる．

 (4) a. He *put* **the key** *in* the lock. (彼は鍵を錠に差し込んだ)
　　　b. She *hung* **a picture** *on* the wall. (彼女は壁に絵を掛けた)
　　　c. Father *took* **me** *to* the zoo. (父が動物園に連れていってくれた)
　　　d. Nobody *paid* **any attention** *to* him. (誰も彼に注意を払わなかった)
　　　e. *Convey* **my regards** *to* your mother. (お母さんによろしく)
　　　f. I *put* **the question** *to* him. (彼にその質問をした)

告知動詞 (notice verb) も，「x が y を z に伝える」という意味をもつ 3 項動詞である．

 (5) a. She *speaks* **German** *to* her husband. (彼女は夫にドイツ語を話す)
　　　b. I *explained* **my difficulty** *to* him. (彼に自分の苦境を説明した)
　　　c. He *admitted* **his guilt** *to* the police. (彼は警察に対して自分の罪を認めた)
　　　d. *Say* **hello** *to* them for me. (Steel, *Heartbeat*)
　　　　(あの人たちによろしく言ってください) [for me は付加部]

inform, remind, notify (通知する)，apprise／advise〈格式語〉(通知する) は，「人 + of (事柄)」の構造をもつ．

 (6) a. He *informed* **me** *of* his father's death.
　　　　(彼は，父親の死を私に知らせてくれた)
　　　b. But this room *reminds* **me** *of* Charlotte. (Forster, *A Room with a View*)
　　　　(でも，この部屋を見ると，シャーロットのことを思い出す)

供給動詞 (verb of providing) には，それぞれ，二つのタイプがあり，次の (b) 文

は，それぞれ (a) 文から派生されると考えられる．ただし，両文は同義ではない．認知文法の用語で言えば，(a) 文では「物」が，(b) 文では「人」が**プロファイル** (profile) されている．

(7) a. Cows *supply* **milk** *to* us.
   b. Cows *supply* **us** *with* milk.
      （牛は私たちに牛乳を供給する）
(8) a. We *provided* **blankets** *for* the refugees.
   b. We *provided* **the refugees** *with* blankets.
      （われわれは避難民に毛布を供給した）
(9) a. He can *furnish* **the necessary information** *for* us.
   b. He can *furnish* **us** *with* the necessary information.
      （彼は必要な情報をわれわれに提供できる）
(10) Right, lad, sign up here and we'll *issue* **you** *with* a travel warrant.
      (Archer, *As the Crow Flies*)
      （よし，君，ここに参加登録をしたまえ，そしたら，旅行証明書を発行しよう）

load, plant, spray など「**所格交代**」(locative alternation) を示す動詞では，(a) 文では「物」が，(b) 文では「場所」がプロファイルされる．

(11) a. Bill *loaded* **hay** *onto* the truck.
   b. Bill *loaded* **the truck** *with* hay.
      （ビルはトラックに干し草を積んだ）
(12) a. Mary *planted* **roses** *in* the garden.
   b. Mary *planted* **the garden** *with* roses.
      （メアリーは庭にバラを植えた）

(a) 文では，干し草がトラックの一部に積まれ，バラが庭の一部に植えられたという「**部分的解釈**」(partitive interpretation) をうけるが，(b) 文では，トラック一杯に干し草が積まれ，庭一面にバラが植えられたという「**全体的解釈**」(holistic interpretation) をうける．すなわち，「場所」が直接目的語になったときにかぎって，全体が影響をうけると解釈される．

次に，A が種々の前置詞句で現れる動詞の例をあげておく．

(13) a. We can't *prevent* Pat **from** *marrying Bill*.
      （パットがビルと結婚するのを妨げることはできない）
   b. *Thank* you **for** *your kindness*. （ご親切ありがとう）
   c. Nobody *accuses* you **of** *perjury/cheating in the examination*.
      （誰も君が偽証した/試験でカンニングしたなんて責めてはいない）
   d. He *spends* a lot of money **on** *records*.
      （彼はレコードにたくさんの金をかける）
   e. *Compare* the copy **with** *the original*.
      （コピーとオリジナルとを比べてみなさい）

目的語が長い場合，または that 節の場合は，「文末重心の原則」により，文末に後置 (extrapose) される．

(14) He *spends t* on books [*much more than he spends on clothes*].
　　　（彼は，衣服よりも本にずっと多くの金をかける）[cf. spend money *on books*]

次例は，A が that 節の例である．

(15) a. I *flatter* myself **that** *it wasn't such a bad job when it was finished*.
　　　(Doyle, *The Lost World*)（やり遂げてしまえば，そう悪い仕事じゃなかった，と自負している）[cf. flatter myself on/of]
　　b. He *confessed t* to me [**that** *he had fallen in love with Pat*].
　　　（パットに恋してしまった，と彼は私に告白した）[cf. confess it *to me*]

次の構文も，SVOA 型に属すると考えられる．

(16) a. John *struck/impressed* me *favorably/as sincere*.
　　　（ジョンは私に好印象を与えた/誠実だという印象を与えた）
　　b. His rejoinder *struck* me *as being a shade doubtful*.　　(Christie, *The Big Four*)（彼の返答は，少しあやふやに感じられた）
(17) a. John *worded* the letter *carefully*.　　[*He worded the letter.]
　　　（ジョンは，その手紙を慎重な言葉で書いた）
　　b. The job *paid* us *handsomely*.　　[*The job paid us.]
　　　（その仕事は，たんまり儲かった）
　　c. Chris *regarded* him *intently/coldly*.　　[*Chris regarded him.]
　　　（クリスは，彼をまじまじと/冷ややかに見やった）

37.4.3.4.　SVCA 型

この文型は，SVC の C の機能を果たす 2 項形容詞が，義務的に前置詞句を補部にとるものである．例えば，I am fond of cats. から A である of cats を削除すると，*I am fond. という非文が生じる．

(1) a. He felt **angry** *at the injustice of the situation*.
　　　（彼はその状況の不公平さに怒りを感じた）
　　b. The passengers grew **angry** *about the delay*.
　　　（乗客は，遅れのことで怒りはじめた）
　　c. Please don't be **angry** *with me*.　　It wasn't my fault.
　　　（私に怒らないでください．私の落ち度ではありません）　　（以上 OALD⁶)
(2) John is **good** *at chess*.　（ジョンはチェスが上手だ）
(3) Your composition is **free** *from mistakes*.　（君の作文には誤りがない）
(4) Joe is **interested** *in politics*.　（ジョーは政治に関心がある）
(5) He is **dependent** *on his parents* for support.
　　（彼は親に頼って扶養してもらっている）
(6) This specimen is **similar** *to that one*.　(BBI)（この見本はそれに似ている）

第37章 補部構造　　　　　　　　　　　　　　　　　　　　813

(7) He is **occupied** *with his own concerns*. （彼は，自分の心配事で頭がいっぱいだ）

この文型に用いられる2項形容詞には，次のようなものがある．

(8) **about**: angry, glad, happy, mad, reasonable; annoyed, delighted, frightened, pleased, worried
at: angry, brilliant, clever, good, hopeless, terrible; aghast, alarmed, amused, delighted, disgusted, pleased, puzzled
for: appropriate, available, bound, grateful, sorry, thankful
from: different, distant, distinct, free, remote
in: blind, interested, lacking, rich
of: afraid, ashamed, aware, capable, certain, confident, conscious, empty, fond, full, glad, proud, short, worthy; convinced, scared, tired
on/upon: dependent, intent, keen, reliant, severe; based, bent
to: answerable, averse, blind, close, due, liable, similar; accustomed, inclined, opposed
with: angry, busy, content, familiar, friendly, furious, impatient, incompatible; annoyed, bored, concerned, disappointed, occupied, pleased, satisfied

以上の形容詞のうちには，Aの位置に that 節の埋め込みを許すものがある．

(9) a. Mary is **aware** *that John left*.
　　　（メアリーは，ジョンが去ったことに気づいている）
　b. I was **aghast** *that John hit Mary*.
　　　（ジョンがメアリーをなぐったので肝をつぶした）

(10) a. You are **confident** *that the thief came in a cab*? (Doyle, *The Memoirs of Sherlock Holmes*)（泥棒は，辻馬車で来たと確信しているのかね）
　b. He was **afraid** *that someone would interrupt them*. (Taylor, *A View of the Harbour*)（彼は誰かが邪魔するのではないかと心配していた）
　c. I was **thankful** *that I could see so little*. (Joyce, *Dubliners*)
　　　（ほとんど何も見えなかったことがありがたかった）
　d. I'm very **glad** *you have come*, Mr. Holmes. (Doyle, *The Return of Sherlock Holmes*)（おいでいただいて大変うれしいですよ，ホームズさん）
　e. I'm so **afraid** *you'll regret*. (Maugham, *The Circle*)
　　　（あなたが後悔するんじゃないかとすごく心配だわ）

以上の例において，that 節がAである．ところで，that 節の前では前置詞が義務的に省略されるが，次のような擬似分裂文（pseudo-cleft sentence）に書き替えると，省略されていた前置詞が復活する点に注意せよ．

(11) a. What Mary is aware **of** is that John left.
　　　（メアリーが気づいていることは，ジョンが去ったということだ）
　b. What I was aghast **at** is that John hit Mary.

　　　　（私が仰天したのは，ジョンがメアリーをなぐったことだ）

つまり，that 節の前に前置詞が置けないのは，英語の表層上の制約にすぎず，文の基底には依然として前置詞は存在している，ということである．その証拠に，wh 節の前には前置詞が生じることができる．

(12) They were unsure **as to** what the next move should be.　　　(OALD[6])
　　　（次にどんな手を打つべきか，彼らは自信がなかった）

37.4.3.5.　SVOC 型

[A]　**force 型**：次の動詞は，二つの補部をとる．目的語（O）と to 不定詞（C）である．この文型をとる動詞は，(1) のような force 型である．

(1) allow, challenge, compel, constrain, dare, force, incite, instigate, oblige, permit, prompt, provoke, tempt

などの「人に働きかけて…させる」という意味をもつ動詞の類である．この文型では，to 不定詞は「方向」の原義をとどめている点に注意．to 不定詞の意味上の主語 PRO のコントローラー（＝先行詞）は，常に目的語である（目的語コントロール動詞）．that 節への書き替えはできない．

(2) Father *forced* me$_i$ [PRO$_i$ **to come** against my will].
　　　（父は，私がいやなのにむりやり私を来させた）［PRO の先行詞は me］
(3) The rain *compelled* us$_i$ [PRO$_i$ **to stop** our ball game].
　　　（雨のため，われわれはやむなく野球の試合を中止した）
(4) Hunger *drove* him$_i$ [PRO$_i$ **to steal** bread].
　　　（ひもじさに駆られて，彼はパンを盗んだ）
(5) Mother did not *allow* me$_i$ [PRO$_i$ **to go** swimming].
　　　（母は泳ぎに行くのを許してくれなかった）

help もこのクラスに加えてよい．to はよく省略される（〈英〉では〈略式体〉(Swan 1995: 236)）．

(6) I *helped* my father$_i$ [PRO$_i$ (**to**) **paint** the fence].
　　　（私は父がフェンスにペンキを塗るのを手伝った）［父が主役］

場面から推測可能な目的語を削除すると，help do の構文が生じる．

(7) a.　You can *help* **paint** the fence.
　　　（フェンスにペンキを塗るのを手伝ってくれてもいいよ）［＝me to paint］
　　b.　She'll *help* **make** you forget.　　　(Rice, *The Adding Machine*)
　　　（彼女が手伝って忘れさせてくれるよ）［*ie* help you to］

help を受動態にすると，to 不定詞が現れる．

(8) They *were helped* **to build** their house.
　　　（彼らは，家を建てるのを手伝ってもらった）

command, order, request, require, ask, beg, urge などの〈命令・依頼〉の動詞

も，このクラスに属する．
(9) The general *commanded* his troops_i [PRO_i **to retreat**].
(将軍は，軍隊に退却を命じた)
(10) I'll *ask* you_i [PRO_i **to advise** us]. (助言してくださるようお願いします)
このクラスの動詞は that 節を目的語にとることができるが，その場合は意味の違いが生じる．
(11) a. The boss *ordered* John [PRO **to start** at once].
(所長は，ジョンにすぐ出発せよと命じた)［ジョンに直接命じた］
b. ≠ The boss *ordered* that I (**should**) **start** at once.
(所長は，私がすぐ出発するように命じた)［第三者に命じた］

NB 1 Wood (1962: 107)，Quirk et al. (1972: 841)，Dixon (1991: 199) は，(6) のような文では，to のない構文は「直接的な援助」，to のある構文は「間接的な援助」を表すとしている．この考え方によれば，(i) ではジョンが半分プディングを食べ，(ii) ではジョンはメアリーを介護してプディングを食べさせた，という意味になる．
(i) John *helped* Mary **eat** the pudding.
(ii) John *helped* Mary **to eat** the pudding. (以上 Dixon 1991)
以上の文法書は，いずれも〈英〉の文法書であるが，〈米〉の文法書である C.-Murcia & L.-Freeman (1999: 637) では，「to は随意的」と述べているだけで，意味の違いに言及していない（ただし，Bolinger 1977a: 75 は，意味の違いを認めている）．一方，OALD⁶ などは，to が落ちるのは〈略式体〉または話し言葉とし，意味の違いを認めていない．(i), (ii) の意味の違いは，おもに〈英〉における傾向と考えておきたい．

NB 2 **say** (= tell) **to come**: 〈米〉では，say は tell のように扱われ，to 不定詞をとることがしばしばある．
(i) He **said to get** a move on. (Queen, *The Dutch Shoe Mystery*)
(彼は，さっさと出かけろと言った)
(ii) Teacher **says** (= tells us) **to come** early. (Curme 1931)
(先生は(私たちに)早く来なさいと言っている)
表現されていない to 不定詞の主語は，(i) の場合は「一般の人」であり，(ii) の場合は場面から推論できる．主語を明示したければ，for NP to V の構造を用いる．
(iii) "She **say** *for you* **to come** when you up," the negro said. (Faulkner, *Sanctuary*)(あなたが起きたら来るようにあの人が言ってる，と黒人が言った)
OED¹ では，この語法は〈廃語〉(obsolete) としていたが，OED² では，レーベルを変えて，現代の口語体 (modern *colloq*.) としている．〈米〉の影響と考えられる．
(iv) Father **said** *for Chris* **to take** one of the lanterns. (*Times* 1959)
(父は，クリスにその提灯を一つ取るようにと言った)
Catherine Mansfield の *Prelude* にも，次の例が見える．
(v) She **says to button** up your coat.
(彼女は，上着のボタンをかけなさい，と言っています)

NB 3 このタイプに用いられる to 不定詞に方向の意味が強いことは，次のような，方向の前置詞句を伴う文との平行性によってもうかがえよう．
(i) a. His words *incited* the people **to rebellion**.
(彼の言葉に扇動されて民衆は反乱を起こした)

  b. They *forced* him **into submission**. （彼らはむりやりに彼を服従させた）
  c. This clue *helped* me **to a solution**.
   （この手がかりのおかげで解決策が見つかった）
  d. His impudence *provoked* her **into slapping his face**.
   （彼の厚かましさにかっとなって，彼女は相手の横っ面をひっぱたいた）

[B] order 型：command, order, give orders, require, request, beg のような，命令・依頼の動詞が to 不定詞を補文（＝文形式の補部）にとる場合も，この型に属する．補文はまた that 節として実現することもあるが，両構文は，文型も知的意味も異なる．

 (12) a. The captain *ordered* John **to shoot** the prisoners. ［SVOC］
   （隊長は，ジョンに捕虜を銃殺せよと命じた）
  b. The captain *ordered* **that** John (**should**) **shoot** the prisoners. ［SVO］
   （隊長は，ジョンに捕虜を銃殺させよと(誰かに)命じた）

すなわち，(12a)ではジョンに直接に命令しているのに対して，(12b)では第三者を介して間接的に命令しているのである．(12)の二つの文を受動文にすると，それぞれ，次のような形式になる．

 (13) a. John was ordered to shoot the prisoners.
  b. It was ordered that John (should) shoot the prisoners.

ほかの動詞の場合も，同様な違いが観察される．

 (14) a. He *begs* you **to see** Mary. （彼は，メアリーと会ってくれとあなたに頼んでいる）
  b. ≠ He *begs* **that** you (**should**) **see** Mary.
   （彼は，あなたにメアリーと会ってほしいと(誰かに)頼んでいる）

 NB このクラスは「命令・依頼」を表す動詞である以上，補文の動詞は自制可能なものでなければならない．
  (i) He *ordered* his men **to fire**/***to be surprised**. （彼は部下に撃て/*驚けと命じた）

37.4.4. 補部を三つとる動詞

このタイプ（4項動詞）は，極端に少数で，buy/sell のような**売買動詞**（verb of buying and selling）しか浮かんでこない．自然言語には 5 項動詞は存在しない．

 (1) a. I *sold* **my car** *to James* for £800.
  b. I *sold* **James** *my car* for £800.
   （ジェームズに私の車を 800 ポンドで売った）   （以上 OALD[6]）

しかし，談話の中では，普通，旧情報になった項は表現されないので，補部が全部そろっていることは少ない．例えば，次の (b) 文は，(a) 文に対する答えである．

 (2) a. Who did you sell your car? （誰に車を売ったのか）
  b. (I sold my car) **to James**. （ジェームズに(ぼくの車を売ったの)だ）

さらに，すべての補部を省略することも可能である．

 (3) Will he **sell** (it)? （彼，(それを)売るだろうか）

37.4.5. ネクサスを補部にとる動詞

最後に，補部の位置に「主語＋述語」の構造が埋め込まれている場合を考察する．この構造をもつ補部は，**ネクサス目的語** (nexus object) と呼ばれる (Jespersen 1924: 114 の用語)．補部が文の形式をとっている場合，**補文** (complement sentence) と言うことがある．

ネクサス目的語には，2 種類がある．

① 補文標識 (complementizer, C) に導かれるネクサス目的語（これは，小節（§ 1.2.5 [B]）とは言わない）：

(1) a. I *believe* [**that** John is innocent]. （ジョンは無実だと信じている）
b. I *doubt* [**whether/if** we can do any better].
　（これ以上うまくできるかどうか疑問だ）
c. I *hate* [**for** Texas to lose]. 〈米〉（おれ，テキサスが負けるのはいやだ）

② 補文標識に導かれないネクサス（＝小節）：

(2) a. I *believe* [John **to be innocent**]. （＝(1a)）
b. I *saw* [Mary **enter the house**]. （メアリーがその家に入るのを見た）
c. He *saw* [the wood **burning**]. （彼には森が燃えているのが見えた）
d. I *saw* [my team **beaten**]. （私は自分のチームが負けるのを見た）

英語には，次の 3 種類の補文標識がある．

(3) a. that: know, feel, think, realize などの認識動詞，および，assert, say, pronounce, declare などの断言動詞がとる．
b. whether/if: ask, inquire, wonder, doubt などの疑問を表す動詞がとる．
c. for: want, prefer, desire, like, hate などの欲求を表す動詞がとる．

補文標識は，次のような位置に現れる．

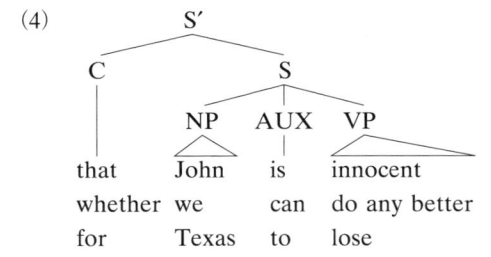

(4)
```
            S'
           /  \
          C    S
              /|\
            NP AUX VP
          that John is  innocent
          whether we can do any better
          for   Texas to  lose
```

37.4.5.1. 補文標識に導かれるネクサス

この節では，that, whether/if, for という補文標識に導かれるネクサスを扱う．

37.4.5.1.1. that 節を補部にとる動詞

主節の動詞の種類により，that 節中の叙法 (mood) が決定されることがある．

[A] **叙実動詞** (factive verb) (discover, forget, remember, learn, notice, realize, etc.）： that 節は叙実法の動詞をとる．話し手は，節の内容が真であるという前提（presupposition）をもっている．日本語では，「…こと」という補文標識が対応する．

(1) a. I *realized* (**that**) *I had offended him*.　（彼を怒らせたことを悟った）
　　b. I *admit* **that** *I was wrong*.　（私がまちがっていたことを認めます）

[**B**]　**非叙実動詞** (non-factive verb) (believe, think, suppose, guess, etc.)： that 節は叙実法の動詞をとる．話し手は，that 節の内容の真偽については自分の考えを明らかにしていない．日本語では，「…と」という補文標識が対応する．

(2) a. Do you *believe* (**that**) *there is a God*?　（神はいると信じていますか）
　　b. I can't *think* **that** *he did it on purpose*.
　　　　（彼がわざとそれをしたとは考えられない）

[**C**]　**説得動詞** (suasive verb) (demand, order, desire, request, insist, etc.)： that 節は叙想法現在，または想念の should（〈英〉ではときに叙実法の動詞）が用いられる．

(3) a. We *insisted* **that** *he leave*/*should leave*/〈特に英〉*leaves at once*.
　　　　（私たちは，彼がすぐ発つことを主張した）
　　b. I *request* **that** *she go*/*should go*/〈特に英〉*goes alone*.
　　　　（彼女に一人で行ってもらいたい）

　　NB　説得動詞の場合，不定詞構文のほうが普通である．
　　(i) a. They *intended* the news **to be suppressed**.
　　　　　（彼らはそのニュースを押さえようと思った）
　　　b. They *intended* **that** the news (**should**) **be supressed**.
　　　　　（同上）［(ia) より〈格式的〉］

[**D**]　**感情述語** (emotive predicate) (regret, marvel; surprised, unthinkable, anxious, a pity, etc.)： that 節は，想念の should，ときに叙実法をとる (§17.3.5.2)．

(4) a. I *regret* **that** *he should be*/*is so stubborn*.　(Quirk et al. 1985)
　　　　（彼があんなに頑固だとは残念だ）
　　b. I'm *surprised* **that** *he should feel*/*feels lonely*.　(Ibid.)
　　　　（彼が寂しがっているとは驚いた）

[**E**]　**仮想動詞** (hypothetical verb)： wish, would rather, および命令形の suppose の三つの動詞は，叙想法過去または過去完了の動詞を含む that 節を補部にとることがある．

(5) a. I *wish* I **were** young again.　（もう一度若返れたらなあ）
　　b. I'*d rather* you **didn't tell**/**hadn't told** him the truth.
　　　　（彼に真相を話さないでもらいたい/もらいたかったのに）
　　c. *Suppose* you **had lived** on the moon.　(BNC)
　　　　（もしも，君が月に住んでいたとしたら）

[**F**]　**非人称動詞** (seem, appear, chance, happen, transpire)： that 節中の動詞は

第 37 章　補部構造　　　　　　　　　　　　　　　　819

叙実法をとる．
- (6) a. It *seems* **that** he **was** mistaken.　（彼がまちがっていたらしい）
  - b. It (so) *happened* **that** he **fell** seriously ill.　（たまたま彼は重病になった）

37.4.5.1.2.　wh 節を補部にとる動詞
[A]　疑問文・否定文の動詞，または **ask, doubt** などの疑問動詞
- (1) a. Do you *know* **where** he **lives**?　（彼がどこに住んでいるか，知っていますか）
  - b. I don't *know* **when** he will come.　（いつ彼が来るのか，私は知らない）
  - c. She *asked* **what** I wanted.　（どんな用事か，と彼女は私に尋ねた）
  - d. Guess **who**'s coming to dinner!
    （誰がディナーにやって来るか，当ててごらん）

次の wh 節は，感嘆文が補文になっている．
- (2)　I *realized* **what a fool** I had been.　　　　　　　　(Quirk et al. 1985)
    （自分がどんなにばかだったか，よくわかった）

[B]　「**wh 句+to 不定詞**」を補部にとる動詞 (cf. §12.3.4)：［A］の動詞は，通例，この型をとることができる．to 不定詞の意味上の主語（PRO）は，主語（(3))，または目的語（(4))と同一指示的である．
- (3) a. He_i doesn't *know* **how** PRO_i to do it.　［=how he should do it］
    （彼はそれのやり方がわからない）
  - b. I couldn't *decide* (*on*) **which bicycle** PRO to buy.　(Quirk et al. 1985)
    （どちらの自転車を買ったらいいのか，決められなかった）
  - c. I *wonder* **where** PRO to sit.　（どこへすわったらいいのかな）
  - d. I don't *know* **what** PRO to say.　（なんと言ったらいいのか，わからない）
- (4) a. Please *tell* me_i **when** PRO_i to begin.　［=when I should begin］
    （いつ始めたらいいか，言ってください）
  - b. He *told* me **which book** PRO to read.
    （どの本を読むべきか，彼は教えてくれた）

37.4.5.1.3.　to 不定詞を補部にとる動詞
to 不定詞の主語は，'for NP' の形式で現れる（≡は「同値」を表す）．
- (1) a. Everyone would *prefer* **for** you *to come early*.
    （誰もがあなたが早く来るほうがいいと思うでしょう）
  - b. ≡**For** you *to come early* would *be preferred* by everyone.

to 不定詞が他動詞の目的語であることは，(1b) のように，それが受動文の主語になれることで明らかである．
　to 不定詞の主語が主節の主語と同一指示的な場合は，意味上の主語（PRO）があると解釈される．この場合は，むろん，補文標識の for は現れない．
- (2) a. I *tried* [PRO *to skate*], and fell over.　（スケートしようとして，転んだ）

b. How did you *manage* [PRO *to persuade him*]?
　　(どうやって彼を説得したんですか)

37.4.5.2. 補文標識に導かれないネクサス

　Jespersen は，この節で扱う構文を，多くの文法家は SVOC と見ているが，正しい分析は，OC 全体が動詞の目的語として働いていると見るべきだとし，これを"ネクサス目的語"(nexus-object) と呼んでいる．文型は，したがって，SVO ということになる．

　ネクサス目的語を補部にとる動詞には，次のようなものがある（ただし，細かい点では，動詞ごとに特異 (idiosyncratic) なふるまいを示すものがある．例えば，†の付いた動詞は，補文標識をとることもできる）．

① want 型: want†, desire†, prefer†, wish†; like, hate, love
② believe 型（認識動詞）(cognition verb)（すべて that 節をとることができる）: believe, assume, consider, deem, esteem, find, guess, imagine, judge, know, perceive, presume, rate, reckon, think, suppose, understand, etc.
③ 知覚動詞 (perception verb): see, hear, feel, watch, look at, notice, etc.
④ 使役動詞
　　a. 作為動詞 (factitive verb): make, let, have; get, cause
　　b. 任命動詞: name, call, baptize, christen, choose, crown, elect, appoint, prove, vote, etc.
　　c. 手段動詞: boil, color, dye, crop, freeze, knock, paint, polish, push, read, roll, scrape, shake, set, sweep, swing, wipe; cry, laugh, roar, walk, etc.
　　d. 宣言動詞: certify, declare, proclaim; affirm, assert, maintain, report, etc.

　④の類はすべて，「…させて～にする」というような，最広義の使役動詞である点を特徴とする．

　以下の記述では，[NP XP] という形式をもつネクサス目的語において，どのような動詞が，どのような XP をとるかを考察する．[　] 内はネクサス目的語を示す．

37.4.5.2.1.　want 型
[A]　XP=to 不定詞の例[6]

(1) a. Do you *want* [me **to help**]?　(OALD[6])　(手伝ってほしいかい)

---

6. want は，まれに that 節をとる．この用法は，一般に慣用的ではないとされるが，Chomsky (1981: 19) は慣用的ではないにせよ，完全に文法的であるとしている．
　(i) The students *want* [**that** Bill visit Paris]．［visit は叙想法現在］　　(Chomsky 1981)
　　　(学生たちは，ビルにパリを訪問してほしいと思っている)
　(ii) He *wanted* [**that** everybody should be present]．　　(Quirk et al. 1972)
　　　(彼はみんなが出席することを望んだ)

b. I *want* [us **to have** a life together].　　　　　(Steel, *Remembrance*)
　　　（ぼくは，自分たちが生活をともにしたいと思っている）

like, love, hate は，次のような構文をとる．

(2) a. I *like*/*hate* [(〈米〉**for**) boys **to be** quiet].
　　　　（私は，男の子が静かにしているのが好きだ/嫌いだ）
　b. I'd *love* [(〈米〉**for**) you **to come** over and see our new hi-fi].　　(BBI)
　　　　（うちへ来て新しいハイファイを見てほしいな）

want と目的語との間に，副詞語句が介在した場合は，補文標識 for が義務的に挿入されて，want の補文が for 節であることが明らかになっている．[7]

(3) I *want* very much [**for** you **to be** happy].
　　　（私は，あなたがとても幸せになることを切望しています）

また，to 不定詞が主語補語として働くときにも，for が義務的になる．

(4) All he *wanted* was [**for** her **to appear** again], so he could see her more clearly.　(Steel, *The Ghost*)（彼の望みはただ，もっとはっきりと見えるように，彼女がもう一度姿を見せることだった）

[B]　XP＝(to be) 形容詞/過去分詞の例

(5) I *want* [it (**to be**) **done** at once].　（それをすぐやってもらいたい）

(5) の to be を削除すれば，表面的には SVOC 型に似てくるが，want の目的語は[　]内のネクサス全体である．「it を求める」という意味は存在しないからである．

　欲求動詞の want の場合，Borkin (1973) は，to be を省略すると命令口調になると言い，Zandvoort (1972: 51) は，to be のないほうが普通であり，かつ，高飛車(peremptory)に聞こえる，と同様な意見を述べている．概略，事象 (event) の実現を望んでいるなら，to be を落とし，命題（の実現）を望んでいるなら，to be を落とさない，と言うことができる．

　次例もすべて，to be を落としたため，高飛車な命令口調になっている．

(6) He *wants* [Harry **dead**].　(Rowling, *Harry Potter and the Prisoner of Azkaban*)
　　　（彼は，ハリーを殺したがっている）
(7) Because I don't *want* [you **killed**].　　　　　(Steel, *Summer's End*)
　　　（なぜなら，あなたに死んでほしくないからです）
(8) I should *like* [it **done**] all the same.　　　　(Christie, *The Blue Train*)
　　　（やはり，それ，やっていただきたいわ）
(9) I would *like* [her wishes **carried out**].　　　(Archer, *Kane and Abel*)
　　　（母の希望をかなえてほしいと思います）
(10) He *ordered* [the parcel **sent**].
　　　（彼は，その小包を送れと命じた）［おもに〈米〉で，〈英〉では to be sent とする］

7.　want と you の間に very much が介在すると隣接条件 (adjacency condition) の違反が生じて，you に格を付与できないので，挿入した for から目的格をもらう．

(11) Did you *order* [the theatre **locked**]? (Sheldon, *The Doomsday Conspiracy*)
(劇場に施錠するように命じたかね)

次の like の例では，(12a)は通例，主語が実際にコーヒーを飲む場合に使われ，(12b)は一般論としての発言である (cf. Borkin 1973)．

(12) a. I *like* [coffee **hot**]. (コーヒーを熱くしてください)
　　 b. I *like* [coffee **to be hot**]. (私はコーヒーは熱いのが好きだ)

同じ want 型でも，desire, prefer では，to 不定詞を削除することができない．命題(の実現)を望んでいるからである．さらに，that 節に書き替えても完全に文法的である．

(13) a. The king *desired* [her **to be** his queen].
　　 b. ≡ The king *desired* [**that** she (**should**) **be** his queen].
　　　　 (王は，彼女にお后になってくれることを望んだ)〈格式体〉
(14) a. I'd *prefer* [you **to stay** out of the dispute].
　　 b. ≡ I'd *prefer* [**that** you (**should**) **stay** out of the dispute].
　　　　 (君にはむしろ口論に加わってもらいたくない)

[C] XP＝-ing の例

(15) I don't *want* [you **sitting** here all day]. (Close 1975)
　　 (君にここに 1 日中すわっていてもらいたくない)
(16) I don't *like* [John **coming**]. (ジョンが来るのは好まない)

次の，それぞれ to 不定詞と動名詞が用いられている，二つの文を比較せよ．

(17) a. He *likes* [me **to work** late]. (彼は，私が遅くまで働くのを好む) [観念]
　　 b. He *likes* [me/〈格式体〉my **working** late].
　　　　 (彼は，私が遅くまで働いているのを好む) [事実]
(18) I hate/don't *like* [him/〈格式体〉his **coming**]. (私は彼が来るのを好まない)

NB 1 wish は，二つの意味で用いられる．一つは want という意味である (特に〈英〉)．
　　(i) a. I **wish** [John to meet Mary]. (Palmer 1974)
　　　　　 (ジョンにメアリーと会ってほしい)
　　　 b. I **wish** [John to have finished before she comes]. (Ibid.)
　　　　　 (彼女が来るまでにジョンに終えていてほしい)
　　　 c. I **wish** [it (to be) finished]. (COD[7])
　　　　　 (それを完成してほしい) [to be の出没については，(6), (7) の want の例と同じことが言える]

もう一つは，「...であればいいと思う」の意味である．
　　(ii) a. She **wished** [herself home again].
　　　　　 (彼女はもう一度家へ帰れたらなあと思った)
　　　 b. ＝ She **wished** [that she was at home again].

NB 2 この構文で用いられる -ing は，動名詞であるから，その主語は属格 (genitive case) が正式であるが，普通は対格が用いられる．
　　(i) a. I resented [**them**/**their** going without me].

　　　　　　　　　（彼らが私を誘わずに出かけたことに，私は腹を立てた）
　　　　b.　I dislike [**him**/**his** driving my car].　　　　　　　(Quirk et al. 1985)
　　　　　　　　　（彼が私の車を運転するのは，いやだ）
　　　動名詞の主語が名詞句や it の場合は，属格は普通用いない．
　　(ii) a.　He objected to [**the girls**/?**the girls'** being given preferential treatment].
　　　　　　　(Huddleston & Pullum 2002)（彼は，女の子が優遇されるのに反対した）
　　　　b.　I look forward to [**it**/?**its** getting warmer in spring].　　(Quirk et al. 1985)
　　　　　　　　　（私は，春になって暖かくなるのを待ちわびている）
　NB 3　I noticed *him*/**his writing a letter.*（彼が手紙を書いているのに気づいた）は，知覚動詞のとる，別な構文で，§37.4.5.2.3 [B] で扱う．この -ing 形は，現在分詞であり，属格はとらない．

37.4.5.2.2.　**believe** 型

　このクラスの動詞は，補文として that 節，「NP + to 不定詞」，また「NP + 補語」（小節）を伴う．非叙実動詞なので，日本語では補文標識「と」を伴う．
　(1) a.　I *consider* [that the matter **is settled**].　［定形節］
　　　b.　I *consider* [the matter **to be settled**].　［非定形節］
　　　c.　I *consider* [the matter **settled**].　［小節：述語動詞を欠く節］
　　　　　　（この件は解決したと考えている）
このとき，to 不定詞は，to be/to love のような状態的 (stative) 動詞でなければならない．認識動詞は，to 不定詞の表す時が主節の動詞と同時的 (co-temporal) であることを要求するからである．
　(2) a.　I *thought* [**that** John **was** innocent].
　　　b.　= I *thought* [John (**to be**) innocent].　［to be を落とすほうが普通］
　　　　　　（私は，ジョンは無実だと思った）
　　　c.　Cf.　John *was thought* **to be** innocent.　［受け身では to be を落とさない］
　一方，go のような非状態的 (nonstative) な不定詞は，未来時を指すので，to 不定詞構文では使えない．その場合は，that 節で表現しなければならない．
　(3) a.　*I *thought* [John **to go** tomorrow].　⇒
　　　b.　I *thought* [**that** John **would** go tomorrow].
　　　　　　（ジョンは，あす行くと思った）
　ところで，(1b), (2b) の補文から，それぞれ to be を削除すると，[the matter settled], [John innocent] という「小節」(small clause) が得られる．
　(4) a.　I consider [the matter **settled**].
　　　b.　I thought [John **innocent**].
この場合，学校文法では SVOC 型とされるのが普通であるが，厳密には"小節"全体が目的語であるから，文型は SVO 型である．その証拠に，「ジョンを考える」という解釈は成立しない．
　to be の有無に関して，Curme (1947: 113) は，次の二つの文を対照させている．

Jespersen (*MEG* III: 356) も，この意見に賛意を表明している．

(5) a. He *was found* **to be sleeping**. （彼は眠っていることがわかった）［事実］
    b. He *was found* **sleeping**. （見ると，彼は眠っていた）［叙述］

次の (6a, b) についても，同様なことが言える．

(6) a. I *find* this chair **to be comfortable**.
        （この椅子はすわり心地がいいと承知している）［必ずしも腰掛けなくてもよい］
    b. I *find* this chair **comfortable**.
        （この椅子は(実際に腰掛けてみると)すわり心地がいい）

以下，類例を考察する．

(7) a. I *deem* [that he **is worthy** of support].
    b. I *deem* [him **to be worthy** of support].
    c. I *deem* [him **worthy** of support].
        （彼は，援助に値すると私は考える）

know は，認識動詞だが，補文の to be を省略して小節にすることはできない（また，叙実動詞 (factive verb) だから，日本語の補文標識は「こと」になる）．

(8) a. I *know* [that this **is a fact**].
    b. I *know* [this **to be a fact**]. （これが事実であることを知っている）
    c. *I *know* [this **a fact**].
(9) a. This *proves* [(**that**) I **was right**]. (OALD⁶)
        （これで，私の言ったとおりであることがはっきりする）
    b. Young speedily *proved* [himself **to be a skillful administrator** as well as a resolute chief]. (Doyle, *A Study in Scarlet*) (ヤングは，断固たる首長であると同時に巧みな行政官であることを直ちに証明してみせた)
    c. she wants to *prove* [her mother **innocent**]. (Christie, *Five Little Pigs*)
        （彼女は，母親の無実を証明したいと思っている）

このタイプの動詞の場合，to 不定詞を使用した非定形節 (1b) は，伝統文法では**不定詞付き対格** (accusative with infinitive)，生成文法では**例外格標示** (exceptional Case-marking, ECM) **構文**と呼ばれている．〈格式体〉であり，普通のスタイルでは that 節を用いる．

NB 1 see, feel, find の場合も，that 節や to be を伴うときには，「知覚動詞」ではなく「認識動詞」である．
    (i) a. I *saw*/*felt*/*found* [that the plan **was** all wrong].
        b. = I *saw*/*felt*/*found* [the plan **to be** all wrong].
            （その計画はすっかりまちがっていることがわかった/を感じた/を発見した）
    (ii) He *saw* the children **to be eating** their lunch. (Palmer 1974)
            （彼は，子供たちが昼食を食べていることを知った）
NB 2 ECM 構文とは，非公式に言えば，補文の主語が表層において主文の他動詞の右隣にくるので，誤って対格を付与してしまう構文である．フランス語や日本語の認識動詞の

場合も，ECM 現象が観察される．
    (i) F. One [**me** croit savant]．（世間では［私が/を学者だと］思っている）

「私」が補文の主語だと感じる人は，「私が」を用い，「思っている」の目的語だと感じる人は「私を」用いると考えられる．この後者の場合が，日本語における ECM 構文である．

NB 3 認識動詞と知覚動詞の区別（の一つ）は，前者は状態（state）を，後者は出来事（event）を補部にとる，という点にある．知覚動詞の意味で，*I saw John tall. と言えないのは，このためである．

NB 4 **want** タイプと **believe** タイプの違い： 両者は，ある点までは同一の統語的ふるまいを示すが，以下のテストでは両者はたもとを分かつことになる．
　第一に，want タイプは，want と補文の間に副詞語句が挿入されている場合，to 不定詞の主語の前に補文標識（complementizer）の for を補わなければならないが，believe タイプは，そうすると非文になる．
    (i) a. I *want* very much **for** you to be very happy.
          （私はあなたにとても幸せになってもらいたい）
       b. *I *believe* sincerely **for** you to be very happy.

第二に，want タイプは主文を受け身にすることができないが，believe タイプは，それができる．
    (ii) a. *John **is wanted** to be happy.
       b. John **is believed** to be happy.（ジョンは幸福だと信じられている）

第三に，want タイプでは，主文の主語と補文の主語が同一指示的である場合，補文の主語は省略されるのに対して，believe タイプでは，省略できない．
    (iii) a. Alice *wants* [PRO to learn karate].（アリスは空手を習いたがっている）
       b. *Bill *believes* [ø to be a good cook].

第四に，want タイプでは，不定詞の主語を再帰代名詞にすることができないが，believe タイプでは，それができる．
    (iv) a. *Alice *wants* [**herself** to learn karate].
       b. Bill *believes* [**himself** to be a good cook].
         （ビルは，自分が料理がうまいと信じている）

37.4.5.2.3. 知覚動詞

feel, find, hear, notice, observe, see, sense, watch, listen to のような知覚動詞は，ネクサス目的語を補文にとる．英語では，補文標識をとらないが，日本語では，補文標識「の」をとる．「の」は，五感でとらえうる具体的な現象を指す．このクラスを代表する see は，次の三つの構文をとる．

    ①   I *saw* [him **come**].（彼が来る<u>の</u>が見えた）
    ②   I *saw* [him **coming**].（彼が来ている<u>の</u>が見えた）
    ③   I *saw* [him **beaten**].（彼が負かされる<u>の</u>を見た）

上の例で，補文の主語の he は，表層において see の右側にあるため，目的語として認識されて，例外的に対格（accusative case）を与えられ，him となる（ECM 構文）．[8] 目的語でもない he が，次のような受動文の主語になれるのは，そのためである．

---

  8. 例外格は，表層で他動詞との隣接条件によって，または，他動詞に c 統御されることによって，付与されると考えるのが最も自然で，かつ，簡潔である．

(1)　**He** was seen to come/coming/beaten.

以下，三つの構文を具体的に見ていく．

[A]　XP＝裸不定詞の例

(2)　Larry *felt* [his face **redden**].　　　　(Sheldon, *The Other Side of Midnight*)
　　（ラリーは，顔が赤らむ<u>の</u>を感じた）

(3)　I *heard* [Lou **laugh**].　（ルーの笑う<u>の</u>が聞こえた）

(4)　We *listened to* [the dog's barking **grow** fainter and fainter].
　　（犬のほえ声が次第にかすかになっていく<u>の</u>が聞こえた）

(5)　Did you *notice* [him **come in**]?　　　　　　　　　　　(OALD[5])
　　（彼が入ってくる<u>の</u>に気づきましたか）

(6)　The police *observed* [the man **enter** the bank].　　　　(Ibid.)
　　（警察は，男が銀行に入る<u>の</u>を観察していた）

(7)　I *sensed* [her **nod** in the darkness].　　　　(Smith, *A Simple Plan*)
　　（私は妻が暗がりの中でうなずく<u>の</u>を感じた）

(8)　He *watched* [her **set off**].　　　　(Walpole, *Jeremy and Hamlet*)
　　（彼は，彼女が出発する<u>の</u>をじっと見ていた）

know は，通例完了形で，'to have seen, heard, or experienced' の意味で用いられる．このとき，知覚動詞に近づく．

(9)　I've never *known* [it (**to**) **snow** in July] before.　　　　(OALD[5])
　　（これまで7月に雪が降った<u>の</u>を知らない）

(9)のような構文について，BBI[1, 2], LDCE[1] は to なし不定詞の構造は〈英〉，LDCE[2] は〈特に英〉としている．確かに，次の〈米〉の例では，to が付いている．

(10)　Rhys had never *known* [her **to be** late].　　　　(Sheldon, *Bloodline*)
　　（リースは，彼女が遅刻した<u>の</u>を一度も知らなかった）

しかし，OALD[5, 6], Palmer (1965) は〈英〉をはずしている．LDCE[3, 4] は，to 不定詞の例のみを示している．〈英・米〉の区別は，現在，ぼやけてきているとしてよい．

(11)　I've never *known* [him **to iron** anything].　　　　(LDCE[4])
　　（彼が何かにアイロンをかけた<u>の</u>は知らない）

ただし，know が受け身になると，当然，to 不定詞が生じる．

(12)　He has *been known* **to spend** all morning in the bathroom.　(OALD[6])
　　（彼は午前中ずっと入浴していた<u>の</u>が知られている）

[B]　XP＝現在分詞の例

(13)　We *saw* [her **entering** the building].
　　（彼女がそのビルに入っていく<u>の</u>が見えた）

(14)　We *saw* [the snow **being cleared** away].　　　　(Eastwood 1994)
　　（私たちは，雪かきが行われる<u>の</u>を見た）［受動分詞］

(15)　He *felt* [his heart **beating** wildly].

(彼は，心臓が激しく鼓動しているのを感じた)
(16) I *felt* [myself **falling** in love]. (私は自分が恋しかけているのを感じた)
(17) Now you will *find* [the carriage **waiting**]. (Doyle, *Memoirs of Sherlock Holmes*)(もう馬車が待ち受けていますよ)
(18) I *heard* [him **snoring**]. (彼がいびきをかいているのが聞こえた)
(19) They *listened to* [him **whistling**]. (Taylor, *A View of the Harbour*)
(彼らは，彼が口笛を吹いているのに耳を傾けた)
(20) He *looked at* [a dog **running**]. (彼は犬が走っているのを見ていた)
(21) Did you *notice* [his hand **shaking**]?
(彼の手が震えているのに気づきましたか)
(22) She *watched* [the children **playing** soccer].
(彼女は，子供たちがサッカーをしているのを見守っていた)

smell は，[+durative] なので，NP doing 補文しかとらない (OALD⁵, BBI²)．なお，COBUILD², LDCE³ は，この文型を採録していない．

(23) Can you *smell* [something **burning**]? (何かこげているにおいがしませんか)

catch (現場を見つける) (＝find someone not prepared [MED]) も知覚動詞の仲間である．

(24) a. I *caught* [the children **stealing** my apples].
(子供たちが私のリンゴを盗んでいるのを見つけた) [つかまえたかどうかは不明]
b. But Stangerson was not to *be caught* **napping**. (Doyle, *A Study in Scarlet*)(しかし，スタンジャーソンは不意をつかれるような人間ではなかった)

Swan (1995: 235) は，could see/hear は，進行中の動作・状態を表すので，-ing 構造のみをとるとする．確かに，(25a, b) のような実例が手元にもある．

(25) a. I *could see* [Lou **grinning**]. (Smith, *A Simple Plan*)
(見ると，ルーがにたにた笑っている)
b. I *could hear* people **moving** about in the lobby. (Ibid.)
(人々がロビーで動き回っているのが聞こえた)

しかし，これはあくまでも強い傾向と見るべきであって，例えば，(26a, b) のような反例も見いだされるのである．

(26) a. he *could see* McAteer **make** gestures with hands and arms. (Bank of English)(マッカティアが両手，両腕で身ぶりをするのが見えた)
b. Just barely, I *could see* her **nod**. (Smith, *A Simple Plan*)
(妻がうなずくのが，かろうじて見えた)

NB 1 初期近代英語では，see が to 不定詞をとることがあった．例えば，Marlowe の英語では，see は to なし不定詞が49回，to 付き不定詞が6回数えられる．
  (i) Or didst thou *see* my friend **to take** his death? (Marlowe, *Edward II* 1401)
(それとも，おまえは私の友が死に臨むのを見たのか)
現代英語でも，知覚動詞の受動文では to が現れる．

(ii)　The man *was seen* **to run off**.　(その男は逃げ去るのが見られた)
　　　(iii)　He *was heard* **to groan**.　(彼がうめき声を上げるのが聞こえた)
以上のような事実から，知覚構文の基底には to 不定詞が存在していると仮定することも可能である．受動構文のときに to が挿入されると考えるよりも，基底にあった to が削除されずに表層に現れると考えるほうが自然であるからだ．

NB 2　補文の do/doing の対立は，おおむね，[±durative] というアスペクト (aspect) の対立と考えてよい．[+durative] とは，動作の進行・継続を表し，[-durative] は動作の進行・継続を表さないという消極的な意味を表しているだけで，積極的に〈完了〉を表すという意味ではない．例えば，次の二つの文で，cross は「渡る」に，crossing は「渡っている」に対応する．
　　　(i)　I *saw* [her **cross** the street].　(彼女が通りを渡るのが見えた)
　　　(ii)　I *saw* [her **crossing** the street].　(彼女が通りを渡っているのが見えた)
Swan (1995: 234) (および，Palmer 1965: 170, W. S. Allen 1974: 186, Eastwood 1994: 173) は，do/doing の形式には通例，意味の違いがあり，(i) の cross は「渡り終えたのを見た」のであるが，(ii) の crossing は「渡っている途中を見た」のであると説明している．確かに cross, jump, kick, nod, sit down のような，瞬時相 (momentaneous aspect) の動詞の場合は，動作は瞬時に終わるので〈完了〉を含意すると言ってよい．例えば，(iii) では不定詞のみが文法的で，現在分詞が非文法的になるのは，explode が瞬時相の動詞なので，進行（あるいは継続）の意味が表せないからであると説明できる．(ただし，bomb を複数にして，the bombs exploding とすれば〈反復〉を表すものとして，容認可能になる.)
　　　(iii)　I *heard* [the bomb **explode**/***exploding**].　(爆弾が爆発するの/音が聞こえた)
しかし，非瞬時相の動詞の場合は，不定詞形は〈完了〉については中立的 (neutral) であることを指摘しておきたい．例えば，
　　　(iv)　"... *Listen to* it **rain**." "It's **raining** hard."　(Hemingway, *A Farewell to Arms*)（「...雨が降る音を聞いてごらんよ」「どしゃ降りですよ」）
　　　(v)　I'm going to *look at* them **dance**.　(Maugham, *Creatures of Circumstance*)
　　　　（私は彼らがダンスをするところを見に行くつもりです）
(iv) では，あとの It's raining hard. という進行相の文で明らかなように，雨はまだ降り続いているにもかかわらず，現在分詞は使用されていない．it rain は，ただ，事実を指摘しているだけである．(v) の例でも，ダンスの〈完了〉については中立的である．つまり，(v) は，ダンスを始めから終わりまで見る場合にも，そうでない場合にも使用できるのである．結局，知覚動詞の補文に現れた非瞬時相動詞の不定詞形は，アスペクトに関して中立的であると言ってよい．

NB 3　このタイプの構文を SVOC (つまり，I saw John [PRO come/coming].) のように分析しないのは，私が見たのは「ジョン」ではなくて，「ジョンが来る/来ている」という特定の活動または現象 (a particular activity or phenomenon) と考えられるからである．この分析を支持する証拠は，次のように，五つある．第一に，
　　　(i)　a.　Look at [**it snow**] now.　　　　　　　(Hemingway, *A Farewell to Arms*)
　　　　　　（ちょっと［雪が降るの］をごらんよ）
　　　　b.　Cf.　G.　Ich sah [**es schneien**].　（［雪が降るの］が見えた）
のような天候動詞 (weather verb) のふるまいをあげることができる．虚字の (=指示物をもたない) it や es は知覚動詞の目的語にはなりえない．見たのは，実体のない it や es ではなくて，「雪が降る」という現象でなければならない．
　　　第二に，次の (iia) の John が saw の目的語でないことは，(iia) と (iib) の知的意味が同

じであることで明白である（ともに［　］内が saw の目的語）．
  (ii) a.　I saw [**John shoot a bear**]．（[ジョンが熊を撃つ<u>の</u>]を見た）
     b.　I saw [**a bear** (**be**) **shot by John**]．（[熊がジョンに撃たれる<u>の</u>]を見た）
　第三に，Gee (1977: 478) の指摘するとおり，直接に森を見ることができなくても，煙さえ見えていれば，次の文は容認可能である．
  (iii)　I can see [**the wood burning**]．（[森が燃えている<u>の</u>]が見える）
　第四に，知覚動詞補文を逆行照応的に指示するのは，現象を指す it であって，人を指す代名詞ではない．
  (iv)　I saw [**John beat his wife**] and Mary saw **it**/*****him** too.
       （私は，ジョンが妻をなぐるのを見た．メアリーも，それ/*彼を見た）
　第五に，日本語の知覚動詞の目的語は，上で見たように，［　］でくくられた補文全体であるという事実をあげることができる．補文全体が一つの構成素をなしていることは，上の訳文に見える補文標識「の」で明らかである．
NB 4　次の文は，二とおりにあいまいである．
  (i)　John found [the boy studying in the library].
これは，「その少年が図書館で勉強しているのを見つけた」という意味にも，「図書館で勉強している少年を見つけた」という意味にも解される．
　受身形にすると，その違いが明瞭になる（Chomsky 1957: 80-2）．
  (ii)　The boy was found studying in the library (by John).
  (iii)　The boy studying in the library was found (by John).
ただし，the boy のところが him であれば，「彼が図書館で勉強しているのを見つけた」という意味にしかならない．人称代名詞には定（definite）という特徴が内在しているので，いかなる修飾語句も付かないからである．

［C］　XP＝過去分詞の例

 (27)　She *felt* [herself **overcome** by the fumes].　　　　　　　(Palmer 1974)
　　　　（彼女は，その悪臭に参ってしまうような気がした）
 (28)　Carol *heard* [her name **called**].　　　　　　(Sheldon, *The Naked Face*)
　　　　（キャロルは，自分の名前が呼ばれる<u>の</u>を聞いた）
 (29)　Cf.　he *heard* more shots, and the sound of feet running, and then [his
         name **being called**].　　　　　　　　　　　　　　　　　　　(Ibid.)
　　　　（さらに銃声と，走ってくる足音，続いて自分の名前が呼ばれている<u>の</u>が聞こえた）
 (30)　He *watched* [his team **beaten**].　　　　　　　　　　　　(Palmer 1965)
　　　　（彼は，自分のチームが負ける<u>の</u>を見守った）
次の文は，二とおりにあいまいである．
 (31)　I saw the window broken by John.
    a.　ジョンが割った窓ガラスを見た．
    b.　ジョンが窓ガラスを割る<u>の</u>を見た．
ここで問題にしているのは後者の読みで，その場合は，まれに受動文の be が現れることがある．[9]

9.　Shakespeare には，次の用例がある．

(32) a. I *saw* [the window **be broken** by John].
　　 b. He *saw* [his team **be beaten**].　　　　　　　　(Palmer 1965)
　　　　（彼は自分のチームが負ける<u>の</u>を見た）

最後に，次の二つの文を比較してみよう．

(33) a. We *saw* [the rebels **executed** by the army].
　　　　（われわれは，反逆者が軍隊に処刑される<u>の</u>を見た）
　　 b. We *saw* [the rebels **being executed** by the army].
　　　　（われわれは，反逆者が軍隊に処刑されている<u>の</u>を見た）

Akmajian (1977) は，(33a) は (33b) から being を削除することによって派生すると考えているけれども，Gee (1977) の指摘するとおり，それは誤りである．(33) の二つの文は，それぞれ，次の二つの能動文に対応するものであり，したがって，being は当然，進行相を表している．

(34) a. We *saw* [the army **execute** the rebels].
　　　　（われわれは，軍隊が反逆者を処刑する<u>の</u>を見た）
　　 b. We *saw* [the army **executing** the rebels].
　　　　（われわれは，軍隊が反逆者を処刑している<u>の</u>を見た）

Swan (1995: 235) も，進行相の意味は being done の形式で表されるとしている．

(35) 　I woke up to *hear* [the bedroom door **being opened** slowly].
　　　　（目を覚ますと，寝室のドアがゆっくりと開けられる<u>の</u>が聞こえた）

37.4.5.2.4. 作為動詞

make, have, let, get, cause などの**作為動詞** (factitive verb) は，ネクサス目的語を補部にとる．

[A] 　XP＝裸不定詞の例

(1) 　I *made* [her **go**] against her will.　（私は，彼女を意志に反して行かせた）［強制］
(2) 　He will not *let* [me **go**].　（彼は，私を行かせてくれない）［許容］
(3) a. I *had* [John **stay**].　（ジョンに残ってもらった）［弱い強制］
　　 b. He *had* [the bouncers **throw** them] out of the club.
　　　　（彼は，用心棒に頼んで彼らをクラブから放り出した）［同上］

(1) の基底構造は，知覚動詞の場合と平行して，次のようである．

(4) 　I made [she to go]

she は表層において made のすぐ右側にあるため，例外格 (*ie* her) を与えられ，to が削除される．しかし，

(5) 　Money *makes* [the mare **to go**].　（地獄の沙汰も金次第）

(i)　Come let vs in, and with all speed prouide/To *see* her Coronation **be performde**.
　　　　　　　　　　　　　　　　　　　　　　　　　　　(*2 Henry VI* 1.1.74)
　　（さあ，奥へ入って，大至急，王妃の戴冠式の準備を整えることにしよう）

ということわざに残っているように，古くは to を削除しない構文がまれではなかったし，[10] 現代英語でも，受動構文では to が削除されないで残る．

(6) Whose lookes *make* [this inferiour world **to quake**], (Marlowe, *2 Tamburlaine* 2708)（その顔つきでこの地上世界を震え上がらせる）

(7) She *was made* **to go** against her will. （彼女は意志に反して行かされた）

ただし，let の場合は，受動構文でも普通 to が削除されるし，しかも let の受動文はまれで，普通は allow で代用される．また，使役の have の受動構文は見いだされない．他動性（transitivity）が低いためと考えられる．

(8) I *was let* **see** him. (COD[5])（彼に会わせてもらった）

(9) *John *was had* **to go**.

COD[5] は，(8) の例を示したあとで，「受動形は今はまれで，ときに to を伴うことがある」と注記しているが，COD[8] では，この用例も注記も削除されている．Palmer (1974: 199) は，let の受身形は普通 (normal) ではないとして，次の例を示している．

(10) *They *were let* (**to**) **stay** a while.

LDCE[3] は，'allow' の意味の let は「受動形にしない」(not in passive) と記している．要するに，現代英語で let の受動文は，(11) のような，let よりももっと明確な「許容」の意味と過去分詞語尾をもつ allow の受動文との競合に負けたということである．

(11) He *is* not *allowed* **to stay** out late. (OALD[6])
    （彼は，遅くまで外にいることを許されていない）

さて，make, let, have は，能動態では to が削除される．

(12) a. The pain *made* [him **cry out**]. （痛みで彼は大声を上げた）
    b. He won't *let* [me **go**]. （彼は，私を行かせてくれないだろう）
    c. What would you *have* [me **do**]? （私に何をさせたいのか）

[B] **XP＝(be) 形容詞の例**: make, have の場合，to be の to のみが省略されて，be が残ることがある．その場合は，be の主語は自らの意志をもった〈行為者〉(actor) であり，かつ，不定詞の表す動作は自制可能 (self-controllable) なものでなければならない (cf. Quirk et al. 1972: 852, Gee 1975).

(13) *Have* [him **be patient** a little longer]! (Quirk et al. 1972)
    （彼をもうしばらく辛抱させなさい）

(14) They *made* [her **be good**]. (Ibid.)（彼らは，彼女を行儀よくさせた）

(15) Go over there and *make* [the dog ***quiet**/**be quiet**]. (Gee 1975)
    （あっちへ行って，犬を静かにさせなさい）

---

10. Marlowe では，make NP to do は 182 例，make NP do は 155 例を数える (Ando 1975: 532)．つまり，to の付くほうが優勢であった．

(16) Just *make* [her **be friends**] — you can do it. (Montgomery, *Anne's House of Dreams*) (彼女をお友達にしなさいな——あなたならできるわ)

(17) I thought, perhaps — just perhaps, I could *make* [her **be quiet**].
(Burnett, *A Little Princess*)
(もしかしたら——ほんとに, もしかしたらですけど, あの子を静かにさせられるんじゃないかって思ったのです) [her は泣き叫んでいる女の子]

(13)-(17) の諸例では, どの行為も, 補文の主語がその気にならなければ成就されないことに注意. したがって, be のある形式は, 結果が出るまでにしばらく時間がかかるのである.

一方, 次のような, 補文の主語が無生物の場合は, be を残すことはできない. 無生物は, 自らの意志をもたないからである.

(18) Jane *had* [her cake **ready**/*be ready**] for the party. (Gee 1975)
(ジェーンは, パーティーのためにケーキを用意した)

以上の帰結として, 次のような文では, be の有無によって意味の違いが生じる (訳文はいささか不自然になっていることを了承されたい).

(19) Go over there and *make* [Mary **happy**/**be happy**]. (Gee 1975)
(あっちへ行って, メアリーを喜ばしておあげ/喜ぶようにしておあげ)

(20) I'll *have* [him **here**/**be here**] by noon. (Ibid.)
(昼までに彼をここへ来させよう/来るように仕向けよう)

一方, (21) のような, be のない形式では, 即座に結果が出ていると考えなければならない.

(21) The news *made* [her **happy**]. (その知らせで彼女はうれしくなった)

(22) a. He *got* [his hands **dirty**]. (彼は両手を汚した)

b. Of course I shall go; haven't I *got* [myself **ready**]? (Trollope, *Rachel Ray*) (もちろん行きます. 準備していたじゃありませんか)

(23) a. You *have* [your evenings **free**], haven't you? (Rice, *The Subway*)
(晩はお暇なんだろう)

b. *Let/Leave* [me **alone**]. (私に構わないでください)

[C] **XP=to 不定詞の例**: cause, get の場合は, to 不定詞を省略することはできない.

(24) Can't you *get* [him **to be** a little more careful]?
(彼をもう少し注意深くさせることはできないのか)

(25) What *caused* [you **to change** your mind]? (LDCE[4])
(どうして考えを変えたんですか)

[D] **XP=前置詞句の例** (get, have の場合)

(26) It took them three hours to *get* [the fire **under control**]. (MED)
(火を鎮めるのに3時間かかった)

(27) You had a love affair all summer and *got* [this girl **with child**].
(Hemingway, *A Farewell to Arms*)（君は夏中情事にふけって，この娘をはらませた）
(28) I soon *had* [the fish **in a net**].（私はすぐにその魚を網に入れた）

[E]　XP＝現在分詞の例：　四つの意味がある．
① 「**NP に … し始めさせる**」
(29) a. Hurry up and *get* [those people **moving**].（急いでこの連中をどかしてくれ）
　　 b. Can you really *get* [that old car **going** again]?　　　　　(OALD⁶)
（ほんとにあのおんぼろ車が動くようにできるのかい）
　　 c. Hal managed to *get* [my e-mail **working** again].　　　　(MED)
（ハルは，なんとかして私のメールがまた作動するようにしてくれた）

keep/leave（…しておく），set（…し始めさせる）も使役動詞の仲間である．
(30) a. The full moon *kept* [my dog **barking**].
（満月を見てうちの犬がいつまでもほえたてた）
　　 b. I *left* [the engine **running**] when I went into the shop.
（店に入ったとき，エンジンをかけたままにしておいた）
　　 c. "I *have* [a taxi already **waiting**]," said Sonia.　(Christie, *Third Girl*)
（「あたし，もうタクシーを待たせているのよ」とソーニァが言った）
　　 d. I *got* [a woman **waiting**] for me.　　　　(Faulkner, *Sanctuary*)
（女を待たせてあるんだ）
　　 e. His joke *set* [everyone **laughing**].　（彼のジョークでみんなが笑いだした）
　　 f. He *had* [his audience **listening** attentively].　　　　(OALD⁶)
（聴衆は，彼の言葉に注意深く耳を傾けるようになった）
　　 g. I'll soon *have* [all the neighbors **talking**] about me.　(Rice, *Street Scene*)
（私はまもなく近所中の人々のうわさの種になるでしょうよ）
　　 h. "… Have you a cab?" "Yes, I *have* [one **waiting**]."　(Doyle, *Adventures of Sherlock Holmes*)（「…辻馬車あるかい」「うん，1台待たせてある」）

② 「**NP が … するのを経験する**」
(31) a. Soon we *had* [the mist **cóming down**] on us.　　　　(Swan 1995)
（やがて霧が立ちこめてきた）
　　 b. I looked up and found we *had* [water **drípping**] through the ceiling.
(Ibid.)（上を見ると，天井から水滴がポタポタしたたり落ちていた）
　　 c. It's lovely to *have* [children **pláying**] in the garden again.
（また子供らが庭で遊んでいるのは，楽しい）

③ 「**NP に … するようにさせる**」
(32) a. He *hád* [us all **laughing**].　（彼は，私たちみんなを笑わせた）
　　 b. I'll *háve* [you **speaking** English in three months].
（3か月で英語を話せるようにしてあげます）
　　 c. We'll soon *háve* [you **walking** about again].

(すぐまた歩き回れるようにしてあげますよ)

④ [can't, won't に伴って]「**NP に … させておく**」

(33) a. We *can't háve* [them **forcing** their views on everyone else].
(彼らが自分の考えを他のすべての人に押しつけるのを放っておくことはできない)

　　b. I *won't háve* [you **saying** such things about my mother].
(母について君にそんなことを言わせておくわけにいかない)

　　c. I *won't háve* [you **flying** away] from me into the hearts of storms.
(Montgomery, *Anne's House of Dreams*)
(あたふたと私のそばを離れて、嵐のまっただ中に飛び込ませたりさせないわ)

　　NB 使役の have 動詞は、他動性が低いので受動化できない.
　　　(i) *We **were** all **had** laughing.

[F] **XP=過去分詞の例**: 三つの意味がある.

① 「**NP を … させる**」(使役)

(34) a. I *hád* [my shoes **shined**]. (靴をみがいてもらった)

　　b. I could call my servants and *háve* [you **arrested**].
(Doyle, *The Return of Sherlock Holmes*)
(召使いを呼んで、おまえを逮捕させることだってできるんだよ)

　　c. He *hás* [a cup of tea **taken in** to him] early every morning.　(Id., *Memoirs of Sherlock Holmes*) (彼は、毎朝早く紅茶を1杯持ってこさせる)

　　d. I won't *háve* [my house **turned** into a hotel].　(Swan 1995)
(私の家をホテルに変えさせはしないぞ)

　　e. We're *háving* [our car **repaired**]. (車を修繕してもらっている)

(35) Can you *máke* [yourself **understood**] in English?
(あなたは英語で用が足せますか)

② 「**NP を … される**」(受け身)

(36) a. We have *had* [our money **stólen**] by a very clever man.
(Archer, *Not a Penny More*)
(私たちは、ひどくさかしい男に私たちの金を盗まれてしまいました)

　　b. He *had* [his leg **bróken**] in the accident. (彼は事故で足を折った)

　　c. I refuse to *have* [my home **broken up**] by a twopenny-halfpenny adventurer.　(Maugham, *The Circle*)
(私の家庭をつまらない山師のために壊されるのはごめんだ)

　　d. I've *had* [this **given**] me.　(Coward, *Bitter Sweet*)
(あたし、これもらっちゃった)

(37) a. He *got* [his finger **caught**] in the door.　(OALD[6])
(彼は指をドアに挟まれた)

　　b. We *got* [our roof **blown off**] in the storm last week.　(Swan 2005)
(先週のあらしでわが家の屋根が吹き飛ばされた) [had のほうが普通]

    c. My son *got* [his leg **broken**] by a drunken driver.   (Google)
       （息子は，酔っぱらいドライバーのために足を折られた）

③ 「**NP を … してしまっている**」（結果）
(38) a. We *got* [the mystery **sólved**]. （謎は解けたぞ）
    b. He *had* [his plan **máde**]. （彼は計画を立ててしまっていた）
(39) I *got* [all this work **fínished**] in a day.
    （この仕事を1日で全部済ませてしまった）

NB 1　一般に使役動詞（causative verb）が文目的語（sentential object）をとるとする考えは，これまで多くの研究者によって表明されている（例えば，Chomsky 1965: 189, G. Lakoff 1970: 42, Shibatani 1975: 47, Leech 1974: 136）。以下に，その証拠を示す。
  第一に，次の二つの文はパラフレーズ関係にある（cf. G. Lakoff 1970）。
  (i) a. I *made* her **go**. （彼女を行かせた）
     b. I *brought* it about **that** *she went*. （彼女が行くように仕向けた）
  第二に，次のような天候動詞と共起する it は外界に指示物をもたない虚辞なので，let の目的語は it ではなく，it rain であることは明白である。
  (ii) a. 'I don't see how God could *let* [**it rain**] today,' she whispered rebelliously.
       (Montgomery, *Anne of Ingleside*)（「どうして神さまは，きょう雨をお降らしになったのか，わからないわ」と彼女は反抗的な口調でつぶやいた）
     b. Plethe (=Please), dear God, *make* [**it rain**] hard.   (Ibid.)
       （どうか神さま，大雨を降らせてくださいませ）［少女の祈り］
  第三に，古い英語では，make, cause は that 節を目的語としてとることができた。
  (iii) Coulde not he … have *made* also [**that** *this man shuld not have dyed*]?
      (Tyndale, *John* 11: 37) = Could not he … have kept this man from dying? (NRSV)（彼もこの男を死なせないようにはできなかったのか）
  ドイツ語では，現在でもそれが可能である。
  (iv) Mein Wort *macht* [**daß** er zittert] (= macht ihn zittern).
     （私の言葉に彼はふるえた）

NB 2　使役動詞の let は，go, fall, slip, drop が続く場合，しばしばこれらの不定詞と連結して，複合動詞のように働くことがある。
  (i) a. The weasel **let go** the cub. （イタチはキツネの子を放した）
    b. He **let fall** the book. （彼は本を落とした）
    c. Don't **let slip** the opportunity / **let** the opportunity **slip**.
      （この機会を逃してはならない）
    d. You'll not **let drop** a word. （あなたは，ひと言も漏らしはしないでしょう）
以上の語法は，フランス語の使役動詞 faire と平行している。
  (ii) Le soleil **fait fondre** la neige. （太陽が雪を溶かす）
    'The sun makes melt the snow.'

NB 3　知覚動詞，使役動詞のあとの名詞句が不定の場合，省略されることがある。
  (i) a. I have **heard** ø **say** that the moon influences the weather.
      （月が天候に影響を与える，と話に聞いている）
    b. I **heard** ø **tell** that he's coming today. （彼はきょう来るという話だ）
hear say, hear tell の表現は，不定詞の前に people, persons, someone などの不特定の目的語が省略されたことから生じた（OED² s.v. *Hear* 3.c.）。

37.4.5.2.5. 任命動詞

appoint, baptize, call, choose, crown, elect, create, dub, vote, christen, make, name, render などの"任命・命名動詞"（verb of appointment and naming）も，作為動詞の仲間として make の意味を内蔵していて，概略，「v することによって NP にする」といった意味を表す．Jespersen (*MEG* V: 18) も，このクラスを結果の目的語（object of result）がネクサスをなしていると分析している（これは，最近の言葉で言えば，「結果構文」にほかならない）．同様に，Goldberg (1995: 196) は，次の (1) を，Rothstein (1983: 148) は，(2) を"結果構文"の例とみなしている．(1)–(4) の例は，哲学的に言えば，任命・命名行為によって「王妃／社長／秘書」なり，「トバイアス」という男性なりが，この世に存在しはじめるのである．

[A] XP＝NP の例

(1) He *made* [her **a queen**]. （彼は彼女を王妃にした）
(2) We *elected* [John **president**]. （ジョンを社長に選んだ）
(3) She *named* [him **Tobias**], after an alderman who lived in their precinct. (Sheldon, *A Stranger in the Mirror*)（彼女は，その子を同じ投票区に住んでいる市会議員の名にちなんでトバイアスと名づけた）
(4) She *appointed* [him **secretary**]. （彼女は彼を秘書に任命した）

(1) の made は王妃にした手段については何も言っていないが，(2) は，We made John president *by election*. という意味で，手段が明示されている．本書では，このような"手段"の意味を内蔵している動詞を"**手段動詞**"（instrumental verb）と呼ぶことにしよう．

[B] XP＝to be／as＋NP の例： appoint, choose, crown, elect, name の場合 (Quirk et al. 1985: 1198)．この構文では，We elected James. のように，to be／as 以下を省略しても文法的であるが，その場合は別な構文になる．省略した場合は，使役動詞ではなくなって，普通の 2 項動詞になってしまうからである．

(5) We *elected* James **to be／as chairman**. （われわれは，ジェームズを議長に選んだ）[＝We made James chairman by election.]
(6) The queen *appointed* him **to be／as her personal secretary**. （女王は，彼を私設秘書に任命した）
(7) The Americans *chose* Bush **to be／as president**. （アメリカ国民は，ブッシュを大統領に選んだ）
(8) They *named* Ann **to be／as a member of the team**. （彼らは，アンをチームのメンバーに指名した）
(9) Cf. Her parents *named* her **Gladys／*to be／*as Gladys**. (Quirk et al. 1985)（両親は，彼女をグラディスと命名した）

to be／as NP は，「将来の役割・身分」（future role or status）を示す NP の場合にかぎって使用される (Quirk et al. 1985: 1199)．(9) の Gladys は，「将来の役割」を示すものではないので，to be／as は付かない．次の動詞も，同様な理由で to be / as をとらない.

(10) She *was christened* **Sarah**.　　　　　　　　　　　　　　(LDCE³)
　　　（彼女は，洗礼を受けてセアラと命名された）
(11) **What** *was* that book *called*?　(Ibid.)（その本はどういう書名でしたか）
(12) She *was baptized* **Mary**.　　　　　　　　　　　　　　　(OALD⁶)
　　　（彼女はメアリーという洗礼名をつけられた）

37.4.5.2.6.　"手段動詞"
　このクラスの動詞は，使役動詞の下位範疇(はんちゅう)として，ネクサス目的語を補部にとる．なぜ"手段動詞"(instrumental verb)かと言えば，'make/get ... by -ing' とパラフレーズできるように，動詞自体が"手段"の意味を内蔵しているからである（前節［A］を参照）．手段動詞は，(1)のような"使役・移動構文"と，(2)のような"結果構文"において使用される．

① 使役・移動構文 (caused-motion construction)
(1) a. They *laughed* [the poor guy **out of the room**].
　　　（彼らは，かわいそうに，あざ笑ってその男を部屋から追い出した）
　 b. Frank *sneezed* [the tissue **off the table**].
　　　（フランクは，くしゃみをして，ティッシュをテーブルから落とした）
　 c. Sam *helped* [him **into the car**].　（サムは，彼に手を貸して車に乗せた）
　 d. Mary *urged* [Bill **into the house**].
　　　（メアリーは，ビルをせき立てて家の中に入れた）　　（以上 Goldberg 1995）
　 e. Sherlock Holmes ... *bowed* [her **into an arm-chair**].
　　　　　　　　　　　　　　　　　　　(Doyle, *Adventures of Sherlock Holmes*)
　　　（シャーロック・ホームズは，お辞儀をして女を肘(ひじ)掛け椅子(いす)にすわらせた）
　 f. Don't you remember how cross Mother and Marilla were when we *imagined* [ghosts **into the Haunted Wood**]?
　　　　　　　　　　　　　　　　　　　　　(Montgomery, *Anne of Green Gables*)
　　　（ねえ覚えている，あたしたちが想像を逞(たく)ましくして「幽霊の森」におばけを住まわせたとき，母さんとマリラがどれほど怒ったか）
　 g. Oh, how the frogs *sang* [me **home** from Carmody]!　(Id., *Anne of the Island*)（ああ，カエルがどれほど歌を歌ってカーモディーから家まで送ってくれたことか！）

② 結果構文 (resultative construction)
(2) a. The gardener *watered* [the tulips **flat**].
　　　（園芸家は，チューリップに水をやって倒してしまった）
　 b. The cook *scrubbed* [the pot **shiny**].
　　　（コックは，鍋をこすってぴかぴかにした）　　　　（以上 Jackendoff 1990）
　 c. Since he seized power, Ionesucu's been *bleeding* [the country **dry**].
　　　　　　　　　　　　　　　　　　　　　　(Sheldon, *Windmills of the Gods*)

(権力を握って以来，イオネスクは国からとことん搾り取ってきた)
- d. Charlie *laughed* [himself **into a stupor**].
  (チャーリーは，笑いこけてぼうっとなってしまった)
- e. Toller had *drunk* [himself **into a state of insensibility**] that evening.
  (Doyle, *Adventures of Sherlock Holmes*)
  (トラーは，その晩，飲み過ぎて正気を失ってしまった)
- f. When Kate heard the news she was horrified by its implications and immediately tried to *talk* [him **out of the decision**]. (Archer, *Kane and Abel*) (ケートはそのニュースを聞いたとき，その含むところにショックをうけて，すぐさま，彼と話し合ってその決定を捨てさせようとした)
- g. 'I'm pregnant,' she continued and *knocked* [the wind right **out of him**]. (Steel, *The Ghost*) (「わたし，妊娠しています」と彼女が続けて言ったので，彼は息がとまるほど驚いた)
- h. The bright voice *jarred* [her **out of her reverie**]. (Id., *Summer's End*)
  (その明るい声にぎくりとなって，彼女は夢想から醒めた)

(1)は「方向の変化」を表し，(2)は「状態の変化」を表すと言ってよい．そして，(2)は，(1)から「状態の変化は場所の変化」(Lakoff & Johnson 1980) という，メタファーによる拡張 (metaphorical extension) によって生じたと説明される．例えば，次の(3)は「彼は飲み過ぎて，ついに墓場に入ってしまった」ということで，「方向」から「結果の状態」へのメタファー的移行を示す適例であると言えよう．「墓場に入った」(方向) というのは，「死んだ」(結果) のメタファーにほかならないからである．

- (3) He *drank* [himself **into the grave**].

Jackendoff (1992: 228) が指摘するように，V [NP XP] という構造において，XP (= 任意の句) が前置詞句の場合は，get ... by -ing でパラフレーズし，XP が形容詞の場合は，make ... by -ing でパラフレーズするのが最も適切である．

- (4) a. Charlie *got* himself **into a stupor** by laughing. (< (2d))
  - b. The gardener *made* the tulips **flat** by watering them. (< (2a))

さて，結果構文（および使役・移動構文）に現れる動詞は，make/get/let のような，本来，使役動詞であるか，または，V [NP XP] という鋳型 (template)[11] の V の位置に"手段"の意味を内蔵する動詞をはめ込むことによって，一律に使役動詞化 (causativize) されていると考えられる．その意味で，出自を問わず，結果構文に現れる動詞は，おしなべて使役動詞という同一のステータスをもっている，としなければならない．あるいは，手段中立的なプロトタイプ的使役動詞 (ie make/get/let) の上に"手段動詞"が重ね (superimpose) られていると言ってもよい（ちなみに，この操作は，変形規則ではなく，語彙規則である）．

次の (5)-(7) において，(a) の結果構文を get/make などのプロトタイプ的使役動詞で書き替えた (b) 文では，手段動詞に内在する手段の意味が by -ing によって顕

---

11. 構文文法 (Construction grammar) の用語で言えば，「構文」(construction) としてもよい．

在化される点は注目に値する．

(5) a. The gardener *watered* the tulips flat.
   b. The gardener *made* the tulips flat **by watering them**.
(6) a. Charlie *laughed* himself silly/sick. （チャーリーは，笑いこけてぼうっとなった）
   b. Charlie *made* himself silly/sick **by laughing**.
(7) a. Charlie *laughed* himself into a stupor.
   b. Charlie *got* himself into a stupor **by laughing**. （以上 Jackendoff 1990）

これに対して，手段動詞を用いない，make/get/let などのプロトタイプ的使役動詞自体の場合，使役性はあっても，手段の意味を含まないので，当然，by -ing による書き換えはできない．

(8) a. They *made* [me **into Dean of the Humanities**]．[Radford からのメール]
   （彼らは，私を人文学部長にした）
   b. Sue *let* [the water **out of the bathtub**]．（スーは，バスタブから水を出した）

従来の研究では，例えば，次の (9), (10) の例において，(a) 文は，(b) 文を伴立 (entail) するとか，(9a) の the dog は kicked の直接目的語であるとか，the dog は項 (argument) であるとかいう記述からうかがえるように，(9a, b) の kicked や，(10a, b) の painted を，それぞれ同一のものと見るのが通例であった．

(9) a. Joe *kicked* [the dog **into the bathroom**].
   （ジョーは，犬をバスルームの中へけり入れた）
   b. Joe *kicked* the dog. （ジョーは犬をけった）
(10) a. They *painted* [their house **a hideous shade of green**].
   （彼らは，家にペンキを塗って，ひどく醜いグリーンにしてしまった）
   b. They *painted* their house. （彼らは家にペンキを塗った）

しかし，(a) 文と (b) 文に現れる動詞は，同一のものではない．なぜなら，(9b) の kicked, (10b) の painted は，それぞれ，「犬をける」，「ペンキを塗る」という意味の他動詞であるのに対して，(9a) の kicked, (10a) の painted は，それぞれ，「犬をけって…へ入れる」，「ペンキを塗って…にする」という意味で使役動詞化されているからである．英語の場合は，なまじ他動詞と使役動詞との形態的な違いがないことが，この決定的に重要な差異の認識を妨げる原因になっていると考えられる．

結果構文（および，使役・移動構文）の統語構造は，言語普遍的に S＋V＋O（＝補文），すなわち，補文を目的語とすると想定する．

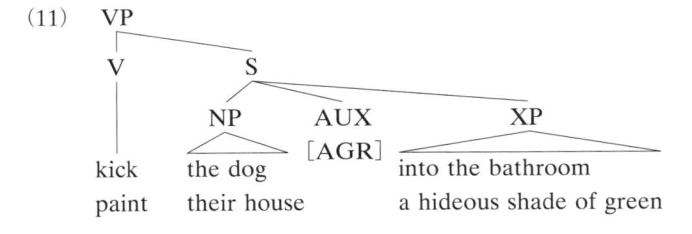

(11)
```
        VP
       /  \
      V    S
          /|\
         NP AUX  XP
            [AGR]

kick    the dog         into the bathroom
paint   their house     a hideous shade of green
```

補文の主語である NP（= the dog, their house）は，主文の使役動詞（kick, paint）から例外格標示（exceptional Case-marking, ECM）によって対格（accusative）を付与される．そして，補文の主語 NP は，述語の XP から意味役割を付与される．補文の NP と XP との間には，文の主語と述語として，当然，叙述（predication）が成立している（例えば，[the dog into the bathroom], [their house a hideous shade of green] のように）．

従来，(11) の補文を「小節」（small clause, SC）とする分析がほとんどであったが，それを普通の文 (S) としたについては，二つの理由がある．一つは，SC は最大投射であって格付与に対して障壁（barrier）となるので，補文主語に例外的に対格を付与することができないこと，もう一つは，普通の文と同様に，AUX [AGR] を認めないと，例えば，フランス語の intelligent（男性）と intelligente（女性）の対立がうまく説明できないことである．

(12) a.　Je considére [le garçon **intelligent**].　'I consider the boy intelligent.'
　　 b.　Je considére [la fille **intelligente**].　'I consider the girl intelligent.'

また，AUX を認めなければ，(13) のような，補文の主語と述語との数の一致を説明することができない．

(13)　I consider [them **fools**/***a fool**].　（私は彼らをばかだと考えている）

NB 1　使役・移動構文，結果構文は，ドイツ語・オランダ語・イタリア語・デンマーク語などにも見られる．
　(i)　Du.　Hij reed [zijn auto de garage in].　　　　　　　（Hoekstra 1988）
　　　　　'He drove his car into the garage.'
　(ii)　It.　Ho intrecciato [i fiori in una ghirlanda].　　　　　（Napoli 1992）
　　　　　'I wove the flowers into a garland.'

NB 2　次の二つの文を比較せよ．
　(i)　The chef **cooked** the food black.　（シェフは，料理して食べ物を黒こげにした）
　(ii)　The chef **cooked** the kitchen walls black.
　　　（シェフは，料理して台所の壁を黒くした）

上の cooked を他動詞と分析する人は，(i) は (iii) を伴立するのに，(ii) は (iv) を伴立しない理由を説明することができない．
　(iii)　The chef **cooked** the food.
　(iv)　*The chef **cooked** the kitchen walls.

NB 3　"見せかけ目的語"（fake object）：　次のような結果構文の太字体を，"見せかけ目的語"と呼ぶことがある．
　(i)　The joggers ran [**their Nikes** threadbare].
　　　（ジョギングする人は，走ってナイキの靴をすり切れさせた）
　(ii)　Alexandra rubbed [**the sleep** out of her eyes]. (Sheldon, *Master of the Game*)
　　　（アレクサンドラは，目をこすって眠気をさました）

(i) では，「靴を走らせた」わけではないし，(ii) でも「眠気をこすった」わけでもない．上述したように，their Nikes, the sleep は動詞の目的語ではなく，ネクサス目的語の主語である．したがって，そもそも"見せかけ目的語"という呼称は，全く不適切である．

37.4.5.2.7. 宣言動詞

call, confess, profess, pronounce, report; certify, declare, proclaim のような，宣言動詞（verb of declaration）（あるいは，遂行動詞（performative verb））も，"任命動詞"の下位類と考えられる．例えば，(1)では，牧師の宣言によって一組の夫婦が誕生し，(2)では，議長の宣言によって閉会が成立するのである．ただし，これらの動詞も，(3)，(4)のように過去時制で用いられた場合は，遂行動詞ではない点に注意せよ（したがって，この場合は，to be を挿入することができる）．宣言動詞は，V [NP XP] というネクサス目的語をとり，XP は名詞句か形容詞句である．

(1) I now *pronounce* [you **man and wife**].
(あなた方が夫婦であることをここに宣言します)［牧師の言葉］[XP＝名詞句]

(2) I *declare* [the meeting **closed**]. （閉会を宣言します）[XP＝形容詞句]

(3) The doctor *pronounced* [him **healthy**]. (OALD[5])
(医師は，彼は健康だと断言した)[XP＝形容詞句]

(4) They *declared* [him **the winner**]. (Ibid.)
(彼が勝者だと宣言した)[XP＝名詞句]

37.5. 副詞・前置詞の補部構造

37.5.1. 副詞の補部構造

少数の副詞は，前置詞句（PP）を補部にとる．

(1) They acted quite *independently* **of each other**.
（彼らは，互いに全く無関係に行動した）

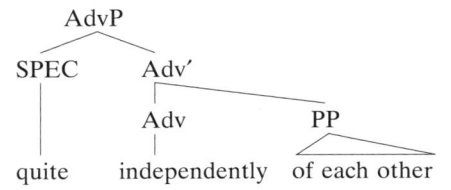

```
           AdvP
          /    \
       SPEC    Adv'
                / \
             Adv   PP
       quite independently of each other
```

(2) John was loved *equally* **with his elder brother**.
（ジョンは，兄と同様に愛されていた）

(3) he was appareled *similarly* **to the guards**. (Burroughs, *The Warlord of Mars*)（彼は番兵と似たような服装をしていた）

(4) I know one husband who forces his wife to eat *separately* **from him**.
(BNC)（妻が別に食事することを強いる一人の夫のことを知っている）

(5) but, *fortunately* **for me**, I did not lose my head. (Burroughs, *The Lost Continent*)（しかし，私にとって幸いなことに，私はあわてなかった）

37.5.2. 前置詞の補部構造

前置詞は，まず，名詞句（NP）を補部にとる．

(1) a. Put it [right *on* **the top shelf**]. （ちょうど一番上の棚に置きなさい）

b.
```
         PP
        /  \
     SPEC   P'
      |    /  \
      |   P    NP
      |   |    |
    right on  the top shelf
```

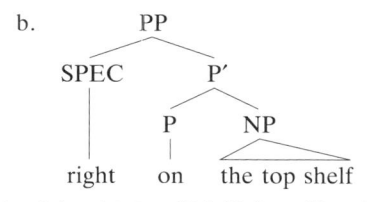

ここで，right は PP の指定部（specifier, SPEC），the top shelf が前置詞 on の補部である．

次に，いろいろな品詞が前置詞のあとに補部として置かれて，名詞性を付与される．

(2) I take it *for* **granted** that they will be married.
　　（二人は当然結婚するものと私は思っている）［形容詞］

(3) He was in London *until* **recently**. （彼は最近までロンドンにいた）［副詞］

(4) Thick fog prevented us *from* **seeing** anything.
　　（濃霧のため何も見えなかった）［動名詞］

前置詞は，また，前置詞句（PP）を補部にとる．

(5) a. The cat appeared [*from* **under the table**]. （ネコは，テーブルの下から現れた）

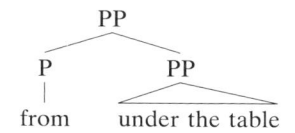

　　b.
```
      PP
     /  \
    P    PP
    |    |
  from under the table
```

(6) I have been a supporter of this club *since* **before the war**. (BNC)
　　（私は，戦前からこのクラブの支持者です）

(7) I have been up *till* **after midnight** every night since Monday. (Ibid.)
　　（私は月曜日以来，毎晩真夜中過ぎまで起きていました）

次の (8a, b) の completely は，ともに前置詞句の補部ではなく，付加部（adjunct）である．

(8) a. You are [**completely** *in the wrong*].
　　b. You are [*in the wrong* **completely**].
　　　　（君は全くまちがっている）

第38章

要素の移動

38.0. 概説

次の (1a) は,樹形図で表すと,(1b) のような構造をもつ.
(1) a. John can play the violin. (ジョンはバイオリンを弾ける)
    b.
```
           S
     ┌─────┼─────┐
    NP   AUX    VP
    │   ┌Tns┐  ┌┴┐
   John │AGR│  V  NP
        └───┘  │  △
              can play the violin
```

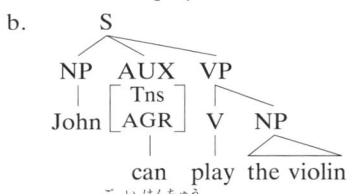

(1b) において,語彙範疇 can と play が,それぞれ,AUX と VP の主要部 (head) である.主要部が移動することを**主要部移動** (head movement) と言う.

主要部が移動するとき,次の制約が課せられる.

  (2) 主要部 X は,ある句の主要部から直近上位にある句の主要部 Y へのみ移動することができる (Travis 1984).

  NP 情報構造上の移動については,第36章を参照.

38.1. 主要部移動

38.1.1. 平叙文の生成

まず,派生が最も簡単な,**法助動詞**のある構造から記述していこう.

  (1) John **can speak** Japanese. (ジョンは日本語が話せる)

この文を樹形図で表せば,次のようになる.

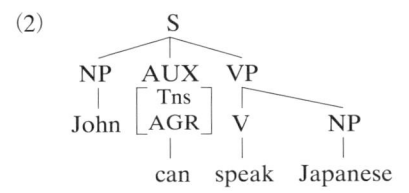

  (2)
```
           S
     ┌─────┼─────┐
    NP   AUX    VP
    │   ┌Tns┐  ┌┴┐
   John │AGR│  V  NP
        └───┘  │   │
              can speak Japanese
```

AUX には,Tns (時制),AGR (数・人称の一致要素) という統語特徴が内在し

ている．can は法助動詞だから，Tns が Pres（現在）であれば，AGR の人称・数にかかわらず，何らの変化は生じないが，Tns が Past（過去）であれば，can は could として実現する．この場合，要素の移動は生じないので，語彙を挿入されたままの基底構造 (2) がそのまま表層構造となる．

次に，(3) のような，**be**, **have**（所有する）を含む文の生成を考えてみよう．

(3) a. John **is** a student.（ジョンは学生だ）
　　b. He **has** no money.（彼は金がない）

(3a, b) は，次のような，操作を経て派生される．

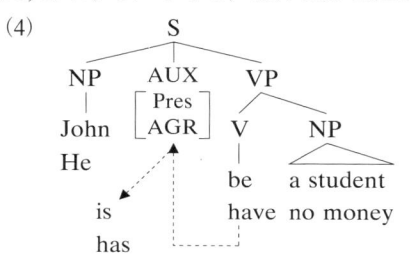

(4)
```
           S
     ┌─────┼─────┐
    NP   AUX    VP
     │  ┌Pres┐  ┌─┴─┐
   John │AGR │  V   NP
    He  └────┘  │   │
                be  a student
                have no money
     is
     has
```

(4) の AUX には語彙項目が挿入されていないので，空きまになっている．その空きまへ be, have が主要部移動によって移動し，AUX のもつ Pres（現在），AGR（= 3 人称・単数）と合体して，be は is, have は has として実現し，その結果，(3a, b) の表層構造が得られる．本動詞 be, have は，AUX の位置へ上昇することによって助動詞性を獲得する．この移動によって，be, have が本動詞でもあり，同時に助動詞でもある，という二重性格が説明される．

次に，(5) のような，**一般動詞**の生成を考察する．

(5) a. Bill **went** to America.（ビルはアメリカへ行った）
　　b.
```
           S
     ┌─────┼─────┐
    NP   AUX    VP
     │  ┌Past┐  ┌─┴─┐
   Bill │3,sg│  V   PP
         └───┘  │   │
              went  to America
             ┌Past┐
             │3,sg│
             └────┘
```

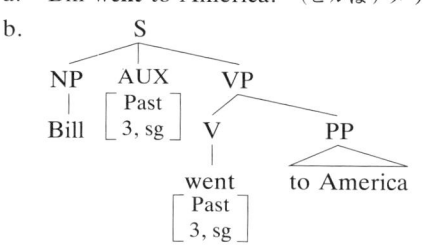

（ここで，[3, sg] は，「3 人称・単数」を意味する．） went は，一般動詞 [−AUX] だから，AUX の位置へ上昇することができない．そこで，went は，AUX との統語特徴の一致（agreement）によって認可（license）される．すなわち，AUX も went も，ともに [過去・3 人称・単数] という統語特徴において一致（agree）するために，基底生成されたこの位置（ie V）で認可されるのである．

38.1.2. yes/no 疑問文の生成

[A] **法助動詞を含む場合**：(1) の yes/no 疑問文は，(2a) の基底構造から，(2b)

の主語・助動詞倒置 (subject-auxiliary inversion, SAI) を経て派生される.

(1) Will John write a letter? （ジョンは手紙を書くだろうか）
(2) a. 基底構造: John will write a letter
    b. SAI: will John write a letter
    c. 表層構造: Will John write a letter?

これを樹形図で表せば，次のようになる.

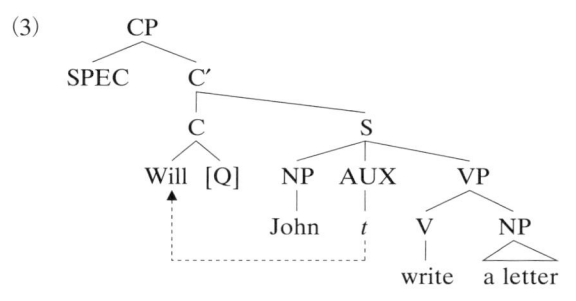

(3)
```
              CP
            /    \
        SPEC     C'
               /    \
              C      S
           Will [Q]  /|\
                   NP AUX VP
                   |   |  /\
                  John t V  NP
                         |   |
                       write a letter
```

　法助動詞 will の移動先，すなわち着地点 (landing site) は，CP の主要部 C であると仮定されている．Chomsky (1995) によれば，C に含まれる Q (= question) という統語特徴は，接辞的 (affixal) な性質をもっていて，その宿主 (host) (= will) を強く引きつける（接辞は，宿主に寄生しないで存在することはできない）．その結果，will は Q の左側に主要部移動して，(2c) の表層構造が得られる．

[B] **be, have の場合**: 一方，be, have が yes/no 疑問文に使用される場合は，まず，(5) のように VP の主要部として基底生成され，次いで，主要部移動によって AUX の位置へ移動し，そこで [Pres, 3, sg] (= 3 人称・単数・現在) と合体して助動詞性を獲得し，それぞれ，is, has として実現する．その後，Q に引きつけられて，C の位置へ主要部移動することで（つまり，2 回の主要部移動によって），Is John a genius?/Has John a car? という yes/no 疑問文が派生される．

(4) a. Is John a genius? （ジョンは天才ですか）
    b. Has John a car? （ジョンは車をもっていますか）

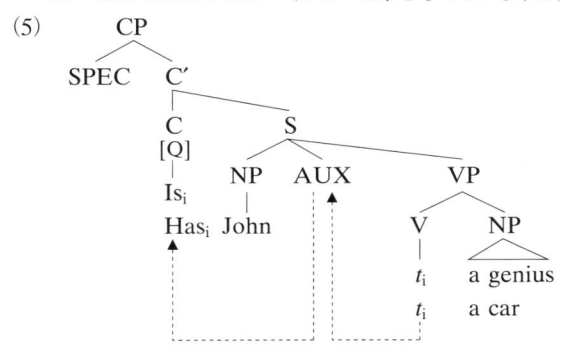

(5)
```
              CP
            /    \
        SPEC     C'
               /    \
              C      S
             [Q]    /|\
             Is_i  NP AUX VP
             Has_i |   |  /\
                  John     V  NP
                          |   |
                         t_i  a genius
                         t_i  a car
```

[C] **一般動詞の場合**: 一般動詞（および〈米〉の所有を表す have）は，(6) の非文法性からわかるように，助動詞移動の適用をうけない．

(6) a. *Wants John advice?
   b. *Speaks John German?

助動詞移動は，[＋AUX] という特徴をもつ動詞のみに適用され，一般動詞のような [－AUX] という特徴をもつ動詞には適用されないからである．その結果，AUX の位置には [Tns, AGR] という統語特徴があるだけで，いかなる語彙範疇も挿入されていない．そこで，"最後の手段"(the last resort) として，その統語特徴を担うべく，最も無色な助動詞 do が挿入される．

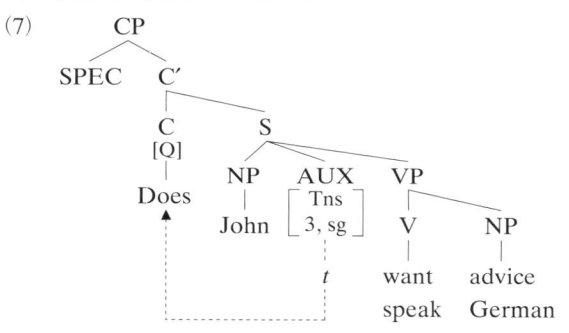

(7)
```
             CP
          /     \
       SPEC     C'
              /    \
             C      S
            [Q]   / | \
             |   NP AUX  VP
           Does John [Tns  / \
                    3, sg] V   NP
                     t   want advice
                         speak German
```

これを "**do による支え**" (*do*-support) と言う．この do は，主語が 3 人称・単数なので，AUX の [Tns, 3, sg] と合体して does となる．does は，助動詞だから Q に引きつけられて，C の位置へ主要部移動し，その結果，(8a, b) の文が得られる．

(8) a. Does John want advice?
   b. Does John speak German?

〈米〉では，have が "所有" を表している場合も一般動詞として用いられる．この用法は，現在〈英〉でも普通になりつつある．

(9) He has a car.
   a. Has he a car? 〈特に英〉
   b. Does he have a car? 〈米／英〉
   c. Has he got a car? 〈特に英・略式体〉

NB *do*-support は，14 世紀に実際に起きたことで，その結果，18 世紀に yes/no 疑問文はおしなべて助動詞で始まるという一般化が確立した．エリザベス朝の英語には，*do*-support のある形とない形の両方が平行して使用されていた．

   (i) a. **comst thou** Edwards aide?   (Marlowe, *Edward II* 1340)
        （エドワードを助けに来てくれたのか）
      b. **Doth Dido** call me back? (Id., *Dido* 687) （ダイドウは私を呼び戻すのか）
   現代英語にも，do のない疑問文が，次のような定形表現に残っている．
   (ii) a. **How comes** it that he is unknown?   (Doyle, *Memoirs of Sherlock Holmes*) （彼は，なぜ知られていないのか）

b. **How came** you to know him?（どうして彼を知るようになったのか）
c. **How come** he only plugs sweet little old ladies?　(McBain, *Ten Plus One*)
（どうしてやつは，かわいいおばあちゃんばかり撃ち殺すんだろうか）
d. **How goes** it with you?（元気かね）
e. **How goes** the mysteries of the mind?　　(Sheldon, *Master of the Game*)
（心の神秘ってやつはどういう具合かね）［主語は複数］

フランス語やドイツ語では，*do*-support に対応する形式はなく，本動詞がCの位置へ移動する．
(iii)　F.　**Parlez-vous** français?（フランス語を話しますか）
(iv)　G.　**Trinken Sie** Tee?（紅茶を飲みますか）

38.1.3.　助動詞の連結順序

(1) のような，法助動詞，完了の have，進行の be，受け身の be というふうに，複数の助動詞が連結される場合は，必ずこの順序で連結され，先頭の要素のみが SAI をうける．

(1) a.　John **might have been being** scolded by Mary.
（ジョンは，もしかしたらメアリーにずっと叱られていたのかもしれない）
b.　**Might** John *t* have been being scolded by Mary?
（ジョンは，もしかしたらずっとメアリーに叱られていたのだろうか）
c.　*****Have** John might *t* been being scolded by Mary?
d.　*****Been** John might have *t* being scolded by Mary?

このことは，(1b) が次のような基底構造から派生されたと仮定することで説明される．

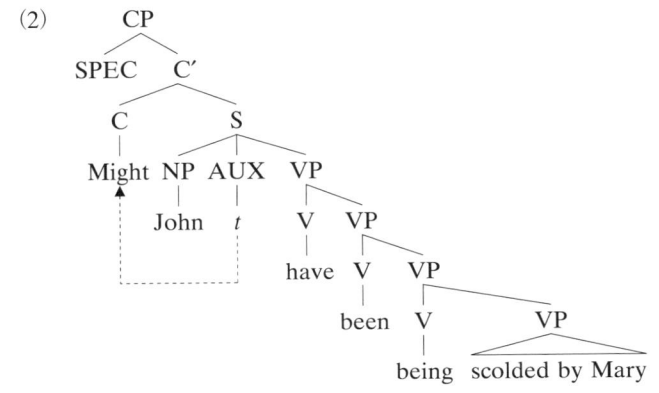

(2)
```
              CP
            /    \
         SPEC    C'
                /  \
               C    S
               |   /|\
             Might NP AUX VP
                   |      /\
                  John  t V  VP
                         |  /\
                       have V  VP
                            |  /\
                          been V  VP
                               |   \
                             being scolded by Mary
```

主要部は，上述した主要部移動制約により，(2) の場合，Cの位置へ移動できるのは最初の might のみであり，(1c, d) のような，have や been が上位にある might を飛び越えてCの位置へ主要部移動することは許されない．助動詞が連結されるとき，might have been being のようにしか並ばないという事実は，このことの帰結である．

次に，have, been, being がそれぞれ独自の VP の主要部であることは，次のように，動詞句を一つずつ，削除することができることで明らかである．

(3)　They said that John **might have been being** scolded by Mary and so
　　a.　he might have been being.
　　b.　he might have been.
　　c.　he might have.
　　d.　he might.
　　　　（ジョンはメアリーにずっと叱られていたのかもしれない，と彼らは言ったが，そのとおりだったかもしれない）

38.1.4.　感嘆疑問文

否定疑問文は，しばしば反語的に感嘆を表すのに用いられる．そのとき，助動詞は，定義上，CP の主要部 C へと主要部移動する．

(1)　a.　**Isn't it** cold?　（寒いじゃないですか！）
　　b.　**Isn't Jane** a beauty!　（ジェーンって，美人じゃないか！）
　　c.　**Hasn't she** got lovely eyes?　（彼女，きれいな目してるねえ！）

〈米〉の話し言葉では，肯定の疑問文が感嘆的に用いられる（§39.4.4）．

(2)　a.　**Am I** glad!　（うれしいの何のって！）
　　b.　**Am I** fed up!　（うんざりしたなあ，もう！）

38.1.5.　条件節

if 節の代わりに，主語・助動詞倒置によって条件を合図することがある（§19.4.1）．この場合，助動詞は，定義上，C へと主要部移動する（〈格式体〉）．

(1)　a.　**Were he** to see you, he would be surprised.
　　　　（彼は，もし君に会えば，びっくりするだろう）
　　b.　**Should you** change your mind, please let me know.
　　　　（お気持ちが変わったら，お知らせください）

助動詞が CP の主要部 C に移動していることは，次の事実から明らかである．すなわち，もし C の位置に補文標識 if があれば，助動詞は移動できない，つまり，C の位置に if と should という二つの主要部が同居することは許されないので，次の (2) が非文法的になってしまうのである．

(2)　*[**If Should**] you change your mind, please let me know.

NB 1　**Were I you**（= If I were you）**の起源**:　倒置による条件節は，どこから来たのだろうか．
　　(i)　**Were I you** I should leave France.　（私ならフランスを去るでしょうね）
これには，少なくとも二つの説がある．一つは，疑問文出身と見るもの（Jespersen 1933: 371, 大塚（編）1970: 274），もう一つは，祈願文出身とするもの（Curme 1931: 428, 細江 1933: 82, 136）である．
　Jespersen は，倒置による条件節は「歴史的には疑問文から発達したものである」として，

次の例を含む3例を示している．
  (ii) I would go even to Africa for her sake, **should it** be necessary.
       （もしも必要なら，彼女のためにアフリカへだって行く）
大塚（編）は，これらの条件節は疑問文に由来すると考えられる，として次例を示している．
  (iii) **Art thou** bound vnto a wife? seeke not to bee loosed.　**Art thou** loosed from a wife? seeke not a wife.　（AV, *1 Cor.* 7: 27）（妻と結ばれているなら，解こうとするな．妻と結ばれていないなら，妻を迎えようとするな）

Huddleston & Pullum (2002: 970) も，次のような例をあげて，条件節と疑問文との「重要な意味的な類似」を指摘している．
  (iv) **Are you** free this afternoon?　If so, we can go and look at some houses.
       [= If you're free this afternoon, we can go …]
       （きょうの午後はおひまですか？　おひまなら，家を見に行けますね）
次例は，もっと簡潔で適切な例である．
  (v) LOVE MUSIC? SAVE MUSIC!　（日本音楽著作権協会他の新聞広告）
      （音楽がお好きですか？（ならば）音楽を救ってください！）
ここで，次のような，「とせんか」「もし…なからんか」などによって条件節を作る日本語の文語文の用法も考え合わされてよい．
  (vi) しかれども，今やこの局面にして，予の模様あし<u>とせんか</u>，世人あるいは算節［棋士の名前］負けを恐れて逃げしといはん．　　　　　　　　　　　　　　(Google)
  (vii) <u>もし</u>原文の平易 雅馴（がじゅん）なる筆致にして，はなはだしく毀損せられることな<u>からんか</u>，予の幸甚とするところなり．　　　　　　　　　　　　（芥川龍之介「奉教人の死」）

一方，倒置条件節の起源を祈願文に求める Curme は，非現実を表す条件節では，「過去時制形はしばしば祈願文的である」として，次の例を示している．
  (viii) **Were he** only here, I would give all that I have!
         （彼がここにいさえすれば，私の財産を全部与えるのだが）
また，細江は，条件節の叙想法は祈願文に由来するとして，多くの例を示している．
  (ix) O **might** I see hel, and returne againe, how happy were (= would be) I then?　　　　　　　　　　　　　　　　　　　　　　(Marlowe, *Doctor Faustus* 783)
       （ああ地獄を見て，また帰ってくることができたら，どれほど幸せだろう）
  (x) **Were we** not very strong, it could never have been done.
                                                                          (Haggard, *Ayesha*)
      （われわれが強壮な身体でなかったなら，あんなことは到底できなかったろう）
これら二つの説の優劣をにわかに決定するのはできないが，ただ，(x) のように否定的命題を祈願することは，意味論的に不自然であるように思われる．

NB 2　倒置条件節を導く助動詞は，Huddleston & Pullum (2002: 970), Quirk et al. (1985: 1094) の言うとおり，今日ではおもに，had, were, should, まれに might, could である．
  (i) **Might**/**Could** I but see my native land, I would die a happy man.
      （祖国を見ることさえできたら，幸せな人間として死ねるだろうに）［これなど祈願文起源を支持しそうである］
did の例は少ない．
  (ii) Even **did** such circumstances exist, I would have to seek the bishop's dispensation.　(Archer, *Kane and Abel*)（よしんば，そういう事情があったとしても，私は主教の特免を求めなければならんでしょう）

38.1.6. その他の倒置

[A] 祈願文:「Long live + 主語!」のタイプの叙想法現在の祈願文,および,「May + 主語」の叙想法代用形の場合,主語・助動詞倒置が生じる.

 (1) a. Long **live the Queen**!（女王万歳！）
   b. Cf. **God save** the Queen!　[この場合は,SV の語順]
 (2) a. Long **may he** live!（彼が長生きされますように！）
   b. **May she** rest in peace!（彼女が安らかに眠らんことを！）[墓碑銘]

(1a), (2a) の場合,動詞第2位 (verb second, V2) 現象 (= 節頭の構成素の次に動詞が生じる) が見られる.この現象も,主要部移動で説明できる.

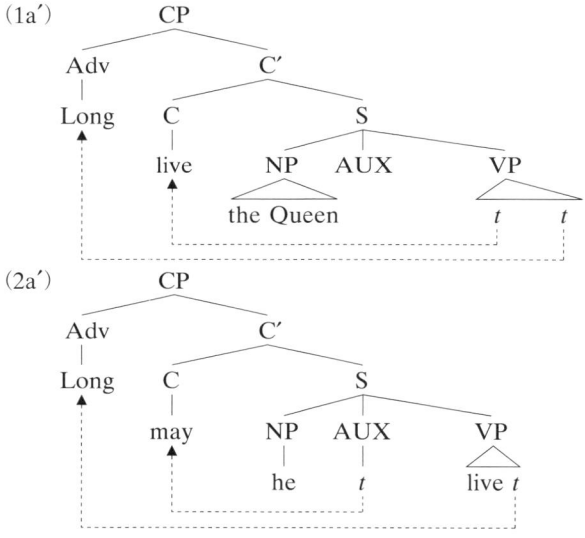

(1a′)
```
              CP
            /    \
          Adv     C′
           |    /    \
         Long  C      S
               |    / | \
              live NP AUX VP
                   |
               the Queen   t    t
```

(2a′)
```
              CP
            /    \
          Adv     C′
           |    /    \
         Long  C      S
               |    / | \
              may  NP AUX VP
                   |        \
                   he   t   live t
```

すなわち,(1a) では,本動詞 live が (EModE 期の名残として) C へと主要部移動し,(2a) では,法助動詞 may が C へと主要部移動している.

[B] **so, neither, nor** のあとで

ここにも,V2 現象が見られる.前文に助動詞がない場合は,*do*-support が起こる.

 ① so は,肯定の動詞句を代用する.

 (3) a. I was tired, and **so were** the óthers.   (Swan 1995)
    （私は疲れていた,ほかの連中も同様だった）
   b. Mary enjoys music, and **so does** Jóhn. [= John enjoys music, too.]
    （メアリーは音楽が好きだ,ジョンもそうだ）

 NB 前文の内容が真であることを強く肯定する,次の語順と区別せよ.
  (i) "It's raining." "Why, **so it ís**!"（「雨が降っている」「おや,確かにそうだね」）
  (ii) "John owns a Cadillac." "Yes, **so he dóes**."
   （「ジョンはキャディラックをもっている」「うん,そのとおりだよ」）

② neither/〈格式体〉nor は，否定の動詞句を代用する（V2 現象に注意）．
   (4) a. "I have never been to Paris before." "No, **neither have** wé."
      (LDCE³)（「私は一度もパリへ行ったことがない」「ええ，私たちも（そう）です」）
       b. "I'm not going." "**Nor am** Í."¹ (OALD⁶)（「私は行かない」「私もだ」）

[C] **as, than** のあと： 主語が（長い）名詞句の場合，V2 現象として，主語・助動詞倒置が随意的に生じる（〈格式体〉）．主語が代名詞なら，倒置は生じない．
   ① as
   (5) a. He was a Catholic, **as were** most of his friends.
      （友人の大半と同様に，彼もカトリックだった）
       b. He looked forward, **as do we all**, with great hope and confidence to Monday's debate. (MEU)（彼は，われわれすべてと同様に，月曜日の討論を希望と自信をもって待ち望んでいた）
   ② than
   (6) a. She spoke more convincingly **than did** Jóhn.
      （彼女は，ジョンよりも説得力のある話し方をした）
       b. Cf. She spoke more convincingly **than he díd**.
      （彼女は，彼よりも説得力のある話し方をした）

[D] 「**the＋比較級**」： 主語が長い場合，随意的に生じる（§26.4.4）．
   (7) a. *The more shy* that Michael became, *the more earnestly* **did this young man** press him with intimate questions. (Mackenzie, *Youth's Encounter*)（マイケルがはにかめばはにかむほど，この若者は立ち入った質問を浴びせるのだった）
       b. Cf. *The older* I get, *the happier* **I am**/*am I.
      （年をとればとるほど，私は幸せになる）

[E] 感嘆文： 〈古風な格式体〉では，倒置が随意的に生じる．主語は，強勢をとりうる名詞句でなければならない．
   (8) a. What a peece of worke **is a man**, (Shakespeare, *Hamlet* 2.2.303)
      （人間というのは，なんたる傑作だろう）
       b. What a beautiful place **is Skegness**! (Swan 1995)
      （何という美しい場所だろう，スケグネスは！）
       c. How strange and impressive **was life**! (Bennet, *Old Wives' Tale*)
      （人生は，なんと不思議で印象的だったことか）
       d. How marvelous **is my friend Hastings**! (Christie, *The Big Four*)
      （なんてすばらしいんだ，わが友ヘースティングズは！）

---

1. Swan (1995: 358) は，nor はこのようには使用できないとするが，〈米〉系の辞書 MED には，次の用例がある．
   (i) Asking him politely doesn't work, **nor do** threats.
      （彼に丁寧に頼んでも駄目だし，おどしても駄目だ）

38.1.7.　ought to, used to

　法助動詞は一般に，(1) で見るように to が付かないのに，なぜ ought, used には，(2) で見るように to が付くのだろうか．

　　(1)　He **can**/**may**/**must**/**will** come tomorrow.
　　　　（彼は，あす来てもいい／来るかもしれない／来なくてはいけない／来るだろう）
　　(2)　You **ought to** apologize.　（君は詫びるべきだ）

OED² によれば，現代英語の ought は，OE の本動詞 āgan の 3 人称単数過去 āhte (= had, possessed) から来ており，次いで，ME の oghte (to) は，1175 年ごろ助動詞化している．ほかの法助動詞は，どうだろうか．OED² によれば，can は 1154 年ごろ，may は 9 世紀，must は 8 世紀初め，shall は 900 年ごろ，will は 971 年ごろで，いずれも ought よりも早くに助動詞化している．つまり，ought の助動詞化は，ほかの法助動詞の場合よりも遅れているのである．しかも，当初から，to が随意的に付いていた．現代英語では，to が付くのが原則である．

[**A**]　**ought to の生成**：　一般に，法助動詞は，AUX の節点に基底生成される，と考えられている．

　　(3)
```
           S
        /  |  \
       NP AUX  VP
       |   |   /\
       He can come tomorrow
```

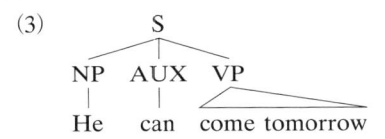

　多くの文法家と同様に，Quirk et al. (1985), Huddleston & Pullum (2002) も，ought も普通の法助動詞と見ている．そうすると，ought to は次のような位置に生成されることになる．

　　(4)
```
            S
        /   |   \
       NP  AUX   VP
       |   / \   /\
       We ought to V  NP
                   |   |
                  help him
```

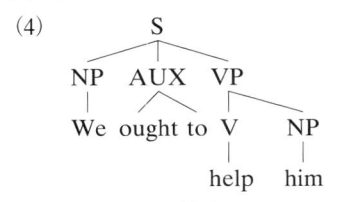

(4) では，助動詞の節点に，二つの主要部 (head) が併置されることになって，理論上許されない．さらに否定辞 not が加わると，AUX の節点に三つの語彙項目が基底生成されるという好ましくない結果になってしまう．

　　(5)
```
            S
        /   |   \
       NP  AUX   VP
       |  / | \  /\
       We ought not to V  NP
                       |   |
                      help him
```

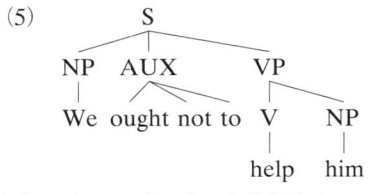

　本書では，ought は，本動詞として VP の主要部 V の位置に基底生成され，否定辞 not は，VP の指定部 (SPEC) に生成される，と仮定する．

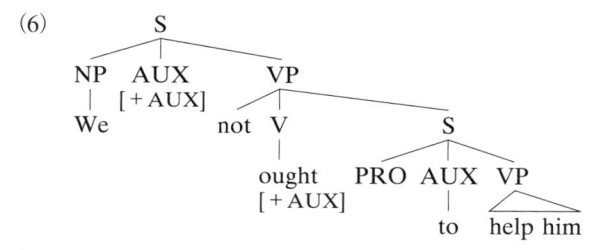

(6)
```
              S
      ┌───────┼───────┐
      NP     AUX      VP
      │    [+AUX]   ┌──┴──┐
      We            V     S
                    │   ┌─┼─┐
                  ought PRO AUX VP
                 [+AUX]      │  △
                             to help him
```

ought は，本動詞ではあるが，have や be と同様に，助動詞的特徴 [+AUX] を併せもっているので，同じ特徴をもった AUX [+AUX] と一致し，その特徴を満たすために AUX の位置へと主要部移動 (head movement) する．not は，VP の指定部なので，ought が AUX の位置へ上昇するのを妨げない．(PRO は，to 不定詞の意味上の主語を表す．)

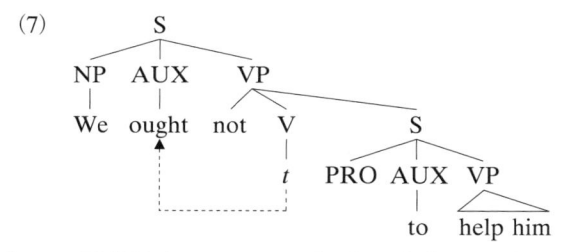

(7)
```
              S
      ┌───────┼───────┐
      NP     AUX      VP
      │       │     ┌──┼──┐
      We    ought  not V   S
              ↑        │  ┌─┼─┐
              └────────t  PRO AUX VP
                              │  △
                              to help him
```

[B]　**try 型動詞**（コントロール動詞）**の生成**: ought to に対して，try は本動詞として，[-AUX] という統語特徴をもっていて，AUX の特徴と一致しないので，AUX の位置へ主要部移動することは許されない．したがって，疑問文・否定文では do による支えが必要になる．

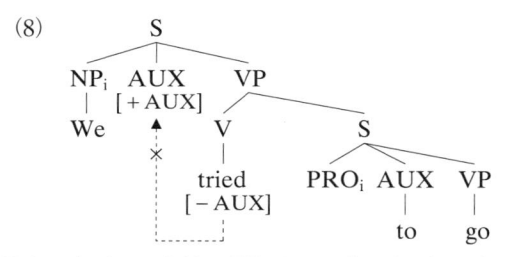

(8)
```
              S
      ┌───────┼───────┐
      NPᵢ    AUX      VP
      │    [+AUX]   ┌──┴──┐
      We    ×       V     S
            ↑       │   ┌─┼─┐
            └─────tried PROᵢ AUX VP
                  [-AUX]     │   │
                             to  go
```

補文の主語は，主節の We と同一指示的 (coreferential) な PRO であり，to は標準的に補文の AUX の位置に生成される．

以上の説明によって，ought に to が付く理由，および，ought が本動詞性と助動詞性を併せもつことに自然な説明が与えられる．

NB 1　ought が否定辞と共起するときは，ときに to が落ちることがある．有名な例は，*Julius Caesar* に現れる．

(i) Is this a Holiday? What, know you not / Being Mechanicall, you **ought not walke** / Vpon a labouring day, without the signe / Of your Profession?

(Shakespeare, *Julius Caesar* 1.1.3–6)
(きょうは休日なのか．何だ，おまえは職人だから自分の職業の印も付けずに労働日に出歩いてはいけない，ということを知らんのか)

この構文は，また，アメリカ英語にも見いだされる．

(ii) We **ought not be** afraid of the risks involved. (BEU)
(リスクがあることを恐れてはいけない)

(iii) **Oughtn't** we **be** going soon? (Ibid.) (じき帰るべきではないか)

このように，ought not のあとでは to が省略されはじめた現象は，遅ればせながら，ought が真の法助動詞の仲間入りしようとしている徴候であるとしてよいであろう．

NB 2 (7) の樹形図で，VP の SPEC に基底生成されている not は，n't に縮約されると，語ではなく接辞 (affix) に格下げされ，宿主 (host) の ought に接辞されて，oughtn't となる．not を否定辞句 (NegP) の主要部に生成する分析もあるが，それは採らない．なぜなら，この仮説によれば，NegP の主要部に not があるために，be, have が AUX の節点に上昇できないので，isn't/haven't などの形式が派生できないからである．

38.2. NP 移動

典型的な NP 移動は，受動化と繰り上げ (raising) に生じる．受動化は，動詞の目的語を新しい主語に，一方，繰り上げは，補文の主語を主節の主語に，据える操作であるが，二つの移動に共通する特徴は，基底構造で空のままになっている主語位置を，表層で埋めるための"最後の手段"(the last resort) として義務的に適用される点である．

38.2.1. 受動化

この節では，**受動化** (passivization) を考察する．伝統文法や生成文法初期の1960年代には，(1b) のような受動文は，それに対応する (1a) のような能動文から，能動文の動詞を「be＋過去分詞」の形式に変え，目的語を受動文の主語に据え，能動文の主語を by 句にすることによって派生される，と考えられていた．

(1) a. John **kissed** Mary.
   b. Mary **was kissed** by John.

しかし，現在の理論では，(1b) のような変形は格理論の立場から許されない．なぜなら，(1a) の Mary は，kissed の目的語としてすでに対格 (accusative Case) をもっているので，移動する理由がないし，かりに移動するなら，対格をもっていた Mary が主語の位置で主格をもらうという格の衝突 (conflict) が生じてしまうからである．現在では，受動文は，次のような，独自の基底構造をもつと仮定されている．

(2) [e] was kissed Mary by John

さて，(2) の kissed の目的語 Mary が，空 (e, empty) になっている主語の位置へ移動して受動化が完成するわけであるが，それは，(3) の受動過去分詞のもつ二つの特徴と，(4) の格フィルター，(5) の拡大投射原理によって引き起こされる．

(3) a. 受動過去分詞は，主語位置に意味役割を付与できない．

b. 受動過去分詞は，非対格動詞なので（もっと平たく言えば，形容詞の仲間なので）目的語に格を付与しない．
(4) 格フィルター（Case filter）
音形をもつすべてのNPは，格をもたなければない（Chomsky 1981: 49）．
(5) 拡大投射原理（extended projection principle, EPP）
節は主語をもつ（Chomsky 1982: 10）．

なぜ，受動過去分詞は，主語位置に意味役割を付与できないのか．それは，kissed が，(1a) の段階で，Mary に〈受動者〉(patient) という意味役割を付与してしまったため，もはや，主語位置へ付与するべき意味役割をもたないからである．そこで，Mary は〈受動者〉という意味役割をもったまま主語の位置へ移動していく．

次に，受動過去分詞が目的語に格を付与できないとすれば，Mary は (4) の「格フィルター」に抵触してしまう．そこで，空になっている主語位置へ移動して，was から主格（nominative Case）をもらうと同時に，節は主語をもつ，という (5) の EPP 原理をも満足させるのである．

NB 1 受動文の基底構造において，Mary がこの位置を占める証拠を二つ示す．
① kiss が他動詞である以上，その右側に目的語があるのは当然のことである．
② この位置に Mary があったことは，Mary が移動したあとに痕跡 (t) が残っているため，その位置へ他の NP を挿入することができないという事実によって明らかである．
 (i) *Mary was kissed **Jane** by John.

NB 2 受動文の主語位置が空である証拠を二つ示す．
① 例えば，kiss は2項動詞であるから，基底構造において Mary と John という二つの項が kiss の右側に生成されるので，主語位置は必然的に空になる．
② [e] is said/believed that he is a great scholar. (彼は大学者だと言われている／信じられている) のような受動文において，主語位置が空であるため，EPP に従って，虚字（expletive）の it が挿入される．

NB 3 受動態の詳細については，第18章を参照せよ．

38.2.2. 繰り上げ構文

次のような構文にも，NP 移動が関与している．to 不定詞節中の主語を，空所になっている主文の主語位置へ移動しているからである．[2] このような構文を**繰り上げ構文**（raising construction）と言う．

(1) a. **It** seems [t to be raining]. （雨が降っているようだ）
  b. **Mary** happened [t to be out].
   （メアリーは，たまたま外出していた）
(2) a. **John** is likely [t to win]. （ジョンが勝ちそうだ）
  b. **They** are certain [t to agree]. （彼らはきっと同意する）

---

2. seem, happen などが歴史的にも非人称動詞であったことが，主語位置が空であることの傍証となる．

(1b) は，次のような基底構造から，NP 移動によって派生される．

(3)　[*e*] happened [**Mary** to be out]

AUX の節点に基底生成された to は，格付与能力をもたないので，Mary は空所になっている主節の主語位置 [*e*] に移動して，happened から主格を付与される．

繰り上げ述語には，次のようなものがある．

(4) a.　非人称動詞：　seem, appear, happen, chance, turn out
   b.　形容詞：　likely, certain, sure　[He is probable to come. は不可]

ところで，これらの繰り上げ述語が，(5) のように，定形動詞節を伴う場合は，繰り上げは生じないことに注意せよ．

(5) a.　[*e*] happened that Mary was out.
   b.　[*e*] is likely that John will win.

(5) の例では，定形節の主語（Mary と John）は，定形動詞から主格を付与されている．したがって，主節に繰り上げられる理由がない．そこで，空所になっている主語位置に，(6) のように，虚字の it が挿入されるのである．

(6) a.　**It** happened that Mary was out.
       （たまたまメアリーは外出していた）
   b.　**It** is likely that John will win.　（ジョンが勝ちそうだ）

NB　to 不定詞節中の主語 NP が主節へ繰り上げられた証拠を二つ示す．
   ①　to 不定詞節中の主語の痕跡が，再帰代名詞の先行詞になれる．
   (i)　John seems to me [*t* to have perjured **himself**].
       （ジョンは偽証したように思われる）
   ②　to 不定詞節中の主語の痕跡が，主語補語と数 (number) の一致をする．
   (ii)　They seem to me [*t* to be **fools**/***a fool**].　（彼らはばかのように思われる）

38.3.　wh 移動

38.3.1.　直接疑問文

wh 疑問文は，wh 移動 (*wh*-movement) と呼ばれる操作によって生成される．

(1) a.　**Which car** will John buy *t*?
       （ジョンはどの車を買うの）
   b.　**When** does he leave for New York *t*?
       （いつ彼はニューヨークに発つのか）
   c.　**What bank** is Colin Emson chairman of *t*?　　(Archer, *The Prodigal Daughter*)（コリン・エムソンは，どういう銀行の頭取ですか）
   d.　**What** did you want to see me about *t*?　　(Sheldon, *The Doomsday Conspiracy*)（どんなご用件で私に会いたいと思ったのですか）

例えば，(1a) は，(1a′) の樹形図で示したように派生される．

第38章　要素の移動

(1a′)

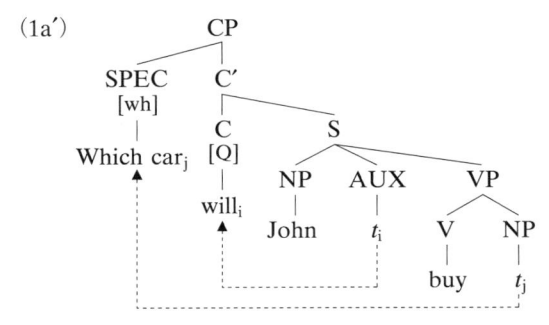

```
            CP
          /    \
       SPEC    C'
       [wh]   /  \
              C    S
   Which car_j [Q]  /|\
              |   NP AUX VP
             will_i |   |  / \
                  John t_i V  NP
                           |   |
                          buy  t_j
```

派生の順序を示せば，次のようになる．

(2) a.　基底構造:　John will buy which car
　　b.　SAI:　will John *t* buy which car
　　c.　wh 移動:　Which car will John buy *t*?

すなわち，SAI によって yes/no 疑問文が作られ（つまり，Q に引きつけられて，will が C に主要部移動する），次に，wh 移動によって wh 疑問文が作られるわけだが，wh 移動は，CP の指定部にある wh 特徴と一致（agree）するために，そこへ移動していく，と仮定しておく．

一般動詞の場合は，AUX に do を挿入しなければならないことは，前節で見たとおりである．

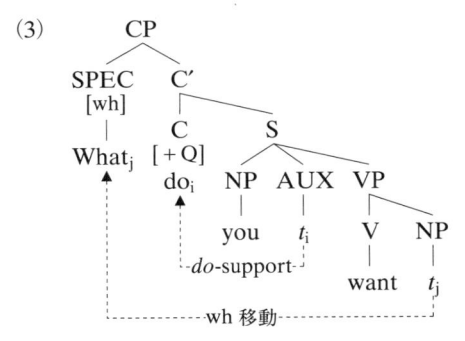

(3)

```
            CP
          /    \
       SPEC    C'
       [wh]   /  \
              C    S
    What_j  [+Q]  /|\
              |   NP AUX VP
             do_i  |   |  / \
                  you t_i V  NP
                           |   |
                         want  t_j
```

ところで，wh 句が主語になる場合，do-support も起こらないし，語順の変化が見られないが，この場合，wh 移動は適用されないのだろうか．

(4) a.　**Who** has seen the wind?　　　　　　　　(C. Rossetti, *Sing-Song*)
　　　　（誰が風を見たでしょう）
　　b.　**Who** is coming to the party?　（誰がパーティーに来るのですか）
　　c.　**Who** helped you?　（誰が助けてくれたのですか）

しかし，主語にかぎって wh 移動を免れるという例外規定を設けるのでは，理論上好ましくない．そこで，主語の場合も，wh 句が [SPEC,CP] に移動すると仮定してみよう．すると，(4a) の wh 移動は，次のように図示できる．

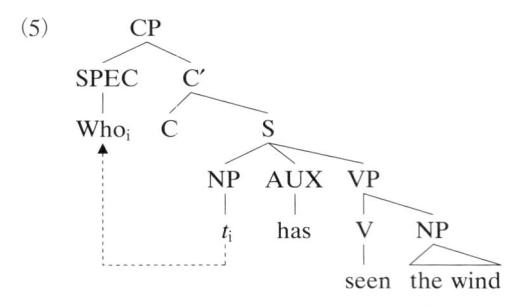

(5)
```
            CP
           /  \
        SPEC   C'
         |    /  \
        Whoᵢ C    S
               /  |  \
              NP AUX VP
              |   |   / \
              tᵢ  has V   NP
                     |   /\
                    seen the wind
```

　現に，スラブ諸語では，主語の wh 句が [SPEC,CP] に移動することが指摘されている．次は，Servo-Croatia 語の例である (Bošković 2000: 58)．

(6) Ko li sta   kupuje?
    who C what   buys
    'Who (on earth) buys what?'

この例では，ko 'who' が補文標識の li 'that'（それは，C の位置に基底生成されている）よりも前，すなわち，[SPEC,CP] の位置へ明示的に移動している．

38.3.2. 間接疑問文

　次に，間接疑問文の生成を見ておこう．

(1) I wonder what his name is.　（あの人の名前，なんと言うのだろうか）

ここでは，まず，is が (yes/no 疑問文を作るために) AUX の位置へ主要部移動され，次に，what が埋め込み文の頭 [SPEC,CP] へと wh 移動している．この場合も，wh 句は常に文頭に移動することがわかる．

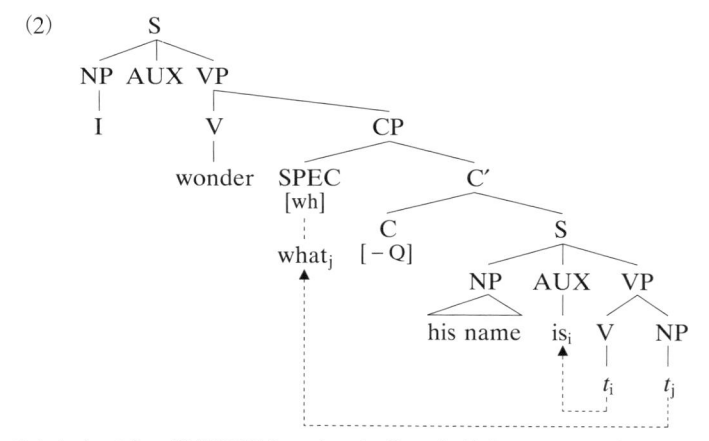

(2)
```
              S
           /  |  \
          NP AUX VP
          |   |   / \
          I   V   CP
              |  /  \
          wonder SPEC   C'
                 [wh]  /  \
                  |   C    S
                whatⱼ [-Q] /|\
                          NP AUX VP
                          |   |  / \
                       his name isᵢ V  NP
                                   |  |
                                   tᵢ tⱼ
```

　それにしても，間接疑問文では，なぜ，wh 節中で SAI が生じないのか．それは，CP の主要部 C が [-Q] であるため，SAI が生じないのである，と説明できる．
　ところで，(3) のような間接疑問文中の wh 句も，二つの S 接点を飛び越えて，一

気に最上位の文の [SPEC,CP] へ移動するのだろうか.
- (3) **What** did [s you say that [s you would do *t*]]?
   (君は，何をすると言ったんですか)

それはできない．なぜなら，wh 句が二つの S を一気に飛び越えてしまうので，Chomsky (1973) によって提案された，次の**下接の条件**に違反するからである．
- (4) 下接の条件 (subjacency condition)
   移動操作は，NP か S を一度に二つ以上飛び越えてはならない．

この問題を解決するためには，wh 句は痕跡の位置から一気に文頭へ移動するのではなくて，途中の [SPEC,CP] を経由しながら，文頭まで移動すると考えればよい．これを**連続循環的移動** (successive cyclic movement) と言う．
- (5) [What did [s you say [CP *t* that [s you would do *t*]]]

(5) のように，移動すると考えるなら，wh 移動は一度に一つの S しか飛び越えないことになるので，下接の条件違反は生じない．

類例：
- (6) **What** did you say *t* you were helping her with *t*?   (McBain, *He Who Hesitates*)（彼女の何を手伝っていると言ったんだい）

38.3.3. 架橋動詞と非架橋動詞

次の (1) と (2) の文とを比較せよ．
- (1) a. **What** did John *claim* *t* that Bill stole *t*?
      （ビルは何を盗んだ，とジョンは主張したのか）
  - b. **What** do you *think* *t* that John claimed *t* that Bill stole *t*?
      （ビルが何を盗んだとジョンが主張した，と君は思うのか）
- (2) a. ***What** did John *whisper* that Bill stole *t*?
      （ビルが何を盗んだ，とジョンは小声で言ったのか）
  - b. ***Who** did she *grumble* that John hit *t*?
      （ジョンが誰をぶった，と彼女は不平を言ったのか）
  - c. ***What clothes** did John *quip* that Mary wore *t*?
      （メアリーがどんな服を着ていた，とジョンは皮肉を言ったのか）

両者の違いは，主節の動詞にある．(1) の claim, think などの動詞は，wh 句が埋め込み文の CP の指定部から主節の CP の指定部へ移動する際の "橋渡し" の働きをしている．この種の動詞を**架橋動詞** (bridge verb) と言う．一方，(2) の whisper, grumble, quip のような動詞は，このような "橋渡し" をしていない．この種の動詞は**非架橋動詞** (non-bridge verb) と呼ばれる．
- (3) a. 架橋動詞： think, claim, say, believe, expect, tell, realize, feel, etc.
  - b. 非架橋動詞： complain, grumble, grieve, jeer, quip, whisper, etc.

非架橋動詞の意味特徴の一つは，'V in x manner' のように発話様態を示す副詞的

要素を含んでいるために意味が複雑になっていることである．このことが橋渡しの障害になると考えられる．

38.3.4. 島の制約

wh 句の移動が許されないのは，"非架橋動詞"の場合だけではない．Ross (1967) の研究を中心に，ある特定の構造内からは wh 句を移動することができないことが明らかになった．そういう構造は，メタファー的に "島" (island) と呼ばれ，さまざまな「島の制約」(island constraints) が提案されてきた．

① **複合名詞句制約** (complex NP constraint)： 複合名詞句から wh 句を抜き出すことは許されない（同格節・関係節のどちらも不可になる）．

(1) a. *__Who__ do [s you believe [NP the claim that Bob saw *t*]]？ ［同格節］
   b. *__Who__ do [s you know [NP the boy who Mary kissed *t*]]？ ［関係節］

② **文主語制約** (sentential subject constraint)： 文主語から wh 句を抜き出すことは許されない．

(2) *__Who__ did [s [CP that [s John kissed *t*]] surprise Mary]？

③ **主語条件** (subject condition)： 主語句から wh 句を抜き出すことは許されない．

(3) *__Which book__ did [s [NP talking about *t*] become difficult]？

④ **付加部条件** (adjunct condition)： 付加部から wh 句を抜き出すことは許されない．

(4) *__What__ did [s John leave [PP before [s PRO fixing *t*]]]？

⑤ **wh 島の制約** (*wh*-island constraint)： wh 節から wh 句を抜き出すことは許されない（CP の指定部にすでに wh 語が存在するので，抜き出しが阻止される）．

(5) *__Who__ do [s you wonder [CP where [s John met *t*]]]？

以上のような「島の制約」は，wh 移動が許されない場合を一つ一つ制約として記述している点で，理論的には好ましいものではない．そこで，Chomsky (1973) は，**下接の条件** (subjacency condition) として，これらの制約を一つにまとめることを提案した．

(6) 下接の条件
    移動操作は，NP か S を一度に二つ以上飛び越えてはならない．

下接の条件によれば，(1) から (5) の非文法性は正しく説明できる．ところが，この条件でもうまく説明できない現象がある．例えば，次の例を考察せよ．

(7) a. *__Who__ do [s you think [CP *t* that [s *t* saw Mary]]]？
       （誰がメアリーを見たと思いますか）［日本語のド系は移動しないので文法的］
   b. __Who__ do [s you think [CP *t* that [s John saw *t*]]]？
      （ジョンは誰を見たのだ，と思いますか）

この場合，wh 句の移動は，補文の CP の指定部を経由するので，(7a, b) はともに下接の条件を遵守しており，どちらも文法的であるはずである．ところが，非文法的なのは (7a) の補文内の主語の wh 移動だけで，(7b) の補文内の目的語の wh 移動は

完全に文法的である．このような，主語と目的語の非対称性（asymmetry）をどう説明したらいいだろうか．

さらに，次の二つの文を比較せよ．

(8) a. *__Who__ did [$_S$ [$_{NP}$ a picture of *t*] surprise you]?
（誰の絵があなたを驚かせましたか）
 b. __Who__ did [$_S$ you see [$_{NP}$ a picture of *t*]]?
（誰の絵をあなたは見たのか）

この例はどちらも，1回の移動でNPとSとを越えているので非文法的になるはずであるが，実際は(8a)のみが非文法的である．したがって，これも，下接の条件では説明できない．

まず，(7a)と(7b)の非対称性から見ていこう．(7b)の補文内の痕跡は，語彙範疇であるV(＝saw)によって統率されているが，(7a)の痕跡は，語彙範疇によって統率されていない．この違いに着目したChomsky (1981: 250)は，空範疇を認可する次の原理を提唱した．

(9) 空範疇原理（empty category principle, ECP）
痕跡は，適正に統率（properly govern）されなければならない．

適正統率は，次のように定義される．

(10) 適正統率
α が β (＝痕跡) を統率し，α が語彙範疇 (N, V, A, P) である場合，α は β を適正統率する．

すると，(7b)の目的語の痕跡は，語彙範疇V(＝saw)によって適正統率されているため文法的であるが，(7a)の主語の痕跡は，機能範疇AUXによって統率されているため非文法的になると説明される．

次に，(8)の二つの文の非対称性に移る．どちらの痕跡も語彙範疇P(＝of)の補部として適正に統率されている．したがって，この非対称性は，適正統率をもってしても説明できない．そこで，Huang (1982)は，痕跡ばかりではなく，痕跡を支配する句範疇も適正に統率されていなければならない，という__摘出領域条件__ (condition on extraction domain, CED) を主張した．

(11) 摘出領域条件（CED）
要素Aを範疇Bから取り出せるのは，B [＝句範疇] が適正統率されている場合に限られる．

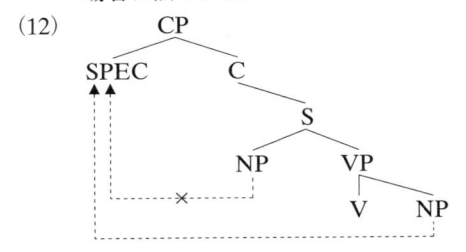

(12)
```
          CP
         /  \
       SPEC  C
              \
               S
              / \
            NP   VP
                / \
               V   NP
```

そうすると，(8b) の語彙範疇 see は，補部 NP (*ie* a picture of *t*) を適正に統率するので，補部内の要素 (*ie* who) を取り出すことができる．これに対して，(8a) の場合，主語 NP は語彙範疇の補部ではない，つまり，適正統率されていないので，そこからの取り出しは阻止されることになる．

38.4. 右方移動

右方移動 (rightward movement)，すなわち，ある構成素が右方 (= 文末) に移動するときには，次の二つの原理が働いている．

① **文末焦点の原理** (principle of end-focus)： 文末に新情報の焦点を置く．
- (1) This sonnet was written **by Wórdsworth**.
  (このソネットはワーズワスが書いた)
- (2) What I want is **móney**. （私がほしいのは，お金だ）
- (3) Then came **the second blów**. (Archer, *As the Crow Flies*)
  （次にきたのは，第二の衝撃だった）

② **文末重心の原理** (principle of end-weight)： 重い (= 複雑な) 構成素を文末に回す．
- (4) It is a pity **that we missed the show**. （そのショーを見損なったのは残念だ）
- (5) It surprised me **to hear him say that**.
  （彼がそんなことを言うのを聞いて驚いた）

(4), (5) では，太字体の部分が旧情報を伝え，主節が新情報を伝えている．

ただし，この二つの原理は，相互排除的なものではない．次の例の that 節は，新情報を伝えると同時に，重い構成素として文末に回されているので，上の二つの原理が同時に働いていると見なければならない．

- (6) It seems **that the bank was robbed last night**.
  （その銀行は，昨夜強盗に入られたらしい）

38.4.1. 形式主語

節形式の主語は，「文末重心の原理」に従って，文末に回され，空になった主語の位置に形式主語の it が挿入される．

- (1) a. *It* is a pleasure **to teach her**. （彼女を教えるのは喜びだ）
  [Cf. *To teach her* is a pleasure.]
  b. *It* was impossible **for anyone to escape**.
  （誰にせよ逃れることは不可能だった）
  c. Is *it* a fact **that you are going to be married**?
  （あなたが結婚するというのは本当ですか）
  d. *It* doesn't matter **which one you choose**.
  （君がどちらを選んでもかまわない）
  e. *It*'s doubtful **whether he will be able to come**.

　　　　　　　　　　第38章　要素の移動　　　　　　　　　　863

　　（彼が来られるかどうか疑わしい）

NB　it seems/happened/is said などでは，右方移動が義務的である．「文末焦点の原理」が働くからである．
　　(i)　It seems **that everything is fine**.　（万事 OK のようだ）
　　(ii)　It happened **that he was out**.　（彼はたまたま外出していた）
　　(iii)　It is said **that he is a great scholar**.　（彼は大学者だと言われている）
　It may/could be that の場合も，同様なことが言える．
　　(iv)　It may be **that she is right**.　（もしかしたら，彼女の言うとおりかもしれない）
　　(v)　Could it be **that you left your keys in your office**?　　　　（Quirk et al. 1985）
　　　（ひょっとしたら事務所に鍵を忘れたのではないですか）

38.4.2. 形式目的語

SVOC 型や SVOA 型の文で，直接目的語が to 不定詞や that 節の場合は，義務的に文末に回される．一方，動名詞の場合は，随意的である．

① SVOC 型の場合
　(1)　I make *it* a rule **to get up at seven**.　（私は 7 時に起きることにしている）
　　　[Cf. *I make *to get up at seven* a rule.]
　(2)　I made *it* clear to him **that he must study harder**.
　　　（もっと勉強しなければならないことを彼に悟らせてやった）
　(3)　You must find *it* exciting **working here**.
　　　= You must find **working here** exciting.
　　　（ここで働くのは，さぞ刺激的でしょうね）

② SVOA の場合
　(4)　I owe *it* to you **that the jury acquitted me**.　（陪審が私を無罪にしたのは，あなたのおかげです）[Cf. *I owe *that the jury acquitted me* to you.]
　(5)　Something put *it* into his head **that she was a spy**.　　　（Quirk et al. 1985）
　　　（彼女はスパイだ，と彼は何となく思った）
　　　[Cf. *Something put *that she was a spy* into his head.]
　(6)　She took *it* into her head **that the reasons for his conduct was chivalrous**.　　　　　　　　　　　　　　　　　（Maugham, *Of Human Bondage*）
　　　（彼があんなふるまいをした動機は義俠的なものだ，と彼女は考えた）

38.4.3. 名詞句からの外置

名詞句の中から同格節・関係節・前置詞句を，文末に移動する規則を「**名詞句からの外置**」（extraposition from NP）と言う．

[A]　主語からの外置
　(1)　[A review *t*] appeared **of my latest novel**.　（私の最近の小説の書評が出た）
　(2)　It's just that [something *t*]'s happened **that** *worried me*.　（Archer, *As the Crow Flies*）（心配なことが起こっただけのことです）
　(3)　[A rumor *t*] circulated widely **that** *John was engaged to a foreign*

princess.　(ジョンが外国の王女と婚約したといううわさが広まった)
(4) [The legend *t*] grew **that he was a vampire**.　　(Sheldon, *Windmills of the Gods*)　(彼は，吸血鬼だという伝説が生まれた)
(5) It is [the only chance *t* there is] **of stopping them**.　　(Sheldon, *The Doomsday Conspiracy*)　(それが彼らを阻止する唯一のチャンスです)
(6) The longer he is in view, the greater [the chance *t*] the Secret Service helicopters will have **of spotting him**.　　(Archer, *Shall We Tell the President?*)　(彼の姿が見える時間が長いほど，秘密検察局のヘリが彼を見つけるチャンスが大きくなるわけだ)

次例では，They who ... は不自然なので，外置はほぼ義務的である (p. 773 (7c) の例も参照).
(7) They are good hounds **who run silent**.　(吠えずに走るのがよい猟犬なんだ)
ただし，wh 節が外置されない読み (彼らは黙って走るよい猟犬だ) も可能である.

[**B**]　目的語からの外置
(8) John read [a book *t*] over the summer **by Chomsky**.
　　(ジョンは，ひと夏かけてチョムスキーの本を読んだ)
(9) I met [several people *t*] yesterday **who we had known for a long time**.
　　(きのう古くから知っている数人の人々に会った)

外置の動機は，いずれの例でも「文末重心の原理」が働いている，と考えられる.

NB 1　ところで，外置された要素は，どこへ移動するのだろうか．一般に，主語からの外置要素は S に，目的語からの外置要素は VP に，付加 (adjoin) されると考えられている.
　(i)　主語からの外置

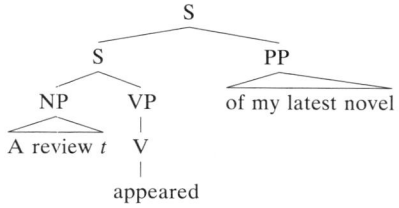

```
              S
           /     \
          S       PP
        /   \     |
       NP    VP   of my latest novel
       |     |
    A review t  V
                |
             appeared
```

　(ii)　目的語からの外置

```
              S
           /     \
          NP      VP
          |     /    \
         John  VP     PP
              /  \     |
             V'   PP   by Chomsky
            / \    |
           V  NP   over the summer
           |   |
          read a book t
```

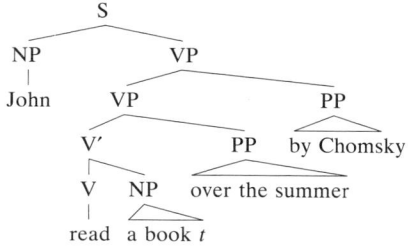

NB 2　ときに主語補語からの外置もある．補語は VP 内部にあるので，VP に付加されると考えられる.

(i) [What business *t*] is it **of yours**? = What business of yours is it?
　　（それは君にどんなかかわりがあるのかね）［お節介無用］

38.4.4. 重名詞句転移

　他動詞の目的語が前置詞句や節を伴って重くなって（＝複雑になって）いる場合，その目的語は，やはり，「文末重心の原理」に従って，随意的に文末に回すことができる．この現象は，**重名詞句転移** (heavy NP shift, HNPS)，または**複合名詞句転移** (complex NP shift) と呼ばれる．

(1) a. *I met yesterday a woman.
　　b. I met *t* yesterday **a woman in white**. （私はきのう，白衣の女に会った）

一般に，他動詞と目的語とは「隣接して」(adjacent) いなければならないが，(1a) はその隣接条件を満たしていないために非文法的であるが，(1b) では，重名詞句の残した痕跡 *t* が隣接条件を満たしているので文法的である．

　重名詞句転移は，(2)-(4) のような SVOA 型の文にも適用される．

(2) Let me introduce *t* to you **Hercule Poirot**, **the famous detective from Belgium**. （皆さんにご紹介しましょう，ベルギー生まれの高名な探偵，エルキュール・ポワロさんです）
(3) John put *t* in his car **all the boxes of his books**.
　　（ジョンは，車に自分の本を入れた箱を全部積み込んだ）
(4) Give *t* back to Ireland **her nationality**, **her individual existence**. 　　(H. H. Asquith)（アイルランドに返せ，その民族性を，その独自の存在を）

さらに，(5)-(8) のような SVOC 型の文の目的語にも適用される．

(5) They pronounced *t* guilty **every one of the accused**.
　　（彼らは，被告人すべてを有罪と宣告した）
(6) He had called *t* an idiot **the man** *on whose judgment he now had to rely*. （彼は，いまやその判断に頼らなければならなくなった男を，かつて阿呆呼ばわりしていた）
(7) Even if these descriptions are valid they still leave *t* open **a number of questions**. 　　(BNC)
　　（これらの記述は妥当ではあるが，まだいくつかの問題が未解決のままである）
(8) I reported *t* to be drunk **the new employee** *who arrived at 9:01*. 　　(Postal 1974)（私は，9時1分にやって来た新米の従業員が酔っていたと報告した）

重名詞句転移には，前置詞の目的語や間接目的語を文末に回すことはできないという制約が課せられている．

(9) *I bought it for *t* yesterday **every friend of mine in Ray Town**.
(10) *John gave *t* a book about roses **the girl from Spain**.

NB 1　次の二つの文を比較せよ．
　　(i) I **tore** the package **open**. （小包を破いて開けた）

(ii)　**I tore open** the package.　（同上）　　　　　　　　　　（以上 OALD⁶)

　tear-open については，二つの説明が可能である．*1)* open は，(i), (ii) のどちらでも目的語補語である（厳密には，結果構文（§37.4.5.2.6））．*2)* (ii) の tear open では，複合動詞になっている．目的語を文末に回したのは，文末焦点のためである．

　以下の例も，(ii) と同様に考えることができる．
　　　(iii)　She **threw open** the door.　（彼女はさっとドアを開けた）
　　　(iv)　I'll **make good** your loss.　（君の損失の埋め合わせをするよ）［＝compensate］
　　　(v)　He **thought/saw fit** not to recognize me.
　　　　　（彼は，そしらぬ顔を決めこんだ）［＝decided］

NB 2　次の (i), (ii) も，重名詞句転移の例である．(iii) は，目的語が移動していないので，重名詞句転移の例とは言えない．しかし，目的語補語を前置することで，目的語を際立たせているので，「文末焦点」の例と見ることもできるし，重名詞句転移にひねりを加えた例（拡張用法）と見ることもできる．
　　　(i)　But as we rode along I saw **coming toward us** the doctor in his dogcart.
　　　　　(Maugham, *Cakes and Ale*)（しかし，馬車で行っているとき見えたのは，二輪馬車でこちらにやって来る医師の姿だった）
　　　(ii)　Now I see **seated in front of me** men and women.　(Archer, *The Prodigal Daughter*)（いま私の前には男性と女性の皆さんがすわっておられます）
　　　(iii)　He had not gone far, when **coming on towards him** he beheld the portly gentleman,　(Dickens, *A Christmas Carol*)（遠くまで行かないうちに彼の目にとまったのは，こちらにやってくる，例のでっぷり太った紳士だった）

NB 3　動詞の直接目的語としての重名詞句は，前節で扱った目的語からの外置と同様に，VP に付加されると考えられている．

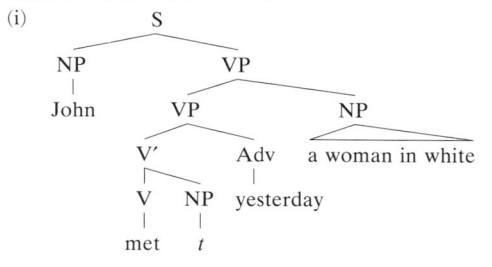

　　　(i)
```
              S
           ／    ＼
          NP      VP
          │     ／  ＼
         John  VP    NP
              ／＼    │
             V'  Adv  a woman in white
            ／＼  │
           V  NP yesterday
           │   │
          met  t
```

第39章

文の機能

39.1. 平叙文

39.1.1. 平叙文の機能

平叙文は，通例，'S＋V' の語順で，音調は下降調を用いる．その第一義的な機能は，聞き手に情報を伝達することである．

(1) a. John will come tomorrow. （ジョンはあす来るだろう）
  b. Paris is the capital of France. （パリはフランスの首都である）

しかし，語用論的には，情報伝達に加えて，さまざまな，場面に依存する含意（＝発話内の力）をもつのが普通である．

(2) a. You can't smoke in here. （この部屋でたばこを吸ってはいけない）〈命令〉
  b. I won't do that again. （そんなことは二度としません）〈約束〉
  c. I'll break your neck for you! （首をへし折ってやるぞ）〈脅迫〉
  d. We'll start early, John. （早めに発とうよ，ジョン）〈勧誘〉

また，公園でデートをしているときに，Mary が John に向かって，(3) のように言ったとする．この発話の言語内的な意味は，「寒けがする」以外の何ものでもないが，会話の含意 (conversational implicature) によって，(4) のように，さまざまな "力" (force) をもつことができる (Makkai 1972)．

(3) I'm chilly. （あたし，寒けがする）
(4) a. Let's go in. （屋内に入りましょうよ）
  b. Shall we stop dating? （デート，やめない？）
  c. Lend me your anorak. （あなたのアノラック，貸して）
  d. Hug me. （あたしを抱いて）

そのいずれの含意があるかが推察できない場合，John 君は，「気のきかない，野暮な男の子」ということになる．

39.1.2. 平叙文と語用論

われわれは，日常生活において，言葉を使って〈約束〉，〈警告〉，〈勧誘〉，〈主張〉，〈要請〉，〈命令〉，〈質問〉などの行為をしているわけであるが，**語用論** (pragmatics) は，そのような行為的な意味（あるいは，場面依存的な意味）の研究を課題としている．

Austin (1975[2]) によれば，発話行為 (speech act) は，次の三つの行為から成る．
① 発語行為 (locutionary act)： ある文を発話する．
Do what I tell you, or else! (言うとおりにしろ，さもないと！)
② 発語内行為 (illocutionary act)： ①を発話して聞き手を〈脅迫〉する．
③ 発語媒介行為 (perlocutionary act)： ①，②の行為によって，相手に命令を実行させる．

言語学的意味論は，①の意味分析を対象とするのに対して，行為的意味を研究する語用論は，むしろ，②の意味を研究の主対象とすると言える．前者は "X means Y" という2項関係であるのに対して，後者は "Speaker means Y by saying X" という3項関係を表すと言ってもよい．

②の意味は，文字どおりの意味とは別の含意である．Grice (1975) によれば，含意には，次の2種類がある．
(1) 慣習的な含意 (conventional implicature)： 言語慣習上含意される意味．
(2) 会話の含意 (conversational implicature)： 会話内容から含意される意味．

例えば，〈米〉で Your Honor と呼びかければ，相手は裁判官であることが慣習的に決まっているし，フランス語で *Tu* es étudiante à l'Université de Paris. (君はパリ大学の学生だね) と言えば，tu の使用によって話し手のほうが社会的地位が高いこと，étudiante（女性名詞）によって相手が女性であることが慣習的にわかる．一方，前節の (4) の諸例の含意は，場面依存的な〈会話の含意〉である．

NB 平叙文の終わりに，Period.〈特に米〉/Full stop.〈英〉(以上／終わり) を付けて，その問題についてはこれ以上言うことはないことを強調する用法がある (Chomsky の論文中でも使用されているし，日本語にも同様な使い方がある)．
　(i) The answer is no, **period**! (OALD[6]) (答えはノーだ，以上！)
　(ii) I've already told you — we can't afford it, **full stop**! (Ibid.)
　　　(もう言ったじゃないか——われわれにはそんな余裕はない，以上だ！)
　(iii) よろしいな，今回を最後に余計な口出しはせんように．以上．
　　　　　　　　　　　　　　　　　　　　　　　　　　　　　(内田康夫『箸墓幻想』)

39.2. yes/no 疑問文

[A] yes/no 疑問文は，普通，ある文の命題内容の真偽を尋ねるのに用いられる．'V+S' の語順転倒と，通例，上昇調によってシグナルされる．
(1) "**Has** John arrived?" ↗ "Yes, he has."/"No, he hasn't."
　　(「ジョンは来ましたか」「ええ，来ました／いいえ，まだです」)

次の (2), (3) は一見，後述の選択疑問文 (alternative question) のように見えるけれども，yes/no で答えられるので，選択疑問文ではない．
(2) "**Are** you ready or are you not?" ↗ "Yes, I am (ready)."/"No, I am not (ready)."
　　(「用意はできましたか，できませんか」「ええ，できました」／「いいえ，まだです」)

(3) "**Have** you neither seen nor heard of it?" ↗ "No, I have neither seen nor heard of it." (「そのことを見たことも聞いたこともないのか」「ええ、見たことも聞いたこともない」)

yes/no 疑問文は命題の真偽を尋ねる文である、と上で言ったが、これは無標の疑問文で、文強勢が文末の語に置かれた場合である。有標の疑問文では、文末以外の語に文強勢を置いて、その特定の語を疑問の焦点にすることができる。

(4) a. Is MARY a music teacher?
((ほかの人のことではなく)メアリーが音楽教師なのですか)
b. Is Mary a MUSIC teacher?
(メアリーは(歴史の教師ではなく)音楽教師なのですか)

[B] **肯定/否定の予想**： yes/no 疑問文に some, already などの**肯定極性項目** (positive polarity item)[1] を使用する場合は、話し手の側に「肯定」の予想がある。

(5) a. **Did** *someone* call last night? (ゆうべ、誰か電話してきたんだね)
b. **Would** you like *some* coffee? (コーヒーを召しあがれ)
c. **Has** the boat left *already*? (船はもう出たのかい)

倒置を伴わない疑問文でも、通例、肯定の予想がある。

(6) a. There are some other elms? (ほかにニレの木があるんだね)
b. You are afraid of *something*?　　(Doyle, *Memoirs of Sherlock Holmes*)
(君は、何か怖がっているんだね)

これに対して、yes-no 疑問文に**否定極性項目** (negative polarity item)[1] の一つである ever を使うと、話し手の側に「否定」の予想があることがわかる。

(7) **Is** he *ever* at home?
(あの男、そもそも家にいることがあるのか)[まず、ないのではないか]

否定の yes/no 疑問文を用いる話し手の心理は、かなり屈折したもので、まず、「A だと思う」という肯定の予想をしていたのに、まだ A でない現実に対する〈失望〉や〈いらだち〉が表明される場合がある。

(8) **Hasn't** the boat left *yet*?
(船はまだ出ていないのか)[出たと思っていたのに、がっかりだ]
(9) **Aren't** you ashamed of yourself?
(君は自ら顧みて恥ずかしくないのか)[恥じて当然なのに、恥じていないらしい]

次に、頻度は落ちるが、否定の yes/no 疑問文に some, already などの肯定極性項目が用いられている場合がある（この場合、some, already は否定の作用域 (scope) の中に入っていない）。

(10) a. **Hasn't** the boat left *already*? (船はもう出たんじゃなかったのか?)

---

1. 肯定極性項目は、some, too, already など否定の作用域に入りえない語。否定極性項目は、any, ever など否定の作用域にしか生じない語を言う。

b.　= Isn't it so [that the boat has *already* left]?
(11) a.　**Didn't** you publish *some* poetry back in 1970?
　　　　（むかし 1970 年に少々詩を発表したのではありませんか）
　　b.　= Isn't it so [that you published *some* poetry back in 1970]?

(10a) は (10b) と，(11a) は (11b) と，それぞれ同義であり，already も some も否定の作用域の外にある．

39.3.　wh 疑問文

wh 疑問文は，文の一部に不明の要素がある場合，その要素を疑問詞 (Which car, How old などでわかるように，厳密には wh 語ではなく，wh 句) にし，その部分のみに関する情報を求めるものである．疑問詞を焦点とする部分的質問である以上，yes/no で答えることはできない．英語では，疑問詞は義務的に文頭に回され，音調は普通，下降調である．

39.3.1.　直接疑問文

(1) a.　[NP **What**] do you want *t*?　（何がほしいのか）[*t* は wh 句の痕跡]
　　b.　[NP **Which car**] will John buy *t*?　（どの車をジョンは買うのか）
　　c.　[AP **How old**] does he look *t*?　（彼は何歳に見えますか）
　　d.　[Adv **Where**] do you live *t*?　（君，どこに住んでいるの）
　　e.　[Adv **When**] did you hear about it *t*?　（そのことをいつ聞いたのか）
　　f.　[Adv **Why**] didn't you call me *t*?　（なぜ電話をくれなかったのか）

主語が疑問詞化される場合は，強調でないかぎり，*do*-support がないので，次に示すように，'wh + V' の語順になる．

(2) a.　**Who** opened my letter?　（誰が私の手紙を開封したのか）
　　b.　**Someone** opened my letter.　（誰かが私の手紙を開封した）

この場合，(b) 文は，(a) 文の前提である．

次例では，疑問詞が主語でありながら，強調の do が挿入されている．

(3)　**Who** *does* know it if he don't?　　　　　　　　　　　(Faulkner, *Sanctuary*)
　　（あの人が知らないとしたら，いったい，誰が知ってるんでしょう）
(4)　"**Who** *did* back you in the end?" asked Henry.　　　(Archer, *The Prodigal Daughter*)（「いったい，誰が君を最後に支援してくれたのかね」とヘンリーが聞いた）
(5)　**Who** *did* know the existence of that letter?　　　　(Doyle, *The Return of Sherlock Holmes*)（そんな手紙があることを，いったい，誰が知っていたのか）
(6)　**Who** *did* [sic] kill him, Edward?　　　　　　　　　(Christie, *The Hollow*)
　　（いったい，誰が彼を殺したのよ，エドワード）

NB 1　What is the capital of France?（フランスの首都はどこですか）に対する答えとしては，次の (i), (ii) が可能である．
　　(i)　Paris is.　　　　(ii)　It's Paris.

"what" を主語ととる人は，(i) の答えをし，"capital" を主語ととる人は，(ii) の答えをするわけである．
NB 2　間接目的語を疑問詞化することは許されない．
  (i)　***Who**(**m**) did you give the present?
その代わりに，to who(m) という前置詞句形式を用いる．(ii) は〈略式体〉，(iii) は〈格式体〉．
  (ii)　**Who**$_i$ did you give the present **to** t_i?　（誰にそのプレゼントを上げたのか）
  (iii)　**To whom** did you give the present?

39.3.2.　間接疑問文
wh 節が疑問を表す動詞の目的語になっている場合である．
  (1)　Do you know **when** *she will arrive*?　　　　　　　　　　　　　(RHD²)
  　　（彼がいつ着くか知っていますか）
  (2)　I know **why** *he's worried*.　（彼がなぜ心配しているか知っている）
  (3)　I wonder **where** *they will take us to*.　　　　　　　　　　　　(OALD⁶)
  　　（いったい，どこへ連れてってくれるのだろう）
  (4)　Tell me **what** *your name is*.　（名前は何というのか，教えてくれ）
  (5)　I don't know **how** *the system works*.　　　　　　　　　　　　(MED)
  　　（このシステム，どう動くのか知らない）
次の文では，疑問詞が主語であるが，動詞を強調するため do が挿入されている．
  (6)　'Do you know **what** *did* [sic] *kill that girl*?' said Harry.
　　　　　　　　　　　　　　(Rowling, *Harry Potter and the Chamber of Secrets*)
  　　（「何であの女の子が死んだか知ってるかい」とハリーが言った）

39.3.3.　多重 wh 疑問文
多重 wh 疑問文 (multiple *wh*-question) は，一つの文に二つ以上の wh 句がある疑問文を言う．次の二つの文を比較せよ．
  (1) a.　**Who** bought **what**?　（誰が何を買ったのか）
  　　b.　***What**$_i$ did **who** bought t_i?

主語が wh 移動した (1a) が文法的なのに，目的語が wh 移動した (1b) は，なぜ，非文法的になるのだろうか．二つの説明法が考えられる．一つは，**優位性条件** (superiority condition) (Chomsky 1973) によるものである．樹形図において，範疇 A が範疇 B よりも高い位置にある場合，A は B よりも優位 (superior) であると言い，ある変形が A, B 両方に適用可能な場合は，優位のほうに適用されるとするものである．この条件に従えば，優位の位置にある主語 who が wh 移動した (1a) が文法的で，下位の what が wh 移動した (1b) は非文法的ということになる．
　もう一つの説明法は，**最小連結条件** (minimal link condition, MLC) (Chomsky 1995: 311) によるものである．これは，ある要素が移動する場合は，最も近い移動先へ移動しなければならない，というものである．この条件に従えば，主語の who のほうが，目的語の what よりも移動先 (CP の SPEC) に近いので，(1a) のように，who が移動する．そして，(1b) のように，より遠い what を移動させた文は非文

法的だと説明される．

 NB 作家の文の中には，「優位性条件」に違反している例も見いだされる．次例は，目的語の what が主語の who よりも上の位置に移動している．
  (i) "**What** who had said *t*?" "Joyce." (Christie, *Hallow'en Party*)（「誰が何と言ったって」「ジョイスですよ」）[？「何と誰が…」は，日本語でもおかしい]

39.4.　その他の疑問文

39.4.1.　選択疑問文

 選択疑問文 (alternative question) は，A, B (, C) のいずれであるかを尋ねる疑問文で，wh 疑問文と同様に，yes/no で答えることができない．wh 句のない形式と，wh 句のある形式がある．音調は通例，or [ɔːr] の前が上昇調，あとが下降調となる．
 (1) A: **Shall** we go by bus ↗ **or** by train? ↘
     （バスで行きますか，それとも電車にしますか）
   B: (Let's go) By bus. （バスで行きましょう）
 (2) **Is** she an actress, ↗ **or** a student, ↗ **or** what? ↘ (Coward, *The Vortex*)
   （彼女って，女優ですか，学生ですか，それとも何ですか）
 (3) で，Which size は want の目的語の位置から wh 移動を起こしている．small, medium or large は，Which size と同格である．(4) も同じ構造をしている．
 (3) [**Which size**] do you want *t* ― small, ↗ medium ↗ **or** large? ↘ (Swan 1995)（どのサイズをお望みですか――小ですか，中ですか，それとも大ですか）
 (4) A: [**Which ice-cream**] would you like *t* ― chocolate, ↗ vanilla, ↗ **or** strawberry? ↘ （どのアイスクリームがいいですか，チョコレートですか，バニラですか，それともストロベリーですか）
   B: I'd like vanilla. （バニラがいいです）
 (1) の文を次のような音調で発言すれば，当然，yes-no 疑問文になる (Quirk et al. 1972: 399)．
 (5) A: **Shall** we go by bus or by train? ↗ （バスか電車で行きますか）
   B: No, let's take the cár. （いいや，車にしよう）

39.4.2.　付加疑問文

 付加疑問文 (tag-question) は，命題内容が真か偽であるかを前提とした上で，相手の同意を求める疑問文である．話し言葉特有の語法で，R. Lakoff (1973) によれば，特に女性によって多用される．日本語では文末助詞の「ね」，フランス語では *n'est-ce pas?*，ドイツ語では *nicht wahr?* が対応する．
 (1) John likes his job, **doesn't he?** （ジョンは，自分の仕事が好きなんだね）
 音調は二とおりあって，自分の言明の正しさを確信していて，相手に同意してほしい場合は下降調 (↘)，確信がなくて相手に yes か no かで答えてほしいときは，上昇調 (↗) を用いる．普通，肯定の言明には否定の付加疑問文を付け，否定の言明に

は肯定の付加疑問文を付ける．

主文に助動詞があれば，付加疑問文ではそれを繰り返し，主文が一般動詞で助動詞がないときは，'*do*-support' を適用する．

[A] 「肯定の主文＋否定の付加文」の例
(2) a. You *will* tell him, **won't you?** （彼に言ってくれますね）
　　 b. The boat *has* left, **hasn't it?** （船は出たんですね）
　　 c. John recognized you, **didn't he?** [*do*-support]
　　　 （ジョンは，君が誰だかわかったんだね）

[B] 「否定の主文＋肯定の付加文」の例
(3) a. Jean *didn't* recognize you, **did she?**
　　　 （ジーンは，君が誰だかわからなかったんだね）
　　 b. You *won't* tell him, **will you?** （彼に言わないよね）
　　 c. The boat *hasn't* left, **has it?** （船は出てないよね）

[C] ときに，主文も付加疑問文もともに肯定，またはともに否定の形式が用いられる．これは，**共感疑問文** (sympathetic question: Kruisinga 1932)，**評言疑問文** (commentative question: H. E. Palmer 1939) などと呼ばれる構文で，相手の陳述に対する関心，ときには皮肉・怒りを表すために用いられる（例文中の斜字体部に注意）．音調は，一般に上昇調で，文頭に oh, so などの間投詞を伴うことが多いのが特徴である．

(4) a. "*Oh*, **you do**, **do you?**" he *snarled*.　　　(Doyle, *Memoirs of Sherlock Holmes*)（「ああ，そうかい，そうかい」と彼は<u>どなった</u>）
　　 b. "It's fine." "*Oh*, it's fine, **is it?**" *growled* the savage.
　　　 （「結構です」「へえー，結構かい，そうかい」と野蛮人が<u>うなるように言った</u>）
　　 c. '*Oh*, it's you, **is it?**' the stall-holder said, *eyeing him with uneasy distaste*. (Greene, *Brighton Rock*)（「おや，おまえかい」と露天商は，<u>不安と嫌悪のまなざしを相手に向けながら言った</u>）
　　 d. Mrs. Kettering in?　 *Oh*, she's out, **is she?**　　　(Christie, *Blue Train*)
　　　 （ケタリングさんはご在宅ですか．ああ，お留守ですか，そうですか）
(5) a. *So* that's the best explanation you can give, **is it?**　　　(Doyle, *The Lost World*)（じゃ，そいつが君にできる一番いい言い訳かい，うん？）
　　 b. *So* you fell for that stuff, **did you?**　　　(Christie, *Blue Train*)
　　　 （じゃあ，そんな文句にまいったわけ，へえー？）

否定の主文に否定の付加疑問文の付く例は〈まれ〉のようである (cf. H. E. Palmer 1939: 267).

(6) a. *So* he wouldn't come, **wouldn't he?**
　　　 （じゃ，やっこさん来ないのかい，うん？）
　　 b. "You can't catch me." "**I can't, can't I?**"
　　　 （「君には，おれをつかまえられないよ」「つかまえられないって，そうかな」）

NB 日本語にも共感疑問と見ていい例がある．
(i) 「私には，私に課せられたお役目というものがございます．それをしているのです」
「お役目」その言葉を口の中で転がし，揶揄するように，武左衛門は繰り返した．
「なるほど，お役目か」　　　　　　　　　　　　　（宮部みゆき『震える岩』）

39.4.3. 平叙疑問文

平叙疑問文（declarative question）は，平叙文と同一の語順 'S + V' を用い，上昇調（↗）で発音される（書き言葉では，文末に疑問符を付ける）．

これは，命題内容が真または偽であることを前提とした上で，相手の同意を求めるもので，**示唆疑問文**（suggestive question: Kruisinga 1932: 520）とも呼ばれる．

(1) a. John will be there, I suppose? （ジョンは，そこにいるんだろうね）
    b. He didn't win the race? （彼は，レースで優勝しなかったんだね）

(1a) では yes の答えが予想され，(1b) では no の答えが予想されている．(1a) の I suppose は，yes/no 疑問文では起こりえないものである点に注意．

また，次例のように，any のような否定極性項目が生じない点にも，この構文の平叙文的な性格がうかがわれる．

(2) a. *The guests have had *anything* to eat?
    b. The guests have had *something* to eat?
       （お客には何か食べ物があったんだね）

39.4.4. 感嘆疑問文

感嘆疑問文（exclamatory question）は，疑問文の形式を備えてはいるが，答えを要求するものではなく，感嘆的に断定するという「発話内の力」をもつ．典型的なものは，否定の yes/no 疑問文で，下降調の音調で発音される（書き言葉では，感嘆符を付ける）．

(1) a. **Isn't she** a sweet girl! ↘ （かわいい女の子じゃないか！）
    b. **Hasn't she** grown! ↘ （彼女，大きくなったじゃないか！）

きわめて〈略式的〉なスタイルでは，肯定の yes/no 疑問文も用いられる．通例，"操作詞"（= 助動詞）と主語の双方が強勢をうける（Quirk et al. 1985: 825）．

(2) a. **Ám Í** húngry! ↘ （腹がへったのなんのって！）
    b. **Hás shé** grówn! ↘ （彼女，大きくなったねえ！）
    c. **Díd hé** look annóyed! ↘ （やっこさん，ひどく怒った顔をしてたねえ！）
    d. Man, **cán Árcher** spin a tale. (*Los Angeles Times*) （いやあ，アーチャーは物語が書けるじゃないか）[Jeoffrey Archer の小説の blurb]

39.4.5. 修辞疑問文

修辞疑問文（rhetorical question）は，形式は疑問文であるが，反語的に強意的な断定になり，普通，答えを求めない．通例，wh 疑問文で，音調は昇降調で，yes/no 疑問文の場合は，上昇調で発音される．

肯定の修辞疑問文は，強い否定の断定（assertion）になる．
- (1) Can any one doubt the wisdom of his action? ↗ (Quirk et al. 1985)（彼の行為の賢明さを誰か疑う者がいるだろうか）[=Surely no one can doubt ...]
- (2) a. Who knows? ↗↘ （誰が知っていようか）[=No one knows.]
  b. What does it matter? ↗↘
   （なんで問題になろうか）[=It doesn't matter at all.]

反対に，否定の修辞疑問文は，強い肯定の断定になる．
- (3) Doesn't one develop through one's passions? ↗
   （人は，情熱によって向上するのではないだろうか）
- (4) Who doesn't know? ↗↘（知らない者がいるものか）[=Everyone knows.]

NB What did I tell you?（私が言ったとおりでしょう）は，修辞疑問文の変種と考えられる．
- (i) '**What did I tell you?**' said Mr. Hynes.　　　　　(Joyce, *Dubliners*)
  （「私が言ったとおりだろう」とハインズさんが言った）

39.4.6. 疑問文の語用論的な意味

疑問文は，ただ，相手に情報を求めるばかりではなく，談話の場面では〈陳述〉，〈依頼〉，〈提案〉などの発話の力（illocutionary force）を伴って用いられる．例えば，前節の修辞疑問文は，〈陳述〉を表しているし，次の諸例は，〈依頼〉を表している．
- (1) a. Can you pass the salt?　（塩を取ってくれますか）
  b. Could you tell me the time, please?　（いま何時でしょうか）
  c. Will you post this letter for me?　（この手紙を投函していただけますか）

疑問文が〈依頼〉を表すということは，その行為が話し手の利益になるということである．Leech (1983: 108) は，(2) では，この順で間接的になり，したがって，より丁寧な表現になると言っている．
- (2) a. Will you answer the phone?　（電話に出てくれませんか）
  b. Can you answer the phone?
  c. Would you mind answering the phone?
  d. Could you possibly answer the phone?

次例の (3a) は〈質問〉，(3b) は〈提案・勧誘〉を表している．
- (3) a. Why aren't you a doctor?　（なぜ医者にならないの）
  b. Why don't you be a doctor?　（医者になったらどう?）

〈提案〉は，Why not ...? によっても表される．次の二つの文を比較せよ．
- (4) a. Why paint your house green?　（なぜ家にグリーンのペンキを塗るのか）
  b. Why not paint your house green?
   （家にグリーンのペンキを塗ったらどう?）

(4a) は，「そんな必要はない」という〈不賛成〉を表しているのに対して，(4b) は〈提案〉を表している．ところで，Why not ...? は，Why don't you ...? と同義なので，

(5a, b) は，(4a, b) にそれぞれ対応することになる．
  (5) a. Why should you paint your house green?
      b. Why don't you paint your house green?
また，次例では，(a) 文は〈勧誘〉を表しているが，(b) 文はいらだちをこめた〈要求〉を表している．
  (6) a. Won't you sit down? （おすわりになりませんか）
      b. Can't you sit down? （すわったらどうかね）

39.5.　命令文

39.5.1.　命令文の特徴

[A]　**命令文** (imperative sentence) **の形式**：　第一の形式的特徴は，命令法 (imperative mood) の動詞が用いられる点である．ドイツ語やフランス語では，いまでも命令法が用いられている．

  (1) a. F. **Fermez** la fenétre! 'Shut the window.' [2人称複数 vous には -ez]
      b. G. **Arbeite** fleißig! 'Work hard!' [2人称単数 du には -e]

英語でも，OE, ME には，次のように単数・複数の区別があった．

  (2)　2人称単数　　　　　2人称複数
      OE   -e / -ø   -aþ (主語があるとき) / -e (主語がないとき)
      ME   -ø   -eth / -es / -ø

Chaucer には，2人称複数の be の命令形 beoth が残っている．

  (3) **Beoth** merye, for the flood passeth anon.　　　　(*Miller's Tale* 392)
       'Be merry, for the flood will pass soon.'

しかし，近代英語で単数・複数ともにゼロ接辞となり，語幹 (stem) と同一になった．それでも，次のような例では，命令法と叙実法とははっきりと区別できる．

  (4) a. You **be** quiet! （君は，静かにしたまえ！）
      b. You **are** quiet. （君は，もの静かだね）
  (5) a. Somebody **open** this door. （誰かこのドアを開けてくれ）
      b. Somebody **opens** this door. （誰かがこのドアを開ける）

[B]　**命令文と主語**：　命令文は，2人称 (=聞き手) に向かって発せられるものであるから，普通，主語の you は省略される．省略された主語が you であることは，(6) のように，付加疑問文に you が生じること，さらに，(7a) のように，主語と同一指示的な再帰代名詞 yourself や，(7b) のように，主語と同一指示的な属格形 your own が現れることで明らかである．

  (6) **Be** quiet, will *you*? （静かにしないか）
  (7) a. **Behave** *yourself* / *himself* / *herself* / *myself*. （行儀よくしたまえ）
      b. **Use** *your own* comb! （自分自身の櫛を使え）

さらに決定的なのは，次の二つの情況では，主語の you が表層に残される点である．

第一は，強いいらだちをこめて相手を説得・非難・警告する場合．この場合，you は人差し指を立てて前後に振るジェスチャー (finger-wagging) に等しい効果を発揮する (Quirk et al. 1972: 403)．

(8) a. *You* **be** quiet!　(君，静かにしたまえ！)
　　b. *You* **put** it down!　(君，それを下に置くんだ！)
　　c. *You* **take** your hands off me!　(Swan 1995)　(おまえ，手を放せよ)

この場合，否定文であれば，主語は Don't のあとにくる．

(9) a. **Don't** *you* read it!　　　　　　　　(Hemingway, *A Farewell to Arms*)
　　　(それを読むんじゃない)　[*You don't read ...]
　　b. **Don't** *you* forget it, Harris.　(Id., *Fiesta*)　(それを忘れるんじゃないぞ，ハリス)
　　c. **Don't** *you* cry, my dear.　　　　　　　(Blackmore, *Lorna Doone*)
　　　(泣かないで，あなた)　[*You don't cry ...]
　　d. "**Don't** *you* believe it," said Katherine robustly;　　(Christie, *Blue Train*)　(「そんなこと信じないでよ」とキャサリンは，威勢よく言った)

第二は，相手が複数いて，特に誰に向けられた命令であるかを明確にする場合である (これは，日本語でも同じである)．

(10)　*You* **come** here, Jack, and *you* **go** over there, Mary.
　　　(ジャック，君は，こっちへ来なさい．そしてメアリー，君は，あっちだ)

命令文の主語が，次のように，3 人称名詞句の場合がある．

(11) a. *Somebody* **open** that window.　(誰か窓を開けなさい)
　　 b. Cf.　**Close** the door, *somebody*.　　　　　　　(Joyce, *Dubliners*)
　　　(ドアを閉めてちょうだい，誰か)　[呼びかけ]

(12) a. *Everybody* **shut** their eyes.　(みんな目を閉じなさい)
　　 b. *Jack and Jill* **stand** over there.
　　　(ジャックとジルは，向こうに立っていなさい)
　　 c. *All teachers* **return** to the staff room.　Immediately, please.
　　　　　　　　　　(Rowling, *Harry Potter and the Chamber of Secrets*)
　　　(先生がたは職員室へお戻りください．直ちに，お願いします)
　　 d. *The man with the list* **come** up here.
　　　(リストをもった人は，ここへ来てください)

これらの主語は，確かに，形式的には 3 人称であるが，話し手と同じ場面に聞き手として存在しているので，心理的には 2 人称に等しいことに注意しなければならない．[2] (その場にいない 3 人称なら，"let による命令文" を使用しなければならない

---

2. 現に，everyone に呼応する再帰代名詞は themselves のほかに，意味呼応として yourselves も容認されている (Quirk et al. 1972: 404)．
　　(i)　Everyone behave **themselves**/**yourselves**.　(みんな行儀よくしなさい)
　everybody が，話し手に 'all of you' として意識されていることは，(ii) のような例でも明らかである．
　　(ii)　Behave **yourselves**, everybody!　(行儀よくするんだよ，みんな)

(§39.5.3).) 例えば，(11a) の Somebody は 'somebody among you'，または 'one of you' の気持ちで用いられ，(12a) の everybody は 'all of you' の気持ちで用いられていると解釈される．

[C] ところで，命令文中の主語と**呼びかけ語** (vocative) とを混同してはならない．両者を見分ける基準は二つある．一つは，呼びかけ語の場合は，文頭はもちろん，文中・文末でも用いられることがある点，もう一つは，呼びかけ語が文頭にある場合は，別個の音調単位 (tone-unit) を形成し，通例，降昇調であるのに対して，命令文の主語は，普通の語強勢をうけるにすぎない点である (Quirk et al. 1985: 829)．

(13)　呼びかけ語
　　　　Mary, ↘↗ | stand in the corner! | ↘（メアリー，隅に立っていなさい）
(14)　命令文の主語
　　　　Mary stand in the corner! ↘（メアリーは，隅に立っていなさい）

次の文では，呼びかけ語と，命令文の主語が共起している．

(15)　John, ↘↗ | you listen to me! ↘（ジョン，君は私の言うことを聞きたまえ）

NB 1　初期の変形生成文法では，You will come here. のような深層構造から，you will の削除によって，Come here. という命令文が派生されると考えられていた．
　　(i)　Come here. ＜ ~~You will~~ come here.
　命令文の基底に you があることは，上で見たとおりであるが，しかし，will の存在は，次のような will 以外の法助動詞を伴う付加文の存在することで否定される．
　　(ii)　Come here, **will you?／won't you?／can you?／can't you?／why don't you?**

NB 2　次の，話し言葉で用いられる主語と動詞の倒置は，慣習的なものとしてよい．
　　(i)　They provide a good service.　**Mind you**, they charge enough for it.
　　　　（MED）（あそこのサービスはいいよ．ただし，それなりに料金も高いがね）[＜ you mind]
　　(ii)　It's absolutely amazing, **believe you me**.　　　　　　　　　　（COBUILD[4]）
　　　　（それって全くもって驚くべきものなんだ，ほんとだよ）[＜you believe me]

[D]　**命令文と動詞**：　命令文と共起する動詞は，命令された人がそれに従うことが可能な行為，つまり，主語にとって自制可能 (self-controllable) な述語（＝動詞・形容詞）でなければならない（まさに，「ない袖は振れない」のである）．

(16) a.　*Be tall!　（*背が高くあれ！）
　　　b.　*Know the answer.　（答えを知れ！）

しかし，自制不可能な動詞でも有標 (marked) の文脈を用意するならば，自制可能性が高まる．

(17) a.　Eat your spinach and **be tall**.
　　　　　（ほうれんそうを食べて，背が高くなりなさい）
　　　b.　?**Know the answer** by tomorrow!　（あすまでに答えを知りなさい）

「答えを知る」ことは，自制可能ではないが，内観 (introspection) によって「おのれを知る」ことや，「恥を知る」ことは，可能である．

(18) a. **Know thyself.**（汝(なんじ)自身を知れ）[Delphi にある Apollo 神殿の碑文]
　　 b. 恥を知れ．

次の 'Be my guest' は，話し言葉で相手の願いに許可を与える表現なので，自制可能である．

(19) 'Do you mind if I use the phone?' **'Be my guest.'**　　　　(OALD⁶)
　　 （「電話を使ってもいいですか」「どうぞご遠慮なく」（＜私のゲストになれ！））

命令文では，法助動詞は用いられない．

(20) ***Must** you go home.

39.5.2. 命令文のパラダイム

[A] **受動命令文**：受身の命令文は〈まれ〉で，若干の決まり文句に限って生起する．それは，命令された相手が自分の意志でそうした状態に身を置くことが困難である場合が多いからであると思われる（太田 1980: 645）．

(1) a. **Be prepared.**（常に備えよ）[Boy Scout の合言葉]
　　 b. **Be seated.**（おすわりください）
　　 c. **Be reassured** by me.（ぼくがついてる．安心しなさい）
　　　　　　　　　　　　　　　　　　　　　　　　（以上 Quirk et al. 1972）

(1) の 3 例のうち，(a), (b) の -ed 形は，受動態を作っているというよりも，形容詞と見るべきであろう．

　一方，否定の受動命令文は，〈まれ〉ではない．行為が自制可能になるからである．

(2) a. **Don't be swayed** by such considerations!
　　　　（そういう問題に左右されるんじゃない）
　　 b. **Don't be deceived** by his looks.（彼のルックスにだまされるな）
　　 c. **Don't be bullied** into signing.（おどされて署名してはいけない）
　　　　　　　　　　　　　　　　　　　　　　　　((b), (c): Quirk et al. 1985)

Quirk et al. (1985: 827) は，次のような例は get 受動態とみなすこともできるとする．

(3) a. **Get dressed.**（身支度をしなさい）
　　 b. **Get washed.**（顔を洗いなさい）
　　 c. **Get vaccinated** as soon as you can.　　　　(Swan 1995)
　　　　（なるべく早く予防接種をしてもらいなさい）

しかし，これらは，次に示す get yourself dressed のような，使役動詞構文の再帰代名詞が省略された形式と見るほうがより妥当であろう．

(4) And **get yourselves dressed** or you'll find yourself on fatigues.　(Archer,
　　　As the Crow Flies)（それから，着替えをしろ，さもないと雑役を課されるぞ）

[B] **進行命令文**：Quirk et al. (1985: 827) は，進行命令文は〈まれ〉としているが，適切な文脈では使用されている．

(5) a. I hope you're thinking about me.　Please, **be thinking** about me.
　　　(Webster, *Daddy-Long-Legs*)（あたしのこと思っていてくだされ ばいいなと思います．どうか，あたしのこと思っていてください）
　b. **Be getting** on with your work.　(Phillips 1972)（仕事を続けていなさい）
　c. Don't **be crying**!　(Ibid.)（泣くんじゃない！）
　d. Tush, Janet, woman, don't **be weeping**.　(Montgomery, *Kilmeny of the Orchard*)（ちぇっ女め，ジャネット，泣くんじゃない）

以上は，現在時に関する例であるが，言語学者のあげる例は，通例，(6)のように，未来の基準時を示す副詞語句を伴っている．しかし，(5)の諸例でわかるとおり，それは，義務的ではない．

(6) a. **Be reading** *when I come in*!　　　　　　　　　　　　(Palmer 1974)
　　　（私が入ってくるときには，本を読んでいなさい）
　b. **Be studying** Spanish *when I get home*!　　　(Akmajian et al. 1979)
　　　（私が帰宅するときには，スペイン語の勉強をしていなさい）
　c. **Be listening** to this station *the same time tomorrow night*.　(Quirk et al. 1985)（明晩も，同じ時刻に，この放送局を聞いていてください）

[C]　**完了命令文**：この形式は，さらに〈まれ〉である．
(7) a. **Have done** with it!（そんなことやめちゃえ）
　b. Start the book and **have finished** before you go to bed.　(Quirk et al. 1985)（本を読みはじめて，寝る前に読み終えなさい）

[D]　**否定命令文**：否定命令文では，一般動詞は言うまでもなく，be, have の場合も，Don't を付ける（文法化によって，否定命令文を表す不変化詞になっている）．
(8) a. **Don't touch** me!（私にさわらないで！）
　b. **Don't be** afraid!（こわがらなくてもいい）［Be not afraid! は〈古語〉］

次は，進行形，完了形の否定文である．

(9) a. **Don't be reading** when I come in!　　　　　　　　　　(Palmer 1974)
　　　（私が入ってくるとき，本を読んでちゃだめだよ）
　b. **Don't have prepared** yourself beforehand.　　(Denison 1993)
　　　（前もって準備しておいちゃいけない）［きわめて不自然で，普通は Don't prepare yourself beforehand. のように言う］

never を使用して，否定命令文を作ることもできる．

(10)　**Never speak** to me like that again.
　　　（私に向かって二度とそんな口のきき方をするな）

[E]　**"説得命令文"**：命令文の動詞の前に強調の do [dúː] を付けて，ある行為をしぶっている相手に対して，〈説得〉または〈懇請〉の気持ちを表すことがある．Quirk et al. (1985: 833) は，命令文のこの用法を "説得命令文" (persuasive imperative) と呼んでいる．女性に特徴的な語法と見る人が多い．

(11) a. **Dó have** some more cake. （ぜひもう少しケーキを召しあがれ）
　　b. **Dó be** quiet! （静かにしろったら！）
(12) 　**Dó let's** go to the movies! （ぜひ映画に行こうよ）

このように，強調の do を付けることができるのは，(11) のような 2 人称に対する命令，および，(12) のような〈勧誘〉を表す場合のみである．次のような主語のある形式は，非文法的である．

(13) a. *Do you come here.
　　b. *Do someone come here.

この do は，次のように，省略命令文として用いることができる．

(14) "Shall I open the door?" "Yes, **do**." / "No, **don't**."
　　（「ドアを開けようか」「ええ，どうぞ」/「いいえ，開けないで」）

NB 1 次のような，主語のある命令文の文頭にある強意の do は，ときに 19 世紀の小説などに見いだされるが，現在は廃用である．
　(i) **Do** you follow your path and I will follow mine. 　　(Doyle, *His Last Bow*)
　　（ぜひ君は，君の道を行きたまえ，ぼくは，ぼくの道を行く）

NB 2 話し言葉でイディオマティックに使用される Talk about ... がある．「... とはこのことだ」といった意味で，ある表現・状況の典型性を強調する．
　(i) What a film — **talk about** boring! 　　(CALD)
　　（なんという映画だ——退屈とはまさにこのことだ）
　(ii) **Talk about** cold — I was freezing! 　　(MED)
　　（寒いったらこのことだよ——まさしく凍えそうだった）

39.5.3. "let による命令文"

普通の命令文で行為を要求されているのは，上で見てきたように，2 人称である．しかし，行為者が 1, 3 人称の場合は，「Let ＋目的格＋裸不定詞」の形式を用いる．これには，三つの用法が認められる．

［A］2 人称に対する命令：　これは正真正銘の命令文で，基底に存在する主語は聞き手である you である．この場合，let は 'allow, permit' の意味で，強勢が置かれる (Curme 1931: 432)．

(1) a. **Lét** him come in! （彼を中に入れてやりなさい）
　　b. **Lét** me/us go! （放してください）

(1b) の us は，聞き手を含まない "除外の we"（exclusive 'we'）であって，Let us が Let's と縮約されることはない．

［B］行為者が 1 人称複数の場合：　通例 Let's と縮約されて，〈勧誘〉，〈提案〉を表す（話し手が自分自身に命令しているのではない）．us は，聞き手を含んだ "包括の we"（inclusive 'we'）である．この用法では，本動詞に強勢が置かれる．

(2) a. **Let's** gó! （行こう）
　　b. "**Let's** hàve a párty." "Yes, let's."
　　　（「パーティーをやろうよ」「うん，やろう」）

c.　**Let's** wàtch TV́, shall we?　（テレビを見ようよ）

Let's が文法化によって不変化詞化し，その結果，さらに us を付ける話し手もいる（〈米・略式体〉）．

　(3)　**Let's us** try it out.　（ひとつ試してみよう）

Let's の否定は，〈英・米〉ともに Let's not が普通の形式であるが，〈英・略式体〉では Don't let's，〈米・略式体〉では Let's don't も用いられる．

　(4)　a.　"**Let's not** go." "No, **let's not**."　〈普通体〉
　　　　　（「行かないことにしよう」「うん，そうしよう」）
　　　b.　= "**Don't let's** go." "No, **don't let's**."　〈特に英・略式体〉
　　　c.　= "**Let's don't** go." "No, **let's don't**."　〈特に米・略式体〉（まれ）

それぞれの形式を実例で見てみよう．

　(5)　**Let's not** discuss it.　(Steel, *Loving*)（それは議論しないことにしよう）
　(6)　look here, **don't let's** harp back to that.　　　　　　(Christie, *Third Girl*)
　　　（いいかね，そのことを繰り返してくどくど言うのはよそうよ）
　(7)　**Let's don't** get all confused about what we're doing.　　　　　　(HTI)
　　　（自分たちがしていることについて迷うのはやめよう）

Don't let's は，〈米〉でも普通に使用されている．

　(8)　'**Don't let's** go there,' Brett said.　　　　　　(Hemingway, *Fiesta*)
　　　（「そんなところへ行くのはよそうよ」とブレットは言った）

　NB　〈英〉には，次のような表現も使われている (Quirk et al. 1985: 831)．
　　　(i)　**Don't let me** disturb you.　（君のじゃまをしないでおこうね）

[C]　**行為者が 3 人称の場合**：　この場合も，本動詞に第 1 強勢が置かれる．これは，「かなり古風で，語調は高尚」である (Quirk et al. 1985: 830)．

　(9)　a.　**Let** the wind blów!　（風吹かば吹け）
　　　b.　**Let** each man decíde for himself.　（各人が自分で決めるがよい）
　　　c.　If anyone shrinks from this action, **let** him spéak now.
　　　　　（この行動に出るのをいやがる者は，いまそう言うがいい）
　　　d.　**Let** the banquet begin!　（さあ，宴会を始めよう）

例えば，(9d) は，「宴会よ，始まれ」と宴会に命令しているのではない．

　NB　非常に重要なことであるが，[A] の諸例は，真正の命令文であるが，[B]，[C] の諸例は，実は命令文ではない．Quirk et al. (1985: 829) でさえ，[B]，[C] の用法をも "命令文" としているが，[B]，[C] において命令法の動詞が使用されたためしは英語史上にないのである．1, 3 人称 への〈勧告・命令〉は，OE においても叙想法が用いられていたのであり，問題の 'let NP' 構文 は，13 世紀初めから叙想法代用として徐々に台頭し，14 世紀中に確立したものである．

　　エリザベス朝の英語には，次に見るように，古い叙想法と let による叙想法代用形とが並存していた（もちろん，後者が主流ではあるが）．

　　　(i)　And then **depart we** to our territories.　　　　　　(Marlowe, *2 Tamburlaine* 249)

(それから，それぞれの領土へ引き上げよう)

(ii) Come, **let us** take his body hence.　　　(Id., *The Massacre at Paris* 569)
(さあ，この男の亡骸をあちらへ運んで行こう)

39.5.4. 動詞をもたない命令文

動詞を欠いた命令文には，次のようなものがある．ある動作を指定し，その動作が行われることを期待しているのである（訳文からわかるように，日本語にも対応用法がある）．

(1) a. Forward!（前進！）／Attention!（注目！）／All aboard!（全員乗車/船！）
　　b. Up with democracy!　Down with racism!
　　　（民主主義賛成！　人種差別打倒！）
　　c. Off with your jacket!（ジャケットを脱ぎなさい）／On with the show!
　　　（ショーを始めよ/続けろ！）
　　d. To the devil with all papists!　　　(Blackmore, *Lorna Doone*)
　　　（教皇派はみんな悪魔に食われろ！）
　　e. At the double!　（駆け足！）
　　f. Hands on heads!（両手を頭の上に置け！）／Hands up!（両手をあげろ！）

ときに形容詞を命令文に使うこともある．

(2)　Careful!（気を付けて！）／Quiet!（静かに！）

39.5.5. 命令文の語用論的な力

[A]　命令文は，場面に応じて，例えば，次のような語用論的な力を発揮する (cf. Quirk et al. 1985: 831)．

(1) a. Go at once.　（すぐ行け）〈命令〉
　　b. Don't touch!　（さわるな）〈禁止〉
　　c. Shut the door, please.　（ドアを閉めてください）〈依頼〉
　　d. Help!　（助けて！）〈懇願〉
　　e. Take an aspirin for your headache.
　　　（頭痛にはアスピリンを飲みなさい）〈助言〉
　　f. Look out!　（用心して）〈警告〉
　　g. Make yourself at home.　（くつろいでください）〈申し出〉
　　h. Have a drink.　（1杯やれよ）〈招待〉
　　i. Have a good time.　（お楽しみください）〈好意の表明〉
　　j. Take the first street to the left.　（最初の通りを左に曲がりなさい）〈指示〉
　　k. Oh, come now!　（おいおい，うそだろ！）〈拒絶〉
　　l. Go (and) jump in the lake!　（(うるさいから)とっとと消え失せろ）〈呪詛〉

[B]　**擬似命令文** (pseudo-imperative):　命令文＋and/or のタイプ

命令文が and, or に導かれる等位節と結合している構造では，通例，条件を表す．このタイプの命令文には，please が付かない，some でなく any が生じるなど，本

来の命令文にない特徴がある.

(2) a. **Miss** another class **and** you'll fail.
　　　（もう一度欠席したら，落第だ）［*Miss another class, please, ...］
　b. **Find** *any* proofs **and** I'll believe you.　　　　　(Bolinger 1977a)
　　　（何か証拠が見つかれば，君の言うことを信じよう）［*Find some proofs ...］
　c. **Finish** your homework **and** I'll give you some ice cream.
　　　（宿題を済ませなさい．そしたら，アイスクリームをあげます）［＝If you finish ...］
　d. **Make** a move **and** I'll shoot.　　　　　　　　(Quirk et al. 1985)
　　　（動いてみろ，（そしたら）撃つぞ）〈おどし〉［(3a) よりも脅迫の意味が強い］
　e. **Play** tricks with me, **and** I'll crush you.　(Doyle, *The Return of Sherlock Holmes*)（おれをペテンにかけてみろ，ぶっつぶしてやるぞ）
(3) a. **Don't make** a move **or** I'll shoot.　(Quirk et al. 1985)［＝If you move, ...］
　　　（動くんじゃない，さもないと撃つぞ）〈おどし〉
　b. **Hurry** up **or** we'll be late.　　　　　　　　　　　　　(LDCE⁴)
　　　（急がないと，遅れるぞ）［＝If we don't hurry up, ...］

39.6.　感嘆文

39.6.1.　what 型感嘆文
この型の感嘆文の語順は，次のようである．

(1)　「what (+a(n) (+形容詞))+名詞+S+V」

what は「なんという」という意味の限定詞（determiner）（感嘆形容詞とも呼ばれる）だから，あとに名詞を伴う．次例に示すように，what に導かれる名詞句は，文の種々の要素であってさしつかえない．〈略式体〉では，感嘆符号を使用しない場合がある．

(2)　**What an enormous crowd** came!　（なんという大群衆が来たことか！）［主語］
(3)　**What nonsense** you are talking!
　　（なんたるナンセンスをしゃべっていることか！）［目的語］
(4)　'Oh, Tuppence,' said Tommy, **what a wonderful mind** you've got.
　　（Christie, *Postern of Fate*）（「ああ，タペンス」とトミーが言った．「君って，なんてすばらしい精神の持ち主なんだろう）［目的語］
(5)　**What chauvinists** men are.　　　　　(Archer, *The Prodigal Daughter*)
　　（なんという男性優位主義者なんでしょう，男の人って）［主語補語］
(6)　**What a very good idea**!　　　　　　(Taylor, *A View of the Harbour*)
　　（なんてすごい名案なんでしょう！）［... (it is!)］［主語補語］
(7)　**What a long time** I have been waiting *t*!
　　（なんと長時間待ち続けているんだろう！）［副詞語句］
(8)　**What a state** she is in *t*!　（ひどく興奮しているぞ，彼女）［前置詞の目的語］

感嘆文の「代名詞＋be 動詞」は，(6) のようによく省略される．何を話題にしているか，場面から推測できるからである．
次のように，間接感嘆文にも使用できる．

(9) We revenged ourselves on Leo Dillon by saying **what a funk he was**.
　　　　　　　　　　　　　　　　　　　　　　　　　　　(Joyce, *Dubliners*)
（私たちは，やつはなんて腰抜けなんだと言って，レオ・ディロンに腹いせした）

39.6.2. how 型感嘆文
how 型感嘆文の語順は，次のとおりである．

(1) 「how (＋形容詞/副詞)＋S＋V」

how は「なんと」という意味の"感嘆副詞"であるから，形容詞・副詞または本動詞を修飾する場合に用いられる．この点，名詞を修飾する what と相補分布をなす．

(2) **How very rude** and **clumsy**.　　　　(Taylor, *A View of the Harbour*)
　　（なんてひどく無礼で，不器用なんでしょう）[形容詞]
(3) Oh, Anne, **how pretty** you are.　　　(Montgomery, *Anne of Avonlea*)
　　（まあアン，あなたってなんてきれいなんでしょう）[形容詞]
(4) **How elegantly** she dances!　（なんとエレガントに踊るんだろう）[副詞]
(5) **How I hate** war!　（戦争がどれくらい嫌いなことか）[動詞]
(6) **How interesting a book** this is!
　　（なんとおもしろい本だろう，これは）[形容詞: この語順は〈格式的〉(§22.3.2)]

次の文では，how 句が埋め込み文から，wh 移動によって，主節の頭へと移動している．

(7) [**How foolish**]ᵢ you must have thought tᵢ I was tᵢ!　　(Quirk et al. 1985)
　　（私のことをさぞかしばかなやつだと思ったことでしょうね）

この型にも，間接感嘆文がある．

(8) I suddenly remarked **how beautiful** it was outdoors.　　(H. Miller, *Via Dieppe-Newhaven*)（なんて外は美しいんだ，と私は思わず感想を口にした）

39.6.3. 感嘆文の特徴
[**A**] 次の諸例は，強い感情を表してはいるが，形式的には感嘆文ではない．(1) は平叙文，(2) は命令文，(3) は疑問文 (＝"感嘆疑問文") である．

(1) a. Well, I never!　（いやあ，驚いた！）
　　b. She has grown a lot!　（ずいぶん大きくなったねえ！）
(2) a. Out with it!　（さっさと言え！）
　　b. Down with the tyrant!　（暴君は倒してしまえ！）
(3) a. Isn't she a beauty!　（彼女，なかなか美人じゃないか！）
　　b. How many times had she not sat there?
　　　（彼女は，いくたび，そこにすわったことか）[反語]

［B］ 感嘆文の what/how は，程度語（degree word）であるから，被修飾語は当然，段階的（gradable）なものでなければならない．

次の諸例は，〈非段階的〉な被修飾語が含まれているため非文法的になっている．

(4) a. *How **chief** he is!
    b. *How **daily** he comes here!
    c. *How he **retired**!

ただ，名詞の場合は，man, boy, teacher, wave, pencil, book のような〈非段階的〉な名詞も，what 型感嘆文に用いられることがある．

(5) a. What **a man** (he is)!（何たる男だ！）
    b. What **a book**!（何という本だ！）

(6) 'What **a family**!' Anne repeated exultantly. (Montgomery, *Anne of Ingleside*)（「なんて（すばらしい）家族なんでしょう！」とアンは，有頂天になって繰り返して言った）

これらの場合，問題になっているのは名詞の"程度"ではなく，"質"であると解される．したがって，(5a, b) は，脈絡次第で，「何というすばらしい人/本」というプラスの意味にも，「何というくだらない人/本」というマイナスの意味にもなる．

(6) では，a family がプラスの意味を表すことは，exultantly という副詞で明らかである．そして，そうした意味は意味解釈によって付与されるものであって，基底構造にそのような〈段階的〉な形容詞が含まれており，それが表層で削除されたと考えるべきではない．

39.7. 小　文

ここでは，あまり生産的でない，しばしば「主部＋述部」を欠く文を，**小文**（minor sentence）としてまとめて考察する．

［A］ **聞き返し疑問文**（echo question）：まず，相手が言ったことを確認するために，文の一部または全部を yes/no 疑問文で聞き返す場合がある．音調は上昇調．

(1) "The Browns are emigrating." "**Emigrating**?" ↗　　(Quirk et al. 1985)
    （「ブラウン一家は，移住するんだって」「移住するって？」）

文の一部が聞こえなかったり，理解できなかった場合は，その部分を wh 句とする．音調は上昇調．

(2) "He's a dermatologist." "**WHAT** is he?" ↗　　(Quirk et al. 1985)
    （「彼は皮膚科医だ」「彼は何ですって？」）

このとき，wh 句は，元位置のままの場合も多い．

(3) "I saw Ted Dawson today." "You saw **WHO**?"
    （「きょうテッド・ドーソンに会ったよ」「誰と会ったって？」）

［B］ **聞き返し感嘆文**：相手の言ったことに驚きを表す．音調は上降調．

(4) "I'm going to London for a holiday." "**To London!** ↗ That's not my

idea of a rest."　(Quirk et al. 1985)（「休暇でロンドンへ行くんだ」「ロンドンだって！ そんなの，ぼくに言わせりゃ，休みなんてもんじゃないな」）

[C]　**省略文**：話し言葉では，省略しても文意が損なわれない要素は，通例，省略される．

(5)　(It is) Nice to meet you.　（初めまして）
(6)　"Where's Mother?"　"(She's) In the garden."
　　（「お母さんはどこ」「庭だよ」）
(7)　You look surprised, and (it is) no wonder!　(Doyle, *Memoirs of Sherlock Holmes*)（君は，びっくりしてるようだね，（それも）無理もないよ）

感情の高揚によって，主節を表現しない例は多い．

(8)　a.　If only I were rich.　（金持ちでありさえすればなあ）［帰結節の省略］
　　b.　To think (that) he should treat me like this!
　　　　（彼からこんな扱いをうけようとは！）［同上］
　　c.　That it should come to this!　（こんな結果になろうとは！）［同上］

NB　〈願望〉を表す Oh to be/Oh for/Oh that の形式については，§14.7.5 [C] で触れるところがあった．

wh 疑問文の省略形は，よく使用される．

(9)　a.　**How/What about** coffee?　（コーヒーはどうかね）
　　b.　**How come** you're so late?　（どうしてそんなに遅刻したのか）
　　　　[How does it come about (that) you're so late?]
　　c.　**Why study/not study** English?
　　　　（何で英語を勉強するの/英語を勉強したらどう）

What if ...? には，三とおりの意味がある．

(10)　a.　**What if** it rains?　（雨が降ったらどうするの）[What happens if it rains?]
　　b.　**What if** you join us for lunch?　（昼飯をいっしょにどうだい）〈勧誘〉
　　c.　**What if/though** they ARE illiterate?　〈特に英〉（彼らがほんとに無学だとしたら，どうだと言うんだね）[What does it matter if ...?]

[D]　**金言的な文**：多くのことわざに見いだされる．等位構造を並列的（paratactic）に配置する場合が多い．

(11)　The more, the merrier.　（（集まりは）多ければ多いほど楽しい）［16c. 前期］
(12)　Easy come, easy go.　（得やすいものは，失いやすい，'あぶく銭は身につかぬ'）
　　　　　　　　　　　　　　　　　　　　　　　　　　　　　　　　　　［19c. 中期］
(13)　Love me, love my dog.　（私を愛するなら，犬も愛してくれ）［15c. 後期］

No A, no B (A がなければ，B もない) という構造的意味をもったことわざは非常に多い．

(14)　a.　No root, no fruit.　（根がなければ，実はならぬ，'蒔かぬ種は生えぬ'）[14c.]
　　b.　No song, no supper.　（歌を歌わなければ，夕食も出さない）[17c.]

c.　No priest, no mass. （牧師がいなければ, ミサはできない）[17c.]

以下は, そういうことわざを下敷きにした, 即興的な表現である.

(15)　No homework, no TV. （宿題しなければ, テレビもだめ）
(16)　No parasol, no secret.　　　　　　　　(Montgomery, *Anne of Ingleside*)
　　　（パラソルくれなきゃ, 秘密も教えない）[子供の言葉]

[複数の統合 (**p. 689**) への後注]

次の(1)と(2)の文を考察せよ.

(1)　*Another ten years* **has** passed.　　　　(Grusky, *Poverty Reduction*)
　　　（また, 10年が過ぎた）
(2)　*An estimated 15 million trees* **were** blown down.　　　　(OALD[5])
　　　（推定1,500万本の木が吹き倒された）

(1)では, 主語名詞句の中で another と years との間, 主語名詞句と述語動詞との間に「複数の統合」による単数呼応が見られる. これに対して, (2)では, 主語名詞句の中では, 不定冠詞と複数名詞との間に単数呼応が見られるが, 述語動詞はそれを複数で呼応しているという衝突が生じている. 両者間の呼応の違いをどう説明したらいいだろうか.

(1)のタイプで述語動詞が単数で呼応するのは, another のあとに years, months, weeks, minutes などの時間名詞, または dollars のような価格名詞がくる場合にかぎられるようである. これは, 時間や価格が比較的に統合化 (unify) しやすいためと思われる.

これに対して, (2)の trees (さらに, people, member, dogs) の類が複数動詞と呼応するのは, 個別性が強いため統合化がむずかしいためと考えられる. たとえば, 次例では, members は, (1)のタイプのように another で統合化されているにもかかわらず, 述語動詞は複数でうけている.

(3)　Three members of the squad ... are full internationals preparing for Britain's challenge in the European Championships this summer, while *another five* **are** members of the Great Britain junior squad.　　(BNC)
　　　（そのチームのメンバーのうち3人は, 今年の夏のヨーロッパ選手権への英国の挑戦に備えている国際競技の正規出場者であるが, ほかの5人は英国ジュニア・チームのメンバーである）

引　用　文　献

A．辞　書

AEU = *A Dictionary of American English Usage*, 1957.
BBI[2] = *The BBI Dictionary of English Word Combinations*, 1997.
BEU = *The American Heritage Book of English Usage*, 1996.
CALD = *Cambridge Advanced Learner's Dictionary*, 2003.
CAU = *A Dictionary of Contemporary American Usage*, 1957.
CED[3] = *Collins English Dictionary*, 1991.
COBUILD[3] = *Collins COBUILD English Dictionary for Advanced Learners*, 1987.
COBUILD[4] = *Collins COBUILD Advanced Learner's English Dictionary*, 2003.
COD = *The Concise Oxford Dictionary of Current English*, 1964[5], 1976[6], 1982[7], 1990[8].
Harper = *Harper Dictionary of Contemporary English Usage*, 1985.
Harrap = *Harrap's New Standard English-French Dictionary*, 2 vols., 1980.
活用大英和 =『新編英和活用大辞典』, 1995.
KCED = *The Kenkyusha College English Dictionary*, 1999.
クラウン熟語 =『新クラウン英語熟語辞典』, 1986.
LDAE = *Longman Dictionary of American English*, 1983.
LDCE = *Longman Dictionary of Contemporary English*, 2001[3], 2003[4].
LGEU = *Longman Guide to English Usage*, 1988.
MED = *Macmillan English Dictionary for Advanced Learners*, 2002.
MEU = *A Dictionary of Modern English Usage*, 1926[1], 1965[2], 1996[3].
OALD = *Oxford Advanced Learner's Dictionary of Current English*, 1948[1], 1963[2], 1974[3], 1989[4], 1995[5], 2001[6].
OCD = *Oxford Collocations Dictionary for Students of English*, 2002.
ODCIE = *Oxford Dictionary of Current Idiomatic English*, vols. 1, 2., 1983.
OED[2] = *The Oxford English Dictionary*, 1989.
OSDAE = *Oxford Student's Dictionary of American English*, 1983.
POD = *The Pocket Oxford Dictionary of Current English*, 1969[5].
リーダーズ英和 =『リーダーズ英和辞典 + プラス V2』, 1999.
RHD[2] = *The Random House Dictionary of the English Dictionary*, 1987.
UED = *The Universal Dictionary of the English Language*, 1952.
WDEU = *Webster's Dictionary of English Usage*, 1989.
Web[3] = *Webster's Third New International Dictionary of the English Language*, 1961.
Wentworth = *American Dialect Dictionary*, 1944.
WNCD[9] = *Webster's Ninth New Collegiate Dictionary*, 1983.

B. 著書・論文

Aissen, J. (1975) "Presentational-*There* Insertion: A Cyclic Root Transformation," *CLS* 11, 1–14.

Akmajian, A. (1970) "On Deriving Cleft Sentences from Pseudo-cleft Sentences," *Linguistic Inquiry* 1, 149–168.

Akmajian, A. (1977) "The Complement Structure of Perception Verbs in Autonomous Syntax Framework," *Formal Syntax*, ed. by P. W. Culicover, T. Wasow and A. Akmajian, 427–460, Academic Press, New York.

Akmajian, A., R. A. Demers and R. M. Hamish (1979) *Linguistics: An Introduction to Language and Communication*, MIT Press, Cambridge, MA.

Alexander, L. G. (1988) *Longman English Grammar*, Longman, London.

Allen, R. L. (1966) *The Verb System of Present-Day American English*, Mouton, The Hague.

Allen, W. S. (1974) *Living English Structure*, Longman, London.

Allwood, J. S., L.-G. Anderson and Ö. Dahl (1977) *Logic in Linguistics*, Cambridge University Press, Cambridge.

安藤貞雄 (1969)『英語語法研究』研究社，東京．

安藤貞雄 (1982)「日本語動詞のアスペクト」『言語』19, 2–16.

安藤貞雄 (1986)『英語の論理・日本語の論理』大修館書店，東京．

安藤貞雄 (1996)『英語学の視点』開拓社，東京．

Ando, S. (1975) *A Descriptive Syntax of Christopher Marlowe's Language*, University of Tokyo Press, Tokyo.

荒木一雄・小野経男・中野弘三 (1977)『助動詞』(現代の英文法 9) 研究社，東京．

朝倉季雄 (1965)『フランス文法事典』白水社，東京．

Austin, J. L. (1962^1, 1975^2) *How to Do Things with Words*, Oxford University Press, London.

Baker, M. C. (1988) *Incorporation: A Theory of Grammatical Function Changing*, University of Chicago Press, Chicago.

Bally, Ch. (1932) *Linguistique générale et linguistique française*, Leroux, Paris.

Behre, F. (1955) *Meditative-Polemic* Should *in Modern English* That-*Clauses*, Almqvist & Wiksell, Stockholm.

Belletti, A. (1988) "The Case of Unaccusatives," *Linguistic Inquiry* 19, 1–34.

Belletti, A. and L. Rizzi (1988) "Psych-verbs and θ-theory," *Natural Language and Linguistic Theory* 6, 291–352.

Biber, D., S. Johansson, G. Leech, S. Conrad and E. Finegan (1999) *Longman Grammar of Spoken and Written English*, Longman, London.

Bloomfield, L. (1933) *Language*, Holt, Rinehart & Winston, New York.

Bodelsen, C. A. (1936) "The Expanded Tenses in Modern English," *Englische Studien* 71, 220–228.

Bolinger, D. (1967) "Adjectives in English: Attribution and Predication," *Lingua* 18, 1–34.

Bolinger, D. (1971) *The Phrasal Verb in English*, Harvard University Press, Cambridge, MA.
Bolinger, D. (1977a) *Meaning and Form*, Longman, London.
Bolinger, D. (1977b) "Pronouns and Repeated Nouns," reproduced by IULC.
Bolinger, D. (1980a) "Syntactic Diffusion and the Indefinite Article," IULC.
Bolinger, D. (1980b) *Language: The Loaded Weapon*, Longman, London.
Borkin, A. (1973) "*To Be* and not *To Be*," *CLS* 9, 44–56.
Boškovič, Ž. (1997) *The Syntax of Nonfinite Complementation*, MIT Press, Cambridge, MA.
Boškovič, Ž. (2000) "Sometimes in [Spec,CP], Sometimes in Situ," *Step by Step: Essays on Minimalist Syntax in Honor of Howard Lasnik*, ed. by R. Martin, D. Michaels and J. Uriagereka, 53–87, MIT Press, Cambridge, MA.
Boyd, J. C. and J. P. Thorne (1969) "The Semantics of the Modal Verbs," *Journal of Linguistics* 5, 57–74.
Bradley, H. and S. Potter (1970) *The Making of English*, rpt. Seibido.
Braroe, E. E. (1974) *The Syntax and Semantics of English Tense Markers*, Monographs from the Institute of Linguistics, University of Stockholm.
Bresnan, J. W. (1972) *Theory of Complementation in English*, Doctoral dissertation, MIT.
Bresnan, J. W. (1973) "Syntax of the Comparative Clause Construction in English," *Linguistic Inquiry* 4, 275–343.
Bresnan, J. W. (1975) "Comparative Deletion and Constraints on Transformations," *Language* 1, 25–74.
Bryan, W. F. (1936) "The Preterite and the Perfect in Present-Day English," *Journal of English and Germanic Philology* 35, 362–383.
Bryant, M. M. (1962) *Current American Usage*, Funk & Wagnalls, New York.
Carlson, G. N. (1981) "Distribution of Free-Choice *Any*," *CLS* 17, 8–23.
Carver, F. (1946) "The Uses of the Present Tense Forms in English," *Language* 22, 317–325.
Celce-Murcia, M. and D. Larsen-Freeman (1999^2) *The Grammar Book*, Heinle & Heinle, New York.
Chafe, W. L. (1970) *Meaning and the Structure of Language*, University of Chicago Press, Chicago.
Charleston, B. M. (1955) "A Reconsideration of the Problems of Time, Tense, and Aspect in Modern English," *English Studies* 36, 263–278.
Chomsky, N. (1957) *Syntactic Structures*, Mouton, The Hague.
Chomsky, N. (1965) *Aspects of the Theory of Syntax*, MIT Press, Cambridge, MA.
Chomsky, N. (1972) *Studies on Semantics in Generative Grammar*, Mouton, The Hague.
Chomsky, N. (1973) "Conditions on Transformations," *A Festschrift for Morris Halle*, ed. by S. R. Anderson and P. Kiparsky, 232–286, Holt, Rinehart & Winston, New York.

Chomsky, N. (1977) *Essays on Form and Interpretation*, North-Holland, New York.
Chomsky, N. (1981³) *Lectures on Government and Binding*, Foris, Dordrecht.
Chomsky, N. (1982) *Some Concepts and Consequences of the Theory of Government and Government*, MIT Press, Cambridge, MA.
Chomsky, N. (1986) *Barriers*, MIT Press, Cambridge, MA.
Chomsky, N. (1995) *The Minimalist Program*, MIT Press, Cambridge, MA.
Christophersen, P. (1939) *The Articles: A Study of Their Theory and Use in English*, Munksgaard, Copenhagen.
Clements, G. N. (1975) "Logophoric Pronoun in Ewe: Its Role in Discourse," *Journal of West African Languages* 2, 141–177.
Close, R. A. (1975) *A Reference Grammar for Students of English*, Longman, London.
Close, R. A. (1980) "*Will* in *If*-clauses," *Studies in English Linguistics for Randolph Quirk*, ed. by S. Greenbaum, G. Leech and J. Svartvik, 100–109, Longman, London.
Close, R. A. (1981) *English as a Foreign Language*, Longman, London.
Coates, J. (1983) *The Semantics of the Modal Auxiliaries*, Croom Helm, London.
Coe, N. (1980) *A Learner's Grammar of English*, Nelson, Edinburgh.
Costa, R. (1972) "Sequences of Tenses in *That*-clause," *CLS* 8, 41–51.
Crowell, T. L. (1960) *A Glossary of Phrases with Prepositions*, Prentice-Hall, Englewood Cliff, NJ.
Crystal, D. (1966) "Specification and English Tenses," *Journal of Linguistics* 2, 1–34.
Culicover, P. W. (1976) *Syntax*, Academic Press, New York.
Curme, G. O. (1931) *Syntax*, rpt., Maruzen, Tokyo.
Curme, G. O. (1947) *The Principles and Practice of English Grammar*, Barnes, New York.
Cushing, S. (1972) "The Semantics of Sentence Nominalization," *Foundations of Language* 9, 186–208.
DeCarrico, J. S. (1980) *Anaphoric Options of Indefinite Noun Phrases in English*, Doctoral dissertation, University of Washington.
Declerck, R. (1979) "Tense and Modality in English *Before* Clauses," *English Studies* 60, 720–744.
Declerck, R. (1981) "Pseudo-modifiers," *Lingua* 54, 83–114.
Declerck, R. (1984) "'Pure Future' *Will* in *If*-clauses," *Lingua* 63, 279–312.
Delile, G. S. (1973) "Discourse and Backward Pronominalization," reproduced by IULC.
Denison, D. (1993) *English Historical Syntax*, Longman, London.
Diver, W. (1963) "The Chronological System of the English Verb," *Word* 19, 1–181.
Dixon, R. M. W. (1991) *A New Approach to English Grammar: On Semantic Principles*, Clarendon Press, Oxford.
Dowty, D. R. (1975) "The Stative in the Progressive and Other Essence/Accident Contrasts," *Linguistic Inquiry* 6, 575–588.

Eastwood, J. (1994) *Oxford Guide to English Grammar*, Oxford University Press, Oxford.
Ebbitt, W. R. and D. R. Ebbitt (1978) *Writer's Guide and Index to English*, Scott, Foresman, Glenview, IL.
Emonds, J. E. (1970) *Root and Structure-Preserving Transformation*, Doctoral dissertation, MIT.
Emonds, J. E. (1976) *A Transformational Approach to English Syntax*, Academic Press, New York.
Fauconnier, G. (1997) *Mapping in Thought and Language*, Cambridge University Press, Cambridge.
Fillmore, C. J. (1963) "The Position of Embedding Transformations in a Grammar," *Word* 19, 208-231.
Fillmore, C. J. (1971) "Some Problems for Case Grammar," Monograph Series on Language and Linguistics 24, 35-56.
Fillmore, C. J. (1975) *Santa Cruz Lectures on Deixis*, reproduced by IULC.
Firth, J. R. (1957) *Selected Papers of J. R. Firth 1952-59*, ed. by F. R. Palmer, Longman, London.
Fodor, J. A. (1970) "Three Reasons for not Deriving 'kill' from 'cause to die'," *Linguistic Inquiry* 1, 429-438.
Follet, W. (1998[2]) *Modern American Usage*, Hill & Wang, New York.
Freidin, R. (1992) *Foundations of Generative Syntax*, MIT Press, Cambridge, MA.
Fridén, G. (1948) *Studies on the Tenses of the English Verb from Chaucer to Shakespeare*, Almquist & Wiksel, Uppsala.
Fries, C. C. (1940) *American English Grammar*, Appleton-Century-Crofts, New York.
Gallagher, M. J. (1970) "Adverbs of Time and Tense," *CLS* 6, 220-225.
Gardiner, A. H. (1951[2]) *The Theory of Speech and Language*, Oxford University Press, London.
Gee, J. P. (1975) *Perception, Intentionality and Naked Infinitives: A Study in Linguistics and Philosophy*, Doctoral dissertation, Stanford University.
Gee, J. P. (1977) "Comments on the Paper by Akmajian," *Formal Syntax*, ed. by P. W. Culicover, T. Wasow and A. Akmajian, 461-481, Academic Press, New York.
Gimson, A. C. (1976[2]) *An Introduction to the Pronunciation of English*, Arnold, London.
Goldberg, A. (1995) *Constructions: A Construction Grammar Approach to Argument Structure*, University of Chicago Press, Chicago.
Greenbaum, S. (1969) *Studies in English Adverbial Usage*, Longman, London.
Grice, H. P. (1975) "Logic and Conversation," *Syntax and Semantics* 3, ed. by P. Cole and J. L. Morgan, 41-58, Academic Press, New York.
Gnutzmann, C., R. Ilson and J. Webster (1973) "Comparative Constructions in Contemporary English," *English Studies* 54, 417-438.

Haegeman, L. (1994²) *Introduction to Government and Binding*, Blackwell, Oxford.

Haegeman, L. and H. Wekker (1984) "The Syntax and Interpretation of Futurate Conditionals in English," *Journal of Linguistics* 20, 45–55.

Haegeman, L. and J. Guéron (1999) *English Grammar: A Generative Perspective*, Blackwell, Oxford.

Halliday, M. A. K. (1970) "Functional Diversity in Language as Seen from a Consideration of Modality and Mood in English," *Foundations of Language* 6, 322–361.

Halliday, M. A. K. (1994) *An Introduction to Functional Grammar*, Arnold, London.

Halliday, M. A. K. and R. Hasan (1976) *Cohesion in English*, Longman, London.

Harris, Z. (1951) *Structural Linguistics*, University of Chicago Press, Chicago.

Hatcher, A. G. (1951) "The Use of the Progressive Form in English," *Language* 27, 258–280.

Hawkins, J. A. (1978) *Definiteness and Indefiniteness*, Croom Helm, London.

Heaton, J. B. and J. P. Stocks (1985) *Overseas Students' Companion to English Studies*, Longman, London.

日比野日出雄（2007）『21世紀の語法を求めて』エスト出版，京都．

Hill, A. A. (1958) *Introduction to Linguistic Structures*, Harcourt, New York.

Hoekstra, T. (1982) "Small Clause Result," *Lingua* 74, 101–139.

Hofmann, T. R. (1976) "Past Tense Replacement and the Modal System," *Syntax and Semantics* 7, 85–100, Academic Press, New York.

Horn, G. M. (1975) "On the Nonsentential Nature of the POSS-ING Construction," *Linguistic Inquiry* 1, 333–387.

Hornby, A. S. (1954¹, 1975²) *A Guide to Patterns and Usage in English*, Oxford University Press, London.

Hornstein, N. (1990) *As Time Goes By: Tense and Universal Grammar*, MIT Press, Cambridge, MA.

細江逸記（1932）『動詞時制の研究』泰文堂，東京．

細江逸記（1933）『動詞叙法の研究』泰文堂，東京．

細江逸記（1942）『精説英文法汎論』泰文堂，東京．

細江逸記（1957）『英文法汎論』（改定版）泰文堂，東京．

Huang, C-T. (1982) *Logical Relations in Chinese and the Theory of Grammar*, Doctoral dissertation, MIT.

Huddleston, R. (1969) "Some Observations on Tense and Deixis in English," *Language* 45, 777–806.

Huddleston, R. (1971) *The Sentence in Written English*, Cambridge University Press, Cambridge.

Huddleston, R. (1976) "Some Theoretical Issues in the Description of the English Verb," *Lingua* 40, 331–383.

Huddleston, R. and G. Pullum (2002) *The Cambridge Grammar of the English Language*, Cambridge University Press, Cambridge.

市河三喜 (1912)『英文法研究』研究社, 東京.
井上義昌 (1960)『英米語用法辞典』開拓社, 東京.
石橋幸太郎(編) (1966)『英語語法大事典』大修館書店, 東京.
泉井久乃助 (1952)『ラテン広文典』白水社, 東京.
Jackendoff, R. S. (1972) *Semantic Interpretation in Generative Grammar*, MIT Press, Cambridge, MA.
Jackendoff, R. S. (1977) $\bar{X}$-*Syntax: A Study of Phrase Structure*, MIT Press, Cambridge, MA.
Jackendoff, R. S. (1990) *Semantic Structures*, MIT Press, Cambridge, MA.
Jackendoff, R. S. (1992) "Babe Ruth Homered His Way into the Hearts of America," *Syntax and Semantics* 26, 155-178, Academic Press, New York.
Jackendoff, R. S. and P. Culicover (1971) "A Reconsideration of Dative Movement," *Foundations of Language* 7, 397-412.
Jacobson, S. (1964) *Adverbial Positions in English*, Studentbok, Stockholm.
Jenkins, L. (1972) *Modality in English Syntax*, Doctoral dissertation, MIT.
Jespersen, O. (1909-49) *A Modern English Grammar*, 7 vols., Allen & Unwin, London. [MEG]
Jespersen, O. (1924) *The Philosophy of Grammar*, Allen & Unwin, London.
Jespersen, O. (1933) *The Essentials of English Grammar*, Allen & Unwin, London.
Johnson, K. (1985) *A Case for Movement*, Doctoral dissertation, MIT.
Johnson, M. R. (1981) "A Unified Temporal Theory of Tense and Aspect," *Syntax and Semantics* 14, 145-175, Academic Press, New York.
Joos, M. (1968^2) *The English Verb: Form and Meanings*, University of Wisconsin Press, Madison.
Karttunen, L. (1971) "On Implicative Verbs," *Language* 47, 340-358.
河上誓作 (1984)「文の意味に関する基礎的研究」大阪大学文学部紀要 24.
Kayne, R. S. (1979) "Rightward NP Movement in French and English," *Linguistic Inquiry* 10, 710-718.
Keenan, E. and B. Comrie (1977) "Noun Phrase Accessibility and Universal Grammar," *Linguistic Inquiry* 8, 63-99.
Keyser, S. J. (1968) "Review of Sven Jacobson, *Adverbial Positions in English*," *Language* 44, 357-373.
Kiparsky, P. and C. Kiparsky (1970) "Fact," *Progress in Linguistics*, ed. by M. Bierwisch and K. E. Heidolph, 143-173, Mouton, The Hague.
キルヒナー, G. (1983)『アメリカ語法事典』(前島儀一郎・丹羽義信・佐野英一・山岸勝栄(訳)) 大修館書店, 東京.
Kirchner, G. (1952) *Zehn Hauptverben des Englischen*, Niemeyer, Lepzig.
Klein, W. (1992) "Present-Perfect Puzzle," *Language* 68, 525-552.
Klima, E. S. (1964) "Negation in English," *The Structure of Language: Reading in the Philosophy of Language*, ed. by J. A. Fodor and J. J. Katz, 246-323, Prentice-Hall, Englewood Cliffs, NJ.
Kruisinga, E. (1932^5) *A Handbook of Present-Day English*, 4 vols., rpt., Senjo, n.d.

Labov, W. (1972) "Negative Attraction and Negative Concord in English Grammar," *Language* 48, 773–788.
Lakoff, G. (1968) "Deep and Surface Grammar," reproduced by IULC.
Lakoff, G. (1970) *Iregularity in Syntax*, Doctoral dissertation, MIT.
Lakoff, G. (1987) *Women, Fire, and Dangerous Things*, University of Chicago Press, Chicago.
Lakoff, G. and M. Johnson (1980) *Metaphors We Live By*, University of Chicago Press, Chicago.
Lakoff, R. (1969) "Some Reasons Why There Can't Be Any *Some/Any* Rule," *Language* 45, 608–615.
Lakoff, R. (1970) "Tense and Its Relation to Participants," *Language* 46, 838–849.
Lakoff, R. (1971) "Passive Resistance," *CLS* 7, 149–162.
Lakoff, R. (1973) "The Logic of Politeness," *CLS* 9, 292–305.
Lakoff, R. (1974) "Remarks on *This* and *That*," *CLS* 10, 316–334.
Lakoff, R. (1975) "Language and Women's Place," *Language in Society* 2, 45–79.
Langendoen, D. T. (1970) *Essentials of English Grammar*, Holt, Rinehart & Winston, New York.
Lasnik, H. and R. Fiengo (1974) "Complement Object Deletion," *Linguistic Inquiry* 5, 535–571.
Lasnik, H. and M. Saito. (1994) *Move α: Conditions on Its Application and Output*, MIT Press, Cambridge, MA.
Leech, G. N. (1969) *A Linguistics Guide to English Poetry*, Longman, London.
Leech, G. N. (1983) *The Principles of Pragmaatics*, Longman, London.
Leech, G. N. (1987[2], 2004[3]) *Meaning and the English Verb*, Longman, London.
Leech, G. N. and J. Svartvik (1979[2]) *A Communicative Grammar of English*, Longman, London.
Lees, R. B. (1960) *The Grammar of English Nominalization*, Mouton, The Hague.
Lyons, J. (1977) *Semantics* 1, 2, Cambridge University Press, Cambridge.
Lyons, J. (1981) *Language, Meaning & Context*, Fontana, London.
Mathesius, V. (1975) *A Functional Analysis of Present Day English on a General Linguistic Basis*, Mouton, The Hague.
Macaulay, R. K. S. (1971) *Aspect in English*, Doctoral dissertation, UCLA.
Makkai, A. (1972) *Idiom Structure in English*, Mouton, The Hague.
Mason, C. P. (1901[4]) *English Grammar*, George Bell & Sons, London.
Mathews, P. H. (1974) *Morphology*, Cambridge University Press, Cambridge.
松浪有・池上嘉彦・今井邦彦(編) (1983)『大修館英語学事典』大修館書店, 東京.
McCoard, R. W. (1978) *The English Perfect*, North-Holland, Amsterdam.
McCawley, J. D. (1971) "Time and Time Reference in English," *Studies in Linguistic Semantics*, ed. by C. J. Fillmore and D. T. Langendoen, 97–113, Holt Reinhart & Winston, New York.
Michaelis, L. (1994) "The Ambiguity of the English Present Perfect," *Journal of Linguistics* 30, 111–157.

Milsark, G. L. (1974) *Existential Sentences in English*, Doctoral dissertation, MIT.
毛利可信（1980）『英語の語用論』大修館書店，東京．
Morgan, J. L. (1969) "On the Treatment of the Presupposition in Transformational Grammar," *CLS* 5, 167–177.
中島文雄（1980）『英語の構造』（上，下）岩波書店，東京．
Napoli, D. J. (1992) "Secondary Resultative Predicates in Italian," *Journal of Linguistics* 28, 53–90.
Onions, C. T. (1929^5) *Advanced English Syntax*, Kegan Paul, London.
尾上政次（1957）『現代米語文法』研究社，東京．
Opie, I. and P. Opie, ed. (1963) *The Puffin Book of Nursery Rhymes*, Penguin Books, Harmondsworth, Middlesex.
太田朗（1980）『否定の意味——意味論序説』大修館書店，東京．
Ota, A. (1963) *Tense and Aspect of Present-Day American English*, Kenkyusha, Tokyo.
Ota, A. (1972) "Modals and Some Semi-Auxiliaries in English," *ELEC Publications* 9, 42–68.
大塚高信（編）（1970）『新英文法辞典』三省堂，東京．
Palmer, F. R. (1965) *A Linguistic Study of the English Verb*, Longman, London.
Palmer, F. R. (1974^1, 1988^2) *The English Verb*, Longman, London.
Palmer, F. R. (1979) *Modality and the English Modals*, Longman, London.
Palmer, H. E. (1939^2) *A Grammar of Spoken English*, Heffer, Cambridge.
Partridge, E. (1947) *Usage & Abusage*, Routeledge & Kegan Paul, London.
Perrin, P. G. (1972^5) *Writer's Guide and Index to English*, Scott, Foresman, Chicago.
Perkins, M. R. (1983) *Modal Expressions in English*, Frances Pinter, London.
Perlmutter, D. M. (1970) "On the Article in English," *Progress in Linguistics*, ed. by M. Bierwisch and K. E. Heidolph, 233–248, Mouton, The Hague.
Philips, K. C. (1972) "Review of *A History of English* by Barbara M. H. Strang," *English Studies* 53, 184–188.
Pollock, J. (1989) "Verb Movement, Universal Grammar, and the Structure of IP," *Linguistic Inquiry* 20, 365–424.
Postal, P. (1974) *On Raising*, MIT Press, Cambridge, MA.
Potter, S. (1975^2) *Changing English*, Andre Deutsch, London.
Poutsma, H. (1904–26) *A Grammar of Late Modern English*, 5 vols., rpt., Senjo, n.d.
Quirk, R. and S. Greenbaum (1979) *A University Grammar of English*, Longman, London.
Quirk, R. and C. L. Wrenn (1957^2) *An Old English Grammar*, Methuen, London.
Quirk, R., S. Greenbaum, G. Leech and J. Svartvik (1972) *A Grammar of Comtemporary English*, Longman, London.
Quirk, R., S. Greenbaum, G. Leech and J. Svartvik (1985) *A Comprehensive Grammar of the English Language*, Longman, London.
Radford, A. (1988) *Transformational Grammar: A First Course*, Cambridge Uni-

versity Press, Cambridge.
Reichenbach, H. (1947) *Elements of Symbolic Logic*, Macmillan, New York.
Reinhart, T. (1983) *Anaphora and Semantic Interpretation*, Croom Helm, London.
Ross, J. R. (1967) *Constraints on Variables in Syntax*, Doctoral dissertation, MIT.
Ross, J. R. (1970) "On Declarative Sentences," *Readings in English Transformational Grammar*, ed. by R. A. Jacobs and P. E. Rosenbaum, 222–272, Ginn, Waltham, MA.
Rothstein, S. D. (1983) *The Syntactic Forms of Predication*, Doctoral dissertation, MIT.
斎藤秀三郎 (1952)『熟語本位英和中辞典』岩波書店, 東京.
Sapir, E. (1921) *Language: An Introduction to the Study of Speech*, Harcourt, Brace, New York.
澤田治美 (1975)「日英語主観的助動詞の構文論的考察」『言語研究』68, 75–103.
Schachter, P. (1977) "Constraints on Coordination," *Language* 53, 86–103.
Sheurweghas, G. S. (1959) *Present-Day English Syntax*, Longman, London.
Schreiber, P. A. (1971) "Some Constraints on the Formation of English Sentence Adverbs," *Linguistic Inquiry* 2, 83–101.
Schreiber, P. A. (1972) "Style Disjuncts and the Performative Analysis," *Linguistic Inquiry* 3, 321–347.
Shibatani, M. (1975) *A Linguistic Study of Causative Constructions*, reproduced by IULC.
Sinclaire, J., ed. (1992) *Collins COBUILD English Usage*, HarperCollins, London.
Sonnenschein, E. A. (1916) *A New English Grammar*, Oxford University Press, London.
Spangler, W. E. (1970) "Locative Restraints on the English Reflexive," *Word* 26, 114–118.
Stockwell, R. P., P. Schachter and B. H. Partee (1973) *The Major Syntactic Structures of English*, Holt, Rinehart & Winston, New York.
Stowell, T. (1978) "What Was There Before There Was There?" *CLS* 14, 458–471.
Stowell, T. (1981) *Origins of Phrase Structure*, Doctoral dissertation, MIT.
Strang, B. M. H. (1968[2]) *Modern English Structure*, Arnold, London.
Suzuki, N. Y. (1978) *A Generative Semantic Analysis of the English Modals*, Doctoral dissertation, Georgetown University.
Swan, M. (1980[1], 1995[2]) *Practical English Usage*, Oxford University Press, London.
Swan, M. (1984) *Basic English Usage*, Oxford University Press, London.
Sweet, H. (1891, 1898) *A New English Grammar*, 2 vols., Clarendon Press, Oxford.
Sweet, H. (1900) *The History of Language*, Dent, London.
Sweet, H. (1955) *Sweet's Anglo-Saxon Primer*, rev. by N. Davis, Oxford University Press, Oxford.
Sweetser, E. E. (1990) *From Etymology to Pragmatics*, Cambridge University Press, Cambridge.
竹島俊之 (1983)「古典ギリシア語についての考察」『言語学論叢』(関本至先生古稀記念論

文集）232-280, 溪水社, 広島.
田辺貞之助 (1955)『現代フランス文法』白水社, 東京.
Thomson, A. J. and A. V. Martinet (1986⁴) *Practical English Grammar*, Oxford University Press, London.
Travis, L. (1984) *Parameters and Effects of Word Order Variations*, Doctoral dissertation, MIT.
Trnka, B. (1930) *On the Syntax of the English Verb from Caxton to Dryden*, TCLP, Prague.
Trudgill, P. and J. Hannah (1994³) *International English*, Arnold, London.
Twaddell, W. F. (1960) *The English Verb Auxiliaries*, Brown University Press, Providence.
Vallins, G. H. (1954) *Perfect Your English*, Ward, London.
Vallins, G. H. (1957⁴) *Better English*, Pan Books, London.
Vanneck, G. (1958) "The Colloquial Preterite in Modern American English," *Word* 14, 237–242.
Vendler, Z. (1967) *Linguistics in Philosophy*, Cornell University Press, Ithaca, NY.
Vines, S. and G. B. Sansom (1928) *A Basic Guide to English Composition*, Kenkyusha, Tokyo.
Visser, F. Th. (1963–83) *An Historical Syntax of the English Language*, 4 vols., E. J. Brill, Leiden.
von Wright, G. H. (1951) *An Essay in Modal Logic*, North-Holland, Amsterdam.
渡辺登士（編著）(1987)『英語語法活用大辞典』大修館書店, 東京.
Wekker, H. C. (1976) *The Expression of Future Time in Contemporary English*, North-Holland, Amsterdam.
Wells, J. C. (1990) *Longman Pronunciation Dictionary*, Longman, London.
Wentworth, H. and S. B. Flexner (1980³) *Dictionary of American Slang*, Crowell, New York.
Woisetschlaeger, E. F. (1976) *A Semantic Theory of the English Auxiliary System*, Doctoral dissertation, MIT.
Wood, F. T. (1962) *Current English Usage*, Macmillan, London. [CEU]
Wood, F. T. (1964) *English Verbal Idioms*, Macmillan, London.
Wood, F. T. (1967) *English Prepositional Idioms*, Macmillan, London.
安井稔・秋山怜・中村捷 (1976)『形容詞』研究社出版, 東京.
Zandvoort, R. W. (1972⁶) *A Handbook of English Grammar*, rpt. Maruzen.

C. コーパス

Brown = Brown Corpus of American English（1961年完成）
Frown = Freiburg-Brown Corpus of American English（1991年以後のアメリカ英語を扱う）
LOB = Lancaster-Oslo/Bergen Corpus of British English（1978年完成）
FLOB = Freiburg-LOB Corpus of British English（1991年以後のイギリス英語を扱う）

BNC = British National Corpus（1億語のコーパスで，信頼性が高い．1994年完成）
Bank of English = Collins Birmingham University International Database（3億2千語を超える大規模なコーパス）
HTI = HTI Modern English Collection（おもに文学作品で，16世紀のものも含む）
Google（世界最大のコーパスだが，英語圏以外の英語もあり，ヒット数もダブっているので，要注意）

索　引

1. 数字は，ページ数（太字は特に記述の詳しい部分）を示す．
2. ～は日本語の見出し語句を，〜は英語の見出し語句を代用する．
3. S は主語，O は目的語，C は補語，do は一般動詞，-ing は ing 形，-en は過去分詞を表す．
4. 事項索引は原則として大項目，語句索引は原則として主要語を見出し語とする．例えば，able to, be は be able to を，fun, like は like fun を意味する．

A

a/an (prep.)　519
a:　〜 *coach and four* 472，〜 *Columbus of science* 391，〜 *cup and saucer* 472，〜 *fork and knife* 472，〜 *watch and chain* のタイプ 472，〜 *different Poirot* 464，*He was* 〜 *going* 129，*he's* 〜 *Napoleon* 464，〜 *poet and* 〜 *dramatist* 472，*Temperance is* 〜 *virtue* 465
ablative case（奪格）　249
able to, be　315, 480
abound in　625
about:　〜 と *around* 634，〜 と *on* 647，*be just* 〜 *to, be* 〜 *to* 109，*be not* 〜 *to* 110
above と *below*　633
absent oneself from　441
absolute element（遊離要素）　62
absolute infinitive（独立不定詞）　213-4
absolute participle clause（独立分詞節）　248-9，*with* + 〜　249
abstract noun（抽象名詞）　388-9
accusative（case）（対格）　ACC-ing と POSS-ing との違い 257-8，記述の〜 55, **409**，副詞的〜 384, **409-11**，不定詞付き〜 358, 411, 824，動名詞付き〜 411
accustomed:　*be* 〜 *to do* 266，*be* 〜 *to*

-ing 266
ache:　*I'm aching all over* 78，*My arm* 〜*s* 78
across:　〜 と *along* 635-6，〜 *from* 645
activo-passive（能動受動態）　362
adjacency condition（隣接条件）　821
adjective（形容詞）　限定〜 9，複合〜 9，1 項〜 19，2 項〜 19，制限用法 473-4，非制限用法 474，目的語をとる〜 474，限定用法 475，叙述用法 475-7，限定用法だけの〜 477-9，叙述用法だけの〜 479-80，限定用法と叙述用法で意味の異なる〜 480，〜の配列順序 480-2，〜の意味論的な下位分類 483-5
adjunct（付加詞）　自由〜 62（付加部）412, 778［定義］, 842，補部との比較 778-9
admit:　〜 *-ing* 259，〜 *having -en* 259
adprep（副詞的前置詞）　622-3
advantage:　〜 *was taken of* 359, 745，*was taken* 〜 *of* 745
adverb（副詞）　5，複合〜 9，〜の働き 522，〜の分類 523，VP 〜［形容詞・〜を修飾 524，動詞を修飾 524-8，程度〜 528］，焦点化の〜 145, 528-30，VP 〜の併置 530-1，文 〜［統語的特徴 531-2，領域〜 532，法〜 533，評価〜 533-4，発話様式〜 534-5，主語〜 535-6］，〜

の階層性 536-7，〜の配置順序 537-8，〜の話題化 538-9，注意するべき〜［形容詞と同形の〜 539-40，二つの語形のある〜 540-1］，〜的に用いられた形容詞 541-2，意味・用法の紛らわしい〜 542-51，主語補語としての〜 55

adverb clause（副詞節）階層 551-5，時の〜 602-4，場所の〜 604-5，譲歩の〜 605-7，理由の〜 607-9，目的の〜 609-10，結果の〜 610-2，様態の〜 612-4，比例の〜 614-7，対比の〜 617，制限の〜 617-8，除外の〜 618，判断の根拠を示す〜 618-9，選択の〜 619，コメント節 619-20

adverbial（副詞類）521

advices 405

advise: ~ OO 26, ~ O to do 25, 208, 223, 808, ~ O that 25, Be ~d by me 346

afraid: ~ of -ing 263, ~ of me -ing 257, ~ to do 264, a somewhat ~ soldier 480, I'm ~ 278, 620, I'm ~ not 730, I was ~ that 327

after: ~ と behind 637, After a storm comes a calm 751, After talking to you 245, Would ~ four be a good time to meet? 32, After he finished/had finished 96, The day ~ you left 10

again 556

agenda focuses, His foreign 681

agent/actor（行為者）65, 343

agentivity（行為者性）354

ago: a grief ~ 410, ~ と before 545-6, a week ~ to-day 545

agree?, don't you 620

agreement（一致）統語特徴の〜 175-6，**主語と述語動詞の〜**［単主語の場合［名詞節・動名詞節・不定詞節 678-9，前置詞句・副詞・形容詞 679，集合名詞 679-80，複数名詞 680-1，most/half/part/rest/any of 名詞 681，a number of と the number of 681-2，不定代名詞 682］，複主語の場合［原則 684，A or B 685，not A but B 685，either A or B 685，neither A nor B 685，not only A but (also) B 685，A along/together with B 685，A as well as B 685］，限定詞と名詞 687-9［数詞の場合 688］，その他の数の一致［主語と補語 689，主語と目的語 689-90，目的語と補語 690，代名詞と先行詞 690-1［your Majesty/Highness 691］］，**格の〜** 691-2［主語と主語補語 691-2，目的語と目的語補語 692，不定詞付き対格 692，同格語の〜 692-3］，**性の〜** 693，**アスペクトの〜** 693

akin to love, Pity's 79

Alexander the Great's conquests 414

alive, the shyest man 580

all: 488-9，一致 682，All things considered 248, All you do is sneer at me のタイプ 57, 205-6, 693, All, ~ are gone 489, All's right with the world 489, ~ alone 489, ~ at once 489, ~ cats don't like water の両義性 661, ~ his money 492, All I want is 489, ~ is darkness のタイプ 54, ~ is not gold that glitters 662, All of us/We ~ agreed 489, ~ red in the face 489, All roads lead to Rome 17, All she had done was knock over an easel 693, ~ the + 比較級 + for 581, ~ (the) week 631, be ~ impatience to be gone 54, be ~ softness and elegant beauty 54, be ~ warmth and simple eagerness 54, for/with ~ 651, I will see ~ (the) students at 11 a.m. 488, us/them ~ 492, We waited, ~ curiosity 54

all-American 9

allowance: ~ will be made for 745, be made considerable ~ for 745

alms were 681

along と across 635-6

aloof from, keep 479

索　引

already と *yet*　543-4
Also available are S　754
alternative question（選択疑問文）　872
Although ... yet　557
altogether　556
always asking silly questions, He's のタイプ　117
Am I glad! のタイプ　848, 874
amends　403
America's policy　416
amid　635
amidst　635
among と *between*　635
amongst　635
amount of, a large　506
an elderly, foolish man　586
An orphan at six, he was brought up　521
anaphoric（逆行照応的）　144, 425, 439-40
and: A 〜 B　591-4, 〜 *beside*　556, 〜 *no mistake*　593, 〜 *so*　556, 〜 *with reason*　593, *Her calmness* 〜 *confidence are/is*　684, *My friend* 〜 *adviser is*　684, *Another step,* 〜 *I'll shoot* のタイプ　684, *Move* 〜 *I'll shoot*　593, *Ten days,* 〜 *no letter came*　593, *four-*〜*-twenty* のタイプ　516, 517
angel of a girl, an のタイプ　418
angry: 〜 *about trifles*　19, *He was* 〜 *to hear about it* のタイプ　789
annals　403
Anne: 〜 *and Richard's close friends*　414, 〜*st of* 〜*s*　418
annoyed: 〜 *by*　344, *be* 〜 *at/about*　648, *very* 〜 *with*　344
anomalous finite（変則定動詞）　163-4, 279
another: 503-4, 〜 *Solomon*　504, 〜 *two weeks*　504
answerable to A *for* B　785
antecedent（先行詞）　181, 限定詞との関係　193-4 [樹形図　194]

anticipative *do*（先行の *do*）　206
anxiety to win, His　781
anxious: *be* 〜 *to go home*　211, *I am* 〜 *to see you* のタイプ　792
any: 肯定文の〜　497-8, 〜 ... *not* の語順　498-9, 658, 〜 *the* + 比較級 + *for*　581, 〜 *time*　604
anybody: (n.) 506
　(pron.) 505, *Has* 〜 *brought their camera?*　690
Anyone who drinks can't go　499
anything　505
apo koinou（共有構文）　26, 42, 189
apodosis（帰結節）　104, 108, 370
appear (*to be*) C　48
apply for A *to* B　746
appoint: 〜 *him secretary*　836, 〜 *him to be/as her secretary*　836
apt to, be　213
arguably　533
argue with A *about* B　18, 746
argument（項）　16, 真性〜　433
argument structure（項構造）　16
aristocracy are, the　387
arms　405
around: 〜 *me/myself*　444, *round* と *about*　636, *the fountain they were standing* 〜　187
arrange for O *to do*　216
arrears　403
arrived at, be　359
article（冠詞）　22, 452-72, 後接語　452, 〜の省略　468-72, 〜の反復　472, 不定〜 5 [意味・用法 462-5], 〜の語順　466-8, 定〜 5 [同定機能 452, 基本用法 453-6, 慣用的な用法 456-8, 固有名詞と定〜 458-61], *a lion/the lion/lions/the lions* の比較　463
as: (adv.) 〜 *bad or worse than*　569, 〜 *many again*　507
　(conj.) *English* 〜 *we speak it in Ireland*　10, 〜 *it were*　375, 〜 *I had never*

run before 612, ~ I was saying 123, ~ she (is)/her 428, ~ you please 227, ~ you said 619, Genius ~ John is 756, Naked ~ I was 606, It is ~ you said 57, sitting at the back ~ I am 613, wanting a ticket ~ I do 242, ~ a flock of sheep 616, ~ a tower of ivory 616, ~ best one can/may 583, As ... so 614, ~ = that 598
(prep.) ~ a historian 468, ~ clerk 468, ~ being more private 613, give me up ~ hopeless 613, give your name as being a friend 613, regard myself ~ your guardian 613
(pseudo rel.) 制限用法 198, 非制限用法 198

as (= as if): ~ by instinct 615, a ring of steel in his voice 615, the sound of a large animal moving about 615, ~ with a chill 616, ~ at night 616

as and when 603

as ... as: (~) old ~ Adam 568, As young ~ I am (= Though I am young) のタイプ 606-7, ~ ... ~ any 581, ~ ... ~ ever 581, ~ ... ~ if 615, ~ kind a little soul ~ 198, ~ ... ~ one can 580, ~ ... ~ possible 580, ~ clever ~ they make 'em 563, ~ good 581, ~ happy ~ happy (can be) 568, ~ kind-hearted ~ a goddam wolf 578, ~ much ~ 581, ~ rich ~ any 568, ~ sensitive ~ a goddam toilet seat 578, It's just ~ simple ~ that 614, be ~ deep ~ it is wide 567, I liked him ~ much ~ Churchill liked Hitler 578

as far as: (conj.) 616, ~ the law is concerned 532
(prep.) = up to 644

as for と as to との比較 651

as if: 50, 375, 613, ~ by magic 613, ~ charmed 375, ~ grown together 613, ~ helping the child 613, ~ to speak 375, 613, ~ it's going to rain 613, ~ he were rich 9, ~ S had been 376, As if I cared! 380

as long as 602, 675

as soon as: 604, ~ he discovered/had discovered 97, ~ he heard/*had heard 96

as though: 375, 613, ~ he were rich 9, ~ S had -en 376

as to: 652, as for との比較 651-2

as well as: 616-7, ~ -ing 267, 616, She can cook ~ sew 617, ~ の二義 580

as well that/if ..., It is 581

ashamed of oneself to do 216

ashes 403

ask: ~ O to do 25, ~ OO 26, ~ O a favor 807, ~ a favor of O 807, ~ O a question 807, ~ a question of O 807, be ~ed to do 26, That's ~ing a little too much 251

asleep children, the fast 480

aspect (アスペクト/相) 70, 動詞の～特徴 71-5 [非状態的動詞 72, 状態的動詞 72, 73-4, 瞬時的動詞 74, 非瞬時的動詞 74-5, 非完結的動詞 75]

asymmetry (非対称性) 861

at: 632, 場所 632-3, 時間 639-40, ~ と with 648, ~ about/around 641, (~/on) the following weekend 630, ~ (long) last 584, ~ (the) best 584, ~ least 584, ~ (the) most 584, ~ Claridge's 420, ~ my uncle's 420, ~ St. Luke's 420, ~ one's best 584, ~ one's wits' end 416, ~ present 132, ~ Smith's, the bookseller's/ ~ Smith, the bookseller's/ ~ Smith's, the bookseller 420, ~ the last 584, ~ the water's edge 416

atelic/non-perfective verb (非完結動詞) 72

Athens 403

atom, not changed an 410

attempt: ~ to do 265, ~ -ing 265

attendant circumstances（付帯状況）243-4
attributive noun（限定名詞）6
authoress 393
auxiliary verb（助動詞）5, 統語的特徴 [否定 161, 倒置 162, 代用 162, 強調 162-3], 〜のパラダイム 163, 一次〜 161, 二次〜 161, 〜の連結順序 847-8, 倒置条件節を導く〜 849
avail oneself of 440
available, no money 477
averse to 479
aversion to hard work, an 781
avoid pronoun principle（代名詞回避の原理）255
aware: 〜 of 20, 〜 that 20
away: Away flew my hat! のタイプ 761, 〜 from me/myself 444, Away with you! 751
awful cold 542

B

backshift（後転移）147
bad at mathematics, be 785
baking hot 542
banish him the realm 807
baptized Mary, was 837
bare infinitive（裸不定詞）助動詞とともに 217, 命題用法 217-8, 知覚動詞とともに 218, 使役動詞とともに 218-20
barking dog, a 232
barracks 403
barring accidents 247
base（基体）558
be: 〜 a weight off my mind 53, 〜 being -en 345, 〜 C 46, Be damned to that 365, Be it ever so humble 367, Be it noted that 366, Be my guest 879, Be not afraid 164, Be reading when I come in! 128, Be reassured by me 879, Be that as it may 367, the powers that 〜 164, for the time 〜ing 164, but it was not to 〜 164, is a fool と is 〜ing a fool 124, is kind と is 〜ing kind 124
bear -ing, not 260
bearings 405
beautiful: a 〜 dancer 478, The 〜 in nature 30
because of 652
becha a million dollars he couldn't, I'll 598
become: 〜 Americanized 350, 〜 C 51
before: 148, 150, 〜 と … ago 545-6, 〜 と until 644, 〜 long 625, 〜 he dies 150, 〜 his roome be hot 150, 〜 I would even think 87, Pigs fly 〜 he'll become mathematician 87
behave (oneself) 441
behind と after 637
belief: 〜s 398, My 〜 is that John is innocent のタイプ 783
believe: 〜 O to be 203, 222, 〜 that 222, 〜 you me 878
below と above 633
beneath: 〜 と underneath 634, marry 〜 her 634, think it 〜 him to tell a lie 634
benefactive（受益者）65, 357
be-perfect（be 完了形）131
besides -ing 267
best: be in the 〜 of health 575, 〜est, superest breakfast 560, I like this the 〜 572
bet (you) the Conservatives lose/will lose, I 88
betake oneself to 441
be to 107-9
Better luck next time 630
better-looking, more good-looking 561
between: 〜 と among 635, Between six and seven will suit me 624, 〜 you and I 428
bevy of pretty girls, a 462

billiards 403
Birds of a feather flock together 462
bitter cold 542
bleaching (漂白化) 422
bleed the country dry 837
Blessed are all who 756
blow: (n.) The ~ was struck 39
　　(v.) ~ its hardest 39
blues 403
boast: ~ of having -en 259, ~ that 259
body politic 477
both: 489-90, ~ A and B 490, 596, 597, ~ (the) students 468, ~ my parents 492, ~ these books 490, us/you/them ~ 661, *not ~ of them 490
bottom of, be got to the 746
bought me/myself a new hat 412
boulomaic logic (欲求論理学) 271-2
bound clause (拘束節) 86-8
bound for, be 480
bow her into an arm-chair 837
bowels 403
bread and butter 592
break: ~ down 737, ~ even 747, ~ O about 742, ~ off 741, ~ out 737, ~ up 737
breakfast: be at ~ 56, Breakfast is ready 469
breathe his last (breath) 39
breeches 402, 404
brethren 398
bridge verb, non-bridge verb (架橋動詞, 非架橋動詞) 859-60
bring: ~ about 741, ~ A around to B 746, ~ it about that 835, ~ O low 747, ~ A to B 806, ~ A for B 806, ~ A to B for C 806, ~ up 741, be well brought up 742, be brought up against 747
British waters 404
brothers, brethren 404
build: ~ oneself a house 412, The house is ~ing のタイプ 128
busy: ~ -ing 237, 796, ~ in -ing 237
but: (conj.) 199, 595, But that's wonderful! 595, = but that (ii) 199, = but that (iii) 618, = but that (iv) 618 (prep.) 646, ~ と except for と save 646, Nobody ~ him/?he 428 (v., n.) But me no ~s 7, 35
but for 377, 676
but that (i) = that 601, (ii) = that ... not 601-2, (iii) = without it being the case that 618, (iv) 〈古語〉 = if it were not that 618
but what: = but that (i) 601, = but that (ii) 601-2
buy: ~ OO 22-3, 805-6, ~ O for O 23, 805-6
by: ~+行為者 350, ~ と beside と near 636-7, ~ と till と until 643-4, ~ と with 645, ~ accident 470, ~ boat/bus/car/plane 645, ~ bus 469, go ~ foot 645, ~ far, the best 580, ~ the hour のタイプ 458, By who? 628, I was shocked ~ your attitude 65, The door was opened ~ the wind 65, to come off victorious is ~ running away 56
by means of 9
by way of 639

C

ça: ~/*il m'amuse que 436, ~/il pleut 434
call it!, Mean I 757
call that asking for trouble, We 251
call: be ~ed on 739, ~ for 738, ~ up 741
can: (aux. v.) 能力 [知覚動詞の場合 275-6, 認識動詞の場合 276], 状況的可能性 277-9, 認識的可能性 279-80, ~ have -en 280, 309-10, ~ see と see の比

較 276, *Can I carry your bag?* 277, *Can I come in?* 278, *Can I help you?* 282, *I ~ see a bird* と *I see a bird* の比較 276, *That business ~ wait* 278, *You ~ lump it* 279, *You ~ forget your holiday* 279
(v.) *that ~ I* 753
can't: *~ bring herself to accept his offer* 211, *~ have -en* 309-10, *~ seem to* 279, *It ~ be true* (＝It is certainly not true) 280, *Can't we/you …?* 278, *You ~ eat your cake and have it too* 657, *You ~ fish and not eat* 666
cannot: *~ be overestimated* 667, *~ be put up with* 628, *~ … enough/ sufficiently* 666, *~ (help) but …* 221, *~ help -ing* 266, *~ help* O *-ing* 267, *~ … too* 666, 722
Canterbury Tales exists/exist, The 680
cardinal number (序数詞) 486
cards 403
care: (n.) *be taken good ~ of* 745, *Good ~ was taken of* 745, *take ~ of* のタイプ 745
(v.) *~ for* 738
carry: *~ on* 741, 742, *~ out* 741, 742, *be carried out* 742
Case filter (格フィルター) 855
Cat in the Rain のタイプ 471
cataphoric (順行照応的) 425, 435, 439-440
catch: *~* O *-ing* 238, 827, *~ sight of* のタイプ 745-6, *~ up with* 741, *be caught napping* 827, *be caught kissing each other* 408
causative verb (使役動詞) 文目的語をとる証拠 835
cause (動因) 65, **354**, SVO 型の~ 354
cause O *to do* 219, 832
caused-motion construction (使役・移動構文) 744, **837**
c-command (構成素統御) 666

chairman, chairperson, chair 393
chance: *a ~ to explain* 783, *a slim ~ of passing the exam* 783
change: *~ cars* 404, *This book will ~ your life* 354
checkers 403
chicken and chips is 592
chiefs 398
children 398
choose O (*to be/as*) *president* 836
christened Sarah, was 837
circumstantial possibility (状況的可能性) can 277-9, may 283-4
clause (節) 定義 2, 名詞~ 9-10, 形容詞~ 10, 副詞~ 10, 独立~ 11, 等位~ 11, 従属~ 11, 小~ → small clause, 主~の概念 14
clause mate (同節要素) 441
clean と cleanly 541
cleft-effect (分裂文効果) 536
cleft sentence (分裂文) 427, 439, 607, 769-70, 一致 682, 686, 詳論 [it のステータス 771-3, 焦点の位置に生じる統語範疇 773-4, ~の派生 774-5, 主節と従属節の時制の照応 775], 擬似~ 20, 775
climb: *~ Mt Everest* 40, *~ up the mountain* 40
cloths/clothes 404
clutch at 740
coffees two 390
cognate object (同族目的語) 38-40
cognition verb (認識動詞) 276
cognitive meaning (知的意味) 337
cohesion (結束性) 555, 556
collective noun (集合名詞) family 型 386, police 型 386-7
collide: 590, *The bus and the truck ~d* 590, *The bus ~d with the truck* 590, *The truck and the bus ~d* 590
come: *~ about* 737, *~* C 51, *~ down* 738, *~ full speed* 410, *~ home a different child* 59, *~ near being killed*

37, ~ off 737, ~ out 737, Come this way 384, ~ up to 741, Come what may 367, Down came the price 738, Here ~s the bus! 81, I came back to ask you something 95, I ~ /have ~ here to forget it 90, I've been coming to see you for ages 157
come running のタイプ 236
commentative question（評言疑問文）873-4 [eg Oh, it's fine, is it? 873]
committed to do/-ing, be 266
committee 679
common noun（普通名詞）386
comparison（比較変化）屈折～ 558、迂言～ 558、規則～ 558-60、不規則～ 560-2、比較成立の条件［段階性 562、尺度形容詞と評価形容詞 563-4、比較の基盤 564-5］、比較構文の基底構造 565-7、同等比較 567-8、優勢比較 568-9、劣勢比較 569-70、比例比較級 570-1、漸層比較級 571、形容詞の最上級 571-2、副詞の最上級 572-3、擬似比較構文 573、メタ言語的比較級 573-4、絶対比較級 574、絶対最上級 574-5、ラテン語系の比較表現 575-6、倍数の表し方 576、現実社会の知識の必要性 578、意味解釈2題 579、比較級・最上級を強める語句 580、比較を含む慣用表現 580-5
compasses 402
compete with A for B 746
complement（補語）3-4、主語～ ［特徴づけ 44、分類 44、同定 44-5、指定 45］、目的語～ 3、～になれる要素 53-8、準主語～ 59、準目的語～ 60（補部）18, 51, 71、定義 778、付加部との比較 778-9
complement sentence（補文）817
complementary distribution（相補分布）271, 272, 279, 284
complementation（補部構造）名詞の～ ［樹形図 780、名詞の左側にくる補部 779-80、名詞の右側にくる補部［前置詞句 780-1、to 不定詞 781-2、動名詞 782-3、that 節 783-4、(前置詞)+wh 節 784]］、形容詞の～ ［前置詞句 785、that 節 785-6、wh 節 786-7、than 節 788、to 不定詞 788-96、ing 形 796]、動詞の～ ［補部をとらない動詞 797-9、補部を一つとる動詞［自動詞 800-1、句動詞 800-1、他動詞+wh 節 801、way 構文 802、'time' away 構文 802]、補部を二つとる動詞［二重目的語構文［give 型 803-5、buy 型 805-7]、その他の動詞 807-8、I advised Mary to wait のタイプ 808-10、SVOA 型 810-2、SVCA 型 812-4、SVOC 型 [force 型 814-6、order 型 816]、補部を三つとる動詞 316、ネクサスを補部にとる動詞 [that 節をとる動詞 817-9、wh 節をとる動詞 819、to 不定詞をとる動詞 819-20、want 型 820-3、believe 型 823-5、知覚動詞 825-30、作為動詞 830-5、任命動詞 836-7、"手段動詞" 837-41、宣言動詞 841]、副詞の～ 841、前置詞の～ 841-2
complementizer（補文標識）24, 183
complex NP shift（複合名詞句転移）805、= heavy NP shift
compound relative（複合関係詞）194
compound sentence（重文）2, 13
compound（複合語）4, 9
conative construction（動能構文）739-40
concatenated interrogative clause（連鎖疑問詞節）175, 193
concatenated relative clause（連鎖関係詞節）192-3
concerned with the question, be not 20
concerning: (prep.) 647, 652, ~ my health 247
condition on extraction domain, CED（摘出領域条件）861
conditional sentence（条件文）668-77、叙実的～ 669-70、予測的～ 670-1、叙想的～ ［仮想的～ 671-2、反事実的～

672-3］，丁寧用法 673, 修辞的〜 673-4,
言語行為〜 674-5
confidences 405
confine A to B 745
conjunct（等位項） 591
conjunction（接続詞） 6, 複合〜 9
conjunctive adverb（接続副詞） 555-6
consider: 〜 O settled 823, 〜 O as settled 823, 〜 O to be settled 823, 〜 that 823
considering her age 247
constituent negation（構成素否定） 655, **658-9**
construal（とらえ方） 385
contact clause（接触節） 192
contact verb（接触動詞） 739
contamination/blending（混交） 26-9
content clause（内容節） 598
continuate-word（連続語） 385
continue: 〜 C 47, 〜 as project manager 47
contrastive（対比強勢） 162
control（コントロール） 主語〜 178, 222, 255-6, 目的語〜 178, 256
conventional implicature（慣習的な含意） 868
conversational implicature（会話の含意） 867-8
conversion（転換） 6
coordinate conjunction（等位接続詞） **and** [A and B 591-2, A and A 592, S_1 and S_2 592-3, 名詞句 and 文 593-4], **or** [A or B 594, S_1 or S_2 594], **but** 595, **for** 595-6
co-ordinate structure constraint（等位構造制約） 587
coordination/parataxis（等位） 2, 586-7, 〜構造（樹形図） 588
coreferential（同一指示的） 21, 25, 179, 604, 609, 613
corporeal verb（身体動詞） 74
correlative conjunction（相関接続詞）

596-7
cost five dollars 78
could: 叙実法過去 ［能力 313-4, 状況的可能性 314-6］，後転移現在 319-20, 叙想法過去 322, 丁寧用法 324-5, 〜 have -en 331-3, 672, 〜n't care less 325, I 〜 almost reach the branch 315, I 〜n't agree more 325
count upon O to do 216
countable noun（可算名詞） 386-7 ［普通〜 386, 集合〜 **386-7**], 〜の不可算名詞化 391-2
couple 680
court martial 477
cross swords 404
crowned at Scone, Scottish kings were 94
cry O out 743
cup: a 〜 of hot tea 389, a hot 〜 of coffee 388, a quick 〜 of tea 388
customs 405
cut: 〜 down 741, 〜 O short 747, 〜 off 741

D

dangling participle（懸垂分詞） 問題のある場合 246, 確立した〜 247
dare: 大胆さ 308-9, I 〜 say 309, Don't you 〜 do 309, 〜n't have -en 312-3
dared/durst 318, 後転移現在 321
dative construction（与格構文） 22, **803-7**
data 401, 681, this 〜 is と these 〜 are 402
day: a nine 〜s' absence 416, 〜 and night 410, 470, 〜 by 〜 410, 470, Gone are the 〜s when 34, (on) the following 〜 630
dead: be given up for 〜 36, 〜 serious 542, 〜er than anything else 562, serve the 〜 34

deal: *a great* ~ 410, 506, *a good* ~ *of* 507
dear と *dearly* 541
death: *be my* ~ 419, *be the* ~ *of me* 419
decency to, have the 781
decked out with, be 747
declarative question（平叙疑問文）874
declarative sentence（平叙文）機能 867, ～と語用論 867-8
declare: ~ *the meeting closed* 841, ~ *him the winner* 841
deem: ~ O *to be* 824, ~ O *worthy of* 824, ~ *that* 824
deepest at this point, The lake is 572
definiteness（定性）453
definiteness effect（定性効果）764
definition in OED of democracy, the 778
degree word（程度語）53, 799
deitcic（直示的）144, 425, ～時制 696, 非～ 696 [*He said he was/is going tomorrow* 696]
demand that he go 368
demean oneself 441
demonstrative pronoun（指示代名詞）外界照応的指示［直示用法 446-7, 情緒的直示 447-8］, テクスト内照応的指示［*this* 448-9, *that* 449-50, 名詞の反復を避ける *this/that* 450, *those* ＋限定語句 450-1, 関係代名詞と相関する *that/those* 451, 接続詞 *that* と相関する *that* 451, 対比の *this/these* と *that/those* 451, 副詞用法の *this/that* 451］
deny having -en 254
deontic logic（義務論理学）270-1
Depart we to our territories 882
depend: *be* ~*ing upon* 78, ~ *on* A *for* B 746, ~ *upon* 78, *Depend upon it* 438, *Depends how* 626, *It* ~*s upon circumstances* 78
depths 404

derived sentence type（派生文型）26
desire: ~ O *to be* 822, ~ *that* S (*should*) *be* 822
despite 651
determined on O, *be* 785
determiner（限定詞）5
devil: *the* ~ *you are* 656, *the* ~ *incarnate* 477
diamond cut diamond, it was 217
die: ~ *a glorious death* 409, ~ *a heroic death* 38, ~ *a very rich man* 59, ~ *of* と ~ *from* 649-50, ~ *through* 650
dies/dice 404
different pen from this one, a 785
difficult to solve, This problem is too の構文 795-6
direct object（直接目的語）22
direct passive（直接受動態）354
direct question（直接疑問文）174, ～の生成 844-7
direct speech（直接話法）伝達節の位置 707-8, 引用符 708-9, 被伝達節の機能 709, 伝達動詞の種類 709-10
discourse（談話）1, 749, 772
discourse grammar（談話文法）1
disjoint reference（別指示）255
dislike him/his -ing 823
dismissed him the society, They 807
distal（遠隔的）445
distancing（遠景化）98, 292, 301, 308, **324**, 377, 380
distributive plural（配分複数）690
distributive singular（配分単数）689-90
divide ... between 635
do: (aux. v.) 用法 167-8, *At no time did he lose his self-control* 167, *Did you lunch yet?* 95, ~ *a dance/a dive* のタイプ 41, *Do be quiet!* 881, *Do let's go to the movies!* 881, *Do you follow your path and I will follow mine* 881, *Do you know what did kill that girl?* 871, *What's she doing,* ~

you think? 619, *Little did I realize* 167, *what ~ I do next?* 85, *What shall we ~ after supper? Go to a theatre?* 206, *Who did kill him, Edward?* 870
(v.) *All you can ~ is sneer at me* のタイプ 205-6, *~ my very best* 580, ~ so/it/that の用法 728-9, ~ (the) -ing の構造 251-2, ~ *without* 738, *He smokes more than he used to (~)* 168, *I chose my wife as she did her gown* 168, *I did it again!* 95, ~ *away from* 741, ~ *nothing but ...* 221, ~ *nothing but/except do* 626, *What's S ~ing here?* のタイプ 172
dog: *It's ~ eat dog* 217, *The ~ had lost his/her/its bone* 394, *the ~ who/which took the bone* 394
dogged that does it, It's 679
dollars' worth of sugar, ten 416
dominoes 403
done away with, be 741
don't: *Don't be crying!* 128, *Don't be reading when I come in!* 880, *Don't be swayed by such considerations!* 879, *Don't 'dear Percy' me* 7, *Don't let me disturb you* 882, *Don't let's go* 882, ~ *you agree?* 620, *Don't you read it!* 877
door: *at the ~* 633, *in the ~* 633, *on the ~* 633
do-support (do による支え) 162, 167, 759, 769, 樹形図 846-7
dot your i's and cross your t's 398
double comparison (二重比較変化) 560
double object construction (二重目的語構文) 22, **803-7**
double restriction (二重限定) 191-2 [樹形図 192]
doubt: ~s 404, *There's no ~ that* 599
down: *be ~* 55, *Down came the rain!* 760, *Down with racism!* 883, *Down with the tyrant!* 1, 885

downgrade (格下げ) 586
dozen: ~s *of* 400, 512, *two ~ of glasses* 400
dramatic present (劇的現在) 83
dream a strange dream 38
dress (oneself) 441
drink: ~ *coffee black* 27, 60, ~ *himself into a state of insensibility* 838
drinking water 252
drop in 737
dumps 403
during と for と in 644-5
dying: *I'm ~ for a smoke* 7, *The ~ and (the) wounded* 30, *was ~* 74
dynamic logic (動的論理学) 271

E

each: *Each of them ... in his/her/their own way* 491, *Each of them has/have* 491, ~ *you/them* 492
each other 9
easy (adj.) *John is ~ to please* のタイプ 789
(adv.) *Easy come, ~ go* 887, *Easy does it* 31
eaves 403, 681
economics 402
effective object (結果目的語) 37
effects 405
effectum object (達成目的語) 352
either: 499-500, 一致 682, ~ *of them is/are at home* 500, *I don't want ~ of them* 661, ~ *A or B* 500, 596-7
elder by three years, my 7
elect: ~ *O president* 836, ~ *O to be/as chairman* 836
ellipsis (省略) 場面または文脈から～が復元できる場合 [主語の～ 733, 「接続詞+主語」の～ 733, 「主語と操作詞」の～ 733, 操作詞のみの～ 733, 冠詞の～ 733, 節の～ 744], 反復を避けるための～[名

詞句の〜 734, 動詞句の〜 734, 代不定詞 734-5, 空所化 735], 構造的な〜 736
emotional coloring (感情的色彩) 118
emotive predicate (感情述語) 818
empathy (感情移入) 83
emphasis (強調) 文法的な〜 769 [操作詞に強勢を置く 769, 本動詞に強勢を置く 769, 分裂文を用いる 769-70, 擬似分裂文を用いる 770-1], 語彙的な〜 [同一語句を反復 776, 強意語を用いる 776, 強化の付加文を用いる 776-7]
empty category principle, ECP (空範疇原理) 861
empty operator (空演算子) 183
end-focus (文末焦点) 784, 793, 805, **862**, 863
end up in 741
end-weight (文末重心) 30, 33, 199-200, 204, 223, 784, 793, 805, 812
engaged, be so/thus 726
English, be very 562
enough: 509-10, be a man ~ to take a drink 55, be ~ of a man to toss off this 55, ~ money/money ~ to buy a car 509, ~ of your nonsense 509, ~ for/to 214, 509, He was fool ~ to marry her のタイプ 55, 509-10
entrails 403
epistemic logic (認識論理学) 269-70
epithet (ののしり語) 767
equally with 841
equational sentence (等式文) 19
ere it be long 367
essential that this mission not fail, It was 700
estimate of his と estimate of him 422
ethical dative (感興与格) 412-3
ethical genitive (心性的属格) 429
Europe's future 415
evaluative adjective (評価形容詞) 564
even if/though 607
evenings 423

eventive noun (出来事名詞) 18
eventive object (事象目的語) 41
event-oriented (事象指向語) 273
ever: Did any one ~ hear such drivel? 143, Did you ~! 143, get ~ worse 571, Men were deceiuers euer 98, Who euer lov'd, that lov'd not at first sight? 98
every: (det.) 490-1, each との違い 491-2, ~ one 490, ~ one of them 490, ~ other day 502, ~ person 491, ~ reason to be satisfied 490, Every student has to hand in their paper today 690, ~ third day 491 ~ three days 491, not ~ man 491 (pron.) If euery of your wishes 490
everybody: Behave yourselves, ~! 877, Everybody has arrived, haven't they? 506, Everybody shut their eyes 877, Not ~ knows 661
everyday tone, a more 6
everyone: 505-6, Everyone behave themselves/yourselves 877
everything: (n.) She is ~ to me 506 (pron.) 505-6
everyone 505
every time 383, 604
example: An ~ will be made of 745, be made an ~ of 745
except: ~ for 646, nobody ~ him/?he 428, ~ (that) 14, 618
excepting that 618
exceptional Case-marking, ECM (例外格表示) 692, 824, 840, フランス語・日本語の〜 824-5
exchange seats 404
exclamatory question (感嘆疑問文) 874
exclamatory sentence (感嘆文) what 型 〜 884-5, how 型 〜 885, 〜の特徴 885-6
exclusive 'we' (除外の we) 881
excuse O the fee 807

exempt from, be 480
existential quantifier（存在数量詞）487
existential sentence（存在文）→ there construction
expect: ～ O *to do* 222, ～ *that* 222
experiencer（経験者）65
exphora（外界照応）426
exphoric（外界照応的）432
expletive（虚辞）24
express by -ing のタイプ 38
extend from here into the next county 17
extended projection principle, EPP（拡大投射原理）176, 183, 358, **855**
extension（外延）34
extraposition（外置）200, 204, 784, 790, 793, 名詞句からの～ 505, 863-4 ［樹形図 864］, 目的語からの～ 864-5
eyen (= eyes) 398

F

face: (n.) ～ *to* ～ 411, 470, *her* ～'*s charm* 415, *see God* ～ *to* ～ 411
　(v.) *be squarely* ～*d up with* 741, ～ *up to* 741, *Facing me there were some cypress-trees* 754
fact: *The* ～ *is that* 598, *The* ～ *is,* 58, 599, *the* ～ *remains (that) she lied to us* 784, *The* ～ *that* 599
factive predicate（叙実述語）698, 732
factive verb（叙実動詞）817-8
fail to do 262
fairly 548
fake object（見せかけ目的語）840
fall: ～ *all his length* 410, ～ C 52, ～ *out* 738, *The placard* ～*s* 81
fallen angel, a 233
family 679
far: *by* ～ 580, ～ *and away the most popular* 580, ～ *better* 580
Father and Son 470

favorite sentence type（愛用文型）20
fears 404
fed up with, be 747
feel: ～ O *do* 218, 826, ～ O *-ing* 238, 826, ～ *oneself -ing* 827, ～ *oneself -en* 829, ～ O *-en* 238, 829, ～ O *to be* 824, ～ *that* 824, ～ *as if/as though* 49, ～ C 49, ～ *ill/poorly* 479, ～ *like* C 49, ～ *like -ing* 37, 267, ～ *no better* 509, *How do you* ～ *about it?* 127, *I* ～ *fine* と *I'm* ～*ing fine* との比較 126
feeling of a storm coming, the 257
few: 507, (*a*) ～ / (*a*) *little* 507-8, *a* ～ *tried friends* 465, *a good* ～ 508, *just a* ～ *of* 508, *quite a* ～ 508
field: *in the* ～ 633, *on the* ～ 633
fight: (n.) *His last* ～ *was fought* 39
　(v.) ～ *my own battles* 39
figure（図）243
find: ～ O *to be* 216, 824, ～ O *-ing* 238, 827, ～ O *-en* 238, ～ O *comfotable* 824, ～ *that* 216, 824, *was found -ing* 408, 824, *was found to be -ing* 824, *John found the boy studying in the library* の両義性 829
finished, My work 248
finite verb（定形動詞）203
fish: ～/～*es* 400, *many* ～*es* 400, *one* ～ 400, *ten* ～ 400
fitness for the post, his 781
five foot two, be 400
fix: *be* ～*ed up with* 747, ～ *up for* O *to do* 216
flying saucer, a 232
fob: ～ A *off on* B 747, ～ A *off with* B 747
focus（焦点）分裂文の～ 258, 疑問の～ 176, 487, 523, 否定の～ 487, 523, **667**, 新情報の～ 23, 145, 350, 362, 524, 528, 750-1
foggiest idea, I haven't the 573
Following the lecture 247

foolish: *a ~ old man* 586, *this is ~ of you* 789
foot: *five ~ two* と *five feet two* 400
for: (conj.) 595-6
(prep.) *~* と *against* 650, 653, *~* と *at* 650, *~* と *during* と *in* 644-5, *~ all* 651, *~* と *from* と *because of* 652, *cannot see the forest/wood ~ the trees* 652, *~-ing* と *to do* の違い 212, *run ~* 652, *~ certain/sure* 625, *~ fear (that)* 610, *~ goodness' sake* 9, (*For*) *how long* 74, 631, *It is ~ us to do* 205, *too/enough ~* 224, *~ the time being* 164, *~ lack of* 652, *~ love* 652, *~ nothing* 658, *For shame!* 383, *~ conscience(') sake* 416, *~ the -ing* 268, *~ the most part* 584, *~ the sake of my health* 9, *~ to do* 626, *For years* 632, *I'll smash your sissy-face ~ you* 806, *say hi to Sam ~ me* 806, *That's one ~ you* 413, *There's gratitude ~ you* 412
for 句（付加部としての）413, 806
for O to do の構造 主語 223, 補語 223, 目的語 223-4, 819, 形容詞的用法 224
force: (n.) *~s* 405
(v.) *~ O to do* 217, 222, 814
forgave him his offences, I 807
forget: *~ -ing* 259, 263, *~ to do* 263, *I'll be ~ting my own name* 107, *I'm already ~ting my French* 125
formative（形式素）68, 161
fortunately for me 841
Fortune's smile 416
Frankly, I'm tired 534
free adjunct（自由付加詞）62, 521
free direct speech（自由直接話法）720
free clause（自由節）86-7
free from worldly cares 19
free indirect speech（自由間接話法）719-20
free relative adverb（自由関係副詞）
 when, where, why, how 201, 主語節 201, 補語節 201, 前置詞の目的語 201, 副詞節を導く場合 201-2
free relative（自由関係代名詞）*what* 194-5 [*what* は関係詞か疑問詞か 195], *that* 195-6
frequent bars 94
friend: *A ~ in need is a friend indeed* 7, *a ~ of John's/mine* のタイプ 421, *a ~ of Tom's* と *a ~ of Tom* 422, *be ~s with* 404, *my ~ Tom* 422
from: *~* と *since* 641-2, *~* と *to* 637-8, *~ a child* 642, *From a linguistic point of view* 532, *~ above* 624, *~ before* 624, *~ behind* 36, 623, *~ flower to flower* 470, *From London to Berlin to Rome* 637, *~ now* 36, *~ time immemorial* 477, *~ under* 36, 624, *~ within* 626, *~ you/yourself* 444
fruit: *~/a ~/~s* 390, *~ and cream* 592
Fuck you! 365
full stop!, we can't afford it, 868
fun, like 656
functional shift（機能変化）183
furious: *~ at* 648, *~ with* 648
further: *a ~ investigation* 562, *~ reading* 562, *~/farther than* 562
future in the past（過去から見た未来）121, 157-8, **320**
"future" perfect（"未来"完了形）形式 152-3, 用法 [完了 153, 継続 153, 存在 153-4, 発話時における確信 154]
"future" perfect progressive form（"未来"完了進行形）159-60

G

gapping（空所化）735-6
gemination（子音重複）397
gender（文法的性）392, 擬人性 394-6
Generally speaking 247
generic article（総称冠詞）462
generic person（総称人称）429-30

generic present（総称的現在） 90
generic preterit（総称的過去） 98
generic sentence（総称文） 79, 347
genitive (case)（属格） 184, 独立～ 419-20, 副詞的～ 423-4, 群～ 414, his ～ 414, 後置～ 421-3, 後置～ 421-2, 429, ～の意味［所有 417, 起源 417, 特質 417, 関係 417, 同格 417-8, 素材 418, ～最上級 418-9, 主語～ 419, 目的語～ 419］, ～の関係詞化 184-5 [a book (which) I can't remember the title of 184]
geniuses/genii 404
Gently does it 679
gerund（動名詞） 用法［主語 250-1, 主語補語 251, 目的語補語 251, 他動詞の目的語 251, 前置詞の目的語 252, その他の用法 252-3］, 名詞的～ 253-4, 動詞的～ 254-5, 混合～ 255, ～の主語［表現されない場合 255-6, 表現される場合 256-8, his -ing と him -ing との比較 257-8, His/Him -ing 258］, 二重 -ing フィルター 266
gesture for O to do 216
get: ～ a glance (at)/a look (at) 41, ～ angry with 625, ～ away 737, ～ C 51, Get dressed 879, ～ going 237, 748, ～ doing/moving/working/cracking 237, ～ killed と ～ oneself killed 352-3, ～ O across 744, ～ O dirty 832, ～ O -en 240 ［受け身 834-5, 結果 835］, ～ O -ing 240, 833, ～ O to be 832, ～ O to do 219, ～ O under control 832, ～ O with child 833, ～ on 737-8, ～ oneself ready 832, ～ rid of 748, ～ started と ～ ourselves started 353, 748, ～ the better of 582, ～ to grips with 746, ～ to the bottom of 746, ～ up 737, ～ yourselves dressed と ～ dressed 879
get-passive (get 受動態) 345, 351-3, ～の含意 351
give: ～ an answer/a cheer のタイプ 41, GIVE him it 805, GIVE it him 805, ～ it HIM 805, ～ OO 22, 803, ～ O to O 22, 804, ～ O to understand/know 809, ～ John a kiss/～ the door a kick のタイプ 43, 804, ～ birth to 805, ～ credence to 805, ～ in 737, ～ up hope 742, ～ way to 805
glad of that, be very 20
glasses 402
gnomic preterit（格言的過去） 98
go: Don't ～ telling me lies 237, Go and be miserable! 221, ～ and do 221, ～ C 51, ～ do 221, ～ Dutch Express 645, ～ flying 237, ～ from bad to worse 625, ～ -ing 236, 268, ～ on 737, ～ on to do/-ing 263, ～ to (the) university 469, Go your ways 423, ～es to school/is ～ing to school 117, have gone and cut 221, How ～es it with you? 847, Up went the sales 738
goal（着点） 65
God: ～ almighty 477, ～ Almighty anxious 410, ～ bless you! 286, ～ knows that 597, ～ knows wh- 597, ～ save the Queen! 365, 850
goe we to the King 366
going: be ～ to 101-5, I'm ～ to be sixteen shortly 103, seventeen ～ on eighteen 487
gone: Gone are the days when 756, have been ～ 236
good: ～ at mathematics 19, Good grief! 9, 383, that's ～ for you 788
goodness to do, have the 781
got: be ～ to grips with 746, have ～ to 290-2
government 679
gradient（勾配的） 482
Grammar be hanged! 365
grammatical category（文法範疇） 68, 112, 392
grammaticalization（文法化） 104, 110, 247, 372, 686

granted: *take it for ~ that* 56, *take O for ~* 36
Granting that   247
grasp: *~ at* 740, *John ~ed that the earth was/is round* 696
Grateful for his help, they thanked him 521
grin a victorious grin   39
gross of pencils, two   400
ground（地） 243
group of, a   681
group genitive（群属格） 414
grow: *~ C* 52, *~ fainter and more faint* 571
grudge him his success   23
Gulliver's Travels is   680
gums   403

H

had: *~ hoped to catch the* 225, *Had I known* 378, *~ intended to go* 225, *~ intended to have written* 225, *~ meant/wanted to call* 225, *Had you noticed?* 166
had best   220, 371
had better: 220, 320, 371, *~ do* 321, *~ have -en* 372, *~ not have -en* 372, *had not better speak* 371, *hadn't we better be quick?* 372, *He ~ not* 371, *You better had* 371
had to   後転移現在 321
half: *~ as much money as Mary (does)* 576, *one and a ~ years have passed* 688, *a year and ~ has passed* 688, *~ of* 681, *for an hour and a ~* 514, *one and ~ hours* 514
hand: (n.) *a ~ the color of cream* 384, *~ and foot* 410, *~ in ~* 470, *strike his ~ upon his knee* 37
  (v.) *be ~ed down* 742, *~ down* 741, *~ in* 741, *~ over* 741

handcuffs   402
hang up   741
Happily, John won the game   532
hardly ... before/when のタイプ 151-2, 602
hate: *~ -ing* 264, *~ O to do* 215, *~ him/his -ing* 822
haunt bars   94
have: (aux. v.) *Even Queen Victoria has visited Brighton* 145, *Had you thought of that?* 166, *Harry has been in Bali for two days* の両義性 135-6, *~ been being -en* 346, *~ been to/in/at/on* の比較 138, *Have done with it!* 748, 880, *Have you ever been to Iceland?* 135, *Have you ever met John?* と *Did you ever meet John?* との比較 142, *he'll ~ left by now* 154, *How long has he been gone?* 132, *I had soon told my story* 150, *I ~ gone back to visit two months ago* 137, *I saw him before he had seen me* 148, 150, *in a trice he had shut the case* 151, *Me too you ~ killed* 134, *You ~ murdered your brother* 133, *Monica had gone long ago* 149, *Never ~ I felt better* 167, *Newton has explained the movements of the moon* 145, *she couldn't ~ been gone long* 132, *till he haue set iudgement in the earth* 138, *?Who has done your hair?* と *Who has done this terrible mess?* との比較 144, *When I ~ been in London* 137, *when my labours shall ~ terminated* 138
  (v.) 用法 165-6, *~O do* [使役 219, 830, 受け身 219, 許容 219, 保持 219], *~ O -ing* 239 [経験 239, 833, 使役 239, 833, 容認 239 [*can't, won't* を伴って 834], *~ O -en* [使役 239, 834, 受け身 239, 834, 結果 240, 835], *Did you ~/Had you got a party on Saturday?* 166, *Do

you often ~ meetings? と *Have you got a meeting today?* との比較 165, ~ *a chat/a dream* のタイプ 41, ~ *a bath/a nap/a rest* のタイプ 41, *A Good Time Was Had by All* 344, ~ *him be patient* 831, ~ *him be here* 832, ~ *one's evenings free* 832, ~ O *in a net* 833, ~ *a fever/headache* 462, ~ *an hour to do it (in)* 628, ~ *letters to write* 226, ~ *no choice but to do* 626, ~ *no money to buy food (with)* 628, ~ *no occasion to speak French* 210, ~ *orders to go* 210, ~ *the misfortune to lose her only son* 210, ~ *till ten tonight* 35, *Have you nowhere to go?* 35, *I had a book stolen* の多義性 131, *I ~ no money saved* のタイプ 130, *John hasn't got a bike, does he?* 166, *The baby's having a bath* 41, *What had you in mind, Nell?* 166

have to: 290-3, 強い義務・必要 290-2, 論理的必然性 292-3, ~の進行形 292, *had to* 320, *It doesn't ~ be a dog* 293

he or she 394

he/him being much the best qualified 249

head（主要部/語）778

head movement（主要部移動）843, 平叙文の生成 [*be, have* 動詞の場合 844, 一般動詞の場合 844], yes/no 疑問文の生成 844 [法助動詞を含む場合 844-5, *be, have* の場合 845, 一般動詞の場合 846], 感嘆疑問文 848, 条件節 848

head of cattle, several 400

headquarters 403

hear: ~ O *do* 218, 826, ~ O *-ing* 238, 827, ~ O *-en* 238, 829, ~ *his name being called* 829, ~ *say/tell* 748, 835, *I can't ~ myself think!* 77, *I could ~ the door slamming* と *I heard the door slam* との比較 93, *I ~ you've bought a house* 89, *I'm ~ing it better now* 125

heaven: *Heaven be thanked* 365, *Heaven forbid (that)* 365, 366, *Heaven knows that* 597, *Heaven knows wh-* 597, *~s* 404

heavy NP shift（重名詞句転移）865-6 [樹形図 866]

Helena's was a simple faith 419

hell: *The ~ he did* 656, *like ~ I will* 656

help: ~ *him into the car* 837, ~ *paint the fence* 814, ~ *wash up* 748

her: *Fill 'er up* 396, *This is ~* 427

here: *Here at Locarno is a very nice place* 31, *Here comes our bus!* のタイプ 33, 525, 760, *Here is a little book will tell* 189, *Here she comes!* 526

high/highly 541

higher: *A Higher English Grammar* 573, ~ *education* 573

him: *Him he told what he had seen* 35, *Him was a nice old pussens* 99, *I thought it ~* 428, *It is ~ whom you must ask* 427, *that's ~* 427

his: ~*/her/their lunch* 491, ~ *or her* 394, *His/Him recognising ~ faults* 258, ~ *foe of foes* 418

his-genitive（*his* 属格）414

historical infinitive（歴史的不定詞）214

historical present（歴史的現在）82-3

historical preterite（歴史的過去）93

hit the table a bang with his fist 805

holistic interpretaion（全体的解釈）811

hope: (n.) *no ~ of (them/their) winning* 782

(v.) ~ *for* O *to do* 216, *I ~ he succeeds/will succeed* 88, *I ~ not/so* 730, *I ~ so* 730, *It is to be ~d that* 226, **~ you to come* 215, ~ *that* 215

hopefully 534

hortative subjunctive（勧誘の想法）366

hospital, in (*the*) 469
host（宿主） 845
hot to drink, The coffee is のタイプ 792
how: 173-4, *for God knows ~ long* 176, *~ and why to use a potty* 178, *How are you liking your new job?* 74, *How come you're so late?* 887, *How do you mean, have to?* 591, *How far?* 173, *How I hate war!* 13, *How is it you …?* 774, *How long?* 173, *How many times had she not sat there?* 885, *How many?* 173, 507, *How much?* 173, 507, *How often?* 173, *How old?* 173, *~ to begin* 177, *How young?* 173, *I don't know ~ many quarterings* 176, *say ~ do you do* 35, *Tell me ~ goes the war* 35, *The question is ~ we can do it* 174
hundred: *a few ~* 511, *~s of* 400, *~s and thousands of students* 517
hyperbole（誇張表現） 117
hypercorrection（過剰修正） 428
hypotaxis → subordination
hypothetical verb（仮想動詞） 818

I

I: ~の歴史 2, *~ don't believe* 619, *~ don't know where* のタイプ 176-7, *~ don't know which to take* のタイプ 176-7, *~ don't think* 619-20, 664, *~ don't think so* 664, *~ hereby declare the meeting closed* 82, *~ seek a wife!* 227, *~ think, therefore I am* 164, *~ was so tired that* 14, *~ wish you a Merry Christmas!* 807, *~ wonder* 619, *~ wonder/wondered if you could help me* 98, *~ wish/would rather* 374, *~'m getting fed up*, *~ am* 776, *~'m telling you* 116
iconic order（アイコン的語順） 530, 593
icy cold 542

idiomaticity（熟語性） 360
if: *~ と whether* 599-600, A, *~ not* B 606, *~* (*he's*) *a day* 674, *If … then* 557, *~ and when* 602, *~ difficult* 605, *If he only knew what I know!* 677, *If he's Marconi, I'm Einstein* 91, 674, *If I had had the money* [*at the present moment*] 377, *If I should be free tomorrow* 669, *~ I were you* 373, 672, *~ it be achieved* 671, *~ it be your pleasure* 367, 669, *~ it had not/had it not been for* 378, *~ it were not/were it not for* 378, *If it were/was fine* 672, *~ it's worth a cent* 674, *If not* 606, *If only* 380-1, 677, *If we lose this game we've lost the Quidditch Cup!* 137, *If I may change the subject* 674, *If I may say so*, 534, 674, *~ I remember rightly* 675, *~ I'm not mistaken* 675, *~ that's the right word* 675, *~ … then* 557, *~ you ask me* 675, *~ you don't mind* 674, *~ you like* 227, 674, *If you must know* 534, *~ you want them* 675, *If you will allow me to say so* 674, *~ you wish* 227, *If you boil water, it vaporizes* 669
imagine: *~ ghosts into* 837, *~ me being a poor man's wife* 256
immediate constituent（直接構成素） 13
imperative sentence（命令文） 876, ~と主語 876-8, ~と動詞 878-9, ~のパラダイム 879, 進行~ 879-80, 完了~ 880, 説得~ 880-1, "let による~"[2人称に対する命令 881, 行為者が1人称複数の場合 881-2, 行為者が3人称の場合 882-3], 動詞をもたない~ 883, ~の語用論的な力 883
imperative that you (*should*) *go* 368
implicative verb（含意動詞） 262
implicit object（潜在目的語） 790
impudence to do, have the 782
in: 場所 632-3, 時間 639-40, *~ と after*

642-3, ~/for years 640-1, ~ ... fashion/manner 653, his pipe ~ his mouth 12, In a moment she was greeting him のタイプ 122, ~ the early morning of May 10 640, In the evenings is best for me 679, ~ the morning のタイプ 458, 641, ~ years のタイプ 640, It is kind ~ you to 789, seven ~ the evening of 640

in a while: *I did it ~ 643, I'll do that ~ 643

in case: 608, 676, ~ it rains 9

incidental occurrence (たまたまある) 765-6

inclusive 'we' (包括の we) 299, 881-2

indefinite quantifier (不定数量詞) 488

independently of 8, 841

indexes/indices 404

indirect object (間接目的語) 22, 871

indirect passive (間接受動態) 354

indirect question (間接疑問文) 用法 174, 178-80, 前置詞の目的語 179

indirect speech (間接話法) 代名詞・副詞語句の変更 710-11, 平叙文の場合 711-2, yes/no 疑問文の場合 714, wh 疑問文の場合 712-3, 命令文の場合 713-4, 否定命令文の場合 714, 感嘆文の場合 714-5, I told you yes 712, I said no 712, 被伝達節が重文の場合 717-8, 複文の場合 718, 異なる種類の文からなる場合 718-9

inferior to 576

infinitival relative clause (不定詞関係節) 208-10

infinitive (不定詞) 進行~ 224-5, 完了~ 212, 225-6, 受動~ 226-7, 361, 独立~ 213-4, 代~ 227, 感嘆を表す~ 227 [非難の~ 227-8, 願望を表す~ 228-9], 分離~ **229-30**, 713, ~の否定形 230, → *to*-infinitive

infinitive of specification (範囲指定の不定詞) 213

inform: ~ A *of/about* B 647, *been reliably ~ed that* 22

information structure (情報構造) 定義 749

in front of と *behind* 633-4

ingratiate oneself (*with*) 441

in order: ~ *not to do* 211, 610, ~ *that she might* 609, ~ *to do* 211, 609

ins and outs of the plot, the 7

insist: ~ *on -ing* 255, ~ *that* S (*should*) *do* 256, 369, 700, ~*ed that she was right* 369

insistent on his rights, be 20

insofar as I can 617

in spite of 651

instant (*that*), *the* 383, 602, 604

instrument (道具) 66, 354

instrumental case ((道)具格) 37

instrumental object (道具目的語) 37

instrumental verb (手段動詞) 836, 837

intend: ~ *to do/-ing* 265, ~*ed to have called* 225, *had ~ed to go* 225, *had ~ed to have written* 225

interested: ~ *to do* 212 [三つの意味 792], ~ *in languages* 19

interjection (間投詞) 6, 61, 複合~ 10

interrogative adverb (疑問副詞) *when* 172, *where* 172, *why* 173, *how* 173

interrogative pronoun (疑問代名詞) 形式 169, *who* 169-70, *whose* 170, *whom* 170, *what* 170-1, *which* 171-2

interrogative sentence (疑問文) 語用論的意味 875-6

interrogative + *to*-infinitive (疑問詞 + to 不定詞) 177-80

intervocalic (母音間の) 397

intestines 403

in that 608, 618, 627

Into the summerhouse strode her father 755

intransitive verb (自動詞) 不完全~ 3

introspection (内観) 74

inversion（倒置）378, 571, 708, 否定辞のあとで 527-8, **758-9**, 祈願文で 850, so, neither, nor のあとで 850, as, than のあとで 851, the + 比較級 851, 感嘆文 851, → marked topic

is: isn't と 's not 659-60 [He isn't a fool と He's not a fool 660], My work ~ finished 132, The match ~ tomorrow 18, This typewriter ~ being stubborn again 124, Troy ~ no more 18

is all: I'm tired ~ のタイプ 28, Sleepy ~ 32

island constraints（島の制約） 複合名詞句制約 860, 文主語制約 860, 主語条件 860, 付加部条件 860, wh 島の条件 860

it: 外界照応 [環境 433, 非人称 433-4], テクスト内照応 [逆行照応 435, 順行照応 [形式主語 436-8, 形式目的語 438, it 分裂文 439], 補文を代用する~ 731-2, How fares ~ with you? 434, I don't like ~/the fact that 436, I think ~ better not to try 207, It being very cold 248, It goes without saying that 267, It is for us to find the connection 205, It is good of you to come 222, ~ is important that he not be forgotten 369, ~ is important that のタイプ 329-30, 368-9, 786, It is important to be accurate のタイプ 204, 793, ~ is my business to know things 204, It is natural that he should get angry のタイプ 328-9, 786, It is no use/good (your/you) -ing 267, ~ is not for me to judge you 205, It is not too much to say that 436, ~ is not that 598, It is time 374, ~ was ... before/when 434, It was I did it! のタイプ 27, It was she/her who came 427, It was so easy being with him 31, ~ were better 373, It would seem 380, It's a nuisance, this delay 437, It's heads I win, tails you lose 58, ~'s me who is と ~'s I who am 686, 692, It's nice being with you のタイプ 437, It's nice to be sitting here with you 204, It's no good -ing のタイプ 250, It's no use his/him apologising 437, It's probably splitting hairs 57, It's true or I am a Dutchman 594, She loved ~ that he made all the decisions のタイプ 438, think ~ pointless starting 31, 251, what ~ is to be poor/in love 436, which ~ is difficult to explain 436

it-cleft sentence (it 分裂文) 439

itself: be kindness ~ 54, be simplicity ~ 54

its の独立属格 429

J

Japan-made 9
jar O out of her reverie 838
Jesus' teachings 413
job driving a truck, a のタイプ 253, 782
joke, a practical 478
jolly good story, a 542
journey's end, his 416
Judging from his expression 247
jump: can ~ puddles 40, ~ over the snail 40, ~ the fence 40
just: 549, He ~ went out 95
just now 550
just so 675

K

Keats's poems 413
keep: ~ C 47, ~ -ing 47, ~ O -ing 833, ~ up with 741
kick O/kick at O 739
kilos 398
kind: these ~ of と these ~s of のタイプ 687-8
kinda 528

kind of: 528, ~ *a* 471, *what* ~ (*a*) 471, 472
kindnesses, many 390
kine (=cows) 398
King George 468
knife and fork, a 592
knock: ~ O *flying* 748, ~ *the wind right out of him* 838
know: *be known by* 344, *be known to* 344, *did not* ~ *that Africa was/is an island* 698, *have never known* O (*to*) *do* 824, *have been known to do* 826, *I* ~ *you what you are* 42, *I've always known you were a good speaker* 695, ~ *better* 581, ~ *better than to* 581, ~ O *to be* 216, 824, ~ *that* 216, ~ *the answer* 66, *~ *this a fact* 824, *Know thyself* 74, 879
コレ，ソレ，アレ　446
これを保障する，学問の自由は，767

L

ladies and gentlemen　592
landing site（着地点）　752, 845
larger women　574
last: (adj.) ~ *week* と *the* ~ *week* 561, *the* ~ *century* 561, *The* ~ *time* 603 (v.) ~ *you for life* 412
late: *be* ~ *-ing* 237, ~ と *lately* 541
lately 546-7
later: *three cucumber sandwiches* ~ 410, *two dishes* ~ 410
laugh: *be* ~*ing* O *off* 743, ~ *a mechanical* ~ 38, ~ *a quiet little cackle of amusement* 39, ~ *her thanks* 38, ~ O *out of the room* 837, ~ *one's head off* 743, ~ *oneself into a stupor* 838, ~ *oneself silly/sick* 839
lay down their arms 742
Le style, c'est l'homme 767
leak: 79, *is* ~*ing* と *is always* ~*ing* と

の差異 79
least of all 584
leave: *I* ~ *for America next month* 110, *I will* ~ と *I'm leaving* と *I'll be leaving* との比較 110-1, ~ *go of* 219, ~ *Japan never to return* 212, ~ *me alone* 832, ~ O *-ing* 748, 833, ~ *out* 741, ~ *the room angry* のタイプ 27
left dislocation（左方転移）205, 767 [樹形図 768]
left to itself 521
less perceptive/sophisticated than 570
lest: *afraid* ~ 367, 601, ~ *he* (*should*) 610, *my fear* ~ *evil come* 366
let: **be* ~ (*to*) *do* 831, *is to be* ~ 226, ~ O *do* 219, 830, 831 [~ *it rain* 24, 835], ~ *go* 219, 748, ~ *me alone* 596, 832, ~ A *in on* B 747, ~ *drop a word* 835, ~ *go* O 835, ~ *fall* O 835, ~ *slip* O 835, ~ *go of* 219, ~ *go one's hold of* 219, *Let the wind blow!* 882, *Let there be light* 24, *Let us go then, you and I* 693, *Let you and I do it!* 428
let alone (conj.) 596
let's: *Don't* ~ *go there* 882, *Let's* の間接話法 714, *Let's don't go* 882, *Let's not go* 882, *Let's part good friends* 59, ~ *us* 882
letter: ~*s* 405, ~*s to write/to be written* 226
lexeme（語彙素）5
lexical category（語彙範疇）5
lexical item（語彙項目）5
liable to do, be 480
licenser（認可表現）495
lie: ~ *injured* 350, ~ *low* 747, *The town* ~*s on a river* と *The socks are lying under the sofa* との比較 126
like: (adj.) *is more* ~ 559, *That's more* ~ *it* 37
(adv.) 550-1, ~ *enough* 550, ~ *as not*

550
(conj.) ~ I do 7, 612
(prep.) Like fun 656, Like hell I will 656
(v.) don't ~ being lied to 251, ~ for O to do 215, 821, How are you liking your job? 74, ~ -ing 262, ~ me/my working 822, ~ O -en 240, 821, ~ O -ing 240, 822, ~ O (to be) hot 822, ~ O to do 215, 264, 821, 822
linguistics 402
linking verb (連結動詞) 19, 現状の~ 46–51, 結果の~ 51
links 403
list sentence (リスト文) 764
listen: ~ in to/on 741, ~ to it rain 828, ~ to O -ing 827, ~ to O do 218, 826
literature that deals with, (the) 454
litotes (緩叙法) 548
little: 507, a ~ 507, not a ~ と no ~ 508, only a ~ 508, see very ~ of him 508
live: I ~ in York と I am living in York の比較 157, ~ a life of adventure 39, Live and let ~ 748, ~ here (for) three years 631, This house is ~d in by 359
load: ~ the truck with hay/~ hay onto the truck 811
Loan me fifty lire 805
location (場所) 66
locative alternation (所格交代) 811
locative object (場所の目的語) 40
logical predicate (論理的述語) 145, 751
logophoricity (意識主体照応性) 442
loins 403
London's theatres 415
long for O to do 216
long: have not very ~ to wait 35, Long live S 286, 365, 850, Long may he live! 850
look: be ~ed after 739, ~ down on 741, ~ into 738, ~ out 737, ~ (to be) C 48, ~ up 741, 742, ~ up to 741, You're not ~ing yourself today 77
look at: ~ me suspiciously 525, ~ O -ing 218, 238, ~ O do 24, 218, 828, Look (at) what I've got 626
look forward to: ~ -ing 267, ~ it/?its -ing 823
looks (n.) 405
Lord Byron 468
lost me my servant, You 412
lot: a ~ of money was 681, There were a ~ of people 681, ~s of 506, 507, There were ~s of people 681
loud と loudly 541
love: ~ (for) O to do 821, Love me, ~ my dog 887, I'm loving it every minute 126
lower animals/classes, the 574

M

make: be made from 648–9, be made into 649, be made of wood 648, be made with/of 648, ~ milk into butter 649, can't ~ anything of what he says 649, Do I ~ /Have I made myself clear? 54, ~ it a rule to get up at seven 863, If you're happy, you ~ others happy 91, I'll ~ you a fine wife 22, John intends to ~ a table, and ~ one he will 755, ~ a call/a choice のタイプ 41, ~ a fool of oneself 649, ~ a living from 649, ~ a point of -ing 267, ~ a scapegoat of 649, ~ believe 748, ~ certain that 747, ~ do with 748, ~ O do 218–9, 830–1 [~ it rain 835], ~ O -en 240, ~ O to do 831, ~ out 741, ~ out that 438, ~ free 747, ~ her a queen 836, ~ him a good wife 412, ~ O be quiet のタイプ 831–2, ~ that 835, ~ the best of 584, ~ the frame out of

wood 648, ~ *the most of* 584, ~ *too much of* 745, ~ *up for* 741, ~ *up his mind to go* 211, *To be laughed at* ~*s him angry* 30, *Wine is made from grapes* 648
make out that 438
man: ~ *and wife* 470, ~ *shall not liue by bread alone* 470, *The* ~ *with the list come up here* 877
manage to do 315
mandative subjunctive（命令の叙想法）329-30
manner of, all 688
manner-of-speaking verb（発話様態動詞）703, 709
manners 405
many: ~ と *much* 506-7, ~ *a* + 単数名詞 683, ~ *a good man has been destroyed by drink* 507, *a good* ~ 465, *a great* ~ 465, *how* ~ 507, *so* ~ 507, *very* ~ *books* 506
marked topic（有標の話題）補語の前置 756-7, 目的語の前置 757, 動詞句の前置 758, 否定辞前置 758-9, 結果句前置 759, 副詞句前置 759, 話題の対比的強調 759-60
Mary's description of herself 443
mass-word（質量語）384
material noun（物質名詞）388-9
mathematics is/are 402
matricide 複合語か単一語か 4
matter: *What can the* ~ *be?* 174, *What is the* ~? 174
may 280-6, 許可 280-3, 状況的可能性 283-4, 認識的可能性 284-6, 叙想法用形 286, *how old* ~ *you be?* 285, *I hope/pray he* ~ *succeed* 286, *If it* ~ *rain today* 342, *Long* ~ *you live!* 286, ~ *as well* 282, ~ *as well do* 282, ~ *be being overlooked* 163, ~ *have -en* 310, ~ *have been being -en* 163, 346, ~ (*just*) *as well* ~ (*as not*) 220, *May I help you?* 282, ~*n't* 282, 284, ~ (*very*) *well* 284, ~ *well do* (*as do*) 282, *Much good* ~ *it do them!* 286
me: *Me dance!* 227, *Me wanting that picture* 258, *The drinks are on* ~ 36, *This one here is* ~/*I *at the age of 12* 691, *Who is it? It's* ~ 427
mean: ~ *to do/-ing* 263, *meant to have called* 225
means: 403, *There is/are no* ~ *of* 680
measles: 403, ~ *is* 680
measure adjective（尺度形容詞）563
meet: *Where have you been* ~*ing them?* と *Where did you meet them?* との比較 156
meiosis（緩叙法）497
mental inertia（精神的惰性）704
metanalysis（異分析）681
metaphor（メタファー）275
metaphorical extension（メタファー的拡張）297, 298, 649, 802, 838
metonymy（メトニミー）391, 679
metre: *0.68* ~ 688, *8.5* ~*s* 688
middle verb（中間動詞）78 （中間態動詞）128-9, 362
might: 叙実法過去［許可 316, 状況的可能性 316-7］, 後転移現在 320, 叙想法過去 323, 丁寧用法 325, 叙想法代用形［名詞節で 327-8, 目的・譲歩の副詞節で 328］, ~ *as well do* 323, ~ ... *but* 316-7, 325, ~ (*just*) *as well* ~ (*as not*) 220, ~ *have en* 333-4, 672, ~ *well* 325, 380, *Surprising as it* ~ *seem* 325
mighty: ~ *difficult* 542, ~ *fine* 34
mile: *0.2* ~ 688, *1.36* ~*s* 688, *be a good seven* ~*s from* 55, *three* ~*s wide* 410
million: ~*s of people* 400, *several* ~*s* 511
mind: *Do you* ~ *my/me closing the window?* 256, *don't* ~ *waiting* 34, *Would you* ~ *my/me opening the win-*

dow? 257, *Would you ~ opening the window?* 257, *~ you look your best* 40, *Mind you* 878
minimal link condition, MLC（最小連結条件）871-2
minor sentence（小文）聞き返し疑問文 886, 聞き返し感嘆文 886-7, 省略文 887, 金言的な文 887-8
minute (that), the 602
mirror-image relation（鏡像関係）624
mistress of herself, be 53
mists 404
mixed speech（混合話法）A型 715, B型［平叙文 715-6, yes/no 疑問文 716, wh 疑問文 716, 感嘆文 716, 命令文 716-7］
modal auxiliary verb, modal（法助動詞）269-342, 中核的～ 273, 周辺的～ 273
modal logic（様相論理学）269-72
modal negation（法助動詞否定）271, 335-7
modality（モダリティー）269
modifier（修飾語）3, 形容詞的～ 61, 副詞的～ 61, 文～ 61
moment: the ~ 383, *the ~ (that)* 602, 604
month learning them, You'll be a 55
mood（叙法）363［叙実法 363, 命令法 363, 叙想法 363-81］, ～が生成される節点 364-5
morals 405
more: A whale is no ~ a fish than a horse is 567, *go and ~ slowly* 571, *~ good/*better than bad* 574, *~ shy than unsocial* 574, *~ important,* 62, *More importantly,* 62, *~ in doubt about* 560, *~ in sorrow than in anger* 574, *~ like* 474, *~ mad than* 560, *~ often than not* 583, *~ or less* 582, *~ perfect* 562, *more than one*＋単数名詞 683, *~ worth* 474, *The ~ one has, the ~ one wants* 570, *The ~ the better* 570

morpheme（形態素）4, 自由～ 4, 拘束～ 4
most: be ~ efficient 572, *his ~ beautiful wife* 575, *~ of* 681, *~ unique things* 562
mother: Mother and child 470, *Mother is proud of you* 392
mothers-in-law 402
motion for O *to do* 216
motional verb（移動動詞）810
Mount: ~ Everest 460, *the ~ of Olives* 460
mountains high 410
move O *along* 744
much: 542-3, *how ~* 507, *so ~* 507, *too ~* 507, *very ~* 543, *~ less* 583, *~ more* 583, *~ the best of* 580
multiple *wh*-question（多重 wh 疑問文）871-2
mumps 403
must: 287-90, 強い義務・必要 287-9, 論理的必然性 289-90, 過去用法 317, *He ~ not be in — his car is gone* 290, *It ~ rain tomorrow* 289, *~ be home* と *should be home* の比較 327, *~ needs* 423, *Must you be so funny all the time?* 289, *~ be -ing* 340, *~ have -en* 310-11, 339, 670
mutation plural（変母音複数）399
mutative verb（変移動詞）131
my father's sister's husband 415
my own master, be not quite 53

N

name: ~ Ann (to be/as) a member of the team 836, *~ her Gladys/*to be/as Gladys* 836
narrative preterite（説話過去）93
near: ~ と *nearly* 541, *~er, and more ~er* 560, *~est him* 474, *~est me in age* 37, *very ~ doing it* 252

Necessity is the mother of invention 91
need: (aux. v.) 306-8, 必要性 307-8, 論理的必然性 308, ~ *not have -en* 312, 339, ~*n't be -ing* 307, ~*n't have sent* 226, *You* ~*n't shout* 308
(n.) *no* ~ *to worry* 781
(v.) ~ *-ing/to be done* 260, ~ *to be weeded* 226
needs must 423
negation（否定）655-67, 文～ 655 ［樹形図 656］, **656-8**, 構成素～ 655, **658-60**, 構成素～と文～ 659, ～辞挿入 657-8, ～形の主語 658, 数量詞と～ 660, "部分～"と"全体～" 660-2, "～辞上昇" 662-5, 累積～ 665, *not* が二つ生じる文 666, ～と焦点・前提 667
negation-transparent（否定に対して透明）665
negative polarity item（否定極性項目）495, 569, 656, 668, 869
negative-incorporation（否定辞挿入）657-8
neg-raising（否定辞上昇）662-5
neither: 500-1, 一致 682, ~ *A nor B* 501, 596, 597, ~ *of them* 490, ~ *of us was/were* 501
never: *Faint heart* ~ *won fair lady* 99, ~ ... *without -ing* 267, *Never have I felt better* 758, ~ *so much as* 581, ~ *to return* 212
New Englander 478
new information（新情報）17, 45, 194, ～の焦点 350, 729, 743, **749-50**, 775
newer than new のタイプ 579
news: *a pieces of good* ~ 389, *two pieces of bad* ~ 389
next: (*the*) ~ *time* 454, 603, *the* ~ *week* のタイプ 454
nexus（ネクサス）238, 817, *with* の目的語 249
nexus object（ネクサス目的語）238, 817, *want* 型 820-3, *believe* 型 823-5,

知覚動詞 238-9, 825-30, 作為動詞 830-35, 任命動詞 836-7, "手段動詞" 837-41, 宣言動詞 841
NICE properties（NICE 特徴）163
night: *at* ~ 641, *in the* ~ 641, *by* ~ 641
ninepins 403
nippers 402
no: 502, ~ (*other*) *mountain in Japan* 577-8, ~ *taller* と *not taller* 578-9, *be* ~ *genius* のタイプ 502, 509, 659, ~ *better* 502, ~ *better than* 582, ~ *better than she should be* 502, *In* ~ *clothes does Mary look attractive* 657, ~ *doubt* 8, *No flowers* 509, *There was* ~ *denying the fact* 502, *There was* ~ *money, not even coins* 666, *No problem* 1, *No root,* ~ *fruit* のタイプ 887-8, *There is* ~ *rule without exceptions* 666, ~ *small* 502, 509, ~ *smallest doubt* 575, *No smoking* 509, ~ *unimportant question* 509
nobody: (n.) *a* ~ 506
(pron.) 506, *Nobody phoned, did they?* 690
nod: ~ *approval* 38, ~ *her head* 37, ~ *their head/heads* 690
no less than 583
no longer/not ... any longer 582
nominalization（名詞化）443
nominative absolute（独立主格）248
no more a fool than you (*are*), *She is* 614
no more A than B 582
no more than 582
non-assertive context（非断定的文脈）306
nonce use（臨時用法）7
none: (adv.) ~ *the* 501, ~ *the happier* 501, ~ *the less* 583, ~ *the wiser* 501, ~ *the* + 比較級 + *for* 581, ~ *too gently* 502, ~ *too high* 502
(pron.) 501-2, 一致 ［*None of us is* 682,

None of you need 682]
non-factive predicate（非叙実述語）698, 730, 732
non-factive verb（非叙実動詞） 818
non-finite verb（非定形動詞） 203
non-self-controllable（自制不可能な）298
non-specific（非特定的） 724
non-stative verb（非状態動詞） 72
not: *be ~ a genius* 509, *be ~ a teacher* 502, *I can't ~ obey* 666, *~ ... without -ing* 267, *~ ... any longer* 582, *~ ... any more* 582, *~ A any more than B* 582, *~ a little/no little trouble* 508, *Not bad, that jacket* 777, *~ in the least* 584, *~ less than* 583, *Not long ago* 655, *~ more than* 582, *~ so much A as B* 581, *~ so much as* 581, *~ that I know of* 196, *~ to mention* 596, *n't ... move a muscle* 662, *suggest that S ~ offend* 368
nothing: (adv.) *~ better than his* 506 (n.) *a real ~* 506 (pron.) 506, *Nothing could I* 657, *~ less than* 583, *~ more than a dreamer* 583, *There's ~ to be done* 361, *There's ~ to do* 361
notice: *~ O -ing* 238, 823, 827, *~ O do* 218, 826
notice verb（告知動詞） 810
notional agreement/concord（概念的一致／呼応） 386, 491
notwithstanding (prep.) 622, 651
noun（名詞） 5, 複合〜 9, 〜の種類［可算〜と不可算〜 384-5, 可算〜 386-7, 不可算〜 387-9］
noun phrase（名詞句） **用法**［基本用法 382-3, 形容詞的用法 383-4, 副詞的用法 384］, 〜の性［自然性と文法的性 392-3, 現代英語の性［*baby, child* 393-4, 動物と性 394, 通性名詞 394, 擬人性 394-6］, 〜の数［規則複数 396-8, 不規則複数 398-9, 不変化複数 399-400, 外来複数 401-2, 注意するべき複数［複合語の複数 402, 絶対複数 402-3, 強意複数 403-4, 相互複数 404, 二重複数 404, 分化複数 404-5］］, 〜の格［主格の用法［主語 406-7, 補語 407, 呼びかけの主格 407, 不定詞付き主格 407-8, 現在分詞付き主格 408］, 対格の用法［直接目的語 408-9, 記述の対格 409, 副詞的対格 409-11, 動名詞付き対格 411, 不定詞付き対格 411, 分詞付き対格 411］, 与格の用法［間接目的語 411-2, 利害の与格 412, 感興与格 412-3］, 属格の用法［形態と発音 413-5, 群属格 414-5, 直列属格 415, 無生物の属格 415-6, 属格の意味 417-24, → genitive case
now: *Now is the big season* 31, *Now you're talking* 116
now (*that*) 608
NP movement（NP 移動） 受動化 854-5, 繰り上げ構文 855-6
number（数） 396-406, → plural
number: *a good ~ of* 506, *a great ~ of* 507, *a large ~ of* 506, *a ~ of* 507, 681, *a small ~ of* 681, *small ~s of* 681, *~s of* 681, *the ~ of* 681, *~s* (詩) 405
numeral（数詞） 基〜と序〜 511, 〜の語順 512, 数の読み方［整数］512-3, 小数 513, 分数 513-4, 年号 514, 日付 524-5, 時刻 515-6, 電話番号 516, 金額 516-7, 温度 517, 身長・体重・年齢 517-8, 面積 518, 数式 518-9, ローマ数字 519-20, メートル法以外の計量 520, その他 520
numerative（助数詞） 388-9

O

O: *~ for* 6, 229, *~, that* 6, 327
object（目的語） 3, 文〜 21, 〜になれる要素 34-5, 前置詞の〜 35-6, 形容詞の〜 36-7, 道具の〜 37, 結果〜 37-8, 同族〜 38-40, 場所の〜 40, 事象〜 41,

積み重ね～ 42, 受動者間接～ 42-3
object control verb（目的語コントロール動詞）25, **180**, 222, 814
object territory（目的語領域）427, 428, 692
object to the girls/?the girls' -ing 823
objective order（客観的語順）750
object-oriented depictive（目的語指向の描写語）28
obligatory adverbial（義務的な副詞語句）15, 16, 60-1, 修飾語との区別 17
oblique case（斜格）185
observe O *do* 826
odds are, the 681
of: *a member ~ the team* 654, *A review appeared ~ my latest novel* 863, *It is the only chance there is ~ stopping them* 864, *~ a morning* 424, *~ an evening* 424, *~ late* 424, *~ necessity* 424, *~ one's (own) -ing* 268, 数量詞 + ~ *which/whom* 178, 187, *~ which the author* 190, *~ which the title* 185
off: *be badly ~* 55, *Off went* S 738, *Off with* O*!* 883
Often had I intended to speak of it 759
Oh: *~ that* 229, *~, to be in England* 229, *~, she's out, is she?* のタイプ 873
old information（旧情報）17, 746, **749-50**, 751, 775
old: *The ~ forget what love means* 30, *an ~ er man* 574, *the ~ er generation* 574
on:（場所）632,（時間）*~ -ing* 267, *~ arrival/arriving* 640, *~ being introduced* 245, *~ Sunday next* 630, *on Sunday(s)/Sundays* 631,（所属）*~ our team* 654, *~ the committee* 654,（話題）*about* との比較 633, *meet (~) the day of the conference* 630, *~ all fours* 405, *~ all fours legs* 405, *~ all fours limbs* 405, *~ hands and knees* 406, *On with* O*!* 883, *On this depends* S 759

on account of: (conj.) 609 (prep.) 652
once 546
on condition that 676
on duty 470
on foot 469
on top of 623
once: (adv.) 546 (conj.) 604
one: (numeral) 511-3, 数字の途中では *a hundred* ではなく, *one hundred* とする 512, *~ of those who/which* のタイプ 682-3, *~ or two weeks/~ week or two* 688, *One and a half years have passed* 688, *One man's meat is another man's poison* 504, *~ train late* 384, *One would suppose* 380, *To know is ~ thing, to practice is (quite) anther* 504
(pron.) 723-5, 総称の～ 429-30, ～による置き換え 724, *it* と ~ 724, *a hard ~* 725, *I prefer red wine to white/*white ~* 725, *One should choose one's/his friends carefully* 690, *The year has been ~ of political unrest* 723
one another 9
one-place adjective（1項形容詞）19
one-place verb（1項動詞）17
oneself, say to のタイプ 444-5
only: *~ to find that* 212, *~ when he is healthy* 522
open condition（開放条件）668
operator（操作詞）163-4
opposite: *~* と *across from* 645-6, *the man I am sitting ~* 187
optative sentence（祈願文）850
or: 379, *A ~ B is/are* 685, *~ (else)* 556, 594, *~ I'm a Dutchman* 594, *~ (rather)* 594, *or was he?* のタイプ 594-5
order: (n.) *be out of ~* 56, *~s* 405 (v.) *~* O *-en* 240, 821, 822, *~ that* S *(should) do* 818
ordinal number（基数詞）486

other: 502-3, *the* ~ 503, ~*s* 503, *the* ~*s* 503, ~ *things being equal* 248
otherwise/or 379
ought to: 293-5, 強い義務・必要 293-4, 326-7, 強い蓋然性 294-5, 327, ~の生成 852, *He* ~ *be here soon, shouldn't he?* 295, ~ *be sitting by her bedside* 127, ~ *have -en* 226, 311-2, 339, ~ *have reached London by now* 226, ~ *be -ing* 340, *ought not do* 854, *We ought not be afraid of* 854
Ours is a small world 419
out: *and* ~ *went the light* 738, *be* ~ 55, *be* ~ *in the garden* 530, ~ *the window* 618, *Out with it!* 885
out of: ~ *curiosity* 652, ~ *spite* 652, ~ *the window* 638 [cf. *out the window* 638]
outskirts 403
over: *be* ~ 55, *be* ~ *and done with* 132, ~ と *under* 633-4, ~ *me/myself* 444, *Over the fence is out* 32
oversleep (*oneself*) 441
owe: *I* ~ *it to you that the jury acquitted me* 863, *you* ~ *us an explanation* 22
own my own house, I 78
oxen 398
Oxford: *at* ~ 633, *in* ~ 633, ~ *Street* 460, *the* ~ *Road* 459

P

pains: 403, 405, *My* ~ *have* 681
paint: *I was* ~*ing the table* と *I* ~*ed the table* の比較 122, *is being* ~*ed* 345, ~ *their house a hideous shade of green* 839, *What colour shall I* ~ *your door?* 409
painting: *a* ~ *by my sister* 423, *a* ~ *of my sister* 423, *a* ~ *of my sister by my mother* 423, *a* ~ *of my sister's* 423

pair: *a* ~ *of huge eyes* と *a huge* ~ *of eyes* 389, *a* ~ *of nice shoes* と *a nice* ~ *of shoes* 389, *six*(*s*) ~ *of* 400
paradigm (系列/パラダイム) 本動詞の~ 70-1, 受動態の~ 345-6
parasitic gap (寄生的空所) 批判 193
parasynthetic compound (併置総合複合語) 479
parataxis/coordination (等位構造) 2
parenthesis (挿入語句) 62
part of 681
participant (参与項) 810
participial construction (分詞構文) 241
participle (分詞) 形式 231, 性質 231-2, 前位修飾 232-4, 後位修飾 234-5, 主語補語 235-6, 準主語補語 236-8, 補文の述語 [知覚動詞の場合 238, *have* 動詞の場合 239-40, その他の使役動詞 240]
participle clause (分詞節) 縮約関係節に相当する場合 241, 等位節に相当する場合 241, 副詞節に相当する場合 [時 242, 原因・理由 242-3, 譲歩 243, 条件 243, 手段・方法 243, 付帯状況 243-4], 完了形の~ 244-5, *while reading* のタイプ 245-6, 懸垂分詞 246-7, 独立~ 248-9, *with*+独立~ 249
partitive case (部分格) 762
partitive interpretation (部分的解釈) 811
parts 405
parts of speech (品詞) 5, ~の転用 6-7
pass a cyclist 40
passers-by 402
passive sentence (受動文) 752-3
passive voice (受動態) *be* ~ 344-5, 派生 344, *get* ~ 351-3 [含意 351-3, 主語の存在 352-3], 動詞的~ 344, 形容詞的~ 344, 直接~ 354, 間接~ 354, ~のパラダイム 345-6, ~と話題 347-8, ~の制約 [意味的な制約 348, ~が選ばれる理由 348-9, 動作~と状態~ 349-50, *by*+行為者について 350-1],

種々な構文の〜［SVO 型 353-4, 二重目的語構文 354-6, 与格構文 356-7, SVOC 型 357, 他動詞＋目的節 357-8, 動詞＋不変化詞 358-60, 他動詞＋様態副詞 361-2］
passivization（受動化） 346, **854-5**, 〜できる動詞 346-7
past perfect（過去完了形） 形式と意味 146-7, 用法 147-8, 過去時制との交代 148-52
past perfect progressive form（過去完了進行形） 基本用法 158, "最近の過去" 158-60
past tense（過去時制） 92, 過去時を指す場合 93 ［状態 93, 動作 93, 習慣 94, "虚偽時制" 94］, 〜の特殊用法 95 ［現在完了形に相当 95-6, 過去完了形に相当 96-7, 未来から見た過去 97-8, 儀礼的過去 98, 説話過去 93, 格言的過去 98-9］, 〜の本質的意味 99
patient（受動者・被動者） 65, 343
pay: 〜 attention to 745, 〜 a call (on)/ 〜 a visit to のタイプ 41
pennies/pence 404
people: a hardworking 〜 387, the 〜s of the world 387
per (prep.) 519
perception verb（知覚動詞） 275-6, **825-30**
perfect form（完了形） 形式・歴史 130-1, 完了の助動詞 131-2, 現在〜 132-41, 過去時制との比較 141-3
perfection, be 54
performative verb（遂行動詞） 552, 841
period!, The answer is no, 868
perjure oneself 441
personal pronoun（人称代名詞） 格［主格と目的格 427, 属格 428, 独立属格 429, 後置属格 429］, 総称の〜 [one 429-30, you 430, we 430, they 430, one (= I) 430], we の特殊用法［包括の we 430, 除外の we 431-2, 君主の we 431, 主筆の we 431, 親心の we 432］, it の用法 432-9
personification（擬人化） 275, 395
PhD's/PhDs 398
phonetics 402
phrasal conjunction（句接続） 589-90
phrasal verb（句動詞） 9, 800, 自動詞＋副詞 (get up) 737-8, 自動詞＋前置詞 (call on) 738-9, 自動詞＋副詞＋前置詞 (keep up with) 741-2, 他動詞＋副詞 (call up) 742-4, call up タイプと call on タイプの区別 743-4, 他動詞＋目的語＋副詞 (see oneself out) 744, 他動詞＋名詞句＋前置詞句 (confine oneself to) 744-6, 自動詞＋前置詞句＋前置詞句 (argue with A about B) 746, 他動詞＋名詞句＋副詞＋前置詞句 (let A in on B) 747, その他のタイプ［動詞＋形容詞 (cut short) 747, 動詞＋動詞 (let go) 747-8］
phrase（句） 1, 名詞〜 7,8, 形容詞〜 7, 8, 副詞〜 7,8, 動詞〜 8, 前置詞〜 8
physics 402
pianos 398
pick out 741
picture noun（絵画名詞） 443
piece: a 〜 of red chalk と a red 〜 of chalk 389
pied-piping（随伴） **170**, 185, 200, 〜が義務的な場合 186
pin my faith to 745
pities 404
place to live (in), a 628
plan is to emigrate to Canada, His 782
plant: 〜 roses in the garden 811, 〜 the garden with roses 811
plead guilty 747
please: Please, be thinking about me 128, 880, Please to return it soon 207
pledge my life that ..., I will 598
plenty: 〜 of 506, 〜 nervous 542
pluperfect of imagination（想像の大過

去) 377
plural（複数） 規則〜 396-8, 不規則〜[-(r)en〜 398-9, 変母音〜 399, 不変化/ゼロ〜 399-400, 二重〜 399], 外来〜 401-2, 注意するべき〜［複合語の〜 402, 絶対〜 402-4, 強意〜 403-4, 相互〜 404, 二重〜 404, 分化〜 404-5], → unification of plural
ply A *with* B 744
poet laureate 477
poetess 393
point: (n.) *be on the ~ of -ing* 110, *The important ~ is that* S *be* 368, *The ~ is* (*that*) 598
(v.) *~ his forefinger at* 37
point-action verb（点動作動詞） 始動動詞 96, 結果動詞 96
police are, The 387
policeman/woman/officer 393
politics: 402, *Politics is* 402, *What are your ~?* 402
Ponder as she may 367
poorest of the poor 419
positive polarity item（肯定極性項目） 656, 869
possible, the only solution 477
POSS-ing と ACC-ing との違い 257-8
postmodification（後位修飾） 234-5
pounds' weigh, ten 416
precincts 403
precious dirty 542
predicate（述部） 2
predicate verb（述語動詞） 3
predicate word（述語） 2
predicational sentence（叙述文） 760
predicative（述詞） 772
predictability（予測可能性） 301
prefer: *~ for* O *not to go* 21, 24, *~* A *to* B 78, *~* O *to do* 822, *~ that* S (*should*) 822, *~* O *not to go* 24, *For you to come early would be ~ed* 21
premises 405

premodification（前位修飾） 232-4
premodifier（前位修飾語） 799
preposition（前置詞） 5, 種類 621, 他品詞に由来する〜 622, 〜句の構造 623, 〜句の機能 624, 〜の目的語 6, **625-7**, 複合〜 9, 〜残留 179, 185, 186, **627-9**, 省略［時間の〜句 629-31, 頻度の〜句 631, 期間の〜句 631-2], 場所の〜 632-9, 時間の〜 639-45, その他の〜 645-54
prepositional adverb（前置詞的副詞） 622-3, → adprep
preposition stranding（前置詞残留） 170, 185, 186-7, 200
presentational sentence（提示文） *Here comes our bus!* のタイプ 760-1, *Away flew my hat!* のタイプ 761, *there* 構文 761-2
present perfect（現在完了） 樹形図 132, 136, 種々の意味［完了 133-4, 継続 134-5, 存在 135-7, 任意の基準時における完了 137-8, "結果" の完了形 141], 過去時制との比較 141-3, 注意するべき〜［不定時と定名詞句 143-5, 表層主語の存在 145-6, *when* と〜 146]
present perfect progressive form（現在完了進行形） 基本用法 155-7, "最近の過去" 157-8
present tense（現在時制） 76, 現在時を指す場合 76［現在の状態 76-7, 私的動詞 77, 関係動詞 78, 中間動詞 78, 習慣的行為 78-9, 主語の習性・属性 79, 現在の動作 79［解説 79, 眼前の事実の指摘 80-1, 宣言 82], 過去時を指す場合 82［歴史的現在 82-3, 年代記の現在 83-4], 未来時を指す場合 84［独立文中で 84-5, 109, 時・条件の副詞節中で 86-7, 拘束関係詞中で 87-8], 完了的〜 88［伝達動詞の場合 89-90, その他の動詞 90], 超時的用法 90-1, 〜の本質的な意味 91
President elect 477

presupposition（前提） 770, 818
prevail upon O to do 216
prevent: people saying 257, ~ people from -ing 257
price is that article?, What 409
pride oneself on 441, 746
principle of end-focus（文末焦点の原理） 862
principle of end-weight（文末重心の原理） 862
private verb（私的動詞） 77-8
PRO 25, 183, 不定詞の主語 178, 217, 分詞の主語 244, 動名詞の主語 255-7
pro 193
problem: The chief ~ was how to fill the time 784, The ~ is is that I can never get that screw in right 771
proclitic（後接語） 452
pro-form（代用形） 同一指示のための~ [人称代名詞 721-2, 指示代名詞 722, 場所・時間の前置詞句 722, such 722-3], 置き替えのための~ [one/ones 723-5, the same 725-6, so 726, thus 726, be, reamin, seem so 727, do so 727, So I do のタイプ 727-8, So do I のタイプ 728, 節を代用する so と not 729-31, So I see/hear/notice? 731, So it appears/seems 730, 補文を代用する it と so 731-2, 指示代名詞 that/those 732-3]
progressive form（進行形） 112, 特質 113, 単一時制との比較 115, 用法 [活動の持続 116, 限られた期間持続する活動 117, 動作の絶え間ない継続 117-8, 同時性 118-9, 二つの行為の同一性 119, 近接未来を示す 105, 119-20, be going to との比較 110, 語用論的な力 120-1], 副詞語句との共起制限 114-5, ~の特殊用法 [過去~の特殊用法 121-3, 状態的動詞の~ 123-5], 進行相不定詞 127, ~の命令文 127-8
pro-infinitive（代不定詞） 227, 734-5

promise: (n.) a ~ to return 781, his ~ to come 210
 (v.) ~ me never to show up late again 25, ~ (me) that 25, ~ OO 26, ~ O to do 222
pronoun（代名詞） 5, 機能 425, 複合~ 9, → personal pronoun, reflexive pronoun, demonstrative pronoun
pronounce you man and wife 82, 841
proper government（適正統率） 176
proper noun（固有名詞） 389
propose that S be 368
proposition（命題） 24, 64
propositional attitude（命題態度） 328
prop-word 'one'（支柱語 one） 723-4
pros 398
protasis（条件節/前提節） 104, 370, 668, ~と帰結節の叙法と時制の不一致 673, ~の構造 [条件の接続語句 675-6, 倒置 676, if と unless] 676-7, ~の独立 677]
protect A from B 744
prototype（プロトタイプ/原型） 343, 802
proud: ~ of 625, ~ of -ing 259, ~ that 259
prove: ~ that 824, ~ (to be) C 52, ~ (oneself) to be 53, 824, ~ O innocent 824
provoke O to do 217
proximal（近接的） 445
pseudo-cleft sentence（擬似分裂文） 20, 26, 47, 770-1, 813-4
pseudo-imperative（擬似命令文） 593, 883-4
pseudo-intransitive verb（擬似自動詞） 798-9
pseudo-passive（擬似受動態） 360
psych verb（心理動詞） 436, 442
pull O/pull on O 740
pump O dry 747
pupil of Hegel, a 654
pure and simple 480
pursuers and pursued 470

put: be ~ up with 741, ~ A down to B 747, ~ an end (to)/question (to) のタイプ 41, ~ off 741, ~ on 741, ~ out 741, ~ paid to 748, ~ the question to him 22, ~ up with 741

Q

quantifier（数量詞）〜の特徴［位置 486, 文中の働き 486-7, 断定性 487, 存在文との関連 487-8］, 〜と受動態 348, 〜の作用域 348, 不定〜 488-505, all, both, each と語順 492, 〜遊離 492-3［樹形図 493］, many of the boys のタイプ 504-5
quantity of, a large 507
quarters 405
quasi-coodination（擬似等位接続）685
quasi-predicative（擬似述詞）236
question: The ~ is if 600, the ~ (of) who's going to pay 626
quick to learn, He is のタイプ 789
quite: 547, not ~ 547, ~ a と a ~ 467, ~ a few 508
quotation substantive（引用実詞）28, 32

R

rain a November drizzle 39
raising construction（繰り上げ構文）855-6
raising verb（繰り上げ動詞）48
Rarely does crime pay 655
rather: 548, ~ a と a ~ **467**, 548, ~ than 619, → would ~
real sorry 542
reanalysis（再分析）**360**［樹形図］, 739
reason: My only ~ is that 58, The ~ is because 58, 599, 607, The ~ why I'm late is that/because 58
receive 合成語か単一語か 4
recently 546

recipient（受領者）22, 65
recommend: ~ OO 26, ~ O to do 25, ~ to O that S (should) do 25
reduce her to tears 638
reference（指示）425-6
referent（指示物）24
reflexive pronoun（再帰代名詞）再帰用法［再帰動詞 440-1, 準再帰動詞 441, 他動詞 441-3, 前置詞の目的語 443-4］, 強意用法 445
regard A as B 625
regarding 652
regret: I'm ~ting it already 73, ~ -ing/having -en 259, ~ to do/-ing 263
reinforcement tag（強化の付加文）776
rejected condition（却下条件）668
relation verb（関係動詞）18, 77, 78, 343, 800
relative adverb（関係副詞）199, when, how, why 199, 制限用法と非制限用法 201
relative attraction（関係詞牽引）192
relative clause（関係詞節）樹形図 182, 〜の形成［主語 NP の関係詞化 182-3, 目的語 NP の関係詞化 183-4, 属格の関係詞化 184-5, 斜格目的語の関係詞化 185-7, that が好まれる場合 187-8, 制限用法と非制限用法 189-91, 二重限定 191-2［樹形図 192］, 同格節との違い 779
relative pronoun（関係代名詞）働き 181, 種類 181, 構造 182, 〜の省略［It/That is のあと 188, there/here is のあと 189, there is で始まる節の頭で 189］, 非制限用法の which 191
Relieved, Olga responded 59
rely upon O to do 216
remain C 47
remains 403
remember: I ~ his nose, how it was 42, ~ -ing/having -en 259, ~ my grandfather teaching me to play cards 257,

~ to do 262
reminds me of France 61
-(r)en 複数 398
repent of having done 259
reported clause（被伝達節） 707
reporting clause（伝達節） 707
reporting verb（伝達動詞） 707
represented speech（描出話法） 293, 321, 719 → free indirect speech
require -ing 260
resembling his father more and more, He is 73
resent them/their -ing 822
respects 405
rest of, the 681
resultative construction（結果構文） 747, **837-8**
resumptive negation（再叙否定） 666
resumptive pronoun（再叙的代名詞） 193
retroactive infinitive（遡及的不定詞） 208-9, 224, 790
rheme（題述） 定義 750
rhetorical question（修辞疑問文） 874-5
Riches have 681
right dislocation（右方転移） 768
Right you are 757
right/rightly 540
rightward movement（右方移動） 形式主語 862-3, 形式目的語 863, 重名詞句転移 865-6
rising ten, He is nine 622
rob A of B 744
rolling stone gathers no moss, A 91
roofs 398
root use/epistemic use（根源的用法/認識的用法） 273, 否定 335-7, 過去時制 337, 態中立性 337-8, 完了不定詞との共起 338-9, 進行不定詞との共起 339-40, 疑問文 340-1, 条件節 341-2
rub the sleep out of her eyes 840
ru-dest remark, make the 575

ruined my life for me, You 412
rumored to be living 345
run: be ~ over 741, ~ after dinner 18, ~ after Mary 18, ~ out bare-foot 410, ~ out of 741, ~ A over と ~ over A 743-4, ~ A through B 744, ~ their Nikes threadbare 840, the last race was ~ 39

S

safes 398
same: all the ~ 556, the ~ 725,（the）~ as 551, do the ~ 725, feel/say/smell/think the ~ 725-6, the ~ … that/as 726, the ~ girl who/that 726
sandwiched between, be 6
satisfy oneself that 22
save that 618
save（前置詞） 646-7
savings 403
say: be said to be living 345, It ~s in the Bible how 89, it ~s so in the book 90, John said that his father died in 1994 697, Said a pollster 708, said to me that 711, Say hello to him for me 66, ~ to come 815, ~ to oneself のタイプ 444
scales 402
scarcely … before/when **151-2**, 602
scene setter（場面設定語） 526
school: at ~ 633, in ~ 633, in the ~ 633
scissors 402
scope（作用域） 否定の~ 230, 284, 335, 656, 667, 869-70, 数量詞の~ 348
scorching hot day, a 542
score:（n.）three ~ of sheep 400, ~s of people 512
（v.）~ a goal 79, ~ goals in a game 79
scrub the pot shiny 837

secondary predicate（2次述語） 59
Secretary General   477
see: A few minutes later saw us all in a taxi 31, at last I'm ~ing the Mona Lisa! 125, God saw the light, that it was good のタイプ 42, I ~ a bird! と I can ~ a bird との比較 276, saw the snow being cleared away 238, ~ O do 218, 827-8, Now I ~ seated in front of me men and women 866, ~ fit not to do 866, ~ fit to do 438, ~ O -ing 238, 827-8, 830, ~ myself out 744, ~ O -en 238, ~ O be -en 830, ~ O being -en 238, 826, 830, ~ O home 744, ~ O off 744, ~ O through 744, ~ to 738, ~ O to take death 827, be seen to do 828, ~ that 88, 824, Seeing is believing 57, 256, See (to it) that everything is in order 88, Seen from an airplane 379, suddenly he saw 276-7
seeing: (conj.) Seeing as how 608, ~ as/that 247, 608
seem: can't ~ to do 279, don't ~ to do 279, seems more real 559, ~ (to be) C 48, ~ to be asleep/afraid/awake 48, ~ to be sleeping 127, ~ to have been reading all my life 127, ~ very worried 345
Seldom does crime pay   655
self-controllable（自制可能な） 298
semantic role（意味役割） 63-7
semi-negative（準否定辞） 759
send: be sent away for 741, 747, be sent packing 748, ~ away for 741, *~ London a book 66, ~ OO 66, ~ Tom to the shop to buy bread 212
senior: two years my ~ 410, 575, two years ~ to me 575
sense: (n.) be made ~ of 360
    (v.) ~ O do 826
sense subject（意味上の主語） 25
sentence（文） 定義 1, 節との違い 2, 文の種類 12, 平叙~ 12, 疑問~ 12, 命令~ 12, 感嘆~ 12, 単~ 13, 複~ 13, 重~ 13, "混~" 13-4, 等式~ 19
sentence conjunction（文接続） 589-90
sentence negation（文否定） 655, **656-7**
sentence stress（文強勢） 750
sentence type（文型） 5, 15, 基本文型 16, SV型 16-7, SVA型 17-8, SVC型 19, SVCA型 19-20, SVO型 20-1, SVOA型 21-2, SVOO型 22-3 [give型 22, buy型 22], SVOC型 23-4 [want型 23-4, believe型 23-4, make型 23-4, force型 25, promise型 25-6], 派生~ 26-9, 愛用~ 20
sentential object（文目的語） 21
separately from   841
sequence of tenses（時制の照応） ~の原則 696, A動詞とB動詞 697-8, ~が随意的な場合 698-9, 従属節が過去完了形の場合 699-700, 従属節が叙想法の場合 700-1, 副詞節の場合 701-2, ~が義務的な場合 [世界創造動詞 702-3, 発話様態動詞 703, it was likely/possible のクラス 703], 逆方向の照応 703-4, "精神的惰性"か 704-5, ~をうけない場合 705-6, I should say/imagine/think のあと 695
series   403
set: ~ O -ing 833, ~ oneself to study 211
several: go their ~ ways 508, ~ of 508
shake hands   404
shall: 束縛 302, 意志 302-4, 成就確実性 304-6, 叙想法代用形 306, Let's watch TV, ~ we? 430, ~ be -ing 105-7, ~ be being -en 346, ~ do 100, Shall I …? 303, ~ we? 303, Shall you …? 305, ~ have -en 153, ~ have been -ing 159, Shall I … do you want me to call him? 304, Till you ~ heare 87
shape of an orange, is the   409
share A between/among B   635

shave (*oneself*) 441

she: *She a beauty!* 228, *She is a nice girl, Mary is*/*is Mary* 777

shoon (=shoes) 398

shoot O/*shoot at* O 740

shorts 402

should 後転移現在 320-2, 丁寧用法 326, 独立用法［弱い義務・必要 321, 326-7, 弱い蓋然性 327］, 想念の〜［命題態度を表す表現に続く名詞節で 328-9, 命令を表す述語に続く名詞節で 329-30, 368, *lest* 節で 330］, *I* 〜 *think*/*say* 326, 〜 *have -en* 226, 334-5, 329, 339, 670, *Should you see John* のタイプ 373, 378, 676, *until the waltz* 〜 *finish* 87, *Who* 〜 *be but Meg?* 329

show up 737-8

shrug her shoulders 37

shut: 〜 *the door after you* 637, 〜 *the door behind him* 637

sick: *be* 〜 *on the new carpet* 479, 〜 *from* 652

side by side 470

sigh = say with a sigh 709

sign: (n.) *no* 〜 *of having been slept in* 260

(v.) 〜 *to* O *to do* 216

silence, There was a 390

similarly to 841

simile (直喩) 463

simply because I wanted to 522

since: (adv.) 550

(conj.) 603, *It's*/*has been ten years* 〜 *they were here* のタイプ 603, 642

(prep.) 550, 603, *from* との比較 641-2, 〜 *before* 842, 〜 *when* 627

Sincerely yours 429

sinews 403

sing: 〜 *a beautiful song* 39, 〜 O *home* 837

sip O/*sip at* O 740

sit: 〜 *tailor fashion* 410, 〜 *there smoking a pipe* 27, 〜 *up* 737

size: *a car this* 〜 384, *a cloud the* 〜 *of a man's hand* 409, *a model, the* 〜 *of life* 409, *is the same* 〜 *as that* 409

slacks 402

sleep: *had not been slept in* 359, 〜 *a peaceful sleep* 409, 〜 *a sound sleep* 38, 〜 *the same deep and dreamless slumber* 39

sleeping: *a* 〜 *car* 252, *a* 〜 *cat* 253

slow: *Slow and steady wins the race* 31, 〜 と *slowly* 541

slowly: *Slowly does it now* 31, 679, *Slowly, carefully, he began dialling* 539

small clause（小節） 11-2, 他動詞の目的語 11, 840, *with* の目的語 11-2, 付帯状況を表す 12

Small wonder that 436

Smart fellow, that 757

smell: 〜 C 50, 〜 O -*ing* 827, 〜 *of garlic* 50

smile a respectful greeting 38

Smoke filled the room 354

snatch O/*snatch at* O 740

sneer = say sneeringly 709

sneeze the tissue off the table 837

snort his contempt 38

so: (adv.) *do* 〜 727-8, 補文を代用する 〜 731, *remain* 〜 726-7, *less* 〜 726, 〜 *I do* のタイプ 727-8, 〜 *do I* のタイプ 728, 〜 *it appears*/*seems* 730, 〜 *say all my friends* 731, 〜 *I see*/*hear*/*notice*/*gather* 731, *It's not* 〜 *easy as you think* 614, *No one is* 〜 *poor that he cannot afford to be neat* 611, *So absurd was his manner that everyone stared at him* 759, *So be it* 366, 〜 *English* 54, 〜 *heavy that I couldn't lift it* 611, *So help me God!* 365, 〜 *Susan* 54, *So what I did, I wrote about my brother* 599, *The bridge is* 〜 *made*

that it opens in the middle 611, ~ *many/much* 507
so as: ~ *not to meet him* 211, 609, ~ *to do* 211, 215, 609
so far as 617
so kind/good to do 215
so (that): ~ *I can sleep*（目的）609, *so that she could/might* 609, *so (that)*（結果）610-1
so to speak 214
solos 398
some: *be* ~ *distance from* 55, ~ *idiots or other* 502
some/any 基本用法 493, 使い分けの原則 494, 限定詞として 494, 代名詞として 496, 副詞として 496-7, 特殊用法 497-8
somebody: (n.) *a* ~ 506
 (pron.) 505
somehow 556
someone 505
something: (adv.) 506, ~ *like impatient* 506
 (n.) 506
 (pron.) 505, *be* ~ *of a poet* 55
sooner: ~ *than* 619, *no* ~ *than* 151, 582, 602, *no* ~, *but* 152
sort of a 471
sound: ~ C 50, ~ *like/as if* 50
source（起点）65
space builder, SB（スペース構築語）306, 327, 368, 374
*spank O/*spank at O* 740
speaker-oriented（話し手指向的）273
speak of/about 747
Speaking of money 247
species 403
specific（特定の）724
specificational sentence（指定文）45
spectacles 405
speech act（発話行為）878
spend: ~ *my life in finding that out*

237, ~ *time -ing* 237
spirits 405
split infinitive（分離不定詞）**229-30**, 713
split subject（分離主語）407
spokesman/person 393
Sprechen wir Deutsch 366
St Swithin's 420
St. Paul's 420
stacked object（積み重ね目的語）42
staffs/staves 404
stance verb（態度表明動詞）**663-5**, 730
stand: ~ *for* 738, ~ *me in good stead* 412
stare his astonishment 38
start: ~ *ed would not be too much to say* 436, ~ *to do/-ing* 265
statistics: *Statistics is* 402, *These* ~ *show* 402
stative verb（状態的動詞）72
stay: ~ C 47, ~ *up* 737-8
Steele's and Addison's works 414
step: (n.) ~ *by* ~ 411
 (v.) ~ *this way* 410
stewardess 393
still: 544-5, ~ *less* 583, 596
stone building, a 6
stone, ten 400
stop: ~ *people saying* 257, ~ *to do/-ing* 263
strike: ~ *him a heavy blow* のタイプ 807, ~ O/~ *at* O 740
structural meaning（構造的意味）17, 20, 21, 25, 887
student: *a* ~ *of Jespersen* と *a* ~ *of Jespersen's* 422, *a* ~ *of linguistics with long hair* 8
suasive verb（説得動詞）818
subcategorize（下位範疇化する）18, 21
subjacency condition（下接の条件）859-60
subject（主部）2
（主語）~になれる要素 30-3, ~の識別

法 33-4
subject-auxiliary inversion, SAI（主語・助動詞倒置）162, 167, 845
subject-control verb（主語コントロール動詞）25, **180**
subjective order（主観的語順） 定義 750
subject-oriented（主語指向的） 273
subject-oriented depictive（主語指向の描写語） 28
subject territory（主語領域） 427, 692
subject to criticism, be 20
subject word（主語） 2
subjunctive mood（叙想法） 〜現在 [独立節中で 365-6, *lest* 節 366, 懸念の副詞節 366-7, 条件・譲歩を表す節中で 367, 時の副詞節中で 367, *that* 節中で (命令的叙想法) 367-70, *that* 節は省略できないか 369, 〜節の動詞は時制をもたないか 369-70, **〜過去** [独立節中で 370-4, *I wish/would rather* に続く名詞節中で 374, 形容詞節中で 374-5, *as if/as though* 節中で 375, 条件節中で 668, 672, 譲歩節中で 375-6], **〜過去完了** [条件文中で 376, 668, 672, 補部節中で 376-7, 現在の事実に反する仮定を表す場合 377, 673, *if* 節に相当する語句 [倒置 377-8, *if* の類義表現を用いる 378-9, 条件の意味が文中の語句に含まれている場合 379-80], 条件節と帰結節の省略 380-1
subordinate conjunction（従位接続詞）597-619
subordination, hypotaxis（従位） 586-7, 〜構造 [樹形図] 588
succeed in -ing 315
successive cyclic movement（連続循環的移動） 859
such: *as* 〜 722, *He is not* 〜 *a fool that he cannot* 611, *recover* 〜 722, 〜 *a fright that she fainted* 611, 〜 *and* 〜 *causes* 722, 〜 *as it is* 723, 〜 *as to do* 723, 〜 *poets as Keats* 723, 〜 *that* 612,

〜 *was not my intention* 722
suffer: *be* 〜*ing from* 78, 〜 *from* 78
Suffice it to say that 366
suggestive question（示唆疑問文） 874
suggest that she leave 368
suits you?, Around eight o'clock 32
sun: *a red* 〜 463, *The* 〜 *having set* 248
superior to 576
superiority condition（優位性条件） 871
suppletion（補充） 560
supply: 〜 *milk to us* 811, 〜 *us with milk* 811
suppose: *I can* 〜 *it her* 692, 〜/*supposing (that)* 378, 676
supposed to, be 三つの意味 794-5
sure: *be not* 〜 *(of) how* 626, *He is* 〜 *to come* のタイプ 794, 〜 *of -ing/to do* 264, *to be* 〜 214
surprise: *It* 〜*d O that* 436, *very* 〜*d at* 344, *very* 〜*d by* 344
surroundings 403
suspect the intruders to be them 692
swim: 〜 *the Channel* 40, 〜 *across the river* 40
symmetric predicate（対称的述語） 590
sympathetic question（共感疑問文） 873-4
synesis（意味構文） 386, 491

T

tag-question（付加疑問文） 872-3
take: 〜 *a beating* 41, 〜 *a dive/a dislike (to)* のタイプ 41, 〜 *a fall* 41, 〜 *A out on B* 747, 〜 *an instant dislike to John* 41, 〜 *care of* のタイプ 745, *Take care (that) he does not see you* 88, 〜 *careful note of* 745, *Take it easy* 540, 〜 *it for granted that* 842, 〜 *it naturally* 540, 〜 *it quietly* 540, 〜 *Mary by the/her hand* 457, 〜 *Mary's hand* 457, 〜 *off* 737, 〜 *over* 741

talk: *Talk about cold* 881, ~ *him out of the decision* 838, ~ *to* A *about* B 746, ~ *to me about himself* 18
taller than what Bill is 566
tandem genitive（直列属格） 415
transitive verb（他動詞） 3，不完全~ 3
taste: ~ C 50, ~ *strongly of mint* 50
teach: *I'll* ~ *you to insult an honest girl* 809, ~ OO 26, ~ O *to do* 809
Teacher（呼びかけ） 407
telephone: ~ *in* 741, 742, ~ O 739
telic/perfective verb（完結的動詞） 72
tell: *I am told he is an expert* 89, *John* ~*s me I'm wrong* 89, ~ … *of/about* 647
tempting Providence, that is 251
tens of thousands of 400
tense（時制） 70, 時間と~ 68
text（テクスト） 1, 772
text grammar（テクスト文法） 1
than: (conj.) 568-70, *a house larger* ~ *ours* と *a larger house* ~ *ours* 788, ~ (*any*) *other* 576-7, 614, ~ *if* 615, ~ *me* 614, ~ *she* (*is*)/*her* 428, ~ *that* 615, ~ *us* 614, ~ *we have* 614, ~ *did John* 615, ~ *I am* 614
(pseudo-rel. pron.) 198-9
than-clause（than 節） ~と否定 578-9
thank: (n.) *Many* ~*s* 404, 528, *Thanks awfully* 528
(v.) ~ A *for* B 745, *Thank God* 6
that: (conj.) *Are you mad* ~ *you should do such a thing?* 618, *That the earth is round was proved by Magellan* 21, 叙想法節を導く~は省略不可か 369
(pron.) 直示用法 446-7, "情緒的直示" 447, テクスト内照応の指示 449-50, *Take* ~! 447, *That done* 248, *That kind of pen, what can you use it for?* 767, ~ *type language* 688, ~ *was the Doctor I was speaking to* 773, ~ *were better* 374, *That's all you have to do is* 28, *That's the man I saw yesterday's son* 414, *That's the passenger that missed the train's luggage* 414, *That's the only thing they do is fight* のタイプ 28
(rel. pron.) 関係代名詞か補文標識か 183, 先行詞が「人と物」の場合 188, be 動詞の補語の場合 188, 非制限用法 190, ~痕跡効果 176, 192, *Fool* ~ *he was* 607, *miserable creature* ~ *I am* のタイプ 188, *Poor* ~ *they were* 607, *Mrs. Harrison* ~ *is to be* 92, *my wife* (~ *is*) *to be* 208, *Miss Brown* ~ *was* 92, ~ = *that which* 195-6
that-clause (that 節) 主語 597, 他動詞の目的語 597-8, 前置詞の目的語 598, 主語補語 598-9, 名詞句と同格 599
the: (adv.) *The later … ~ better* 614, *The more, ~ merrier* 614, *The more, ~ merrier* 887, *The older I get, ~ happier I am*/*am I 571
(art.) ~ *Bible* 461, *The Times* 461, ~ *MIT Press* 461, ~ (*English*) *Channel* 460, ~ *Pentagon* 460, ~ *Pacific* (*Ocean*) 460, ~ *British Museum* 460, ~ *West End* 460, ~ *Hague* 460, ~ *Titanic* 460, *Stephen King*, ~ *novelist* 455, ~ *Sahara* (*Desert*) 460, ~ *ability to do* 781, *have* ~ *misfortune to* 781, *The evening star is the morning star* 45, *accomplish* ~ *impossible* 34, *The key opened* ~ *door* 67, 354, ~ *yawning nurse* 233, *I prefer* ~ *country to* ~ *city* 456, *succeeded to* ~ *crown* 392, *The Child is father of* ~ *Man* 456, *The pen is mightier than* ~ *sword* 391, ~ *car's speed* 415, ~ *city's noise* 415, ~ *concerto's final movement* 415, ~ *game's rules* 415, ~ *door's surface* 415, ~ *ocean's roar* 416, ~ *school's history* 415, ~ *ship's doctor* 415, ~ *France of*

~ eighteenth century 389, ~ holy of holies 418, ~ James Bond 453, ~ Jondalar she loved 389, ~ King and (the) Queen 472, ~ most vnkindest cut of all 560, ~ old and new worlds 472, the+形容詞/分詞 457, 688-9, The Times is a 680

theme（対象）65,（主題）定義 750-1

there¹: the only one ~ is 189, There being nothing else to do 248, There is no -ing 268, There is no point -ing 268, There is no use (my) -ing 268, ~ is no use to do 268, There reached his ear the sound of voices and laughter 763, There walked into the room a unicorn 763, There was a high wind blowing 112, There was certainly some truth in that 766, There was certainly some truth to that 766, There was no chair to sit on 628, ~'s+複数名詞 686

there²: There's a fine fellow for you! のタイプ 412-3, There goes the last train! 525, There goes the bell! 81

there construction (there 構文) 一致 686, 派生 762-3, 定名詞句の主語 764, there の主語性 766

these kind of/these kinds of のタイプ 687-8

they: 総称の~ 430, ~ are all the same, these politicians 767-8

thing is, The 598

thing-word（事物語）384

think: I ~ so/not 730, I thought you looked pale 95, ~ about 647, ~ better of 582, ~ fit not to do 866, That's a masterpiece, I don't ~ 620, ~ my own thoughts 38, ~ O innocent 823, ~ O to be 216, 823, *~ O to do 823, ~ of/about 647, ~ that 216, 823, ~ to do 262, thought it him 56, 692

this: (adv.) about ~ high 410 (pron.) 直示用法 416,"情緒的直示"447, テクスト内照応的指示 448-50, Then ~ guy runs in のタイプ 448, This is Harry speaking のタイプ 26, ~ thirty years のタイプ 687

Thompson's is a good school 420

those selected 234

though: Naked ~ I was 606, 756, Though -ing 605, Though she be dead 605, Though (she was) sick 605

though-movement/attraction (though 移動/牽引) 606, 756

three-place verb（3項動詞）21-2, 803, 810

Through the wood is the nearest way 32

tidings: 403, Good ~ have 680

tights 402

till: ~ after 624, 626, 842, ~ she be married 367

time: three ~s as many books as John (has/does) 576, twenty ~s better than that 576

'time'-away 構文 802

Tim's father's shop 415

tmesis（切離）442

to: A Merry Christmas ~ you! 807, Much ~ his own astonishment 638, ~ one's heart's content 416, ~ the best of one's ability 584, ~ the best of one's knowledge 584, To the devil with …! 883, waken ~ brilliant sunshine 638

To be: ~ frank 214, ~ honest 213, 620

to begin with 214

to do: a good place to pretend in 209, dangerous things to remain near 209, I have some letters to write 208, My idea was to learn Russian のタイプ 203, no money to buy the ticket (with) 209, That is for the Court to decide 209, the life (that is) to come 208, The man to help you 208, The next to speak was Mr. Green 208, a tool to open it with 782, the place to stay 209,

There's a lot of work to be done 208, *To fly would be a confession of guilt* 379, *To hear him talk* 379, *to say the least (of it)* 584, *To see her is to love her* 206, 679, *To think (that)* 228, *Tory was the first to recover* 208, *to entirely understand it* 229, *To err is human, to forgive, divine* 7, *To make matters worse* 214, *to put it in a nutshell* 213, *But to return to where we were* 214, *to suddenly leave the country* 229
tobaccos 398
today: I saw Mary at church ~ 93, *~'s paper* 416
to-infinitive（to 不定詞）　名詞的用法［主語 204-5, 補語 205-6, 目的語 206-8］, 形容詞的用法［先行詞が〜の主語 208, 先行詞が〜の目的語 208-9, 名詞句が〜に含まれる前置詞の目的語 209, 〜が関係副詞節の働きをする 209-10, 〜が先行詞と同格 210］, 副詞的用法［方向 210-1, 792, 目的 211-2 [*for -ing* との差異 212], 結果 212, 原因 212-3, 判断の根拠 213, 範囲指定 213, 文副詞 213-4, 歴史的不定詞 214, 慣用表現 214］, 動詞用法 [*want* 型 215, *believe* 型 216, *rely upon* 型 216, *force* 型 217]
tomorrow's dinner 416
Tonight I saw the sun set 93
too: a ~ late repentance 467, *This problem is ~ difficult to solve* の構文 795, *~ much* 507, *~ ... to* 214
topic（話題）　343, 347, 749, 有標の〜 751
topicalization（話題化）　樹形図 **752**
tore the package open と *tore open the package* との違い 865
とせんか, 予の模様あし 849
Tot was mother's darling 99
touching 652
tough-construction（tough 構文）790-2, 〜の主語の制約 791

town grabbles about it, The whole 679
transitive verb（他動詞）　3, 不完全〜 3
transitivity（他動性）　21, 240, 359, 739, 800, 834
travel second class 384
trouble is that, The 598
trousers 402
true argument（真正項）772, 775
truth: The (plain) ~ is, 58, 599, *to tell (you) the ~* 213, 455, *Truth is ~* 455
try: be thoroughly tried out 742, *do not ~ to think about it* 230, *~ not to think about it* 230, *~ to do/-ing* 263, 〜型動詞の生成 853
turn: ~ C 52, *~ off* 741, *~ on the light* と *~ the light on* の違い 742, *~ out (to be) C* 53, *~ out* 737, *~ over* 737
twice as old as 576
two mile drive, be a 55
two-place adjective（2 項形容詞）19, 784, **813**
two-place verb（2 項動詞）17, 20, 800

U

Ueno Zoo 459
unaccusative verb（非対格動詞）762, 定義 762
unanswered, be 345
unchanged plural（不変化複数）399-400
uncommon drunk 542
uncountable noun（不可算名詞）387-9 [物質名詞 387-9, 固有名詞 389], → countable noun
Under the bed is a good place to hide 679
unergative verb（非能格動詞）763
unification of plural（複数の統合）687, **689**
uniformity of theta assignment hypothesis, UTAH（θ 役割付与均一性仮説）66

unit-word（単位語） 384
universal quantifier（普遍数量詞） 487
university: go to (the) ~ 469, Harvard University 459, the University of Oxford 459
unless: if との比較 676-7, ~ and until 602, 603
unlike him, be quite 37
unmarked topic（無標の話題） 751 [話題化 752, 受動文 752-3, 逆行照応の this/that/them 753], 比較を表す形容詞句 753-4, 分詞句の前置 754, 動詞句前置 754-5, 場所・方向の副詞句 755-6, though 移動 756
until: ~ after dark 36, ~ recently 36
up: ~ in the sky 530, Up with democracy! 883
urge: ~ O into the house 837, ~ O to do 217, 814, ~ that 814
us = me 432
use: (n.) be of no ~ to me 56, It's no ~ his/him apologising 256
　　(v.) didn't ~ to 319
used to: 318-9, would との違い 319, used not/usedn't to 319
used to -ing, be 268

V

verb（動詞） 3, 5, 不完全自～ 3, 不完全他～ 3, 複合～ 9, 1項～ 17, 2項～ 20, 3項 22, 目的語コントロール～ 25, 主語コントロール～ 25
verb-adverb combination（動詞副詞結合） 737
verb of declaration（宣言動詞） 841
verb of providing（供給動詞） 810
verb of rest（静止動詞） 17
verb-particle combination（動詞不変化詞結合） 358, 737
verb pattern（動詞型） 15
verb second/V2 phenomenon（動詞第2位現象） 612, 615, 756-7, 758, 759, 760, **850**
very と much 542-3
victuals 403
village was invited, The whole 679
visualize O -ing 257
violin-sonata paradox 791
vocative（呼びかけ語） 62, 主語と～の差異 878
voice（態） 定義 343, 能動～ 343, 受動～ 343, → passive voice, get-passive
voice neutrality（態中立性） 274, 337-8
VP-internal subject hypothesis（動詞句内主語仮説） 493
VP negation（動詞句否定） 271, 335-7

W

wait: ~ for 738, ~ for O to do 203, 216
walk: (n.) be ten minutes' ~ from here 55
　　(v.) ~ no further/farther 509, ~ the streets 40, ~ up/down 636
want: ~ O to do 215, 222, 713, 820-1, ~ to be -en 260, I ~ us to do 821, ~ to be 821, ~ for O to do 215, ~ very much for O to do 821, 825, ~ O -ing 240, 257, 822, ~ O -en 240, 821, ~ O dead 821, ~ that 820, You ~ it to be him 692, Did you ~ me? 98, want タイプと believe タイプの違い 825
war's truth 415
was: The animal you saw ~ a chipmunk 94, ~ to have -en 107, 225
wash (oneself) 441
watch: be ~ed -ing 218, ~ O do 426, ~ O -en 829, ~ O -ing 238, 827
water the tulips flat 837
waters 405
way to do it, the 782
way-construction（way 構文） 38, **802**
we: ~ have a nose 690, We'll = Let's

297, 総称の~ 430, 包括の~ 299, 430, 除外の~ 430-1, 君主の~ 431, 主筆の~ 431, 親心の~ 432

weather verb (天候動詞) 828, 人称構文で用いられた場合 [eg *The Lord thundered*] 434-5

weatherwise 532

week: *a ~ from Monday* 630, (*on*) *Monday ~* 630

weigh: *~ heavily/160 pounds* 18, *~ ten stone* 400, *~ the truck empty* 60

well: *be ~ spoken of* 362, *Well, I never!* 885

werden 'will' 69

were: *Were he in charge* 378, *Were I you* (= If I were you) の起源 848-9, *it ~ better* (= it would be better) 373, *things that ~ better left unsaid* 374

were to 671-2

wh + to do のタイプ 177-80, 819, 樹形図 177

what: (pron.) *curious as to ~ he will say* 36, *What a beautiful place is Skegness!* 851, *What a family!* 886, *What are going to be the deciding factors?* 684, *What are you?* 171, *What are you doing here?* 171, *What can be the matter?* 174, *~ can the matter be?* 174, *What color is it?* 384, *What colour shall I paint your door?* 384, *What did you do that for?* 171, *What do you mean, curious?* のタイプ 590-1, *What do you think of him?* 171, *What I did was, I went up to the window* 599, *What I say and do are/is* 684, *What if ...?* の三つの意味 887, *What is her nationality?* 171, *What is it — dog or cat?* 471, *~ is more important* 62, *What kind of (a)* 471-2, *~ little money I had* 195, *What nationality is she?* 171, *What part of speech is this word?* 55, *What price is that article?*

384, *~ the matter was* 174, *~ was the matter with him* 174, *What who had said?* 872, *What writer do you like?* と *Which writer do you like?* との比較 172

(rel.) *A complete fool is ~ he is* 195, *That's ~ made me what I am today* 195, *What few friends he had* 195, *What I want is money* 770, *What I was surprised at was* 628, *What remains is/are a few trees* 683, *What she did next was correct the proofs* 693, *What they want are promises* 683, *What's more surprising is that he didn't inform his parents* 14

what with A and (what with) B 551

what-clause (what 節) 動詞との一致 683

when: (conj.) *When -ing* 604

(interr. adv.) *Since ~* 172, *Till ~* 172, ~と現在完了形 146, *~ to start* 177

(rel. adv.) 199-200, *~ = and then* 604, *is ~* [定義] 58, *Sunday is ~ I am free* 201

whence 605

when constraint (when 制約) 146

whenever, wherever, however 副詞節を導く 202, 譲歩節を導く 202

where: (conj.) *Where there's a will, there's a way* 605

(interr. adv.) *gone away, nobody knew ~* 176, *to I don't know ~* 177, *Where are you going to?* 172, *Where does he come from?* 172, *Where is he from?* 172, *Where John is is in the garden* 47, *Where to go?* 177, *Where to start?* 177, *Where to?* 172, 628, *~, when and why to say Yes* 178

(rel. adv.) 200-1, *walk over to ~ she sat* 36

whereabouts 680

whereas 617

whether: *~ と that* 600-1, *~ ... or not*

9, 18, 605, ~ it be 605

which: (interr. pron.) 171-2, ~ of you 171, ~ one 171, puzzling about ~ dictionary to buy 179, Which do you prefer, coffee or tea? 171, Which is it you want? 774, Which of you won the prize? 171

(rel. pron.) 188, ~の省略 188-9, 非制限用法の~ 191, 文頭の~ 191, a book (~) I can't remember the title of 184, ~ advice 191

while: While ... meantime 557, ~ reading のタイプ 245, While we're on the subject 675

whip O/*whip at O　740

whis deletion (whis 削除)　736

whither　605

wh-movement (wh 移動)　直接疑問文 856-8, 間接疑問文 856-9

who (interr. pron.) 169-70, 一致 171, 683-4, Did John say ~ loved Mary? 176, Do you know ~ 175, had no idea ~ to talk to 179, Who bought what? 871, Who does he think he is? 169, Who do you think ...? と Do you know ~ のタイプ 175-6, Who do you think (that) John saw? 176, Who do you think (*that) saw Mary? 176, Who did John say loved Mary? 176, Who else's hat 414, Who for? 628, ~ to? 170, Who with? 170, 628, Who goes there? 425, Who has seen the wind? 857, Who haven't yet handed in their assignments? 684, Who is telling who the story? 170, Who lives here? 683, *~ to go 177-8, Who was it who ...? 774, Who was that? 94, Who were appointed? 170, Who were you with? 170, Who won, A or B? 169, 172

(rel. pron.) 181, 182, Fido, ~/*which was barking again 394

whoever, whichever, whatever　名詞句を導く 196-7, 譲歩節を導く 197-8

whose: Whose car is that? 170, Whose is that car? 170

wh-question (wh 疑問文)　機能 870-2, 直接疑問文 870-1 [疑問詞が主語の場合 870, do が挿入されているもの 870], 間接疑問文 871

why: (interr. adv.) 173, Why is it (that) 173, Why argue? のタイプ 173, 177, 875, Why not? 173, Why not do? のタイプ 173, 177, 875, Why don't you do? 173, Why to bother so much 178, ~ to love 178

(rel. adv.) 178, That's ~ I came 201

wide: the ~ awake patient 480, ~/widely 541

will: (aux. v.) 意志 295-7, 習性・特徴 297-8, 予言・予測 298-301, probably, I'm sure などとの共起 298-9, 命令 300, Will I see you? 299, 習性の~と予測の~との違い 300, ~ be -ing 105-7, ~ be being -en 346, ~ have -en 153, 345, ~ have left by now 154, ~ have been -ing 159, 346, ~ have been being -en 346, Accidents ~ happen 69, Come here, ~ you?/won't you?/can you?/can't you?/why don't you? 878, If it'll make you happy 341, If today is Monday, tomorrow ~ be Tuesday 84, Pigs fly before he'll become a mathematician 87, That'll be forty dollars のタイプ 300-1, We'll = Let's 297, What time ~ you be needing the car? 300, When ~ you visit us again? と When ~ you be visiting us again? との比較 106, ~ be glad to come 213, ~ be interested to meet him 213, ~ live to be ninety 212, Will you be at home this evening? 300, Will you give me a hand? と Are you going to give me a hand? との比較 102

(n.) *the ~ to win* 783
(v.) *I ~ that* 753
willingness to go, a   210
wish: (n.) *It is my ~ that he come* 368, *no ~ to quarrel* 210
(v.) *~ O to do* 822, *~ O to have -en* 822, *~ herself home again* 822, *~ that* 822
with: *be ~ the company* 654, *~ all his wealth* 651, *~ と against* 653-4, *~ the company* 654, *Are you ~ me?* 653, *the courage ~ which he faced his enemies* 186, *~ colors flying* 12, *~ his pipe in his mouth* 12, *~ pipe in mouth* 12, *With so many children to support* 609, *~ that word unsaid* 249, *With the exams coming next week* 608, *~ you all watching* 249, *With your assistance* 379
with reference to   651
with regard to   651
within   場所 638-9, *~ him/himself* 443, 639, *not ~ the scope of this talk* 639, 時間 643, *died ~ a few months of one another* 643, *~ a few months of one another* 643
without: *~ = but for* 378, *~ = unless* 618
Wives are a damned nuisance   689
Woman is no longer subordinate to man   471
won't: (aux. v.) *The car ~ start* 297, *Have a cup of tea, ~ you?* 297
(v.) *That you ~!* 753
word (語)   4, 単一~ 4, 合成~ 4, 複合~ 4, 文法的~ 5
word: *Warm is not the ~ for it* 32, *Words, ~s, ~s* 776
work: (n.) *a lot of ~ to do/to be done* 361
(v.) *~ at/in a publishing house* 633, *~ like magic* 79, *~ out* 741, *~ O out* 742, *~ themselves out* 744, *Working late do

you think he was?* 758
works   403
world-creating verb (世界創造動詞)   579, 702-3
worried about whether, be   627
worse and worse, get   571
worth: *it is ~ -ing* 796, *~ -ing* 36, 267, 629, *it is ~ (you, your) -ing* 797, *it is ~ while -ing/to do* 797
worthwhile -ing/to do, it is   797
would sooner   220
would: 叙実法過去［意志 317, 習性・特徴 317］, 後転移現在 322, 叙想法過去 323-4, 丁寧用法 326, *As fate ~ have it* 317, *Why ~ people invite a man* 324, *before I ~ even think* 87, *it ~ seem* 326, *~ have -en* 311, 334, 378, 672, *~ have liked to have had a son* 226, *~ like to have seen her* 225, *~ (just) as soon … (as ~)* 220, *~/I'd rather* 220, 320-1, 323, 370, *~ rather that* 323, *~ sooner do* 323, *~ (to God) (that)* 370
write O/to O   89, 739
wrong と wrongly   541

Y

year: *Seventeen ~s is a long time* 689, *Year passed into ~* 470
yes/no question (yes/no 疑問文)   機能 868-70, 肯定・否定の予想 869
yesterday morning   6
yet: *and ~* 556, *already* との比較 543-4
you: 総称の~ 430, *~ and I* 428, *You are kind to come* のタイプ 788, *You be quiet!* 877, *~ know* 619
young and old   36, 470
younger generation, the   574
yours: *It is ~ to help him* 429, *~ of April 10th* 429, *Yours sincerely* 429

Z

zero article （ゼロ冠詞） 468, *merry England* 495, *Victoria station* 459, *Buckingham Palace* 459, *Heathrow Airport* 459, *Hyde Park* 459, *Ueno Zoo* 459, *Scotland Yard* 459, *Oxford Street* 460 [cf. *the Oxford Road* 460], *Lake Windermere* 460 [cf. *the Lake of Geneva* 460], *modern Japan* 459 [cf. *the new Japan* 459], *immortal Shakespeare* 459 [cf. *the young Shakespeare* 459, *a Shakespeare* 391]

zero plural （ゼロ複数） 399

zero relative （ゼロ関係詞） 183, 185, 200

〈著者紹介〉

安藤貞雄（あんどう　さだお）

　1944年関西大学専門部中退．1949年文部省英語教員検定試験合格．1973年ロンドン大学留学．1976年市河賞，2006年英語語法文法学会賞．Who's Who in the World (1993-), Men of Achievement (1995-) に記載される．島根大学，広島大学，関西外国語大学，安田女子大学の教授を歴任．広島大学名誉教授・文学博士（名古屋大学）．

　主な編著書：『英語語法研究』（研究社），*A Descriptive Syntax of Christopher Marlowe's Language* (University of Tokyo Press) [博士論文，市河賞受賞]，『英語教師の文法研究』（大修館書店），『続・英語教師の文法研究』（大修館書店），『生成文法用語辞典』（共著，大修館書店），『英語学概論』（共著，英潮社），『英語学の歴史』（共著，英潮社），『新クラウン英語熟語辞典』（共編，三省堂），『英語イディオム・句動詞大辞典』（編，三省堂），『新英和大辞典』（第5, 6版）（共編，研究社），『言語学・英語学小辞典』（共編，北星堂書店），『生成文法講義――原理・パラメター理論入門』（共著，北星堂書店），『現代英米語用法事典』（共編，研究社），『英語学の視点』（開拓社），『英語学入門』（共著，開拓社），『英語史入門』（開拓社），『英語の文型』（開拓社）ほか．

　主な訳書：アニアンズ『高等英文法――統語論』（文建書房），リーチ『現代意味論』（監訳，研究社），パーマー『英語動詞の言語学的研究』（大修館書店），グリーンバーグ『人類言語学入門』（大修館書店），マッカーシー『語学教師のための談話分析』（共訳，大修館書店），ラッセル『教育論』，ラッセル『幸福論』，ラッセル『結婚論』，サピア『言語――ことばの研究序説』，イェスペルセン『文法の原理』，プリーストリー『夜の来訪者』，ガーネット『狐になった奥様』（以上，岩波文庫）．

現代英文法講義

　　　　　　　　　　　　　　　　　　　　　　　Ⓒ 2005　Sadao Ando
　　　　　　　　　　　　　　　　　　　　ISBN978-4-7589-1021-7　C3082

著作者	安藤貞雄
発行者	武村哲司
印刷所	日之出印刷株式会社

2005年10月20日　第1版第1刷発行
2024年 8月 8日　　　　第15刷発行

発行所　株式会社　開拓社

〒112-0003　東京都文京区春日2-13-1
電話　（03）6801-5651（代表）
振替　00160-8-39587
https://www.kaitakusha.co.jp

JCOPY ＜出版者著作権管理機構　委託出版物＞

本書の無断複製は，著作権法上での例外を除き禁じられています．複製される場合は，そのつど事前に，出版者著作権管理機構（電話 03-5244-5088, FAX 03-5244-5089, e-mail: info@jcopy.or.jp）の許諾を得てください．